磐安县教育志

（1990～2015）

磐安县教育局　编

方志出版社
Publishing House of Local Records

图书在版编目(CIP)数据

磐安县教育志:1990～2015/磐安县教育局编. —北京:方志出版社,2017.9

ISBN 978-7-5144-2413-3

Ⅰ.①磐… Ⅱ.①磐… Ⅲ.①地方教育—教育史—磐安县—1990～2015 Ⅳ.①G527.554

中国版本图书馆 CIP 数据核字(2017)第 103790 号

磐安县教育志(1990～2015)

编　　者:磐安县教育局
责任编辑:宁　芳

出 版 人:冀祥德
出 版 者:方志出版社
地址　北京市朝阳区潘家园东里 9 号(国家方志馆 4 层)
邮编　100021
网址　http://www.fzph.org
发　　行:方志出版社图书经销中心
电话(010)67110500
经　　销:各地新华书店
设计排版:杭州美迪图文设计有限公司
印　　刷:浙江海虹彩色印务有限公司

开　　本:889×1194　1/16
印　　张:44.25
字　　数:1218 千字
版　　次:2017 年 9 月第 1 版　2017 年 9 月第 1 次印刷
印　　数:0001～1000 册

ISBN 978-7-5144-2413-3　**定价**:168.00 元

◆1997年1月，时任浙江省省长万学远视察磐安期间，听取磐安教育工作汇报

◆2001年11月，时任浙江省教育厅厅长侯靖方（前排左）视察磐安三中

◆2001年12月，时任浙江省教育厅副厅长张绪培（前排右二）视察磐安中学

◆2002年9月，时任浙江省委常委、宣传部长陈敏尔（前排右二）视察磐安中学

◆2002年9月，时任浙江省副省长盛昌黎（前排中）视察职业技校

◆2004年12月，时任浙江省委副书记夏宝龙（前排中）视察磐安中学

◆2011年9月，时任浙江省教育厅厅长刘希平（右三）到磐安县检查开学工作

◆2012年5月，时任浙江省教育厅副厅长鲍学军（前排左三）视察磐安教育

◆2013年4月，时任浙江省人大常委会副主任程渭山（左）视察磐安教育

◆2013年8月，浙江省教育厅副厅长韩平（前排右二）视察实验初中

◆2014年2月，时任中共金华市委书记徐加爱（右二）视察文溪小学建设工地

◆2014年4月，时任中共浙江省委常委、宣传部部长葛慧君（左五）到双峰小学调研体艺特色

◆2014年6月，浙江省教育厅副厅长丁天乐（前排左三）视察实验初中

◆2014年10月，时任中共金华市委宣传部部长何杏仁（前排右二）视察磐安二中

◆2014年10月，金华市人大常委会副主任江跃进（前排左二）视察文溪小学

◆2015年10月，时任金华市副市长林丹军（前排左二）视察文溪小学

◆2003年9月，时任县长徐建华（前排中）视察磐安三中

◆2004年11月，时任县长施彩华（前排左二）视察磐安三中

◆2011年9月，时任中共磐安县委书记张荣贵（右二）到实验初中慰问优秀教师

◆2014年6月，时任县长陈蕾妍（前排右）视察安文初中

◆2014年9月，时任县委书记周剑敏（前排左二）视察文溪小学

◆2015年4月，时任县长傅显明（中）调研教育工作

◆1990年2月，沈炳麟先生（右二）偕夫人参加仁川小学庆同楼落成典礼

◆2014年，磐安中学80届校友、北京新奥特集团总裁郑福双先生捐资设立“磐安中学新奥特教育基金”，基金项目分助学、助教、教育设施投入三大类，共12个资助项目，每年100万元，总金额1000万元。图为郑福双先生（前排左）为磐安中学颁奖

学校新貌

◆浙江省磐安中学

◆磐安县第二中学

◆磐安县职业教育中心技校校区

◆磐安县职业教育中心三中校区

◆磐安县实验初中

◆磐安县安文初中

◆磐安县深泽初中

◆磐安县新渥初中

学校新貌

◆磐安县仁川初中

◆磐安县尖山初中

◆磐安县尚湖初中

◆磐安县玉山初中

◆磐安县盘山中学

◆磐安县冷水中心学校

◆磐安县方前中心学校

◆磐安县实验小学

学校新貌

◆磐安县安文小学

◆磐安县文溪小学

◆磐安县深泽小学

◆磐安县新渥小学

◆磐安县仁川小学

◆磐安县双峰小学

◆磐安县双溪小学

◆磐安县窈川小学

学校新貌

◆磐安县尖山小学

◆磐安县尚湖小学

◆磐安县玉山小学

◆磐安县玉山镇玉峰小学

◆磐安县万苍小学

◆磐安县胡宅小学

◆磐安县九和小学

◆磐安县大盘小学

◆磐安县实验幼儿园

◆磐安县尖山实验幼儿园

◆磐安县尚湖镇中心幼儿园

◆磐安县新城中学（建设中）

◆磐安县第四中学（建设中）

◆磐安县第26届中小学生田径运动会开幕式

磐安县第十届学校艺术节掠影

磐安县学校分布示意图

学校所在地
胡宅小学
磐安四中（在建）
尖山小学
尖山初中
尖山实验幼儿园
玉山初中
玉山小学
职教中心三中校区
玉峰小学
万苍小学
九和小学
尚湖小学
尚湖初中
尚湖镇中心幼儿园
双溪小学
窈川小学
方前中心校
磐安二中
安文初中
安文小学
实验幼儿园
文溪小学
职教中心技校校区
实验小学
磐安中学
实验初中
盘山中学
大盘小学
深泽小学
深泽初中
新城中学（在建）
新渥小学
新渥初中
双峰小学
仁川初中
仁川小学
冷水中心校

《磐安县教育志(1990～2015)》

编纂委员会

序

这次续编的教育志，起讫时间为1990～2015年，时间跨度26年。

26年，在历史长河中不过短短一瞬，但就走得艰难走得扎实的社会发展与教育改革来说，身后已经留下深深的足迹！

26年，中国从经济体量世界第十位上升到世界第二位，从一个低收入国家步入中等收入国家的行列，综合国力日益强大。反映在磐安教育上，两个伟大梦想也得以实现和正在实现。具体地说，一是1996年通过双基验收，在世纪之交普及九年义务教育，2004年基本普及十五年基础教育，实现"让孩子有书读"的目标，圆了人民群众千百年来"有教无类"的教育梦；二是通过扩大优质教育资源、缩小城乡差别等一系列举措，追求教育公平，提高教育质量，2008年获"浙江省教育强县"称号，2014年顺利通过义务教育发展基本均衡县国家级评估，如今正昂首阔步往实现教育现代化的方向迈进，圆着让孩子读好书的梦想。

磐安素有耕读传家、兴学育才的传统，党以重教为先，政以兴教为本，民以助教为荣，师以从教为乐。26年的教育追梦、圆梦，凝聚着历届中共磐安县委、磐安县人民政府对教育的高度重视，凝聚着磐安人民对教育的全力支持，凝聚着全体教育工作者对教育的无私奉献。26年来，教育投入优先保障，财政拨款从537.4万元增加到2015年的46186万元，增长了84.9倍；26年来，师资队伍建设不断完善，教师学历从46%的合格率到大学本科以上占比85%；26年来，办学条件显著改善，校舍面貌从空间狭小、条件简陋到现在"最美的建筑在学校，最美的风景在校园"；26年来，教育体系日趋完善，各类教育从初具形态到现在的科学布局、均衡发展。

任何一名教育工作者，一生能亲历两个教育梦想的追逐过程，都是荣幸之至，因为它可遇而不可求。我们，作为时代的见证者，不及时记录这个伟大时代的伟大变化，既愧对过去与今天，更有负于我们的未来。所以，"盛世修志"，足以发挥其"存史、资政、教化"的功用。

我们深知，一些历史资料如不及时搜罗，随着岁月的流逝，它们将濒临失传，所以益发体会到完成这项工作的使命感、责任感与紧迫感。文化是一个民族的灵魂，历史是一个民族文化的记忆，保存历史，就是保存我们的记忆，留住我们的乡愁，塑造我们的灵魂，增强我们的自信。磐安县教育志续编的付梓是磐安教育史上的一件盛事。这一续志与首部教育志前后衔接、首尾呼应，对于延续教育历史，传承教育改革发展经验，推进教育科学和谐发展具有重要而深远的意义。在此值得纪念的日子里，我谨代表全县教育同仁向倾注大量心血和智慧的编纂组成员，向关心和支持教育志续编的各级领导和社会人士表示衷心的感谢！

《磐安县教育志(1990～2015)》脉络清晰，横不缺项、纵不断线，忠实记录26年来磐安教育的发展变化。全书6篇24章，约80万字，一志在手，26年磐安教育了然于胸。志中涉及的时地人物及各种数据，编纂人员虽然逐项进行了考证确认，但由于时间较紧，部分资料缺失，疏漏之处或恐难免，在此敬请谅解。

吕为苗

2017年3月28日

凡　例

1.本志系《磐安教育志》1992年版的续志，上起1990年1月，下讫2015年12月底。为承接前志并补苴前志缺项，部分内容酌情上溯，并设章前追述。

2.本志以马克思列宁主义、毛泽东思想、邓小平理论、"三个代表"重要思想、科学发展观为指导，贯彻落实习近平总书记系列重要讲话精神和治国理政新理念新思想新战略，坚持辩证唯物主义和历史唯物主义立场和观点，实事求是，力求真实记录磐安教育26年的历史与现状。

3.本志采用横排纵述结构方式，设篇、章、节、目四个层次，述、记、志、传、图、表、录并用，尽力遵循"横不缺项、纵不断线、以类系事、以事系人、述而不论、详独略同、慎用人名"等原则。

4.本志6篇24章，篇下章节多寡视内容需要而定。事件的基本情况、基本过程、基本数据反复核对，力求准确，内容陈述多以时间先后为序。

5.本志选取的教育人物遵循"关乎教育""生不列传"原则，并据此删除前志与教育无关人物。保留及新增人物，一是在教育教学或学术研究方面有成就的专家，二是为创办学校尽心竭力的乡贤，三是为资助学校及学子殚精竭虑的社会人士。收录已经核实的磐安县籍的教授、博士名录，按出生年月的先后列表记载。

6.本志所用资料，主要源自磐安县教育文书档案、统计表册、图书报刊、文献汇编，同时参考省、市教育志及东阳、缙云教育志的有关内容。结构上，则糅合浦江、武义两部教育志的特长。

7.本志为重现历史原貌，地名、政区、机关、学校以及相关事物名称，均用原称。

8.本志从便于读者了解历史原貌的需求出发，重要文献资料不单设附录，直接穿插于相关章节的叙述之中。

9.本志历史纪年，民国前使用年号纪年，民国时期使用中华民国纪年，两者均在括号内注明公元纪年；中华人民共和国成立后一律采用公元纪年，以阿拉伯数字记数。

10.本志简称及专用名词，均在其后注释。

目　　录

第一篇　教育管理体制

第二篇　教师与学生

第三篇　教育教学

第四篇　各类教育

第五篇　教育教学研究与教育服务

第六篇　磐安教育人物

概　述

1990～2015年这26年，中国社会发生翻天覆地的变化。以经济数据看，1990年中国GDP总量3902亿美元，居世界第十位，人均GDP 344美元(数据来源，《中华人民共和国统计年鉴》)；2015年，据初步统计，中国GDP总量103856亿美元，居世界第二位，人均GDP接近8000美元。磐安县1990年GDP总量2.07亿人民币，人均GDP 1029元；2015年GDP总量78.3亿人民币，人均GDP 5934美元(据磐安县统计局统计年报)。经济基础决定上层建筑。磐安教育作为上层建筑的一部分，在这26年中，也伴随着磐安经济的快速发展而获得巨大的变化。

一、教育管理体制

26年来，磐安教育的管理体制主动适应教育发展的需要，同时通过管理体制的变革，促进磐安教育更好的发展。

党的领导。磐安县教育事业在中共磐安县委的坚强领导下，取得了健康长足发展。教育局实行局党组领导下的局长负责制，学校实行党支部监督保证下的校长负责制。县属学校的党支部负责人由县委宣传系统党委任命，乡镇学校党支部负责人由所在乡镇党委任命。全县教师党员队伍不断壮大。1990年，磐安县教育系统基层党组织有党支部49个，党员402人；2006年，有党支部42个，党员644人；2015年，有党支部39个，党员708人。党的教育实践活动不断丰富。先后开展"三讲"教育、"三个代表"重要思想学习教育、保持共产党员先进性教育实践、学习实践科学发展观、"创先争优"、党的群众路线教育实践等重大活动，党员的先进性与纯洁性得到大幅度提高。党风廉政建设不断加强。历届教育局党组都重视党风廉政建设，坚决制止各种不正之风，有效净化教育系统的风气，推进教育科学和谐发展。

教育局职能。教育局代表县政府管理全县教育工作。26年来，其职能也不断发生变化。1984年8月到1996年6月26日，为县教育局；1996年6月27到2001年11月30日，为县教育委员会；2001年12月到2005年5月31日，由县教育委员会、县文化局、县体育发展局组建磐安县文化教育局(加挂体育局牌子)；2005年6月，文化局独立，成立县教育局(加挂体育局牌子)。教育局内设机构的变化，见证着教育管理外延的扩大和管理的细化：1983年复县之初，教育局内设机构为人秘股、基教股、计财股，20世纪80年代末期，增加督导室；1996年，人秘股析成办公室、人事科，基教股析成基教科、成职教科(2005年又并为教育科)；2009年，组建教育局纪检监察科(2012年改为审计监察科)、安全监督科；2013年，设立教育工程建设办公室；2014年，设立县国库收付教育分中心。

办学主体。教职工调配使用、办学经费和学校建设、学生招收和管理、教育教学的实施等是办学的基本要素。1990年前，磐安县实行县、乡、村三级办学。县教育局负责全县教职工的统一调配、预算内教育经费的统一筹集、学校布局和建设的统一规划、招生政策的制订、对学校执行国家教育法律法规政策的督查等，并直接管理高中学校；局派出机构——区教育办公室管理辖区内初中、中心小学的人员流动和教学业务;村小由乡镇中心学校管理;村一级幼儿园的教师选派、教学业务由乡镇中心学校管理,办园场地、设备添置、办园经费等由所在村集体负责。1990 年,开始实施“两基”(基本普及九年制义务教育、基本扫除青壮年文盲)后,明确乡镇政府负责本乡镇的义务教育,包括筹措经费改善办学条件、保证适龄儿童依法入学、严格控制适龄儿童辍学等,同时明确乡镇政府扫除青壮年文盲的主体责任。2010 年后,中小学教育经费统一由县财政保证,学校建设统一由县教育局管理。21 世纪初,乡镇中心幼儿园、村集体幼儿园大多转制为社会力量办园,2007 年以后,逐步回归县、乡两级政府办园。2009 年,撤销安文、玉山、大盘等 3 个教办后,县教育局直接管理全县中小学的人事、经费、学校建设、教育教学业务。

督导和审计。在督政方面,先后进行“两基”评估验收、教育强县创建、义务教育基本均衡县创建、党政领导年度教育目标责任制考核等;在督学方面,开展办学水平评估、示范学校创建、规范办学督查、中小学(幼儿园)年度工作目标考核等。

1996 年成立督导审计科后(2012 年,分设审计监察科),逐步开展对下属单位和学校负责人的在职和离任审计,2011 年后,对全县 31 所中小学营养餐及食堂经费进行检查审计,对下属单位和学校开展党风廉政建设检查和考核。

工会组织。1990 年,全县基层工会总数 35 个;2015 年,基层工会总数 37 个。工会活动围绕师德教育、民主管理、职工业余文体等活动,在维护教职工权益、参与学校民主管理方面进行有益的探索与尝试。2015 年,县退休教育工作者协会有分会 24 个,经常组织活动,是广大退休教师温暖的家。

学校管理。学校实行党组织监督保证、教职工参与民主管理下的校长负责制。县属学校校长及磐安中学副校长由县委宣传部任命,县属学校副校长、乡镇初中及中心小学(学校)正副校长由教育局任命。学校普遍建立校务委员会制度,为学校的决策议事机构。学校教务处、总务处等中层机构视学校实际需要设立,其负责人(主任),乡镇学校由学校提出方案报所在乡镇党委、政府任命,县属学校 2010 年前由教育局任命,之后报教育局批准备案。学校编内教职工由教育局按编制标准调配,学校负责对教职工的工作安排和业绩考核,负责招收学生、对学生进行学业教育和考核评价。2009 年实施绩效工资前,除县财政保证教职工工资外,由学校通过勤工俭学等途径自筹经费,以“结构工资”的方式对教职工的工作量、工作业绩等进行适当的奖励。2010 年以后,许多学校尝试中层干部竞聘上岗,部分学校也尝试内部工作岗位的双向选择。

二、布局调整和学校建设

1990 年,全县共有中小学 395 所,其中小学 374 所,初中单设 16 所(另有附设初中 9 所,完全中学 1 所),高中 3 所,农业职业学校单设 2 所(另 3 所普高中还设有职高班)。此外,尚有幼儿园 210 所,成人文化技术培训学校 29 所。

20 世纪 90 年代初期的磐安教育,学校布点过多、办学效益不高的弊端十分明显。从 1992 年开始,全县开展五轮次的学校布局调整和优化工作。

第一轮学校布局调整(1992 年～1997 年),全县学校数由 366 所撤并到 214 所,调整幅度最大的是小学,由 346 所撤并到 194 所,新创办县实验小学;初中 14 所(另有附设初中从 11 所调整到 5 所,完全中学 1 所),普通高中 3 所,职业高中 2 所,还有 1 所民办职业高中(志成中学)。

第二轮布局调整(1998 年～2000 年),全县学校由 214 所撤并到 92 所,其中小学由 194 所撤并到 74 所,初中由 14 所调整到 12 所(另有附设初中 4 所,完全中学 2 所);新创办磐安县第二中学,为完全中学，加上原有的磐安中学、玉山中学、盘山中学、县职业技校、玉山农校（金华行知职高），高中共6所。

第三轮布局调整（2002年～2003年），全县学校由2000年的92所调整到50所，其中小学由74所调整到33所，初中12所（另有附设1所，完全中学2所）；高中5所，包括磐安中学、磐安二中、磐安三中、盘山中学、县职业技校。玉山中学与玉山农校（金华行知职高）合并为磐安第三中学，为综合高中。通过本轮布局调整，全县学校基本形成“以县城学校为龙头，以中心集镇学校为骨干，以各乡镇中心学校为基础”的办学格局。

第四轮布局调整（2005年～2010年），按“消除薄弱学校，优化资源配置，实现规模办学”原则，全县学校由50所调整到33所，其中小学18所（包括玉峰小学），初中10所（含九年一贯制学校的方前中心学校、冷水中心学校），高中5所（其中盘山中学为完全中学）。

第五轮布局优化（2011年～2020年），按“稳妥调整小学布局，重点优化初中布局，有效整合高中教育资源”的思路，撤并高二、盘峰、维新3所小学到大盘小学，县城新建文溪小学；安文区域新建新城中学，规划2017年该区域4所初中全部并入，玉山区域在尖山镇新建第四中学，规划2017年尖山初中、玉山初中并入；盘山中学单办初中，2011年合并技校、三中，组建县职教中心，实行“一校两区”管理模式，计划到2019年，在现深泽初中地块的金沟山背建成新职教中心。

截止到2015年底，全县共有中小学31所，其中普高2所，职高1所，初中9所，九年一贯制学校2所，小学16所，小学教学点1所。全县共有幼儿园32所。

伴随着布局调整，学校建设不断加强。

1990年，全县学校校舍情况：普通中学共占地211.6亩，校均占地7.56亩，生均占地普高20.01平方米、初中10.36平方米，校舍建筑面积59438平方米，生均校舍建筑面积普高8.43平方米、初中4.36平方米，当年新建7312平方米；农职业高中占地24.2亩，校均占地4.84亩，生均占地15.17平方米，校舍建筑面积5957平方米，生均校舍建筑面积5.60平方米，当年新建120平方米；小学占地432.8亩，校均占地1.16亩，生均占地21.46平方米，校舍建筑面积145614平方米，生均校舍建筑面积7.89平方米，当年新建603平方米。

始于1987年的全县危房改造工程，至1990年底，共投入资金980万元，新建、拆建校舍面积7.7万平方米，全县基本消除危房。

2001年，继续实施中小学危房改造工程，并实行分级负责、分级管理，乡镇中小学由当地政府负责，凡鉴定为C级危房的一律拆除，鉴定为D级危房的一律拆除新建，至2003年，共拆除危房9609平方米，改建36383平方米，投入资金1496万元。

从2004年开始，开启一系列校舍改造和维修工程。2004年“三改”（改水、改厕、改食堂），完成项目43个，投资510.6万元；2005年～2008年“食宿改造工程”，共完成项目28个，拆扩建学生宿舍面积23530平方米、食堂面积15368平方米，投资2723万元。2009年开始推进“校舍安全工程”，当年对全县中小学256个校舍工程项目进行排查，并根据排查情况制订规划，启动实施。2010年开始，全县中小学新建及维修项目经费全部列入县财政预算。2010年～2015年，共实施项目234个，新增建筑面积195531平方米，投入资金32768.7万元。

26年的学校建设，走过三个阶段：前十年是县财政投入（奖励）一部分、乡镇政府自筹一部分（一般要占1/3）、家长自愿捐助及社会各界捐赠一部分（包括港澳台同胞、海外华人及结对扶贫单位等），是全民办学；中间十年基本是县财政投入2/3（含省政府奖励）、乡镇政府自筹1/3，由全民办学逐步向政府办学转变;2010 年后,真正走向政府依法投入、依法办学。

截止到 2015 年 9 月,全县中小学学校占地面积 799418 平方米,折合 1198.5 亩,比 1990 年新增 529.9 亩,增加 79.26%;校舍建筑面积 406069 平方米,比 1990 年新增 195060 平方米,增加了 92.44%。生均占地面积:普高 59.54 平方米,比 1990 年新增 39.53 平方米,增加了 197.40%;职高 34.58 平方米,比 1990 年新增 19.41 平方米,增加了 127.95%;初中 39.88 平方米,比 1990 年新增 29.52 平方米,增加了 284.94%;小学 23.17 平方米,比 1990 年新增 1.71 平方米,增加了 7.96%。生均建筑面积:普高 23.69 平方米,比 1990 年新增 15.26 平方米,增加了 181.02%;职高 27.67 平方米,比 1990 年新增 22.07 平方米,增加了 394.11%;初中 17.81 平方米,比 1990 年新增 13.45 平方米,增加了 308.48%;小学 12.9 平方米,比 1990 年新增 5.01 平方米,增加了 63.49%。

2012 年和 2014 年,县财政投入 2/3,当地乡镇政府投入 1/3,新建尖山实验幼儿园、尚湖镇中心幼儿园,2 所幼儿园共占地 30433 平方米,建筑面积 21601 平方米,投入资金 4471 万元。

26 年,全县学校建设投入共 5.6 亿元。

三、教育经费和教育装备

1990 年,全县财政收入 964 万元,财政支出 2872 万元,财政对教育的拨款 537.4 万元,教育支出占财政支出的 18.7%。1994 年,政府预算内教育经费首次突破千万元,达 1243.7 万元,占当年县财政支出的 24.8%。2006 年,突破亿元,达 1 亿 760 万元,占当年县财政支出的 22.55%。2015 年,预算内教育经费 4 亿 6186 万元,占当年县财政支出的 21.5%。预算内教育经费拨款 26 年里增长 84.9 倍,除个别年分外,年均增速 20%以上。

年生均教育经费 1998 年之前无单独统计,1999 年为 1781 元,2010 年为 10740 元,2015 年为 15344 元,16 年间提高 7.62 倍。

年生均公用经费 1999 年 671 元,2010 年 1130 元,2015 年 1490 元,16 年间提高 1.22 倍。

教师工资性收入,1990 年月人均 237 元,2015 年月人均 8248 元,26 年间提高 33.8 倍。

在这 26 年中,教育装备也走过了从简单装备到基本满足教学需要的变化历程。

1990 年,全县学校教学仪器总值 81.98 万元,高中有理化生实验室,初中镇级学校有理化生实验点,供本校及其他乡级学校学生分组实验用,有少量投影仪和录放机。

1997 年,通过了省基本普及实验县验收,是年,教学仪器等配备在评估组重点抽查的 12 所学校中,除 2 所学校未达 95 分外,其他 10 所学校均在 95 分以上,当年全县教学仪器等配备累计总值 555 万元。

2003 年,磐安教育网投入使用,全县所有学校光纤接入,连接磐安教育网,并与外网相连。

2007 年,为创建教育强县,各中小学对仪器设备等进行强化配置,达到创强达标要求,到 2010 年教育强县复评时,当年共配置教学仪器等设备价值 376.8 万元,当年累计总值 4407 万元。

2011 年,全县多媒体班级配套比基本达到 1∶1。

2015 年,所有学校理科仪器设备、音体美设备全部达到规定标准;全县学校纸质图书藏书 941056 册,生均小学 36.59 册、初中 40.99 册、九年一贯制学校 54.14 册、普高 48.68 册、职高 49.19 册;全县电子图书 51630 册;全县学校计算机总台数 11167 台,计算机生机比(人/台)小学 3.81、初中 4.09、九年一贯制学校 3.26、普高 3.67、职高 1.86。

县职教中心拥有省重点实验室 1 个、其他实验室 41 个。

据 2015 年 9 月初统计,全县教学仪器设备资产值合计 6883.6 万元,比 1990 年增加 82 倍。

四、教师队伍

1990 年，全县中小学共有教职工 1450 人，其中公办教师 1204 人，民办教师 246 人，另有代课教师 304 人。幼儿园公办教师仅 5 人，代课教师 239 人。

1990 年，普通高中专任教师 94 人，其中本科以上合格学历占 50%；农职业高中专任教师 55 人，其中本科及以上学历占 20%；初中专任教师 400 人，其中专科以上合格学历占 52.3%；小学专任教师 681 人，取得中师以上学历占 43.5%，取得专业合格证书教师占 18.2%；所有幼儿园教师中，中师及高中以上毕业 88 人，其中受过学前教育专业训练和取得专业合格证书的共 36 人，占 14.8%。

1990 年，全县教师共有高级职称 13 人。

26 年来，通过鼓励教师学历进修、补充新教师等途径，提高教师学历合格率和超标率；通过骨干教师培养、教坛新秀评比、名师名校长工程等途径培养学科带头人队伍，促进教师队伍整体素质的提高；通过教师流动、城乡交流、提高农村学校教师待遇、评职评优向农村学校倾斜、招考聘用的新教师必须在农村学校服务 5 年、新教师聘用双向选择、评聘高级职称教师必须有农村学校任教经历等措施促进城乡教师均衡分布。

2015 年，全县小学专任教师 637 人，其中专科以上学历 617 人，占总数的 96.9%，本科学历 481 人，占 75.51%；初中专任教师 430 人，其中专科以上学历 430 人，占总数的 100%，本科学历 386 人，占 89.77%；普高专任教师 237 人，其中本科以上学历 237 人，占总数的 100%，研究生毕业 23 人，占 9.7%；职业高中专任教师 114 人，其中本科以上学历 102 人，占总数的 89.47%；学前教育专任教师 287 人，其中专科以上教师 216 人，占总数 75.26%，本科学历 61 人，占 21.25%，学前教育有编内教职工 82 人。

2015 年 12 月，全县小学在职教师中，共有高级职称 22 人、中级职称 341 人；初中在职教师中，共有高级职称 63 人、中级职称 227 人；普高教师中，共有高级职称 74 人、中级职称 80 人；职高教师中，共有高级职称 12 人、中级职称 54 人；学前教育教师中，共有高级职称 1 人、中级职称 20 人。

至 2015 年，共认定县级骨干教师 9 批 350 人，共评选 11 届县级教坛新秀 239 名，县名师名校长 16 名，市、县拔尖人才 13 人，市名师名校长 11 名，金华市教坛新秀 50 名，省级教坛新秀 9 名，省特级教师 4 人。

五、各类教育

1990 年，全县普通高中 3 所学校，平均班级数 9.3 个，在校学生数 1490 人，当年考入高中中专 96 人、大专以上 70 人；职高 2 所学校，平均班级数 8 个，在校学生数 1064 人；初中 16 所学校加 9 所附设初中，平均班级数 7.7 个，在校学生数 9873 人，当年初中学生入学率 86.7%、(15～17 周岁）普及率 68.1%、毕业率 98.3%，初中毕业生升入普高 13.8%、升入职高 16.9%；小学校均班级数不到 2 个，其中复式班占班级总数的 50.7%，在校学生数 18451 人，其中复式班学生数占总数的 35.7%，小学当年入学率 99.25%、巩固率 99.83%、毕业率 98.4%、升学率 86.7%。

1990 年因病、贫及其他原因退学学生 537 人，其中小学 78 人、初中 354 人、普高 22 人、职高 33 人。

1991 年，开始实施普及九年义务教育，1995 年 12 月，通过省“两基”评估验收。当年小学入学率 99.87%、巩固率 100%，初中入学率 94.57%、巩固率 99.09%，青壮年无盲率 96.96%。

2000 年，初中毕业生升入高中比例 81.75%，当年普通高中与职业高中、中专之比为 1∶1.17。普高毕业生升入高校 76 人，升入高中中专 59 人，高考录取率 19.56%。当年学前三年入园率 86%。

2010 年，小学、初中入学率和巩固率均为 100%，初中毕业生升入高中比例 98%；高考上线 820 人，全县上线率 28%，其中磐安中学 97%，全县文、理科一本上线 117 人。

2015 年，小学在校生 12209 人，校均学生数由 1990 年的 49 人增加到 762 人；初中在校生 6250 人，校均学生数由 1990 年的 395 人增加到 568 人；普高在校生 3034 人，校均学生数由 1990 年的 497 人增加到 1522 人；职高在校生 1477 人，校均学生数由 1990 年的 532 人增加到 1447 人。初中毕业生升入高中段学校比例达到 98.57%，其中升入优质高中比例达到 84.88%。全县高考上线率达到 95%，文、理科一本上线 199 人，占总上线率的 18%。

学前教育：1990 年，全县幼儿园 210 所，在园人数 4830 人，园均规模 23 人。2015 年，幼儿园 32 所，在园人数 5151 人，其中教育部门办 15 所，在园人数 2816 人。全县幼儿园园均规模 161 人。

六、课堂教学与学业评价

20 世纪 80 年代，学校教学用书统一为部编教材，从实施普及义务教育开始，教材为省编，2004 年开始实施义务教育课程改革，教材可以多样化选择，并鼓励地方课程和学校课程的开发。2006 年，普通高中学校实施课程改革以后，有 3 门课程被评为浙江省精品课程，36 门课程被评为金华市精品课程。

在课堂教学形式上，90 年代初期，基本沿袭教师讲学生听的传统模式，之后，逐渐有投影仪、录放机等影像设备进课堂。义务教育课程改革后，尝试不同形态的课堂教学活动，如小组学习、先学后教、精讲多练等等；教学活动也不拘泥于课堂，综合实践活动课程是教学活动的重要组成部分。多媒体进课堂、信息技术教学、家用电脑的普及等，使学生获取知识的途径更为广阔，课堂教学的形式也更为丰富多彩。2006 年，普通高中启动课程改革，实施模块教学、学分制。2012 年，省教育厅要求深化普高学校课程改革，鼓励学生自主选课、学校开展走班教学。职业高中学校，很大一部分教学活动在实习实训基地，高三阶段直接到学校联系的企业实习。

在学业评价方面，"文化大革命"结束后，一直采用百分制。义务教育课程改革后，小学实施等级制评价，并对学生的综合素质进行全面评价和报告。初中学生分数评价和综合素质评价相结合。自 1993 年开始，高中学校录取新生，体育考试以满分 30 分记入总分。2003 年开始，实验操作考查以满分 10 分记入总分(次年开始，考查通过作为高中录取的必备条件)。2007 年开始，高中新生按学业考试成绩加综合素质等级录取，其中综合素质等级分品德与素养、实践与探究、审美与表现、运动与健康四个模块，每个模块分 A(好)、P(合格)、E(需努力)三个等级，其中磐安中学录取必须 2A 及以上且不得有 E。普高自 1987 年入学新生开始，以参加省毕业会考并通过为毕业的必要条件。自 2006 入学新生开始，省教育厅要求学校要为学生进行成长记录，成长记录的主要内容为课程修习记录、综合实践活动记录、素质发展记录。学生成长记录结果统一汇总到浙江省普通高中电子学籍管理系统。在高中三年学生成长记录的基础上，对学生进行综合素质评价，内容分为三部分：综合评语、课程修习与学业评价、项目测评(测评分审美与艺术、运动与健康、探究与实践、劳动与技能四个项目)，评价结果记入浙江省普通高中电子学籍管理系统，作为高校录取的参考依据，并与通过省学业水平考试，修完规定的必选课、选修课学分一起，作为毕业的必备条件，普高学生提前达到以上要求，可提前毕业。

七、教育教学研究

复县之初，县教育局尽管百事待兴，但还是较快地组建教学研究机构教学研究室，以指导全县的教学活动。该时期教学研究以听课、评课、教学经验评比为主要方式。

进入20世纪90年代，相继组建并完善学科研究会，经常性地开展教学研究活动。比较有系统的教学研究是“农村初中语文分层次教学目标的设置与实施”，该项目参与师生人数多，研究成果显著，被全国中语会评为二等奖。1996年开始，中学数学课堂开始分层次教学研究，初中社会学科开展“图导图练”教学研究，高中生物开展“课内大容量高强度快节奏、课外轻负担”的教学实践，小学数学开展应用题序列训练课题研究，此类研究都取得一定的成效，有效促进教学质量的提高。

1997年，磐安县教育科学研究所成立，与教研室形成双轨机制。教学研究侧重学科教学、课堂教学，偏于微观层面；教育研究侧重德育研究、学校发展研究、偏于中观层面。

进入21世纪以来，伴随着新课程改革，教研室以“轻负高质”为主题开展系列研究，如开展中学语文作文、文言文、现代文分类教学研究，数学轻负高质课堂教学模式研究、英语先体验后指导教学模式研究等，均取得成效。教育科学研究所针对磐安教育热点难点问题系统开展研究，如“分类指导、分步实施、整体推进素质教育”的研究、“城乡教育共同体”的研究、“山区县扩大优质中间层”的研究等，参与人员多、研究时间长、研究有成果、推广有价值。

至2015年，全县教学研究论文获市一等奖及以上804篇，其中省一等奖13篇；优质课获市一等奖以上78人次，其中国家级一等奖1人次，省一等奖3人次，省二等奖1人次。全县教育科研成果获金华市一等奖及以上的共29项，其中省一等奖3项。

八、从普及义务教育到创建义务教育基本均衡县

1985年9月，全县普及初等教育(即小学教育)。至20世纪90年代前期，全县上下为“两基”而努力；90年代后半期，全县上下为巩固“两基”而努力。1995年，全县通过省级“两基”评估验收，并先后于1997年、2001年两次获得国家级表彰。在普及巩固“两基”的过程中，全县人民特别是广大教育工作者，付出艰辛的努力。

普及、巩固九年义务教育后，磐安的目标又着手教育强县的攻坚。作为创建教育强县基础的教育强镇乡创建，从1999年就已开始，2000年初，尚湖镇、安文镇命名为省教育强镇，方前镇、新渥镇命名为市教育强镇。伴随着教育强县的创建，普及九年义务教育也开始向普及十五年教育迈步。2004年，初中毕业生升入高中学校比例首次突破90%，达90.1%。2007年，县政府创办县实验幼儿园，使磐安的学前教育在90年代教育市场化浪潮中基本市场化后，按磐安经济社会发展的实际情况，重新逐步回归政府和集体办园为主，当年入园率95.45%。2008年，磐安县成为浙江省第五批省级教育强县。2010年，全县小学、初中入学率和巩固率均为100%，初中毕业生升入高中比例98%，学前三年入园率96.29%，达到较高标准的十五年教育的普及，是年，通过省教育强县复评。

省级教育强县的创建，标志着磐安人民千百年来追求有书读的梦想变成了真真实实的现实。但磐安人民的追求不能也不会就此止步。读好书，成了新的追求。2011年开始，全县学校布局优化、新一轮标准化学校创建、学校装备投入、特色学校创建、书香校园创建、城乡教育共同体建设、城乡教师交流、城区骨干下派乡镇学校任职、解决进城务工人员子女就学等等，无不指向同一个目标，就是追求教育的均衡发展，追求更加优质的教育，满足人民群众对读好书的愿望。经过几年的努力，2014年底，磐安县成为浙江省首批43个国家义务教育基本均衡县之一。

根据《磐安县中长期教育改革和发展规划纲要(2011－2020年)》，磐安实行义务教育基本均衡发展后，正向更高的目标——教育现代化迈进。

大 事 记

1989 年

12 月 30～31 日，副省长李德葆视察磐安县教育卫生工作。

1990 年

2 月 12 日，沈炳麟偕夫人到仁川小学参加“庆同楼”落成典礼。

3 月 28 日，县教育局与县财政局、县劳动人事局联合下发《磐安县年老病残民办教师生活补助费的暂行规定》。

4 月 4 日，教育局下文同意高二、维新、四协、天网、山环、胡宅等 6 个乡初中暂缓实施《中学生体育合格标准》。

4 月 4～5 日，金华市教委主任王桂金等领导到磐安检查工作。

4 月 9 日，云山乡石头村台胞朱岩昌为县人民教育基金会捐人民币 2500 元。

4 月 28 日，县编制委员会同意仪器站、校办企业公司、县招生办公室、县高等教育自学考试办公室为事业单位，编制定员不变。

5 月 7 日，省教委计财处与县教育局建立教育计划财务工作联系点。

5 月 10 日，省计财处副处长沈荣富、市教委副主任毛根芝到磐安视察校舍。

5 月 23 日，县教育局下发《关于加强和整顿代课教师的若干意见》。

8 月 17 日，县人民政府任命赵闻渔为磐安中学校长。

8 月 22 日，县委下发《关于在机关、企事业单位中开展为教育捐资活动的决定》。

9 月 25 日，县教育局下发《磐安县中学教学常规管理实施意见》。

10 月 31 日，浙江省“沈炳麟先生捐资项目工作座谈会”在花台山宾馆召开，沈炳麟及夫人、省政府侨务办公室、省侨政处等部门领导及 30 多位省市代表参加。

11 月 1 日，磐安中学“庆同楼”落成，金华市副市长章关键、磐安县县长卢福禄参加落成典礼。

1991 年

1 月 25 日，县人民政府发文公布《磐安县中小学破旧校舍改造规划》。

5 月 17 日，县教育局下发《关于加强退休(职)教职工管理服务的实施意见》。

5 月 28 日，沈炳麟的代表、省市侨办负责人到磐安，与县领导签订方前镇初级中学教学楼资助意向书。

6 月 6 日，省教委职教处处长钱根珊到磐安考察职业教育情况。

6 月 25 日，省教委副主任杨丽英等省、市领导到磐安视察教育工作。

7月19日，教育局长羊荣根带队到云山乡开展小学布局调整的试点工作。

8月12日，盘峰乡初中与中心小学合并为盘峰乡中心学校。

8月18日，全县教育工作会议召开，主题为：德育工作、普及九年制义务教育、布局调整、农科教统筹等。

12月11日，省教委体卫处处长葛根法到磐安了解音体师资队伍建设和体育设施情况。

1992年

1月2日，金华市人大科教文卫工委主任李其备等领导率市人大代表6人到磐安视察。

1月4日，县第二届中小学生文艺会演在县电影院举行。

1月19日，方前镇中"庆同楼"落成，沈炳麟代表、省市县有关领导参加典礼。

3月10日，市教委主任黄志成等领导到磐安视察教育工作。

4月14日，县委发文任命金彩荣为县教育局党组书记，免去羊荣根的党组书记职务。

4月16日，县人大发文任命金彩荣为县教育局局长，免去羊荣根教育局局长职务。

5月6日，县人民政府同意盘山中学普高班停止招生。

5月15日，金华市教委黄志成等领导到磐安了解初等教育情况。

5月28日，县委、县府下发《关于开展小学布局调整工作的实施意见》，县小学布局调整工作领导小组成立。

6月5日，全县小学布局调整工作会议召开，县委书记徐炳清、县长卢福禄作重要讲话。

7月3日，全市教育工作会议在磐安县召开。会议主题为深化教育改革，增强办学活力，使教育更好地为经济建设服务。金华市委书记郭懋阳等多位市领导及各县相关领导人出席会议。

7月14日，国家教委计划处处长刘政法、国家计委社会发展司刘宇南、国家教委政策法规司王晓泉、甘肃省教委计财处处长金临尔、浙江省教委计财处处长阮忠训等7人组成的教育考察组到磐安考察。

8月25日，九和乡中心小学与九和乡初中合并为九和乡中心学校。

同日，县实验小学筹建领导小组成立。

12月7日，省教委、省财政厅奖励磐安县多渠道筹措教育经费、改善办学条件奖金30万元。

1993年

2月18日，省侨办吴丹婴等省、市领导陪同沈炳麟的代表到万苍乡中心小学参加"庆同楼"竣工典礼。19日下午，到窈川参加沈炳麟救灾扶贫物资捐赠仪式。

3月25日，全省《中学生天地》《小学生时代》《小学生天地》导读研讨会在磐安召开。

4月10日，教育局为购买商品房户口的教职工家属子女办理有条件的招工手续。

4月28日，省长万学远到墨林乡中心学校看望师生。

5月10日，县委书记徐炳清主持召开全县多渠道筹措教育经费改善办学条件工作会议，赵金勇县长作动员报告。

6月23日，县教育局下文成立磐安县退休教育工作者协会。

6月26日，县实验小学奠基典礼。

9月6日，金华市教委决定玉山农职校增名为"金华市行知职业高级中学"，隶属关系不变。

9月7日，省教委组队到磐安检查九年义务教育有关情况。

9月9日，县人民政府召开全县中小学优秀教师、优秀教育工作者表彰会暨教师节座谈会。

1994年

3月11日，沈炳麟携夫人到磐安参加双溪小学“恩美楼”落成典礼。

3月13日，杭州市拱墅房屋建设开发公司捐资20万元兴建的深泽希望小学举行奠基仪式。

4月6日，磐安县实验小学成立。

5月17日，省贫困县教育工作座谈会在县花台山宾馆召开。

7月4日，国家教委基础教育司义务教育处处长姜勇久等人到磐安县实地考察义务教育现状。省教委普教处处长吴国祥和金华市教委副主任金振林一起参加。

7月13日，县委、县府联合下发《关于认真实施〈中国教育改革和发展纲要〉加快全县教育改革和发展的若干意见》。

7月23日，县人民政府下发《磐安县1994～1997年初中布局调整规划》《磐安县“两基”验收规划》等文件。

8月12日，教育局下发《磐安县中小学、幼儿园教职工编制标准试行意见》的文件。

9月15日，教育局下发《关于推行校长负责制工作的意见(试行)》，主要内容为校长负责制、教职工聘任制、结构工资制。

11月28日，金华市教师民转公会议在磐安县召开，市、县有关领导参加会议。

1995年

1月19日，省城乡建设厅为双溪乡中心小学捐献价值30000元的办公用具。

2月23日，金华市成教会议在县花台山宾馆举行，市教委主任黄志成作重要讲话。

3月29日，浙江省确认磐安县为省农村教育综合改革实验县。

4月10日，余杭市政府为双溪乡建造“临溪阁”捐资15万元，为万苍乡建造“昌裕楼”捐助20万元。

5月18日，省教委副主任郑祖煌等领导走访磐安中学和实验小学。

6月2日，杭州高校、中专、科研单位向全县少儿赠送节日礼物，省教育工会副主席姜新茂代表省城高校教职工对全县教师和少年儿童表示慰问。

6月9日，省石化厅机关党委书记吴锦地，代表浙江省石化厅为磐安建造校舍捐款10万元。

6月22日，深泽乡中心小学增名“磐安县墅安希望小学”。

9月20日，磐安县教师集资建房领导小组成立，县长刘树枝为组长。

10月9日，省政府“两基”(基本普及九年制义务教育、基本扫除青壮年文盲)评估验收组到磐安评估验收。

11月21日，省教委督导室主任陈聿武率队的省评估验收小组确认县职业技校符合省示范职业中学的验收标准。

12月4日，县政府在双溪乡召开扶贫建校工作现场会。

12月21日，省教委确认磐安县“两基”评估验收合格。

1996年

1月9日，县职业技校被公布为省第二批示范性职业学校。

6月27日，县委下文将教育局改为教育委员会。

7月，原"中共磐安县教育局党组"改为"中共磐安县教育委员会党组"，县委任命金彩荣为教育委员会党组书记。县政府任命磐安中学校长杜天笋兼任教委副主任，陈岩根、郑汝茂、陈益青任教委副主任。

7月29日，金华市各县(市)教委主任会议在磐安县召开。

8月19日，宁波万里教育集团总裁张文到磐安县实地考察教育现状，并与县教委签订教育扶贫协议。

9月1日，天网中心学校初中部并入仁川镇初级中学。

9月9日，磐安县被评为全国扫除文盲工作先进县。

9月10日，省教委督导室领导到磐安调研"两基"工作，并将磐安推荐为全国"两基"工作先进县候评对象。

9月15日，省委书记李泽民视察深泽小学，同年为盘峰乡中心学校题名。

9月23日，省重点中学上等级评估组夏明华等8人到磐安，对磐安中学进行二级重点中学评估后，认为基本达到标准要求。

10月8日，省教委主任陈文韶一行3人到磐安检查指导工作。

11月14日，县委《关于磐安县教育委员会职能配置、内设机构和人员编制方案的批复》文件中核定县教委行政编制，并规定教委的主要职责。

11月26日，国家教委督学李良才、北京市人民政府督学林荣亭在省教委督学陈聿武等人陪同下，到磐安县考察"两基"工作。

12月20日，省建设厅副厅长赵如龙到双溪小学联系"希望工程"，并捐赠5万元。

1997年

1月6日，万学远省长为磐安中学学生题词："希望你们努力学习，德智体全面发展，成为磐安县跨世纪的革命接班人。"

1月10日，磐安县被评为全国"两基"工作先进县，受到国家教委表彰。

2月18日，磐安中学被认定为省二级重点中学。

3月24日，省示范性成人学校评估验收组到磐安评估验收，认为玉山镇成人学校基本达到省级示范性成校标准。

4月13日，省中学语文教材审定委员会会员、中学语文特级教师、金华市教研室主任殷茂心应邀到磐安讲学。

4月21日，省"两基"复查组到磐安作"两基"复查。

5月13日，磐安县第二中学选址论证会在花台山宾馆举行。

5月19日，省、市电教检查组到磐安检查。

同日，省财政厅处长谭景玉代表省财政厅为窈川中心学校校舍改造捐资。

同日，省工行向九和乡中心学校捐资。

6月30日，全县中小学师生2万余人举行迎香港回归游行。

7月8日，省委副秘书长、办公厅主任俞文华等，到磐安参加省委办公厅扶贫建校项目暨盘峰乡中心学校改造工作竣工典礼。

7月18日，新渥镇中心小学举行“林杏琴教学楼”奠基典礼。

9月1日，盘峰、维新、高二3所初中并入盘山中学。大盘镇中心小学、尚湖镇中心小学、尖山镇初级中学搬入新校舍。

9月5日，县领导刘树枝等参加园丁新村竣工暨命名揭牌仪式。

9月6日，金华市财政局领导到磐安参加仁川镇中心小学“才苑楼”竣工仪式。

9月10日，团市委书记施彩华、市农行行长李雪椒到盘峰为金华市金穗希望小学挂牌。

9月18日，省教委师范处李建章率省绿荫讲师团到磐安讲学，省教委教研室特级教师卢瑞宝、杭州外国语学校讲师汪加华等分别讲课。

9月22日，省煤炭总公司向胡宅乡中心学校捐资。

10月23日，县政府决定县第二中学校址设在根溪。

11月30日，县教委下文，教育系统推行财务公开制度。

1998年

4月11日，县教委下发《磐安县中小学骨干教师审定及管理办法》，县级骨干教师开始评选。

同日，县委办、县府办成立磐安县第二中学建设领导小组。

4月23日，县教委下发《磐安县教职工动态管理办法(试行)》。

5月5日，省青年成才基金会在磐安县冷水镇授建磐安县金行希望小学，金华市合作银行捐资人民币10万元。

同日，磐安二中规划设计招标评审会召开，确定采用杭州园林设计院规划设计总体方案。

5月，县委任命杜天笋任县教育委员会党组书记，县人大常委会任命杜天笋为县教育委员会主任。副主任为郑汝茂、陈岩根、朱萍。

6月1日，浙江省计划经济委员会批复，同意新建磐安县第二中学的建筑规划与总投资计划。

6月9日，县教委成立“两公开一监督”领导小组和民主理财监督小组。

7月9日，县人民政府出台“六·三”制九年义务教育改革实施意见，决定从1999年9月开始逐步实施改制计划。

7月16日，县长刘树枝主持磐安县第二中学奠基仪式，县委书记王永民、市政府市长助理徐国权讲话。

8月12日，磐安县人民政府下发《关于第二轮中小学布局调整工作的意见》。

9月10日，县教委发文，在全县中小学试行学生(分组)实验三签单制度。

9月21日，《磐安县整体推进素质教育实施方案》决定，按照“分类指导，分步实施，整体推进”的原则组织实施和推进素质教育。

同日，县教委印发《关于评比“两公开一监督”工作 全面推行校务公开的实施意见》，决定于1998年10月30日前在全县中小学推行校务公开制度。

10月1日，省政协委员、香港闻氏福利基金会会长闻儒根携夫人到磐安县维新乡参加闻裕顺小学教学楼落成典礼。

10月5日，磐安县基础教育教学成果评选委员会成立，杜天笋任主任。

10 月 6 日，磐安县人民政府公布特邀督学、专职督学、兼职督学人员名单。

10 月 15 日，县教委印发《磐安县教育系统“三五”普法依法治校考核验收细则》。

11 月 4 日，县教委印发《磐安县中小学推行财务公开制度实施办法》《磐安县中小学财务管理制度》，在全县教育系统实行财务公开制度。

11 月 24 日，《磐安县人民政府关于申报浙江省素质教育实验县的请示》向省人民政府申报，要求将磐安县设为省素质教育实验县。

11 月，县教委组成办学水平督导评估组，首次对安文镇初级中学等 9 所学校进行办学水平督导评估。

12 月 1 日，县教委举办首届学校艺术节。

12 月 3 日，县教委印发《磐安县实施素质教育评价方案（试行）》。

1999 年

1 月 29 日，县教委公布第一轮县中小学骨干教师审定结果。

2 月 12 日，县教委发文，公布县实验小学、尚湖镇中心小学、大盘镇中心小学、方前镇初级中学为磐安县二级学校。

3 月，县教委研究课题《山区重点高中的办学研究与实践》获省基础教育科研成果三等奖。

3 月 3 日，县教委发文，对“六・三”改制各区域各学校各年级的秋季小学生源作出详尽规划。

4 月 7 日，磐安县通过市“两基”年审基础教育专项督导检查。

4 月 14 日，磐安中学和磐安县第二中学交接仪式在磐安中学举行，县长刘树枝等领导出席仪式。县人民政府决定，磐安中学与新建的磐安县第二中学易址，磐安中学整体搬迁至新校舍。

6 月 25 日，磐安县第二中学增名为“浙江师范大学外国语学院实验学校”。

7 月 13 日，县教委发文批复，同意磐安中学、磐安县第二中学的财产交接方案。

8 月 3 日，县教委发文，公布安文镇初级中学为县一级学校，玉山镇初级中学等 11 所学校为县二级学校，万苍初中等 9 所学校为县三级学校。

8 月 10 日，新磐安中学首期工程竣工典礼由县领导吴蔚荣主持举行。

9 月 18 日，县第二届中小学艺术节在磐安二中大操场举行。

10 月 15 日，省讲师团到磐安宣讲。

10 月 18 日，省教委领导 6 人到磐安中学进行省二级重点中学复查验收。

12 月 6 日，市教育强乡镇验收组 5 人到磐安方前、新渥镇评估验收。

12 月 7 日，县中小学校长培训班在磐安二中报告厅举行。

12 月 30 日，尖山、方前、尚湖、新渥等四乡镇成人文化技术学校被确认为省一级乡（镇）成人文化技术学校。

2000 年

1 月 10 日，省教育强乡（镇）抽查组到尚湖镇抽查。

1 月 17 日，磐安县方前镇、安文镇被命名为金华市教育强乡镇。

1 月 24 日，县教委公布第三批等级学校：胡宅乡中心学校等 3 所学校为县二级学校，窈川乡中心小学等 4 所学校为县三级学校。

1月26日，县委宣传部牵头成立“县小记者团”，为《磐安报》撰稿。县教研室中小学语文教研员负责中小学生写稿的指导工作。

1月26日，尚湖镇、安文镇被命名为浙江省教育强乡镇。

2月16日，安文镇初级中学、尚湖镇初级中学被公布为第三批金华市示范初中；安文镇中心小学、新渥镇中心小学、方前镇中心小学、大盘镇中心小学被公布为第三批金华市示范小学。

4月，磐安县中学语文教学研究会编撰的磐安县中学生优秀作文选《映山红》，由中国戏剧出版社出版发行，县教委主任、县中学语文教学研究会会长杜天笋为作文选作序。

5月4日，原籍磐安县冷水镇潘谭村的上海市首批特级语文教师卢元到磐安中学讲学，题目是《一个语文教师应该具备的素质》。

8月7日，县教委为全县20所中小学分别聘请公检法干部担任综合治理副校长。

9月，盘山中学开办综合高中班。

10月12日，磐安县教委被评为1998～1999年度浙江省重视教育科研先进单位。

11月1日，省教育厅厅长侯靖方到磐安调研，认为磐安教育体现出县委、县政府对教育的远见、思路和理念，走出经济欠发达地区教育事业发展的一条新路子。

11月30日，金华市中学语文教学研究会第八届年会在磐安召开，与会人员200多人。金华市教育局局长应恩民、副局长许璋、省中学语文教研员管瑶及金华市教育学会、《语文新圃》《中学语文报》相关人员出席会议。

12月，县首届学校科技节在磐安二中举行。

2001年

2月8日，省中小学收费检查组4人到磐安乡镇中小学检查收费问题。

3月14日，上海市政协常委、农工民主党上海市委副主席李根渊，上海泛华能源有限公司董事长蒋伯勤等人到大盘镇中心小学、盘山中学开展扶贫活动。市教委主任应恩民、副主任吴文飞，副县长胡冬娥和县教委主要领导一同参加。

4月2日，县教委、县教育工会联合发文，决定5月举行“当好新世纪合格教师”的青年教师演讲比赛。

4月20日，县教委主任杜天笋主笔的《分类指导、分步实施、整体推进素质教育》课题研究报告，获金华市教育科研优秀成果一等奖、省基础教育科学研究优秀成果一等奖。

5月，县教研室中止教学论文评审费的收取。

8月7日，磐安县获全国“两基”工作先进单位称号。

10月26日，玉山中学与行知职高合并，成立县第三中学，校址在玉山西坑畈。28日，县教委发文，启用“磐安县第三中学”印章。

11月5日，县领导陶诚华、史兴、张瑞晋、陈志身、周义妹及市教委领导参加磐安县第三中学成立暨教工楼奠基仪式。

11月10日，磐安中学的文学刊物《海螺山》和安文镇初级中学的《文溪》，在金华市教研室组织的文学社刊评比中分获一等奖。

12月，磐安县教育委员会与文化局、体育发展局合并，组建磐安县文化教育局，党组书记、局长杜天笋，副书记邱锡勇，副局长吕为苗、陈美伟、潘丽霞、曹明春、汤新。

12月6日，省教育厅副厅长张绪培、金华市教委副主任刘宝剑就基础教育情况到磐安调研。

2002年

3月2日，全县教育工作会议召开，会议明确2002年、2003年两年教育工作的目标和任务，首次与各乡镇签订危房改造与现代化教育装备责任书，落实教育发展领导责任制，提出“力争在2003年成为浙江省教育强县”的奋斗目标。

4月2日，金华市初中作文教学（即中考语文复习）研讨会在磐安二中召开，与会的县、市代表600多人。

4月8日，教育局副局长吕为苗在教研室组织召开磐安县小学、初中、高中三个学段的“环保读本”提纲审查会议，参加会议的有教研室正、副主任，以及读本主编周钟铭、卢国兴。

4月30日，县委宣传部、文化教育局联合召开全县学校德育工作会议。

6月25日，义乌市政府副市长骆亘带领市府办、财政、教育等有关部门领导，到磐安与县领导商讨教育对口支援工作。

6月27日，省教育厅副厅长黄新茂、省教育报刊社社长张序炎、省教育厅督导处处长顾玮到磐安，就经济欠发达地区争创省教育强县工作进行专题调研。

6月，全县258名幼儿教师通过弹琴、唱歌、舞蹈、绘画、讲故事五项考核，108人被教委考核组确认为合格。

7月16日，金华市副市长徐国权召集磐安县人民政府和金华市教育局、财政局等部门负责人，专题研究金华市与磐安县教育对口支援工作。

9月2日，为2003年在小学三年级及以上开设英语课，县教育局从各校选拔45名小学教师去浙江师范大学学习，同时委托浙江师范大学在磐安开设三届信息技术教师培训班。

9月5日，省教育厅厅长侯靖方在副市长徐国权、市教育局局长应恩民陪同下，到磐安了解省教育强县创建的进展情况。

9月17日，省委常委、宣传部部长陈敏尔在市、县领导的陪同下，到磐安县视察扶贫建校工作。

9月17～19日，副省长盛昌黎在省教育厅厅长侯靖方陪同下，到磐安视察教育工作。

10月18日，县教师进修学校（教研室）由城上街15号搬迁到北街30号，文教局各科室借用进修学校这一房子办公。

10月30日，县人大召开行政执法评议大会，县教委名列第8名。

11月6日，磐安教育网站开通，市教育局副局长许璋到会祝贺。

11月28日，县第二届学校科技节在磐安二中风雨操场开幕。

12月5日，省人大常委会副主任鲁松庭在县委书记刘树枝陪同下视察磐安中学。

12月12日，磐安中学被确认为省一级重点中学。

2003年

3月3日，副县长孔银仙实地检查中小学危房改造和布局调整的乡镇工作进展情况。

4月12日，副县长方宝康、孔银仙参加尖山镇中心小学新校舍工程奠基仪式。

4月21日，县委决定陈益青任县文教局党组书记，县人大常委会决定陈益青任县文教局局长。

4月22日，县文教局组织召开安全工作紧急会议，研究部署以预防和控制非典型肺炎为重点的安全防范工作。

6月11～12日，市文体局处长张根法到安文镇、大盘镇、盘峰乡复查“东海明珠”创建工作。

9月1日，投资120万元的尚湖镇初级中学教学大楼投入使用。

9月下旬，实验小学等10所中小学通过金华市教育局对示范学校的复查。

10月21日，总投资230万元的冷水镇中心学校综合楼封顶。

10月22日，义乌绣湖小学向仁川镇方山小学捐赠2万元教学设备和5000元办学经费。

10月25日，全县教职工中国象棋比赛在县文化教育局会议室举行，16个代表队的46名选手参加比赛。

11月29日，深泽中心小学教学综合楼落成，浙江广通集团向该校捐资12万元。

11月14日，市教育局局长应恩民到磐安进行为期两天的调研。

11月上旬，县教育技术装备站对全县中小学教育装备使用情况进行专题调研。

12月8日，“庄良喜教育助学基金”捐赠仪式在县政府四楼会议室举行。

2004年

2月17日，市教育局领导徐灵甫一行走访县职业技校和磐安三中。

4月16日，县南园小学开工并举行奠基仪式。

4月19日，县新课程改革现场会暨首届教学开放周活动在县实验小学举行。

4月29日，省教育厅对玉山社区教育工作进行考查。

5月26日，市人民政府教育督导室和市教育局组成联合评估小组，对磐安教育科研工作进行专项督导检查。

9月1日，新筹建的磐安县南园小学租用县教师进修学校师训大楼为校舍，招生开学。

9月16日，金华市副市长林一心等领导对磐安县教育工作进行专项调研，决定将市政府对磐安的教育对口支援延续至2007年。

9月29日，磐安县实验小学、磐安县方前小学被确定为浙江省示范小学。

10月8日，学校房地产产权登记收费标准协调会在县政府会议室召开。

11月16日，金华市社区教育工作会议在磐安县召开，省教育厅职成教处副处长陈伟光、市教育局局长应恩民出席。

12月1日，磐安县玉山镇被确认为第八批省教育强镇。

12月17日，磐安县冷水镇、双峰乡、万苍乡被命名为金华市教育强乡镇。

2005年

3月16日，中央教科所蓝建教授在省教育厅职成教处领导张惠平等陪同下，到玉山社区教育科技中心调研。

3月25日，以省督学李伟健为组长的复查组到磐安中学复查省重点高中的办学条件。

3月31日，减轻中小学过重课业负担紧急会议在县文教局六楼会议室召开。

4月6日，浙江省人大常委会委员、省人大教科文卫委员会主任委员杨丽英等领导到深泽初中视察。

4月9日，中国成人教育协会秘书长谢国东、浙江省教育厅成职教处副处长陈伟光到磐安三中考察。

4月26日，省标准化学校检查评估组对磐安县10所中小学进行省Ⅲ类标准化学校检查评估。

5月31日，金华市教育局局长应恩民视察安文镇中心小学和深泽乡中心小学(墅安希望小学)。

5月26日，市教育局、市人民政府教育督导室对省教育强镇(乡)尖山、大盘、深泽和市教育强镇仁川进行复查。

6月2日，县委副书记史兴等领导参加磐安县教育局挂牌仪式。

6月24日，县长施彩华等领导参加磐安中学高考颁奖大会。

7月，县教育局被金华市委、市政府评为反邪教警示教育活动先进示范单位。

8月12日，原籍高二乡的美国俄亥俄州教育厅考试中心副主任徐登科博士应邀到县教育局，与科室机关干部、区教办主任、直属学校部分教师座谈。

8月26日，磐安县教育系统创建省教育强县动员大会在磐安中学体艺楼召开，全县1600多名教育工作者参加会议，县委书记徐建华作重要讲话。

8月28日，县职业技校完成中层领导竞聘上岗和教职工聘任等人事制度改革工作。

8月30日，安文镇初级中学、高二乡中心小学等9所学校，被评定为省Ⅲ类标准化学校。

8月31日，南园小学并入县实验小学，学校迁至安文镇下元畈小区，县委副书记史兴代表县委、县政府为县实验(南园)小学授牌。

9月1日，磐安县中小学生实现学籍电子化管理。

同日，双峰乡初级中学并入仁川镇初级中学。

9月13日上午，省委先进性教育活动督导组一行4人到安文镇中心小学检查活动开展情况。

9月29日，浙江省教育强乡镇考核组到双峰乡考核评估。

10月13日，县长施彩华、副县长孔银仙到深泽初中视察标准化学校建设工作。

10月上旬，浙江省教育厅委托金华市教育局组织人员到磐安复评省级乡镇成人文化技术学校。

11月1日，浙江省委宣传部助理巡视员、机关党委副书记杨丽英率“钱江浪花”艺术团团长陆湘汉等，到万苍小学参加“扶贫助学结对”仪式。

11月7日，县基础教育课程改革巡礼活动在磐安二中举行。

11月9日，原金华市委书记郭懋阳到磐安实验小学视察。中央教科所蓝建教授到磐安三中检查指导工作。

11月10日，金华市教育局副局长戴玲带领金华市教育强镇(乡)考核评估组到磐安考核评估。

11月18日，县职业技校被认定为省第一批省级中小企业职工培训示范基地。

12月9日，民革浙江省委员会副主委计时华、张解放等为深泽初中捐赠钢架床、餐桌凳。

12月12日，东阳市中立电子发展有限公司中标磐安县教育局网络系统工程。

12月13日，市信息化示范学校验收组到深泽等几所小学评估验收。浙江省2005年农村初中数学课改教学调研暨课堂教学展示活动在磐安举行。

12月15日，金华市省二级重点职校复查评估领导小组到磐安县职业技术学校复查评估。

2006年

1月9日，省委常委、组织部部长斯鑫良到县实验小学视察。

3月1日，中国香港龙赛教育集团秘书长张贞一行走访盘峰中心校，龙赛教育集团1999年曾捐资

10万元建造该校宿舍楼。

3月2日，浙江省“绿色学校”考评组对尚湖、尖山及双峰等中心小学进行评估验收。

4月19日，县领导史兴、潘江涛等参加县实验初中工程建设奠基仪式。

4月25日，市人大督查组到磐安调研农村中小学“四项工程”(扩大贫困生受助面、爱心营养餐、食堂改造、教师素质提升)实施情况。

4月26日，浙江省委党校行政学院图书馆派人到尖山小学与贫困学生结对扶贫。

5月18日，省标准化学校检查评估组到达磐安，对尚湖等10所小学进行省Ⅲ类标准化学校检查评估。

5月31日，浙江法制报社社长王建新等人到玉峰小学捐资助学。

6月3日，中央教科所蓝建研究员、ICT专家景民教授、浙江省教育厅领导张惠平三人组成的评估团到磐安三中，对学校承担的ICT国际课题进行阶段性评估。

9月1日，省委统战部部长王培民、市委统战部部长何美华等省、市领导在县委书记徐建华陪同下，视察磐安中学和县实验小学。

9月13日，市教育局局长应恩民等到磐安县检查创建省教育强县工作的进展情况。

9月26日，浙江省教育强乡镇评估验收组到万苍乡、冷水镇、仁川镇评估验收。

9月27日，省教育工会主席秦素琴到磐安调研。

10月27日，全县高中教学质量研讨会在盘山中学召开，杭州学军中学副校长任学宝与会指导。

11月7日，金华市副市长徐辉一行到磐安县开展教育工作调研。

11月9日，省、市政府督学许璋一行4人到磐安县开展教育创强工作调研。

11月9日，省检查组对磐安县农村中小学扶贫扩面工程、营养餐工程、食宿改造工程、教师素质提升工程等情况进行专项检查。

11月23日，金华市委常委、宣传部部长陶诚华到县实验小学视察。

同日，金华市教育强乡镇评估组对盘峰乡、窈川乡进行考核评估。

11月29日，金华市示范性学校评估组一行四人在县教育局领导陪同下，对尖山小学和九和小学进行市示范性学校考核评估。

2007年

1月16日，省教育厅副厅长张绪培到磐安县指导“创强”工作。

3月2日，副县长潘丽霞在全县中小学校长会议上，作题为“明确责任，落实任务，确保顺利创建省教育强县”的报告。

4月5日，县委下发《关于调整生态县建设等领导小组的通知》，公布县创建浙江省教育强县领导小组成员名单，并设立“创强”办公室。

5月25日，县长办公会议同意安排创建教育强县专项经费640万元。

6月27日，县长张荣贵率教育、财政、安监等部门负责人检查县实验初中、实验幼儿园的建设情况。

8月2日，县委书记施彩华到县教育局调研，重点了解“创新创业”开展情况。

8月24日，全县中小学校长会议召开，会议主题：打好攻坚战，谋划“十一五”，为建设富有磐安县特色的教育强县而努力奋斗。

8月30日，新创办的县实验幼儿园招生工作顺利结束。

9月1日，县十大重点工程之一磐安县实验初中建成并正式开学。

9月20日，浙江省教育强乡镇考核评估组先后到胡宅乡、双溪乡考核评估。

9月，磐安县开始全面推行“校财县管”经费管理机制，县直10所学校全部启动该运行模式。

8～9月，全县撤并3所初中、2所小学。

10月9日，省农村预备劳动力培训工作督查组到磐安县督查。年内，全县共培训农村预备劳动力327人。

10月29日，县教育局创强领导小组第三次会议召开，具体研究前阶段创强工作存在的问题和下阶段创强工作安排。

11月2日，首次召开全县教育系统视频会议，会议主题：统一思想，落实责任，团结奋战，力争圆满完成创强任务，开创教育教学工作新局面。

11月8日，市教育局副局长胡锦全带领食宿改造工程核查组一行到磐安县核查。

12月17日，县委宣传部部长潘江涛主持召开创建省级教育强县迎验动员会，全县各乡镇党委书记、乡镇长和有关部门负责人参加会议。

12月23日，省教育强县评估验收组到磐安县评估验收。

2008年

3月10日，全县义务教育经费专项审计复查工作会议召开。

3月27日，省教育厅纪律检查工作委员会书记赵关君等人到磐安县视察教育工作。

4月9日，省教研室主任刘宝剑《新课改与新高考》报告会在磐安中学举行，全县200余名高中教师参加。

4月7～13日，省委教育工委书记、省教育厅厅长刘希平带领省教育厅调研组到磐安县大盘镇中心小学、玉山镇初级中学开展为期7天的蹲点调研活动。

4月29日，省教研室主任刘宝剑等代表省教育厅到磐安县开展爱心助学。

5月9日，金华市教育局人事处与市特级教师协会组织的特级教师支教活动在磐安二中举行。

5月，磐安县教育系统师生员工向汶川地震灾区捐款100余万元。

6月2日，磐安县接收首位地震灾区学生贾福到深泽乡中心小学就读。

7月8日，浙江省教研室全体教研员到磐安县开展与教师面对面教研活动。

7月16日，磐安县首期中小学校长拓展培训班开班典礼在浙江教育学院举行，省教育厅副厅长张绪培、浙江教育学院院长鲁林岳等领导与会。

8月22日，磐安县被授予“浙江省规范教育收费示范县”称号。

9月9日，省教育厅副厅长鲍学军到磐安县调研职业教育。省电化教育馆为磐安捐赠110台电脑。

10月，浙江省委、省政府授予磐安为第五批“教育强县”荣誉称号。

10月16日，省重点中学视导组到磐安中学和县职业技校作年度视导。

12月18日，浙江师范大学和磐安电大联合举办的磐安县首届教育管理硕士研究生主干课程进修班开班。

2009 年

2 月 28 日，县教育局召开省级重点课题“建设山区特色教育强县的行动研究”开题论证会，省教科院院长方展画等省、市领导和教育专家组成的课题论证组与会。

5 月 19 日，县语言文字工作委员会办公室、县教育局联合举办的首届中小学生规范汉字书写大赛圆满结束。

6 月 25 日，县实验小学和大盘中心小学结成“城乡教育共同体”，县人大副主任虞贵荣、副县长潘丽霞等领导参加“共同体”启动仪式。

6 月 26 日，举行全县教职工师德演讲比赛，并组织“自觉抵制有偿家教”签名活动。

8 月，撤销安文、玉山、盘山 3 个区域的教育办公室。

8 月 25 日，磐安县委下文，任命吕为苗为磐安县教育局党组书记。县人大常委会任命吕为苗为磐安县教育局局长。

9 月 9 日，县委书记张荣贵出席磐安县庆祝第 25 个教师节优秀教师座谈会，并作重要讲话。

12 月 3 日，金华市语委副主任、市政府副秘书长郭金仪带领的评估团，通过两天考核后认定：磐安县已达国家三类城市语言文字工作评估标准。

12 月 10 日，浙江省石化建材集团公司党委副书记、纪委书记王肖华等人在宣传部部长叶顺清及教育局局长吕为苗陪同下，为尚湖镇中心小学标准操场建设工程捐款 20 万元。

12 月 15 日，全县 2009 年校长读书班在缙云仙都举行，历时 3 天，会议期间实地考察缙云县长坑小学。

2010 年

3 月 2 日，浙江省教育技术中心“春泥护花行动”小组第 4 次给磐安县捐赠电脑，累计达 380 台。

3 月 16 日，县教育局党组书记、局长吕为苗，在全县中小学校长会议上作题为“求真务实，开拓进取，努力开创全县教育工作新局面”的工作报告。

5 月 14 日，省“百人千场”名师送教下乡，浙江师范大学成教学院院长率 4 位名师到尚湖初中送教，全县初中语文、英语教师参加。

5 月，截至 5 月 18 日，教育系统机关干部、教职员工以及学生为青海玉树地震灾区捐献爱心款达 289370.3 元。

6 月 25 日，磐安县实验初级中学新渥校区揭牌仪式在新渥初中举行。

7 月 7 日，县教育局下发文件，组建“实验初中——新渥初中”“实验小学——大盘小学”两个紧密型教育共同体。

7 月 15 日，县长周剑敏到教育系统调研，实地走访新渥初中等学校，就新城区学校选址作专项调研。

8 月 23 日，县教育局下发《中小学内部机构设置和中层干部选拔任用实施办法(试行)》文件。

9 月 12 日，省教育厅巡视员张绪培、省教育厅督导处处长叶向群等到磐安检查开学工作。

11 月 29 日，县教育局组织召开全县“轻负高质”工作会议。

12 月 22 日，省教育厅副厅长何杏仁率省教育强县复查组到磐安进行为期两天的考核评估，最终确认通过验收。

12月27日,金华各县(市)教育局长会议在磐安召开,副市长林一心、市教育局局长应恩民与会。

2011年

1月12日,县教育局下发关于认真学习、宣传贯彻全省教育工作会议精神和《浙江省中长期教育改革和发展规划纲要(2010～2020年)》的通知。

2月28日,县教育局转发《金华市安全生产委员会办公室关于开展学生接送车专项安全督查的通知》。

3月18日,省教育厅职业教育调研组在成职教处副处长胡惠华带领下到磐安调研职业教育工作。

4月,县教育局下发《关于全面开展"书香校园"建设的通知》《关于义务教育段学校开展"体育、艺术2+1项目"活动的通知》《学校食堂食品配送工程实施方案》《关于成立磐安县教育局学校食堂食品配送工作领导小组的通知》等文件。

5月12日,磐安县教育局下发《中等职业教育专业结构调整规划》(磐教〔2011〕30号)的通知。同时下发关于建立县"职教中心"组建工作协调小组的通知。

5月20日,金华市中小学优秀教师师德巡回报告团到磐安作报告。

6月,磐安县人民政府下发《磐安县中小学布局优化规划方案(2011～2020年)》(磐政〔2011〕76号)、《磐安县学前教育改革与发展三年行动计划(2011～2013年)》(磐政〔2011〕77号)。

6月30日,县教育局下发《关于进一步加强中小学教师流动管理的意见(试行)》。

8月28日,玉山区域3所初中联合举行中层干部竞聘活动。

9月1日,县职业教育中心揭牌仪式在县职业技校举行。

9月9日,上午,全县教育工作会议召开,书记张荣贵、县长周剑敏就加快推进教育现代化建设作重要讲话。下午,全县中小学校长会议召开,局长吕为苗作题为"紧抓机遇、乘势而上,推进磐安县教育新跨越"的工作报告。

9月15日,浙江省教育厅厅长刘希平到磐安检查开学工作。

10月24日,全县义务教育阶段课堂教学改革工作会议在县实验初中召开。

11月,县教育局下发《关于成立学校食堂食品配送工作督查考核小组的通知》《学校食堂食品配送企业考核办法(暂行)》《关于开展学校发展性评价的实施意见(试行)》《关于开展市级学前教育先进和达标乡镇创建工作的通知》《教育系统内部审计工作实施办法(试行)》《关于做好"万名家长评学校""满意教师""满意课堂"评比工作的通知》等文件。

11月24日,县教育局召开学校发展性评价工作会议。

12月14日,《一片冰心在玉壶——磐安县优秀教育工作者风采之一》首发式在磐安二中举行。

12月19日,磐安县实验小学等6所小学被评定为县首批书香校园。

2012年

2月27日,县教育局召开小学段课改推进会暨"体艺2+1"、书香校园现场会。

3月2日,县委宣传部部长赵军锋慰问勇救落水女子的职业技校教师潘福云、郭指威,局长吕为苗宣读教育局表彰决定。

4月,磐安县人民政府下发《磐安县中长期教育改革和发展规划纲要(2011～2020年)》(磐政〔2012〕52号)。

5月23日,县人大组织食品药品监督管理、交通、工商、卫生、教育等部门到玉山、安文区域及城区部分中小学、幼儿园开展中小学安全工作调研。

5月30日,省职成教调研组到县职教中心督查和调研磐安县2012年职业教育和成人教育工作。

6月1日,县委副书记、县长陈蕾妍,副县长应跃成在局长吕为苗陪同下,到安文小学、实验幼儿园、艺术幼儿园走访慰问。

6月26日,金华职业技术学院、县职业教育中心合作办学签约仪式在县职教中心技校校区举行。

8月22日,全县中小学校长会议召开,会议主题为加快推进教育现代化建设。

8月23日,首届全县中小学"校长论坛"举办,参加暑期培训班的部分校长和局科室业务骨干共19人在活动中发言。

8月25日,省教科院院长方展画在市教科所所长金跃芳的陪同下,到磐安指导省重点课题"山区县义务教育扩大优质中间层趋近高位均衡的行动研究"。

9月1日,上午,副县长应跃成在局长吕为苗等领导陪同下到学校检查指导开学工作。同日,县实验幼儿园荷塘分园开学。

10月10日,县人大常委会副主任张文明带领县省级扶残助残爱心城市创建工作督查组到教育局督查创建工作。

12月1日,《文溪心语:磐安县教师美文选》由西泠印社出版社出版发行。

12月6日,市语委副主任、市教育局副局长姜焜带领评估组到磐安进行国家三类城市语言文字工作评估整改"回头看"。

12月28日,全县初中段校长优质课评比活动在县实验初中与安文初中举行。

2013年

1月24日,县第三小学新建工程初步设计审查会召开,十多个部门的分管领导和相关科室负责人参加会议。

2月,维新乡中心小学撤并到大盘镇中心小学。

2月28日,省委宣传部副部长来颖杰到县实验初中看望"感动中国2012年度人物"荣誉称号获得者陈斌强老师。

3月14日,县委副书记、县长陈蕾妍等领导到职教中心三中校区、玉山小学调研。

4月2日,县教育局召开教育系统人大专项工作评议动员大会,局长吕为苗作动员报告。

4月2日,县教育局召开教育系统师德师风推进会,局长吕为苗作题为"大力加强理想信念教育,为实现磐安教育现代化而努力奋斗"的主题报告。

4月23日,省人大常委会副主任、省农村发展研究中心理事长、省老促会会长程渭山一行视察县实验初中(小学)体艺楼工程。

5月6日,县教育局在影剧院举办"美丽教师(职工)、美丽少年"事迹报告会。

5月8日,县委、县政府召开第三小学与深泽小学改扩建项目督查会议,周剑敏、赵军锋等领导出席。

6月25日,县长陈蕾妍到三小、二中、深泽中心小学督查工程建设。

8月23日,省考试院院长葛为民到磐安调研。

8月27日,省教育厅副厅长韩平、省教育厅基础教育处处长方天禄、市教育局副局长姜焜到磐安调研。

8月，台地初中选址调研座谈会召开。实验初中、实验小学周边交通安全工作会议召开。县司法行政法律服务中心暨县教师进修学校搬迁工程选址协调会召开。

9月，盘峰乡中心小学撤并到大盘镇中心小学。

9月6日，金华市创建义务教育基本均衡县督查组到磐安督查工作。

9月29日，浙江省教育厅成职教处副处长金海燕等人到职教中心调研。

10月16日，浙江省教育局教研室主任缪水娟等领导到双峰小学作特色学校创建和小班化教学调研。

11月7日，人大专项评议调研小组到县教育局听取整改工作汇报。

11月29日，金华市第二次课堂教学改革推进会在磐安召开。

2014年

1月17日，副县长应跃成到县教育局调研磐安教育网站建设工作。

2月7日，金华市委书记徐加爱视察县文溪小学建设工程。

2月24日，磐安县首届汉字听写大会在安文初中举行。

4月11日，省教科院院长方展画、市教科所所长金跃芳一行到磐安指导教科研工作。

4月16日，浙江省委常委、宣传部部长葛慧君等领导到双峰小学调研学校体艺"2+1"工作，并批示省教育厅作进一步调研。

4月25日，省教育督导评估组到磐安县视导创建浙江省义务教育发展基本均衡工作。

5月14日，金华市教育局、教育信息中心到磐安调研省市首批数字校园示范建设工作。

5月，校长论文发言集《曲径通幽》《二月和风到碧城——磐安县优秀教育工作者风采之二美丽教师职工》由西泠印社出版社出版。

6月4日，省教育厅副厅长丁天乐一行到磐安调研义务教育工作。

7月29日，省教育厅副厅长韩平到磐安县开展暑期督查，重点查看校园改扩建工作，并到学生家中了解教师家访以及学校安全教育开展情况。

8月19日，校园及周边环境综合治理专项工作会议在县教育局召开。

8月，高二乡中心小学撤并到大盘镇中心小学。

9月1日，文溪小学举行开学揭牌仪式。宣传部部长赵军锋、副县长应跃成等领导和局机关全体干部参加。

9月9日，第30个教师节表彰大会召开，县领导周剑敏等出席。

9月23日，金华市政协副主席刘净非到县职教中心调研职业教育工作。

11月25日，县委常委、宣传部部长吴蔚华到县教育局调研。

11月27日，磐安县第四中学奠基仪式在尖山镇清凉山举行。

12月8日，国务院教育督导团派员到磐安作"全国义务教育发展基本均衡县"督导评估。

12月23日，磐安县新城中学奠基仪式在新渥镇西坞工地举行。

2015年

1月1日，原本纳入县财政局国库集中收付中心管理的9所直属学校财务，第一批进入磐安县国库教育分中心审核支付。

1月26日,全省教育系统视频会议召开,磐安县教育局荣获“省教育科学和谐发展业绩考核优秀单位”称号。

2月11日,省教育厅语管处副处长李斌等到磐安走访、慰问省爱心基金会结对资助的3名经济贫困学生和1名经济特困幼儿。

2月28日,局长吕为苗在全县校长会议上作题为“迎接新常态,采取新举措,开创新局面”的报告。

3月,全县各中小学校务监督委员会相继成立。

4月9日,县委副书记、县长傅显明调研教育工作,强调要进一步提高教育教学质量,要抓好基建工程建设质量。

5月8日,市委督导组一行4人到教育局检查从严管理落实年情况。

5月29日,县政府第三十三次常务会议审议《关于县职教中心等五个项目的选址方案(送审稿)》,决定选取深泽初中地块作为县职教中心的未来校址。

6月3日,“陈斌强德育工作室”揭牌暨“陈斌强孝心奖励基金”建立仪式举行,县委常委、宣传部部长吴蔚华等领导出席。

6月5日,县教育局和县财政局联合下发《磐安县普惠性民办幼儿园认定和管理办法》的通知。

9月,全国道德模范陈斌强到北京参加中国人民抗日战争胜利70周年纪念大会观礼活动。

9月1日,全县23所乡镇中小学及尖山实验幼儿园进入教育分中心实施审核支付。

10月28日,金华市政协副主席、金华市教育局副局长胡锦全等领导到磐安督查调研。

11月9日,来自全县中小学的200多名书画选手参加县学校艺术节现场书画比赛。

11月18日,第四届中小学教师教育技术应用能力大赛在县城举行。

11月27日,浙江省教育学会农村义务教育分会2015年年会在磐安举行,省教育厅副厅长韩平等领导出席。

12月,磐安县人民政府下发《磐安县发展学前教育第二轮三年行动计划(2015～2017年)》(磐政办〔2015〕118号)。同月,磐安县第十届学校艺术节优秀文艺节目汇报在县影剧院演出。

12月24日,磐安县省级创新实验室论证会在磐安二中召开。

12月28日,省教育考试院院长孙恒、省教育考试院办公室主任王君胜一行到磐安调研高考改革。

第一篇

教育管理体制

根据《中华人民共和国教育法》“分级管理分工负责”的原则，国务院和县级以上地方各级人民政府对各级各类教育负有领导和管理职能，而教育行政部门始终是教育行政权的主体，享有主管本行政区域内教育事业的法律地位。相关的行政部门如计划、财政、人事等，根据同级政府的授权，在各自的职责范围负责有关的教育工作，代表国家，以举办者的身份管理某些行业特点明显的学校，或者对行业教育进行规划和业务指导。

就教育行政部门来说，它还有自己的内部管理机制。这就是教育系统的内部机构设置、职责范围、隶属关系、权力划分和运行机制等。

第一章　教育行政管理

民国28年(1939年),磐安建县,成立战时教育文化事业委员会,县政府教育科设督学、文教、会计3个股。

1949年12月,磐安县人民政府设文教科,各区有文教办事员。1952年,磐安县扫盲委员会成立。1958年,磐安并入东阳县,磐安县扫盲委员会与体育委员会并入东阳文教局,安文、玉山、盘山分区设业余教育辅导员。1968年,各区设教育革命办公室(简称“区教办”)。次年,贫下中农管理学校委员会进驻各公社中心学校以及安文、玉山、盘山3所中学。1977年,区教育革命办公室改称区文化教育卫生办公室,公社贫管会主任由公社文教干事替代。1983年10月,磐安恢复县建制,成立磐安县文教局,各区设文化教育办公室。1984年2月,县文教局与县体育委员会分开办公。1984年8月,撤销县文教局,设立县教育局。

第一节　教育行政管理体制

一、县政府的主要职能

根据《中华人民共和国教育法》规定,县级人民政府领导和管理本行政区域内的教育工作,并向本级人民代表大会或者其常务委员会报告教育工作和教育经费预算、决算情况,接受监督。

20世纪90年代初期,为普及九年制义务教育,县委、县政府提出“再穷不穷教育,再苦不苦孩子”的口号。20多年来,历届县委、县政府秉持这一原则,出台一系列促进教育发展的规划、政策和措施,使磐安教育得到不断进步和发展。其主要表现为:

(一)确定磐安教育的发展方向

1994年7月,县委、县政府联合下发《关于认真实施〈中国教育改革和发展纲要〉加快我县教育改革和发展的若干意见》,意见提出全县90年代教育发展的10个目标,特别是90年代中期争取通过“两基”省级验收的目标。1998年7月9日,磐安县人民政府提出关于推行“六·三”制九年制义务教育改革的实施意见,决定于1999年9月开始实行改制,小学由现行五年制改为六年制。2000年,县委、县政府联合下发《关于印发〈磐安县教育现代化建设规划(2000～2020年)〉的通知》《关于印发〈磐安县加快教育改革和发展若干意见〉的通知》,县政府下发《关于鼓励社会力量参与办学的若干意见》。2005年,县委、县政府下发《关于进一步加强教育工作的决定》。2012年,县政府颁布《磐安县中长期教育改革和发展规划纲要(2011～2020年)》。规划纲要从总体目标、主要任务、基本要求、素质教育、队伍建设、教育改革和领导保障等方面,对磐安县今后十年教育改革和发展进行全面谋划和部署。2015年12月29日,出台《磐安县创建教育现代化县实施方案》,计划在2017年前基本实现教育现代化,2020年前全面实现教育现代化。计划围绕11项指标分五个阶段开展二十大重点工作。

(二)推进学校布局的调整

1990年,全县共有中小学395所、幼儿园210所,学校布点过多、办学效益不高的弊端十分明显。从1992年开始,通过新建学校、学校改扩建、薄弱学校撤并等方式实施五轮学校布局调整,全县中小学学校数由379所撤并到29所,全县高中、初中、小学各学段的学校布局得到优化。幼儿园由210所调整到32所,高标准创办县实验幼儿园、尖山实验幼儿园、尚湖镇中心幼儿园。

(三)推进教育的普及和提高

20世纪90年代,举全县之力实施“两基”,并于1995年通过省级验收,1997年、2001年两次受到国家级表彰。2000年初,以尚湖、安文等4个乡镇被命名为省、市教育强镇为标志,开始10年的教育强县创建,2004年,基本普及15年基础教育。2008年,创建省教育强县。2010年,通过省教育强县复评。2011年开始,经过4年的努力,磐安成为浙江省首批43个国家义务教育基本均衡县之一。

(四)确保教育经费的增长

1983年恢复县建制后,磐安是全省25个贫困县之一,县财政困难,办学经费不足,学校办学条件差。为改善办学条件,弥补办学经费不足,实施九年义务教育,1990年8月,县委、县政府下发《关于在机关、企事业单位中开展为教育捐资活动的决定》,决定要求编制内国家工作人员每年捐出工资收入的10%,捐资50元以上者,由县委、县政府公开表彰。1992年8月,县委办、县政府办下发《关于千方百计筹集资金努力改善办学条件的通知》,通知要求自当年起,每年集资150万元,用于改善办学条件。1993年5月,县委、县政府再次下发《中共磐安县委、磐安县人民政府关于多渠道筹措教育经费进一步改善办学条件的决定》(见附件),对筹措教育经费途径作出具体翔实的规定。

随着磐安经济的发展和省政府财政转移支付力度的加大,普及九年制义务教育以后,学校建设资金由县财政拨款为主、乡镇自筹为辅。2010年以后,中小学建设资金全部由县财政负担(含省政府转移支付或奖励)。

1990年,县财政对教育拨款537.4万元,占财政支出的18.4%。到2015年,预算内教育经费达到4亿6186万元,占当年县财政支出的21.5%,预算内教育经费25年来增长84.9倍,除个别年份,每年增速均在20%以上。

(五)保障教师的待遇

教师的工资标准根据国家经济发展情况和人民生活水准的提高不断调整并提高。1994年7月,设立山区教师津贴。1997年7月,实行艰苦地区连续两年考核优秀的中小学教师晋升一档职务工资的制度。1997年到2006年,六次调整工资。2008年8月,实行农村教师任教津贴制。2009年,义务教育学校实施绩效工资。2010年,其他学校实行绩效工资制。2014年10月,实施养老保险制度改革,调整基本工资标准,并建立基本工资标准正常调整机制。2015年,实施农村特岗教师津贴制度。教师平均工资性收入从1990年的237元提高到2015年的8248元,增长33.8倍。

乡镇学校在学校内提供教师住房。

(六)确定中小学的招生政策

县人民政府每年下发关于基础教育招生计划及招生政策的通知,明确全县基础教育招生计划及招生政策,指导全县幼儿园、中小学的招生工作。

附：

中共磐安县委、磐安县人民政府
关于多渠道筹措教育经费进一步改善办学条件的决定

（县委〔1993〕81号）

近几年来，我县筹措教育经费、改善办学条件工作，在全县干部群众的共同努力下，已经取得了明显成效，保证了“排危破改”工程的进展，改善了各级各类学校的办学条件，促进了九年制义务教育规划的实施。但是，根据《中国教育改革和发展纲要》的目标，对照党中央、国务院和省委，省政府提出的基本普及九年制义务教育、基本扫除青壮年文盲的验改标准，我县教育事业的发展还面临着巨大的困难。其中经费不足，校舍设施、教学设备欠缺简陋的矛盾尤为突出。为了争取1994年基本完成破旧校舍改造任务，迎接“两基”验收，必须进一步增加对教育的投入，动员全社会的力量，多渠道筹措教育经费，努力改善办学条件。为此，根据《中共中央关于教育体制改革的决定》和《中华人民共和国义务教育法》，作如下决定：

一、全县干部群众必须确立发展教育的根本在于投入的观念，党委、政府以及各部门要按照“人民教育人民办”的指导思想，广泛深入地宣传多渠道、多形式筹措教育经费，改善办学条件的战略意义，在全县范围内掀起一个多渠道筹措教育经费，改善办学条件的新高潮，以推动我县教育事业登上一新的台阶。

二、筹措教育经费的主要渠道及方法：

1.充分发挥县财政对教育投入的主渠道作用，千方百计确保地方政府的教育拨款的增长高于财政正常性收入的增长，并使按在校生数平均的教育费用逐步增长，特别是要采取措施，使生均公用经费有所增长。

五年内，县财政预算每年挤出40万元专项经费，用于改善办学条件。乡镇财政超收和节余部分，应有50%以上用于教育事业。凡未普及九年制义务教育和未完成破旧校舍改造任务的乡镇，不安排乡镇机关建房。

2.农村教育事业费附加：

(1)企业征收：乡镇、村办工业企业(包括联营、个体企业等。下同)、商业建筑安装、饮食服务业等均按“三税”的5%征计。由基层税务部门按月与“三税”同时征收。

享受减免税的企业，也必须缴纳此项教育事业费附加。

交通运输业：汽车(包括客、货运)、中型拖拉机，每年每吨位40元；手扶拖拉机，机动三轮运输车每年每辆40元，此项附加由运管所和稽征所负责征收，所征款项年终一次性移交县教育局。

(2)农业征收：全县各乡镇均按上年农民人均纯收入的1.5%～2%计征，由乡镇人民政府负责征收。

3.城镇教育费附加：按浙教计〔1993〕46号、财预〔1993〕68号文件规定，从按“三税”总额的2%计征调整为按“三税”的3%计征。

4.木材砍伐量和城乡建房土地使用教育费附加：木材砍伐量教育费附加按每立方米5元计征，县统部分由乡镇政府负责征收，其余部分由县林业局统一征收；城乡建房土地使用教育费附加，按每平方米占地面积1元计征，由土地管理局负责征收(各乡镇可以视完成破改任务需要，经有关部门同意适当提高建房用地教育费附加征收标准)，县林业局、土管局征收的教育费附加，年终统一划拨县教育局,统一用于教育事业。

5.继续向县、乡镇行政、企事业单位干部职工筹集教育事业费。

(1)筹集比例:每年以机关、行政企事业单位干部、职工5月份在册人员的月收入总额的10%筹集。

(2)县级机关、行政、企事业单位的教育集资,由所在单位负责收集,于6月底前全额移交县教育局。乡镇机关、行政、企事业单位的教育集资,由乡镇人民政府负责。

6.向县级行政、事业机关筹集预算外经费(按规定应上交省、市部分除外)的5%,以弥补教育事业费的不足。此项集资由县财税局负责。

7.向中小学在校学生筹集教育事业费:

(1)小学按每生每学期5元,中学(含耿业中学)按每生每学期10元的标准筹集。

(2)在中小学生中筹集的教育事业费,由所在学校于每学期初收集。其中乡镇中小学所集款额,全额移交乡镇财政统一安排用于改善本乡镇学校的办学条件;县属中学(含职业中学)所集款额、全额移交县教育局统一安排使用。除此以外,不得再向学生征收学校各种设施建设的资金。

8.提取商品房和房改后出售公房收入的1%,用于加强城镇教育基础设施建设。

9.城镇国有土地出让,提取出让金总额的10%用于城镇教育基础设施建设,由县土管局负责征收,乡镇一级归乡镇所有。

10.继续提倡和鼓励广大人民群众捐资,各乡镇可根据本乡镇教育事业发展需要,确定适当的捐资额度。

11.非义务教育阶段的学校,在办学条件许可及完成招生指令性计划的前提下,可招收适量的资助生和代培生。

三、教育事业费附加和教育集资款的使用管理

1.教育事业费附加和教育集资款是发展基础教育、普及九年制义务教育的专项资金,主要用于破旧校舍改造,新建、扩建、改建和修缮中小学校的校舍,增添教育设备(包括教学仪器、电教仪器、音体美劳教学设备、图书资料、课桌凳等),补充中小学民办、代课、幼儿教师工资、福利及民办教师老有所养经费,补充中小学经常性的公用经费。

2.各乡镇教育事业费附加和教育事业费征收,筹集计划,由县财税局和教育局统一下达。

3.教育事业费附加和筹资款项应严格按财务制度,实行专户储存、专款专用、收支公开,任何单位和个人不得克扣、占用、移用,违者除如数退赔外,要追究领导和直接责任者的责任。

四、征收教育事业费附加和筹集教育事业费的奖惩措施

1.各乡镇政府须按县下达的征收和筹集指标足额完成。此项工作列入乡镇干部及责任人员的岗位责任制的考核内容,对未完成征收和筹集指标的乡镇,县将取消有关补助经费。

2.各征收筹集部门必须按本决定的有关规定,做深入细致的思想教育和说服工作,切实搞好教育事业费附加征收和教育事业费筹资工作。凡按规定完成任务的,县将给予一定的奖励;对先进单位、个人进行表彰;对未完成任务的单位和部门,除通报批评外,县将扣发有关单位领导和直接责任人的年终奖金。

3.根据省政府文件规定精神。结合我县实际,各系统、乡镇可提取2%经费用于业务开支及奖励有关人员。

4.教育事费附加以及所筹集教育事业费的使用情况,每年年终各乡镇必须向县财政局、教育局报告一次。必要时进行专项审计。

五、本决定从一九九三年五月一日起施行。以前有关文件与本决定不一致的，以本决定为准。

中共磐安县委　磐安县人民政府

一九九三年五月二十九日

二、县教育行政机构的主要职责

根据《中华人民共和国教育法》规定，县教育行政机构是县人民政府负责县域内教育管理的主管部门。

（一）教育行政机构主要职责（源于磐政办〔2012〕91 号批复文件的精神）

1. 贯彻执行党和国家关于教育体育工作的路线、方针、政策、法律、法规，研究全县教育体育改革发展的重大问题，推动教育体育体制的改革，指导各乡镇的教育体育工作。

2. 拟订全县教育体育事业的发展规划，提出全县教育和体育事业改革和发展的重点、规模、速度、布局、步骤，并负责具体实施。

3. 统筹管理本部门教育经费；提出全县筹措教育体育经费、教育体育拨款、教育体育基建投资的建议；监督全县教育体育经费的筹措和使用情况；负责系统内部经费审计。

4. 负责全县的基础教育（含幼儿教育）、职业教育、成人教育、社会力量办学等工作。负责教育督导与评估。

5. 指导学校德育、体育、美育、心理健康教育、国防教育、廉政教育、人口教育等。组织开展教育科学研究。

6. 拟订本系统人员编制，会同有关部门做好教职工招聘，负责本系统人事调配、劳动工资管理，负责干部职工管理及进修、培训，组织实施教师资格认定、职称评定工作。

7. 贯彻国家语言文字工作的方针、政策，指导推广普通话和规范用字。

8. 负责系统内部党风廉政建设，督促学校落实教师职业道德规范。

9. 协助有关部门创设学校安全环境，指导、督查学校的安全教育和管理。

10. 负责指导和协调各部门、行业、社会团体落实《全民健身计划纲要》，开展国民体质监测，提高群众健康水平。

11. 负责统筹规划竞技体育发展工作，研究和平衡全县体育竞赛、竞技运动项目设置与重点布局，提高竞技运动水平。

12. 负责培育、发展体育产业，管理体育市场；协助管理体育彩票销售；负责体育外事、体育交流活动。

13. 组织和指导体育宣传、科研和教育工作。负责体育干部和专业人才的培训、考核。加强运动队伍的思想政治建设，不断提高业务训练水平。制订学校体育的训练和竞赛计划，发展学校体育教育。

14. 兼管县体育部会，负责全县体育社团的资格审查和业务指导，依法管理健身气功。

15. 承办县委、县政府和上级教育体育部门交办的其他事项。

（二）各科室主要职能

根据《磐安县人民政府办公室关于印发磐安县教育局主要职责内设机构和人员编制规定的通知》（磐政办〔2012〕91 号），磐安县教育局下设办公室（法制科）、人事科、计财科、教育科、体育科、督导科、审计监察科、安全监督科等 8 个科室。

各科室的主要职责是：

办公室(法制科)

1.配合局领导综合协调内部各科室工作,沟通联系对外事务;负责本局重大工作的部署、催办,处理局领导交办的日常事务。

2.负责督查本系统法律、法规、规章及规范性文件的贯彻执行情况;负责行政规范性文件的备案、审查工作;负责开展法律、法规宣传。

3.负责起草本局工作计划、总结、报告和综合性文件材料;负责重要公文、材料等修改、审核和校对。

4.负责公文的登记、收发、拟办、打印、复印、送阅、催办、保管、查阅、监印、封发、邮寄等工作;负责处理来电、来信。

5.负责机关文书档案的立卷、归档和综合档案室的管理;负责对本系统所属单位档案工作的管理;负责机要保密事务。

6.负责接待来访、来客;负责车辆的使用、管理和调度;掌管印章、介绍信;负责局机关日常物品采购及财产管理。

7.负责宣传信息工作,编发本局内刊;负责本局报刊、学习资料的订阅、分发、保管。

8.负责综合性会议和其他重大会议的会务工作;负责局班子会议及其他重大会议的会议记录,填写本局工作日记。

9.负责机关考勤工作;安排本局机关节日及周末值班;督查日常卫生事务。

10.负责局交办的其他工作。

人事科

1.配合上级组织和局党组做好干部的考察、任免、培训,及离退休干部管理。

2.负责本系统干部职工的招聘、分配和调动。

3.拟订本系统人员编制,制定本系统人事制度改革方案,负责本系统人员的考核、奖励。

4.负责本系统人员离退休手续,辞职、辞退手续的办理,负责本系统人员转正定级、工资福利、抚恤、亲属补助和困难补助工作。

5.负责职称评聘,负责初中、小学、幼儿园教师资格认定。

6.负责人事、工资统计年报,管理人事档案。

计财科

1.拟订全县教育事业发展规划,拟订学校布局调整或优化方案,负责教育事业的统计分析。

2.负责全县教育经费的预算、调拨、决算、管理和局机关行政经费管理,做好财务公开工作。

3.负责教育基建项目的安排管理,检查督促教育设施改造维修。

4.负责本系统人员医疗保险和各直属单位专控物资购置的审核。

5.负责后勤管理,指导各校建立和完善后勤工作制度,考核培训财会人员,指导做好财务工作。

6.会同物价部门制订有关教育的收费标准,督查本系统收费标准的执行情况。

7.负责中小学生的奖学助学工作。

8.负责标准化学校、绿色学校等创建。

9.协调教育服务中心工作。

教育科

1.指导各级各类学校贯彻党的教育方针,执行教学计划,全面推进素质教育;指导学校开展教育教学改革和调查研究，提高教育质量；制定符合全县实际的教育管理的有关政策、办法和措施。

2. 负责管理学前教育、中小学教育、职业教育、成人教育，负责社会力量办学的审批和管理。

3. 落实中小学、幼儿园年度招生计划，协助计财科做好事业发展规划及布局调整(优化)工作。

4. 负责中小学、幼儿园学籍管理；负责义务教育毕业生验证；负责资料征订管理。

5. 负责中小学创新教育、艺术教育、综合实践活动、人口教育、国防教育、卫生工作、团队工作。

6. 负责中小学特色学校创建。

7. 会同有关部门做好农民转移培训、职工技能培训，指导职业学校的专业课建设及乡镇成人文化技术学校建设。

8. 负责普通话推广和语言文字规范化工作。

9. 协调教研室、教科所、教育技术装备站等工作。

体育科

1. 制定全县群众体育工作和体育产业的发展规划、体育业余训练和竞赛规划；指导和推动学校体育、农村体育、城市体育及其他社会体育的发展。

2. 负责全县体育训练和体育竞赛，管理全县综合性运动会。

3. 组织实施全县运动员、社会体育指导员技术等级制度；负责各运动项目裁判员的管理、培训、考核、审批。

4. 负责规划学校竞技体育项目设置、重点布局和后备人才培养；制定、实施学校体育的训练和竞赛。

5. 组织实施全民健身计划，推行《国家体育锻炼标准》，开展国民体质监测。

6. 承担县体育总会的具体工作，指导、审批、协调各类体育协会和体育单项协会的工作。

7. 负责管理体育经营活动及体育市场，负责体育市场管理人员、经营人员的培训和业务指导。

8. 管理体育彩票销售。

9. 负责体育局的内勤和外务工作。

安全监督科

1. 负责中小学、幼儿园的安全管理，督查学校安全制度的建立、健全和执行。

2. 会同有关部门监管学校的食品安全、交通安全、消防安全、疾病预防等工作。

3. 指导学校开展安全教育、卫生健康教育。

审计监察科

1. 负责本系统综合治理和纪检监察工作，查处本系统有关违法违纪案件。

2. 负责本系统党风廉政建设。

3. 负责对本系统的财务收支及其有关经济活动的内部审计监督。

4. 牵头落实有关来信来访工作。

督导科(县人民政府教育督导室)

1. 负责对乡镇人民政府教育工作和学校教育工作的监督、检查、评估和指导。

2. 负责教育法律、法规的执法检查。

3. 制定考核评估学校的方案，实施学校发展性评价。

4. 牵头落实全县教育现代化创建工作，负责年度党政领导教育目标考核责任的落实。

5. 牵头督查学校规范办学。

6. 负责对教育工作的热点、难点及薄弱环节的专项督导检查。

磐安县教育委员会行政结构系统示意图(1999 年)

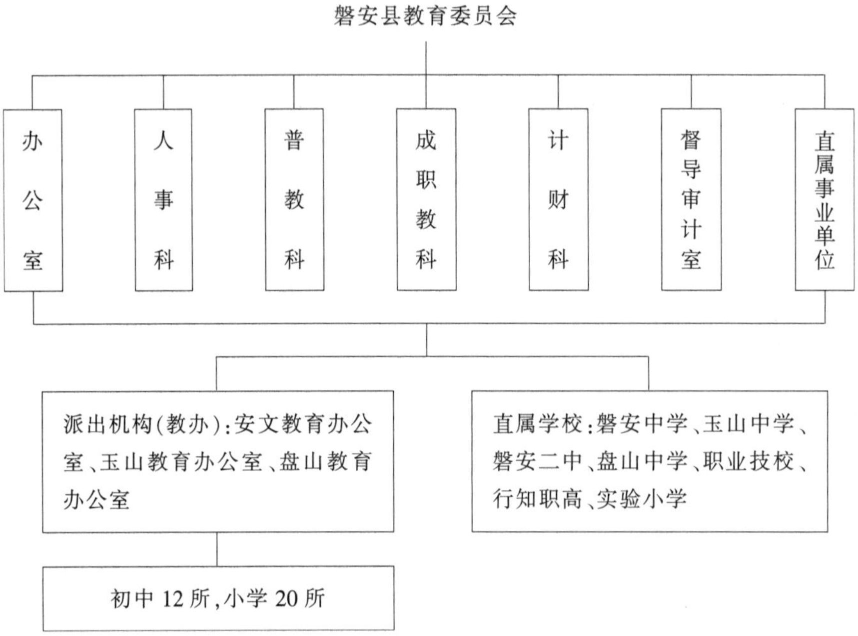

注:直属事业单位包括县人民政府督导室、县教研室(含教师进修学校)、县高校招生委员会办公室(县自学考试办公室)、浙江广播电视大学磐安工作站、县教育服务公司、县教育工会、县教育教学仪器装备站、勤工俭学办公室、县教育科学研究所。

磐安县教育局行政结构系统示意图(2015 年)

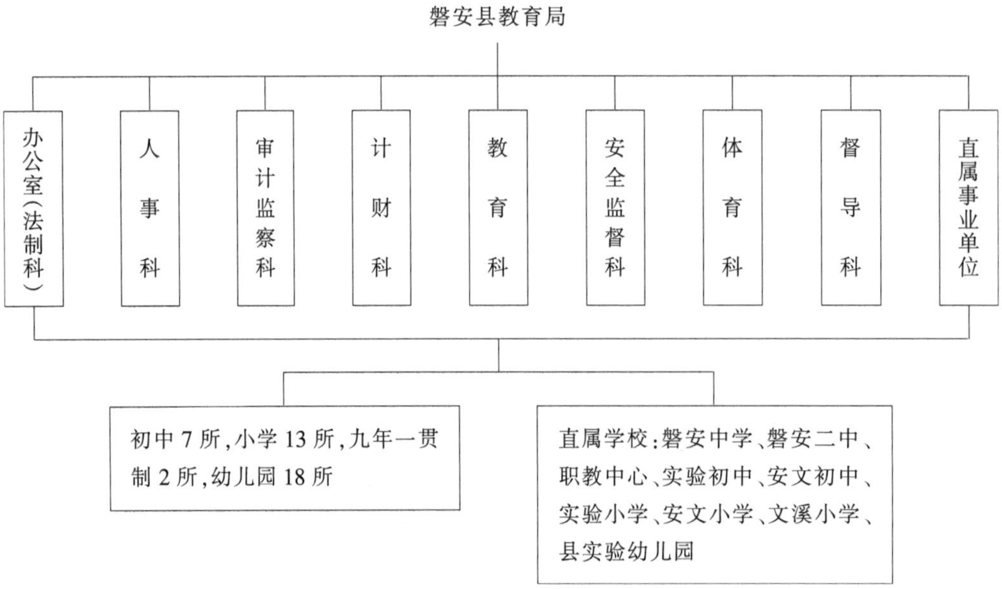

注:直属事业单位包括县人民政府督导室、县教研室(含教师进修学校)、县高校招生委员会办公室(县自学考试办公室)、浙江广播电视大学磐安工作站、县教育服务中心、县教育工会、县教育技术装备站(县教育信息中心)、县教育工程建设办公室、县教育科学研究所、县学生资助管理中心、县语言文字工作委员会办公室、县国库收付教育分中心。

三、乡镇人民政府主要职责

根据《中华人民共和国教育法》《中华人民共和国义务教育法》等有关法律、法规及县人民政府要求，各乡镇人民政府教育工作的主要职责为：

（一）依法组织和动员辖区内适龄少年儿童入学，严格控制义务教育阶段学生辍学；依法统一领导辖区内青壮年扫盲工作。

（二）采取有效措施，促进区域内各类教育持续、健康、协调发展。

（三）维护学校的治安和正常秩序，治理校园周边环境。

（四）负责辖区内学校建设的土地征用和政策处理，2010 年前，负责筹集学校建设的部分资金，2010 年以后，负责解决公办幼儿园园舍建设经费的 1/3。

（五）建立健全乡镇领导联系学校制度，及时了解学校的教育情况，研究和解决教育发展中的实际问题。

（六）根据校长提名，任命乡镇中心小学、初中的教导主任、总务主任等学校中层干部，并报县教育行政部门备案。20 世纪 90 年代，乡镇学校有多个教学点时，辖区内教师调动，由中心学校提出方案，乡镇政府批准；民办教师问题未彻底解决前，负责安置经批准辞退的民办教师。

四、学校主要职能

（一）学校的主要职责

学校由学生和教职员工组成，学生是主体。学校的根本任务，就是为学生的健康成长提供最优质的服务。根据《中华人民共和国教育法》《中华人民共和国义务教育法》等有关规定，学校的主要职责为：

1. 贯彻执行党和国家的教育方针、政策、法律法规，坚持依法办学，促进学生全面发展、健康成长。

2. 按照党的教育方针和国家的法律法规，配合县、镇（乡）人民政府制订符合本校实际的教育发展规划，并组织实施。

3. 配合各级人民政府依法动员、组织适龄儿童少年入学，严格控制辍学；配合各级人民政府依法扫除青壮年文盲和其他成人教育工作。

4. 按照有关规定，招收学生入学并进行学籍管理，对学生开展有效的学业教育，负责对学生进行奖惩，按规定颁发学业证书。

5. 组织开展教育教学科研和改革，全力推进素质教育。

6. 负责对本校教职工的岗位聘用和考核奖惩、工资晋升、奖金发放、继续教育等。

7. 负责本校财务、基建、财产的管理。

8. 对学生开展安全防范教育，保障校园设备设施安全。

（二）学校的管理结构

学校实现校长负责、党组织保证监督和教职工参与民主管理的制度。

（三）校长负责制学校的主要管理途径

1. 校长负责

1994 年以来，县中小学实行校长负责制。中小学校长是学校的法定代表人，对政府主管部门承担管理学校的责任，对学校的教育、教学和行政工作，实施全面负责、统一领导。

学校基本管理结构示意图

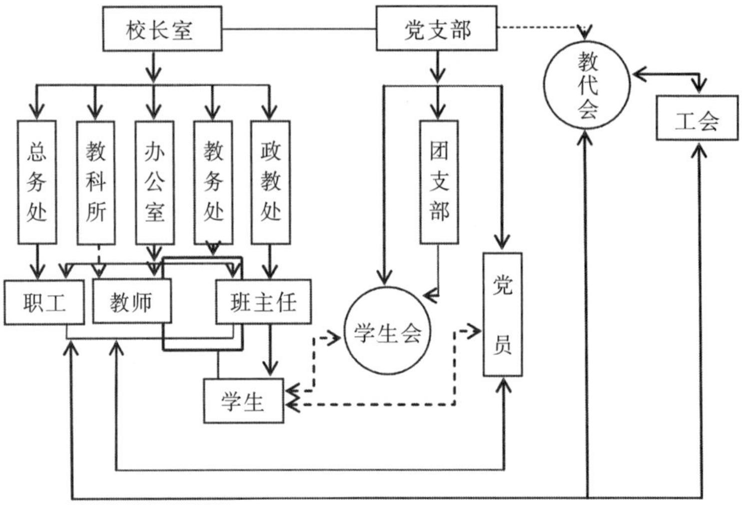

2.党组织的保证和监督

全县所有学校都有中国共产党的支部,原则上,校长兼党支部书记,规模比较大的部分县属学校校长、书记分开。党组织在学校发挥政治保证作用和工作监督作用,学校重大决策需主动征求学校党组织的意见。

3.教职工的民主管理和监督

学校建立教职工代表大会制度,学校的重大问题(如教职工聘任制度、教职工奖惩制度等)要经教职工代表大会表决通过,教职工对学校的管理实施监督。

4.学校的议事决策

全县学校普遍建立校务委员会制度。校务委员会是学校的议事决策机构。学校的重要工作一般先由校长或由校长委托的其他人员提出初步意见,通过校务委员会会议讨论决定后由有关部门执行,特别重大问题交由教职工代表会议表决决定。规模大的县属学校也通过校长办公会议决策一般性的工作。

校务会议一般由学校正副校长、学校党组织负责人、工会主席、学校中层干部组成,必要时可邀请学生代表、家长代表参加。

5.学校工作的执行和落实

学校办公室、教务处、后勤处、政教处等机构是校长(校务会议)决策的执行机构,通过它们向班主任及其他教职工布置工作并检查工作任务的落实完成情况。班主任和其他教职工根据各自分工及职责,具体负责相应的教育教学工作和其他保障工作。

第二节　教育行政机构沿革与人员编制

一、教育行政机构沿革

1989年5月,磐安县教育局搬迁到县政府大楼办公。

1996年6月26日,撤销磐安县教育局,设立磐安县教育委员会。

2001年12月,撤销磐安县教育委员会、磐安县文化局、磐安县体育发展局,组建磐安县文化教育局（加挂体育局牌子）。

2002年10月18日，县教研室搬进安文镇北街30号原磐安第一丝绸厂院子内办公，文化教育局搬出县政府大院，租用并同时搬进教研室办公大楼。

2005年6月2日，磐安县教育局挂牌办公，加挂磐安县体育局牌子，主管全县教育和体育工作（文化局单独办公）。

2005年11月7日，中共磐安县委、磐安县人民政府《关于磐安县教育局职能配置、内设机构和人员编制方案的批复》，明确各科室的主要职能。

表1—1　　1983年10月至2015年12月磐安县教育局行政领导名录

局长（主任）基本情况			副局长（副主任）及其任职时间
姓　名	籍　贯	任　职　时　间	
羊荣根	磐　安	1983年10月～1992年4月	吴祖田1983年10月～1987年6月 徐宏泰1983年10月～1986年4月 孔宝泉1985年7月～1987年10月 杨章忠1987年6月～1989年6月 金彩荣1987年6月～1992年4月 赵闻渔1989年6月～1992年4月 朱　敬1989年9月～1992年4月 陈财富1990年9月～1992年4月
金彩荣	东　阳	1992年4月～1998年5月 （1996年6月改称教委主任）	赵闻渔1992年4月～1993年5月 朱　敬1992年4月～1993年8月 陈财富1992年4月～1996年4月 吴良驹1993年5月～1996年7月 杜天笋1996年7月～1998年5月 郑汝茂1996年7月～1998年5月 陈岩根1996年7月～1998年5月 陈益青1996年7月～1998年5月
杜天笋	东　阳	1998年5月～2003年 （2001年12月改称教育局长）	郑汝茂1998年5月～2002年1月 陈岩根1998年5月～2000年5月 朱　萍（女）1998年5月～2002年1月 吕为苗2000年12月～2003年1月 陈美伟2001年9月～2003年1月 潘丽霞（女）2002年1月～2003年1月 曹明春（体育局）2002年1月～2003年1月 汤　新（体育局）2002年1月～2003年1月
吕为苗 （主持工作）	东　阳	2003年1月～2003年4月	吕为苗2003年1月～2003年4月 陈美伟2003年1月～2003年4月 潘丽霞（女）2003年1月～2003年4月 曹明春（体育局）2003年1月～2003年4月 汤　新（体育局）2003年1月～2003年4月

续表 1－1

局长(主任)基本情况			副局长(副主任)及其任职时间
姓　名	籍　贯	任职时间	
陈益青	磐　安	2003年4月～2009年8月	陈美伟2003年4月～2007年3月(体育局局长2007年3月～2009年8月) 潘丽霞(女)2003年4月～2005年5月 周宏光2003年7月～2009年8月 张一平2007年5月～2009年8月 曹明春(体育局)2003年4月～2007年3月 汤　新(体育局)2003年4月～2003年8月
吕为苗	东　阳	2009年8月～	张一平2009年8月～2011年10月 陈美伟(体育局局长)2009年8月～2015年2月 周宏光2009年8月～(体育局局长2015年2月～) 厉兆茂2012年12月～ 沈天印2012年12月～

二、人员编制

根据磐安县委编制办《关于磐安县教育局职能配置、内设机构和人员编制方案的批复》,2005年以来,县教育局机关行政编制13名,事业编制7名。其中局领导职数5名,体育局领导由教育局班子成员兼任,科室领导职数8名。

第三节　局派出机构与局直属单位

一、局派出机构

1.安文区教育办公室

安文区教育办公室(简称安文教办)的前身是安文学区,成立于1961年8月,下辖安文、云山、深泽、新渥、冷水、仁川、双峰、天网、墨林、窈川、双溪等乡镇学校。学区的性质为业务辅导机构,管理安文区各学校的教育教学业务,包括中小学教学和成人业余培训辅导。

1968年11月,安文学区改为东阳县安文区教育革命办公室,由安文区委直接管理,教办的职能也由原来的纯业务辅导扩大到教师的调配和教育教学业务管理。教办所辖的学校为安文区的所有学校,包括安文中学(现磐安中学的前身)。

1977年,改名为东阳县安文区文化教育卫生办公室。

20世纪70年代,办学高峰期时,安文教办下属有1所完全中学、14所初中、165所小学、6所职业高中,班级500余个,教员600余名,学生4400余名。

1983年,磐安恢复县建制,磐安中学、县职业技术学校由县教育部门直接管理,校址在城区的中小学归属安文镇管理。安文教办下辖深泽、新渥、冷水、仁川、双峰、天网、墨林、窈川、双溪等乡镇学校,教办办公地址设在安文西山弄1号。

2009年8月,因机构改革,安文教办撤销。

2. 玉山区域教育办公室

创建于1952年，其前身为东阳县玉山区中心小学，办公地址在玉山镇佳村原“灵溪庵”内。

1958年11月，东阳、磐安两县合并，原磐安尚湖辅导学区并入玉山区中心小学，办公地点设在玉山区校（现玉山镇初级中学）。1970年，设立区教育行政机构，称东阳县玉山区教育革命办公室。1977年，区教办改为东阳县玉山区文化教育卫生办公室。

1981年4月，东阳县玉山区文化教育卫生办公室改为东阳县玉山区教育办公室，同时购买玉山区委的二层楼房，作为教办的办公用所。

1983年11月，磐安县恢复建制，原属东阳的胡宅、尖山、岭口、玉峰划入磐安，设立磐安县玉山区教育办公室，辖胡宅、尖山、岭口、玉峰、万苍、尚湖、山环、九和、前山9所乡镇学校。1992年5月，撤区扩镇并乡，磐安县玉山区教育办公室改名玉山区域教育办公室。

2009年8月，因机构改革，玉山教办撤销。

3. 盘山区教育办公室

盘山区教育办公室（简称盘山教办）前身是大盘学区，成立于1950年10月，学区内设文教办事员，有3所中心小学，即大盘乡的第一中心小学（含潭下乡），飞山乡的第二中心小学（含始丰乡、四协乡、民范乡），盘峰乡的第三中心小学（含高二乡）。

1952年，文教办事员改为业务辅导员，成立扫盲委员会，配备专职干部。

1958年11月，磐安县与东阳县合并。1959年4月建立高二管理区。

1961年9月，成立盘山区委区公所的同时，建立东阳县盘山学区教育革命委员会，由盘山区委区公所直管。

1968年9月，成立东阳县盘山区革命领导小组教育委员会（简称区教办），其职能由原来业务辅导扩大到教师调配和教育教学业务管理。

1972年区教办又改为东阳县盘山区革命领导小组教育革命办公室。1977年10月，改为东阳县盘山区文化教育卫生办公室。

1983年11月，恢复磐安县建制，区教办改为磐安县盘山区教育办公室，辖盘山、方前、四协、高二、盘峰、维新6所乡镇学校。

2009年8月，因机构改革，盘山区教办撤销。

二、局直属单位

磐安县招生办公室（县自学考试办公室）

磐安县高等教育招生委员会的全称为磐安县高等学校、中等学校招生委员会，成立于1984年2月，招生办公室设在文教局内。1984年至1985年，与教育局一起，办公地点设在安文镇文溪北路1号（即原磐安中学校园内）。1996年7月，因保密室、电脑房等硬件设施配置的需要，搬回安文镇城上街15号教研室大院三楼。2002年下半年开始，招生办成为经费独立核算的事业单位。有8名人员。

磐安县招生办公室主要职责是贯彻执行上级招生政策和规章制度，讨论制定县内高中段招生计划及招生政策，组织领导高等学校、中等学校招生考试工作，调查处理招生考试工作中发生的重大事件，维护考生的合法权益。县招生办公室在省、市高等学校招生办公室和县高等学校招生委员会的领导下开展日常工作。

磐安县自学考试办公室成立于1984年11月，与招生办两块牌子、一套班子。

磐安县教育服务中心

1984年,成立磐安县教育局勤工俭学办公室。主要职能是指导并管理校办工厂和各种形式的勤工俭学工作,下设磐安县教育局校办企业公司。1998年8月,撤销校办企业公司。1999年8月,设磐安县教育服务公司,主要职能是负责全县学校用品集中采购和大宗物品的招投标采购工作,经营教育系统内部市场。2007年,浙江省磐安教育服务有限公司依托教育通讯站建立教育报刊发行站。2010年3月,县政府办公室下文撤销磐安县教育局勤工俭学办公室,成立磐安县教育服务中心,再增集中统一管理学校后勤服务工作的职能。

浙江广播电视大学磐安分校

浙江广播电视大学磐安分校(简称磐安电大)创办于1984年5月17日,设在磐安县安文镇文溪北路56号,是中央广播电视大学下属的县级电大,是磐安县唯一一所国民教育系列的高等学校。学校拥有浙江广播电视大学磐安分校、金华广播电视中等专业学校磐安分校、浙江大学远程教育磐安学习中心、奥鹏远程教育磐安学习中心和磐安县社区学院五块牌子,形成以中专、专科、本科、研究生主干课程学历教育为主和非学历培训为辅的办学格局。

磐安县教研室(县教师进修学校)

1983年11月,磐安恢复县建制后,重建县文教局教研室。1986年12月,磐安县文教局教研室更名为磐安县教育局教研室。同时,成立磐安县教师进修学校,与教研室两块牌子、一套班子,教研室主任兼教师进修学校校长。

教研室是县教育主管部门的参谋和助手,其主要职责是:

贯彻执行上级和同级教育行政部门有关教育工作的指示,检查督促贯彻教育方针和教学管理的情况;提出执行教学计划、学科教学大纲和教材使用的意见,研究提高教学质量的措施;组织多层次、多形式的教学研究活动,帮助教师改进教学方法,提高课堂教学质量;指导和帮助教师开展有利于学生健康成长和个性发展的科技、艺术、体育活动;组织对学科教学的检查和质量评估,在授权范围内制定考核标准和组织命题,研究和改进检查评估的手段和方法,探索考试制度和方法的改革;培养骨干教师和学科带头人。

第二章　教育督导

民国 33 年(1944 年),县强迫入学委员会成立,强制要求失学适龄儿童入学。是年,教育科下设督学股。

中华人民共和国成立后,磐安县人民政府建立文教科,设科长 1 人、科员 1 人、办事员 2 人,负责指导、督促、检查学校的教育教学工作。1989 年,磐安县教育局下设督导室。

第一节　机构与职能

1989 年,磐安县教育局下设督导室,设副主任 1 名。

1996 年 7 月,督导室更名为县教育委员会督导审计室,设副主任 1 名。

1998 年 8 月,设中、小学专职督导干部 2 名。10 月,县人民政府聘任第一届督学 12 名,其中特邀督学 3 名,专职督学 4 名,兼职督学 5 名。同年 11 月,聘请教委督导审计室兼职审计员 10 名。

1998 年至 2006 年,县人民政府共聘任督学 17 名。

2001 年 9 月,县人民政府公布县人民政府教育督导室副主任 2 名,合署办公人员增至 4 人。同年 12 月,县教育委员会督导审计室更名为县文化教育局督导审计科,设中、小学专职督导干部各 1 名。

2004 年 4 月,县编制委员会核定,县人民政府教育督导室设 3 个编制,合署办公人员增至 6 名,内设专职审计员 1 名。

2005 年 6 月,县文化教育局督导审计科更名为县教育局督导审计科。

2012 年 10 月,县教育局从督导审计科中分离督导工作,单设督导科。

2014 年 4 月,县人民政府聘任第二届督学 31 名,其中总督学 1 名,副总督学 4 名,特邀督学 2 名,专职督学 4 名,兼职督学 20 名。

县人民政府教育督导室设在县教育局,承担本行政区域的教育督导实施工作,在本级人民政府领导下独立行使督导职能,对下列事项实施督导:

1. 学校实施素质教育的情况,教育教学水平、教育教学管理等工作情况;

2. 校长队伍建设情况,教师资格、职务、聘任等管理制度建设和执行情况,招生、学籍等管理情况和教育质量、学校的安全、卫生制度建设和执行情况,校舍的安全情况,教学和生活设施、设备的配备和使用等教育条件的保障情况,教育投入的管理和使用情况;

3. 义务教育普及水平和均衡发展情况,各级各类教育的规划布局、协调发展等情况;

4. 法律、法规、规章和国家教育政策规定的其他事项。

第二节　督导实施

一、综合督导

(一)等级学校评估

1998年11月,县人民政府办公室下发《磐安县初中、小学办学水平督导评估实施办法(试行)》(磐政办〔1998〕116号),随文下发《浙江省初中(小学)办学水平督导评估指标体系》和《磐安县初中(小学)一级、二级学校必备条件》,全县中小学校开始等级学校评估工作。评估对象为乡镇初级中学和中心小学(高中、职业高中经县教委审核后直接送省、市教委,由省、市教委按省定标准派评估组进行评估)。督导评估列入县政府对乡镇年度工作考核,作为校长任期内政绩的主要依据;对认定的一级、二级学校分别奖励现金3万元、2万元,以后每升一级奖励1万元;对等级学校实行动态管理。

2005年8月,县人民政府教育督导室对评估指标体系及认定方法进行调整修订。新指标体系以2005年《金华市初中(小学)素质教育督导评价操作标准(试行)》为蓝本,结合县内实际设置"基础指标""提高指标""自主发展指标"3类共27项指标。认定方法由原来单一"指标的达标率"改为"基础指标和提高指标"的达标情况、自主发展指标的绩效情况、前轮评估时整改意见的落实情况及近三年的教学目标管理评价和年度素质教育评价结果等的综合分析。

至2005年,完成对11所初中、20所中心小学的等级评估,认定初中一级学校1所、二级学校6所、三级学校4所;认定小学一级学校5所、二级学校10所、三级学校5所。

表1—2　　2005年全县初中、小学办学水平等级情况

类　别	学　校　名　称
一级学校(6所)	安文镇中、实验小学、安文小学、尚湖小学、方前小学、大盘小学
二级学校(16所)	深泽初中、新渥初中、尚湖初中、尖山初中、玉山初中、方前初中、胡宅中心学校、深泽小学、新渥小学、双峰小学、万苍小学、尖山小学、玉山小学、高二小学、盘峰小学、维新小学
三级学校(9所)	冷水初中、仁川初中、双溪初中、万苍初中、冷水小学、九和中心学校、窈川中心学校、仁川小学、双溪小学

(二)学校年度工作综合评估考核

1998年12月,县教委下发《磐安县实施素质教育评价方案(试行)》(磐教〔1998〕71号)(见附录1),按照"分类指导、分步实施、整体推进"素质教育的精神,将全县高中、初中、小学按现实办学水平分别分成3类,承认各类学校之间的差异。

2004年12月,县文化教育局下文,对《磐安县实施素质教育评价方案(试行)》进行修订。修订的主要内容是考核指标增加附设的7项目标,分值最高不超过15分。考核方法凸现过程累积考核的地位。

2006年4月,县教育局下发磐教〔2006〕29号文件,对《磐安县实施素质教育评价方案(试行)》进行再次修订。修订的主要内容:一是重新进行学校分类,二是对常规目标进行调整,三是对附设目标进行调整。

2010年5月，县教育局下发《磐安县中小学年度工作目标考核实施办法（2010年修订）》（磐教〔2010〕54号），将考核内容分基础性工作目标、重点工作目标、发展性工作目标、特殊加分四部分。其中基础性工作目标40分，重点工作目标36分，发展性工作目标24分，特殊加分分为“荣誉加分”“引资加分”“突破性工作加分”三部分，分值为6分。2012年，将考核评价内容的分值调整为基础性工作目标40分，重点工作目标30分，发展性工作目标30分，突破性工作2分。

2015年5月，县教育局下发《磐安县中小学年度工作目标考核评价办法（2015年修订）》（磐教〔2015〕41号）（见附录2），将考核对象分为高中组、初中组、小学A组、小学B组四个组别，四个组分设一、二、三等奖。

附1：

磐安县实施素质教育评价方案（试行）

（1998年修订）

一、指导思想

以党的十五大精神和邓小平理论为指针，高举素质教育旗帜，全面贯彻落实国家的教育方针，进一步深化教育改革和创新，建立符合磐安实际的督导、评估、考核三位一体的素质教育评价机制，推进素质教育的深入开展，促进全县的教育质量和办学水平的全面提高。

二、基本思路

以督导、年度考核和办学水平评估相结合，评价全县各级各类学校。

平时督导：有针对性地对学校办学中的热点、难点问题和薄弱环节进行专项监督、检查。

年度考核：对学校本年度推进素质教育的工作进行考核评价。

办学水平评估：是素质教育的阶段性评价，以平时督导和年度考核的累积结果，作为学校办学水平升级的主要依据。

三、目标设置

（一）常规目标

常规目标是各类学校在实施素质教育中所必须具备的基本目标。共六个方面二十六项，满分60分，其中第26项20分。考核时以必查和抽查方式进行。

1.事业发展

(1)入学率

高中：完成下达招生任务；

初中：适龄少年98%（其中小学升初中100%）；

小学：适龄儿童99.9%；

幼儿园：（3～5周岁）县城95%，其他80%。

(2)辍学率

高中：1%（职高3%）；

初中：原则上无；

小学：0%。

(3)完成率(含毕业率)

高中:普高97%,职高90%;

初中:县城98%,其他95%;当年毕业率98%以上;

小学:99%以上,当年毕业率100%。

(4)上岗培训、实用技术培训:中学100%学生参加,农村30%劳动力参加。

(5)脱盲率及巩固率:完成当年脱盲指标90%,近三年脱盲巩固率95%。

2.学校管理

(6)教学五认真:按规定做到。

(7)实验室、图书室、档案室管理(含实验开出率、图书出借率):规范、达到要求。

(8)执行教学计划、不搞成绩排队、执行学籍管理办法、按规定订阅资料:无违反。

(9)兴趣小组活动、课外活动:正常开展。

(10)校园文化建设:达标。

(11)教职工民主管理:符合规定要求。

(12)勤工俭学、校办企业:100%学生参加、完成规定任务。

(13)学生视力不良率

高中:40%以下;初中:30%以下,并逐年下降;小学:10%以下,并逐年下降。

(14)体育合格率:高中、初中、小学95%以上。

(15)财务管理、总务后勤管理:规范。

(16)教育信息工作:报送6篇以上。

(17)德育工作管理:目标明确,队伍健全,教育途径广阔。

3.师生行为规范

(18)师生日常行为规范、教师职业道德:达标。

(19)师生安全事故、违法犯罪:无。

(20)社会治安综合治理、计划生育:达标。

4.师资建设、班子建设

(21)教职工继续教育培训:100%参加。教师学历合格率:高中60%以上(职高40%以上)、初中90%以上、小学95%以上。

(22)班子:协调团结、结构合理、以身作则、政策性强。

5.办学条件

(23)占地面积(不含教职工宿舍占地)

高中:普A:生均30m^2以上(有住校生每生增加5m^2);

普B:生均16m^2以上(有住校生每生增加5m^2);

职高:生均16m^2以上(有住校生每生增加4m^2);

初中:C类以上:生均16m^2以上(有住校生每生增加4m^2);

D类:有满足学生做操活动的集中平整的场地,每生4m^2以上;

小学:C类以上:生均12m^2以上(有住校生每生增加3m^2);

D类:有满足学生做操活动的集中平整的场地,每生4m^2以上。

(24)建筑面积(不含教职工宿舍)

高中:普高:生均 $10m^2$ 以上(有住校生每生增加 $4m^2$);

职高:生均 $10m^2$ 以上(有住校生每生增加 $4m^2$);

初中:生均 $7m^2$ 以上(有住校生每生增加 $3m^2$);

小学:生均 $4.5m^2$ 以上(有住校生每生增加 $3m^2$)。

(25)教学仪器,电教设备,音、体、美、劳卫器材,图书资料:按规定配齐。

6.教学质量

(26)学科教学质量:按《磐安县学科教学质量评估方案》达标。

(二)动态目标

动态目标是各类学校在实施素质教育中,根据分类指导、分步实施要求,每年上新台阶的目标。本评价办法提出三个阶段的总体指导意见。各校根据各自实际,在每年度初提出本校目标,教委进行必要的指导、修正后通知各校。具体比分权重按实际内容而定,满分 40 分。考核时每项必查。

第一阶段(1999 年)

1.事业发展

高中:按县府要求进行布局调整,B 类以上学校达到省定合格学校标准。

初中:(1)按县府要求进行布局调整;(2)县城 A 类学校争取成为市级示范学校;(3)C 类以上学校达到县定合格标准。

小学:(1)按县府要求进行布局调整;(2)六年制学生开始招生;(3)A 类学校成为市级及以上示范学校;(4)C 类以上学校达到县定合格标准,D 类争取达到合格。

幼教、成教:有确实可行的发展规划,创建 1～2 所县、市级示范性幼儿园,各区域创建一所省级成校。

2.学校管理

(1)各类学校:有素质教育五年规划并按规划实施;有适应素质教育的教师、学生、教育质量等评价机制。

(2)A 类学校:教育教学管理规范;推行素质教育报告单制度,并向其他学校推广;开好每一门课。初中、高中建立必修、选修、活动课有机结合的课程体系。

(3)B、C 类学校:教育教学管理力争规范,开足每一门课并争取开好,初中、高中基本建立必修、选修、活动课有机集合的课程体系。

(4)D 类学校:教学教学管理基本规范,开齐每一门课并努力开足开好。

3.师资建设

高中:普 A:15%以上教师为县级及以上骨干教师及学科带头人(以各级教育行政部门认定为准,下同);其他:有县级及以上骨干教师和优秀教师。

初中:县城 A:9%以上教师为县级及以上骨干教师和优秀教师;其它 A:有县级及以上骨干教师和优秀教师;B 类学校:有片级、县级骨干教师和优秀教师;C 类学校:有片级骨干教师和优秀教师。

小学:实验小学:9%以上教师为县级及以上骨干教师和优秀教师;其它 A:有县及以上骨干教师和优秀教师;B 类学校:有片级、县级骨干教师和优秀教师;C 类学校:有片级骨干教师和优秀教师。

4.教科研、论文

高中:普 A:市级及以上教科研课题占教师数的 5%以上,教师与县级及以上论文得奖比(下同)为

1∶1;其他学校:有县、市级以上课题,教师与论文得奖比为3∶1。

初中:县城A:市级及以上教科研课题占教师数的3%以上,教师与县级及以上论文得奖比为2∶1;其他A:有县级及以上课题,教师与论文得奖比为3∶1;B类学校:有县级课题,教师与论文得奖比为4∶1;C类学校:县级论文得奖比为5∶1;D类学校:积极参加各级教研活动,有片级、县级论文获奖。

小学:实验小学同初中“县城A”对应,其他学校与“初中”对应。

5.办学条件

A、B类学校:校园绿化基本达到省定标准;C类以上学校:按“常规目标”中第25条的要求补足。

6.教育质量

(1)学生的动手能力、创新意识得到培养,各种特长生得到培养;

(2)学生的道德判断能力得到培养;

(3)初、高中段的会考合格率居全市中游,升大学万人比居金华市平均水平。

第二阶段(2000—2002年)

1.事业发展

高中:(1)入学率:70%;(2)普A:教学手段现代化;职A、普B:教学手段基本现代化;其他学校:教学手段现代化方面有较大进展。

初中:(1)薄弱学校改造成效显著,完成布局调整;(2)B类以上学校:有二、三所成为市级及以上示范学校;(3)A类学校:教学手段现代化;其他学校:教学手段现代化有较大进展;(4)区域性示范中心形成。

小学:(1)薄弱学校改造成效显著,完成布局调整;(2)A类学校:有二、三所成为市级及以上示范学校;(3)部分A类学校教学手段现代化,其他学校有较大进展;(4)区域性示范中心形成。

幼教、成教:全县有多所省、市级示范幼儿园和省一级成技校,整体发展较快。

2.学校管理

高中:普A:达到省一级重高管理要求;职A:达到省示范职高管理要求;其他:达到省合格学校管理要求;高中段学校:省、市级文明单位有新的增加。

初中:A类:达到省示范性初中管理要求;其他:达到省合格学校以上管理要求;初中段学校:绝大部分成为县级及以上文明单位。

小学:A类:达到省、市示范性小学管理要求;其他:达到省合格学校管理要求;小学段学校:绝大部分学校成为县级及以上文明单位。

3.师资建设

高中:普A:培养一名特级教师,高级教师比例达25%以上,各级骨干教师及优秀教师比例有显著增加;普B:学历合格率达65%以上,县级及以上骨干教师、优秀教师有较大增加,师资整体素质有较大提高;职高:学历合格率达50%以上,县级及以上骨干教师、优秀教师有较大增加,师资整体素质有较大提高。

初中:A类:全县A类学校中争取培养一名特级教师,本科毕业教师达15%以上,县级及以上骨干教师、优秀教师有明显增加,教师整体素质较高;B类:学历合格率100%,本科毕业教师接近15%,有县级骨干教师,教师整体素质有较大提高;C类:学历合格率95%以上,有本科毕业教师,有县级骨干教师,教师整体素质有较大提高。

小学:A类:全县A类学校中争取培养一名特级教师,大专毕业教师达20%以上,县级及以上骨干教师、优秀教师有明显增加,教师整体素质较高;B类:学历合格率达100%,大专毕业教师达15%以上,县级骨干教师有较大增加,教师整体素质有较大提高;C类:学历合格率100%,有大专毕业教师,有县级骨干教师,教师整体素质有较大提高。

4. 教科研、论文

高中:普A:有省级及以上教科研课题获奖,有个人专著或本校教师合著出版,市级以上论文得奖率、发表率逐年明显提高;其他:有市级及以上教科研成果获奖,论文得奖率、发表率逐年提高。

初中:A类:有市级及以上教科研成果获奖,论文得奖率、发表率逐年提高;其他:有县级及以上教科研成果获奖,论文得奖率、发表率逐年提高。

小学:实验小学:有省级及以上教科研课题获奖,论文得奖率、发表率逐年明显提高;其他A类:有市级及以上教科研成果获奖,论文得奖率、发表率逐年提高;其他类:有县级及以上教科研成果获奖,论文得奖率、发表率逐年提高。

5. 办学条件

高中:普A:大部分指标达到省一级重高标准;职A:达到省示范职高标准;其他:达到省合格标准。

初中:A类:达到省示范性初中标准;其他:大多数学校达到省合格学校标准。

小学:A类:达到省示范性小学标准;其他:大多数学校达到省合格学校标准。

6. 教育质量

(1)初、高中会考合格率位次稳步提升;(2)高中新生质量、升大学万人比逐渐缩小与周边县、市的距离;(3)特长生培养取得显著成绩;(4)特色教育取得显著成绩;(5)学生的思想道德品质得到良好的培养,学生的个性意识、创新能力得到良好的培养。

第三阶段(2003年)

1. 事业发展

高中:普A:争取申报省一级重点高中;其他学校:教学手段基本现代化。

初中:大部分学校成为县二级以上学校,大多数学校教学手段现代化,市级及以上示范学校有新的增加。

小学:同初中。

幼教、成教:所有幼儿园、成校成为县合格园、校。

2. 学校管理:有新的突破;办学条件:有新的改善;师资建设:有新的提高;教育质量:有新的提高。

3. 素质教育阶段性经验总结、成果推广和新的规划

普高A:有省级推广价值;其他A类:有市级及以上成果获奖;B、C类学校:有特色经验总结;所有学校:均有新的五年发展规划。

四、奖惩办法

(一)奖励

1. 评价结果公开。

2. 年度考核85分以上,其中"常规目标"50分以上,有评选年度先进集体的资格。

3. 符合第二款得分之规定,给予学校1000元～4000元的经费奖励。该奖金20%奖给校长,其余奖金由学校统一分配使用。

4. 根据评价结果,经教委评价领导小组同意,对具备条件的学校予以办学水平升级、命名为县级

示范学校、推荐市省级示范学校。

5.凡获得省、市级示范学校或教育强镇(乡)称号,获得县级示范学校、一级学校、教育强镇(乡)称号,获得市级以上文明单位称号,或连续几年学校工作进步显著的,在校长和教职工评职、评优、评先中,予以政策倾斜。

(二)处罚

1.平时督导中发现的问题,列入该年度的年度考核。

2.上年度考核不达标的,列入新年度考核,并作为专项督导的重点内容,继续不达标者,按上年度所扣分值加倍扣分。

3.年度考核总分不足70分,中层以上干部取消评先资格,全校教职工不享受年终奖,校长扣发当年效益奖。

4.年度考核总分不足60分,且列同类学校倒数第一,或者连续三年办学等次没有任何提升的,除执行第3款外,校长予以降职或免职。

五、本方案解释权在县教育委员会,具体操作办法另行制发。

六、本方案自1999年开始执行。

附2:

磐安县中小学年度工作目标考核评价办法

(2015年修订)

一、指导思想

以规范办学行为为基础,以落实立德树人为根本任务,引导学校特色办学,促进学生全面而有个性地成长,推动教育事业科学和谐可持续发展。

二、考核对象及组别

全县所有中小学,分为四大组,具体分组情况如下:

内容 序号	组　别	具　体　名　单
1	高中组	磐安中学、第二中学、职教中心
2	初中组	实验初中(含新渥校区)、安文初中、深泽初中、冷水中心校、仁川初中、玉山初中、尖山初中、尚湖初中、盘山中学、方前初中
3	小学A组	实验小学(含大盘校区)、安文小学、文溪小学、深泽小学、新渥小学、仁川小学、方前小学、玉山小学、尖山小学、尚湖小学
4	小学B组	双峰小学、双溪小学、窈川小学、万苍小学、胡宅小学、九和小学

玉峰小学列入玉山镇中心小学考核;职教中心、实验初中、实验小学两校区单独考核得分,然后按各校区学生数占总校学生数的比例×各校区考核得分相加分值作为总校考核分列入奖惩。例如:(实验初中校区学生数/总校学生数)×实验初中校区考核分+(新渥初中校区学生数/总校学生数)×新

渥初中校区考核分=实验初中总校考核分。

三、考核内容及分值

考核评价内容分基础性工作目标、重点工作目标、发展性工作目标、突破性工作四部分。

1. 基础性工作目标(40分)

基础性工作目标主要考核学校基础性管理水平和办学基本要求的实现程度，由相关科室平时累积考核，必要时也可由局考核评价小组实地考核。考核目标分两部分，第一部分有行政管理、教学管理、后勤管理、教科研管理、信息档案、教学质量六个方面的内容，考核评价要点及分值见附件1——基础性工作目标考核评价指标(一)。第二部分考核作风建设、党风廉政、综合治理、信访工作、安全管理、财经纪律、计划生育、规范办学、招生学籍、其他扣分十个方面的内容，实行倒扣分，考核评价要点及扣分值见附件1——基础性工作目标考核评价指标(二)。

2. 重点工作目标(35分)

重点工作目标是教育局根据上级政府和教育行政主管部门的要求，结合全县教育工作的重点而确定的工作目标，目标项目一般为期三年，具体考核内容年初由教育局制定另行下文，分值30分。主要考核评价学校对重点工作目标的实施力度和完成情况。由局考核评价小组实地考核评价。

重点工作目标中含班子年终考评5分。

3. 发展性工作目标(25分)

发展性工作目标是学校根据三年发展规划，自设年度发展目标并组织实施评价，实现学校自我发展的工作目标。考核得分同时计入本轮学校发展性目标终结性评估总分。发展性工作目标考核评价要点见附件2。

4. 突破性工作(另行加分，最高不超过2分)

突破性工作重在创新性和影响力，是指对全局工作有较大推动作用，或提升教育形象产生较大正面影响，得到上级部门肯定和推广的突出成绩，按创新实绩及影响程度分别加0.3～2分。突破性工作由学校自行申报1项(附简要证明材料)，局考核评价小组实地考核后提出评价意见，由局班子研究审定。

四、考核办法及程序

考核按百分制计分。

1. 学校自查。局组织年度考核前15天，各学校根据制订好的年度发展目标和记分评价办法，开展自查，认真填写好《学校发展性工作年度推进考核表》和《突破性工作申报表》报督导科，供局考核评价小组现场核查。

2. 实地考核。局组织考核评价小组，对工作目标的完成情况和突破性工作实际绩效进行实地全面考核评价。

3. 班子考评。局班子领导根据各学校的工作表现和实绩，进行综合考评，取平均分为局领导对各学校的考评分。

4. 审核汇总。督导科对基础性工作目标、局重点工作目标和学校发展性工作目标、班子考评分及突破性工作加分进行审核汇总。

5. 审定公布。督导科将汇总结果报局党组审定后下文公布。

五、奖惩办法

1. 奖励。

(1)根据考核结果，分类公布，获奖学校原则上不突破类属学校总数的50%。高中段学校视考核情况,另行决定设奖名额。

(2)考核结果作为发放学校奖励性绩效工资的依据;也作为校长奖励性绩效工资发放的主要依据,占校长绩效考核分值的70%。

(3)考核评价结果获一、二等奖的学校优秀教职工人数分别由在职人数的13%提高到17%和15%。

(4)考核评价结果在基准分(各学校考核平均分的80%为基准分)以上前60%的学校可参加当年度县级综合性先进单位的评选。

2.处罚

(1)考核评价得分在基准分以下的学校,其班子主要成员〔正校长、书记〕奖励性绩效工资扣除50%,优秀教职工比例由在职人数的13%下降到8%,并取消学校县级综合性先进单位的评比资格和班子主要成员评选先进的资格。连续两年考核评价在基准分以下最后一名的,党政正职按干部管理权限就地免职,或建议任免机关给予免职。

(2)党风廉政建设、计划生育、社会治安综合治理被县一票否决的学校,视情节严重情况予以党政正职黄牌警告,或按基准分以下处理。

六、本办法解释权在县教育局。

七、本办法自2015年开始执行。

附件:1.基础性工作目标考核评价指标及操作细则

2.发展性工作目标考核评价要点

3.学校发展性工作年度推进考核表(略)

4.突破性工作申报表(略)

附件1:

基础性工作目标考核评价指标(一)

序号	考核指标	分值	考核内容及要点	得分	考核科室
1	行政管理	5	○领导班子理念先进、思路清晰、作风踏实、廉洁自律,具有较强的法制意识和领导能力,班子团结,凝聚力强,群众满意度高 ○学校管理机构设置合理,分工明确、职责落实、办事程序便捷规范 ○实行民主管理。定期召开校务会议,民主决策学校重大事项;健全教职工代表大会制度,涉及教职工切身利益及学校发展的重要事项,提交教代会审议表决通过;设置信息公告栏,及时公开校务信息;发挥少先队、共青团、学生会、学生社团的作用,引导学生自我管理或参与学校治理 ○完善家长委员会,密切学校与社区联系,主动争取社会资源和社会力量监督、支持学校改革发展,形成教育合力		△人事科 △教育工会

续表

序号	考核指标	分值	考核内容及要点	得分	考核科室
2	教学管理	6	○按规定开齐、开好基础性课程,积极开发和实施拓展性课程(义务段);按规定开齐、开足各类必修课程和选修课程(高中) ○按规定严格控制学生在校活动总量,合理安排作息时间,切实减轻学生过重课业负担 ○认真落实课程标准,探索开展走班教学,不得"挪用"品德、体育、音乐、美术及综合实践活动的课时,确保学生每天一小时体育锻炼活动 ○教学常规管理制度健全,教学业务档案(如教学"五优化"检查、教师代课等)、学生学籍管理档案规范;图书室、实验室、各专用教室及教学资料的管理和使用按制度正常运转,教学设备设施使用率高,日常维护好 ○根据"学生综合素质评价表"中的评价体系,扎实有效开展评价		△教育科 △教研室 △装备站
3	后勤管理	5	○财务、资产管理等规章制度健全,无乱收费现象,固定资产登记入册,做到册物一致 ○严格执行经费年度预决算制度 ○学生资助、爱心营养餐等惠民工程按政策规定落实 ○严格执行《磐安县学校食堂食品配送工程实施方案》,建立食品配送长效机制 ○学校食堂管理符合等级要求,成本独立核算		△计财科 △后勤服务中心
4	教科研管理	2	○目标和路径:确定符合学校教改实际和发展要求的科研目标,且有年度推进计划和行动,奖惩制度切实有效 ○队伍建设:重视教科研骨干培训与培养,形成比较合理的结构与梯队 ○科研氛围:科研参与面广,形式多样 ○科研成果:课题立项、获奖等成果与学校规模、品位一致;重视教科研成果的应用推广,服务于教育教学		△教科所
5	信息档案	2	○信息报送按教育信息工作考核办法考核计分 ○学校档案及时装订成册,管理规范		△办公室
6	教学质量	20	○由教研室按《磐安县中小学教学质量评价方案》考核折合计分		△教研室

基础性工作目标考核评价指标(一)评估操作细则

序号	考核指标	考核内容及要点	分值	评估细则
1	行政管理 5分	(1)领导班子理念先进、思路清晰、作风踏实、廉洁自律,具有较强的法制意识和领导能力,班子团结,凝聚力强,群众满意度高	1	领导班子办学理念先进、思路清晰、作风踏实、廉洁自律、具有较强领导力的,得0.5分;群众满意度达85%及以上的得0.5分,达60%及以上的得0.3分,60%以下的不得分。参考师生座谈会、问卷调查结果评定得分

续表

序号	考核指标	考核内容及要点	分值	评估细则
1	行政管理5分	(2)学校管理机构设置合理、分工明确、职责落实,办事程序便捷规范	1	根据中层以上干部配备情况、各部门工作职责要求综合评定设置合理、分工明确、职责落实的得0.5分。根据学校制订办事程序的数量和质量综合评定得0.5
		(3)定期召开校务会议,民主决策学校重大事项	0.5	根据教师座谈会及查阅原始材料综合评定得0.5分
		(4)健全教职工代表大会制度,涉及教职工切身利益及学校发展的重要事项,提交教代会审议表决通过	0.5	根据教师座谈会及查阅原始材料综合评定得0.5分
		(5)设置信息公告栏,及时公开校务信息	0.5	结合查阅原始材料和平时随查综合评定得0.5分
		(6)发挥少先队、共青团、学生会、学生社团的作用,引导学生自我管理或参与学校治理	1	查阅原始材料,结合学生座谈会及问卷调查结果综合评定得1分
		(7)完善家长委员会,密切学校与社区联系,主动争取社会资源和社会力量监督、支持学校改革发展,形成教育合力	0.5	查阅原始材料,结合师生座谈会及问卷调查结果综合评定得0.5分
2	教学管理6分	(1)按规定开齐、开好基础性课程,积极开发和实施拓展性课程(义务段);按规定开齐、开足各类必修课程和选修课程(高中)	1	查阅原始材料,结合师生座谈会、问卷调查综合评定得1分
		(2)按规定严格控制学生在校活动总量,合理安排作息时间,切实减轻学生过重课业负担	0.5	结合学生座谈会、问卷调查综合评定得0.5分
		(3)认真落实新课程标准,扎实开展走班教学,不挤占体育、音乐、美术及少先队活动等课程的课时,确保学生每天一小时校园体育活动	1.5	通过老师问卷测试、师生座谈等方式评定学科教师新课程标准的掌握和落实情况,分1分、0.6分、0.3分三档记分;查阅原始材料,结合师生座谈会、问卷调查、平时督查综合评定走班开展和课程落实情况得0.5分
		(4)教学常规管理制度健全,教学业务档案(如教学"五优化"检查、教师代课等)、学生学籍管理档案规范	1	查阅原始材料,结合师生座谈会综合评定得1分
		(5)图书室、实验室、各专用教室及教学资料的管理和使用按制度正常运转,教学设备设施使用率高,日常维护好	1	通过实地查看、查阅原始材料、学生随访问卷调查结果综合评定各专用教室和教学资料的管理维护为0.5分;使用为0.5分
		(6)根据"学生综合素质评价表"中的评价体系,扎实有效开展评价	1	查阅原始材料,结合学生座谈会综合评定得1分
3	后勤管理5分	(1)财务、资产管理等规章制度健全,固定资产登记入册,做到册物一致	1	查阅原始材料,结合教师座谈会及问卷调查结果综合评定。制度健全的得0.5分;册物一致得0.5分
		(2)严格执行经费年度预决算制度	0.5	查阅原始材料,相关人员随访综合评定得0.5分

续表

序号	考核指标	考核内容及要点	分值	评估细则
3	后勤管理5分	(3)严格执行收费公开制度,收费行为规范	0.5	检查学校公开栏,学生座谈会及问卷调查结果评定0.5分
		(4)学生资助、爱心营养餐等惠民工程按政策规定落实	0.5	查阅原始材料评定得0.5分
		(5)严格执行《磐安县学校食堂食品配送工程实施方案》,建立食品配送长效机制	2	查阅原始材料,结合平时督查综合评定得2分
		(6)学校食堂管理符合等级要求,成本独立核算	0.5	学校食堂按相应等级管理的得0.2分;食堂成本独立核算、财务管理规范的,得0.3分
4	教科研管理2分	(1)目标和路径:确定符合学校教改实际和发展要求的科研目标,且有年度推进计划和行动,奖惩制度切实有效	0.4	查阅原始资料、人员随谈综合评定。教科研目标合理,年度计划操作性强,并执行到位得0.2分;有明确的奖惩制度,并执行到位得0.2分
		(2)队伍建设:重视教科研骨干培训与培养,形成比较合理的结构与梯队	0.5	查阅原始资料、结合平时累积材料综合评定。有教科研队伍建设行动方案并执行到位得0.2分;教科研有专人管理并基本保持稳定得0.1分;有结构比较合理的教科研骨干梯队得0.2分
		(3)科研氛围:科研参与面广,形式多样	0.4	查阅平时累积材料、原始材料综合评定。组织教师参加课题研究,关注过程管理,经常性开展主题研讨等活动得0.2分;积极撰写课题报告、论文、课例分析等,并参加县级以上评审,城区学校不低于专任教师总数的70%,农村学校不低于专任教师总数的50%得0.2分
		(4)科研成果:课题立项、获奖等成果与学校规模、品位一致;重视教科研成果的应用推广,服务于教育教学	0.7	查阅平时原始累积材料、上级文件、教师随访综合评定。城区学校有省、市、县三级立项(申报)课题,农村中等规模学校有市、县两级立项课题,小规模学校有县级立项课题得0.2分;城区学校有县一等奖以上获奖课题,农村中等规模学校有县二等奖以上获奖课题,小规模学校有县级获奖课题得0.3分;每年度有便于交流学习的教科研成果汇编,每年度至少开展一次优秀教科研成果推广活动得0.2分(课题仅限于教科规划课题和教研课题)
5	信息档案2分	信息报送按教育信息工作考核办法考核计分。 学校档案及时装订成册,管理规范。	2	根据局办公室根据考核办法和平时督查情况评定得分
6	教学质量20分	由教研室按《磐安县中小学教学管理评价方案》考核折合计分	20	根据教研室提供的成绩折合得分

基础性工作目标考核评价指标(二)

序号	考核指标	考核内容及要点	扣分	考核科室
1	作风建设	○被县教育局告诫、通报批评的,每例在1分以内酌情扣分;被上级部门查处或教职工受党纪政纪处分的每例至少扣1分,违规违纪情况严重、影响恶劣的加倍扣分		△审计监察科
2	党风廉政	○按教育系统党风廉政考核办法考核		△审计监察科
3	综合治理	○按教育系统综合治理考核办法考核		△审计监察科
4	信访工作	○因学校管理失职或处置不当上访的,来县去市赴省进京每例分别扣0.3、0.5、1.0、2.0分,集体上访、影响恶劣的加倍扣分		△审计监察科
5	安全管理	○按《磐安县中小学校安全工作目标管理责任考核办法》考核		△安监科
6	财经纪律	○出现乱收费等违反财经纪律被查处的视情扣0.5～2分 ○审计意见下达后,在规定时间内整改不力的视情扣0.5～1分		△审计监察科 △计财科
7	计划生育	○违反计划生育政策按上级规定考核扣分		△办公室 △工会
8	规范办学	○违反《规范教育教学行为工作管理目标责任书》规定的,每查实一项扣1分		△督导科 △教育科 △审计监察科
9	招生学籍	○违反招生规定,擅自违规招生的扣1～3分 ○招生考试中受书面通报批评的,每例扣2分 ○初中毕业生升入本县高中段人数未达到规定要求的视情况按比例扣1～3分 ○违反学籍管理相关规定的,每新增一例扣0.5分		△教育科 △招生办
10	其他扣分	以上9项未列举,而相关文件有明确规定的,按规定扣分;违反有关规定或重大工作落实不力影响全局需要扣分的,由局班子研究决定		△督导科 △相关科室

注:1.综合治理、安全管理考核需要实地资料核查

2.同一事项不重复扣分

附件2:

发展性工作目标考核评价要点

序号	考核指标	分值	考核内容及要点	得分
1	年度实施方案	3	○年度目标适切度2分(各档对应目标完成系数分别为1、0.9、0.8): 目标符合学校实际、促进学校、学生、教师发展作用明显,充分体现学校个性特色的记2～1.7分,达到基本要求的记1.6～1.3分,只达到一般要求的记1.2～1.0分 ○方案清晰任务落实记0.5分:框架思路清晰、目标表述明晰、工作任务落实的按等次分别记0.5、0.4、0.3分 ○方案可操作性0.5分:实施方案可操作性和定性目标可监测按等次分别记0.5、0.4、0.3分	

续表

序号	考核指标	分值	考核内容及要点	得分
2	学校自我评价	2	○学校评价办法 0.5 分:学校建立考核评价办法,对发展性目标进行自我考核评价,评价办法能评价目标完成情况的记 0.5～0.4 分;有评价指标体系,能基本实施自我评价的记 0.3～0.2 分;无评价办法,未进行自我评价考核的不得分 ○评价组织及过程 0.5 分:学校建立评价小组,按评价办法设定的指标组织考核评价,按组织的扎实程度及完成情况分二档 0.5～0.4、0.3～0.2 记分 ○评价结果反馈 0.5 分:评价结果以书面形式反馈、有建议意见并得到吸收运用的记 0.5～0.4 分;利用会议形式集体反馈,内容记载详细的记 0.3～0.2 分;无反馈的不得分 ○评价结果兑现记 0.5 分:评价结果列入绩效考核内容的记 0.5 分。未列入绩效考核的不记分	
3	目标完成情况	20	○定量目标完成情况:根据学校年度发展性目标分值,考察完成程度记相应分数 ○定性目标完成情况:根据学校年度发展性目标分值,按重点是否突出,效果是否明显,师生发展的显现度等进行综合评价记分 ○目标完成时间:能按时完成的全额记分;有特殊原因无法完成,视调整的指标完成情况按最高不超过原分值的 90%记分;基本按时完成的按本指标分值的 60%记分;没完成的不给分	

表 1—3　　1999～2015 年学校年度工作综合评价结果一览表

年份 \ 学校 \ 等第	一等奖	二等奖	三等奖
1999 年	安文小学、尖山初中	玉山中学、尚湖小学、新渥小学、盘峰小学、方前初中、双溪初中	盘山中学、深泽小学、大盘小学、方前小学、仁川小学、冷水小学、新渥初中、安文初中、尚湖初中、胡宅小学
2000 年	磐安中学、尖山初中、实验小学	新渥初中、尖山小学、大盘小学、深泽小学	玉山中学、磐安二中、冷水初中、尚湖初中、冷水小学、方前小学、双峰小学
2001 年	实验小学、安文小学	县职业技校、尖山初中、深泽小学、仁川小学、尚湖小学、大盘小学	磐安中学、磐安二中、安文初中、新渥初中、双溪初中、玉山初中、新渥小学、尖山小学、方前小学
2002 年	磐安中学、尖山初中、实验小学	磐安二中、安文初中、新渥初中、尚湖小学、仁川小学、方前小学	磐安三中、县职业技校、方前初中、玉山初中、双溪初中、玉山小学、尖山小学、安文小学、胡宅小学、冷水小学、深泽小学
2003 年	磐安中学、安文初中、实验小学	磐安二中、尖山初中、冷水初中、方前小学、尚湖小学、深泽小学	磐安三中、胡宅小学、双溪小学、尚湖初中、维新小学、尖山小学、玉山小学、九和小学、冷水小学、仁川小学、双溪小学
2004 年	磐安中学、尖山初中、深泽小学	县第三中学、安文初中、尖山小学、实验小学	盘山中学、仁川初中、玉山初中、方前小学、尚湖小学、大盘小学、新渥小学、双峰小学、玉山小学、安文小学、冷水小学

续表 1—3

年份＼学校＼等第	一等奖	二等奖	三等奖
2005 年	磐安中学、尖山初中、实验小学	县职业技术学校、尚湖初中、深泽小学、尚湖小学、安文小学	县第二中学、深泽初中、安文镇中、方前初中、大盘小学、双峰小学、尖山小学、万苍小学、新渥小学、九和小学、冷水小学
2006 年	磐安中学、玉山初中、实验小学、尚湖小学	县第二中学、尖山初中、安文小学、尖山小学、深泽小学、双峰小学	县第三中学、尚湖初中、安文初中、深泽初中、万苍小学、大盘小学、九和小学、仁川小学、冷水镇中心学校
2007 年	磐安中学、尖山镇中、实验小学	县第二中学、玉山镇中、深泽小学、安文小学	县第三中学、尚湖初中、新渥小学、尚湖小学、尖山小学、胡宅小学、大盘小学、方前小学、双峰小学、双溪小学、万苍小学
2008 年	实验小学、安文小学、深泽小学	磐安中学、县第二中学、实验初中、尖山初中、尚湖小学、大盘小学、盘峰小学、实验幼儿园	玉山初中、仁川小学、双溪小学、双峰小学、玉山小学、方前镇中心学校(小学部)
2009 年	县第二中学、实验小学、安文小学	磐安中学、实验初中、深泽小学、新渥小学、实验幼儿园	县第三中学、尖山初中、尚湖初中、尖山小学、尚湖小学、大盘小学、方前镇中心学校
2010 年	磐安中学、实验初中、实验小学、安文小学	县第二中学、实验幼儿园、深泽小学、尖山小学	县职业技术学校、方前镇中心学校、玉山初中、安文初中、新渥小学、双溪小学、盘峰小学
2011 年	磐安中学、实验初中、实验小学、安文小学	县第二中学、安文初中、双溪小学、尚湖小学、实验幼儿园	县职教中心技校校区、深泽初中、尚湖初中、深泽小学、尖山小学、双峰小学
2012 年	磐安中学、实验初中、实验小学、安文小学、县实验幼儿园	县第二中学、安文初中、深泽初中、方前小学、双峰小学、尖山实验幼儿园	县职教中心、盘山中学、尖山初中、冷水镇中心学校、深泽小学、新渥小学、双溪小学、尖山小学、尚湖小学、大盘镇中心幼儿园、深泽乡中心幼儿园、方前镇中心幼儿园、新渥镇中心幼儿园
2013 年	磐安中学、实验初中、实验小学、安文小学、县实验幼儿园	县第二中学、安文初中、尖山小学、方前小学、尖山实验幼儿园、胡宅乡中心幼儿园	县职教中心、深泽初中、玉山初中、玉山小学、新渥小学、深泽小学、双峰小学、深泽乡中心幼儿园、大盘镇中心幼儿园、方前镇中心幼儿园、仁川镇中心幼儿园
2014 年	磐安中学、实验初中、实验小学、安文小学、县实验幼儿园	县第二中学、安文初中、方前小学、新渥小学、尖山实验幼儿园、大盘镇中心幼儿园	县职教中心、深泽初中、玉山初中、尚湖小学、深泽小学、尖山小学、玉山小学、尚湖镇中心幼儿园、深泽乡中心幼儿园、方前镇中心幼儿园、胡宅乡中心幼儿园
2015 年	磐安中学、实验初中、实验小学、窈川小学、县实验幼儿园	县第二中学、安文初中、玉山初中、安文小学、文溪小学、万苍小学、尖山实验幼儿园、尚湖镇中心幼儿园	县职教中心、深泽初中、尚湖初中、方前小学、深泽小学、双溪小学、大盘镇中心幼儿园、方前镇中心幼儿园、深泽乡中心幼儿园、双溪乡中心幼儿园

（三）党政领导教育发展目标责任制考核

2002年3月，金华市科技教育领导小组下发《关于印发金华市县（市、区）党政领导教育发展目标责任制考核办法的通知》（金科教字〔2002〕1号），开始对各县（市、区）全面实施党政领导教育发展目标责任制考核。考核办法规定，把领导重视教育发展、专项工作、经费投入、办学设施和教育发展水平五个方面作为考核内容，考核指标实行量化计分，委托金华市人民政府教育督导室成立考核组负责考核。考核工作与一届党政领导的任期相一致，在一届任期内考核组到各县（市、区）进行实地考核1～2次。任期中间采取各县（市、区）自查、市政府教育督导室检查的形式进行。考核结果分县（市、区）公布，同时评出优秀县（市、区）进行通报表彰。

表1—4　　磐安县党政领导教育发展目标责任制考核结果一览表

年　份	考核名次	是否被通报表彰	年　份	考核名次	是否被通报表彰
2003年	第9名	否	2010年	第4名	是
2004年	第8名	否	2011年	第6名	否
2005年	第4名	是	2012年	第4名	是
2006年	第3名	是	2013年	第4名	是
2007年	第6名	否	2014年	第1名	是
2008年	第8名	否	2015年	第4名	是
2009年	第3名	是	—		

二、专项督导

（一）“两基”评估验收及年审

1. 评估验收

为迎接省人民政府对磐安县基本普及九年义务教育、基本扫除青壮年文盲（简称“两基”）实施情况进行评估验收，1995年5月，县政府成立由县长任组长的“两基”工作验收领导小组，各乡（镇）也成立相应的领导小组，县政府与各乡镇签订“两基”工作责任书，把“两基”工作任务分解到县、乡（镇）政府，列入年度考核目标，确保一把手抓“两基”，使“两基”工作真正成为政府行为，把它作为“重中之重”来抓。县教育局落实局、室人员联系乡镇制度，对各乡镇的“两基”工作进行具体指导。

为推进“两基”工作，1993年至1998年期间，县政府出台一系列政策：《关于认真实施〈纲要〉，加快县教育改革和发展的若干意见》《关于多渠道筹措教育经费，进一步改善办学条件的决定》《磐安县实施普及九年制义务教育规划》《认真贯彻〈条例〉精神，切实做好扫盲工作的意见》《关于“两基”评估验收工作的意见》《关于对“两基”工作成绩显著的乡镇实行奖励的通知》《中小学破旧校舍改造实施办法》《关于制止中小学生辍学的若干规定》等，使“两基”工作有章可循，有规可依。

1995年10月9～13日，根据省人民政府《关于对基本普及九年义务教育，基本扫除青壮年文盲的县（市、区）开展评估验收工作的通知》，省“两基”评估验收组到磐安评估验收。评估结果显示，国家规定的22项标准指标中，有17项达标，4项基本达标，1项不达标（图书资料配备基本空白，小学生人均图书1.3册，应配备标准为15册；初中生人均图书2册，应配备标准为20册）。同年12月11日，省教育委员会下发《关于同意磐安县“两基”评估验收合格的通知》。

1996年9月12～14日,省教育委员会考察组对磐安县“两基”巩固工作进行实地考察,认为磐安县已达到国家教育委员会规定的全国“两基”工作先进县应具备的基本条件,可以推荐为全国“两基”工作先进县。

1997年1月,国家教育委员会授予磐安县“‘两基’工作先进县”称号。是年,省人民政府决定,授予磐安县“浙江省‘两基’工作先进县”称号。2001年6月,磐安县再次荣获“全国‘两基’工作先进地区”光荣称号。

2. 年审

1998年11月,根据浙教督〔1998〕237号文件《关于建立“两基”年审制度的通知》精神,县教委下文建立“两基”年审制度。1998年至2007年,磐安“两基”年审均顺利通过。

(二)中小学示范性学校评估

县教育局督导审计室(科)负责指导全县各中小学争创省市示范性学校。

1994年6月,磐安县职业技术学校成功创建省级示范性职业学校。至2015年,全县共有21所学校被命名为市级以上示范学校。

表1—5　　磐安县中小学省、市级示范性学校一览表

序号	校名	荣誉称号	级别	命名时间	授予单位	命名文件号
1	职业技术学校	示范性职业学校	省级	1994年6月	省教育厅	—
2	磐安中学	二级重点中学	省级	1996年12月	省教育厅	—
3	实验小学	1999年～2002年市体育传统项目学校	市级	1999年5月	市体委市教委	—
4	尚湖镇中心小学	农村示范小学	省级	1999年5月	省教育厅	—
5	尖山镇初级中学	农村示范初中	市级	2000年1月	市教育局	—
6	实验小学	全国写字教学研究中心实验基地	国家	2001年3月	全国小学语文教学研究会写字教学研究中心	—
7	万苍乡中心小学	农村示范小学	省级	2001年12月	市教育局	—
8	安文初级中学	农村示范初中	省级	2002年5月	省教育厅	—
9	新渥镇中心小学	农村示范小学	省级	2002年6月	省教育厅	—
10	磐安中学	一级重点中学	省级	2002年12月	省教育厅	—
11	实验小学	农村示范小学	省级	2004年10月	省教育厅	—
12	方前镇中心小学	农村示范小学	省级	2004年10月	省教育厅	—
13	双峰乡中心小学	农村示范小学	市级	2004年12月	市教育局	—
14	实验小学	书法教育实验学校	国家	2004年12月	中国教育学会书法教育专业委员会	授予铜牌
15	实验小学	科普特色学校	市级	2005年1月	市教育局、市科协	金市科协字〔2005〕2号
16	安文初级中学	科普特色学校	市级	2005年1月	市教育局、市科协	金市科协字〔2005〕2号
17	大盘镇中心小学	农村示范小学	省级	2006年5月	省教育厅	—

续表 1—5

序号	校名	荣誉称号	级别	命名时间	授予单位	命名文件号
18	深泽乡中心小学	农村示范小学	市级	2004 年 10 月	市教育局	—
19	方前镇中心小学	省体育特色学校（足球）	省级	2008 年 2 月	省教育厅、省体育局	浙教体〔2008〕36 号
20	尖山镇初级中学	农村示范初中	省级	2008 年 3 月	省教育厅	—
21	实验初级中学	体育特色学校（田径）	市级	2008 年 10 月	市教育局、市体育局	《关于公布首批金华市体育特色学校的通知》
22	实验小学	体育特色学校（篮球田径）	市级	2008 年 10 月	市教育局、市体育局	《关于公布首批金华市体育特色学校的通知》
23	安文小学	体育特色学校（篮球）	市级	2008 年 10 月	市教育局、市体育局	《关于公布首批金华市体育特色学校的通知》
24	磐安中学	体育特色学校（田径）	市级	2008 年 10 月 15 日	市教育局、市体育局	《关于公布首批金华市体育特色学校的通知》
25	方前镇中心小学	省体育特色学校（足球）	市级	2008 年 10 月	市教育局、市体育局	《关于公布首批金华市体育特色学校的通知》
26	职业技术学校	体育特色学校（篮球）	市级	2008 年 10 月	市教育局、市体育局	《关于公布首批金华市体育特色学校的通知》
27	大盘镇中心小学	体育特色学校（中国象棋）	市级	2008 年 10 月	市教育局、市体育局	《关于公布首批金华市体育特色学校的通知》
28	实验小学	特色学校（书法）	市级	2008 年 11 月	金华市教育局	金市教基〔2008〕63 号
29	尚湖镇中心小学	特色学校（书画）	市级	2008 年 11 月	金华市教育局	金市教基〔2008〕63 号
30	深泽乡中心小学	特色学校（舞蹈）	市级	2008 年 11 月	金华市教育局	金市教基〔2008〕63 号
31	深泽乡中心小学	浙江省首批艺术特色学校（舞蹈）	省级	2009 年 3 月	省教育厅办公室	浙教办体〔2009〕43 号
32	大盘镇中心小学	体育特色学校（中国象棋）	省级	2009 年 3 月	省教育厅、省体育局	浙教体〔2009〕51 号
33	实验幼儿园	一级幼儿园	省级	2009 年 10 月	省教育厅	—
34	实验小学	浙江省第二批艺术特色学校（书法）	省级	2010 年 2 月	省教育厅办公室	—
35	安文小学	特色学校（中国象棋）	省级	2010 年 3 月	省教育厅、省体育局	浙教体〔2010〕28 号
36	大盘镇中心小学	第二批金华市艺术教育特色学校（舞蹈）	市级	2010 年 10 月	金华市教育局	金市教基〔2010〕10 号
37	第二中学	金华市体育特色学校（篮球）	市级	2011 年	市教育局	金市教基〔2011〕22 号
38	新渥镇中心小学	第三批金华市艺术教育特色学校（合唱）	市级	2011 年 11 月	市教育局	金市教基〔2011〕26 号
39	职业技术学校	第三批金华市艺术教育特色学校（舞蹈）	市级	2011 年 11 月	市教育局	金市教基〔2011〕26 号

续表 1—5

序号	校名	荣誉称号	级别	命名时间	授予单位	命名文件号
40	实验小学	浙江省书法教育实验研究会基地学校	省级	2011 年 12 月	浙江省书法教育实验研究会	授予铜牌
41	实验小学	全国特色学校(书法)	国家	2012 年 7 月	教育部中国教师发展基金会	授予铜牌
42	职教育中心	二级中等职业学校	省级	2013 年 3 月	省教育厅	—
43	实验初中	第四批金华市艺术教育特色学校(舞蹈)	市级	2013 年 1 月	市教育局	金市教基〔2013〕1 号
44	尖山镇中心小学	第四批金华市艺术教育特色学校(口风琴)	市级	2013 年 1 月	市教育局	金市教基〔2013〕1 号
45	磐安二中	二级普通高中特色示范学校	省级	2014 年 5 月	省教育厅	—
46	磐安中学	一级普通高中特色示范学校重点中学	省级	2015 年 8 月	省教育厅	—
47	实验小学	2015 年浙江省青少年校园足球特色试点学校	省级	2015 年 12 月	省教育厅、省体育局	浙教办体〔2015〕103 号
48	尖山镇中心小学	2015 年浙江省青少年校园足球特色试点学校	省级	2015 年 12 月	省教育厅、省体育局	浙教办体〔2015〕103 号
49	实验初中	2015 年浙江省青少年校园足球特色试点学校	省级	2015 年 12 月	省教育厅、省体育局	浙教办体〔2015〕103 号
50	职教中心三中校区	2015 年浙江省青少年校园足球特色试点学校	省级	2015 年 12 月	省教育厅、省体育局	浙教办体〔2015〕103 号

(三)重点中学年度视导

2003 年 9 月,市教育局、市人民政府教育督导室下发《关于建立省等级重点中学年度视导制度的通知》(金市教督〔2003〕9 号),决定建立省等级重点中学年度视导制度。视导工作按学年进行,从 2003 年至 2009 年,每年一次。视导程序首先由学校对照评估操作标准和年度视导内容进行自查自评,然后由各县(市、区)教育局组织督学和有关人员对学校进行视导,再由市教育局组织审核组进行审核督查,最后经审核复查形成年度视导结果,由市人民政府教育督导室公布。视导内容包括学校基本情况、办学思想、组织管理、师资队伍、教育科研、办学条件、教学成果 7 项一级指标、50 余项二级指标。

(四)规范办学、体育、艺术、学前教育等专项督导

2008 年 10 月,县人民政府教育督导室下发《关于在全县开展中小学体育专项督导工作的通知》(磐教〔2008〕85 号),对全县中小学进行体育与卫生工作专项督导。同年 11 月,以市政府督学许璋为

组长的中小学体育专项督导组，到磐安督导检查中小学体育与卫生工作。督导组先后分组到大盘、尖山、磐安中学、实验初中等中小学检查，实地察看校园环境、运动场地、体育设施、体育器材室、游泳池等；听取教育局和学校关于体育和卫生工作的汇报并查看相关资料。

2009年12月，县人民政府教育督导室下发关于开展全县学前教育专项督查的通知，决定在全县范围内开展学前教育专项督导检查。分三个组检查。检查组通过听取乡镇政府对学前教育工作情况汇报、查阅相关资料、召开座谈会、实地检查等方式对各乡镇政府对学前教育规划、采取措施、经费投入等情况进行重点督查。

2010年4月，县教育局组织3个督查组，对全县5所小学、11所初中、2所高中共18所学校的体育工作进行专项督导检查。督查组成员采取听学校工作汇报、观摩大课间活动、访谈师生、察看学校体育场地设施设备、查阅相关资料等方式方法，了解学校体育课教学、课外体育活动安排、体育卫生设施配备以及体育教师、校医队伍建设等情况，重点检查学校是否认真执行课程计划、开足体育课程、保证学生每天一小时体育活动时间以及实施《国家学生体质健康标准》等工作情况。

2014年6月，省人民政府教育督导室下发《关于开展农村义务教育学校基本办学条件专项督导的通知》(浙教督室〔2014〕2号)，决定对全省农村义务教育学校基本办学条件开展专项督导。县督导科组织对全县农村义务教育学校14项基本办学条件进行全面自查，要求各校摸清底数、造册登记、建立台账。9月，国务院教育督导委员会办公室组织的农村义务教育基本办学条件第三督导组，对磐安县农村义务教育学校基本办学条件进行专项督导。督导组随机抽取双峰小学、盘山中学、实验小学大盘校区、窈川小学4所学校，对4所学校的基本办学条件进行全面检查，就校舍安全、学生桌椅、住宿条件、饮用水安全、功能教室等项目进行重点督导。

2014年10月，县教育局督导科联合教育科对全县中小学课程管理情况进行专项督查。

2015年3月，县教育局开展春季开学工作专项督导。组织各校对开学条件保障情况、学校安全工作情况、规范办学行为情况、教师队伍建设情况、专项工作落实情况开展自查工作，并委派学校联系干部对此项工作进行专项督查，填写学校检查明细表，列出问题清单。督导科和安监科联合对九和小学、玉峰教学点、双峰小学、方前中心校等8所偏远农村学校，以及基础相对薄弱的小规模学校进行重点抽查，对存在的问题下发专项督查整改通知单，要求及时整改到位。

第三节　教育创建

一、教育强县创建与复查

(一)教育强县创建

2005年8月，全县教育系统创建教育强县动员大会在磐安中学体艺馆召开。全县1700多名教育工作者参加会议。县委书记徐建华作动员报告。

2006年8月，县政府下发《磐安县创建省教育强县实施方案》的通知，成立由县长徐建华任组长的创建省教育强县领导小组，下设创建办公室，具体负责计划制定、实施、督查等方面的工作，各乡镇和县有关部门建立相应的“创强”工作领导机构。建立创强进展月报制度，将各项指标细化分解，层层落实到部门，明确任务，强化责任，把创强工作列入各乡镇及相关部门年度考核内容。

2007年5月，县委办公室下发《关于印发磐安县创建省教育强县工作职责的通知》(县委办〔2007〕

25号)，进一步明确创强工作领导小组及相关各部门的工作职责。

2007年12月23～24日，省评估组到磐安开展省教育强县评估验收。评估验收组现场抽查城区、尖山镇、玉山镇、尚湖镇、大盘镇等11所学校，查阅有关资料，并与县有关部门和学校负责人开展座谈。评估组认为，磐安县创建省教育强县25项指标中22项达标，3项指标基本达标，建议上报省政府批准命名为省教育强县。三项基本达标指标为：第9项“人均预算内教育经费、人均教育经费水平达到或高于全省平均水平”；第10项“三项经费落实情况好”；第14项“学校生均用地面积、生均建筑面积、专用多功能教室、体育场地、教学仪器、音体美劳卫器材、电教设备、图书和计算机配备达到国家或省定标准”。

2008年11月，省委、省政府发出关于授予磐安、金东、衢江、常山、莲都、青田、缙云7个县(区)为省教育强县称号的决定。

(二)教育强县复查

2010年8月，县教育局下发《关于做好迎接省教育强县复查工作的通知》(磐教〔2010〕72号)，就需整改提高的重点工作、档案材料准备等问题提出具体要求。12月，以省教育厅副厅长何杏仁为组长的省教育强县复查组一行6人，对磐安创省教育强县工作进行复查。经检查评估，复查组同意磐安通过省教育强县复查。

表1—6　　磐安县创建市教育强镇(乡)情况一览表

乡镇名称	区域面积(平方公里)	人口数(万)	行政村数(个)	学校数(个)	在校生数(人)	公布文号	下文时间
安文镇	90.03	3.1493	23	5	3161	金政发〔2000〕9号	2000年1月17日
尚湖镇	108	1.8	32	9	1502	金政发〔2000〕9号	2000年1月17日
新渥镇	54	1.6	19	7	1515	金政发〔2000〕9号	2000年1月17日
方前镇	126	1.2	34	5	1204	金政发〔2000〕9号	2000年1月17日
尖山镇	39.85	1.5	22	5	1334	金政发〔2001〕4号	2001年1月5日
大盘镇	71.34	1.1	19	2	998	金政发〔2001〕4号	2001年1月5日
深泽乡	44.12	1.3627	21	3	1335	金政〔2002〕4号	2002年1月14日
玉山镇	62.4	1.6	22	4	1560	金政〔2002〕204号	2002年12月8日
仁川镇	107	1.45	28	4	1246	金政〔2002〕204号	2002年12月8日
冷水镇	41	0.923	17	4	867	金政发〔2004〕181号	2004年12月17日
双峰乡	44.25	0.5	9	2	461	金政发〔2004〕181号	2004年12月17日
万苍乡	46	0.9235	13	2	707	金政发〔2004〕181号	2004年12月17日
维新乡	50.61	0.2561	8	1	105	金政发〔2005〕150号	2005年12月24日
九和乡	56.02	0.5924	21	1	265	金政发〔2005〕150号	2005年12月24日
窈川乡	42.25	0.4155	8	1	166	金政发〔2006〕225号	2006年12月15日
盘峰乡	41.35	0.3851	13	1	111	金政发〔2006〕225号	2006年12月15日

说明：教育强镇(乡)为教育强县创建的必备条件

表 1—7　　磐安县创建省教育强镇(乡)情况

乡镇名称	区域面积(平方公里)	人口数(万)	行政村数(个)	学校数(个)	在校学生数(人)	批次	公布文号	下文时间
安文镇	90.03	3.1493	23	5	3161	第三批	浙教督〔2000〕29 号	2000 年 1 月 26 日
尚湖镇	108.0	1.8	32	9	1502	第三批	浙教督〔2000〕29 号	2000 年 1 月 26 日
新渥镇	54.0	1.6	19	5	1493	第五批	浙教督〔2001〕352 号	2001 年 11 月 28 日
方前镇	126.0	1.2	34	4	1137	第五批	浙教督〔2001〕352 号	2001 年 11 月 28 日
深泽乡	44.12	1.3627	21	3	1335	第六批	浙教督〔2003〕13 号	2003 年 1 月 16 日
尖山镇	39.85	1.5	22	4	1277	第六批	浙教督〔2003〕13 号	2003 年 1 月 16 日
大盘镇	71.34	1.1	19	2	962	第六批	浙教督〔2003〕13 号	2003 年 1 月 16 日
玉山镇	62.4	1.6	22	4	1453	第八批	浙教督〔2004〕293 号	2004 年 12 月 16 日
双峰乡	44.25	0.5	9	1	305	第九批	浙教督〔2005〕292 号	2005 年 12 月 27 日
冷水镇	41.5	0.923	17	3	863	第十批	浙教督〔2006〕259 号	2006 年 12 月 28 日
仁川镇	107.0	1.45	28	4	1180	第十批	浙教督〔2006〕259 号	2006 年 12 月 28 日
万苍乡	46.0	0.9235	13	2	648	第十批	浙教督〔2006〕259 号	2006 年 12 月 28 日
双溪乡	56.0	0.7024	17	1	221	第十一批	浙教督〔2007〕203 号	2007 年 12 月 17 日
胡宅乡	38.0	1.1	18	1	381	第十一批	浙教督〔2007〕203 号	2007 年 12 月 17 日

说明:教育强镇(乡)为教育强县创建的必备条件

二、义务教育基本均衡县创建

2013 年 4 月,县政府办公室下发《磐安县创建义务教育发展基本均衡县实施方案》(磐政办〔2013〕24 号),成立以县长陈蕾妍为组长,副县长应跃成为副组长,县府办、教育局、财政局、发改局等相关部门负责人为组员的创建工作领导小组,明确工作目标及主要任务,按“分步实施、整体推进”的原则倒排工作时间,确保创建工作落到实处,完成预期目标。

2014 年 4 月 25 日,省督导评估组一行 4 人到磐安,对创建省义务教育发展基本均衡县工作进行督导评估。督导评估组通过听取工作汇报,查阅相关文件资料和统计数据,召开人大代表、政协委员、校长、教师座谈会等方式了解创建工作基本情况,通过实地抽查 8 所小学、3 所初中、1 所九年一贯制学校、1 个小学教学点,与校长、教师进行个别交流等活动,核查学校的基本办学条件和校际均衡情况,了解学校办学情况。26 日上午,在县政府综合楼召开督导反馈会。督导评估组认为磐安 26 所义务教育段学校均达到省定办学基本标准,校际均衡程度较高,小学、初中综合差异系数均低于国家规定的最高限值,其中小学为 0.41,初中为 0.30;县人民政府推进义务教育均衡发展工作 21 项二级指标中达标的有 18 项,基本达标的 3 项,没有不达标项,总得分为 96.4 分,达到国家规定的要求;公众满意度为 92.74%。三项基本达标指标为:第 7 项“推进学校标准化建设,制订并有效实施薄弱学校改造计划,财政性教育经费向薄弱学校倾斜”;第 8 项“有与城乡建设规划匹配的城乡教育布局规划”;第 16 项“小学、初中学生体质健康及格率达到省级规定标准”。综合以上结果,督导评估组认为,磐安县已达到国家规定的义务教育发展基本均衡县(市、区)评估认定标准,建议通过省级评估验收。

2014 年 12 月 8～9 日，国务院教育督导委员会办公室派出督导组对磐安开展国家级义务教育发展基本均衡县现场督导评估。评估组通过查阅资料、问卷调查等方式了解创建情况，并召开人大和政协代表、家长、校长、教师四个座谈会，听取社会各界人士对创建工作的想法和看法，实地检查实验小学、深泽小学、新渥小学、实验初中、尖山初中、冷水中心学校、玉峰教学点，对学校的生均占地面积、生均绿化面积、生均宿舍使用面积、教学计算机生机比、生均图书册数、高于规定学历教师数、教学仪器设备与音体美器材、专用教室情况进行逐项核对检查。

同年 12 月 12 日，浙江省 42 个县(市、区)义务教育发展基本均衡县督导检查反馈会议在杭州举行。教育部督导办副主任林仕梁，督导检查组组长、国家督学王占铭，督导检查组成员、国家督学衡鸣，省政府副秘书长李云林，省委教育工委书记、省教育厅厅长刘希平出席反馈会。国家督导检查组认为，磐安县等浙江省首批 42 个县(市、区)均达到国家义务教育发展基本均衡县(市、区)评估认定标准。督导检查组将把此次督导检查结果向教育部和国务院教育督导委员会报告，提请最后认定公布。

2015 年 6 月 13 日，副部长刘利民代表教育部宣布，浙江省所辖 90 个县(市、区)全部通过国家义务教育发展基本均衡县督导评估认定。

第三章　教育审计

1982年12月，第五届全国人民代表大会第五次会议决定在我国实行审计监督制度，并将这一精神写入《宪法》。1983年9月，中华人民共和国审计署正式成立。1985年1月教育部成立审计室，随后，教育部发出《关于转发〈国务院批准审计署关于发展审计工作几个问题的请示的通知〉和组建机构、开展审计的通知》，从此中华人民共和国拉开教育审计的序幕。

第一节　机构沿革与职能

1989年3月，县教育局建立督导室，设副主任1名。

1996年7月，督导室更名为县教育委员会督导审计室，设副主任1名。

1997年3月，县教委转发《浙江省教育系统内部审计工作规定》，加强对教育资金和教育系统财经活动的审计监督。

1998年，磐安县贯彻执行教育内部审计工作要求，指定专人负责全县的教育审计工作，与督导室合署办公，成立督导审计室。是年11月，为进一步完善校长负责制和落实"两公开一监督"制度，促进学校领导干部勤政廉政建设，客观公正地评价学校领导干部任职期间的经济行为，明确经济责任，提高办学效益，印发《磐安县教育系统行政负责人离任审计实施办法》，明确县教育系统范围内的事业单位行政正职领导干部，及主持工作的行政副职领导干部均须进行离任审计。同时，聘请10人为磐安县教委兼职审计员。中小学校长及其他行政负责人的离任审计从此形成制度。

2002年8月，县教育委员会督导审计室更名为县文化教育局督导审计科。

2004年4月，配备专职内部审计人员1名，专门从事教育内审和组织内审人员培训的工作。

2005年11月，县文化教育局督导审计科更名为县教育局督导审计科，职责包括负责对本系统的财务收支及其有关经济活动进行内部审计监督，并对审计结果进行综合分析，提出审计意见和建议。

2010年8月，聘任14人为磐安县教育局专、兼职审计员。

2011年，制定《磐安县教育系统内部审计人员工作守则》，在所辖中小学和直属单位中聘请14位兼职审计员。是年11月，为加强教育内部审计工作，规范内部审计行为，提高单位管理水平和资金使用效益，维护合法权益和防范经济风险，促进廉政建设，根据教育部令第17号《教育系统内部审计工作规定》、浙江省人民政府令第258号《浙江省内部审计工作规定》，以及《浙江省教育系统内部审计工作规定实施细则》，制定《磐安县教育系统内部审计工作实施办法(试行)》。

县教育行政部门内审计工作由局长直接领导，分管领导、审计、纪检、计财、人事部门负责人为领导小组成员；县教育行政部门聘请兼职内部审计人员，实施对本部门所辖中小学和直属单位三年一次的内部审计轮审，轮审以任期经济责任审计为主，结合离任与专项审计等；教育内审机构和审计人员在教育局主要负责人的领导下独立开展工作，行使内部审计职权，并对其负责，同时接受国家审计机关和上级教育内审机构的业务指导、检查和监督;教育内部审计机构履行职责所必需的经费,列入单位预算,予以保障,并实行项目审计经费补助。教育内部审计机构的主要职责:一是制定和完善教育内部审计的规章制度;结合教育局年度中心工作,提出年度审计工作计划,经教育局主要负责人批准后实施;二是组织对所辖中小学和直属单位负责人的离任经济责任审计,任期经济责任或财务收支审计,基建、修缮工程项目审计,专项审计和审计调查等;三是指导所辖中小学和直属单位工会组织的内部查账工作;协助、配合国家审计机构和上级内审机构对教育的审计工作;四是组织内部审计人员参加岗位培训和后续教育,开展内部审计的理论研讨,总结推广先进经验,提出表彰先进的建议。

2012 年 10 月,县教育局将教育内审工作从督导审计科分离出来,调整到纪检科,成立审计监察科。

2014 年 4 月,为加强对审计工作的领导,构建“紧密合作、各司其职、各负其责、相互配合”的审计工作联动协作机制,发挥各有关科室监管合力,进一步提升教育审计工作成效,制定《磐安县教育局审计工作联席会议议事规则》,联席会议由局主要领导为组长,分管审计工作领导为副组长,审计监察科、计财科、人事科、督导科等职能科室为成员。联席会议由组长或副组长召集,成员科室主要负责人参加,并可根据需要邀请有关科室负责人列席。联席会议的主要职责:一是研究制订教育审计工作计划;二是协调解决审计中的重大问题;三是研究决定审计整改意见、建议;四是研究制定审计重要文件、制度;五是交流通报各项审计情况;六是其他需要研究、解决的事项。

2015 年 12 月,县教育局转发《浙江省人民政府关于进一步加强内部审计工作的意见》,要求教育系统各单位建立健全财务工作自查自纠机制,进一步规范财务管理、防范财务风险,并及时做好审计整改落实工作。

第二节　审计实施

1999 年,完成 7 个单位负责人的离任审计工作。

2000 年,完成 11 个单位行政负责人的离任审计工作。

2001 年,对 14 所学校进行校长在职审计和离任审计,审计资金总额 6575 万元,查出账务处理不当金额 48.42 万元,收回不应报销的手机话费 0.96 万元,下达审计意见书 11 份,提出审计建议 32 条。

2002 年,对 7 所学校进行校长在职审计,对 13 所学校进行校长离任审计。审计资金总额 13769 万元,查出账务处理不当金额 105.5 万元,涉案金额 1.7 万元。追回违纪违规金额 5.36 万元,移交司法机关处理 1 人。下达审计报告书 20 份,提出审计意见 51 条。

2003 年,对 7 所学校校长进行离任审计,对 1 所学校校长进行在职审计,资金总额 6053.77 万元,查出账务处理不当金额 3.2 万元,追回违纪违规金额 5.1 万元,促进增收节支 313 万元,出具审计意见书 8 份,查明主要问题 21 个,提出整改意见 15 条。

2004 年,对 2 所县属学校的财务收支进行审计,对 15 所中小学的财务收支及校长任期经济责任进行审计。审计资金总额 5071.81 万元,查出账务处理不当金额 109.86 万元,追回违纪违规金额 21.35 万元,下达审计意见书 16 份,查明主要问题 42 个,提出整改意见 40 条。

2005 年,对全县 16 所中小学校的财务收支及校长任期经济责任进行审计。审计资金总额 6146.95 万元,查出账务处理不当金额 29.11 万元,追回违纪违规金额 11.84 万元,移送纪检部门审理 1 件。下达审计意见书 15 份,查明主要问题 49 个,提出整改意见 30 条。

2006年，对10所学校的校长任期经济责任进行审计，审计资金总额8388.87万元，查出账务处理不当金额18.59万元，追回违纪违规金额3.14万元，严肃批评教育4人，下达审计意见书10份，查明主要问题并提出整改意见29条。

2007年，对10所学校进行校长在职审计和离任审计，审计资金总额8909.37万元，查出账务处理不当金额5.54万元，查明违纪违规金额0.19万元，促进增收节支2.69万元，下达审计意见书10份，查明主要问题并提出整改意见28条。基建、修缮委托项目送审额288.93万元，审减额2.5万元，审减率0.87%。

2008年，对8所学校进行校长在职审计和离任审计，审计资金总额8275.4万元，查出账务处理不当金额6.94万元，查明并违纪违规金额8.38万元，下达审计意见书5份，查明主要问题并提出整改意见19条。基建、修缮委托项目送审额1268.54万元，审减额123.77万元，审减率9.76%。

2009年，对全县7所中小学校校长的任期经济责任进行审计，对全县6所中小学校的食堂、营养餐经费进行专项审计调查。审计资金总额5795.91万元，查出账务处理不当金额4.71万元，纠正违纪违规金额1.82万元，挽回损失金额5.01万元，下达审计意见书13份，查明主要问题并提出整改意见43条。基建、修缮委托项目送审额3399.52万元，审减额384.56万元，审减率11.31%。

2010年，对全县7所中小学校校长的任期经济责任进行审计，对全县31所中小学校的爱心营养餐工程和中职国家助学金实施情况进行专项检查，同时，对5所中小学校的食堂财务管理情况进行专项抽查。审计资金总额12792.29万元，查出并纠正违纪违规金额78.32万元，提交审计报告9篇，查明主要问题并提出整改意见44条。接受省教育厅审计组对全县义务教育经费和中职学生资助经费进行专项审计抽查。基建、修缮委托项目送审额4044.04万元，审减额179.33万元，审减率4.43%。

2011年，对11所学校进行校长在职审计和离任审计，对全县31所中小学校的营养餐工程经费及学生伙食费管理情况进行全面调查，对全县10所学校的食堂财务管理进行专项检查。审计资金总额29062.38万元，查出并纠正违纪违规金额130.59万元，提交审计报告10篇，查明主要问题并提出整改意见27条，安排审计调查3个，提交审计调查报告4篇。基建、修缮委托项目送审额589.34万元，审减额70.44万元，审减率11.95%。

2012年，对13所学校进行校长在职审计和离任审计，对教师培训资金、中职学生资助资金进行专项审计调查。审计资金总额37920.31万元，查出账务处理不当资金66.91万元，查出并纠正违纪违规资金29.16万元，提交审计报告13篇，查明主要问题并提出整改意见39条。基建、修缮委托项目送审额4723.2万元，审减额453.5万元，审减率9.6%。

2013年，对14所学校进行校长在职审计和离任审计，3月，在全省教育审计工作上作内审经验典型发言。审计资金总额42221万元，查出账务处理不当资金132.12万元，查出并纠正违纪违规资金38.74万元，提交审计报告11篇，查明主要问题并提出整改意见42条。基建、修缮委托项目送审额1454.17万元，审减额48.33万元，审减率3.32%。

2014年，对5个学校(单位)进行财务收支审计，对6个中小学校的校长进行离任经济责任审计，对伙食费、营养餐改善、公务接待费、教师培训经费进行专项审计调查。审计资金总额30371万元，查出账务处理不当资金58.36万元、损失浪费金额16.46万元，查出并纠正违纪违规资金10.89万元，挽回损失金额10.88万元，提交审计报告9篇，查明主要问题并提出整改意见36条。基建、修缮委托项目送审额1673万元，审减额68万元，审减率4.06%。

2015年，对15所学校进行校长在职审计和离任审计，接受省教育厅对磐安县学前教育专项经费审计调查，开展2014年度全县中小学“三公”经费专项审计调查。审计资金总额23162.59万元，查明账务处理不当资金89.3万元，查出并纠正违纪违规金额15.4万元，提交2014离任审计报告8篇，学校已落实审计整改意见28条，查明主要问题并提出整改意见43条。基建、修缮委托项目送审额1744.28万元，审减额124.3万元，审减率7.13%。

表1—8　　2001～2015年教育内部审计工作效果表

金额单位：万元

年份	主要审计项目(项)					审计资金总额	促进增收节支					委托项目			提出审计建议(条)
	合计	财务收支审计	基本建设审计	修缮项目审计	经济责任审计		合计	已纠正违纪金额	挽回损失金额	工程审减金额	其他增收节支	送审额	审减额	审减率%	
2001年	14	3	—	—	11	6575	47.16	0.96	—	—	46.2	—	—	—	32
2002年	20	7	—	—	13	13769	293.66	5.36	—	—	288.3	—	—	—	51
2003年	8	1	—	—	7	6053.77	318.1	5.1	—	—	313	—	—	—	15
2004年	17	2	—	—	15	5071.81	22.84	21.35	—	—	1.49	—	—	—	40
2005年	16	—	—	—	16	6146.95	11.84	7.93	—	—	3.91	—	—	—	35
2006年	10	—	—	—	10	8388.87	3.14	3.14	—	—	—	—	—	—	29
2007年	12	—	2	—	10	8909.37	2.69	0.19	—	2.5	—	288.93	2.5	0.87%	28
2008年	16	—	8	—	8	8275.4	132.15	8.38	—	123.77	—	1268.54	123.77	9.76%	19
2009年	36	—	12	17	7	5795.91	391.39	1.82	5.01	384.56	—	3399.52	384.56	11.31%	43
2010年	30	—	19	4	7	12792.29	257.65	78.32	—	179.33	—	4044.04	179.33	4.43%	44
2011年	30	4	3	16	7	29062.38	201.03	130.59	—	70.44	—	589.34	70.44	11.95%	27
2012年	74	5	22	39	8	37920.31	482.66	29.16	—	453.5	—	4723.2	453.5	9.60%	39
2013年	31	7	9	8	7	42221	87.07	38.74	—	48.33	—	1454.17	48.33	3.32%	42
2014年	62	5	23	28	6	30371	89.77	10.89	10.88	68	—	1673	68	4.06%	36
2015年	52	4	16	21	11	23162.59	145.83	15.4	6.13	124.3	—	1744.28	124.3	7.13%	43

第四章　教育系统党群组织

1956年暑假，中共磐安县委决定在全县中小学教师中发展党员，同年秋，磐安中学成立中共临时支部。1961年，安文、玉山、盘山三个大公社分头建立学区党支部。1966年开始，党支部活动停止。1978年开始，各公社中心校相继建立教育支部。1983年，成立中共磐安县文教局党组。1989年，中共磐安县教育系统总支委员会建立。

民国36年(1947年)，磐安县教育工会有会员809人。中华人民共和国成立后，1950年12月，中国教育工会磐安县委员会成立。1958年，磐安撤县。磐安恢复县建制后，1986年成立磐安县教育工会。

第一节　中国共产党组织

一、县教育局党组

磐安县文教局党组随1983年磐安恢复县制而成立。

1996年6月26日，磐安县文化教育局改称磐安县教育委员会，同时设立磐安县教育委员会党组。2001年12月，改设磐安县文化教育局党组。2005年6月2日，改设教育局党组。2015年12月底，全县教育系统党员708人，39个党支部。

县教育局党组主要职责是贯彻党的方针政策和县委指示，对所属学校(单位)党组织实现领导和管理，讨论决定有关教育的重大事项，直接对县委负责并报告工作。

表1—9　　中共磐安县教育局(文教局、教委)党组成员名单

党组书记基本情况			党组成员及其任职时间
姓　名	籍　贯	任职时间	
羊荣根	磐安	1983年10月～1992年4月	吴祖田 1983年10月～1987年6月 徐宏泰 1983年10月～1986年4月 孔宝泉 1985年7月～1987年10月 杨章忠 1987年6月～1989年6月 金彩荣 1984年8月～1992年4月 赵闻渔 1989年6月～1992年4月 朱　敬 1989年9月～1992年4月 陈财富 1990年9月～1992年4月

续表 1—9

党组书记基本情况			党组成员及其任职时间
姓　名	籍　贯	任　职　时　间	
金彩荣	东阳	1992 年 4 月～1998 年 5 月	赵闻渔 1992 年 4 月～1993 年 5 月 朱　敬 1992 年 4 月～1993 年 8 月 陈财富 1992 年 4 月～1996 年 4 月 马禄忠 1993 年 3 月～1996 年 7 月 吴良驹 1993 年 5 月～1996 年 7 月 杜天笋 1996 年 7 月～1998 年 5 月 郑汝茂 1996 年 7 月～1998 年 5 月 陈岩根 1996 年 7 月～1998 年 5 月 陈益青 1996 年 7 月～1998 年 5 月
杜天笋	东阳	1998 年 5 月～2003 年 1 月	邱锡勇(副书记)2002 年 1 月～2002 年 7 月 郑汝茂 1998 年 5 月～2002 年 1 月 陈岩根 1998 年 5 月～2000 年 5 月 吕为苗 2000 年 12 月～2003 年 1 月 陈美伟 1998 年 5 月～2003 年 1 月 曹明春 2002 年 1 月～2003 年 1 月 卢华华 2002 年 1 月～2003 年 1 月
吕为苗 (主持工作)	东阳	2003 年 1 月～2003 年 4 月	陈美伟 2003 年 1 月～2003 年 4 月 曹明春 2003 年 1 月～2003 年 4 月 卢华华 2003 年 1 月～2003 年 4 月
陈益青	磐安	2003 年 4 月～2009 年 8 月	张一平(副书记)2007 年 5 月～2009 年 8 月 陈美伟 2003 年 4 月～2009 年 8 月 周宏光 2003 年 7 月～2009 年 8 月 曹明春 2003 年 4 月～2007 年 3 月 徐金平 2003 年 6 月～2007 年 4 月(纪检组组长) 卢华华 2003 年 4 月～2007 年 4 月 杨香菊(女)2005 年 5 月～2009 年 8 月 厉兆茂 2007 年 4 月～2009 年 8 月(纪检组组长) 黄加文 2007 年 4 月～2009 年 8 月
吕为苗	东阳	2009 年 8 月～	张一平(副书记)2009 年 8 月～2011 年 10 月 黄加文(副书记)2011 年 10 月～ 陈美伟 2009 年 8 月～2015 年 2 月 周宏光 2009 年 8 月～ 杨香菊(女)2009 年 8 月～2012 年 11 月 厉兆茂 2009 年 8 月～(纪检组组长至 2012 年 11 月) 陈新芳(女)2011 年 8 月～2015 年 12 月(2012 年 11 月始为县纪委派驻教育局纪检组组长) 沈天印 2012 年 12 月～ 周生民 2013 年 9 月～

二、基层党组织及活动

1990年，磐安县教育系统基层党组织有党支部49个、党员402人；至2000年，有党支部45个、党员498人；2006年，有党支部42个、党员644人；2010年，有党支部40个、党员676人；2015年，有党支部39个、党员708人。其中县教育局直属支部16个、党员441人，乡镇学校党支部23个、党员267人。

县属学校(单位)党支部由县教育局党总支直接领导和管理。根据学校干部管理权限，磐安中学党支部书记由县委任免；其余县属学校(单位)党支部书记，由县委宣传系统党委任免。

按照属地管理原则，乡镇学校党组织与教办党组织由当地乡镇党委管理(区教办党支部2005年撤区前由区委领导与管理，撤区后，乡镇学校党支部由所在地党委领导与管理)，同时接受县教育行政部门党组指导。党支部书记由所属乡镇党委批准任命。

学校党组织主要任务是：全面贯彻党的教育方针，保证社会主义办学方向，落实立德树人根本任务，办好人民满意学校。具体工作有学校政治思想教育、校长负责制的监督、团工妇群体的领导等。

2010年，中小学基层党组织按有关章程和规定设立。学校行政管理和党支部负责人，提倡一人多岗、专兼结合、交叉任职。

党员活动由基层党支部组织，基本活动有支部改选、新党员入党宣誓、民主生活会及其文体、公益活动等。根据上级党组织统一部署，1990～2015年大的活动主要有：

1990～1991年，开展党员重新登记活动；1997～2000年，开展讲学习、讲政治、讲正气“三讲”教育活动；2000～2001年，开展农村“三个代表”重要思想学习教育活动；2005～2006年，开展保持共产党员先进性教育活动；2008～2010年，开展学习实践科学发展观活动；2010～2012年，开展“创先争优”活动；2015年开展群众路线教育实践活动。

表1—10　　2015年中共磐安县教育局总支部委员会下属基层党组织概况

支部名称	支部书记	党员人数	支部建立时间	组织沿革
中共磐安县教育局机关支部	陈贤民	41	1983年10月	1984年8月，文教局党支部改称教育局党支部。1996年，改称教委党支部。2001年12月，改称文教局党支部。2005年6月，改称教育局党支部
中共磐安县磐安中学支部	周生民	50	1953年3月	1953年3月，磐安县初级中学支部成立。1958年，改名磐安中学。1959年，改名浙江东阳安文中学。1983年11月，恢复浙江省磐安中学支部
中共磐安县磐安二中支部	陈天宝	48	1999年4月	新建立
中共磐安县职业教育中心技校校区支部	施逢介	42	2011年8月	撤销1978年建立的磐安县职业技术学校支部后重建
中共磐安县职业教育中心三中校区支部	陈红刚	25	2011年9月	1956年8月，创建并成立玉山中学党支部。1992年7月，创建并成立玉山农中党支部。1993年7月，改名为金华行知职高。2001年7月，玉山中学、金华行知职高两校合并为磐安县第三中学，成立磐安县第三中学党支部。2011年9月，撤销磐安县第三中学党支部后重建

续表 1—10

支部名称	支部书记	党员人数	支部建立时间	组织沿革
中共磐安县实验初中支部	傅小卫	50	2007年9月	新建立
中共磐安县安文初中支部	周锡灵	30	1985年9月	1985年9月,建立安文党支部。2007年4月,由安文镇中升格为县属安文初中,建立安文初中党支部,支部归属教育局总支下属支部
中共磐安县实验小学支部	陈日伟	51	1994年8月	新建立
中共磐安县安文小学支部	陈红光	33	1959年	1959年创建支部。2007年4月,由安文镇中心小学升格为县属安文小学,安文小学支部归属教育局总支下属支部
中共磐安县文溪小学支部	陈金良	13	2014年2月	新建立
中共磐安县实验幼儿园支部	王　燕	17	2007年9月	新建立
中共浙江电大磐安分校支部	厉显畈	8	1996年1月	新建立
中共磐安县教研室支部	郭文峰	14	1987年6月	新建立
中共磐安县教育服务中心支部	陈连星	3	2007年4月	撤销1994年7月20日建立的县勤工俭学办公室支部后,于2007年4月重建
中共磐安县招生办支部	王长新	5	2005年8月	新建立
中共磐安县退教协会支部	周升启	19	2005年10月	新建立

三、党费收缴

1992年,中央组织部印发《关于共产党员交纳党费办法的规定》,对党费的收缴、管理、使用审批、报告和检查制度作出全面细致的规定,成为中国共产党建立系统化、科学化党费制度的重要标志。1994年,为适应工资制度改革的需要,中央组织部下发新的《关于共产党员交纳党费办法的规定》。1998年,中央组织部印发《关于中国共产党党费收缴、管理和使用的规定》,从党费收缴、党费管理、党费使用三个方面作出严格规定。

2008年2月,中共中央组织部印发《关于中国共产党党费收缴、使用和管理的规定》的通知,按月领取工资的党员,每月以工资总额中相对固定的、经常性的工资收入(税后)为计算基数,按规定比例交纳党费。工资总额中相对固定的、经常性的工资收入包括:机关工作人员(不含工人)的职务工资、级别工资、津贴补贴;事业单位工作人员的岗位工资、薪级工资、绩效工资、津贴补贴;机关工人的岗位工资、技术等级(职务)工资、津贴补贴。党员交纳党费的比例为:每月工资收入(税后)在3000元以下(含3000元)者,交纳月工资收入的0.5%;3000元以上至5000元(含5000元)者,交纳1%;5000元以上至10000元(含10000元)者,交纳1.5%;10000元以上者,交纳2%。离退休干部、职工的党员,每月以实际领取的离退休费总额或养老金总额为计算基数,5000元以下(含5000元)的按0.5%交纳党费,5000元以上的按1%交纳党费。

此前,凡有工资收入的党员,以每月比较固定的经常性工资收入总额为基数,按以下比例交纳党费:月收入在400元(含400元)以下者,交纳月工资比例的0.5%;月收入在400元以上至600元(含600元)者,交纳月工资比例的1%;月收入在600元以上至800元(含800元)者,交纳月工资收入的

1.5%;月收入在800元(税后)以上至1500元(含1500元)者,交纳月工资收入的2%;月收入在1500元(税后)以上者,交纳月工资收入的3%。

四、党风廉政建设

党风廉政建设,是加强党的执政能力建设的基础和核心。教育系统加强党风廉政建设,有利于优化教育行业风气,提高党员干部廉洁自律的自觉性,增强拒腐防变的能力,切实转变工作作风,推进磐安教育事业和谐、健康发展。26年来,县教育局历届领导积极贯彻落实上级党风廉政建设责任制的部署和要求,重视党风廉政建设,坚决制止各种不正之风,有效净化教育系统的风气。

1991年,县教育局改革"民转公"考核方法,以基本量化考核代替基本定性考核,并向社会公开有关招生、民转公、教师调动等系列工作的条件、方法和办事制度。

1993年,局党组下发《关于进一步加强自身建设的决定》《关于教育系统反腐倡廉纠正行业不正之风的几点意见》,制定《教育局机关工作人员政治学习制度》。

1995年,修订和实施《教育局机关工作规划》《教育局机关岗位责任制考核意见》《重点工作考核目标意见》,继续实行机关干部联系乡镇制度。

1997年,围绕师德、收费、资料征订等热点、难点问题,开展行风评议活动,自觉接受监督。教委党组制定的党员活动日等十项制度被县直机关工委转发并推广。同年5月,县教委在《磐安报》上向社会公开承诺教师职称评定、民转公、农转非、教师调动等工作上公开、公平、合理,承诺提高工作透明度,实行城区教师公开选调。

1998年,教委机关设立永久性公告栏,将公开承诺制、办事程序、机关科室职责、干部职责、财务收支明细账等予以公开,对每一阶段工作重点、热点问题、教师调配、城区教师选调、毕业生分配、招生工作等予以公开。同年9月,在全县各校推行校务公开工作,规范公开内容以及各事项公布时间、程序、公开形式。建立"两公开一监督"领导小组和监督小组。印发《县中小学财务公开制度实施办法和财务管理制度》,实行公开理财、民主理财。同年,在教委党员干部中深化以"讲学习、讲政治、讲正气"为主要内容的党性党风教育活动,提出以"管理育人、依法行政、服务基层"为工作宗旨。

1999年,县教委下发《关于严肃政纪 加强廉政工作的意见》,重申严肃党纪、政纪的八项规定,着重查处经济违纪、私设小金库、乱收费、乱开支、利用职权谋取私利,以及体罚学生、赌博等腐化堕落案件。同年4月,县教委下发《中共磐安县教委党组关于实行党风廉政建设责任制的实施意见》,要求每学期召开一次领导干部廉洁自律专题民主生活会,将党风廉政建设考核与领导班子和干部考核、工作目标考核、年度考核相结合,考核结果记入领导干部廉政档案。

2000年,县教委出台《关于进一步加强党风廉政建设的意见》,重申党员干部廉洁自律十条规定,建立领导班子成员务虚会议制度和党内民主生活会制度。3月,县教委下发《磐安县教委干部蹲点联系学校工作若干规定及考核办法》,明确教委干部蹲点联系学校和被蹲点学校的4项权利和义务,考核分值及操作办法。7月,重申教育系统干部教师职工一律不得参加任何形式的赌博活动。认定只要用财物作赌注来比输赢的行为就是赌博。凡有赌博行为,均要严肃处理。

2001年1月,县教委下发《重申2001年春节期间一律不搞相互走访和拜年活动的通知》,要求严格执行关于厉行节约、制止奢侈浪费行为的各项规定,此后的每年元旦、春节期间都要按这一通知精神办理。同月,县教委下发《关于切实制止滥发奖金钱物的通知》,对擅自发放年终奖金的行为一律以违纪论处,要按照党风廉政建设责任制,追究各单位"一把手"的领导责任。5月,县教委下发《关于做好2001年行风评议工作的意见》,要求各单位健全完善规章制度,依法行政,严格执行减负增效的有关文件,将行风建设列入重要的议事日程。下发《关于在教育系统开展"三个代表"重要思想学习教育活动的实施意见》,学习教育活动分三个层面、三个阶段开展,力求在"转作风、强服务、优环境、促发展"上有新突破。8月,县教委下发《关于规范假期办班活动的紧急通知》,明确经过审批可以开展的假期活动要求和违规处理意见,严禁以任何名义为学生集体补课或上新课。重申《教师十不准规定》和《县教育系统领导干部廉洁自律十条规定》,要求认真学习对照,严格自律。

2002年,县文教局下发《关于进一步加强党风廉政和行风建设的意见》,组织党员干部学习江泽民"七一"重要讲话和"三个代表"重要思想,落实领导干部廉洁从政的有关规定,加强公民道德教育和师德教育,深化行风建设。

2003年5月,县文教局下发《关于切实加强党风廉政和行风建设的意见》,深入开展正面示范教育和反面警示教育,坚持领导接待日制度,建立干部提拔任用前廉政勤政谈话制度,凡新提拔任用的局管干部,都要由局党组领导直接谈话一次。

2004年,在教育系统推行"三项制度""四条纪律""五个禁令",确定9项重点整改事项,落实整改计划,出台《关于加大查处力度严肃工作纪律的决定》,聘请30位效能建设监督员,组织各种形式的明察暗访,对8名违纪人员作出严肃处理。在全系统干部职工中开展"禁赌"专项工作,人人作出自律承诺。

2005年1月,教育局转发磐安县纪委、县监察局《关于坚决制止各种不正之风和奢侈浪费行为,切实加强元旦春节期间党风廉政通知》,加强节假日期间党风廉政建设,坚决制止各种不正之风和奢侈浪费行为,促进领导干部廉洁自律,加强党的执政能力建设。同年3月,县文教局下发《关于广泛开展"先锋形象"大讨论活动的通知》,开展以"争'五有'(有理想、有责任、有本领、有纪律、有作为)、建'五优'(优队伍、优服务、优环境、优制度、优业绩)"为主要内容,以"我的昨天、今天和明天"为主题的"先锋形象"大讨论活动。下发《关于印发〈磐安县文化教育局督查通知书制度(试行)〉的通知》,增强全系统工作人员的责任意识,进一步树立全局观念,促使各项规章制度落到实处,提高工作效率,营造政令畅通、职责明确、规范有序、勤勉高效的工作环境,促进事业全面健康发展。转发中共中央纪委、中共中央组织部、监察部《关于维护党的纪律,严肃处理党风方面若干突出问题的意见》,加强党风廉政建设,执行领导干部廉洁从政有关规定,解决当前党风方面存在的突出问题。同年5月,下发《关于印发〈磐安县文化教育局保持共产党员先进性教育活动工作考核办法〉的通知》和《磐安县文化教育局关于进一步加强考勤管理的通知》。9月,下发《磐安教育局党组关于印发〈磐安县教育局2005年度党风廉政建设责任制执行情况考核办法〉的通知》11月,下发《关于进一步规范重大事项议事制度的通知》,完善局领导班子民主议事制度,规范办事程序,提高办事效率,确保重大事项得到及时研究,科学决策,更好地发挥局领导班子的领导核心作用。11月,下发《关于举办县中小学校2005年廉政文化进校园"漫画和儿歌"创作比赛的通知》,要求中小学校把"漫画和儿歌"创作比赛活动作为全面贯彻《中小学德育工作规程》的重要内容,作为加强党风廉政教育的实际行动。

2006年,县教育局制定《关于构建惩防体系工作方案》,对校长工作进行单列绩效考核办法,开展教职工民主评议学校领导干部活动。同年1月,下发《磐安县教育局关于切实加强春节期间党风廉政建设的通知》,提倡廉洁过节、文明过节、简单过节。2月,下发《关于开展中小学校反邪教警示教育活动的通知》,要求积极开展反邪教警示教育集中学习教育活动,积极开展健康向上的文体活动。4月,下发《关于开展社会主义荣辱观教育活动的通知》,要求学习"八荣八耻":开展"荣辱观主题教育实践月"活动,把荣辱观教育纳入学校整体教育教学计划,开展以社会主义荣辱观为主题的校园文化建设。下发《关于印发磐安县教育局2006～2007年惩治和预防腐败体系工作要点及任务分工的通知》，明确惩治和预防腐败体系工作要点及任务分工。要求加强反腐倡廉教育，构筑拒腐防变的思想道德防线；加大制度建设力度，狠抓反腐倡廉制度落实；加大制约和监督力度，确保权力正确行使；加强责任考核，强化责任追究。

2008年2月，县教育局通报2007年党风廉政建设考核结果，磐安二中等10家单位获优秀，磐安中学等32家单位为合格。

2009年2月，教育局下发《关于2008年度党风廉政建设工作考核结果的通报》，评出先进集体9个、达标单位31个。4月，下发《关于聘请潘玲玲等28位同志为磐安县教育局机关效能建设（暨行风建设）监督员的决定》，切实加强对教育局机关效能建设和教育系统行风建设的监督检查，推动效能建设和行风建设工作的不断深入。

2010年，下发《中共磐安县教育局党组关于深入开展创先争优活动的实施意见》，教育系统以“育人成才当先锋，凝心聚力促发展”为主题，着力做好“五个结合”，即与学习型机关（学校）创建相结合，与师德师风和作风建设相结合，与推动落实重点工作相结合，与深化学习实践活动相结合，与各项主题活动相结合。同年3月，下发《磐安县教育局关于表彰2009年度党风廉政建设工作先进集体的通知》。5月，为加强督查工作，确保上级党委政府、县教育局各项决策和工作部署的贯彻落实，下发《磐安县教育局关于建立督查通报制度的通知》。为进一步加强教育系统作风建设，增强全体工作人员的责任意识，提高工作效能，提高工作效率，促进磐安县教育事业健康和谐发展，下发《磐安县教育局关于教育系统工作人员违规违纪行为的处理意见（试行）》。为弘扬社会新风、遵纪守法、为人师表，下发《磐安县教育局关于严禁教职工参赌涉赌的通知》。11月，下发《磐安县教育局关于规范教育系统领导干部外出报告制度的通知》。为加强作风建设，严肃工作纪律，下发《磐安县教育局党风廉政建设责任制执行情况考核办法》《教育系统作风和效能建设考核办法》。

2011年10月，为营造风清气正、心齐劲足、勤政廉洁的良好氛围，最大限度地降低腐败风险，减少和预防不廉洁行为的发生，下发《磐安县教育局廉政风险防控机制建设的实施方案》。同年11月，为进一步深化教育系统的行风建设，加强学校教育教学管理，提升学校内涵发展水平，努力办好“学生信任，家长放心，社会满意”的学校，下发《磐安县教育局关于做好“万名家长评学校”“满意教师”“满意课堂”评比工作的通知》。

2012年9月，教育局下发《关于开展岗位廉政风险防控机制建设“回头看”活动的通知》，建立健全“事前预防（核定权力清单、科学配置权力、推进阳光权力）、事中控制（加强监督监管、加强风险预警、开展风险教育）、事后处置（提醒警示、谈话诫勉、追究问责、组织处理、纪律处分）”的廉政风险防控工作流程。为严肃事业单位纪律，规范事业单位工作人员行为，保证事业单位及其工作人员依法履行职责，下发《磐安县教育局关于认真学习贯彻〈事业单位工作人员处分暂行规定〉的通知》。11月，为加强教职工队伍管理，严肃劳动纪律，规范请假审批手续，严格执行请假工资待遇，促进队伍管理的规范化、制度化，提高工作效率，下发《磐安县教育局关于进一步加强请假和考勤管理工作的通知》。

2013年1月，为规范全县教育系统的学术行为，提升全县教育科学研究工作者的道德水准和学术水平，下发《磐安县教育局关于印发〈教育系统学术规范及违规处理暂行办法〉的通知》，8月，下发《磐安县教育局关于进一步规范退出现职学校领导干部管理工作的意见（试行）》。9月，为加强教育系统行风建设，规范教师廉洁从教行为，下发《磐安县教育局关于2013年中秋节、国庆节期间严格执行廉洁自律有关规定的通知》。

2014年2月，下发《磐安县教育局关于建立局机关、直属单位和学校领导干部进课堂进学生公寓制度的通知》,通过深入学生学习和生活,认真听取师生意见,进一步改进工作作风,共同推进全县教育改革发展。9月,教育局下发《关于转发磐纪〔2014〕62号文件的通知》,加强对所有办公电脑的管理,严肃处理违纪违规行为。12月,教育局转发《关于进一步加强元旦春节期间党风廉政建设工作的通知》,要求进一步树立良好的教风、校风,倡导新风正气。

2015年3月,教育局举办"学制度、明纪律、守规矩"党课。下发《磐安县教育局关于公布学校校务监督委员会成员名单的通知》,进一步加强学校党风廉政建设,创新完善学校民主管理和民主监督机制,加强对学校领导班子和其他重要岗位权力运行的监督制约,维护全体师生合法权益。4月,建立"从严管理落实年"正风肃纪月报告制度,扎实开展"从严管理落实年"活动,推进全县教育系统正风肃纪工作常态化、长效化,及时发现并有效整改各单位(学校)及工作人员在纪律、作风等方面存在的突出问题。下发《磐安县校务监督委员会建设工作方案(试行)》,进一步加强学校党风廉政建设,建立健全学校决策权、执行权、监督权既相互制约又相互协调的权力结构和运行机制,防止权力滥用和以权谋私等消极腐败现象的发生,切实保障教职工和学生的合法权益,促进党群、干群、师生、家校等关系更加密切,推进教育科学和谐发展。

第二节　教育工会与教职工代表大会

一、教育工会

(一)组织发展

1.县教育工会

中国教育工会磐安县委员会(简称磐安县教育工会)是县总工会、县教育局党组领导下的特殊产业工会。它在维护教职工合法权益,向领导部门传递群众呼声的同时,积极推进学校民主政治和教职工队伍建设,在规范完善教职工代表大会制度、推行校务公开、实施依法治校、组织工会开展活动等方面开展工作。

至2015年底,磐安县教育工会已经走过三个历史进程:民国时期,中华人民共和国成立之初,磐安恢复县建制之后。

民国36年(1947年),磐安县教育工会有会员809人。

1950年12月,磐安县建立教育工会,主席李树德。1956年12月,县教育工会召开代表大会,选举陈黄岩为县教育工会主席,并代表磐安县出席省教育工会代表大会。1958年11月,磐安撤县,县教育工会并入东阳县。

1986年1月17日,磐安县教育工会重建,选举产生磐安县教育工会第一届委员会委员9人。

1983～1995年,县教育工会和县教育局在同一大楼办公。1996～2002年9月,办公地点迁教育印刷厂大院。2002年10月,同教育局一起搬进安文镇北街30号县教研室办公大楼。

表1—11　　恢复县建制后中国教育工会磐安县委员会历届主席、副主席名录

届　次	职　务	姓　名	任职起讫时间	备　　注
第一届	主　席	吴祖田	1986年1月～1989年5月	—
	副主席	马齐华	1986年1月～1989年5月	—

续表 1—11

届　次	职　务	姓　名	任职起讫时间	备　　注
第二届	主　席	金彩荣	1989 年 6 月～1991 年 10 月	—
第二届	副主席	马齐华	1989 年 6 月～1991 年 10 月	—
第三届	主　席	朱致昆	1991 年 11 月～1996 年 11 月	—
第三届	副主席	马齐华	1991 年 11 月～1996 年 11 月	—
第四届	主　席	郑汝茂	1996 年 12 月～2002 年 1 月	—
第四届	副主席	陈忠土	2000 年 9 月～2002 年 1 月	1996 年 12 月～2000 年 8 月不设副主席
第五届	主　席	陈美伟	2002 年 2 月～2007 年 6 月	—
第五届	副主席	陈忠土	2002 年 2 月～2002 年 9 月	—
第五届	副主席	施逢河	2002 年 10 月～2007 年 6 月	—
第六届	主　席	周宏光	2007 年 7 月～2012 年 11 月	—
第六届	副主席	施逢河	2007 年 7 月～2009 年 10 月	—
第六届	副主席	周荣财	2009 年 11 月～2010 年 9 月	—
第六届	副主席	郭文峰	2010 年 10 月～2012 年 8 月	—
第六届	副主席	吕世明	2012 年 9 月～2012 年 11 月	—
第七届	主　席	周宏光	2012 年 12 月～2015 年 4 月	—
第七届	主　席	黄加文	2015 年 5 月～	—
第七届	副主席	吕世明	2012 年 12 月～2014 年 8 月	—
第七届	副主席	周荣财	2014 年 9 月～	—

2. 基层教育工会

教育局直属单位与直属学校工会，以及各乡镇学校工会，均属基层教育工会。

1992 年，全县乡镇实行“撤扩并”工作，基层教育工会数减少。2002 年，为规范推行教代会制度，以乡镇为单位的基层教育工会改成以学校为单位组建。由于学校布局多次调整，不断创办新学校，基层教育工会总体保持稳定。

表 1—12　　　　基层教育工会发展变化一览表

时　　间	基层教育工会个数(个)			基层教育工会人数(人)	
	基层工会总数	县直属学校(单位)	乡镇学校	教职工人数	工会会员人数
1990 年	35	11	24	1496	1282
1995 年	30	11	19	1798	1612
1997 年	29	10	19	1829	1672
2000 年	30	11	19	2045	2045
2005 年	28	10	18	2074	2074
2010 年	38	13	25	2111	2111
2015 年	37	12	25	2158	2158

（二）组织管理

磐安县教育工会接受县教育局党组和县总工会领导，同时接受金华市教育工会的指导。

磐安恢复县建制之后，安文、玉山、盘山三个区域教办的主任均为县教育工会委员，他们分头管理所辖乡镇中小学（幼儿园）的工会组织，领导基层工会开展工作，形成县、区、乡（镇）三级的教育工会组织管理网络。

2009年，区教办撤销，县教育工会直接领导基层工会。每个基层工会的换届选举，县教育工会均派人参加，规范程序，听取建议。

2006年开始，教育工会换届推行以“直选”“海选”为主的无记名差额选举。此前，换届选举的候选人名单由学校党支部征求工会意见后确定，再交教职工代表大会表决产生。

县教育工会每年至少召开两次委员会议，研究、部署工会工作，组织全县基层工会主席开展业务培训，组织工会会员评议工会主席，开展校务公开情况的督查等活动。重视工会信息宣传工作，重视信息员队伍建设，重视信息被录用的考核奖励力度。2006年，磐安县教育工会“创设监督机制加强自身建设”的创新举措受到浙江省教育工会嘉奖。

（三）工会活动

1.师德教育活动

1990年，组织全县教职工代表举行“学理论、创业绩”师德演讲比赛。

1991年，县教育局、县教育工会组织评选优秀青年教师活动。

1992年，县教育局、县教育工会组织“教书育人、为人师表”优秀教师评选。

1993年9月，县教育局、县教育工会表彰为人师表优秀教师10名，优秀教育工作者3名。

1995年，学习宣传杨东海先进事迹，组织教职工开展“我为人师”师德演讲比赛，倡导“甘为人梯”“甘当红烛”的奉献精神。

1996年，组织开展“教书育人、管理育人、服务育人”征文比赛，倡导教职工“树师表形象，创文明校风，献教育业绩”。

1997年，组织全县教职工开展“敬业奉献为人师表，依法治校服务育人”活动。

2000年，配合县教委开展“学习全教会精神，学习江泽民对教育问题的谈话”和“奉献新世纪、树立新形象”的“双学双新”主题教育活动。

2001年，县教委、县教育工会联合举办“怎样当好一名新世纪合格教师”演讲比赛。

2002年，县文教局、县教育工会组织评选磐安县“群体师德创优”先进集体，评出磐安县“群体师德创优”先进集体6个，表彰2002年度县“师德优秀教师”23名和县“优秀班主任”24名。

2003年，县文教局、县教育工会联合转发金华市教育局“开展向优秀青年教师徐丽笑学习”的决定，举行“学生在我心中”师德演讲比赛。

2004年，县文教局、县教育工会组织评选第二批磐安县“群体师德创优”先进集体、磐安县第二届“十佳师德标兵”。评出磐安县“群体师德创优”先进集体4个。

2006年，县教育局、县教育工会组织评选第三批磐安县“群体师德创优”先进集体、第三届磐安县“十佳师德标兵”。评出磐安县“群体师德创优”先进集体8个。

2008年，县教育局、县教育工会组织评选第四批磐安县“群体师德创优”先进集体、第四届磐安县“十佳师德标兵”。评出磐安县“群体师德创优”先进集体10个、磐安县“师德先进个人”8个。

2008年11月，县教育工会组织教职工举行“我看人民教师三十年”移动杯演讲比赛，推选两位胜出者参加金华市比赛。

2011年5月，组织全县教师聆听金华市中小学优秀教师师德巡回报告。

2012年，组织全县教师学习《中小学教师职业道德规范》，开展“我心目中的好老师”评选，举行师德演讲比赛与自觉抵制有偿家教签名等活动。同年，组织开展向身边先进人物学习活动，挖掘优秀教师事迹；组织教职工学习《一片冰心在玉壶——磐安县优秀教育工作者风采》一书。

2013年，组织师德楷模和师德先进个人推荐和评选工作。县实验初中教师陈斌强被评为“全国师德楷模”，职教中心技校校区与九和小学两名教师被评为金华市师德先进个人。

2015年，开展省、市师德先进个人的推荐工作。磐安中学、仁川镇中心小学有两位教师被评为市级师德先进个人。

2. 文体与教师业务素质提升活动

1990～2015年这26年间，县教育工会先后组织教职工进行各类比赛或活动，项目有歌舞、书画、篮球、排球、气排球、乒乓球、嗒嗒球、羽毛球、拔河、象棋、器乐演奏等。特别是2014年，县教育工会组织全县中小学、幼儿园教职工举行佳木斯快乐舞步健身操比赛。

2003～2015年这十多年间，县教育工会与县教育技术装备站联合组织中小学教师开展教育技术应用能力比赛7次。

3. 教职工疗休养

1990～2008年间，县教育工会多次组织全县优秀教职工以及工会干部外出参观学习或疗休养。2009年开始，疗休养工作由学校(单位)工会组织，教职工每三年参加一次；2014年开始，改为每年一次。

4. 送温暖工作

1985年，教师节应运而生，磐安县教育工会随即建立节日慰问与日常慰问相结合的“送温暖”制度。

1997年，县教育工会建立“送温暖工程基金”，基金来源：一是通过全县在职教职工捐资，每人20元，二是向经济条件比较好的学校募捐。到1998年8月，共筹集基金48780元，以“存本取息”方式作为每年“送温暖”资金的来源。到2002年，提取利息已经无法支撑“送温暖”所需资金，于是提取本金开展活动。到2009年8月，本金用完，直接用工会经费开展活动。

1990～2015年底，县教育工会、县教育局先后慰问教职工306人次，累计送出慰问金32.7万元。

2003年，墨林小学一教师家中遭火灾，工会发动全县教职工捐款51185元。

2008年，组织全县师生员工为四川汶川地震灾区捐款123.86万元，通过县慈善总会送达灾区。

2010年，组织全县教育系统教职员工和中小学生开展向青海玉树地震灾区捐款献爱心活动，教职工捐款139363元，学生捐款1509073元。

2015年开始，组织全县中小学和公办幼儿园参加职工住院医疗互助保险，每年投保一次，保费50元，保期一年。2015年，参保人数2200多人。当年，共有69名教职工获得住院医疗补助金额62563.36元，占投保金额的56.4%。是年，县教育工会推荐的6位特困教职工，获得中天爱心慈善基金会“关爱园丁”助教项目每人1万元的资助。

5. 民主评议学校领导干部

1995年开始到2015年底，县教育工会和教育局人事科一起，坚持每年一次的教职工代表对学校领导民主评议工作。评议对象为县属学校(单位)正副校长(园长)、书记及中层干部，乡镇学校正副校长(园长)及中层干部。评议内容为德、能、勤、绩、廉五方面的表现。评价等级分优秀、称职、基本称职、不称职四项。评议程序为教育局联络小组动员讲话、被评议干部作述职报告、教职工以无记名投票形式进行民主测评。评议结果上报教育局党组，作为暑假期间学校干部调整的参考依据。

(四)工会经费

2002 年，县总工会与县教育工会协商决定：磐安中学、磐安二中、县职教中心、盘山中学、实验小学、教育局机关、县教研室、电大等 8 个单位工会上缴的工会经费划入县教育工会作为教育工会的经费收入，其他单位直接上缴县总工会。经费支出的主要项目为活动费、业务费、事业费和困难教职工送温暖费用等。

基层教育工会的经费收入主要来源于会员所缴纳的会费和学校行政拨款。

县教育工会每年的经费收支情况交由县教育工会经费审查委员会审核后予以公布。各基层教育工会全年的经费收支情况交由各基层教育工会经审组人员进行审核，然后予以公布。

二、教职工代表大会

学校(单位)中的教职工代表大会(简称教代会)为依靠教职工办学(事业)提供制度上保证。教代会制度规定工会是教代会的工作机构。

1987 年，开始在全县推行教代会制度。

1995 年，组织教职工学习《学校教职工代表大会条例》。

1996 年 12 月，县教委和县教育工会联合转发《浙江省中小学校教职工代表大会工作规程(试行)》的通知。

1997 年 12 月，县教委和县教育工会联合下发《磐安县教委、教育工会对教代会评估试点工作的实施方案》，开展教代会评估试点工作。

1998 年 9 月，磐安县教育工会下发《关于开展教代会工作自查自评的通知》，出台教代会评估细则，全县中小学对教代会工作进行自查自评。

1999 年 3 月，县教委和县教育工会联合下发磐教〔1999〕11 号文件，制定磐安县中小学教职工代表大会工作实施细则。

2000 年 4 月，县教育工会下发《关于规范教代会的筹备工作提案工作和档案工作的通知》。

2002 年 3 月，县文教局和县教育工会联合下发《关于对中小学教代会开展评估工作的通知》。同年 4 月，县文教局和县教育工会联合下发《关于建立教代会和校务公开情况报告制度的通知》。

2003 年，为推行规范教代会制度，下发《教代会指导材料汇编》。

2007 年 9 月，磐安县教育工会转发《浙江省中小学教职工(代表)大会工作规程》。

2009 年 9 月，在全县开展学习《金华市中小学校教职工(代表)大会实施办法》。

2010 年，县教育工会到大盘小学等学校开展教代会规程落实情况调研，为制度的完善建言献策，为切实维护职工权益提供支持。同年，开展义务教育段学校绩效工资实施情况的调查。

2012 年，组织开展《学校教职工代表大会规定》知识竞赛。

2013 年，组织开展《学校教职工代表大会规定》专项调研，并撰写磐安县《学校教职工代表大会规定》专项调研报告并报市教育工会。

2014 年，利用暑期工会主席培训机会，开展《浙江省中小学校教职工代表大会工作规定》的专题学习，并在年底进行学校教职工代表大会召开情况的专项调查考核。

2015 年，在全县教职工中开展学习落实金华市中小学校教职工代表大会的实施办法。

第三节　其他群众团体

一、县教育学会

磐安县教育学会成立于1985年2月6日。它是全县教育工作者研究教育科学的群众性学术团体，由各专业委员会和个人会员自愿组成，属于非营利性社会组织。业务主管部门为磐安县教育局。1990年12月29日，根据磐民〔1990〕89号文件，县民政局核准注册登记。

磐安县教育学会的业务范围主要有九大方面：(一)开展群众性教育科学研究和教育教学改革实验；(二)普及教育科学知识，介绍教育科学研究动向、优秀成果及教育教学改革经验；(三)开展调查研究，为教育决策提供科学依据与信息反馈意见；(四)举办学术会议，组织教育科学研究和教育教学改革实验成果的鉴定与推广；(五)推广教育科研项目；(六)进行培训活动，开展咨询服务；(七)组织教育评价活动；(八)开展对外教育科学交流与合作；(九)开展其他有益于教育改革、发展和青少年身心健康的活动。

磐安县教育学会下设县德育研究会以及各学科的专业研究会等二级学会10个，根据各自的专业分工进行活动。这些学术团体业务上接受省、市专业(学科)学会指导，学科研究会的秘书长一般由县教研室学科教研员兼任，通过开展各类学术活动，为各学科教师的专业成长搭建多元平台。

县教育学会以及各学科的专业分会，充分发挥民间团体的桥梁与纽带作用。举办各种教育教学讲座和学术报告会，邀请各类名师到磐安授课、讲学；针对教育教学的热点、难点进行主题研讨；每年举办2次以上教育教学论文比赛；协助县教育局编辑好教育年鉴；积极参与各种相关的社会事务活动。

2004年，启动《磐安县教育志》的首次续编工作，历时5年，至2009年，初步完成1990～2007年的部分材料搜集工作。同时，承担磐安县县志教育部分的撰写和为金华市教育志提供相关资料的任务。

2006年，“金华市第二届教育十大创新成果”评选活动中，县教育学会选送的安文镇初级中学“构建良好生态环境促进教师专业成长”的研究项目被评为金华市教育十大创新成果之一。

2007年与2010年，在创建省教育强县工作中，承担方案设计、职责落实以及材料形成、审核、完善、定稿等工作。

县教育学会在2004～2005年度、2006～2007年度被评为金华市先进集体。

表1—13　　磐安县教育学会历届会长秘书长名单

届别	会长	秘书长	任职时间
第一届	羊荣根	张汝舟	1985年2月～1988年3月
第二届	羊荣根	沈志新	1988年4月～1990年3月
第三届	羊荣根	陈益青	1990年3月～1992年4月
第四届	金彩荣	陈益青　赵闻渔	1992年4月～2000年12月
第五届	杜天笋	陈磐虎	2000年12月～2003年11月
第六届	陈益青	陈灯旺	2003年12月～2009年8月
第七届	吕为苗	陈灯旺	2009年9月～2015年8月
第八届	吕为苗	张生红	2015年9月～

二、县退休教育工作者协会

成立于1993年的磐安县退休教育工作者协会(简称县退教协会),是磐安县离退休教师为实现“老有所养、老有所医、老有所教、老有所为、老有所乐”的需求,自愿组合的群众性组织,行政上受县教育局与县委老干部局领导。

县退休教育工作者协会的组织领导机构为理事会。理事会设正副会长、秘书长,有理事若干。协会下设“送温暖基金会”,协会理事会即基金会管理委员会。办公室设在县教育局内。

表1—14　　磐安县退休教育工作者协会历届理事会名录

届　　次	会　长	副　会　长	秘书长	委　　员
第一届(1993年～1996年8月)	杨章荣	—	孔祥足	陈志奇　周中圣　沈　文　沈志新　陈星德　孔祥足
第二届(1996年9月～1999年8月)	杨章荣	陈志奇　周中圣	孔祥足	马齐华　沈　文　陈星德　陈柳荣　孔祥足　李茶香
第三届(1999年9月～2002年8月)	杨章荣	陈志奇　周仲圣　李春水	孔祥足	沈　文　林则峨　陈柳荣　孔祥足　李茶香
第四届(2002年9月～2005年9月)	朱志昆	陈志奇　周仲圣	孔祥足	杨章荣　沈　文　朱士义　孔祥足
第五届(2005年10月～2008年9月)	陈志奇	蒋时平　陈知生	朱法焕	朱法焕　朱金龙　周冬兰　朱士义
第六届(2008年10月～2011年9月)	陈荣富	曹金贤　陈立茂　蒋时平	陈立茂	朱金龙　陈新立　曹晓英
第七届(2011年10月～1014年9月)	陈荣富	曹金贤　杨福连	—	陈万海　曹晓英　卢友谊　马历高
第八届(2014年10月～)	陈荣富	曹金贤　陈万海	—	曹晓英　马历高　卢友谊　蒋时平

2015年底,全县有24个分会,807名会员。

磐安县退休教育工作者协会组织关系示意图

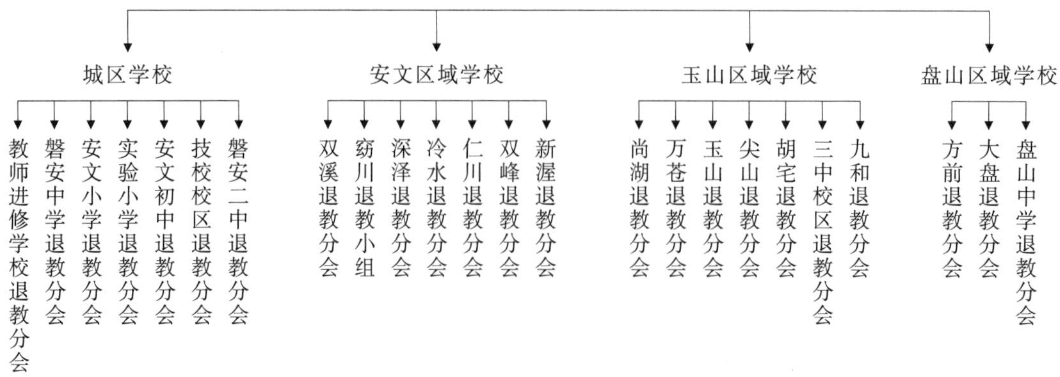

《磐安退教通讯》创办于1993年，其宗旨在于传递活动信息、交流工作情况、反映退休教职工的愿望和心声、沟通退教组织和主管部门以及学校的关系、维护退休教师的合法权益等。每季刊出一期，创办以来未曾间断。

2005年，县退教协会发动全县退休教职工募集基金10万多元，由理事会组成送温暖基金会。基金会建立“三慰问”（教师节、老人节、春节时慰问退休教师）、“三走访”（走访80岁以上教师、长期卧病教师，以及教师遗属）等制度，为高龄、住院的退休教职工解决经济上的部分困难，也为80岁以上老人的寿辰送上一份喜庆。

同年，受磐安县老龄办、民政局等单位委托，经浙江省老年电大批准，创办浙江省老年电大磐安分校。名誉主任与主任由县委、县政府相关领导兼任，校务会员由民政、财政、退教协会成员组成。教务工作由退休教师志愿服务。除播放视频授课学习外，还组织学员开展第二课堂活动，如民乐队、舞蹈队等。利用这些组织，县退教协会每年举办广场文娱活动，或者到社会福利院慰问演出。2015年，老年电大有教学班13个，学员749人。

2008年，在县关工委和县教育局的统筹协调下，县退协组建“老教师讲师团”到全县20多所中小学，以及老年电大、老年大学、乡镇社区做演讲，弘扬主旋律，传递正能量。是年，县退协和磐安县老年书画研究会联合举办书画展，编印《磐安县老年诗书画作品集》。是年，全县522名退休教职工为汶川地震灾区捐款82630元（由县退协转交慈善总会51840元，由乡镇、村转交的30790元）。

2012年，组织退休教职工为玉树灾区募捐，共捐款65080元。2014年，万苍大会堂倒塌，造成人员伤亡事故，协会596名退休教职工捐款100500元。

以“安全第一、友谊第一、健康第一、快乐第一”为宗旨，县退教协会组织退休教师每年开展两次的体育与文娱活动。举行象棋、围棋、跳棋、五子棋、飞镖、健走、门球、篮球、气排球、乒乓球、打牌、书画、说笑话、讲故事、文艺表演、健康知识竞赛等多种活动。以退休教师为主力的县老年气排球队，在金华市第五届老年运动会中获得第一名，并代表金华市参加省比赛。

定期组织“创先争优”评比活动。评选出的“老有所为”积极分子第一届23人、第二届17人、第三届17人，金华市“最美退休教师”1人，金华市“最美家庭”“最美老伴”各1人，浙江省关心下一代工作先进个人2人，金华市关心下一代工作先进个人11人，磐安县关心下一代工作先进个人18人次。

2001年、2004年、2009年三年，县退教协会被评为磐安县关心下一代工作先进集体。2001年、2002年、2010年，被评为金华市关心下一代工作先进集体。2006年，被评为金华市模范退（离）休教工之家。2011年，被评为磐安县“五好”离退休干部党支部。2014年，被认定为金华市三星基层党组织、磐安县AAAA级社会组织。尚湖镇、新渥镇、安文初中和县实验小学退教协会先后被评为金华市模范退（离）休教工之家。

第二篇
教师与学生

教师和学生是学校的两个主体。教师全身心投入是学校教学工作顺利开展的基础，而学校的一切工作，都是为了学生的健康成长和终身发展。

1993 年颁布的《中华人民共和国教师法》，规定教师的权利和义务、待遇和职责，县人民政府、县教育行政部门的重要任务就是依法采取具体措施，落实国家对教师这一主体的权利和要求，以激发教师的工作热情，确保学校工作的顺利开展。

学生方面，既要有相应宽松的教学环境，确保学生这一主体的自主权，也要有一定的管理措施，保障学生学习、生活的正常进行。

第一章　教　　师

科举时代，没有固定教师职业，教师大多由科举落第者充任。清末至民国，废科举，办学校，教师的培训与任用才逐渐被重视。中华民国时期，磐安县设教育科，管理、任命各乡中心国民学校校长，教师由校长实行聘任制。民国33年(1944年)，磐安县立简易师范学校首期毕业生70人，由县政府分配及校长聘任相结合，到县内各中心国民学校任教，时全县中小学教师287人。民国37年(1948年)，全县中学教师35人，小学教师292人，计327人。

中华人民共和国成立之初，磐安县人民政府建立文教科，管理文化教育工作，按照“维持现状，逐步改造”的文教工作方针，留用旧人员，废除聘任制，公办初中与小学的校长、教师由县人民政府委派任用，村校教师由当地村行政组织聘用。1950年1月27日至3月6日，县人民政府举办教师培训班，参加培训的教师188人。是年，分配金华师范毕业生到磐安工作，以此充实教师队伍。1951年春，县招考教师37人，经过审核由县政府委派任用。1952年6月28日至9月15日，全县公办小学教师95人到金华干校参加思想改造；公办中学教师15人，到杭州华东革命大学浙江分校参加思想改造。学习结束进行鉴定，工资全部由国家发放，工作由文教科委任调配，正式建立起教师队伍。1952年始，中小学教师纳入国家编制，工资列入国家预算，实行公费医疗制度。

1953～1954年，县政府对全县小学教师进行整顿。“文化大革命”期间，师范院校停止招生，民办教师逐年增多。1969年9月，小学教师回队任教，县属中学部分教师下放公社中学。1977年，在职小学教师1006人，中学教师566人，共计1572人。1982年，对全县民办教师进修整顿，辞退学历不合格、教学水平低的小学教师81人，初中教师28人，高中教师5人，计114人。

1986年底，全县教职工总数1676人，其中，在职幼儿教师198人，小学教师963人，初中教师423人，高中教师92人。

第一节　教职工队伍概况

一、教职工编制

中小学教职工编制，每学年由县教育行政部门根据高中、初中、小学等不同教育层次和城镇、农村等不同地域，按照学校班级数、在校学生数的一定比例定员核定。

1984年，按教育部制定的《关于中师和全日制中小学教职员工编制标准参考表》，磐安县城镇小学教职工编制每班1.5人(其中教师每班1.3人)，农村小学编制每班1.4人(其中教师每班1.2人)；城镇初中每班3.7人(其中教师每班2.5人)，农村初中每班2.5人(其中教师每班2.2人)；高中教职工每班4人(其中教师每班2.8人)。

1990年，磐安县参照浙江省委颁发的全日制教职工编制标准规定，结合全县实际，教师配额按各校班级数分类核定。小学核定班级数编班标准：单式班56人为一个足额班，二复式以52人为一个足额班，三组及以上复式以46人为一个足额班。安文小学、区重点小学教师编制高段教职工每班1.8人，低段教职工每班1.5人，另加行政人员2～3人；各乡中心小学高段教职工每班1.5人，低段教职工每班1.3人，另加行政人员2～3人；村校、完全小学每班1人，班级数大于2个班且每班学生数多于40人的可增加1人，六个班及以上的分段核编(低段教职工每班1.3人，高段教职工每班1.5人，另加行政人员1人)。乡镇初中教师编制标准：安文镇初中、区重点初中每班2.3人，其他初中每班2人；高中每班2.5人(县属高中2.8人)，另配职工编制每班1人、实验员2人(县属高中3人)，炊事员配备标准为120名住校生或60名教职工配炊事员1人。

是年4月，磐安县教育局为制定中小学教职工编制标准，按金华市教委文件精神，对各类学校教师基本教学工作量作出原则性规定。

教师除承担学校分配的课务外，还应担负一定量的其他教学或教育工作，如班主任、少先队辅导员、教研组组长及课外兴趣小组指导教师等。对任教30年以上的体弱多病教师，在不突破编制限额的前提下，可予适当照顾。

2000年5月，磐安县教委对全县中小学教师编制标准进行调整。

2004年，磐安县执行《浙江省贯彻国家中小学教职工编制标准实施意见》，制定2004年各类学校教职工核编标准与附加编制参考标准。按新的国家中小学教职员工编制标准，将教职员工分为专任教师、职员、教学辅助人员、工勤人员等。教职工编制标准根据城乡类别，以学生数为基础核定。具体标准为：县镇高中1∶13，初中1∶16，小学1∶21；农村高中1∶13.5，初中1∶18，小学1∶23；附加编制比例按省定标准的上限的10%核定，同时，全县按乡镇总人口每万人不超过2人标准，核定农村成人中、初等教育学校的教职工36名。

2009年，磐安县执行浙编办〔2008〕87号《关于进一步做好中小学教职工编制核定工作的通知》，统一参照县镇标准，对山区边远地区，在校生人数200人以下的农村小学，按照平均每班不超过1.6名的班师比核定教职工编制数。

2012年，浙江省出台《浙江省公办幼儿园教职工编制标准指导意见》，公办幼儿园事业编制的教职工主要包括园长、专任教师、部分医务保健人员和财会人员。事业编制核定标准：园长、副园长，6个班以下的幼儿园可配1名，6～10个班的幼儿园1～2名，10个班以上的幼儿园配2～3名；专任教师按班师比1∶1.5至1∶2的比例核定。寄宿制幼儿园专任教师编制可适当增加，较偏远山区每班至少1名专任教师。幼儿园核编工作原则上每2～3年开展一次。2015年底，磐安县尚未执行该标准，但县编制办同意每年招考一定数量的幼儿园编内教师。

2015年，磐安县执行浙编办发〔2015〕61号《关于统一城乡中小学教职工编制标准的通知》，将县镇、农村中小学教职工编制标准统一到城市标准，即高中教职工与学生比为1∶12.5，初中为1∶13.5，小学为1∶19。鼓励有条件的地方探索将一般性教学辅助和工勤岗位不再纳入编制管理范围，并适当降低教职工编制核定标准。

表 2—1　1990～2015 年磐安县中小学教职工(不含直属事业单位)核编情况汇总表

年　份	高　中	初　中	小　学	中小学合计	实际在编人数(人)	
					公　办	在编民办
1990 年	199	513	999	1711	1204	246
1991 年	208	530	999	1737	1243	225
1992 年	204	563	821	1588	1267	210
1994 年	243	624	806	1673	1469	173
1995 年	268	604	796	1668	1534	73
1996 年	269	555	792	1616	1580	12
1997 年	354	486	814	1654	1607	—
1999 年	401	471	841	1713	1650	—
2002 年	481	531	722	1734	1685	—
2005 年	475	378	697	1550	1658	—
2007 年	472	426	672	1570	1636	—
2009 年	426	482	708	1616	1623	—
2011 年	486	436	738	1660	1591	—
2013 年	486	436	738	1660	1574	—
2015 年	486	436	738	1660	1564	—

二、教职工分布与结构

(一)中小学教职工的分布与结构

1. 教职工分布

1990 年,全县教职工 1450 人,其中在城镇任教 245 人,在农村任教 1205 人。小学教职工 773 人,普通中学教职工 597 人,农业、职业高中教职工 80 人;小学师生比 1∶23.9,普通中学师生比 1∶19,职业高中师生比 1∶13.3。

1996 年,全县“两基”工作全面达标,中小学教职工增至 1592 人,其中分布在城镇 387 人,农村 1205 人。小学教师 779 人,普通中学教职工 707 人,职业高中教职工 106 人。小学师生比 1∶16.1,普通中学师生比 1∶15.4,职业高中师生比 1∶12.8。

2001 年,教职工队伍进一步扩大。全县中小学教职工总数 1670 人,分布在城镇 529 人,农村 1141 人。其中小学教职工 777 人,占总数的 46.5%;初中教职工 452 人,占总数的 27.1%;普通高中教职工 311 人,占总数的 18.6%;职业高中教职工 130 人,占总数的 7.8%。小学师生比 1∶20.5,初中师生比 1∶18,普通高中师生比 1∶14.9,职业高中师生比 1∶15.3。

2006 年,全县中小学教职工总数 1643 人,分布在城镇 600 人,农村 1043 人。其中小学教职工 726 人,占总数的 44.2%;初中教职工(含九年一贯制)383 人,占总数的 23.3%;普通高中教职工(含完全中学)379 人,占总数的 23.1%;职业高中教职工 155 人,占总数的 9.4%。小学师生比 1∶18.1,初中师生比 1∶12.3,普通高中师生比 1∶12.1,职业高中师生比 1∶16.5。

2010年,全县中小学教职工总数1613人。其中小学教职工683人,占总数的42.3%;初中教职工509人,占总数的31.6%;普通高中教职工252人,占总数的15.6%;职业高中教职工169人,占总数的10.5%。小学师生比1∶18.3,初中师生比1∶13.4,普通高中师生比1∶12.9,职高师生比1∶12.4。

2015年,全县中小学教职工总数1540人,分布在城镇690人,农村850人。其中小学教职工665人,占总数的43.2%;初中教职工474人,占总数的30.8%;普通高中教职工263人,占总数的17.0%;职业高中教师138人,占总数的9.0%。小学师生比1∶18.4,初中师生比1∶13.2,普通高中师生比1∶11.6,职高师生比1∶10.7。

2.专任教师结构

(1)年龄结构

中小学教师中,青年教师呈抛物线趋势,目前渐显中年化。1991年,全县中小学专任教师1225人,其中35周岁以下的603人,占总数的49.2%。1996年,全县中小学专任教师1310人,其中35周岁以下的724人,占总数的55.3%。到2005年,全县中小学专任教师1382人,其中35周岁以下的798人,占总数的57.7%。到2015年,全县中小学专任教师1418人,其中35周岁以下的有493人,占总数的34.8%。

(2)性别比例

中小学教师中,女教师比例逐年增大。1991年,全县中小学专任教师中女教师人数304人,占总数的24.8%。到2015年,全县专任教师中女教师为802人,占总数的56.6%。小学专任教师637人,其中女教师420人,占65.9%。城区小学专任教师209人,其中女教师163人,占78.0%。

(3)中小学专任教师学历结构

教师的学历水平不断提高。1990年,全县小学专任教师681人,其中中师(高中)毕业及以上的480人,占总数的70.5%;初中专任教师400人,高校专科毕业及以上的209人,占总数的52.3%;高中专任教师94人,高校本科毕业及以上的47人,占总数的50%;职业高中专任教师55人,高校本科毕业11人,占总数的20%。到2015年,全县小学专任教师637人,学历达标637人;初中专任教师430人,学历达标430人;高中专任教师237人,学历达标237人(研究生毕业23人);职业高中专任教师114人,学历达标102人,占总数的89.47%。

(4)教师专业技术职务

1987年下半年,实施职称评聘,到2011年,通过宏观控制,全县逐步达到金华市政府《中小学教师专业技术职务结构比例》所要求的结构比例。至2015年底,磐安县小学高级教师341人(其中小学挂中学高级22人),占小学专任教师数的57%;初中高级教师63人,占初中专任教师数的14.65%;普通高中高级教师74人,占普通高中专任教师数的31.2%;职业高中高级教师12人,占职业高中教师数的10.53%。

(二)幼儿园教职工

1990年,全县幼儿园教职工244人,其中编内教师5人。2000年,全县幼儿园教职工362人,其中编内教师10人,女教职工362人。2015年,全县幼儿园教职工总数增至537人,其中编内教师82人,女教职工533人;幼教专任教师287人,高中毕业71人,占24.7%,专科毕业155人,占54%,本科及以上毕业61人,占21.3%;小学高级职称教师20人,占7%,小学中级职称教师占13.9%。

（三）直属事业单位编制工作人员

磐安县教育局直属事业单位的编制，2005年以前无单独核定，编制在全县教职工总编制中（其中县人民政府教育督导室于2004年单设，核定事业编制3人）。2005年开始，按照磐安县机构编制委员会会议纪要2005年第三期决定，开始单独核定编制，共核定事业单位11个，人员编制70人。2009年，撤销3个教办编制，增加语言文字工作委员会办公室、学生资助管理中心，全县直属事业单位10个，编制70人。2013年，新增县教育工程建设办公室，核编2人，分别从县人民政府教育督导室和县教科所各调剂1人。2014年，新增县国库收付教育分中心，无编制核定。2015年，根据县编办编制精简任务，县教育局直属事业单位精简4人。

表2—2　　教育局直属事业单位编制变化情况表

单位：人

单位名称	年份				
	2005	2009	2013	2014	2015
安文片教育办公室	5	撤销	—	—	—
玉山片教育办公室	5				
盘山片教育办公室	4				
县人民政府教育督导室	2004单设，编制3	6	5	5	4
县教育科学研究所	3	7	6	6	5
县教育技术装备站（县教育信息中心）	5	8	8	8	7
县教育工会	2	2	2	2	2
县教育服务中心	3	3	3	3	3
县教师进修学校（含教研室）	26	26	26	26	25
浙江广播电视大学磐安工作站	8	10	10	10	10
县高校招生委员会办公室（县自学考试办公室）	6	6	6	6	6
县学生资助管理中心	—	1（新设）	1	1	1
县语言文字工作委员会办公室	—	1（新设）	1	1	1
县教育工程建设办公室	—	—	2（新设）	2	2
县国库收付教育分中心	—	—	—	新设立，无编制	—
合计	70	70	70	70	66

（四）离退休人员

2015年，全县教育系统共有离退休人员818人，其中退休806人，离休2人，退职10人。

表 2—3　　1991～2015 年磐安县中小学专任教师年龄情况表

单位:人

年份	学校类别	专任教师总数	其中女老师		25 岁以下		26～30 岁		31～35 岁		36～40 岁		41～45 岁		46～50 岁		51～55 岁		56～60 岁		60 岁及以上
			人数	占%	人数	占%	人数	占%	人数	占%	人数	占%	人数	占%	人数	占%	人数	占%	人数	占%	人数
1991 年	合计	1225	304	25	222	18	175	14	206	17	193	16	167	14	132	11	94	7	36	3	—
	普高	90	21	23	22	24	36	40	10	11	4	4	4	4	1	1	8	9	5	6	—
	职高	59	11	19	21	36	21	36	8	13	3	5	1	2	0	0	3	5	2	3	—
	初中	402	65	16	92	23	90	22	68	17	47	12	40	10	25	6	26	6	14	3	—
	小学	674	207	31	87	13	28	4	120	18	139	21	122	18	106	16	57	8	15	2	—
1995 年	合计	1340	406	30	340	25	191	14	141	11	226	17	149	11	141	11	106	8	46	3	—
	普高	86	21	24	16	19	26	30	22	25	4	5	4	5	4	4	—	—	10	12	—
	职高	59	17	29	11	19	23	39	13	22	5	8	4	7	3	5	—	—	—	—	—
	初中	472	106	22	145	31	103	22	59	13	67	14	26	6	33	7	20	4	19	4	—
	小学	723	262	36	168	23	39	5	47	7	150	21	115	16	101	14	86	12	17	2	—
2000 年	合计	1395	586	42	411	30	241	17	178	13	144	10	185	13	132	9	91	7	13	1	—
	普高	157	47	30	53	34	33	21	36	23	22	14	8	5	3	2	2	1	—	—	—
	职高	92	39	42	24	26	19	21	16	17	15	16	9	10	5	5	4	4	—	—	—
	初中	479	180	38	116	24	124	26	89	19	50	10	49	10	23	5	25	5	3	1	—
	小学	667	320	48	218	33	65	10	37	6	57	9	119	18	101	15	60	9	10	1	—
2005 年	合计	1382	640	46	222	16	344	25	232	17	156	11	121	9	177	13	94	7	36	2	—
	普高	223	85	38	36	16	87	39	77	35	54	24	31	14	11	5	4	2	2	1	—
	职高	127	53	42	0	0	49	39	26	20	21	17	12	9	11	9	5	4	3	2	—
	初中	417	174	42	47	11	80	19	70	17	47	11	28	7	38	9	16	4	12	3	—
	小学	615	328	53	139	23	128	21	59	10	34	6	50	8	117	19	69	11	19	3	—
2010 年	合计	1263	638	51	108	9	233	18	300	24	189	15	142	11	107	8	136	11	48	4	—
	普高	222	104	47	14	6	43	19	54	24	39	18	34	15	26	12	8	4	4	2	—
	职高	142	52	37	0	0	26	18	42	30	21	15	19	13	12	8	15	11	7	5	—
	初中	453	212	47	55	12	72	16	103	23	80	18	59	13	33	7	44	10	7	2	—
	小学	446	270	61	39	9	92	21	101	23	49	11	30	7	36	8	69	15	30	7	—
2015 年	合计	1418	802	57	77	5	207	15	239	17	310	22	200	14	165	12	129	9	91	6	—
	普高	237	128	54	21	9	34	14	41	17	52	22	28	12	31	13	25	11	5	2	—
	职高	114	40	35	0	0	18	16	12	11	31	27	17	15	15	13	13	11	8	7	—
	初中	430	214	50	15	3	50	11	64	15	71	17	89	21	71	17	43	10	27	6	—
	小学	637	420	6	41	6	105	16	122	19	156	24	66	10	48	8	48	8	51	8	—

表 2—4　　1990～2015 年磐安县小学专任教师学历情况表

年份＼学历情况	专任教师总数	大学本科毕业及以上		大学专科毕业		中专高中毕业		高中阶段毕业以下	
		计(人)	占总数%	计(人)	占总数%	计(人)	占总数%	计(人)	占总数%
1990 年	681	—	—	—	—	480	70.5	201	29.5
1991 年	674	—	—	5	0.7	478	70.9	191	28.3
1992 年	649	—	—	5	0.8	469	72.3	175	26.9
1993 年	651	—	—	3	0.5	476	73.1	172	26.4
1994 年	624	—	—	6	1.0	459	73.6	159	25.5
1995 年	723	—	—	5	0.7	619	85.6	99	13.7
1996 年	663	—	—	13	2.0	580	87.5	70	10.6
1997 年	676	1	0.1	25	3.7	589	87.1	61	9
1998 年	680	1	0.1	29	4.3	597	87.8	53	7.8
1999 年	666	2	0.3	38	5.71	598	89.8	28	4.2
2000 年	667	2	0.3	43	6.45	597	89.51	25	3.75
2001 年	642	3	0.47	55	8.57	561	87.38	23	3.58
2002 年	637	1	0.16	98	15.38	520	81.36	18	2.83
2003 年	617	5	0.81	132	21.39	465	75.36	15	2.43
2004 年	611	6	0.98	194	31.75	396	64.81	15	2.45
2005 年	615	14	2.28	306	49.76	284	46.18	11	1.79
2006 年	606	38	6.27	309	50.99	253	41.75	6	0.99
2007 年	605	97	16	286	47.3	221	36.5	1	0.2
2008 年	628	150	23.9	275	43.8	203	32.3	—	—
2009 年	626	192	30.7	243	38.8	191	30.5	—	—
2010 年	614	213	34.69	223	36.32	178	28.99	—	—
2011 年	616	255	41.40	215	34.90	146	23.70	—	—
2012 年	638	311	48.75	201	31.50	126	19.75	—	—
2013 年	631	362	57.37	146	23.14	123	19.49	—	—
2014 年	625	412	65.92	146	23.36	66	1.56	—	—
2015 年	637	479	75.20	138	21.66	20	3.14	—	—

表 2—5　　1990～2015 年磐安县初中专任教师学历情况表

年份＼学历情况	专任教师总数	大学本科毕业及以上		大学专科毕业		中专高中毕业及以下	
		计(人)	占总数%	计(人)	占总数%	计(人)	占总数%
1990 年	400	22	5.5	187	46.8	191	47.7
1991 年	402	26	6.5	196	48.8	180	44.8

续表 2—5

学历情况/年份	专任教师总数	大学本科毕业及以上		大学专科毕业		中专高中毕业及以下	
		计(人)	占总数%	计(人)	占总数%	计(人)	占总数%
1992 年	404	33	8.2	200	49.5	171	42.3
1993 年	448	33	7.4	203	45.3	212	47.3
1994 年	468	24	5.1	220	47.0	224	47.9
1995 年	472	23	4.9	297	62.9	152	32.2
1996 年	459	23	5.0	373	81.3	63	13.7
1997 年	445	23	5.2	367	82.5	55	12.4
1998 年	441	34	7.7	358	81.2	41	9.3
1999 年	468	41	8.76	377	80.56	50	10.68
2000 年	479	44	9.19	392	81.84	43	8.98
2001 年	466	51	10.94	370	79.40	45	9.66
2002 年	448	84	18.75	333	74.33	31	6.92
2003 年	449	77	17.15	346	77.06	26	5.79
2004 年	440	114	25.91	306	69.55	20	4.55
2005 年	417	162	38.85	247	59.23	8	1.92
2006 年	409	197	48.17	202	49.39	10	2.44
2007 年	415	245	59	169	40.8	1	0.2
2008 年	447	278	62.2	165	36.9	4	0.9
2009 年	466	304	65.2	162	34.8	—	—
2010 年	453	322	71.08	131	28.92	—	—
2011 年	467	345	73.88	122	26.12	—	—
2012 年	450	361	80.22	89	19.78	—	—
2013 年	425	375	88.24	50	11.76	—	—
2014 年	429	375	87.41	54	12.59	—	—
2015 年	430	392	91.16	38	8.84	—	—

表 2—6　　1990～2015 年磐安县普通高中专任教师学历情况表

学历情况/年份	专任教师总数	大学本科毕业及以上		大学专科毕业		中专高中毕业		高中阶段毕业以下	
		计(人)	占总数%	计(人)	占总数%	计(人)	占总数%	计(人)	占总数%
1990 年	94	47	50	39	41.5	8	8.5	—	—
1991 年	90	43	47.8	42	46.7	5	5.6	—	—
1992 年	88	40	45.5	42	47.7	6	6.8	—	—
1993 年	89	42	47.2	40	44.9	7	7.9	—	—

续表 2—6

学历情况 / 年份	专任教师总数	大学本科毕业及以上		大学专科毕业		中专高中毕业		高中阶段毕业以下	
		计(人)	占总数%	计(人)	占总数%	计(人)	占总数%	计(人)	占总数%
1994 年	90	42	46.7	40	44.4	8	8.9	—	—
1995 年	86	48	55.8	29	33.7	9	10.5	—	—
1996 年	114	56	49.1	55	48.2	3	2.6	—	—
1997 年	122	67	54.9	51	41.8	4	3.3	—	—
1998 年	126	77	61.1	45	35.7	4	3.2	—	—
1999 年	140	92	65.71	41	29.29	7	5	—	—
2000 年	157	107	68.15	48	30.57	2	1.27	—	—
2001 年	160	122	76.25	36	22.50	2	1.25	—	—
2002 年	168	124	73.81	43	25.60	1	0.60	—	—
2003 年	164	124	75.61	40	24.39	—	—	—	—
2004 年	191	146	76.44	45	23.56	—	—	—	—
2005 年	223	183	82.06	40	17.94	—	—	—	—
2006 年	243	197	81.07	45	18.52	1	0.41	—	—
2007 年	227	218	96	9	4.0	—	—	—	—
2008 年	219	210	95.9	9	4.1	—	—	—	—
2009 年	213	204	95.8	9	4.2	—	—	—	—
2010 年	222	218	98.20	4	1.80	—	—	—	—
2011 年	233	222	98.28	4	1.72	—	—	—	—
2012 年	221	217	9.19	4	1.81	—	—	—	—
2013 年	232	228	98.28	4	1.72	—	—	—	—
2014 年	237	236	99.58	1	0.42	—	—	—	—
2015 年	237	237	100	—	—	—	—	—	—

表 2—7　　　　1990～2015 年磐安县职业高中专任教师学历情况表

学历情况 / 年份	专任教师总数	大学本科毕业及以上		大学专科毕业		中专高中毕业		高中阶段毕业以下	
		计(人)	占总数%	计(人)	占总数%	计(人)	占总数%	计(人)	占总数%
1990 年	55	11	20	33	60	11	20	—	—
1991 年	59	13	22	36	61	10	16.9	—	—
1992 年	63	13	20.6	41	65.1	9	14.3	—	—
1993 年	59	16	27.1	35	59.3	8	13.6	—	—
1994 年	61	14	23.0	36	59.0	11	18	—	—
1995 年	59	11	18.6	38	64.4	10	16.9	—	—

续表 2—7

学历情况 / 年份	专任教师总数	大学本科毕业及以上		大学专科毕业		中专高中毕业		高中阶段毕业以下	
		计(人)	占总数%	计(人)	占总数%	计(人)	占总数%	计(人)	占总数%
1996 年	74	12	16.2	52	70.3	10	13.5	—	—
1997 年	89	10	11.2	68	76.4	11	12.4	—	—
1998 年	89	14	15.7	67	75.3	7	7.9	—	—
1999 年	93	19	20.43	66	70.97	8	8.6	—	—
2000 年	92	17	18.48	64	69.57	7	7.61	4	4.35
2001 年	101	22	21.78	70	69.31	9	8.91	—	—
2002 年	131	52	39.69	69	52.67	9	6.87	1	0.76
2003 年	153	70	45.75	77	50.33	6	3.92	—	—
2004 年	157	83	52.87	68	43.31	6	3.82	—	—
2005 年	127	76	59.84	47	37.01	4	3.15	—	—
2006 年	124	88	70.97	32	25.81	4	3.23	—	—
2007 年	147	126	85.7	21	14.3	—	—	—	—
2008 年	148	132	89.2	16	10.8	—	—	—	—
2009 年	149	127	85.2	20	13.4	2	1.3	—	—
2010 年	142	124	87.32	16	11.27	2	1.41	—	—
2011 年	131	112	85.50	17	12.98	2	1.52	—	—
2012 年	132	113	85.61	17	12.88	2	1.51	—	—
2013 年	137	120	87.59	14	10.22	3	2.19	—	—
2014 年	118	110	93.22	7	5.93	1	0.85	—	—
2015 年	114	102	89.47	12	10.53	—	—	—	—

表 2—8　　1990～2015 年磐安县小学专任教师专业技术职务情况表

职务等级 / 年份	专任教师总数	小学高级		小学一级		小学二级		小学三级		未评教师职务	
		计(人)	占总数%	计(人)	占总数%	计(人)	占总数%	计(人)	占总数%	计(人)	占总数%
1990 年	未统计										
1991 年	674	53	7.9	297	41.4	279	44.1	4	0.6	41	6.1
1992 年	649	50	7.7	344	53.0	229	35.3	2	0.3	24	3.7
1993 年	651	51	7.8	350	53.8	206	31.6	6	0.9	38	5.8
1994 年	624	54	8.6	355	56.9	171	27.4	8	1.3	36	5.8
1995 年	723	84	11.6	381	52.7	195	27.0	3	0.4	60	8.3
1996 年	663	101	15.2	338	51	166	25.0	2	0.3	56	8.4
1997 年	676	119	17.6	325	48.1	185	27.4	1	0.1	46	6.8
1998 年	680	151	22.2	298	43.8	189	27.8	2	0.3	40	5.9
1999 年	666	152	22.82	293	43.99	161	24.17	2	0.3	58	8.71

续表 2—8

职务等级 / 年份	专任教师总数	小学高级		小学一级		小学二级		小学三级		未评教师职务	
		计(人)	占总数%	计(人)	占总数%	计(人)	占总数%	计(人)	占总数%	计(人)	占总数%
2000 年	667	163	24.44	308	46.18	163	24.44	1	0.15	32	4.80
2001 年	642	172	26.79	307	47.82	134	20.87	1	0.16	28	4.36
2002 年	637	184	28.89	317	49.76	114	17.90	1	0.16	21	3.3
2003 年	617	187	30.31	317	51.38	100	16.21	—	—	13	2.11
2004 年	611	200	32.73	331	54.17	67	10.97	—	—	13	2.13
2005 年	615	222	36.10	323	52.52	44	7.15	—	—	26	4.23
2006 年	606	250	41.25	311	51.32	26	4.29	—	—	19	3.14
职务等级 / 年份	专任教师总数	小学挂中学高级		小学高级		小学一级		小学二级		未评教师职务	
		计(人)	占总数%	计(人)	占总数%	计(人)	占总数%	计(人)	占总数%	计(人)	占总数%
2007 年	605	2	0.3	276	45.6	289	47.8	16	2.6	22	3.7
2008 年	628	6	0.96	310	49.4	287	45.7	7	1.1	18	2.9
2009 年	626	12	1.92	347	55.43	245	39.14	7	1.12	15	2.4
2010 年	614	17	2.77	354	57.65	214	34.85	7	1.14	22	3.58
2011 年	616	16	2.6	356	57.79	205	33.28	8	1.30	31	5.03
2012 年	638	14	2.19	359	56.27	221	34.64	7	1.10	37	5.80
2013 年	631	19	3.01	350	55.47	219	34.71	5	0.79	38	6.02
2014 年	625	25	4.00	336	53.76	217	34.72	11	1.76	36	5.76
2015 年	637	22	3.45	341	53.53	212	33.28	9	1.41	54	8.48

表 2—9　　1990～2015 年磐安县初中专任教师专业技术职务情况表

职务等级 / 年份	专任教师总数	中学高级		中学一级		中学二级		中学三级		未评教师职务	
		计(人)	占总数%	计(人)	占总数%	计(人)	占总数%	计(人)	占总数%	计(人)	占总数%
1990 年	未统计										
1991 年	402	—	—	61	15.2	190	47.3	116	28.9	35	8.7
1992 年	404	—	—	55	13.6	208	51.5	105	26.0	36	8.9
1993 年	448	—	—	56	12.5	238	53.1	89	19.9	65	14.5
1994 年	468	—	—	44	9.4	231	49.4	104	22.2	89	19.6
1995 年	472	2	0.4	73	15.5	228	48.3	117	24.8	52	11.0
1996 年	459	1	0.2	70	15.3	206	44.9	116	25.3	66	14.4
1997 年	445	—	—	85	19.1	179	40.2	125	28.1	56	12.6
1998 年	441	1	0.3	104	23.6	167	37.9	121	27.4	48	10.9
1999 年	468	3	0.64	129	27.56	194	41.45	94	20.09	48	10.26
2000 年	479	3	0.63	146	30.48	232	48.44	77	16.08	21	4.39

续表 2—9

年份 \ 职务等级	专任教师总数	中学高级		中学一级		中学二级		中学三级		未评教师职务	
		计(人)	占总数%	计(人)	占总数%	计(人)	占总数%	计(人)	占总数%	计(人)	占总数%
2001 年	466	4	0.86	151	32.40	239	51.29	51	10.94	21	4.51
2002 年	448	4	0.89	152	33.93	225	50.22	47	10.49	20	4.46
2003 年	449	6	1.33	152	33.85	228	50.78	36	8.02	27	6.01
2004 年	440	4	0.91	169	38.41	212	48.18	35	7.95	20	4.55
2005 年	417	7	1.68	183	43.88	190	45.56	21	5.04	16	3.84
2006 年	409	11	2.69	191	46.70	172	42.05	21	5.13	14	3.42
2007 年	415	17	4.1	194	46.7	159	38.3	21	5.1	24	5.8
2008 年	447	28	6.3	211	47.2	169	37.8	16	3.6	23	5.1
2009 年	466	35	7.51	234	50.21	163	34.98	12	2.58	22	4.72
2010 年	453	45	9.93	227	50.11	166	36.64	1	0.22	14	3.09
2011 年	467	53	11.35	235	60.32	168	35.97	1	0.21	10	2.14
2012 年	450	59	13.11	227	50.44	153	34.00	—	—	11	2.44
2013 年	425	63	14.82	204	48.00	150	35.29	—	—	8	1.88
2014 年	429	64	14.92	234	54.55	124	18.90	—	—	7	1.63
2015 年	430	63	14.65	227	52.79	132	30.70	—	—	8	1.86

表 2—10　　1990～2015 年磐安县普通高中专任教师专业技术职务情况表

年份 \ 职务等级	专任教师总数	中学高级		中学一级		中学二级		中学三级		未评教师职务	
		计(人)	占总数%	计(人)	占总数%	计(人)	占总数%	计(人)	占总数%	计(人)	占总数%
1990 年	未统计										
1991 年	90	9	10	16	17.8	43	47.8	13	14.4	9	10
1992 年	88	7	8.0	15	17.1	53	60.1	10	11.4	3	3.4
1993 年	89	6	6.7	22	24.7	53	59.6	6	6.7	2	2.3
1994 年	90	3	3.3	29	62.2	49	54.4	6	6.7	3	3.3
1995 年	86	6	7.0	35	40.7	37	43.0	2	2.3	6	7.0
1996 年	114	4	3.5	39	34.2	45	39.5	9	7.9	17	14.9
1997 年	122	8	6.6	48	39.3	38	31.1	14	11.5	14	11.5
1998 年	126	8	6.3	52	41.3	38	30.2	22	17.5	6	4.8
1999 年	140	14	10	51	36.43	41	29.29	22	15.71	12	8.57
2000 年	157	14	8.92	51	32.48	63	40.13	17	10.83	12	7.64
2001 年	160	14	8.80	53	33.13	76	47.50	4	2.50	13	8.07

续表 2—10

职务等级／年份	专任教师总数	中学高级		中学一级		中学二级		中学三级		未评教师职务	
		计(人)	占总数%	计(人)	占总数%	计(人)	占总数%	计(人)	占总数%	计(人)	占总数%
2002 年	168	16	9.52	51	30.36	82	48.81	4	2.38	15	8.93
2003 年	164	17	10.37	54	32.93	83	50.61	—	—	10	6.10
2004 年	191	24	12.57	68	35.60	89	46.60	6	3.14	4	2.09
2005 年	223	36	16.14	78	34.98	96	43.05	8	3.59	5	2.24
2006 年	243	44	18.11	87	35.80	95	39.09	15	6.17	2	0.82
2007 年	227	52	22.9	90	39.6	82	36.1	2	0.9	1	0.5
2008 年	219	56	25.6	92	42.0	66	30.1	1	0.5	4	1.8
2009 年	213	55	25.82	85	39.91	57	26.76	5	2.35	11	5.16
2010 年	222	58	26.13	104	46.85	52	23.42	1	0.45	7	3.15
2011 年	233	60	25.75	101	43.35	61	26.18	—	—	11	4.72
2012 年	221	63	28.51	94	42.53	51	23.08	—	—	13	5.88
2013 年	232	62	26.72	95	40.95	51	21.98	—	—	24	10.34
2014 年	237	66	27.85	86	36.29	68	28.69	—	—	17	7.17
2015 年	237	74	31.22	80	33.76	73	30.80	—	—	10	4.22

表 2—11　　　1990～2015 年磐安县职业高中专任教师专业技术职务情况表

职务等级／年份	专任教师总数	中学高级		中学一级		中学二级		中学三级		未评教师职务	
		计(人)	占总数%	计(人)	占总数%	计(人)	占总数%	计(人)	占总数%	计(人)	占总数%
1990 年	未统计										
1991 年	59	—	—	6	10.2	29	49.2	13	22	11	18.6
1992 年	63	1	1.6	3	4.8	40	63.5	12	19.0	7	11.1
1993 年	59	2	3.4	4	6.8	40	67.8	10	16.9	3	5.1
1994 年	61	1	1.6	9	14.8	40	65.6	7	11.5	4	6.6
1995 年	59	—	—	10	16.9	39	66.1	4	6.8	6	10.2
1996 年	74	—	—	18	24.3	36	48.6	6	8.1	14	18.9
1997 年	89	3	3.4	25	28.1	31	34.8	22	24.7	8	9.0
1998 年	89	2	1.1	26	29.2	27	30.3	28	31.5	6	6.7
1999 年	93	2	2.115	31	33.33	27	29.03	26	27.96	7	7.53
2000 年	92	1	1.09	31	33.70	39	42.39	16	17.39	5	5.44
2001 年	101	1	0.99	44	43.56	45	44.56	9	8.91	2	1.98
2002 年	131	1	0.76	47	35.88	46	35.11	24	18.32	13	9.92
2003 年	153	4	2.61	52	33.99	84	54.90	—	—	13	8.50

续表 2—11

年份\职务等级	专任教师总数	中学高级		中学一级		中学二级		中学三级		未评教师职务	
		计(人)	占总数%	计(人)	占总数%	计(人)	占总数%	计(人)	占总数%	计(人)	占总数%
2004 年	157	5	3.18	55	35.03	89	56.69	—	—	8	5.10
2005 年	127	4	3.15	42	33.07	74	58.27	—	—	7	5.51
2006 年	124	5	4.03	45	36.29	73	58.87	—	—	1	0.81
2007 年	147	7	4.8	48	32.7	87	59.2	—	—	5	3.3
2008 年	148	10	6.8	54	36.5	81	54.7	—	—	3	2.0
2009 年	149	15	10.07	70	46.98	63	42.28	—	—	1	0.67
2010 年	142	11	7.75	71	50	58	40.85	—	—	2	1.41
2011 年	131	15	11.45	64	48.86	48	36.64	—	—	4	3.05
2012 年	132	12	9.09	67	50.76	47	35.61	—	—	6	4.54
2013 年	137	14	10.22	61	44.53	52	37.96	—	—	10	7.30
2014 年	118	12	10.17	53	44.92	43	36.44	—	—	10	8.47
2015 年	114	12	10.53	54	47.37	40	35.09	—	—	8	7.02

三、民办教师与代课教师

(一)民办教师

20 世纪 60 年代初,随着教育事业的发展,磐安县出现师资数量不足的问题。在国家体制和财力无法满足教育部门招收公办教师的情况下,农村小学安排少量的民办教师顶岗。

“文化大革命”期间,在学生读书“小学不出村(大队),初中不出社(乡、镇)”的办学方针指导下,各地学校数量剧增,而师范院校又从 1966 年后停止招生,导致学校教师紧缺。为解决师资严重匮乏问题,各地先后吸收大量回乡知识青年、一些复员退伍军人和“三年困难时期”整顿下放人员为民办教师,充实到中小学教师队伍中。由于民办教师不列入国家正式编制,其工资主要由社队集体负担,物质待遇与公办教师有一定差距。

1978 年起,全国师范院校恢复招生。浙江省教育厅规定,从 1979 年 1 月起,全省停止招收新的民办教师,对 1978 年底在编的民办教师列入教育事业计划。当时东阳县按照省、市有关文件精神,采用从民办教师中择优录用为公办教师,以及通过推荐参加师范院校招生考试入学、脱产进修转正等途径,逐步减少民办教师数量,而对于年老体弱符合退休年龄的,给予办理离岗手续。

1980 年,为尽快提高师资水平,全省在中等师范学校开设二年制学历教育民师班,招收 30 周岁(1982 年改为 35 周岁)以下有培养前途的小学民办教师(1982 年后,允许初中民办教师报考)。1980～1987 年,磐安县有一小部分民办教师通过这一途径进入义乌师范学校、金华师范学校、义乌师范东阳教学点学习,学习期满后列入国家毕业分配计划,被安排到各小学任教。

1982 年开始,根据“年年转、不断线”精神,省政府每年下拨一定数量的劳动指标到县,用于民办教师择优转为公办;公办中小学教师自然减员后,无子女顶岗的,也从民办教师中择优补员。是年,开始对民办教师进行整顿。1990 年,全县在编民办教师减少至 240 人。其中中学 14 人,占中学专任教师的3.1%;小学232人,占小学专任教师的30%。

截至1991年9月,全县共有225名民办教师。

1991年开始,磐安县贯彻省教育委员会、省劳动人事厅、省计划经济委员会浙教人字〔1990〕第471号文件和市教育委员会、市劳动人事局、市计划委员会金市教人〔1990〕271号文件精神,坚持公开、平等、择优的原则,严格按录用条件办理,开展“民转公”工作,招收1978年底以前在编的中小学优秀民办教师17名。县教育局将推荐名额分配到各区(镇),由各区(镇)及学校进行民主推荐并张榜公布,再由区(镇)教办对被推荐人员进行政治、业务、文化和能力的考核,以区(镇)为单位上报教育局,经审查和体检后,择优确定录用人员名单,按有关规定报批录用手续。1992年开始,采用量化考核的方式推荐人选,出台具体的计分方法,对被推荐人员进行政治思想、教学实绩、文化水平与能力方面的考核。

1991年后,磐安县加大“民转公”考核录用力度,积极采取措施,落实省、市教育行政部门关于解决民办教师采取“转、招、退”的工作方针。

1994年,金华市教委等有关部门提出3年统筹解决民办教师方案。全县通过举办函授班和不同层次培训班,帮助符合录用为公办教师年龄的民办教师提高文化层次,为最后统筹解决创造基本条件。到1996年,磐安县仍有12名民办教师因为超龄不能转为公办教师。为实现省政府提出的年底一次性解决全省民办教师的目标,县政府同意对12名长期以来在偏远农村、山区学校工作的民办教师,以招工的方式转为公办教师或作为离岗处理,从县内指标与自然减员名额中予以解决。民办教师55周岁以上办理离岗手续,其医药费、去世后的丧葬费、抚恤金按公办教师的有关规定执行;未满55周岁,体检合格的民办教师作招工解决,体检不合格的作离岗处理。全县12名民办教师,8人招工,4人离岗。

表2—12　　1990～1997年磐安县在职中小学民办教师情况统计表

单位:人

年份	职工总数	民办教师总数	占比%	初中教职工总数	初中民办教师数	占比%	小学教职工数	小学民办教师数	占比%
1990年	1450	240	16.6	447	14	3.1	773	232	30
1991年	1468	225	15.3	476	12	2.5	772	213	27.6
1992年	1477	210	14.2	485	13	2.7	751	197	26.2
1993年	1634	193	11.8	554	11	2	770	182	23.6
1994年	1559	173	11.1	580	11	1.9	762	162	21.3
1995年	1683	73	4.3	573	4	0.7	815	69	8.5
1996年	1670	12	0.7	707	1	0.1	779	11	1.4
1997年	1607	0	0	—	0	0	—	0	0

(二)代课教师

代课教师的产生有两种原因:一是县教育行政部门未能按编制配足教师,学校根据工作需要聘用缺编代课教师;一是由于教师病假、产假等原因,学校临时聘用代课教师。1978年以后,按省统一规定，不再录用民办教师。但随着教育事业的发展和学制的变化，师资又显不足，需要代课教师补充。

磐安恢复县建制后，代课教师一直保持在300人左右。截至1991年9月，全县共有代课教师312人。其中小学代课教师207人，初中代课教师90人，高中代课教师15人，占全县教师总数的18.5%。四协乡27名教师中，14人为代课教师；尖山镇初中35名教师中，14人为代课教师。

1990年，教育局对全县代课教师进行全面考核，304名代课教师取得代课教师资格证书。教育局逐步规范、健全代课教师招聘制度，并且给代课教师增加工资，同时，每年安排不少于10%的“民转公”指标，用于招收大中专毕业、具有7年以上连续教龄的优秀代课教师。

1991年5月，县教育局组织力量再次对314名代课教师进行全面考核整顿，对基本合格的颁发代课证书，允许办学单位聘用，并提高工资待遇。县教育局规定，从1991年下半年起，学校聘用代课教师应在各自编制之内根据缺编数聘用，并在每学年开学前与代课教师签订聘用合同，报局备案。严格控制代课教师数量，严禁各校聘请“自负”教师(即未经局批准，学校自行聘请、自负经费的临时代课教师)。

1992年，辞退代课教师196人，部分代课教师通过县政府“农转非”政策转为学校职工，从事教育教学或后勤工作。

1994年5月，磐安县根据省、市下达指标，以“招工招生相结合”的方式招录具有4年以上实践经验且学历合格的农村青年代课教师，采取“在师范院校、教师进修学校学习半年，再回到原任教中小学实习一年半，然后换发师范院校毕业文凭”的形式转为公办教师(简称“代招生”)，他们在学校学习和任教实习的时间可以连续计算教龄和工龄。

1995年，浙江省“两基”达标验收标准明确，中小学教师中代课教师的比例应控制在5%以内。磐安县采取多种措施减少代课教师数量，及时将符合录用为公办教师条件的代课教师转为公办教师。1995年，确定53名合同制工人为“以工代教”教师。

1996年4月，3名代课教师经学校推荐、教育主管部门考核，招收为合同制工人。

2001年，因工作需要临时聘用代课教师的，从具有相应教师资格人员中选择。

2004年，先后有部分代课教师以社会人员身份通过教师资格认定，其中也有被正式录用为公办教师的。

2013年8月，自省教育厅浙教人〔2012〕65号文件下发后，磐安县教育局高度重视，通过公开招聘、解除合同等方式，分阶段、多形式化解一年以上代课教师共35人。至此，学校根据聘用合同法，对短期代课教师聘用时间严格控制在一年之内。

表2—13　　1990～2000年磐安县在职中小学代课教师情况统计表

单位：人

年　份	代课教师总人数	普通高中代课人数	职业高中代课人数	初中代课人数	小学代课人数
1990年	304	5	9	66	224
1991年	314	8	10	90	206
1992年	203	2	2	110	89
1993年	173	—	5	87	81
1994年	150	—	11	69	70

续表 2—13

年　份	代课教师总人数	普通高中代课人数	职业高中代课人数	初中代课人数	小学代课人数
1995 年	34	—	23	11	—
1996 年	87	1	29	25	32
1997 年	82	—	3	26	56
1998 年	52	2	14	17	19
1999 年	51	—	16	12	23
2000 年	55	—	17	22	16

说明:2001 年后,教育局不再统计代课教师情况

第二节　教师队伍管理

一、教师任用

(一)教师招聘与调配

1. 教师招聘的沿革

20 世纪 90 年代,师范毕业生就业采用包分配方式。

1993 年,中师毕业生原则上分配到小学任教,大学本科、专科毕业生分配到中学任教。应届大中专毕业生原则上分配到安文镇以外的学校任教,并实行跟踪考察制度,对工作突出的优等生,不受三年工作时间的限制,指令性调入城镇学校。大中专毕业生必须服从教育行政部门的统一安排,在规定期限内到工作单位报到,逾期三个月不报到者,取消分配资格。

1995 年,为顺利完成"两基"验收和提高普通高中师资学历水平,县教育局到省内外有关师范院校引进大学本科生 8 名、大学专科生 8 名。同年,面向社会招收初中公办教师,要求具有大学专科以上学历。

1997 年,县教委出台《关于一九九七年教职工调配及大中专毕业生分配的有关规定》,中师毕业生分配到小学任教,大学本科、专科毕业生分配到中学任教。为提高小学师资水平,专科毕业生也可分配到小学任教。鼓励大中专毕业生到边远山区任教,应届大中专毕业生分配到安文镇以外的学校任教,对分配到安文镇以外学校的"双优生"(品学兼优的高校毕业生),工作成绩突出,工作满一年后可申请调入城镇工作,其他人员工作满三年,符合调配原则的,可申请调入城镇学校。

1998 年,师范类毕业生原则上由县教委统一分配,但必须签订聘任合同,若不签订,则取消分配资格。合同期为一年,合同期满,由任教学校考核,考核不合格,予以解聘,其关系转县人才流动服务中心,考核合格的予以转正定级。新分配的师范类毕业生一律分配到教学第一线,优先考虑薄弱学校,原则上到乡镇农村学校任教。城区学校紧缺学科采取借用方式解决。对在校学习期间有三门及以上科目补考及格的毕业生,先实行试用期,期满考核,能胜任教育教学工作的,见习一年。在试用和见习期间,如不能胜任教育教学工作,予以解聘,其关系进入县人才流动服务中心。不服从分配,超过半个月不到指定学校报到的,取消其分配资格。城区学校教师的调配,按教委核定的编制,实行公开选调和指令性调动。

2000年3月，县教委出台人事调配工作操作办法，师范类大中专毕业生分配实行公开招考，国家计划统一招收的普通高校和中等专业学校师范类应届毕业生参加录用考试，按参考人数的95%录取，择优分配。公开招考分报名、笔试、面试、考核和办理录用手续等几个程序，毕业生录用后实行聘用制，与聘用学校签订聘用合同。新分配人员签订一年期限的聘用合同，一般充实到乡镇农村学校任教；城区学校确属紧缺学科而又没有师源的，采取借用办法予以解决，并逐步推行毕业生双向选择制度。2002～2007年，县人民政府批准向有关高校引进本科毕业生和向社会招聘教师，经笔试和面试及体检，择优录用，6年招聘125人。

2000～2002年，共引进外省、市高等院校师范毕业生23人(2000年6人，2001年3人，2002年14人)。

2004年，磐安县籍师范类本科毕业生直接录用，师范类专科毕业生中紧缺学科(英语和信息技术)不参加考试，直接进学校，其他师范类毕业生需参加公开招考录用考试。同时，首次面向非师范类毕业的社会人员公开招考中小学教师3名，条件是具有教师资格和大专以上文化程度、年龄在35周岁以下，按10∶1比例录取。考生总成绩按笔试成绩占50%、面试成绩占50%计算。

2005年开始，所有要求回磐安工作的人员均需参加毕业生录用考试。46人参加考试，30人被录用，其中应届师范类本科生9人，应届师范类专科生19人，社会人员2人。

2008年6月，出台《磐安县教育局关于规范中小学教师流动秩序的意见》，对教师的招考与招聘、教师的调动等作出明确规定。教师的招考与招聘，经县委书记办公会议同意后，由县人事、教育部门按照“公开、公平、竞争、择优”的原则，参照人事部令第6号《事业单位公开招聘人员暂行规定》统一组织实施。新招考的教师原则上均安排到农村学校任教，由县教育局根据各中小学专任教师情况统一安排。紧缺专业人才和高层次人才按招聘计划安排。城区学校欠缺教师原则上面向农村学校公开招考。

2009年的新教师分配，面向全国招聘的按招聘岗位安排，高中段教师安排在城区高中任教，试用期满经考核不能适应高中教学的，调农村初中学校任教。通过招考聘用的义务教育阶段教师一律安排到农村学校。考虑到教师专业发展的需要，可安排在城区上挂锻炼1年。要求上挂锻炼的，须由本人提出申请，并承诺在上挂锻炼期满后自愿回农村学校任教。幼儿教师按考核结果分配到公办幼儿园。

2010年开始，教师招考笔试试卷由省教育考试院统一提供，并实施新招聘(考)分配农村学校任教的新教师上挂到城区学校锻炼的制度。是年，上挂城区锻炼新教师21人。2011年，新教师上挂城区学校锻炼10人，2012年始，由于农村教师编制不足，上挂锻炼人数逐年减少。2010年，未落实就业学校的免费师范生原则上回生源所在地，由县(市、区)教育局安排就业。到县(市、区)所在地城镇及以上学校工作的免费师范毕业生，安排到农村学校任教2年。教师的招考、招聘按照磐安县事业单位招聘工作人员的相关规定执行，由县人事、教育部门共同组织。除面向全国公开招聘的新教师可直接留城外，其他通过考试招聘的新教师原则上安排到农村学校(不含新城区学校)任教。

表2—14　　1990～2015年磐安县历年教师补充情况统计表

单位：人

年　度	外县外系统调入	分　配	招考(聘)	招工人员
1990年	5	48	—	8
1991年	6	47	—	6

续表 2—14

年　度	外县外系统调入	分　　配	招考(聘)	招工人员
1992 年	3	52	—	2
1993 年	5	55	—	90
1994 年	3	69	—	2
1995 年	1	70	—	—
1996 年	3	92	—	—
1997 年	1	84	—	8
1998 年	2	67	—	2
1999 年	5	78	—	2
2000 年	3	55	—	10
2001 年	—	51	—	—
2002 年	4	47	—	—
2003 年	—	48	—	—
2004 年	2	31	11	—
2005 年	1	—	30	—
2006 年	1	—	29	—
2007 年	—	—	34	—
2008 年	—	—	31	—
2009 年	3	—	33	—
2010 年	—	—	38	—
2011 年	3	—	41	—
2012 年	8	—	43	—
2013 年	8	—	67	—
2014 年	1	—	68	—
2015 年	—	—	87	—

2.教师调动的政策及数据

教师调动工作一般在每年的暑期进行，无特殊情况，学期中途及寒假期间一般不办理调动手续。

1988 年 5 月，教育局出台《磐安县中小学及幼儿园教职工人事调配办法》，对要求调往外县市的教师，大中专毕业生在磐安连续工作年限(含东阳、磐安分县前)必须六年以上(含见习期)，其他教师八年以上。对在磐安“民转公”的磐安籍教师，或东阳、磐安分县后进入中师民师班学习毕业分配的教师，或用磐安的经费脱产进修的教师，其调动手续办理从严掌握。要求调往外系统的，原则上不予调动，对确实不宜在教育系统工作的教师，按规定报市教委批准后，才能调动。教育系统内的调动，指令性调动一般适用于学校领导及业务骨干的配备。本县范围的校、区之间，一般采用商调。双方学校根据编制协商，填写“商调表”报局人事股或区教办审核研究，经审核研究后认为符合条件的，通知办理有关手续。如是本区范围内的商议性调动，由区教办审定，报局备案；县属学校及跨区的调动由局审定。对某些不适宜在原学校工作,本人又不愿调离的教师,学校可向局人事股或区教办书面报告,要求作适当调整。人事股或区教办查明情况后,对确实不适宜在原学校工作的,尽可能在县内或区内适当调整。非县属学校教职工的调入或调出,学校、教办负责人要及时向当地党委、政府汇报,征求意见。乡(镇)范围内,小学教师的互调由乡(镇)学校和乡(镇)党委、政府共同研究决定,原则上不将小学教师调入初中任教,若要调动,须报教育局批准,方可调动。在编民办教师,原则上在本乡(镇)范围内调动。满编学校不能再调入教职工。在一校连续工作不满三年者,在本县范围内一般不予调动。对于不努力工作并想调动的教师,原则上不予调动。教育局或区教办发出调令后,教职工应服从调动,无正当理由逾期不报到者,一律作旷工处理。旷工时间达三个月者,则作自动离职处理。

1992 年,县教育局出台《关于稳定我县中小学教师队伍的意见》,就磐安县教师外流现象采取“严格控制教师调往外系统,除少数不适宜任教或身体差不能胜任教学工作的教师,其他教师一律不允许调离”的措施。

1993 年 7 月,出台《磐安县教育局关于教职工调配等工作的暂行规定》,要求严格按照教育局核定的编制数调配教职工,无论是学校领导还是教职工,一经调动,均要无条件服从组织安排,在规定时间内到新单位报到上班。跨区域、乡镇调动的,必须到教育局或教办报到。建立县城教师下乡锻炼制度,县城学校每学年要有 2%以上的教师下乡锻炼,凡毕业分配在县城、年龄在 35 周岁以下的教师,都要下乡锻炼三年。执行师范生服务期制度,师范生服务期为六年(含见习期),一般应在服务期满后方可提出调动,在服务期内申请跨县、跨系统调动者,应偿还未完成服务年限的培养费。对教育教学骨干,教育行政部门可根据工作需要,实行指令性调配。要求调动的教职工,须经所在单位及当地政府同意,于每年 5 月底前向教育局提出书面申请;职工调动、县属中学及片与片之间的教师调动(安文镇除外),由局人事股和分管人事局长掌握批准,调往外县、外系统以及调进安文镇的教师,由人事股提出建议,提交局党组讨论批准。对申请调入城内者(符合规定条件的),均要进行考察和考核,考察和考核工作由局人事股、教育股、教研室及有关学校领导负责,考核合格后,择优录用。对不服从调动,超过报到时间半个月不去工作单位报到者,停发工资,停止享受教师的一切待遇;对不接受批评教育,超过一个月不去报到者,则按劳人干〔1983〕101 号函通知规定,作自动离职处理。系统内部因工作需要借用人员,由借用单位和被借用单位互相协商,并报教办或人事股审核批准,借用到安文镇范围内的教师由分管人事局长审定。

1996 年,为实验小学新增班级所需教师 11 人实行公开选调。

1997 年 6 月,磐安中学、县职业技校、实验小学、安文镇中、安文镇小公开选调教师 37 名。1998 年,县职业技校、安文镇中、实验小学继续选调教师 17 名。1999 年,县第二中学初中部选调教师 13 名、职工 5 名,安文镇小选调英语教师 1 名。2000 年,县第二中学初中部选调教师 9 名,安文镇中选调教师 2 名。2001 年,磐安中学选调教师 4 名,县第二中学选调教师 11 名。

1997 年,教职工调配及大中专毕业生规定指出:坚决执行大中专毕业生服务期制度,师范生服务期为六年(含见习期),一般应在服务期满后方可提出调动。在服务期内申请跨县、跨系统调动者,应偿还未完成服务年限的师资补偿费,交费标准按原规定执行(县委、县政府及组织部门指令性调配者除外)。教师调入城区学校工作,原则上采用公开选调形式,对于学校骨干、优秀教师,教育行政部门可根据工作需要,实行指令性调配。

1998 年,执行教职工交流制度。学校中层以上干部在同一岗位上,任期满六年的,原则上予以换岗或交流。教职工在年度考核中名列末尾或存在比较严重问题的，经批评教育仍不努力工作，按2%的比例，县属中学、城区学校在全县范围内交流，乡镇学校在区域内交流，本人落实单位有困难的，作待聘处理。教师调入城区学校工作，原则上采用公开选调形式，按磐教〔1997〕51号文件精神办理，对于学校骨干、优秀教师，教育行政部门可根据工作需要，实行指令性调配。

2000年，系统内部调动分公开选调、指令性调动和照顾性调动三类。根据“公开、平等、竞争、择优”和“按岗位选人”原则，公开选调城区教师11名，其中第二中学初中部选调语文、社会教师各1名，数学、自然教师各2名，英语教师3名；安文镇初级中学选调语文、数学教师各1名。条件是师德优良、身体健康的县内在职公办教师，学历合格，教龄满3年，年龄在45周岁以下，近二年考核在称职以上。考核分面试和笔试两个内容，被选调教师实行一年的试用期，试用期期间，经考核胜任的留任，不胜任的原则上回原单位任教。

2005年，教育局下发教职工调配工作意见，城区学校缺编需要调入教职工，须面向全县公开选调，经局党组票决后择优聘用。规范学校内设机构和人员配备，坚决清退长期代课教师，严格控制非教学人员，学校确需聘用临时用工的，需报局审批，聘用期在一个月以上，单位须按规定缴纳社会养老保险。新调入人员，除省优毕业生外，均需到艰苦地区锻炼。新分配人员服务年限为三年，教职工调入新单位后服务年限为二年，获得县级及以上名师、骨干教师、教坛新秀等荣誉称号的教师在获得称号的学校服务年限为二年。教职工在服务年限内原则上不予调动。跨县、跨系统调动均需在6月20日前提交调动申请，中小学教职工调动原则上安排在每年暑假进行，没有特殊情况，其余时间不予办理。从2005年度开始，每年暑假进行核编，先核编再调动。高中、初中、小学专任教师比例逐步达到86%、88%、91%，达不到比例的学校原则上不调入非教学人员。

2009年，选调教师采用面试形式（说课），按成绩从高到低确定人员。同年，开展城乡教育共同体试点工作，试点学校为实验小学、大盘镇中心小学。由实验小学校长任总校长，全面负责共同体内教育教学、人事调配及其他管理工作。大盘镇中心小学设执行校长1名，在总校长领导下负责学校的管理工作。两所学校的师资由总校长进行调配，优先考虑骨干教师、教坛新秀等参与交流。两校教师原编制单位不变，教师交流遵循一对一、满工作量原则。参加交流的教师，均享受农村任教津贴，在评优评先、评选教坛新秀或骨干教师、聘任高一级教师职称时，同等条件下优先。推行城区中小学教师乡镇服务期制度。凡40周岁以下的实验小学教师，任现职以来原则上都要有下乡任教的经历，并将此作为学校教师职务聘任的前置条件。参与交流的教师数不少于大盘镇中心小学专任教师总数的20%，交流时间不少于1年，大盘镇中心小学上挂锻炼教师回原学校服务3年以上。

2009年、2010年，对借用到城区学校工作的教师人事关系进行梳理。借用教师经考核合格，借用期间年度考核称职以上，借入学校有编制空缺，并符合下列条件之一的，经教育局党组研究可调入：借入城区学校满1年，在农村学校任教已满8年；借入城区学校已满1年，且近5年中获得县级及以上骨干教师、教坛新秀、优秀教师、优秀班主任、师德标兵等荣誉之一，或近5年获得县级优质课评比一等奖及以上的；借入城区学校已满1年，近5年年度考核中有2次获优秀等第的。借用人员调入城区后，没有在农村学校任教经历的，调入两年后须到农村学校（不含新城区）任教1年。考核不合格或在教职工民主评议中不称职比例超过20%，回原学校任教。2009年、2010年，各有14名与12名借用教师调入城区学校。至2013年，城区学校尚有借用教师15名，其中7人符合调入条件。

县内同类学校间教师调动可由本人提出申请，也可以由县教育局根据学校情况进行统一调配。教师要求调动，须由本人提出书面申请，经所在学校同意后，在每年7月15日前报县教育局。严格控制紧缺专业教师外流。教师要求调往县外的,须由本人提出书面申请,经所在学校同意后,每年7月底前报县教育局,并按规定程序报批,逾期不再提交研究。严格执行服务期制。未达到规定服务期的教师不得逆向调动。交流的教师必须按规定时间到岗工作,拒不到岗工作按旷工规定处理。学校按照"按需设岗、公开招聘、平等竞争、择优聘用、严格考核、合同管理"的原则,推进教师聘任制度。

2010年开始,招考入编教师由此前的分配改为双向选择,即:县教育局根据新教师招考学科,结合下属学校学科教师欠缺情况,事先公布不同学校学科教师需求,由同一学科新教师按招考成绩从高分到低分顺序自主选择学校。

2011年,出台《磐安县教育局关于进一步加强中小学教师流动管理的意见(试行)》,规定从农村学校调入城区学校的教师,在农村学校服务至少满3年,2010年及以后参加工作的必须满5年;要求从农村学校(含新城区)调入老城区的教师(不包括正、副校长),原则上均须参加进城考试。进城考试由县教育局、县人事局统一组织,招考名额根据城区学校的编制空缺和学科需求确定。

农村学校教师调入老城区学校,中小学教职工调入教育系统直属单位,由县人事部门办理调动手续。建立义务教育学校专任教师定期交流轮岗制度。距退休年龄3年以上、在同一学校任教满10年的义务教育学校教师,原则上应在同层次学校间交流轮岗。各学校每年交流轮岗教师的比例不少于10%(城区学校不少于5%)。鼓励城区学校以及条件较好的学校教师到农村偏远学校任教。新教师的招考、招聘按照磐安县事业单位招聘工作人员的相关规定执行,由县人事、教育部门共同组织。

同时明确:外县调入的教师,除优秀人才,原则上安排到新老城区以外的农村学校任教。调往外县市或外系统的教师,须在教育系统工作满3年以上,2010年及以后参加工作的必须满5年以上。晋升中、高级专业技术职务,必须自晋升之日起在原学校服务满3年和5年以上。被评为县级及以上骨干教师、教坛新秀、学科名师等荣誉称号的,必须自公布之日起在县内服务满3年以上。教师交流可由本人申请、学校提名,也可由县教育局根据学校的编制情况和学科情况,在学校间进行指令性调动。

2014年,县教育局出台《关于进一步规范中小学教师校长流动管理的意见》,新任义务教育学校校长必须有在农村学校任教3年以上的经历。从2017年起,义务教育学校教师评选省特级教师、县级及以上名师名校长时,被评选人须具有2所及以上学校的工作经历,且每所学校工作时间不得低于3年,或在农村学校有6年及以上的工作经历。对参与交流的教师,在评先评优、职称评聘等方面给予倾斜。2012学年以前无农村支教(任教)工作经历的城区义务教育阶段中小学教师,在申报中、高级职称时,应具备在农村学校支教(任教)3年及以上的经历。符合交流条件的校长、教师,原则上均要进行交流:在同一学校连续任职10年以上的正、副校长;距退休年龄5年以上且在同一学校连续任教12年以上的教师;已有2所以上学校工作经历,但在现学校已连续任教满15年的;夫妻、父母、子女、兄弟姐妹在同一所学校的;其他需要交流的。从乡镇学校流向城区的,须在农村学校服务满5年以上;除乡镇学校正、副校长及县级以上教坛新秀外,其他人原则上均须参加进城考试。进城考试由县教育局、县人力资源和社会保障局统一组织,招考名额根据城区学校的编制空缺和学科需求确定。连续旷工超过10个工作日或一年内累计超过20个工作日的,予以解除聘用合同,并按《事业单位工作人员处分暂行规定》予以处分或开除。县域内中小学教职工编制可以互补余缺,县教育局在全县中小学编制总量内,按照班额、生源等,统筹使用中小学教职工编制。根据交流计划,县教育局,及时调整变更相应的岗位设置方案,以适应和满足教师交流到农村和薄弱学校岗位聘任的需要。人员交流后,县教育局及时将编制使用和岗位聘任变化情况报县编办、县人力资源和社会保障局备案。县编办、县人力资源和社会保障局积极配合县教育局及时衔接好人员交流后的机构编制实名制管理和岗位聘任等相关编制、人事管理工作。

表 2—15　　　　　　**1997～2015 年教师调配情况汇总表**

单位：人

年　份	调出县外	县　内				
		调出外系统	外县外调入	系统内调动（含借用）	离职辞退	进城考
1997 年	—	2	—	52	—	37
1998 年	2	6	—	32+8	13	17
1999 年	6	4	—	58+10	—	19
2000 年	4	2	12	70+4	8	11
2001 年	5	3	—	97+19	18	15
2002 年	14	1	4	44+12	—	—
2003 年	16	3	—	38+5	2	—
2004 年	2	2	2	203	3	—
2005 年	9	3	1	146	4	26
2006 年	—	—	1	61	1	15
2007 年	—	—	—	39+3	—	35
2008 年	6	—	—	24+5	—	18
2009 年	9	—	3	44+8	—	6
2010 年	9	1	—	95	7	12
2011 年	8	1	3	55+8	2	13
2012 年	3	3	8	80+11	8	11
2013 年	12	2	8	60+16	5	15
2014 年	13	6	1	138+18	5	12
2015 年	16	3	—	68+11	10	7

附：

磐安教育局关于进一步规范中小学教师校长流动管理的意见

（磐教〔2014〕16 号）

各中小学、教育局直属单位，县实验幼儿园、尖山实验幼儿园：

为进一步加强教师队伍管理，健全教师流动机制，合理配置教师资源，促进全县城乡教育均衡发展，根据《浙江省人民政府关于加强教师队伍建设的实施意见》（浙政发〔2013〕26 号）、浙江省教育厅等四部门联合下发的《关于推进县（市、区）域内义务教育学校教师校长交流工作的指导意见》（浙教人

〔2013〕70号)的精神,结合磐安县实际,特制定本意见。

一、指导思想

以科学发展观为指导,以实现县域内义务教育高水平均衡发展、加快实现教育现代化为目标,通过合理交流,着力构建科学、规范、有序的教师校长交流机制,不断促进教师资源合理配置,优化教师队伍结构,提升教师队伍整体素质,增强教师队伍活力,为办好每一所学校提供有力保障。

二、交流原则

均衡原则。通过交流,均衡合理配置教师资源,优化教师队伍的学科结构、职称结构和年龄结构,缩小校际差距,缩小城乡差距,努力办好每一所学校,促进每一个学生健康成长。

激励原则。通过交流,消除教师职业倦怠,不断激发工作热情和创新能力,提高教师适应不同学校、不同学生的教育教学能力,增强教师队伍活力,促进教师的专业发展和学校的可持续发展。

有序原则。重点引导骨干教师和校长向农村学校交流,引导超编学校教师向空编学校交流。

统筹兼顾原则。统筹各类学校和教师的不同需求,统筹交流与培养、合理使用与结构优化,兼顾学校的办学特色与优势,兼顾交流对象的工作、生活和家庭实际情况,保持教师队伍的动态平衡,维护学校良好的教育教学秩序。

公开规范原则。规范操作,严肃纪律,加强监督,切实防止不规范、不公平以致腐败现象的发生。

三、流动对象

符合条件的义务教育学校编制内教职工,流动后原则上随迁人事关系。高中段学校除有特别规定外,原则上参照执行。

四、流动管理

(一)县域间流动

1.外县(市)调入

(1)条件:

外县(市)教师要求调入本县工作,须符合下列条件:

①坚持四项基本原则,具有高尚的职业道德和个人修养,在原单位工作表现良好(年度考核均在称职及以上);

②具备任教学科全日制普通高校本科及以上学历,教龄满3年及以上,有相应教师资格;

③女教师年龄一般要求40周岁以内,男教师一般要求45周岁以内;

④夫妻分居满3年或照顾父母需要;

⑤身心健康,体检合格,能胜任教育教学工作;

⑥经考核,具有较强教育教学能力的。

上述条件中年龄和教龄的时间计算至当年7月31日止。

县级以上名师名校长或培养对象及具有县级以上教坛新秀、学科骨干教师、优质课一等奖获得者等荣誉的,可优先考虑并适当放宽条件。

(2)程序:

由调出学校、教育局、人事部门签署意见后,在6月底前发商调函到县教育、人事部门,经县教育、人事部门考察并审核,提交县委书记办公会议研究同意后,办理调动入编手续。

(3)安排原则:

除特别优秀人才外,原则上安排到新老城区以外的农村学校任教。

2.调往外县(市)

(1)条件:

要求调往外县(市)的教师,须符合下列条件:

①有夫妻两地分居(3年以上)等特殊困难;

②服务期已满:

新参加工作的,在教育系统工作满5年以上;

晋升中、高级专业技术职务的,自晋升之日起在磐安服务满3年和5年以上;

被评为县级及以上骨干教师、教坛新秀、名师等荣誉称号的,自公布之日起在县内服务满3年以上。

(2)程序:

要求调往外县(市)的,由本人在当年6月底前向所在学校提出申请,经学校签署意见后提交教育局,经县教育、人事部门研究同意后办理商调手续。

(3)办理时间:

暑假期间(8月10日前)办理有关手续,其他时间均不予受理研究。

(4)要求调往本县外系统工作的,参照调往外县(市)执行。

(二)县域内交流

1.交流条件

(1)在同一学校连续任职10年以上的正、副校长;距退休年龄5年以上且在同一学校连续任教12年以上的教师;

(2)已有2所以上其他学校的工作经历但在现学校已连续任教满15年的;

(3)夫妻、父母子女、兄弟姐妹在同一所学校的;

(4)其他需要交流的。

(5)从乡镇学校流向城区的,须在农村学校服务满5年以上;除乡镇学校正副校长及县级以上教坛新秀外,其他人原则上均须参加进城考试。进城考试由县教育局、县人力资源和社会保障局统一组织,招考名额根据城区学校的编制空缺和学科需求情况确定。

(6)新招聘(招考)的教师,除面向全国公开招聘外,原则上在城区学校锻炼一年后到农村学校(不含新城区学校)任教。

处于孕期和哺乳期的教师,或患病并经县教育局指定医院诊断不宜交流的教师,可暂不纳入交流范围。

现承担学校特色课程的领衔教师、重大教科研项目的教师,经县教育局同意,可暂不纳入交流,但延长时间至多不超过3年。

2.交流方式

教育局指导交流。县教育局根据全县校长和骨干教师队伍建设需要,提出校长和骨干教师交流计划。

学校推荐交流。学校根据县教育局对交流对象的规定要求和本校教师队伍的实际,制订交流计划,主要根据在本校连续任职时间从长到短推荐符合规定要求的教师进行交流。

个人申请交流。对没有达到交流规定时间,或可不纳入交流范围的教师,本人提出申请要求交流的,经学校同意和教育局审核批准后纳入统一交流。

符合交流条件的校长、教师原则上均要进行交流。城区学校交流到农村学校的教师,交流后服务时间不少于1年,可以保留原学校人事关系,交流期满经考核合格的,可回原学校任教。

3.手续办理

农村学校教师流入老城区学校、中小学教师流入教育系统直属单位，由县人事部门审查同意后办理调动手续。其他教师流动由县教育局办理调动手续。

(三)其他形式的教师流动

1.人才引进

符合县委办〔2011〕17号文件中五类人才引进对象条件的，遵照该文件有关规定执行。

2.教师借用

确因工作需要，须借用教师的，须符合以下规定：

(1)学校之间借用教师，须经县教育局同意。

(2)教育系统以外单位借用教师，须经县教育局同意，报县人事部门备案。

(3)教师借用时间最长不得超过一年，因工作需要须继续借用的，必须重新办理借用手续。

教师借用期间，不办理人事关系迁移手续。

3.短期合同工聘用

除炊事员、保育员等岗位，满编或超编学校不得聘用短期合同工从事教育教学工作。

因工作需要聘用短期合同工的，必须严格执行劳动合同法的有关规定并报教育局备案。

4.教师解聘

解聘工作按《浙江省事业单位人员聘用制度试行细则》执行，由聘用单位集体研究后报教育局审核，并报人力资源和社会保障局备案。未经学校和教育局同意，教职工擅自离开教育、教学工作岗位的，作旷工处理，学校应通知本人限期返回。连续旷工超过10个工作日或一年内累计超过20个工作日的，予以解除聘用合同，并按《事业单位工作人员处分暂行规定》予以处分或开除。

五、保障机制

(一)建立和完善与交流制度相适应的编制、人事管理机制。县教育局负责对交流工作的统筹管理、规划和指导，制订科学合理的交流计划和实施方案。县域内中小学教职工编制可以互补余缺，县教育局在全县中小学编制总量内，按照班额、生源等，统筹使用中小学教职工编制。根据交流计划，县教育局及时调整变更相应的岗位设置方案，以适应和满足教师交流到农村和薄弱学校岗位聘任的需要。人员交流后，县教育局及时将编制使用和岗位聘任变化情况报县编办、县人力资源和社会保障局备案。县编办、县人力资源和社会保障局积极配合县教育局及时衔接好人员交流后的机构编制实名制管理和岗位聘任等相关编制、人事管理工作。

义务教育学校中高级职称教师原则上应实行均衡配置，并适当向农村学校倾斜。根据交流工作需要，县教育局在全县中小学教职工岗位结构比例内，预留一定的中、高级岗位，专项用于评聘交流教师，以鼓励教师参与交流，鼓励交流教师服务期满后继续留下从事农村教育工作。

按照统筹资源、均衡配置、优化结构、强化监管的要求，由县教育局分学段统筹管理县域内教师岗位，积极引导骨干教师和校长向农村学校交流、向空编学校交流，探索建立由“学校人”向“系统人”转变的教师管理新模式。

(二)建立和完善校长选拔和名优教师评先评优机制。新任义务教育学校校长必须有农村学校任教3年以上的经历。从2017年起，义务教育学校教师评选省特级教师、县级及以上名师名校长时，被评选人须具有2所及以上学校的工作经历，且每所学校工作时间不得低于3年，或在农村学校有6年及以上的工作经历。对参与交流的教师，在评先评优、职称评聘等方面给予倾斜。

(三)建立和完善职称评聘机制。在职称评审中,乡镇学校中、高级教师的通过率原则上不低于城区学校。2012 学年以前无农村支教(任教)工作经历的城区义务教育段中小学教师,在申报中、高级职称时应具备在农村学校支教(任教)3 年及以上的经历。对城区交流到乡镇的教师,原没有聘任相应专业技术职务岗位的,优先聘任到相应专业技术职务岗位。对城区学校交流到乡镇学校任教的教师,交流后在农村学校中、高级岗位任职满 3 年的,实行统一考核,对其中表现突出的,可在同一专业技术岗位等级内高聘一级。乡镇学校教师申报中级及以上职称时,有两所学校及以上任教经历者优先。

(四)加大交流教师培养培训力度。扩大农村学校名师、学科带头人、教坛新秀等骨干教师的培养规模。在县级优秀教师、骨干教师等评选培训中,优先向城区学校交流到农村学校的骨干教师倾斜。

(五)完善交流保障机制。城区义务段教师、校长向农村学校交流期间,按规定享受农村教师任教津贴,建立支教考核专项资金并列入县财政年度预算,奖励按考核结果发放,具体操作办法另行制定。

3.勤工俭学人员及清理

教师队伍中的"勤工俭学"人员,就是留职停薪、下海经商的教师。教师经商源自 20 世纪 80 年代末。90 年代中期,这种做法受到县教育主管部门政策上的肯定和支持。直到 21 世纪初期,教师经商的做法才被逐渐限制。

1990 年 3 月,县教育局下发《关于加强对抽调到校办企业工作教职工管理的若干意见》,对抽调到校办企业工作的教职工审批手续、福利待遇等作出规定。

1993 年 4 月,县教育局下发《关于加强教师队伍管理的若干意见》,根据县委〔1992〕43 号文件《关于引进人才,充分发挥人才作用的规定》第八条,允许教职工停薪留职,在本县范围内经商办企业,发展第三产业。每年上缴本人工资总额的 40%作为留职金,分三年交清。停薪留职期间工龄照算,不影响调资。停薪留职期满后,本人有要求的,可回原单位工作,也可以继续停薪留职。停薪留职需由本人申请,所在单位签署意见,报县教育局审批,同时签订停薪留职合同。学校可以在 2%左右的编制内,抽调人员搞创收,教师保留原有身份,工资福利待遇不变,但必须经县教育局审批。未经批准,所在单位擅自给予停薪留职的,核减单位编制,本人不计算工龄,不晋升工资。

1994 年 3 月,县教育局下发《关于加强勤工俭学人员管理的通知》,对勤工俭学人员管理制度再次作出规定。

1995 年 3 月,教育局在《关于解决教育系统 98 名合同制工人遗留问题的意见的请示》(磐教〔1995〕22 号)中提出,对未取得大中专毕业证书或教师专业合格证书的人员,按表现和需要,大力鼓励这类对象留职停薪或搞勤工俭学。勤工俭学合同每年一签,对勤工俭学人员进行年度工作目标考核。

1996 年,县教育局对全县勤工俭学人员进行清理整顿,健全承包责任制,严格执行勤工俭学人员审批制度。

2001 年 4 月,县教委按照上级有关规定下发通知,要求从事勤工俭学人员回校工作,合同到期后不再续签,不按时到校的,按有关规定作自动离职处理;从下文之日起,不再审批教职工外出勤工俭学。各校加强对勤工俭学人员管理,妥善安排回校工作人员。

2002 年,全县有勤工俭学教职工 40 人。

2003 年,与县勤工俭学办公室签订过勤工俭学合同的人员,具备教师资格、本人愿意回校任教的,可回校任教;对不具备任教资格、本人要求回校工作的,由学校按本人特长、学校岗位需要安排力所能及的工作。安排职员或勤杂工岗位的,按照职员或勤杂工套用工资标准,原属工人编制(身份)的,一律安排勤杂工岗位。返校工作人员必须严格履行师德规范和聘任制要求以及学校规章制度,不得到企业或其他地方兼职,或占用学校工作时间从事经济或其他活动。凡擅自离开岗位连续15天或一年累计超过1个月的,即作自动离职处理。

2005年2月,县文教局出台勤工俭学分流办法,建立教育系统在职不在岗人员分流工作领导小组,学校事业编制的在职不在岗的58人为分流对象。分流人员与原工作单位解除劳动关系和聘用合同,办理自谋职业手续,单位发给职工身份转换经济补偿金。一次性经济补偿金的标准为每工龄年1600元,其中每工龄年200元为职工医疗统筹补助费。办理辞职、辞退人员的人事关系转到县人才流动服务中心,并办理自谋职业手续,其辞职、辞退前的工龄视作养老保险缴费年限。养老保险的续保政策及待遇计发按磐政〔2003〕75号文件执行。所需分流资金由县财政统筹;人头经费相应核减;改制所需经费分两年预算,一次到位;社保基金暂时缓交。对在3月14日前仍不回校上班或不办理辞职手续的人员,由人事科提出,报局研究,给予办理自动离职。分流结果:回校任教25人,退休6人,辞退27人。

此后,教育行政部门不再鼓励编制内教职工从事勤工俭学活动。

(二)教师资格认定

1985年,《中共中央关于教育体制改革的决定》指出:"只有具备合格的学历或有考核合格证书的,才能担任教师。"

1986年,县教委根据国家教委要求,实行中小学、幼儿园教师考核合格证书制度,为暂未具备合格学历的在职教师设立一种过渡性的"教师合格证书"。

1993年10月颁布的《中华人民共和国教师法》规定,国家实行教师资格制度。

1995年12月,国务院下发《教师资格条例》。

1996年5月,磐安县贯彻《教师资格认定的过渡办法》,开展在职教师的资格认定过渡工作。办法规定:1994年1月1日前,已在各级各类学校和其他教育机构中从事教育教学工作的教师(统称在职教师),以及承担教育教学任务的其他专业技术人员和教育职员(统称其他人员),可以提出教师资格认定申请。申请人只能申请与其所在学校的层次、类别相对应的一种教师资格,经所在学校或其他教育机构对申请人考核并提出认定何种教师资格的建议后,报相应的机关审核认定,由认定机关发给教师资格证。代课教师、专职会计、出纳、图书管理员、校医不属于教师资格过渡范围。

2001年10月,县教委出台《磐安县教育系统教师资格确定实施意见》,要求教育系统符合条件的教师签订《磐安县教育系统教师资格确定书》,全县共确定具有教师资格证的479人。

2002年3月,在完成教师资格过渡后,全县开始教师资格的首次认定工作,对教师资格认定申报人员的学历、教育教学能力、普通话、身体素质和思想品德等方面提出明确要求。3月底前,完成1994年1月1日以后参加教师队伍的在职在编人员,和1993年12月31日以前任教师但在教师资格过渡中暂缓过渡的在编正式人员的资格认定。6月底前,完成其他符合申请教师资格条件的人员的认定工作。县教育局负责县范围内幼儿园、小学和初级中学教师资格的认定工作。高级中学、职业中学的教师资格由县教育局审查后,报市教育局认定。此次认定高级中学教师资格56人(含中职教师8人)、小学教师资格270人、初中教师资格153人。

2003年11月后,首次开展面向社会人员(含在职教师)认定教师资格活动,认定资格种类包括幼儿园教师、中小学教师、高级中学教师、中等职业学校教师和中等职业学校实习指导师等教师资格。户籍或工作单位在磐安,具备《中华人民共和国教师法》规定的相应学历,具有承担教育教学工作所必需的基本素质和能力,体检合格的人员才可认定教师资格。此后,教师资格认定在每年的春季和秋季各开展一次。

2004 年，认定高中教师资格 73 人。

2011 年 10 月，贯彻省教育厅下发的《浙江省教育厅办公室关于做好 2011 年下半年中小学和幼儿园教师资格考试改革试点工作的通知》，县教育局明确要求：申请幼儿园、小学、初级中学、高级中学、中等职业学校教师资格和中等职业学校实习指导教师资格的人员须参加国家教师资格考试。为做好新老人员过渡和新老政策衔接，2011 年及以前已入学的全日制普通院校师范类专业学生，仍可以持毕业证书申请直接认定相应的教师资格；已取得浙江省申请教师资格人员教育学、心理学考试合格证书者（含幼儿园在岗教师经培训后考试合格者），在规定的有效期内，仍按原教师资格认定渠道和办法申请认定教师资格。教师资格考试分为笔试和面试两部分，每年各组织两次，取得教师资格考试合格证后到户籍（人事档案）所在地认定。教师资格考试改革后，对申报人员的学历提出新要求。

表 2—16　　2004～2015 年磐安县教师资格认定情况表

单位：人

年　　度	认定总数	幼　儿　园	小　　学	初　　中
初次认定（2001 年）	479（含高中 56 人）	—	270	153
2004 年春季	26	19	1	6
2004 年秋季	139	48	29	62
2005 年春季	63	24	5	34
2005 年秋季	29	8	4	17
2006 年春季	22	6	3	13
2006 年秋季	28	19	2	7
2007 年春季	27	11	7	9
2008 年春季	70	33	15	22
2008 年秋季	21	11	3	7
2009 年春季	59	41	8	10
2009 年秋季	17	11	2	4
2010 年春季	21	8	3	10
2010 年秋季	21	11	5	5
2011 年春季	14	4	4	6
2011 年秋季	39	16	7	16
2012 年春季	23	12	6	5
2012 年秋季	31	13	10	8
2013 年春季	50	33	7	10
2013 年秋季	24	4	11	9
2014 年春季	83	55	20	8
2014 年秋季	36	21	9	6
2015 年春季	21	2	11	8
2015 年秋季	24	4	10	10

（三）教师职称评审

1987年9月，为贯彻执行国家教委制定的《中小学教师职务试行条例》以及省、市教委有关文件的精神，切实做好中小学教师职称改革工作，磐安开始首次评聘教师专业技术职务。县教育局公布《磐安县中小学教师职改工作的实施意见》，根据县内实际情况，对职改工作提出具体意见。中小学教师职务评审分两步进行，根据上级部门关于“1987年要完成中小学校50%左右”的要求，县属中学、职业学校、乡(镇)初中及安文镇、冷水乡、大盘乡、岭口乡小学的教师职务评审在1987年年内完成，其他学校安排在1988年上半年进行。

1987年9月至1988年6月，经省、市、县中学教师专业技术职务评委会评审，确认具有中学高级教师职务任职资格的5人，具有中学一级教师任职资格的141人，具有中学二级教师任职资格的261人，具有中学三级教师任职资格的101人，共508人。经市、县小学教师专业技术职务评委会评审，确认具有小学高级教师任职资格的81人，具有小学一级教师任职资格的334人，具有小学二级教师任职资格的335人，具有小学三级教师任职资格的12人，共计762人。其任职资格分别从评委会通过时间算起，教师职务聘任时间从下文的次月开始聘任，其相应的职务工资、岗位(职务)津贴从聘任之月起执行。此后，县教育局每年进行一次中小学教师职称评审工作。

1990年，县教育局根据《浙江省中小学教师职务试行条例的实施细则》和各级教师职务分级管理、分级任命的原则，中学高级教师和乡(镇)初中、中心小学、中心校正副职以上领导骨干及县、区属学校(单位)正副职以上领导骨干由局直接任命，中学一级、小学高级教师由区(镇)、教办(学校)行政领导任命，县属学校(单位)由学校(单位)行政领导任命，中学二、三级，小学一、二、三级教师职务均由教师所在的乡、镇学校或县、区(镇)学校(单位)行政领导直接任命，任期一般为三年。同年8月，对教师专业技术职务评聘工作进行复查。

1994年，县教育局下发《关于做好专业技术职务续聘(任)工作的通知》，要求各单位在完成教师任期续聘考核评价前提下，对确能胜任并履行职务者，才能准予续聘。11月，开展职务续聘(任)工作。县属单位、教办、乡(镇)学校正职(含主持工作副职)由局任命；县属单位、安文镇学校或校长负责制单位高、中、初级专业技术职务全部由单位行政领导续聘(任)；乡(镇)学校(不包括校长负责制学校)的高、中级专业技术职务由教办续聘，初级职务由学校行政领导续聘(任)。任期统一从1995年1月至1997年7月。离退休教师评审、确认职务工资问题，根据省人民政府办公厅浙政办〔1986〕54号文件规定，按1987年11月7日浙江省职称改革领导小组《关于印发〈浙江省关于实行专业技术职务聘任制工作若干政策问题的规定〉的通知》执行。

1995年起，申报对象的继续教育登记卡作为晋升高一级专业技术职务的条件之一。

1996年开始，国家教委承认的全日制大中专院校列入国家统一分配计划的毕业生(包括硕士生、博士生)，直接初定专业技术职务，不再评审。同年，对职评申报对象的相应学历作出具体的规定。

1997年9月，县教委根据磐人劳〔1997〕35号文件《关于换发专业技术职务资格证书的通知》精神，要求在1997年9月前取得专业技术职务资格证书的，以学校为单位填制清册，带原有资格证书到县人事劳动局培训职称科换领新证，并办理注册登记手续。今后晋升职称随附旧证书复印件无效，未经注册登记的不得聘任相应技术职务。换发新证工作到1997年10月结束。

是年11月，根据浙江省关于教师职务试行条例的实施细则，按干部管理权限规定，对70位符合相应任职条件的单位正职(含主持工作的副职)领导、教委事业单位人员，县教委任命相应的专业技术职务，被任命者在任期内必须分别履行所任教师职务的职责。至2001年，教委每年对符合相应任职条件的正职领导(含主持工作的副职),及教委事业单位人员,聘任相应的专业技术职务。

1998年,在节余指标和新增指标限额内开展评审。

1999年,职评文件中对教学工作量、论文、继续教育等问题进一步做出明确要求。

从2000年起,浙江省计算机应用能力考核结果纳入专业技术职务晋升的必备条件之一。申报中学高级、中级职务的,必须取得省委组织部、省人事厅统一印制的计算机应用能力考核合格证书。45周岁以下教师,普通话水平测试成绩作为教师职务评审的一个基本条件。2000年组织第一次普通话测试,全县共有175人取得二乙及以上普通话证书;第二次普通话测试,共有115人取得二乙及以上普通话证书。从这一年度开始,根据《浙江省实行专业技术职务机构比例宏观控制试行意见》精神,全县中小学校专业技术职务实行结构比例宏观控制。

2001年9月,县文教局明确要求按照下达的《中学专业技术职务结构比例方案》和《小学专业技术职务结构比例方案》的有关规定,设置好岗位,并结合教师人事聘用制做好职务聘任工作。对已达到或超过结构比例方案的学校(单位),采用评聘分离或自然减员等办法达到规定的比例。对现有比例尚未达标的,按每年不超过2%的幅度增加。要求各学校根据各自的实际情况,制订评聘分离操作办法。

2002年2月,全县共有22名小学系列职称教师在高中或初中任教。2002年9月,县文教局同意磐安中学的12位教师低职高聘一年。

2003年起,晋升高级专业技术职务,需参加市教育局统一组织的论文答辩。

2004年8月,县文教局印发《磐安县教师专业技术职务评聘考核办法》,对评审对象近3个学年德、能、勤、绩等方面进行量化考核。此后,于2006年、2009年、2012年分别对该考核办法进行修订完善。

从2005年开始,县教育局规定参加小学高级、中学高级职务评审,破格晋升高一级教师职务,均需持有支教证书,并视为必备条件。同年,中小学教师每年须接受不少于72学时(学分)的继续教育培训,县教师进修学校负责本县初中、小学教师继续教育学分的确认,高中教师的学分确认由金华教育学院负责。同年,首次在中小学校开展教育管理、实验职务任职资格的评审,允许长期在教育管理和实验岗位上工作的人员直接申报相应的职务任职资格,其学历、资历条件按照浙人专〔2004〕147号文件执行。凡45周岁以下申报评审专业技术职务任职资格的,需具有全国计算机应用能力2个以上模块考试合格证书。

至2005年12月底,全县中学在职教师767人,其中中学高级47人,中学一级292人,中学二级344人,中学三级25人,未评26人,小学高级11人,小学一级16人,小学二级4人,实验员2人(包括职业技校)。小学在职教师615人,其中小学高级219人,小学一级315人,小学二级41人,未评24人,中学一级3人,中学二级8人,中学三级的3人,以工代教中级工2人。

2006年开始,各类专业证书不再作为评审专业技术职务的学历依据。申报中学高级职务需参加市教育局统一组织的专业知识水平考核(笔试)。

2007年开始,中等职业学校专业课教师每两年到企业挂职研修两个月,以作为教师职称评审的必备条件。金华市各类教育教学论文评比工作由市教育局统一组织。同年,申报专业技术资格不受单位岗位职数和专业技术职务结构比例的限制,实行评聘分离。为加强对中小学教师专业技术职务聘任后的管理,深化人事制度改革,逐步建立"职务能上能下,待遇能升能降"的教师任用新机制,教育局印发《磐安县中小学教师职后管理暂行办法》。是年,县教育局规定,专业技师人员继续教育公共必修课的学习将作为专业技术职务晋升、聘任的必备条件。

2008年7月,县教育局印发《磐安县教育系统专业技术人员职务评聘分离暂行办法》(磐教〔2008〕

61号),就做好教师职务评聘分离工作提出具体意见,遵循“专业技术资格自主申报、专业技术资格与专业技术职务聘任相分离、公平竞争和循序渐进”的原则开展工作,各校根据县教育局和县职改办核定的高、中、初级专业技术职务结构比例,科学合理设置专业技术职务岗位。学校(单位)党政正职由县教育局聘任,其他人员由用人单位行政一把手负责聘任。超过结构比例的职务,在本学校(单位)内通过竞争上岗,择优聘任。自2008学年开始暂设三年过渡期。是年,开始通报论文抄袭或拼凑的职称申报人员,取消其当年评审资格,并从评审次年起,3年内不受理申报高一级专业技术资格。

2009年,进一步规范支教考核及相关工作。

2010年,全面实行中小学教师聘用制度和岗位管理制度,对中小学教师职称制度进行“评聘结合”改革,即中小学教师职称评审在核定的岗位结构比例内进行,不再进行岗位结构比例之外、与岗位聘用相脱离的资格评审。

2011年开始,连续两年参加专业技术资格评审未获通过的人员,间隔一年方可再次申报。申报高、中级教师职务,需参加教育政策法规和专业知识考试。

从2012年起,义务教育阶段中学教师晋升中级职务,也应有农村支教(任教)经历。专业技术人员所取得的学历必须同申报晋升职务的专业相同或相近,否则,视为不具备规定学历。

2014年,中小学(含幼儿园)教师中级职称(含教育管理、实验系列)评审权下放给各县(市、区)。

表2—17　　1987～2015年磐安县中小学、幼儿园高级教师名录

年度	单位	姓名	年度	单位	姓名	年度	单位	姓名
1988年3月	磐安中学	马邦星	1994年	磐安中学	金万水	1998年(1999年1月)	磐安中学	黄龙飞
	磐安中学	陈新希		安文镇中	何生潘		安文镇中	厉芬芳
	磐安中学	胡朝阳	1995年	磐安中学	杜天笋		万苍初中	马良兴
	磐安中学	陈起初		县教研室	魏　群		县教研室	卢国兴
	磐安中学	蒋友文		尚湖镇中	朱士义		县教研室	马式中
1988年6月	磐安中学	陈昭仙	1996年(1997年1月)	磐安中学	应天有	1999年(2000年1月)	磐安中学	周生民
	磐安中学	李章珍		磐安中学	张品良		磐安中学	傅元星
	磐安中学	金品高		磐安中学	楼晓明		安文镇中	蔡苏旦
	磐安中学	王樟梓		磐安中学	傅美华		县教研室	沈天法
	磐安中学	金亨通		职业技校	杨龙海		磐安中学	张正明
	玉山中学	吴恭祥		职业技校	沈　斌		磐安中学	厉妙荣
	盘山中学	顾德涛	1997年	磐安中学	刘　波		磐安中学	卢亚天
1990年	磐安中学	严惠良		磐安中学	张生芳		磐安中学	胡炳云
1991年	县教研室	沈志新		磐安中学	王德忠	2000年	磐安中学	杨星亮
	县教研室	董文泉		盘山中学	孔国华		磐安中学	施合心
1992年	玉山中学	汪善林		安文镇中	陈毓芝		县教科所	王超英
	职业技校	黄金山	1998年(1999年1月)	磐安中学	吕世明		县教研室	楼寿银
1994年	县教研室	张焕明		磐安中学	徐黎明		行知职高	周星驰
	磐安中学	陈知生		磐安中学	郭兴陆		安文镇中	周宏光

续表 2—17

年　度	单　　位	姓　名	年　度	单　　位	姓　名	年　度	单　　位	姓　名
2000 年	县教研室	应子红	2004 年	磐安中学	蒋国华	2005 年	尖山镇中	陈永平
	磐安二中	郭文锋		磐安中学	周红星	2006 年	职业技校	陈月琴
	磐安中学	潘炉新		磐安中学	陈才敏		县教科所	陈复兴
2001 年	安文镇中	陈万海		磐安中学	羊港周		磐安中学	张兴波
	县教研室	杨龙江		安文镇中	虞彩虹		磐安中学	韦仙玉
	安文镇中	孙德钱		安文镇中	赵金泉		磐安中学	卢章洪
	磐安二中	黄加文		县职业技校	陈卓珺		磐安中学	郑素芳
	磐安二中	陈雪珍		县教研室	金妙翠		磐安二中	陈正洪
	职业技校	周锡灵		第三中学	周瑞生		磐安二中	陈高源
	县教研室	厉显贩		磐安二中	黄无违		磐安二中	卢玉春
	磐安中学	徐海峰	2005 年	县教科所	周兴法		安文镇中	吕连环
	磐安中学	庞　茂		磐安中学	陈芳珍		安文镇中	吴素英
2002 年	县教科所	陈大明		磐安中学	陈品德		安文镇中	王友芳
	盘山中学	吴英明		磐安中学	张扬平		第三中学	张美瑶
	磐安中学	陈沁华		磐安中学	羊健康		县招生办	张瑞良
	磐安中学	陈天宝		磐安中学	倪国武		安文教办	陈金根
	磐安中学	胡　江		磐安中学	周金仁		县教研室	周金军
	磐安二中	傅小卫		磐安中学	郑一鸣		深泽小学	曹苏芬
	磐安二中	陈桂正		磐安中学	胡芝芳		实验小学	陈日伟
	职业技校	孔灵瑞		磐安中学	贾美珍	2007 年	磐安中学	周海兰
	县教研室	周超英		县教研室	蔡德扬		磐安中学	张法桂
	职业技校	卢有明		县教研室	张生红		磐安中学	陈林森
2003 年	安文镇中	张中华		县教研室	陈爱娟		磐安二中	周际旭
	磐安二中	张琰珍		县教研室	傅宝林		磐安二中	陈辉强
	县教研室	陈小青		磐安二中	朱梅光		磐安三中	潘仲良
	磐安三中	周春明		磐安二中	韦慧光		盘山中学	孔维春
	职业技校	潘福云		磐安二中	王长新		职业技校	吕宝良
	磐安中学	郑时花		磐安二中	周天生		实验初中	杨喜爱
	磐安中学	卢菊光		职业技校	应时法		实验初中	陈　瑛
	磐安中学	杨丁富		职业技校	孔相林		实验初中	蒋兴无
	磐安中学	倪忠民		盘山中学	傅　君		实验初中	吴东红
	县教研室	周钟铭		盘山中学	曹昌寿		安文初中	陈国庆
2004 年	南苑小学	曹岩火		安文镇中	陈　斌		安文初中	胡江平
	磐安中学	蔡美芬		安文镇中	陈化标		尚湖镇中	韦洪武

续表 2—17

年 度	单 位	姓 名	年 度	单 位	姓 名	年 度	单 位	姓 名
2007 年	尖山镇中	周学军	2009 年	磐安中学	胡红霞	2010 年	仁川小学	羊建新
	玉山镇中	周忠良		磐安中学	金秀珠	2011 年	磐安中学	王 芳
	实验小学	陈新芳		职业技校	吴春玉		磐安中学	陈向军
	实验小学	黄飞鸽		实验初中	曹英姣		磐安中学	孔美玲
	实验小学	陈荣仁		实验初中	施双玲		安文初中	袁亚婷
	县教研室	陈良平		实验初中	施向荣		安文初中	张小娟
	尖山小学	张松苗		实验初中	孔新玉		职业技校	韦正明
	安文小学	陈云姣		安文初中	陈心洲		实验初中	胡波良
	新渥小学	楼如意		仁川镇中	傅一跃		实验初中	张新浩
	玉山教办	张志辉		尚湖镇中	陈红明		实验初中	杨为党
2008 年	磐安中学	陈淑芬		新渥镇中	陈志良		磐安二中	周飞骏
	磐安中学	倪喜中		县教研室	朱旭芳		磐安二中	陈跃月
	磐安中学	杨灵丽		实验小学	曹华锋		仁川镇中	陈化来
	磐安二中	马国栋		实验小学	吕 琴		尚湖镇中	周永君
	职业技校	陈湘阳		安文小学	陈燕飞		玉山镇中	王 平
	实验初中	周彩良		尖山小学	厉育平		方前中心校	陈连星
	实验初中	孔鹏飞		勤工俭学办公室	陈三弟		实验小学	孔新伟
	安文初中	陈 栋		县教育局	任忠花		教育工会	周荣财
	安文初中	张良芳	2010 年	磐安中学	韦玲珍	2012 年	磐安中学	陈斌菊
	安文初中	周玲香		磐安中学	胡越男		磐安中学	胡爱芬
	玉山镇中	周中其		实验初中	卢红星		磐安中学	厉红兰
	尖山镇中	周卫平		实验初中	袁继青		磐安二中	徐兴成
	尖山镇中	张荣庆		实验初中	潘向红		磐安二中	羊黎明
	尚湖镇中	俞勤华		磐安二中	陈扬民		磐安二中	曹群芳
	安文教办	马思钦		磐安二中	申屠兴山		职业技校	胡爱芬
	县招生办	朱竹芳		磐安二中	张向东		磐安三中	王永良
	教育工会	施逢河		磐安三中	陈步升		磐安三中	杨兰珍
	安文小学	施妙英		职业技校	杜德明		实验初中	何光明
	安文小学	孔爱玉		尖山镇中	陈益民		实验初中	陈梅芳
	实验小学	施晓红		尖山镇中	周兴中		实验初中	王高源
	新渥小学	程土星		深泽初中	陈根弟		安文初中	陈 燕
	县教研室	陈德品		尚湖镇中	胡云高		新渥校区	陈文魁
2009 年	磐安中学	郑群英		新渥镇中	曹昌连		仁川初中	傅政权
	磐安中学	孔凤平		万苍小学	张雪兰		玉山初中	张银来

续表 2—17

年　度	单　　位	姓　名	年　度	单　　位	姓　名	年　度	单　　位	姓　名
2012 年	方前中心校	沈菊婷	2013 年	实验小学	周苏丹	2015 年	磐安中学	罗红英
	安文初中	王　镇	2014 年	磐安中学	邱余兰		磐安中学	周江波
	实验小学	蒋丽霞		磐安中学	潘小斌		磐安二中	吕秀敏
	安文小学	蔡春芳		磐安中学	范淑莲		磐安二中	吕　娟
	尚湖小学	陈锦波		磐安中学	周岚岚		磐安二中	陈美芳
	实验幼儿园	陈红光		磐安二中	张扬辉		磐安二中	陈萍兰
	实验小学	张萍萍		磐安二中	傅倩倩		职业技校	陈　芳
2013 年	磐安中学	郑伟慧		磐安二中	孔弘圣		实验初中	陈新中
	磐安中学	陈伟东		磐安二中	张陵陵		实验初中	胡爱宝
	磐安中学	陈江山		冷水中心校	程纪洪		安文初中	陈美花
	磐安二中	范　斌		实验初中	王阳升		安文初中	黄　君
	职业技校	傅菁菁		磐安二中	邵其夏		冷水中心校	韦学斌
	实验初中	施月娥		安文初中	孔苏光		仁川初中	陈瑞兰
	安文初中	董兰芳		大盘校区	卢红花		深泽初中	张海堂
	新渥校区	许君杯		磐安二中	杨春花		实验小学	卢卫芳
	深泽初中	郑海燕	2015 年	县教研室	张姣芳		实验幼儿园	王　燕
	玉山初中	楼新平		磐安中学	陈红霞			
	教育工会	陈彩香		磐安中学	周佩兰			

表 2—18　　1990～2015 年磐安县历年职称评定人数统计表

年　份	幼高	幼一	幼二	幼三	小高	小一	小二	小三	中高	中一	中二	中三	副研究员	助理研究员	高级实验师	助理实验师	实验员	转正定级
1990 年	—	2	—	—	9	13	4	—	1	9	28	3	—	—	—	—	—	90
1991 年	1	—	—	—	4	93	6	—	2	8	58	2	—	—	—	1	—	45
1992 年	—	—	1	—	6	41	—	4	2	16	40	3	—	—	—	—	—	48
1993 年	—	2	6	—	31	50	15	4	—	27	23	2	—	—	—	—	—	54
1994 年	1	3	11	21	41	63	21	1	4	41	26	3	—	—	—	—	—	55
1995 年	—	2	4	9	59	49	10	—	3	39	37	4	—	—	—	1	—	69
1996 年	—	4	12	2	35	36	6	—	6	52	16	1	—	—	—	—	—	57
1997 年	1	6	1	—	40	31	—	—	5	52	40	35	—	—	—	—	—	80
1998 年	—	8	24	22	28	45	2	—	8	33	56	9	—	—	—	—	—	69
1999 年	1	—	11	42	27	47	3	—	8	35	65	5	—	—	—	—	—	50

续表 2—18

年份	幼高	幼一	幼二	幼三	小高	小一	小二	小三	中高	中一	中二	中三	副研究员	助理研究员	高级实验师	助理实验师	实验员	转正定级
2000 年	2	3	—	—	28	46	—	—	9	31	51	1	—	—	—	—	—	78
2001 年	3	1	3	—	30	40	—	—	9	29	16	1	—	—	—	—	—	58
2002 年	—	10	2	—	26	30	3	—	10	37	22	2	—	—	—	—	—	52
2003 年	4	12	8	—	32	39	1	—	10	35	10	2	—	—	—	—	—	66
2004 年	4	7	2	—	26	25	—	—	12	41	7	—	—	—	—	—	—	58
2005 年	7	1	2	—	34	20	—	—	25	38	6	—	—	—	—	1	1	49
2006 年	1	2	1	—	30	5	—	—	15	40	5	—	3	2	—	—	—	47
2007 年	—	6	1	—	40	7	—	—	24	40	7	—	1	6	—	2	—	39
2008 年	—	2	—	—	48	1	—	—	19	56	6	—	3	3	—	—	1	42
2009 年	3	—	4	—	42	3	—	—	18	42	3	—	2	—	—	—	—	46
2010 年	2	1	—	—	9	1	—	—	17	9	2	—	—	1	—	—	—	38
2011 年	2	1	—	—	5	1	—	—	16	17	1	—	1	—	—	—	—	43
2012 年	—	5	1	—	8	1	—	—	23	18	3	—	—	1	—	—	—	38
2013 年	—	1	—	—	9	2	—	—	11	18	—	—	1	1	—	—	—	43
2014 年	—	6	—	—	9	1	—	—	13	23	2	—	—	1	1	—	—	61
2015 年	2	—	—	—	16	1	—	—	19	18	1	—	—	1	—	—	—	77
合计	34	85	94	96	672	691	71	9	289	804	531	73	11	16	1	5	2	1452

附:

磐安县教育系统专业技术职务评审考核办法

（磐教〔2012〕57 号）

为进一步深化本系统教师职务评审工作改革，不断引入竞争机制，使教师职务评审工作更趋科学合理，真正做到坚持标准、保证质量、科学量化、全面考核、择优晋升，有利于优化教师队伍结构，有利于调动教师教书育人的积极性，有利于提高教育教学质量，特制定本办法。

一、考核范围和对象

符合《中华人民共和国教师法》及教师职务各系列《试行条例》规定，具备晋升中小学教师专业技术职务条件的在职人员。

送审论文鉴定不合格者、参加职称专业知识考试未通过者、计算机应用能力考核不合格者、普通话水平测试及继续教育学分达不到规定要求的不予考核。

近五年以来，有下列情况之一者，不列入本年度职称评审考核范围：

1.政治思想表现差，不服从工作分配，故意不完成教育教学任务，严重体罚学生，参与赌博者；

2.本学年被试聘或待聘者；

3.受党纪、政纪处分，处分期未满者；

4.违反家教（带生）的有关规定被查处者；

5.累计病假6个月或事假1个月或旷工3个工作日及以上者；

6.不在本专业技术岗位工作累计一个学期及以上者（政策许可或经县教育局批准的除外）；

7.违反其他有关规定，按要求应暂缓晋升专业技术职务者。

二、考核内容

近五个学年（特别规定的除外）的德、能、勤、绩。

三、考核办法

（一）中小学教师职务评审考核办法

德（10分）

1.职业表现（7分）

热爱祖国，拥护党的领导，遵纪守法，为人师表，有良好的职业道德，有团结协作精神；热爱教育事业，面向全体学生，全面贯彻教育方针，完成学校分配的各项任务。

符合以上要求，且近五年年度考核均合格的，计5分，优秀每一年加0.4分。

2.先进称号或荣誉（3分）

按省级及以上3分、市级2分、县级1分记分。先进称号授予单位必须是各级人民政府、教育行政部门或省人民教育基金会。县级以上单项先进折半计分。同一个系列的先进称号或荣誉，以其最高档次计分，且如在“德”考核中使用，则不得在“能”“绩”考核中重复使用。

国家级、省级荣誉时效不限，其他限近5年。

能（30分）

1.资历（7分）

（1）学历2分。合格学历、资历不计分，学历超标的：小学教师专科1分、本科1.5分、硕士研究生2分；初中教师本科1分、硕士研究生1.5分；高中教师硕士1分、博士1.5分。双学士学位计分同硕士研究生。

（2）班主任年限（3分）。申报中高、小高职务，担任班主任满8年或任现职以来满3年的、申报中一职务担任班主任满3年或任现职以来满2年的计3分；中层及以上校领导参照班主任计分，最高不超过3分。班主任年限必须由学校出具证明。

（3）教龄（2分）。现任农村学校教师，教龄满20年计2分，15年计1.5分，10年计1分；其他学校教龄满20年的计1.5分，15年的计1分。15年以下不计分。

2.任职（3分）

（1）管理类（3分）。校长（书记）3分，副校级领导2分，中层干部、工会主席、团委书记、完小负责人、少先队辅导员1分，平行班在4个班级以上的年级组长、工会副主席、团委副书记、女工委主任0.5分。

（2）业务类（3分）。担任学科研究会理事及以上职务，市级以上3分；担任县教育学会理事及以上职务、县学科研究会正副秘书长及以上、教研员、县学科教研大组组长2分，县学科教研大组成员、兼职教研员、校教研组长1分，8人以上的学科备课组组长0.5分。

管理类、业务类任职必须以正式文件和有关证明材料为准，两类中只选一样。每类中一人多职者,只取最高分的一项职务计分,其余职务均不计分。所有任职均指现职。

3.教学常规(10分)

按备课、上课、作业批改、辅导、听课等方面进行综合评价。分A、B、C、D四个档次,分别计10分、8分、6分、4分。

评定要求:

①学校评定。A档人数不超过参加申报考核人数的30%,C、D档人数不少于参加考核总人数的20%。

②县专家组评定:分学段分学科确定档次。A档控制在考核总人数的30%以内,C、D档不少于20%。申报人数较少的学科由县专家组统一确定。

③教学常规分的最后确定:学校评定分占60%,县学科专家组评定分占40%。

4.教学基本功(6分)

优质课评比获县级一、二、三等奖分别计1.5分、1分、0.5分,市级和省级和国家级按2倍、3倍、4倍记分,说课、案例分析、教案评比、课件制作、单项技能比武等按优质课同级折半记分。

承担公开课、观摩课、示范课或专题讲座,县级每次记0.5分,市(地)级每次记1分,省级记2分,在教师培训会上上专业课按同级公开课记分。

同一内容不重复计分。最高6分。

5.教学荣誉(4分)

名师、教坛新秀按省、市、县级为6、4、2分记分,名师培养对象、骨干教师折半记分。

教学荣誉时效不限,获同一系列的荣誉按最高档次计分,最高4分。

勤(10分)

1.出勤(6分)

病假从累计第5天起,每天扣0.1分,扣完为止;事假每天扣0.3分,哺乳假每天扣0.1分,扣完为止(法定假不扣分)。迟到或早退每次扣0.2分,旷课每节扣1分,扣分不封顶。

2.满工作(4分)

不足工作量按比例酌情扣1～3分。

绩(40分)

1.教育效果(8分)

(1)教育工作实绩(6分)。胜任班主任、团队工作,能根据学生年龄特点、思想实际有计划地开展内容丰富、形式多样的教育活动;在课内外对学生进行思想品德教育,效果显著、事例突出。按A、B、C、D四个档次,分别计6分、5分、4分、3分。

评定要求:

①学校评定:A档人数不超过参加申报考核人数的30%。

②县专家组评定:A档控制在考核总人数的30%以内。

③教育工作实绩分的最后确定:学校评定分占60%,县学科专家组评定分占40%。

(2)优秀班团队(2分):优秀班主任(少先队辅导员、团干)按省级以上、市、县、校级分别加记4分、2分、1分、0.2分。

省级以上优秀班主任(少先队辅导员、团干)时效不限,其他近5年。

2.教学效果(20分)

根据各类学校、学科(含音、体、美、劳)的特点,对照学校(单位)对教学质量、工作目标的实际要求,结合平时的考核,参考近五年每学期期末考试成绩,按A(20～18分)、B(18～16分)、C(16～14分)、D(14分及以下)四个等次考核评定。

评定要求:

①学校评定:A档控制在申报考核人数的15%以内,B档控制在45%以内,申报人员之间至少应拉开0.1分的差距,一般不出现并列情况。突破此比例的学校,所有参加考核人员均按C档记分。

②县专家组评定:分段分学科按比例确定档次。A档控制在总人数的15%以内,C、D档不少于20%。申报人数较少的学科由县专家组统一确定。

③成绩效果分的最后确定:学校评定分占40%,县专家组评定分占60%。

3. 教育科研(7分)

(1)近5年个人教育教学专著正式出版每部计4分,非正式出版折半计分;

(2)近5年获国家发明专利一项计4分;

(3)规划课题:国家、省、市、县(市、区)课题结题执笔人分别计3分、2分、1分、0.5分;获奖执笔人分别计6、4、3、2分。负责人折半计分。课题组成员按该课题得分除以合作人数计分。

(4)论文发表或获奖(属于申报学科或关于德育内容)。刊物发表:正式刊物国家级每篇计3分、省级2.5分、市级2分(送审的论文不再计分),非正式刊物折半计分。各级获奖:县级三等奖0.5分、二等奖1分、一等奖1.5分,市级、省级、国家级各按县级的2倍、3倍、4倍记分。同一论文,不重复记分。

普高教师选修课开发研究成果、职高教师参加社会培训研究成果视同论文。

以上(3)(4)项中的国家级、省级时效为近5年,其他3年。

4. 学生获奖(5分,个人三等奖以上,团体前三名)

指导学生获奖或作品发表,省级及以上每人次2分,市级0.8分,县级0.4分。主办或承办:各级教育行政部门、教育业务主管部门。辅导教师:以正式文件和有关(教育业务主管部门或教育行政部门)证明材料为准。同一学生在同一类竞赛中多次获奖的只计最高分。体育、音乐等团体竞赛项目需注明教练或辅导教师,2人以上的每人按其分值折半计算。省级及以上获奖时效为近5年,其他3年。

其他加分(最高10分)

1. 在农村工作五年及以上的现任农村教师加1分,在完小工作五年及以上的现任完小教师加2分,城区学校教师完成规定支教任务的加0.2分,超过规定支教任务每多1年加0.5分,加满2分止。

2. 已取得心理健康教育基础知识培训合格证书的加1分。

3. 获得其他专业技术职务、职业资格的双师型教师,按照高级、中级、初级各加1分、0.5分、0.3分。

4. 申报高级职务的送审论文,根据鉴定结果加分。每篇A(完全具备)1.5分,B(具备)1分,C(基本具备)0.6分,D(不具备)不记分。最高3分。

5. 说课考核等第A的记2分,B的记1.6分,C的记1.2分。

6. 备课考核等第A的记1分,B的记0.8分,C的记0.6分。

(二)中小学教育管理职务评审考核办法

德(10分)

按中小学教师考核办法。

能(30分)

1. 资历(10分)

(1)学历2分。合格学历、资历不计分,学历超标的:小学教师专科1分、本科1.5分、硕士研究生

2分;初中教师本科1分、硕士研究生1.5分;高中教师硕士1分、博士1.5分。双学士学位计分同硕士研究生。

(2)管理工作年限6分。从事管理工作满10年4分,每增加1年加0.2分,满分6分。

(3)教龄2分:现任农村学校教师,教龄满20年计2分,15年计1.5分,10年计1分;其他学校教龄满20年的计1.5分、15年的计1分。15年以下不计分。

2.管理能力(20分)

(1)管理岗位5分:校长(书记)5分,副校级领导4分,中层干部、工会主席、团委书记、完小负责人3分。

(2)教学业务岗位3分:担任学科研究会理事及以上职务,市级以上3分;担任县教育学会理事及以上职务、县学科研究会正副秘书长及以上、教研员、县学科教研大组组长2分。

上述任职必须以正式文件和有关证明材料为准,每类中一人多职者,只取最高分的一项职务计分。

(3)指导工作3分:学校管理干部听课指导每学期20节以上,其他单位管理干部指导下属工作每年度10次以上。

(4)经验介绍等4分:被邀请参加省市县做教育、教学、管理工作经验介绍的,每次分别计4分、3分、1分。

(5)学校等级水平5分:在任职期间,高中学校创国家级5分,创省一级重点中学4分,二级3分,三级2分;初中、小学,省示范学校、标准化学校2分,市示范学校1分。县特色学校2分,特色项目学校1分,其他省市级特色学校1分。副校级按上述分值折半计分,中层按1/3计分。

勤(10分)

1.出勤(6分)

按中小学教师职务评审考核办法。

2.工作量(4分)

学校管理人员必须任教一门本专业学科,校级正职(含主持工作副职)其教学工作量至少要达到一般教师的1/3,学校校级副职和中层正职,其教学工作量至少要达到一般教师的1/2。教学工作量符合要求但任教非本专业的,最多得2分,任教本专业但工作量不符合要求的,酌扣1～2分,两项均不符合要求的,最多得1分。

绩(40分)

1.单位(学校)秩序(10分)

单位(学校)工作(教育教学秩序)正常,无重大责任事故。

2.单位(学校)荣誉(12分)

单位或分管部门被评为先进集体,按国家级、省、市、县分别6分、3分、2分、1分计分;所任岗位管理工作个人获奖,按国家、省、市、县级分别6分、4分、2分、1分计分。

3.单位(学校)考核(8分)

年度考核达标2分,获奖按县级一、二、三等奖分别计5分、4分、3分;学校教学目标管理考核达标1分,获奖按县级一、二、三等奖分别计3分、2分、1.5分。此项最高计8分。

4.群众满意度(10分)

视民意测评情况,按优秀和胜任度在95%以上、85%～95%、75%～85%和60%～75%分别计10分、8分、6分、4分,60%以下的不计分。

其他加分(10分)

1.在农村工作五年及以上的现任农村管理人员加1分,在完小工作五年及以上的现任完小管理人员加2分,城区学校管理人员完成规定支教任务的加0.2分,超过规定支教任务每多1年加0.5分,加满2分止。

2.已取得心理健康教育基础知识培训合格证书的加1分。

3.获得其他专业技术职务、职业资格的双师型教师,按照高级、中级、初级各加2分、1.5分、1分。

4.申报高级职务的送审论文,根据鉴定情况确定加分。每篇A(完全具备)1.5分,B(具备)1分,C(基本具备)0.6分,D(不具备)不记分。最高3分。

(三)中小学实验职务、幼儿园教师职务评审考核办法参照中小学教师考核办法进行

四、本考核办法由县教育局解释

(四)教师岗位设置及管理

2001年以来,磐安县实行专业技术职务(岗位)数量总额和专业技术职务结构比例相结合的方法进行宏观控制。

2010年,县教育局根据《浙江省委办公厅、浙江省政府办公厅关于印发〈浙江省事业单位岗位设置管理实施办法(试行)〉的通知》(浙委办〔2009〕138号)、《关于事业单位岗位设置管理有关问题的处理意见》(浙人社发〔2010〕37号)和《关于事业单位岗位设置管理有关问题的处理意见》(磐组〔2010〕31号)等文件精神,着手首次岗位设置工作。岗位设置管理的实施范围,原则上与2006年工改的范围相一致,即各单位使用事业编制的人员(参照公务员管理的人员除外)均列入岗位设置管理范围,具体以县人事劳动社会保障局工资库中的人员为准。

事业单位首次开展专业技术岗位竞聘时,根据上级部门和单位确定的任职条件,并在单位岗位设置方案确定的结构比例内,如专业技术人员现有职称聘任累计年限达到十级8年以上或七级10年以上(累计年限中考核均需合格以上),可分别参加八级岗位或五级岗位竞聘。此后正常的专业技术岗位竞聘不实行越级竞聘,专业技术岗位在具备《磐安县事业单位岗位设置管理实施意见(试行)》规定的基本任职条件的基础上,应符合下列年限要求:五级、六级专业技术岗位,须分别在六级、七级专业技术岗位受聘工作5年及以上;八级、九级专业技术岗位,须分别在九级、十级专业技术岗位受聘工作4年及以上;十一级专业技术岗位,须在十二级专业技术岗位受聘工作3年及以上。县属事业单位技术工一级岗位由金华市委组织部或市人事局统一管理,技术工二级岗位由县委组织部或县人事劳动社会保障局统一管理。

2010年12月,县教育局按照县"两办"(县委办、县府办)和县人事部门统一部署开展中小学岗位设置工作,完成各中小学岗位设置方案的编制,送县人事部门核准。城镇小学设置专业技术岗位总量212个,其中高级岗位8个,占总量的3.8%。农村小学设置专业技术岗位总量477个,其中高级岗位18个,占总量的3.8%。城镇初中设置专业技术岗位总量217个,其中高级岗位43个,占总量的19.8%。农村初中设置专业技术岗位总量283个,其中高级岗位56个,占总量的19.8%。

2011年6月,召开事业单位岗位设置管理工作经办人员会议,要求各校当月完成事业单位岗位设置方案的核准。11月,召开事业单位岗位设置工作负责人会议,开展"组织实施和岗位聘用"。2011年11月,县教育局完成首次岗位设置工作。首次设岗时,经多次与上级部门协商,解决两大难题:一是解决前几年评聘分离遗留的难题,2008年、2009年中高级未聘任的85人全部入聘。二是22位小学职称在初中或高中任教的教师,首次入岗时原则上参照中学职称进入相应岗位。对符合条件转换

职称的教师,要求在2013年前予以转换;无法转换职称的,今后不予晋升岗位级别。2012年开始,县教育局在调整教师时,原则上小学教师职称的教师不予调整到中学任教,确因工作需要调动的,必须在两年内进行职称转换。

此后,全县中小学岗位设置每年进行两次,分别为4月、11月。县教育局分学段统筹管理县域内教师岗位,积极引导骨干教师和校长向农村学校交流,向空编学校交流。为促进教师交流工作,县教育局借鉴邻县的做法,学校正、副校长调整,可带原岗位指标;县域内由城镇学校向农村薄弱学校指令性调动的骨干教师,可带原岗位指标。

2015年9月,县教育局根据金华市教育局下发的《关于加强金华市中小学校专业技术岗位结构比例管理的通知》精神,重新核定各中小学、幼儿园和直属单位的岗位结构比例标准。义务教育学校高、中级岗位实行均衡配置,新增的高、中级岗位预留一定数量用于评聘交流教师,优先满足教师交流工作需要。县教育局在全县中小学教职工岗位结构比例内,预留一定的中、高级岗位,专项用于评聘交流教师,以鼓励教师参与交流、继续服务农村教育工作。

表2—19　　2010年磐安县教育系统专业技术人员岗位(职务)聘任现状分析表

单位类别	专业技术岗位(职务)现聘任情况与拟设岗情况对比								备注
		总数	高级	未聘	中级	未聘	初级	未定级	
实验幼儿园	现聘人数	25人	0	—	16人	2人	8人	1人	—
	现聘比例		0	—	64%	—	32%	—	—
	省定比例	30个	1%	—	54%	—	45%	—	—
	可设岗数		0	—	17个	—	13个	—	—
	结论		0	—	空1个	—	空5个	—	—
小学	现聘人数	643人	18人	2人	364人	33人	243人	18人	—
	现聘比例		2.8%	—	56.6%	—	37.8%	—	—
	省定比例	686个	4%	—	51%	—	45%	—	—
	可设岗数		27个	—	350个	—	309个	—	—
	结论		空9个	—	超14个	—	空66个	—	—
初中	现聘人数	496人	47人	8人	242人	24人	197人	10人	—
	现聘比例		9.5%	—	48.8%	—	39.7%	—	—
	省定比例	534个	20%	—	47%	—	33%	—	—
	可设岗数		107个	—	251个	—	176个	—	—
	结论		空60个	—	空9个	—	超21个	—	—
高中,电大,教研室,招生办,局机关	现聘人数	431人	102人	7人	200人	6人	122人	7人	—
	现聘比例		23.7%	—	46.4%	—	28.3%	—	—
	省定比例	433个	30%	—	37%	—	33%	—	—
	可设岗数		130个	—	160个	—	143个	—	—
	结论		空28个	—	超40个	—	空21个	—	—

说明:专业技术可设岗总数=岗位总量(编制总数或现有正式人员总数)－管理岗位数(不含双肩挑人员)－工勤技能岗位数。如,安文小学专业技术可设岗总数87个=岗位总量92人－管理岗位数0人(不含双肩挑人员11人)－工勤技能岗位数5人;现聘人数截止到2010年12月

表 2—20　　2011 年、2015 年磐安县教育系统设岗比例表

单位：%

年份	职称级别	学校及科室类别							
		教研室	直属机关	磐中	二中	职教中心	初中	小学	幼儿园
2011 年	高级	75	35	45	30	25	20	4	1
	中级	25	55	50	37	42	47	51	54
	初级	/	10	5	33	33	33	45	45
2015 年	高级	75	40	45	35	30	25	7	3
	初级	25	55	50	42	42	51	58	57
	中级	/	5	5	23	28	24	35	40

表 2—21　　磐安县教育系统事业单位(中学、直属单位)首次岗位设置情况

单位：个

类别：专业技术岗位

单位	基本情况							设置岗位													首次可聘用岗位													余缺数	
	编制数	正式在册	其中专业技术人员					岗位总量	高级				中级				初级				岗位总量	高级				中级				初级				高级	中级
			总数	副高	中级	初级	未定级		五	六	七	小计	八	九	十	小计	十一	十二	十三	小计		五	六	七	小计	八	九	十	小计	十一	十二	十三	小计		
盘山中学	37	29	28	3	13	12	0	28	1	2	3	6	4	5	4	13	5	4	0	9	39	1	2	3	6	4	5	4	13	5	4	0	9	3	0
实验初中	137	112	105	22	57	26	0	129	5	10	11	26	18	25	18	61	21	21	0	42	105	0	7	18	25	16	24	16	56	19	5	2	26	1	5
安文初中	95	89	84	14	49	21	0	90	4	7	7	18	13	17	12	42	15	15	0	30	84	0	2	6	8	17	17	13	47	15	5	1	21	1	−9
深泽初中	28	36	34	2	19	13	0	34	1	3	3	7	5	6	5	16	6	5	0	11	34	1	3	1	5	6	7	5	18	9	6	0	15	5	−2
新渥初中	23	33	32	2	11	19	0	32	1	2	3	6	4	6	5	15	6	5	0	11	32	0	0	2	2	4	4	7	15	10	8	0	18	4	0
冷水初中	17	23	22	0	9	11	2	22	0	2	2	4	3	4	3	10	4	4	0	8	22	0	0	0	0	3	5	1	9	7	3	2	12	4	1
仁川初中	31	34	33	1	20	12	0	33	1	2	3	6	5	6	5	16	6	5	0	11	33	0	0	2	2	6	5	10	21	7	3	0	10	4	−5
尚湖初中	43	40	40	3	21	14	2	43	2	3	4	9	6	8	6	20	7	7	0	14	40	0	0	3	3	7	10	3	20	8	5	3	16	6	0
尖山初中	56	48	47	7	20	17	3	55	2	4	5	11	8	10	8	26	9	9	0	18	47	0	1	5	6	7	3	14	24	9	6	4	19	5	2
玉山镇中	39	39	37	1	18	16	2	37	1	3	3	7	5	7	5	17	7	6	0	13	37	0	0	3	3	4	5	5	14	9	6	2	17	4	3
方前初中	13	20	20	0	10	9	1	20	1	2	1	4	3	4	2	9	4	3	0	7	20	0	0	0	0	6	2	3	11	5	2	1	8	4	−2
合计 1	519	503	482	55	247	170	10	523	19	40	45	104	74	98	73	245	90	84	0	174	493	2	15	43	60	80	87	81	248	103	53	15	171	0	0
磐安中学	123	118	111	44	53	13	1	116	11	20	21	52	18	23	17	58	3	3	0	6	111	10	20	15	45	15	23	17	55	4	4	2	10	7	3
磐安二中	105	114	107	17	45	37	8	107	6	13	13	32	12	16	12	40	18	17	0	35	107	3	7	9	19	10	18	17	45	23	16	4	43	13	−5
磐安三中	81	85	77	5	27	40	5	77	4	7	8	19	10	13	9	32	13	13	0	26	77	0	3	2	5	13	9	7	29	29	8	6	43	14	3
职业技校	80	89	79	12	46	17	4	79	4	8	8	20	10	13	10	33	13	13	0	26	79	2	7	4	13	16	14	14	44	13	5	4	22	7	−11
招生办	6	7	7	3	4	0	0	7	1	1	1	3	1	1	1	3	1	0	0	1	7	1	1	1	3	1	1	2	4	0	0	0	0	0	−1
电大	10	9	9	2	6	6	0	10	1	2	1	4	2	2	1	5	1	0	0	1	9	0	1	1	2	3	2	1	6	1	0	0	1	1	−1
教研室	27	27	24	17	6	1	0	24	4	7	7	18	2	2	2	6	0	0	0	0	24	4	7	6	17	2	2	2	6	1	0	0	1	0	0
局直属	51	41	37	13	20	4	0	47	5	8	8	21	8	9	7	24	2	0	0	2	37	2	4	6	13	16	3	1	20	4	0	0	4	0	0
合计 2	467	474	435	108	197	112	18	450	34	63	65	162	60	76	57	193	49	46	0	95	435	22	50	44	237	76	72	61	209	75	33	16	124	0	0

表 2—22　磐安县教育系统事业单位(小学、幼儿园)首次岗位设置情况表

单位:个

岗位类别:专业技术岗位

单位	基本情况							设置岗位													首次可聘用岗位													余缺数	
	编制数	正式在册	其中专业技术人员					岗位总量	高级				中级				初级				岗位总量	高级				中级				初级				高级	中级
			总数	副高	中级	初级	未定级		五	六	七	小计	八	九	十	小计	十一	十二	十三	小计		五	六	七	小计	八	九	十	小计	十一	十二	十三	小计		
实验小学	133	116	107	10	73	24	0	124	1	2	2	5	19	25	19	63	28	28	0	56	107	0	3	6	9	19	25	29	73	24	1	0	25	—4	—4
安文小学	92	83	78	4	55	19	0	87	1	2	1	4	13	18	13	44	20	19	0	39	78	0	0	4	4	13	18	25	56	19	0	0	19	0	—12
深泽小学	47	43	41	1	22	18	0	45	0	1	1	2	7	9	7	23	10	10	0	20	41	0	1	0	1	8	9	7	24	10	9	0	19	1	—1
新渥小学	50	50	47	1	28	18	0	47	0	1	1	2	7	10	7	24	11	10	0	21	47	0	0	1	1	8	11	8	27	10	7	0	17	1	—3
冷水小学	28	25	24	0	12	12	0	27	0	0	1	1	4	6	4	14	6	6	0	12	24	0	0	0	0	4	3	2	9	11	3	1	15	1	5
仁川小学	33	36	35	1	15	18	1	35	0	0	1	1	5	7	6	18	8	8	0	16	35	0	0	1	1	5	4	6	15	11	6	2	19	0	3
双峰小学	11	15	15	0	10	5	0	15	0	0	1	1	3	3	2	8	3	3	0	6	15	0	0	0	0	3	4	3	10	3	2	0	5	1	—2
窈川小学	11	12	12	0	8	3	1	12	0	0	0	0	2	3	3	8	2	1	1	4	12	0	0	0	0	2	3	2	7	2	2	0	4	0	0
双溪小学	11	14	14	0	8	6	0	14	0	0	1	1	2	3	2	7	3	3	0	6	14	0	0	0	0	3	3	2	8	3	3	0	6	1	—1
尚湖小学	54	45	43	0	30	11	2	52	0	1	1	2	8	11	8	27	11	12	0	23	43	0	0	0	0	9	9	12	30	9	4	7	20	1	—1
万苍小学	20	22	21	1	13	6	1	21	0	0	1	1	3	5	3	11	5	4	0	9	21	0	0	1	1	4	5	5	14	5	1	2	8	1	—3
尖山小学	55	59	58	2	23	26	7	58	0	1	1	2	9	12	9	30	13	13	0	26	58	0	0	2	2	9	4	11	24	14	8	9	31	0	6
胡宅小学	18	21	21	0	12	7	2	21	0	0	1	1	3	5	3	11	5	4	0	9	21	0	1	0	1	8	9	7	24	10	9	0	19	1	—1
玉山小学	44	43	43	0	30	11	2	44	0	1	1	2	7	9	6	22	10	9	1	20	43	0	0	1	1	8	9	10	27	10	2	4	16	1	—5
九和小学	11	12	11	0	8	3	0	11	0	0	0	0	2	2	2	6	3	2	0	5	11	0	0	0	0	2	2	4	8	1	0	1	2	0	—2
大盘小学	16	17	17	0	10	7	0	17	0	0	1	1	3	3	3	9	4	3	0	7	17	0	0	0	0	3	4	6	13	5	4	1	10	1	—4
方前小学	25	24	23	0	11	12	0	24	0	0	1	1	4	5	3	12	6	5	0	11	23	0	0	1	1	2	4	5	11	7	4	0	11	0	1
盘峰小学	11	11	11	0	8	2	1	11	0	0	0	0	2	2	2	6	3	2	0	5	11	0	0	0	0	2	2	2	6	2	0	0	2	0	0
维新小学	11	11	11	0	6	4	1	11	0	0	0	0	2	2	2	6	3	2	0	5	11	0	0	0	0	2	2	2	6	3	1	0	4	0	0
高二小学	11	10	10	0	4	5	1	11	0	0	0	0	2	2	2	6	3	2	0	5	10	0	0	0	0	1	1	1	3	1	1	2	4	0	3
合计	692	669	642	20	386	217	19	687	2	9	16	27	107	142	106	355	157	146	2	305	642	0	5	17	22	115	131	149	395	160	67	29	256	0	0
实验幼儿园	35	30	25	0	18	6	1	30	0	0	0	0	5	7	5	17	7	6	0	13	25	0	0	0	0	4	8	6	18	4	2	0	6	—1	6
尖山幼儿园	—	—	—	—	—	—	—	—	—	—	—	—	—	—	—	—	—	—	—	—	—	—	—	—	—	—	2	0	2	0	0	0	0	0	4

表 2—23　2011 年 11 月磐安县教育系统事业单位(中学、直属单位)首次岗位设置情况表

单位:个

岗位类别:专业技术岗位

学校	岗位总量	实际情况	高级				中级				初级			
			五	六	七	小计	八	九	十	小计	十一	十二	十三	小计
盘山中学	39	首次岗位设置数	1	2	3	6	4	5	4	13	5	4	0	9
		首次岗位入岗数	0	2	1	3	6	2	5	13	8	4	0	12

续表 2—23

学 校	岗位总量	实际情况	高级				中级				初级			
			五	六	七	小计	八	九	十	小计	十一	十二	十三	小计
实验初中	105	首次岗位设置数	5	10	11	26	18	25	18	61	21	21	0	42
		首次岗位入岗数	0	5	17	22	18	25	13	56	22	5	2	29
安文初中	84	首次岗位设置数	4	7	7	18	13	17	12	42	15	15	0	30
		首次岗位入岗数	2	3	9	14	17	17	15	49	15	5	1	21
深泽初中	34	首次岗位设置数	1	3	3	7	5	6	5	16	6	5	0	11
		首次岗位入岗数	0	0	2	2	6	7	5	18	9	6	0	15
新渥初中	32	首次岗位设置数	1	2	3	6	4	6	5	15	6	5	0	11
		首次岗位入岗数	0	0	2	2	4	4	6	14	11	8	0	19
冷水初中	22	首次岗位设置数	1	2	1	4	3	4	3	10	4	4	0	8
		首次岗位入岗数	0	0	0	0	3	4	1	8	8	3	2	13
仁川初中	33	首次岗位设置数	1	2	3	6	5	6	5	16	6	5	2	11
		首次岗位入岗数	0	0	1	1	6	6	10	22	6	4	0	10
尚湖初中	40	首次岗位设置数	2	3	4	9	6	8	6	20	7	7	0	14
		首次岗位入岗数	0	0	2	2	8	7	5	20	9	5	3	17
尖山初中	47	首次岗位设置数	2	4	5	11	8	10	8	26	9	9	0	18
		首次岗位入岗数	0	1	5	6	7	2	14	23	10	6	4	20
玉山镇中	37	首次岗位设置数	1	3	3	7	5	7	5	17	7	6	0	13
		首次岗位入岗数	0	0	2	2	6	4	4	14	11	6	2	19
方前初中	20	首次岗位设置数	1	2	1	4	3	4	2	9	4	3	0	7
		首次岗位入岗数	0	0	0	0	6	1	3	10	6	2	1	9
磐安中学	111	首次岗位设置数	11	20	21	52	17	23	18	58	3	3	0	6
		首次岗位入岗数	10	20	12	42	15	21	18	54	8	4	2	14
磐安二中	107	首次岗位设置数	6	13	13	32	12	16	12	40	18	17	0	35
		首次岗位入岗数	3	6	8	17	11	15	19	45	24	17	4	45
磐安三中	77	首次岗位设置数	4	7	8	19	10	13	9	32	13	13	0	26
		首次岗位入岗数	0	3	2	5	13	6	8	27	28	12	5	45
职业技校	79	首次岗位设置数	4	8	8	20	10	13	10	33	13	13	0	26
		首次岗位入岗数	2	6	4	12	17	13	15	45	13	5	4	22
招生办	7	首次岗位设置数	1	1	1	3	1	1	1	3	1	0	0	1
		首次岗位入岗数	1	0	2	3	1	1	2	4	0	0	0	0
电大	10	首次岗位设置数	1	2	1	4	2	2	1	5	1	0	0	1
		首次岗位入岗数	0	1	1	2	3	2	1	6	1	0	0	1
教研室	24	首次岗位设置数	4	7	7	18	2	2	2	6	0	0	0	0
		首次岗位入岗数	4	7	7	18	2	2	2	6	1	0	0	1

续表 2—23

学校	岗位总量	实际情况	高级				中级				初级			
			五	六	七	小计	八	九	十	小计	十一	十二	十三	小计
局直属	37	首次岗位设置数	2	4	5	11	5	7	5	17	2	1	0	3
		首次岗位入岗数	2	4	3	9	7	3	0	10	3	0	0	3

表 2—24　2011 年 11 月磐安县教育系统事业单位(小学、幼儿园)首次岗位设置情况表

单位:个

岗位类别:专业技术岗位

学校	岗位总量	实际情况	高级				中级				初级			
			五	六	七	小计	八	九	十	小计	十一	十二	十三	小计
实验小学	107	首次岗位设置数	1	2	2	5	19	25	19	63	28	28	0	56
		首次岗位入岗数	0	1	8	9	19	25	30	74	24	0	0	24
安文小学	78	首次岗位设置数	1	2	1	4	13	18	13	44	20	19	0	39
		首次岗位入岗数	0	0	4	4	13	18	25	56	19	0	0	19
深泽小学	41	首次岗位设置数	0	1	1	2	7	9	7	23	10	10	0	20
		首次岗位入岗数	0	0	1	1	8	7	8	23	10	10	0	20
新渥小学	47	首次岗位设置数	0	1	1	2	7	10	7	24	11	10	0	21
		首次岗位入岗数	0	0	1	1	8	5	14	27	10	9	0	19
冷水小学	24	首次岗位设置数	0	0	1	1	4	6	4	14	6	6	0	12
		首次岗位入岗数	0	0	0	0	4	3	2	9	11	3	1	15
仁川小学	35	首次岗位设置数	0	0	1	1	5	7	6	18	8	8	0	16
		首次岗位入岗数	0	0	1	1	5	4	6	15	11	6	2	19
双峰小学	15	首次岗位设置数	0	0	1	1	3	3	2	8	3	3	0	6
		首次岗位入岗数	0	0	0	0	3	4	3	10	3	2	0	5
窈川小学	12	首次岗位设置数	0	0	0	0	2	3	2	7	3	2	0	5
		首次岗位入岗数	0	0	0	0	2	3	2	7	2	2	0	4
双溪小学	14	首次岗位设置数	0	0	1	1	2	3	2	7	3	3	0	6
		首次岗位入岗数	0	0	0	0	3	3	2	8	3	3	0	6
尚湖小学	43	首次岗位设置数	0	1	1	2	8	11	8	27	11	12	0	23
		首次岗位入岗数	0	0	0	0	9	6	15	30	9	4	7	20
万苍小学	21	首次岗位设置数	0	0	1	1	3	5	3	11	5	4	0	9
		首次岗位入岗数	0	0	0	0	4	5	5	14	5	1	2	8
尖山小学	58	首次岗位设置数	0	1	1	2	9	12	9	30	13	13	0	26
		首次岗位入岗数	0	0	2	2	9	2	11	22	16	8	9	33
胡宅小学	21	首次岗位设置数	0	0	1	1	3	5	3	11	5	4	0	9
		首次岗位入岗数	0	0	0	0	4	5	2	11	5	3	2	10

续表 2—24

学校	岗位总量	实际情况	高级				中级				初级			
			五	六	七	小计	八	九	十	小计	十一	十二	十三	小计
玉山小学	43	首次岗位设置数	0	1	1	2	7	9	6	22	10	9	1	20
		首次岗位入岗数	0	0	1	1	8	9	10	27	6	6	4	14
九和小学	11	首次岗位设置数	0	0	0	0	2	2	2	6	3	2	0	5
		首次岗位入岗数	0	0	0	0	2	2	4	8	1	0	1	2
大盘小学	17	首次岗位设置数	0	0	1	1	5	5	5	15	7	5	0	12
		首次岗位入岗数	0	0	0	0	5	6	8	19	7	2	0	9
方前小学	23	首次岗位设置数	0	0	1	1	4	5	3	12	6	5	0	11
		首次岗位入岗数	0	0	0	0	2	5	4	11	7	5	0	12
盘峰小学	11	首次岗位设置数	0	0	0	0	2	2	2	6	3	2	0	5
		首次岗位入岗数	0	0	0	0	2	2	2	6	2		0	2
维新小学	11	首次岗位设置数	0	0	0	0	2	2	2	6	3	2	0	5
		首次岗位入岗数	0	0	0	0	2	2	2	6	3	1	0	4
高二小学	10	首次岗位设置数	0	0	0	0	2	2	2	6	3	2	0	5
		首次岗位入岗数	0	0	0	0	1	1	1	3	1	1	2	4
实验幼儿园	25	首次岗位设置数	0	1	0	1	5	6	5	16	7	6	0	13
		首次岗位入岗数	0	0	0	0	4	7	5	16	2	4	0	6

表 2—25 2015 年 11 月磐安县教育系统事业单位(机关直属)岗位设置情况汇总表

单位:个

岗位类别:专业技术岗位学校

学校	岗位总量	聘用人数	实际情况	高级				中级				初级				工勤岗位
				小计	五	六	七	小计	八	九	十	小计	十一	十二	十三	
招生办	6	6	岗位设置数	2	0	1	1	3	1	1	1	1	1	0	0	0
			岗位变更数	3	0	2	1	3	1	1	1	0	0	0	0	0
电 大	10	9	岗位设置数	4	1	2	1	5	2	2	1	0	0	0	0	0
			岗位变更数	2	0	2	0	6	4	2	0	1	0	1	0	0
教研室	25	26	岗位设置数	18	4	7	7	6	2	2	2	0	0	0	0	2
			岗位变更数	17	4	7	6	6	3	2	1	0	0	0	0	2
局直属(含服务中心)	32	25	岗位设置数	10	2	4	4	13	4	5	4	1	1	0	0	1
			岗位变更数	10	0	6	4	11	8	2	1	3	2	0	1	1
合 计	73	66	岗位设置数	34	7	14	13	27	9	10	8	2	2	0	0	3
			岗位变更数	32	4	17	11	26	16	7	3	4	2	1	1	3

表 2—26　　2015 年 11 月磐安县教育系统事业单位(高中)岗位设置情况汇总表

单位:个

岗位类别:专业技术岗位

学校	岗位总量	聘用人数	实际情况	高级				中级				初级				工勤岗位	见习
				小计	五	六	七	小计	八	九	十	小计	十一	十二	十三		
磐安中学	122	142	岗位设置数	61	12	24	25	68	20	27	21	7	4	3	0	6	1
			岗位变更数	57	12	26	19	48	21	17	10	30	14	15	1		
磐安二中	130	121	岗位设置数	41	8	16	17	49	15	20	14	26	13	13	0	5	5
			岗位变更数	23	1	11	11	37	10	14	13	48	30	17	1		
三中校区	38	58	岗位设置数	17	3	7	7	23	7	9	7	15	8	7	0	3	0
			岗位变更数	4	0	2	2	23	11	6	6	28	19	5	4		
技校校区	93	80	岗位设置数	23	5	9	9	32	10	13	9	21	11	10	0	4	3
			岗位变更数	12	0	6	6	39	15	13	11	22	12	6	4		
合计	383	401	岗位设置数	142	28	56	58	172	52	69	51	69	36	33	0	18	9
			岗位变更数	96	13	45	38	147	57	50	40	128	75	43	10		

表 2—27　　2015 年 11 月磐安县教育系统事业单位(初中)岗位设置情况表

单位:个

岗位类别:专业技术岗位学校

学校	岗位总量	聘用人数	实际情况	高级				中级				初级				工勤岗位	见习
				小计	五	六	七	小计	八	九	十	小计	十一	十二	十三		
盘山中学	9	18	岗位设置数	4	1	2	1	9	3	4	2	4	2	2	0	1	0
			岗位变更数	2	0	2	0	10	4	6	0	5	4	0	1		
实验初中	116	105	岗位设置数	25	5	10	10	52	16	21	15	24	12	12	0	4	1
			岗位变更数	27	0	15	12	56	15	24	17	17	14	2	1		
安文初中	72	76	岗位设置数	18	4	7	7	37	11	15	11	17	9	8	0	4	0
			岗位变更数	16	2	7	7	38	13	19	6	18	16	0	2		0
深泽初中	26	36	岗位设置数	9	2	4	3	17	5	7	5	8	4	4	0	2	0
			岗位变更数	4	0	2	2	17	8	5	4	13	13	0	0		0
新渥初中	32	37	岗位设置数	9	2	4	3	19	6	8	5	9	5	4	0	0	0
			岗位变更数	3	0	2	1	19	8	8	3	14	10	4	0		0
冷水初中	17	21	岗位设置数	5	1	2	2	10	3	4	3	5	3	2	0	1	0
			岗位变更数	2	0	0	2	7	3	0	4	11	7	4	0		0
仁川初中	23	30	岗位设置数	8	2	3	3	15	5	6	4	7	4	3	0	0	0
			岗位变更数	2	0	1	1	19	9	7	3	9	6	3	0		0
尚湖初中	46	45	岗位设置数	11	2	4	5	23	7	9	7	11	6	5	0	0	0
			岗位变更数	3	0	2	1	20	11	4	5	21	15	6	0		0
尖山初中	52	51	岗位设置数	13	3	5	5	26	8	10	8	11	6	5	0	1	0
			岗位变更数	5	0	2	3	26	10	10	6	19	11	5	3		

续表 2—27

学校	岗位总量	聘用人数	实际情况	高级				中级				初级				工勤岗位	见习
				小计	五	六	七	小计	八	九	十	小计	十一	十二	十三		
玉山初中	30	37	岗位设置数	9	2	4	3	18	5	8	5	9	5	4	0	1	0
			岗位变更数	3	0	1	2	18	8	5	5	15	8	4	3		0
方前初中	7	13	岗位设置数	3	1	1	1	7	2	3	2	3	2	1	0	0	0
			岗位变更数	0	0	0	0	8	3	1	4	5	5	0	0		
合　计	430	469	岗位设置数	114	25	46	43	233	71	95	67	108	58	50	0	14	1
			岗位变更数	67	2	34	31	238	92	89	57	147	109	28	10		

表 2—28　　2015 年 11 月磐安县教育系统事业单位(小学)岗位设置情况表

单位:个

岗位类别:专业技术岗位

学校	岗位总量	聘用人数	实际情况	高级				中级				初级				工勤岗位	见习
				小计	五	六	七	小计	八	九	十	小计	十一	十二	十三		
实验小学	125	115	岗位设置数	8	2	3	3	63	19	25	19	38	19	19	0	6	5
			岗位变更数	6	0	3	3	72	19	25	28	26	25	1	0		
安文小学	78	77	岗位设置数	5	1	2	2	44	13	18	13	26	13	13	0	2	2
			岗位变更数	9	0	2	7	44	9	18	17	19	19	0	0		
文溪小学	26	25	岗位设置数	2	0	1	1	14	4	6	4	8	4	4	0	1	1
			岗位变更数	3	0	1	2	13	2	7	4	7	5	1	1		
深泽小学	59	55	岗位设置数	4	1	2	1	31	9	13	9	19	10	9	0	1	0
			岗位变更数	2	0	2	0	24	10	11	3	28	19	6	3		0
新渥小学	54	54	岗位设置数	4	1	2	1	30	9	12	9	17	9	8	0	3	0
			岗位变更数	1	0	1	0	25	9	12	4	25	11	10	4		0
冷水小学	26	28	岗位设置数	2	0	1	1	16	5	6	5	9	5	4	0	1	0
			岗位变更数	0	0	0	0	10	6	4	0	17	12	4	1		0
仁川小学	28	34	岗位设置数	2	0	1	1	20	6	8	6	12	6	6	0	0	0
			岗位变更数	1	0	0	1	11	6	3	2	22	11	7	4		0
双峰小学	10	12	岗位设置数	1	0	0	1	7	2	3	2	4	2	2	0	0	0
			岗位变更数	0	0	0	0	5	3	1	1	7	2	2	3		0
窈川小学	10	12	岗位设置数	1	0	0	1	7	2	3	2	4	2	2	0	0	0
			岗位变更数	0	0	0	0	5	2	3	0	7	3	2	2		0
双溪小学	10	15	岗位设置数	1	0	0	1	9	3	4	2	5	3	2	0	0	0
			岗位变更数	0	0	0	0	7	3	4	0	8	2	5	1		0
尚湖小学	51	53	岗位设置数	4	1	2	1	30	9	12	9	18	9	9	0	1	0
			岗位变更数	0	0	0	0	24	13	9	2	28	13	13	2		

续表 2-28

学校	岗位总量	聘用人数	实际情况	高级				中级				初级				工勤岗位	见习
				小计	五	六	七	小计	八	九	十	小计	十一	十二	十三		
万苍小学	16	22	岗位设置数	1	0	0	1	12	4	5	3	8	4	4	0	1	
			岗位变更数	0	0	0	0	11	5	5	1	10	1	3	6		
尖山小学	73	69	岗位设置数	5	1	2	2	39	12	16	11	24	12	12	0	1	
			岗位变更数	2	0	2	0	26	9	11	6	39	18	15	6		
玉山小学	34	41	岗位设置数	3	1	1	1	24	7	10	7	14	7	7	0	0	
			岗位变更数	0	0	0	0	13	5	8	0	27	14	6	7		
胡宅小学	10	16	岗位设置数	1	0	0	1	9	3	4	2	6	3	3	0	0	
			岗位变更数	0	0	0	0	7	4	2	1	9	3	1	5		
九和小学	10	12	岗位设置数	1	0	0	1	6	2	2	2	4	2	2	0	1	
			岗位变更数	0	0	0	0	4	2	2	0	7	1	4	2		
大盘小学	20	33	岗位设置数	2	0	1	1	19	6	8	5	12	6	6	0	0	
			岗位变更数	0	0	0	0	16	8	6	2	17	6	5	6		
方前小学	14	23	岗位设置数	2	0	1	1	13	4	5	4	7	4	3	0	1	
			岗位变更数	0	0	0	0	6	4	2	0	14	4	8	2		
合计	654	696	岗位设置数	49	8	19	22	393	119	160	114	235	120	115	0	19	8
			岗位变更数	24	0	11	13	323	119	133	71	317	169	93	55		

表 2-29　2015 年 11 月磐安县教育系统事业单位(幼儿园)岗位设置情况汇总表

单位:个

岗位类别:专业技术岗位

学校	岗位总量	聘用人数	实际情况	高级				中级				初级				工勤岗位	见习
				小计	五	六	七	小计	八	九	十	小计	十一	十二	十三		
实验幼儿园	29	29	岗位设置数	1	0	0	1	14	4	6	4	10	5	5	0	4	3
			岗位变更数	0	0	0	0	16	5	6	5	5	5	0	0		
尖山幼儿园	15	15	岗位设置数	0	0	0	0	9	3	4	2	6	3	3	0	0	5
			岗位变更数	0	0	0	0	1	1	0	0	9	1	6	2		
尚湖幼儿园	14	14	岗位设置数	0	0	0	0	8	2	3	3	6	3	3	0	0	5
			岗位变更数	0	0	0	0	0	0	0	0	9	1	6	2		
合计	58	58	岗位设置数	1	0	0	1	31	9	13	9	22	11	11	0	4	13
			岗位变更数	0	0	0	0	17	6	6	5	23	7	12	4		

(五)教师考核

1990 年开始,开展教师专业技术人员任职考核工作,按年度记入学年教育教学工作考核记载卡,存入教师业务档案,作为教师今后晋职、调薪、奖惩和续聘、解聘的主要依据之一。

1994年12月，县教育局下发《磐安县中小学教职工学年考核办法》，根据教育系统实际，每学年结束时组织全体教职工参加学年考核，考核内容包括德、能、勤、绩、廉五方面，考核结果分优秀、称职、不称职三档。由片、乡（镇）和学校组织相应的学年考核小组，根据考核计分方法负责本单位教职工的考核工作。各乡（镇）中小学校长由教办组织考核，县属学校校长和教办主任以及安文镇中小学校长由教育局统一组织考核。

2008年，县教育局提出年度考核结果与干部调整使用、升降去留以及奖励、工资晋升等紧密结合，发挥考核工作的激励鞭策作用。工作目标考核为一等奖的学校（单位）优秀人数比例可按本单位实际参加考核总人数的15%核定，其他学校（单位）的优秀人数比例掌握在本单位实际参加考核总人数的10%以内。局直属单位主要负责人、书记、教办主任由局组织考核，其他乡镇校长由各教办组织考核（校长优秀人数：安文区域、玉山区域3名，盘山区域2名），校长考核按《磐安县中小学校长考核细则》执行。学校按本校教职工总数3%的比例，排出名列倒数人员。年度工作目标考核为三等奖及以下的学校（单位），其正职原则上不能确定为优秀等次。被考核人需撰写年度工作总结，在一定范围内述职，进行民主评议，确定考核等次。各单位在确定教职工考核为优秀、合格、不合格等次的基础上，可以进一步拉开考核档次，并制订年终奖金发放办法，奖金按考核结果拉开档次，不得平均发放。拟确定为优秀等次的人员要在本单位范围内进行公示，时间一般为两至三天；对确定为合格等次的人员，在肯定成绩、指出不足的同时，根据其不同的情况，明确努力方向；对确定为不合格等次的人员，在确定为不合格等次的次月降低一级使用，工资级别作相应调整；连续两年确定为不合格的，予以辞退。

各单位考核优秀人员公示后报县教育行政部门，由县教育行政部门审核后统一公布，2014年开始，由县劳动人事部门公布。

二、学校干部管理

（一）局管干部的提拔任用

1.局管干部

(1)局管干部的范围

局管干部按管理权限，指乡镇学校正、副校长，以及县属学校（幼儿园）、局直属单位、局机关科室副职干部。

(2)局管干部的选拔任用程序

一是县教育局党组确定任用岗位（岗位职数按学校规模依据相关标准确定，不得超职数任用干部）；二是教育局组成考察组，召集教职工会议（30人以下单位原则上全数参加；30人以上单位可以为教职工代表，但人数不得少于30人），推荐考察对象；三是由县教育局考察小组对考察对象进行民主测评、个别谈话等多种形式考察其德、能、勤、绩、廉各方面的表现，并形成考察报告。向县教育局党组报告（乡镇学校正、副校长人选考察过程中征求乡镇党委、政府意见）；四是县教育局党组在对拟提拔任用人选酝酿成熟的基础上向县委宣传部、组织部报告拟提拔任用干部审核报告表，县委宣传部、组织部对拟提拔任用干部是否符合任职条件、是否经过民主推荐、是否经过组织考察等进行审查；五是县教育局党组在以上基础上召开党组会，听取教育局人事部门详细汇报，在广泛讨论的基础上进行投票表决；六是表决通过后进行任职前公示，公示无异议后办理任职手续。

(3)选拔途径

一是逐级选拔。选拔任职的，原则上要在下一级岗位任职2年及以上，特别优秀的可破格提拔。二是从后备干部中选拔。自2008年开始,县教育局开展公开选拔局管后备干部工作,当年选拔局管后备干部45人,2012年公开选拔干部29人,2013年公开选拔19人。在该三批局管后备干部中,2015年底提拔为局管干部及以上的34人,借用局机关及直属事业单位工作的5人,其他人均作为学校骨干发挥作用。三是公开竞聘。即教育局党组事先确定岗位,确定选聘条件和方法,面向社会公开选聘,凡符合条件的均可参加竞聘。公开竞聘一般通过报名、资格审查、笔试面试、组织考察、报审、党组表决、公示、任职等程序。2000年,公开招聘玉山区域、安文区域两所学校校长。2001年,公开选拔实验小学、安文镇中校长。同年,公开选聘安文区域双溪小学、双峰初中校长和玉山区域尖山小学、胡宅中心校校长。2004年,在中小学校长的选拔任用中引入竞争机制,推行中小学校长公开招聘、平等竞争、严格考核、择优聘任的办法,实验小学、安文镇中、仁川镇小、窈川小学等校校长通过竞聘上岗。2007年,公开选拔实验初中校长、实验幼儿园园长各1人。四是下派任职。2007年开始,试行城区学校骨干下派农村学校任职制度,当年下派任职1人。2009年,县教育局出台《关于建立城区学校领导干部下派任职制度的意见》,要求每年在城镇学校中选派一定数量的学校中层以上干部到农村中小学任职,任职年限原则上不少于2年。下派任职的干部,按照要求从事管理工作。其任职期间关系不转、原职务不变,享受所任职务的绩效工资。并明确今后城区学校提拔任用干部,重点从已在农村学校挂职或任职的优秀干部中选拔;同时,有计划地从农村学校选拔优秀后备干部到城区学校挂职锻炼。至2015年,累计下派任职13人。

表2—30　　2007～2015年城区学校下派乡镇学校任职情况

序号	年份	任职学校及职务	派出单位							
			勤工俭学办公室	磐安二中	县职教中心技校校区	实验初中	安文初中	实验小学	安文小学	实验幼儿园
1	2007年	新渥初中(校长)	√	—	—	—	—	—	—	—
2	2008年	盘山中学(校长)	—	√	—	—	—	—	—	—
3	2009年	双溪小学(校长)	—	—	—	—	—	√	—	—
4	2010年	实验小学大盘校区(执行校长)	—	—	—	—	—	√	—	—
5	2011年	尖山实验幼儿园(副园长)	—	—	—	—	—	—	—	√
6	2012年	新渥小学(副校长)	—	—	—	—	—	√	—	—
7		深泽小学(副校长)	—	—	—	—	—	—	√	—
8	2013年	职教中心三中校区(执行校长)	—	—	√	—	—	—	—	—
9	2014年	尚湖初中(校长)	—	—	—	—	√	—	—	—
10		方前中心学校(校长)	—	—	—	√	—	—	—	—
11		仁川初中(校长)	—	—	—	√	—	—	—	—
12	2015年	深泽小学(校长)	—	—	—	—	—	√	—	—
13		实验小学大盘校区执行校长	—	—	—	—	—	√	—	—

2.一定历史时期由教育局下文任免的干部

(1)县属学校、城区学校中层干部:2010年前,由学校上报名单,教育局审核后发文公布。

(2)成教干部:2007年之前,乡镇成人教育干部,由教育局下文公布。2007～2012年,没有任免。2012年,县教育局发文明确:在当地人民政府的领导下,由各乡镇中心小学教务(导)处统一管理各乡镇成人教育、学前教育工作,教育局不再任命专职成人教育、学前教育干部;管理成人教育、学前教育的工作量由各校根据实际情况酌情确定;县教育局此前任命的成人教育干部,在工作学校、工作岗位没有变动前,仍延续原来工作,其任职年龄界限原则上男55周岁、女50周岁;因工作学校变动的,原任职务自然免去。

(二)局管干部的在职考核

1.民主测评。2001年开始,县教育局在6月对所有局管干部进行德、能、勤、绩、廉及胜任情况的民主评议,测评结果作为暑期干部调整的参考依据。2004年开始,明确教职工民主测评的不胜任票和弃权票超过20%,且不能说明理由的局管干部,由相应组织进行诫勉谈话一次,视情节决定继续留用、交流使用或免职。

2.年度考核。县教育局对校长单列年度考核,考核优秀比例不低于或略高于教职工优秀比例。

3.绩效工资。义务教育学校于2009年实施绩效工资,校长的绩效工资经过县教育局统一考核发放(高中及其他事业单位负责人于2014年开始执行),副校长由学校负责考核。

附:

磐安县中小学、幼儿园、直属单位负责人奖励性绩效工资考核办法(试行)

(磐教〔2015〕13号)

根据《磐安县义务教育学校绩效工资实施办法》(磐政办〔2009〕112号)及《磐安县其他事业单位绩效工资实施办法》(磐人社〔2011〕18号)精神,为全面科学评价校长工作,通过考核机制激发校长工作积极性,促进校长队伍建设,提高学校办学质量和管理水平,特制定本办法。

一、考核范围

全县中小学、幼儿园、直属单位的校长、园长、书记及负责人(以下通称校长)。

二、考核原则

(一)公正原则。通过考核,客观公正评价校长的工作实绩。

(二)公开原则。对校长绩效考核的标准、内容在广泛征求意见的基础上设定,接受社会特别是广大教职工的监督。

(三)实绩原则。校长绩效考核以学校年度工作目标考核结果为主要依据。

(四)激励原则。加强校长个人业务考核,激励校长不断完善办学理念,不断提高业务水平。

三、考核办法

根据《教育法》《义务教育法》《教师法》《全国中小学校长任职条件和岗位要求》等法律法规规定,从德、能、勤、绩、廉五个方面,考核校长在德育工作、教学质量、队伍建设、校园管理、业务提升等方面的工作实绩。

(一)学校管理实绩。按照教育局对学校年度工作目标考核评价结果计分,占绩效考核分值的70%。

(二)教职工民主评议。召开全校教职工大会,听取校长年度述职,对校长德、能、勤、绩、廉五个方面的履职情况进行民意测评,占绩效考核分值的10%。

(三)个人业务。占绩效考核分值的10%。

1.个人荣誉。当年荣获党政机关、教育行政部门颁发的个人荣誉称号的,综合荣誉按省级及以上1分、市级0.5分、县级0.3分计分,单项荣誉按省级及以上0.5分、市级0.3分、县级0.1分计分。同一内容取最高等级记分,最高计2分。

2.个人科研。校长本人年度立项课题省、市、县级获奖分别按1分、0.5分、0.2分计分;论文省级以上正规刊物发表(不含副刊、二级刊物)或荣获市二等奖以上,每篇计0.2分。同一内容取最高等级记分,最高计3分。

3.兼课情况。满分5分。

学校规模	A.10个班以下	B.11～20个班	C.21个班以上
兼课标准 与 考核要求	不低于教师平均工作量1/2,任教学科与专业技术职务相同的,得5分; 达1/3的,得3分;1/4以下的,不得分。学科与专业技术职务不一致的,扣0.5分	超过教师平均工作量1/3的,得5分;达1/4的,得3分,1/5以下的,不得分	适当兼课,得5分; 不兼课的,不得分

(四)局党组评价。占绩效考核分值的10%。

(五)扣分。有下列情形之一者,予以扣分,扣分最高不超过2分。

1.被教育局和党委、政府部门书面通报批评的;

2.因工作失误被教育局诫勉谈话的;

3.不按规定开课、学校节假日违规补课被查实查处的;

4.教师体罚学生造成社会负面影响的;

5.教师违规有偿家教被查实的;

6.造成群体性(5人及以上)上访或无理上访的;

7.发生安全责任事故的;

8.教职工有违法犯罪行为的;

9.学校因乱收费、群众投诉及来信来访等被新闻媒体曝光或学校有严重违反财经纪律情况被查实通报的;

10.不按时完成教育局布置的重要工作,重大事情不请示汇报造成工作延误或损失的;

11.局党组认为其他需要扣分的。

五、考核结果

(一)初中、小学及幼儿园组

考核结果分一、二、三等奖,各等次人数分别占20%、40%、40%,各等次奖励性绩效工资按1.2∶1.1∶1核算。在此基础上,增加学校规模奖:班级规模按7个班、13个班、25个班及以上,分别增加3%、6%、9%;住校生规模按200名、500名、1000名及以上,分别增加3%、6%、9%。奖励性绩效工资来源:以该组校长总人数为基数,按该组教职工奖励性绩效工资人均水平的1.5倍,从全县总量中提取。

(二)高中及直属单位组

高中学校校长按考核结果分一、二、三等奖,各等次人数分别占30%、30%、40%,奖金按所在学校教职工奖励性绩效工资平均水平的1.8、1.7、1.5倍发放,直属单位负责人按所在单位教职工奖励性绩效工资平均水平的1.4倍发放。

(三)学校未获奖或不达标的,校长不得超过奖励性绩效工资的平均水平。

(四)校长绩效考核结果作为校长聘任、名校长推荐等重要依据。

(五)奖励性绩效工资的发放:按考核结果由县财政会计核算中心或国库收付教育分中心统一划入个人工资银行账户。

六、其他规定

(一)校长本人年度考核被确定为不合格的不参与当年奖励性绩效工资的分配。

(二)因工作需要或其他原因学期中途调整的校长,考核结果按实际工作月份发放。

(三)校长本人受党内严重警告、行政记过及以上处分的,按县有关规定执行。

(四)基础性绩效工资由学校按县有关规定发放。

(三)退出现职干部的管理

参照行政部门做法,2009年以前,教育局对局管干部及(宣传)部管干部,男年龄达到53周岁、女达到50周岁的,由于身体原因及工作需要,可以退出现职岗位,特殊情况的,可适当提前和延后。退出现职岗位后,为发挥特长及余热,可根据个人的特长爱好,自由选取教育科学研究、学校工作咨询或督导等工作。

2009年,县教育局下发《磐安县中小学协理员管理意见》,对退出现职岗位的局管干部统称协理员,条件为任同一职级满6年及以上的直属单位正、副职和中小学正、副校长,到达规定年龄退出现职领导岗位后,经考核合格,可以由教育局聘为相应职级协理员。协理员在校长的领导下,就教育教学工作开展调查研究,提出学校管理的合理化建议,并完成不少于1/2标准课时的教学工作量(直属单位协理员参照以上标准安排工作量)。协理员不参加学校领导班子会议和行政会议,但学校班子成员传阅的上级文件一般应传阅至协理员。协理员列入教职工考核范围,对考核优秀的予以表彰,表现较差的给予戒勉。年度考核不合格或因各种原因受党纪政纪处分的,予以解聘。协理员完成规定的工作任务,并经考核合格,享受相应职级学校领导的岗位津贴。原属县教育局聘任的督学一律解聘,改任为相应职级的协理员。

2013年,进一步规范退出现职学校领导干部的管理,明确学校领导干部退出现职年龄原则上男满55周岁,女满52周岁。退出现职学校领导干部原则上分线活动,分区域办公,乡镇学校正职、县属学校(直属单位)正副职,根据其身体状况和工作特长,围绕教育系统重点工作,由教育局组建督学助理组(决策咨询组、规范办学督查组)、审计监察组(师德规范督查组、财务审计组)等开展工作。乡镇学校副职,由所在单位安排适当工作。退出现职学校领导,原则上不得利用上班时间外出兼职、经商等,认真履行职责、考核合格的,享受人事关系所在单位相应的奖励性绩效工资(奖励性绩效工资不超过该校教职工平均绩效工资);不履行职责(不在岗)或考核不合格的,不享受人事关系所在单位奖励性绩效工资。

(四)学校中层干部管理

1.学校内设机构

学校内设机构,2010年前,无统一标准,学校按工作需要设置。2010年以后,县教育局出台《磐安县中小学内设机构设置和中层干部选拔任用实施办法(试行)》,对内设机构的设置进行规范,中小学内设机构名称统一为办公室、教导处(教务处、政教处)、教科室、总务处等,职业高中可根据需要增设实习就业处,规模在6个班及以下的小学不设置内设机构,分别配备教导主任、总务主任各1名。

表2—31　　　　磐安县学校内设机构与干部职数配备

学校规模		24个班以上	13～23个班	12个班及以下
普高	机构	5个	—	—
	职数	6～10名	—	—
职高	机构	6个	5个	—
	职数	6～10名	5～8名	—
初中	机构	5个	4个	3个
	职数	5～8名	4～5名	3～4名
小学	机构	5个	3个	3个
	职数	5～8名	3～5名	3～4名

2.学校中层干部管理

义务阶段学校中层干部,由学校提名,所在乡镇政府任免。2010年以后,由所在乡镇任免,报县教育局备案。县属学校中层干部,2010年以后,由学校提出方案,报县教育局审批。

2010年,教育局出台《磐安县中小学内设机构设置和中层干部选拔任用实施办法(试行)》后,鼓励学校中层干部通过竞聘产生,是年,安文初中、方前中心学校开展中层干部竞聘上岗。2011年,玉山片3所初中联合开展中层干部竞聘,县职业技校开展中层干部竞聘。2015年止,规模较大的学校,中层干部均通过竞聘上岗。

第三节　教师培养

教师的职业道德和专业素养,直接关系到教书育人的质量,磐安县教育行政与业务主管部门通过师德师风建设、名师名校长工程、教师进修、教师培训等途径提高教师的个人素质。

一、师德建设

1992年2月,继国家教育委员会、全国教育工会联合下发《关于颁布〈中小学教师职业道德规范〉》后,磐安县教育局在转发这一文件时,要求全县各学校组织学习和落实六条规范,有计划、有措施地加强师德教育,确保师德教育经常化、制度化。同时,要求将教师学习、执行规范情况列入考核内容,记入教师个人的业务档案,以作为评职、晋级的依据之一。

1995年5月,县教育局下发《关于加强教师队伍建设的若干意见》,明确提出把加强对教师的职业道德教育、严格教师管理工作摆上突出位置。同时,要求结合学年考核开展每年一次的师德检查活动,坚持每年两次的评比表彰活动。

1997年3月,县教委下发《关于加强师德修养树立教师形象的通知》,要求各校把师德建设列入重要议事日程,健全制度,严肃政纪,重申教师纪律,严格规定教师"十项不准"。

1998年,组织教师学习贯彻新修订的《中小学教师职业道德规范》。

1999年11月，县教委印发《关于开展“增强服务意识、重树教育新形象”活动的通知》，加强教委干部和中小学校领导班子队伍建设。

2000年3月，县教委下发《关于重申师德师风建设和学校安全工作的若干规定》，要求教师严格执行教育部《关于在小学减轻学生过重负担的紧急通知》和省教委《关于减轻中小学生过重负担的十项规定》，并做到“十项不准”。下发《关于开展“奉献新世纪、树立新形象”活动的通知》，开展学知识学技能、师德师风自查互查、争做优秀德育工作者、争做好校长好书记、减负增效专题研讨、业务素质自强互强、创新教育等系列活动。是年，首次提出加强校长、教师和教委机关干部这三支队伍的建设：一是用科学的理论武装人。组织教师采用专题讲座、座谈讨论、总结畅谈等形式，学习教育理论，引导教师以正确的世界观、人生观、价值观为动力源泉和精神支柱。二是用优秀典型激励人。举办优秀教师巡回演讲团，开展“十佳师德标兵”“十佳模范班主任”评选，树立典型。三是用活动吸引人。开展“新时期教师形象设计”“争当教学改革好园丁”等活动，形成互学互促、互爱互助、比学赶帮的好局面。同年4月，下发《关于进一步加强师德师风建设，深入开展行风评议活动的实施意见》，要求健全完善学校规章制度，特别是“两公开一监督”（公共财务管理制度、公共财务收支结果、接受群众监督）制度，严格执行减负增效的有关文件精神。6月，根据浙教师〔2000〕16号文件精神，县教委要求各校在暑期安排一周时间开展教师师德教育专题培训，采用集中培训与分散学习相结合的方式进行，培训内容包括思想政治与思想观念的教育，政策法规、职业素养与心理健康的教育。同年12月，县教委转发《省委教育工委省教育厅〈关于向林素艳同志学习的决定〉的通知》，要求各单位把学习活动与师德教育活动、期末评比工作结合起来，爱岗敬业、为人师表。

2001年，县教委表彰2010年度县“师德标兵”“优秀德育工作者”各10名，组织报告团巡回到各校作师德演讲报告，邀请省功勋教师董闺聪、全国优秀教师童克祖到磐安作事迹报告。4月，下发《关于举行“怎样当好一名新世纪合格教师”演讲比赛的通知》，发动广大教师积极参与“新世纪教师素质大家谈”大讨论活动，参赛对象为全县40周岁以下青年教师。9月，转发《金华市教委〈关于规范教师职业用语的意见〉的通知》，要求全县教师遵照执行。

2002年2月，县文教局下发《磐安县中小学开展“群体师德创优”活动实施方案》，以量化形式进行考核评价。8月，县文教局组织开展暑期教师师德专题培训活动，培训时间为期一周，采取分片集中与以校（单位）集中相结合的形式进行，培训内容包括教育形势报告、优秀教师作教书育人报告、课程改革情况介绍等。

2003年5月，县文教局、县教育工会举行全县“学生在我心中”师德演讲比赛。

2004年，县教育局制定“群体师德创优”三年规划，以“创优”为载体，着力推进师德教育的序列化、制度化建设，提高师德建设的实效性。

2005年6月，教育局下发《关于规范教师个人带生行为的意见》，意见不提倡在职教师从事有偿家教活动，因家长要求，在职教师带生（家教）的，必须具备相关的4个条件。并制定相关的处罚条例。8月，转发国家教育部《关于进一步加强和改进师德建设的意见》的同时，要求各学校、各单位完善和落实师德建设的各项制度，进一步深入开展以“爱岗敬业正师风，教书育人铸师魂”为主题的“群体师德创优”活动。并利用暑期作师德专题培训。

2006年2月，教育局下发通知，公布磐安二中等5所学校为县德育工作先进学校，周嘉等10位一线教师为县“十佳班主任”，潘炉新等16人为县德育工作标兵。5月，下发《评选第三批磐安县“群体师德创优”先进集体、第三届磐安县“十佳师德标兵”的通知》。

2007年2月，县教育局表彰第三届“十佳师德标兵”和第三批“群体师德创优”先进集体。

2009年2月，县教育局下发通知，表彰第四届“十佳师德标兵”“师德先进个人”，要求全县教育工作者以先进为榜样，进一步增强教书育人、为人师表的自觉性，提高职业道德素质，努力争创学生满意的教师。进一步明确办学方向，端正办学思想，转变教育观念，提高师德水平。4月，下发《开展“爱岗敬业共建和谐”师德主题教育活动的实施方案》，提出切实加强磐安中小学教师职业道德建设，着力提高教师队伍的整体素质，建立民主、平等、和谐的师生关系、家校关系，营造“教师敬业爱生、学生亲师乐学”的和谐教育氛围，扎实推进特色教育强县建设。为进一步加强教师职业道德建设，为爱岗敬业、无私奉献、教书育人、为人师表营造气氛，树立典型，6月，组织教师在县影剧院举行“爱岗敬业共建和谐”师德演讲比赛，并下发《磐安县教育局关于自觉抵制有偿家教的意见》，同时举行自觉抵制有偿家教的教师签名活动。

2010年，县教育局加强制度建设，严明工作纪律，首先解决上班迟到、早退、炒股、打牌等浅层次作风问题。为进一步解决参赌、涉赌、有偿家教等问题，教育局相继出台师德师风建设，建立“三个书面督查”(督查通知书、督查情况通报、督查情况汇报)工作载体，严格工作督查，切实规范教师从教行为。这一年，先后组织8次专项督查和20余次随机督查，并分区域召开4次督查情况通报会。动真格、严纪律，对查到的14起干部职工违规行为进行书面通报批评，对1人给予行政记大过处分，对6所学校给予年终考核扣分的处理。

2011年，县教育局深入开展“爱岗敬业、为人师表”师德师风主题教育活动。编印《一片冰心在玉壶——磐安县优秀教育工作者风采》，通过榜样的力量进行正面引导；开展“万名家长评学校、万名学生评教师、千名教师评课堂”活动，以建立教育评价新模式，使学生、家长成为学校管理的直接参与者；对查实的6起学校违规违纪行为进行严肃处理，要求学校限期严格整改；对6起教师违规带生行为与5所抓作风建设不力的学校通报批评。

2012年，磐安县教育系统开展以“三情教育”(工作激情、师生亲情、同事友情)为载体的师德师风主题教育活动。出台《磐安县教育系统学术规范及违规处理暂行办法》，进一步规范教育系统学术行为，促进良好教学作风的形成；组织开展向见义勇为的教师潘福云、郭指威和大孝尊亲的教师陈斌强学习活动，进一步营造创先争优氛围；出版《文溪心语——磐安县教师美文选》；开展6次作风建设专项督查行动，分片区召开4次师德建设推进会，下发督查通知书28份，对8名违反效能建设禁令，1名违规动员学生参加培训班的教师和2所违反效能建设规定的学校进行通报批评。

2013年，开展以“理想信念”教育为重点的师德主题教育活动。县教育局组织召开三次师德师风建设推进会；各学校分头举办“我是一名光荣的人民教师”座谈会；全县评选出25名“美丽教职工”；组织“美丽教职工、美丽少年”先进事迹巡回报告；编印《二月和风到碧城——磐安县优秀教职工风采之二》；印发《磐安县教育局关于进一步加强和改进教育系统作风建设的若干规定》、《磐安县中小学教师职业行为十条禁令》和《补充说明》的通知，规定教职工任何时候不参与各种形式的赌博活动，任何时候不在任何公共场所、棋牌室搓麻将，工作日任何时候不搓麻将，任何时候不在学校电脑上玩游戏、打牌、炒股和看娱乐消遣类视频；并对教职工开展文体活动等作出更明确的规定。在完善制度的同时，积极开展师德师风专项督查行动，一年内开展8次专项督查，处理违纪行为12人次，其中对有论文抄袭行为的4名教师给予3年内不受理其申报高一级专业技术资格的处罚。

2014年，开展以“情商教育”为重点的师德师风主题教育活动。全县及各学校分别召开动员会、推进会，营造良好的活动氛围。教育局班子成员分赴各校作情商、安全主题讲座40多场次。开展第二届“美丽教师”评选，县级拔尖人才、教育教学创业创新人才、“十佳班主任”评比。同时，编写、出版这些教师的先进事迹集。一年内对违反作风建设的7名教师进行通报批评，对违规办班管理不力的1名校长以扣除绩效工资2500元的处分，对体罚学生的1名教师进行警告。

2015年，以“守纪律、讲规矩、敢担当”为主题，扎实开展“从严管理落实年”活动，继续深入开展“情商”教育，不断深化作风建设。一是开展“强化规矩双月活动”。所有学校办公电脑删除游戏、炒股、购物等与教学无关的软件；加强教师礼仪教育，组织教师学习礼仪规范，切实做到仪表得体、行动文明。对教师的工作纪律，特别是违规带生等方面问题进行集中检查，严禁在职教职工违规带生。二是围绕师风师德开展“双诺”（向社会承诺，向学生、家长承诺）和新教师宣誓活动。三是开展“四进三联系（学校中层以上领导干部进教室，进教研组、年级组，进教师办公室，进学生寝室；联系一个班级、一个学生寝室、一名青年教师）”和“千名教师访万家”活动。四是加强暑期师德师风纪律建设。2015年，教育局组织6次专项督查，下发通报文件5份，对11位教师作出效能告诫、黄牌警告、通报批评、诫勉谈话等处理。

二、名师名校长工程

主要通过骨干教师评选认定、教坛新秀评选、名师名校长培养等途径发现与培养学科优秀教师以及学科带头人。

（一）县级骨干教师

为加快县教育教学改革步伐，整体推进素质教育，加强教师队伍建设，加大骨干教师培养力度，1998年4月，磐安县教育委员会下发磐教〔1998〕23号《关于下发〈磐安县中小学骨干教师审定及管理办法〉的通知》，决定开展骨干教师评选工作。

1999年1月，县教委骨干教师考核组对114名申报对象进行全面考核，经教委主任办公会议审定，确认第一批中小学骨干教师58名，其中中学骨干教师45名，小学骨干教师13名。同年3月，下发《磐安县中小学、幼儿园骨干教师审定及动态管理办法》。明确县级骨干教师每年审定一次，任期4年，其间实施动态管理。各校可视其财力在结构工资中设立骨干教师专项津贴，原则上控制在每月校级10元、片级20元、县级30元的标准以内。

至2015年底，全县认定的九批县级骨干教师计350人，其中中学骨干教师207人，小学骨干教师131人，学前教育骨干教师12人。

表2—32　　磐安县各批次骨干教师数汇总表

单位：人

年度	批次	各学段人数		
		中学	小学	学前
1999年	首批	45	13	—
2000年	第二批	20	11	—
2001年	第三批	8	6	—
2002年	第四批	6	9	—
2004年	第五批	23	18	2
2006年	第六批	29	25	1
2008年	第七批	25	20	2
2010年	第八批	23	14	4
2015年	第九批	28	15	3

(二)教坛新秀

为加强师资队伍建设,加大青年教师培训力度,磐安县从1985年开始评选县教坛新秀,2001年,县教委出台《磐安县中小学、幼儿园教坛新秀评选及管理办法》,明确磐安县中小学、幼儿园在职教师,且具有教师法规定的合格学历,中学教师年龄在35周岁以下,小学、幼儿园教师年龄在30周岁以下,相应学科教龄3年以上的教师即可参评。教坛新秀每三年评比一次,分学科进行评选。

至2015年底,已评选十一届县级教坛新秀,共评出县级教坛新秀239名,其中中学教坛新秀132名,小学教坛新秀89名,学前教育教坛新秀16名,职教专业课教坛新秀2名;金华市教坛新秀52名,其中中学教坛新秀25名,小学教坛新秀22名,学前教育教坛新秀2名,职教教坛新秀3名;省级教坛新秀9名,其中中学教坛新秀7名,小学教坛新秀2名。

表2—33　　磐安县省级教坛新秀

序号	姓名	学科	单位	备注
1	陈日伟	小学数学	实验小学	第五届
2	陈万菊	小学生活与劳动	实验小学	第六届
3	陈向红	初中语文	磐安二中	第七届
4	周红星	高中地理	磐安二中	第七届
5	申屠兴山	高中历史	磐安二中	第八届
6	卢章洪	高中数学	磐安中学	第八届
7	金苏珍	初中思品	安文镇中	第八届
8	胡爱芬	职教财会	职教中心	第十届
9	陈增辉	初中科学	仁川初中	第十一届

表2—34　　磐安县市级教坛新秀

序号	姓名	学科	单位	备注
1	施先明	小学数学	方前中心小学	第一届
2	张生红	小学数学	岭口小学	第二届
3	张志辉	小学语文	尖山小学	第二届
4	吴克强	初中语文	安文镇中	第二届
5	胡华德	小学数学	高二乡中心校	第三届
6	陈苏芬	小学语文	仁川小学	第三届
7	陈新芳	小学语文	新渥小学	第四届
8	陈日伟	小学数学	新渥小学	第四届
9	卢照洋	小学美术	安文小学	第四届
10	沈天印	高中语文	磐安中学	第四届
11	陈月莲	小学语文	实验小学	第五届
12	陈日伟	小学数学	实验小学	第五届

续表 2—34

序　号	姓　　名	学　　科	单　　位	备　　注
13	周赛晶	初中政治	尚湖初中	第五届
14	陈　斌	初中体育	安文镇中	第五届
15	周红星	高中地理	磐安二中	第六届
16	陈向红	初中语文	磐安二中	第六届
17	傅　君	高中政治	磐安中学	第六届
18	沈永庆	初中英语	安文镇中	第六届
19	周苏丹	小学数学	实验小学	第六届
20	陈红光	小学语文	实验小学	第六届
21	陈万菊	生活与劳动	实验小学	第六届
22	王慧燕	学前教育	机关幼儿园	第六届
23	项成天	高中数学	磐安二中	第七届
24	陈湘阳	初中英语	职业技校	第七届
25	陈心洲	初中自然	安文初中	第七届
26	陈林森	高中美术	磐安中学	第七届
27	付菁菁	职教音乐	职业技校	第七届
28	李威峰	职教英语	职业技校	第七届
29	陈　斌	小学语文	实验小学	第七届
30	周巧琼	小学数学	实验小学	第七届
31	王　燕	学前教育	安文镇幼儿园	第七届
32	卢章洪	高中数学	磐安中学	第八届
33	申屠兴山	高中历史	磐安二中	第八届
34	金苏珍	初中社会	安文镇中	第八届
35	胡越男	高中物理	磐安中学	第八届
36	陈　瑜	小学语文	实验小学	第八届
37	吕　琴	小学数学	实验小学	第八届
38	陈　苗	小学美术	安文小学	第八届
39	胡爱芬	职教财会	职教中心	第九届
40	郑伟慧	高中语文	磐安二中	第九届
41	陈向阳	初中数学	实验初中	第九届
42	徐巧燕	初中英语	实验初中	第九届
43	张觉甜	小学美术	实验小学	第九届
44	陈秀芳	中学物理	磐安中学	第十届
45	赵学武	中学地理	磐安二中	第十届
46	卢素梅	初中科学	实验初中	第十届

续表 2—34

序号	姓名	学科	单位	备注
47	羊　芳	小学数学	实验小学	第十届
48	陈新根	小学美术	实验小学	第十届
49	叶亚平	高中化学	磐安中学	第十一届
50	陈增辉	初中科学	仁川初中	第十一届
51	周伟强	信息技术	新渥小学	第十一届
52	杨丽娟	高中英语	磐安中学	第十一届

表 2—35　　磐安县历届教坛新秀人数汇总表

单位:人

年度	届次	总人数	各学段人数			
			中学	小学	学前教育	职教专业课
1985 年	第一届	7	4	3	—	—
1987 年	第二届	17	6	11	—	—
1989 年	第三届	7	5	2	—	—
1991 年	第四届	18	14	4	—	—
1996 年	第五届	28	16	8	3	1
1999 年	第六届	39	21	13	5	—
2003 年	第七届	32	19	11	2	—
2006 年	第八届	43	24	16	3	—
2009 年	第九届	27	19	8	—	—
2012 年	第十届	19	11	8	—	—
2015 年	第十一届	30	15	10	3	2

(三)各级名师名校长

1.省特级教师

相继被浙江省人民政府授予特级教师称号的磐安教师有:2007 年,磐安中学黄龙飞;2010 年,磐安中学楼晓明、深泽中心小学校长曹苏芬;2014 年,磐安中学校长周生民。

2.县、市级名师名校长

名师名校长的培养一直是教育系统的重要工作,但作为一个“工程”予以重视和实施,始于 1999 年。是年,浙江省教育厅颁布《浙江省中小学“2211”名师名校长工程计划》、金华市教育局颁布《金华市中小学“1155”名师名校长工程》等文件。

2005 年 11 月,县教育局下发磐教〔2005〕43 号《关于磐安县首批名师名校长评选工作的通知》,决定从全县的省、市、县名师名校长培养对象中推荐评选首批县名师名校长。2006 年 2 月,磐安县评出首批县级名师 10 名,分别为磐安中学楼晓明、周红星、孔国华、张生芳,教研室吕世明,实验小学陈日伟、陈荣仁、陈红光,深泽中心小学曹苏芬,安文镇中心小学曹冬仙。2015 年,磐安县评出第二批县级名师6人，分别为磐安中学王阳升、蔡美芬，职教中心三中校区杨兰珍，实验小学吕琴，安文小学陈燕飞，文溪小学周苏丹；评出的县级名校长为实验初中傅小卫。

2000年2月，磐安县教师入选金华市“1155”工程首批名师培养人选4人（其中中学2人，小学2人），入选市“1155”工程首批名校长培养人选1人。到2015年，磐安县获得市名师称号7人、名校长称号4人。截至2015年，磐安县无省级名师名校长。

表2—36　　磐安县市级名师名校长名单

荣誉名称	年份				
	2002	2006	2008	2011	2013
金华市名师	黄龙飞	郭兴陆 陈新芳	陈日伟 楼晓明	—	申屠兴山 陈月莲
金华市名校长	曹岩火	—	黄加文	周生民	陈卓珺

3. 县、市拔尖人才

从2001年至2014年，磐安县教育系统共有18人次被评为县、市拔尖人才。

表2—37　　县、市拔尖人才名单

荣誉名称	年份				
	2001（第五批）	2004（第六批）	2007（第七批）	2011（第八批）	2014（第九批）
磐安县中青年专业拔尖人才	黄龙飞	楼晓明	黄龙飞、楼晓明、卢章洪、周生民	—	—
磐安县拔尖人才	—	—	—	周生民、陈月莲、申屠兴山、曹苏芬	申屠兴山、倪喜中、郑伟慧、胡爱芬、傅小卫、卢素梅、吕琴
金华市第八批拔尖人才	—	—	—	—	周生民

三、教师进修与培训

教师的业务进修和培训是教师成长的重要途径，20世纪八九十年代，教育系统开展多形式、多途径的教师业务进修和培训。

（一）教师进修种类

1. 教师专业合格证书考试

教师专业合格证书考试始于1987年。1986年底，全县在职幼儿教师198人，小学教师963人，初中教师423人，高中教师92人，共计1676人。其中教龄未满20年、学历不合格的教师有小学公办教师127人、民办教师189人、初中公办教师158人、民办教师11人，高中公办教师56人，幼儿园民办教师198人，代课教师247人，需补考教育学、心理学的高中学历小学教师104人，共计不合格教师1090人，占教师总数的65%。

1987～1990年,全县中小学、幼儿园教师进行专业合格证书考试工作,其中获取初中教师专业合格证书8人,小学教师专业合格证书150人,幼儿园教师专业合格证书118人,合计276人。

小学教师合格率从1987年的68.5%上升到1990年的70.5%;初中教师合格率从1987年的30.1%上升到1990年的54.5%。小学教师参加专业合格证书考试获取合格证书的人数4年累计150人,占教师总数的22%。

1990年,县教育工作会议要求:小学教师在1993年底基本上达到中师毕业或获得小学教师专业合格证,初中教师在1995年底基本上达到大专毕业或获得初中教师专业合格证,高中教师应达到本科毕业或获得高中教师专业合格证书;1986年底教龄未满20年的所有中小学、幼儿园教师,凡未达到规定学历的,都应参加函授、进修。在职教师参加教师业务进修获得规定学历而未达到相应学历工资的,按规定补足;在职教师学历不合格者,除教学效果显著者,一律不评中、高级职称。没有取得教师专业合格证书者,一般不评聘教师职务。

1991年年底,小学教师674人,其中大专毕业5人,中专毕业304人,高中毕业174人,高中以下191人。高中以下取得合格证书83人。初中教师402人,其中大学本科毕业26人,大学专科毕业196人,中专毕业141人,高中及以下毕业39人,已取得合格证书8人。高中教师90人,其中大学本科毕业43人,大学专科毕业42人,中专毕业5人。幼儿教师245人,其中幼师中专毕业21人,高中毕业85人,初中毕业139人。

至1992年3月,中小学教师累计获取专业合格证书人数223人,其中1991年72人,占小学教师总数的33.1%。1991年,小学教师学历合格率达到68.9%(不包括高中毕业)。教育局为进一步做好专业合格证书工作,要求1966年底后毕业的仅具有高中学历的小学教师都参加教育学、心理学考试,在取得教育学、心理学合格证后,可视为合格学历。尚未达到大专学历的中学教师需积极参加中学教师专业合格证书考试。

1993年开始,要求年龄在男53周岁、女48周岁及以下的尚未取得专科学历,又没有参加成人专科系统学历进修的公办和在编民办初中教师均需参加高师自学考试,并参加各助学点、辅导班学习,高师自考仅限于1993年至1996年一次完成。为防止教师漏报,要求准备参加高师函授招生考试的教师也要参加高师自考。已取得初中教师专业合格证书和初中教师专业合格证书免考者,均需参加高师自考,其专考成绩可以承认为高师自考同专业相同(相应)课程的成绩。教师参加培训期间,教龄、工资、福利、待遇等不受影响。对于学习取得显著成绩的,给予表彰奖励,并在职务评聘、工资晋升、“民转公”等方面在同等条件下予以优先。

1993年,金华教育学院、东阳教师进修学校招收磐安县部分教师为高、中师学员,学制两年,学员参加半年脱产学习后,回原所在乡实习一年半,高师安排在初中实习,中师原则上安排在中心校实习,特殊情况安排在完小实习。

1994年1月,县教师进修学校根据市函授部的统一部署,对取得专业合格证书的小学公、民办教师,通过加学中师函授教育有关课程和内容,使其达到中师函授毕业,经考试合格发给中师函授毕业文件,国家承认其中师学历。

1994年底,磐安县在职教师学历合格率:幼儿教师283人,其中中师毕业43人,高中毕业93人,初中毕业147人。取得合格证书49人,共计合格幼师92人,合格率32.5%。小学教师624人,其中大专毕业6人,中专毕业387人,高中毕业72人,高中毕业以下159人。取得合格证书87人,共计合格教师480人,合格率76.9%。初中教师468人,其中大学本科毕业24人,大学专科毕业220人,中专毕业185人,高中及以下39人。合格教师244人,合格率52.13%。高中教师90人,其中大学本科毕业42人,大学专科毕业40人,中专毕业8人。合格教师42人,合格率46.66%。

1997年,全面开展第二轮高师本科自学考试报名工作,要求男在53周岁、女在48周岁及以下的已取得专科学历,尚未进修或没有取得本科学历高中段相应专业的文化课教师,必须参加第二轮高师本科自考;参加第一轮高师本科自考但中途辍学者,必须重新报名;在此年龄段以上的高中段教师可自愿报名。

2002年,共有幼儿园教师259名,学历合格率为64.9%。

2003年,磐安县教师进修学校设立浙江教育学院磐安教学点,举办公共事业管理(教管方向)、教育学(小学教育)两个本科函授班。

2007年,教育局下发《关于学历未达标教师参加学历进修的意见》,要求50周岁以下的男教师和45周岁以下的女教师,必须参加在职学历进修。45周岁以下的男教师和40周岁以下的女教师,必须参加在职学历超标进修;职业技术学校专业课教师,必须参加本专业技术等级考核,并取得相应技术等级证书。

是年12月底,按教师法规定,全县在职教师学历合格率:幼儿教师261人,其中,中师毕业256人,合格率98.1%。小学教师605人,其中合格学历604人,合格率99.8%。初中教师415人,其中合格学历414人,合格率99.8%。普高教师227人,其中合格学历218人,合格率96.0%。职教教师147人,其中合格学历126人,合格率85.7%。

2013年2月,县教育局下文要求:凡男在1958年、女在1963年及以后出生的在编教师,未达到《浙江省中小学教师队伍建设"十二五"规划》学历要求、无特殊困难的义务教育学校教师,原则上均应在2014年参加与所任学科对口的学历进修。教师学历进修情况列入学校年度工作考核,对动员不力、进修不积极的学校视情况通报。学校对参加进修取得高一级学历(文凭)的教师,补助不少于70%的学费,对无正当理由不参加进修的教师,学校予以教育和动员,县教育局根据学校学历结构情况予以交流调整,并与评优、评先、评职等挂钩。

2.脱产学历进修

1993～1999年,磐安县41位代课教师考入中师。1992年,2人至浙江教育学院脱产进修本科学历。

3.中等师范教育函授

中师函授是磐安县小学教师在职业务进修的主要形式。1992～1996年,全县有282名在职小学教师参加磐安县教师进修学校函授部学习,并取得中师函授毕业文凭。

4.高等师范教育函授

2002～2007年,县教师进修学校与浙江师范大学、浙江教育学院等联合办学,设立函授教学点,分别开设美术本科自考助读班、电脑艺术设计专业,以及教育管理、教育学本科函授班。通过函授学习,78名教师取得本科学历文凭。2004～2008年,与浙江师范大学杭州幼儿师范学院联合举办两届学前教育大专函授班。

5.高等教育自考和电视大学进修

至2015年,通过高等教育自考、电视大学进修以及其他形式完成学历进修的:全县小学教师获大学本科毕业以上文凭的479人,占总人数的75.20%;获大学专科毕业文凭的138人,占21.66%。初中教师获大学本科以上文凭的392人,占专任教师数的91.6%;获大学专科以上文凭的38人,占专任教师数的8.84%。高中教师大学本科毕业及以上达专任教师数的100%。

6.研究生主干课程进修

2008年12月,浙江广播电视大学磐安分校与浙江师范大学联合举办首届教育管理硕士研究生主要课程进修班,招收中小学校长和骨干教师47人,学制两年,主要进修教育管理学等6门课程,2010年底,全部顺利结业。

(二)教师培训基本形式

1.学科教师教学业务培训

1986年,磐安县教师进修学校成立,中小学各学科教研员同时兼做学科教师业务培训工作。利用"研训一体"的优势,教研员在教研中培训,在培训中教研。研训活动着眼于教师理论修养和业务水平的提高,着力于教师课堂教学方式方法的变更。如:课程标准的学习和实践,新教材的钻研与备课,课改动向的了解和探索,等等。必要时,也邀请有某方面教学特长、有一定理论水平的外地教师到磐安讲座,或者上教学示范课,帮助学科教师解决教学中的实际问题。

2002年后,教师进修学校采用集中培训和学校培训相结合的培训形式,以学校的校本培训为主,经考核开具继续教育学分。

表2—38　　1990～2015年磐安县举办教师学科培训情况表

时　间	名　称
1990年9月	幼师教育学、心理学辅导培训
1991年6月	小学专题实验教师培训
1991年8月	小学实验课题教师培训
1991年8月	幼儿骨干教师技能技巧培训
1991年9月	县小学作文实验班教师培训
1991年10月	地理教师三板教学培训
1992年4月	中小学音乐教师声乐培训
1993年4月	《中学生体育合格标准》相关知识培训
1993年7月	小学语文、数学青年教师培训
1993年8月	九年义务制教育新教材使用培训
1994年8月	小学语文、数学备课骨干培训
1994年10月	小学数学青年教师奥林匹克培训
1995年9月	初中语文、社会新教材培训
1996年3月	中学物理青年骨干教师培训
1996年5月	中学语文学科青年骨干教师培训
1996年8月	义务教育第七册语文备课骨干培训
1996年11月	初中地理教师基本功培训
1997年3月	初、高中数学教师继续教育培训
1997年6月	中学体育教师继续教育培训
1997年8月	小学复式骨干教师教材教法培训
1997年8月	小学常识新教材备课骨干培训

续表 2—38

时　间	名　　称
1997 年 9 月	中小学教师基本功训练骨干教师培训
1997 年 9 月	初中政治教师继续教育培训
1997 年 12 月	高中历史、初中社会教师教学基本培训
1998 年 2 月	小学思想品德新教材备课骨干培训
1998 年 2 月	初中劳技手工制作技能培训
1999 年 3 月	中小学教师学科教学技能培训
2000 年 1 月	各学科第二轮中小学继续教育培训
2002 年 9 月	初中教师 CAI 课件制作培训
2003 年 3 月	小学教师教育科研基础骨干培训
2003 年 9 月	初中数学新课程、新理念、新教法培训
2004 年 9 月	县中小学体育(与健康)新课程培训
2004 年 9 月	初中语文新教材培训
2005 年 4 月	体育(与健康)新课程学科培训
2005 年 4 月	幼儿园数学教学展示园本教研培训
2006 年 6 月	义务教育段新课程学科培训和教师素质提升工程学科培训
2007 年 6 月	幼儿园新课程培训
2007 年 6 月	小学英语教师培训班
2007 年 8 月	小学新课程学科培训
2007 年 9 月	初中英语年轻教师课堂教学培训
2007 年 9 月	小学劳技、小学品德与社会新课程培训
2007 年 9 月	初一地理科学教师地理科学和空间科学知识专题培训
2008 年 1 月	小学语文、数学四至六年级义务教育课程学科培训
2008 年 3 月	磐安县教学骨干培训班
2008 年 9 月	义务教育课程改革学科培训
2009 年 2 月	“领雁工程”县级小学数学骨干教师培训班
2009 年 3 月	县初中数学教师几何画板使用培训
2009 年 3 月	小学语文诗歌和小学文言文教学培训
2009 年 3 月	小学数学《数与代数》领域教材培训
2009 年 3 月	初中科学教师继续教育(实验改进和创新大赛)
2009 年 4 月	小学音乐教师新课程培训
2009 年 4 月	中小学音乐教师声乐培训
2009 年 4 月	小学语文“有效教学 和谐课堂”培训
2009 年 5 月	初中语文教师作文教学培训
2009 年 9 月	县小学语文、数学六(上)新课程培训

续表 2—38

时　间	名　　称
2009 年 11 月	县高中政治新课程新教材“疑难问题解决”专题培训
2010 年 3 月	县小学语文、数学六(上)新课程培训
2010 年 4 月	初中教师 2009 学年继续教育集中培训
2010 年 5 月	高中数学教师几何画板使用培训
2010 年 5 月	第一学段小学数学教师继续教育培训
2010 年 5 月	小学科学教学疑难问题专题培训
2010 年 6 月	高中教师 2009 学年继续教育集中培训
2010 年 10 月	中小学美术中国画基础画法培训
2010 年 11 月	体育与健康学科新教师教学基本功培训
2010 年 11 月	中小学音乐合唱教学培训
2010 年 11 月	中小学信息技术教师和高中通用技术教师课例点评培训
2011 年 9 月	高中数学青年教师培训
2011 年 9 月	小学科学教师参加生物多样保护专题培训
2011 年 10 月	中学数学教师专业课程学习培训
2011 年 11 月	小学语文 90 学时专业发展培训
2012 年 3 月	《体育与健康》学科教师专业发展培训
2012 年 4 月	初中社会·思品“先学后教 当堂训练”模式实践培训
2012 年 4 月	中小学音乐教师有效歌唱教学培训
2012 年 4 月	小学数学 90 学时专业发展培训
2012 年 5 月	全县初中教师专业发展全员理论培训
2012 年 8 月	初中数学 90 学时专业发展培训
2012 年 10 月	中小学英语 90 学时专业发展培训
2012 年 10 月	小学数学 90 学时专业发展培训
2012 年 11 月	小学语文教师专业发展培训
2012 年 12 月	中、小学音乐学科教师专业发展
2013 年 3 月	《体育与健康》学科教师 90 学时
2013 年 3 月	初中社会·思品学科教师专业发展培训
2013 年 3 月	高中生物教师专业发展培训
2013 年 3 月	高中英语教师专业发展培训
2013 年 4 月	小学英语新课标新教材培训
2013 年 4 月	高中物理教师专业发展培训
2013 年 4 月	中小音乐合唱教学专题培训
2013 年 5 月	小学数学教师专业发展培训
2013 年 5 月	小学教师专业发展学科理论培训

续表 2—38

时 间	名 称
2013 年 5 月	初中教师专业发展学科理论培训
2013 年 5 月	高中化学教师专业发展培训
2013 年 9 月	小学英语“读写课”教学专题培训
2013 年 9 月	初中科学教师专业发展培训
2013 年 9 月	高中政史地学科教师专业发展培训
2013 年 10 月	高中语文 90 学时专业发展培训
2013 年 11 月	小学语文“参与式群文阅读”专题培训
2014 年 3 月	中小学优育教师专业发展培训
2014 年 3 月	小学英语语音课教学专题培训
2014 年 3 月	幼儿教师专业发展培训
2014 年 3 月	高中英语教师专业发展培训
2014 年 4 月	小学数学教师专业发展培训
2014 年 4 月	小学教师专业发展理论培训
2014 年 4 月	小学科学教师植物学专题培训
2014 年 5 月	中学教师专业发展理论培训
2014 年 9 月	初中社会思品 90 学时专业发展培训
2014 年 9 月	新世纪(北师大版)小学数学第四版教材培训
2014 年 10 月	初中英语文本解读专题培训
2014 年 10 月	小学科学“高效课堂”专题培训
2014 年 10 月	初中数学“培优扶差”专题培训
2014 年 10 月	高中数学“培养自学能力”专题培训
2014 年 11 月	小学语文教师 32 学时专业发展培训
2014 年 12 月	中小学信息学科(通用)教师专业发展培训
2014 年 12 月	《体育与健康》教学“学习习惯”专题培训
2015 年 3 月	高中英语微课制作培训
2015 年 3 月	初中语文小说阅读教学培训
2015 年 3 月	县初中社会·思品教师专业发展培训
2015 年 5 月	小学英语课堂整体设计与疑难分析培训
2015 年 5 月	高中语文小说阅读教学培训
2015 年 6 月	初中语文 90 学时教师专业发展培训
2015 年 6 月	中小学美术骨干培训
2015 年 6 月	高中英语 90 学时教师专业发展培训
2015 年 7 月	高中文综 90 学时教师专业发展培训
2015 年 8 月	小学语文、数学信息技术提升工程培训

续表 2—38

时　间	名　　称
2015 年 9 月	小学数学有效教研专题培训
2015 年 9 月	小学语文课程校本化设计培训
2015 年 11 月	初中英语文本解读培训
2015 年 11 月	高中历史教师专业发展培训
2015 年 11 月	小学科学教师专业发展培训
2015 年 12 月	初中语文教师专业发展培训
2015 年 12 月	初中数学教师专业发展培训
2015 年 12 月	初中科学教师专业发展培训

2. 教师全员岗位培训

1991 年，磐安县开展小学教师 120 课时全员岗位培训。

1995 年，全县专业技术人员按职称开展分层继续教育培训。

1996 年，全县各中小学按学科开展教材教法培训。磐安县小学教师电化教育培训，培训内容为浙江省小学教师继续教育教材《教学媒体与教学设计》及电教仪器的操作与使用。

1997～1998 年，全县中小学开展“口语表达、三笔字、教学简笔画、教育组织管理、教具制作与使用”五项基本功培训。

1998 年，全县初中教师采取分科选修形式开展全员岗位培训。

1999 年，全县小学教师学科教学技能培训；电化教学培训，内容为“两机一幕”(录音机、投影机、投影幕布)。

2000 年，全县启动中小学教师计算机全员培训工程。2000 年上半年开始，全县开展普通话培训与考核。省教委规定，1955 年 1 月 1 日以后出生的教师和工作人员必须达到普通话合格水平，其中语文教师要达到“二甲”以上，其他教师要达到“二乙”以上。

2001 年，初、中级职务教师继续教育培训。

2002 年，小学教师教育科研专项培训。

2003 年，按照新课程改革要求，在初中、小学起始年级实行不培训不上岗制度，开展以“新课程改革通识”为主要内容的教师岗位培训。开展全县中小学(含幼儿园)师德专题培训。

2004 年，开展全县小学教师课程改革与学习主题构建专题培训。基础教育课程改革初中、小学全员学科培训。

2005 年，新一轮中小学(含幼儿园)教师专业化成长全员培训，培训项目有校长系列培训、骨干教师系列培训、教师系列培训等。义务教育课程改革第二次全员学科培训，初中教师主题培训。

2006 年，县中小学教师素质提升工程正式启动。义务教育段新课程改革第四次学科全员培训，义务教育段课程改革第五次学科全员培训，举办初中素质提升工程学科培训。

2007 年 1 月，农村中小学教师素质提升工程第三批(初中)学科培训。3 月，义务教育段课程改革第六次学科全员培训。8 月，义务教育段教学改革第七次学科全员培训(小学段)。

2011 年，规定中小学教师专业发展培训每 5 年为一个周期，周期内累计取得的培训学时不得少于

360 学时。其中必须参加一次 90 学时的集中培训。

2015 年，中小学信息技术提升工程培训全面启动，以学科为单位分批进行培训。文件规定：2016 年起，中小学教师专业发展培训实行学分制管理。

3. 新教师试用期培训

为使新教师尽快适应本职工作，更好地履行工作职责。1990 年开始，凡高校本专科毕业生分配到中学任教一年见习期内，都要参加新教师见习期培训。培训采取金华教育学院、县教育局、工作单位“三结合”方式进行：金华教育学院负责教学大纲和教材分析、课堂教学方法指导的培训；县教育局负责师德概论及中学教师规范、中学思想政治工作概论及班主任工作方法的培训；各中学负责教育教学实践部分，要求妥善安排新教师的教学任务，使其承担合适的中学生思想政治工作。新教师见习期内至少听课 36 节。非师范院校的毕业生，还需要到金华教师进修学院短期补修教育学、心理学、学科教学法等师范专业课程。

教龄在一年以内的新任教师，在试用期内须参加不少于 180 学时的培训，其中实践培训不少于 60 学时，具体工作由县教师进修学校和新教师所在的学校共同组织实施。新教师在试用期内接受规定培训的时数不列入教师周期内专业发展培训时数。

1996 年 10 月，磐教〔1996〕13 号文件规定，凡新分配的大中专毕业生（含向社会招收的教师）采用集中与分散培训相结合的形式进行培训，其中集中培训须达到 40 学时。1996～2001 年，教师培训分三个阶段：第一阶段，新教师上岗后，听专家、学者讲课和名师经验介绍。第二阶段由工作单位确定指导教师，以师带徒，结合教育工作实践进行指导。第三阶段，集中会教，分组进行新教师会教。2004 年起，对新招收的中小学教师进行“人际关系心理学”与“心理咨询与辅导”两门学科培训考试，只有取得心理健康教育基础知识培训合格证书，才能转正定级。2009 年开始，新教师上岗集中培训除一周的理论培训外，增加为期 5～7 天的军训。试用期满一年，教育行政部门组织人员对新教师进行专项考核。接受试用期所规定培训并取得岗位培训合格证的新教师，方可顺延参加 5 年为一周期的教师专业发展培训。

表 2—39　　1996～2015 年磐安县新任教师培训人数及培训内容统计表

年　份	培训人数	培　训　内　容
1996 年	52 人	集中培训：课堂教学艺术、师德教育、班主任工作、小学教学研究入门 教学实践：听课、公开课、班主任和学生思想工作
1997 年	90 人	
1998 年	60 人	
1999 年	78 人	
2000 年	46 人	
2001 年	51 人	师德、班主任工作、教育教学常规、语、数教学大纲、钻研教材
2002 年	47 人	师德、教育政策法规、教育科研方法、新课程通识、班主任工作
2003 年	48 人	
2004 年	42 人	师德、教育科研方法、教育政策法规、教学常规、新课程通识、课件制作、班级管理、新教师专业化成长、新教师会教
2005 年	30 人	
2006 年	29 人	师德、教育科研方法、教育政策法规、教学常规、课堂教学改革、班级管理
2007 年	34 人	
2008 年	31 人	

续表 2—39

年　　份	培训人数	培　训　内　容
2009 年	33 人	师德、教育科研方法、教育政策法规、教学常规、课堂教学改革、班级管理、军训
2010 年	38 人	
2011 年	41 人	
2012 年	43 人	
2013 年	67 人	
2014 年	68 人	
2015 年	87 人	

4.学校干部培训

磐教〔1993〕26 号文件规定："凡在 1990 年底止，男 55 周岁、女 50 周岁以下的现任中心小学校正副校长(含书记)、完小校长(或负责人)都应接受培训。"岗位培训以国家教委拟定的《全国中小学校长岗位培训指导性的教学计划》为依据，统一使用国家教委规定的教学大纲和教材。

学校干部培训的内容主要有中小学校长任职资格培训、在职校长培训、中小学校长专题培训和后备干部培训。采取在职自学和短期脱产集中培训相结合、理论学习与实践指导相结合、集中学习与外出考察相结合、县内培训与异地培训相结合的形式。

1993 年，开展小学校长岗位培训工作。学员学完每一门课都应进行考试或考察，各科考试成绩合格者发给省教委统一印制、县教育局验印的校长岗位培训合格证书，岗位培训的成绩计入个人档案，是考核任用校长的重要条件之一。

1995 年，开展第二期小学校长培训，有 34 人参加，由县教师进修学校负责实施。

2005 年，县教育局全面推行中小学校长任职资格培训和持证上岗制度，所有中小学校长都持证上岗并且每年参加业务培训。实行中小学校长任期制和任期目标责任制。校长每届任期原则上为 3 年，校长上任前签订任期目标责任书，每学年考核一次，并把考核结果作为校长奖惩、继续聘用或解聘的重要依据。实行中小学校长年度和离任审计制度。县教育局对各单位的经费来源及支出情况进行年度审计监督，中小学校长离任前都经过离任审计，检查校长任职期间学校的经费管理及使用情况。

2008 年 7 月，举办首期中小学校长拓展培训班，参加对象为中小学校长、直属单位负责人和教育局部分业务干部，培训为期 12 天，分两个阶段进行，培训对象共 47 人，培训形式为理论学习、参观考察、校长论坛、总结反思等，要求每位参训人员撰写调研文章和体会文章。同年还举办校长提高培训、任职资格培训、领雁工程省市级培训、名校长培养对象培训等，共培训 142 人次。

2009 年，在全县中小学校长中开展读书征文活动，举办中小学校长论坛。

2010 年 11～12 月，举办校长读书班和学校管理骨干培训班。两期培训班采取"专题讲座、参观考察、体会交流"相结合的方式，纪律严明，内容丰富。此外，组织 11 名校长参加"领雁工程"省市级骨干培训，选送 3 名校长参加任职资格培训，49 名校长参加提高培训。2011～2015 年，每年举办不同形式的校长培训班，并在 2014 年把部分校长培训心得编为《曲径通幽》一书出版。

表 2－40　　1993～2015 年磐安县教育系统各类干部培训情况统计表

时　间	名　称	人　数
1993 年 4 月	第一期小学校长培训班第一次培训	34 人
1993 年 11 月	第一期小学校长培训班第二次培训	34 人
1994 年 10 月	第一期小学校长培训班第三次培训	34 人
1995 年 7 月	第二期校长培训	30 人
1997 年 6 月	第三期校长培训	6 人
1999 年 5 月	第四期校长提高培训	54 人
2003 年 5 月	第五期小学校长培训	20 人
2004 年 2 月	县小学校长提高培训	43 人
2005 年 4 月	中小学校长提高培训暨初中教导主任专题培训	67 人
2005 年 9 月	中小学校长、骨干教师“教师专业发展与基础教育改革”专题培训	365 人
2008 年 8 月	首届中小学校长拓展培训班	48 人
2009 年 12 月	首期学校管理骨干培训班	34 人
2010 年 10 月	中小学管理骨干培训	60 人
2011 年 8 月	中小学校长培训班	50 人
2011 年 12 月	中小学班主任技能高级研修培训	150 人
2012 年 9 月	中小学管理骨干培训	50 人
2011 年 12 月	学校管理骨干暨部分优秀教师培训班	78 人
2012 年 7 月	中小学校长培训	50 人
2012 年 7 月	学科教研员、教学管理骨干培训	58 人
2012 年 7 月	班主任培训，政教主任、少先队辅导员培训	35 人
2013 年 4 月	中小学班主任(骨干)理论培训	60 人
2013 年 8 月	局管后备干部培训	61 人
2014 年 7 月	副校长读书班	70 人
2014 年 7 月	办公室主任兼部分教育信息骨干培训班	40 人
2014 年 7 月	工会主席培训班	40 人
2015 年 7 月	中小学政教主任培训	56 人
2015 年 7 月	中小学校长短期培训	52 人

5.领雁工程

从 2008 年开始，全面组织实施省农村中小学教师“领雁工程”，省财政安排培训补助经费，专项用于农村中小学教师“领雁工程”骨干教师(校长)省级培养培训。2008 年、2009 年、2010 年三年，参加省、市“领雁工程”培训的有初中教师 83 人、小学教师 120 人。

6.教师专业发展培训

自 2011 年开始，以 5 年为一个周期，在职中小学教师周期内参加专业发展培训时间累计不得少于 360 学时，其中校本培训时间的计算不超过总学时的 1/3。教师周期内培训时间，可以集中使用，也可分散使用，但至少参加一次不少于 90 学时的集中培训，每年参加培训时间一般不低于 24 学时。培训分校本培训、学科专业发展培训、综合培训三种形式。教师通过浙江省中小学教师专业发展培训管理平台自主选择培训项目,获取参训信息,县培训管理部门通过管理平台为每所学校、每位教师设立单位和个人专用培训账号,记录教师的培训档案以及对教师参训情况的审核等。

到2015年底,共完成培训621741学时,举办各类综合集中培训14366人次,参训人员7786人。

表2—41　　2011～2015年度教师专业发展培训统计表

年度	参加国家级培训人数(人)	参加省级培训人数(人)	参加市级培训人数(人)	县级				
				指令性培训人数(人)	参加学科长短期培训			
					人次(次)	人数(人)	学时数(个)	人均学时数(个)
2011年	2	2	0	298	1448	1412	96247	68.16
2012年	4	27	4	379	2012	1487	105064	70.66
2013年	15	12	75	344	3040	1546	111260	71.97
2014年	12	33	76	398	3654	1640	119048	72.59
2015年	13	85	100	367	4212	1701	190122	111.77
合计	46	159	255	1786	14366	7786	621741	395.15

(三)教师进修培训的管理

1990～2015年这26年间,县教师进修学校承担全县初中、小学、幼儿园教师的学历教育、干训、师训,以及各类学科的短训工作。负责全县中小学、幼儿园教师的专业合格考试辅导,高师、中师自考辅导,初中、小学行政领导培训、小学新教师培训、教学骨干培训,中小学教师普通话等级考试和计算机应用能力培训,幼儿园教师、小学教师、初中教师继续教育,中师(幼师)函授班;协助金华教育学院、金华职业技术学院、浙江师范大学、杭州幼儿师范学校大专本科函授教育组织工作。

为进一步加强对教师培训的管理工作,提高培训质量,磐安县教师进修学校对教师进修提出"五年有规划、年度有计划、学校有统筹、阶段有考核"的实施方针;培训管理按照《磐安县教师专业发展操作规程》中确定的管理领导小组工作职责、学科教研员工作职责、师干训处工作职责、后勤服务工作职责,明确分工、落实责任,按照规定操作程序做好各项教师培训工作。培训工作结束后,由管理领导小组根据考核办法对教师培训工作进行考核。业务管理严格按照《磐安县教师专业发展培训管理考核办法》执行,按照"周密计划、创新机制、完善内容、严格管理、质量第一"的指导方针具体实施。经费管理方面,严格按照《浙江省中小学教师专业发展培训若干规定》中提出的教师工资总额的3%和公用经费10%的培训经费落实政策,磐安县教师进修学校严格按照省、市、县相关规定,制定《磐安县教师专业发展培训经费管理办法》,按照规定程序执行。

第四节　教师奖惩

一、教师表彰与奖励

(一)表彰

对教师进行表彰的单位,既有各级人民政府,也有各级教育行政部门。表彰的种类,有优秀教师、优秀教育工作者、师德标兵、优秀班主任等。表彰一般以精神鼓励为主。

表 2—42　　2000～2015 年磐安县教育系统获得省级以上表彰名单

荣誉名称	2000 年	2001 年	2002 年	2003 年	2004 年	2005 年	2006 年	2007 年	2008 年	2009 年	2010 年	2011 年	2012 年	2013 年	2014 年	2015 年
全国五一劳动奖章	—	—	—	—	—	—	—	—	—	黄龙飞	—	—	—	—	—	—
感动中国年度人物	—	—	—	—	—	—	—	—	—	—	—	—	陈斌强	—	—	—
全国五四青年奖章	—	—	—	—	—	—	—	—	—	—	—	—	—	陈斌强	—	—
全国优秀教师	曹苏芬	—	—	—	—	—	—	楼晓明	—	申屠兴山	—	—	—	—	—	—
全国师德楷模	—	—	—	—	—	—	—	—	—	—	—	—	—	陈斌强	—	—
省五一劳动奖章	—	—	—	—	—	—	—	—	黄龙飞	—	—	—	—	—	—	—
省道德模范	—	—	—	—	—	—	—	—	—	—	—	—	—	陈斌强	—	—
省优秀教师	—	—	施妙英	—	张生芳	—	—	卢章红	—	—	—	—	—	—	—	—
省优秀教育工作者	—	—	陈益青	—	—	—	—	—	—	—	—	—	—	—	—	—
省优秀教研员	—	—	—	—	—	—	—	—	—	杨龙江 周超英	—	—	卢国兴 张生芳	—	—	朱旭芳
省师德楷模	曹苏芬	厉育平	—	—	施妙英	—	—	施慧飞	—	—	郑远华	—	张陵陵 陈文包	—	韦俊贞	—
省春蚕奖	曹岩火 朱凤爱	张美瑶 曹俊福	陈品山 傅　君	马金火 赵贵忠	曹聪丁 陈育民	陈连星 楼晓明	韦洪武 郑素芳	周生民 张志辉	沈　斌 郭兴陆	陈新芳 潘仲良	傅美华 施双玲	—	周春明	—	周瑞生 陈卓珺	—
省绿叶奖	张方荣	卢海浪	陶诚华 楼炉成	葛汝金	周良政	陈峰齐	葛德好	曹品理 施彩华	王光荣	卢文光	周丽水	—	倪江航	—	陈蕾妍 陶伟英	—

表 2—43　　2000～2015 年磐安县教育系统获得市级表彰名单

荣誉名称	2000 年	2001 年	2002 年	2003 年	2004 年	2005 年	2006 年	2007 年	2008 年	2009 年	2010 年	2011 年	2012 年	2013 年	2014 年	2015 年
市劳模	—	—	—	—	—	—	—	—	—	—	曹苏芬	—	—	陈斌强	—	—
市师德楷模	—	施妙英	—	—	—	—	—	—	—	—	—	—	—	陈斌强	—	—
市师德先进个人	—	—	—	—	—	—	—	—	—	—	—	—	—	潘福云 陈树彩	—	胡炳云 杨守正
市优秀教育工作者	—	王长新	陈荣贵	—	陈连星	—	—	施逢介	—	—	陈锦波	—	—	陈红光	—	—
市优秀教师	—	陈万海 郑　旌 陈宝花	陈红光 陈桂正 韦婷霞	孔爱玉 虞彩虹 周瑞生	陈日伟 陈心洲 卢菊光	—	—	陈　苗 陈湘芬 吕世明	—	—	郑海燕 陈月莲 陈正洪	—	—	周华英 胡国平	—	—
市美丽教师	—	—	—	—	—	—	—	—	—	—	—	—	—	—	应时宝 何兰英	—
市优秀班主任	—	—	—	—	—	—	蒋丽霞 朱旭芳 周春芳 俞爱玲 施双玲 吴素英 潘时明 王永良 蔡碧云	—	范　斌 蒋秀珍 施月娥 金海芳 程丽燕 陈促进 胡巧英 卢杨枝 张雅珍	—	—	王　芳 周喜林 马玉叶 张小娟 葛宝芳 傅耿英 陈　群 卢淑叶 曹金娥	—	—	王阳升 范淑莲 马秋江 董兰芳 羊妙爱 吕海燕 曹丽丽 韦俊贞 朱美秀	—
市行业青年标兵	—	—	—	—	—	—	—	—	—	—	—	胡爱芬 胡越男 张陵陵 蒋丽霞	—	—	—	—

(二)奖励

奖励主要是各级政府或教育行政部门对优秀教师的物质鼓励。

1.省部级

1995年,人事部规定,享受省、部级劳动模范、先进工作者待遇人员,奖励晋升一级职务(岗位)工资,从是年6月执行。

2006年,人事部规定,享受省、部级劳动模范、先进工作者待遇人员,可在本人套改工资的基础上适当高定工资档次,高定的工资原则上不超过两个档次或两个薪级。

2007年12月,国人部发〔2007〕158号《关于调整特级教师津贴标准的通知》,从2008年1月1日开始,特级教师津贴标准由每人每月80元调整为每人每月300元。

被评为全国优秀教师,奖励3000元,获省优秀教师、春蚕奖、绿叶奖、师德楷模等荣誉,奖励500元。

农村教师突出贡献奖:第一届(2009年)尖山初中陈永平,奖励1万元;第二届(2011年)尚湖小学曹金娥,奖励1万元;第三届(2013年)双峰小学曹樟木,奖励5万元。

2.市级

被评为市名师名校长,奖励2000元。被评为市优秀班主任、教育工作者、优秀教师等,奖励300元。

3.县级

(1)优秀专业技术人才奖。2003～2007年,教育系统每年有45人定为县优秀专业技术人才,奖金每人6000元。

(2)教育特殊津贴人才奖。根据《磐安县教育特殊津贴人才评选管理办法(试行)》(县委办〔2012〕98号)精神,经过申报、初审、评审、票决、公示等环节,并经县委人才工作领导小组研究审定,黄龙飞等35人为第一批享受教育特殊津贴人员,每月享受500元、700元、1000元不等津贴,津贴享受期限为2014年1月至2016年12月,其间,因调动、辞职等原因离开磐安县中小学校专业技术岗位的,自离岗之月起停发津贴。

(3)其他奖励。2000年,《磐安县加快教育改革和发展的若干意见》(县委〔2000〕45号)规定,凡获评省特级教师、功勋教师,奖5万元,分5年发放,每年1万元,3年后奖励固定二级工资;获评省教坛新秀,奖励3万元,分3年发放,每年1万元,3年后奖励固定二级工资;获评市、县教坛新秀,分别奖励0.6万元、0.1万元,届满后奖励固定一级工资。该政策至2015年仍在执行。

(三)惩处

县教育局建章立制,赏罚严明,防治并重,惩戒结合,努力打造一支遵规守法、道德高尚的教师队伍,以保护师生权益,保证学校工作的顺利开展,维护学校神圣殿堂的纯洁和尊严。

根据《中国共产党纪律处分条例》《事业单位工作人员处分暂行规定》《中小学教师违反职业道德行为处理办法》《磐安县教育局关于教育系统工作人员违规违纪行为处理意见(试行)》《磐安县教职工违规办班、带生及从事有偿家教处理办法》《关于严肃政纪、加强廉政工作的意见》等规定,1990～2015年,上级部门、磐安县教育局先后处分违规违纪的学校领导与教职工100人。其中,党内警告处分15人,党内严重警告处分3人,开除党籍2人,诫勉谈话2人,书面通报批评17人,书面效能告诫2人,行政警告处分16人,行政记过处分12人,行政记大过处分13人,行政降级处分1人,行政撤职处分2人,行政开除处分9人,行政开除、开除党籍处分3人,行政开除、留用察看一年处分2人,行政开除、留用察看一年、开除党籍处分1人。

受处分缘由:违反机关作风与效能建设纪律的8人,擅离职守、擅自离教、失职渎职的13人,违反政纪、违规带生的 6 人，贪污挪用、违反财经纪律的 14 人，违反考试工作纪律的 5 人，违反计划生育条例的 5 人，酒后开车造成交通事故的 4 人，酗酒闹事的 1 人，报复他人的 2 人，生活作风问题的 15 人，行贿受贿的 11 人，体罚、变相体罚学生的 4 人，敲诈勒索的 1 人，殴打他人的 4 人，参与赌博的 5 人，办理假学历证明的 2 人。

第五节　教师待遇

一、教师社会地位

献身山区教育事业的磐安县中小学教师，因工作辛苦、生活清苦、敬业爱生、教书育人而赢得党和人民的尊重。政府为从教 30 周年的教师颁发荣誉证书；在“感动磐安人物”“最美磐安人”等评选活动中为教师留下名额；教师节，党政领导走访各类学校，倾听教师呼声；县历届党代会、人代会及政协会议上，有教师代表参政议政，部分教师甚至当选为省市党代表、人大代表及政协会员。县人大教育界历届代表的比例分别是：第一届 9.6%，第二届 7.4%，第三届 7.5%，第五届 5.5%，第六届 10.6%，第七届 9.2%，第八届 8.6%，第九届 6.0%，第十届 5.3%，第十一届 4.7%，第十二届 1.8%。

表 2—44　　**磐安教育界历届县党代表名单**

时　间	届　数	姓　名	单位职务	备　注
1956 年	第一届			材料缺失
1984 年 6 月～1985 年 12 月	第二届	葛德秀	磐安中学书记	—
		赵土金	玉山中学书记	—
		熊　威	盘山中学副书记	—
		羊荣根	县文教局局长	—
		陈财富	新渥中心校校长	—
		金伦花	胡宅中心校教师	—
		周际藻	玉山教办副主任	—
		童廷冬	安文镇校教师	—
		陈智春	深泽初中校长	—
1985 年 12 月～1990 年 3 月	第三届	羊荣根	县教育局局长	—
		杜召荣	盘山中学副校长	—
		陈岩根	职业技校副书记	—
		赵九皋	玉山中学副书记	—
		马式中	磐安中学书记	—
		陈永仙	磐安中学出纳	—
		陈知春	深泽教育支部书记	—
		马式良	双溪中心校书记	—
		葛楚元	大盘中心校书记	—
		童廷冬	安文镇中教师	—

续表 2—44

时间	届数	姓名	单位职务	备注
1985年12月～1990年3月	第三届	周际藻	玉山教办主任	—
		周中其	岭口初中校长	—
1990年3月～1993年3月	第四届	羊荣根	县教育局局长	—
		严惠良	磐安中学校长	—
		陈永仙	磐安中学教师	—
		马式中	磐安电视大学工作站站长	—
		吕立其	磐安职业技校支部书记	—
		陈正财	方前中心校校长	—
		胡余良	万苍教育支部书记	—
		李季良	胡宅中心校校长	—
		韦天德	尚湖镇校书记	—
		周艳姣	岭口中学教师	—
		陈爱珍	安文镇校教师	—
		胡中人	新渥小学校长	—
		张美瑶	尖山镇校校长	—
		陈财富	安文教办支部书记	—
		潜宏飞	深泽初中校长	—
		马式良	双溪中心校支部书记	—
1993年3月～1998年3月	第五届	杜天笋	县教研室党支部书记、主任	—
		孙尧芳	磐安中学教师	—
		马邦星	县职业技校校长	—
		金彩荣	县教育局局长	—
		胡中人	新渥小学校长	—
		赵贵忠	深泽初中校长	—
		陈岩根	安文镇中校长	—
		陈德信	尚湖镇中校长	—
		胡余良	万苍中心校校长	—
		李季良	胡宅中心校校长	—
		胡光荣	方前中心校校长	—
		蔡龙兴	窈川中心校校长	—
1998年3月～2001年12月	第六届	金彩荣	县教委主任	—
		李　坚	县教研室主任	—
		周中其	玉山中学校长	—
		陈锦霞	县职业技校副校长	—
		蔡苏旦	安文镇中校长	—

续表 2—44

时　　间	届　　数	姓　　名	单位职务	备　　注
1998 年 3 月～2001 年 12 月	第六届	周金军	安文镇校校长	—
		蔡苏明	窈川中心校校长	—
		羊建新	双峰中心校校长	—
		张中华	尚湖镇中校长	—
		张美瑶	玉山镇中心校校长	—
		曹岩火	深泽小学校长	—
		傅小卫	方前镇中校长	—
		洪用照	盘峰中心校校长	—
2001 年 12 月～2006 年 12 月	第七届	陈益青	县文教局局长	—
		陈雪珍	磐安二中副校长	—
		陈新芳	县实验小学校长	—
		吕晓华	安文镇校教师	—
		周宏光	安文镇中党支部书记、校长	—
		楼如意	新渥中心小学工会主席	—
		黄福根	仁川镇中心小学党支部书记、校长	—
		羊宝秋	深泽初中党支部书记、校长	—
		张巧芳	玉山镇中心小学副校长	—
		厉育平	尚湖镇校党支部书记、校长	—
		陈锦波	尖山镇中心校党支部书记、校长	—
		羊建新	双峰中心小学党支部书记、校长	—
		朱水生	方前镇中党支部书记、校长	—
2006 年 12 月～2011 年 12 月	第八届	陈益青	县教育局局长	—
		周　前	安文小学教师	—
		厉芬芳	安文初中党支部书记、副校长	—
		陈跃军	新渥镇中校长	—
		羊建新	仁川镇校党支部书记、校长	—
		胡金田	玉山中心校校长	—
		陈锦波	尚湖中心小学党支部书记、校长	—
		王高源	尖山镇中校长	—
		陈连星	方前中心校党支部书记、校长	—
		周秋生	深泽初中党支部书记、校长	—
		张巧芳	万苍乡中心小学党支部书记、校长	—
		胡芝芳	磐安中学教师	—
		陈新芳	县实验小学校长	—
		金妙翠	县教育局教研室教研员	—
		陈雪珍	磐安二中副校长	—

续表 2—44

时间	届数	姓名	单位职务	备注
2011 年 12 月～	第九届	吕为苗	县教育局局长	—
		贾美珍	县教育局人事科副科长	—
		陈红光	县实验幼儿园园长	—
		陈月莲	安文小学副校长	—
		蒋丽霞	实验小学教务处主任	—
		陈连星	方前中心校党支部书记、校长	—
		胡黎明	万苍中心小学党支部书记、校长	—
		陈锦波	尚湖中心小学党支部书记、校长	—
		厉育平	尖山中小小学党支部书记、校长	—
		傅政权	仁川初中党支部书记、校长	—
		张雪兰	玉山镇中心小学副校长	—

磐安教育界历届省市党代表名单

浙江省第十一届(2002.4～2007.4):深泽小学校长曹苏芬

浙江省第十三届(2012.2～):深泽小学校长曹苏芬

金华市第一届(1986.11～1991.6):安文镇中教师童廷冬

金华市第二届(1991.6～1996.6):磐安县教育局朱敬

金华市第三届(1996.6～2000.3):磐安中学副校长陈德龙

金华市第四届(2000.3～2005.3):深泽小学校长曹苏芬

金华市第五届(2005.3～2012.2):安文小学校长施妙英　深泽小学校长曹苏芬

金华市第六届(2012.2～):安文小学校长施妙英　深泽小学校长曹苏芬

表 2—45　磐安教育界历届县人大代表名单

时间	届数	姓名	单位职务	备注
1954 年 7 月～1956 年 12 月	第一届	陈章春	文范中学校医	—
		邓康寿	磐安中学校医	—
		周历山	磐安中学总务主任	—
		吕思娟	磐安中学学生	—
		程人培	民范乡校教师	—
		陈章庆	雅庄小学教师	—
		杨长寿	尚湖区校教师	—
		陈德兴	大皿区校教师	—
		冯天超	磐安中学副校长	—

续表 2－45

时　　间	届　数	姓　名	单位职务	备　注
1956 年 12 月～1958 年 5 月	第二届	卢念球	磐安中学教导主任	—
		陈月荀	磐安中学学生	—
		陈德兴	大皿区校教师	—
		胡基木	翠峰小学教师	—
		周历山	磐安中学总务主任	—
		陈章庆	深泽小学辅导员	—
		杨长寿	尚湖区校校长	—
		冯天超	磐安中学副校长	—
1958 年 6 月～1958 年 11 月	第三届	周历山	磐安中学总务主任	—
		陈德兴	仁川小学校长	—
		杨长寿	白云小学校长	—
		程人培	大皿区校校长	—
		陈青光	翠峰乡宅口小学校长	—
		赵一盛	安文镇校校长	
		陈定攀	磐安中学教师	—
		杨幼妹	磐安中学团总支委员	—
1983 年 12 月～1984 年 9 月	第四届	羊荣根	县文教局局长	—
		张忠土	玉山中学教师	—
		周永文	玉山岭口小学教师	—
		马式中	磐安中学教师	—
		郑维新	盘山区教办干部	—
		陈昭仙	盘山中学教师	—
1984 年 9 月～1987 年 4 月	第五届	马式中	磐安中学副校长	—
		徐宏泰	县文教局副局长	1986.4 调离
		陈进前	玉山中学教师	—
		陈昭仙	盘山中学教师	—
		胡方禄	岭口中心校教导主任	—
		韦永甘	尚湖中学校长	—
		郑汝茂	大盘中心校党支部书记	—
		卢章凤	维新乡中心校炊事员	—
		程人培	仁川乡中心校副校长	—
		朱敏光	双溪乡中心校教师	—
		陈南花	冷水潘潭小学教师	—
1987 年 4 月～1990 年 4 月	第六届	厉妙荣	盘山中学教研组组长	—
		陈进前	玉山中学教师	—

续表 2—45

时间	届数	姓名	单位职务	备注
1987 年 4 月～1990 年 4 月	第六届	潜宏飞	县职业技校副校长	—
		严惠良	磐安中学校长	—
		孔宝泉	县教育局副局长	—
		陈财富	安文区教办主任	—
		赵兰珍	深泽中心校教师	—
		陈荣富	冷水中心校校长	—
		羊跃彩	双峰初中副校长	—
		葛世华	云山中心校党支部副书记	—
		马式良	双溪中心校党支部书记	—
		周中其	岭口乡中学校长	—
		张赞竹	玉峰乡中心校校长	—
		赵贵忠	尖山镇中心校校长	—
		张美瑶	尖山镇中心校副校长	—
		胡启夫	胡宅乡中心校校长	—
		李继书	前山乡中心校教师	—
		陈公良	万苍初中教师	—
		陈德信	尚湖镇中校长	—
		朱致昆	盘山区教办主任	—
		葛楚元	大盘乡中心校校长	—
		陈正财	方前中心校副校长	—
		陈昭仙	安文镇初中校长	—
		杨章荣	安文镇中心校校长	—
1990 年 4 月～1993 年 3 月	第七届	赵闻渔	县教育局副局长	—
		严惠良	磐安中学校长	1990.10 调离
		杨碧烟	磐安县职业技校团委书记	—
		朱致昆	盘山中学校长	—
		张道圣	玉山中学教师	—
		周玲香	安文镇中教师	—
		卢金财	新渥镇中副校长	—
		陈智春	深泽中心小学校长	—
		陈荣富	冷水中心校校长	—
		胡凤升	仁川中心校校长	—
		羊跃彩	双峰初中副校长	1991.3 病故
		周和月	双溪初中教师	—
		周中其	岭口初中校长	—

续表 2—45

时　　间	届　数	姓　名	单位职务	备　注
1990 年 4 月～1993 年 3 月	第七届	张赞竹	玉峰中心校校长	—
		张东平	尖山镇中校长	—
		李继书	前山中心校教师	—
		陈公良	万苍初中教导主任	—
		陈德信	尚湖镇中校长	—
		蔡传昌	九和初中教导主任	—
		周渭堂	九和中心校校长	—
		葛楚元	大盘中心校校长	—
		孙德钱	方前初中党支部书记	—
1993 年 4 月～1998 年 4 月	第八届	曹金贤	安文镇校校长	—
		卢金财	新渥镇中校长	—
		陈品山	冷水初中校长	—
		厉先根	双峰中心校校长	—
		张美瑶	尖山镇中心校校长	—
		周中其	玉山镇中校长	—
		李继书	胡宅前山中心校教师	—
		周瑞珍	万苍初中教师	—
		韦天德	尚湖镇中心校校长	—
		朱士义	尚湖镇中教导主任	—
		葛楚元	大盘中心校校长	—
		孙德钱	方前初中校长	—
		施岩才	方前镇四协中心校校长	—
		蔡德扬	双溪初中校长	—
		赵闻渔	磐安中学校长	—
		陈财富	磐安教育局副局长	—
		朱　萍	县教育局干部	—
		朱金龙	磐安中学教师	—
		陈尚根	县职业技校校长	—
		周瑞生	玉山中学教师	—
		吴良驹	盘山中学校长	—
1998 年 4 月～2003 年 3 月	第九届	施妙英	方前镇中心小学教导处副主任	—
		曹苏芬	新渥镇中心小学副校长	—
		马瑞珍	仁川镇中教师	—
		袁金兰	尚湖中心校教师	—
		张瑞良	玉山区域教办副主任	—

续表 2—45

时　　间	届　数	姓　名	单位职务	备　注
1998年4月～2003年3月	第九届	胡彩莲	胡宅中心校教师	—
		周瑞珍	万苍初中教师	—
		胡金田	九和中心校校长	—
		曹美芳	磐安电大工作站职工	—
		杜天笋	县教委副主任、磐安中学校长	—
2003年3月～2006年3月	第十届	曹苏芬	深泽中心校校长	—
		马丽春	新渥中心校教科室副主任	—
		陈卓珺	县第三中学校长	—
		陈修良	尚湖镇中校长	—
		周爱菊	盘山中学教师	—
		施妙英	方前镇中心校校长	—
		胡彩莲	胡宅中心校教师	—
		胡金田	万苍中心校校长	—
		陈美伟	磐安县文化教育局副局长	—
		胡红霞	磐安中学教师	—
2006年3月～2011年3月	第十一届	施妙英	安文镇中心小学校长	—
		曹苏芬	深泽中心校校长	—
		张美瑶	县第三中学校长	—
		胡云高	胡宅中心校校长	—
		施逢介	盘山中学校长	—
		陈美伟	县教育局副局长	—
		施彩娟	县教育局勤办	—
		黄加文	磐安中学校长	—
2011年3月～	第十二届	曹苏芬	深泽中心校校长	—
		黄加文	磐安中学校长	—
		傅菁菁	磐安职业技校办公室主任	—

磐安教育界历届省、市人大代表

浙江省第七届人大代表(1988.2～1993.1):磐安中学教师金品高

金华市第一届人大代表(1985.9～1990.6):岭口中学教师周艳姣　磐安中学校长严惠良　冷水潘潭小学民办教师陈南花

金华市第二届人大代表(1990.6～1995.6):磐安中学校长严惠良　岭口中学教师周艳姣　县教育局副局长、磐安中学校长赵闻渔(1992.2补选)

金华市第三届人大代表(1995.6～2000.4):磐安中学校长杜天笋

金华市第四届人大代表(2000.4～2005.4):安文镇中校长蔡苏旦

金华市第五届人大代表(2005.4～2011.4):实验小学校长陈新芳

金华市第六届人大代表(2011.4～):实验小学校长陈新芳

磐安教育界历届县政协委员

第一届(1986.6～1987.4)

韦永甘	韦晓帆	申屠祖福	朱金龙	吴厚宪	吴祖田	余振春	陈文烈
周月皎	金品高	胡方鹤	胡明高	陈阳花	陈式浩		

第二届(1987.4～1990.4)

王泽汉　韦永甘　申屠祖福　申屠东　韦晓帆　朱金龙　吴祖田　胡明高
吴厚宪(1988.3不再任职)　余振春　陈阳花　陈文烈　陈式浩　金品高　周月皎

第三届(1990.4～1993.3)

马淑媛	王泽汉	韦永甘	孔祥月	申屠东	朱　敬	朱金龙	杨　青
杨龙海	吴克强	张爱卿	陈文烈	赵乃文	胡东洲	黄月平	蒋永贤
傅元星							

第四届(1993.3～1998.4)

马淑媛	王妙珍	王泽汉	韦新月	孔祥月	孔维春	厉正龙	朱　敬
杨　青	杨龙海	张爱卿	陈文烈	陈顺秀	周桂星	郑一鸣	赵乃文
胡东洲	黄月平						

第五届(1998.4～2003.3)

王妙珍	韦新月	韦新敏	孔元德	厉正龙	杨龙海	应天有	应时法
孔维春	张爱卿	陈顺秀	陈毓芝	周永君	周桂星	庞　茂	郑如茂
胡东洲	郭永贵	黄月平	潘兰燕				

第六届(2003.3～2007.1)

马秀兰	韦新月	吕为苗	杨龙海	杨爱萍	张天德	张荣芳	陈林森
陈顺秀	陈湘阳	陈毓芝	周桂星	庞　茂	施丽娟	黄飞鸽	黄华青
曹岩火	蒋静芳	蔡德扬					

第七届(2007.3～2012.3)

陈林森　关宝林　周宏光　陈顺秀　黄龙飞　张琰珍(七届四次止)　周芳珍
杨龙海　胡红霞　黄飞鸽　曹岩火　杨爱萍(七届四次止)　蒋静芳　胡海阳
张纯刚　申屠晓莲　杨美玲　郑正弟　施丽娟　朱凤爱

第八届(2012.3～　)

周宏光(八届四次止)　黄龙飞　郑时花　朱梅光　陈卓珺(八届四次止)　袁雪珍
张纯刚　郑正弟　陈林森　杨玉湘　徐东平　周苏丹　羊妙卿　沈菊婷
申屠晓莲　羊冬飞　关宝林　沈天印(八届五次始)　王高源(八届五次始)

磐安教育界历届市政协委员

金华市政协委员

第一届(1985.9～1990.6):新渥初中教师程人培

第三届(1995.6～2000.4):磐安中学教师黄龙飞

第四届(2000.4～2005.4):磐安中学教师黄龙飞　磐安县教育局副局长潘丽霞

第五届(2005.4～2011.4):深泽初中教师吕秀英　磐安中学校长黄加文

第六届(2011.4～　):磐安二中校长周生民　深泽初中校长孔新玉

二、教师工资待遇

(一)工资

1985年,工资改革全面展开,实行以职务工资为主要内容的结构工资制,全县教师工资普遍提高。1986年,为5%工资偏低的教师上调一级工资,对于取得合格学历者加发奖励工资。1988年10月起,中小学教师工资按标准上浮10%,行政及其他职工上浮一级工资,离退休教师按退休工资标准提高10%。

1993年,进行第三次工资改革,全县教育系统参加工资改革的教职工1634人,月人均增资122.1元;民办教师月人均增资115元;退休教师月人均增资95元。是年起,全县事业单位执行正常增资机制,凡教职工正常履行工作职责,年度考核合格者,每两年可在本职务(岗位)工资标准内晋升一个工资档次,离退休人员每两年增加一次离退休费。

1995年1月,为改进工资分配办法,贯彻"按劳分配"原则,决定在全县校长负责制试点学校试行结构工资制。结构工资一般由基础工资、课时(岗位)工资和效益工资构成。三部分权重比例分别为70%、15%、15%。

1997年7月,开始执行对艰苦地区连续两年考核优秀的中小学教师晋升一档职务工资政策。教师的工资标准根据国家经济发展情况和人民生活水准的提升调整提高,逐步落实党和政府关于教师工资不低于当地公务员标准的政策,分别于1997年7月、1999年7月、2001年1月、2001年10月、2003年7月、2006年7月6次调整工资,提高幅度较大。2004年开始,全面实行教师工资由银行代发的统一发放形式,基本做到按时足额发放。

2007年7月,根据人事部、财政部、教育部印发的《高等学校、中小学、中等职业学校贯彻〈事业单位工作人员收入分配制度改革方案〉三个实施意见》的通知(国人部发〔2006〕113号),结合浙江省实际,提出浙人薪〔2007〕168号指导意见,为乡镇及以下中小学工作的教师,从2006年7月1日起,浮动1级薪级工资,满8年后予以转为固定,固定后继续浮动。

2009年12月,根据《国务院办公厅转发人力资源社会保障部财政部教育部关于义务教育学校实施绩效工资指导意见的通知》(国办发〔2008〕133号)、《浙江省人民政府办公厅转发省人力资源和社会保障厅省财政厅省教育厅关于义务教育学校绩效工资实施意见的通知》(浙政办发〔2009〕67号)精神,结合磐安实际,制定《磐安县关于义务教育学校绩效工资实施办法》。绩效工资总量暂按学校工作人员上年度12月份基本工资额度和规范后津贴补贴水平核定,义务教育学校实施绩效工资同清理规范义务教育学校津贴补贴结合进行,将规范后的津贴补贴和原国家规定的年终一次性奖金(12月份基本工资)纳入绩效工资总量。绩效工资分为基础性绩效工资和奖励性绩效工资两部分。基础性绩效工资主要体现地区经济发展水平、物价水平、岗位职责等因素,占绩效工资总量的70%;奖励性绩效工资主要体现工作量和实际贡献等因素,占绩效工资总量的30%。

2010年2月,磐安县教育局出台《关于义务教育学校教职工奖励性绩效工资分配的指导意见》,奖励性绩效工资占绩效工资总量的30%。各校奖励性绩效工资根据年度考核结果适当拉开差距，按初中、小学(含中心校)分为一等(占20%)、二等(占50%)、三等(占30%)，加权后人均按1.15∶1.1∶1的比例划拨到学校。学校奖励性绩效工资可设考勤奖、工作量津贴、管理岗位考核奖、班主任考核奖、教育教学成果奖、名优教师奖励、学期(学年)考核奖等项目。各校也可根据实际情况，设立其他项目。其中学校校长的奖励性绩效工资和县级以上名优教师奖励在全县义务教育学校奖励性绩效工资总量内统筹管理。义务教育学校奖励性绩效工资开始执行时间为2009年1月1日。

2015年2月，磐安教育局出台《关于非义务教育学校和下属单位教职工奖励性绩效工资分配的指导意见》，非义务教育学校单位，本单位奖励性绩效工资总量等于绩效工资总量扣除当年发放的基础性绩效工资总量。磐安县非义务教育学校和各下属单位的绩效工资总量按不同办学水平、单位特点核定；奖励性绩效工资主要体现工作量和实际贡献等因素，可设考勤奖、工作量津贴、管理岗位考核奖、班主任考核奖、教育教学成果奖、名优教师奖等项目。各校也可根据实际情况增加其他项目。各项目占绩效工资总量比例由各单位根据实际情况确定。非义务教育学校和下属单位教职工奖励性绩效工资开始执行时间为2010年1月1日。该意见出台前，按照县人劳部门意见，2010～2014年，各单位暂按不低于2009年度奖励性工资水平执行。

同年2月，为全面科学评价校长工作，通过考核机制激发校长工作积极性，促进校长队伍建设，提高学校办学质量和管理水平，磐安县教育局出台印发《中小学、幼儿园、直属单位负责人奖励性绩效工资考核办法(试行)》，从德、能、勤、绩、廉五个方面，考核校长在德育工作、教学质量、队伍建设、校园管理、业务提升等方面的工作实绩，学校管理实绩占70%、教职工民主评议占10%、个人业务占10%、局党组评价占10%。

9月，实施全国机关事业单位养老保险制度改革，根据《国务院办公厅转发人力资源社会保障部财政部关于调整机关事业单位工作人员基本工资标准和增加机关事业单位离退休人员离退休费三个实施方案的通知》(国办发〔2015〕3号)精神，省人力社保厅、省财政厅制定的《关于调整机关工作人员基本工资标准的实施办法》、《关于调整事业单位工作人员基本工资标准的实施办法》(浙政办发〔2015〕78号)，调整基本工资标准从2014年10月1日起开始执行；建立基本工资标准正常调整机制，基本工资标准原则上每年或每两年调整一次，依据工资调查比较结果，综合考虑国民经济发展、财政状况和物价变动等因素确定调整幅度。

附1:

磐安县教育局关于义务教育学校教职工奖励性绩效工资分配的指导意见(试行)

(磐教〔2010〕13号)

各义务教育学校：

根据《浙江省人民政府办公厅转发省人力社保厅省财政厅省教育厅关于义务教育学校实施绩效工资实施意见的通知》、《浙江省义务教育学校教师绩效考核实施意见》和《磐安县人民政府办公室关于印发磐安县义务教育学校绩效工资实施办法的通知》的精神，为了进一步规范全县义务教育学校教职工收入分配秩序，构建科学合理、公平公正、有激励机制的内部分配制度，吸引和鼓励各类优秀人才长期从教，促进教育事业持续发展，结合我县义务教育学校实际，现对我县义务教育学校教职工奖励性绩效工资分配提出如下意见：

一、指导思想

以邓小平理论和“三个代表”重要思想为指导，深入贯彻落实科学发展观，全面贯彻党的教育方针，以服务和促进义务教育科学和谐发展为目标，以加强教师队伍建设为核心，着力构建符合教育教学和教师成长规律、导向明确、标准科学、体系完善的教师绩效考核评价和绩效工资分配制度，促进广大教师为全面实施素质教育、办好人民满意的教育贡献智慧和力量。

二、实施对象

按国家规定执行事业单位岗位绩效工资制度的义务教育学校正式工作人员。

三、考核分配的依据和原则

1. 坚持按劳分配、积极稳妥的原则。以责任和业绩为依据，多劳多得、优绩优酬，适当拉开分配差距，重点向骨干教师及作出突出成绩的其他工作人员倾斜。同时，统筹兼顾学校内部各类人员之间绩效工资分配关系，稳步推进绩效工资的实施。

2. 坚持学校自主、科学合理的原则。按规范的分配程序和要求，在核定的奖励性绩效工资总量内，学校应结合自身的特点，建立科学合理的分配机制，在县教育局规定的框架内自主决定内部收入分配的方式和办法。

3. 坚持民主决策、公正公平的原则。分配工作全过程实行阳光操作，各校制定具体的分配方案，要经学校教代会讨论通过，确保教职工有知情权、参与权和监督权。

四、奖励性绩效工资总量

奖励性绩效工资占绩效工资总量的30%。各校奖励性绩效工资根据年度考核结果适当拉开差距，按初中、小学(含中心校)分为：一等(占20%)、二等(占50%)、三等(占30%)，加权后人均按1.15∶1.1∶1的比例划拨到学校。

五、奖励性绩效工资的构成与分配

根据省市有关文件精神，学校奖励性绩效工资可设考勤奖、工作量津贴、管理岗位考核奖、班主任考核奖、教育教学成果奖、名优教师奖励、学期(学年)考核奖等项目。各校也可根据实际情况，设立其他项目。其中学校校长的奖励性绩效工资和县级以上名优教师奖励在全县义务教育学校奖励性绩效工资总量内统筹管理。

1. 考勤奖。主要体现对日常出勤和在岗情况的考核奖励。占各校奖励性绩效工资总量的10%左右。

2. 工作量津贴。主要体现多劳多得。各校可根据实际对本校教职工工作量进行量化赋分，量化出学校所有岗位月工作量，根据工作量津贴的经费总额度来测算每位教职工所发放的工作量津贴。工作量津贴占各校奖励性绩效工资总量的20%左右。

3. 管理岗位考核奖。学校管理岗位原则上是指学校领导、中层干部等岗位。中层正职的管理岗位考核奖原则上不超过基础性绩效工资中班主任津贴标准，由学校根据实际情况在奖励性绩效工资总额的5%以内确定奖励数额。学校要在对管理人员履行职责情况进行全面考核的基础上进行奖励并适当拉开差距。兼任多个管理岗位职务的人员原则上按最高职务考核奖励，不重复计算。

4. 班主任考核奖。学校应完善班主任考核办法，在内部分配时可进一步向班主任倾斜，根据班主任工作的考核实绩和班级规模适当拉开差距。额度按奖励性绩效工资总量的5%左右确定。

5. 教科研成果奖。主要体现对教职工教育、教学取得成绩的激励。各校要进一步完善教职工在教育教学科研和培养、指导青年教师、专业发展等方面取得成绩的奖励。

6.名优教师奖励。主要体现对优秀教师的奖励。除特级教师津贴和县级以上政府对名优教师进行的一次性奖励外,其余对名优教师的奖励全部纳入奖励性绩效工资总量内。

7.教育教学业绩考核奖主要体现教职工在教育教学过程中岗位职责履行情况和对教师教育教学工作取得成绩的激励,可采取定性评价与定量分析相结合进行。学校可以根据考核情况,合理确定考核奖的分配等次。考核奖的发放按考核等次或分值适当拉开差距,不得平均发放。考核奖总量控制在奖励性绩效工资总量的50%左右。

考核工作由学校按规定的程序进行,在考核中,要明确规定:教师应自觉抵制有偿家教;不得以任何理由、任何方式影响教育教学任务的完成、干扰正常教育教学秩序、损害学生利益;切实承担起安全管理的职责。并将上述要求作为教师考核合格的必备基本条件。

8.其他项目。各校也可根据实际情况,设立其他项目。

六、绩效工资发放形式

义务教育学校奖励性绩效工资年终按考核结果造册,经县教育局审核后,由财政会计核算中心(乡财县管中心)统一划入个人工资银行账户。

七、有关规定

1.下列人员不参加当年奖励性绩效工资的分配

(1)严重违反师德被查处的;

(2)当年旷工累计达5个工作日以上(含)的,病假事假累计超过2个月(含)以上的;

(3)不参加年度考核或参加年度考核确定为不合格的;

(4)失职、其他严重违纪行为,被依法追究刑事责任的。

2.经组织批准带薪学习(培训考察)的教职工,奖励性绩效工资照发。

3.借用人员奖励性绩效工资由现实际工作单位发放。

4.下派上挂的支教人员奖励性绩效工资由原学校发放,考核情况由支教学校提供。

5.受行政或受党(团)内警告处分的教职工,在处分期间不享受奖励性绩效工资,解除处分后,从次月起享受奖励性绩效工资。

6.教职工退休,从办理退休手续次月起,停发奖励性绩效工资。

7.校长绩效考核办法和县以上名优教师奖励办法另行制订。

八、组织实施

(一)统一思想,提高认识。做好教师绩效考核和奖励性绩效工资的分配工作是加强教师队伍建设的重要基础。各学校要高度重视,精心部署,切实做好深入细致的思想政治工作,引导教职工正确对待考核和分配工作,以考核促进学校发展。

(二)加强领导,明确职责。县教育局成立义务教育学校教职工绩效考核和分配工作领导小组,由局长任组长,分管副局长任副组长,人事、计财、教育、监察、督导、教研室等有关科室负责人为成员,领导小组下设办公室,办公室设在局人事科,切实加强绩效考核工作的指导和监督检查。各校要成立绩效考核小组,负责制定本校教师绩效考核办法并组织实施。考核小组的成员应具有代表性,包括校长、书记等学校领导,校工会主席以及一定比例的教职工代表等。

(三)制定方案,认真实施。义务教育学校要结合本校实际,与原结构工资方案等有机结合,制定具体的分配方案。学校要充分发扬民主,广泛征求教职工的意见。分配办法须根据县教育局出台的指导性意见,在广泛征求教职工意见的基础上,经学校领导班子集体研究,报县教育局审核,经教职工代表大会(教职工大会)通过后实施,并在本校公开。

(四)健全制度,完善体系。义务教育学校绩效工资实施后,各学校要结合实际建立和完善考核制度,要积极探索、创新绩效考核的机制与方法,规范考核程序,完善考核内容,不断提高绩效考核的科学性,充分发挥绩效考核在加强教师队伍建设,促进全面实施素质教育中的重要作用。

(五)严格管理,严肃纪律。实行本办法后,各中小学校一律不得另立名目自行发放津贴补贴,不得挤占学校公用经费和项目资金发放津补贴,不得违反规定乱收费、乱集资、乱摊派发放津贴补贴,不得利用学校其他收入,违反收支两条线规定坐收坐支,私自发放津贴补贴,不得突破核定的奖励性绩效工资额度。凡违反有关纪律和规定的,将严肃追究校长和相关人员的责任。

九、本意见与县人事劳动社会保障局磐人劳社薪〔2009〕4号文件一并执行,由县教育局负责解释。

二〇一〇年二月二日

附2:

磐安县教育局关于非义务教育学校和下属单位教职工奖励性绩效工资分配的指导意见

(磐教〔2015〕12号)

各非义务教育学校、局直属单位:

根据磐安县人力资源和社会保障局、磐安县财政局《关于印发其他事业单位绩效工资实施办法的通知》(磐人社〔2011〕18号)、《关于印发〈磐安县其他事业单位绩效工资实施操作细则〉的通知》(磐人社薪〔2011〕2号)、《关于印发磐安县其他事业单位绩效工资若干问题的补充意见》(磐人社〔2014〕25号)精神,结合我县教育系统非义务教育学校和下属单位实际,对教职工奖励性绩效工资分配提出如下意见:

一、实施对象

按国家规定执行事业单位岗位绩效工资制度的非义务教育学校的正式工作人员。

二、分配原则

(一)多劳多得、优绩优酬原则。以工作绩效考核结果作为分配的主要依据,适当拉开分配差距,重点向骨干教师及作出突出成绩的其他工作人员倾斜,同时统筹兼顾学校内部各类人员之间绩效工资分配关系,稳步推进绩效工资的实施。

(二)学校自主、科学合理原则。按规定的分配程序和要求,在核定的奖励性绩效工资总量内,建立科学合理的分配机制,在县教育局规定的框架内自主决定内部收入分配的方式和办法。

(三)民主决策、公正公平原则。分配工作全过程实行阳光操作,各校、各单位制定具体的分配方案时要经教职工代表大会讨论通过,确保教职工的知情权、参与权和监督权。

三、总量确定

本单位奖励性绩效工资总量等于绩效工资总量扣除当年发放的基础性绩效工资总量。我县非义务教育学校和各下属单位的绩效工资总量按不同办学水平、单位特点核定,具体标准如下:

1.幼儿园参照义务教育学校绩效工资水平执行。

2.高中学校以义务教育学校绩效工资水平为基数,上浮比例由县政府决定。

3.电大、教师进修学校以义务教育学校绩效工资水平为基数，按磐人社〔2014〕25号文件规定上浮。

4.教育局机关事业编制人员及教育局下属其他事业单位，以我县其他事业单位绩效工资水平为基数，按磐人社〔2014〕25号文件规定上浮。

四、奖项构成

根据省市有关文件精神，奖励性绩效工资主要体现工作量和实际贡献等因素，可设考勤奖、工作量津贴、管理岗位考核奖、班主任考核奖、教育教学成果奖、名优教师奖等项目。各校也可根据实际情况，增加其他项目。各项目占绩效工资总量比例由各单位根据实际情况确定。

1.考勤奖。主要考核教职工履行法定职责、遵守职业道德规范等情况，以各单位每月出勤、缺勤等情况统计及师德考核为主要依据。

2.工作量津贴。各单位应根据实际量化本单位所有岗位的工作量，特别要科学合理确定班主任工作量。

3.管理岗位奖。管理岗位指校级领导、内设机构负责人、党群组织负责人等岗位，内设机构和职数不得超出磐教〔2010〕75号文件的规定要求。管理岗位奖要根据履职情况进行考核并适当拉开奖励差距。兼任多个管理岗位的按最高职务考核奖励，不得重复计算。

4.班主任工作奖。根据班主任工作的实绩考核并适当拉开差距。

5.教科研成果奖。重点对影响学校办学走向，反映一线教师对新课程改革实践与探索的科研成果、课题、论文等实施奖励。

6.名优教师奖。除特级教师津贴和县级以上政府对名优教师进行的一次性奖励外，各校可在奖励性绩效工资总量内，实施名优教师奖励。

7.教育教学业绩奖。教育教学业绩奖要严格考核，分清优劣，适当拉开奖励差距，达到激励目的。

五、发放办法

非义务教育学校和下属单位奖励性绩效工资年终按考核结果造册，经县教育局审核后，由县财政会计核算中心或国库收付教育分中心统一划入个人工资银行账户。

六、其他规定

1.有下列情形之一的，酌情扣除相应的奖励性绩效工资：

从事有偿家教的，体罚侮辱学生的，未完成教育教学任务的，非因不可抗力发生安全事故的，其他按学校规定需要扣除的。

2.下列人员，不参加当年奖励性绩效工资的分配：

(1)严重违反师德被查处的；

(2)当年旷工累计达5个工作日及以上的，病假事假累计超过2个月及以上的；

(3)不参加年度考核或参加年度考核确定为不合格的；

(4)因失职、违法等被追究刑事责任的。

3.经组织批准带薪学习(培训考察)的，带薪学习(培训考察)期间，参照在职工作考核。

4.调动人员，按实际工作月份由原单位和现单位分别考核发放奖励性绩效工资；借用人员，借用期间由借用单位考核发放；下派全职支教人员、上挂锻炼人员按接受单位的考核结果，由原单位发放。

5.受行政或受党(团)警告及以上处分的，处分期间不享受奖励性绩效工资；处分解除后，从次月起享受奖励性绩效工资。

6.教职工退休的，从办理退休手续次月起，停发奖励性绩效工资。

七、实施要求

(一)统一思想,提高认识。做好教师绩效考核和奖励性绩效工资的分配工作是加强教师队伍建设的重要基础。各学校要高度重视,精心部署,切实做好深入细致的思想政治工作,努力营造"爱岗敬业、奉献为荣"的良好氛围,引导教职工正确对待考核和分配工作,促进学校科学良性发展。

(二)加强领导,明确职责。县教育局成立非义务教育学校和下属单位教职工绩效考核和分配工作领导小组,由局长任组长,分管副局长任副组长,人事、计财、教育、审计监察、督导、教研室等有关科室负责人为成员,领导小组下设办公室,办公室设在局人事科。各校要成立绩效考核小组,负责制定本校教师绩效考核办法并组织实施。考核小组的成员应具有代表性,包括校长、书记等学校领导,校工会主席以及一定比例的教职工代表等。

(三)制定方案,认真实施。各校和下属单位要结合本单位实际,制定具体的绩效考核与分配方案。要充分发扬民主,广泛征求教职工的意见。分配办法须根据县教育局出台的指导性意见,在广泛征求教职工意见的基础上,经学校领导班子集体研究,经教职工代表大会(教职工大会)通过,报县教育局审核后实施,并在本校公开。

(四)健全制度,完善体系。绩效工资实施后,各单位要结合实际建立和完善考核制度,要积极探索、创新绩效考核的机制与方法,规范考核程序,完善考核内容,不断提高绩效考核的科学性,充分发挥绩效考核在加强教师队伍建设,推进素质教育中的重要作用。

(五)严格管理,严肃纪律。实行本办法后,各校、各单位一律不得另立名目自行发放津贴补贴,不得挤占学校公用经费和项目资金发放津补贴,不得违反规定乱收费、乱集资、乱摊派发放津贴补贴,不得利用学校其他收入,违反收支两条线规定坐收坐支,私自发放津贴补贴,不得突破核定的奖励性绩效工资额度。凡违反有关纪律和规定的,将严肃追究校长和相关人员的责任。

二〇一五年二月六日

(二)津贴与奖金

1.津贴

1988年12月,磐安县增发教师工龄津贴。1988年2月,在职人员享有知识分子补贴,粮价、物价补贴,交通费、书报费等补贴;2001年7月起,增发教职工冷饮费及独生子女入托费等。

1994年7月,磐安县设立山区教师津贴,根据距离城区远近、乡镇规模,分30元/月、50元/月、70元月、100元/月四个档次。1996年,增加教职工交通费补贴。2001年起,对年终考核合格的教师,加发1个月工资和年终考核奖。2003年,全县教职工参照公务员标准,增发规范性补贴,即同城待遇(生活补贴+岗位补贴+目标考核奖),平均每人每月增发补贴600元。

表2—46　　农村教师山区补贴标准

类　　别	乡　　镇	标准(元/月)	备　　注
一　　类	深泽、新渥、大盘	30	—
二类(镇)	冷水、仁川、尚湖、方前、玉山、尖山	50	—
二类(乡)	盘峰、双峰、万苍、窈川、双溪	70	—
三　　类	高二、维新、胡宅、九和	100	—

2002年，县教育局规定：参加在职攻读硕士学位教师，学习期间的工龄、教龄连续计算，国家政策性工资照发，享受在校教职工一切福利待遇。毕业后，享受县政府高级知识分子政策补贴。

2008年8月，磐安县执行浙江省人事厅、财政厅、教育厅《关于实行农村教师任教津贴的通知》，结合磐安实际，根据农村任教年限、专业技术职务等级，分成60元～400元25个档次。

表2—47　　农村教师任教津贴标准

单位：元/月

专业技术职务等级 \ 任教津贴标准 \ 年限	1年～5年	6年～10年	11年～15年	16年～20年	21年以上
小学三级教师	60	90	120	150	180
小学二级教师、中学三级教师	90	120	150	180	210
小学一级教师、中学二级教师	130	160	190	220	250
小学高级教师、中学一级教师	180	210	240	270	300
小学中具有中学高级职称的教师、中学高级教师	280	310	340	370	400

说明：未评聘专业技术职务的专任教师执行小学三级教师标准

2015年10月，根据浙江省人力资源和社会保障厅等三部门《关于建立农村特岗教师津贴的通知》文件的要求，出台《磐安县农村特岗教师津贴实施方案》，综合考虑学校的规模、地理位置、交通状况等因素，确定农村特岗津贴标准分四类：一类区域学校每人每月300元，包括深泽乡、新渥镇、冷水镇、大盘镇、尚湖镇、尖山镇所辖初中、小学和幼儿园。二类区域学校每人每月400元，包括仁川镇、方前镇、玉山镇(不含玉峰教学点)所辖初中、小学和幼儿园。三类区域学校每人每月500元，包括万苍乡、双峰乡、窈川乡、双溪乡、维新乡、盘峰乡所辖小学和幼儿园以及玉峰教学点、职教中心三中校区。四类区域学校每人每月900元，包括九和乡、胡宅乡和高二乡所辖小学和幼儿园。

2.奖金

2011年1月，县人事劳动社会保障局、县财政局联合下发《关于事业单位年度考核合格及以上人员发给年终一次性奖金的通知》。

2013年12月，根据县人事劳动社会保障局、县财政局《关于发放特色工作奖、考核奖的通知》，给教师补发2012年度、2013年度的特色工作奖、考核奖，长期病事假、年度考核不合格人员不予发放。

2015年2月，根据磐安县委办公室、磐安县人民政府办公室《关于核发年度工作目标任务考核奖等奖励的通知》，年终发放教师2014年度目标考核奖。事业单位工作人员年终工作目标考核奖以10000元为基础，具体发放办法：基数×单位考核系数×平均职务系数。单位考核系数按主管部门考核系数确定，平均职务系数按1.25的标准确定。根据年终考核结果，部门乡镇一类、二类、三类分别按1.3、1.1、1.0系数发放。

表 2—48　　不同时期教师工资构成一览表

年份	每月工资发放项目																			年终奖金
1990 年	基础工资	职务工资	—	工龄津贴	粮价补贴	山区补贴	班主任津贴	知识分子补贴	教龄补贴	奖励工资	卫生费	主副食价格补贴	物价补贴	书报费	肉价补贴	豆价补贴	—	—	—	—
1991 年	基础工资	职务工资	10%工资	工龄津贴	粮价补贴	山区补贴	班主任津贴	知识分子补贴	教龄补贴	奖励工资	卫生费	主副食价格补贴	物价补贴	书报费	肉价补贴	豆价补贴	—	—	—	—
1992 年	基础工资	职务工资	10%工资	工龄津贴	粮价补贴	山区补贴	班主任津贴	知识分子补贴	教龄补贴	奖励工资	卫生费	主副食价格补贴	物价补贴	书报费	肉价补贴	豆价补贴	粮油补贴	煤电补贴	—	—
1993 年	基础工资	职务工资	10%工资	工龄津贴	粮价补贴	山区补贴	班主任津贴	知识分子补贴	教龄补贴	奖励工资	卫生费	主副食价格补贴	物价补贴	书报费	肉价补贴	豆价补贴	粮油补贴	煤电补贴	—	十三个月工资
1994 年	基础工资	职务工资	10%工资	工龄津贴	粮价补贴	山区补贴	班主任津贴	知识分子补贴	教龄补贴	奖励工资	卫生费	主副食价格补贴	物价补贴	书报费	肉价补贴	豆价补贴	粮油补贴	煤电补贴	—	十三个月工资
1995 年	职务工资	职岗津贴	10%工资	津贴	岗位津贴	山区补贴	班主任津贴	知识分子补贴	保留补贴	浮动工资	教龄补贴	价格浮动补贴	—	—	—	—	—	—	—	结构工资、十三个月工资
1996 年	职务工资	职岗津贴	10%工资	津贴	岗位津贴	山区补贴	班主任津贴	知识分子补贴	保留补贴	—	教龄补贴	价格浮动补贴	—	—	—	—	—	—	—	结构工资、十三个月工资
1997 年	职务工资	职岗津贴	10%工资	津贴	—	—	班主任津贴	知识分子补贴	保留补贴	—	教龄补贴	价格浮动补贴	交通费	—	—	—	—	—	—	结构工资、十三个月工资
1998 年	职务工资	职岗津贴	10%工资	津贴	—	—	班主任津贴	知识分子补贴	保留补贴	—	教龄补贴	价格浮动补贴	交通费	—	—	—	—	—	—	结构工资、十三个月工资
1999 年	职务工资	职岗津贴	10%工资	津贴	—	—	班主任津贴	知识分子补贴	保留补贴	—	教龄补贴	价格浮动补贴	交通费	—	—	—	—	—	—	结构工资、十三个月工资
2000 年	职务工资	职岗津贴	10%工资	津贴	—	—	班主任津贴	知识分子补贴	保留补贴	—	教龄补贴	价格浮动补贴	交通费	月考核奖	误餐补贴	—	—	—	—	结构工资、十三个月工资
2001 年	职务工资	职岗津贴	10%工资	津贴	—	—	班主任津贴	知识分子补贴	保留补贴	—	教龄补贴	价格浮动补贴	交通费	月考核奖	误餐补贴	—	—	—	—	结构工资、十三个月工资
2002 年	职务工资	职岗津贴	10%工资	津贴	—	—	班主任津贴	知识分子补贴	保留补贴	—	教龄补贴	价格浮动补贴	交通费	月考核奖	误餐补贴	地方补贴	—	—	—	结构工资、十三个月工资
2003 年	职务工资	职岗津贴	10%工资	津贴	—	—	班主任津贴	知识分子补贴	保留补贴	—	教龄补贴	价格浮动补贴	交通费	月考核奖	误餐补贴	地方补贴	—	—	—	结构工资、十三个月工资
2004 年	职务工资	职岗津贴	10%工资	构成津贴	岗位补贴	—	班主任津贴	知识分子补贴	保留补贴	—	教龄补贴	价格浮动补贴	交通费	月考核奖	误餐补贴	地方补贴	生活补贴	—	—	结构工资、十三个月工资
2005 年	职务工资	职岗津贴	10%工资	构成津贴	岗位补贴	—	班主任津贴	知识分子补贴	保留补贴	—	教龄补贴	价格浮动补贴	交通费	月考核奖	误餐补贴	地方补贴	生活补贴	—	—	结构工资、十三个月工资
2006 年	职务工资	职岗津贴	10%工资	构成津贴	岗位补贴	—	班主任津贴	知识分子补贴	保留补贴	—	教龄补贴	价格浮动补贴	交通费	月考核奖	误餐补贴	地方补贴	生活补贴	季度考核奖	—	结构工资、十三个月工资
2007 年	职务工资	职岗津贴	10%工资	构成津贴	岗位补贴	—	班主任津贴	知识分子补贴	保留补贴	岗位津贴	教龄补贴	价格浮动补贴	交通费	月考核奖	误餐补贴	地方补贴	生活补贴	季度考核奖	—	结构工资、十三个月工资

续表 2—48

年份	每月工资发放项目																			年终奖金
2008 年	岗位工资	薪级工资	10%工资	职岗津贴	岗位补贴	—	班主任津贴	知识分子补贴	保留补贴	岗位津贴	教龄补贴	价格浮动补贴	交通费	月考核奖	误餐补贴	地方补贴	生活补贴	季度考核奖	—	结构工资、十三个月工资
2009 年	岗位工资	薪级工资	10%工资	职岗津贴	岗位补贴	—	班主任津贴	知识分子补贴	保留补贴	任教津贴	教龄补贴	物价补贴	交通费	月考核奖	误餐补贴	地方补贴	生活补贴	季度考核奖	浮动工资	奖励性绩效工资
2010 年	岗位工资	薪级工资	10%工资	岗位津贴	—	山区补贴	班主任津贴	教工龄补贴	—	任教津贴	教龄补贴	—	—	—	—	—	生活补贴	—	浮动工资	奖励性绩效工资
2011 年	岗位工资	薪级工资	10%工资	岗位津贴	—	山区补贴	班主任津贴	教工龄补贴	—	任教津贴	教龄补贴	—	—	—	—	—	生活补贴	—	浮动工资	奖励性绩效工资
2012 年	岗位工资	薪级工资	10%工资	岗位津贴	—	山区补贴	班主任津贴	教工龄补贴	—	任教津贴	教龄补贴	—	—	—	—	—	生活补贴	—	浮动工资	奖励性绩效工资、县政府特色考核奖
2013 年	岗位工资	薪级工资	10%工资	岗位津贴	—	山区补贴	班主任津贴	教工龄补贴	—	任教津贴	教龄补贴	—	—	—	—	—	生活补贴	—	浮动工资	奖励性绩效工资、县政府特色工作奖
2014 年	岗位工资	薪级工资	10%工资	岗位津贴	—	山区补贴	班主任津贴	教工龄补贴	—	任教津贴	教龄补贴	—	—	通讯补贴	—	—	生活补贴	—	浮动工资	奖励性绩效工资、目标考核奖
2015 年	岗位工资	薪级工资	10%工资	岗位津贴	—	山区补贴	班主任津贴	教工龄补贴	特岗津贴	任教津贴	教龄补贴	—	—	通讯补贴	—	—	生活补贴		浮动工资	奖励性绩效工资、目标考核奖

表 2—49　　1990～2015 年磐安县教师平均工资性收入统计表

年　份	教职工总人数(人)	月平均工资(元)	备　　注	年　份	教职工总人数(人)	月平均工资(元)	备　　注
1990 年	1274	237.31	—	2003 年	1743	1605.80	—
1991 年	1311	245.93	—	2004 年	1757	2391.72	—
1992 年	1267	305.91	—	2005 年	1727	2237.36	—
1993 年	1441	357.62	—	2006 年	1712	2453.13	—
1994 年	1469	526.89	包含 1993 年工改补发	2007 年	1733	3189.65	—
1995 年	1610	495.13	—	2008 年	1745	3503.96	—
1996 年	1658	536.39	—	2009 年	1727	4192.43	—
1997 年	1672	618.07	—	2010 年	1721	5303.75	—
1998 年	1717	670.94	—	2011 年	1701	5019.99	—
1999 年	1743	828.84	—	2012 年	1710	5236.60	—
2000 年	1774	946.92	—	2013 年	1689	5944.74	—
2001 年	1748	1242.85	—	2014 年	1675	6221.74	—
2002 年	1755	1517.52	—	2015 年	1703	8248.63	—

二、其他福利待遇

(一)医疗

磐安县教职工从 1986 年起全部参加人身安全保险。1988 年，实行公费医疗经费定额管理，县医管会下拨教师人均60元(其中15元为调剂费,由县教育局统一掌握),定额到人,超过自负,对重病症教师予以适当补助。1989年,退休教师每人增补20元医疗费。1990年起,各单位为了教师身体健康,安排教师不定期体检。1995年,民办教师也同样享受公费医疗,定额为每人每年48元,所需经费由县财政与乡镇筹措经费各承担一半。2001年1月,全县教职工列入磐安县城镇职工基本医疗保险范围,保障患病的教职工基本药物、基本服务和基本费用等。基本医疗保险费由教职工个人和学校(单位)按比例共同缴纳。翌年,根据《中华人民共和国教师法》的规定,磐安县教职工列入参照国家公务员医疗补助政策范围,提高教职工医疗费补助标准。

(二)休假

1991年10月起,女职工享有90天产假,晚婚晚育(24周岁后生育为晚育)的再增加30天假。1995年,按照《女职工劳动保护规定》,生育多胞胎的,每多育一个婴儿,增加产假15天;妊娠流产的,按妊娠时间,3个月以内的给予20～30天假期;只生育一个子女并领取"独生子女父母光荣证"的,学校条件允许可请哺乳期假6个月,独生子女保健费照发。教师婚假一般3天,符合晚婚条件的增加12天(超过法定结婚年龄3年以上为晚婚)。2012年11月,依据2012年4月18日国务院常务会议审议并原则通过的《女职工劳动保护特别规定(草案)》,磐安县教育局出台《关于进一步加强请假和考勤管理工作的通知》,规定产假98天,难产和晚育(女满24周岁首次生育)各增加产假15天,寒暑假可顺延。男女双方均符合晚婚晚育条件的,男方可享受7天护理假。正常产假、护理假不影响晋级和工资调整,大中专毕业生在见习期休产假的,其见习期要相应延长。

(三)农转非

为了解决农村教师实际困难,1992年,为全县207名教职工家属办理"农转非",通过招工招收为代课代职人员。

(四)住房

园丁新村教师集资建房是全县尊师重教的重大举措。该工程建筑面积12000平方米,120套住房。于1996年10月25日破土动工,1997年8月15日召开集资房代表会,讨论分房方案,8月30日举行分房、剪彩典礼;套房总价在4万～6万元之间。1999年4月起,磐安县在职教职工全面实行住房公积金制度,住房公积金按前一年12月份工资基数的8%缴存。乡镇教师在教期间,由所在学校安排工作住房。

(五)30年教龄教师待遇

1999年11月,开始为任教30年的教师发放荣誉证书。凡在本县区域内的各类中、小学和其他教育机构中专门从事教育工作,能履行《中华人民共和国教师法》第八条规定的各项义务、任教年限满30年的教师(含退休教师),均可发给荣誉证书。教师任教年限按中小学、幼儿园教龄计算办法计算。荣誉证书发放工作于每年12月31日办结。具有30年教龄的教师凭荣誉证书在省内享有免费参观省内公园、博物馆、科技馆、图书馆等文化场所的权利。

三、退休教师待遇

(一)离退休条件

1978年6月,国务院颁发的《关于工人退休、退职的暂行办法》和《关于安置老弱病残干部的暂行办法》(国发〔1978〕104号文件)规定:公办学校教师达到一定年龄的,实行退休制度;年老体弱民办教师符合省教育厅等部门规定离岗条件的,国家发给离岗教师生活补助费。

(二)离退休待遇

离退休工资由基本工资和生活津补贴组成。浙政〔1994〕13 号文件规定:教师教龄满 30 年,按基本工资(薪级工资和岗位工资)的 100%发给退休费。1997 年 7 月起,离退休教师教龄津贴和提高 10%工资标准纳入离退休教师离退休费总数。2004 年起,规定:女教师教龄满 25 年,从教师岗位退休后,按基本工资的 100%计发退休费,对已退休女教师给予补办提高待遇手续。事业单位工作人员退休后的退休费按本人退休前基本工资(薪级工资之和,下同)的一定比例计发。工作年限满 35 年的,按 90%计发;工作年限满 30 年、不满 35 年的,按 85%计发;工作年限满 20 年、不满 30 年的,按 80%计发;工作年限满 10 年、不满 20 年的,按 70%计发。

按国发〔1978〕104 号文件规定办理退职手续的事业单位工作人员,退职费按本人退职前基本工资的一定比例计发。工作年限在 20 年以上,按 70%计发;工作年限满 10 年、不满 20 年的,按 60%计发;工作年限不满 10 年的,按 50%计发。1992 年 1 月起,凡符合享受教龄津贴、护龄津贴条件的人员在退休时,可将上述津贴直接计入退休费。1993 年起,对 1988 年以来享受年老病残民办教师生活补助费的对象,其离岗后生活补助费与当地中小学退休教师待遇同等对待。1993 年 11 月起,因病生活不能自理的,或年满 80 周岁以上的退休人员补助每月 51 元护理费;对于年满 80 周岁以上因公因病造成生活不能自理的退休人员,每月发给 100 元护理费。1995 年 1 月起,教龄满 30 年的中小学(幼儿园)教师,从教师岗位退休后,按其基本工资 100%发给退休费。2007 年 7 月,根据人事部、财政部、教育部印发的《高等学校、中小学、中等职业学校贯彻〈事业单位工作人员收入分配制度改革方案〉三个实施意见的通知》(国人部发〔2006〕113 号),结合浙江省实际,提出浙人薪〔2007〕168 号指导意见,对在乡镇及以下中小学工作的教师,退休时浮动工资时间未满 8 年,但在符合享受浮动工资条件的学校工作满 20 年的,可将浮动的薪级工资作为计发退休费的基数。

(三)死亡补助

事业单位离退休人员死亡的,一次性抚恤金发放的基数为死亡者生前最后一个月的基本离退休费,外加浙人薪〔1996〕190 号、浙人退〔1996〕192 号规定的教师补贴、职岗津贴、地方补贴、同城岗位等 4 项补贴津贴费。教师在职病故的抚恤金为本人生前 20 个月基本工资和病故丧葬费。1999 年 1 月起,死亡丧葬补助费标准由原来的 800 调整为 2000 元,2004 年起,提高到 4000 元。教师遗属(包含父母、子女等)享有遗属补助。2004 年后,教师遗属生活困难补助费每年都有调整提高。2008 年,按照人社部、民政部、财政部发《关于事业单位工作人员和离退休人员死亡一次性抚恤金发放办法的通知》,事业单位的工作人员和离退休人员死亡一次性抚恤金标准和计发办法,按民发〔2007〕64 号文件规定执行。事业单位的工作人员和离退休人员死亡一次性抚恤金标准从 2004 年 10 月 1 日起调整为:因公牺牲的按照个人生前 40 个月基本工资或基本离退休费发放,病故的按照本人生前 20 个月基本工资或基本离退休费发放。

(四)易地安家补助

1995 年 11 月,为保证安置易地安家退休干部,对易地安家补助费和住房困难补助标准调整,安家补助费标准从 150 元提到 400 元;由城镇连同户口迁到农村安家,补助标准由 300 元提高到 800 元。住房困难补助标准,修缮住房补助由原来的 1000 元提高到 2000 元,扩建住房由 2000 元提高到 4000 元,新建住房由原来的 3000 元提高到 6000 元。

第二章　学　　生

清光绪二十八年(1902 年),钦颁学堂章程,对小学年级、学期、课程、教授制定明确法规。光绪三十一年(1905 年),朝廷对入学年龄作出规定:7 岁以下儿童入蒙学院,7 岁以上入初等小学堂,五年毕业,12 岁以上入高等小学堂。民国三年(1914 年),东阳县署奉令统计全县学龄儿童,挨户登记造册上报。教育部门给初小、高小、中学毕业生发给毕业证书。

1951 年,中华人民共和国教育部通令,小学入学年龄为 7 周岁。1952 年,教育部颁发《小学暂行规程(草案)》,要求各小学建立学生的学业、操行成绩考察,以及升留级、毕业、休学、转学、退学等学籍管理办法。1965 年,东阳县文教局转发浙江省教育厅《关于全日制中小学学生学业成绩考查评定办法暨升留级毕业标准的修改补充意见》,规定小学生语文、数学两科的学年成绩均及格者准予升级。1968 年后,小学实行五年一贯制,废止考试和升留级制度,采用评语制评定学生的学业成绩。1978 年后,实施《浙江省中小学学生教育管理的暂行规定》,逐步恢复学籍管理制度。1987 年,磐安县教育局制定《磐安县全日制学校学籍管理办法(试行)》,就中小学学生的入学注册、成绩考核与记载、升级留级、转学、休学与复学、退学、考勤与纪律、奖励与处分、毕业等方面作出规定。

第一节　学生概况

1990～2015 年,全县中小学生(含幼儿园学龄儿童)在校生人数总体上保持稳定,但受计划生育政策以及招生政策的调整等因素影响,不同的阶段也有一些变化。1990 年,全县小学 374 所,736 个班级,18451 人,校均 49 人,班均 25 人。经过五轮布局调整优化,2015 年 12 月底,全县小学 16 所(不包含玉峰小学教学点,包含县教育局统计表中没有计入的文溪小学),九年一贯制学校 2 所。在校小学生 12209 人,307 个班,校均 763 人,班均 40 人。1990 年学生数最多,18451 人。2015 年学生数最少,12209 人。整体呈逐步下降趋势。

表 2—50　　1990～2015 年磐安县全日制小学发展概况表

年　份	学　校(所)	班级数(个)	学生数(人)		
			在校学生数	招　生　数	毕业生数
1990 年	374	736	18451	2629	3811
1991 年	346	701	16620	2010	3757
1992 年	230	550	15211	2082	3474
1993 年	232	546	14122	2501	3559
1994 年	226	516	12894	2832	4008

续表 2—50

年　份	学　校（所）	班级数（个）	学生数（人）		
			在校学生数	招　生　数	毕业生数
1995 年	212	495	12361	2446	2979
1996 年	205	488	12534	2485	2280
1997 年	194	482	12969	2593	2169
1998 年	121	422	12629	2194	2501
1999 年	84	416	13430	3607	2811
2000 年	74	400	13296	2354	2479
2001 年	61	383	13207	2394	2506
2002 年	50	362	13033	2441	2584
2003 年	33	342	13051	2319	2247
2004 年	33	349	13400	2066	1696
2005 年	28	341	13429	1899	1858
2006 年	21	321	13120	2043	2314
2007 年	18＋2	300	12863	2019	2397
2008 年	18＋2	295	12506	2064	2463
2009 年	18＋1	290	12324	2146	2341
2010 年	18＋1	290	12511	2168	2048
2011 年	18＋1	292	12862	2243	1951
2012 年	15＋4	293	12779	1997	2109
2013 年	15＋2	292	12591	1894	2040
2014 年	16＋1	299	12349	1861	2089
2015 年	16＋1	307	12209	1885	2155

说明："＋"后的数据为教学点数量，如 2007 年的方山、玉峰，2015 年的玉峰

1990 年，全县单办初中 16 所，另有小学附设初中 9 所，在校初中生 192 班，9873 人，校均 395 人，班均 51 人。经过 26 年的五轮布局调整优化，2015 年 12 月底，全县单办初中 9 所，九年一贯制学校 2 所，在校初中生 6250 人，148 班，校均 568 人，班均 42 人。

表 2—51　　1990～2015 年磐安县初级中学发展概况一览表

年　份	学校数（所）		班级数（个）	在校学生数（人）		毕业生数（人）	招生数（人）	初中入学率 %	巩固率 %
	单办初中	小学附设初中	计	计	其中女生数				
1990 年	16	9	192	9873	4512	2966	3304	86.7	96.4
1991 年	15	10	199	10095	4595	3015	3570	93.1	—
1992 年	14	11	206	10209	4792	2999	3400	97.49	97.50

续表 2—51

年份	学校数(所)		班级数(个)	在校学生数(人)		毕业生数(人)	招生数(人)	初中入学率%	巩固率%
	单办初中	小学附设初中	计	计	其中女生数				
1993年	14	10	211	10302	4821	2964	3484	—	96
1994年	14	10	216	10696	5094	3389	3996	89.29	98.21
1995年	14	9	208	10311	4913	3258	2979	94.57	99.09
1996年	14	8	187	9196	4353	3294	2275	96.96	99.80
1997年	14	5	159	7466	3529	3856	2168	97.82	99.95
1998年	14	5	152	6942	3317	2981	2486	98.01	99.96
1999年	13	4	160	7407	3517	2271	2795	98.5	99.97
2000年	12	4	165	7734	3706	2148	2479	99.27	100
2001年	12	4	166	7713	3674	2449	2493	99.48	100
2002年	12	2	157	7561	3591	2714	2594	99.31	100
2003年	12	1	155	7330	3515	2471	2233	99.92	100
2004年	12	3	144	6527	3124	2485	1713	99.92	100
2005年	11	1	131	5887	2871	2574	1880	99.77	100
2006年	9	3	130	5936	2871	2297	2337	99.95	100
2007年	8	2	135	6718	3231	1708	2474	99.98	100
2008年	8	2	144	7284	3430	1897	2485	100	100
2009年	8	2	145	7277	3450	2329	2350	100	100
2010年	8	2	206	6836	3194	2451	2031	100	100
2011年	9	2	140	6340	2986	2466	1966	100	100
2012年	9	2	142	6114	2878	2339	2116	100	100
2013年	9	2	143	6073	2921	2032	2005	100	100
2014年	9	2	144	6166	3018	1962	2066	100	100
2015年	9	2	148	6250	3081	2095	2065	100	100

1990年，全县普通高中3所，28个班级，在校高中生1490人，校均497人，班均53人。至2015年，全县高中降至2所，但随着招生规模的扩大，在校高中生达到3043人，班级72个，校均1522人，班均42人。

表 2—52　　1990～2015年磐安县普通高级中学发展概况一览表

年份	学校数(所)	班级数(个)	在校学生数(人)	其中女生数(人)	毕业生数(人)	招生数(人)
1990年	3	28	1490	571	513	408
1991年	3	26	1419	589	582	510
1992年	3	25	1320	541	485	397

续表 2—52

年　份	学校数(所)	班级数(个)	在校学生数(人)	其中女生数(人)	毕业生数(人)	招生数(人)
1993 年	3	28	1390	547	422	429
1994 年	3	28	1412	568	488	540
1995 年	3	30	1579	616	449	700
1996 年	3	33	1658	655	378	533
1997 年	3	36	1799	689	453	624
1998 年	3	37	1817	725	654	693
1999 年	4	41	1972	801	514	679
2000 年	4	44	2193	892	599	819
2001 年	4	46	2389	1022	690	907
2002 年	3	48	2532	1083	682	860
2003 年	3	51	2607	1166	783	879
2004 年	3	56	2797	1307	875	1089
2005 年	3	62	3135	1516	843	1166
2006 年	3	66	3339	1621	852	1054
2007 年	3	64	3167	1503	1100	859
2008 年	2	61	2906	1432	1212	955
2009 年	2	62	2926	1483	1087	1126
2010 年	2	64	3240	1667	852	1146
2011 年	2	66	3530	1829	939	1192
2012 年	2	66	3540	1872	1147	1153
2013 年	2	72	3321	1779	1177	984
2014 年	2	72	3123	1698	1194	996
2015 年	2	72	3043	1677	1128	1057

1990 年，磐安县有职业高中 2 所，22 个班级，在校学生 1064 人。至 1996 年，职高学生数稳定在 1000 余人。1997 年，学生数突破 2000 人。至 2001 年，每年的在校生接近 2000 人。2002 年，在校学生数上升至 2455 人，直至 2012 年(除 2009 年在校学生数回落至 1936 人)，在校学生数保持在 2000～2800 人。2013 年起，在校学生数又逐年减少。2015 年底，职高两个校区共计 1477 人。

表 2—53　　　　1990～2015 年磐安县职业高中发展概况一览表

年　份	学　校　数 (所)	班　级　数 (个)	在校学生数(人)		毕 业 生 数 (人)	招　生　数 (人)
			计	其中女生		
1990 年	2	22	1064	350	291	502
1991 年	2	26	1274	444	276	434

续表 2—53

年份	学校数(所)	班级数(个)	在校学生数(人)		毕业生数(人)	招生数(人)
			计	其中女生		
1992年	2	26	1135	360	444	407
1993年	2	27	1224	417	403	505
1994年	3	33	1575	546	419	805
1995年	3	33	1378	488	312	501
1996年	3	26	1354	562	490	489
1997年	3	42	2003	840	609	965
1998年	3	43	1945	791	536	644
1999年	3	42	1756	721	656	608
2000年	2	41	1709	767	690	720
2001年	2	43	1990	919	546	883
2002年	2	51	2455	1273	498	987
2003年	2	55	2709	1378	663	971
2004年	2	57	2692	1365	791	829
2005年	2	54	2551	1277	947	889
2006年	2	53	2564	1232	890	955
2007年	2	48	2313	1103	765	609
2008年	3	47	2121	1018	832	674
2009年	3	44	1936	889	854	730
2010年	3	47	2094	946	577	786
2011年	2	50	2213	925	629	816
2012年	1	51	2156	902	644	654
2013年	1	55	1893	712	743	528
2014年	1	44	1601	585	730	479
2015年	1	37	1477	518	609	530

第二节　中小学生学籍管理

学籍管理是学校最基本的常规管理。制订和实施有效的学生学籍管理措施，对于学校执行《中华人民共和国教育法》《中华人民共和国义务教育法》《浙江省实行九年制义务教育条例》，维护学校正常教学秩序，培养合格公民起着重要作用。

1987年11月，磐安县教育局公布《磐安县全日制学校学籍管理办法(试行)》。内容分“入学与注册”“成绩考核与记载”“升级留级”“转学”“休学与复学”“退学”“考勤与纪律”“奖励与处分”“毕业”“附则”10项，共35条。

1991年10月，县教育局转发《浙江省全日制普通中小学学籍管理暂行办法》，要求县内各中小学坚决贯彻执行。新增"借读"一项规定：离开户口所在地或非招生区范围的学校就读的称"借读"，借读学生要交借读费。"退学"一项增加规定："未受满当地规定的义务教育年限的学生一律不办理退学手续。"

1992年，县教育局根据具体情况下发《磐安县中小学学籍管理补充规定》。

1993年10月、1996年3月、1999年4月，县教育局经过3次修改补充，颁布《中小学学生学籍管理办法》。

2004年10月，县文教局印发磐文教普〔2004〕9号《磐安县义务教育阶段学生学籍管理实施细则（试行）》，其内容分"总则""入学""休学、复学""转学""借读""退学""评价""升级、跳级、留级""毕业、结业、肄业""奖励、处分""附则"11章、49条。细则中对"三残"儿童入学以及办理跳级的政策作出如下规定：盲、聋哑、弱智适龄儿童、少年接受九年义务教育的入学年龄和在校年龄可适当放宽，其入学年龄为7周岁。适龄的残疾儿童、少年（除依法批准的免学、缓学外），动员其在特殊教育学校或随班就读。小学和初中学生，在德智体等方面全面发展，学业成绩特别优异，能达到上一级水平的，由学生本人及其法定监护人提出跳级申请，经学校批准，可予以跳级。2014年9月，新渥镇中心小学二年级的卢淑畅办理跳级手续，就读四年级。

从2004年9月起，全县中小学推行学籍电子化管理信息系统，各学校制定相应的岗位责任制，做到任务到岗、责任到人。

为规范电子学籍管理，2008年5月，磐安县教育局下发《磐安县中小学和幼儿园学生电子学籍管理实施细则（试行）》（磐教〔2008〕37号），对电子学籍的管理作出规范。其内容分为"总则""学校和班级信息""学生成长档案管理""学籍变更管理""普高综合素质评价""会考管理""信息管理和信息安全""附则"8章、56条，对学籍资格、升学、留级、跳级制度、转学制度、"三残"儿童及农民工子女入学等作出具体的规定。

2009年，全县开展农民工子女入学状况调研，有针对性地出台入学政策，新城区企业农民工子女享受当地义务教育对象的同等待遇。老城区企业农民工子女，逐年增加优先照顾的名额，鼓励公办学校敞开大门接收外来民工子女入学。学校对学籍实行动态管理，灵活便捷地安排民工子女随班就读。成立"爱心救助基金"，专门用来资助外来民工子女的困难学生。2012年，规范义务教育招生行为，公办学校全面取消借读费，城区学校优先满足外来务工子女就读入学。

2012年，全县共有持证残疾学龄儿童77人。各学校认真开展免费送教上门服务，做好残疾儿童少年就学工作。对残疾学龄儿童对象，县教育局每年开展调查摸底，并登记在册，建立学籍档案。在此基础上，对残疾学龄儿童分类安排，分层施教。动员和组织盲童、聋哑儿童送往盲校、聋哑学校就学，中重度智残学生到特殊教育学校就读，轻度智残及其他类残疾学生实行随班就读。对丧失行动能力或生活不能自理的孩子，通过所在学区内的教师以上门送教、个别辅导的方式进行施教。

2014年3月，浙江省教育厅下发《浙江省教育厅关于印发〈浙江省义务教育阶段学生学籍管理办法〉和〈浙江省全日制普通高级中学学生学籍管理办法〉的通知》（浙教基〔2014〕38号），要求各县市结合实际制定实施细则，并予以落实。县教育局在磐教〔2008〕37号文件的基础上，对学籍管理办法进一步完善。

2015年11月，转发浙教基〔2015〕105号《〈关于对义务教育阶段适龄重度残疾儿童少年开展送教服务工作的意见〉的通知》。各学校高度重视，认真做好重度适龄残疾儿童的排查摸底工作，做到一个不少、不漏。对列入"送教上门"服务对象的儿童严格按照《磐安县义务教育阶段适龄重度残疾儿童少年“送教上门”的实施意见》和《关于对义务教育阶段适龄重度残疾儿童少年开展送教服务工作的意见》精神，予以认真实施。

附 1：

磐安县全日制普通中小学学籍管理实施细则

(1996.3.19)

第一章 总 则

第一条 依据《金华市全日制普通中小学学籍管理实施细则》，结合本县实际，特制订《磐安县全日制普通中小学学籍管理实施细则》(以下简称《细则》)。

第二条 本《细则》所称全日制普通中小学是指各级人民政府举办的全日制普通中小学，也包括企事业、各种社会力量和公民举办的全日制普通中小学。

第三条 在教育行政部门领导下，本《细则》由学校校长负责组织实施。

第二章 入 学

第四条 凡符合我县规定年限的适龄儿童、少年均应依法接受九年(含八年)义务教育。

小学入学年龄，一般八虚岁。实行隔年招生的村小，可以提前七虚岁。

第五条 凡属小学新入学的适龄儿童，持本人及家长(监护人)户口簿与居住证明按乡、镇人民政府所发的《学龄儿童入学通知书》所规定日期到本人常居地小学报到，办理注册手续，取得小学学籍，同时填写“浙江省义务教育登记卡”(简称“登记卡”，下同)。“登记卡”编号由12位数字组成，左起第一、二位是市代号(金华市07)，第三、四位是县代号(磐安10)，第五、六位是入学年份代号(1996年入学为96)，第七、八是乡镇号(附后)，第十到十二位数是学生编号。

小学名册一式二份，一份各中心校自存，一份在开学后一周内上报教育局。

第六条 小学毕业生全部在户口所在地免试就近升入划定的初中，获得初中学籍。初中新生招收结束以后一个月内，由学校编造新生名册，一式二份，一份存于学校，一份上报教育局。初中学生学号重新编排，采用八位数：第一、二位是进入初中的年份代号，第三、四、五位是乡镇号，第六、七、八是学生序号。学号造册上报后不得更改。

第七条 适龄的盲、聋、弱智儿童、少年(除依法批准免于入学或暂缓入学者外)，按特殊学校(班)招收新生的有关规定，并参照《细则》第五条执行，其入学年龄为八虚岁，确有困难的，可以适当放宽，但不要超过十虚岁。

第八条 所有小学和初中，包括特殊教育班，不得以任何借口拒绝接受本学区、招生区范围内的或主管教育行政部门统筹安排的适龄儿童、少年入学。

第九条 初中毕业生经过市或县统一的高中招生考试，被高中录取后，凭《入学通知书》，按规定的时间办理注册手续，取得高中学籍和省高中会考考籍。因故不能如期报到注册者，须凭学生家长或有关证明向学校申请延期注册，如有正当理由，并经学校同意者，可保留其学籍和会考考籍。开学一周内不到校注册，也不办理延期注册手续者，即取消入学资格。

高中新生招收结束，开学后一个月内，有学校编造新生名册一式三份，经教育局审核后，一份还学校，一份存教育局，一份报市教委。高中学号用九位数与省会考准考证编法相同，第一位是毕业生年份代号，第二位是市代号，第三、四位是县代号，第五、六位是学校代号，第七、八、九是学生序号。市县校的代号均用省会考已确定的代号。

第十条　高一新生在入学三个月内，如有发现采取作弊、弄虚作假等不正当手段骗取高中学籍和会考考籍的，由学校报主管教育行政部门批准，取消其高中学籍，同时注销会考考籍。

全日制中学不得吸收历届毕业生插班重读。

第三章　成绩考核

第十一条　学生的成绩考核包括学业和操行两个方面。学业方面：按教学计划规定的课程考核；操行方面：中学按照国家教委颁发的《中学教育大纲》、《中学生守则》、《中学生日常行为规范》等规定的教育目标、要求和内容，对不同年级学生在思想政治觉悟、道德品质等方面进行考核。目前试行的《浙江省高级中学学生思想政治品德考核暂行办法》的学校，其高中生的操行考核，按暂行办法办理。小学生的操行考核，按国家教委颁发的《小学生德育纲要》《小学生守则》《小学生日常行为规范》等规定的教育目标、要求和内容进行考核。

第十二条　学生成绩的考核，分考查、考试两种。考查科目包括美术、音乐、劳动、劳技以及物理、化学、生物学科等实验。考察原则上使用等级制，即优秀、良好、及格、不及格四级。高中会考的考查成绩分为及格、不及格两级。考试科目：中学包括政治、语文、数学、外语、物理、化学、历史、地理、生物、体育；小学包括思想品德、语文、数学、历史、自然、地理、体育等。考试成绩原则使用百分制。高中会考的考试成绩使用等级制。即 A、B、C、D、E 五等，其中 E 为不及格等级。根据考试、考查的结果和平时的学习成绩，作为升级、跳级、留级和毕业（结业）、肄业的依据。

第十三条　学生的学业考核应着重考核学生的基础知识，基本技能和分析解决问题的能力。考查、考试题目不应超出教学大纲、教科书规定的要求。小学和初中的毕业考试一般只考本学期或本学年的教学内容。高中毕业（结业）考试按浙江省高中会考的《会考纲要》执行。

学生的学业考试每学期只举行期末一次。

第十四条　学年总评成绩不合格的学科应予以补考。高中会考不及格的学生，须按规定参加全省统一的补考，每生每科只准补考一次。高一、高二年级补考在下一学年进行，高三年级补考在当年进行。小学、初中各年级学生补考时间均在学期结束前进行。

学校组织补考的成绩，应登记在学籍卡的补考栏内，其补考及格及以上的成绩只能记 60 分，凡参加省、市统一补考的成绩如实记入学籍卡。

第十五条　学生因特殊情况不能参加考试，必须事先向学校教导处申请，经批准，可以补考。

第十六条　凡擅自缺考或作弊者，均以不及格论处（注明“旷考”或“作弊”字样），并根据其情节和对错误的认识给予纪律处分。

第四章　升级、跳级

第十七条　小学初中在校生一学年升一级。

第十八条　高中学生每学年经考核后，操行评定和学业成绩两方面均符合要求者，准予升级。

第十九条　小学以及初一、初二、高一、高二各年级学生操行等级不合格者以试读生论处。

第二十条 经学年操行、学业考核,若有学生在德智体美以及劳动、劳技教育等方面全面发展,学业成绩特别优异,能达到上一级水平,由学生本人及其法定监护人提出跳级申请,经学校批准,可予以跳级。毕业班学生不予跳级。

学生跳级,由学校在下学年开学前向教育局报送跳级学生名册一式二份,备案后发还学校一份,作为编班的依据。

第五章 留 级

第二十一条 在全县范围内,小学和初级中学,一律实行不留级制度。高中可以实行留级制度。凡学生因为几门课的学年成绩不及格,经补考,必修科目中仍有三科不及格者,或语文、数学、体育(批准免修者除外)三科中的两科不及格者,应予以留级。但必须严格控制留级率。高中留级生原会考成绩有效,可不参加已考科目的会考,或可重新申请参加留入年级全部已考科目的会考。

学生留级,由学校在下学期开学前向教育局保送留级生名册一式二份,备案后发还学校一份。

第二十二条 毕业班一律不留级。

第六章 休学 复学

第二十三条 凡因病、因事或其他特殊原因,无法坚持正常学习,须长期[三个月以上(寒暑假除外)]休学者,由学生本人及家长(监护人)提出申请,出具县级医疗单位证明或其他有效证明及相关材料,经班主任提供家访记录,学校签署意见,教育局批准,方可办理休学手续,由学校发给统一印制的休学证书。教育局备案后,保留学籍,休学的高中学生保留其会考考籍。

第二十四条 学生休学期一般为一学年。休学期满后,前一周,休学生须持休学证书和县级医疗单位出具的《健康证明书》或县级有关部门(单位)证明,向学校提出复学要求,经学校同意,向教育局办理学籍和考籍认可手续后,方可编入适当的班级复学。高中复学生承认其会考考籍,且原会考成绩有效。凡属义务教育对象的休学生,休学期满,尚不能如期复学的,须办理续休手续。

第二十五条 学生在毕业学年内一般不予休学。如遇特殊情况,确有正当理由必须休学者,须经教育局批准。严禁假借休学,搞变相留级或插班重读,此种情况一经查实,即严肃处理。

第二十六条 凡由公安部门收容教养又属义务教育对象的在校学生,经收容教养的上级主管部门批准在外试读者,原则上由该生原所在学校接收,编入适当年级。

第七章 转 学

第二十七条 学生因家庭迁居,父母工作调动或者其他原因需要须转学到其他学校就读。应由学生家长提出书面申请,填写《转学联系单》,经转出学校同意,报转出转入学校所在区域教办审批同意后才能开给转学证书,办理转学手续。小学、初中转学用市统一的“转学证明书”,并带《登记卡》。高中学生转学,用《浙江省普通高中学生转学证明》,高中学生转往外省,还应向省会考办公室发出《浙江省普通高中证书会考成绩证明单》,由省出具会考成绩证明。转学证书经教育局备案盖章后有效。

学生转入,须持《登记卡》、成绩报告单(高中学生持会考准考证、会考成绩证明)、《转学证书》,外县转入者必须经教育局认可后,方可办理入学手续,三个月内必须转入有关档案。

第二十八条 学校不得接受未经教育行政部门备案,无转学证明材料的插班生,也不得无故拒绝符合转学条件的转学生。转入学校因该年级学额已满,难以再容纳转学生时,应及时报告教育行政主管部门，由教育行政主管部门就近安排转学生。学校不得拒收。

第二十九条　农村中小学生一般不得转入城镇学校就读。若学生父母一方户口在城镇，有特殊原因，经转入学校审议同意，报教育主管部门批准后。方可办理转学手续。

第三十条　一般小学、初中的学生原则上不得转入实验小学、实验初中。一般高中的学生不得转入重点高中。职业中学的学生一律不得转入普通高中。毕业班学生一般不办理转学手续。学生在休学期间不准转学。

第三十一条　转学手续一般在学期结束前或开学后一周内办理；学生确因其家长工作调动须转学者除外。

第八章　借　　读

第三十二条　借读系指学生到非户口所在地或非招生区范围的学校就读。有下列情况之一者，可允许借读：

1.华侨在国内的子女上中小学；

2.父母双方长期在国外工作，需由亲属照管的学生；

3.父母双方在地质勘探、边防部队或从事流动性较大的工作，需由亲属照管的学生；

4.父母双方不在学生户口所在地工作，确需随父母居住的学生；

5.父母一方不在学生户口所在地工作，确需随其不属本人户口所在地一方父母居住的学生；

6.父母双方均无法履行或父母离异后抚养一方无法履行监护人职责和丧失监护能力，需由亲属抚养监护的学生。

第三十三条　凡履行义务教育对象不能在户口所在地就读，必须到异地借读的，须取得借读学校的证明，回户口所在地学校作义务教育对象登记，填写“登记卡”取得学籍。并持“登记卡”和外出借读证明到借读学校取得临时学籍。借读期满须随身带回“登记卡”和毕业考试成绩报告单，到户口所在地学校领取《浙江省义务教育证书》。

户口所在地学校应将外出借读学生列入新生名册，注明何时起在何地借读，外出借读学生数不计入计划招生数。借读学校招收的借读生要控制在计划招生数内，并列入新生名册，名册中注明何时起从何地来校借读。

第三十四条　到县城学校借读的和跨县际学生必须严格按学籍管理规定，办理有关转学借读手续，报教育局审批备案。其他乡镇之间的借读转学由各教办审批备案。重点中学一律不准收录借读生。

第九章　退　　学

第三十五条　在校学生有下列情况之一者，可以退学：

1.除义务教育对象外，长期患慢性疾病，休学满一年仍不能坚持正常学习者；

2.符合义务教育法规定“免予入学，督促入学”者；

3.已超过义务教育年龄，且已受完当地规定的义务教育年限(休学的时间除外)，家长或监护人和本人申请离校者；

4.高中阶段两次留级者；

5.高中学生一学期缺课占总课时三分之一或累计旷课达两周者(作自动退学)；

6.凡连续两年操行评定不及格的高中学生，学校可令其退学。

第三十六条 凡属第三十五条第二款的学生退学，由学生家长或监护人提出申请，持县级医疗单位、家长和监护人所在单位证明，经学校审查同意，按学校隶属关系报所在县、乡(镇)政府(或受权同级教育部门)批准，方可办理退学手续。非义务教育年龄段的学生退学，须报主管教育行政部门批准。

第三十七条 办理退学手续者，由学校发给肄业证书，退学后一般不予复学，有高中会考考籍的学生退学，应在考籍档案中注销其考籍。

未受满当地规定的义务教育年限的学生一律不办理退学手续。

第十章 毕业(结业)、肄业

第三十八条 实施九年制义务教育的地方(含特殊教育班)，凡受完九年(含八年)义务教育的学生，均发给《浙江省义务教育证书》，作为升学、就业、服兵役的依据。学校不得再另发学历证书。

义务教育证书由市、县教育局验印。学校编造毕(结)业生名册一式二份，于验印时报教育局，验印后发还学校一份。义务教育证书编号采用十二位数字，即在初中毕业生的学号前加上0710，按新生名册顺序排列，缺号不留空行。此义务教育证书还要在"登记卡"相应栏中进行登记。

第三十九条 义务教育段学生学完修业年限内教学计划规定的全部课程(初中生包括社会实践)，经考核，操行评定，学业成绩合格、态度合格者(批准免修者除外)，准予毕业。学业成绩合格标准参照升级标准。高中学生凡思想品德表现(包括社会实践)合格，体育达到合格标准，会考成绩全部合格或一次补考后。不合格科目未超过一门考试科目和一门考查科目的，可取得普通高中毕业证书。参加"二一分役、高三分流"试验的普通高中，其毕业标准为：普通高中学生，已修完规定年限，完成教学计划所规定的全部学业，且思想品德表现(包括社会实践)合格，体育达到合格标准，会考科目经一次补考后，生物、地理、政治三科全部合格，其他会考科目全部合格或不合格的文化课和实验、劳技课均不超过一门的，准予毕业。毕业证书由省统一印刷，市(地)教育行政部门验印，学校颁发。未经验印者一律无效。学校编造毕业生名册一式三份上报县教育局，由县教育局于验印时报市教委，毕业证书验印，按我局规定的时间以校为单位统一办理。

高中毕业证书编号仍用学号，毕业生名册按新生名册顺序排列，凡无学号学生、未参加省会考学生以及未达到毕业标准的学生均不得列入，缺号不留空行。

第四十条 学生学完修业年限内教学计划规定的全部课程(中学包括社会实践)，经考核，操行评定，学业成绩经补考仍达不到毕业标准的，准予毕业。由学校发给结业证书。

第四十一条 初中、高中毕业班学生操行等不及格者不予毕业，按结业处理。

第四十二条 凡未学完修业年限内教学计划规定的全部课程，按本《细则》第九章第三十五条规定退学者，有学校给以肄业证书，并注明肄业年限。

第十一章 奖励和处分

第四十三条 奖励和处分是教育学生的一种办法，要以奖励为主，奖励和处分都要在认真做好思想政治教育工作的基础上进行。

第四十四条 学生在德、智、体、美几方面得到较优发展的，可评为"三好学生"，是学生干部的还可评为"优秀学生干部"。评选市(地)级"三好学生"的标准参照原教育部、团中央1982年下达的《关于在中学生中评选三好学生的试行办法》，市级"优秀学生干部"的条件参照原教育部的有关规定。市级以上(含市级)的"三好学生"和"优秀学生干部"的评比比例按浙教中字〔84〕第100号文件执行，每学年评选一次，学校张榜公布名单，市、县教育局颁发证件，并进行表彰、奖励。县级“三好学生”和“优秀学生干部”的条件以及表彰、奖励方法另定，校级由学校自定。

学生在德、智、体、美以及劳动、劳技某一方面表现突出者，可评为单项先进或积极分子等。

第四十五条　学生凡受校级以上（含校级）各种表彰、奖励的有关材料应记入学生档案。

第四十六条　对于极少数有严重违反《学生守则》、《学生日常行为规范》，破坏学校或社会秩序，破坏公共财物，道德品质败坏等违纪行为，又屡教不改的学生，视其情节，分别给予警告、严重警告、记过、留校察看、勒令退学、开除学籍的处分。

对学生给予警告、严重警告的处分，由学校政教处审核，校长批准公布。记过、留校察看的处分，由校务会议决定，校长公布。留校察看的处分须报市、县教育局备案。勒令退学、开除学籍的处分须经市、县教育局批准。

第四十七条　受警告、严重警告、记过处分的学生，经过半年教育，认识错误，确有悔改表现者，经师生评议，学校批准，可撤销其处分。受记过处分的学生应将其处分决定记入档案。毕业班学生在其毕业时未撤销处分者，应将处分决定记入学生档案。留校察看处分的年限为一年，在处分期间确有明显悔改表现，可撤销其处分，但应将处分决定记入学生档案。处分期间无改正表现，毕业班学生在其毕业时未撤销处分者，不予毕业，交给结业证书；非毕业班学生经市、县教育局批准，可勒令退学或开除学籍，其处分决定记入学生档案。

凡学生受记过以上（含记过）处分的，当年操行评定为不及格。

第四十八条　凡属义务教育年龄阶段的学生的处分，一般只给予警告、严重警告、记过、留校察看等处分，原则上不予勒令退学，开除学籍的处分。对极个别错误严重的学生，有条件的地方，可送工读学校继续学习。暂不具备条件的，可采取相应措施，让其受完规定年限的义务教育。

第十二章　学生学籍档案的建立与管理

第四十九条　新生入学，学校应实事求是填写规定的各项表格，并建立统一的学生档案。小学学生档案包括学籍卡、小学毕业生登记表、义务教育登记卡；初中学生档案包括学籍卡、初中毕业生登记表、体格检查表、体育合格情况登记卡及身体素质测验登记表、义务教育登记卡；高中学生档案包括学籍卡、高中毕业生登记表、考试成绩及考年评语表、体格检查表、体育合格情况登记卡及身体素质测验登记表、家庭情况调登记表、社会实践活动登记表。

学生跳级、留级、复学档案转给新班；学生转学，档案转给接收学校；学生从小学升入初中，小学毕业生登记表及“登记卡”转入初中；学生毕业，除学籍卡和“登记卡”由学校保存外，继续升学者，其他档案按规定手续转送接收学校；未能升学成就业者，档案暂由学校保管，有需要档案者经组织手续传递。

第五十条　学生流动，初中应由学校编造“学生流动情况名册”一式二份，一份存校，一份报教育局，初三年级于毕业会考前报教育局；高中应由学校编造“学生流动情况名册”一式三份，其中一份由县教育局转报市教委，并规定在每学年会考报名结束时上报，学生流动情况名册反映的情况应与会考考籍变更相符。通过学生流动情况名册能将新生名册与毕业时的学生名册衔接。学生转入，应在学生流动情况名册最后两栏注明学生来源和原来学号。

第五十一条　学校必须长期保存“四册”、“五证”。凡新生名册、学生流动情况名册、毕业生名册、学生奖惩名册，及转学、休学、复学插班、肄（结）业、毕业证明存根，均应随同有关证明材料整理成册，列档保存。

第十三章　附　　则

第五十二条　以前颁发的有关学籍管理的文件,与本文有抵触的,一律以本《实施细则》为准,本《实施细则》的解释权在教育局。

第五十三条　本《实施细则》于颁布之日起开始执行。

附 2:

磐安县学生中小学电子学籍系统管理实施细则(试行)

(2008 年 5 月)

第一章　总　　则

第一条　为规范中小学和幼儿园学籍管理,提高教育管理信息化水平,根据《浙江省中小学和幼儿园学生电子学籍管理办法(试行)》(浙教基〔2008〕107 号),特制定本实施细则。

第二条　本细则所称学生电子学籍信息,包括入学、转学、借读、休学、复学、升学、毕业、综合素质评价、学业考试、奖励、处分等学生信息,以及主管单位、学校、班级信息等。

第三条　县教育局负责全县中小学和幼儿园学生学籍电子化的管理工作,由教育科负责处理日常工作和对"浙江省中小学和幼儿园学生电子学籍系统"(以下简称"学籍系统")的管理。

中小学校长、幼儿园园长是电子学籍管理的第一责任人,教导(务)处是责任科室,教导(务)处主任具体负责学籍系统的管理,学校系统管理员负责学籍系统的日常管理、系统操作和维护。

第四条　按省教育厅统一要求,本学籍系统采用由省教育厅基础教育处监制,浙江容博教育科技有限公司研制的"浙江省中小学和幼儿园学生电子学籍系统"(以下简称"学籍系统")。浙江容博教育科技有限公司负责进行系统软件的开发、培训、安装、维护及相关技术服务工作,用户需向公司缴纳软件研发和维护费用。容博公司联系电话:0571—87984806、87982931

第二章　学校和班级信息

第五条　学校信息包括学校基本信息和教师信息。

学校基本信息包括学校施教区范围、学校代码、所属主管单位、学校名称、学校地址、所在地行政区划码、校长姓名、建校年月、学校办别、学校类别、所在地区类别、所在地经济属性、所在地民族属性、主教学语言、辅教学语言、班级总数、各年级班级数、本年毕业生数、本年招生数、在校学生总数、各年级学生数、学校占地面积、校舍建筑面积、图书数量、计算机数量、实验器材达标情况、邮政编码、联系电话、传真电话、电子信箱、主页地址。

幼儿园基本信息包括幼儿园注册编号、许可证号、审批单位、所属主管单位、幼儿园名称、幼儿园地址、所在地行政区划码、园长姓名、举办人姓名(或单位)、建园时间、办园性质、办园形式、幼儿园等级、所在地区类别、所在地经济属性、所在地民族属性、主教学语言、辅教学语言、班级数、幼儿数、幼儿年龄、教职工数量、专任教师数、行政人员数、保育员数、工勤人员数、外聘兼职教师数、教职工待遇政策、教职工收入状况、园舍场地、设施设备、办园经费、收费标准、所获荣誉、邮政编码、联系电话、传真电话、电子信箱、主页地址。

幼儿园教师信息包括园长及专任教师的姓名、年龄、性别、职务、职称、民族、党派、参加工作时间、学历、专业、任职资格、编制等。

第六条　中小学班级信息包括学校代码、班级代码、班级名称、建班年月、学制、班级类型、班主任姓名。

幼儿园班级信息包括学校代码、班级代码、班级名称、建班年月、班主任姓名。

第三章　学生成长档案管理

第七条　中小学学生信息包括学生个人、学生简历、监护人、家庭成员、注册、在校考试、奖惩、入学、结业和学籍异动等信息。

学生个人信息包括班级代码、学籍号、学号、姓名、姓名拼音、曾用名、入学年月、学生类别、身份证号、性别、血型、出生年月、出生地、独生子女、籍贯、民族、港澳台侨、健康状况、政治面貌、现住址、户口所在地、流动人口状况、国别、联系电话、通信地址、邮政编码、电子信箱、主页地址、照片。

学生简历信息包括起始时间、结束时间、所在学校名称、担任职务、证明人、备注。

监护人信息包括姓名、关系、联系地址、联系电话、邮政编码、电子信箱。

家庭成员信息包括关系、姓名、单位名称、联系电话、民族、婚姻状况、侨居地。

注册信息包括注册班级代码、注册状况、要求最晚注册时间、实际注册时间、未按时注册原因。

在校考试信息包括考试时间、课程名称、考试方式、考试类别、分数类考试成绩、等级类考试成绩、学期评语。

奖惩信息包括奖励名称、奖励级别、奖励类别、奖励原因、奖励金额、奖励文件文号、奖励年月、奖励单位、处分名称、处分原因、处分日期、处分撤销日期。

入学信息包括原学校代码、入学年月、入学方式、来源地区、学生来源、就读方式、经济困难受资助情况。

结业信息包括毕业学校代码、结束学业年月、结束学业原因说明、毕业评语。

学籍异动信息包括变动类别、变动日期、变动原因、审批日期、审批文号、原就读学校代码、现就读学校代码、原学籍号、现学籍号、处理状态、处理结果；以及发生学生死亡时的死亡日期、死亡原因、学校责任、审核意见。

第八条　幼儿信息包括幼儿个人信息、监护人、家庭成员、注册、入园与离园、幼儿异动等信息。

幼儿个人信息包括幼儿姓名、姓名拼音、曾用名、入园年月、幼儿类别、身份证号、性别、血型、出生年月、出生地、独生子女、籍贯、民族、港澳台侨、健康状况、现住址、户口所在地、流动人口状况、国别、联系电话、通信地址、邮政编码、照片。

监护人信息包括姓名、关系、联系地址、联系电话、邮政编码、电子信箱。

家庭成员信息包括关系、姓名、单位名称、联系电话、民族、婚姻状况、侨居地。

注册信息包括注册班级代码、注册状况、要求最晚注册时间、实际注册时间、未按时注册原因。

入园与离园信息包括幼儿园代码、入园年月、来源地区、就读方式、离园年月、离园原因说明。

幼儿异动信息包括变动类别、变动日期、变动原因、处理状态、处理结果；以及发生幼儿死亡时的死亡日期、死亡原因、幼儿园责任、审核意见。

第九条　学生成长档案数据录入操作位置、责任人和完成时间。

内　　容	系统中位置	责任人	完成时间
学生(幼儿)基本信息登记(含基本信息、学习经历、家庭成员)	学生成长档案管理→学生基本信息登记→基本信息、学习经历、家庭成员	班主任	每年9月17日前
奖励与处分登记	学生成长档案管理→奖励与处分登记	班主任	学期结束前
体格检查登记	学生成长档案管理→体格检查登记	体育教师	学生体检后1周内
体育健康标准登记	学生成长档案管理→体育健康标准登记	体育教师	每年12月底前
任职情况登记	学生成长档案管理→任职情况登记	班主任	开学后二周内
经济困难学生与资助登记	学生成长档案管理→经济困难学生与资助登记	班主任	开学后二周内
期末评语与考勤登记	学生成长档案管理→期末评语与考勤登记→期末评语、考勤登记	班主任	学期结束前
高中学生综合评语	学生成长档案管理→期末评语与考勤登记→期末评语	班主任	学期结束前
综合素质登记(小学初中)	学生成长档案管理→综合素质登记(小学初中)	班主任	学期结束前
课程设置	学生成长档案管理→学生成绩登记→课程设置(学校)	教导(务)主任	学期升级后1个月内
学生成绩登记	学生成长档案管理→学生成绩登记→学生成绩录入→:小学初中:期末成绩录入、学(毕)业成绩录入;高中:期末成绩录入、新课程模块成绩录入、新课程修习情况登记	任课教师	学期结束前
中考、高考成绩录入	学生成长档案管理→学生成绩登记→学生成绩录入→中考成绩录入、高考成绩录入	任课教师、学校管理员	每年7月2日前
补(缓、缺)考成绩录入	学生成长档案管理→学生成绩登记→学生成绩录入→补(缓、缺)考成绩录入	学校管理员	每年7月2日前
高中新课程学分认定	学生成长档案管理→学生成绩登记→高中新课程学分认定	任课教师	学期结束前
高中新课程学分审核	学生成长档案管理→学生成绩登记→高中新课程学分审核	教务主任	学期结束前
综合实践活动登记	学生成长档案管理→综合实践活动登记→研究性学习登记、社区服务登记、社会实践登记、综合实践活动学分审核	高中指导教师、班主任	学期结束前

第十条　[学生基本信息登记]:

1.分班级录入幼儿、小学、初中、高中新生的[基本信息][家庭成员],确保信息准确无误。

2.在学年初对原有幼儿、学生的基本信息核对一遍,中学生可以让学生自己核对,对错误或不正确或不完整的信息进行更正、补充。

3.本县幼儿园从2008年秋季开始建立幼儿基本信息登记。

第十一条　[基本信息]管理:先采集户口本、义务教育登记卡等信息,分班级由班主任在9月17日前完成新生基本信息的输入。10月1日后,要修改电子学籍系统"学籍主号""姓名""民族""出生日期""户籍省县""户籍镇/街""籍贯"时,凭户口本到县教育局教育科办理更正;学籍副号更正,凭义务教育登记卡或高中会考准考证到县教育局教育科办理更正。

1.学籍主号(居民身份证号码,18位数,依据户口本录入。高中学生必须有身份证号码,否则学籍不能注册)

2.姓名(必须与户口本一致)

3.性别(选择“男”或“女”)

4.民族(系统可选,必须与户口本一致)

5.政治面貌(小学选择“少先队员”,初中高中选择“共青团员”或“群众”)

6.出生日期(必须与户口本一致)

7.户口类别(选择“居民”“农业”“渔民”。一般不选“待定”。对于还没有上户口的小学、初中学生,或没有身份证号学生选择“无户口”,当选择“无户口”时系统会自动生成一个18位数作为身份证号码,请学校和幼儿园要告诉家长,在初中毕业前到派出所办理户口登记,并把办理结果及时通知学校,更正身份证信息,否则会影响中考,高中学籍不能注册)

8.入学方式(幼儿园、小学、初中:本县户籍:本学区学生选择“施教区内”,外学区对象选择“择校生”;外县户籍学生选择“民工子女”。高中:本县户籍:计划内招生和定向生选择“施教区内”,保送生和特长生选择“自主招生”,其他选择“择校招生”;外县户籍:本县初中毕业的,一律选择“民工子女”,其他选择“择校招生”)

9.户籍省县、户籍镇/街、户籍社区/村(系统可选。必须与户口本一致)

10.籍贯(以户口本中籍贯为准。系统可选。要注意个别学生籍贯与户籍是不一致的)

11.港澳台侨外(系统可选:0无、1归侨、2华侨、3侨眷、4香港、5澳门、6台胞、7外籍华人、8华籍外人、9非华裔外人)

12.学生类别(系统可选:00普通学生、11视力残疾、12听力语言残疾、13智力残疾、18肢体残疾、14视听两项残疾、15视智两项残疾、16听智两项残疾、17视听智三项残疾、19其他综合残疾。残疾学生要有“残疾证”才能选择相关类别,否则只能选择“普通学生”。学籍系统随班就读残疾学生人数要与教导处“两基”年审残疾人数一致)

13.学籍副号(小学初中:12位,与义务教育登记卡副号相同,义务教育段不变。高中:普通高中学生12位,与高中会考准考证号相同;职高学生10位)

14.班内编号(按班内一定规律确定序号排列,由班主任统一编号)

15.原毕业学校(小学填毕业幼儿园园名,初中填毕业小学校名,高中填毕业初中校名,校名统一用简称:县实验幼儿园、新蕾幼儿园、……、县实验小学、安文小学、深泽小学、新渥镇小、仁川镇小、仁川方山、双峰小学、窈川小学、双溪小学、玉山镇小、玉山玉峰、尚湖镇小、尖山镇小、胡宅小学、万苍小学、九和小学、大盘镇小、方前镇小、维新小学、盘峰小学、高二小学、冷水中心校、县实验初中、盘山中学、安文初中、深泽初中、新渥镇中、仁川镇中、玉山镇中、尚湖镇中、尖山镇中、方前镇中)

16.入学总分(高中新生要输入入学总分,按中考总分输入)

17.监护人(父亲或母亲或其他法定监护人,姓名要与户口本一致)

18.监护人手机(移动、联通,请注意及时更新)

19.家庭电话(固定电话、小灵通号码,请注意及时更新)

20.家庭地址(填到县、乡镇、村、门牌号,不要填写租住地址)

21.家庭镇/街、家庭社区/村(系统可选)

22.家庭邮编(家庭住址所在地的邮政编码)

23.住宿生(是住宿生的,点击□)

24.受过学前教育(点击□)

25.特长(学生在县级教育行政部门组织的竞赛中获一等奖的项目)

26.备注(填写"租住地址"等需要说明的材料)

27.学生照片(小学一年级、四年级、六年级、初一、初三、高一、高三输入)

带*号的不能空缺。

第十二条 [学习经历]在每年6月下旬填写完成。

起始年月(________/__09__/01)

终止年月(________/__06__/)

所在学校

就读班级

证明人(填写班主任姓名)

担任职务

第十三条 [家庭成员]:新生入学时由班主任采集信息并输入系统,在9月完成。以后每年9月核对一遍,及时更新

关系(父亲、母亲、哥哥、姐姐、弟弟、妹妹、爷爷、奶奶等)

成员姓名(按户口本姓名填写)

单位及职务(按真实情况填写,并注意及时更新)

单位电话

移动电话

第十四条 [奖励与处分登记]对学生奖励、竞赛、处分等信息进行登记,班主任负责在学期结束前完成。高中学生在县级及以上竞赛获奖,以及获得各级荣誉称号的,必须录入学籍系统。

[奖励]奖励内容、奖励级别、奖励类型、奖励名次(系统可选),奖励日期、颁奖单位

第十五条 [体格检查登记]体格检查每学年一次,形态、视力每学期检查一次,有校医的学校由校医负责,其他学校由体育教师负责,在学生体检后1周内录入电子学籍系统。

形态:身高、体重、胸围

视力:左(右):裸视、矫正视力、矫正度数

听力:左、右

砂眼、色觉、鼻病、口腔、扁桃体、心脏、肺、肝脏、胃肠、肺活量、血压、脉搏、胸透、四肢、皮肤、脊柱、平足、传染病(检查结果系统可选答案)

发育及营养情况(系统可选答案)

既往病史

第十六条 [体育健康标准登记]

登记学生体质健康标准测试情况。每年12月底前由体育教师负责录入电子学籍管理系统。高中学校特别要按时录入,确保数据准确。

第十七条 [任职情况登记]

登记学生在班级中任职班干部情况。由班主任负责在每年9月底输入电子学籍系统。

第十八条　［经济困难学生与资助登记］

对经济困难学生和接受资助学生进行登记，包括教育券、国家助学金、希望工程、春蕾计划、阳光行动、慈善救助、义乌商会资助等，由班主任负责及时录入电子学籍系统，每学期都要操作。

第十九条　［期末评语与考勤登记］

由班主任负责在每学期结束前把学生“期末评语”“考勤”及时录入电子学籍系统，每学期一次。期末评语采用鼓励性评语，字数至少在150字以上。采用“编辑评语”时，要根据学生特点修改评语，避免千篇一律。

高中“综合评语”也在此录入。

普通高中学生综合评语参考维度、要素与内容

维　度	要　素	内　容
道德品质	政治态度	热爱祖国、热爱人民、拥护中国共产党
	诚实守信	为人诚实、言行一致
	文明礼貌	遵守社会公德、举止文明、尊老爱幼、谦恭礼让
	仪容仪表	穿戴整洁、朴素大方、穿着打扮符合中学生要求
公民素养	品德修养	与人为善、乐于助人、乐于奉献
	遵纪守法	遵守国家法律法规、遵守校纪校规、遵守公共秩序
	责任意识	有责任心和正义感、热心公益活动，自尊自爱、自主自立、积极进取、有坚强的意志和毅力
情感态度	学习态度	勤奋学习、勇于探究、遵守课堂常规和作业常规
	价值观念	有正确的世界观、人生观、价值观
	感恩意识	孝敬父母、尊敬师长、有感恩之心
合作精神	协作精神	关心集体、维护集体荣誉、尊重他人、善于合作
	沟通能力	学会倾听、主动与他人沟通、具备一定的沟通技巧
	组织协调	热心参与校内外各种活动、具备组织管理能力

撰写方式

综合评语在撰写的基本模式可表述为：分层概述＋突出表现＋纪实性材料。

分层概述是以《中学生日常行为规范》为准则，如可用“自觉遵守”“遵守”“基本遵守”三个层次描述学生在学习生活中遵守规章制度等日常行为规范的情况。

突出表现主要是对照“普通高中学生综合评语的参考维度、要素和内容”，重点写出每一个学生的表现特点，反映出学生的个性。

纪实性材料的叙述主要是根据学生在社会实践、社区活动、教育行政部门组织的活动中获得的成绩，在评语中用实证材料加以描述。

综合评语在充分反映学生的优点和进步的同时，也应不回避学生的缺点和问题。对学生优点、进步的描述，既要客观全面，又要突出闪光点；对学生的缺点或不足，建议以提出改进或希望的形式加以阐述。

小学、初中参照“高中综合评语”撰写方式给学生写“期末评语”。

第二十条 ［综合素质登记(小学初中)］

按照县教育局统一的模块，根据《磐安县初中毕业生综合素质等第评定操作办法》，由校评价小组根据标准确定学生综合素质等第，班主任负责输入学籍系统，每学期结束前完成。

	内　容	责任人	完成时间
小学初中	期末成绩录入	任课教师	学期结束前
	中考成绩录入	初中任课教师 学校系统管理员	7月2日前
	学(毕)业成绩录入	任课教师 学校系统管理员	7月2日前
高　中	期末成绩录入(不实行新课程的普高、职高登记期末成绩)	任课教师	学期结束前
	新课程模块成绩录入	任课教师	学期结束前
	新课程修习情况登记	任课教师	学期结束前
	高考成绩录入	高中任课教师 学校系统管理员	7月2日前
	高中新课程学分认定	任课教师	学期结束前
	高中新课程学分审核	教务主任	学期结束前
其　他	补(缓、缺)考录入	校系统管理员	7月2日前

第二十一条 ［学生成绩登记］

1. 局系统管理员在系统“学期升级”后设置好全县中小学课程。

2. 学校教务(导)主任分学期提供书面课程设置内容，学校系统管理员在县电子学籍系统“学期升级”后一个月内完成本校课程设置。

高中课程设置分四步。第一步，高中课程设置；第二步，普高新课程模块设置；第三步，普高新课程开课；第四步，普高新课程学生自选课设置。

3. 学生成绩评价分考试成绩、平时成绩、总评成绩。

4. 评价方式：小学采用等级制(优秀、良好、及格、不及格)；初中语文、数学、科学、英语采用百分制，其他学科采用等级制(优秀、良好、及格、不及格)；高中采用百分制。

5. 学生成绩登记责任人和数据录入完成时间。

小学、初中校本课程、地方课程、综合实践活动由班主任负责录入成绩(总评成绩)，其他学科由任课教师负责录入成绩(包括考试、平时、总评成绩)。

高中“新课程模块成绩录入”、“新课程修习情况登记”要按电子学籍系统规定的格式正确录入。任课教师要以高度的责任心认真、按时、准确录入数据。

6. 要确保每位学生每门学科成绩都录入，并且保证成绩的真实性。

7. 学生学习成绩录入完成时间，在学期结束前。由于工作忙，不能按时完成的，最迟必须在以下时间内完成：每学年第一学期：正月十五前。第二学期：7月20日前。

8. 班主任对本班学生成绩录入完成情况进行督查，学校系统管理员、教导(务)主任对本校学生成绩录入完成情况进行督查，教导(务)主任向县教育局教育科汇报本校学生学习成绩录入情况，电子邮箱：Panjiaoyuke@163.com，联系电话：84652576(928)。

第二十二条 [综合实践活动登记]

1. 高中学校教务处要成立相应小组，对学生研究性学习、社区服务、社会实践进行指导、检查、考核、登记，指导教师要把相关情况录入电子学籍系统，做好学分认定。

2. 综合实践活动登记内容：研究性学习登记[研究性学习登记、研究性学习学分登记]，社区服务登记[社区服务登记、社区服务学分登记]，社会实践登记[社会实践登记、社会实践学分登记]，综合实践活动学分登记审核。

3. 学生参加研究性学习、社区服务、社会实践情况要及时输入电子学籍系统，高一、高二学分登记在每年6月底前完成，高三在5月10日前完成。教务主任要及时完成“综合实践活动学分登记审核”。

第四章 学籍变更管理

第二十三条 学籍变更管理责任人和完成时间。

内容		责任人	完成时间
学校布局调整		局系统管理员	学年初
学籍变更	学籍减少	校系统管理员	及时
	学籍增加	局系统管理员	及时
	校内异动	校系统管理员	9月10日前
毕业信息登记		校系统管理员	7月5日前
网上招生		校系统管理员	9月10日前

第二十四条 [学校布局调整]

学校撤并后数据进行迁移，由局系统管理员完成。

第二十五条 [学籍变更]学籍减少

1. 休学。书面审批由教导(务)主任负责。局批准后，教导(务)主任通知校系统管理员，校系统管理员立即通过电子学籍系统上报审批，否则会影响学生的就学年级。

休学办理程序：

(1)本人申请：学生出院后，由学生本人或法定监护人提出申请，出具磐安县人民医院、磐安县中医院等县级及以上医疗单位的“病情证明单”或“诊治证明书”交班主任。

(2)学校批准：班主任进行家访查询，情况属实的，填写《磐安县中小学学生休学审批表》，签署意见；上交学校教导处审核，教导主任审核学生的医院诊治证明书、病历卡、住院医药费凭据、出院记录等原件；审核无误后，由校长签署意见，并加盖学校公章。同时通过电子学籍管理系统报县教育局教育科。

(3)教育局审批:学生本人或法定监护人凭《磐安县中小学学生休学审批表》(一式三份)、承诺书、休学生的医院诊治证明书、病历卡、住院医药费票据、出院记录、《义务教育登记卡》等原件到县教育局教育科办理。办理时需提交病历卡、住院医药费票据、出院记录复印件1份存档。

县教育局教育科办理后,发给《休学证书》。《休学证书》局、学校、休学生各执1份。

(4)公示:县教育局对学生休学情况每月在磐安教育网上公示,接受社会监督。对弄虚作假的,取消《休学证书》,并通报批评。

2.[转出]转往县区内、转往县区外

书面审批由教导(务)主任负责。局批准后,教导(务)主任通知校系统管理员,校系统管理员根据书面材料办理电子学籍系统审批。

义务教育段本县户籍学生转学必须办理书面审批和电子学籍审批,书面审批必须有对方学校签字盖章。外县户籍学生只要办理电子学籍系统审批。

高中转学必须在金华市教育局书面批准后,才能办理电子学籍系统审批。

转学的基本条件:义务教育阶段学生:因家庭居住地和其法定监护人户口所在地变化或其他特殊原因须转学到其他学校就读。高中段学生:等级高的学校的学生或法定监护人主动要求转入等级低的学校就读。

转学办理程序:

(1)本人申请:学生父母或法定监护人提出书面申请,并出具户籍有效证明及其他有关的证明材料,填写《磐安县义务教育段学生转学联系单》或《磐安县高中段学生转学联系单》。

(2)学校批准:①转出学校审核,由校长签署“同意转出”意见并加盖学校公章;②转入学校审核,由校长签署“同意接收”意见,并加盖学校公章;若班级学额已满,转入学校不能接收,要向家长做好解释说明。③转出、转入学校通过电子学籍管理系统报县教育局教育科。

(3)教育局审批:学生父母或法定监护人凭《磐安县中小学学生转学联系单》(县外一式四份,县内三份)、《浙江省义务教育登记卡》等原件到县教育局教育科(二)办理。高中学生转学须提交招生部门认可的当年中考成绩证明。

(4)移交档案:①转出学校:打印《转学证书》一式二份,双方学校各执1份;移交《浙江省义务教育登记卡》、学生成长档案等学籍材料和课本、作业本等学习资料。②转入学校:出具就读证明。

3.死亡

学校安全员书面上报县教育局教育科,同时通知校电子学籍管理员进行系统操作,请在系统中注明“死亡”原因。

4.退学

小学、初中、普通高中不能有退学。职业高中要严格控制学生退学,尽量鼓励学生完成学业。

第二十六条 [学籍变更]学籍增加

1.复学

书面审批由教导(务)主任负责,在书面审批后,校系统管理员立即通过电子学籍系统审批,否则会影响学生的就学年级。在休学期间,遇到高中会考报名和考试时,可以先办理电子学籍复学。

休学期满前一周,休学生或法定监护人须持休学证书和县级及以上医疗单位出具的健康证明书或其他有效证明,向学校提出复学要求,经学校核实同意,县教育局教育科批准后,方可复学。休学生复学后,由学校编入适当班级就学。休学期满,尚不能如期复学的,须持有关证明办理续休手续。

2.[转入]县区内转入、县区外转入

书面审批由教导(务)主任负责。局批准后,教导(务)主任通知校系统管理员,校系统管理员根据书面材料办理电子学籍系统审批,如是县内转学,转入学校电话告知转出学校。

义务教育段本县户籍学生转学必须办理书面审批和电子学籍审批,书面审批必须有对方学校签字盖章。外县户籍学生只需办理电子学籍系统审批。

高中转学必须在金华市教育局批准后,才能办理电子学籍系统审批。

省外高中转入学生由接收学校通过“县区外转入”操作,带高中会考成绩等书面材料到省会考办办理有关手续,会考成绩等由省会考办录入学籍系统。

第二十七条　[学籍变更]校内异动

1.换班

教导(务)主任将分班名单书面交学校系统管理员,校系统管理员在9月10日前完成系统操作。

2.留级

中小学生原则上不留级。个别学生因特殊情况确需留级时,在8月25日前书面报县教育局教育科审批。书面审批后,由校系统管理员在9月17日前完成电子学籍系统审批。

高中留级生,本级作废。

第二十八条　[毕业信息登记]

1.毕结业登记

毕结业生名册由教导(务)主任负责书面报批,幼儿园、小学、初中报县教育局教育科审批,普通高中报金华市教育局基础教育处审批,职业高中报金华市教育局职成高教处审批。书面审批后,由校系统管理员进行电子学籍毕结业登记,完成时间:7月2日前。

教导(务)主任对毕结业登记完成情况进行检查和督促。

各幼儿园、中小学必须在规定时间内完成,否则,全县电子学籍系统无法进行“学期升级”。

2.毕业去向登记

高中学校在9月底前完成。

第二十九条　[网上招生]

从2008年开始,初中、高中实行网上招生。

第一步:新生录取

1.在[年级和班级设置]中设置好新生年级和班级。

2.根据新生实际报到情况,由教导(务)处提供书面新生名册,校系统管理员负责网上招生,在9月10日前完成。

3.跨学区就读的小学、初中新生,一律由学生所在学校录入电子学籍系统,户籍所在地学校不再录入。

第二步:新生分班

校系统管理员在完成网上招生后,在9月12日前对新生进行分班。

第三步:档案迁移

第五章　普高综合素质评价

第三十条　普通高中学生成长记录和综合素质评价工作是课程改革的重要内容,其信息记录在

“学籍系统”中,并形成高校招生所需的学生电子档案。综合高中普高类学生参照执行。

学校应当为每位学生建立中学生成长记录,全程、全面记录学生在高中阶段各方面的成长状况。每学年整理一次,整理结果统一上报汇总到“浙江省电子学籍管理系统”,供高校录取时参考。

第三十一条 学生成长记录信息包括课程修习、综合实践活动和素质发展等信息。高中学生在校考试信息合并在此记录。

课程修习记录信息包括修习的国家课程的模块名称、学时、考试成绩、学分和高中会考成绩,以及地方课程和校本课程的名称、学时、考试成绩、学分。

综合实践活动记录信息包括研究性学习的课题名称、成员组成、课题成果、承担任务、评价结果;社区服务的内容、地点、时间、评价结果;社会实践的内容、地点、时间、评价结果。

素质发展记录信息包括品德与素养的写实定性描述,以及审美与艺术、运动与健康、探究与实践、劳动与技能四个维度的测评成绩。主要从电子学籍系统中的期末评语、奖励、体育健康标准、任职等四个方面汇总而成。

第三十二条 学生综合素质评价信息包括综合评语、课程修习与学业评价和项目测评等信息。

综合评语信息主要是对学生高中阶段的道德品质、公民素质、情感态度、合作精神、日常表现等方面进行定性描述。

课程修习与学业评价信息包括课程修习状况、学分、高中会考成绩。由“学籍系统”汇总生成成长记录。

项目测评信息包括审美与艺术、运动与健康、探究与实践、劳动与技能等四个项目的测评成绩。由“学籍系统”汇总成长记录生成。

第三十三条 操作步骤:

1.设置普高评价项目比例

县教育局根据《浙江省教育厅关于学生成长记录与综合素质评价的意见》(浙教基〔2006〕242号)和《浙江省教育厅关于印发普通高中学生综合素质评价实施指导意见的通知》(浙教基〔2007〕78号)文件精神,设置全县普通高中学生综合素质评价项目APE比例。

2.及时做好学生成长记录

高中学校严格按照《浙江省教育厅关于印发普通高中学生综合素质评价实施指导意见的通知》文件和县教育局制定的实施方案组织实施。

(1)校长是学校实施学生成长记录与综合素质评价工作的第一责任人,要切实加强领导。①成立领导小组,制定本校的实施细则;①组织综合素质评价的测评小组;③组织宣传与培训;④建立公示制度,监督实施。实施细则、测评小组名单、测评结果要公示,接受学生、家长的监督。⑤及时通过“浙江省普通高中电子学籍系统”记录与报送。按县教育局规定的比例,根据省规定的程序正确确定学生综合素质评价等第,并将综合素质评价等第和综合评语录入电子学籍管理系统。

(2)综合评语:每一学年撰写一份综合评语。高三年级的综合评语应为学生三年来的总述。模式:分层概述+突出表现+纪实性材料。操作:学生自评+同伴互评+教师评价基础上撰写,字数控制在300字以内。记录位置:学生成长档案管理→期末评语与考勤登记→期末评语。最后每学年生成三张学生成长记录报表时,自动转入表3“浙江省普通高中新课程素质发展记录表”中的“品德与素养”栏目。

(3)项目测评

按相关课程修习过程,每年组织一次各测评项目下的子项目测评。

审美与艺术

高　一	组织音乐鉴赏测评，建议与学分认定同步进行
高　二	组织美术鉴赏测评。按选课情况在绘画等实践类选修模块中选测一个项目。建议与学分认定同步进行
高　三	由学生按选课情况在“音乐表现”和“音乐创作”中选测一个项目
三年总评	在高三下学期 音乐总评＝音乐鉴赏测评＋“音乐表现”和“音乐创作”中选测一个项目测评 美术总评＝美术鉴赏测评＋绘画等实践类选修模块中选测一个项目 审美与艺术总评＝音乐总评＋美术总评＋获奖

注：特长免测

运动与健康

高　一	每学年都要组织《体育与健康》课程学习、体能测试、学生体质健康标准、体育课外活动测评 根据以上四项，每学年做一次学年评定
高　二	
高　三	
三年总评	在高三下学期 根据三个学年评定，作一次总评 运动与健康总评＝学年总评＋获奖

探究与实践

高　一	做好研究性学习、社会实践、社区服务记录(每学年按类别可以作一次总评)
高　二	
高　三	
三年总评	在高三下学期 将研究性学习、社会实践、社区服务分别作一次总评 探究与实践总评＝研究性学习总评＋社会实践总评＋社区服务总评＋获奖

劳动与技能

高　一	信息技术测评
高　二	高二上结束，组织物理、化学实验操作测评 高二下结束，组织生物实验操作、通用技术测评
高　三	
三年总评	在高三下学期 劳动与技能总评＝信息技术测评＋物理、化学、生物实验操作测评＋通用技术测评＋获奖

“探究与实践”、“审美与艺术”、“运动与健康”、“劳动与技能”项目的测评每学年进行一次，对评定结果中获得A等的学生应在全校张榜公示，对评定为E等的学生应及时给予书面通知。

(4)总的策略：平时分散记录，按学年系统合成

时　间	工　作　内　容	系统中记录位置	责　任　人
学期初	1.学生必修课、选修课选修记录	学生成绩登记→课程设置(学校)	任课教师
	2.研究性学习记录:开题时记录	综合实践活动登记→研究性学习登记	指导教师
期　中	1.已学完的模块学分认定记录	学生成绩登记→学生成绩录入和学分认定两个栏目	任课教师
	2.已完成的研究性学习、社区服务和社会实践记录	综合实践活动登记栏目下的各项内容	指导教师和班主任
	3.学分审核	学生成绩登记→学分审核	教务处或领导小组
期　末	1.已学完的模块学分认定记录	学生成绩登记→学生成绩录入和学分认定两个栏目	任课教师
	2.已完成的研究性学习、社区服务和社会实践记录	综合实践活动登记栏目下的各项内容	指导教师和班主任
	3.学分审核	学生成绩登记→学分审核	教务处或领导小组
	4.综合素质评价子项目测评结果	综合素质评价栏目下的各项内容	相关负责人
	5.综合评语	学生成长档案管理→期末评语	班主任
	6.各种荣誉和获奖记录	学生奖励与处分登记栏目	班主任

“体育健康标准”由体育教师负责在每年12月底录入电子学籍管理系统。

“综合评语”由班主任负责录入电子学籍系统,在每学期结束前完成。

“探究与实践”、“审美与艺术”、“运动与健康”、“劳动与技能”、“新课程科目修习记录表”、“新课程素质发展记录表”、“新课程综合实践活动记录表”由任课教师负责录入电子学籍系统,高一、高二年级在7月2日前完成,高三年级在5月10日前完成。

学年末,由电脑自动生成3张表格,在学籍系统中层层审核、报送,一旦报送到省里,不得随意修改。

(5)每学年成长记录要及时,子项目测评A等比例控制应从严。

学生成长记录和测评要按课程教学进程随时记录,不能集中在学期末。

全省A等比例控制主要在高三年级报送综合素质评价项目测评结果时,按市或县(市、区)对4个测评项目进行控制,平时由于每个学校各个子项目测评时间不完全一致,县教育行政部门规定的比例也不一样,系统不可能按子项目进行控制。

要控制好A等比例,关键是学校要控制好每学年子项目测评A等比例,应从严控制,否则高三合成总评时,由于全A比例过高,A等比例失控。如果在总评阶段,要将全A的学生拉下来,评为P等,无法陈述理由。

3.数据审核上报到县

报送的内容包括新课程科目修习记录、综合实践活动记录、素质发展记录、综合素质项目测评成绩。

在审核前,校系统管理员和教务主任要分班对每个学生“新课程科目修习记录表”、“新课程素质发展记录表”、“新课程综合实践活动记录表”录入情况进行检查和核实,发现问题及时整改,确保评价的正确性和真实性。在确定学生100%录入后,进行审核和上报。高一、高二年级在每年7月20日前完成检查、核实、报送工作，高三年级在每年 5 月 20 日前完成检查、核实、报送工作。学校做好总评工作后，上报系统中。高三年级综合素质评价总评时，由系统控制各测评项目 A 等比例。

4. 教育局数据审核上报。在县里汇总统计时，发现学校超比例，退回。县里统计如发现本县超出 25%，则无法上报到省级系统中。

高一、高二年级在每年 7 月 30 日前完成审核、报送工作，高三年级在每年 5 月 30 日前完成审核、报送工作。

第六章　会考管理

第三十四条　为了规范高中会考管理，电子学籍管理系统 2008 年新增了“会考管理”。

“会考管理”县教育局由县会考办进行管理，学校由校系统管理员进行管理。

第三十五条　学校使用流程

会考报名→试场编排→学生会考→缺考登记→成绩打印

第三十六条　操作步骤

时　间	工作内容	系统中位置	责　任　人	备　　注
会考前	1. 补考、重考、提前考与高一新生报名登记	会考管理→会考报名	学校管理员	报名前必须确认报名学生拥有学籍电子档案
	2. 登记学生会考考籍出入信息	会考管理→会考考籍变更	学校管理员	主要用于高二、高三学生会考考籍变更
	3. 编排学生试场，打印试场标贴	会考管理→会考试场信息管理	学校管理员	
	4. 逐级上报相关会考信息		县会考办	此步骤学校无须操作
会　考	学生参加会考			
会考后	1. 学校登记缺考学生名单	会考管理→会考缺考信息管理	学校管理员	
	2. 阅卷			此步骤学校无须操作
	3. 免考学校成绩处理	会考管理→免考成绩	免考学校管理员	
	4. 逐级提取会考成绩		县会考办	此步骤学校无须操作
	5. 打印学生成绩证明	会考管理→会考学校成绩证明		在县会考办向市会考办提取成绩后方可打印

第七章　信息管理和信息安全

第三十七条　学校要配备电子学籍系统管理员（简称校系统管理员）。

学校要挑选事业心强、责任心强、计算机操作能力强的教师担任电子学籍系统管理员。校系统管理员要相对稳定，因工作需要调动的，要做好移交工作（包括服务器、用户账号、用户口令等）。

校系统管理员负责“学籍系统”中“基本信息管理”、“学籍变更管理”、“会考管理”、“查询统计”、“系统管理”，及“学生成长档案管理”、“普高综合素质评价”的操作指导、检查、核对、报送等工作。

第三十八条 “学籍系统”用户分为教育局用户和学校用户两类。教育局用户具有对辖区内所有学校学生电子学籍信息的数据维护和查询统计功能,学校用户具有对本校学生电子学籍信息的数据维护和查询统计功能。

第三十九条 “学籍系统”采取分级分配管理权限的方式,进行信息管理。教育局用户的管理权限分为管理员和普通用户两种。学校用户的管理权限分为管理员、普通用户和学生用户三种。

教育局管理员的权限是主管单位信息录入、数据审核、数据维护、数据统计、开设普通用户账号,以及根据需要开设中小学、幼儿园管理员账号,授权管理一所或多所学校(幼儿园)。教育局管理员由教育科学籍管理人员担任。教育局普通用户的权限是数据查询、数据统计。

学校系统管理员的权限是学校信息和学籍异动信息录入、数据审核、数据维护、数据统计、开设普通用户和学生用户账号,以及根据需要开设学校年级管理员和班级管理员账号,授权管理一个或多个班级。学校系统管理员一般由学校教务部门的学籍管理人员担任。年级管理员和班级管理员的权限是班级、学生、成长记录与综合素质评价等信息录入、数据查询、数据统计。年级管理员和班级管理员一般分别由年级组长和班主任担任。学校普通用户的权限是学生信息录入、数据查询、数据统计。学校普通用户一般由任课教师担任。

学校学生用户的权限是学生本人信息查询。

第四十条 学生电子学籍信息采用分级录入和本级核对的方式。学校主管单位信息由中小学、幼儿园系统管理员录入,县教育局管理员核对;学校信息和学籍异动信息由学校系统管理员录入,校领导核对;班级信息由班级管理员录入,年级管理员核对;学生信息由学校普通用户和班级管理员录入,年级管理员核对。学生成长记录与综合素质评价信息由班级管理员和年级管理员录入,学生综合素质评价工作领导小组核对。学生可从学校获得用户名和密码,到浙江省中小学学生成长网上查询与核对本人信息。

第四十一条 在初始使用“学籍系统”时,学校应及时录入当前所有在校学生的电子学籍信息。新学年的第一个学期,学校应在9月30日之前完成新生电子学籍信息的录入与核对工作。

学校应根据日常教学活动,及时录入和核对所需信息,每学期末检查核实一次。发生学籍异动时,学校应在7个工作日内登记申请信息;省内转学时,转出学校需开具转学证明,转入学校需通过“县区外转入”方式转入转学学生电子档案。在每年的7月20日之前,应完成学生的毕(结)业信息录入和核对。

第四十二条 县教育局及时审核学校上报的学生电子学籍信息。接到学校有关学籍异动信息申请时,在20个工作日内完成审核,并由教育局管理员办理,其中学生死亡信息办理完毕后,“学籍系统”将该信息自动上报到上一级教育行政部门。市、县(市、区)教育行政部门服务器与省教育行政部门服务器之间的数据报送由系统自动完成。

第四十三条 [学期升级]。我县电子学籍系统升级时间:每年的8月1日,“学籍系统”从上学年的下学期升级到新学年的上学期,所有在校生的年级自动升一级。每年的正月十六“学籍系统”从本学年上学期升级到下学期,在升级前,审批完成学校前一学期的变更申请,确认学校已经完成前一学期的所有信息登记工作,备份数据库。学校用户请在7月20日完成“毕结业登记”和学生学籍变更审批(转入,转出,休学、复学等);在正月十五前完成学籍变更审批(转入,转出,休学、复学等)。学校系统管理员要检查一遍,是否已完成上述内容,如有问题请与有关学校、教育局及时联系,以确保电子学籍系统“学期升级”按时进行。(因学籍系统学籍变更周期是一学期,所以如果当前学期的学籍变更未进行审批，升级到新学期后学校的变更申请将作废，学校需要在新学期重新提交申请）。

第四十四条　学生的学籍信息采用“到期即锁”的方式进行锁定管理。新入学学生信息中的学生个人、学生简历、监护人、家庭成员、入学等信息，从当年9月30日起即被锁定直至毕业；学生的注册信息分别于每年的9月30日和3月31日锁定；学生信息中的在校考试、奖惩和学籍异动等信息以及班级信息，由学校进行日常数据维护，每年的8月1日“学籍系统”学期升级后，上学年的上述信息即被锁定；毕业年级学生的毕（结）业信息在每年的7月30日锁定。信息锁定后，如需更改信息，学校必须提出申请，经县教育局批准，方可由教育局管理员进行更改。

第四十五条　高中学生高一年级和高二年级的成长记录和综合素质评价信息，学校应在7月20日前完成检查、核实和报送工作；高三年级学生成长记录和综合素质评价信息，应在5月10日前完成检查、核实和报送工作。报送后，如需更改信息，学校必须提出申请，经县教育局批准，方可由上级教育行政部门管理员进行更改。

第四十六条　学校上级教育行政部门应及时检查核实辖区内高中学校学生的学年成长记录和综合素质评价信息，高一年级和高二年级学生成长记录和综合素质评价信息应于9月30日前统一报送到省级教育行政部门；高三年级的成长记录和综合素质评价信息应于6月10日前统一报送到省级教育行政部门。报送后，如需更改信息，必须由学校提出申请，学校上级教育行政部门同意，经省级教育行政部门批准，方可由省级教育行政部门管理员进行更改。

第四十七条　高中借读生的成长档案管理、普高综合素质评价、会考管理，包括奖励、体育健康标准、科目修习、综合实践活动、学习成绩、综合评语、综合素质评价等第、学分认定、学分审核等所有电子学籍管理，由学籍所在学校负责录入学籍系统。

第四十八条　学校电子学籍操作流程

时　间	工作内容	系统中位置	责任人	备　　注
学期初	1. 填写学校基本信息，开设本学期所需开设的年级班级	基本信息管理	校系统管理员	学期升级后即可进行
	2. 用户与权限设置	系统管理→用户与权限管理→用户与权限（学校）	校系统管理员	给班主任、年级组长、任课教师分配账号及管理权限
	3. 学生换班	学籍变更管理→校内异动→换班	校系统管理员	凡学生重新编班的都要进行换班操作
	4. 核对学生基本信息，对于新学年第一学期，还需要完成新生的电子学籍信息录入工作	学生成长档案管理→学生基本信息登记	班主任	学校应在9月17日前完成核对与录入；为保持档案连续性，初一、高一新生必须通过网上招生办法操作
	5. 开设好本学期所需开设的课程与模块	学生成长档案管理→学生成绩登记→课程设置（学校）	教务处主任、校系统管理员	如果是选修模块，需要进行学生选课

续表

时　间	工作内容	系统中位置	责任人	备　注
学期中	1. 学生成长档案登记	学生成长档案管理下的相应模块	班主任、任课教师	
	2. 完成课题的综合实践活动登记	学生成长档案管理→综合实践活动登记下的相关内容	指导教师	
	3. 完成修习模块的成绩与修习情况登记	学生成长档案管理→学生成绩登记:登记已完成修习模块的成绩与修习情况	任课教师	
	4. 完成修习模块的学分认定与审核	学生成长档案管理→学生成绩登记→新课程学分认定与审核	任课教师认定,教务主任审核	
	5. 体育健康标准	学生成长档案管理→体育健康标准登记	体育教师	每年12月底前
	6. 日常学籍变更操作	学籍变更管理→学籍变更	教导(务)主任、校系统管理员	发生学生异动时,学校应在7个工作日内登记好申请信息
学期末	1. 登记期中阶段未完成的各项成长记录与综合素质评价信息	参考学期中的1、2、3、4四个流程	参考学期中	
	2. 学生成绩登记	学生成长档案管理→学生成绩登记→期末成绩录入	任课教师	
	3. 品德评语(综合评语)登记	学生成长档案管理→期末评语与考勤登记	班主任	
学年末	1. 毕业信息登记	学籍变更管理→毕(结)业信息登记	班主任、校系统管理员	
	2. 数据审核上报	普高综合素质评价→数据审核上报到县区(学校)	教务主任、校系统管理员	高一、二年级学校应在7月20日前完成检查、核实和报送;高三年级应在5月10日前完成检查、核实和报送工作

第四十九条　学校应为“学籍系统”配置专用计算机、移动硬盘、数码相机等。

教育行政部门应配置专用服务器,并设置好外网IP,保证服务器的24小时开通。

安装有学籍系统服务端系统的机器应做好防病毒、防黑客攻击等系统安全工作。操作系统的administrator口令,SQL Server的sa口令,学籍系统各用户口令,特别是教育局管理员用户口令长度至少应在6位以上,并不得使用过于简单的口令。另外操作系统、SQL Server都要升级到最新版本,并安装补丁程序。

用户要管理好自己的账号和密码。

第五十条　县教育行政部门和学校应完整保留学生的全部电子学籍信息,为学历认证等提供依据。中小学生学籍电子化信息作为学生学习时期各学段升学、毕业的重要依据，务必确保数据的及时、准确、完整及安全，任何人不得擅自更改数据库中的数据。在数据录入和维护时应按照本操作细则进行操作，并定期做好备份工作。

为了防止数据库中的数据丢失，建议学校同时采用以下三种方法备份：多台电脑备份、刻录光盘或U盘备份、书面存档；尽可能专机专用，并做好信息安全工作。数据备份位置为：系统管理→日常管理→服务器备份。操作方法为：点击“收缩数据库”按钮，收缩成功后点击“开始备份数据”按钮进行数据库备份。

第五十一条　学生电子学籍信息只能服务于教育行政部门和学校的教育管理与教学工作，不得用作其他用途。对于学生的某些敏感信息，应根据实际情况，设置好查询权限。

第五十二条　定时上机操作。校系统管理员每周二、四上线操作，局系统管理员在每周三、五进行电子学籍审批操作。

第五十三条　为了让学生和家长及时了解学生成长册，核对学校为学生建立的电子档案信息，学生可以自己登记成长日记、发展目标等信息，高中学校要为学生、家长设置用户信息库。

操作位置：系统管理→用户与权限管理→WEB用户信息设置

第八章　附　　则

第五十四条　本细则从二〇〇八年五月二十日开始试行。

第五十五条　本细则的附件有：

1. 磐安县200　年义务教育段新生基本情况登记表
2. 磐安县中小学学生休学审批表
3. 磐安县义务教育段学生转学(借读)联系单
4. 磐安县高中段学生转学联系单
5. 磐安县中小学学生留级审批表

第五十六条　本细则由磐安县教育局教育科负责解释。

第三节　团队与组织

一、少年先锋队组织

(一)组织沿革与管理

抗日战争时期，解放区的少年儿童组织称儿童团，国民党统治区的称童子军。1950～1953年统称儿童队。1953年6月1日，改称中国少年先锋队。1966年10月至1978年期间，称红小兵。1978年9月，复称中国少年先锋队。至1990年底，磐安县共有少先队大队165个、中队801个，队员21741人，有大队辅导员139人、中队辅导员736人。

1990年11月，团县委、县教育局联合召开少先队工作会议，各区、镇、乡团委书记，各学校少先队总辅导员，安文小学全体辅导员，少先队干部300余人出席会议。

1991年5月，县妇联、团县委、县教育局、县文化局、县广播电视局、县卫生局、县公安局、县计委、县二轻局、县经委、县商业局、县民政局、县供销社、县体委、县科协、县总工会、县计生委、县人武部政工科、县残联、县关工委20家单位联合下发磐妇〔1991〕9号《关于搞好一九九一年“六一”国际儿童节庆祝活动的意见》。

继1988年首次代表大会之后，1995年5月，中国少年先锋队磐安县第二次代表大会召开。大会正式代表100名，列席代表8名。是年9月18日，团县委、县教育局联合召开全县少先队大队辅导员会议。内容是进一步深化“五自”(自学、自理、自护、自强、自律)雏鹰争章活动和全面铺开“磐安少年雏鹰行动”。

1996年4月，教育局成立教育系统关心下一代工作委员会。

1997年，教育局下发〔1997〕23号文件《1997年磐安县少先队工作意见》的文件。

1999年4月，由县政法委牵头，召开协调小组成员和有关单位参加的“警校共建”工作研讨会。5月，共青团磐安县委员会、磐安县教育委员会召开中国少年先锋队磐安县第三次代表大会。108名代表为少先队工作献计献策。

2000年8月，团县委、县教委在县委党校举办团队干部培训班。各中学团委书记、各学校少先队大队辅导员参加培训。

2001年起，全县少先队辅导员实行持证上岗制度。

2002年2月，县委宣传部、团县委、县环保局、县文教局、磐安报社、县广播电视台联合下发团磐联〔2002〕1号《关于开展“磐安县青少年生态环境道德主题教育月活动”的意见》。是年10月，中国少年先锋队磐安县第四次代表大会隆重召开，114名代表参加，产生中国少年先锋队磐安县第四届工作委员会。

2003年，团县委、县文教局、县少工委下发团磐联〔2003〕2号文件，转发团市委、市教育局、市少工委《加强与改进初中少先队工作的意见》。

2004年，县文教局印发《磐安县文教局2004年关心下一代工作计划》。同年，磐安县少先队组织先后制定《少先队干部聘任方案》《文明中队争创办法》《社区少先队活动规程》《校外辅导员聘任规定》等制度。

2005年10月，中国少年先锋队磐安县第五次代表大会召开，全县共有100名代表参加大会。

2006年8月，省少工委、省绿色在线网站联合授牌，确定磐安县实验小学为浙江省少先队网络实验学校。同月，县教育局、团县委、县少工委联合举办少先队辅导员培训班。是年，团县委及相关部门联合发布《“优秀青少年维权岗”管理试行办法(草案)》。

2007年底，团县委联合教育局、县农办、县妇联、县关工委在全县20个乡镇建立60所规范化的“爱心青少年俱乐部”，组织开展关爱农村留守儿童的特色活动。

2008年4月，中国少年先锋队磐安县第六次代表大会召开，103名代表参加会议。

2009年10月作出规定：凡举行少先队活动必须有鼓号队参加。

2010年3月，团县委、县教育局召开共青团和少先队工作会议，全县学校团委书记和少先队大队辅导员参加会议。县职业技术学校团委书记和深泽小学大队辅导员作交流发言。10月，团县委、县教育局开展“加强农村少先队辅导员队伍专业化建设”课题的调研活动。12月，团县委、县教育局着手启动少先队活动优秀案例选编成集工作。

2011年2月，县委宣传部、县文明办、县教育局、团县委、县少工委、县广播电视台联合下发磐宣〔2011〕8号《关于开展磐安县2011年中小学“文明礼仪家庭年”主题教育活动的通知》。组织开展“家家都有文明好少年”评选、“身边的故事”征文评比、文明礼仪漫画评比、家庭文明礼仪风采展示以及《文明礼仪手册》传递仪式。是年4月，磐安县委、县政府下发县委〔2011〕25号《关于进一步加强关心下一代工作的意见》。

2012年3月，团县委在安文小学举行共青团关爱农民工子女志愿服务行动暨首批“幸福小屋”授牌仪式。首批“幸福小屋”项目推进学校为安文小学、尖山镇中心小学、深泽小学、县职业技术学校。

2013年2月，中国少年先锋队磐安县第七届代表大会召开。同年9月，县少工委组织开展辅导员相约雏鹰争章体验观摩活动。全县初中、小学少先队大队辅导员及初中团组织负责人在新渥小学参加活动。10月，团县委、县教育局、县少工委联合下发〔2013〕1号《关于召开磐安县少先队活动课程推进会暨2013年少先队半年工作会议的通知》。全县各初中、小学少先队分管校长、少先队大队辅导员、初中团组织负责人80多人参加培训会议。同月，团县委、县文明办、县少工委联合下文，表彰2013年磐安县百名“文明好少年”。

2014年1月，实验小学少先队工作通过省考核组验收。

2015年11月，团县委、县教育局、县少工委在安文初中联合开展少先队活动案例评选和说课展评活动。全县各中小学大队、中队辅导员代表和少先队员代表参加活动。12月，团县委、县教育局组织全县各中小学少先队大队辅导员到金华观摩金华市少先队辅导员说课比赛。

至2015年，全县中小学有少先队大队辅导员29名、中队辅导员307名、校外辅导员29名。

(二)少先队活动

1990年5月，磐安县城乡建设环境保护局、磐安县教育局、磐安县妇女联合会下文表彰全县小学组、幼儿组“儿童与环境”漫画比赛中获得好成绩的70名小学生和幼儿小朋友。6月，金团联〔1990〕6号文件确定安文小学大队部为市级红旗大队，大盘中心校五(2)中队为市级红旗中队。同月，省教委和共青团浙江省委联合下发《关于表彰“鲁迅纪念奖”和“让精神世界更美好”读书活动先进集体、先进个人的决定》(浙教科字〔1990〕第260号)，冷水乡中心小学和盘山中学被评为此项读书活动先进集体。

1991年1月，团县委在县电影院召开全国红旗大队安文镇中心小学大队、红旗中队大盘乡中心小学五(2)中队授旗发奖大会。是年7月，墨林乡中心校大队部被评为金华市少先队红旗大队，岭口中心校五(1)中队，新渥镇宅口小学五年级中队被评为红旗中队。

1992年，团县委、县教育局下发团磐联〔1992〕7号关于开展少先队建队70周年纪念活动的通知，表彰一批先进集体和个人，要求各校开展劳动实践活动，开展光辉的七十年系列教育活动。

1996年10月，安文镇中心小学获市雏鹰红旗大队。

1997年4月，教育局举行“知香港、爱祖国”学生知识竞赛，全县140多名学生参加竞赛。全县少先队员开展爱国主义教育系列活动，举行“小小童心迎回归”主题教育活动、“话说香港”读书活动、书画竞赛和“祖国在我心中”演讲比赛等活动。11月，安文小学被团省委、省教育厅、省少工委授予“浙江省雏鹰红旗大队”称号。

1998年，团县委、县教委、县少工委联合下发团磐联〔1998〕3号文件，决定举办庆“六一”雏鹰行动成果汇报会。汇报会共设16个正式项目。

1999年2月，共青团磐安县八届三次全委扩大会议召开，提出以少工委换届为契机，深入开展以培养少先队员“五自”精神和能力为重点的雏鹰行动，继续深化“千支雏鹰假日小队”美化家乡活动。5月，团市委、市教委、市少工委授予安文小学“金华市十佳雏鹰红旗大队”称号。6月1日，县关工委、县教委联合组织全县小学生生活自理能力比赛活动。10月，在中国少年先锋队建队50周年之际，全县少先队员开展“五个一”活动(一次升国旗仪式、一次主题队会、向师长敬一次队礼、为队组织做一件好事、一次“保护母亲河”活动)。11月,团市委、市教委、市少工委授予安文小学“金华市启明星科技创新活动先进集体”称号。

2000年,少先队实验小学大队被授予“全国红旗大队”荣誉称号。是年6月7日晚11时,天网小学5名四年级学生接受浙江电视台“圆梦计划”(圆梦北京天安门)现场挑战,成功记住193个国家的国旗和国名。

2002年4月,县实验小学1位大队辅导员、安文小学1位少先队员被推荐为省少代会代表。

2003年9月,安文小学被全国少工委、中国残联授予“全国红领巾手拉手助残先进集体”称号。2003年11月,县委宣传部、团县委、县文教局、县妇联、县环保局、县少工委联合开展全县少先队员“争戴小公民章,做合格小公民”活动。

2004年4月,全县各中小学少先队开展“少先队话题——围绕全面建设小康社会话成长”活动,活动内容有“小视角,大蓝图”“小需求,大问题”“小行动,大责任”“对第五次全国少代会的希望”等。并发动全县少先队员制作“少先队员心愿卡”活动。11月,共青团磐安县委、磐安县文教局、少先队磐安县工作委员会、磐安县邮政局联合下文,在全县中小学开展少先队员书信写作比赛活动,活动主题是“致2008年北京奥运会的一封信”。

2005年4月,安文镇中心小学开展首届校园吉尼斯活动。

2006年2月,团县委、县少工委组织全县少先队员参加省少工委、浙江少年儿童出版社举办的“每天进步一点点”插图征文系列活动。“六一”国际儿童节期间,县关工委、县教育局、县环保局、团县委、县少工委联合开展少先队“变废为宝”手工艺品制作和时装表演比赛。活动主题是“过绿色‘六一’,做节约标兵”。

2007年5月,磐安县委宣传部、团县委、教育局、少工委联合开展“庆六一”少儿主题壁画大赛,主题是“创文明县城,建美好家园”。是年12月,团市委、市教育局授予安文小学“全国少儿书信写作比赛先进集体”称号。

2008年4月18日,县少工委、县教育局在实验小学开展雏鹰争章中队活动优质课观摩活动,全县各中小学的少先队辅导员参加观摩活动。武义县熟溪小学与永康市实验小学的两位辅导员为此次活动上观摩课。9月,团县委、县教育局、县少工委在全县各中小学开展少先队星级队室及创意争章角评比活动。

2009年4月,安文小学被团市委、市教育局评为市少先队“启明星”科技创新活动先进集体。5月,团县委、县教育局、县少工委组成评委小组,分赴全县各小学,对各校少先队鼓号队进行评比。12月,金华市第四届雏鹰争章中队活动优质课评比结果揭晓,县实验初中教师辅导的“爱在屋檐下”中队活动课获得一等奖。

2010年,团县委、县教育局、县少工委联合下发团磐联〔2010〕1号《关于开展磐安县少先队“党的教导牢记心间,人人争当四好少年”主题教育系列活动的通知》。主题教育活动内容是“少先队齐动员,争当四好少年”“热爱少先队,喜迎全国少代会”“手拉手,低碳生活我行动”“平安自护促成长”。是年,县教育局、团县委联合开展全县少年儿童朗诵《放学路队歌谣》等活动,配合全县各校开展学生安全教育。7月23日,《今日磐安》刊登团县委、县少工委发布的《2010年磐安青少年暑期自我保护提示》。9月,全县各校少先队组织开展“开学第一周”少先队活动。10月,全县各校少先队分头举行活动,纪念少先队建队61周年。是年,举办首届暑期亲子读书活动。

2011 年 5 月，由县委宣传部、县文广新局、县教育局联合主办的“我读书，我快乐，我智慧”书香校园建设启动仪式暨第七届未成年人读书节开幕式在深泽小学举行。是年，团县委、县教育局、县少工委联合开展少先队体验教育基地建设活动。12 月，公布 2011 年磐安县优秀少先队 9 个品牌体验教育基地：实验小学的新农体验营、安文小学的蔬菜市场、仁川小学杨氏宗祠廉政文化体验基地、尖山小学传统游戏基地、玉山小学白竹山茶基地、大盘小学“百草园”综合实践基地、深泽小学爱心教育劳动实践基地、九和小学绿色植物园、盘峰小学“我们的菜园”。

2012 年 5 月，团县委、县教育局在实验小学联合举行“党团队旗传递我接力暨磐安县少先队红领巾心向党，中华文化我弘扬”主题教育活动。

2013 年 3 月，安文小学被团市委、市教育局、市少工委命名为金华市示范性红领巾活动基地。同年 3 月，安文小学被浙江省教育厅、省少工委评为浙江省少先队“红领巾心向党，中华文化我颂扬”主题教育活动优秀组织奖。9 月，县少工委、县教育局开展磐安县(省级试点学校)少先队活动课优秀活动方案评比活动。10 月 16 日，团县委、县教育局、县少工委召开磐安县少先队活动课程建设推进会。是年，县委宣传部、县文明办、县教育局、团县委、县少工委联合组织开展少先队手拉手结对“春泥计划”实施活动。2013 年下半年，县委宣传部、县财政局、县文明办、团县少工委联合下发磐宣〔2013〕26 号《关于开展 2013 年度“春泥计划”星级示范点创建活动的通知》。通知要求进一步扩大“春泥计划”实施村覆盖面；进一步丰富“春泥计划”的活动内涵，进一步激发“春泥计划”的工作活力，进一步提升“春泥计划”的规范程度。

2014 年 1 月 9 日，省少先队工作组一行 4 人到双峰小学指导少先队达标创建工作。1 月 9 日下午，由宁波市团委副书记方晴带队的省少先队工作考核组一行 9 人对实验小学少先队工作进行考核。1 月 13 日，经考核组认定，实验小学少先队工作通过省级验收。12 月，由县委宣传部、县文明办、县“五水”办、团县委、县教育局、县妇联、县关工委、县少工委和县青少年宫联合主办的县首届少先队践行社会主义核心价值观现场知识竞赛举行，全县各小学的 16 支队伍共 80 名学生参加比赛，尚湖小学队获一等奖。

2015 年 11 月，团县委、县教育局、县少工委在安文初中联合开展少先队活动案例评选和说课展评活动。12 月，为进一步推进全县少先队活动体系建设，团县委、县教育局组织全县各中小学少先队大队辅导员到金华观摩金华市少先队辅导员说课比赛，安文小学六(7)中队被团省委命名为“浙江省李四光中队”。至 2015 年底，连续举办 6 届暑期亲子读书征文、公益广告、书画大赛评比活动。

二、学校共青团组织

(一)共青团组织沿革与管理

中国共产主义青年团，中华人民共和国成立初称新民主主义青年团，1953 年，改称共产主义青年团。

20 世纪 90 年代开始，规模小的学校以学校为单位建立共青团组织，规模大的学校以班级为单位建立共青团组织。磐安各学校的共青团组织接受共青团磐安县委和学校党支部的双重领导。团组织一般设团委书记、副书记、宣传委员、组织委员各 1 名。

学校团委书记的主要职责是：在学校党总支领导下，负责主持学校共青团的全面工作。团委副书记协助团委书记做好学校团委日常工作。

2001 年，磐安县各中学团组织的工作重点是以服务素质教育、培养全面发展的建设人才为主线，深入开展“世纪·青年·责任”主题教育活动，大力扶持学生社团和兴趣小组活动，做好团员发展工作。高三年级入团率达到90%，初三年级入团率达到60%。

2003年，团县委下发《关于开展青少年新世纪读书计划“五个一”活动的通知》。“五个一”是指举办一次读书会，推荐一批优秀读物，举行一次读书征文比赛，开设一个读书讲座，建立一个流动书屋。

2005年8月，全县中学开展增强共青团员意识教育活动。主要内容是增强政治、组织、模范、发展、法制以及服务意识教育。磐安中学、磐安二中、磐安三中、县职业技术学校、盘山中学、安文初中等团委参加第一批教育活动，活动历时10个月。

2006年10月，全县各高中推行实施团中央印发的《中等学校团委基本工作规范》。

2009年10月，团县委、县教育局、县少工委联合开展学校共青团和少先队工作专题调研工作。调研的主要内容是各校共青团和少先队工作的亮点品牌、各校推动“团带队”的主要做法、团委书记和辅导员的待遇落实情况等。

2011年，团县委、县教育局、县人劳局、县政府教育督导室联合下发《关于进一步加强学校共青团和少先队工作的若干意见》。

2015年3月，共青团磐安县十二届五次全委(扩大)会议召开。会议提出2015年工作任务；审议并通过《关于深入学习贯彻县委九届七次全会精神组织引导广大团员青年投身全面深化法治磐安建设伟大实践的决议(草案)》；表彰2014年省、市、县各级先进团组织和个人。

(二)团组织活动

1993年12月，磐安中学团组织被共青团浙江省委授予“浙江省1993年中学双优杯竞赛活动优胜单位”荣誉称号。

1997年，共青团磐安县委员会按照继续深化“忠心献祖国，热心献事业，爱心献社会，孝心献父母，信心留自己”思路，开展团队活动。

1998年11月，共青团磐安县委、磐安县教委在磐安中学举行全县“曙光计划”试点现场会。会议期间，与会人员观摩磐安中学“学生艺术团”成立大会暨首次汇报演出。

2000年3月，团县委、县教委、县台办联合组织的“盼祖国早日统一”签名活动举行。磐安二中、县职业技校、安文镇中、实验小学以及安文小学的400多名青少年代表在印有“浙江磐安青少年盼祖国早日统一”字样的绸布上签上自己的名字。与此同时，全县各中小学万余名青少年也在各自的校园内参加签名活动，表达期盼祖国统一的强烈愿望。

2001年，全县各中学团组织继续实施“曙光计划”，围绕“育人”这一中心，以团校爱国主义教育基地、社会实践基地为阵地，以学习教育实践为基本途径，通过明理立志、成人宣誓等活动，提高学生思想素质。是年12月，全县各中学团委纷纷组织以公民意识教育、成人预备期志愿服务、成人宣誓仪式为主要内容的十八岁成人教育活动。县职业技术学校确定12月7日到14日为成人教育活动周，并举行成人宣誓仪式等形式，庆祝浙江省第二个“成人节”。

2002年2月，中共磐安县委宣传部、共青团磐安县委、县环保局、县文教局、磐安报社、县广播电视局等单位联合开展“磐安县青少年学生生态环境道德主题教育月”活动。以主题教育月活动为载体，形成“珍爱生命，节约资源，抵制污染，植绿护绿”的生态环境道德行为习惯，努力推进全县群众的生态环境道德建设。

2003年1月，磐安中学团委被评为市2002年度先进团组织。

2004年9月，团省市领导一行到磐安中学考察工作。2004年12月，磐安中学校团委与创新诺亚舟电子(深圳)有限公司签订助学协议。

2005年，为贯彻落实《中共中央、国务院关于进一步加强和改进未成年人思想道德建设的若干意见》和《公民道德建设实施纲要》的精神，团县委、县文教局联合下发《关于开展"感动、感恩"思想道德教育的通知》。活动主题是：常怀感动之情，常为感恩之行。

2006年1月，磐安中学团组织被评为市2005年度先进团组织。8～10月，各县属中学开展"永恒的长征"——纪念红军长征胜利70周年活动创意实践大赛。整个活动分方案征集、方案实施、总结提升三个阶段进行。同年10～11月，全县各中学开展"团建月"活动。各校开展一系列活动，组织团员学习团建知识，举办团建知识竞赛，开展业余党校授课等。盘山中学开展团内整风重塑自我形象和"四个一"活动（改掉一个毛病，养成一种习惯，播种一种行为，铸就一种美德），加强学生的自我教育。

2008年1月，磐安中学团组织被评为市2007年度先进团组织。

2009年11月，磐安中学学生胡志健获"建设未来——中国建设银行资助贫困高中生成长计划"2008～2009学年"成长先锋"奖。

2010年1月，磐安中学团委获省2009年度"五四红旗团委"称号。5月，全县各中学团委组织全体团员参加团县委、县青联组织的"我的支部我的团"主题团员活动月。9月，全县共青团组织开展"开学第一周"主题教育活动。磐安中学以"向传统美德要精神食粮"为主题，在全校团员中开展一周的教育活动。同年10月，县职业技术学校团委举行"流动图书馆"启动仪式，并把周二晚上定为"读书之夜"。11月，磐安中学学生傅新欣获"建设未来——中国建设银行资助贫困高中生成长计划"2009～2010学年"成长先锋"奖。磐安中学获该奖项成长先锋"培育"奖。

2011年2月，磐安中学团委获市2010年度"活力团组织"荣誉称号。同年9月磐安二中团委承办磐安县第十四届"推广普通话周"活动。同月，磐安二中荣获金华市"社会实践优秀团队"称号以及2011年度金华市"五四红旗团委"称号。

2012年6月下旬，县属中学的部分团员代表参加团县委开展的"永远跟党走"微型团课授课活动。2012年11月，磐安中学一名学生参加共青团浙江省第十三次代表大会第二次全体会议。

2013年1月，磐安中学团组织被评为市2012年度先进团组织。安文初中"奔跑男孩"陈炳南获得"浙江美德好少年二十强"荣誉称号，被授予四星级雏鹰奖章。上半年，团县委启动"美德好少年"评选表彰活动，集中开展共青团关爱农民工子女"七彩幸福小屋"阵地建设。通过筹拍留守儿童主题电影、流动青少年宫等形式，进一步呼吁社会关心关注留守儿童的健康成长。8月，磐安中学10名学生参加市"学儒杯"百名留守儿童国学夏令营。10月，磐安二中"浙江省第二届体育大会象棋志愿者"队伍获得"浙江省暑期社会实践优秀团队"称号；磐安二中荣获"浙江省共青团工作示范学校"称号。

2014年12月，磐安中学学生陈炳南被评为2014年市级"最美学生"，县实验初中获金华市"五星活力团组织"称号。

2015年3月，县实验初中和磐安中学团组织被评为金华市2014年度先进团组织。

（三）中学生业余党校

高中学校建有中学生业余党校并开展活动。

磐安中学生业余党校，是在学校党支部领导下，对优秀青年团员进行政治素质、道德文化修养和工作方法培训的学校组织，是实施中学生思想、组织、作风建设的政治教育阵地，它可以吸收特别优秀的学生加入党组织。

1994年，高中团组织的建设被纳入党建工作轨道，业余党校活动列入学校德育工作体系。业余党校由学校党支部派专人分管，校团委具体负责。

1995年,县委宣传部下发《加强基层党校建设意见》,要求各校党团组织加强对业余党校管理。是年5月24日,县教育局党组召开培养中学生入党积极分子工作座谈会,各县属中学党支部书记、组织委员、团委书记参加座谈会。是年,磐安中学学生业余党校成立。该业余党校建立一套运作机制,制订教学计划,聘请教员,落实辅导员,组织学员定时开展活动。对涌现出来积极要求进步、主动申请入党的业余党校优秀学员,校团委经过考核,征求班主任与学校有关处室意见后,向学校党支部推荐;学校党支部对列为入党积极分子的对象进行定期培养考察,条件成熟的,吸收为中共预备党员。同年,县职业技术学校成立业余党校,制定业余党校章程,按年级分设3个培训班,根据学生年龄和思想水平不同层次确定培训内容;推荐部分学生参加学习,在培训学生中培养入党对象,并择优发展为预备党员。

1996学年,磐安中学5名品学兼优的学生被党组织吸收入党。全校有140名学生要求加入业余党校学习,40名学生主动向党支部递交入党申请书。是年,为使学生业余党校的教育更有针对性和系统性,磐安中学党支部与校团委在县委组织部支持下,抽调学校团干部与政治教师共同编写密切联系学校教育实际、适合中学生特点的中学生业余党校教材。

1998年,中共磐安县委组织部、磐安县教委、共青团磐安县委员会联合下发磐组〔1998〕86号文件,转发市委组织部《关于加强对中学生进行党的基本知识教育,认真做好发展党员工作的意见》。

2000年8月,共青团磐安县委下发〔2000〕34号文件,要求以中学生业余党校和党课学习小组为依托,在优秀团员中开展党的基本知识教育。组织学生学习现实生活中优秀共产党员的先进事迹,帮助学生重点解决"为什么入党""怎样争取入党"两个问题。以推荐优秀共青团员作为党的发展对象等工作为载体,进一步强化共产主义理想教育,树立优秀学生典型,做好推优入党工作。是年,共青团磐安县委制定《磐安县团组织考核内容》,明确要求,学校业余党校要有固定场地并正常活动。

2001年,磐安县第二中学业余党校成立。

2008年上半年,磐安县职业技术学校推荐48名先进团员参加第四期业余党校学习,20名学生团员递交入党申请书,8名学生被推荐为入党积极分子,6名学生团员成为预备党员。

磐安二中每学年举办一期入党积极分子培训班,截至2013年6月,共举办13期,有509名学生接受培训。

至2013年,磐安中学学生业余党校已成功举办18期,培训1000多名学员,200多名学员加入中国共产党。

三、中小学学生社团组织

(一)中学生学生会

学生会是在党支部领导、团委指导下,学生自我管理、自我服务的群众性组织,是学校联系学生的桥梁和纽带。学生会人选由各班提名推荐,学校领导及团总支审查,全体学生对候选人进行无记名投票选举。学生会最高学生领导集体为校学生会主席团。学生会成员任期1年,每学年开学初改选一次。学生会各部根据工作需要聘请若干学生(一般各班对口班委)作为本部的干事,同时各部均有教师参与指导工作。学生会设有宣传部、学习部、体育部、文娱部、卫生部、生活部和纪检部7个部,设主席和副主席若干名,秘书1名,正、副部长各1名,各部分工明确,各司其职。

磐安中学学生会成立于20世纪80年代。

1987年,磐安县新渥镇初级中学成立学生会,这是复县后全县较早的学生会组织之一。

2000年，磐安县第二中学学生会成立。该组织设有主席团、宣传部、学习部、体育部、文艺部等部门，每年9月学生会吐故纳新，各部门负责人聘期1年。

2001年，磐安县第三中学学生委员会成立。后改为磐安县职教中心三中校区学生会。学生会以学校不同时期的工作重点为依托，及时安排、精心策划、周密组织开展丰富多彩的校园文化活动，如一年一度的元旦文艺才艺展示会演、学生秋季运动会、系列演讲比赛等活动。平均每年开展大中小型活动共计20余场次。

2002年11月，磐安县4所高中的学生会主席参加金华市学生联合会第一次代表大会。

2003年起，各县属高中为完善学生社团管理，加强社团建设，在学生会机构中增设“社团部”。随着教育改革的不断深入，为适应学校素质教育需要，学生会进一步拓宽工作领域，积极组织学生参与学校管理，开展各种形式的自我教育活动和文娱体育、宣传活动。

2010年10月，磐安中学学生会举行2010届学生会干部竞聘活动，共有70余名学生参加竞聘。

2015年，磐安中学学生会共有职能部门8个，分别为宣传部、学习部、纪检部、卫生部、体育部、文娱部、男生部、女生部。学生会与各社团紧密合作、与班级干部紧密配合，发挥学校与学生之间的桥梁作用，保证学生自我管理水平工作的提高。

截至2015年底，磐安县各初中学校也先后成立学生会，并联合团组织以及其他社团开展丰富多彩的校内活动和校外实践活动。

（二）文学社等其他学生社团组织

文学社是学校（班级、年级）的群众组织，由学校（或班主任）出面组织，面向学生招收社员、干事，在自己编印的刊物、报纸或者墙报上发表学生文学作品，组织社员同其他学校文学社搞联谊活动，通过学习、交流、锻炼，培养学生的欣赏和写作能力。20世纪80年代开始，磐安中学、玉山中学、盘山中学以及新渥、冷水等初中都有学生文学社，90年代开始，一些小学也开始组建学生文学社。

1991年3月，安文小学“花蕾”文学社成立。1993年，磐安中学“荒草凝露”文学社团在“脚步”“海螺山”的基础上创建。1997年，磐教普下发〔1997〕32号文件，鼓励中小学生参加《金华晚报》小记者团，《金华晚报》开设6个《同学少年》版面发表小记者优秀习作。小记者团成员为小学三年级以上中小学生，《金华晚报》颁发小记者证。同年，安文初中的“文溪”文学社创办，著名作家叶文玲为文学社题辞“美是文学的生命”。2002年，新渥小学成立“七色光”文学社。2005年，尖山初中“狮峰山”文学社成立。2006年，仁川小学创办“远航”文学社（后更名为“水滴苑”）。2008年4月，实验初中成立“星语”文学社。2009年春，磐安县实验小学“种太阳”文学社成立。2012年12月，窈川小学建立“阳光”文学社。2013年9月，磐安二中建立“清音”文学社，开设主题讲座，开展名著欣赏，定期进行阅读交流会，举行现场作文大赛，参加不同级别的征文投稿活动等。2014年5月，玉山初中“七彩虹”文学社成立。

2007年，县教育局下发磐教〔2007〕15号文件《关于加强中小学文学社团建设的实施意见》。2010年1月，县教育局和县作家协会认定实验初中“星语”文学社为县一级文学社，深泽初中“翠溪”文学社为县二级文学社，新渥小学“山娃”文学社、冷水中心校“凤凰山”文学社、双峰小学“梅花”文学社为县三级文学社。2011年1月5日，县教育局认定双峰小学“梅花”文学社为县二级文学社，仁川小学“水滴苑”文学社为县三级文学社。

除学生会、文学社等组织，学生根据兴趣爱好自愿组合开展活动的其他社团也琳琅满目，尤其是高中段学校。

2001年,全县中心小学先后成立"苗苗团"。2003年,全县已有盘山中学、安文镇中、磐安中学、磐安二中、磐安三中、县职业技术学校6所学校成立的49个学生社团,参加社团的学生有3345人。仅磐安中学就有12个学生社团。

表2—54　　磐安中学社团的建设与活动情况表

社团名称	成立时间	活动次数
海螺山文学社	1985年	每月一次
学生记者团	1996年	每周一次
铜管乐队	1997年	每周一次
志愿者服务团	1998年	每周一次
美术兴趣小组	1998年	每周一次
篮球队	1999年	每周二次
排球队	1999年	每周二次
英语角	2000年	每月二次
演讲协会	2000年	每月一次
科技制作小组	2001年	每月二次
研究性学习小组	2001年	每周一次
学生会干部理论学习小组	2002年	每月一次

磐安县职教中心组建的学生社团带有浓厚的专业趣味。2010年,职教中心技校校区社团达到30个,其中专业技能类社团有钳工、会计电算化、建筑测量、计算机动漫等16个,文化艺术类社团有舞蹈社、磐石影轩社、合唱团、长汀文学社、书画协会5个,社会服务类社团有志愿者协会、礼仪协会2个,体育健身类社团有篮球社、排球社、健身操协会、武术协会、乒乓球协会、羽毛球协会6个;三中校区有青年志愿者社、书画社、环保社、合唱社,共4个。

2013年9月,磐安二中建立经典诵读社、"校园之声"广播站、DIY手工制作社、新闻社4个群众性组织。10月,经典诵读社参加节目《少年中国梦》,获浙江省第八届中学生经典诵读比赛第三名。12月,学校新闻社获"浙江省优秀社团"称号。2014年9月,经典诵读社《光的赞歌》在浙江省第九届中小学经典诵读大赛中获中学集体组一等奖第一名。"校园之声"广播站设办公室、播音部和采编部、技术部4个部门开展工作。DIY手工制作社每周活动一次。

2015年,全县学校相继成立青年志愿者协会,各校社团成为校园文化中一道亮丽风景线。

第四节　学生奖惩

全县中小学校依据省、市、县的有关文件精神,对学生进行管理教育,并在过程管理中对学生实施适当的奖励与处分。

一、学生奖励

学校对学生的奖励,从内容上看,有对学生德智体全面发展的,如"三好学生"的评选;有对学生在某方面表现突出的奖励，如学习成绩、思想表现、体育竞赛等。从奖励形式上看，有精神鼓励的，如通报表彰；也有物质鼓励的，如奖金、物品等。

1990～2010 年，中小学主要进行“优秀少先队员”“优秀团员”“优秀学生干部”“三好学生”等评选。2010 年以后，中小学除“三好学生”等传统评选外，各校结合实际组织各类单项荣誉的评选。

实验小学在一、二年级中按“德育和学习”两个方面设单项奖。德育类从“在校好学生”和“在家好孩子”两个方面设 4 个奖项。其中“在校好学生”分为生活之星、文明之星、环保之星三个方面，每个方面各 4 条标准。“在家好孩子”设一个奖项，即“家庭之星”，意在让孩子在家也能表现得独立自主，与学校教育相结合。学习类按学科分设语文之星、书法之星、数学之星、文艺之星、绘画之星、运动之星、阅读之星。中高年级同样按德育、学习两个方面各设单项奖。其中德育类设生活之星、文明之星、环保之星和友善之星四项，学习类根据学科设语文之星、书法之星、数学之星、英语之星、科技之星、文艺之星、绘画之星、运动之星、巧手之星、IT 之星、阅读之星。

文溪小学在一、二年级中开展“金凤凰”“银凤凰”评选。

1990～2013 年，县教育局组织各中学开展省、市、县级三好学生评选。2014 年起，取消省级三好学生的评选，保留市、县级三好学生的评选工作。

2013 年，县教育局联合县委宣传部、团县委、县文明办、县少工委开展“磐安县百名美德好少年”的评选活动，安文初中陈炳南等 11 名学生被评为“市级美德好少年”。

2014 年 12 月，磐安中学陈炳南等 6 名学生被授予 2014 年金华市“最美学生”称号；经县教育局审定，授予磐安中学李一行等 20 名学生 2014 年磐安县“最美学生”称号。

2015 年，磐安中学鲍宇涵等 6 名学生被授予金华市“最美学生”称号；磐安中学倪统快等 20 名学生被授予 2015 年磐安县“最美学生”称号。

据不完全统计，2000～2015 年，全县学生有 53 人次获得省级以上荣誉。

表 2－55　　2000～2015 年磐安县获省级以上荣誉称号学生名单

学　校	获奖姓名	奖　项　名　称	获奖时间
实验小学	卢菁芝	省雏鹰队员	2000 年
实验小学	潘静远	省雏鹰队员	2002 年
实验小学	厉　隽	省雏鹰队员	2003 年
实验小学	蔡妩扬	省雏鹰队员	2004 年
实验小学	卢诗悦	省“令人感动”好少年	2005 年
实验小学	卢诗悦	宋庆龄奖学金	2009 年
实验小学	陈　倍	宋庆龄奖学金	2010 年
实验小学	陈哲远	省四好健身章	2011 年
实验小学	黄振萍	省四好歌舞章	2011 年
实验小学	陈轲昭	宋庆龄奖学金	2014 年
实验小学	赵卓妮	省美德少年	2015 年
尖山小学	潘妍红	省美德好少年	2013 年
安文初中	陈炳南	浙江省美德少年	2013 年

续表 2—55

学　校	获奖姓名	奖 项 名 称	获奖时间
安文初中	陈炳南	省励志成才优秀学生 10 强	2013 年
安文初中	陈炳南	全国优秀共青团员	2013 年
磐安二中	黄河啸	省美德少年	2004 年
磐安中学	陈　超	省优秀学生	2005 年
磐安中学	陈云鹏	省三好学生	2006 年
磐安中学	陈欢欢	省优秀学生	2007 年
磐安中学	黄河啸	省三好学生	2008 年
磐安中学	张　权	省三好学生	2008 年
磐安中学	潘静远	省三好学生	2009 年
磐安中学	吕灵卓	省三好学生	2009 年
磐安中学	陈　帆	省三好学生	2010 年
磐安中学	厉晓伟	省三好学生	2010 年
磐安中学	陈俊男	省三好学生	2011 年
磐安中学	傅凡轩	省三好学生	2011 年
磐安中学	周秉棋	省三好学生	2012 年
磐安中学	张坚强	省三好学生	2012 年
磐安中学	周婧雯	省三好学生	2013 年
磐安中学	张健聪	省三好学生	2013 年

二、学生惩处

对犯有错误的学生，学校一般以批评教育为主，对极少数犯有严重错误而屡教不改的学生，学校视其情节，分别予以警告、严重警告、记过处分等。义务教育阶段不采取开除学生和勒令学生退学的惩罚措施。学校处分学生的程序和撤销处分的程序，按照学籍管理的有关规定执行。

第三篇

教育教学

“教育”是教育者根据社会要求,有目的有计划有组织地对受教育者的身心施加影响,而“教学”则是教师有目的有计划有组织地引导学生学习和掌握文化科学知识与基本技能。两者有所区分又相互联系。26 年来磐安县教育教学部门在教育教学内容和教育教学方法、措施方面进行了深入探索。

第一章　中小学学制、课程与教材

清光绪二十八年(1902年),县设小学堂分初等小学、高等小学,学制为5年与4年。中华民国元年(1912年),根据《普通教育暂行课程标准》及《小学校令》《中学校令》,小学学制改为7年(初等4年,高等3年),中学学制4年。民国11年(1922年),小学实行"四二分段制"(初小4年,高小2年),中学分初级、高级两段,每段学制3年。中华人民共和国成立之初,小学沿袭"四二"分段制,中学仍为"三三"制。1960年,东阳县文教局提出将"四二三三"制逐步改为"五三二"制(小学5年、初中3年、高中2年),磐安境内的学校,1968年之后实行小学五年一贯制、初中二年制。1978年9月,中学实行五年制,初中3年高中2年。1983年,中学改为六年制(初中高中各3年)。

清末,初、高等小学堂的必修课程有修身、读经讲经、中国文学、算术、历史、地理、格致、体操8种。民国元年(1912年),小学堂增设图画、博物、理化,县立中学增设外国语、法制经济、手工、音乐等。之后,陆续开设党政训练、童子军、动物、植物、矿物、兵役法、公民、卫生等课程。中华人民共和国成立之初,废除公民、童子军、军训,小学开设语文、算术、政治、历史、地理、自然、劳作、美术,在此基础上,中学另设生物、化学、物理、英语、制图等。1953年8月,实施教育部颁发的《中学教学计划(修改草案)》,初中开设语文、数学、物理、化学、生物、卫生常识、地理、历史、中国革命常识、外语、体育、音乐、图画等。1966年"文化大革命"开始,中小学一般开设毛泽东思想教育课、语文、数学、农业生产知识、劳动和军事体育课。1968年开设政治课、军事课、文化课(语文、数学、卫生、会计常识)、劳动技术课(农业、机电、作物栽培、科技试验)。1978年秋,各中小学恢复基础课程设置。1983年后,高中一度文理科分开教学。

清末,小学堂初创,各学堂采用教育部颁行的教科书有困难,开设课程不尽一致。抗日战争前后,县立中学选用中华书局、商务印书馆、中正书局、开明书局等出版的教科书,各小学采用统一编审的中华书局出版的教材。1949年中华人民共和国成立时,中小学废除公民、童子军、军训等课程,增设政治课,对其他学科原有教材适当删除封建、陈腐内容后暂时继续使用。1952年,使用全国统编教材。1966年"文化大革命"开始,《毛主席语录》成为中小学的主要教材。1978年,中小学逐步使用教育部统编教材。

第一节　中小学学制

1968年9月,磐安境内的学校实行初中二年、高中二年制。1970年9月,安文中学、玉山中学、盘山中学恢复高中招生。1978年9月,改为初中三年、高中二年学制。1982年9月,安文中学高中段改为三年制。1983年9月,玉山中学与盘山中学的高中段改为三年制。

1999年9月,县教委制订《磐安县义务教育学制改革实施方案》,从2000年秋季开始全面实行小学六年制,初中三年制,实施小学升初中免考的九年制义务教育。

1999年9月，小学从一年级开始实行五年制、六年制并行体制，采用“老生沿袭老学制，新生实行新学制”的办法，实施小学由五年制向六年制的过渡。为防止断档，该年全县中心小学秋季同时招收两个年龄段、两种学制的一年级新生，即7周岁儿童就读五年制小学一年级，6周岁儿童就读六年制小学一年级。次年起，全县小学一年级均招收六年制新生。至2005年7月，最后一批五年制小学生毕业，五年制停止招生，终结小学五年制和六年制并存的现象。2006年7月，第一期六年制小学学生毕业。

第二节　课程与教材

1983年至1992年，磐安县小学按照1981年教育部制订的《全日制五年制小学教学计划(修订草案)》实施教学，初高中按照1981年教育部制订的《全日制六年制重点中学教学计划(试行草案)》实施教学，其中高中止于1990年。

一、义务教育课程

1992年11月，浙江省教委印发《义务教育试行教学计划》。1993年6月，磐安县教育局转发市教委教研室《关于贯彻实施义务教育试行教学计划的意见》，决定是年秋季全日制初中和小学均开始执行省编制的《义务教育试行教学计划》，按照《八年过渡制义务教育课程设置表》安排教学计划。

表3—1　　八年过渡制义务教育课程设置

科目		小学					初中			总时数
		一	二	三	四	五	六	七	八	
必修课	思想品德	1	1	1	1	1	—	—	—	170
	思想政治	—	—	—	—	—	2	2	2	200
	体育与保健	2	2	2	2	2	2	2	2	540
	语文	10	10	9	9	8	6	5	5	2098
	数学	6	6	6	6	6	5	4	4	1386
	外语	—	—	—	—	—	4	—	—	136
	常识	1	2	3	4	4	—	—	—	476
	自然科学	—	—	—	—	—	4	4	5/0	357
	社会	—	—	—	—	—	3	4	2	302
	音乐	3	2	2	2	2	1	1	1	474
	美术	2	2	2	1	1	1	1	1	372
	生活与劳动	1	1	1	1	1	—	—	—	170
	农业技术基础或劳动技术	—	—	—	—	—	1	2	2	166
	家庭生活	—	—	—	—	—	1	—	—	34
	职业指导	—	—	—	—	—	—	—	—	32
	周总课时	25	25	26	26	25	29	26	24/19	6913
	并开科目数	7	7	8	8	8	10	10	9/8	—

续表 3—1

科目			小学					初中			总时数
			一	二	三	四	五	六	七	八	
选修课	文化选修	外语	—	—	—	—	—	—	4＊	4＊	264
		自然科学	—	—	—	—	—	—	—	0/4＊	60
		其他	—	—	—	—	—	—	—	10/1	32
	劳动技术选修		—	—	—	—	—	—	—	1	32
活动	晨间活动		每天 15 分钟								
	班队活动		1	1	1	1	1	1	1	1	270
	体育活动		2	2	2	2	2	2	2	2	744
	兴趣活动		1	1	1	1	1				
周学习活动总量			29	29	30	30	30	32	33	33/32	8298
集体教育时间和机动时间			每学年二周					每学年三周			

1994 年，根据省教委《关于实行新工时制对中小学教学计划进行调整的意见》，小学晨间活动由每周 3 课时改为每天 15 分钟，初中三年级“体育与保健”由每周 3 课时改为 2 课时。同年 6 月县教育局转发省教委《关于调整中小学教学计划的意见》，并根据县实际情况提出贯彻意见：1. 小学一、二、三年级和初中各年级按“调整后的八年（过渡期）义务教育课程设置表”安排教学；2. 小学四、五年级按“1981 年全日制小学教学计划课时调整表”安排教学。

1999 年秋季，县实验小学、安文小学从四年级起开设英语选修课。

2000 年开始，县实验小学、安文小学从二、三年级起开设信息技术选修课。

2001 年 2 月，县教委转发省教育厅《关于颁发经修订的〈浙江省义务教育试行教学计划〉的通知》，全县对“六三”学制的教学计划进行调整。课程设置调整要点为：小学五、六年级增设“外语”选修课，每周 3 课时；小学四、五、六年级增设“信息技术”选修课，每周 1 课时；小学三至六年级“语文”每周各减 1 课时；五、六年级小学“常识”每周 4 课时减为 3 课时；小学五、六年级不开设“生活与劳动”课，教材可作活动课用书；初中二、三年级“外语”由选修改为必修；初中三年级下学期“自然科学”由选修改为必修；初中一年级语文由每周 6 课时减为 5 课时；初中一、二年级增设“信息技术”选修课，每周 1 课时；初中三年级不再设“职业指导”，初中二年级“家庭生活”移至初中一年级。计划还明确，必修课的教学，应根据各学科特点和当地实际，留出 5%～3%课时用于乡土教材或其他补充教材的教学。

全县由点到面，根据师资情况逐步实施《浙江省义务教育试行教学计划》。1999 年秋季，在县实验小学、安文小学进行试点；2003 年新渥、尖山中心小学开设英语课；2005 年，全县所有小学开设英语课。小学英语课程开设的起始年级为三年级。

表 3－2　　2000 年磐安县“六三”学制义务教育课程设置

科目			小学						初中			总时数
			一	二	三	四	五	六	七	八	九	
必修课	思想品德		1	1	1	1	1	1	—	—	—	204
	思想政治		—	—	—	—	—	—	2	2	2	200
	体育与保健		2	2	3	3	3	3	2	2	2	744
	语文		9	9	7	7	6	6	5	5	5	1996
	数学		4	4	5	5	5	5	5	4	4	1386
	外语		—	—	—	—	—	—	4	4	4	400
	常识		1	1	2	2	3	3	—	—	—	408
	自然科学		—	—	—	—	—	—	4	4	5	432
	社会		—	—	—	—	—	—	3	4	2	302
	音乐		2	2	2	2	2	2	1	1	1	508
	美术		2	2	2	2	1	1	1	1	1	440
	生活与劳动		1	1	1	1	—	—	—	—	—	136
	农业技术基础或劳动技术		—	—	—	—	—	—	1	2	2	166
	家庭生活		—	—	—	—	—	—	1	—	—	34
	综合实践活动		每学年两周						每学年三周			
	周总课时		22	22	23	23	21	21	29	29	28	7356
	并开科目数		7	7	8	8	8	8	11	10	10	
选修课	文化选修	外语	—	—	—	—	3	3	—	—	—	204
		信息技术	—	—	—	1	1	1	1	1	—	170
		其他	—	—	2	1	—	—	—	—	1	134
	劳动技术选修		—	—	—	—	—	—	—	—	1	32
活动	晨间活动		每天 15 分钟									
	班队活动		1	1	1	1	1	1	1	1	1	304
	体育活动		2	2	2	2	2	2	—	—	—	—
	兴趣活动		2	2	2	2	2	2	—	—	—	—
周学习活动总量			27	27	30	30	30	30	33	33	33	9216

2001 年 6 月，以国务院召开全国基础教育工作会议为标志，全国开始新一轮课程改革。新一轮课程改革改“教学大纲”为“课程标准”，课程标准成为指导教师教学的重要依据，同时赋予地方教育行政部门选择教材的权利，学校和教师拥有课程自主权，实现教学从“一纲一本”到“一标多本”的转变，建构“国家、地方、校本”相互补充的三级教材体系。2002 年 9 月，县教育局转发《浙江省教育厅关于实施教育部〈基础教育课程改革纲要(试行)〉的意见》。2003 年 8 月，县教育局根据《浙江省基础教育地方课程建设指导意见》《浙江省基础教育(一至九年级)试行稿》和金华市教育局《关于做好基础教育地方

课程教学工作的通知》,下发《关于做好基础教育地方课程教学工作的通知》。9月,在县实验小学一年级新生中进行课程改革试点。2004年4月,磐安县文教局下发磐文教〔2004〕53号《磐安县基础教育课程改革实施方案》,制定具体的实施意见。从2004年秋季的起始年级起,全县小学和初中均依据国家规定的课程设置,执行新课程计划,并逐年推进。

表3—3　　2004年义务教育阶段课程设置及课时比例

课程 \ 课时 \ 周年级		一	二	三	四	五	六	七	八	九	九年课时总计
课程门类	品德与生活	2	2	—	—	—	—	—	—	—	626
	品德与社会	—	—	2	2	2	2	—	—	—	
	思想品德	—	—	—	—	—	—	2	2	2	
	语文	9	9	7	7	6	6	5	5	5	2055
	数学	5	5	4	4	4	4	5	4	4	1357
	外语	—	—	3	3	3	3	4	4	4	832
	体育	3	3	3	3	3	3	—	—	—	939
	体育与健康	—	—	—	—	—	—	3	3	3	
	音乐	2	2	2	2	2	2	1	1	1	523
	美术	2	2	2	2	2	2	1	1	1	523
	科学	—	—	2	2	3	3	4	4	4	762
	历史与社会	—	—	—	—	—	—	3	3	3	309
	信息技术	—	—	1	1	1	1	2	2	2	346
	综合实践劳动	—	—	4	4	4	4	4	5	5	1250
	地方课程与学校课程	3	3								
周课时总数		26	26	30	30	30	30	34	34	34	274
学年总课时		910	910	1050	1050	1050	1190	1190	1122	1122	9522

说明:1.九年总课时按每学年35周上课时间计算。学校机动时间2周,由学校视具体情况自行安排,如学校传统活动、文化节、科技节、运动会、远足等;复习考试时间2周(9年级第二学期毕业考试时间增加2周);寒暑假、国家法定节假日共13周

2.综合实践活动主要包括:研究性学习、社区服务与社会实践以及劳动与技术教育

2015年3月,浙江省教育厅下发《浙江省教育厅关于深化义务教育课程改革的指导意见》(浙教基〔2015〕36号),就深化浙江省义务教育课程改革提出指导意见。深化义务教育课程改革的总体目标是积极推进差异化、个性化教育,促进学生全面而有个性地发展。主要任务有完善课程体系、加强课程建设、改进课程实施、变革教学方法,以及深化评价改革等内容。核心要素是开齐开好两类课程。体现地域和学校特色,突出拓展性课程的兴趣性、活动性、层次性和选择性,满足学生的个性化学习需求。拓展性课程可分为知识拓展、体艺特长、实践活动三类。每学年拓展性课程课时占总课时的比例:一至六年级15%左右,七至九年级20%左右。

2015 年秋季起，全县义务教育学校从学校自身出发，着眼于学习、思考与准备，稳步推进《浙江省义务教育课程设置及课时安排(2015 年修订)》的贯彻落实。

表 3—4　　浙江省义务教育课程设置及课时安排

(2015 年修订)

	课程名称	开设年级	1～6 年级课时合计	7～9 年级课时合计	九年总课时	国家规定总课时比例
课程设置	品德	1～9	约 430	约 200	约 630	7～9%
	语文	1～9	约 1540	约 510	约 2050	20～22%
	数学	1～9	约 840	约 450	约 1290	13～15%
	外语	3～9	约 350	约 410	约 760	6～8%
	体育与健康	1～9	约 700	约 310	约 1010	10～11%
	艺术	1～9	约 830	约 210	约 1040	9～11%
	科学	3～9	约 350	约 480	约 830	7～9%
	历史与社会	7～9	—	约 310	约 310	3～4%
	综合实践活动	3～9	约 980	约 620	约 1600	16～20%
	地方课程与校本课程	1～9				
	年　级	周课时	基础性课程平均周课时	拓展性课程平均周课时	学年教学周数	学年总课时
课时安排	一	26	22～23	3～4	35	约 910
	二	26	22～23	3～4	35	约 910
	三	30	25～26	4～5	35	约 1050
	四	30	25～26	4～5	35	约 1050
	五	30	25～26	4～5	35	约 1050
	六	30	25～26	4～5	35	约 1050
	七	34	27～28	6～7	35	约 1190
	八	34	27～28	6～7	35	约 1190
	九	34	27～28	6～7	33	约 1120

说明：1. 周课时数按标准课时计算，一至六年级每课时教学时间为 40 分钟，七至九年级每课时教学时间为 45 分钟。若安排长短课，教学总时间应基本保持不变

2. 品德每周 2 课时，一二年级为品德与生活，三至六年级为品德与社会，七至九年级为思想品德

3. 体育与健康一二年级每周 4 课时，三至九年级每周 3 课时。学校可充分利用大课间、课外活动等途径，增加学生体育活动时间，保证学生每天在校体育锻炼 1 小时

4. 艺术包括音乐和美术，一到六年级每周 4 课时，七至九年级每周 2 课时。音乐、美术可分别开设，也可分时段轮流开设，统筹使用课时

5. 综合实践活动包括信息技术、劳动与技术、研究性学习、社区服务与社会实践等。综合实践活动、地方课程、校本课程统筹使用课时，三者合计平均周课时：一二年级不少于 4 课时，三至六年级不少于 5 课时，七至九年级不少于 6 课时

6. 在不增加周标准课时数和周教学时间总量的前提下，学校可在国家规定总课时比例范围内自主安排其他课程的课时

二、高中教育课程

1990年3月，国家教委颁发《现行普通高中教学计划的调整意见》，并颁发修订后8个学科的中学教学大纲（语数外理化生史地）。调整后的课程结构由学科课程和活动两部分组成，学科课程采取必修课和选修课两种形式。必修教材强调基础，选修教材用于提高，总体要求有所降低。1990年，全县高中实施国家教委《现行普通高中教学计划的调整意见》。

表3—5　　1990年国家教委调整后普通高中教学计划

学　科	高　一	高　二	高　三	授课总时数
政治	2	2	2	184
语文	4	4	5	392
数学	5	4	5	426
外语	5	4	—	306
物理	3	3	—	204
化学	3	3	—	204
生物	—	3	—	102
历史	2	2	—	126
地理	3	—	—	102
体育	2	2	2	184
劳动技术	每学年4周	每学年4周	每学年4周	432
社会实践活动	每学年安排2周。在劳动技术课、课外活动或学科教学活动的时间内进行			
每周必修课总课时数	29	27	14	2240
选修课	3	4	16	—
课外活动	6（体育锻炼3，其他3）	6（体育锻炼3，其他3）	6（体育锻炼3，其他3）	—
每周活动总量	38	37	36	—

说明：学校可根据场地、器材和师资等条件安排体育课和体育锻炼活动，但二者总量不得少于5节

1994年6月，根据省教委《关于实行新工时制对中小学教学计划进行调整的意见》，县教育局就高中段教学计划提出两点意见：1.高中一、二年级按照“分流实验普通高中一、二年级教学计划表”安排教学；2.高中三年级按照“普通高中教学计划表”安排教学。

2001年，县教委转发省教育厅《浙江省关于〈全日制普通高级中学课程计划（试验修订稿）〉的实施意见》。县普通高中按《浙江省普通高中课程设置示例表》《浙江省普通高中“二一分段、高三分流”试验学校课程计划安排示例表》实施。

表3—6　　2001年（秋）磐安县全日制普通高级中学课程设置一览表

课　程			高一	高二 Ⅰ	高二 Ⅱ	高三 Ⅰ	高三 Ⅱ	周课时累计	必修、选修授课时数	总授课时数
学科	思想政治	必修	2	2	2	2	2	6	192	192
	语文	必修	4	4	4	4	4	12	384	384

续表 3—6

课程			高一	高二 I	高二 II	高三 I	高三 II	周课时累计	必修、选修授课时数	总授课时数
学科	外语	必修	4	4	4	4	4	12	384	384
	数学	必修	4	4	4	—	—	8	280	332~384
		选修	—	—	—	2	4	2~4	52~104	
	信息技术	必修	2	—	—	—	—	2	70	70~131
		选修	—	1	1	1	1	2	61	
	物理	必修	2	3/2	2/3	—	—	4.5	158	158~306
		选修	—	—	2	—	3	5	148	
	化学	必修	2	2	2	—	—	4	140	140~271
		选修	—	—	2/1	—	3	4.5	131	
	生物	必修	—	3	3	—	—	3	105	104~183
		选修	—	—	—	—	3	3	78	
	历史	必修	3	—	—	—	—	3	105	105~240
		选修	—	2	—	2/3	—	4.5	135	
	地理	必修	3	—	—	—	—	3	105	105~218
		选修	—	1	—	3	—	4	113	
	体育与健康	必修	2	2	2	2	2	—	192	—
	艺术(音乐美术)	必修	1	1	1	1	1	—	96	—
综合实践活动	研究性学习	必修	3	3	3	3	3	—	288	—
	劳动技术教育		每学年1周(可集中安排,可分散安排)						—	—
	社区服务		一般应利用校外时间安排						—	—
	社会实践		每学年1周(可集中安排,可分散安排)						—	—
地方和学校选修课		—	2	2/3	2	10/9	4	—	8~14	—
周活动总量		—	34	34	34	34	34	—	—	—

表 3—7　2001 年磐安县普通高中“二一分段、高三分流”试验学校课程计划安排示例

课程			高一	高二 I	高二 II	高三 I	高三 II	必修、选修授课时数	总授课时数
学科	思想政治	必修	3/2	2/3	2/3	—	—	—	—
	语文	必修	4/5	4/5	4/5	—	—	—	—
	外语	必修	4/5	5/4	5/4	—	—	—	—
	数学	必修	4	4	4	—	—	—	—
	信息技术	必修	2	—	—	—	—	—	—
		选修	—	2	2	—	—	—	—

续表 3—7

课程			高一	高二		高三		必修、选修授课时数	总授课时数
				Ⅰ	Ⅱ	Ⅰ	Ⅱ		
学科	物理	必修	3/2	2	2	—	—	—	—
		选修	—	—	2	—	—	—	—
	化学	必修	2	2	2	—	—	—	—
		选修	—	—	2/1	—	—	—	—
	生物	必修	—	3	3	—	—	—	—
		选修	—	—	—	—	—	—	—
	历史	必修	3	—	—	—	—	—	—
		选修	—	2	—	—	—	—	—
	地理	必修	3	—	—	—	—	—	—
		选修	—	2/1	—	—	—	—	—
	体育与健康	必修	2	2	2	—	—	—	—
	艺术(音乐美术)	必修	1	1	1	—	—	—	—
综合实践活动	研究性学习	必修	3	3	3	—	—	—	—
	劳动技术教育		—	每学年1周(可集中安排,可分散安排)					—
	社区服务		—	一般应利用校外时间安排					—
	社会实践		—	每学年1周(可集中安排,可分散安排)					—
地方和学校选修课		—	0	0	0	—	—	—	—
周活动总量		—	34	34	34	—	—	—	—

2006年6月,浙江省教育厅下发浙教基〔2006〕135号《浙江省普通高中新课程实验第一阶段课程设置意见等普通高中课改有关配套文件的通知》,对教育厅已发的《浙江省普通高中新课程实验第一阶段课程设置意见》《浙江省教育厅关于普通高中地方课程和校本课程开发与实施意见(试行)》《浙江省普通高中学分认定办法(试行)》《浙江省普通高中学校新课程实验工作指导意见》等文件落实情况作出补充规定。

县教育局指导并督促高中学校严格执行有关省厅文件,按规定开齐、开足课程,鼓励有条件的学校开设更多的课程供学生选择,逐步建立有利于学生自主选课的教育教学管理制度,防止学生过早偏科,努力减轻学生过重的课业负担。磐安中学、磐安二中根据学校实际,在课程开设、选课指导、学分管理等方面积极探索,提高课程实施水平,形成办学特色,取得良好成效。

2007年5月,省教育厅下发浙教基〔2007〕74号《浙江省教育厅关于调整普通高中新课程实验第一阶段若干课程设置的通知》,对浙教基〔2006〕135号《浙江省普通高中新课程实验第一阶段课程设置意见》中的个别科目模块设置和教学要求进行适当调整。调整内容如下:1.调整思想政治科目选修模块。原列入"选修ⅠA"的"经济学常识"模块改为"选修ⅠB"的模块,原列入"选修ⅠB"的"公民道德与伦理常识"模块改为"选修ⅠC"的模块。学分要求和课时安排同步调整。2.调整数学科目选修模块。"选修ⅠB"新增选修4—2"矩阵与变换"一个专题,现共计4个专题。4个专题分为两组,第一组为选修 3－1“数学史选讲”和选修 4－5“不等式选讲”两个专题;第二组为选修 4－2“矩阵与变换”和选修 4－4“坐标系与参数方程”两个专题,学校应按组开设选修课,供学生选择。3.适当删减各科目“选修ⅠA模块”的教学内容,并降低过高的教学要求,其中语文、化学等科目删减的教学内容将超过相当 18 学时的容量。4.此项调整从 2006 级高二学生开始执行。

根据省厅文件精神,全县高中对思想政治科目选修模块、数学科目选修模块的设置和教学要求进行调整。

2009 年 7 月,浙江省教育厅办公室下发《浙江省教育厅办公室关于调整普通高中课程设置的通知》(浙教办基〔2009〕106 号),决定从 2009 级起,适当调整普通高中的课程设置。主要内容有:1.减少统一要求的教学内容,实现教材“瘦身”。语文、英语、数学、物理等科目各减少一个选修ⅠA模块。删减必修、选修ⅠA和选修ⅠB模块中重复或要求过高的内容,调整教学要求,确保在规定课时内完成模块教学任务。2.调整模块设置和教学进度,为学生自主选课留出更大空间。根据选修ⅠB模块学术性要求高于选修ⅠA的原则,对语文、英语、数学、地理、物理、化学等科目的选修ⅠA和选修ⅠB模块作适当调整。英语高一学年必修模块数减为 3 个,数学科目五个必修模块可按必修 1、3、4、5、2 或必修 1、4、5、2、3 两种顺序开课,由各地市自行确定其中一种开课顺序。各科目的选修ⅠA模块在高二学年和高三学年上学期适当分散安排,高三学年上学期以新课教学为主。在必修模块教学结束后,选修ⅠB模块在高二学年上学期即可开始开设,确保在高二学年和高三学年上学期每周至少有两个单位时间的走班教学。3.做好教学进度安排,严格控制周课时数。各地应根据课程设置调整的要求做好普通高中教学进度安排,学年的周活动总量(周课时数)不得超过 34 课时。普通高中学校要开齐开足必修课程,严格按照课程设置和学分要求安排课时,尤其要开好艺术、体育与健康、综合实践活动课程,实现学生的全面发展;要保证学生自主选修的权力,创造条件满足学生个性发展的需求;要依据修订后的学科教学指导意见开展教学,准确把握教学的广度和深度。4.从 2009 级起,取消普通高中会考免考制度。县教育局职能科室及时组织相关高中学校学习并落实。

表 3－8　　调整后的普通高中课程模块设置

(2009 级起实施)

<table>
<tr><th rowspan="2">学习领域</th><th rowspan="2">科目</th><th rowspan="2">必　修</th><th colspan="3">选修Ⅰ</th></tr>
<tr><th>A</th><th>B</th><th>C</th></tr>
<tr><td rowspan="2">语言与文学</td><td>语文</td><td>必修 1　必修 2　必修 3
必修 4　必修 5</td><td>《论语》选读
外国小说欣赏</td><td rowspan="2">语文:
中国古代诗歌散文欣赏
中国现代诗歌散文欣赏
英语
选修 7　选修 8</td><td rowspan="3">未列入ⅠA、ⅠB的课程标准中规定的其他选修模块</td></tr>
<tr><td>英语</td><td>必修 1　必修 2　必修 3
必修 4　必修 5</td><td>选修 6</td></tr>
<tr><td>数学</td><td>数学</td><td>必修 1　必修 2　必修 3
必修 4　必修 5</td><td>选修 1－1
选修 1－2(文)
选修 2－1
选修 2－2 与 2－3(理)</td><td>选修 4－4　坐标系与参数方程
选修 4－5　不等式选讲</td></tr>
</table>

续表 3—8

<table>
<tr><th rowspan="2">学习领域</th><th rowspan="2">科目</th><th rowspan="2">必　修</th><th colspan="3">选修Ⅰ</th></tr>
<tr><th>A</th><th>B</th><th>C</th></tr>
<tr><td rowspan="3">人文
与
社会</td><td>思想政治</td><td>必修 1　必修 2　必修 3
必修 4</td><td>国家和国际组织常识(文)</td><td rowspan="3">思想政治：
经济学常识
生活中法律常识
历史：
世界文化遗产荟萃
历史上重大改革回眸
地理：
选修 4 城乡规划
选修 5 自然灾害与防治</td><td rowspan="12">未列入Ⅰ A、Ⅰ B 的课程标准中规定的其他选修模块</td></tr>
<tr><td>历史</td><td>必修 1　必修 2　必修 3</td><td>选修 4　中外历史人物评说(文)
选修 3　20 世纪的战争与和平(文)</td></tr>
<tr><td>地理</td><td>必修 1　必修 2　必修 3</td><td>选修 3　旅游地理(文)
选修 6　环境保护(文)</td></tr>
<tr><td rowspan="3">科学</td><td>物理</td><td>必修 1　必修 2
选修 1—1(文)/选修 3—1(理)</td><td>选修 3—2(理)
选修 3—4(理)</td><td rowspan="3">物理：
选修 3—3
选修 3—5
化学：
选修 2　化学与技术
选修 3　物质结构与性质
生物：
选修 1　选修 2</td></tr>
<tr><td>化学</td><td>必修 1　必修 2
选修 1 化学与生活(文)/选修 5　有机化学基础(理)</td><td>选修 4　化学反应原理(理)
选修 6　实验化学(理)</td></tr>
<tr><td>生物</td><td>必修 1　必修 2　必修 3</td><td>选修 3(理)</td></tr>
<tr><td rowspan="2">技术</td><td>信息技术</td><td>信息技术基础；算法与程序设计或多媒体技术应用</td><td>—</td><td rowspan="2">信息技术：
网络技术应用
数据管理技术
算法与程序设计
多媒体技术应用
通用技术：
电子控制技术
家政与生活技术</td></tr>
<tr><td>通用技术</td><td>技术与设计 1
技术与设计 2</td><td>—</td></tr>
<tr><td rowspan="2">艺术</td><td>音乐</td><td>音乐鉴赏，2 学分；在歌唱、演奏、创作、音乐与舞蹈、音乐与戏剧中，选 1 个模块，1 学分</td><td>—</td><td rowspan="2">在未列入必修的模块中选择开设</td></tr>
<tr><td>美术</td><td>美术鉴赏，1 学分；绘画、雕塑、设计、工艺、书法、篆刻、摄影/摄像、电脑绘画/电脑设计模块中，选 2 个模块，2 学分</td><td>—</td></tr>
<tr><td>体育
与
健康</td><td>体育
与
健康</td><td>在健康教育、田径 2 个系列中，各选 1 个模块；
在体操、民族民间体育项目系列中，选 1 个模块；在新兴运动、水上项目、田径、体操、球类、民族民间体育项目 6 个系列中，选 8 个模块</td><td>—</td><td>球类系列
体操系列
田径系列
水上项目系列
民族民间体育项目系列
新兴运动系列
在上述系列中选择开设</td></tr>
</table>

表 3—9　　调整后的普通高中教学进度安排

（2009 级起实施）

<table>
<tr><th colspan="2" rowspan="2">科　　目</th><th colspan="4">必修与选修ⅠA</th><th rowspan="2">选修ⅠB</th></tr>
<tr><th>模块总数</th><th>高　一</th><th>高　二</th><th>高　三</th></tr>
<tr><td colspan="2">语文</td><td>7</td><td>4</td><td>2</td><td>1</td><td rowspan="14">原则上在必修模块教学结束后即可开课，或与选修ⅠA并行开课。学校应统筹开设所有选修ⅠB模块(包括技术、艺术、体育与健康领域的选修ⅠB模块)，让学生有充分的选课空间，确保在高二学年和高三学年上学期每周至少有两次走班教学，学生至少获得 12 个选修ⅠB学分</td></tr>
<tr><td colspan="2">英语</td><td>6</td><td>3</td><td>3</td><td>—</td></tr>
<tr><td colspan="2">数学</td><td>7</td><td>4</td><td>2</td><td>1</td></tr>
<tr><td colspan="2">思想政治</td><td>5</td><td>2</td><td>2</td><td>1</td></tr>
<tr><td colspan="2">历史</td><td>5</td><td>3</td><td>1</td><td>1</td></tr>
<tr><td colspan="2">地理</td><td>5</td><td>3</td><td>1</td><td>1</td></tr>
<tr><td colspan="2">物理</td><td>5</td><td>2</td><td>1(文)/2(理)</td><td>1</td></tr>
<tr><td colspan="2">化学</td><td>5</td><td>2</td><td>1(文)/2(理)</td><td>1</td></tr>
<tr><td colspan="2">生物</td><td>4</td><td>—</td><td>3</td><td>1</td></tr>
<tr><td colspan="2">信息技术</td><td>2</td><td colspan="2" rowspan="2">每学年完成一个学科 2 个模块教学，每周 2 课时</td><td rowspan="2">—</td></tr>
<tr><td colspan="2">通用技术</td><td>2</td></tr>
<tr><td colspan="2">美术</td><td>3</td><td colspan="3" rowspan="2">三年完成 6 个模块教学，每周 1 课时</td></tr>
<tr><td colspan="2">音乐</td><td>3</td></tr>
<tr><td colspan="2">体育与健康</td><td>11</td><td colspan="3">三年完成 11 个模块教学，每周 2 课时</td></tr>
<tr><td rowspan="3">综合实践活动</td><td>研究性学习</td><td colspan="5">每周 3 课时，三年不少于 270 课时</td></tr>
<tr><td>社会实践</td><td colspan="5">每学年一周</td></tr>
<tr><td>社区服务</td><td colspan="5">三年不少于 10 个工作日</td></tr>
<tr><td colspan="2">选修Ⅱ</td><td colspan="5">每周至少安排 1 课时，三年不少于 108 课时</td></tr>
</table>

2012 年 6 月，浙江省教育厅发布《浙江省深化普通高中课程改革方案》，要求各级教育行政部门研究制定深化普通高中课程改革的工作方案，推进普通高中特色化多样化发展，多形式挖掘和整合各种课程资源，强化深化普通高中课程改革工作的保障能力。深化普通高中课程改革的主要内容有：

优化课程结构。减少必修学分，必修学分从 116 学分减少到 96 学分，选修学分从 28 学分提高到 48 学分。综合实践活动列入选修课程，研究性学习渗透于各学科必修课程教学与选修课程教学中。专题教育列入必修课程。增加选修课程。选修课程分为知识拓展、职业技能、兴趣特长、社会实践四类。学校要根据本校、本地区实际，充分利用各类社会资源，开设四类选修课程，其中知识拓展类选修课程比例不超过 60%；职业技能类选修课程比例不少于 10%。每学期选修课程课时比例不少于总课时的 20%。

扩大学校课程自主权。学校应根据本校实际和办学特色，遵循教育规律，自主制定课程开设计划，科学安排课时与教学进度，构建满足学生个性发展、体现鲜明特色的课程体系。学校每学期必须按规定要求开设思想政治、体育与健康、艺术等必修课程。每周课堂教学时间不得超过 26 小时。控制各学科必修课程教学的课时总量，课时总量应与该学科学分相对应。

鼓励学生个性化学习。学校要建立和实施普通高中学生发展指导制度，加强人生规划教育，鼓励学生根据兴趣特长和人生规划，制定个人修习计划。学校要建立选课指导制度，加强选课走班管理，允许学生跨班级、跨年级选课，允许学生到高校、中等职业学校、科研机构、社会机构及行业企业修习选修课程。

有条件的学校，可以探索必修课程的选课走班，让学生选教师、选课程进度、选修习年级。实行学分制和弹性学制。学生应在3年内完成普通高中学习，允许学生提前毕业。学生修习必修课程满96学分，修习选修课程满48学分(其中职业技能类选修课程学分不少于6学分，社会实践类选修课程学分不超过8学分)，总学分达到144学分，同时学业水平考试和综合素质评价达到规定要求，即可毕业。

2012年秋季，全省全面启动深化普通高中课程改革，加强选修课程建设，开发开设各类选修课程。2013年，实行普通高中学业水平考试，修订和完善学生成长记录与综合素质评价制度。2015年，在普通高中学校全面建成具有自身特色、基本满足学生多样化选择学习的课程体系。

表3—10　　浙江省普通高中课程与学分结构一览表

<table>
<tr><th colspan="3">必　修</th><th colspan="3">选　修</th></tr>
<tr><th>学习领域</th><th>科　目</th><th>学　分</th><th>类　别</th><th>内　容</th><th>学　分</th></tr>
<tr><td rowspan="2">语言与文学</td><td>语文</td><td>10</td><td rowspan="4">知识拓展类</td><td rowspan="4">包括必修拓展课程、大学初级课程、学科发展前沿课程、学科研究性学习等</td><td rowspan="13">至少48</td></tr>
<tr><td>外语</td><td>10</td></tr>
<tr><td>数学</td><td>数学</td><td>10</td></tr>
<tr><td rowspan="3">人文与社会</td><td>思想政治</td><td>8</td></tr>
<tr><td>历史</td><td>6</td><td rowspan="3">职业技能类</td><td rowspan="3">包括生活技能、职业技术、地方经济技术等课程</td></tr>
<tr><td>地理</td><td>6</td></tr>
<tr><td rowspan="3">科学</td><td>物理</td><td>6</td></tr>
<tr><td>化学</td><td>6</td><td rowspan="3">兴趣特长类</td><td rowspan="3">包括体育、艺术、健康教育、休闲生活、知识应用等课程</td></tr>
<tr><td>生物</td><td>6</td></tr>
<tr><td rowspan="2">技术</td><td>信息技术</td><td>4</td></tr>
<tr><td>通用技术</td><td>4</td><td rowspan="3">社会实践类</td><td rowspan="3">包括调查探究活动、社会实践活动、校园文化活动等课程</td></tr>
<tr><td>艺术</td><td>艺术或音乐、美术</td><td>6</td></tr>
<tr><td>体育与健康</td><td>体育与健康</td><td>12</td></tr>
<tr><td colspan="2">专题教育</td><td>2</td><td colspan="3">主要包括国家有关部门和教育部规定普通高中必须组织开展的各类教育内容</td></tr>
</table>

表3—11　　浙江省普通高中必修课程调整内容一览表

<table>
<tr><th>学　科</th><th>教　学　内　容</th></tr>
<tr><td>语文</td><td>1.语文学科必修学分的5个模块为《语文(必修一)》《语文(必修二)》《语文(必修三)》《语文(必修四)》《语文(必修五)》
2.在《语文(必修二)》中删除《一个人的遭遇》，增加《边城》
3.在《语文(必修三)》中删除《东方和西方的科学》
4.在《语文(必修四)》中增加《辛德勒名单》</td></tr>
</table>

续表 3－11

学　科	教　　学　　内　　容
数学	数学学科必修学分的5个模块为《数学1》(必修)、《数学2》(必修)、《数学4》(必修)、《数学5》(必修)、《选修2－1》(分侧文、侧理两种不同要求)
英语	英语学科必修学分的5个模块为《英语1》(必修)、《英语2》(必修)、《英语3》(必修)、《英语4》(必修)、《英语5》(必修)
思想政治	政治学科必修学分的4个模块为《经济生活》(必修1)、《政治生活》(必修2)、《文化生活》(必修3)、《生活与哲学》(必修4)
历史	1.历史学科必修学分的3个模块为《历史(必修)第一册》、《历史(必修)第二册》、《历史(必修)第三册》 2.将《20世纪的战争与和平》中有关两次世界大战史的内容,列入侧文的必修内容 3.删除"早期国家出现的突出标志""朝议制度""'工官'和'匠户'""希波战争""俄罗斯的困境""周敦颐和张载的思想主张"等内容
地理	1.地理学科必修学分的3个模块为《地理I》《地理II》《地理III》 2.删除《地理II》中的"地域文化与人口"一节和《地理III》中的"数字地球"一节 3.在《地理III》中渗透区域地理的知识和方法
物理	1.物理学科必修学分的3个模块为《物理1》《物理2》《选修1－1》(侧文)或《选修3－1》(侧理) 2.删除《物理2》中的第七章6节内容以及《选修3－1》模块中第二章第十一节 3.将《选修3－2》模块中第四章第二节至第六节内容调整到《选修3－1》(侧理)中作为必修内容
化学	1.化学学科必修学分的3个模块为《化学1》《化学2》《化学反应原理》。将《化学2》中的专题2"化学反应与能量变化"整合到《化学反应原理》模块中 2.删除《化学反应原理》专题3第四单元"难溶电解质的沉淀溶解平衡" 3.将原必修模块中"观察与思考""活动与探究"的部分内容整合为若干"综合实验"
生物	生物学科必修学分的3个模块为《分子与细胞》(必修1)、《遗传与进化》(必修2)和《稳态与环境》(必修3)
信息技术	1.信息技术学科必修学分的2个模块为《信息技术基础》《多媒体技术应用》 2.《信息技术基础》第二章部分内容不再作为单独教学内容,第三章第三节整合到《多媒体技术应用》模块中,删除第六章第二节内容 3.《信息技术基础》中适当加强算法与程序设计基础的学习,用Visual Basic语言代替QBASIC
通用技术	1.通用技术学科必修学分的2个模块为《技术与设计1》《技术与设计2》 2.删除《技术与设计1》中的"技术试验的分类""设计图样的绘制"中的"透视效果图"
音乐	不作调整
美术	不作调整
体育与健康	不作调整

表 3－12　　知识拓展类选修课程参考一览表

科　目	课程模块参考目录
语文	*《〈论语〉选读》*《外国小说欣赏》《中国古代诗歌散文欣赏》《中国现代诗歌散文欣赏》《语言文字应用》

续表 3—12

科　目	课程模块参考目录
数学	*《选修 2—2》(导数、推理与证明、数系扩充)、*《选修 2—3》(计数原理、概率)、《数学 3》(必修)、《选修 4—4》《选修 4—5》
英语	*《英语 6》(选修)、*《英语 7》(选修)、《英语 8》(选修)
思想政治	* 选修 3《国家和国际组织常识》、* 选修 5《生活中的法律常识》、选修 2《经济学常识》
历史	* 选修 4《中外历史人物评说》、* 选修 6《世界文化遗产荟萃》、选修 1《历史上重大改革回眸》
地理	* 选修 VI《环境保护》、* 选修 V《自然灾害与防治》、选修 III《旅游地理》、选修 IV《城乡规划》
物理	*《选修 3—4》、*《选修 3—5》《选修 3—2》《选修 3—3》
化学	* 选修 5《有机化学基础》、* 选修 3《物质结构与性质》、选修 2《化学与技术》、选修 6《实验化学》
生物	* 选修 3《现代生物科技专题》、* 选修 1《生物技术实践》、选修 2《生物科学与社会》

说明:每个学科前两个带 * 的选修模块列入高考自选模块考试范围

三、中小学教材

1983 年至 1992 年,全县中小学主要采用人民教育出版社出版的统编教材。

1990 年秋季,高中使用人民教育出版社修订的新编高中教材。

1993 年秋季,全日制初中和小学均开始使用省编义务教育教材。

1997 年,县教委转发省教委《关于初中公民课改为政治课有关事宜的通知》,决定是年秋季起,初中一年级公民课改为思想政治课,使用省编新版思想政治课教材。

从 2004 年秋季的起始年级起,全县小学和初中使用新教材。并且全县各中小学从各自学校乡土、风情、习俗以及特色项目出发,有 27 所学校先后开发纸质校本课程,如方前镇中心学校的“快乐足球”、双峰乡中心小学的“快乐剪纸”、玉山初中的“茶文化探寻”等。全县各校开发校本教材 100 余种。

表 3—13　　2004 年秋季至 2015 年使用的“国家教材”与“省市地方教材”名录

		学　　科	小　　学	初　　中	高　　中
国家教材		思想政治	浙教版	人教版	人教版
		语　　文	人教版	人教版	苏教版
		数　　学	北师大版	浙教版	人教版
		英　　语	人教版	外研版	人教版
		科　　学	教科版	浙教版	无
		历　　史	无	人教版	人民版
		音　　乐	人音版	人音版	人音版
		美　　术	浙美版	浙美版	湘美版
		体　　育	无	人教版	人教版
		地　　理	无	无	湘教版
		物　　理	无	无	人教版
		化　　学	无	无	苏教版

续表 3—13

		学科	小学	初中	高中
国家教材		生物	无	无	浙科版
		信息技术	浙摄版	浙教版	浙教版
		通用技术	无	无	苏教版
		劳动技术	浙教版	浙教版	无
		书法	西泠版	浙教版	无
地方教材	省级	人·自然·社会 2003 年起使用	一至六年级	七至九年级	高一至高三
		好公民(上)2012 年起使用	一年级	无	无
		好公民(下)2012 年起使用	三年级	无	无
		浙江人 2012 年起使用	无	七至九年级	无
		浙江潮 2012 年起使用	无	无	高一至高三
	市级	锦绣金华 2005 年起使用	三至六年级	七至九年级	无
		近廉远耻 2007 年起使用	五年级	八年级	无

表 3—14　　磐安县小学优秀校本(拓展)教材开发情况汇总

学校	教材名称	启用年份	使用年级	教材简介	备注
方前中心学校	《快乐足球》	2004 年	一至六年级	倪世标开发。从农村小学实际情况出发,易学易用,激发校园生机	—
大盘小学	《锦绣大盘山》	2005 年	三至六年级	陈连星等编写。根据大盘山人文、地理、野生中药材、珍稀动物等资源编写	市级获奖
冷水中心校	《走进菇乡》	2005 年	一至六年级	吕志刚等编写。旨在弘扬“菇乡文化”,满足学生需要,激发学生热爱家乡的感情	市级报道
深泽小学	《爱心飞扬》	2006 年	一至六年级	曹苏芬主编。用身边事教育身边人	—
新渥小学	《走进药乡》	2009 年	一至六年级	程土星等基于江南药镇的特色开发,被评为省第二批精品课程	省级获奖
双峰小学	《快乐剪纸》	2011 年	一至六年级	结合双峰乡浓厚的文化底蕴与多样的乡村民俗编写	—
安文小学	《象棋》	2011 年	三至六年级	萌芽于 2008 年底,2009 年编写。分上下两册,每册 30 课时	—
尖山小学	《小学口风琴课程》	2012 年	一至六年级	厉育平等编写。内含 3 课技能指导、升级证书和 28 首练习曲目	—
新渥小学	《童声嘹亮》	2013 年	一至六年级	羊冬飞等开发,在县、市级比赛中多次获奖	—
双溪小学	《童话》	2013 年	一至六年级	厉向阳等为创建童话特色项目学校、结合学校实际、参考童话特色编写	—
窈川小学	《快乐跳绳》	2014 年	一至六年级	何陈红等开发。介绍有关跳绳的基础知识。技巧动作图解。绳操的图解	县级报道

续表 3－14

学校	教材名称	启用年份	使用年级	教材简介	备注
仁川小学	《口琴》	2014 年	一至六年级	曹樟木等编写，适合师生课堂教与学	—
胡宅小学	《排球》	2014 年	一至六年级	周栽良等编写，根据学校实际，参考网络资料编写排球校本教材	—
九和小学	《活力板》	2014 年	一至六年级	整合活力板运动中的实践经验，由陈利良主持编写	—
实验小学	《形体舞蹈》	2014 年	一至六年级	音乐形体训练课程，卢淑燕等开发	—
尚湖小学	《葫芦丝》	2015 年	二至六年级	胡黎明等依照葫芦丝的曲目，编写葫芦丝校本教材	—
万苍小学	《快乐足球伴我成长》	2015 年	一至六年级	立足足球特色创建工作，引领学生在足球方面有针对性学习	—
实验小学	《小伢儿看磐安》	2015 年	五、六年级	陈日伟等编写，目的是让高年级学生进一步了解自己的家乡	市级获奖

表 3－15　　磐安县初中优秀校本(拓展)教材开发情况汇总表

学校	名称	启用年份	适用年级	校本教材简介
尚湖初中	《安全教育读本》	2009 年	全校	政教处开发，主要内容为学生防校园伤害、防溺水、防传染病、防火防雷等方面的知识和案例
安文初中	《机器人制作》	2012 年	七年级	徐豫峰开发，主要内容为有关机器人制作的原理、材料与制作过程
安文初中	《花开有声——德育案例》	2012 年	全校	以教师德育手记和班级德育日记为基础，完成学生典型个案研究报告评比和整理工作
玉山初中	《茶文化探寻》	2013 年	全校	语文组编写，提高学生有关茶文化知识认知
冷水镇中心校	《走近菇乡》之乒乓运动篇	2013 年	一至九年级	张倩主编，以“乒乓运动”为主线，内容分为六大块
尖山初中	《跟我学葫芦丝》	2013 年	七八年级	周兴中、周生良等开发，主要内容是内容葫芦丝吹奏技巧，以及练习歌曲
仁川初中	《道情欣赏与练习》	2014 年	七八年级	为建立道情选修课而编写，曾经聘请校外道情专家杨良福老师到校指导
实验初中	《和悦之声》	2014 年	全校	潘俊英等编写，主要内容为合唱的历史、技巧，练声以及训练曲目
实验初中	《快乐足球》	2014 年	全校	卢春等编写，主要内容是足球运动历史、技巧、方略等
实验初中	《青春红楼梦》	2014 年	八年级	卢红星老师编写，节选《红楼梦》优秀篇章，供初中生阅读，感悟
深泽初中	《阅读、模仿、创新作文》	2015 年	七、八年级	郑海燕开发。以“句子—片段—篇章”训练的顺序安排内容，读写结合

表 3－16　　磐安县高中精品课程汇总表

校名	名　　称	启用年份	使用年级	获奖级别	获奖时间	校本教材开发情况简介	备　注
磐安中学	走进歌词	2012 年	高一高二	省级	2013 年 4 月	郭兴陆编写,知识拓展类	—
磐安中学	磐安历史文化遗产集萃	2012 年	高一高二	省级	2013 年 8 月	郑时花、卢洪波等编写,社会实践类	—
磐安中学	物理学家的各色人生	2012 年	高一高二	市级	2012 年 12 月	楼晓明、周金仁编写,知识拓展类	—
磐安中学	论语的人生智慧	2012 年	高一高二	市级	2012 年 12 月	韦玲珍编写,知识拓展类	—
磐安中学	神山秀水聚磐安	2012 年	高一高二	市级	2012 年 12 月	陈芳珍等编写,知识拓展类	—
磐安中学	材料与生活	2012 年	高一高二	市级	2012 年 12 月	胡炳云等编写,知识拓展类	—
磐安中学	大盘山药用植物与植物组织培养技术	2012 年	高一高二	市级	2012 年 12 月	倪喜中、陈子林等编写,职业技能类	—
磐安中学	蛙泳基础	2014 年	高中三年	市级	2012 年 12 月	施雪婷编写,兴趣特长类	—
磐安中学	中国传统音乐鉴赏	2012 年	高一高二	市级	2012 年 12 月	田勇编写,兴趣特长类	—
磐安中学	攀岩	2012 年	高中三年	市级	2012 年 12 月	严天海编写,兴趣特长类	—
磐安中学	破译财富的密码	2012 年	高一	市级	2012 年 12 月	胡芝芳、张姣芳等编写,社会实践类	—
磐安中学	磐安野菜	2012 年	高中三年	市级	2012 年 12 月	郑妙阳编写,职业技能类	—
磐安中学	站到云端看人生	2012 年	高二	市级	2013 年 6 月	周海兰等编写,知识拓展类	—
磐安中学	静观热点　轻松作文	2012 年	高中三年	市级	2013 年 6 月	郑伟慧编写,知识拓展类	—
磐安中学	野果	2012 年	高中三年	市级	2013 年 6 月	郑妙阳等编写,职业技能类	—
磐安中学	“玩”转物理　“玩”出精彩	2012 年	高二高三	市级	2013 年 6 月	周金仁编写,兴趣特长类	—
磐安中学	婺剧音乐欣赏基础(花头台、乱弹)	2012 年	高一高二	市级	2013 年 6 月	王筱红编写,兴趣特长类	—
磐安中学	传统美德教育	2012 年	高中三年	市级	2013 年 6 月	陈天宝等编写,社会实践类	—
磐安中学	高中英语趣味阅读	2013 年	高中三年	市级	2013 年 12 月	姚纯等编写,知识拓展类	—

续表 3－16

校名	名　称	启用年份	使用年级	获奖级别	获奖时间	校本教材开发情况简介	备　注
磐安中学	悟身边物理　享现代生活	2013 年	高一高二	市级	2013 年 12 月	陈向军等编写，知识拓展类	2015 年 4 月出版
磐安中学	行走天下	2013 年	高中三年	市级	2014 年 6 月	吴贞编写，兴趣特长类	—
磐安中学	浅入深出学词汇	2013 年	高二高三	市级	2014 年 6 月	潘小斌等编写，知识拓展类	—
磐安中学	趣味数学	2012 年	高一高二	市级	2014 年 6 月	陈才敏、陈虹编写，兴趣特长类	2015 年 4 月出版
磐安中学	赏美文品文化	2013 年	高一高二	市级	2014 年 6 月	蔡美芬等编写，知识拓展类	2015 年 4 月出版
磐安中学	中国传统艺术鉴赏（佛像造型艺术）	2013 年	高一	市级	2014 年 6 月	王益娟编写，兴趣特长类	—
磐安中学	国风戏韵	2013 年	高一高二	市级	2014 年 6 月	郑美燕、陈红莲等编写，兴趣特长类	—
磐安中学	高一数学热点问题赏析	2013 年	高一	市级	2015 年 5 月	王义俊编写，知识拓展类	—
磐安中学	西游记人生启示录	2013 年	高一高二	市级	2015 年 5 月	陈扬民编写，兴趣特长类	—
磐安中学	浙贝母	2013 年	高一高二	市级	2015 年 5 月	洪裕芳编写，职业技能类	—
磐安中学	浅享下午茶时光	2014 年	高一高二	市级	2015 年 5 月	蔡莎莎编写，职业技能类	—
磐安中学	高考数学 90 天满分冲关	2013 年	高三	市级	2012 年	王义俊编写，知识拓展类	2013 年 3 月出版
磐安二中	手工编织	2011 年	高一高二	市级	2012 年	卢香翠等编写，兴趣特长类	—
磐安二中	中学生课本剧表演	2011 年	高一高二	市级	2012 年	陈甜等编写，兴趣特长类	—
磐安二中	“五心”德育	2011 年	高一高二	市级	2012 年	磐安二中德育教材编写组，社会实践类	—
磐安二中	磐安古村落文化保护与探究	2011 年	高一高二	省级	2013 年	陈林军等编写，社会实践类	—
磐安二中	流淌的天籁之声——民歌合唱训练及鉴赏	2011 年	高一高二	市级	2012 年	陈涛编写，兴趣特长类	—
磐安二中	“瑜”悦身心，“伽”倍美丽	2011 年	高一高二	市级	2012 年	徐晨露、陈辉强编写，兴趣特长类	—
磐安二中	工笔花鸟画	2011 年	高一高二	市级	2012 年	陈林军编写，兴趣特长类	—

续表 3－16

校名	名　　称	启用年份	使用年级	获奖级别	获奖时间	校本教材开发情况简介	备　注
磐安二中	斗牛篮球	2011 年	高一高二	市级	2012 年	徐晨露、陈辉强编写,兴趣特长类	—
磐安二中	我的美丽计划	2011 年	高一高二	市级	2012 年	孔弘圣等编写,兴趣特长类	—
磐安二中	五味飘乡	2011 年	高一高二	市级	2012 年	羊黎明等编写,社会实践类	—
磐安二中	磐安水资源保护	2011 年	高一高二	市级	2012 年	厉武波等编写,知识拓展类	—
磐安二中	经济林作物栽培	2011 年	高一高二	市级	2012 年	潘云芬等编写,知识拓展类	—
职教中心技校校区	中学生安全知识读本	2015 年	高中三年	未送评	—	主编:杨龙海	—
职教中心技校校区	常用实用文写作	2011 年	高一高二	未送评	—	施慧飞等编写	—
职教中心技校校区	现代礼仪训练	2010 年	高一高二	未送评	—	陈月琴等编写	—
职教中心技校校区	古代诗词鉴赏	2014 年	高一	未送评	—	主编:李平芬	—
职教中心技校校区	校园篮球	2010 年	高一高二	未送评	—	主编:郑旌	—
职教中心技校校区	实用电子制作实训	2010 年	高一高二	未送评	—	主编:杜德明	—
职教中心三中校区	践行经典规范,铸就当代素养	2010 年	高中三年	未送评	—	开发者:陈新洋	—
职教中心技校校区	汽车底盘构造与维修	2015 年	高一高二	未送评	—	主编:孙志明	—

第二章　中小学德育

清光绪三十二年(1906年),政府颁行的教育宗旨为“忠君、尊孔、尚公、尚武、尚实”,把“三纲五常”作为德育教育的主要内容。民国时期,废除尊孔读经,保留修身课(后改为公民课)。民国28年(1939年)8月,学校以“四维”(礼、义、廉、耻)、“八德”(忠、孝、仁、义、爱、信、和、平)作为学生德育的主要内容,同时也将抗日救亡、革命英雄主义以及反共救国列入其中。

中华人民共和国成立后,中小学德育先后被称为学校政治思想工作、思想政治工作和德育。1950年,磐安县中小学废除旧的训育制度,在政治课和周会课中进行“五爱”(爱祖国、爱人民、爱劳动、爱科学、爱护公共财物)为中心的国民公德教育。1952年,开展评比“三好学生”活动。1963年,各中小学开展学雷锋活动。1979年,在学校中开展新时期党的总路线总任务教育。1981年,开展“五讲”(讲文明、讲道德、讲礼貌、讲卫生、讲秩序)、“四美”(心灵美、语言美、行为美、环境美)活动。同年,教育部颁发《小学生守则》。在此基础上,1983年增设“三热爱”(热爱祖国、热爱中国共产党、热爱社会主义)内容。1988年,贯彻中小学《德育大纲》《德育纲要》《中小学生日常行为规范》。

第一节　德育目标和德育管理

一、德育目标

新中国成立后,中小学德育先后被称为学校政治思想工作、思想政治工作和德育。20世纪90年代起,爱国主义教育、文明道德教育和法制教育等成为中小学德育的主要内容。21世纪开始,学生心理健康教育得到普遍重视,成为学校德育的重要组成部分。

1991年,《中学生守则》和《小学生日常行为规范》发布。

1993年,国家教育委员会下发《小学德育纲要》(以下简称《纲要》)。《纲要》指出,小学德育的培养目标是:培养学生初步具有爱祖国、爱人民、爱劳动、爱科学、爱社会主义的思想感情和良好品德;遵守社会公德的意识和文明行为习惯;良好的意志、品格和活泼开朗的性格;自己管理自己、帮助别人、为集体服务和辨别是非的能力,为使他们成为德、智、体全面发展的社会主义事业的建设者和接班人,打下初步的、良好的思想品德基础。

1994年,《中学生日常行为规范》发布。

1995年,国家教育委员会下发《中学德育大纲》(以下简称《大纲》)。《大纲》指出,中学德育工作的基本任务是把全体学生培养成为热爱社会主义祖国的,具有社会公德、文明行为习惯的遵纪守法的公民。在这个基础上,引导他们逐步树立科学的人生观、世界观,并不断提高社会主义思想觉悟,使他们中的优秀分子将来能够成长为共产主义者。并对初中和高中德育目标进行明确。

初中阶段德育目标:

热爱祖国，具有民族自尊心、自信心、自豪感，立志为祖国的社会主义现代化努力学习；初步树立公民的国家观念、道德观念、法制观念；具有良好的道德品质、劳动习惯和文明行为习惯；遵纪守法，懂得用法律保护自己；讲科学，不迷信；具有自尊自爱、诚实正直、积极进取、不怕困难等心理品质和一定的分辨是非、抵制不良影响的能力。

高中阶段德育目标：

热爱祖国，具有报效祖国的精神，拥护党在社会主义初级阶段的基本路线；初步树立为建设有中国特色的社会主义现代化事业奋斗的理想志向和正确的人生观，具有公民的社会责任感；自觉遵守社会公德和宪法、法律；养成良好的劳动习惯、健康文明的生活方式和科学的思想方法，具有自尊自爱、自立自强、开拓进取、坚毅勇敢等心理品质和一定的道德评价能力、自我教育能力。

1998年，国家教育部下发《中小学德育工作规程》(以下简称《规程》)，《规程》指出，中小学德育工作的基本任务是，培养学生成为热爱社会主义祖国、具有社会公德、文明行为习惯、遵纪守法的公民。在这个基础上，引导他们逐步树立正确的世界观、人生观、价值观，不断提高社会主义思想觉悟，并为使他们中的优秀分子将来能够成为坚定的共产主义者奠定基础。并规定，小学、初中、高中阶段具体的德育目标、德育内容、德育实施途径等均遵照国家教育委员会颁布的《小学德育纲要》《中学德育大纲》施行。

2004年，中共中央国务院下发《关于进一步加强和改进未成年人思想道德建设的若干意见》(以下简称《意见》)。《意见》指出，未成年人思想道德建设的主要任务是：从增强爱国情感做起，弘扬和培育以爱国主义为核心的伟大民族精神；从确立远大志向做起，树立和培育正确的理想信念；从规范行为习惯做起，培养良好的道德品质和文明行为。是年，《小学生守则》《中学生守则》合并补充为《中小学生守则》。

2014年，国家教育部下发《教育部关于培育和践行社会主义核心价值观进一步加强中小学德育工作的意见》(以下简称《意见》)。《意见》要求，切实把立德树人作为教育的根本任务，针对当前的新形势新要求，自觉培育和践行社会主义核心价值观，进一步增强中小学德育的时代性、规律性、实效性。要加强中华优秀传统文化教育，加强公民意识教育，加强生态文明教育，加强心理健康教育，加强网络环境下的德育工作。

二、德育管理

1990年后，德育队伍进一步加强。1995年4月，县教育局成立县中小学德育工作领导小组。同年5月15日前，各中小学成立以校长为组长的德育工作领导小组，规模较大的中小学配备分管德育副校长，设政教处(部分学校设教导处或学生处，兼有德育功能)和团委(小学设少先队总队部)。各校逐步形成以政治(思想品德)教师、班主任为主体，全体教职员工人人参与的德育队伍体系。

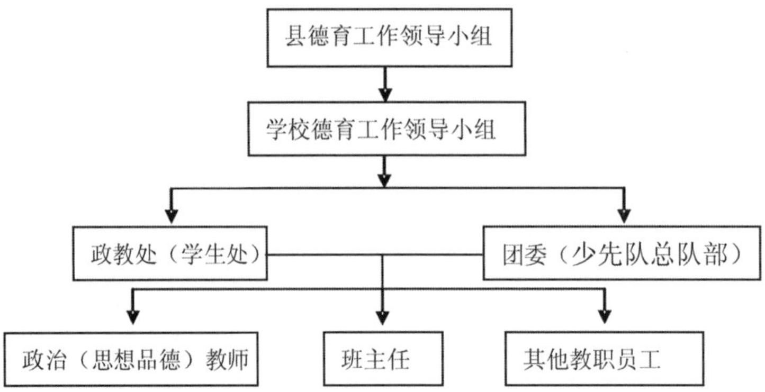

1991 年 8 月，召开全县教育工作会议，德育工作被确定为会议主要议题之一。

1993 年 9 月，磐教〔1993〕7 号转发并施行国家教育部颁发的《小学德育纲要》。

1995 年 4 月，磐教〔1995〕34 号下发《关于进一步加强和改进学校德育工作的意见》。提出教育要面向未来，确立"以德立校，以智取胜，以特求活"的教学指导思想。10 月，县委〔1995〕54 号，批转县委宣传部、县教育局《关于进一步加强和改进学校德育工作意见》，发给县各乡镇县机关各部门。同年，召开全县德育工作会议。

1998 年 5 月，县教委磐教〔1998〕26 号转发并施行教育部《中小学德育工作规程》。

2002 年 4 月，县宣传部、文化教育局联合召开全县学校德育工作会议。

2004 年 12 月，在县教师进修学校阶梯教室召开全县中小学德育工作研讨会。

2005 年 11 月，开展"德育工作标兵""十佳班主任"评选活动，编印《磐安县德育工作经验选编》。

2008 年 8 月，磐教〔2008〕68 号下发《关于加强学生管理、促进学生健康成长的若干意见》。12 月，转发教育部《中小学健康教育指导纲要》和《教育部关于印发中等职业学校德育课课程教学大纲的通知》。

2009 年 8 月，转发教育部《中小学班主任工作规定》。

2014 年 1 月，浙江省教育厅、省教育学会德育分会举行"浙江省中小学 100 个班主任工作室"领衔人授牌仪式，安文初中董兰芳老师入选。5 月，磐安县首批"浙江省中小学班主任工作室——董兰芳班主任工作室"揭牌仪式在安文初中举行。

2015 年 3 月，在县教师进修学校阶梯教室召开学校德育工作部署会议。5 月，举行磐安县 2015 年中小学班主任基本功比赛，2 人参加市班主任基本功比赛，分获一、二等奖。5 月，磐教〔2015〕43 号下发《磐安教育局关于下发 2015 年度重点工作目标的通知》，将"学校德育工作"列入局重点工作考核。6 月，下发《关于认真学习贯彻省委书记夏宝龙在全省中小学育人工作座谈会上讲话精神的通知》。9 月，在全县校长会上，县委宣传部长吴蔚华要求教育部门、各学校要深刻理解领会育人工作的本质和根本任务，真正把德育工作作为头等大事来抓，坚持德育为先，守好阵地。10 月，县教育局组织开展全县中小学育人工作调研活动，先后在实验小学、深泽初中和玉山小学召开三次区域调研会，全县中小学分管副校长和政教主任参加调研会。12 月，县教育局组织学校德育工作案例和心理健康教育培训体会评选。

第二节　德育内容

20 世纪 90 年代开始，磐安县中小学德育工作内容随社会经济的变化而变化，主要内容是爱国主义教育、文明道德教育、法制教育和心理健康教育。

一、爱国主义教育

爱国主义教育是指树立热爱祖国并为之献身的思想教育。爱国主义主要表现为热爱祖国的壮丽河山、悠久的历史、灿烂的文化，关心祖国的前途和命运。热爱社会主义制度和社会主义现代化建设事业，热爱中国共产党和各族人民，维护祖国的独立和统一。

1996 年 10 月，县教育局组织师生参加"十月的阳光——浙江省千校百万师生纪念红军长征胜利六十周年大型歌咏会"同步演唱活动。

1997年,全县中小学生举行各种形式的香港回归祖国庆祝活动。

2006年4月,磐安县文化广电新闻出版局、磐安县教育局联合下发磐文广新〔2006〕16号文件,举办“纪念建党85周年暨‘中国电信星级家庭杯’磐安县首届少儿歌手大赛”。

2009年4月,转发《中共教育部党组关于围绕庆祝新中国成立60周年在各级各类学校深入开展“我爱我的祖国”主题教育活动的通知》。5月,开展磐安县中小学“品味书香、颂歌祖国”读书征文、优秀阅读指导课教学课例和图书馆管理与应用优秀论文评选活动。7月,转发教育部办公厅、国家民委办公厅印发的《全国中小学民族团结教育工作部署视频会议纪要》。

2010年和2011年,组织参加金华市中小学“品读红色经典书写精彩人生”读书征文和优秀阅读指导课教学课例评选活动,2010年6人获一等奖,2011年4人获一等奖。

2012年9月,组织参加全国“祖国在心中——全国国家版图知识竞赛”。

2013年9月～10月,开展“我的梦·中国梦”中小学生主题书信文化活动,引导广大青少年学生抒发自己的梦想,将个人理想与祖国的前途命运结合起来,深刻理解实现中华民族伟大复兴是中华民族近代以来最伟大的梦想。

2014年5月,组织参加金华市第九届中小学生中华经典诗文诵读活动暨“心系中国梦”诵读大赛。
2015年5月～12月,开展纪念中国人民抗日战争胜利70周年系列活动。10月,磐宣〔2015〕34号下发《关于在全县开展“小小接班人”中小学生优秀作文大赛的通知》。同月,磐教〔2015〕83号下发《关于在全县中小学校深入开展“爱国主义电影进校园”活动的通知》,大力弘扬民族优秀文化、增强中华文化的吸引力和感召力,丰富校园文化内涵。

二、文明道德教育

文明道德教育是对受教育者有目的地施以文明道德影响的活动。内容包括提高文明道德觉悟和认识,陶冶情感,锻炼意志,树立信念,培养品质,养成良好习惯。

1991年8月和1994年3月,教育部先后颁布《小学生日常行为规范》和《中学生日常行为规范》,学生日常行为规范养成教育逐渐成为中小学德育的基本内容,教育局在20世纪90年代专门开展了行为规范达标学校创建活动。

1997年4月,县委宣传部、县教委开展“弘扬中华美德争做时代新人”读书活动。

1999年至2004年,每年举办“中小学生日常行为习惯养成”研讨会和征文活动。

从2004年开始,每年9月开展“中小学弘扬和培育民族精神月”活动。

2004年6月,组织参加金华市德育研究会,市教科所“寻找日军留下的痕迹”活动。

2005年3月,共青团磐安县委员会、磐安县文化教育局联合下发团磐联〔2005〕2号文件,开展“感动、感恩”思想道德教育活动。8月,启动“未成年人思想道德建设年”活动。11月,举办县中小学校2005年廉政文化进校园“漫画和儿歌”创作比赛。

2005年3月,磐文教〔2005〕30号下发《关于开展“未成年人思想道德建设年”活动的实施方案》。

2006年1月,下发《2006年寒假少先队工作建议》。建议开展“手拉手”活动,帮助生活有困难的少年儿童,互赠一张自己设计制作的新年问候卡,邀请小伙伴到自己家中过一天寒假生活;开展“家乡春节风俗小调查”“做妈妈小助手”“我为长辈送一件新年小礼物”“争当科技小能手”“争当文明小使者”等活动,让少年儿童走进社会。同年4月,磐教〔2006〕31号下发《关于开展社会主义荣辱观教育活动的通知》。要求全县中小学认真学习胡锦涛总书记关于社会主义荣辱观的重要论述,开展“荣辱观主题教育实践月”活动，通过学、讲、议、思、写、画、演等举措，即学习“八荣八耻”的丰富内涵，宣讲“八荣八耻”的内容，开展以“八荣八耻”为主题的一事一议，开展“荣耻镜，照自我”的反思活动，开展“八荣八耻”主题征文活动，举行“八荣八耻”主题书画比赛，举办“八荣八耻”主题文艺会演，使“八荣八耻”在每个学生中入眼、入耳、入脑、入心。

2008 年 4 月，磐安二中的“读圣贤书 立君子品 做有德人”和实验小学的亲情教育，一起编入吉林大学出版社出版的《为了未成年人的德育：金华教育系统的创造》一书。6 月，四川省广元市剑阁县禾丰小学贾福小朋友到墅安希望小学（深泽小学）就读，贾福小朋友是磐安县接收的首位地震灾区学生。10 月，团磐联〔2008〕12 号下发《关于开展第四届全国少年儿童书信比赛（磐安区）活动的通知》，主题为“给灾区小伙伴的一封信”。

2009 年 1 月，开展小学生文明礼仪知识竞赛。12 月，组织参加金华市中小学生廉政文化演讲比赛，2 名学生获奖，1 名教师获指导师奖。

2010 年 1 月，转发《教育部关于加强中小学网络道德教育抵制网络不良信息的通知》。

2011 年 3 月，开展“世界水日”节水宣传进百校系列活动。4 月，参加第二届金华市未成年人公益广告创意大赛暨第十二届中小学电脑制作活动，21 人获奖，其中一等奖 1 人。6 月，组织参加金华市优秀“校园心理剧”评选。

2012 年 3 月，组织参加金华市首届青少年网络道德建设专题创作暨第十三届金华市中小学电脑制作活动，15 人获奖。10 月，开展磐安县中小学生“学习雷锋与爱同行”读书演讲比赛。

2012 年至 2014 年，组织开展“向国旗敬礼、做有道德的人”网上签名寄语活动，引导未成年人培育和践行社会主义核心价值观，为担负起建设祖国、实现“中国梦”的光荣使命努力学习、健康成长、全面发展。

2013 年 3 月 12 日《金华日报》专题报道磐安县安文初中“奔跑男孩”陈炳南事迹。3 月，中央电视台新闻频道共同关注栏目播出“关注浙江‘奔跑男孩’陈炳南：少年肩膀扛起学业和家庭”。5 月，陈炳南带着母亲参加由省教育厅和浙江电视台少儿频道联合推出的大型综艺励志节目《少年梦成长秀》第四期的录制。10 月，陈炳南入选“浙江省励志成长成才优秀学生典型”前 10 强。

2013 年 4 月，磐宣〔2013〕19 号下发《关于开展磐安县 2013 年中小学文明礼仪主题教育活动的通知》，开展文明“小喇叭”“小啄木鸟”活动和“人人争当文明礼仪好少年”雏鹰争章活动，举办“文明礼仪之歌”创作比赛暨《文明礼仪手册》传递仪式。同月，磐宣〔2013〕20 号下发《关于举办首届“青少年宫杯”文明公益广告画设计暨书画大赛的通知》。5 月，组织开展“学习雷锋、做美德少年”网上签名寄语活动，引导未成年人向道德模范、最美人物和身边好人学习，见贤思齐，从力所能及做起，培养勤奋学习、积极上进、艰苦奋斗、勤俭节约的优良品性，培养社会责任感、创新精神和实践能力，培养实现“中国梦”的人生志向，自觉在家做一个好孩子，在学校做一个好学生，在社会做一个优秀小公民。县教育局于同月组织参加金华市中小学“文明礼仪之歌”创作大赛。同月，举行教育系统“美丽教师（职工）、美丽少年”事迹报告会，陈炳南、潘妍红 2 位“美丽少年”和陈斌强、杨银菊 2 位“美丽教师（职工）”作优秀事迹报告。6 月，全县共 11 名同学获得“金华市美德好少年”荣誉称号，其中安文初中陈炳南、尖山小学潘妍红获得“浙江省美德好少年”称号，并被授予四星级雏鹰奖章。同月，开展“最美磐安人·美德好少年”梦想、风采展示活动，引导广大少先队员以“最美磐安人和美德少年”为榜样，宣传美德、践行美德，为实现国家富强、民族复兴、人民幸福的伟大“中国梦”而发奋学习、不懈奋斗。同月，下发磐教〔2013〕59 号文件，全县中小学于 2013 年 6 月 30 日～8 月 30 日开展“绿色生活、你我同行”社会实践活动,培养中小学生低碳生活理念,增强热爱家园、保护环境意识,弘扬生态文化。10月,开展磐安县中小学生“与美同行”读书演讲活动,比赛分初中组与小学组,来自义务段各中小学的31名选手参加本次演讲比赛。

2014年3月,组织参加浙江省少先队“红领巾相约中国梦,争做美德少年”主题教育系列活动。同月,县文明办、县教育局、县文联联合组织开展优秀童谣征集评选活动。12月,开展市县“最美学生”评比,评出市级“最美学生”6名,县级34名。同月,开展少先队践行社会主义核心价值观现场知识竞赛暨2014年度暑期亲子读书征文、公益广告、书画大赛。

2015年4月,组织开展“善行磐安”美德故事比赛,引领孩子们崇德向善、见贤思齐,让未成年人在美德故事中净化心灵、陶冶情操。11月,开展第二批“最美学生”评选活动,6名学生被评为2015年金华市“最美学生”,20名学生被评为2015年磐安县“最美学生”。

三、法制教育

进入21世纪,高度重视普法教育,学校设立法制副校长,从2009年开始,每年下发《磐安县教育系统年度普法依法治理工作要点》。

2005年4月,在文教局六楼会议室召开“四五”普法依法治校总结验收工作会议。

2006年3月,磐教〔2006〕24号下发《关于组织开展中小学生法制警示教育活动的通知》,组织中小学生观看碟片《迟来的忏悔》,开展“观《迟来的忏悔》有感”征文活动,引导未成年人增强法制观念,预防青少年违法犯罪。

2008年9月,磐教〔2008〕80号转发《中小学法制教育指导纲要》。12月,组织开展“12·4”全国法制宣传日黑板报(手抄报)比赛活动。

2009年11月18日～12月8日,磐安县司法局、磐安县教育局和中共磐安县委普法办公室联合开展全县中小学生“小手牵大手”法律知识竞赛,进一步推进全县中小学校深入开展“五五”普法教育,提高学生及家长的法制观念。评出一等奖10名,二等奖20名,三等奖30名。12月,组织参加金华市“金外杯”初中生法制小论文竞赛。10名学生获奖,其中一等奖2名。

2011年起,根据省委宣传部等部门的统一部署,组织开展青少年“法在心中”法制宣传教育主题活动。2014年,磐安县共有13人和7件法制漫画作品获奖,其中法律知识竞赛获一等奖1人(全市3人),二等奖2人(全市17人),三等奖10人(全市85人),校园法制动漫、法制漫画创作作品获二等奖2件(全市9件),三等奖5件(全市33件)。

2011年9月,磐教〔2011〕61号下发《磐安县教育系统法制宣传教育第六个五年规划(2011～2015)》。

2013年8月,磐综治办〔2013〕06号下发《磐安县社会管理综合治理委员会办公室、磐安县教育局关于聘任陈力跟等33位同志为学校法制副校长的通知》,34位干警被聘为学校法制副校长。2015年6月磐教〔2015〕48号文件对上述人员进行调整。

2014年12月,开展宪法学习宣传教育活动,要求各校开展宪法晨读活动,举行特别升国旗仪式,上一节宪法教育课,围绕国家宪法日主题,利用校园广播、宣传栏等形式,营造宪法教育氛围,校长主持一次教职工宪法学习活动或者为学生讲授一次宪法教育课。

2015年8月,转发金市教法〔2015〕5号《金华市中小学设立法治知识课程的指导意见》。12月,开展2015年教育系统宪法学习日活动。

四、心理健康教育

2002年2月，磐文教〔2002〕8号下发《关于建立磐安县中小学心理健康教育指导中心》的通知，决定建立磐安县中小学心理健康教育指导中心，其工作由县教育科学研究所干部负责。

磐安县中小学心理健康教育指导中心分别于2005年和2009年启动两轮中小学心理辅导室的评估。每年均选派教师参加A、B、C级上岗教师培训。到2015年12月已经拥有持C证以上教师585人，占专任中小学教师的45.31%；实验小学、职教中心技校校区分别通过省一级心理辅导站的评估，磐安中学、安文初中、实验初中被评为金华市优秀心理辅导室。

（一）队伍与管理

2002年4月，县文化教育局转发省教育厅《关于颁发浙江省中小学心理健康教师上岗资格证书管理办法》和《浙江省中小学心理健康教育教师岗位职责》。

根据省教育厅规定，到2005年底前，全省所有各类中学及中心小学均应建立学校心理辅导室，开展学生心理健康教育工作。为此，磐安县各县属学校、城区学校在2002年底前建立相应的学校心理辅导室，有专人负责学校的心理健康教育。到2005年12月底，各中小学都建立心理辅导室，配备辅导员72名。

2005年4月，磐文教〔2005〕45号下发《关于加强中小学心理咨询室标准化建设的通知》。要求县属学校、县一级学校必须在2006年底前通过县级考核验收，并达到良好及以上标准，县二级学校在2007年底前通过考核验收，并达到良好及以上标准，县三级学校必须在2007年底前通过考核验收，并达到合格及以上标准。此后，各类学校均按要求顺利通过验收。

2009年4月，出台《关于中小学心理辅导室复评工作的实施意见》，对学校心理辅导室建设和管理、教师培训以及一票否决情况作出明确规定。要求学校心理健康教育专项经费列入学校的经费预算，辅导工作常态化的心理辅导室主任享受学校中层待遇，学校心理健康教育专兼职教师工作量计入考核；特别关注在“高寄宿率、高留守率、高小班率”条件下对寄宿学生、留守学生、学困生的心理援助，重视形成应对校园突发事件的预警机制，努力把学校建设成“平安校园”“乐学校园”“文明校园”。

（二）心理健康教育的实施

2002年8月5日至8日，县教科所同教师进修学校联合在安文镇中举办中小学心理健康教育骨干教师培训班，由浙师大李伟健教授作辅导报告。

2003年10月31日至11月1日，邀请省教科院周红五副研究员到磐安进行心理健康教育指导。分别到职业技校、磐安二中、磐安中学作讲座，并于10月31日在实验小学召开心理健康教育研讨会。

2003年4月，县文教局转发教育部《中小学心理健康教育指导纲要》。

2005年，在省市心理健康教育“三优”（优秀科研成果、优秀活动课设计、优秀个案辅导）评比中，全县共有32项成果获市级奖，其中一等奖4项，二等奖3项。不少学校心理健康教育逐渐形成自己的特色，如实验小学的“心语园”、磐安二中的“知心吧”等。《教育信息报》和《金华日报》以“磐安扎实推进心理健康教育工作”为题，对磐安县中小学心理健康教育作详细报道。

2007年上半年，开展磐安县心理健康教育优质辅导课评比，并制定磐安县学校心理健康教育活动课教学评价方案。

2008年上半年，协助县计生局抓中小学青春期教育，包括拒绝早恋教育和生理健康教育等，并组织学校教师参加浙江省同伴互助研讨会和灾后心理援助高级研修班。

2009年4月，磐教〔2009〕29号下发《关于中小学心理辅导室复评工作的实施意见》。

2009年4月，实验小学"心语园"被评为省一级心理辅导站。

2012年12月，磐安县承办金华市心理健康教育优质课(初中组)比赛，磐安县选派的教师获得一等奖第一名。

2013年6月，在磐安县举办浙江省心理健康教育c证培训与面试，180多名学员参加。

2014年11月18日，全县学校心理健康教育工作会议在职教中心召开。会议明确学校心理辅导室"一室四中心"(学生现状调研中心、学生心灵调节中心、学生成长参谋中心、学生规章评估中心)的建设定位。

2015年1月，在金华市学校心理健康教育优秀成果评选中，11项成果获一等奖，11项成果获二等奖，10项成果获三等奖。7月至9月，组织首届县心理健康教育骨干培训班，并对学员的培训心得体会进行评选，共评出一等奖3名，二等奖6名，三等奖7名。2015年上半年，安文初中朱芸芸和职教中心龙霞分别获金华市心理健康教育优质课初中组、高中组一等奖。

五、其他教育

进入21世纪，教育系统十分重视国防、时政、禁毒、反邪教等教育工作。

2009年5月，组织参加全民国防教育网络知识竞赛。2009年开始，每年6月份开展禁毒集中宣传月活动，通过主题教育、班(团、队)会、参观禁毒教育基地、观看禁毒教育影视作品、参加禁毒志愿者行动等方式，充分运用校园网、广播、黑板报等宣传阵地，开展禁毒宣传教育活动，引导青少年自觉远离毒品，养成健康向上的生活方式。

2012年6月，组织开展中小学"我爱国防"双拥主题教育活动。

2014年12月，开展人防知识竞赛与人防知识教育优秀课件评比活动。

2015年8月，转发浙教办基〔2015〕70号《浙江省教育厅办公室关于加强和改进中小学时政教育的指导意见》。除在思想政治(品德)课开展时政教育外，学校设置时政宣传栏，以新闻摘要的形式突出宣传国内外重大新闻、党委政府重大工作部署、社会重大事件等；用好校园广播、电视以及电子屏幕等各种宣传平台；开展主题教育活动，帮助和引导学生深入了解党和政府的重大工作和全国全省及家乡的发展变化，并有计划地组织学生参与力所能及的实践活动。11月，组织参加2015年时政教育先进学校评选活动。浙江省磐安中学、磐安磐安二中、磐安县安文初级中学、磐安县实验初中、磐安县尖山镇中心小学、磐安县玉山镇中心小学6所学校被评为金华市时政教育先进学校。

2010年3月，县禁毒教育经验推广交流会在县职业技校召开。5月，磐教〔2010〕38号下发《磐安县教育局关于在全县中小学开展毒品预防教育活动的通知》，通知要求继续开展创建市、县两级禁毒教育示范学校工作，争取创建省级禁毒教育示范学校，精心组织好毒品预防主题教育活动，把毒品预防教育纳入日常教学工作。

2015年10月～11月，开展青少年学生毒品预防教育"五个一"活动。即参观一次禁毒展览、观看一部禁毒影片、上一堂禁毒课、开展一次禁毒征文比赛、开展一次主题班会。

2005年1月，磐文教〔2005〕20号下发《关于开展反邪教警示教育活动的实施意见》。7月，磐安县教育局被金华市委、市人民政府评为"反邪教警示教育活动先进示范单位"。

2006年2月，磐教〔2006〕14号下发《关于开展中小学校反邪教警示教育活动的通知》。

2013 年 9 月，组织参加反邪教法制知识竞赛活动。

表 3—17　　磐安县无毒社区创建工作先进学校、禁毒教育示范学校名单

无毒社区创建工作先进学校	禁毒教育示范学校	创建年份
职业技校、方前中心校、深泽初中	—	2011 年
玉山初中	玉山初中	2012 年
新渥初中	磐安二中、新渥初中	2013 年
大盘小学	—	2014 年

磐安县获金华市“无邪教校园”学校名单

安文初中　实验小学　安文小学　深泽小学　大盘小学　方前镇中心校　玉山小学
尖山小学　仁川初中　深泽初中　玉山初中

第三节　德育方式

一、德育课程

中小学德育课(思想政治课)是德育工作的主渠道。

1990 年前，中学设置政治课，小学设置思想品德课。1990 年起，高一开设经济常识课，高二开设哲学常识课，高三开设政治常识课。1994 年起，初中使用省编教材，开设公民课。

2001 年 6 月，教育部印发《基础教育课程改革纲要(试行)》，小学、初中实施新课程改革，小学思想品德低年级设“品德与生活”，高年级设“品德与社会”，初中设“思想品德”。

2006 年起，高中实施新课程，政治课程教材改为：高一设“经济生活(必修 1)”“政治生活(必修 2)”，高二设“文化生活(必修 3)”“生活与哲学(必修 4)”，高三为“国家与国际组织(选修 3)”“生活中的法律常识(选修 5)”等国家选修模块。

职业高中一直到 1996 年采用普通高中政治课教材。1997 年至 1999 年，使用中等职业学校政治教材，分“经济·政治”“法律”“世界观·人生观”“职业道德”。2000 年至 2004 年，只用中等职业学校国家规划教材，设“法律基础知识”“经济与政治基础”“哲学基础知识”“职业道德与职业指导”。2007 年起，使用浙江省中等职业学校教材，设“法律·生活·职业”“哲学·生活·职业”“经济·政治·社会”。2009 年起，采用中等职业学校国家规划教材“职业生涯规划”“职业道德与法律”“哲学与人生”“心理健康”。

2003 年 9 月起，中小学增设省编地方教材“人·自然·社会”，每年级一册。2004 年 9 月起，增设金华市地方教材“锦绣金华”，在初中、小学使用，每年级一册。2006 年开始，增设金华市地方教材“近廉远耻”，在小学五年级和初中二年级使用。2012 年 9 月起，中小学增设浙江省德育地方课程教材，小学设“小公民”(上册供小学 1～2 年级学生使用，下册供小学 3～6 年级学生使用)，初一设“浙江人”，高一设“浙江潮”。

2015 年 8 月，省教育厅下发《关于加强和改进中小学时政教育的指导意见》，要求多形式推进中小学时政教育。各中小学把新鲜的时政教育内容及时深入地融合到德育课程当中。

中小学除开设政治课、思想品德课和地方课程对学生进行系统的思想政治教育之外,各学科教学也注重发掘内在教育因素,进行学科德育渗透,发挥学科思想政治与道德教育功能。

二、社会化德育网络

20 世纪 90 年代以来,社会生活日新月异,价值观念逐渐多元,学校德育的社会关注度不断提高。充分利用社会资源,实行学校、家庭、社会三方面结合,构建社会化德育网络,成为提高德育实效性的重要途径。

1990 年起,各中小学普遍成立家长学校,以金华市教委编写的《家长必读》一书为教材,指导家长开展家庭教育。学校利用家长委员会、家长信箱、家校联系卡、家长开放日、家长会、家庭访问等形式,主动加强与学生家长的联系。

磐安县关心下一代工作委员会,依靠“五老”(老干部、老战士、老专家、老教师、老模范),对广大青少年进行爱国主义、革命传统、理想信念、法制与健康等教育。

1992 年 10 月,安文镇中心小学家长学校被评为“浙江省家庭教育工作先进单位”,新渥镇中心小学卢友谊被评为“浙江省家庭教育先进工作者”。

1995 年 12 月,县人民政府办公室抄告单批复同意建立仁川革命烈士墓、昌文塔、放翁读书堂、张浩墓、高二山红军洞、窈川王屏烈士墓等处为县内爱国主义教育基地。

2005 年 3 月,磐文教〔2005〕28 号下发《磐安县文教局 2005 年关心下一代工作意见》。围绕“加强和改进未成年人思想道德建设”这一主题,开展系列活动。高中以法制教育为重点,重视生命教育、心理健康教育;初中以行为规范教育为重点,重视社会公德教育、诚信教育、青春期教育;小学以文明礼仪教育为重点,重视纪律教育、诚信教育、孝敬教育等。

7 月,由磐安县关心下一代工作委员会、共青团磐安县委、县教育局、县科协、俺老孙花果山果业有限公司联合为青少年提供的首家农业科技教育基地——“磐安县青少年农业科技教育基地”在大盘山俺老孙花果山挂牌。

2006 年 2 月,转发团浙联〔2006〕6 号《关于深化少先队“雏鹰争章”活动的指导性意见》。

2006 年 6 月,磐安县教育局、磐安县关心下一代工作委员会、共青团磐安县委员会、磐安县文化广电新闻出版局联合下发磐教〔2006〕45 号文件,将仁川“四知堂”列为青少年德育基地。

2009 年 9 月,中共磐安县委宣传部联合磐安县文明办、磐安县教育局、共青团磐安县委、磐安县少工委和磐安县关工委开展磐安县 2009 学年中小学“牵手文明,非常有礼”主题教育活动,举行“文明传承”图书传递、“知书达理”文明礼仪培训、“亲子争章”文明礼仪进万家和“牵手文明”文明礼仪童谣创作比赛等系列活动。

2010 年 1 月,由县绿化委员会、县教育局、县林业局、团县委联合举办的“应对气候变化——千人万校同栽千万棵树”活动启动仪式在安文初中操场举行。

2011 年 6 月,中共磐安县委宣传部、县精神文明建设委员会办公室、县教育局、共青团磐安县委员会、县关心下一代工作委员会和县广播电视台联合下发磐宣〔2011〕27 号下发《关于开展磐安县“红心闪闪,快乐成长”未成年人暑期道德实践活动的通知》,举行劳动体验爱心放送活动、“薪火相传”社区纳凉晚会、“我是社区小主人”公益活动和“快乐成长”未成年人暑期道德实践活动 DV 新闻大赛,引导中小学生利用暑期时间,开展道德实践、社会体验、能力提升和文娱活动,丰富未成年人文化生活,不断满足他们的精神需要，进一步健全完善学校、社会、家庭“三结合”教育网络。

2011年7月，团磐联〔2011〕6号下发《关于进一步加强学校共青团和少先队工作的若干意见》。12月，团磐联〔2011〕14号转发团市委《关于开展农村少先队达标创建的通知》。

2013年3月，磐关工委〔2013〕3号下发《关于在全县中小学生中开展“学雷锋、爱环保、争做最美小公民”主题教育活动》，开展“弘扬生态文明，共建绿色家园”主题教育、“与爱同行、寻找最美磐安人”和“学雷锋、爱环保、争做最美小公民”主题征文等活动。同月，磐关工委下发〔2013〕2号文件，开展磐安县“城乡手拉手，精神共富有”结对活动。通过开展结对活动，进一步加强全县城区家庭及青少年的爱心教育，帮助部分农村青少年弥补情感上的缺失，解决生活上的困难，城乡青少年相互学习，取长补短，共同健康成长。城乡家庭互帮互助，和谐共处。

2014年3月，磐关工委〔2014〕2号下发《关于在全县中小学生中开展“践行社会主义核心价值观、弘扬雷锋精神、保护碧水蓝天”教育实践活动的通知》，组织“五老宣讲团”赴全县各学校开展社会主义核心价值观宣讲活动，让广大中小学生深入学习社会主义核心价值观和雷锋精神，从自身做起，从身边小事做起，进一步提高环境保护意识。4月，磐宣〔2014〕13号下发《关于开展“纪念先烈·报效祖国·圆梦中华”活动的通知》，组织开展烈士公祭、“网上祭先烈”和短信寄心语等活动。10月，团磐〔2014〕9号下发《关于在全团开展向“青春榜样”学习活动的通知》。12月，由县委宣传部、县文明办、县五水办、团县委、县教育局、县妇联、县关工委、县少工委和县青少年宫联合主办的县首届“弘扬传统美德 善行美丽磐安”少先队践行社会主义核心价值观现场知识竞赛在县青少年宫举行，来自全县各小学的16支队伍，共80名学生参加比赛。

2014年5月，转发《教育部关于培育和践行社会主义核心价值观进一步加强中小学德育工作的意见的通知》。

2015年1月，县委宣传部牵头开展“传承好家训，培育好家风”主题活动，全县中小学积极参与家家户户立家训、家家户户赛家风和家家户户传美德活动，引导广大中小学生从自身做起，从家庭做起，讲道德、重家风，在全社会形成修身律己、崇德向善、礼让宽容的道德风尚。4月，磐安县精神文明建设委员会办公室、磐安县教育局等8家单位联合举办第三届“青少年宫杯”童心牢记价值观主题绘画、书画、童谣创作比赛。同年11月，转发浙文明办〔2015〕20号文件，开展“万名好人进校园”活动，每校落实2名以上身边好人走进校园、走进课堂、走进学生，用榜样的力量引导广大中小学生树立正确的世界观、人生观和价值观。

2015年2月，团磐〔2015〕4号下发《关于开展2015年“青春自护·平安春节”青少年自护教育活动的通知》。

表3－18　　　　　　磐安县中小学德育基地情况一览表

序号	名　称	地　址	简　要　介　绍
1	磐安县革命烈士纪念碑	磐安县安文镇后柱山顶	建于1996年，占地280平方米，坐西朝东，为钢筋混凝土结构。碑高19.27米，象征1927年磐安县最早建立共产党组织；三棱形碑体代表磐安县三个区域；顶上头框，意为团结向上；正面有迟浩田的题词。碑座嵌两幅当年工农兵群体开展武装革命情景的花岗岩浮雕和三个汉白玉花圈，碑座正面刻碑文。以下为台阶，共三级。1997年7月，公布为县级文物保护单位

续表 3－18

序号	名　称	地　址	简　要　介　绍
2	磐安县革命烈士纪念馆	磐安县安文镇后柱山顶	1996 年磐安县政府立项，2004 年建成，占地 6 亩，坐落于磐安县革命烈士纪念碑西面数十米。馆内陈列着土地革命、抗日战争、解放战争和社会主义革命建设时期的 89 位革命烈士的先进事迹。2005 年 5 月被列为磐安县青少年爱国主义教育基地，2006 年 7 月列为金华市爱国主义教育基地
3	榉溪孔氏家庙	盘峰乡榉溪村	孔氏家庙由历代朝廷为“孔氏婺州南宗”(也称作“婺州南孔”，即孔子 47 世孙孔端躬后裔)赐建，现为国家级重点文物保护单位
4	玉山古茶厂	玉山镇马塘村	现为磐安县仅有的两处全国重点文物保护单位之一。现存建筑为清乾隆年间集资修建，分为茶场庙、茶场管理用房、茶场三大部分，建筑面积 1559.57 平方米。据记载，茶场始建于宋代，所产“婺州东白”在唐代即列为贡品。现存建筑中，管理房还保留有“谕禁白术洋价、粮价洋价”等清代石碑
5	仁川四知堂	仁川镇黄余田村	位于仁川杨氏宗祠内，为明末建筑。“四知堂”得名于东汉太守杨震“夜拒贿金”的典故。他赴任东莱路过昌邑，时任昌邑县令的王密在夜晚怀揣 10 金送给杨震，被他坚拒，说：“故人知君，君不知故人，何也?”王密以为杨震假装客气，便道：“幕夜无知者。”杨震勃然大怒，说：“天知、神知、我知、子知，何谓无知?”王密十分羞愧，只得带着礼物狼狈而回
6	仁川革命烈士墓	仁川镇杨宅村西峰山	建于 1989 年，占地 342 平方米，由烈士墓、烈士纪念碑组成。这里长眠着第二次国内革命战争与解放战争时期，为人民事业牺牲的卢盘球、厉志寅、杨兆森等 10 位烈士。墓前书有“革命烈士永垂不朽”的石碑。1990 年 10 月，公布为县级文物保护单位
7	昌文塔	安文镇西北一公里马鞍山背	始建于明万历三十五年(1607 年)六月，成于明万历三十八年(1610 年)十二月，为磐安县城标志性历史建筑。当时东阳县令郭一鄂曾作《昌文塔记》，说明造塔之意为“集山川阙结之气”“开菁华光泽之彰”，望“诸子衿能绍前启后，立地顶天，俾昌文一事迩之蜚声于家乘，远之流光于邑书”，故名“昌文”
8	放翁泉遗址	磐安县第二中学校园内	1997 年修建。南宋建炎四年(1130 年)，陆游随父亲及祖母等避难来到磐安，依附时称豪杰之士陈彦声(字宗誉)。寓居安文安福寺 3 年，陆游的处女作《别僧诗》写于此时，表达与安福寺和尚分别时的童心和依依之情
9	尚湖王霆墓	尚湖镇中心小学边	王霆(1180～1245)，字定叟，号玉溪，玉山南里人(今尚湖大王村)人，宋宁宗嘉定四年登武举，因善战，咸称“小宗泽”。卒后，谥“贞忠”，遣使御葬，赐翁仲石兽。宝谟阁大学士李大同为其撰墓志铭，《宋史》有传，并有《玉溪集》行于世。2001 年 8 月，公布为县级文物保护单位
10	张浩墓	尖山镇楼下宅村	张浩是革命先行者孙中山好友、同盟会会员、民国初年浙江省警察厅长、国会参议员、首任航空署署长、玉山中学创始人
11	高二山红军洞	高二乡栗树坑村	1940 年底，范连辉等 10 多名红军战士在栗树坑隐蔽的山洞养伤，人称“红军洞”
12	窈川王屏墓	窈川乡川二村	王屏是江西省吉水县人。1935 年 1 月，中共中央指示，以北上抗日先遣队的突围部队为基础，组建挺进师到浙江活动，开辟革命根据地。在苦竹坑战斗中，王屏为掩护同志撤退，留下阻击敌人，战斗中连中数弹身负重伤被捕。王屏严守秘密、忠贞不屈，直至被活活折磨致死

续表 3—18

序号	名　称	地　址	简　要　介　绍
13	安文镇联谊村	磐安县社会福利院	由磐安县人民政府举办，主要接纳孤、老、残、幼人员，为中小学开展孝老爱亲教育基地
14	俞春树墓	新渥镇新渥村公墓	俞春树为金华县人。20 世纪 50 年代初，离别老母亲到新渥镇政府参加土地改革工作。在一个夏天的夜晚，俞春树到永加等几个村做土改工作，土匪得知消息，设下埋伏，开枪击中他的大腿。当时医疗条件落后，村民想尽办法仍无法止血，直到他流尽最后一滴鲜血。时年 22 岁
15	叶蓁墓	玉山镇浮牌村	建于清乾隆二十一(1786 年)。叶蓁(1743～1786)，字履仁，号栗坨，尖山人。自幼聪颖，“始读书，辄数十行下，过目不忘”。1778 年，参加乡试，撰就《庄子说剑赋》《三生石赋》。吏部督学彭云楣举文于座曰：“此乃傲五陵年少之儿，倾六郡良家之子也。”1780 年 2 月，乾隆五巡江南至杭州，蓁进呈《迎銮诗》三十章，帝悦，御赐“文绮”二字。2001 年 8 月，叶蓁墓被公布为县级文物保护单位

三、多样化德育途径

进入 21 世纪以来，各中小学充分挖掘学校德育资源，发挥自身优势，积极探索德育工作新途径、新方法，全县中小学涌现出一批特色鲜明的德育品牌。

磐安中学 2011 年开始实施传统美德教育“168”工程，以仁爱教育为核心，六项感恩教育为内涵，八大基本德目为内容。2013 年，在“168”工程基础上，践行“尚美教育”，确定“善美、智美、体美、情美”的四大内涵。善美育德：善心成就美丽心灵，善举造就美丽社会；智美启行：美德点亮人生，智慧改革命运；体美立魄：在强身健体的基础上，培养学生阳光的心态、坚强的意志、拼搏的精神、包容的胸怀，促进学生身心健康发展；情美固本：通过环境熏陶、艺术浸染，引导学生养成高尚的情操、高雅的情趣、深厚的人文修养和纯朴的生活方式。

磐安二中自 2004 年开始实施“读圣贤书、立君子品、做有德人”德育工程，促进学生思想道德和人文素养的提升。2006 年，在儒家经典中撷取爱国忧民、诚实守信、博学笃行、仁爱孝心等精华片断，编印成《读圣贤书，立君子品，做有德人》一书，供高一、高二年级使用。2012 年，将读本整合成《“五心”德育》，即“忠心、公心、孝心、专心、诚心”。2015 年，结合校园内“放翁泉”德育基地，编印《陆游诗词精粹》。学校根据学生实际，实施“分层诵读”模式，将诵读分为三个层次：全员诵读、领雁诵读和精英诵读。全员诵读即在规定时间诵读校本教材；领雁诵读即组织在朗诵方面具有禀赋、才华出众的同学组成经典诵读社团；精英诵读即在诵读社成员中再次遴选出优异学生参加县市级的比赛。开展经典诵读活动以来，学校获得各种荣誉 6 次，最高奖项为浙江省一等奖。

实验初中从 2014 年开始，在自主教育的基础上，确立“天和、地和、人和，悦已、悦人、悦天下”的文化理念，致力于“和悦”主题文化建设，主要内容是“八和”“八悦”，即赏心致和、孝悌致和、絜矩致和、教改致和、师范致和、弘毅致和、生态致和、共进致和，书香之悦、格致之悦、赏星之悦、安康之悦、和乐之悦、和美之悦、自主之悦、成功之悦。主要措施有：楼宇命名，如弘毅楼(教学楼)、知味楼(餐厅)、德润楼(男生宿舍)、德馨楼(女生宿舍)；校园道路命名，如孝心路、修身路、明志路、慎独路；“三墙一石”装饰，如和悦墙(八和八悦)、致远墙(成功、感人校友秀)、明志墙(优秀学生展)、“和悦”石(镌刻景观石)；建立和悦心理咨询室，并开展六大工程，实施和悦课程开发，建立活动文化体系等。

安文初中从2005年开始探索“德育手记”德育模式。德育手记是师生双方通过有效的德育活动，在手记上写下的情感体验和反思，并根据各自需要进行民主平等地交流、交往，是一种没有任务要求，没有固定格式的随笔。德育手记从学生成长手记、教师德育手记和班级德育日记三个维度展开，通过“三维手记”之间的互补、互动、互助和互促，不断强化师生的道德体验和道德反思，来提高教师的教育能力和师德水平，逐步引导学生在知、情、意、行的良性互动中，走向自我发展之路，最终促进学生道德的持续健康成长。

尚湖初中自2014年起开展“感恩教育”活动，开展“感恩教育”典型生谈话活动，聘请感恩演讲专家到学校进行感恩演讲，开展感恩小故事征集评比、感恩为主题的演讲和感恩书信大赛等活动。

实验小学自2010年开始开展分年级主题实践活动，高段开展“学军、学农、学工”主题实践活动。学校充分利用学校周边的消防队、横店国防体验营等军事资源，在四年级学生中组织开展参观军营、消防演练、趣味消防运动会等“学军”实践活动。2011年，学校在山脚开辟名为“溢香园”的劳动实践基地，为五年级学生的“学农”活动的实践体验场所。磐安县城的中小型的礼品、服装、童车等工厂是实验小学“学工”的活动基地，学校组织六年级学生开展“圣诞礼品我来做”“参观童车制作车间”等活动。2014年，学校被列入省少先队活动课程指导纲要(试行)试点学校。

安文小学自2015年开始确定“学雅养正”为学校德育模式。学校从实际出发，以“雅育”为途径，以“养正”为目标，以德育为抓手，以习惯养成教育为主要内容，提高学生人格修养，追寻“小小学校，大雅之堂”的教育境界。“学雅养正”分三个层面体现：一是认知层面的“学雅规”，二是行动层面的“正雅态”，三是精神层面的“扬雅趣”。

文溪小学创办于2014年，创办之初，学校就提出把国学启蒙教育做为学校的特色课程和特色项目，选定教材，开展晨诵、暮读活动，并把学生日常行为习惯养成教育和经典诵读相结，以经典涵养品行，滋润人生。每学年开展国学课堂教学研讨、学生经典诵读比赛和教师经典诵读比赛等活动，期末实施诵读考核。

深泽小学1994年起因接受社会各界捐赠，增名“墅安希望小学”。1998年，确立“爱”的教育主题，让爱心教育系列化，编写校本教材《爱心飞扬》，着力谱好爱心教育受爱、自爱、施爱“三部曲”，让学生在爱心教育中幸福成长。

玉山小学从2014年开始，依托《弟子规》，学经典，行规范，从学生的日常规范抓起，让德育工作“小一点、近一点、实一点、亲一点”，开展“一周一主题”德育系列活动，一周实施一个主题，重视一种现象，矫正一种行为。

第三章　中小学智育

清末的教学方法基本上属于注入式，学生学习被动，死记硬背。民国时期贯彻浙江省教育厅《浙江省各县市最低限度学校行政暂行标准》文件精神，教师开始注意教学过程的设计，国文课注重读写与书写的教学。

1954年，学习苏联教学经验，课堂教学推行"五个环节"（组织教学、检查复习、讲授新课、巩固新知识、布置作业）教学法，成绩采用五级记分制。1955年，磐安初级中学控制学生作业量。次年，中学语文分成汉语、文学两科。1961年，抓教师在讲课、安排作业、改作、复习、辅导、考试方面的"六认真"工作。1963年，学习上海育才中学的落实"双基"（基础知识、基本技能）和"精讲多练，新旧联系，当堂巩固，因材施教"的十六字经验。1966年，"文化大革命"开始，请贫下中农上讲台，批斗部分教师和学生；初中停止招生，学校开设"七年级"（或称"毕六班"）安置无法进入初中的小学毕业生。1973年，批判"修正主义教育路线回潮"。1978年，恢复初高中招生考试制度，各区教办与中心学校实施年级统考、抽考制度。1984年，贯彻教育部颁发的十项规定精神，纠正片面追求升学率倾向，磐安的工作受到金华市教育局的肯定。1989年，开展小学语文最佳课与小学语文数学优质课评选，初中组织毕业会考，高中实行高中证书会考。

第一节　学科教学

一、教学常规管理

（一）教学常规的制订

从偏重于教学质量的终端考核，到意识到过程管理对提升教育教学质量的重要性，磐安县教育行政与教学业务管理部门在恢复县建制10周年后将教师工作常规提上议事日程。

1994年10月，县教育局下发《磐安县中小学教学基本要求（试行稿）》，要求各校强化教学终端管理的同时，重视和加强教学工作的过程管理，对教师的备课、上课、改作业等环节进行指导、检查和评比。

1995年11月，县教育局下发《关于开展中小学教学"抓规范抓考评"活动的通知》，要求认真落实《磐安县高中教师"教学五认真"要求》《磐安县初中教师"教学五认真"要求》《磐安县小学教师"教学五认真"要求》，决定在全县中小学中开展"抓规范抓考评"活动。

同时，县教研室还制订并下发《学校教务处工作常规》《县片校三级教研工作常规》。此后，教研室学科教研员下校听课调研时增加检查教师教学计划、听课笔记与作业批改的任务。

以年级段划界制订教师工作常规，是磐安县教学工作常规的初始阶段，共性明显、个性缺损、细则缺乏、不容易操作等不足之处显而易见。

表 3—19　　1998 年颁布的三个学段“教学五认真”的异同比较

年段 项目	小　学	初　中	高　中
一、认真备课	1. 熟悉教材 2. 了解学生 3. 编写教案	1. 熟悉教材 2. 了解学生 3. 考虑教法	1. 制订学期计划 2. 制订课时计划 3. 编写教案
二、认真上课	1. 按教案上课 2. 目标明确内容正确 3. 精讲巧练运用启发式 4. 使用形象化手段 5. 面向全体学生 6. 用普通话教学 7. 坚持正面教育	1. 讲课不离教案 2. 目的明确内容正确 3. 重点透彻难点解决 4. 听说读写结合 5. 语言清晰板书规范 6. 面向全体学生 7. 培养动手能力 8. 坚持正面教育 9. 总结教学得失 10. 互相听课取长补短	1. 不迟到早退拖堂 2. 仪表庄重态度和蔼 3. 目标明确面向全体 4. 按教案上课而不拘泥 5. 循序渐进不开快车 6. 讲练结合动静搭配 7. 用语规范板书合理 8. 激发兴趣调动学生 9. 注重动手能力培养
三、认真布置和批改作业	1. 认真布置和批改 2. 分量适当 3. 要求明确 4. 教师先做 5. 按时批改 6. 认真批改作文 7. 抽改家庭作业 8. 认真批改单元练习	1. 布置作业有重点 2. 布置作业适量适度 3. 布置作业有代表性 4. 布置作业要求明确 5. 按时批改 6. 批改认真 7. 全批全改 8. 联系学生成绩评定 9. 讲评订正	1. 作业布置目的明确 2. 精选习题分量适当 3. 难易适度格式规范 4. 即时批改发还 5. 全批全改形式多样 6. 实施订正讲评
四、认真辅导	1. 关心后进生 2. 加强平时课内辅导 3. 适当进行课外辅导 4. 关心中下学生	1. 因材施教面向全体 2. 安排好晨读巡视 3. 课内外辅导一起抓 4. 组织兴趣小组活动	1. 因材施教面向全体 2. 安排好晨读巡视 3. 课内外辅导一起抓 4. 组织兴趣小组活动
五、认真考核	1. 范围不离开要求 2. 形式多样 3. 内容立足教材面向全体 4. 做好保密、监考、阅卷、补考工作	1. 范围不离开要求 2. 方式分考查考试 3. 内容不超纲不离本 4. 期中考试自己命题，期末考试教研室命题 5. 立足双基面向全体 6. 做好保密工作 7. 做好补考工作	1. 考核范围不离开要求 2. 方式分考查考试 3. 内容不超纲不离本 4. 期中考试自己命题，期末考试教研室命题 5. 立足双基面向全体 6. 做好保密工作 7. 做好监试阅卷补考工作

1998 年，县教研室中学语文学科通过对本学科教师工作的深入了解，率先制订《磐安县中学语文教学工作常规》如下。嗣后各学科制订相应的工作常规。

磐安县中学语文教学工作常规

一、认真备课

1.能以教学大纲、教材以及单元教学要求为依据确定课文的教学重点，能根据不同的文体、不同的教学侧重点制订教学方案。编写教案不简单抄袭教参内容和他人成果。

2.不管是阅读、写作（含指导与讲评）、听说训练或语文基础知识教学，课前都要写有完整的教案。教案要重点体现教学过程的安排。

3.三年以上教龄的教师可以写简案，一年以内教龄的教师详案率须在80%以上，二年以上三年以内教龄的，详案率在70%以上，三年教龄的，详案率在60%以上。

二、认真上课

4.上课前必须编写好合乎要求的每堂课的教案。

5.每堂课要做到目标明确。重点突出，有讲有练，学生的活动时间有20分钟左右。

三、认真布置和批改作业

6.作业的设计与安排要能紧密配合课堂教学重点，作业量适度。根据教研室统一要求，语文课外作业时间一般在1∶0.7之间。

7.作文训练必须按照各册教材的要求如数安排，作文批改每次要有四分之一的详改比例。详改的作文除指出、改正学生的错别字病句，还要有中肯的眉批与总评。作文批改中发现的典型情况，教师要在备课本上作必要的记录。

8.式样较多的课外作业（不含作文、周记、每天一练等写作训练），可根据需要自选其中一种详改。详改的作业要指出正误，适时讲评。

四、认真辅导

9.早读时间，教师下班巡视辅导，并提出明确要求。

10.用写字课时间对写字教材的有关内容作必要的辅导。

11.积极开展对有利于提高语文能力的课外活动的辅导。

五、认真考核

12.认真做好单元、期中期末的形成性测试工作。测试后要认真调查研究，总结经验教训，有重点有针对性地进行试题评析。

为了让制订的工作常规便于检查操作，1999年，中学语文学科制订《磐安县中学语文教学常规检查的操作方法和评分标准》，部分内容如下所示：

一、检查项目为六项，每项16分，加分4分，满分100分。

二、各项得分中，数量与质量各占50%，即各项目达到数量要求得8分，符合质量优秀要求得8分。

三、质量评定分四个等第：优秀（7～8分），良好（5～6分），合格（3～4分），不合格（1～2分）。

四、各项目评分标准

1.教案编写

以《教学参考书》规定的课时数作为计数标准，质量标准说明如下：

优秀:分课时编写,有教学总目标与课时分目标,能围绕教学目标安排教学过程,设计课内外练习,有学习方法指导,有板书提纲,书写认真清楚,字数700以上。此类教案完成数在应完成教案的80%以上。

良好:分课时编写,有教学总目标与课时分目标,教学重点突出,能安排一定课堂练习与课后作业,有板书提纲,书写较认真,字数600以上,此类教案在应完成数的70左右。

合格:分课时编写,有教学总目标的确定,有教学重点与难点的分析以及突破的对策,有课后作业安排与板书提纲,字数500以上,此类教案在完成数的60%左右。

不合格:不按课时编写,有教学重点与难点的确定,教学过程安排提纲式,无具体的操作方法与练习安排,无板书提纲,字数在400左右。此类教案在应完成数的50%左右。

2.作业批改(略)

3.作文训练(略)

4.单元测试(略)

5.写字辅导

(1)以每星期2次的学生钢笔字或毛笔字临帖作业作为教师的应辅导数。

(2)学生每人有字帖,并按要求认真临帖,每次习字30个或以上者为优秀,20字以上为良好,15字以上为合格。学生无字帖、无书写练习或练习随意者,不计数,不合格。

6.晨读巡视

(1)以已教的要求背诵课文的篇段作为抽查内容。

(2)每班抽5名学生(检查者任抽2名,任课教师指定3名),每次抽查不少于来自3篇课文的篇段。

(3)1人不能正确默写指定篇段,扣除20%分数,以上的累计。

五、加分项目与方法

教案后写读后感10则以上加1分,每次有学生作文情况登记与讲评纪录、有单元测试情况记录者各加1分,有8次以上书写辅导教案者加1分。

之后,中学语文教学工作常规随着教学形势的变化几经修订,最后版本为:

磐安县中学语文教学工作常规

一、备课

1.以学段目标和教材特点为依据,结合学校与班级实际,在开学一星期内制定教学计划。计划含“目标要求”“情况分析”“教学进度”“重要活动”“具体措施”等内容。

2.根据课程标准、单元提示、文体特点及课文特质确定教学目标,选取教学内容,设计教学方案。方案设计以个人钻研为基础,以“阅读→深究→取点→构思”为基本程序,提倡集体备课,不反对适当借鉴符合自身教学特点的他人优秀成果。

3.阅读、写作(指导与讲评)、综合性学习、基础知识教学以及试卷(作业)讲评,课前要写好分课时教案。规范性教案包括课题、课时序次、学习目标、教学过程、重点提示、作业安排和板书(PPT)设计,教学过程的安排要具体、可操作。教案字数在1000上下,试卷(作业)讲评的可适当简略。

4. 原则上所有教师都要写规范性教案，跨年级任教、多学科兼教的教师则可略微简单。

5. 教后感重在确有所得，篇数、内容、字数不作要求。

二、上课

6. 确立“学生主体”“能力先行”的教学理念，教学目标准确，教学重点突出，语文因素明显；引领学生在活动与实践中汲取语文知识、提升语文能力；注意自学、活动、习练三个环节在课堂教学中的体现，注意培养学生良好的语文学习习惯与兴趣。

7. 使用普通话教学，教学用语规范、清晰、流畅，板书清楚、端正、有计划。提倡适当使用现代化教学辅助手段。

三、作业

8. 设计与安排练习题要围绕教学重点，适应各层次学生的不同需求，不布置重复性、机械性、惩罚性作业。作业（作业本、单元卷）批改与讲评要及时认真，方法可不拘一格。

9. 作文习练要严格执行《课程标准》的学段要求，每学期大作文不少于7篇，每篇不少于600（高中生800）字，随笔类每星期不少于1篇，每篇不少于500（高中生600）字。作文批改方式多样，但为了有针对性地讲评指导，每次作文要有四分之一的详改比例。

四、辅导

10. 学校规定的语文自读时间，教师要下班巡回辅导，提出要求，指导方法，解答疑问。

11. 尽可能利用写字课及其他时间对学生进行书写辅导。

12. 组建文学社，指导并帮助学生向报刊杂志投稿；条件成熟的学校可编印文学期刊或学生报，条件欠缺的学校要因地制宜，组织学生办好墙报、黑板报、手抄报等。

五、研究

13. 骨干教师、高级教师应选取一个有实际意义的课题进行研究，上送的论文（含案例报告）每学年不少于一篇，或争取有一篇2000字以上的本学科教学论文在正式报刊发表。其他教师积极参加经典案例的研究与推荐工作，并力求每学年有一个案例在县级获奖。

14. 每教师每学期在校内开设一堂公开课，听课数不少于16节。

六、考核

15. 科学考核，对考核结果有记载、有分析、有评改，并及时做好分析订正工作。

除各学科工作常规外，教研室还制定学科教研大组、片中心教研组、学校教务处、学校教研组等工作常规。

附：

县学科教研大组工作常规

县学科教研大组是教研室领导下的由学科教研员、各片中心教研组组长和县属学校、城区学校教研组长或骨干教师组成的县级学科教研工作实体，是教研室与片、校教研组之间的纽带和桥梁。其主要工作职责和要求是：

1. 根据教研室总体工作计划和学科特点，制订学科教研大组工作计划。

2.按教研工作计划,认真组织学科教研活动,活动要求主题明确,安排周密,讲究实效。

3.认真做好教学指导,开展教改实验,推广教研成果。

4.认真组织开展学科课题申报、立项和研究工作,做到分工明确,责任落实,重视过程管理,按时完成任务,认真总结成果。

5.加强对片、校两级教研组工作的指导,健全教研网络,加强联系协作,形成工作合力,提高工作实效。

6.重视培养学科骨干和青年教师,有明确重点培养对象和培养目标,发挥现有骨干教师的传帮带作用,有计划、有步骤地做好具体实施工作。

7.根据教学需要和有关规定,设计竞赛项目,认真组织学科竞赛活动。

8.重视教学调研,做好教学现状调查和学科教学质量分析工作,写出调查报告和分析报告。

9.接受并完成教研室委托的论文评选及资料、教材编写等各项工作。

片中心教研组工作常规

片中心教研组是片业务辅导站领导下的由各乡镇学校学科教研组长或骨干教师组成的教研工作实体,是县教研大组与学校教研组之间的纽带和桥梁,其主要工作任务是:

1.根据教研室工作要求,结合本区域特点,规划、落实教研工作,每学年组织开展本区域必要教研活动。

2.配合教研室或学科教研大组做好各项评选推荐工作。

3.积极承担县学科教研大组分配的课题研究任务,做到分工明确、责任到人、实施认真、讲究实效、及时总结汇报研究成果。

4.做好先进教学经验和教研成果的总结推广工作。

5.注重教师整体素质提高,开展业务培训和业务竞赛活动。

6.落实骨干教师、教坛新秀的培养工作。

7.做好本区域本学科教学现状和教学质量的调查分析工作,提交调查分析报告。

学校教务处工作常规

1.全面贯彻党的教育方针,在校长领导下,领导和团结广大教师,搞好学校的教育教学工作。

2.协助校长,组织教师学生和贯彻教学计划和教学大纲,以及上级布置的有关教育教学指示的文件,努力提高教学质量。

3.根据学校教育计划,制定教务处工作计划和教学计划,建立学校的正常的教学秩序,以保证学校教育计划顺利完成。

4.领导教研组工作,帮助教研组制定计划,指导教研组的教研活动,组织全校性的教研活动。总结交流教学经验,定期召开教研组长会议,研究教学问题。

5.推动教学计划的贯彻执行,做好教学检查工作,经常听课,检查教案、作业,召开学生座谈会,了解教师教学情况,了解教学效果和存在的问题,不断分析教学质量,改进意见。

6.组织好期中期末的命题评卷工作,做好与教师、教学有关的各种数据的统计,以及学生的学籍、成绩管理工作，做好教学情况的分析工作。

7.组织教师进修，学习政治、业务、检查教师进修情况，交流进修成果及经验。

8.组织好各学科第二课堂活动和学科竞赛工作。

9.领导教务处其他工作人员师编排全校各班、各门课教师的课程表，做好教师请假、调课工作，制定作息时间表，编制学校校历表和每周工作安排表并作好教师的考勤、考核工作。

10.及时安排文印工作，不断积累教学资料。

学校教研组工作常规

1.学校教研组是直接承担教学研究和教学组织管理的基层组织，学校教研组在县教研室、片业务辅导站和学校教导处指导下开展工作。

2.学校教研组应根据学科分类情况和学校教学工作的需要设置，学科教师应全员参与。

3.根据县教研室教研工作计划和学校教学工作计划，结合本教研组的具体情况，期初制定学期教研工作计划，期中做好检查落实工作，期末写出教研组工作总结。

4.认真组织教师学习教育教学理论、教学大纲以及教改经验，交流学习体会和教学经验，不断提高教师的理论水平和业务水平。

5.组织教师积极开展教学研究活动。根据实际情况，确定教学研究课题或主题，并围绕课题或主题开展教研活动，努力做到教研工作课题化。

6.教研工作应以如何培养学生的创新精神和实践能力为重点，以课堂教学为突破口，积极开展研究性学习的探索实践，加强教法学法研究，注重学法指导。教研工作要加强针对性、科学性和实效性。

7.组织好集体备课、相互听课和评课等教研活动，力求做到时间、地点、内容、形式、人员五落实，并有活动情况记载。高级、一级、二级、三级(见习期)教师每学期听课不少于10节、15节、20节、25节，每人每学期上公开课不少于一节(10人以上教研组，每人每学年上公开课不少于一次)。

8.积极推广教科研成果，促进教育教学改革，提高课堂教学效率，全面提高教学质量。

9.充分发挥教研组的教师培训职能，通过以老带新、以新促老、相互学习、共同参与课题研究等多种方式，帮助教师提高业务水平，重视名师、骨干教师、教坛新秀的培养，做到目标明确，措施落实。

10.加强教学管理，认真落实教学常规，在教导处的指导下，根据教研室下发的学科教学工作常规和考核要求，定期做好教师教学常规工作考核。组织教师做好平时、期中、期末学科教学质量检测和分析工作。

11.重视教研组自身建设，建立教研组档案，积累教学教研资料，不断改进教研工作，提高教研工作实效性。

(二)教学常规的检查与考核

教学常规出台后，教研室从1995年开始，有系统地开展教学常规的检查与考核工作。

1997年，集中力量组织各科教研员深入学校，积极开展教学调查和“教学五认真”检查，加强教学过程的规范管理，加大音体美等薄弱学科的指导和督察力度。一年之中，中小学各科教研员检查教师备课笔记543次，学生作业8670本。

1999年，县教委制订的中小学学科教学质量评估方案中，学校、教师的教学常规执行情况被列入考核范围，权重20分，并一直延续到后来。

1998～2000年这一时间段内，学科教研员对教学常规执行情况的检查没有时间限定，每到一所学校听课调研，“教学五认真”检查是必做项目。《磐安县中小学教学质量评价方案》正式出台后，除专项检查，教学常规考核固定在每年的六月下旬，并渐渐由各学科必查到选学科抽查。

2012年，教学“五认真”被称为“五优化”。此后每年的六月份考核，教学常规的分数依然是各学校在各项得分中损失最大的部分：手写教案不少为网上发布的电子教案代替，有一些甚至是临时下载用以充数的；每学期8篇的学生作文，大多教师只完成6篇上下，一些规模大的学校基本4篇，个别教师甚至1篇也没有；属于语文与英语的晨读课，部分学校让政治、社会等学科瓜分；读报写字课20世纪90年代就已名存实亡。

贯彻落实教师教学工作常规，仍然是教学主管部门长期面对的问题。

二、课堂教学

学生知识的获取、心智的成长，有多种途径，但在集体授课制这一前提下，课堂这个载体始终是一条必不可少的、快捷高效的通道。

(一)中学语文

20世纪70～80年代初，现代文阅读的基本教学模式是：解题→作家作品介绍→教师范读或者抽学生朗读课文→给课文分段、归纳段落大意、概括课文中心→作业。文言文教学则热衷于串讲，“字字落实句句落实”。

20世纪80年代末与90年代初，杜天笋老师与他的团队共同开发研究的《农村初中语文分层次教学目标的设置及实施》的研究成果在全县推开，其论文在1990年获金华市一等奖，并代表金华市参加浙江省中语会第五届年会评选，获二等奖。

分层次教学分四个步骤进行：

第一步：根据学生的基础知识、思维水平及心理因素，将学生分成A、B、C三个组。A组是按大纲基本要求进行教学的学生；B组是略高于基本要求的学生；C组是有着较高要求的学生。学生分组不固定，随着学习情况的变化及时调整。

第二步：分层备课。教师在掌握大纲要求和教材内容的基础上，确定不同层次的教学目标，把握哪些属于基本要求，是所有学生应掌握的，哪些属较高要求，是B、C组学生掌握的，然后，设计分层教学的全过程。其中，特别关注如何解决A组学生的学习困难和B、C组学生潜能的发展。

第三步：分层授课。教师根据学生层次的划分把握好授课的起点，处理好知识的衔接过程，减少教学的坡度；教学过程遵循“学生为主体，教师为主导，训练为主线，能力为目标”的教学宗旨，让所有学生都能学习，都会学习，保证分层教学目标的落实。

第四步：分类指导。分类指导是分层教学的关键。教师在教学过程中对不同层次的学生采取不同方法进行有效帮助和指导，因人而异，体现“因材施教”的教学原则。除此之外，还配合作业训练、课外活动小组学习等必要的辅助手段，加强对各层次学生的指导，促进学生由低层次向高层次转化，使学生整体优化，进而发展学生的个性特长。

1998年开始，县高中语文教研大组着手于作文、文言文、现代文课堂教学等方面的分类研究。这一年，在盘山中学举办文言文教学研讨会，主要话题是“改变文言文教学中的串讲法”。次年，在玉山中学开展作文教学研讨，分别就材料作文、命题作文以及作文讲评课展开讨论。后来，各类课文的课堂教学研究由高中发展到初中，初中语文学科大组每次组织的优秀教师“送教下乡”活动，基本主题就是不同文体课文的教学。2013 年 10 月，利用高中语文教师 90 学时培训机会，邀请到浙江省教研室高中语文教研员胡勤等名师就文学类文本教学、写作教学、文言文教学、教学评价、实用类课文教学作讲座。

21 世纪初，中学语文学科着手“目标学习法”课堂教学模式的研究。相比较于“目标教学法”，“目标学习法”更注重学生的主体地位，更注重学生自学能力的培养。

2000 年 10 月，“目标学习法”在尚湖镇中第一次开展课堂教学研究。11 月，高初中 10 位语文教师在盘山中学开展课堂教学研究。2002 年 10 月，“目标学习法”课堂教学模式研讨会分别在城区学校、玉山区域、安文区域和盘山区域召开。

“目标学习法”的研究与实践中止于全国语文刊物展开的语文学科“工具性”与“人文性”大讨论之中。

2009 年，全日制义务教育语文课程标准(实验稿)出台后，磐安县的中学语文课堂始终坚持“工具性”是语文学科本质属性这一观念，坚持语文课的“语文味”，坚持课堂教学中科学性与艺术性的有机结合。

(二)中学数学

1996～1998 年，初高中数学课堂教学改革的重点是实施“分层次”教学。1996 年 12 月，在盘山中学召开“低起点、多层次、高要求”教法研讨会，要求参与执教、评课、专题讲座的教师围绕 3 个方面进行交流：1. 教学目标、教学方法、作业布置的层次性；2. 对照大纲看知识落实的层次要求；3. 知识是培养能力的基础，能力是知识的应用，培养能力是教学的根本任务等。1997 年 3 月，组建县初中数学青年骨干教师培训班以推动多层次教学的研究，并且把说课作为研究课堂教学的一种手段。

1998 年开始，国家实施素质教育，初中数学开展以“减负增效，探索新课堂教学模式”为主题的课堂教学改革。

2004 年下半年开始，初中数学开始使用新教材，新课程、新理念、新教法开始影响教师思想，课堂教学的方法方式发生很大变化。

2011 年 10 月，组织数学教师在仁川初中召开研讨会，学习交流江苏洋思中学等学校“轻负高质先学后教”的教学经验和模式。2012 年上学期，全县统一编写数学导学稿。

(三)中学英语

1990 年以来，中学英语教学通过听说读写的训练使学生获得英语基础知识，并能运用英语进行初步交流。教师根据学生学习英语的客观规律，采取认识、记忆、内化、激活、评价的“五步教学法”进行教学，以提高学生英语运用能力。

2000 年实施九年制义务教育段课程标准，语言技能、语言知识、情感态度、学习策略和文化意识五个方面构成英语课程的总目标。磐安县英语课堂教学倡导体验、实践、参与、交流与合作的学习方式，强调学生能用英语沟通，提倡任务型教学思想，把综合英语运用能力的培养落实在教学过程中，建立形成性评价与终结性相结合的评价体系。各校英语组进行课堂教学研究时，设置课堂教学观察量表，对英语课堂进行定性、定量分析，以便得出客观结论，科学指导教学。

2004 年以来，先后采用人教社编写的初中英语教材 Go For It 和外研社编的初中英语教材。两套教材的编排体系均以话题为主线，不同于此前部编的以语法为主线的教材。在课堂教学中，广大英语教师不断更新教学理念，熟练运用任务型教学方式，有效提升学生综合运用语言的能力。

2010 年以来教育局强力推进课堂教学改革，学习杜郎口等中学的“先学后教”的经验，提倡轻负担高质量。中学英语学科结合英语教学实际推行“先体验后指导”的教学模式，强调自主学习、合作学习、探究学习的理念。在近6年的课堂教学改革中，初中英语还推行听说课PPP教学模式(即Present，Practice，Produce)；高中英语推行阅读课文本解读专题课堂教学研讨。

(四)高中地理与历史

1.高中地理：

高中地理教学改革始于20世纪80年代。在经历八十年代的起步阶段后，于1990年起进入为期十年的尝试阶段。这一阶段，新的教学大纲颁布实施，地理课堂教学主要集中在地理教学模式的选择与运用及教学的评估上，比如自学加辅导的教学方式的运用、探究与创新的教学模式、引导启发与发现的教学模式等。

2001年起高考设置“文科综合”这一学科，并开始实施新的课程标准，采用必修模块与选修模块两个教学内容。地理课堂教学改革随之集中在新型教学模式的构建、试用和评估上，诸如基于网络环境下的地理课堂教学、与信息技术整合的地理课堂教学、开放式教学、情景式教学、地理微课等等，课堂教学更多地注重以学生为主体，教师为主导。同时，开发出《神山秀水聚磐安》《水污染防治与处理技术》《唐诗中的地理教材》等一系列拓展性校本教材投入学校的选修课程体系中。

新时期的高中地理教学，在诸多方面进行有益的尝试，比如合理规划、灵活安排教学内容，以课堂教学为重点，运用各种信息技术和多媒体手段，营造平等、和谐、互敬互重的课堂教学氛围。

2014年浙江省推行高校招生制度改革，磐安县两所高中高二、高三学生的地理选课率高达56%以上。2016年2月，《中国学生发展核心素养(征求意见稿)》发布，此后，核心素养成为新的教育热词，“人文观念”“综合思维”“区域认知”“地理实践力”等成为地理课堂教学新热词。

2.高中历史：

高中历史课堂教学的变化与发展几乎与地理同步。

磐安县的高中历史课堂教学，着重于以历史教学中学生情感的培育为着眼点，就历史教学中存在的诸如“史料过度开发”“人的缺失缺位”“历史底色的退化”以及如何让历史回归学生、还原历史课本真等问题作出有益的探索，并在学习者的自主性、教学资源的多样性、教学环境的开放性以及教学过程的交互性等方面表现出较大的优势。因此，高中历史的课堂教学，正逐步向史料的解读与历史叙事交互一体、微观的史料与宏观的思考相得益彰的方向努力，同时“时空观念”“史料实证”“历史理解”“历史解释”“历史价值观”等历史学科核心素养也日益成为大家关注的焦点和热点。在新高考改革中，历史的选课率达45%以上。

(五)高中物理、化学和生物

1.高中物理

恢复县建制以来，磐安县的物理教师树立“大教育”观念，面向全体学生，着眼于学生终生发展，注重培养学生的学习能力。他们不断探索“提高教学质量，减轻学生负担”的路子，认真上好每一堂课，处理好每一个教学环节，使学生觉得学物理有味道，使课堂成为学生学习知识的殿堂，成为发挥才能的天地。课堂中注意“大处着眼，小处着手”，既有灵活的知识板块设计，又有学生的学习思维和情绪调控。20世纪90年代中期，磐安中学开始探索“知识、思维、情感”三序合一的中学物理课堂教学的理论框架和课堂模式。

2.高中化学

磐安县的化学教师因陋就简开展新课程课堂教学改革，摒弃“满堂灌”这一陈旧的教学方法，探索以培养学生学习能力为重点的课堂教学新模式。先后有用“学案”引导学生自主学习、改革课堂教学结构、提高课堂效益、减轻学生课业负担的“高效课堂”模式；有以学生自主学习为主，强调在充分自学中体验“学有动力、学有方法、学有创造”，并在此基础上构建“以疑导学，自主探究”为特色的课堂教学模式。

3.高中生物

20 世纪 80 年代，磐安县高中生物的教学设备比较简陋，实验室配备普遍落后，高中生物教学基本上以课堂传授法为主，除在教学中演示一部分生物模型和生物教学挂图外，学生实验基本没有办法开展，无法体现以实验为基础的学科特点。全县的高中生物教师，因地制宜，开展自制生物教具活动，带领学生走进大自然、以大自然为生物实验室，极大调动学生学习生物的兴趣。

1990 年到 1994 年，生物教学的设备条件得到改善，磐安县高中生物教师积极探索教学方法改革，开展“课内大容量、高强度、快节奏，课外轻负担”的教学实践，从规范学生语言表达、精心设计教学方法、精选学生作业练习、强化学生个别辅导等方面开展研究实践。

2007 年，磐安县的生物教师开始“问题练习导学”的课堂教学改革探索实践。

(六)初中科学

1993 年秋季，磐安县全面使用浙教版初中《自然科学》教材。由于课程对物理、化学、生物、天文、地学等多门学科知识进行整合，实施综合教学，而在职教师大多数只专长于某一分科，难以适应这骤然改变，所以初始阶段全县以分科教学为主，同时对教师进行全方位培训。要求教师跳出原有学科的框架，改变自己的认知结构，把握各学科的思维特点和方法；鼓励教师树立科学活动参与意识，边做边学；引导教师从学术性分科体系向既重视知识基础性，又重视其应用性的综合体系转变，力求在教学中做到科学、技术、社会三结合。

经过多轮培训和一轮教学，1996 学年起大部分教师能独立胜任教学，初中科学课堂教学改革也顺势提上议事日程。

初中科学课堂教学改革的主线是提高全体学生的科学素养。从知识与技能、过程与方法、情感态度与价值观三个方面培养学生，为学生的未来具备应对现代社会和未来发展的挑战奠定基础；提倡教学方式多样化，注重学生的自主学习。通过教研室的统一指导，各学校几年的摸索，全县基本上采用“自主探究，学案导学”模式。

“自主探究”基于“科学”学科的特点：不是简单地学习自然科学规律，而是通过学习科学学会或找到研究自然规律的方法，所以让学生自主探究(主要手段是科学实验)非常必要。

“学案导学”是打破以往教案教学的常规，让学生以“学会学习学会创新”为宗旨，以学案为载体，通过“先学后教，问题教学，导学导练，当堂达标”的过程，让学生直接参与、亲身体验和感悟知识形成的过程，探索发现问题、解决问题、形成结论、创新知识的一种程序和方法。

(七)初中历史与社会

《历史与社会》是新课程改革中在初中阶段推出的一门综合课程。

20 世纪 90 年代前，社会学科以分科的形式存在，分别为初中地理和初中历史，在初一、初二年级开设，并在初二年级时组织会考。20 世纪 90 年代开始，为克服传统单一的分科课程结构所带来的弊端，率先在浙江、上海等地推行社会学科课程，为更好地开展社会学科的教学工作，按照县教研室在各学科推行课堂教学模式的基本步调，社会学科的主导模式有“图导图练教学模式”和“三‘W’课堂教学模式”。

“图导图练教学模式”主要适用于地理类教学内容:用适当的地图引导教学,通过读图、释图、填图等环节学习和巩固知识。“三‘W’课堂教学模式”主要适用于历史类的教学内容,“三‘W’”即“when what why”,就是“什么时候在什么地方发生了一件什么事”,着眼于培养学生的历史叙事能力和对历史事件的基本感知能力。

在新世纪课程改革中,综合课程是一项重要的改革目标。在这种背景下,综合课程《历史与社会》进入课堂。磐安县的初中《历史与社会》的教学工作,主要表现为“规定动作引导,自选动作纷呈”。“规定动作”指县教研室统一推行的“先学后教,当堂训练”教学模式;“自选动作”指各学校在具体教学实践中各自形成的教学特色,如实验初中的“全程助学模式”、安文初中和方前初中的自主学习模式、玉山初中的问题导学模式。尽管这些学校教学模式不同,但却具有共性特征:一是使用导学案来引导学生自主学习,并通过自主学习以完成基础知识的学习,提高课堂学习的针对性和有效性;二是课堂教学中重视突出学生的主体地位,体现合作学习,体现面向全体学生,积极促进学生学习方式的转变;三是教学过程基本可以归纳为三个环节:一是课前预习,二是课堂学习(展示),三是当堂训练。

(八)小学语文

磐安县小学语文立足于“生本”“文本”两个中心,致力于“小学生语文学习习惯的培养”“走近生本的言语实践”“语文课堂的有效对接”“构建语用型的小学语文课程形态”“关注文体,凸显语用”“落实低段教学规范”“自然小班化教学”等研究。2011 年出台《小学语文学科课堂教学改革“121”模式方案》。

(九)小学数学

20 世纪 80 年代,小学数学教学以教师讲解,学生听、练为主。

1990 年,开展应用题序列训练课题研究,实验研究分三步走:第一步,制定实验计划,给格列应用题提出序列目标,提出知识传授前后的序列训练形式和内容;第二步,强化实验意识,明确目的意义和方法;第三步,分项研究。先研究课堂教学的最佳训练结构,后研究各年级乃至各例题的读题、分析数量关系等 10 条序列训练主线的衔接和教学。

1997 年,小学数学开展“几种教法与学生思维能力发展的实验”研究,在师资力量较强的四所小学的三年级 15 个班 671 名学生中开展实验,有 11 名教师参与。这一科学实验,对讲解法、引导发现法、四性教学法、实验操作法、尝试教学法五种方法在学生数学思维发展的不同作用作出深入的探究。

2001 年,教研室以“培养学生数学能力,扎实推进数学思维发展”为着眼点。

2012 年开始,县教研室开展基于表达的小学数学阅读能力提升的实践研究,以“强化表达”作为研究的创新点和突破口,实现阅读与表达的无缝对接,提升数学文本阅读的效度、挖掘数学表达的内在潜力,追求数学阅读的思维深度、拓展数学表达的时空视角,加大数学阅读的思维宽度。

(十)小学英语

1994～2003 年,小学英语倡导快乐高效英语课堂,培养学生的学习兴趣和学习习惯。2005 年,课程标准要求面向全体学生,为学生发展综合语言运用能力打好基础,同时促进学生整体人文素养的提高。教师在课堂教学中综合考虑语言技能、语言知识、情感态度、学习策略和文化意识五个方面的课程目标,根据学生的发展状况,整体规划各个阶段的教学任务,有效整合课程资源,优化课堂教学,培养学生的自主学习能力,为学生的可持续发展奠定基础。

通过反复实践与整合,磐安县小学英语课堂形成“热身→呈现→操练→巩固→拓展”这样的基本模式。

（十一）小学科学

20 世纪 90 年代前，小学常识相继称作“常识”“自然常识”“自然”“科学”。90 年代后，磐安县使用省编教材“常识”。2004 年全县各学校相继在三、四、五、六年级使用教育科学出版社编写出版的科学教科书，课程始称“科学”。课时安排：三、四年级每周 2 课时，五、六年级每周 3 课时。实验教学逐步得到重视。

磐安县小学科学课堂教学形成“导入性活动—主要活动—交流研讨—补充性活动—整理小结”这一简约模式。其依据来自“科学（3～6 年级）课程标准”的相关要求：面向全体学生，教师是组织者、引领者和亲密伙伴，学生是学习的主体；课堂教学坚持科学探究、情感态度价值观、科学知识的三维目标，突出自主、合作、探究的学习方式，日常教学中注重思维导图的整理和应用等。

三、教学评价

（一）教学评价方案的出台与修订

1991 年，县教研室从教学管理的需要出发，制订“磐安县学科教学质量管理评估目标”。根据全县各学校的不同条件，将高中分成 A、B 两组，初中小学分成 A、B、C 三组，从合格率、优秀率等方面为不同类别的学校设定不同的考核指标，并进行相应的奖惩。

1998 年，县教育局首次公布《磐安县小学段学科质量评估方案（试行）》《磐安县初中段学科质量评估方案（试行）》和《磐安县高中段学科质量评估方案（试行）》三个方案，尝试对全县的中小学学科质量进行全面评估。

1999 年 5 月，正式颁布再次修改的三个方案，改称《磐安县中小学教学管理评价方案》，并据此对全县中小学的教学质量与教学管理工作进行全面的考核、评价。

2001 年到 2015 年期间，三个评价方案先后作过 8 次修改，修改的侧重点分别是：

2001 年 3 月，分别从教学工作常规、教学管理效果两个方面设定考核评价的项目、赋分以及程序。

2002 年 4 月，把学校分为一、二、三类，并明确指出每学年一次对学校实施考核。考核内容包括学校的教务工作、学科教学工作、全面素质、教学研究和特色创新，以及教学效果管理（包括平时抽测，年段测试等），按管理效果分一、二等奖。

2003 年 4 月，删去“教学效果管理”一项。5 月，出台教学评估量化表，从教学目标、教学内容、教学方法、教学技能、教学效果和教学特色几个方面对学校进行量化考核。

2004 年 12 月，将评价内容分基础性目标和发展性目标两项，按照学校自评、教研室考评、局长办公会议审定的程序进行考核。教学工作管理则分解为教务工作、学科教学工作、全面素质、校本教研、教师情况、质量监控等几个方面。

2005 年 12 月，将“教学工作管理”中的“发展性目标”定义为课程改革、科研管理、教师专业化成长、学生发展等其他几方面。

2009 年 10 月，按照“小学段以过程管理为主、初中段实施过程管理和终端管理相结合，高中段在强调终端管理的同时加大过程管理力度”的要求，综合评价学校教学管理工作。考核内容分基础性目标和发展性目标两部分，学校分 A、B、C 三类。

2012 年 10 月，提出“以导向性、发展性、多元性和可行性原则对学样的基础性目标和发展性目标进行考核”，综合评价学校教学管理工作。

2015 年的修改，第一部分是对学校教学常规管理、校本教研和教师专业发展、课程建设和课堂教学改革工作的过程性评价。第二部分是对学校教育教学质量全面的、终端性评价。

(二)教学评价方案的实施与考核

县教学业务主管部门对学校教学管理的考核评价,分平时考核和集中考核两种形式。平时考核积累的情况计入最后考核结果;集中考核通常安排在每年的六月中旬,分小学、中学两个大组。中学与小学又各分几个小组进行考核。

考核通过座谈、访问、查阅资料、检查教师备课改作等步骤,统计数据,计算得分。

(三)2000～2015 学年磐安县中小学教学管理评价结果

表 3—20　　高中段考核结果一览表

等级 学年	一等奖学校	二等奖学校	三等奖学校	达标学校	不达标学校
2000 年	—	玉山中学、职业技校	磐安中学、行知职高	盘山中学	—
2001 年	磐安中学准备省一级普通高中评估验收,职业技校准备省二级职业技术学校评估验收,为了不分散精力,教学业务主管部门未组织对高中段学校的教学管理考核。				
2002 年	磐安中学	磐安三中	磐安二中、职业技校	盘山中学	—
2003 年	磐安中学	磐安二中、职业技校	磐安三中、盘山中学	—	—
2004 年	磐安中学	磐安二中	盘山中学、磐安三中、职业技校	—	盘山中学
2005 年	磐安中学	磐安二中	磐安三中、盘山中学、职业技校	—	—
2006 年	磐安中学	磐安二中	磐安三中、盘山中学	职业技校	—
2007 年	磐安中学	磐安二中	磐安三中、盘山中学	职业技术学校	—
2008 年	磐安中学	磐安二中	磐安三中、职业技校	盘山中学	—
2009 年	磐安中学	磐安二中	职业技校、磐安三中、盘山中学	—	—
2010 年	磐安中学	磐安二中	磐安三中、职业技校	—	—
2011 年	磐安中学	磐安二中	县职业教育中心	—	—
2012 年	磐安中学、磐安二中	县职业教育中心	—	—	—
2013 年	磐安中学、磐安二中	县职业教育中心	—	—	—
2014 年	磐安中学	磐安二中、县职业教育中心	—	—	—

表 3—21　　初中段考核结果一览表

等级 学年	一等奖学校	二等奖学校	三等奖学校	达标学校	不达标学校
2000 年	冷水镇中	安文镇中、新渥镇中	尖山镇中、方前镇中、双溪初中、万苍初中、盘山中学	窈川中心学校、玉山镇中、仁川镇中、尚湖镇中、深泽初中、墨林中心校、胡宅中心校	—

续表 3－21

等级 学年	一等奖学校	二等奖学校	三等奖学校	达标学校	不达标学校
2001 年	磐安二中、安文镇初级中学	尖山镇初级中学、窈川乡中心学校	方前镇初级中学、玉山镇初级中学、万苍乡初级中学、冷水镇初级中学	盘山中学、新渥镇初级中学、尚湖镇初级中学、深泽乡初级中学、双溪乡初级中学、双峰乡初级中学、墨林乡中心学校、胡宅乡中心学校	—
2002 年	安文镇初级中学	磐安二中、冷水镇初级中学	窈川乡中心学校、双溪乡中心学校、尚湖镇初级中学、万苍乡初级中学	深泽乡初级中学、新渥镇初级中学、仁川镇初级中学、双峰乡初级中学、胡宅乡中心学校、盘山中学、方前镇初级中学	—
2003 年	磐安二中	安文镇初级中学、尖山镇初级中学、冷水镇初级中学	万苍乡初级中学、双溪乡初级中学、尚湖镇初级中学、方前镇初级中学、玉山镇初级中学、深泽乡初级中学、仁川镇初级中学、新渥镇初级中学	双峰乡初级中学、胡宅乡中心学校、盘山中学	—
2004 年	磐安二中、尖山镇初级中学	安文镇初级中学、方前镇初级中学、玉山镇初级中学	尚湖镇初级中学、双溪乡初级中学、胡宅乡初级中学、仁川镇初级中学、深泽乡初级中学	新渥镇初级中学、冷水镇初级中学、万苍乡初级中学	—
2005 年	磐安二中、尖山镇初级中学	安文镇初级中学、玉山镇初级中学	尚湖镇初级中学、方前镇初级中学、胡宅乡中心学校、冷水镇初级中学	盘山中学、新渥镇初级中学、双峰乡初级中学、万苍乡初级中学、深泽乡初级中学、仁川镇初级中学	—
2006 年	尖山镇初级中学	磐安二中、安文初级中学	玉山镇初级中学、尚湖镇初级中学、深泽乡初级中学、冷水镇初级中学、胡宅乡中心学校、方前镇初级中学	盘山中学、仁川镇初级中学、双峰乡初级中学、万苍乡初级中学、新渥镇初级中学	—
2007 年	实验初中	尖山镇初级中学、安文初级中学、玉山镇初级中学	尚湖镇初级中学、深泽乡初级中学、冷水镇初级中学、仁川镇初级中学	新渥镇初级中学、方前镇初级中学、盘山中学	—
2008 年	实验初中	尖山镇初级中学、玉山镇初级中学	安文初级中学、尚湖镇初级中学、深泽乡初级中学	—	—
2009 年	实验初中	安文初中	尚湖镇初级中学、尖山镇初级中学、玉山镇初级中学、深泽乡初级中学、仁川镇初级中学	方前镇初级中学、冷水镇中心学校、盘山中学、新渥镇初级中学	—

续表 3—21

等级 学年	一等奖学校	二等奖学校	三等奖学校	达标学校	不达标学校
2010 年	实验初中	安文初中	尖山镇初级中学、尚湖镇初级中学、冷水镇中心学校、深泽乡初级中学、玉山镇初级中学	仁川镇初级中学、盘山中学、方前镇中心学校	—
2011 年	实验初中(含新渥校区)	安文初中、尖山镇初级中学	尚湖镇初级中学、深泽乡初级中学	玉山镇初级中学、盘山中学、仁川镇初级中学、冷水镇中心学校	—
2012 年	实验初中(含新渥校区)	安文初中	深泽乡初级中学、冷水镇中心学校(初中段)、玉山镇初级中学	尖山镇初级中学、尚湖镇初级中学、盘山中学、仁川镇初级中学、方前镇初级中学	—
2013 年	实验初中(含新渥校区)	安文初中	深泽乡初级中学、尖山镇初级中学、玉山镇初级中学	冷水镇中心学校(初中段)、尚湖镇初级中学、方前镇初级中学(初中段)、盘山中学、仁川镇初级中学	—
2014 年	实验初中(含新渥校区)	安文初中、玉山初中、冷水镇中心学校(初中段)、仁川初中	深泽初中、尚湖初中、尖山初中	方前镇中心学校(初中段)、盘山中学	—

表 3—22　　小学段考核结果

等第 学年	一等奖学校	二等奖学校	三等奖学校	达标学校	不达标学校
2000 年	安文小学、实验小学	新渥小学、深泽小学、玉山小学、尚湖小学	尖山小学、仁川小学、胡宅中心校、大盘小学	双峰小学、双溪小学、九和中心校、冷水中心校、方前中心校、万苍小学、墨林中心校、盘峰小学、高二小学、窈川中心校、维新小学	九和中心校(初中部)、双峰初中
2001 年	实验小学	安文镇中心小学、尚湖镇中心小学、维新乡中心学校、双峰乡中心小学	玉山镇中心小学、尖山镇中心小学、大盘镇中心小学、新渥镇中心小学、仁川镇中心小学双溪乡中心小学	万苍乡中心小学、九中乡中心学校、胡宅乡中心学校、方前镇中心小学、盘峰乡中心学校、高二乡中心学校、深泽乡中心小学、冷水镇中心小学、墨林中中心学校、窈川乡中心学校	仁川镇初级中学、九和乡中心学校(初中)

续表 3—22

学年＼等第	一等奖学校	二等奖学校	三等奖学校	达标学校	不达标学校
2002 年	实验小学、安文镇中心小学	冷水镇中心小学、尚湖镇中心小学、方前镇中心小学、维新乡中心学校	深泽乡中心小学、仁川镇中心小学、玉山镇中心小学、双峰乡中心小学	新渥镇中心小学、墨林乡中心学校、窈川乡中心学校、双溪乡中心小学、万苍乡中心小学、尖山镇中心小学、九和乡中心学校、胡宅乡中心学校、大盘镇中心小学、盘峰乡中心学校、高二乡中心学校	—
2003 年	实验小学	维新乡中心学校、尚湖镇中心小学、安文镇中心小学、双溪乡中心小学	玉山镇中心小学、尖山镇中心小学、深泽乡中心小学、冷水镇中心小学、大盘镇中心小学、胡宅乡中心校、双峰乡中心小学、墨林乡中心学校、方前镇中小学、九和乡中心学校、万苍乡中心小学	盘峰乡中心学校、窈川乡中心学校	—
2004 年	实验小学、尚湖镇中心小学	安文镇中心小学、大盘镇中心小学、双峰乡中心小学、盘峰乡中心小学、尖山镇中心小学	新渥镇中心小学、深泽乡中心小学、玉山镇中心小学、万苍乡中心小学、方前镇中心小学、冷水镇中心小学、九和乡中心学校、胡宅乡中心学校、双溪乡中心小学、仁川镇中心小学、维新乡中心学校	墨林乡中心小学、窈川乡中心学校、高二乡中心小学	—
2005 年	实验小学、尚湖镇中心小学	安文镇中心小学、维新乡中心学校、双峰乡中心小学、大盘镇中心小学、尖山镇中心小学	深泽乡中心小学、新渥镇中心小学、冷水镇中心小学、玉山镇中心小学、方前镇中心小学、盘峰乡中心学校、九和乡中心学校、万苍乡中心小学	仁川镇中心小学、窈川乡中心学校、双溪乡中心小学、高二乡中心小学、胡宅乡中心学校	—
2006 年	实验小学	尚湖镇中心小学、尖山镇中心小学、安文小学、大盘镇中心小学、深泽乡中心小学	新渥镇中心小学、万苍乡中心小学、双溪乡中心小学、方前镇中心小学、玉山镇中心小学、窈川乡中心学校、冷水镇中心小学、维新乡中心小学	双溪乡中心小学、九和乡中心学校、仁川镇中心小学、高二乡中心小学、盘峰乡中心学校	—
2007 年	—	安文小学、尚湖镇中心小学、方前镇中心小学、尖山镇中心小学、新渥镇中心小学、深泽乡中心小学	双峰乡中心小学、高二乡中心小学、冷水镇中心小学、大盘镇中心小学、盘峰乡中心小学、九和乡中心小学、窈川乡中心小学、玉山镇中心小学、万苍乡中心小学、双溪乡中心小学、胡宅乡中心学校、仁川镇中心小学	实验小学、维新乡中心小学	—

续表 3—22

等第 学年	一等奖学校	二等奖学校	三等奖学校	达标学校	不达标学校
2008 年	实验小学	尖山镇中心小学、深泽乡中心小学、尚湖镇中心小学、大盘镇中心小学、新渥镇中心小学	安文小学、万苍乡中心小学、玉山镇中心小学、九和乡中心小学、冷水镇中心学校、胡宅乡中心小学、方前镇中心学校、双峰乡中心小学、仁川镇中心小学、双溪乡中心小学、高二乡中心小学	盘峰乡中心小学、维新乡中心小学、窈川乡中心小学、仁川镇中心小学	—
2009 年	实验小学	安文小学、尖山镇中心小学、双溪乡中心小学、深泽乡中心小、方前镇中心学校、玉山镇中心小学	双峰乡中心小学、尚湖镇中心小学、新渥镇中心小学、维新乡中心小学、盘峰乡中心小学、胡宅乡中心小学、冷水镇中心学校、大盘镇中心小学	万苍乡中心小学、九和乡中心小学、窈川乡中心小学、高二乡中心小学	—
2010 年	实验小学	安文小学、新渥镇中心小学、双溪乡中心小学、尚湖镇中心小学、尖山镇中心小学、万苍乡中心小学	方前镇中心学校、深泽乡中心小学、高二乡中心小学、维新乡中心小学、双峰乡中心小学、九和乡中心小学、玉山镇中心小学	仁川镇中心小学、窈川乡中心小学、胡宅乡中心小学、冷水镇中心学校、盘峰乡中心小学	—
2011 年	实验小学(含大盘校区)、安文小学	双溪乡中心小学、深泽乡中心小学、方前镇中心学校、玉山镇中心小学	尚湖镇中心小学、尖山镇中心小学、新渥镇中心小学、双峰乡中心小学	高二乡中心小学、窈川乡中心小学、维新乡中心小学、胡宅乡中心小学、仁川镇中心小学、盘峰乡中心小学、万苍乡中心小学、冷水镇中心学校、九和乡中心小学	—
2012 年	实验小学(含大盘校区)、安文小学	新渥镇中心小学、尖山镇中心小学、玉山镇中心小学	尚湖镇中心小学、方前镇中心学校、双溪乡中心小学、双峰乡中心小学、深泽乡中心小学、万苍乡中心小学、窈川乡中心小学	高二乡中心小学、胡宅乡中心小学、仁川镇中心小学、盘峰乡中心小学、冷水镇中心学校(小学段)、九和乡中心小学	—
2013 年	实验小学(含大盘校区)、安文小学	尚湖镇中心小学、方前镇中心学校(小学段)、深泽乡中心小学	玉山镇中心小学、双峰乡中心小学、窈川乡中心小学、万苍乡中心小学、尖山镇中心小学、新渥镇中心小学、双溪乡中心小学	九和乡中心小学、胡宅乡中心小学、仁川镇中心小学、高二乡中心小学、冷水镇中心学校(小学段)	—
2014 年	实验小学(含大盘校区)、安文小学	文溪小学、尚湖小学、方前镇中心学校(小学段)、双溪小学	深泽小学、尖山小学、窈川小学、玉山小学、新渥小学、万苍小学	胡宅小学、九和小学、冷水镇中心学校(小学段)、仁川小学、双峰小学	—

附：

磐安县中小学教学管理评价方案

(1999 年 5 月修订)

指导思想：

以《中共中央国务院关于深化教育改革全面推进素质教育的决定》为指针，深入贯彻落实全教会精神，扎实推进素质教育。从有利于促进学校教学活动全面贯彻党的教育方针、面向全体学生、注重学生的全面发展出发；从有利于增强教师教书育人的责任心和使命感出发；从有利于推进学校遵循教育规律，坚持向科研、管理和四十五分钟要质量出发；从有利于培养学生特长，发挥学生个性，造就多层次的各类人才出发。根据"放开""学活"的指导思想，从不同学段的教育教学实际出发，按照"小学段以过程管理为主，初中段实施过程管理和终端管理相结合的办法，高中段在终端管理中加大过程管理力度"的原则制订本方案。

小学段

一、学校类别：

一类学校：县实验小学 安文小学 尚湖小学 新渥小学

二类学校：尖山小学 万苍小学 胡宅小学 深泽小学 方前中心校 大盘小学 盘峰小学 高二小学 维新小学

三类学校：玉山小学 九和小学 冷水中心校 仁川小学 双峰小学 双溪小学 窈川小学 墨林小学

二、评价因素：

教学管理评价因素由教学工作常规管理，教学学业(效果)管理和加奖项目三大部分构成：

(一)教学工作常规管理

1. 教学常规

(1)教育方针 (2)课程设置 (3)教学计划 (4)教学研究 (5)业务档案

2. 课堂教学

(6)教师备课 (7)教师上课 (8)作业批改 (9)学生辅导 (10)学业考核

3. 全面素质

(1)学生竞赛

4. 特色创新

(2)特色创新教学

(二)教学学业(效果)管理

(13)平时抽查 (14)年段测试

(三)加奖项目

三、评价方法与标准：

(一)教学工作常规管理

1. 教学常规(共 30 分)

(1)教育方针(4分):

认真贯彻党的教育方针,面向全体学生全面发展。学校工作指导思想明确。

(2)课程设置(4分)

按照国家教委公布的三大板块课程体系排课,开齐、开足各个学科的课程,合理配备学科教师。

(3)教学计划(4分)

按照有关规定,教师每学期必须制定好学科教学计划、教导(务)处存档,并对计划执行情况进行检查,以书面形式记载。

(4)教学研究

①学校教研组建设(4分)要求组织健全、计划落实,效果明显。

②教学研究工作普及标准(5分):

学校类别	专任教师数与获县级三等奖以上教师数之比
一类学校	1∶0.6
二类学校	1∶0.4
三类学校	1∶0.3

达不到标准,每降4个百分点扣1分,但不倒扣。

③教学论文、课题研究成果、自制教具、教案、课件制作、学科教学技能比武等竞赛标准(5分)

(5)教师业务档案(4分):

每个学期结束时,每位任课教师必须做好学期教师业务档案,经学校审定,由教导(务)处予以保存。档案做到:栏目齐全,数据准确,教学业绩评价清楚。

2.课堂教学管理:(共20分,每项因素4分)

(6)备课

新教师备齐要求规范,其余教师由县和片视其教学实际情况确定备课要求。

(7)教师上课

课堂教学要体现以“学生为主体”;课内留有学生思考、质疑或练习的时间。

(8)作业布置及批改

学生作业量适当,必须进行批改(作文改50%),适时讲评。

(9)学生辅导

根据义务教育“上不封顶,下要保底”的要求,做好培优扶差工作。

(10)考核

对学生学业考核平时以课堂教学反馈为主,教师可进行适当的课内单元综合练习,有分析记载。考核(查)形式采用闭卷、开卷形式、笔试或实践操作。

3.全面素质(20分)

(11)学生竞赛

学生竞赛评价以学校参加教育部门组织的德、智、体、美活动所取得的成绩为依据计算。一类、二类、三类学校分别按所得分的80%、100%、120%计算。

a)德育类、艺术类：

团体名次	六	五	四	三	二	一
田径运动会标准	2	2	2.5	3	4	5
单项比赛标准	1	1	1.5	2	2.5	3

b)文化课类：

获奖	县　级			市　级			省　级			国家级		
等第	三	二	一	三	二	一	三	二	一	三	二	一
标准	1	2	3	2	3	4	4	5	6	5	6	8

注：上面德育、艺术、文化课类若开卷类、通讯类减半计分。团体奖加倍计分，同一奖项以最高奖项计分。

c)体育类：县级比赛按团体名次计分，破纪录每项加2分。

参加田径运动会并获得第7～10名，分别加2、1.5、1、0.5分。市级体育比赛加倍计分，破纪录每项加5分，省级比赛加倍计分。

获奖等第	县　级			市　级			省　级			国家级		
	三	二	一	三	二	一	三	二	一	三	二	一
标准	0.6	0.8	1	1	2	3	3	4	5	5	8	10

d)科技类：小制作、小发明等校级活动每次1分，科普、劳技作品展每次2分，科技作品获奖计分按艺术类标准执行。

4.特色创新

(12)特色创新教学

根据教委“分分整”实施方案和学校自身实际，学年初制定课堂教学特色计划和创新教学计划，学年末检查计划、查看档案材料，开师生座谈会进行评价确定等第。

(二)教学学业(效果)管理(20分)

学科学业管理(共20分，每项因素10分)

学科学业(效果)管理根据磐安县小学生学科素质评定方案执行，采用平时抽测与年段测试相结合的评价办法。

(13)平时抽查(10分)：

由县教研室或教办根据需要进行学科素质抽测。

(14)年段测试

由学校组织实施，测试成绩由教研室会同教办给予认定。

(三)加奖项目

1.培养一名特级教师加10分。

2. 城区学校培养省、市级教坛新秀每人分别加5分、3分。优质课评选获省级一、二等奖者分别加3分、2分。市级一、二等奖者分别加2分、1分。县级教坛新秀、骨干教师每人加2分。县级优质课获奖一、二等奖者均加1分

3. 乡镇学校加倍计分。

四、考核程序:

1. 学校教导处根据评估因素组织自查自评,乡镇学校将自查结果报教办,城区学校将自查结果报教研室。

2. 城区学校由教研室组织评估验收,乡镇学校由教办组织验收,教研室组织复查。

初中段

一、学校类别

一类学校:磐安二中　安文镇中

二类学校:方前镇初级中学　玉山镇初级中学　新渥镇初级中学　尚湖镇初级中学
尖山镇初级中学　深泽乡初级中学　盘山中学

三类学校:万苍乡初级中学　冷水镇初级中学　双溪乡初级中学　仁川镇初级中学
胡宅乡初级中学　九和乡初级中学　窈川乡初级中学　墨林乡初级中学
安文镇云山初中

二、评价因素、目标

教学管理评价主要由教学工作常规管理,教学效果管理两大部分构成。

(一)教学工作常规管理

1. 教学常规

(1)教育方针　(2)板块课程　(3)教学计划　(4)教学研究　(5)业务档案

2. 课堂教学

(6)备课　(7)上课　(8)批改　(9)辅导　(10)考核

3. 全面素质

(11)德育类　(12)艺术类　(13)文化课类　(14)体育类　(15)科技类

4. 特色创新

(16)特色创新教学

(二)教学效果管理

1. 学科学业效果

(17)平时抽查　(18)年段测试

2. 分类指导效果

(19)终端测试

三、评价方法与标准

(一)教学工作常规管理

1. 教学常规(共15分)

(1)教育方针(2分):

认真贯彻党的教育方针,面向全体学生全面发展。学校工作指导思想明确(检查学校工作计划,

学校教学工作计划)。

(2)板块课程(2 分)

按照国家教委公布的三大板块课程体系排课,开齐、开足各个学科的课程,(检查日课表、召开座谈会)。

(3)教学计划(3 分)

按照有关规定,教师每学期必须制定好学科教学计划、教导(务)处存档,并对计划执行落实情况进行检查,以书面形式记载。

(4)教学研究(5 分)

(a)教学研究工作普及面标准

学　校　类　别	专任教师数与获县级三等奖以上教师数之比
一类学校	1∶0.6
二类学校	1∶0.4
三类学校	1∶0.3

(b)教学论文、课题研究成果、自制教具、教案、课件制作、学科教学技能比武等,各类学校获奖标准。

一类学校:获县一等奖以上的占 15%,或市级一等奖的 2 人次,或省级二等奖以上的 2 人次。

二类学校:获县一等奖以上的占 6%,或市级一等奖的 1 人次,或省级二等奖以上的 1 人次。

三类学校:获县二等奖以上的占 5%,或市级三等奖的 2 人次。

(c)教研组工作:检查计划、教研主题活动开展情况以及所取得的效果。

(5)教师业务档案(3 分):

每个学期结束时,每位任课教师必须做好学期教师业务档案,经学校审定,由教导(务)处予以保存。档案做到:栏目齐全,数据准确,教学业绩评价清楚。

2. 课堂教学管理:(共 20 分)

(6)备课:(4 分)

新教师备齐要求规范,中年教师备课有要创新,尝试总结自己的经验,形成教学风格;老教师备课侧重进行自身经验的总结。

(7)上课:(4 分)

课堂教学要体现以“学生为主体”等原则;每堂课要留出时间给学生自学、思维、质疑、练习。

(8)批改:(4 分)

学生作业必须批改,适时讲评,作业布置要求层次性、多样性。

(9)辅导:(4 分)

对优等生进行点拨,后进生进行辅导。

(10)考核

考核做到有分析、有记载、有措施。

3. 全面素质管理(15 分)

全面素质管理的评价以学生参加教委各科室组织的德、智、体、美活动所取得的成绩为依据。考核时将根据一学年开展活动的总量对分值进行统一调控。

计算方法:

一类学校:以五类实得总分的80%为标准;二类学校:以五类实得总分为标准;三类学校:以五类实得总分的120%为标准。各类学校全面素质最高分为15分。

(11)(12)德育类、艺术类:县级及以上按下表标准计分;团体奖加倍计分;同一项以最高奖项计分。

(13)文化课类:获县级及以上将按下表标准计分。

获奖	县级			市级			省级			国家级		
等第	三	二	一	三	二	一	三	二	一	三	二	一
标准	0.5	1	1.5	1	2	3	3	4	5	4	5	6

获奖	县级			市级			省级			国家级		
等第	三	二	一	三	二	一	三	二	一	三	二	一
标准	0.5	1	1.5	1	2	4	4	5	6	6	8	10

团体名次	六	五	四	三	二	一
田径运动会标准	2	2	2.5	3	4	5
单项比赛标准	1	1	1.5	2	2.5	3

注:上面德育、艺术、文化课类若开卷类、通讯类减半计分。

(14)体育类:县级比赛按团体名次计分,个人破纪录每项加2分。

不设团体的单项比赛,个人名次按单项比赛团体名次的1/5计分。

体育市级比赛加倍计分,破纪录每项加5分,省级比赛加倍计分。

(15)科技类:小制作、小发明等校级活动每次1分,科普、劳技作品展每次2分,科技作品获奖计分按艺术类标准执行。

4.特色创新(10分)

(16)特色创新教育

根据教委“分分整”实施方案和学校自身实际,学年初制定课堂教学特色计划和创新教学计划,采用检查计划、查看档案材料,开师生座谈会等形式进行评价。

(二)教学效果管理(40分)

1.学科学业管理

采用平时抽测与年段测试相结合的评价办法。

(17)平时抽测(10分):

有关科室根据需要进行学科素质抽测,结果评价标准如下:

优秀率占50%:以二类学校的平均值为基准,一类、三类各上浮、下降8个百分点。

平均分占50%:以二类学校的平均值为基准,一类学校上浮3分、三类学校下降3分。

(18)年段测试(10分)

年段测试由学校组织实施。县教研室将对实施过程(试卷、监试、阅卷)进行监控。结果评价标准按平时抽测评价标准执行。

2.分类指导效果管理

(19)终端测试(20分)

初三年级参加毕业、升学考试。毕业考试按年段测试要求组织。按平时抽测评价标准执行,升学考试只评价优秀率。

高中段

一、学校类别:

普通中学

一类:磐安中学　二类:磐安二中　三类:玉山中学、盘山中学

职业中学

一类:县职业技校　二类:行知职高

二、评价因素:

教学管理评价主要由教学常规管理,教学效果管理两大部分构成。

(一)教学工作常规管理:40%

1.教学常规(10)

(1)教育方针　(2)板块课程　(3)教学计划　(4)教学研究　(5)业务档案

2.课堂教学(10)

(6)课堂教学

1.全面素质(10)

(7)各类竞赛

4.特色创新(10)

(8)特色创新教学

(二)教学效果管理60%

(9)毕、结业考20　(10)高考40

三、评价方法与标准:

(一)教学工作常规管理

1.教学常规(10)

(1)教育方针:认真贯彻党的教育方针,面向全体学生全面发展,学校工作指导思想明确(检查学校工作计划、教学工作计划)。

(2)板块课程

按照国家教委公布的三大板块课程体系排课,开齐、开足各个学科的课程(检查日课表、召开座谈会)

(3)教学计划

按照有关规定,教师每学期必须制订好自己学科的教学计划,教导(务)处存档。

(4)教学研究

a)教学研究工作普及标准,获县级三等奖以上的:

学校类别	专任教师数与获县级三等奖以上教师数之比
一类学校	1∶0.6
二类学校	1∶0.4
三类学校	1∶0.3

b)教学论文、课题研究成果、自制教具、教案、课件制作、学科教学技能比武等标准：

一类学校：获县一等奖占40%，或市一等奖以上4人次，或省级二等奖以上3人次。

二类学校：获县一等奖占25%，或市一等奖以上2人次，或省级二等奖以上2人次。

三类学校：获县二等奖以上占25%，或市三等奖以上2人次。

说明：论文在市级以上正式刊物发表的，可以抵作相应级别的获奖文章，以上获奖文章指的是教研室系统组织的活动。

c)教研组建设：

教研组工作有计划，有专题，活动开展正常、有记载，有效果。

(5)业务档案：学期结束时，每位教师做好业务档案材料，教导(务)处保存。送一份县教研室备案，档案栏目齐全，数据准确，业绩评价清楚。

2.课堂教学：

(6)备课认真，课堂教学有特色，作业批改及时，学生辅导有针对性，成绩考核实事求是，并有计评(具体参照各学科课堂教学管理评价办法)

3.全面素质：

(7)各类竞赛：

a)体育类：县级比赛按团体名次计分，破纪录每项加2分。

级别＼分值＼名次	破纪录	一	二	三	四	五	六	备注
县级	2	1	0.8	0.6	0.4	0.2	0.2	
市级	4	2	1.5	1	0.8	0.4	0.4	
省级	8	4	3	2	1	0.8	0.8	

b)德育、艺术类教育成绩计分标准：

等第＼分值＼级别	县级	市级	省级	国家级	备注
一等奖	2	3	5	10	
二等奖	1	2	3	8	
三等奖	0.5	1	2	6	

a)文化科技类、特长生培养成绩计分标准：

等第 \ 分值 \ 级别	县　级	市　级	省　级	国家级	备　注
一等奖	3	5	7	10	
二等奖	2	3	5	7	
三等奖	0.5	1	2	3	

说明：获奖以个人计分为单位，所有获奖总和是该校全面素质教育的总成绩，一类学校乘以0.8，二类学校乘以1，三类学校乘以1.2；另外，若所有学校均不能达标，则乘以一个相应的系数。

4.特色创新：

(8)特色创新教学：根据教委“分分整”实施方案和学校自身实际，学年初制定课堂教学特色计划和创新教学计划，学年末检查计划、查看档案材料，召开师生座谈会进行评价。

(二)教学学效果管理60%

1.毕、结业考20分

毕结业合格率、优秀率分别达到：

普通高中：一类学校达到省二级重点中学平均水平；二类学校达到省三级重点中学平均水平；三类学校达到省定标准。

职业高中：(包括选科学分制、市抽测科目)，达到金华市平均水平。

2.高考40分

普高：各类学校上线率按省市有关标准进行评价。

职业学校：高考20%；专业技术等级考核双评剧率20%。双证率标准：一类学校双证取得率70%；二类学校双证取得率60%。达标得基本分(该项满分为80%，每增减2个百分点，则加或扣2分。上封顶，下不保底)。

奖罚措施：

1.教学管理教学管理优胜奖。

2.教学管理考核80分及以上的学校，可以参加教学管理优胜评奖，教学管理优胜奖设一、二、三等奖若干名，分别给予表彰。

3.考核总分在70分及以下的学校为教学管理不合格的学校，教学管理不合格学校及班子成员和教师取消当年评先进资格。并取消学校班子成员及教导(务)处当年年终奖，主要负责人给予黄牌警告。连续两年考核总分在70分以下的，学校主要负责人就地免职。

学年考核在每年六月底前结束，由县教研室具体组织实施，八月十日前将考核结果报县教委审定。

磐安县中小学教学管理评价方案

(2016年1月修订)

一、指导思想

以《中共中央、国务院关于深化教育改革全面推进素质教育的决定》《国家中长期教育改革和发展规划纲要》《浙江省中小学教育质量综合评价实施方案》精神为指导，紧紧围绕“推进教育现代化县建设”中心,以有利于推进课堂教学改革、提高教育教学质量、促进学校、教师、学生的发展为目的,按照“过程管理和终端管理相结合,简化考核程序、强化刚性考核、突出工作实绩”的要求,全面综合评价学校教学管理工作。

二、评价原则

(一)导向性原则。评价旨在引导学校全面贯彻国家教育方针,形成规范的教学管理体系,积极开展课堂教学改革,全面提高教学质量。

(二)发展性原则。评价有利于推动学校特色办学,有利于促进教师专业化成长,有利于促进学生全面发展。

(三)多元性原则。评价采取整体要求和分类要求相结合、过程评价和终端评价相结合、学校自评和职能部门评价相结合的方法进行。

(四)可行性原则。评价切实可行,便于操作。

三、评价体系

第一部分《磐安县中小学教学常规管理评价方案》,是对学校教学常规管理、校本教研和教师专业发展、课程建设和课堂教学改革工作的过程性评价。

第二部分《磐安县中小学教学质量管理综合评价实施方案》,是对学校教育教学质量全面的、终端性评价。

四、学校分类(初中、小学)

类 别	初 中	小 学
一类学校	实验初中、安文初中	实验小学、安文小学、文溪小学
二类学校	尚湖初中、尖山初中、玉山初中、新渥初中、深泽初中、冷水中心校、仁川初中	尚湖小学、尖山小学、玉山小学、深泽小学、新渥小学、冷水中心校、仁川小学、大盘小学、方前中心校
三类学校	方前初中、盘山中学	万苍小学、胡宅小学、九和小学、双峰小学、双溪小学、窈川小学

磐安中学、磐安二中、县职教中心为一个组;玉峰小学列入玉山镇中心小学考核;职教中心、实验初中、实验小学两校区单独考核得分,然后按各校区学生数占总校学生数的比例＊各校区考核得分相加分值作为总校考核分列入奖惩。例如:(实验初中校区学生数/总校学生数)＊实验初中校区考核分＋(新渥初中校区学生数/总校学生数)＊新渥初中校区考核分＝实验初中总校考核分。

五、评价方法和步骤

(一)采取学校自评、教研室考评、教育局审定的程序和方法进行。

(二)评价以年度为单位进行,教学常规管理评价每学期进行一次,以两次平均分计入总分;教学质量管理评价,中学按学年考核一次计入当年度考核总分、小学按年度中两个学期的考核结果计入总分。

六、结果处理

(一)《磐安县中小学教学常规管理评价方案》(原始分 100 分)考核结果在教育局年度考核的基础性工作目标考核评价指标㈠2 和教育局重点工作目标考核中分别按比例列入。

(二)《磐安县中小学教学质量管理综合评价实施方案》(原始分 100 分)考核结果在教育局年度考

核的基础性工作目标考核评价指标㈠6 中按比例列入。

（三）磐安县中小学教学管理评价总分（第一部分 40%、第二部分 60%）在 60 分及以上为教学管理达标学校，考核分为 80 分及以上且无违反教育政策法规的学校，才有参加教学管理考核奖评奖资格。考核奖设一、二、三等奖若干名，分别给予表彰。

（四）本评价方案（修订）解释权归属县教育局，方案（修订）自 2016 年 2 月起执行。

附件：1. 磐安县中小学教学常规管理评价方案

2. 磐安县中小学教学质量管理综合评价实施方案

附件 1：

磐安县中小学教学常规管理评价方案

一、指标设置

教学常规管理评价由教学管理、校本教研和教师专业发展、课程建设和课堂教学改革工作三部分构成。

二、考核细则

（一）教学管理（共 35 分）

1. 学校教学管理工作（10 分）

①管理责任分工明确（2 分）。学校、职能部门、教研（备课）组各层面教学管理的责任明确到人、分工具体；管理检查的方法程序清楚明了；教学管理检查的时间明确、要求具体。

②管理制度落实到位（5 分）。教学管理制度健全完善、涵盖教学管理的各个方面；教师对教学管理制度和具体要求普遍了解；教学管理检查、结果记载、交流反馈及时；管理检查结果分档合理、公开，并且和绩效考核结合；学校对教师的教学常规考核有计划、经常性、分档次；对教师的教学质量有详细的考核评价方案，每学期进行专项考核，考核及时准确、公开透明，考核结果如实按时上报；学校对教研（备课）组的管理考核严格、及时。

③教学资源积累丰富、运用有效（3 分）。学校、部门、教研（备课）组各层面都建有自己的教学资源库；每学期都有反映自己学校教学特色或者课堂教学改革的优秀课例、教研案例等的积累；能有效运用教学资源。

2. 学科教学管理工作（25 分）

认真落实课程标准，经常组织学科教师学习学科课程标准，教师对学科课程标准的了解情况良好（5 分）；学科教师能认真学习并严格执行学科教学常规要求、教学各环节认真（20 分，平时学科教学调研情况和学年考核时随机抽查若干学科各占 10 分）。

（二）校本教研和教师专业发展（共 35 分）

1. 教师培养（7 分）

①校本培训开展情况（2 分）。根据教师专业发展的要求，有计划开展切合学校实际的培训活动，按时完成学分录入、材料整理上报等各项工作。

②教师参加各级各类培训情况（5 分）。及时完成教师专业发展培训的注册报名、培训作业、教学评价、资料报送等工作，及时通知并督促教师按时参加各级各类培训，每缺一人次扣 0.2 分；积极承办高水平的教研师训活动，一、二类学校每学年至少承办县级以上教研活动一次。

2.校本教研(8分)

①领导主持参与情况(3分)。校长、分管教学副校长、教导主任听课每学期不少于30节(以各种理由不及时提供材料的不给分),每个校级领导至少深入一个教研(备课)组作为教学联系点,经常性参加联系教研(备课)组和自己任教学科教研组的教研活动,并且要有实质性的活动参与。

②教研活动“三落实”(5分)。学校对学科教研活动要统筹安排,做到教研活动时间相对固定并且每次活动不少于一节课;参加教研活动的人员要自己签名;每次教研活动要有明确的活动主题并逐步做到系列化;每次教研活动都要有详细的发言记录和活动材料,杜绝材料造假。

3.教师专业成长(20分)

①考核项目。教研系统开展的课堂教学评比、教学论文(教学案例研究)评比、教师教学技能比武、教学研究课题等。

②计分标准

获奖	县级			市级			省级			国家级		
等第	三	二	一	三	二	一	三	二	一	三	二	一
标准	1	2	3	3	4	5	5	6	7	7	8	9

注:论文发表以正式刊物为准,市级报刊每篇3分,省级以上报刊每篇5分

③计分办法

先计算各校所得的总分;再计算师均得分,一类、二类、三类学校分别按师均得分的80%、100%、120%计算折算分,折算分最高者计满分20分,折算分第二计18分,依次分别计17.5、17、16.5、16、15.5、15…。

(三)课程建设和课堂教学改革工作(30分)

1.学校高度重视课改,注重顶层设计(6分)

(1)校长有课堂改革意识,能亲自领导和参与,能全面掌握学校课改现状,带头主持、承担课堂教学改革的具体项目,带头上课堂教学改革示范课;积极参与课例研究活动并且发言指导;学校其他领导班子和各职能部门分工明确、积极参与。

(2)课堂教学改革的目标任务明确具体。学校对教学中存在的突出问题分析透彻;课改年度实施计划目标明确、思路清晰、举措得力,改革的指向性和操作性强(直接指向课堂教学的具体环节、教师教和学生学的具体行为)。

(3)课改保障机制务实、有效。学校对课改的推进有具体的考核机制并有经常性的检查;教师课改工作的平时考查能纳入绩效制度考核兑现。

2.课堂教学改革活动扎实有效(14分)

(1)学校层面有总体活动主题,各学科有符合学科特点的系列化活动主题。

(2)课例研究活动成为学科教研活动的常态,学科教研活动要以学校确定的课堂教学改革主题为中心,课例研究活动每月至少一次,每缺一次扣1分;课例研究活动要有课前准备、课堂教学过程记录、教师评课记录、课后整改情况记录;“一师一优课,一课一名师”活动中注册踊跃,晒课参与度较高;优课评选成绩好;优秀课堂教学案例和优质教学资源积累应用情况良好。

3.课程建设和课堂教学改革成效显著(10分)

(1)按规定开齐、开好基础性课程,积极开发和实施拓展性课程,课程整合、校本课程的开发和使用成效明显。根据国家课程计划要求,有效整合各级各类课程,积极开发并实施具有自己学校特色的校本课程,在各级精品课程评选中取得好成绩并且能够有效使用。

(2)课堂教学改革工作经验在省市范围得到肯定和推广、受到表彰。

(3)学生对教师的课堂教学满意度高、学生在课堂上表现好,教学质量稳步提升。

附件2:

磐安县中小学教学质量管理综合评价实施方案

一、指标设置

教学质量管理综合评价由学生综合素质、学生个性发展、学科教学质量三部分构成。

二、考核细则

(一)学生综合素质(20分)

1.品德行为(4分)。学校能经常性地开展纪律教育、法制教育、心理健康教育、道德品质教育、思想政治教育,班团队活动正常,学生遵守公民道德规范,当年学生违法犯罪率为零。

2.学习品质(4分)。学生的学习习惯良好(巡课观察、作业随机检查),学习兴趣浓厚,无厌学现象(随机访谈)。

3.体质健康(4分)。全面实施“体艺2+1项目”,每个学生较好地掌握两项运动技能,抽查通过率达90%以上;认真落实大课间活动,保证中小学生每天至少有一小时校园体育活动;学生体质健康测试达标,体质健康测试抽查通过率达90%以上。

4.艺术素养(4分)。美育社团活动(兴趣活动)组织有序,活动正常,学生参与面达90%以上;学校每学年举办一次综合性艺术节,班级参与面达100%;全面实施“体艺2+1项目”,学生艺术项目抽测通过率达90%以上。

5.实践能力(4分)。重视学生动手能力培养,每生每学年至少制作一件以上科技(劳技)作品,学校每年举办一次科技节或每学年举办一次科技(劳技)作品展,学校有科技(劳技)作品陈列室及科技(劳技)活动实践基地。

(二)学生个性发展(20分)

1.考核项目。教育局各科室组织的德、智、体、美、劳各项竞赛活动、等级考试和市级以上报刊作品发表等,非教育行政、业务部门组织的竞赛一律不计分。

2.计分标准

A.德育、艺术、文化课、科技计分标准

奖励	县级			市级			省级			国家级		
等第	三	二	一	三	二	一	三	二	一	三	二	一
标准	0.6	0.8	1	1	2	3	2	3	4	3	4	5

注:德育、艺术、文化课、科技若开卷、通讯赛减半计分。团体加倍计分,同一奖项以最高奖项计分。

B. 体育比赛记分标准

项　　目	第六名	第五名	第四名	第三名	第二名	第一名
县田径运动会(团体)	3	4	5	6	8	10
县单项比赛(团体)	1	2	3	4	5	6
县不设团体的单项赛	0.1	0.2	0.3	0.4	0.5	0.6

参加县田径运动会并获得团体第7～10名，分别加1、0.8、0.6、0.4分。比赛破纪录每项加2分，排球、篮球、乒乓球等组队参加县级比赛未得名次的，每队加0.2分，运动会未经教育行政部门批准不参赛者，每一组别扣5分。设团体奖的不再计算单项奖，不设团体奖的比赛计算单项奖。参加省、市级体育比赛只计算单项奖，具体记分标准分别是县级的4倍、2倍。

C. 各类等级考核计分标准

项　　目	1级	2级	3级	备　　注
英语考级	0.1	0.2	0.3	按人次计分，以证书为准
计算机考级	0.1	0.2	0.3	按人次计分，以证书为准
艺术考级	0.1	0.2	0.3	按人次计分，以证书为准

注：“艺术考级”以省市教育行政部门、业务部门组织为准，并依据考级具体情况确定等级。

D. 学生作品发表计分标准

项　　目	市级报刊	省级报刊	国家级报刊	备　　注
书画、文章发表	0.1	0.2	0.3	按篇数计分，以复印件为准

3. 计分办法

先计算出各校百名学生得分，得分最高者为满分，其余根据得分高低按比例计分。

(三)学科教学质量(60分)

1. 小学

(1)学生学习质量检测评估体系(5分)

学校要制定科学合理、操作性强的学生学习质量检测评估体系，包括组织形式、评价项目、评价标准、反馈调查、结果统计等，以保证学校对学生的学习质量能够及时准确的了解和监控，教研室负责对学校的检测评估体系和实际操作情况进行监督检查。

(2)学生操作性能力检测(15分)

学校要对术科和科学实验操作能力、语文听说读能力、数学的操作能力、英语的听说能力等进行科学合理的考核评价。学校要制定考核评价细则，及时对学生进行等级评价。教研室对学校考核情况进行随机抽查，按各学科课程标准设计测试内容，每学年组织一次，被测学生数不超过本年级学生数的20%，按样本合格率高低折算成考核分。

(3)课堂教学质量检测(40分)

优秀率:全县的平均基准为50%,一类学校提高10个百分点,二类学校取平均值,三类学校降低10个百分点。

合格率:全县的平均基准为95%,一类学校提高3个百分点,二类学校取平均值,三类学校降低3个百分点。

计分办法:优秀率、合格率分别考核、满分各占20分。优秀率、合格率达到标准给基本分16分,合格率、优秀率每升1个百分点加1分,每降1个百分点减0.5分,上封顶,下不保底。

2.初中

(1)随机抽测(10分)

随机抽测由县教研室组织实施。按各学科(含术科)课程标准设计测试内容,每学年组织一次,被测学生数不超过本年级学生数的30%,按样本合格率高低折算成考核分。

(2)年段检测(20分)

①组织形式。年段检测由学校组织实施,县教研室对实施过程进行监控。为便于对学校教学质量的评估,每学年拟采用书面测试、现场操作等形式对若干门课程进行抽测。

②评价标准

优秀率:以全县的平均值为基准,一类学校增加8个百分点,二类学校降低5个百分点,三类学校降低7个百分点。

合格率:以全县的平均值为基准,一类学校增加2个百分点,二类、三类学校取平均值。

计分办法:优秀率、合格率各按50%计分,达到标准给基本分(总分的80%),合格率、优秀率每升降1个百分点加减0.2分,上封顶,下不保底。

(3)终端检测(30分)

以县招生办提供的初中毕业升学考试成绩为依据。具体标准如下:

①提前批录取率(10分)

一类学校:提前批录取率比县平均值高2%;二类学校:提前批录取率和普高上线率分别比县平均值低4%(各按50%计分);三类学校:普高上线率比县平均值低8%。计分办法:

a.达到目标给满分,达不到目标每低一个百分点扣0.5分。

b.在非户口所在地就读考上重点高中的考生按实计算到就读学校,二分之一计算到户口所在地学校。

c.三类学校提前批完成一个及以上按比例分项给满分。

②定向生完成率(10分)

按照县招生办提供的定向分配比例,完成或超额完成规定任务数的给满分,未完成任务数的按每少一人扣0.5分,扣完为止。

③后25%考核(10分)

以全县的平均比率(25%)为基准确定考核比率,一类学校减少10个百分点,二类学校加7个百分点,三类学校加10个百分点。等于或低于考核比率给满分,每超出1个百分点扣0.5分。

3.高中

暂按磐教〔2012〕60号《磐安县中小学教学管理评价方案(修订)》文件执行。

第二节　知识拓展与学科竞赛

一、知识拓展

“知识拓展”是指课堂教学以外的学习活动，它是对学生课堂学习的重要补充，是学校、教师为学生创设的实践机会，反过来，它又促进学生学习的热情与兴趣。

1990年，冷水初中三乙班学生在语文教师兼班主任的组织指导下创办墙报，墙报选取学生周记或作文中的优秀篇章为内容，每月刊出一期。学生自己抄写、插图和设计墙报式样，工作有条不紊、有始有终。他们从初一年级开始到这一年的初中毕业，已经连续办报三年，分别以“幼苗”“登攀”“万花筒”命名。

1991年，盘山中学引导学生读好书活动。建立校外德育基地，让老革命、老干部上革命传统教育课。

1992年4月，墨林中心校举行“小歌手”比赛。23日，全校师生举行普通话比赛。

1993年，万苍初中物理教师为培养学生的动手能力，激励学生学好物理知识，利用课外时间，开展“小实验，小制作”活动。并对制作的作品进行展评。共展出375件。

磐安中学的“海螺山”文学社从20世纪80年代的“脚步”起步，到1993年，在文学社主要负责人的设计下走上规范化道路。文学社每星期活动一次，学校各语文教师轮流为社团成员作文学创作辅导。刊物稿件依旧例采稿，即从学生随笔与课堂作文中选取、推荐、审核。编印成的《海螺山》除提供师生阅读欣赏外，还寄去各地读写报刊，每次寄出都有习作被采用。据不完全统计，1993～2003年这10年间，各地刊物发表《海螺山》学生习作70来篇，《海螺山》因其质好量多、历史悠长而被“全国中学生文学社团”评为一等奖刊物。

这一时期活跃在磐安县校园中的文学报刊还有玉山中学《灵溪》、安文镇中的《文溪》，盘山中学的《文史天地》《柳泉》也曾在学生中有过短暂逗留。

2000年1月，由《磐安报》社组织策划、磐安县教育委员会与报社合力组办的学生“小记者团”在安文镇中召开成立大会，县委书记王永民、宣传部长杨世贤为“小记者团”题词勉励。此后一年多的时间，由各校学生采写的新闻报道通过县教研室中小学语文教研员审核后有数百篇发表在《磐安报》上。同年，磐安县中学语文教学研究会主编的第一本中学生优秀作文集《映山红》，经过推荐、修改、誊抄、再修改的一年多时间琢磨，由中国戏剧出版社正式出版。

2004年6～10月，磐安县举行“百万青少年共度红色夏天”活动。第一是红色“四个一”活动，让学生看一本红色经典书，讲一个革命传统故事，学一首红色歌曲，写一篇体验文章。

2004年12月，县实验小学少先队大队部举行“我诚信，我美丽”主题演讲比赛。

2005年3月，双峰小学组织学生开展环保教育活动。他们组织学生聆听环保知识专题讲座、观看环保知识动画片、召开环保主题班会、刊出环保主题墙报、举行环保征文比赛等，还走向社区实践“环保宣传员”“环保小卫士”活动。4月，新渥镇中组织初一年级学生开展把课堂搬到田头上的校本课程教学活动。在田边地头针对贝母、玄胡的生长状况对学生进行校本课程——中药材“磐五味”生产的教学实践活动。

2006年4月，尖山小学“四管齐下”抓写字。一是每月举行一次书法比赛：学校统一提供纸张，年级统一书写内容，在统一时间内完成，学校组织统一评分。二是组织每月一次的学生作业考评，全体教师参加评改，对优秀的学生作业和指导教师进行奖励，并进行优秀作业展览。三是以各年级组为单位，每月一次组织书写辅导教师谈心得体会。四是抓书法兴趣小组的建设，由书写漂亮的学生担任班级小老师。同月，九和中心小学开展“四个一”为主要内容的森林防火宣传教育活动：写一条森林防火宣传标语，组织一次以班级为单位的不在野外玩火的学生承诺活动，每个班出一期森林防火黑板报，每个学生给家长写一封森林防火公开信。同年10月，新渥镇中心小学开展为期一周的快乐文学周活动。活动内容有：①每生阅读5篇以上的优秀作文或儿歌，学念5首以上的古诗词；②低段学生向他人学讲一个故事，中高段学生撰写一篇最能代表自己水平的作文；③开展情感作文、优秀诗歌创作比赛、环保征文活动，④各班利用班队课开展成语接龙、歇后语大比拼等活动；⑤学校语文组开一堂作文教学教研课。12月，由少先队组织牵头，组织学生开展才艺展示会。“才艺展示”的每个节目都由学生自编、自导、自演去完成。

2007年1月，县实验小学举行兴趣小组成果展示活动。活动分“作品展示”和“现场才艺展示”两大板块。写作与诵读、儿童诗、快乐英语、名人名著、画写天地、奥数、木工等小组展示的是学生的优秀作业或作品，放在指定的展台上；书法、绘画张贴在展板上展出。合唱、琵琶、扬琴、古筝、二胡、笛子、播音、舞蹈等兴趣小组举行现场才艺表演。

2008年10月，仁川镇小学“水滴苑”文学社组织全体成员参加采风活动，采访了解潘田水库的历史，包括建成时间、经费、容量、收益等，同时要求了解发电站的发电情况。他们事先给对会员提出要求：1.留心观察周围事物，一边观察，一边将观察到的景物及自己觉得新奇有趣的或印象、感触最深的事物记下来。2.关注生活、思考生活、欣赏生活、热爱生活，有意识地丰富自己的见闻，珍视个人的独特感受，积累习作素材。3.发扬“水滴苑”文学社的队员风采，为仁川镇小学画上美丽的一笔。

2009年4月，县实验小学第三届校园读书节活动正式启动。读书节历时三个月，分经典诵读、活动展示、总结表彰三个阶段。他们以三字经、论语、古诗词、格言警句等中华诗文诵读活动为载体，以师生、家校联动为机制，从制定科学、合理诵读目标入手，通过设立每周二、四的师生诵读日及每周六、日晚饭后半小时的“亲子诵读”时间等，引导广大师生、家长积极参与经典古诗文的诵读活动。同年9月，县实验小学以“推普周”活动为契机，开展形式多样的社会宣传活动。一是开展“亲子共读”活动。结合学校书香校园创建，要求每位家长在“推普周”期间和孩子共读中华传统经典美文一篇，一起编写推普小报一份，开展班级经典诗文诵读活动，鼓励家长参与到诵读活动中。二是专门设计社会语言文字应用水平调查问卷。他们组织6个调查小组，对不同职业、不同年龄层次、不同学历水平的家长及社会人员的语言文字应用水平抽样调查，使学校对周边区域的用字、用语水平有进一步了解。三是开展啄木鸟行动。组织8个小分队，会同工商、城建、广电等部门对月山路沿街商铺、单位和公共场所的单位名称牌、广告牌、车体墙体广告、店铺匾额、指示牌、公共设施标志牌和说明性文字开展“地毯式”纠错行动。与此同时，安文小学“啄木鸟”小队在县语委、县教育局、城建局、工商局等部门的领导下，走出校园，开展“走街串巷，寻找不规范用字”活动。同学们对县城海螺街、龙山公园、盘龙广场等公共场所的文字应用情况进行一次较为彻底的排查、纠错。经过两个多小时的活动，发现不规范用字132处，当场提交相关部门督促整改。12月，安文小学举行庆圣诞英语游园活动。活动从21日开始，内容有英语小报比赛、单词记忆大比拼、英语书写比赛等。

2010年5月，安文小学与县司法局联合举办“法律伴我成长”学生法制漫画展活动。活动分学习竞赛、作品展览两个过程。各班在学习法律知识基础上全员参与竞赛，择优选出350多幅优秀佳作分班级整体排版展出，创作内容涉及交通安全、劳动保护、食品安全、知识产权、惩治腐败、打黄禁赌、未成年人权益保护等法律知识。同年10月,县实验小学举行第四届校园读书节活动。12月,县职业技术学校首届学生社团文化节开幕。活动历时一个月。其间,各学生社团举行校“十佳歌手”、象棋、乒乓球、书法、摄影等比赛活动。

2011年,安文小学以县教育局全面推广“体艺2＋1”活动为契机,大力开展丰富多彩的兴趣小组活动。学校把每周二下午的两节课定为兴趣活动时间,开设英语、田径、舞蹈、鼓号、象棋、书画、电脑、跳绳、乒乓球、科技等18个校级兴趣小组和36个班级兴趣小组,引导和组织学生人人参加至少一项兴趣活动。学生根据自身特长参加校级兴趣小组,也可参加班内兴趣小组。为使兴趣活动有特色,学校从辅导教师的安排,兴趣小组成员、活动地点、活动内容的确定,以及管理考核制度的制订等方面进行精心策划,制订详细的活动方案。活动方案要求明确:面向全体学生,以培养兴趣、开发智力、提高素质为目的,让每个学生享受成功的喜悦。同年4月,安文初中举行为期一个月的“首届读书节”活动。活动中,学校举办读书沙龙、读书征文活动,开展“书香名师”“书香班级”“书香家庭”“读书小博士”“读书小硕士”等评选活动。为营造读书氛围,学校为每个班级定做一个书柜,创设班级图书角。5月,县实验初中首届读书节隆重开幕,读书节指导学生制订读书计划、开展征文比赛、向学生推荐好书、评选书香班级和书香教师等活动。

2012年3月,双溪小学举行“第三届校园读书节”启动仪式。为进一步提升学校办学品位,彰显童话教育特色,该校利用《“金色少年”等级评价手册》这一载体,开展每月一主题的特色教育活动,努力为学生搭建展示自我、体验成功的平台,精心打造“七彩童话”品牌。每年的三月以“看的童话”为主题,举办“水娃娃游书海”读书节,开设“好书推荐会”与“跳蚤书市”,组织读书征文、课外知识竞赛,开展书香班级、阅读之星评选等活动;四月以“讲的童话”为主题,举办“芝麻开门”故事节,开展讲故事、演讲比赛,评选“故事大王”等活动;五月以“编的童话”为主题,举办“小鲤鱼跳龙门”创作节,开展写童话、童话接龙、改编童话剧等活动。“六一”、元旦以“演的童话”为主题,举办“七彩童话、精彩童年”童话节,开展童话剧表演、主持人选拔、童话之星评选等活动;九月以“画的童话”为主题,举办“我是小马良”美术节,进行童话人物创作、连环画创作、道具制作、手抄小报、插图设计等评比活动;十月以“唱的童话”为主题,举办“小百灵的舞台”音乐节,组织校园小歌手、经典诵读、英语歌曲演唱、合唱等比赛活动;十一月以“玩的童话”为主题,举办“新龟兔赛跑”体育节,组织羽毛球、跳绳、田径、象棋、乒乓、趣味运动会等比赛,评选“运动之星”。同年5月,县实验初中正式启动为期一个月的第二届校园读书节活动。读书节以“读书开启智慧,自主彰显个性”为主题,举办学生读书征文、名篇名段集体诵读和感动中国颁奖词诵读等比赛。活动结束,学校进行“书香班级”“书香教师”等评比与表彰。同月,县职教中心技校校区举行第五届师生技能大比武活动。比赛以“以赛促练,突出技能,展示风采”为主题,包括学生专业技能比武和教师专业技能教学论坛。学生组的比赛以专业组为单位,开展点钞、服务礼仪、机械、汽修、中餐摆台、幼师弹唱等18个项目的比武,共有428人次参赛,每个项目角逐出优胜者。12月,安文小学举行第七届快乐英语周活动。活动内容有英语朗读模仿秀、圣诞贺卡秀、英语书写秀、英语小报秀、英语节目秀、校园跳蚤市场等。

2015年,磐安中学一屏一窗口、一石一古训、一楼一名称、一灯一语录、一隙一歌声的尚美校园特色文化建设逐渐彰显特色。

二、学科竞赛

教学管理部门组织的学科竞赛,是对课堂教学效果检验与促进的辅助方式,也是对学有余力的学生的一种激励方式，适量的竞赛，有助于推动学校与教师将人才培养列入课堂教学实践环节中。

中学语文学科从1998年到2007年的每年11月，举行初高中学生现场作文竞赛。2008年后，现场作文竞赛与金华市教研室组织的初高中学生作文竞赛对接，并延续到2011年。

2001年，组织参加金华市中学生现场作文竞赛，取得一等奖5人、二等奖4人、三等奖16人的成绩。

2003年12月，组织参加金华市现场作文，初中组获一等奖1人，二等奖4人，三等奖6人；高中组获一等奖1人，二等奖4人，三等奖2人。

2004年11月开始，中学语文学科在“磐安教研网”开设“中学生演武厅”专栏，为初高中学生发表习作并给予点评。到2005年11月，在“中学生演武厅”发表的学生习作达139篇。县教研室组织人员评选，推出初中生优秀作文83篇，高中生优秀作文29篇。

2007年11月，组织参加市“金外杯”初中生作文竞赛。磐安县学生获一等奖2人，二等奖5人，三等奖2人。

2012年开始，初高中交替参加全国“语文报杯”中学生作文竞赛。3年时间，中学生获得市一等奖60多人，省一等奖30人，全国三等奖以上12人。

1997年来，中学生一直有县级和全国级的英语能力竞赛。1997年，4位学生参加全国中学生（初三组）英语能力竞赛获全国一等奖。

2009年开始，举行省、市、县三级的高一高二学生参加英语口语大赛；县、市级初三学生英语写作大赛和中学生英语阅读大赛轮流举行。

2007年，磐安中学黄河啸参加省高中学生英语口语大赛，并荣获金华市一等奖。

高中物理学科，1991年以来每年选拔学生参加全国中学生物理竞赛。全县获全国三等奖30多人次，省三等奖以上120多人次，市一等奖以上200多人次。

1987年开始，化学学科竞赛由各级化学会和教研室联合举办，对象是高二学生和少数高一学生，等第有全国级和省级的奥林匹克竞赛。2002年以来全县获省三等奖以上47人次，市一等奖以上达27人次。其中，2002年磐安中学12名学生获全国奥林匹克化学竞赛省一等奖，团体总分列金华市第一名，并获浙江省优胜集体称号。2004年磐安中学12名同学在省奥林匹克化学竞赛中获奖，团体总分列金华市重点中学第四名。2015年磐安二中一学生在省奥林匹克化学竞赛中获省一等奖。

2003年开始，金华市教研室组织高中学生举行文科综合知识竞赛，磐安县获市级一等奖51人次，获省级奖项16人次。

1991年以来，美术学科组织参加的学生书画竞赛获市一等奖300多人次，省级以上50人次，全国级20人次。组织的县级比赛项目有中小学生现场书画比赛、书法团体赛。

音乐学科1991年以来组织的竞赛有声乐、舞蹈、器乐、曲艺等。2002年，实验小学的韵律操《跳动的心弦》参加浙江省中小学生艺术节，获金华市一等奖。在2005年、2011年、2012年举办的三次浙江省中小学生艺术节比赛中，均获市一等奖。县实验初中参加2013年、2015年的浙江省中小学生艺术节合唱比赛，均获省一等奖。安文初中、磐安中学等学校分别获市一等奖多次。

小学语文学科组织的省市“语文报杯”作文赛已经17届。2009年开始，磐安县组织全县小学生参加比赛获省三等奖以上30人次，市一等奖60人次。全国经典阅读征文、省中小学读书征文、少年文学之星征文大赛、省“书香伴我行”读书征文、艾青杯诗歌赛等赛事，磐安县在省级获奖40多人，市级获奖100多人。

小学数学学科 1998 年组织参加市小学素质教育知识竞赛，有 1 人获市一等奖。

2001 年以来，金华市举行中小学电脑现场作品制作比赛、中小学生信息现场作品比赛，磐安县获市一等以上 50 人次。2014 年参加金华市首届机器人比赛，初中小学获市一等奖 2 人，二等奖各 4 人。

据不完全统计，1990 至 2015 年，全县中小学生参加金华市以上的各类竞赛中，获市一等奖以上 1091 人次，其中国家级 76 人次，省级 282 人次，市级 733 人次。

表 3—23　　学生参加示市以上各类竞赛获奖数据统计表

项　目　名　称	市　　一	省　　级	国　家　级
全国物理竞赛	3	10	5
全国青少年运动会	—	—	3
中学语文报杯作文竞赛	179	86	29
小学“语文报杯”作文竞赛	120	35	10
中小学美术竞赛	142	55	24
“艾青杯”市第二届诗歌大赛	3	—	5
浙江省高中生物知识竞赛	—	16	—
浙江省青少年科技节幼儿趣味竞赛	9	1	—
浙江省化学奥林匹克	27	47	—
浙江省中小学生艺术节合唱比赛	3	3	—
浙江省中学数学竞赛	124	28	—
金华市重点中学文综知识竞	54	1	—
金华市中小学生信息现场作品比赛	16	—	—
金华市小学素质教育知识竞赛	1	—	—
金华市传统校体育比赛	3	—	—
金华市中小学生信息现场作品比赛	10	—	—
金华市初三学生英语写作大赛	17	—	—
金华市高中学生英语读后感大赛	14	—	—
金华市九年级学生英语写作大赛	8	—	—

第四章 中小学体育卫生与安全教育

清末，学堂已经开设体操课。民国12年(1923年)体操课改名体育课。次年，小学体育课程除每周两学时的规定时间外，每日增设一小时的课余活动。1956年，磐安县体育运动委员会成立，磐安县县长兼任主任委员。1968年体育课改名军体课，各教学班设置连排编制。1976年，各校开始实行“两课”(每周两节体育课)、“两操”(早操、课间操)、“两活动”(每周两次课外活动)制度。1984年，磐安县重建县体育运动委员会，设立县体委办公室，县长兼任体委主任。

民国32年(1943年)，磐安县立初级中学、简易师范学校每周开设卫生课1节，学校制定卫生检查制度。中华人民共和国成立后的1950年，磐安县人民政府卫生科为中小学生普种牛痘，预防天花。1966年，磐安境内的11所学校发现流行性脑膜炎，县卫生局和卫生科联合采取防治措施。1984年，全县405所中(职)小学中有校医3人、保健教师30人。

第一节 中小学体育

一、队伍与管理

(一)体育教师队伍

20世纪90年代初，磐安县中小学体育教师队伍的构成大致上为三部分人群——大中专毕业生、民转公教师、兼职体育教师。

小学以中师毕业且具有体育特长的人员为主；中学以体育专科院校毕业的人员为主要教学力量，辅以通过函授、教材教法考试等进修渠道得以“民转公”的部分教师。大中专毕业生接受过师范的正规学习，专业素养好，业务能力强；“民转公”体育教师有一定的教学经验和组织教学的能力，能保证教学质量。后来，随着学校规模的扩大，体育教师开始欠缺，一些学校不得不让其他学科教师兼教体育课，体育课教学质量有所下降。部分学校更是一度出现其他学科教师挪用体育课或体育教师“放羊式”教学等现象。

21世纪初，随着新课程改革的深入发展，体育课时增加，体育教师缺额严重，县教育局通过招聘招考等多种途径充实教师队伍。2015年全县中小学有体育专任教师99名，是1990年的2.68倍。

实施绩效工资制以后，一些学校以体育课平衡教师间的工作量，学校体育课出现乱“搭配”现象。尽管如此，磐安县中小学体育教师在各级各类比赛中还是取得一定成绩。

1991年与1994年，参加金华市体育教坛新秀评比，磐安县体育教师连续两届获得市体育教坛新秀荣誉称号。

1994年，承办金华市体育教研活动，两位体育教师开设市体育公开课，举办小场地自制体育器材运用教学的专题讲座。

2000年至2008年间，参加市级及以上体育学科有关论文评比，获省一等奖1人次，市一等奖10人次。

2003年参加金华市体育“三创教案”评比，获一等奖2人次。

2006年、2008年参加金华市中小学体育教师教学基本功比赛，各获一等奖1人次。

2011年，参加省、市体育教学技能比武，各获一等奖1人次；参加全国体育教学技能比武，获团体一等奖1人次，个人二等奖1人次。

2012至2015年，参加市体育教学论文评比获一等奖8人次。

2014年参加金华市中小学体育与健康教学活动评比，获团体一等奖，个人一等奖3人次。

2015年，根据省市体育学科教学的重点工作组织《体育与健康》“一师一优课”晒课和评比活动。体育学科的8位教师晒课，并被评为市级优质课。

表3—24　　磐安县中小学体育教师数及学历情况一览表

年份	小学					初中					高中				
	专任教师数	本科	专科	中师(高中以上)	高中以下	专任教师数	本科	专科	中专(高中)	高中以下	专任教师数	本科	专科	中专(高中)	高中以下
1990年	14	—	—	11	3	19	—	9	8	2	4	—	4	—	—
1991年	16	—	—	12	4	17	—	7	9	1	5	—	5	—	—
1992年	20	—	—	15	5	16	—	5	8	3	6	—	6	—	—
1993年	12	—	—	9	3	23	—	7	13	3	6	2	3	1	—
1994年	15	—	—	12	3	25	—	7	10	8	6	2	3	1	—
1995年	19	—	—	17	2	28	—	12	7	9	4	2	2	—	—
1996年	21	—	1	19	1	20	—	16	4	—	6	2	4	—	—
1997年	20	—	—	19	1	21	—	17	4	—	7	2	5	—	—
1998年	19	—	—	15	4	19	—	9	8	2	5	—	4	1	—
1999年	23	—	2	20	1	23	—	17	6	—	7	2	4	1	—
2000年	22	—	2	19	1	23	1	16	6	—	10	6	3	1	—
2001年	27	—	—	—	—	18	—	—	—	—	15	—	—	—	—
2002年	26	—	—	—	—	17	—	—	—	—	17	—	—	—	—
2003年	27	—	—	—	—	20	—	—	—	—	15	—	—	—	—
2004年	27	—	—	—	—	21	—	—	—	—	15	—	—	—	—
2005年	35	—	7	25	2	19	4	10	5	—	25	9	16	—	—
2006年	35	—	7	25	2	20	4	12	5	—	18	5	13	—	—
2007年	35	—	7	23	2	21	4	13	5	—	13	—	—	—	—
2008年	32	4	17	11	—	23	—	—	—	—	11	—	—	—	—
2009年	32	5	19	8	—	28	12	8	8	—	15	14	1	—	—
2010年	47	9	25	13	—	28	15	10	3	—	17	15	2	—	—

续表 3—24

年份	小学					初中					高中				
	专任教师数	本科	专科	中师（高中以上）	高中以下	专任教师数	本科	专科	中专（高中）	高中以下	专任教师数	本科	专科	中专（高中）	高中以下
2011年	49	10	26	13	—	29	16	10	3	—	17	15	2	—	—
2012年	51	12	26	13	—	27	15	11	1	—	16	15	1	—	—
2014年	52	15	19	28	—	26	20	5	1	—	17	17	—	—	—
2015年	56	14	19	28	—	27	21	5	1	—	16	16	—	—	—

（二）体育工作管理

1990年，县教研室设专职体育教研员，负责全县体育课教学的业务管理和教研工作。2001年11月前，磐安县中小学体育工作的行政领导为教育局教育科分管科员。是年12月，文化教育局设立体育科，在行政上管理中小学体育工作。

1990年3月，国家教委颁布第8号令，国家体委颁布第11号令，正式施行《学校体育工作条例》。条例规定体育课是学生的必修课，是学校体育的基本教学形式，体育课要根据国家教育主管部门发布的体育教学文件和本地区的教学实际情况，编制体育教学计划进行体育课教学。同年5月，国家教委、国家体委联合发出《关于实施〈学校体育工作条例〉的通知》。《学校体育工作条例》第七条指出："学校应当根据教育行政部门的规定，组织实施体育课教学活动。普通中小学校、农业中学、职业中学、中等专业学校各年级和普通高等学校的一、二年级必须开设体育课。"第九条指出："体育课是学生毕业、升学考试的科目。"是年，磐安教育局下发〔1990〕05号文件，决定在全县初中和高中实行《中学生体育合格标准试行办法》。4月，根据有关学校的申请，教育局下发〔1990〕08号文件，同意高二、维新等六个乡初中暂缓实施《中学生体育合格标准》。9月，开始贯彻执行《学校体育工作条例》。

1991年，使用国家教委制定的"体育合格登记表"。是年12月县教育局组织有关人员对"中学生体育合格试行办法"的实施进行抽查。抽查内容有小学对实施"办法"的管理、体育教师工作、班主任对班级体育活动的管理等。

1992年，教研室组织中小学体育教师到深泽小学参加自制体育器材现场观摩研讨会。深泽小学自制体育器材30多种1000多件，与购买同样数量体育器材需要的资金相比，节约经费2000多元。

1993年，全县开展中小学自制体育器材竞赛活动。是年，根据浙教体字〔1993〕第74号文件精神，体育水平测试列入中考（试行）范畴。

1995年，中考科目中增加体育考试，内容为立定跳远、推铅球、女800米男1000米跑步三个项目。以每项10分共30分计入初中毕业生中考总分。

1998年3月，教育局召开学校体育卫生工作座谈会，探讨学校体育工作存在的问题和对策，明确今后的工作目标与任务，全面提高中小学生的身体素质和竞技水平。当月下发《磐安县学校体育卫生工作座谈会纪要》。

1999年5月，组织开展小学生系列广播操比赛。2000年，组织县中小学体育课堂教学效益研讨会，制订学科教学规范，明确规定今后中小学体育教学按学科"规范要求"进行考核。是年，根据"规范”精神，分别设计学科“教学教研工作管理评价表”“课堂教学质量评价表”“体育综合成绩记录表”。6 月，对全县初中与中心小学的体育教学质量组织检测。

2000 年，磐安县教育委员会下发《关于中考工作的通知》，继续执行初中毕业生升学体育考试的规定。考试项目为篮球运球、立定跳远、推铅球，每项 10 分，共 30 分计入初中毕业生中考总分。

表 3－25　　金华市 2000 年初中毕业学生体育考试项目及评分表

项目/分值	篮球运球(秒)		推铅球(米)		立定跳远(米)	
	男	女	男	女	男	女
10	18	26	10.4	7.1	2.43	1.97
9	24	32	9.8	6.7	2.33	1.90
8	32	40	9.2	6.3	2.25	1.83
7	38	46	8.6	5.9	2.18	1.76
6	43	51	8.0	5.5	2.11	1.69
5	48	56	7.4	5.1	2.05	1.62
4	53	61	6.9	4.8	1.99	1.55
3	57	66	6.4	4.5	1.93	1.48
2	61	70	5.9	4.2	1.87	1.41
1	69	85	5.0	3.6	1.73	1.21

说明:评分成绩不到上档算下档

2003 年，县教育局贯彻执行上级规定，将中考体育改为“初中毕业生身体素质测试”，由原来计入中考总分 30 分改为通过制，作为中考招生录取的必备条件，测试项目设五类六项。跑类:100 米，女 800 米男 1000 米。跳类:立定跳远。投掷类:推铅球。球类:篮球运球。基本体操类:1 分钟跳绳。

2007 年，国家出台《国家学生体质健康标准》，磐安开始实施检测。《国家学生体质健康标准》从身体形态、身体机能和身体素质等方面综合评定学生的体质健康水平，是促进学生体质健康发展、激励学生积极进行身体锻炼的教育手段，是国家学生发展核心素养体系和学业质量标准的重要组成部分，是学生体质健康的个体评价标准。该标准将适用对象划分为以下组别:小学、初中、高中按每个年级为一组，其中小学为 6 组、初中为 3 组、高中为 3 组。2010 年开始，磐安将学生测试数据在磐安教育网等媒体对外发布，教育局将检测结果作为评价学校贯彻体育工作方针的主要参考依据。

2009 年 4 月，县教研室组织“规范为前提，效益为目标”的主题教研活动。以体育课快速有效的组织调动为切入点，进行学科教师“队列队形”练习及其调动队列方法的实际操作和运用培训，对体育课如何规范课堂教学，有效组织调动等方面进行认真、有效地研究和探讨。

2010 年，全县恢复中考体育考试。规定体育为初中毕业生学业考试必考科目之一，体育成绩总分为 30 分。体育平时成绩 15 分:按七年级、八年级、九年级三个学年评定，每一学年 5 分。体质健康水平 5 分:按九年级学生体质健康测试成绩计分，优秀 5 分、良好 4 分、及格 3 分、不及格 2 分。运动技能素质 10 分，测试内容分两大类，每类满分 5 分。第一类为必测项目:男生 1000 米跑，女生 800 米跑。第二类由考生根据自己的兴趣爱好和特长选测一项，篮球运球上篮、排球垫球、足球颠球、羽毛球单手颠球、乒乓球对墙打、毽球、立定跳远、一分钟跳绳、男引体向上或女仰卧起坐、50 米跑。运动技能素质由县教育局统一组织测试。

2011 年，初中毕业生体育考试分值设置改为：体育平时成绩 15 分，体育运动技能考试 15 分。体育运动技能考试由县教育局统一组织，测试内容分三大类：第一类为必测项目，男生 1000 米跑、女生 800 米跑；第二类和第三类为选测项目。第二类篮球运球上篮、排球垫球、足球颠球、50 米跑、仰卧起坐；第三类是立定跳远、羽毛球单手颠球、乒乓球对墙打、一分钟毽球、一分钟跳绳。考生可根据自己的兴趣爱好和特长，在两类项目中各选测一项。每个项目满分 5 分，共计 15 分。

2012 年，县教研室对小学体育课堂教学质量进行随机检测。2012 年初中毕业生体育考试，执行省教育厅文件，按 30 分列入初中毕业生学业考试。其中体育平时成绩 15 分：七、八年级两个学年评定，每一学年 5 分；九年级按 4 月上旬学校组织的耐力测试成绩为准，最高为 5 分。体育运动技能考试 15 分，分三类，每类 5 分。

2013 年，县教研室合卷抽测小学音、体、美、劳等综合学科的基础知识掌握情况。同一年，根据师训有关文件精神，组只体育教师开展 90 学时集中培训。

2014 年，以学科教师讲解时“学生眼睛看老师”为切入口，开展学生良好学习习惯培养的研究，同时开展学科教学质量检测方法的研究和探讨。

2015 年，浙江省“体育与健康”课程指导纲要对体育课提出基本要求：“开始有队列、准备兼体能、教材三个一、复习成环形、放松内容化、少讲需多练、安全组织佳。”县教研室根据这一基本要求组织主题培训，进一步规范体育课教学，并以此作为修订体育课课堂教学评价的参考标准。

二、体育课教学

20 世纪 80 年代中后期，按照教育部的课程设置，磐安县中小学使用浙江省中小学体育课本编写组编写的体育试用本教材，每周开设 2 节体育课。

1992 年秋季，使用浙江省义务教育教材《体育与保健》，小学一至二年级每周安排 2 节体育课，小学三至五年级、初中一至二年级每周 3 节体育课，初中三年级每周 2 节体育课。根据义务教育教学计划，不安排体育课的当天，应有学生的课外体育活动，保证学生在校期间每天不少于一小时的体育锻炼时间。全县各校推行“二课，二操，二活动”规则，即每周两节体育课，每天做广播操、眼保健操，每周安排二次课外体育活动。

1994 年，根据国家教委教基〔1994〕15 号《关于印发中小学语文等 23 个学科教学大纲调整意见的通知》精神，义务教育段体育课调整为每周 2 节。1994 年至 2000 年间，中小学体育课每周 2 课时。

2001 年，国家教育部教基下发〔2001〕28 号文件，依据《国务院关于基础教育改革与发展的决定》以及经国务院同意《基础教育课程改革纲要（试行）》的精神，2001 年秋季起进行义务教育课程改革实验工作。一至六年级设体育课，七至九年级设体育与健康课，以贯彻“健康第一”的原则。七至九年级体育与健康课程标准中要求掌握的健康知识，在体育活动时让学生了解，不得组织笔试。

2003 年秋季，新课程标准（实验稿）将体育课定性为：体育与健康课程是一门以身体练习为主要手段，以增进中小学生健康为评分目的的必修课，是学校课程体育的重要组成部分，是实施素质教育和培养德智体美全面发展人才不可缺少的重要途径。以此，出版社对《体育与保健》这一教材作出新一轮调整，1～6 年级使用《体育》教材，7－12 年级使用《体育与健康》。新课程规定小学 1～3 年级每周安排 3 节体育课，4～6 年级每周安排 2 节体育课。磐安县选用人民教育出版社出版的《体育与健康》教材。

2006 年 9 月,高中体育课程实施模块教学。"模块",就是将内在逻辑联系紧密、学习方式和教学目标相近的教学内容整合在一起,构成小型化的模块课程。体育课程的七大模块,由六个运动技能(球类、体操类、田径类、水上或冰雪类、民间体育类、新兴运动类)与一个健康教育专题构成。

2011 年,实施第二轮课程改革方案。小学体育课程和中学体育与健康课程统一为"体育与健康"课程。课程要求:小学 1～2 年级每周 4 节体育课,小学 3～6 年级每周 3 节体育课。高中体育课为选项教学,每周两节体育课,实施走班、学分制。浙江教育出版社出版《体育与健康》必学内容教师用书。同年。在全国义务教育阶段学校实施"体育、艺术 2+1 项目",即通过学校组织的课内外体育、艺术教育的教学和活动,让每个学生至少学习掌握两项体育运动技能和一项艺术特长,为学生的终身发展奠定良好的基础。磐安县贯彻执行这一精神,体育课结合"体育、艺术 2+1 项目"进行教学,每年进行考核。

三、课外体育活动

20 世纪 80 年代初期,国家教育部重新颁布《国家体育锻炼标准》(以下简称《标准》),磐安县教育局要求各学校每周组织 2 次课外体育活动,活动内容实施《国家体育锻炼标准》设置的项目。每年组织全县的体育达标竞赛,按《标准》设置的小学儿童组、初中少年 2 组(13～15 岁)、高中少年甲组(16～18 岁)的规定项目分类举行。

1991 年国家教委颁发《中学生体育合格标准》,要求保证在校中小学学生每天一小时的体育活动。全县各校有内容、有形式、有计划地安排并组织体育课外活动,开展课外单项的、小型多样的比赛。同时建立和健全早操、课间操和课外体育活动的考勤制度和体育课外活动情况记载。体育课外活动做到时间落实、内容落实、人员落实。

2007 年开始,结合《学生体质健康标准》的全面实施,全县开展学生阳光体育运动,与课外体育活动相结合,将学生课外体育活动纳入教育计划,形成制度。并以此配合体育课教学,保证学生平均每个学习日有一小时体育锻炼时间。

2011 年开始,全县义务教育段学校实施"体育、艺术 2+1 项目",各校在课外活动中有目的地训练学生的体育技能特长。

表 3—26　　盘山中学课外活动安排表

(1991.9.1)

年级 内容 时间	高三 1、2	高二 1、2	高一 1、2	初三 1、2、3	初二 1、2、3	初一 1、2、3
星期一	铅球、篮球	—	沙坑、篮球	排球、单双杠	—	—
星期二	—	沙坑、单杠、篮球	—	—	排球、双单杠	双杆、沙坑
星期三	排球、沙坑、单杠	—	沙坑、单杠、铅球	—	—	—
星期四	—	—	—	篮球、沙坑、铅球	—	排球、沙坑、铅球
星期五	—	排球、沙坑	—	—	沙坑、单杠、篮球	—

附1：

胡宅小学"阳光体育与祖国同行"冬季长跑活动方案

活动主题：阳光体育与祖国同行；

对象：全校师生；

时间：2008年10月27日至2009年4月30日。

地点：一、二年级学校操场；三—六年级校外公路。

活动保障：

1.成立领导小组明确职责：2.学习提高健康意识；3.全员参与强化过程管理。

实施内容：

1.认真学习《"阳光体育运动"实施方案》，结合本校实际情况制定活动方案。减轻学生课业负担，不拖课，保证学生课间休息时间，开足上足体育课，按照国家课改新标准执行。

2.认真做好眼保健操和广播体操，要求老师督促学生做操时节奏整齐、动作规范到位。

3.开展"大课间"30分钟特色体育活动，每天在早操后以班级为单位进行丰富多彩的文体活动，包括踢毽子、跳绳、跳大绳、游戏等。要求每个学生自备一个毽子、一条跳绳，天天带到学校。

4.组织开展乒乓球、象棋、篮球等兴趣活动，丰富学生课余文化生活。

5.举行学校运动会、社会实践、春游秋游、广播操、象棋赛和"六一节"系列活动。

6.在2008年10月27日至2009年4月30日期间，组织冬季长跑活动。

具体要求：

学生每天长跑距离基数为1000米。在法定工作日每天以班级为单位组织学生完成跑步里程，节假日和寒假期间要求学生自觉坚持长跑并做好记录。学校、班级要做好每日长跑活动情况记录，在冬季长跑活动结束时，统计每个学生冬季长跑的总里程，每位小学生至少达到120公里。

附2：

深泽小学2013学年"体艺3+2"安排表

（2013年9月）

班级	周一	周二	周三	周四
一(1)	跳绳	竖笛	集体舞、武术操	健美操
一(2)	跳绳	竖笛	集体舞、武术操	健美操
一(3)	健美操	竖笛	集体舞、武术操	跳绳
一(4)	跳绳	竖笛	集体舞、武术操	健美操
二(1)	跳绳	竖笛	集体舞、武术操	乒乓球
二(2)	跳绳	竖笛	集体舞、武术操	乒乓球
二(3)	跳绳	竖笛	集体舞、武术操	乒乓球

续表

班级	周一	周二	周三	周四
二(4)	跳绳	竖笛	集体舞、武术操	乒乓球
二(5)	跳绳	竖笛	集体舞、武术操	乒乓球
三(1)	跳绳	竖笛	集体舞、武术操	年级特色
三(2)	跳绳	竖笛	集体舞、武术操	年级特色
三(3)	跳绳	年级特色	集体舞、武术操	竖笛
三(4)	竖笛	跳绳	集体舞、武术操	年级特色
四(1)	竖笛	跳绳	集体舞、跳大绳	武术操
四(2)	竖笛	跳绳	集体舞、跳大绳	武术操
四(3)	跳绳	竖笛	集体舞、跳大绳	武术操
五(1)	竖笛	跳绳	集体舞、毽子	武术操
五(2)	跳绳	竖笛	集体舞、毽子	武术操
五(3)	竖笛	跳绳	集体舞、毽子	武术操
六(1)	竖笛	跳绳	集体舞、羽毛球	武术操
六(2)	竖笛	跳绳	集体舞、羽毛球	武术操
六(3)	竖笛	跳绳	集体舞、羽毛球	武术操

任课教师安排：

1.“体艺3+2”活动时间，教师按2013学年第二学期教师跟班安排表跟班。

2.年级特色项目确定后，活动时间由各班班主任跟班。

附3：

磐安县安文小学大课间安排表

一、活动时间：每周一到周五上午第一节课后10点10到10点40分。

二、教师安排：各班班主任

三、内容安排：1.进场(3分钟)；2.分年段广播操：希望风帆(5分钟)＋团体项目；3.后操场年级分项活动时间(15分钟)；4.退场(5分钟)。

四、场地安排：教学楼前和前操场，做操所在区域。

五、活动要求：1.有序开展活动，安全第一。班主任必须强调大课间活动纪律和安全，严格按照学校规定开展大课间。2.各项目活动班主任要参与指导监督，必须在规定活动区域内开展。3.班主任带领学生积极开展活动，及时进行安全教育，杜绝伤害事故的发生。

六、广播操做操安排：

双周：一二三年级，四年级(1)至(4)班；单周：五六年级，四年级(5)(6)班。

体质健康练习项目和器材安排：轮到仰卧起坐项目的班级，每班领取10个垫子。

时　间	年　级	活　动　内　容
周　二	一、五年级	跳绳(一分钟限时跳110以上或连续2—3分钟跳)
	二年级	50M(迎面接力)
	三、六年级	仰卧起坐(可以采用一分钟限时25个以上或一次性完成40个算一组,每天完成2—3组)
	四年级	柔韧练习(见附件1)
周　三	一、五年级	仰卧起坐(可以采用一分钟限时30个以上或一次性完成45个一组,每天完成2—3组)
	二年级	跳绳(一分钟限时跳130以上或连续2—3分钟跳)
	三、六年级	柔韧练习(见附件1)
	四年级	50M*8
周　四	一、五年级	柔韧练习(见附件1)
	二年级	跳绳
	三、六年级	接力跑
	四年级	仰卧起坐(可以采用一分钟限时30个以上或一次性完成40个算一组,每天完成2—3组)
周　五	一、五年级	柔韧练习(见附件1)
	二年级	仰卧起坐(可以采用一分钟限时20个以上或一次性完成35个算一组,每天完成2—3组)
	三、六年级	50M(单人迎面接力或多人滚雪球)
	四年级	跳绳(一分钟限时跳135以上或连续2—3分钟跳)

说明:周一为升旗仪式

附4:

2012学年磐安县初中学生体质健康情况统计表

序　号	学校名称	样本数	优秀率(%)	良好率(%)	及格率(%)	不及格率(%)
1	盘山中学	165	4.2	53.3	84.2	15.8
2	仁川初中	386	9.33	51.3	22.54	16.84
3	冷水中心校(初中)	235	3.83	41.28	34.04	20.85
4	实验初中	1573	20.6	50.86	13.54	15.0
5	安文初中	1078	5.11	43.27	22.66	28.97
6	新渥初中	383	17.23	39.69	27.15	15.93
7	玉山初中	444	20.72	58.11	13.29	7.88
8	尚湖初中	560	1.61	53.39	28.57	16.43
9	深泽初中	349	4.87	60.46	21.2	13.47
10	方前中心校(初中)	133	0.0	34.09	43.94	21.97
11	尖山初中	750	0.67	29.07	52.0	18.27
12	盘山中学	165	4.22	48.8	30.12	16.87

附 5:

2015 学年磐安县学生体质健康情况公布表

2015 学年磐安县小学五年级学生体质健康情况一览表

公布单位:磐安县教育局　公布日期:2016 年 1 月 6 日

序号	学校名称	测试年级	在籍学生数	测试学生数	国家学生体质健康测试情况						名次
					优秀(%)	良好(%)	及格(%)	优良率(%)	总达标率(%)	近视率(%)	
1	实验小学	五年级	461	461	8.89	52.93	37.31	61.82	99.13	41.21	2
2	安文小学	五年级	335	335	4.18	32.24	59.40	36.42	95.82	64.18	8
3	深泽小学	五年级	204	204	11.8	62.7	18.6	74.5	93.1	6.5	15
4	新渥小学	五年级	209	209	4.31	23.92	68.42	28.23	96.65	6.22	7
5	冷水中心校	五年级	106	106	1.9	30.2	63.2	32.1	95.3	24.5	9
6	仁川小学	五年级	112	112	0	38.39	60.71	38.39	99.1	13.39	3
7	双峰小学	五年级	34	34	0	20.6	73.5	20.6	94.1	11.76	14
8	窈川小学	五年级	21	21	14.29	47.62	38.1	61.91	100	14.29	1
9	双溪小学	五年级	42	41	2.44	19.51	73.17	21.95	95.12	14.28	11
10	玉山小学	五年级	107	107	16.82	49.53	30.84	66.35	97.19	15.89	6
11	尖山小学	五年级	225	225	8.44	47.11	43.11	55.55	98.67	12.44	5
12	尚湖小学	五年级	175	175	2.3	26.3	65.7	28.6	94.3	8	13
13	万苍小学	五年级	58	58	1.72	8.62	72.41	10.34	82.75	3.48	17
14	胡宅小学	五年级	37	37	10.8	27.0	56.8	37.8	94.6	0	12
15	九和小学	五年级	18	18	0	0	88.9	0	88.9	11.1	16
16	方前中心校	五年级	62	62	1.61	24.19	69.35	25.81	95.16	9.68	10
17	大盘小学	五年级	80	80	2.50	42.50	53.75	45	98.75	17.50	4

2015 学年磐安县初一年级学生体质健康情况一览表

公布单位:磐安县教育局　公布日期:2016 年 1 月 6 日

序号	学校名称	测试年级	在籍学生数	测试学生数	国家学生体质健康测试情况						名次
					优秀(%)	良好(%)	及格(%)	优良率(%)	总达标率(%)	近视率(%)	
1	实验初中	初一	567	567	4.23	30.86	58.73	35.1	93.83	68.25	4
2	安文初中	初一	356	355	1.12	16.19	66.19	17.31	83.5	62.2	10
3	深泽初中	初一	137	137	0.73	10.95	71.53	11.68	83.21	51.82	11
4	新渥初中	初一	165	159	5.03	35.85	52.20	40.88	93.08	30.82	5
5	冷水中心校	初一	83	83	0	19.3	65.1	19.3	84.3	36.1	9

续表

序号	学校名称	测试年级	在籍学生数	测试学生数	国家学生体质健康测试情况						名次
					优秀（%）	良好（%）	及格（%）	优良率（%）	总达标率（%）	近视率（%）	
6	仁川初中	初一	100	100	1	17	70	18	88	43	7
7	尚湖初中	初一	226	226	1.8	15.4	67.8	17.2	85	21	8
8	玉山初中	初一	159	159	1.25	28.30	64.78	29.56	94.34	48.42	3
9	尖山初中	初一	256	256	4.30	25	63.67	29.30	92.97	20.31	6
10	盘山中学	初一	43	43	4.65	34.88	60.47	39.53	100	30.2	1
11	方前中心校	初一	36	36	13.89	41.67	41.67	55.56	97.22	16.67	2

2015学年磐安县高一年级学生体质健康情况一览表

序号	学校名称	测试年级	在籍学生数	测试学生数	国家学生体质健康测试情况						名次
					优秀（%）	良好（%）	及格（%）	优良率（%）	总达标率（%）	近视率（%）	
1	磐安中学	高一	492	491	6.3	54.06	39.44	60.36	99.8	88.61	1
2	磐安二中	高一	564	564	5.14	37.94	55.14	43.08	98.22	52.30	2
3	职教中心技校校区	高一	432	415	2.41	18.8	68.43	21.2	89.64	52.08	4
4	职教中心三中校区	高一	98	98	2	23.5	68.4	25.5	93.9	44.3	3

2015学年磐安县高一年级学生体质测试数据按生源地学生体质情况一览表

高一生源地学校	高一参加体测人数	优秀（%）	良好（%）	及格（%）	优良率（%）	总达标率（%）	名次
尖山初中	172	2.91	29.65	66.86	32.56	99.42	1
尚湖初中	139	2.16	38.13	58.27	40.29	98.56	2
仁川初中	102	4.90	39.22	53.92	44.12	98.04	3
新渥初中	101	2.97	36.63	57.43	39.60	97.03	4
玉山初中	119	4.20	45.38	47.06	49.58	96.64	5
安文初中	272	5.51	36.03	54.41	41.54	95.96	6
盘山中学	49	2.04	30.61	63.27	32.65	95.92	7
实验初中	420	5.48	40.95	48.81	46.43	95.24	8
冷水中心校	62	8.06	37.10	50.0	45.16	95.16	9
深泽初中	73	9.59	35.62	47.95	45.21	93.15	10
方前中心校	39	0	25.64	61.54	25.64	87.18	11
外县	21					90.48	

2015学年磐安县小学五年级学生体质健康情况一览表

磐安县教育局　2016年1月6日

序号	学校名称	测试年级	在籍学生数	测试学生数	国家学生体质健康测试情况						名次
					优秀(%)	良好(%)	及格(%)	优良率(%)	总达标率(%)	近视率(%)	
1	实验小学	五年级	461	461	8.89	52.93	37.31	61.82	99.13	41.21	2
2	安文小学	五年级	335	335	4.18	32.24	59.40	36.42	95.82	64.18	8
3	深泽小学	五年级	204	204	11.8	62.7	18.6	74.5	93.1	6.5	15
4	新渥小学	五年级	209	209	4.31	23.92	68.42	28.23	96.65	6.22	7
5	冷水中心校	五年级	106	106	1.9	30.2	63.2	32.1	95.3	24.5	9
6	仁川小学	五年级	112	112	0	38.39	60.71	38.39	99.1	13.39	3
7	双峰小学	五年级	34	34	0	20.6	73.5	20.6	94.1	11.76	14
8	窈川小学	五年级	21	21	14.29	47.62	38.1	61.91	100	14.29	1
9	双溪小学	五年级	42	41	2.44	19.51	73.17	21.95	95.12	14.28	11
10	玉山小学	五年级	107	107	16.82	49.53	30.84	66.35	97.19	15.89	6
11	尖山小学	五年级	225	225	8.44	47.11	43.11	55.55	98.67	12.44	5
12	尚湖小学	五年级	175	175	2.3	26.3	65.7	28.6	94.3	8	13
13	万苍小学	五年级	58	58	1.72	8.62	72.41	10.34	82.75	3.48	17
14	胡宅小学	五年级	37	37	10.8	27.0	56.8	37.8	94.6	0	12
15	九和小学	五年级	18	18	0	0	88.9	0	88.9	11.1	16
16	方前中心校	五年级	62	62	1.61	24.19	69.35	25.81	95.16	9.68	10
17	大盘小学	五年级	80	80	2.50	42.50	53.75	45	98.75	17.50	4

四、体育传统项目学校与竞赛

“体育项目学校”分为国家级、省级、地市级和县级，实行审定命名制度。已获得命名的传统项目学校每年按要求分别向体育局、教育局上报书面工作总结和相关基础信息变更情况。县体育局、教育局每年对全县各级传统项目学校的项目资金落实、场地设备到位和使用情况、体育人才培养、课程教学、训练竞赛等进行绩效考评。已被命名“体育传统项目学校”的，经年度考评或3年期满复评不符合标准的，限期整改，连续两年不符合标准的，经上级体育、教育部门复查核实后取消其称号。地处山区的磐安县学校分散，发展体育运动项目因地制宜各有所长。截至2015年底，全县共有省级传统体育项目学校6所，市级7所，县级2所，申报国家级足球特色学校2所。涵盖足球、篮球、象棋、田径、健美操、乒乓球等项目。

20世纪90年代，全县乒乓球、排球、篮球等竞赛不定期举行。进入21世纪，全县体育运动单项竞赛走上规范化道路，每年年初制定计划，落实竞赛地点，如期举行各项竞赛。竞赛包括象棋、围棋、篮球、足球、乒乓球等诸多项目。

附：

磐安县体育传统项目示意图

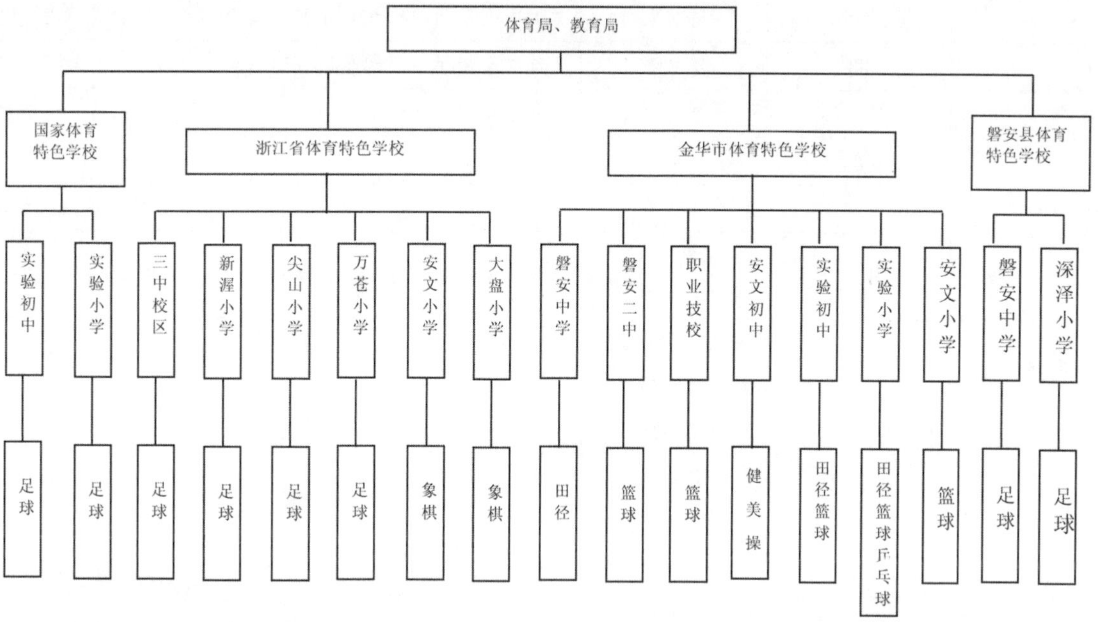

五、全县中小学生田径运动会

举办每年一度的全县中小学生田径运动会，可以检验各学校体育教学成果，有利于展示学生运动员的精神风貌。截至 2015 年，全县中小学生田径运动会举办 30 届，该运动会已成为全县年度体育工作的常规项目。

一般情况下，每年三四月份，县教育局与体育局联合下文，计划安排全县中学生田径运动会赛程。全县中小学生田径运动会每年 10 月中旬举行，历时 3 天。2009 年开始，由具备条件的学校轮流承办，承担开幕式、场地器材准备等任务。每届运动会分设高中组、初中甲组、初中乙组、小 A 甲组、小 A 乙组、小 B 甲组以及小 B 乙组 7 个组别。

2009 年以来先后承办全县中小学生田径运动会的学校依次是：实验小学，实验初中，安文小学，磐安二中，磐安中学，尖山小学。2015 年第 30 届运动会由县职业技术教育中心承办，全县共有 32 支代表队、615 名运动员参赛，分设 19 个项目举行比赛。

附 1：

磐安县田径最高纪录情况

磐安县田径最高纪录运动员名单

一、男子组：

项　目	成　绩	创造者	运　动　会　名　称	时　间
100 米	10″9	叶剑锋	市第十四届中小学生田径对抗赛	2001 年 4 月金华
200 米	22″5	孔杭臣	市青少年田径锦标赛	2004 年 11 月金华

续表

项　　目	成　绩	创造者	运　动　会　名　称	时　　间
400 米	51″3	袁斌峰	市第十九届中小学生田径运动会	2004 年 4 月金华
800 米	2′02″4	陈方正	县第二十七届中小学生田径运动会	2012 年 10 月磐安
1500 米	4′23″2	陈方正	县第二十六届中小学生田径运动会	2011 年 10 月磐安
3000 米	9′36″0	陈旭升	省青少年田径运动会	1983 年 7 月天台
5000 米	16′39″1	陈旭升	省一届青少年田运会	1984 年 9 月杭州
10000 米	36′46″7	陈旭升	市首届运动会	1986 年 6 月金华
4×100 米接力	46″0	陈俊辉　杨景峰 陈健安　李志浩	县第三十届中小学生田径运动会	2015 年 10 月磐安
4×400 米接力	3′38″7	周卫东　陈旭升 赵承杭　付前明	市首届运动会	1986 年 6 月金华
跳高	1.85 米	陈旭明	市十四届中小学生田径对抗赛	2001 年 4 月金华
跳远	6.54 米	张建强	市第三届青少年田运会	1994 年 7 月金华
三级跳远	13.66 米	陈旭明	省中学生田径运动会	2001 年 6 月缙云
铅球(7.26kg)	10.01 米	吕　保	县第六届运动会	2010 年 10 月磐安
铁饼(2kg)	28″10 米	卢俊杰	县第六届运动会	2010 年 10 月磐安

二、女子组：

项　　目	成　绩	创造者	运　动　会　名　称	时　　间
100 米	12″6	吕　娜	县第二十六届中小学生田径运动会	2011 年 10 月磐安
200 米	26″5	吕　娜	县第二十五届中小学生田径运动会	2010 年 10 月磐安
400 米	1′00″1	陈贝贝	县第二十八届中小学生田径运动会	2013 年 10 月磐安
800 米	2′21″4	陈贝贝	县第二十九届中小学生田径运动会	2014 年 10 月尖山
1500 米	4′51″1	金秀珠	市中小学生田运会	1988 年 9 月金华
3000 米	10′54″0	金秀珠	市中小学生田运会	1988 年 9 月金华
400 米栏	1′16″3	张琴飞	市首届运动会	1986 年 6 月金华
4×100 米接力	52″5	陈雯倩　倪蕾蕾 曹海妃　吕　娜	县第二十五届中小学生田径运动会	2010 年 10 月磐安
跳高	1.62 米	周艳艳	省青少年田径分龄赛	1991 年 7 月金华
跳远	5.26 米	蔡　艳	省二届青田运会	1988 年 9 月杭州
铅球(4kg)	11.24 米	金鲜艳	市第十三届中小学生田径对抗赛	2000 年 4 月金华
铁饼(1kg)	32.70 米	陈梅娟	市中小学生田运会	1989 年 10 月金华
标枪(600g)	35.78 米	应春兰	县第二十三届中小学生田径运动会	2008 年 10 月磐安

三、男子(16～17 岁)组：

项　　目	成　绩	创造者	运　动　会　名　称	时　　间
100 米	11″1	孔杭臣	市青少年田径锦标赛	2004 年 11 月金华
200 米	22″5	孔杭臣	市青少年田径锦标赛	2004 年 11 月金华

续表

项　　目	成　绩	创造者	运　动　会　名　称	时　　间
400 米	52″0	胡辉煌	县第二十七届中小学生田径运动会	2012 年 10 月磐安
800 米	2′03″7	陈方正	县第二十六届中小学生田径运动会	2011 年 10 月磐安
1500 米	4′23″2	陈方正	县第二十六届中小学生田径运动会	2011 年 10 月磐安
3000 米	9′36″0	陈旭升	省青少年田径运动会	1983 年 7 月天台
5000 米	16′39″1	陈旭升	省一届青少年田运会	1984 年 9 月杭州
110 米栏	15″0	戴爱军	省二届青运会	1988 年 9 月台州
4×100 米接力	46″5	张锦杰　陈　凯 胡辉煌　黄凯杰	县第二十五届中小学生田径运动会	2010 年 10 月磐安
跳高	1.85 米	陈旭明	市十四届中小学生田径对抗赛	2001 年 4 月金华
跳远	6.54 米	张建强	市第三届青少年田运会	1994 年 7 月金华
三级跳远	13.66 米	陈旭明	省中学生田径运动会	2001 年 6 月缙云
铅球(5kg)	13.34 米	赵均业	县第二十五届中小学生田径运动会	2010 年 10 月磐安
铅球(6kg)	11.84 米	潘晓坚	县第二十八届中小学生田径运动会	2013 年 10 月磐安
铁饼(1.5kg)	38.02 米	王冠军	县第十八届中小学生田径运动会	2003 年 10 月磐安
铁饼(2kg)	24.24 米	许旭华	县中小学生田径运动会	1987 年 10 月磐安
标枪(600g)	41.04 米	陈标达	县第二十五届中小学生田径运动会	2010 年 10 月磐安
标枪(700g)	68.10 米	陈俊杰	省少年田径比赛	1996 年 4 月杭州
标枪(700g 竹)	45.95 米	严天海	县中小学生田运会	1990 年 10 月磐安
五项全能	2567 分	孔天德	县中小学生田径运动会	1988 年 10 月磐安
七项全能	3227 分	吕佳彬	县第三十届中小学生田径运动会	2015 年 10 月磐安

四、女子(16～17 岁)组：

项　　目	成　绩	创造者	运　动　会　名　称	时　　间
100 米	12″6	吕　娜	县第二十六届中小学生田径运动会	2011 年 10 月磐安
200 米	26″5	吕　娜	县第二十五届中小学生田径运动会	2010 年 10 月磐安
400 米	1′00″1	陈贝贝	县第二十八届中小学生田径运动会	2013 年 10 月磐安
800 米	2′21″8	徐超颖	县第二十九届中小学生田径运动会	2014 年 10 月尖山
1500 米	4′51″1	金秀珠	市中小学生田运会	1988 年 9 月金华
3000 米	10′54″0	金秀珠	市中小学生田运会	1988 年 9 月金华
100 米栏	16″4	陈雯倩	县第二十五届中小学生田径运动会	2010 年 10 月磐安
400 米栏	1′16″3	张琴飞	市首届运动会	1986 年 6 月金华
4×100 米接力	52″5	陈雯倩　吕　娜 倪蕾蕾　曹海妃	县第二十五届中小学生田径运动会	2010 年 10 月磐安
跳高	1.46 米	陈丹丹	县第十八届中小学生田径运动会	2003 年 10 月磐安
跳远	5.26 米	蔡　艳	省二届青田运会	1988 年 9 月杭州
铅球(4kg)	11.24 米	金鲜艳	市第十三届中小学生田径对抗赛	2000 年 4 月金华

续表

项　　目	成　绩	创造者	运　动　会　名　称	时　　间
铁饼(1kg)	29.62 米	金鲜艳	市中小学生田运会	1998 年 11 月金华
标枪(600g)	35.78 米	应春兰	县第二十三届中小学生田径运动会	2008 年 10 月磐安
标枪(600g 竹)	31.86 米	徐承仙	县少年田径选拔赛	1987 年 5 月磐安
五项全能	1992 分	陈雯倩	县第二十五届中小学生田径运动会	2010 年 10 月磐安

五、男子(13～15 岁)组：

项　　目	成　绩	创造者	运　动　会　名　称	时　　间
100 米	11″5	黄凯杰	县第二十四届中小学生田径运动会	2009 年 10 月磐安
200 米	24″0	李志浩	县第二十八届中小学生田径运动会	2013 年 10 月磐安
400 米	53″2	胡辉煌	县第二十四届中小学生田径运动会	2009 年 10 月磐安
800 米	2′08″7	王惠强	省少年田径比赛	1996 年 4 月杭州
1500 米	4′24″0	陈旭升	省青少年田径运动会	1983 年 7 月天台
3000 米	10′20″2	陈景其	市首届青少年田径运动会	1988 年 5 月金华
100 米栏	17″5	应俊杰	县第二十九届中小学生田径运动会	2014 年 10 月尖山
110 米栏	16″9	吕佳彬	县第二十八届中小学生田径运动会	2013 年 10 月磐安
4×100 米接力	48.4	县　队	市首届运动会	1986 年 6 月金华
跳高	1.71 米	陈　涵	县第十九届中小学生田径运动会	2004 年 10 月磐安
跳远	5.83 米	陈　军	县第二十一届中小学生田径运动会	2006 年 10 月磐安
三级跳远	12.45 米	陈　涵	县第十九届中小学生田径运动会	2004 年 10 月磐安
铅球(3kg)	11.78 米	陈俊杰	市中小学生田径运动会	1992 年 11 月金华
铅球(4kg)	15.34 米	陈俊杰	市中小学生田径运动会	1995 年 11 月金华
铅球(5kg)	11.33 米	张兴未	县第二十二届中小学生田径运动会	2007 年 10 月磐安
铅球(6kg)	11.49 米	潘晓坚	县第二十六届中小学生田径运动会	2011 年 10 月磐安
铁饼(1kg)	39.48 米	王冠军	市第十五届中小学生田运会	1999 年 11 月金华
铁饼(1.5kg)	32.94 米	赵均业	县第二十三届中小学生田径运动会	2008 年 10 月磐安
标枪(300g)	63.48 米	陈俊杰	市中小学生田运会	1993 年 11 月金华
标枪(400g)	66.18 米	陈俊杰	县三运会田径赛	1994 年 7 月磐安
标枪(500g)	65.88 米	陈俊杰	省十运会田径赛	1994 年 9 月杭州
标枪(600g)	44.53 米	吕佳彬	县第二十八届中小学生田径运动会	2013 年 10 月磐安
标枪(600g 竹)	33.82 米	孔天德	县中小学生田运会	1985 年 10 月磐安
标枪(700g)	42.16 米	潘晓坚	县第二十六届中小学生田径运动会	2011 年 10 月磐安
标枪(700g 竹)	41.22 米	马茂苗	县首届青少年田运会	1988 年 5 月磐安
三项全能	961 分	洪章龙	县首届青少年田运会	1988 年 5 月磐安
四项全能	1607 分	吕清源	县第二十九届中小学生田径运动会	2014 年 10 月尖山
五项全能	2226 分	孔天德	县中小学生田径运动会	1987 年 10 月磐安

续表

六、女子(13～15岁)组：

项　　目	成　绩	创造者	运　动　会　名　称	时　　间
100米	12″7	陈美玲	县第二十四届中小学生田径运动会	2009年10月磐安
200米	27″0	陈　伟	市中小学田运会	1987年5月金华
400米	1′03″3	陈贝贝	县第二十六届中小学生田径运动会	2011年10月磐安
800米	2′24″3	金秀珠	市第四届中小学生田运会	1988年11月金华
1500米	5′12″7	金秀珠	市第四届中小学生田运会	1988年11月金华
3000米	11′59″4	孔美玲	市第四届中小学生田运会	1988年11月金华
80米栏	16″2	王亚琴	东运会	1977年5月东阳
100米栏	17″6	陈雯倩	县第二十二届中小学生田径运动会	2007年10月磐安
4×100米接力	54″1	徐　飘　吕　娜 陈美玲　袁　灿	县第二十三届中小学生田径运动会	2008年10月磐安
4×400米接力	4′55″4	镇中队	县中小学生田运会	1991年10月磐安
跳高	1.62米	周艳艳	省青少年田径分龄赛	1991年7月金华
跳远	5.26米	蔡　艳	市中小学生田运会	1987年11月金华
铅球(3kg)	10.33米	陈琛雯	县第十六届中小学生田运会	2001年10月磐安
铅球(4kg)	9.86米	陈梅娟	县中小学生田运会	1987年5月磐安
铁饼(1kg)	32.70米	陈梅绢	市中小学生田运会	1989年10月金华
标枪(400g)	23.46米	陈丽珍	县第十一届中小学生田径运动会	1995年10月磐安
标枪(500g)	32.79米	黄　菲	县第十九届中小学生田径运动会	2004年10月磐安
标枪(600g)	26.32米	陈筱斐	县第二十六届中小学生田径运动会	2011年10月磐安
三公里竞走	17′10″0	金秀珠	市少年田径选拔赛	1987年5月金华
三项全能	1982分	袁　灿	省第八届田径运动会	2007年8月宁波
四项全能	1616分	袁　灿	县第二十三届中小学生田径运动会	2008年10月磐安
五项全能	1416分	陈瑞英	县首届青少年田运会	1988年5月磐安

七、男子(8～12岁)组：

项　　目	成　绩	创造者	运　动　会　名　称	时　　间
60米	8″1	陈哲远	县第二十六届中小学生田径运动会	2011年10月磐安
100米	12″5	陈俊韬	县第三十届中小学生田径运动会	2015年10月磐安
200米	25″9	陈俊韬	县第三十届中小学生田径运动会	2015年10月磐安
400米	58″5	胡辉煌	县第二十二届中小学生田径运动会	2007年10月磐安
800米	2′18″9	周厉斌	县第二十四届中小学生田径运动会	2009年10月磐安
1500米	4′57″0	周厉斌	县第二十四届中小学生田径运动会	2009年10月磐安
100米栏	16″9	陈天强	县第二十九届中小学生田径运动会	2014年10月尖山
4×50米接力	29″4	实验小学	县第十七届中小学生田径运动会	2002年10月磐安
4×100米接力	51″8	二中	县第十七届中小学生田径运动会	2002年10月磐安

续表

项　目	成　绩	创造者	运动会名称	时　间
跳高	1.54米	蔡　健	市五运会	2001年11月东阳
跳远	4.95米	王信杰	县第二十五届中小学生田径运动会	2010年10月磐安
铅球(3kg)	11.88米	王再兴	县第十六届中小学生田径运动会	2001年10月磐安
铅球(4kg)	10.72米	潘　挺	县第十八届中小学生田径运动会	2003年10月磐安
铁饼(1kg)	29.10米	楼振权	县第十八届中小学生田径运动会	2003年10月磐安
标枪(400g)	33.21米	梅叶挺	县第十九届中小学生田径运动会	2004年10月磐安
垒球(25.42)	61.44米	陈俊杰	市中小学生田径运动会	1992年11月金华
三项全能(60)	1120分	陈哲远	县第二十六届中小学生田径运动会	2011年10月磐安
三项全能(100)	98分	潘　挺	县第十八届中小学生田径运动会	2003年10月磐安

八、女子(8～12岁)组：

项　目	成　绩	创造者	运动会名称	时　间
60米	7″9	陈双倩	市第六届运动会	2005年9月金华
100米	12″9	陈双倩	市第六届运动会	2005年9月金华
200米	28″6	陈思雨	县第二十四届中小学生田径运动会	2009年10月磐安
400米	1′04″4	陈涵婷	县第三十届中小学生田径运动会	2015年10月磐安
800米	2′34″4	潜璐瑶	县第二十六届中小学生田径运动会	2011年10月磐安
1500米	5′20″9	赵晓萱	县第二十四届中小学生田径运动会	2009年10月磐安
100米栏	20″1	陈雯倩	县第二十届中小学生田径运动会	2005年10月磐安
4×50米接力	30″2	安文小学	县第十七届中小学生田径运动会	2002年10月磐安
4×100米接力	57″6	朱梦琪　陈卓琳 陈柳梅　胡婉庭	县第三十届中小学生田径运动会	2015年10月磐安
跳高	1.43米	袁　灿	县第二十一届中小学生田径运动会	2006年10月磐安
跳远	4.94米	陈双倩	省第六届田径运动会	2004年7月诸暨
铅球(3kg)	9.71米	孔晓爱	市第十八届中小学生田径运动会	2003年11月金华
铁饼(1kg)	19.30米	陈瑶瑶	县第十八届中小学生田径运动会	2003年10月磐安
标枪(400g)	32.50米	孔晓爱	市第十八届中小学生田径运动会	2003年11月金华
垒球(25.42)	43.06米	吕　帅	县第十三届中小学生田径运动会	1998年10月磐安
三项全能	1528分	陈　雪	县第三十届中小学生田径运动会	2015年10月磐安

磐安县田径最高纪录综合表

项　目	男子组最高纪录	女子组最高纪录	男子16～17岁组	女子16～17岁组	男子13～15岁组	女子13～15岁组	男子8～12岁组	女子8～12岁组
60米	—	—	—	—	—	—	8″1	7″9
100米	10″9	12″6	11″1	12″6	11″5	12″7	13″1	12″9
200米	22″5	26″5	22″5	26″5	24″0	27″0	27″1	28″6

续表

项　目	男子组最高纪录	女子组最高纪录	男　子 16～17 岁组	女　子 16～17 岁组	男　子 13～15 岁组	女　子 13～15 岁组	男　子 8～12 岁组	女　子 8～12 岁组
400 米	51″3	1′00″1	52″0	1′00″1	53″2	1′03″3	58″5	1′05″1
800 米	2′02″4	2′21″4	2′03″7	2′21″8	2′08″7	2′24″3	2′18″9	2′34″4
1500 米	4′23″2	4′51″1	4′23″2	4′51″1	4′24″0	5′12″7	4′57″0	5′20″9
3000 米	9′36″0	10′54″0	9′36″0	10″54″0	10″20″2	11′59″4	—	—
5000 米	16′39″1	—	16″39″1	—	—	—	—	—
10000 米	36′46″7	—	—	—	—	—	—	—
100 米栏	—	—	—	16″4	17″5	17″6	16″9	20″1
110 米栏	—	—	15″0	—	16″9	—	—	—
200 米栏	—	—	—	—	—	—	—	—
400 米栏	—	1′16″3	—	1′16″3	—	—	—	—
4×50 米接力	—	—	—	—	—	—	29″4	30″2
4×100 米接力	46″2	52″5	46″5	52″5	48″4	54″1	51″8	57″8
4×400 米接力	3′38″7	4′55″4	—	—	—	4′55″4	—	—
跳高	1.85 米	1.62 米	1.85 米	1.46 米	1.71 米	1.62 米	1.54 米	1.43 米
跳远	6.54 米	5.26 米	6.54 米	5.26 米	5.83 米	5.26 米	4.95 米	4.94 米
撑竿跳高	—	—	—	—	—	—	—	—
三级跳远	13.66 米	—	13.66 米	—	12.45 米	—	—	—
铅球 3kg	—	—	—	—	11.78 米	10.33 米	11.88 米	9.71 米
铅球 4kg	—	11.24 米	—	11.24 米	15.34 米	9.86 米	10.72 米	—
铅球 5kg	—	—	13.34 米	—	12.57 米	—	—	—
铅球 6kg	—	—	11.84 米	—	11.49 米	—	—	—
铅球 7.26kg	10.01 米	—	—	—	—	—	—	—
垒球 25.42	—	—	—	—	—	—	61.44 米	43.06 米
链球 7.26kg	—	—	—	—	—	—	—	—
铁饼 0.75kg	—	—	—	—	—	—	—	—
铁饼 1kg	—	32.70 米	—	29.62 米	39.48 米	32.70 米	29.10 米	19.30 米
铁饼 1.5kg	—	—	38.02 米	—	32.94 米	—	—	—
铁饼 2kg	28.10 米	—	24.24 米	—	—	—	—	—
标枪 300g	—	—	—	—	63.48 米	—	—	—
标枪 400g	—	—	—	—	66.18 米	23.46 米	33.21 米	32.50 米
标枪 500g	—	—	—	—	65.88 米	32.79 米	—	—
标枪 600g	—	35.78 米	41.04 米	35.78 米	44.53 米	26.32 米	—	—
标枪 700g	—	—	68.10 米	—	42.16 米	—	—	—
标枪 800g	—	—	—	—	—	—	—	—

续表

项　目	男子组最高纪录	女子组最高纪录	男　子 16～17岁组	女　子 16～17岁组	男　子 13～15岁组	女　子 13～15岁组	男　子 8～12岁组	女　子 8～12岁组
三项全能	—	—	—	—	961分	1982分	1120分	1371分
四项全能	—	—	—	—	1607分	1616分	—	—
五项全能	—	—	2567分	1992分	2226分	1416分	—	—
七项全能	—	—	3153分	—	—	—	—	—

附2：

磐安县第三十届中小学生田径运动会竞赛规程

一、比赛日期和地点

2015年10月13日至16日在县塑胶运动场举行。

二、主办单位

磐安县教育局　磐安县体育局

三、承办单位

职教中心技校校区

四、参加单位

高中组：磐安中学、磐安二中、职教中心技校校区、职教中心三中校区4所学校；

初中组：实验初中、安文初中、深泽初中、新渥初中、冷水初中、仁川初中、玉山初中、尖山初中、尚湖初中、盘山中学、方前初中11所学校；

小学A组：实验小学、安文小学、深泽小学、新渥小学、冷水小学、仁川小学、大盘小学、方前小学、玉山小学、尖山小学、尚湖小学11所学校；

小学B组：双峰小学、双溪小学、窈川小学、万苍小学、胡宅小学、九和小学6所学校。

五、比赛分组和项目设置

1. 各年龄组规定：

高中甲组：由正式学籍的在校生。

初中甲组：限2000年9月1日至2002年8月31日间出生者；

　　乙组：限2002年9月1日及以后出生者。

小学甲组：限2003年9月1日至2005年8月31日间出生者；

　　乙组：限2005年9月1日及以后出生者。

2. 各组比赛项目和器材规格附后。

六、参加办法

1. 报名人数：

各单位可报领队1名，每组报教练2名，高中组男、女运动员共20名，男、女人数不限；初中甲组、乙组均报男、女运动员各5名；小学甲、乙组均报男、女运动员各5名。

2. 运动员资格：

①必须具有正式学籍、思想品德好、学习努力，并经医务部门检查证明身体健康的在校学生。少体校学生一律不回原单位参赛，可带成绩参赛，不占报名名额。但市体校学生参赛项目达到县加分标准时，不给予加倍分计入团体总分，只计入该单项成绩所获相应名次的得分计入团体分。

②参加比赛的运动员都必须凭第二代《居民身份证》或《居民身份证》的领条及复印件，于2015年9月11日前到县教育局体育科办理注册登记手续，逾期不予办理。比赛时，凭第二代《居民身份证》、《竞赛证》参赛。

③初中、小学组所有参赛运动员（已经领取第二代身份证的除外）都必须进行骨龄测试，田赛项目凡骨龄超过生活年龄1.5岁（含1.5岁）、径赛项目超过生活年龄1.0岁（含1.0岁）者不予参赛或录取。报名时允许超骨龄者上报一个组别参赛，但报名单中必须注明该运动员的实际生活年龄和超骨龄，否则取消比赛资格。测骨龄时间另行通知。

④骨龄测试中，发现未超骨龄而上报一组参赛者，取消该运动员的比赛资格。

七、竞赛办法

1. 采用国家体育总审定的2012年版《田径竞赛规则》及补充规则执行。

2. 报项规定：高中组每位运动员至多报3项（接力除外），每个比赛项目的人数不限；初中、小学各组别每项限报2人，每人限报2项（接力除外），全能运动员可兼报一个单项，每个运动员可兼报接力，但不能报独项参赛。运动员的参赛资格最后确定后，无故放弃比赛或不认真参加比赛的，取消所有后继项目的比赛资格{包括接力赛}；特殊情况的须经大会医生检查出具证明，由裁判长批准后，方可参加后继项目的比赛。

3. 运动员号码按磐教普(1999)25号、磐体(1999)18号文件的号码分配自备带齐，比赛时，必须将号码布四角缝妥于胸前、背后各一块，直到该项比赛结束，否则取消所获得的名次。

八、录取名次、计分和奖励

1. 各组单项均录取前八名，并按9、7、6、5、4、3、2、1计分，接力赛加倍计分，参赛人数不足录取名次时，计分值不变。高中组运动员达到“二级运动员”标准、初中组运动员达到“三级运动员”标准、小学组运动员达到“少年级”标准分别获得名次分的2倍计入团体总分。破纪录的发给破纪录奖。破县最高纪录的加20分，连续破纪录的最多不超过40分；破县年龄组纪录的加10分，连续破纪录的最多不超过20分；超市纪录（包括年龄组）加25分，连续超市纪录的最多不超过50分。

在同一项目比赛中，破多级纪录不累计加分，只计最高分。

注：在全能项目比赛中，即使1项或多项达到等级运动员标准不加分。

2. 报名人数不足8人（含8人）的项目，按实参赛人数录取，只有1人报名的项目可以改项（即不换人，只改项目）。

3. 团体总分：高中组取前三名，其他各组均录取前六名。各组均以男、女运动员在各单项比赛中的名次得分合计，总分多者名次者列前。若总分相等，则分别依次以超市纪录、破县纪录、第一名多者名次列前（余类推）。

九、抗议和申诉

1. 抗议涉及一个项目的成绩或执行问题，应在该成绩宣告后的30分钟内提出。

2. 向仲裁委员会申诉应采用书面形式，由该运动员所在单位的负责人签名，并附上500元人民币的申诉费，方予受理。

十、报名、报到

1.各单位必须通过田径运动会报名系统上报比赛报名单(运动员号码由编排组统一填写),认真填写各栏目(包括接力赛),运动员注册申请表和运动员注册登记表,否则作弃权论处。

2.2015年9月11日17时整关闭报名系统。

3.报到时间:各代表队于2015年10月13日上午11时前到职教中心技校校区报到,下午2时30分召开领队、教练、裁判长联席会议(地点另定)。

十一、裁判员

1.抽调骨干裁判员:磐中5名、二中5名、实验初中5名、安文初中5名、实验小学5名、安文小学5名,其他学校各1名,不足裁判员由承办学校的教职工中抽调。

2.裁判员于10月13日上午9时前报到,9时30分整召开裁判员培训及分工会议,不得迟到,不得缺席。地点另行通知。

3.承办单位负责落实的内容由:

①大会开幕式(必须有鼓乐队、大型团体操表演);

②大会秩序册印刷、装订、分发;

③场地、器材准备;

④安全保卫及大会服务人员的落实;

⑤后勤保障:大会经费预决算。

十二、指定裁判

吴秦强　　施理远(实验小学)

请于2015年9月14日上午9时前到县教育局体育科报到,参加大会编排和大会准备工作。

十三、经费

各代表队一切费用自理(包括骨龄检测费)。

十四、本规程解释权归主办单位。

十五、未尽事宜,另行通知。

磐安县第三十届中小学生田径运动会项目分组表

组别 项目	高中组		初中				小学			
			甲组		乙组		甲组		乙组	
	男	女	男	女	男	女	男	女	男	女
60M	—	—	—	—	—	—	√	√	√	√
100M	√	√	√	√	√	√	√	√	√	√
200M	√	√	√	√	√	√	√	√	√	√
400M	√	√	√	√	√	√	√	√	√	√
800M	√	√	√	√	√	√	√	√	√	√
1500M	√	√	√	√	√	√	√	√	√	√
3000M	√	√	—	—	—	—	—	—	—	—
5000M	√	—	—	—	—	—	—	—	—	—

续表

项目＼组别	高中组		初中				小学			
			甲组		乙组		甲组		乙组	
	男	女	男	女	男	女	男	女	男	女
100M栏(cm)	—	76.2	—	76.2	76.2	76.2	—	—	—	—
110M栏(cm)	91.4	—	91.4	—	—	—	—	—	—	—
跳高	√	√	√	√	√	√	√	√	√	√
跳远	√	√	√	√	√	√	√	√	√	√
三级跳远	√	—	√	—	—	—	—	—	—	—
铅球(kg)	6	4	5	4	4	3	3	3	3	3
铁饼(kg)	1.5	1	1	1	1	1	—	—	—	—
标枪(g)	700	600	600	500	500	400	—	—	—	—
垒球	—	—	—	—	—	—	√	√	√	√
全能	七	五	四	四	四	四	三	三	三	三
4×100M	√	√	√	√	√	√	√	√	√	√
合计(项)	16	14	14	13	13	13	12	12	12	12

说明:①三项全能(60米、跳高、铅球);②四项全能:男(110米栏、跳高、标枪、1500米)、女(100米栏、跳高、标枪、800米);③五项全能(100米栏、铅球、跳高、跳远、800米);④七项全能(110米栏、跳高、标枪、400米、铁饼、跳远、1500米);⑤跨栏:高男(栏距9.14米,起跑线至第一栏13.72米);高女(栏距8.5米,起跑线至第一栏13米);初男甲(栏距8.5米,起跑线至第一栏13.72米);初女甲(栏距8米,起跑线至第一栏13米);初男乙(栏距8米,起跑线至第一栏13米);初女乙(栏距8米,起跑线至第一栏13米)

第二节　中小学卫生与保健教育

一、学校卫生管理与学生疾病预防

磐安县学校卫生工作在教育、卫生、工商、物价等部门的领导和指导下进行,学校管理组织由分管卫生工作的校级领导负责,班子成员由学校政教处、医务室、生活指导师、班主任和有关学科教师组成。

1993年5月,县教育局和县卫生局联合下发《关于切实加强学校卫生保健工作的通知》(磐教〔1993〕33号、磐卫〔1993〕30号),要求各中小学认真贯彻落实国务院颁布的《学校卫生工作条例》,切实加强学校卫生保健工作,具体为“四要”:一要加强对学校卫生工作的领导;二要建立保健网络;三要抓好学生体检工作;四要积极做好学生常见病防治工作。

1995年8月,金华市教委下发《转发省教委〈关于加强夏秋季急性肠道传染病预防工作的紧急通知〉》(金市教普〔1995〕52号),县教育局结合实际,作出相关部署。

1996年4月,县教育局下发《转发国家教委〈关于加强学生健康教育、防止意外事件发生的通知〉》(磐教教〔1996〕02号)。是月,下发《转发省教委、省卫生厅〈关于加强学生碘缺乏病宣传预防工作的通知〉》(磐教教〔1996〕04号)。同月，县卫生局、县教育局、县物价局联合下发《关于开展重点人群补碘服药工作的通知》(磐卫〔1996〕52号)(磐教〔1996〕34号)(磐价〔1996〕31号)。5月，县卫生局、县教育局、县物价局联合下发《关于开展中小学生、学前幼儿集体驱蛔工作的通知》。

1998年2月，县教委和县卫生局下发《关于开展重点人群补碘服药工作的通知》(磐教〔1998〕08号)(磐卫〔1998〕14号)，落实重点人群补碘服药工作。3月，县卫生局、县教委、县工商行政与物价管理局、县财政局联合下发《关于开展中小学生幼儿常见病防治工作的通知》(磐卫〔1998〕18号)。4月，县教委下发《转发省教委〈关于防止学生中毒事件发生的紧急通知〉》(磐教普〔1998〕12号)，文件就学生所用的驱虫、灭虱、碘油丸等药品的质量以及学校食堂和校内商店的管理提出要求。

2002年8月，省教育厅和省卫生厅下发(浙教体〔2002〕169号)文件，将教育部、卫生部《关于加强学校预防艾滋病健康教育工作的通知》(教体艺〔2002〕5号)转发各县市，县文教局收文后，组织召开全县中小学预防艾滋病健康教育工作，按照上级文件精神予以贯彻落实。

2003年4月30日，金华市教育局下发《转发关于做好中小学和幼儿园非典型肺炎防治工作的通知》(金市教综〔2003〕24号)；同日，市教育局下发《关于印发〈金华市教育系统SARS突发疫情处理预案〉的紧急通知》。5月1日，县文教局组织中小学校长、幼儿园园长及直属单位负责人召开非典型肺炎防治工作专项会议，同时下发(磐文教〔2003〕38号)《关于印发〈磐安县文化教育局非典型肺炎应急处置方案〉的通知》，部署落实非典型肺炎防治工作。2003年5月，县文化教育局连续转发《关于印发应恩民局长在市属学校(单位)防治"非典"工作紧急会议上讲话的通知》(金市教办基〔2003〕46号)和《关于加强金华市中小学信息技术等级考试期间"非典"防治工作的紧急通知》(金市教基〔2003〕13号)及(金市教综〔2003〕36号)《转发浙江省教育厅关于进一步落实教育系统"非典"预防和控制各项措施的通知》(浙教基〔2003〕131号)《关于做好2003年高中招生和证书会考期间"非典"防治工作的通知》等文件。同时，磐安县文化教育局结合全县实际，下发(磐文教〔2003〕39号)《关于近期非典型肺炎预防和控制工作的紧急通知》和(磐文教〔2003〕44号)《关于印发〈磐安县文教系统非典型肺炎突发疫情处置程序〉的紧急通知》。对中小学"非典"防治工作作出周密部署，制定措施，责任到校、到班级、到个人，落实一日两报告制度，出台禁止教师外出学习考察等一系列非常规制度。6月，又转发(金市教综〔2003〕40号)《转发教育部关于做好教育系统防治非典型肺炎工作宣传提纲的通知》，结合磐安县实际，对中小学"非典"防治工作作出安排。

2005年3月，因玉山区域部分学校学生发生流行性腮腺炎病例，安文区域发现麻疹病例，县文教局下发《关于进一步重视学校传染防治工作的紧急通知》(磐文教〔2005〕34号)，要求各中小学幼儿园加强防治工作。5月，县文教局、县卫生局联合印发《关于对幼儿入托、学生入学查验预防接种证工作的通知》(磐教〔2005〕3号)，文件规定：凡是2005年9月1日起上学的儿童都要凭百白破疫苗、卡介苗、脊灰糖丸、乙肝疫苗、麻疹疫苗、流脑疫苗、乙脑疫苗7种接种证入园入学。

2008年8月，县教育局下发《关于加强学生管理、促进学生健康成长的若干意见》(磐教〔2008〕68号)，从思想认识、学生管理、保障措施三个方面提出要求。

2009年6月，为做好高考和中考期间应对考试安全突发事件的能力和甲型H1N1流感防治工作，确保高考和中考顺利进行，县高招委、县教育局和县卫生局联合下发《磐安县高等教育招生考试委员会关于印发〈磐安县2009年高考中考期间甲型H1N1流感防治工作实施办法及紧急情况处理预案〉的通知》(磐高招委〔2009〕6号)。9月，根据全省甲型H1N1流感防控视频会议精神，结合磐安实际，县卫生局和县教育局联合下发《关于切实做好学校及托幼机构甲型H1N1流感防控工作的通知》(磐卫〔2009〕85号），就做好学校、托幼机构甲型H1N1流感防控工作提出明确要求。10月，县尖山初中出现3例甲型H1N1流感确诊病例，并有部分学生体温超过38度。随后几天每天都新增一定数量的流感病例，并有向其他学校蔓延的趋势。为切实做好甲型H1N1流感防控工作，保障全县广大中小学生和幼儿的身心健康，县教育局下发《磐安县教育局关于切实做好当前甲型H1N1流感防控工作的通知》（磐教〔2009〕82号），落实各项防控措施，实施日报告制度。

2010年6月，针对全县学校及校园周边食品安全存在的安全隐患和薄弱环节，县食安委办下发《关于印发〈学校及校园周边食品安全专项整治工作方案〉的通知》（磐食安委办〔2010〕12号）。是年8月，根据周边县市食物中毒事件频发，食品安全形势严峻的现状，县食安委办下文《磐安县食品安全委员会办公室转发金华市食品安全委员会办公室关于进一步加强食品安全工作的通知》（磐食安委办〔2010〕17号），就全县食品安全防范工作作出部署。同月，卫生部、教育部联合下发《关于印发〈学校结核病防控工作规范（试行）〉的通知》，全县组织各校认真学习，遵照执行。9月，县教育局转发《关于建立金华市学校卫生工作合作机制的通知》（金卫〔2010〕66号）及《关于印发〈2010－2012年金华市消除麻疹行动方案〉的通知》（金卫防〔2010〕32号），并组织各校学习贯彻两个文件精神。

2011年2月，县教育局转发《关于加强学校和托幼机构春季传染病防控工作的通知》（金卫防〔2011〕3号），明确学校和托幼机构春季传染病防控工作要求。是年6月，县教育局转发《浙江省教育厅办公室关于印发〈浙江省学校食品安全十必须〉的通知》（浙教办体〔2011〕73号），组织各学校认真学习。学校食品安全“十必须”具体为：学校必须建立健全以校长为第一责任人的食品安全责任制度，学校食堂和副食品店必须建立健全食品管理的规章制度，学校食品从业人员必须有良好的卫生习惯并持证上岗，学校食堂和副食品店必须严把食品采购进货关，学校食堂和副食品店必须建立健全食品验收贮存制度，学校食堂食品加工供应必须符合国家卫生标准，学校食堂必须建立食品留样制度，学校食堂必须坚持每天保洁，学校食堂必须规范使用食品添加剂，学校必须提供符合卫生标准的饮用水。是年10月，县卫生局和县教育局联合下发《关于印发磐安县初三学生麻风疫苗加强免疫接种工作实施方案的通知》（磐卫〔2011〕84号），全县将初三学生麻风联合疫苗接种工作纳入省级常规加强免疫程序。

2012年3月，县卫生局和县教育局联合下发《关于开展2012年度托幼机构工作人员健康体检的通知》（磐卫〔2012〕17号），安排全县托幼机构工作人员体检。同月，两部门又下发《关于开展2012年度城区托幼机构儿童体检的通知》（磐卫〔2012〕18号），对城区托幼机构儿童的健康检查作具体安排。

2013年1月，县教育局下发《磐安县教育局关于认真做好当前甲型H1N1流感防控工作的通知》（磐教〔2013〕5号），对各校甲型H1N1流感防控工作进行部署。3月，县教育局安监科和县卫生监督所联合开展校园卫生安全健康系列行动大检查。根据磐卫〔2013〕10号文件“两覆盖”的要求，检查范围为全县31所中小学校，检查内容为“校园卫生安全健康1号行动”的落实情况，包括学校卫生工作组织管理、学生传染病与常见病防控工作开展、学校突发公共卫生事件应急预案制订、学校开展健康教育工作、2012年学校组织学生体检工作及常见病患病、学校卫生工作自查结果以及学校卫生工作台账的建立等。检查中，卫生监督所向每所学校下发“学校卫生监督意见书”。

2015年，迎接第三轮国家卫生县城复审工作。元月，县教育局召开迎审准备工作校长会议，城区校长、园长与会。会议传达磐创建办〔2015〕1号文件精神，布置国家卫生县城复审工作任务，指导各校和幼儿园准备迎审材料。同月，金华市暨军民市长对某县市小学发生诺如病毒感染事件作出批示。2月，县教育局认真贯彻落实市领导的批示精神，为有效预防控制学校冬季传染病的发生和流行，保护学生身体健康，维持正常教学秩序，转发《关于进一步加强学校冬季传染病防控工作的通知》(金卫防〔2015〕2号)，就全县学校冬季传染病防控工作提出具体要求。3月，县教育局转发《关于开展2015年校园卫生安全健康行动的通知》(磐卫〔2015〕14号)，在全县范围内开展校园卫生安全健康行动，启用“浙江省学校卫生管理与监督信息系统网站”(http://www.zjxxws.com/)，分别提供教育行政部门、卫生行政部门和学校等用户使用，重点开展春、秋两季开学前后及中高考期间监督检查。是月，各校将负责卫生工作落实到相应的人，并建立“磐安学校卫生”QQ群416457732。12月，针对全国各地学校食品安全事件频发的严峻形势，为进一步加强学校食品安全监管工作，确保学校食品安全，保障全县广大师生身体健康，县教育局和县市场监督管理局联合下发《磐安县教育局、磐安县市场监督管理局关于切实加强学校食品安全工作的通知》(磐教〔2015〕95号)，就全县学校食品安全有关工作作出总体安排。

二、改善学校卫生条件，提高学生饮食质量

1994年4月，县教育局转发《浙江省学生配餐卫生管理办法》(磐教〔1994〕7号)。该办法设11条内容，对食品生产、加工、销售、学校等单位，以及卫生、教育行政部门的职责、程序作出规范，提出要求。

1997年11月，县教育局转发金华市教育委员会《关于加强中小学食堂管理工作的通知》(磐教计〔1997〕21号)，把办好食堂列入学校工作的议事日程。

2004年3月，县文化教育局下发《磐安县中小学改水、改厕、改食堂的实施计划》(磐文教〔2004〕29号)。实际改水25所学校，改厕21所学校，改食堂27所学校。是年12月，县文化教育局转发教育部办公厅、卫生部办公厅、全国爱国卫生运动委员会办公室《关于农村学校改造卫生厕所的指导意见》(磐文教〔2004〕152号)，对学校厕所的选址、数量、设计、类型、维护与管理等提出要求。

2005年9月，磐安县人民政府公布《关于中小学“爱心营养餐工程”的试行意见》(磐政〔2005〕85号)。该意见对资助对象、资助标准、资助形式、资金筹措、经费管理、食品安全等予以进一步明确。同月，县教育局印发《关于开展“平安校园”创建活动的通知》(磐教〔2005〕28号)，平安校园评估标准分组织领导、制度措施等七个方面，其中包含“卫生制度”的评估项目，评估内容为“有食品卫生安全管理及卫生防疫制度”。2005年12月，为规范中小学食堂安全卫生管理，县教育下发《磐安县中小学食堂安全卫生管理办法》(磐教〔2005〕54号)。

2008年7月，县卫生局和县教育局联合下发《磐安县关于中小学食品卫生监督量化分级管理制度的实施意见》(磐卫〔2008〕75号、磐教〔2008〕56号)，实施中小学食品卫生量化分级管理。8月，县教育局下发关于印发《磐安县中小学食堂管理办法(试行)》(磐教计〔2008〕18号)的通知，健全食品卫生管理制度，包括原辅料采购索证验收制度、仓库卫生管理制度、食品加工卫生管理制度、餐具清洗消毒制度、留样制度、从业人员卫生管理制度、卫生检查及奖惩制度、除虫灭害卫生制度和突发公共卫生事件紧急报告及处理制度等。同年9月，县教育局下发《关于做好2008年度学校食堂食品卫生监督量化分级管理考核工作的通知》(磐教〔2008〕74号)，对2008年度学校食堂食品卫生监督量化分级管理考核作出安排，对被评定“B级(规范)”和“C级(合格)”的中小学校进行公示。

2009年1月，县卫生局和县教育局联合下发《关于公布2008年度学校食堂卫生监督量化分级管理考核结果的通知》(磐卫〔2009〕3号)。2008年度，全县共有16所中小学、2所幼儿园提出考评申请，经县卫生局、县教育局联合考核，磐安中学、新渥初中、双峰小学等15所学校和实验幼儿园达到C级

食品卫生信誉等级。是年12月，县卫生局和县教育局下发《关于公布2009年度学校食堂卫生监督量化分级管理考核结果的通知》(磐卫〔2009〕115号)，经县卫生局、县教育局联合考核验收，全县共有26所学校(幼儿园)达到C级以上卫生信誉等级。A级单位(1家)：县实验初级中学(初评通过)；B级单位(5家)：磐安中学、磐安二中、县第三中学、安文初级中学、实验小学；C级单位(20家)：县职业技术学校、新渥初中、安文小学、县实验幼儿园等。

2011年9月，县教育局转发(浙教体〔2011〕111号)《关于进一步加强学校饮水卫生安全管理的通知》，结合全县情况，对学校饮用水安全工作提出要求。

2013年8月，县食品药品监督管理局和县教育局联合下发《磐安县食品药品监督管理局、磐安县教育局关于印发磐安县"学生饮食放心工程"2013～2015年学校食堂餐饮服务安全等级提升实施方案的通知》(磐食药监〔2013〕24号)。是年10月，为切实加强中小学卫生室建设，县教育局下发《关于加强中小学校卫生室建设的通知》(磐教〔2013〕81号)，文件对卫生(保健)室建设、卫生(保健)室人员配备、卫生(保健)室设施与设备等作出具体规定，并对全县中小学设立卫生(保健)室提出规划。

2014年5月，为进一步改善中小学生和幼儿在校(园)期间饮用水质量，确保广大师生的健康，县教育局下发《关于要求进一步加强学校饮用水卫生安全管理的通知》(磐教计〔2014〕12号)，就加强全县学校饮用水卫生安全管理工作提出具体要求：一是切实落实学校主体责任；二是积极实施校园饮水质量提升工程；三是加强桶装水管理；四是加强市政管网水管理；五是加强自备水管理；六是健全完善饮用水应急预案；七是加强饮水卫生安全宣传教育。

三、学生卫生保健教育

1996年9月，县教育局和县卫生局联合下发《关于加强中小学生、幼儿口腔保健工作的通知》(磐卫〔1996〕99号)，就培养中小学生、幼儿良好的口腔卫生习惯，改善学生、幼儿的口腔健康状况等方面作出具体的安排。

1998年10月，县卫生局、县教委、县工商行政与物价管理局联合下发《关于加强学校预防保健工作的通知》(磐卫〔1998〕104号)，对全县学校预防保健工作进行全面部署。

2004年3月，县文教局、县计划生育局联合转发《金华市中小学人口与青春期性健康教育实施意见》。规定从2004年9月1日起每学年安排16课时教学"人口与青春期性健康教育"。

2005年3月，县文教局转发国家卫生部和教育部办公厅《关于加强学校传染病防治工作的通知》(磐文教〔2005〕26号)。内容为：一是高度重视切实加强对学校传染病防治工作的领导，明确校长是传染病防治第一责任人；二是规范学校卫生安全工作管理，保证饮水、食品、食堂、厕所等卫生；三是加强健康保健教育，提高防病能力；四是建立学校病情报告制度，及时向县疾病预防控制中心报告；五是严格责任追究制度。

2010年5月，县工商局、县教育局和县消保委下发《关于印发〈"你点我检"食品安全进校园活动方案〉的通知》(磐工商发〔2010〕34号)，并开展"你点我检"食品安全进校园活动，对城区学校和部分乡镇学校商店、食品批发部和超市进行质量抽检，执法人员会同教育部门代表对学校及周边商店进行全面检查。

2011年至2014年，实验初中、安文初中等学校不定期邀请县卫生防疫站以及县中医院等部门专家为学生讲授传染病防治、青春期健康教育。

2014年10月，为促进学校的卫生工作，加强学生的健康教育，县教育局下发《关于组织开展2014

学年学校健康知识讲座的通知》，特邀请县健康教育协会专家，于10月至11月，到实验小学、安文小学、新渥小学、深泽小学、大盘小学、尖山小学等学校开展学校健康知识的主题讲座。2014年11月下旬，县教育局在全县中小学开展食品安全知识教育活动，并对初一和高一新生进行食品安全知识书面检测。受测学生达3520人，受测学生食品安全知识知晓率达89.46%。此外，各校利用多媒体、校园网、电子屏、宣传橱窗、黑板报等途径普及食品安全知识。

第三节　安全教育

一、工作队伍

磐安县中小学幼儿园每年在校学生28000人上下，保障学生的人身安全成了维护学生合法权益、确保学校教育教学正常秩序的重要前提。

按照国家制定的相关法规，学校的安全工作受县人民政府指导监督，由县教育局统一管理，形成由公安、司法行政、建设、交通、文化、卫生、工商、质检、新闻出版等部门相互配合、通力合作、齐抓共管的安全防范体系。

学校层面，安全工作实行责任制。中小学校长与幼儿园园长是学校安全工作第一责任人，分管领导具体负责，班主任承担学生的日常安全教育和管理工作，其他教职员工人人有保护学生人身安全的责任和义务。

2000年，磐安县教委根据《浙江省中小学安全工作暂行规定(试行)》的文件精神，成立磐安县学校安全工作领导小组，普教科具体负责学校安全工作。各学校相继建立学校安全工作领导小组，配备安全联络员。

2009年，县教育局增设安监科，设科长、科员各一名。负责全县学校安全管理日常工作，指导、督查和考核、评估学校安全工作。其他科室根据“管业务也管安全”的要求，负责职能工作范围内的安全工作。

二、教育与管理

2001年，县教委向所属学校和有关单位转发国家教育部办公厅《关于加强教育系统安全教育和安全教育宣传工作的通知》等6个文件，县政府出台安全教育意见：一是明确规定县教委、学校第一把手为安全工作领导小组组长。二是签订责任书。市、县、乡、学校层层签订安全教育责任书，明确安全保卫工作责任及责任追究办法，对上明确承诺，对下明确要求，实行一票否决制。三是齐抓共管。县政府要求公安、交通、工商等部门相互配合，通力协作。四是教育主动。利用每年的“安全教育周”活动、一周安全提醒、活动前安全教育、节假日安全教育、个别安全教育等形式开展安全教育活动。

2001年至2003年，全县开展中小学校危房改造工作，拆除危房9609平方米，改建36383平方米，投入资金1496万元。同时加强行车安全知识教育，在校门口设“一停、二看、三通过”等安全警示牌。寄宿制学校分片分点与公交部门签订合同。周末增加班车接送学生。严禁中小学生乘坐三轮车、拖拉机。

2004年10月，根据国家安全防范政策法规中全面落实安全保卫工作领导责任制和责任追究制的要求，磐安县文教局制定并下发《关于实施文教系统安全保卫工作责任制和责任追究制的意见》，对安全责任内容、责任追究原则、责任追究的分类与形式，以及责任追究程序等方面作出明确规定。

2005年9月，县教育局印发的《关于开展“平安校园”创建活动的通知》，决定成立“平安校园”创建领导小组，下设办公室。文件着重指出：“平安校园”创建要坚持“预防为主，整建结合，重在建设”的原则，强化学校内部管理。创建工作每年考核一次，持之以恒。县中小学、幼儿园“平安校园”评估标准包含：“组织领导”“制度建设”“安全和法制教育”“常规管理工作”“预警机制”“处置能力”“实际成效”等内容。

是年，磐安县获浙江省“平安磐安”荣誉称号。

2006年4月，县教育局转发《浙江省教育厅关于切实加强中小学森林防火教育工作的紧急通知》，要求各校组织开展刊出一期森林防火黑板报、上一堂森林防火知识课、向每一位学生发一份森林防火宣传卡、每名学生写一篇森林防火作文、每位学生给家长写一封森林防火宣传信等“五个一”宣传教育活动，提高师生森林防火意识。全县开展平安校园、乐学校园、文明校园活动。

2007年8月，县教育局下发《关于实施教育系统安全工作责任制和责任追究制的意见》，对安全工作职责进行分解，明确责任内容及责任追究的原则、分类、形式和程序，强化校园安全工作。同年出台“平安校园”建设指导意见和考核办法，开展“校园安全月”教育活动，及时发布安全预警，进行食品卫生、幼儿接送车等专项安全检查。

2008年6月，县教育局下发《磐安县中小学校安全工作目标管理责任考核办法》，进一步加强对学校安全工作的要求，明确责任，强化考核。同年10月下发的《关于开展和谐校园创建活动的通知》中明确：县教育局成立创建领导小组，设立办公室，全面负责创建工作。和谐校园创建由平安校园、乐学校园、文明校园创建三部分构成。2008年下半年开始，所有幼儿园一律停止自备车接送幼儿。

2009年4月，全县各校开展“安全生产年”隐患排查治理专项行动，着重对学校的校舍、交通、食品卫生、消防设施设备等安全隐患进行全面排查。5月，在“5·12”汶川地震一周年之际，为增强广大师生防灾应急意识，保障突发事件或灾害来临时快速反应，全县各学校制订“5·12”应急疏散演练方案，开展应急疏散演练。8月，为做好全县学校预防甲型H1N1流感工作，各校制订防控甲型H1N1流感应急预案，确定一名信息报告员，实行信息零报告制度。为更好地加强对学校的安全工作监管，提高磐安县校园安全工作的水平，教育局向县政府有关部门申请增设安全监督科，专门负责检查监督全县中小学、幼儿园的安全工作。12月31日，磐安县机构编制委员会发文，同意教育局增设安全监督科。是年，县教育局被评为金华市学校安全工作考核优秀单位。

2010年1月，县教育局下发通知，调整安全生产领导小组成员。5月，修订《磐安县中小学校安全工作目标管理责任考核办法》，要求学校在“落实责任、宣传教育、制度管理、校舍安全、交通安全、卫生安全、活动安全、设备安全”等八个方面细化安全责任、规范安全管理。同时下发关于进一步加强中小学幼儿园安全保卫工作的通知，对学校门房管理、保安配备、学校监控等作出具体明确的规定。11月，县教育局下发关于建立安全生产网格化监管体系的实施意见，进一步落实校园安全教育监管责任和学校主体责任，落实二级网格化监管体系。要求各中小学确定一名安全员，负责网格内安全日常事务和检查工作。同时制订《磐安县教育系统安全事故应急处置预案》，设立应急处置部，局长吕为苗任总指挥。

2011年，为强化校园食品安全工作，县教育局下发学校食堂食品配送工程实施方案，从春季开始，全县中小学(园)实行食堂用米、蔬菜、食用油等统一配送。4月，全县开展中小学防溺水专项教育活动，以主题班会、诵读“防溺水三字经”、短信提醒、工作周报等措施推进专项教育活动的开展。11月，下发“进一步加强学生乘车安全管理”的通知，重申幼儿园一律不得用车接送幼儿，同时要求其他学校加强周末学生乘车监管，及时发现和消除交通安全隐患。

2012年2月，县教育局与县财政局联合下发《关于进一步加强我县中小学校、幼儿园“三防”建设的意见》，明确“三防”建设的内容(人防、物防、技防)、配备的标准及其他相关要求，县财政根据学校规模、在校学生数和寄宿情况，适当补助学校安保经费。11月，全县学校开展校园消防宣传“五个一”活动，要求学校设置一处消防板报或固定消防宣传栏、组织开展一次消防安全疏散演习、开展一次消防法律法规常识宣传活动、向每个学生家庭发出一份《消防安全》倡议书、张贴一份消防安全宣传挂图等。同年，磐安县实验初级中学被评为省消防安全教育示范学校。

2013年3月，磐安县人民政府办公室印发《磐安县学生交通安全保障工程实施方案》，分阶段实施学生交通安全保障工程。方案明确规定：全县义务教育段学生周末乘车主要依托公共交通解决。并进一步明确：尖山小学与初中往胡宅前山方向，玉山初中往九和方向，深泽小学往城区方向，实验初中往墨林、窈川方向的学生，由运输公司用加班车辆解决乘车问题；对参与接送的47辆车子和48位驾驶员采取登记许可制度。5月，开展学生防溺水专项教育工作，教育局在实验小学举行全县中小学“防溺水150天专项教育”启动仪式和师生现场救护知识培训。同时按照省教育厅要求开展“学生安全千万家教师家访活动”，并明确规定，以后每年坚持这样做。

2014年3月，县教育局转发《磐安县食品安全百日严打行动方案》，各校积极配合开展食品安全百日严打行动，切实抓好学校食堂、超市及校园周边食品安全的监管。5月，教育局下发《关于加强学生集体外出活动安全管理工作的通知》，按照“谁组织谁负责”的原则，坚持以“就近、安全”为原则开展集体外出活动，确保学生集体外出活动安全。是年，浙江发现感染H7N9患者，县教育局采取措施，积极做好H7N9防控工作。

2015年，根据《浙江省中小学幼儿园安全防范工作实施细则》的要求，全县各校进一步加强学校“三防”设施建设。学校门房统一建立警务室，统一外观、标识与制度。3月，教育局制订出台磐安县学校消防安全管理制度，健全和完善学校消防安全管理制度，落实消防安全责任。暑期，集中全县学校安全管理工作人员学习、培训，加强队伍建设。8月，积极与交警、消防、卫生、红十字会等部门联合，开展学生接送车安全专项检查、微型消防站建设、预防艾滋病知识教育、应急救护员培训等，县职教中心组队参加金华市应急救护知识竞赛获市一等奖。是年，磐安县教育局再次被评为金华市校园安全工作优秀单位。

表3—27　　磐安县学校安全工作目标管理责任考核结果优秀学校一览表

年　份	优　秀　学　校　名　单
2010年	磐安县第二中学、尚湖镇初级中学、安文小学、胡宅乡中心小学、磐安县实验幼儿园
2011年	职教中心三中校区、磐安县安文初中、玉山初中、尖山小学、方前中心校、磐安县实验幼儿园
2012年	实验初中、实验小学、安文小学、尚湖初中、玉山初中、实验幼儿园
2013年	磐安中学、实验初中、安文初中、实验小学、深泽小学、尖山小学
2014年	职教中心(含三中校区)、玉山初中、实验小学(含大盘小学)、安文小学、尖山小学、新渥小学
2015年	职教中心(含三中校区)、磐安中学、实验初中(含新渥校区)、文溪小学、尚湖初中、方前小学、窈川小学

第五章　中小学美育

清末，今磐安境内的高等小学堂开设图画课。民国 11 年(1922 年)普通中学开设美术音乐课。民国 18 年(1929 年)小学低段的美术、劳作合并为工作科，音乐、体育合并为唱游科。中华人民共和国成立后的 1950 年，小学段每周的音乐教学时间 90 分钟、美术 60 分钟。1958 年，初中段每周的音乐、图画课各 1 课时。除“文化大革命”期间，这两门课教学时间的安排一直延续到 1989 年。而根据 1981 年教育部《全日制五年制小学教学计划(修订草案)》的规定，小学音乐课每周安排为 2 课时，小学低段美术课 2 课时，高段 1 课时。

第一节　艺术教育队伍与管理

一、艺术教育师资队伍

20 世纪 90 年代初，磐安县中小学艺术教育师资紧缺，专任教师中，中等专业学校毕业的 3 人，大学专科毕业的没有，大多数学校艺术教育任务由非专业教师担当。对此，县教学业务主管部门采取开办培训班等方式，帮助专业与非专业教师提高专业素养与教学能力。

进入 21 世纪，艺术教育专业教师的数量快速增长，队伍逐渐壮大。到 2015 年，全县中小学 74 名艺术教育专任教师中，具有本科学历的 56 人，占专任教师数的 75.67%。

表 3—28　　全县艺术教育教师学历情况一览表

年　份	全县中小学幼儿园总数(所)	专任教师数		专任教师学历情况(人)							
				本科		专科		中专		高中及以下	
		音乐	美术	音乐	美术	音乐	美术	音乐	美术	音乐	美术
1990 年	385	7	8	—	—	1	2	6	6	—	—
1991 年	366	7	9	—	—	1	2	6	7	—	—
1992 年	249	12	9	—	—	2	2	10	7	—	—
1993 年	251	12	10	—	—	3	2	7	8	1	—
1994 年	256	15	15	—	—	5	2	9	13	1	—
1995 年	232	28	16	—	—	8	2	20	11	未统计	—
1996 年	225	20	16	—	—	10	5	10	11	未统计	—
1997 年	214	23	16	—	—	13	5	10	11	未统计	—
1998 年	141	25	18	—	—	10	5	14	13	1	—
1999 年	104	30	18	—	—	12	5	18	13	未统计	—
2000 年	92	32	20	—	—	13	5	18	15	1	—

续表 3－28

年 份	全县中小学幼儿园总数(所)	专任教师数		专任教师学历情况(人)							
				本科		专科		中专		高中及以下	
		音乐	美术	音乐	美术	音乐	美术	音乐	美术	音乐	美术
2001 年	79	32	22	—	8	未统计	3	未统计	11	未统计	—
2002 年	67	32	23	—	10	未统计	3	未统计	10	未统计	—
2003 年	50	33	24	9	11	8	3	15	10	1	—
2004 年	50	30	25	未统计	11	未统计	3	—	11	未统计	—
2005 年	44	31	26	未统计	12	未统计	3	—	11	未统计	—
2006 年	38	33	28	未统计	12	未统计	4	—	12	未统计	—
2007 年	33	36	28	21	13	12	4	—	11	3	—
2008 年	33	35	30	20	14	12	3	—	13	3	—
2009 年	33	37	31	22	17	10	3	—	10	5	—
2010 年	33	35	30	23	18	9	3	—	9	3	—
2011 年	33	38	32	25	18	11	3	—	12	2	—
2012 年	29	38	32	28	19	9	3	—	10	1	—
2013 年	29	39	34	32	20	3	3	—	11	4	—
2014 年	29	37	35	33	22	3	3	—	10	1	—
2015 年	29	39	35	32	24	7	3	—	8	—	—

1990 年～2015 年这 26 年间，磐安县艺术教育教师在参加金华市教学技能比武、教学论文评选中，获市一等奖的 37 人次，获教坛新秀荣誉称号的 4 人次。

二、艺术教育的管理

1990 年，县教育局出台《磐安县艺术教育情况调查报告》，报告肯定 1983 年以来磐安县在艺术教育上取得的成绩并客观分析存在问题的同时，提出今后的工作规划：1. 把艺术教育工作列入议事日程；2. 面向全体学生抓艺术课的课堂教学质量；3. 加强艺术教育的研究；4. 加强艺术教师的师资队伍建设；5. 配备艺术教育的器材设备；6. 积极开展课外艺术活动。

1992 年，县教育局转发浙教普字〔1992〕第 148 号《关于做好“中小学艺术体育教学总体规划”的通知》，通知要求各地制订中小学艺术教育的长远规划，点面结合，开展工作。12 月，县教研室组织人员到部分学校抽测学生音乐美术两门学科基础知识基本技能的掌握情况。

1994 年 7 月，磐安县教育局执行国家教委下发的《关于在普通高中开设艺术欣赏课的通知》，决定在高一、高二年级开设艺术欣赏课。

1997 年 5 月，县教委下发磐教普〔1997〕7 号文件，要求全县中小学普遍开展“唱校园歌曲，跳校园集体舞”活动，并对 1997 年的唱跳活动作出安排。5 月，下发全县中学生音乐美术比赛通知。6 月，下发磐教普〔1997〕25 号《关于举办“校园集体舞”教师培训班的通知》，培训对象为各乡镇中小学专兼职教师。培训内容为校园集体舞、音乐教学技能等。9 月，县教委为县教研室配置美术专职教研员。

1998 年 4 月，县教委转发金华市教育委员会关于举行 1998 学生艺术特长水平测试的通知，并附录 1998 年浙江省学生艺术特长水平测试标准。

2001 年 4 月，磐安县教育委员会下发《关于开展中小学体育卫生艺术教育工作专项督导检查的通知》(磐教普〔2001〕03 号),督导检查的重点包括体育音乐美术等学科教学计划执行情况和课程开设情况、学校体育卫生和艺术教育制度及有关安全措施落实情况等。

2003 年 1 月,县教育局公布第四批特色项目学校名单,县实验幼儿园、新渥镇与尖山镇中心小学分别因为长期坚持美术、合唱、口风琴教学而榜上有名。

2011 年 1 月,县实验小学因长期坚持书法教学,被公布为磐安县第一批特色学校。3 月,县教育局下发工作思路指出:全面实施“体育、艺术 2+1 项目”,让每个学生在义务教育阶段能够掌握两项体育技能和一项艺术特长,为学生的全面发展奠定良好的基础。

2012 年,县教育局将“体艺 2+1”列入教育局对学校年度考核的重点工作目标之一,并出台考核指标:全员参与得 1 分,人人达标得 2 分,集体项目水平有明显提升得 1 分。

2014 年 1 月,双峰小学因长期坚持学生的剪纸与器乐教学,县实验初中因坚持组织学生开展合唱活动,被县教育局公布为第五批特色项目学校。11 月,县教育局、县教育工会组织全县教职工在二中操场开展佳木斯快乐舞步健身操比赛活动。

2015 年 2 月,尚湖镇和仁川镇中心小学分别因在学生中坚持葫芦丝与口琴教学,被公布为磐安县第六批特色项目学校。

三、校园文艺活动和学校艺术节

1992 年 1 月,全县中小学在分区域会演的基础上,由区教办组队(安文镇和县属中学单独组队),参加县第二届中小学生文艺会演。参演节目有声乐、器乐、舞蹈、曲艺、小品、戏曲等。

1994 年 9 月,三个区域教办各率一队,县属中学、城区学校以校为单位组队,参加县教育局举办的国庆 45 周年文艺会演。节目分器乐、声乐、舞蹈三部分,有 47 个节目参加演出。

1996 年 12 月,第四届中小学生文艺会演在县影剧院举行。会演节目 39 个,分学生和教师两大类。

1998 年 12 月,县教委举办首届学校艺术节。艺术节分音乐、舞蹈、曲艺、美术、书法五大类。除校园集体舞外,其他形式的节目均分小学组、中学组、教师组进行评奖,各项目分设一、二、三等奖,另设优秀指导师奖和优秀组织奖。比赛分三个阶段进行:各校准备阶段、各片区选拔阶段、艺术节总成阶段。

1999 年 9 月,县第二届中小学艺术节在磐安二中大操场开幕。从这年开始,县教育局规定:每两年举办一届学校艺术节。到 2015 年底,已经举办十届县中小学艺术节。

学校艺术节由全县各中小学、幼儿园师生参加。分别设幼儿组、小学 A 组、小学 B 组、中学组、教师组 5 个组。其中 A 组为县属及城区学校和农村省级示范性学校,其他学校为 B 组。

为办好学校艺术节,教育局成立组织委员会,由局长任主任,副局长任副主任,下设办公室和演出比赛组、宣传布置组、安全保卫组、场地器材组、后勤保障组、音响摄像(影)组等工作小组。

学校艺术节内容:现场抽查、现场文艺比赛和优秀文艺会演。其中现场抽查包括校园歌曲合唱和校园集体舞。现场文艺比赛包括声乐、器乐、曲艺、舞蹈等,最后从现场文艺比赛获奖节目中挑选出优秀节目进行会演。

2000 年开始,磐安中学每年举行元旦文艺会演,以班级为单位汇报演出。2012 年,成立教职工民乐团,聘请校外民乐专家为指导师,利用业余时间排练。另有大盘镇中心小学等 7 所学校被评为金华市艺术教育(舞蹈、合唱、器乐等)特色学校。

深泽乡中心小学以乡村少年宫为依托,组建“非遗”文化为重点的 40 个社团,邀请本地艺人到学校指导,开展铜钿鞭、腰鼓、婺剧曲目等“非遗”项目传承教学活动。2008 年,获浙江省艺术教育(舞蹈)

特色学校称号。2013年12月,被金华市设为第二批非物质文化遗产传承教学基地。2015年10月,学校的婺剧曲目《寿龟奉茶》参加浙江省"婺剧进校园"精品节目汇报演出。同年12月24日,节目在中央电视台戏曲频道播出。

第二节　美术教育

一、课程设置与实施

(一)课程设置

1992年,国家教委正式颁发《义务教育全日制小学、初级中学教学大纲》。大纲规定小学美术教学内容包括欣赏、绘画、工艺等。其大体比例:绘画约占45%～50%,工艺约占40%～45%,欣赏约占10%;初中美术教学内容包括欣赏、绘画、工艺等。其大体比例:绘画约占40%～45%,工艺约占35%～40%,欣赏约占15%。小学和初中的绘画和工艺课的比例都有5%的弹性。大纲还规定,小学和初中有10%～20%的课时用于补充乡土教材,以反映当地社会与经济发展的实际。

1994年7月,磐安县教育局执行国家教委下发的《关于在普通高中开设艺术欣赏课的通知》,决定在高一、高二年级开设艺术欣赏课。艺术欣赏课含美术欣赏课,每周1学时,两年34学时,"不得任意挪为他用";同时提出"高中学校应配备专职美术教师"。

1999年,义务教育阶段"五三"学制改为"六三"学制,全县小学美术一至四年级每周安排2课时,五、六年级安排1课时,初中各年级均安排1课时。

2000年,教育部颁发《中小学美术教学大纲(修订稿)》,修订后的大纲增加美术教学评价,强调"培养学生对美术的兴趣和爱好"的要求,美术教学周课时安排为小学一～三年级2课时,四～六年级1课时;中学周课时为1课时。全县中小学按修订后的大纲组织美术教学,在课堂教学中注重探索学生审美素质和能力培养,激发学生学习兴趣。

2004年秋,全县贯彻实施美术新课程标准的要求,小学各年级每周均安排2课时,初中各年级每周安排1课时。同年,全县统一使用浙美版新教材。

2011年《义务教育美术课程标准(2011版)》颁发,全县美术课程均按新课标设置和实施,落实新课标精神。

(二)教育实施

1990年,县教研室利用暑期时间,组织中小学美术教师集体备课。1992年,在全县中小学校中开展美术学科教学情况抽查。1993年开始,县教研室举行每年一次的中小学美术教学论文和案例评比活动。1998年,县中小学美术优质课评比。1999年,组织中小学美术教师基本功培训。2000年,组织中小学美术教师举行美术教学的讲座评比。2001年,中小学美术教案设计评比、教学观摩,举办课题研究和结题报告撰写的专题讲座。2003年,中小学美术教师说课比赛。2004年,全体美术教师参加"新课程通识培训"和"学科新课标培训"。组织中小学起始年级美术教师参加新教材备课活动。同年,组织全体中小学美术教师召开课改研讨会。2005年开始,组织中小学美术教师举行每年一次的写生活动。2006年,新课改教学观摩活动。2007年,组织优秀教师送教下乡。2008年,县中小学优质课评比活动。2013年,县中小学美术教师90学时培训,邀请六位外地专家来磐安讲课。2015年,中小学美术教师参加绘本作品展示和"视觉古村"现场写生活动。

二、美术特色教育及成就

磐安县中小学美术教育取得一些成绩，得力于教育主管部门的重视与倡导，也得力于这支队伍的日益壮大、教师素养的不断提升，而相关学校开展的特色教育，也为磐安书法美术教育开辟一片新天地作出很大贡献。

1. 实验小学的书画

创办于1994年的县实验小学，从她诞生的那日开始，就以书画之美携手“书香校园”之魂，逐步形成书画教育的特色品牌。尤其是书法教学，被相关部门确认为“全国书法实验学校”“全国写字教学研究中心实验基地”。其成功经验是：

①在写字校本教材建设中突出三个“更多”：一是更多地关注学生的写字发展；二是更多挖掘学校自身、周边环境和社区教育资源；三是更多考虑教师书写特长的形成，让练字成为新老教师必修课。

②长期坚持学生的书写训练：一是时间有保证，坚持每天一练习，每次35分钟，长年不辍；二是循序渐进各有侧重——一、二、三年级练习硬笔字，四年级学会正确使用毛笔，初步掌握临帖技巧；五到六年级，赏析中国四大书法家的作品，感受艺术魅力，选择一种字体临写。

③开展丰富多彩的书画活动：一是每年四五月份举办书画节，组织学生现场书画竞赛，每班派出优秀学生参加；二是书法团体赛，班级中人人参加；三是“写字即育人”主题教育活动，强调正确的书写姿势，强调书写时的细心耐心；四是“我临摹，我进步”主题活动、优秀作业展评活动；五是编印书画作品集，举办书画精品展。

④课堂教学与课题研究齐头并进。学校组织开展的“提高小学生书法(写字)能力的探索与研究”“小学生书法校本教育多元化之研究”等研究课题，都已取得阶段性成果。

⑤校园书法考级：按常规，一年级达到一级水平，二年级达到二级水平，以此类推。每学期考级一次，达到要求的发给相应的等级证书。

2. 双峰小学的剪纸

双峰小学在校学生150余人，在职教师12人，学校所在地相对偏僻。学校结合学生及地方的实际情况，对全校学生开展以剪纸为抓手的特色教育。一周一次剪纸课，一月一个剪纸主题，一学期一次剪纸成果展示，为每一个热爱剪纸的学生提供展示自己的平台。在剪纸中培养学生的审美情趣、动手能力以及对传统文化和技艺的传承与发展，从而实现学生艺术素养的全面提升。2013年，“我的中国梦”绘画比赛中周海洋同学的《我的剪纸梦》荣获省二等奖，“基于本土古建筑纹样的魅力剪纸教学研究”获县教科所规划课题一等奖。2013年双峰小学被评为金华市艺术特色学校。2014年4月16日，浙江省委常委、宣传部部长葛慧君对学校的剪纸特色大加赞赏，批示省教育厅作进一步调研。2015年，省地方课程教研员到双峰小学进行剪纸特色调研，听取由该校教师执教的剪纸课，并对学校的剪纸特色发展提出宝贵的意见。

第三节　音乐教育

一、课程设置与实施

(一)课程设置

1988年，国家教委颁发《九年制义务教育中小学音乐教学大纲(初审稿)》，将唱歌课列入小学低段必修的音乐教学内容。

1990 年,磐安县中小学音乐课程设置:小学一至五年级每周 2 课时、初中一至三年级每周 1 课时。

1993 年,国家教委颁发新音乐教学大纲,将器乐纳入音乐教学内容。省教委下发《关于颁发试教区初中必修课考核试行办法的通知》,其中对音乐考核办法规定“以平时考察为主,学年结束可进行必要的理论知识考查,毕业成绩按第一、二、三学年 4∶3∶2 比例评定”。

1994 年 7 月,磐安县教育局执行国家教委下发的《关于在普通高中开设艺术欣赏课的通知》,决定在高一、高二年级开设艺术欣赏课。艺术欣赏课含音乐欣赏课,每周 1 学时,两年 34 学时,“不得任意挪为他用”;同时提出“高中学校应配备专职音乐教师”。

1999 年,磐安县的义务教育实行“六三”学制,小学一至六年级音乐课每周安排 2 课时,初中一至三年级每周安排 1 课时。

2004 年,《音乐课程标准》替代原《音乐教学大纲》,音乐教学的领域进一步拓展。义务教育段新课程安排音乐课,小学各年级每周 2 课时,初中各年级 1 课时。

2011 年,新的《义务教育音乐课程标准》规定:义务教育阶段的音乐课,小学各年级每周 2 课时,初中各年级 1 课时。

(二)教育实施

20 世纪 90 年代至 2015 年年底,磐安县中小学音乐课堂教学从单一的教唱歌曲发展为包括唱歌、音乐理论知识和音乐欣赏等多项内容的音乐综合教学,注重提高课堂教学质量。

1990 年,教育局组织人员调查艺术教育情况,制定实施艺术教育的综合规划。教研室将音乐课堂教学的着重点放在探索音乐教学规律、研讨农村中小学落实音乐教育计划上。

1991 年 4 月,县教研室开展中小学音乐优质课评比活动。

1995 年,全县普通高中按国家教委《关于在普通高中开设艺术欣赏课的通知》要求,普遍开设音乐欣赏课。1996 年全县普通高中音乐欣赏课开始使用统一教材。

1996 年至 1998 年,全县中小学音乐课堂教学探索向素质教育转轨的有效经验,强调面向全体学生,提倡学生主动参与式的学习,并以唱歌教学作为素质教育的突破口,开展教学研究活动。

1996 年 12 月,县教研室编制试卷,对全县中小学音乐课的知识落实情况进行期末考查。

1997 年 6 月,教研室对全县中小学校音乐教学工作进行考核。同年 12 月 24 日,县教研室开展以提高音乐教师专业技能及教材处理能力为目的的音乐公开课观摩活动。

1998 年 6 月,举行中小学音乐优质课评比活动。

2000 年,磐安中学开展普通高中音乐课程改革。

2001 年,人民音乐出版社根据《音乐课程标准》的精神编写出版的《义务教育课程标准音乐实验教科书》,由全国中小学教材审定委员会审查通过。2003 年,县实验小学作为试点学校开始使用新教材。同年 9 月,教研室组织中小学音乐教师继续教育活动暨中小学音乐教材教法培训。2005 年全县初中、小学使用新教材。

2004 年,磐安县中小学音乐教育实施新课程改革。音乐教育从重结果轻过程、重技能轻审美的教学转向重过程轻结果、重审美轻技能的教学,强调课堂教学以审美为核心,以兴趣为动力,注重学生主动参与式和师生互动式的教学形式。12 月,中小学音乐新课程研讨会在新渥小学召开。是年,县教研室组织小学音乐新课程“歌唱教学”优质课评比。

2005 年 4 月,县教研室组织中小学音乐教师举行教学基本功比赛。5 月,开展中小学音乐学科教学设计、教学案例评比活动。10月，开展县中学音乐新课程“歌唱”教学优质课评比。

2006年2月，组织中小学音乐学科新课程备课活动。同年，召开小学新课程合唱教学研讨会。

2007年5月，举行初中音乐优质课评比活动。同年9月，县高中音乐欣赏优质课评比活动在磐安二中举行。

2008年2月，中学音乐教学研讨会在安文小学召开。4月，教研室组织中学音乐教师声乐比赛。5月，组织县中小学音乐教师基本功比赛。同年10月，组织小学音乐优质课评比。

2009年5月，组织中小学音乐教师召开声乐研讨会。9月，举行中学音乐欣赏优质课评比活动。

2010年，结合金华市“运用乐器让学生更快熟悉旋律，提高音乐课堂教学效益”的要求，在全县提出乐器（教学乐器）进课堂的建议。4月，县教研室组织以“歌唱教学”为主题的小学音乐课堂教学评比。9月，县教研室组成中小学音乐教师合唱团，每周五下午2点至5点，教师集中排练，2011年1月，参加金华市音乐教师合唱展示活动。

2011年5月，县教研室开展音乐课与“体艺2＋1”结合的教学模式研讨会。同年12月，开展县中小学音乐教师专业发展继续教育培训。

2012年，全县小学一年级、初中七年级使用人民音乐出版社2012版初中、小学音乐新教材。9月，县教研室组织初中音乐优质课评比。

2013年5月，举行中小学音乐教师合唱与指挥培训活动，邀请浙江省群艺馆合唱与指挥专家周卫平老师到磐安讲座。同年9月，县教研室承办金华市高中音乐课堂教学评比活动。

2014年4月，县教研室举行小学音乐欣赏课课堂教学评比活动。5月，举行中小学青年教师赛课活动。6月举行县中小学音乐教师90学时培训，培训分理论和实践两个阶段，邀请市教研室音乐教研员李思慧等多位专家讲课。10月，开展中小学音乐青年教师“歌唱”教学赛课活动。

2015年4月，县教研室组织中小学音乐教师举行教学基本功比赛和初中课堂教学评比活动。

二、音乐特色教育

进入21世纪后，全县各学校对音乐特色教育日渐重视，在依托地方优势、发展学校特长方面做出不少成绩。

1. 双峰小学民乐

双峰小学结合本乡丰富多样的乡村民俗，在学生中开展以笛子为主的民乐特色培养活动。该校组建师生民乐队，师生合作编排《金蛇狂舞》《彩云追月》，以及婺剧《花头台》等经典民乐器合奏，丰富学生课余生活，浓厚校园艺术氛围。2013年，学校被评为金华市艺术特色学校。2014年，受到浙江省委常委、宣传部部长葛慧君的赞赏。

2. 实验初中合唱

实验初中要求校园处处有合唱，时时有歌声，人人会唱歌。有学生“和悦之声”合唱团、教工合唱团、男教工合唱团。学校规定周一周三写字课为合唱时间，并将合唱活动固化为校园节日，时间为每年的12月25日至12月31日。合唱节目《美丽的夏牧场》《踩咸菜》《I will follow him》在浙江省中小学生艺术节合唱现场比赛中两次荣获一等奖。2013年1月，被评为第四批金华市艺术教育（舞蹈）特色学校。

第六章　综合实践活动

在清朝末期，磐安境内的高等小学堂就开设手工、农业、商业一类的随意课。民国元年(1912 年)，根据《壬子学制》，高等小学在男生中开设农业课，在女生中开设缝纫课。民国 32 年(1943 年)，普通中学沿袭民国 11 年(1922 年)的"三三制"(初高中分别三年)，每周开设劳作课 2 课时。中华人民共和国成立以来，中小学一直开设劳动技术课，"文化大革命"期间每学期甚至安排 6～8 周的学工学农学军时间。但这些只是"综合实践活动"的雏形，局限于某方面技能的培养，缺少"综合性"。

1999 年 6 月 13 日，《中共中央国务院关于深化教育改革全面推进素质教育的决定》中指出："改变课程过分强调学科体系、脱离时代和社会发展以及学生实际的状况。抓紧建立更新教学内容的机制，加强课程的综合性和实践性，重视实验课教学，培养学生实际操作能力。"为此，经国务院同意，教育部于 2001 年 6 月 8 日颁布《基础教育课程改革纲要(试行)》，明确规定"从小学至高中设置综合实践活动并作为必修课程"，其内容主要包括：信息技术教育、研究性学习、社区服务与社会实践以及劳动与技术教育。强调学生通过实践，增强探究和创新意识，学习科学研究的方法，发展综合运用知识的能力。增进学校与社会的密切联系，培养学生的社会责任感。

第一节　队伍与管理

一、队伍

2004 年，随着课程改革方案的实施，综合实践活动课程走进磐安县中小学。

综合实践活动课程打破具有严密知识体系和技能体系的学科界限，是强调以学生经验、社会实际和社会需要(问题)为核心，以主题的形式对课程资源进行整合的一门课程，也是以有效培养和发展学生解决问题能力、探究精神和综合实践能力为目的的课程。它具有实践性、开放性、自主性、生存性、综合性等显著特征。

开设综合实践课程最初遇到的问题是缺少师资和统编教材。到 2015 年底为止，磐安县综合实践课程的教师队伍依然存在不少问题：缺少专任教师，初中则尤其薄弱；教师队伍不稳定；2007 年的统计数据显示，深泽、方前、尚湖三所初中及深泽、冷水两所小学没有专任或兼任教师。

表 3—29　　2007 年全县中小学综合实践活动兼任教师学历统计表

学段 / 教师学历	高中(3 所)	初中(10 所)	小学(17 所)
本科学历人数	3	0	1
专科学历人数	0	3	10
中师学历人数	0	4	6

二、管理和探索

（一）管理概况

2005年开始，每年开展综合实践活动论文案例评比活动。

2007年，在尚湖镇中心小学召开县中小学综合实践活动交流会，会议制订出中小学综合实践活动课程常态化实施的具体措施和要求。

2008年，积极推进新渥镇中心小学以“中药”为主题开展的综合实践活动。

2012年，推进大盘镇中心小学开展大盘山珍稀植物为主题的研究探索与实践。学校组织学生参观大盘山植物园、在校园内种植药物标本、编写校本教材的做法，形成课题后获金华市一等奖。

2014年，安文初中综合实践活动参赛教师获金华市优质课评比一等奖。

2015年，磐安二中综合实践活动参赛教师获金华市优质课评比一等奖，并代表金华市参加浙江省优质课评比活动。

（二）探索案例

1. 新渥镇中心小学

新渥镇中心小学将社区文化、家乡自然资源以及学校历史有机结合，形成独特的“药乡”综合实践活动。在具体安排上，与少先队活动结合，与学科学习结合，与兴趣小组活动结合，与民俗风情结合，与农事活动结合。每个班级的语文、数学教师都是活动指导师，学校同时为活动开展制订相应规则，规定每门学科、每个班级、每个兴趣小组每学期的活动量。

2. 大盘镇中心小学

以了解、保护、研究大盘山珍稀植物为主题的综合实践活动，采用弹性课时制，集中分散相结合。集中，指学校或者班级统一安排活动，如利用自编教材了解植物知识、参观植物园、采集植物标本等。分散，指周末或节假日时间学生组队或独自开展有关活动。

3. 磐安中学

磐安中学注重综合性实践活动课程的教师队伍建设。面对新课程的特殊性和生疏感，该校组织兼任教师学习基础教育课程改革纲要，组织教师听取专任教师的专题讲座，在提高教师课程性质认识的基础上增强工作主动性，发挥教学创造性。同时，动员各班科任教师兼任这门课的指导师，担当起学生活动的指导工作。

4. 实验初中

主要做法是：综合性实践活动与劳技课的手工制作相结合，增强学生学习兴趣，发挥学生的学习主动性创造性；利用学校空闲土地开辟劳动基地，让学生学习药用植物种植和管理，在实践中获取知识、提高能力、增强劳动观念。

第二节　劳动和劳技教育

一、课程设置

1993年9月，省教委颁发《义务教育试行教学计划》，小学劳动课改为“生活与劳动”，各年级每周1课时。

2000年秋，省教育厅修订《浙江省义务教育计划》，规定“六三”学制的“生活与劳动”课，一至四年级每周1课时,五六年级不开设。

2003年秋,义务教育段实施新课程改革,小学不单开"生活与劳动"课,一二年级不列入地方(学校)课程;三至六年级列入综合实践活动课程,每周4课时。综合实践活动课程包括:研究性学习,劳动技术教育,社区服务。

2011年,浙江省教育厅颁布《中小学劳动技术学科课程标准》,继而颁发《3～6年级"劳动与技术"教育指南》。"教育指南"六篇七节,分别从教学计划、备课活动、课堂教学、安全教育、课外活动、过程评价、结论评价,以及教师技能规范等方面对教师的教学提出一系列的操作规程与教学要求,以保证劳动与技术这门课程不流于形式。

二、教育实施

1989年开始,县教研室配备小学劳技兼职教研员一名,检查督促学校执行教学计划、开足开好劳技课。同时开展劳技教学研究活动,加强劳技教师队伍建设,加强劳技教学的考核,开展劳技成果的展评,确保小学劳动和劳技课开课率保持100%。

1990年,召开劳技教师动员培训会,让教师确立"以劳树德、以劳增智、以劳健体、以劳益美、以劳促创新"的教学理念。

1991年,召开劳技教师会议,探讨因地制宜,建立必要的劳技教育实践基地,如养殖场、木工车间、缝纫车间等。

1993年,对现有的劳技教师学历、职称、专业等状况进行调查分析,同时加强学校领导的培训工作,要求学校尽可能配备合格的专职教师,尽可能减少兼职现象。

1995年,对劳技教师的备课和活动开展情况进行检查。

1996年,组织教师参加浙江省生活与劳动教坛新秀评比活动。

1997年4月,组织7名劳技学科教师赴杭州听课学习。在杭州七中学习雕刻、小制作,听取焊接训练课以及制图课等。同年9月,召开县劳技任课教师初中第一册备课会议暨手工制作技能培训会议。培训内容有纸片、塑料瓶、金属罐的加工。

1998年2月份,举行全县劳技学科教师学习泥石类、木材与竹材的加工制作技能。

1999年至2002年,全县各学校建立多处劳技实习基地:玉山小学的茶叶栽培实习基地,尚湖小学种植实习基地,冷水中心校香菇实习基地,大盘小学药材栽培实习基地,尖山小学塑料制品加工实习基地,深泽小学刺绣实习基地。

2000年,贯彻省教委《关于加强中小学劳动技术教育的若干意见》,县文教局要求各校把劳技教育作为实施素质教育、提高学生全面素质的基本途径,开足开好劳技课,建立胜任的劳技教师队伍,健全劳技教育评价考核制度。

2003至2007年,连续5年组织教师参加论文评比。2005年至2015年,组织劳技教坛新秀评比共5次。

第三节　信息与通用技术教育

一、课程设置

1996年,磐安县的高中学段开设信息技术课,主要为高一年级,每周2课时。磐安中学高二年级开设一个兴趣班。没有统一教材，学校自行选定教学内容，以数据库和DOS系统的学习为主。

2000年，教育部颁布《中小学信息技术课程指导纲要(试行)》，磐安县正式开设中小学信息技术课程，学校教材基本上自行选择，称作计算机课。小学三、四、五年级每周1课时信息技术课，主要学习操作系统、鼠标应用、画图软件等基础课程。初一至初三每周1课时，主要学习操作系统、文字输入、怎样上网等基础知识。高一年级每周2课时，教学内容主要为计算机的历史、操作系统、文本编辑、电子表格、简单的算法等基础知识。

2001年，教育部颁布《义务教育课程设置实验方案》，磐安县2003年开始正式实施这一方案：小学三年级开始开设信息技术课，三至六年级每周1课时，七至九年级每周2课时，整个义务教育段信息技术课程近300课时。

2003年，浙江省进入基础教育课程改革后，对信息技术课程的实施进行一系列的探索和实践，初步形成符合浙江实际的中小学信息技术课程体系，并正式命名为信息技术学科。

2007浙江省出台《普通高中通用技术课程标准》，通用技术课程设9个模块，其中必修模块2个，为“技术与设计1”“技术与设计2”，其余均为选修模块。每个模块2学分。高中毕业的最低要求：修完必修的2个模块并获得4个学分。在此基础上，学生可根据自己的兴趣和未来就业或升学的需要修学选修模块。具有工科、农科取向的学生在获得必修的4个学分之后至少再选修4个学分，即共获得8个学分。农村普通高中的学生在修学必修模块的基础上，可以结合“绿色证书”教育及其他技术培训获得“双证”；城市普通中学也可根据学生的具体需要和学校的具体条件开设职业技术类地方或校本课程，学生通过选学职业技术课程获得相应的学习证书。这些学习经历及所获得的相应证书，作为高中毕业生就业或升学所需要的参考材料。

2008年，随着计算机技术的迅猛发展，老教材已经不适应时代的发展，磐安县使用浙江省摄影出版社出版的新教材。

2014年9月9日，浙江省人民政府发布《浙江省深化高校考试招生制度综合改革试点方案》，从2014年新入学的高一年级学生开始，实行统一高考和高中学业水平考试，通用技术和信息技术都列为“7选3”高考科目。

2015年，浙江省教育厅发布《关于深化义务教育课程改革的指导意见》(浙教基〔2015〕36号)，将义务教育课程分为基础性课程和拓展性课程。基础性课程指国家和地方课程标准规定的统一学习内容，拓展性课程指学校提供给学生自主选择的学习内容。信息技术既属于基础性课程，也被包括在拓展性课程建设范围中。其中，基础性的信息技术课又属于综合实践活动课程，文件只规定综合实践活动的总课时量，对具体的课时分配没有做进一步的明确。

二、课程实施

1996年，高中学段开设电脑课，教材内容自定。1997年，全省开始使用统一教材，高一年级开始一年一度的省信息技术知识会考。1998年，磐安中学高二学段的信息技术兴趣班取消。2002年，举行全县计算机教师的新课程培训。2003年，全县小学生和初中生开始电脑操作比赛。

2006年，县教研室配备兼职的信息技术教研员，在教材理解、电脑技术使用方面开展教师培训。11月份，金华市信息技术教研员会议在县实验小学召开。

2007年4月，浙江省教研员“面对面”活动在磐安举行，磐安县部分信息技术教师参加这次的培训座谈活动。

同年下半年开始,磐安中学、磐安二中和磐安三中将通用技术课教学的重点放在高二年级。

2008年开始,金华市举行三年一届的通用技术课堂教学评比、每年一次的教学论文评比和创新试题编制比赛。同时通用技术学科进行全省会考。并与信息技术学科一起参加一年二次的三项考试。

2009年,信息技术课开始使用新教材,磐安县派教师参加省新教材使用培训。

2010年4月,部分小学信息技术教师赴余姚市参加省小学信息技术优质课会教观摩。5月,金华市通用技术学科课堂教学比赛在磐安三中举行。11月,金华市高中信息技术学科基本功比赛在磐安二中举行。是年,高中信息技术学科和通用技术学科列入高考内容,单科成绩100分,以70分的总分计入高考选考总分。

2011年12月,金华市初中信息技术学科教师基本功比赛在安文初中举行,磐安县两位参赛教师获市一等奖。

2013年5月,金华市小学信息技术学科课堂教学比赛在新渥小学举行。2013年金华市通用技术学科课堂教学比赛在永康举行。

2014年6月,金华市中小学生电脑操作比赛分别在实验小学和实验初中举行。

2015年4月,金华市小学信息技术教师基本功比赛在安文小学举行。11月,全县中小学信息技术教师统一进行教材培训。

第四节　科技实践与创新

1999年11月,县教委下发《进一步加强学校艺术、科技教育活动的意见》,要求各校加大经济投入,努力改善艺术、科技教育的条件。同年,举办磐安县首届科技节,内容包括电脑知识操作比赛、劳技手工制作、科技创新小论文、科技创意征文和教师的教具、课件、幻灯片制作几个板块。

2001年2月,县教委下发《关于举办磐安县青少年科技创新选拔比赛的通知》(磐教〔2001〕96号),确定选拔比赛的项目有小发明小制作、科学论文、信息技术应用及创新方案设计,以及优秀科技实践活动(生物和环境科学实践活动)等。同时要求参赛作品必须是1999年1月1日～2001年12月31日间,且有一定科学性创新性实践性的成果。优秀作品送金华市比赛,共12人次获奖,送省4人次获奖。

2002年11月28日,磐安县第二届学校科技节在磐安二中风雨操场开幕。

2003年3月,磐安县文化教育局、磐安县科学协会、磐安县关工委联合下发《关于组织参加2003年金华市中小学生科技创新大赛的通知》(磐文教普〔2003〕6号),要求全县中小学积极组织参加这一活动。5月,公布获奖名单。磐安县中小学生在这次大赛中,获金华市一等奖1项,二等奖7项,三等奖5项。10月,县文教局、县教育工会举行磐安县首届教师技术技能比武,比赛项目分操作题和书面题。共评出团体一等奖4个,二等奖5个,三等奖8个,个人一等奖6名,二等奖8名,三等奖14名。

2004年3月,金华市科协公布青少年科技创新大赛评奖结果。磐安县双溪小学获科技实践活动二等奖,参赛学生在7个项目中获三等奖。

2006年12月,磐安县参加省市青少年科技创新大赛,获省二等奖2项,省三等奖2项,市二等奖4项,市三等奖6项。

2007年5月,公布磐安县2007年青少年科技创新比赛结果:小发明一等奖5项,二等奖5项。小论文一等奖2篇,二等奖9篇,三等奖28篇。优秀科技实践活动一等奖1人,二等奖2人,三等奖2

人。小儿科学幻想绘画一等奖 10 人,二等奖 13 人,三等奖 13 人。

2008 年 7 月,公布磐安县 2008 年青少年科技创新比赛结果:小发明作品一等奖 6 件,二等奖 2 件,三等奖 5 件。科学小论文一等奖 5 篇,二等奖 5 篇,三等奖 7 篇。优秀科技实践活动一等奖 1 人,二等奖 2 人,三等奖 2 人。小儿科学幻想绘画一等奖 10 人,二等奖 12 人,三等奖 15 人。在金华市获奖的有:小发明作品三等奖 2 件,科学小论文三等奖 1 篇,优秀科技实践活动三等奖 1 人,小儿科学幻想绘画二等奖 1 人,三等奖 2 人。磐安县实验初中获优秀组织奖。

2010 年 12 月,公布磐安县 2010 年青少年科技创新比赛结果:小发明作品一等奖 1 件,二等奖 3 件,三等奖 4 件。科学小论文一等奖 1 篇,二等奖 4 篇,三等奖 6 篇。优秀科技实践活动一等奖 1 人,二等奖 2 人,三等奖 2 人。小儿科学幻想绘画一等奖 2 人,二等奖 4 人,三等奖 6 人。

2011 年 12 月,公布磐安县 2011 年青少年科技创新比赛结果:小发明作品获一等奖 3 件,二等奖 6 件,三等奖 8 件。科学小论文一等奖 2 篇,二等奖 4 篇,三等奖 6 篇。优秀科技实践活动一等奖 1 人,二等奖 2 人,三等奖 3 人。小儿科学幻想绘画一等奖 2 人,二等奖 4 人,三等奖 6 人。

2012 年,磐安县教育局、磐安县科学技术委员会联合举办的科技节中共有 159 名学生获奖,安文小学、安文初中、磐安二中获县优秀组织奖。组队参加金华市 2012 年科技节现场比赛,19 名学生获市一等奖,38 名学生获市二等奖,35 名学生获市三等奖,10 名教师获金华市优秀指导师称号。在县青少年科技创新大赛中,评出获奖作品 39 件,其中小发明 8 件,实践活动方案 6 个,小论文 6 篇,科幻画 14 幅,机器人创意作品 5 件。组队参加金华市青少年科技创新大赛,磐安县 39 名学生获奖,其中安文初中的“机器狗多吉”获机器人创意作品一等奖,磐安中学的“色彩调配演示仪”获小发明二等奖。

2013 年,县科技节中有 129 名学生获奖,安文小学、安文初中、实验初中、磐安二中获县优秀组织奖,安文小学 9 名教师获金华市优秀辅导员称号。在青少年科技创新大赛中,评出获奖作品 41 件。其中小发明 8 件、实践活动方案 6 个、小论文 9 篇、科幻画 15 幅、机器人创意作品 3 件。组队参加金华市青少年科技创新大赛,磐安中学制作的“太阳能光湿双控全自动浇花器”获小发明一等奖,安文小学的“神奇停车场”获少儿科幻画一等奖,安文初中被评为优秀组织奖。同年 9 月,县教育局邀请中国科学院国家天文台研究员、博士生导师、中德亚毫米波望远镜项目首席科学家王俊杰先后在磐安中学、磐安二中、实验初中、安文初中作以“天象大观——公众关注的天文热点话题解析”为题的科普报告,听讲师生达 3000 多人。

2014 年,全县青少年科技创新大赛评出获奖作品 34 件。其中小发明 8 件、实践活动方案 4 个、小论文 5 篇、科幻画 15 幅、机器人创意作品 2 件。选送其中 29 件作品参加金华市青少年科技创新大赛,获市级二等奖 5 件、市级三等奖 11 件、浙江省磐安中学被评为优秀组织奖。同年 9 月,县教育局邀请中国科学院微生物研究所的研究员、博士生导师孙万儒,先后到实验小学、盘山中学作以“细菌是我们的朋友还是敌人”“复制生物——克隆”为题的科普报告,听讲师生达 1500 多人。

2015 年 10 月,全县青少年科技创新大赛收到作品 122 篇(件),经县科协、县教育局、县科技创新协会组成的评选小组评定,评出科学小论文一等奖 2 篇、二等奖 3 篇、三等奖 5 篇。小发明一等奖 2 件、二等奖 3 件、三等奖 4 件。少儿科幻画一等奖 6 幅、二等奖 8 幅、三等奖 10 幅。科学实践活动一等奖 1 人、二等奖 2 人、三等奖 3 人。机器人创意一等奖 1 件。科技创意一等奖 1 人、二等奖 2 人、三等奖 2 人。其中 38 篇(件)作品送金华市参评,获金华市一等奖 6 篇(件)、二等奖 4 篇(件)、三等奖 14 篇(件)。尚湖镇中心小学选送的科技创新项目“摇摆开水架”获省二等奖,尚湖镇中心小学的科幻画作品“以旧换新机”和安文小学的科幻画作品“梯田人家”获省三等奖,磐安县第二中学被评为市级优秀组织奖。

第七章　校园文化建设

校园文化包括物质文化、精神文化和制度文化。物质文化是显性文化，包括校园场地布置、校园活动仪式等。精神文化是隐性文化，精神文化建设是校园文化建设的核心内容，也是校园文化的最高层次。主要包括校园历史传统和被全体师生员工认同的共同文化观念、价值观念、生活观念等意识形态，是一个学校本质、个性、精神面貌的集中反映。校园精神文化又被称为"学校精神"，并具体体现在校风、教风、学风、班风和学校人际关系上。校园制度文化作为校园文化的内在机制，包括学校的传统、仪式和规章制度，是维系学校正常秩序必不可少的保障机制，是校园文化建设的保障系统。制度文化建设包括制度建设、组织机构建设和队伍建设三个方面，组织机构建设和队伍建设是确保制度建设落到实处，并使其真正起到规范师生言行的关键环节，校园文化组织机构的健全和完善，校园文化队伍的勤奋与能干，对正常开展校园文化活动，加强校园文化建设，具有十分重要的、决定性的作用。

磐安古代各类学校的物质文化、制度文化建设，现已无从查考。地方文献记载中周克泽后裔将创办的书院题名"爱莲堂"，既表示他们是北宋理学名家周敦颐的后人，同时表明书院的培养目标在于造就"出淤泥而不染，濯清涟而不妖"的君子。冷水中心小学前身"凤楼书院"创建于清同治七年(1868年)。"凤楼"即"五凤楼"，意谓高大巍峨、工艺复杂、非能工巧匠不能建造的建筑物，后人据此把文章高手称之"五凤楼手"。当年的缙云县令谭明经以此题名，寄托着他对书院造就可用人才的期盼。

书院、乡学以"四书""五经"为教材，本身就是传统价值文化的渗透、精神文化的建设。蒙馆中使用的《三字经》《朱子治家格言》等都是那个时代价值观的体现。

抗日战争时期，冷水村的师范毕业生吕焕通在创建凤楼小学后，让学生统一着童子军军装、执童子军短棍，他自己创作的校歌末句"为国雪耻、复仇"，毫不掩饰地寄托着这位热血青年的爱国情怀，以及对国家、民族和学子的深切期盼。

磐安中学将20世纪80年代的校风"团结向上勤奋求实"改为21世纪的"立德启智尚美"，不只显示学校审美观念的改变，语词选用间也留存着时代风尚的不同印记。

第一节　校　　训

校训是广大师生共同遵守的基本行为准则与道德规范，既是学校办学理念、治校精神的反映，也是校园文化建设的核心内容，是一所学校的灵魂，涉及教风、学风与校风。进入20世纪90年代，尤其是2012年之后，办学理念变化明显，全县中小学、幼儿园先后确立符合自身特点的反映学校(幼儿园)精神面貌、价值取向的校训(园训)。部分学校在继承中发展，重新确立校训；部分学校校训系首次提出。校训内容以崇尚真善美为主，在校园里起到提振精气神传递正能量的作用。至2015年，全县所有学校(玉峰教学点外)均制定校训(园训)，并置于学校醒目之地(见表3—30)。

表 3—30　　磐安县中小学(幼儿园)校训(园训)一览表

校　　名	校训(园训)
浙江省磐安中学	立德　启智　尚美
磐安县第二中学	明德　乐学　正心　致远
磐安县职业教育中心	明理精技　创业天下
磐安县实验初级中学	求真　扬善　崇美　创新
磐安县安文初级中学	常者不常,优者更优,精彩三年,自信一生。
磐安县方前镇中心学校(初中部)	文明　刻苦　求实　创新
磐安县盘山初级中学	求真　崇善　至美
磐安县深泽乡初级中学	琢玉成器,为学知义
磐安县新渥镇初级中学(县实验初中新渥校区)	求真　扬善　崇美　创新
磐安县仁川镇初级中学	每天进步一点点
磐安县尖山镇初级中学	文明　勤奋　求实　创新
磐安县尚湖镇初级中学	诚信　合作　勤奋　创新
磐安县玉山镇初级中学	励志、明德、求真、笃信
磐安县实验小学	团结协作　勤奋乐学　开拓求实
磐安县安文小学	向真　向善　向美
磐安县文溪小学	上善若水　崇文若溪
磐安县新渥镇中心小学	立德、求真、活泼、创新
磐安县冷水镇中心学校	蕴德、博智、健体、尚美
磐安县仁川镇中心小学	博学求新、诚信厚德
磐安县双峰乡中心小学	健康　聪慧　高尚　快乐
磐安县双溪乡中心小学	文明和谐、求实创新
磐安县窈川乡中心小学	爱校　尊师　勤奋　守纪
磐安县深泽乡中心小学	一笔一画写好字,一言一行做真人
磐安县玉山镇中心小学	团结勤奋　求实创新
磐安县尖山镇中心小学	诚信、勤奋、乐学、创新
磐安县尚湖镇中心小学	知行合一,向善向上
磐安县万苍乡中心小学	勤奋　爱校　求实　创新
磐安县胡宅乡中心小学	文明　进取　求实　创新
磐安县九和乡中心小学	和·合
磐安县大盘镇中心小学(县实验小学大盘校区)	健康　向善　乐学
磐安县方前镇中心学校(小学部)	全面　诚实　乐学　创新
磐安县实验幼儿园	向着太阳走
磐安县尖山实验幼儿园	爱心是教育之魂
磐安县尚湖镇中心幼儿园	挚爱　规范　快乐　艺术　成长

第二节　校报校刊

校报是学校非正规出版的内部阅读刊物。校报、校刊在校园文化建设中起到交流信息、启迪心智、激发学生写作兴趣等作用。校刊多为文学期刊，是学生作文爱好者的天地。一般情况下，校报第一版多为时事新闻，如校长讲话、学校公文、校园新闻等。其他版面多为学生习作。遇上学校重大事件，往往会以整版篇幅刊登相关内容，比如招生、中高考成绩喜报等。

磐安县各中小学所办的学生刊物，一般由各校文学社负责，语文教研组起指导顾问作用。2015 年统计，全县有 6 所学校创办校报、校刊。这些学校主要集中在城镇学校和中学段。在这些校报校刊中，不乏历史久远影响较大的，如磐安中学的学生文学社刊《海螺山》。

《海螺山》创办于 1993 年。1995 年与 1996 年，正当鼎盛时期的《海螺山》，获全国中学校园文学社刊评比一等奖、全国活动课程与活动教学研讨会首届效果评比一等奖，并于 2001 年 11 月，获优秀社刊金华市评比一等奖。学生作品先后在“中华杯”“语文报杯”“新世纪杯”“天地杯”“中华全国校园文学大赛”等各类作文大赛中获奖，不少在《中国校园文学》《语文报》《作文成功之路》《读写新空间》《金华日报》《磐安报》《婺江源》等刊物上发表。由于校址改变的原因，21 世纪后《海螺山》改名《灵谷清泉》。《磐中学生报》总第 133 期，创办于 1994 年。《磐中校友》已编印四期，由校友联络室负责主办。

安文初中的“文溪”文学社创办于 1997 年。学校的社刊《文溪》、校报《镇中导读报》(2007 年 9 月更名为《文溪》)，连续 8 年荣获中国语文报刊协会校办报刊评比一等奖，并被命名为“全国校办报刊实验学校”。实验初中文学社开展作家进校园、诗歌擂台赛等活动，出版《星语》校刊。学员作品散见于《中学生天地》《作文新天地》等优秀期刊。实验小学社刊《种太阳》社员在省市地发表作品达 200 多篇。该社团是浙江省作家协会少年文学分会的会员单位，每年邀请作家开展文学讲座。2014 年该校在纸质稿的基础上又开辟电子杂志版，为更多孩子的文学梦插上小小的翅膀。

表 3—31　　磐安县各学校校刊校报名录

学　　校	校　报　校　刊	年　　份	备　　注
安文小学	《花蕾》	1991 年	—
磐安中学	始名《海螺山》，21 世纪之后名《灵谷清泉》	1993 年	—
	《磐中学生报》	1994 年	—
安文初中	《文溪》《镇中导读报》	1997 年	叶文玲题写刊名
实验初中	《星语》《南园少年》	2008 年	—
实验小学	《种太阳》	2009 年	2014 年电子版
磐安二中	《文溪清音》	2013 年	—

第三节　校　　歌

校歌是校园文化的重要组成部分，它既是学校对师生员工的号召与激励，也是对外的形象展示与宣言，反映学校办学的理想、要求与愿望，又传达受教育者的成长心声。校歌内容往往反映时代精神，体现责任担当、昂扬向上、健康温暖的风貌。

磐安县有 12 所中小学拥有自己创作的校歌，它们分别是：安文小学、磐安二中、安文初中、玉山初中、实验小学、深泽小学、新渥小学、冷水中心校、双峰小学、双溪小学、尖山小学、尚湖小学等。

安文小学是较早拥有校歌的学校之一。1938 年 4 月，学校教师吕甲曾经创作校歌。1944 年，任文范中学校长的陈文玉为安文小学创作校歌歌词，当时任教于安文小学的我国著名笛子演奏家、作曲家赵松庭为校歌谱写歌曲。安文小学建校一百周年的 2008 年 12 月，《中小学音乐》第 12 期刊出该校现在使用的校歌《梦想绽放生命的光芒》。

附：

安文镇校校歌

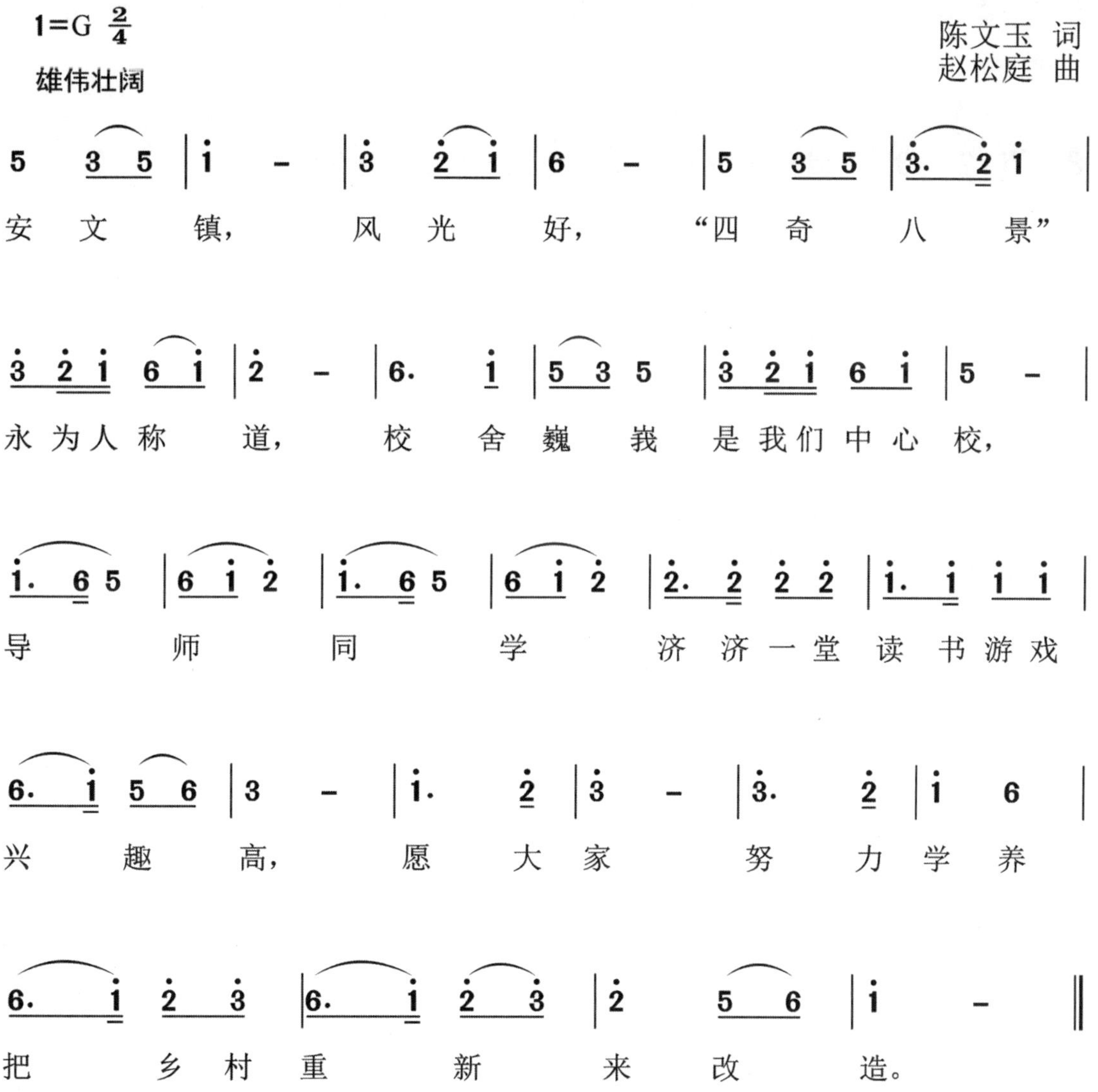

梦想绽放生命的光芒

浙江省百年名校·磐安县安文小学校歌

1=♭E 4/4 3/4
每分钟126拍 朝气蓬勃地

谢立明 词
肖 奇 曲

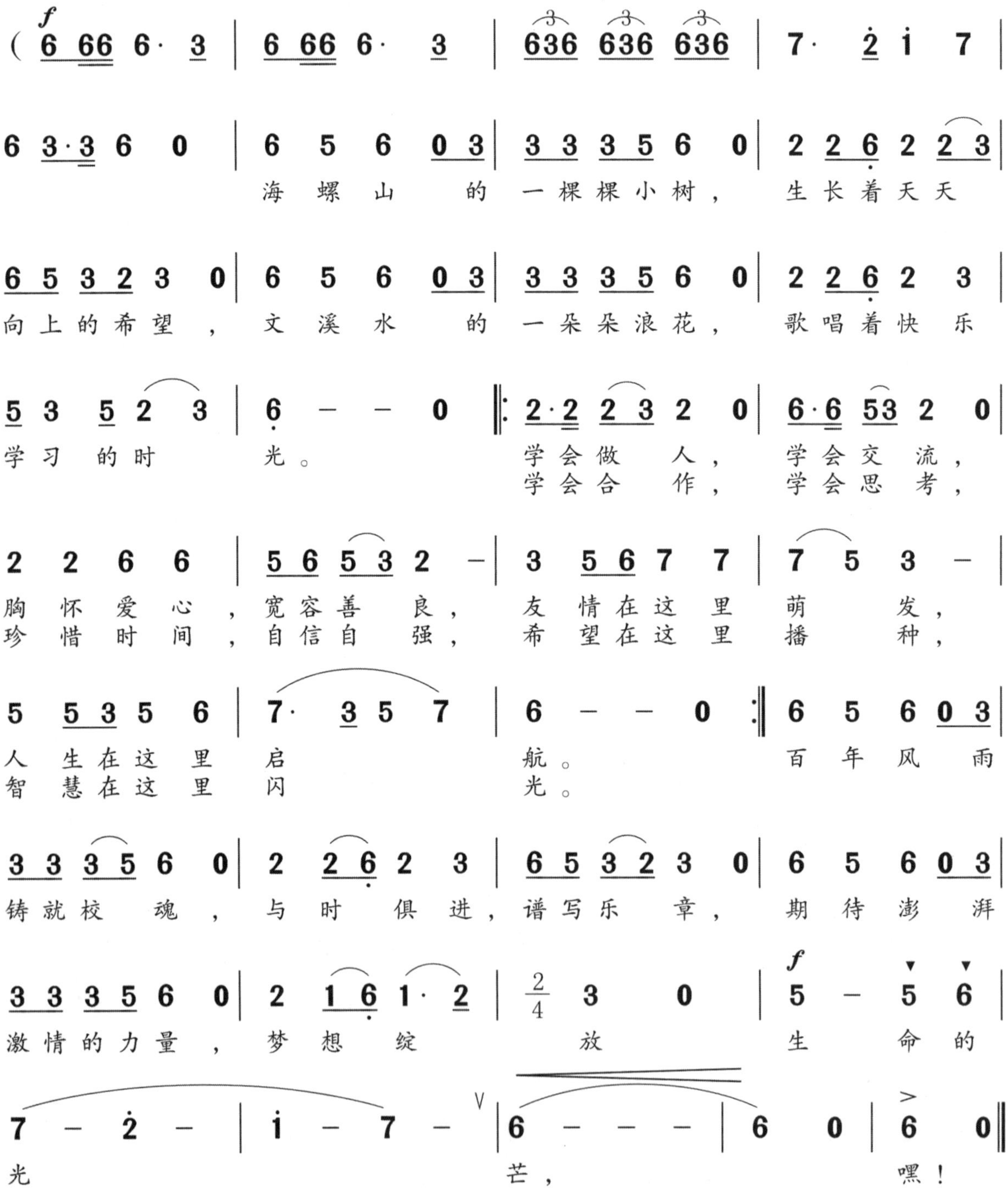

翠峰之歌

磐安县新渥镇小学校歌

作词：集 体

作曲：蒋相忠

1=♭E 2/4

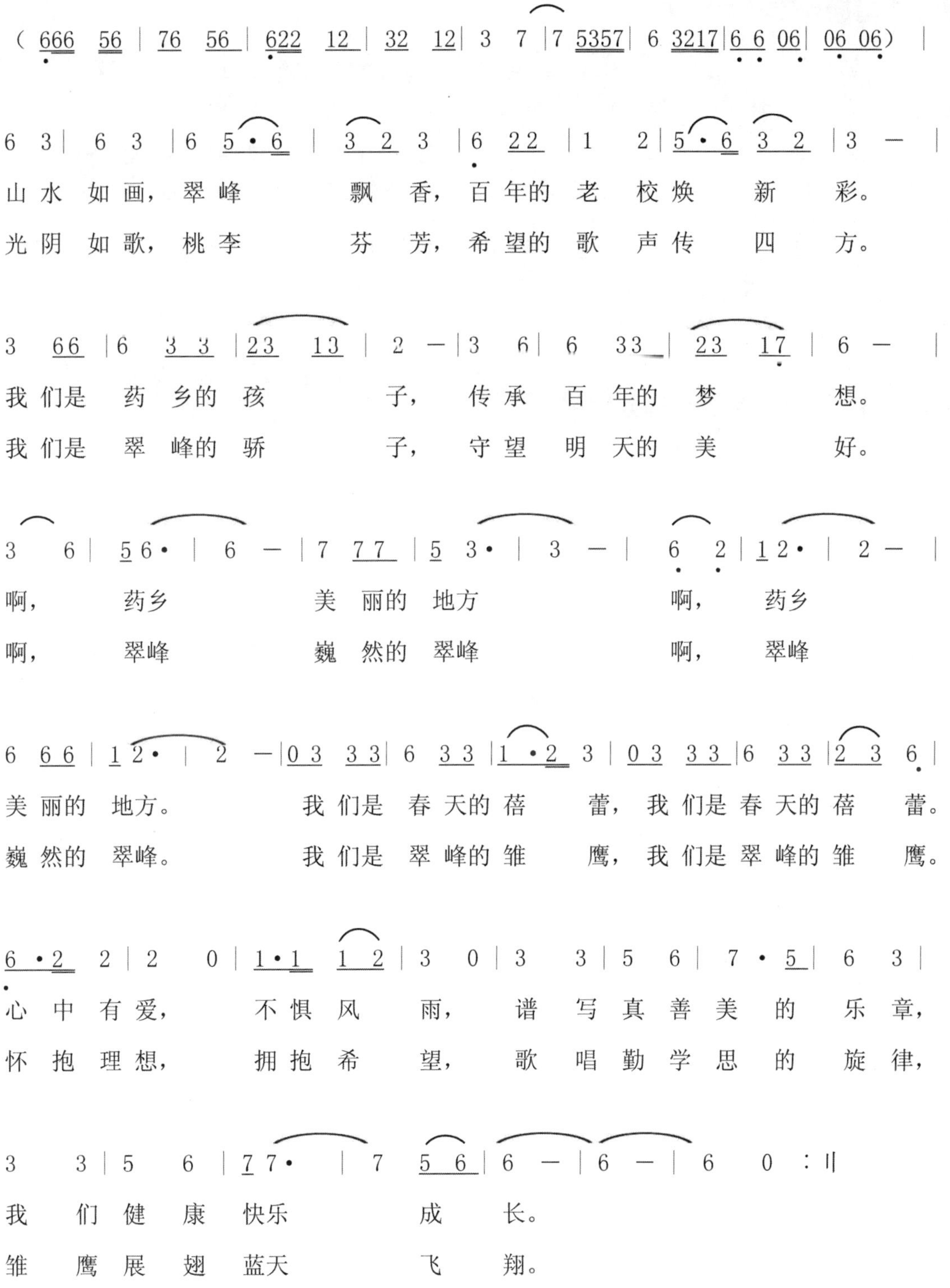

梦想的乐园

磐安县尖山镇中心小学校歌

厉育平　词
蒋相忠　曲

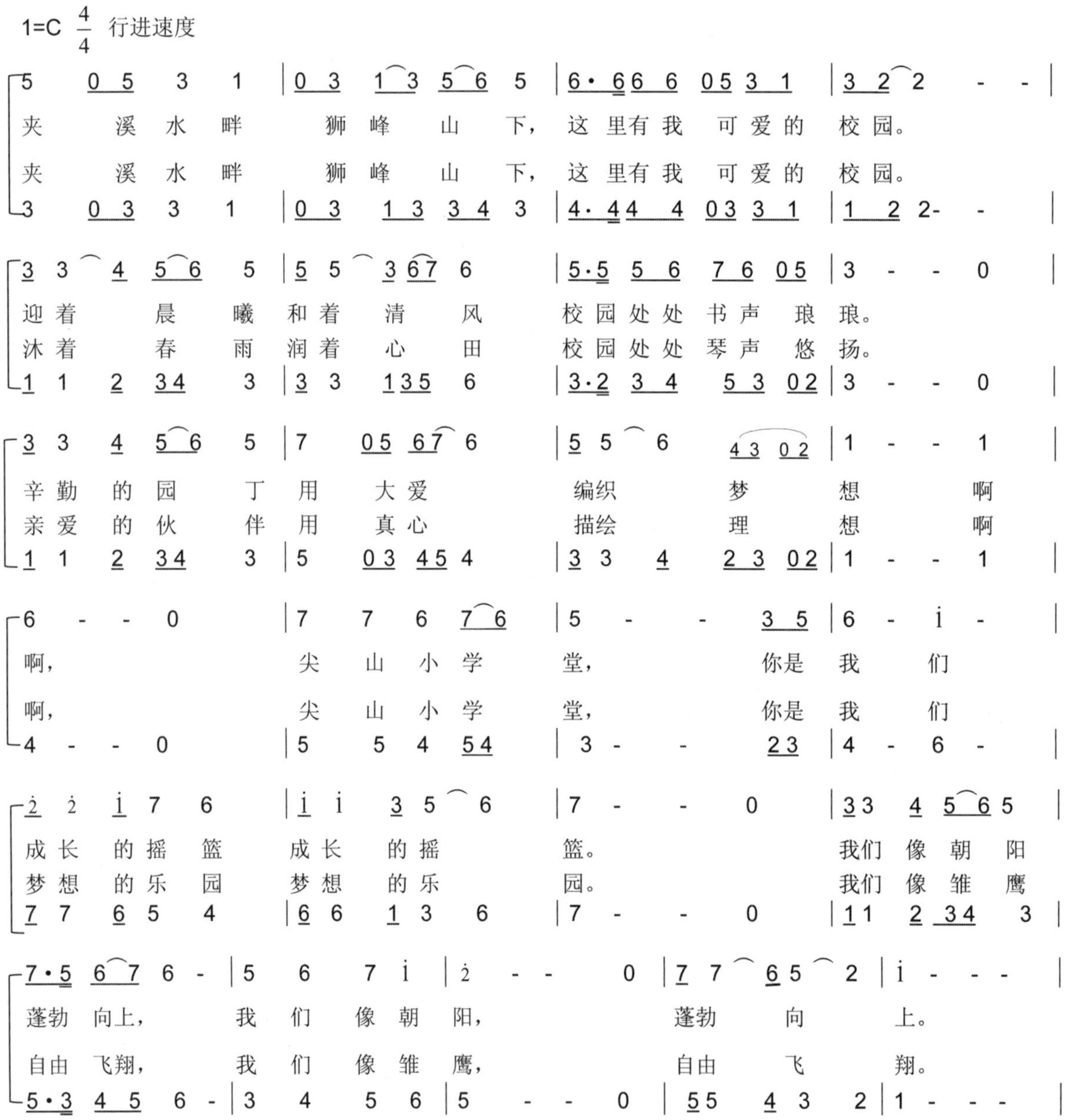

乘着梦想的翅膀

磐安县玉山镇初级中学校歌

作词：许德清

改编：胡肖虎

作曲：付荣章

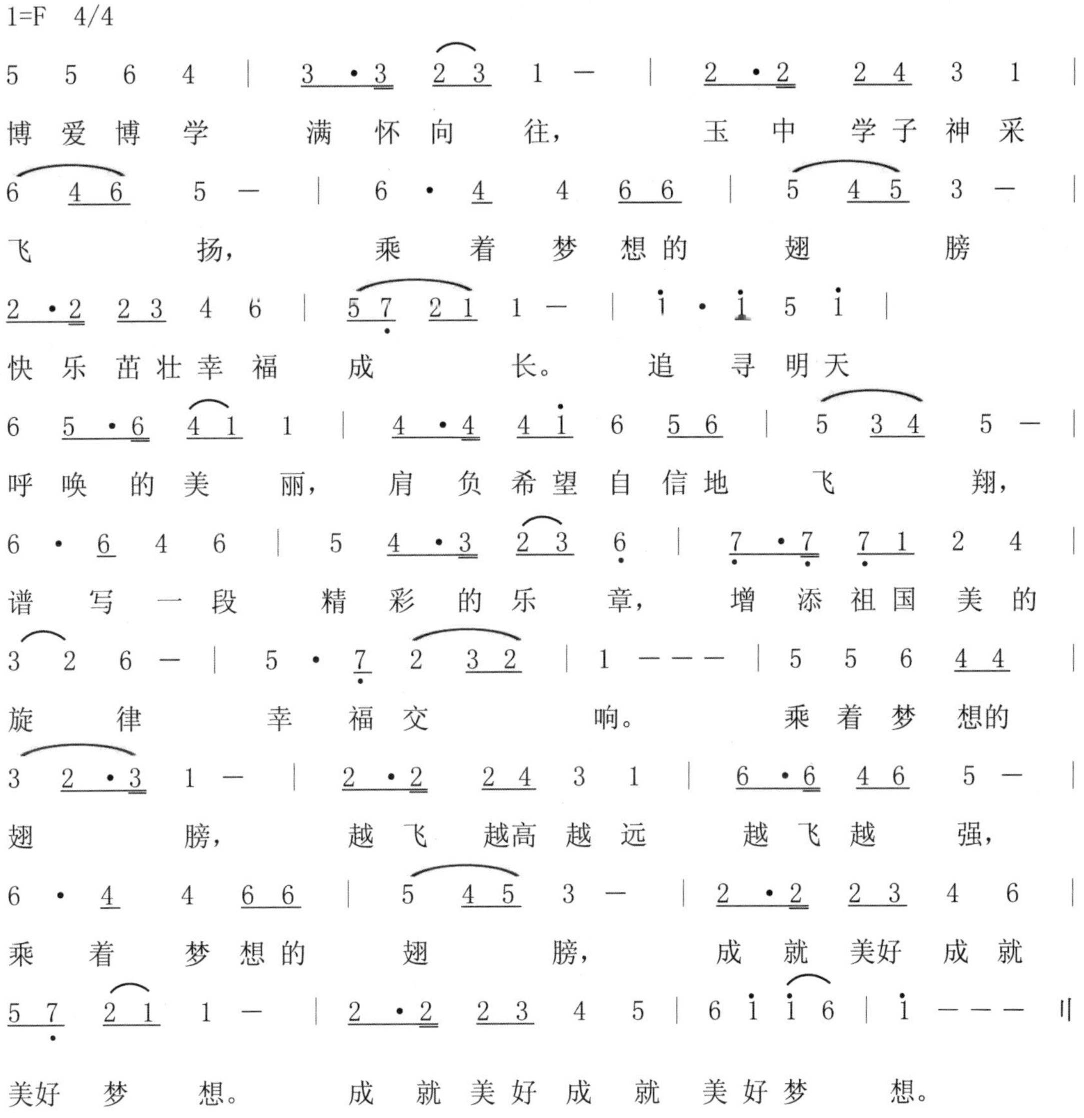

磐安二中校歌歌词

螺山苍苍　文水汤汤
依山傍水　草木繁昌
典雅校园　秀丽端庄
青春的梦想　自由地翱翔

清泉淙淙　书声琅琅
放翁之音　犹在耳旁
古朴校园　千年名扬
见贤而思齐　立志成栋梁

桃李芬芳　飞燕徜徉
良师益友　相得益彰
人文校园　精神粮仓
三年的拼搏　百炼而成钢

副歌
和谐校园　求学圣堂
毕业离校　黯然神伤
天涯海角　岁月悠长
思念的日记里　写有二中的时光

安文初中校歌歌词

海螺山上初升的朝阳
托起我们明天的希望
文溪水畔琅琅的书声
谱写我们进取的乐章
青春的梦想在这里插上翅膀
奋斗的征程从这里扬帆启航
啊！安文初中
你是我们健康成长的摇篮
你是我们自信一生的源泉
努力吧,同学们!
我们的生活多姿多彩
我们的前景如诗如画
阳光灿烂,奋发向上
共铸母校明天的辉煌

双溪小学校歌歌词

幽幽东岩山呀
清清山溪水
百年古樟树呀
诉说百年童话

掬一枝芬芳
我们像鲜花绽放
双小是个花园
美丽的花园

啦啦啦啦啦啦啦
啦啦啦啦啦啦
啦啦啦啦啦啦啦
啦啦啦啦啦啦

美丽的校园呀
辛勤的老师
童话是高远理想
生命缔造童话

沐浴爱的阳光
张开求知翅膀
我们起航飞扬
奔向海洋

幽幽东岩山呀
清清山溪水
百年古樟树呀
诉说百年童话

采一缕光芒
我们像阳光灿烂
双小是个乐园
天使的乐园

美丽的校园呀

快乐的水娃
童话是七彩生活
编织浪漫童年

沐浴爱的阳光
张开求知翅膀
我们起航飞扬
奔向海洋

第四节　特色学校创建

特色是学校个性的展现，也是学校的亮点。为促进学校内涵发展，提高办学水平，建设具有磐安特色的教育强县，2008年10月，县教育局下发《关于开展特色学校(特色项目学校)建设的通知》，在全县中小学校中开展特色学校(特色项目学校)建设活动。

全县特色学校创建以“办好人民满意的教育”为目标，以全面实施素质教育、推进教育改革创新为动力，坚持从学校实际出发，准确把握教育发展方向，充分发挥全体师生主观能动性，通过坚持不懈的特色学校(特色项目学校)建设活动，使学校的办学思路更加清晰，学校的教育教学管理更加民主科学，教师的成长更加专业，学生的成长更富个性，学校文明向社会辐射更加有效。

特色学校创建活动为个性化学校发展提供路径。全县各学校从自身传统优势出发，及时梳理并明晰特色项目，以各种活动的开展体现与完善传统特色项目。如实验小学的书法教育成为学生成长的鲜明印记，磐安二中的“读圣贤书，立君子品，做有德人”德育工程名声在外。

教育局对照创建标准，按照“申报、初审、初评、评审、公示、认定”等程序开展特色学校(特色项目学校)创建评估。具体操作办法按照办学思想、特色规划、实施过程以及建设成效四块内容赋分。

表3—32　　磐安县中小学特色学校(特色项目学校)建设标准

A级指标	B级指标	C级指标
A1 办学思想 12分	B1　4分 办学理念	C1 学校有先进的办学理念、明确的办学目标、清晰的办学思路和科学的办学策略，牢固树立“特色立校”观念
	B2　4分 校长思想	C2 校长注重学习，牢牢把握现代教育发展方向，逐步形成独特鲜明的办学思想、办学理念和正确的教育价值观
	B3　4分 教师观念	C3 学校以特色建设为指向，对师资队伍建设提出明确的要求
		C4 学校着力建设学习型组织，引导教师确立与特色建设相适应的教育理念
A2 特色规划 14分	B4　8分 特色内容	C5 选定的特色建设项目从自身传统优势出发，充分考虑周边自然人文资源等各种因素，具有鲜明的个性
		C6 选定的特色建设项目适宜于绝大多数师生参与，具有较强的普遍性
		C7 选定的特色建设项目着眼于促进学生的全面发展，培养学生终身受益的素质，具有较强的针对性
		C8 选定的特色建设项目能提炼出某种教育思想或精神特质，并能促进学校的整体发展，具有一定的综合性

续表 3—32

A级指标	B级指标	C级指标
A2 特色规划 14 分	B5 6分 目标设计	C9 学校制定切实可行的特色建设实施方案，并逐年落实特色建设工作计划
		C10 有清晰、合理的特色建设近期、中期、远期目标，并积极分阶段组织实施
A3 实施过程 34 分	B6 4分 管理机制	C11 切实加强对特色建设工作的组织领导，将特色建设工作列入重要议事日程
		C12 学校结合实际，建立并落实推进特色建设的制度和保障措施
	B7 12分 运作过程	C13 把特色建设作为实施素质教育的重要内容，辐射到学校的各个领域，渗透于教育教学的各个环节
		C14 能按照业已制定的特色建设目标和规划，全面系统、积极扎实地开展特色建设并已持续三年以上
		C15 学校特色建设与课程改革紧密结合，积极开发和利用校本课程等各类教育教学资源
	B8 6分 普及程度	C16 学校特色建设工作得到师生的普遍认同，参与面广，主动性强
	B9 6分 教育科研	C17 将特色建设列为学校教育教学科研的重要内容，结合实际确定特色建设研究课题
		C18 课题实施规范扎实，能结合教育实践解决实际问题，并逐渐摸索出行之有效的经验和做法
	B10 6分 环境建设	C19 学校围绕特色建设目标，创设校园环境，开展内容丰富、形式多样的校园文化活动，初步形成独特鲜明的、与特色相匹配的校园文化
A4 建设成效 40 分	B11 15分 学生发展	C20 学校特色建设促进学生素质的全面发展，多数学生开始形成体现学校办学特色的个性特征
	B12 7分 教师发展	C21 学校特色建设推动教师专业发展，逐步形成有一定个性特长的教师群体
	B13 6分 学校发展	C22 学校特色建设提升学校办学水平，推动素质教育的深入开展，形成独特的“三风”（学风、校风、教风）
	B14 12分 社会评价	C23 学校特色建设成效被学生家长、社会较普遍认可，被各种社会媒体宣传报道
		C24 学校特色建设成果得到上级部门的肯定和表彰，工作经验和做法在县内外交流和推广，在县内外已拥有一定的知名度

2009 年 1 月，磐安县实验小学、深泽乡中心小学、县第二中学三所学校被认定为磐安县首批特色项目学校。2011 年 1 月，磐安县实验小学、深泽乡中心小学、县第二中学三所学校被认定为磐安县首批特色学校。截至 2015 年，共有 22 所学校被认定为磐安县特色项目学校。

表 3—33 磐安县特色项目学校评比结果汇总表

批次	学校	项目名称	文件号	时间	级别
首批	实验小学	书法教育	磐教〔2009〕2 号	2009 年 1 月	县级
	深泽乡中心小学	爱心教育			
	磐安二中	“读圣贤书、立君子品、做有德人”			

续表 3—33

批 次	学 校	项 目 名 称	文 件 号	时 间	级别
第二批	安文初级中学	三维德育手记	教〔2011〕3 号	2011 年 1 月	县级
	方前镇中心学校	足球			
第三批	磐安中学	传统美德教育	磐教〔2011〕83 号	2011 年 11 月	县级
	安文小学	象棋			
	双溪乡中心小学	童话教育			
第四批	实验幼儿园	美术	磐教〔2013〕9 号	2013 年 1 月	县级
	新渥镇中心小学	合唱			
	尖山镇中心小学	口风琴			
第五批	双峰乡中心小学	体艺	磐教〔2014〕11 号	2014 年 1 月	县级
	窈川乡中心小学	快乐跳绳			
	实验初级中学	合唱			
第六批	尚湖镇中心小学	葫芦丝	磐教〔2015〕10 号	2015 年 2 月	县级
	仁川镇中心小学	口琴			
	九和乡中心小学	活力板			
	职教中心三中校区	足球			
第七批	文溪小学	国学启蒙教育	磐教〔2016〕17 号	2016 年 2 月	县级
	县实验小学大盘校区	舞龙舞狮			
	方前镇中心学校(初中部)	陶笛特色			
	玉山镇初级中学	乒乓球			

至 2015 年,全县有 7 所学校被认定为磐安县特色学校,有 6 所学校被认定为磐安县青少年校园足球特色学校。

表 3—34　　磐安县特色学校评比结果汇总表

批 次	学 校	项 目 名 称	文 件 号	时 间	级别
首 批	实验小学	书法	磐教〔2011〕3 号	2011 年 1 月	县级
	磐安二中	“读圣贤书立君子品做有德人”德育工程			
	深泽乡中心小学	爱心教育			
第二批	安文小学	象棋	磐教〔2013〕9 号	2013 年 1 月	县级
第三批	磐安中学	尚美教育	磐教〔2014〕11 号	2014 年 1 月	县级
第四批	实验幼儿园	美术	磐教〔2015〕10 号	2015 年 2 月	县级
	安文初级中学	德育手记			
2015 年第一批	实验初级中学	磐安县青少年校园足球特色学校	磐教〔2015〕94 号	2015 年 12 月	县级
	方前中心学校(小学部)				

续表 3－34

批次	学校	项目名称	文件号	时间	级别
2015年第一批	实验小学	磐安县青少年校园足球特色学校	磐教〔2015〕94号	2015年12月	县级
	尖山镇中心小学				
	新渥镇中心小学				
	万苍乡中心小学				

自1999年5月至2015年，全县共有20所学校被命名为市级以上特色学校。

表 3－35　　磐安县中小学市级以上特色学校一览

序号	校名	荣誉称号	级别	命名时间	授予单位	命名文件号
1	实验小学	1999年～2002年市体育传统项目学校	市	1999年5月	市体委市教委	—
2	实验小学	全国写字教学研究中心实验基地	国家	2001年3月	全国小学语文教学研究会写字教学研究中心	—
3	实验小学	书法教育实验学校	国家	2004年12月	中国教育学会书法教育专业委员会	授予铜牌
4	实验小学	科普特色学校	市	2005年1月	市教育局 市科协	金市科协字〔2005〕2号
5	安文初级中学	科普特色学校	市	2005年1月	市教育局 市科协	金市科协字〔2005〕2号
6	方前镇中心小学	省体育特色学校(足球)	省	2008年2月	省教育厅 省体育局	浙教体〔2008〕36号
7	实验初级中学	体育特色学校(田径)	市	2008年10月	市教育局 市体育局	《关于公布首批金华市体育特色学校的通知》
8	实验小学	体育特色学校(篮球田径)	市	2008年10月	市教育局 市体育局	《关于公布首批金华市体育特色学校的通知》
9	安文小学	体育特色学校(篮球)	市	2008年10月	市教育局 市体育局	《关于公布首批金华市体育特色学校的通知》
10	磐安中学	体育特色学校(田径)	市	2008年10月	市教育局 市体育局	《关于公布首批金华市体育特色学校的通知》
11	方前镇中心小学	省体育特色学校(足球)	市	2008年10月	市教育局 市体育局	《关于公布首批金华市体育特色学校的通知》
12	职业技术学校	体育特色学校(篮球)	市	2008年10月	市教育局 市体育局	《关于公布首批金华市体育特色学校的通知》
13	大盘镇中心小学	体育特色学校(中国象棋)	市	2008年10月	市教育局 市体育局	《关于公布首批金华市体育特色学校的通知》
14	实验小学	特色学校(书法)	市	2008年11月	金华市教育局	金市教基〔2008〕63号

续表 3—35

序号	校　　名	荣誉称号	级别	命名时间	授予单位	命名文件号
15	尚湖镇中心小学	特色学校(书画)	市	2008年11月	金华市教育局	金市教基〔2008〕63号
16	墅安希望小学	特色学校(舞蹈)	市	2008年11月	金华市教育局	金市教基〔2008〕63号
17	深泽乡中心小学	浙江省首批艺术特色学校(舞蹈)	省	2009年3月	浙江省教育厅办公室	浙教办体〔2009〕43号
18	大盘镇中心小学	体育特色学校(中国象棋)	省	2009年3月	省教育厅 省体育局	浙教体〔2009〕51号
19	实验小学	浙江省第二批艺术特色学校(书法)	省	2010年2月公示	浙江省教育厅办公室	—
20	安文小学	金华市第二批体育特色学校(中国象棋)	市	2010年2月	金华市教育局	《关于命名金华市第二批体育特色学校的通知》
21	安文小学	特色学校(中国象棋)	省	2010年3月	省教育厅 省体育局	浙教体〔2010〕28号
22	大盘镇中心小学	第二批金华市艺术教育特色学校(舞蹈)	市	2010年10月	金华市教育局	金市教基〔2010〕10号
23	磐安二中	金华市体育特色学校(篮球)	市	2011年	金华市教育局	金市教基〔2011〕22号
24	新渥镇中心小学	第三批金华市艺术教育特色学校(合唱)	市	2011年11月	金华市教育局	金市教基〔2011〕26号
25	职业技术学校	第三批金华市艺术教育特色学校(舞蹈)	市	2011年11月	金华市教育局	金市教基〔2011〕26号
26	实验小学	浙江省书法教育实验研究会基地学校	省	2011年12月	浙江省书法教育实验研究会	授予铜牌
27	实验小学	全国特色学校(书法)	国家	2012年7月	教育部中国教师发展基金会	授予铜牌
28	实验初中	第四批金华市艺术教育特色学校(舞蹈)	市	2013年1月	金华市教育局	金市教基〔2013〕1号
29	尖山镇中心小学	第四批金华市艺术教育特色学校(口风琴)	市	2013年1月	金华市教育局	金市教基〔2013〕1号
30	实验小学	2015年浙江省青少年校园足球特色试点学校	省	2015年12月	浙江省教育厅 浙江省体育局	浙教办体〔2015〕103号
31	尖山镇中心小学	2015年浙江省青少年校园足球特色试点学校	省	2015年12月	浙江省教育厅 浙江省体育局	浙教办体〔2015〕103号
32	实验初级中学	2015年浙江省青少年校园足球特色试点学校	省	2015年12月	浙江省教育厅 浙江省体育局	浙教办体〔2015〕103号
33	职教中心三中校区	2015年浙江省青少年校园足球特色试点学校	省	2015年12月	浙江省教育厅 浙江省体育局	浙教办体〔2015〕103号

截至 2015 年，全县共有 12 所学校被认定为市级语言文字规范化示范学校，3 所学校被认定为省级语言文字规范化示范学校，2 所学校被认定为金华市中华经典诵读基地学校。

表 3－36　　磐安县中小学幼儿园省市级语言文字规范化示范学校名单

序号	学　校	市	级		省	级	
		命名时间	授予单位	命名文件号	命名时间	授予单位	命名文件号
1	磐安县第二中学	2005 年 12 月	市教育局	金市教基〔2005〕66 号	2012 年 12 月	省语委 省教育厅	浙语〔2012〕14 号
2	磐安县实验小学	2005 年 12 月	市教育局	金市教基〔2005〕66 号	2006 年 12 月	省语委 省教育厅	浙教语〔2006〕268 号
3	磐安县深泽乡中心小学	2005 年 12 月	市教育局	金市教基〔2005〕66 号	—	—	—
4	磐安县尚湖镇中心小学	2005 年 12 月	市教育局	金市教基〔2005〕66 号	—	—	—
5	磐安县盘山中学	2007 年 7 月	市教育局	金市教基〔2007〕49 号	—	—	—
6	磐安县方前镇中心小学	2007 年 7 月	市教育局	金市教基〔2007〕49 号	—	—	—
7	磐安县安文小学	2007 年 7 月	市教育局	金市教基〔2007〕49 号	2009 年 3 月	省语委 省教育厅	浙语〔2009〕2 号
8	磐安县实验幼儿园	2007 年 7 月	市教育局	金市教基〔2007〕49 号	—	—	—
9	磐安县职业技术学校	2009 年 12 月	市教育局	金市教基办〔2009〕82 号	—	—	—
10	磐安县实验初级中学	2009 年 12 月	市教育局	金市教基办〔2009〕82 号	—	—	—
11	磐安县新渥镇中心小学	2009 年 12 月	市教育局	金市教基办〔2009〕82 号	—	—	—
12	磐安县尖山镇中心小学	2009 年 12 月	市教育局	金市教基办〔2009〕82 号	—	—	—
13	磐安县第二中学	2014 年 11 月	市教育局	金市教办基〔2014〕69 号	金华市首批中华经典诵读基地学校		
14	磐安县尖山镇中心小学	2015 年 12 月	市语委 市教育局	金市语委办〔2015〕9 号	金华市第二批中华经典诵读基地学校		

另外，安文小学等 4 所学校被命名为省级现代教育技术实验学校；尖山镇中心小学等 4 所学校被命名为市级教育信息化示范学校；盘山中学等 6 所学校被命名为市级现代化示范实验室。2001 年 11 月，磐安县深泽中心小学被市妇女联合会命名为金华市示范性家长学校。2004 年 12 月，安文初级中学和实验小学被市教育局命名为市级校本教研示范学校。2006 年 3 月，实验小学被市教育局命名为市级素质教育示范学校，同年 5 月，大盘镇中心小学被市教育局命名为金华市示范性图书馆。2006 年 12 月，安文小学被评为浙江省百年百强名校。2007 年 6 月，安文小学被省教育厅命名为浙江省“依法治校”示范校。2007 年 12 月，实验初中被市教育局命名为市级校本教研示范学校。2014 年，磐安县实验初级中学被市妇女联合会命名为金华市示范性家长学校。

第五节　书香校园创建

2011年，为贯彻落实国家和省《中长期教育改革和发展规划纲要》精神，促进教师专业成长，提高学生文化素养，实现学校内涵发展，磐安县人民政府办公室下发磐政办〔2011〕39号《关于深入开展“书香校园”创建工作的通知》，启动“书香校园”创建工作。教育局专门下发磐教〔2011〕18号《磐安县教育局关于全面开展“书香校园”建设的通知》，该文件提出“书香校园”创建的指导思想、工作目标、基本内容、实施步骤、措施与要求等内容。

“书香校园”建设的指导思想是以教育现代化、素质教育思想和新课程理念为指导，以新鲜活泼、形式多样的读书活动为载体，努力激发师生读书热情，强化读书意识，培养读书兴趣，养成读书习惯，增强阅读能力，使读书成为全体师生的内在需求，促进教师、学生的成长和发展。

表3—37　　磐安县中小学“书香校园”评选指标体系

A级指标	B级指标	评选指标	评分标准	自评分	县评分
A1 组织领导 16分	B1 3分	将“书香校园”活动列入学校文化建设重要内容，成立创建活动领导小组。领导小组定期分析研究书香校园创建工作，定期交流开展读书活动的经验	以听取汇报和查阅有关资料为准。领导小组人员、职责明确得1分，定期召开分析会、总结会或经验交流会得2分	—	—
	B2 5分	有五年规划，分学年制订读书活动实施方案。有一套完善的规章制度。制度执行有力，检查到位，有相应的活动记录、文档材料、活动总结等	查阅有关资料和现场检查为准。规划1分，学年实施方案得1分。各项制度完善有学校特色得1分。执行制度得力、检查到位得2分	—	—
	B3 4分	成立教师、学生读书组织，每学期至少组织一次全校范围的读书活动。有相对固定的学生读书管理队伍；有相关培训记录等	查阅有关资料和现场检查为准	—	—
	B4 4分	每学年举办一届读书节，有明确的读书活动主题和活动口号，有特色，有内涵	查阅有关资料和现场检查为准	—	—
A2 环境设施 28分	B5 4分	学校有专门的图书室、阅览室，功能齐全、设施完备、制度健全、管理规范，并配备管理人员。图书室、阅览室整洁卫生，无死角	以现场检查为准。有图书室、阅览室得1分，配备管理人员得1分，卫生1分	—	—
	B6 10分	县属、新城区、镇级学校达到省图书室Ⅰ级标准，乡级学校达到省图书室Ⅱ级标准。重视推进电子阅览室建设。图书馆(室)按规定配齐配足各类图书，图书报刊配比合理、更新及时、重点突出，有较高的科学及实用价值	以现场检查为准。未达到标准的，实行一票否决	—	—
	B7 10分	图书室图书利用率高，日均流量达在校生数的1/30以上	以现场检查和查阅相关图书室记录为准	—	—

续表 3—37

A级指标	B级指标	评　选　指　标	评　分　标　准	自评分	县评分
A2 环境设施 28分	B8 4分	校园文化建设有新意。校园有读书橱窗，并经常更新内容。班级有管理完善的读书角、图书柜	以现场检查为准	—	—
A3 读书工程 36分	B9 10分	结合学校实际，创造性地开展读书活动，每年度至少举办三项“书香校园”系列活动	以活动录像和现场记录为准	—	—
	B10 5分	学校为教师和学生编制推荐书目，提出读书要求。师生定期制订个人读书计划	以查阅相关资料为准。	—	—
	B11 10分	开展好每天的读书活动，能确保充足的阅读时间，学生在校课外阅读时间每天不少于半小时，公休日、寒暑假每天阅读时间不少于1小时。坚持师生共读，亲子共读。学生在各级读书评选活动中踊跃参加且成果显著	开展读书活动至少2年。以读书成长手册、活动记录和活动图片为准	—	—
	B12 5分	校长带头读书，教师率先垂范，积极参与，既指导学生阅读，又自主阅读，撰写读书笔记，在读书中提高业务水平	以活动图片、记录，查阅相关资料为准	—	—
	B13 6分	在校报校刊和校园网，刊登师生读书笔记，介绍成功的经验做法，按学年发布读书目录，按月公布班级课外阅读量	以查看报刊资料和校园网内容为准	—	—
A4 活动效果 20分	B14 5分	学风、教风和校风良好；读书活动促进教育教学质量提高；师生读书兴趣浓厚，全体教师和90%以上学生养成每天读书的习惯，生均阅读量达标；学生能够正确运用电子阅读系统；培养学生收集、整理资料，利用信息的能力和终身学习的能力	以查阅相关资料为准	—	—
	B15 5分	师生在报纸杂志（县、市、省、国家级）上发表关于读书的文章、论文。在磐安教育网上发表读书笔记的学生达到一定比例	以查阅相关资料为准	—	—
	B16 5分	学校在创建“书香校园”过程中有新思路、新做法，形成特色，并在县级及以上范围产生较大影响和较好声誉，进行经验交流或被相关部门表彰等	以查阅相关资料为准	—	—
	B17 5分	家长、社会理解、支持、参与“书香校园”读书行动。学校作为区域图书中心，实现资源共享、辐射周边，与家庭读书形成经常性的互动与沟通	以查阅相关资料为准	—	—
合计	100	—	—	—	—

说明：申报“书香校园”的基本条件①图书室建设达到省图书室建设等级标准，县属、新城区、镇级学校达到Ⅰ级标准，乡级学校达到Ⅱ级标准；②按年生均不少于10元的标准添置图书室新书；③开展读书活动两年以上，开展丰富多彩的读书活动，每年举办一届读书节；④生均课外阅读量达到新课标要求

书香校园创建工程启动后，各校纷纷制定书香校园工作行动计划，举办读书节、制定师生阅读指标、评选书香家庭、举行诺贝尔人物图片展等，开展系列丰富多彩的读书活动。县实验初中，先后邀请儿童作家常新港、著名小说作家刘文起、散文作家邹汉明举办文学讲座。县教育局与相关部门每年组织开展亲子阅读征文、演讲比赛等活动促进书香校园建设。

教育局根据各学校的申请，采用检查图书室(阅览室)、抽查师生读书开展情况、查看校园书香文化等形式进行评估。2011年12月，实验小学、安文小学、双溪乡中心小学、深泽乡中心小学、尚湖镇中心小学、实验小学大盘校区(大盘镇中心小学)6所学校命名为第一批"磐安县书香校园"。截至2015年，全县共有实验小学等19所学校被命名为"磐安县书香校园"。

表3—38　　磐安县书香校园汇总表

校　名	名　称	级　别	命名时间	授予单位	命名文件号
实验小学	第一批磐安县书香校园	县　级	2011年12月	县教育局	磐教〔2011〕82号
安文小学	第一批磐安县书香校园	县　级	2011年12月	县教育局	磐教〔2011〕82号
双溪小学	第一批磐安县书香校园	县　级	2011年12月	县教育局	磐教〔2011〕82号
深泽小学	第一批磐安县书香校园	县　级	2011年12月	县教育局	磐教〔2011〕82号
尚湖小学	第一批磐安县书香校园	县　级	2011年12月	县教育局	磐教〔2011〕82号
大盘小学	第一批磐安县书香校园	县　级	2011年12月	县教育局	磐教〔2011〕82号
新渥小学	第二批磐安县书香校园	县　级	2013年1月	县教育局	磐教〔2013〕8号
双峰小学	第二批磐安县书香校园	县　级	2013年1月	县教育局	磐教〔2013〕8号
尖山小学	第二批磐安县书香校园	县　级	2013年1月	县教育局	磐教〔2013〕8号
安文初中	第二批磐安县书香校园	县　级	2013年1月	县教育局	磐教〔2013〕8号
仁川小学	第三批磐安县书香校园	县　级	2014年1月	县教育局	磐教〔2014〕12号
方前小学	第三批磐安县书香校园	县　级	2014年1月	县教育局	磐教〔2014〕12号
实验初中	第三批磐安县书香校园	县　级	2014年1月	县教育局	磐教〔2014〕12号
窈川小学	第四批磐安县书香校园	县　级	2015年2月	县教育局	磐教〔2015〕11号
胡宅小学	第五批磐安县书香校园	县　级	2016年2月	县教育局	磐教〔2016〕18号
新渥初中	第五批磐安县书香校园	县　级	2016年2月	县教育局	磐教〔2016〕18号
万苍小学	第五批磐安县书香校园	县　级	2016年2月	县教育局	磐教〔2016〕18号
九和小学	第五批磐安县书香校园	县　级	2016年2月	县教育局	磐教〔2016〕18号
尚湖初中	第五批磐安县书香校园	县　级	2016年2月	县教育局	磐教〔2016〕18号

第六节　文明单位创建

文明单位是一个单位在物质文明和精神文明建设方面协调发展、取得显著成绩的综合性荣誉称号。它分县(区)级、市(地区)级、省(自治区)级和国家级四个级别。创建文明单位的永恒主题，就是提高服务质量，提供优质服务。

磐安县各类学校遵照“领导班子坚强有力、业务工作实绩显著、思想道德风尚良好、环境优美环保达标、治安安全状况良好、创建工作扎实有效”六大标准，从自身条件出发，把思想教育放在首位，重视教育质量提高，重视师生文明素质提升，重视社会责任担当，积极开展文明活动，践行社会主义核心价值观，以学校的文明形象引领社会发展。至2015年，全县各类学校创建县级文明单位33家，市级文明单位28家，省级文明单位4家。

表3—39　　磐安县中小学文明单位创建成果统计表

序号	单　位	创建级别(时间)			创　建　工　作
		县级	市级	省级	
1	磐安电大	—	2013年	—	抓好组织建设，夯实创建基础；抓住思想教育，提升文明素养；抓深文化建设，推动内涵发展；抓实创建活动，增强活动实效；抓紧各项管理，提高办学效益；抓牢综合治理，促进平安和谐；抓住环境卫生，确保校园整洁
2	磐安中学	—	—	1994年	积极推进作风建设，实施课堂教学改革提升教学质量；重视校园文化建设，不断优化育人环境；大力开展传统美德教育，重视安全教育，注重细节强化日常管理，促进文明行为养成；加强家校合作，优化后勤服务，积极开展“双百结对，共建文明”活动
3	磐安二中	—	—	2013年	抓实学校管理，打造优秀团队；规范学校管理，创建和谐平安校园；强化教学管理，提升教学质量；提升后勤管理，营造美丽校园
4	职教中心技校校区	—	2015年	—	积极开展思想道德教育。师生参加各级技能比武取得优异成绩。大力开展先进班级等创建工作，与社区互动，净化周边环境。全面完善学校各项规章制度，提升学校的内涵建设。落实班级承包责任制，重视绿色生态建设
5	职教中心三中校区	—	2014年	—	重视党团及教职工的政治思想工作落实责任。强化德育管理，净化育人环境。开拓创新，专业建设谋求新发展。拓展社区教育，全面推进青年志愿者服务事业，形成新的亮点后勤保障有力，不断提升服务质量
6	磐安实验初级中学	—	2014年	—	学生成为创建主体，把每一项创建工作都作为陶冶人、教育人、提高人的过程，让全体学生在参与创建中增强责任感和使命感，提高个人文明素质，提升校园文明程度
7	磐安安文初级中学	—	—	2001年	加强理论学习，树立科学育人观，加强制度建设及过程管理，不断增强学校的凝聚力、战斗力和创新力。加强制度建设，狠抓落实，不断提升学校管理的规范性执行力。深化德育手记研究，强化过程管理考核，促进反思实践的相互轮动，优化育人工作方法，形成学校德育特色
8	深泽乡初级中学	—	1999年	—	充分发挥学校在人才、技术、信息、政策等方面的优势，不断丰富群众的科学知识，增强群众的法制观念
9	新渥镇初级中学	—	2003年	—	围绕校训“日新、厚德”，德育挂帅、科研领先，抓学校软硬环境建设，向管理要质量、要效益
10	仁川镇初级中学	2009年	—	—	开展争创“文明办公室”“文明班级”和争做“文明礼仪好少年”等系列评比活动，号召师生积极参与文明创建活动，努力为学校的文明创建工作做出积极的贡献

续表 3－39

序号	单位	创建级别(时间)			创建工作
		县级	市级	省级	
11	玉山镇初级中学	2004 年	—	—	统一思想,营造浓烈的创建氛围;围绕中心,加快创建文明单位的步伐;以文明创建为先导,大力推进学校德育工作;内强素质,外塑形象,不断提高教队伍的文明素质;着力创设良好的育人环境;充分发挥党支部在文明创建活动中的战斗堡垒作用;工会群团争创文明;不断增强领导班子整体功能
12	尖山镇初级中学	—	2002 年	—	坚持德育先行,推进学校德育工作,深化"日行一善 善行一生"德育主题系列活动;提质塑形,提高教师队伍的文明素质;响应"双千结对,共建文明"的号召,与楼下宅村结对,做到真帮实扶;凝聚力量,党政工团群携手共同争创文明
13	尚湖镇初级中学	—	2005 年	—	突出党员模范带头作用,促进德育队伍整体素质的提高。教育活动形式多样。每个学期都进行多次法制教育和交通安全教育。深化普法安全教育,及时消除安全隐患。扶贫助学建章立制。建立资助贫困家庭学生档案制度。工会关心职工生活,解决职工困难,增强主人翁意识
14	盘山中学	—	2005 年	—	倡导制度管理与人文管理并举,持之以恒做好教师的思想道德和职业观念教育。学习各个领域先进人物的事迹,把社会主义核心价值观教育寓于丰富多彩的活动之中,结合中华传统节日开展丰富多彩的校园文化活动、公益劳动和社会实践活动
15	磐安县实验小学	—	—	2006 年	一直以学生发展为重点,以"读好书 写好字 作好文"为教学着力点,以"寄宿制"为特色,发展学生的"阅读""书法"特色,为孩子的发展奠基
16	磐安县安文小学	—	1997 年	—	实施"学雅养正"德育工程,培养"求真至善、博学儒雅"的现代人,课程融合节日,实施节日教育课程,丰富、拓展德育的内涵和外延。充分利用活动,使学生浸润在正向文化的滋养里。搭建"尚雅银行"平台,推出"安安文文"评价机制
17	冷水镇中心学校	—	1987 年	—	重视德育教育,尊重每一位教师,注重团队理念的渗透教育,倡导团队合作,加强感恩教育,致力于终身学习并能不断进步
18	方前镇中心学校	—	2010 年	—	强调文明创建和德育工作的有机渗透。以思想政治教育为基础,确立高尚的道德情操。强化日常行为规范养成教育
19	深泽乡中心小学	—	2003 年	—	把文明单位创建同日常教育教学相结合,积极营造"文明团结、充满爱心、勤奋向上"的校风,让每一个生命个体都绽放光泽,力争把学校办成充满爱心的家园,充满智慧的学园,充满艺术的乐园
20	新渥镇中心小学	2011 年	—	—	重文化布置,用环境育人于无形;以"五味"德育为抓手促进学生文明习惯养成;以"明责任、勇担当、树新风"师德主题教育活动为抓手促进教师素质提升;重制度建设,以制度文明为抓手优化管理
21	仁川镇中心小学	—	2005 年	—	强化管理,创先争优,打造一支德能兼备的教师队伍。优化德育工作机制,营造良好育人环境,促进学生健康成长。明确职责,狠抓教育教学,提升办学水平。打造校园特色文化。开展社会实践活动,加强平安校园建设

续表 3—39

序号	单　位	创建级别(时间)			创　建　工　作
		县级	市级	省级	
22	双峰乡中心小学	—	2006 年	—	制度上有保证,管理上有力度,服务上有措施。学校以爱国主义教育为主旋律,以队伍建设为保证,以常规教育为抓手,建成学校、社会、家庭三位一体的主体德育框架
23	窈川乡中心小学	2007 年	—	—	营造良好的创建氛围,开展扎实的创建活动,提升校园的文明品位,强化师生的思想建设
24	双溪乡中心小学	—	2006 年	—	确定目标,加强领导班子建设,形成创建文明学校的合力。重视校园文化建设,营造优美的校园环境。以文明创建为先导,大力推进学校德育工作。依法治校,规范内部民主管理。全面推进素质教育,强化创新意识,提高教学质量。制定落实安全责任制度,创建"平安校园"
25	万苍乡中心小学	—	2015 年	—	全面推行创建工作责任制,把提升教师队伍素质作为文明单位创建着力点;把改善校园环境、提升校园品味作为创建工作的突破点;把活动育人、文明学生培养作为创建文明单位的着重点
26	玉山镇中心小学	—	2013 年	—	开展帮扶共建系列活动,如开展送文明成果下乡,送科技文艺进村,送文化书籍到村,切实把"文明从脚下起步,奉献从你我做起"的文明创建理念带进该村的每家每户
27	尖山镇中心小学	—	2008 年	—	双千结对共建文明,不断加强与共建对象陈界村的沟通和交流。开展文明评创工作。加强区域共建与横向联动,积极调动社会力量,营造文明校园的氛围,文化育人,环境育人。细化学校德育工作,注重德育工作的时效性
28	尚湖镇中心小学	—	2004 年	—	以《公民道德建设实施纲要》为准绳,以校风、教风、学风建设为重点,从优化校园环境,加大骨干教师队伍,结合学校书画、环保教学特色,深入组织开展评选"文明处室"等活动,开展"警校共育",将文明细胞创建活动贯穿到学校各项工作之中
29	胡宅乡中心小学	—	2011 年	—	坚持立德树人,创建和谐团队;做好章程建设,建成管理体系;开展校园文化创建活动,全面推进校园管理;深化课程改革,提升教育质量;积极开展"双千结对共建文明"活动
30	九和乡中心小学	—	2013 年	—	坚持"优势互补、资源共享、双向互动、谋求共赢"原则,校与村积极参与,发挥自身优势,各尽所能,得到了广大农村干部群众的广泛认可和大力支持
31	大盘镇中心小学	—	1993 年	—	建立健全组织机构,保障各级精神落实到位。重点推进师德师风建设,让广大教职工起模范带头作用。以城乡教育共同体为载体,狠抓教育教学常规管理。以舞龙舞狮特色为抓手,营造文明、健康的育人环境。积极联系共进单位,实施对共进单位的物质文明、精神文明扶持
32	磐安县实验幼儿园	—	2009 年	—	与壶厅社区签订"文明共建 共建文明"协议,以资源共享、互助共建为主题,开展系列活动,每年出资用于社区共建和"春泥计划"结对帮扶活动。按照"突出重点,深化内涵,注重特色,打造品牌"的总体要求,坚持以人民群众满意为标准、提高师生素质为核心
33	尚湖镇实验幼儿园	2015 年	—	—	以"挚爱、规范、快乐、艺术、成长"为园训,致力培养"纯真善良、个性智慧、快乐健康"的活力宝贝。全体教职员工团结协作,积极探索发展思路,不断推进各项建设,引领孩子健康成长

第四篇

各类教育

学前教育、义务教育、高中教育、高等教育，以及成人教育，是不同类型的教育形式。

要达到“2020 年基本实现教育现代化”的目标，就要统筹各级各类教育协调发展，完善终身教育体系：办好学前教育，均衡发展九年义务教育，高标准普及高中教育，加快发展现代职业教育，支持特殊教育，积极发展继续教育。这一切，始终是这些年来磐安各级人民政府和教育行政部门致力的工作。

第一章 学前教育

1952年,磐安县出现第一所幼儿园——安文镇中心小学附设幼儿园。1957年,全县公、民办幼儿园发展到22所,教养员28人,入园幼儿558人。1968年安文镇中心小学附设幼儿园停办,1969年恢复招生,有教养员1人,幼儿40人。1978年,今磐安境内的公、民办幼儿园10所,教养员17人,在园幼儿466人。1981年,全县农村实行联产承包责任制,多数生产大队无力支付幼儿教师工资,幼儿园由1980年的109所锐减到68所。1982年,磐安境内的幼儿园仅59所。1989年,全县幼儿园218所,教职员工245人,在园幼儿4917人。

第一节 发展概况

1990年,全县有幼儿园210所,公办教职工5人,代课教师239人。3月,县妇联创办新蕾幼儿园。

1993年起,各乡镇政府将幼教工作列入年度工作计划。

1996年2月起,规范幼儿园收费,标准由县物价局与财政局核定。乡镇中心幼儿园每幼儿每学期交保育费75元、杂费20元。村级幼儿园每幼儿每学期交保育费60元、杂费15元。是年4月,县教育学会幼儿教育研究会成立。

2000年,磐安县人民政府下发《关于鼓励社会力量参与办学的若干意见》(磐政〔2000〕98号),部分幼儿园由公办、集体办转为民办。至2005年,除盘山区域以及深泽幼儿园外,玉山、安文区域各乡镇中心幼儿园均转为民办幼儿园。

同年5月,县教委下发《磐安县幼教教研组工作常规》《幼儿园课堂教学评估要素》。

2001年,全县幼儿园统一调整收费标准,收缴项目统称保育费和代管费。乡镇中心幼儿园每幼儿每学期交保育费130元,村级100元,代管费统一30元。是年7月,教育部教基下发《幼儿园教育指导纲要(试行)》(以下简称《纲要》),9月1日起施行,磐教普〔2001〕23号文件予以转发。《纲要》要求改革幼儿教育课程,改革幼师培训方式,更新教育技能。

2002年12月起,部分民办幼儿园开始购买面包车接送幼儿。

2005年12月底,全县幼儿园66所,其中县机关事务管理局办1所,县妇联办1所,教育部门办1所,集体办18所,民办45所。

2007年8月,县机关幼儿园与安文镇中心小学幼儿园合并,创办磐安县实验幼儿园,隶属县教育局。

2008年,方前镇幼儿园由村集体办园转制为乡镇公办幼儿园。

2010年7月,县政府出台《关于加快学前教育改革发展的若干意见》(以下简称《意见》)磐政〔2010〕94号。《意见》指出学前教育改革发展的目标是:不断扩大优质学前教育资源,全面提升学前教育保教质量;到2012年,各镇乡都有规范的中心幼儿园,初步形成以公办幼儿园为示范,公办与民办幼儿园协调发展的办园格局;创建省二级以上幼儿园8所;幼儿园师资队伍素质全面提高,幼儿园教师持证上岗率达到90%以上，学历合格率90%以上，其中省一、二级幼儿园教师大专及以上学历达50%以上；至2020年，高标准高质量普及学前三年教育，所有幼儿园均达到办园标准，使适龄儿童都能接受良好的学前教育。以该文件出台为标志，乡镇中心幼儿园逐步由民办恢复改制为公办。是年11月，县教育局、县财政局、县物价局制定《关于加快学前教育改革发展的实施办法》。

2011年，幼儿教育事业进入"三年行动计划"阶段。6月，磐政〔2011〕77号《关于印发磐安县学前教育改革与发展三年行动计划(2011～2013)的通知》(以下简称《通知》)下发，《通知》提出幼教的总体目标是实施"三个一批"计划，即新建一批(6所)幼儿园、置换一批(3所)幼儿园，改造一批(25所)幼儿园，全面扩大学前优质教育资源，全面提升保教质量。是年，县教育局新增公办幼儿园3所，全县公办幼儿园达到16所；新增省三级幼儿园5所，省二级幼儿园2所；首所按省一级标准建设的乡镇幼儿园——尖山实验幼儿园，按期完成投资1000多万元的一期工程，并交付使用。

2012年，提升学前教育发展水平被列入县十大重点实事之一。完成实验幼儿园荷塘分园、深泽乡中心幼儿园的创办以及大盘镇中心幼儿园的改造搬迁，基本完成尖山实验幼儿园建设，4所幼儿园通过省三级幼儿园评估，万苍、方前两个乡镇通过金华市学前教育先进乡镇评估，教育局下发《关于规范成人教育、学前教育管理的意见》，招考录用5名编制内幼儿教师。

2012年11月，下发《关于加快发展残疾儿童学前教育工作的意见》(磐教〔2012〕68号)，意见要求：积极探索残疾儿童学前教育工作经验，逐步形成具有磐安特色的学前特殊教育体系。

2013年，县教育局举办全县幼儿园园长培训，规范幼儿园教育教学管理，杜绝幼儿教育小学化或"放羊式"看管现象。通过巡查指导、考核兑现，督促全县民办幼儿园严格规范教育教学。开展幼儿教师资格证培训、幼教课题研究，组织开展《3—6岁儿童学习与发展指南》学习月活动，营造学前教育发展的良好环境。对于年检合格的民办幼儿园兑现省补资金，共发放10万元，取缔年检不合格的幼儿园1所。对偏远地区幼儿园进行重点扶持。积极鼓励支持优秀民办幼儿园升等定级，6所幼儿园通过省二级、三级评估。安文、深泽两个乡镇通过市学前教育先进乡镇评估。

2014年，按省一级标准建设的尚湖镇中心幼儿园创办。至2015年底，全县共有幼儿园32所，其中教育部门办15所，集体办1所，民办16所。

2015年12月，出台《磐安县发展学前教育第二轮三年行动计划(2015～2017)》(磐政办〔2015〕118号)，明确发展学前教育新的目标和任务，发展学前教育实施六大行动计划。

1990年至2000年，全县各类幼儿园稳定在200所左右，在园幼儿数5000人左右。2001年至2007年全县幼儿园逐年减少，2001年为189所，2007年降至57所，在园幼儿数稳定在5000余人，入园率约占90%。2008年至2011年，全县幼儿园数稳定在50余所，在园人数近6000人，入园率约占96%。2012年至2015年，全县幼儿园继续减少，30余所，在园幼儿数略有下降，2015年在园幼儿5151人，入园率约占99%。

表4—1　　1990年～2015年磐安县幼儿园幼儿数、教职工情况一览表

年份	园数(所)	班数(个)	在园幼儿数(人)	教职工数(人)	
				合计	其中:专任教师(含正副园长)
1990年	210	273	4830	246(正式工5人)	246
1991年	201	255	5198	250(正式工6人)	249

续表 4—1

年　份	园　数（所）	班　数（个）	在园幼儿数（人）	教　职　工　数（人）	
				合　　计	其中：专任教师(含正副园长)
1992 年	213	245	5547	264(正式工 7 人)	264
1993 年	219	257	5567	276(正式工 6 人)	271
1994 年	203	253	5204	297(正式工 5 人)	283
1995 年	201	253	5693	289(正式工 8 人)	282
1996 年	202	259	5914	306(正式工 7 人)	296
1997 年	188	258	5969	303(正式工 6 人)	295
1998 年	207	277	6500	340(正式工 8 人)	327
1999 年	210	287	5839	336(正式工 10 人)	333
2000 年	206	288	6039	362(正式工 10 人)	344
2001 年	189	302	5990	382	344
2002 年	170	286	5832	376	335
2003 年	94	216	5119	323	275
2004 年	78	218	5307	359	287
2005 年	66	214	5638	347	276
2006 年	58	206	5327	349	277
2007 年	57	211	5556	387	302
2008 年	55	199	5305	376(正式工 27 人)	302
2009 年	57	198	5310	368(正式工 30 人)	297
2010 年	53	208	5820	421(正式工 31 人)	321
2011 年	50	203	5707	406(正式工 31 人)	309
2012 年	32	198	5579	418(正式工 32 人)	293
2013 年	32	200	5375	472(正式工 39 人)	338
2014 年	34	194	5337	536(正式工 47 人)	332
2015 年	32	193	5151	537(正式工 82 人)	319

表 4—2　　**2005 年磐安县幼儿园(66 所)名录**

教育类别		学校名称	所在地址	班级数（个）	学生数（人）	教职工数（人）	校　长（园长）
其他部门办	县机关事务局	机关幼儿园	安文镇龙山路	14	536	21	王慧英
	县妇联	新蕾幼儿园	安文镇新里路	12	317	31	陈春鸣
教育部门办		安文镇中心幼儿园	安文镇文明街	10	337	17	应小香
集　体　办		大盘镇中心幼儿园	大盘镇学田村	3	102	5	孔桂丹
		大盘镇利济幼儿园	大盘镇利济村	1	16	1	孔莉芳

续表 4—2

教育类别	学校名称	所在地址	班级数(个)	学生数(人)	教职工数(人)	校长(园长)
集体办	大盘镇后塘幼儿园	大盘镇后塘村	1	6	1	周　静
	大盘镇小盘幼儿园	大盘镇小盘村	1	8	1	孔苏丹
	大盘镇光明幼儿园	大盘镇光明村	1	5	1	董艳菊
	方前镇中心幼儿园	方前镇方前村	4	159	5	朱菊英
	方前镇茶潭幼儿园	方前镇茶潭村	1	13	1	施三婷
	方前镇前王幼儿园	方前镇前王村	1	9	1	施苏萍
	方前镇桥头幼儿园	方前镇桥头村	1	9	1	赵晓玉
	方前镇许溪幼儿园	方前镇许溪村	1	9	1	洪秀珍
	方前镇陈岙幼儿园	方前镇陈岙村	1	10	1	施赛君
	方前镇寺岙幼儿园	方前镇寺岙村	1	11	1	陈莲荷
	深泽乡中心幼儿园	深泽乡深四村	6	210	10	虞芝香
	双峰乡中心幼儿园	双峰乡大皿村	4	70	5	马文友
	高二乡中心幼儿园	高二大柘坑村	1	14	1	张桂女
	盘峰乡中心幼儿园	盘峰乡樟村	2	38	2	孔佛香
	盘峰乡榉溪幼儿园	盘峰乡榉溪村	1	18	1	孔美菊
	维新乡中心幼儿园	维新丁埠头村	1	9	1	李　仙
民　办	文明幼儿园	安文镇新里路	8	248	12	陈雪飞
	海螺幼儿园	安文文溪中路	6	133	8	傅健婷
	中艺幼儿园	安文镇北镇街	4	51	7	袁淑媛
	航通幼儿园	安文镇新兴街	4	78	6	陈紫娟
	小聪聪幼儿园	安文镇十字弄	4	83	6	厉彩虹
	荷莲幼儿园	安文镇文明街	4	81	6	蒋荷莲
	艺术幼儿园	安文镇三保路	4	92	5	施笑萍
	南园幼儿园	安文镇下园畈	3	90	6	陈英华
	新渥镇新渥幼儿园	新渥镇新渥村	9	290	18	卢美谦
	新渥镇蓝天幼儿园	新渥镇宅口村	6	152	11	陈美兰
	新渥镇西湖幼儿园	新渥镇西湖村	1	19	1	陈红英
	冷水镇中心幼儿园	冷水镇冷水村	6	151	10	曹爱卿
	冷水镇康乐幼儿园	冷水镇庄头村	3	70	8	周美霞
	冷水镇潘潭幼儿园	冷水镇潘潭村	3	43	5	卢淑娟
	窈川乡中心幼儿园	窈川乡窈川村	3	78	4	郑海燕
	双溪乡史姆幼儿园	双溪乡史姆村	3	86	3	潘江彬
	仁川镇希望幼儿园	仁川镇柳坡村	4	124	10	杨胜男
	仁川镇阳光幼儿园	仁川黄余田村	4	130	11	杨爱丽
	仁川镇爱心幼儿园	仁川镇方山村	2	38	2	卢小妹

续表 4—2

教育类别	学校名称	所在地址	班级数（个）	学生数（人）	教职工数（人）	校长（园长）
民办	深泽乡上产幼儿园	深泽乡上产村	1	18	1	卢妙芬
	深泽乡后力幼儿园	深泽乡后力村	2	31	2	陈秀珍
	深泽乡上亭堂幼儿园	深泽乡深四村	1	9	1	黄瑞芬
	深泽乡屋楼幼儿园	深泽乡屋楼村	1	15	1	陈香花
	深泽乡道士岙幼儿园	深泽道士岙村	1	14	1	黄宝凤
	玉山镇中心幼儿园	玉山镇岭口村	5	135	9	王敏姣
	玉山镇小天使幼儿园	玉山镇岭口村	4	96	8	周燕霞
	玉山镇春蕾幼儿园	玉山西坑畈村	6	140	10	胡春菊
	玉山镇林宅幼儿园	玉山镇林宅村	3	60	5	蒋娟芳
	万苍乡小太阳幼儿园	万苍乡雅庄村	4	150	8	厉江丽
	万苍乡育苗幼儿园	万苍乡雅庄村	3	118	6	陈洪兰
	尚湖镇蓓蕾幼儿园	尚湖镇尚湖村	5	170	5	陈圆圆
	尚湖新世纪幼儿园	尚湖镇尚湖村	4	103	4	胡波霞
	尚湖小星星幼儿园	尚湖镇大王村	2	46	2	俞理英
	尚湖镇育才幼儿园	尚湖镇董村	2	50	2	王斌芬
	尚湖镇同田幼儿园	尚湖镇同田村	1	21	1	王芬芬
	尖山镇中心幼儿园	尖山镇尖山村	5	175	8	张钰芳
	尖山镇小精灵幼儿园	尖山镇尖山村	4	108	6	厉春芳
	尖山镇楼下宅幼儿园	尖山楼下宅村	1	13	1	张巧婷
	尖山镇里岙幼儿园	尖山镇里岙村	1	14	1	厉美兰
	尖山镇里光洋幼儿园	尖山里光洋村	1	14	1	王桂芳
	胡宅乡小博士幼儿园	胡宅乡胡宅村	2	45	5	胡映芳
	胡宅乡欢乐幼儿园	胡宅乡胡宅村	2	53	3	陈良女
	胡宅乡蓝天幼儿园	胡宅乡前山村	3	53	5	潘黎黎
	胡宅乡张斯幼儿园	胡宅乡张斯村	1	25	1	张惠珍
	胡宅乡塘田幼儿园	胡宅乡塘田村	1	20	1	陈洪亮

表 4—3　　2007 年磐安县幼儿园情况统计表

序号	幼儿园名称	幼儿园地址	法人代表	办学规模（班数）	办学性质	创办时间	现有学生数（人）	现有教师数（人）
1	实验幼儿园	县城壶厅西路 1 号	陈红光	29	公办	2007 年 7 月	1004	81
2	新蕾幼儿园	县城新里路 12 号	陈春鸣	13	部门	1990 年 3 月	482	33

续表 4—3

序号	幼儿园名称	幼儿园地址	法人代表	办学规模(班数)	办学性质	创办时间	现有学生数(人)	现有教师数(人)
3	文明幼儿园	县城文溪南路 15 号	陈雪菲	8	民办	1994 年 8 月	228	18
4	海螺幼儿园	县城文溪中路 61 号	付建婷	4	民办	1993 年 2 月	95	6
5	荷莲幼儿园	县城文明街 8 号	蒋荷莲	4	民办	1998 年	98	6
6	艺术幼儿园	安文镇三保路 18 号	施笑萍	5	民办	2001 年 9 月	139	7
7	小聪聪幼儿园	安文镇北镇街 66 号	厉彩虹	5	民办	1998 年 7 月	106	7
8	南园幼儿园	安文镇南园小区	陈英华	4	民办	2005 年 8 月	103	6
9	杭通幼儿园	安文镇新兴街 11 号	陈紫娟	4	民办	1992 年 8 月	71	6
10	中艺幼儿园	安文镇十字弄 36 号	何艳艳	3	民办	2006 年 8 月	47	5
11	云山幼园	云山中田村	杜美凤	4	集体	2005 年 8 月	91	5
12	墨林幼儿园	墨林乡墨林村	郑彩娟	1	集体	1985 年	13	1
13	深泽乡中心幼儿园	深泽乡深四村	虞芝香	7	集体	1988 年 2 月	241	7
14	深泽乡后力幼儿园	深泽乡后力村	陈秀珍	1	集体	1988 年	16	1
15	深泽乡屋楼幼儿园	深泽乡屋楼村	卢香花	1	集体	1986 年	17	1
16	深泽乡道士岙幼儿园	深泽乡道士岙村	黄宝凤	1	集体	1988 年	18	1
17	深泽乡上亨堂幼儿园	深泽乡上亨堂村	黄瑞芬	1	集体	1988 年	25	1
18	深泽乡六冲幼儿园	深泽乡六冲村	金三春	1	集体	1988 年	13	1
19	深泽乡上产幼儿园	深泽乡上产村	卢妙芬	1	集体	1988 年	15	1
20	新渥镇新渥幼儿园	新渥镇新渥村	卢美谦	10	民办	2003 年 9 月	351	21
21	新渥镇蓝天幼儿园	新渥镇宅口村	陈美兰	3	民办	2001 年 8 月	121	9
22	冷水镇中心幼儿园	冷水镇冷水村	曹爱卿	6	民办	2004 年 8 月	142	7
23	冷水镇康乐幼儿园	冷水镇庄头村	周美霞	3	民办	2004 年 8 月	52	3
24	冷水镇潘潭幼儿园	冷水镇潘潭村	卢淑娟	3	民办	2004 年 8 月	77	3
25	仁川镇阳光幼儿园	仁川镇黄余田村	杨爱丽	8	民办	2002 年 8 月	240	10
26	双峰乡中心幼儿园	双峰乡大皿村	羊慧燕	3	民办	2004 年	85	3
27	窈川乡中心幼儿园	窈川乡川二村	郑海燕	3	民办	2005 年	31	3
28	双溪乡史姆幼儿园	双溪乡史姆村	潘江彬	3	民办	2003 年 8 月	52	4
29	玉山镇中心幼儿园	玉山镇岭口村	王敏姣	4	民办	1997 年	137	9
30	玉山镇小天使幼儿园	玉山镇岭口村	周燕霞	4	民办	2000 年 9 月	114	5
31	玉山镇春蕾幼儿园	玉山镇西坑畈	胡春菊	6	民办	2002 年 8 月	167	9
32	玉山镇林宅幼儿园	玉山镇林宅村	蒋娟芳	3	民办	2002 年 8 月	82	5
33	尖山镇中心幼儿园	尖山镇尖山村	张钰芳	6	民办	2001 年 9 月	192	9
34	尖山镇小精灵幼儿园	尖山镇尖山村	厉春芳	6	民办	2000 年 8 月	172	7
35	尚湖镇蓓蕾幼儿园	尚湖镇粮站内	陈圆圆	5	民办	2001 年 9 月	208	8

续表 4—3

序号	幼儿园名称	幼儿园地址	法人代表	办学规模（班数）	办学性质	创办时间	现有学生数（人）	现有教师数（人）
36	尚湖镇新世纪幼儿园	尚湖镇尚湖村	胡波霞	4	民办	2001 年 2 月	117	6
37	尚湖镇小星星幼儿园	尚湖镇大王村	俞理英	2	民办	2003 年 2 月	44	4
38	尚湖镇同田幼儿园	尚湖镇同田村	王芬芳	1	民办	2001 年 9 月	19	3
39	万苍乡小太阳幼儿园	万苍乡雅庄村	厉江丽	7	民办	2000 年 9 月	228	11
40	胡宅乡欢乐幼儿园	胡宅乡胡宅村	陈良女	3	民办	2003 年 9 月	78	4
41	胡宅乡蓝天幼儿园	胡宅乡前山村	潘黎黎	1	民办	2001 年 9 月	55	4
42	胡宅乡张斯幼儿园	胡宅乡张斯村	张慧珍	3	民办	1986 年	28	1
43	胡宅乡塘田幼儿园	胡宅乡塘田	陈跃兰	1	民办	1984 年	18	1
44	大盘中心幼儿园	大盘镇学田村	孔桂丹	3	集体	1977 年	115	5
45	大盘镇利济幼儿园	大盘镇利济村	孔利芳	1	集体	1977 年	14	1
46	大盘镇小盘幼儿园	大盘镇小盘村	孔苏丹	1	集体	1977 年	11	1
47	大盘镇后塘幼儿园	大盘镇后塘村	陈红芳	1	集体	1977 年	8	1
48	大盘镇光明幼儿园	大盘镇光明	董艳菊	1	集体	1977 年	4	1
49	高二中心幼儿园	高二乡大柘坑村	吴秀丽	1	集体	1976 年	12	1
50	维心乡中心幼儿园	维乡新乡丁头村	李　仙	1	集体	1977 年	14	1
51	盘峰乡中心幼儿园	盘峰乡盘峰村	陈桂仙	1	集体	1977 年	20	1
52	盘峰乡榉溪幼儿园	盘峰乡榉溪村	孔美菊	1	集体	1977 年	11	1
53	方前镇中心幼儿园	方前镇方前村	朱菊英	5	集体	1970 年 9 月	150	6
54	方前镇前王幼儿园	方前镇前王村	施晓芳	1	集体	1980 年 9 月	5	1
55	方前镇桥头幼儿园	方前镇桥头	陈伟娟	1	集体	1979 年 9 月	3	1
56	方前镇陈岙幼儿园	方前镇陈岙	施赛君	1	集体	1980 年 9 月	3	1
57	方前镇茶潭幼儿园	方前镇茶潭	施三婷	1	集体	1980 年 9 月	10	1

表 4—4　　　　2015 年磐安县幼儿园情况统计表

序号	幼儿园名称	幼儿园地址	办学规模（班数）	办学性质	创办时间	现有学生数（人）	现有教师数（人）	学校标识码
1	县实验幼儿园	县城壶厅西路 1 号	27	教育部门	2007 年 7 月	783	57	1133006206
2	新蕾幼儿园	县城新里路 12 号	13	民办	1990 年 3 月	398	27	1133006062
3	文明幼儿园	县城文溪南路 15 号	4	民办	1994 年 8 月	104	9	1133006377
4	海螺幼儿园	县城文溪中路 61 号	2	民办	1993 年 2 月	27	6	1133006371
5	荷莲幼儿园	县城文明街 8 号	4	民办	1998 年	87	9	1133006068
6	艺术幼儿园	安文镇三保路 18 号	4	民办	2001 年 9 月	105	15	1133006379

续表 4—4

序号	幼儿园名称	幼儿园地址	办学规模（班数）	办学性质	创办时间	现有学生数（人）	现有教师数（人）	学校标识码
7	小聪聪幼儿园	安文镇北镇街 66 号	3	民办	1998 年 7 月	67	9	1133006374
8	南园幼儿园	安文镇南园小区九幢	4	民办	2005 年 8 月	108	12	1133006376
9	杭通幼儿园	安文镇新兴街 11 号	4	民办	1992 年 8 月	55	10	1133006072
10	大盘镇中心幼儿园	大盘镇学田村	4	教育部门	1977 年	94	11	1133006548
11	云山中心幼儿园	云山中田村	2	民办	2005 年 8 月	46	7	1133006381
12	方前镇中心幼儿园	方前镇方前村	3	教育部门	1970 年 9 月	101	8	1133006553
13	深泽乡中心幼儿园	深泽乡深四村	8	教育部门	1988 年 2 月	232	19	1133006557
14	胡宅乡中心幼儿园	胡宅乡胡宅村	5	教育部门	2003 年 9 月	98	9	1133006577
15	九和乡中心幼儿园	九和乡南坑村	1	教育部门	—	24	2	1133006580
16	盘峰乡中心幼儿园	盘峰乡盘峰村	1	教育部门	1977 年	2	1	1133006581
17	深泽乡上亨堂幼儿园	深泽乡上亨堂村	4	集体	1988 年	134	6	1133006562
18	北大附属幼儿园磐安分园	安文镇新兴街	13	民办	2014 年 9 月	324	47	1133007725
19	万苍乡中心幼儿园	万苍乡雅庄村	3	教育部门	—	71	9	1133006943
20	新渥镇中心幼儿园	新渥镇新渥村	10	教育部门	2003 年 9 月	222	20	1133006383
21	新渥镇蓝天幼儿园	新渥镇宅口村	9	民办	2001 年 8 月	245	19	1133006384
22	冷水镇中心幼儿园	冷水镇冷水村	11	民办	2004 年 8 月	246	21	1133006529
23	尖山实验幼儿园	尖山镇尖山村	14	教育部门	2011 年 9 月	474	47	1133011069
24	尚湖镇中心幼儿园	尚湖镇尚湖村	11	教育部门	—	353	34	1133006555
25	仁川镇中心幼儿园	仁川镇黄余田村	7	教育部门	2002 年 8 月	211	15	1133006534
26	双峰乡中心幼儿园	双峰乡大皿村	3	教育部门	2004 年	67	8	1133006572
27	窈川乡中心幼儿园	窈川乡川二村	2	教育部门	2005 年	30	3	1133006573
28	双溪乡中心幼儿园	双溪乡史姆村	3	教育部门	2003 年 8 月	54	6	1133006575
29	玉山镇中心幼儿园	玉山镇岭口村	3	民办	1997 年	84	7	1133006537
30	玉山镇春蕾幼儿园	玉山镇西坑畈	3	民办	2002 年 8 月	95	8	1133006538
31	尖山镇小精灵幼儿园	尖山镇尖山村	5	民办	2000 年 8 月	151	14	1133006797
32	尚湖镇蓓蕾幼儿园	尚湖镇粮站内	3	民办	2001 年 9 月	56	4	1133006541

表 4—5　　2015 年磐安县三级以上幼儿园名录

学校性质	学校名称	所在地址	班级数	招生数	在校生数	教职工数	等级
教育部门	县实验幼儿园	县城壶厅西路 1 号	27	66	783	99	一级
教育部门	方前镇中心幼儿园	方前镇方前村	3	30	101	8	二级

续表 4—5

学校性质	学校名称	所在地址	班级数	招生数	在校生数	教职工数	等级
教育部门	深泽乡中心幼儿园	深泽乡深四村深二区	8	50	232	19	二级
民办	新蕾幼儿园	安文镇新里路 12 号	13	98	398	43	二级
教育部门	万苍乡中心幼儿园	万苍乡雅庄村	3	10	71	9	二级
教育部门	胡宅乡中心幼儿园	胡宅乡胡宅村	5	37	98	9	二级
民办	新渥镇蓝天幼儿园	新渥镇宅口村	9	32	245	19	二级
教育部门	尖山实验幼儿园	尖山镇振兴路 36 号	14	158	474	47	二级
教育部门	尚湖镇中心幼儿园	尚湖镇新南街 128 号	11	125	353	34	二级
民办	北大附属幼儿园磐安分园	安文镇新兴街	13	149	324	47	二级
民办	艺术幼儿园	安文镇三保路 18 号	4	39	105	15	三级
民办	文明幼儿园	安文镇文溪南路 15 号	4	37	104	9	三级
教育部门	仁川镇中心幼儿园	仁川镇黄余田 1 号	7	64	211	15	三级
教育部门	双溪乡中心幼儿园	双溪乡史姆村	3	15	54	6	三级
民办	南园幼儿园	安文镇南园小区二路 77 号	4	30	108	12	二级
民办	海螺幼儿园	安文镇西山弄 7 号	2	9	27	6	三级
民办	荷莲幼儿园	安文镇文明街四号	4	29	87	9	三级
教育部门	双峰乡中心幼儿园	双峰乡中心幼儿园皿二村	3	17	67	8	三级
民办	云山幼儿园	安文镇中田村 8 号	2	12	46	7	三级
教育部门	大盘镇中心幼儿园	大盘镇盘山中路 35 号	4	25	94	11	三级
教育部门	盘峰乡中心幼儿园	盘峰乡张村	1	0	2	1	三级
民办	冷水镇中心幼儿园	冷水镇龙溪路 8 号	11	47	246	21	三级
民办	小聪聪幼儿园	安文镇北镇街 66 号	3	18	67	9	三级
民办	玉山镇春蕾幼儿园	玉山镇西坑畈大康路 34 号	3	41	98	8	三级
民办	航通幼儿园	安文镇月山路	4	7	55	10	三级
教育部门	窈川乡中心幼儿园	窈川乡窈川村	2	0	30	3	三级
民办	尖山镇小精灵幼儿园	尖山镇同心街 168 号	5	58	151	14	三级
民办	尚湖镇蓓蕾幼儿园	尚湖镇皇家畈小区	3	15	56	4	三级
教育部门	九和乡中心幼儿园	九和乡南坑村	1	6	24	2	三级

表 4—6　1990 年～2015 年磐安县幼儿园专任教师(含正副园长)学历、职称概况一览表

年份	合计	按学历分					按职称分					
		研究生毕业	本科毕业	专科毕业	高中及中师毕业	高中以下毕业	中学高级	小学高级	小学一级	小学二级	小学三级	未评职称
1990 年	246	—	—	—	88	158	年报无此项统计					
1991 年	249	—	—	—	109	140						

续表 4—6

年份	合计	按学历分					按职称分					
		研究生毕业	本科毕业	专科毕业	高中及中师毕业	高中以下毕业	中学高级	小学高级	小学一级	小学二级	小学三级	未评职称
1992 年	264	—	—	—	109	155						
1993 年	271	—	—	2	112	157						
1994 年	283	—	—	—	136	147						
1995 年	282	—	—	—	121	161						
1996 年	296	—	—	—	153	143	年报无此项统计					
1997 年	295	—	1	—	208	86						
1998 年	327	—	4	—	234	89						
1999 年	333	—	2	—	259	72						
2000 年	344	—	3	—	277	64						
2001 年	344	—	—	33	246	65	—	4	38	59	59	184
2002 年	335	—	—	45	246	44	—	8	30	53	57	187
2003 年	275	—	—	39	226	10	—	5	33	43	25	169
2004 年	287	—	—	60	210	17	—	12	38	34	16	187
2005 年	276	—	—	63	207	6	—	15	32	35	22	172
2006 年	277	—	2	69	195	11	—	19	31	31	20	176
2007 年	302	—	2	86	209	5	—	24	36	29	22	191
2008 年	302	—	7	94	200	1	—	21	36	37	17	191
2009 年	297	—	5	91	197	4	—	20	34	27	15	201
2010 年	321	—	1000	116	190	5	—	24	37	31	12	217
2011 年	309	—	19	137	146	7	1	26	37	22	18	205
2012 年	293	—	24	121	144	4	—	22	32	13	9	217
2013 年	338	—	31	165	140	2	1	30	42	32	6	227
2014 年	332	1	52	190	88	1	2	32	50	81	—	167
2015 年	319	1	66	178	74	—	1	27	51	25	—	215

表 4—7　　1990 年～2015 年入园率统计表

年份	1990 年	1991 年	1992 年	1993 年	1994 年	1995 年	1996 年	1997 年	1998 年	1999 年	2000 年	2001 年	2002 年
幼儿园入园率(%)	81.65	82.32	83.78	83.86	83.26	84.34	85.21	85.65	88.33	85.23	86.01	86.09	86.68

年份	2003 年	2004 年	2005 年	2006 年	2007 年	2008 年	2009 年	2010 年	2011 年	2012 年	2013 年	2014 年	2015 年
幼儿园入园率(%)	87.42	89.41	91.17	91.27	95.45	93.37	96.11	96.29	97.15	97.18	98.01	99.01	99.03

第二节　组织与管理

磐安恢复县建制以来，县教育局教育股负责全县学前教育管理，教育股拆分为普教科和成职教科后，由成职教科负责管理。2005年，成职教科并入教育科，幼儿教育由教育科管理。各乡镇配备“三教”（成职幼）干部具体负责幼教业务管理，县教研室配备幼儿教育教研员，负责幼儿教育的教学教研工作。

1990年2月，县教育局和县妇联对全县各级各类幼儿园按照《幼儿园管理条例》有关规定，开始办理登记注册手续，给全县230所民办幼儿园登记注册。1992年9月，县教育局和县妇联组织人员对贯彻落实《幼儿园工作规程（试行）》和《幼儿园管理条例》两个法规情况进行调查。调查显示，幼师待遇普遍偏低的现实一定程度制约着幼儿教育事业的健康发展。

1993年8月，县卫生局、县教育局、县总工会、县妇联联合发文实施《浙江省托儿所、幼儿园卫生保健工作管理办法（试行）》，按照《浙江省托儿所、幼儿园年度卫生保健合格标准》，县妇幼保健机构派员对全县幼儿园、托儿所进行检查，合格者颁发“年度卫生保健合格证”，一年内有效，到期后重新检查颁发。

1993年开始，县、乡镇人民政府将幼教事业列入社会发展总体规划，确立农村幼儿园由乡镇村办、乡镇中心小学管理的方针，并出台幼教管理方法四条：教育局设幼教管理干部，区教办、乡镇中心校配备幼教专职辅导员；把幼教工作列入各乡镇中心小学的年度工作等。通过政府补助、社会捐助、保育费补充来解决幼儿园建设资金不足问题。全县20所中心幼儿园的设备，诸如风琴、录音机等设施得到添置更新，方前镇、深泽乡、安文镇分别投资60多万元新建中心幼儿园校舍。

为规范幼儿园教师编制，1994年8月12日，县教育局出台《幼儿园教职工编制标准》，规定幼儿园每班教师1.5人，职工0.3人，供应中餐的幼儿园每班教师2人。

为贯彻落实《幼儿园管理条例》和《幼儿园工作规程》，推动幼教工作规范化，1996年县教委进行幼教工作年终考评。考评设幼教先进集体、先进幼教辅导员、先进幼师三个系列。各教办和安文镇分别负责组织所属单位的总结评比工作。城区幼儿园（含安文镇小幼儿园）先进集体的评比工作由教委成职教科负责组织。

1997年7月，为提高幼儿园卫生保健水平，县教委、县妇联、县卫生局、县总工会联合下发《关于执行〈浙江省托儿所、幼儿园卫生保健工作管理办法〉的意见》（以下简称《意见》），明确县卫生行政部门是本辖区托幼机构卫生保健工作的主管部门，各级妇幼保健机构负责卫生保健工作的监督、管理、检查和业务指导；教委、妇联、总工会和托幼机构的主管部门协助卫生部门做好监督管理工作。《意见》规定，幼儿园工作人员必须经县妇幼保健站体检，健康检查合格并无严重生理缺陷者，发给健康证方可就职，每年体检一次；儿童入园前须经县妇幼保健站指定的医疗保健单位进行体格检查，儿童入园报名时随带体检表，体检合格者方可入园；实行托儿所、幼儿园“年度卫生保健合格证”制度，并采取奖惩措施。

1998年4月，县教育局组织各园长参加由金华市教委举办的幼儿园园长岗位任职资格培训活动。

1999年3月，开展全县范围的创建县示范性幼儿园和一级幼儿园工作。县教委6月颁发的《加强幼儿园管理暂行规定》（以下简称《规定》）于是年9月1日起施行。《规定》共有十条：未经审批、登记、注册，任何单位和个人不得创办幼儿园；从事幼儿教育的教师必须具有幼儿师范学校（职高幼师班）毕业或受过幼教专业培训的人员，幼儿园园长按任职条件由举办者任命或聘任，报教育行政部门备案，幼儿园保教人员应热爱幼儿教育事业，身体健康；幼儿园每年秋季招生，幼儿体格检查合格者方可入园，但不得进行考试或测查；幼儿园小班幼儿人数(三周岁)一般为每班25至30人，中班(四周岁)30至35人，大班(五周岁)35至40人，混合班30至35人，1999年秋季开始各级各类幼儿园应按公历报名入园；城区全日制幼儿园教职工三个班的幼儿园设园长1人，四个班以上的幼儿园设园长2人，十个班以上的幼儿园设园长3人，每班配专职教师2人、保育员0.5人，100名幼儿配炊事员1人(一餐一点)，200名以上幼儿配医务人员1人，三个班以上的幼儿园配会计、出纳各一人；幼儿园可以向家长收取保育费、杂费，收费标准按磐价〔1996〕14号、磐财综〔1996〕07号文件执行；每学期收取的保育费中必须确保总额的三分之一用于添置教学设备；支付幼师的工资福利，经费预决算应提交园务委员会和教职工大会审议；幼儿园必须严格执行教学计划，使用统一征订的幼教教材，配齐必备的教玩具；建立幼儿园等级评估制度和年审制度，逐步开展对幼儿教育的督导、检查、评估和指导工作，促进办园行为规范化；幼儿教育是基础教育的组成部分，管理责任人为中心小学校长，管理职能部门为教导处等。

2000年开始，县内实行园长持证上岗制度。

2001年5月，组织幼儿教师开展弹琴、唱歌、舞蹈、绘画、讲故事五项技能比赛，经考评，全县258名幼师中，五项合格的有108人。

2003年9月，县文教局下发《磐安县幼儿教师继续教育工作实施意见》(磐文教〔2003〕82号)，对幼儿教师继续教育工作的指导思想、培训目标、培训内容等方面作出明确规定，要求各类幼儿园在教师进修学校指导下，组织教师开展多种形式的继续教育活动，并把幼儿教师参加继续教育的学习成绩作为教师工资定级、晋级、聘任、续聘、奖励的重要依据之一。

2005年9月，制订《磐安县幼儿管理办法(试行)》并开始实施。

2007年8月，县机关幼儿园与安文镇中心小学幼儿园合并，创办磐安县实验幼儿园。

2008年4月，全县"幼儿教育规范年"活动启动仪式在县教师进修学校阶梯教室举行。专项行动的内容有：制定农村幼儿园一日伙食标准，开展幼儿园办园水平等级评估，初步形成幼儿园布局调整方案等。是年，全县第一所乡镇公办中心幼儿园在方前镇试点成功。

2009年12月，磐政教督〔2009〕1号文件《磐安县人民政府教育督导室关于开展全县学前教育专项督查的通知》印发。专项督查的主要内容是：乡镇中心幼儿园建设，城镇配套幼儿园建设，经费投入，队伍建设以及规范化管理等。

2010年12月5日～17日，县教育局组织专家组对全县等级幼儿园进行复查，嗣后下发《关于公布磐安县幼儿园等级复查结果和评估结果的通知》。

2011年11月，磐政教督〔2011〕1号下发《磐安县教育局关于开展市级学前教育先进和达标乡镇创建工作的通知》，要求各乡镇成立由乡镇主要领导负责的创建领导小组，把创建工作列入年度计划和创业承诺项目。

2013年4月，磐安县教育局制定《磐安县3～6岁儿童学习与发展指南培训计划》，要求各幼儿园制定切实有效的园本培训方案。教育局培训分县级全员培训和区域培训，培训时间历时四个月。2013年8月1日～9日，教育局专设在岗幼儿教师考证培训班，委托金华职业技术学院师范学院与县教师进修学校予以培训。

2015年6月，出台《磐安县普惠性民办幼儿园认定和管理办法》(磐教〔2015〕50号、磐财教〔2015〕11号)，进一步引导、支持和促进民办幼儿园提供普惠性服务，完善"广覆盖，保基本"的学前教育公共服务体系，促进全县城乡学前教育均衡、优质发展。是年8月31日，下发《磐安县教育局、磐安县财政局关于确认磐安县第一批普惠性民办幼儿园名单的通知》(磐教〔2015〕67号、磐财教〔2015〕20号)，确认磐安县新蕾幼儿园等15所幼儿园为磐安县第一批普惠性民办幼儿园。

第三节　保育与教学

一、课程、教材与保育教学

1989年，根据国家教委颁发的《幼儿园教育纲要(试行草案)》，磐安县各幼儿园设置语言、常识、计算、音乐、美术、体育等课程。每周上课时间：小班6～8节，每节10～15分钟；中班10～11节，每节20～25分钟；大班12节，每节25～30分钟。

1989年至1993年全县各幼儿园教材使用不甚统一，但多数幼儿园使用的是人民教育出版社出版的全国统编幼儿园教材。1994年，全县普遍选用浙江教育出版社或新时代出版社出版的幼儿教材。教材分小班、中班、大班各上下两册，每册均有体育、智力游戏、语言、常识、计算、音乐、美术等七部分教学内容。

表4—8　　1990年安文镇中心幼儿园一周课程安排表

班级		小班		中班		大班	
学期		上	下	上	下	上	下
课程	体育	1	1	2	2	2	2
	语言	2	2	2	2	2	2
	常识	1	1	2	2	2	2
	计算	1	1	1	2	3	3
	音乐	2	2	2	2	2	2
	美术	1	1	2	2	2	2
	合计	8	8	11	12	13	13

1995年秋季，全县各幼儿园执行《金华市幼儿园课时调整表》。每周上课时间改为：小班13节；中班16节；大班16节。2000年5月17日，县教育局出台《县幼教教研组工作常规》，明确以教书育人为本，开展保育、教学研究和改革实践活动为教研组任务，按乡镇建立综合教研组，由中心校幼教辅导员任组长，中心幼儿园园长任副组长，按学科设备课组开展活动，开展教育理论和学科专业理论学习、横向联系外出参观交流，培养青年幼师、教育骨干、教坛新秀等管理制度。

2001年5月，开展幼儿教师五项技能比赛。2001年秋季学期起，全县各幼儿园的课程设置按《幼儿园教育指导纲要(试行)》要求更改为健康、语言、科学、社会、艺术五大领域。公办幼儿园开始选用浙江教育出版社出版的新编《幼儿园综合教育》教材，并将区域活动纳入课程。幼儿园每周课程安排与一周活动安排可从机关幼儿园、安文镇中心幼儿园的课程安排表和一周活动安排表进一步了解。

表 4—9　　2001 年机关幼儿园一周课程安排表

班级		小班		中班		大班	
学期		上	下	上	下	上	下
课程	健康	1	1	2	2	2	2
	语言	2	2	2	2	2	2
	科学	2	2	3	3	3	3
	社会	1	1	1	1	1	1
	艺术	2	2	3	3	3	3
	区域	5	5	5	5	5	5
	合计	13	13	16	16	16	16

表 4—10　　2001 年安文镇中心幼儿园一周活动安排表

星期	环节班级活动	托一	托二	小(一)班	小(二)班	中(一)班	中(二)班	中(三)班	大(一)班	大(二)班
一	晨间	区域活动	区域活动	区域活动	区域活动	区域活动	区域活动	区域活动	区域活动	区域活动
	教学活动(一)	语言	艺术	音乐活动	美术活动	语言	艺术(音乐)	语言	数学	语言
	教学活动(二)	游戏	(音乐)	科学(自然)	科学(自然)	美术	语言	美术	美术	常识
	上午游戏	户外活动	户外散步	角色游戏	户外散步	散步	户外大型玩具	故事欣赏	看书	安静游戏
	教学活动(三)	音乐游戏	娱乐游戏	体育游戏	体育游戏	音乐游戏	娱乐游戏	体育游戏	音乐游戏	沙水游戏
二	晨间	区域活动	区域活动	区域活动	区域活动	区域活动	区域活动	区域活动	区域活动	桌面玩具
	教学活动(一)	社会	语言	健康	艺术活动(音乐)	常识	科学	音乐	语言	艺术(音乐)
	教学活动(二)	—	—	科学(数学)	科学(数学)	音乐	艺术(美术)	科学	健康	科学(计算)
	上午游戏	音乐游戏	音乐欣赏	智力游戏	智力游戏	听音乐	智力游戏	安静游戏	户外活动	阅读活动
	教学活动(三)	体育游戏	体育游戏	手工制作	沙水游戏	体育游戏	音乐游戏	手工	纸工	手工
三	晨间	区域活动	户外活动	区域活动	区域活动	区域活动	区域活动	区域活动	区域活动	区域活动
	教学活动(一)	健康	社会	美术活动	健康	美术	科学(数学)	社会	音乐	美术
	教学活动(二)	故事欣赏	看图书	语言活动	语言活动	语言	健康	健康	常识	健康
	上午游戏	手工制作	手工制作	户外散步	娱乐游戏	散步	安静游戏	看书	散步	户外大型玩具
	教学活动(三)	—	—	音乐游戏	手工制作	手工制作	手工	沙水游戏	体育游戏	智力游戏
四	晨间	区域活动	区域活动	区域活动	区域活动	区域活动	区域活动	区域活动	区域活动	区域活动
	教学活动(一)	美术	健康	音乐活动	美术活动	计算	艺术(音乐)	语言	数学	语言

续表 4—10

星期	环节班级活动	托一	托二	小(一)班	小(二)班	中(一)班	中(二)班	中(三)班	大(一)班	大(二)班
四	教学活动(二)	户外游戏	故事欣赏	社会	社会	体育	语言	美术	绘画	常识
	上午游戏	音乐欣赏	音乐游戏	文学欣赏	文学欣赏	智力游戏	户外游戏	安静游戏	安静游戏	音乐欣赏
	教学活动(三)	—	—	智力游戏	体育游戏	音乐游戏	智力游戏	智力游戏	沙水游戏	体育游戏
五	晨间	区域活动	区域活动	区域活动	区域活动	区域活动	区域活动	区域活动	区域活动	区域活动
	教学活动(一)	常识	科学	美术活动	健康	常识	社会	音乐	音乐	艺术(音乐)
	教学活动(二)	游戏	户外大型玩具	语言活动	语言活动	音乐	艺术(美术)	科学	常识	科学(计算)
	上午游戏	户外游戏	智力游戏	健康(行为习惯)	角色游戏	听故事	户外散步	音乐欣赏	听故事	散步
	教学活动(三)	—	—	评比总结	音乐游戏	智力游戏	沙水游戏	艺术(音乐)	语言	美术

说明:区域活动中,安排的是重点指导的区角

2003年秋季,全县公办幼儿园按2001年教育部颁发的《幼儿园教育指导纲要(试行)》的要求,开始使用新时代出版社出版的主题教育课程教材。该教材包括教师用书《幼儿园课程指导》和幼儿用书,以及配套的参考资料、图片和录音带等。教材实行综合性主题教育,并根据幼儿园实际增加乡土内容,尝试园本化课程的构建。2004年秋季开始,全县各级各类幼儿园开始统一使用这一教材。

2007年秋季,全县公办幼儿园按2001年教育部颁发的《幼儿园教育指导纲要(试行)》的要求,开始使用浙江教育出版社出版的《幼儿园体验·探究·交往课程》教材,以及配套的参考资料、图片和录音磁带等。该教材实行综合性主题教育,并根据幼儿园实际增加乡土内容,尝试园本化课程的构建。

2015年秋季,全县公办幼儿园按2001年教育部颁发的《幼儿园教育指导纲要》和2012年教育部颁发的《3～6岁儿童学习与发展指南》的要求,使用浙江教育出版社出版的最新版《幼儿园体验式学习与发展课程》教材。

二、教学研究与业务培训

1990年,县教育局教研室设立幼教实验点和示范点,深入教学第一线,主要精力集中于幼儿混合班教学专题研究。注重提高教师素质,举办幼儿骨干教师培训班。

1991年,县教研室着手幼教改革,提高幼儿教养质量,各乡镇开展农村混合班教学研究。是年5月20日,幼儿园半日活动教育研讨会在教研室召开。

1997年4月,召开幼儿教学工作经验交流暨常识教学观摩活动。9月,各教办幼教辅导员、城区幼儿园主任会议。10月,组织城区教研组成员开展计算教学优质课评比活动,同月组织开展计算教学观摩活动,全县幼教骨干教师参加。

1998年1月,组织幼儿园半日活动设计评比。3月召开第二届幼教年会暨"贯彻幼儿园工作规程"研讨会。4月组织送教下乡(深泽、大盘、冷水、万苍、玉山等幼儿园)巡回观摩活动。

1999年11月,组织幼师上岗培训。

2004 年 3 月,全县幼儿教师开展“读一本书、写一个新课程改革教学教案、上一节新课程改革公开课”的展示活动。

2005 年 11 月,县教研室围绕“加强幼教教研组建设”的主题,从听课、教学评价、教师结对帮扶、教学研究制度、教学资源开发机制等方面开展检查、调研活动,完善教研组的学习制度,健全备课制度和公开课制度。

2006 年 6 月,在城区幼儿园教育环境创设及区域活动展示评比中,机关幼儿园、安文镇小幼儿园、新蕾幼儿园获一等奖。6 月底对城区和教办临时指定的 17 所幼儿园进行“学习、教研、备课、上课、作业、批改、游戏、区角、环境、家联”等十项内容的量化考核,县机关幼儿园以 94.7 分名列第一。是年 6 月,安文区域召开幼儿教学管理“十规范”研讨会。

2007 年 3 月,县幼儿园数学教学研讨会在新蕾幼儿园举行。活动旨在深入研讨幼儿园数学教学的途径和方法,提高幼儿的认知能力和教师的课堂教学水平。是年 4 月,幼儿教育数学优质课评比在安文镇小幼儿园、机关幼儿园举行,12 名选手参加县级比赛。是年 5 月,县教研室组织的幼教数学优质课送教下乡活动在大盘中心小学举行。同年 6 月,安文区域在深泽中心幼儿园举行幼儿园新课程教育教学研讨会。

2008 年 4 月,组织全县幼儿园教育论文、案例评比。是年 10 月,深泽乡中心幼儿园陈美群老师参加金华市 2008 年农村“新生代”优质课评比,执教“有趣的蚯蚓”获一等奖。

2009 年 3 月,组织全县幼儿教师教学论文评比。10 月,举行以“和谐的森林之家”为主题的现场简笔画比赛活动。全县 246 名在岗幼儿教师参加。

2010 年 5 月,组织磐安县城区幼儿园庆“六一”幼儿现场绘画比赛,县实验幼儿园囊括 12 个一等奖。是年 10 月,召开全县乡镇幼教辅导员及城区幼儿园园长会议,会议主题是“规范幼儿园教学管理,提高幼儿教学质量”。

2011 年 1 月,全县幼儿教师开展“五项”技能比赛,实验幼儿园 4 位老师获一等奖。5 月,全县幼儿教师继续教育集中培训在县实验幼儿园举行。6 月,进行幼儿园教学“十规范”考核和幼儿园环境创设评比,实验幼儿园等 8 所幼儿园荣获教学“十规范”考核一等奖。实验幼儿园等 5 所幼儿园荣获幼儿园环境创设评比一等奖。同月,组织“六一”幼儿讲故事比赛。9 月,组织全县幼儿园园长和幼师骨干 60 余人参加金华市幼儿园“有效师幼互动”教学观摩研讨活动。12 月,组织城区幼儿教师“送教下乡”活动,送教到新渥镇中心幼儿园、大盘镇中心幼儿园、尖山实验幼儿园。

2012 年 4 月,组织全县幼儿园园长和幼师骨干参加金华市“优化幼儿园一日活动”专题研讨会。5 月下旬,组织磐安县庆“六一”幼儿现场绘画比赛。是年,幼儿园教师教学评比活动在县实验幼儿园举行。

2013 年 3 月,幼儿园文明礼仪教育主题研讨活动在县实验幼儿园荷塘分园举行。4 月,全县幼儿教师专业发展培训在县实验幼儿园举行。12 月,组织参加“提升园长课程领导力”培训活动,全县 15 名骨干园长参加。

2014 年 4 月,全县幼儿教师专业发展培训在县实验幼儿园举行。同月,组织全县幼儿园区角环境创设评比活动。县实验幼儿园、尖山实验幼儿园荣获一等奖。5 月,县本土文化与幼儿园课程资源开发研讨活动在尖山实验幼儿园举行。6 月,组织幼儿教师绘画比赛,全县 40 周岁以下专任教师参加。9 月,幼儿园优质课评比活动在县实验幼儿园举行。11 月 26 日,浙江省“百人千场”专家名师送教下乡活动在磐安县实验幼儿园举行。

2015 年 3 月，全县幼儿教师专业发展培训在北大附属幼儿园磐安分园举行。5 月，幼儿园半日活动观摩在县实验幼儿园举行。6 月 15 日，全县幼儿教师弹唱过关比赛。10 月 30 日，幼儿园骨干教师保教管理现场活动在金华市保集蓝郡国际幼儿园举行。12 月，浙江省“百人千场”专家名师送教下乡活动在磐安县实验幼儿园举行，全县 200 余名幼儿教师与来自杭州、宁波的专家名师进行零距离接触。12 月，幼儿园户外自主游戏观摩研讨活动在磐安县实验幼儿园进行，80 多位骨干教师参加。

第四节　幼儿园简介

磐安县实验幼儿园

2007 年，磐安县机关幼儿园与安文镇小幼儿园合并，更名磐安县实验幼儿园，办园地点在磐安县壶厅西路 1 号，即实验小学原校区。2012 年荷塘分园开办，坐落在磐安县北街 27 号，由原来的“水梦之都”休闲场所改建而成，开始实行“统一教育资源、统一物资调度、统一各种信息”的管理模式。2009 年，县实验幼儿园被认定为省一级幼儿园，2015 年通过复评。

总园占地面积 7766.5 平方米，建筑面积 5607.85 平方米，绿化面积 1282 平方米，户外活动面积 3606 平方米。园内拥有幼儿图书室、区域活动室、美术工作坊、陶泥工作室、围棋室、舞蹈教室和多功能活动室等专用教室。荷塘分园占地面积 1396 平方米，建筑面积 797 平方米，绿化面积不大，专用活动室几乎没有。

2015 年，总园有 21 个班级，其中大班 8 个，中班 7 个，小班 6 个；分园 6 个班，其中大班 2 个，中班 2 个，小班 1 个，托班 1 个；在园幼儿总人数 838 名，教职员工 75 名，专任教师 44 名，本科学历 24 人，其中中学高级教师 1 人，幼教高级 15 人，市教坛新秀 1 人，县教坛新秀 6 人。

幼儿园以“自然、普惠、快乐、和谐”为核心理念实施阳光教育，以“向着阳光走”为园训，以“五心”（尊重孩子有爱心，教育孩子要耐心，照顾孩子要细心，面对家长要热心，工作要有责任心）教育为园风，坚持“一体两翼”（即以阳光教育为主体，以美术教育、健康教育为两翼）的发展战略，培育“快乐、活泼、健康”的阳光儿童，着力打造特色品牌幼儿园。

幼儿园先后荣获金华市园本教研示范园、金华市语言文字示范校、金华市文明单位等荣誉称号。2012 年被确立为县美术特色项目学校。2013 年被确定为金华市足球定点学校，被评为金华市巾帼文明岗位。2014 年创美术特色园，创意美术工作坊课程获市幼儿园首届精品课程。

附：

安文镇小幼儿园

1952 年 2 月，由县教育部门创办，全额拨款。园址在安文镇文明街（安文镇中心小学内）。1968 年停办，1969 年恢复招生。2005 年园舍占地 455 平方米，建筑面积 1184.95 平方米。7 个班 300 多名幼儿。教师 15 人，大专学历 7 人，大专进修 6 人。是实施《幼教新纲要》的实验示范园和窗口园。2007 年 8 月，并入县实验幼儿园。

机关幼儿园

1986年10月，由县机关事务管理局创办，园址在安文中街，共3个班100多名幼儿，教师7人。1992年安文中街拓宽，移迁龙山路2号。县财政拨款108万元新建占地面积3437平方米、建筑面积2706平方米、活动场地1731平方米的园舍，1993年2月迁入。2005年底14个班，540多名幼儿，每生每期收保育费550元(包括中餐)。教师33人(其中在编17人)，大专学历17人，中专16人。1998年被评为省示范幼儿园。2007年8月，并入县实验幼儿园。

尖山实验幼儿园

尖山实验幼儿园是一所按浙江省一级幼儿园标准建设的公办幼儿园，创办于2010年11月，坐落在尖山镇平安路与振兴路交汇处的西南侧，占地面积14098.87平方米，户外场地7800平方米，总投资2162万元，绿地率36.29%，可容纳23个班，690余人。

2011年7月教学楼投入使用，9月1日首次招收7个班251名幼儿;17名专任教师，2名保育员。2012年9月1日，两幢教学楼和一幢办公综合楼、塑胶场地投入使用。现有15个班级，534名幼儿，47位教职工。每班均有活动室、午睡室、卫生间及衣帽间，并配备电视机、电脑、电钢琴等现代化教学设备。厨房178.6平方米，有主副食加工间、食品储藏间、消毒间、炊事员更衣室等。有公用的多功能活动室，有独立的幼儿图书室、幼儿科学探究室、幼儿美工创意室、幼儿淘气堡(室内大型玩具)、档案室、会议室、教师办公室、三个小型塑胶场地、一个100*250米的大理石操场、一个160平方米种植园地和饲养场等。校园根据台地特有的地质风貌设置，场地上放有大型滑滑梯等玩具，极具儿童气息。

幼儿园立足实际，以“乡土文化”为主线，以“一切为了孩子，为了孩子一切”为办园宗旨，以“管理科学、师德高尚、环境优美、保教规范”为奋斗目标，树立“我运动、我健康、我快乐、我自信”的教育理念，创建“让孩子回归自然，开展自主体育活动”的办园特色。

2013年10月通过“省二级幼儿园”首次评估，2015年10月顺利通过复评。

办园四年，学校获“磐安县三八红旗集体”“磐安县先进团支部”“磐安县教育系统先进职工之家”“磐安县教科研先进集体”等荣誉称号，通过浙江省B级食堂和阳光食堂创建验收。

尚湖镇中心幼儿园

尚湖镇中心幼儿园是一所按省一级幼儿园标准新建的公办幼儿园。它坐落在磐安县尚湖镇新南街128号，占地25亩，总投资3000万元，2014年9月1日正式投入使用。

园区用地面积16710平方米，建筑面积9927.5平方米，绿化面积2564平方米。园舍为彩色城堡造型，行政楼、教学楼、后勤楼连为一体。按照《浙江省幼儿园装备规范(试行)》的标准配备教学设备，有21个幼儿活动室，8个多功能专用活动室，1个音体室，1个多功能小剧场，8个办公室，40间教工宿舍等。

2015学年开设大、中、小班级11个，在园幼儿353名，教职工34名，其中在编教师14人。

遵循“童蒙养正，育心成长”的办园理念，坚持“用爱和经典文化引领孩子健康成长”的办园宗旨，树立“办一所高品质的乡镇示范园，让乡下孩子的童年与众不同”的办园目标，以“挚爱、规范、快乐、艺术、成长”为园训，以“纯真善良、个性智慧、快乐健康”为培养目标，努力打造具有磐安特色的乡镇示范幼儿园。

幼儿园实行“游戏·启蒙”的特色办园模式。利用4473.5平方米的户外活动场地优势，建构花园式户外活动区域，设有平衡区、野战区、攀爬区等12大功能区，还设置磐安特产种植园等户外活动区域，通过游戏培养儿童探究、体验的能力。同时把传统文化启蒙融入环境布置、课程、区角活动、家园联系以及节日活动中。

2014年，通过省二级幼儿园预评估、食堂卫生等级B级考核评估、托幼机构卫生保健合格单位评估。2015年获磐安县文明单位荣誉称号，在金华市第五届中小学教师中华经典诵读大赛中获幼儿组一等奖，并获县第十届学校艺术节获优秀组织奖。

磐安县新蕾幼儿园

新蕾幼儿园属省二级民办幼儿园，坐落在安文镇新里街12号，占地面积1855平方米。2015年底，在园幼儿人数367人，12个班级，其中大班4个、中班4个、小班2个、托班2个；教职工37名，拥有大专以上学历20人，中高级蒙氏教师13人。

新蕾幼儿园由县妇联创办于1989年9月，在全县享有较高知名度和美誉度。2013年9月，为进一步提升办学档次、提高教育质量，幼儿园由浙中知名幼教品牌金华市苹果树幼教集团接管。自此，新蕾成为全县首家推行集团化管理的幼儿园。

近年来，新蕾幼儿园的教育教学管理更有特色与成就。

健康教育是学校教育的一大亮点。集团先后投入100多万元资金改善基础设施，重新设计校园结构，配置多种大型体育活动综合器械、专用跑道等，拓展幼儿活动空间。同时设置手工、穿针等课程，促进孩子大肌肉、小肌肉、精细动作共同发展。每年冬季，大型亲子运动会都吸引近千名大小运动员参加，全民体能素质抽查合格率100%。平时更注重儿童感觉综合发展、运动平衡能力等影响儿童终身发展等方面因素的教育，将运动生活化、课程化、趣味化。同时十分注重通过文化艺术对儿童人格品德的塑造作用，通过丰富多彩的文化艺术活动美化净化儿童心灵；注重儿童行为习惯养成，注重动手能力的培养，实现儿童热爱生活、自我发展的管理目标。

师资队伍建设被提上重要议事日程。近年来，先后派遣骨干教师到国内外考察学习，率先引进蒙氏教育、森林教育等适合本地特色的先进教育理念。

办学空间得到拓展。新蕾幼儿园身处老城区，校园面积无法扩展，苹果树幼教集团将“小空间，大智慧”的经营理念引入学校管理，在有限空间内精耕细作。根据主题教学进程，每个季节开设不同的园区环境创设活动，以环境教育影响孩子，以环境创设保护启迪孩子，以环境创设向时间、向校外拓展孩子学习成长空间。

创办以来，新蕾幼儿园先后获得“浙江省二级幼儿园”“金华市巾帼文明示范岗”“金华市先进家长学校”“磐安县先进幼儿园”等荣誉称号。

北大附属幼儿园磐安分园

北大附属幼儿园磐安分园创办于2014年9月，位于安文镇新兴二路11号，是北大附属实验学校幼儿园旗下高起点、高品质、按省一级幼儿园标准建成的一所民办连锁幼儿园。

幼儿园依托北京大学丰富的优秀资源，秉承北大“三维教育，高维成就”的办园理念和“尚自然，展个性、开心智、育精英”的培养目标，“以优良管理、优秀师资、优雅环境、优质教育”为办园宗旨，致力于打造社会信得过的精品幼儿园。

北大附属幼儿园磐安分园占地面积3055平方米，总投资2300万元，总建筑面积6159平方米，户外活动面积1170平方米，绿化面积规划281平方米。拥有标准的现代化教学设备和一流的保教环境,每个班级都享有独立宽敞、设备齐全的活动空间,并有盥洗室、卧室,配备高档次、高品质的大、中、小型系列组合家具;设有丰富的专用活动室,包括小剧院、美术工作室、儿童阅览室、儿童烹饪室、音乐教室、舞蹈房、陶吧等。

截至2015年年底,幼儿园有13个班,在园幼儿373人。每班配备2教1保,有教职工51人。教师在钢琴、古筝、舞蹈、美术、陶艺、音乐等方面各有擅长。

2015年4月,学校通过省二级幼儿园预评估、食堂卫生等级B级考核评估;获幼儿园保教管理考核县二等奖。在县第十届学校艺术节中,教师与幼儿节目均获一等奖。

第二章　小学教育

清光绪三十一年(1905年),今冷水镇所在地的凤楼书院改为凤楼小学。嗣后,安文、大皿以及玉山相继创办初高两级小学,男女同校。民国12年(1923年),今磐安境内有完全小学7所,村小71所。民国28年(1939年),磐安设县,全县有完小18所,村小116所。次年,短期小学停办,改初级小学为"国民学校",每乡设一中心小学。五年后,全县有中心小学18所,国民学校120所,私立小学1所,入学儿童6500人。

中华人民共和国成立后,学校由人民政府接管,学校名称以所在地命名。1952年,全县小学198所,在校学生11119人;为提高普及率,开设的复式班占全县班级数的90%。1958年,全县小学278所,在校学生16589人,学龄儿童入学率达到81.3%。20世纪60年代初,推行公办与民办、全日制与半耕半读并举的办学方针,民办村校增加。1966年,废除考试和升留级制度,贫下中农上讲台。次年,村校中出现五复式和六复式。1969年,农村公办小学下放到大队办。1972年,重建备课、听课、评课、改作、成绩考核,以及考勤等规章制度。1976年,调整小学布局。1977年,今磐安境内有小学457所,在校学生28028人。1983年,全县有小学397所,教师1015人,学生25518人。1987年,浙江省教育委员会确认磐安县为"基本普及初等教育县"。

第一节　发展概况

恢复县建制后,磐安县以"脱贫致富,教育起步"为战略方针,下定"再穷不穷教育,再苦不苦孩子"的决心,坚持"教育优先发展"的方向不改变。经过几年努力,1985年普及初等教育。经过三十多年的努力,磐安县的小学教育面貌焕然一新。

1990年,全县有小学368所,其中1个班1名教师的村校245所。

1992年,磐安县人民政府出台《关于九年制义务教育实施情况试行督导评估制度的通知》(磐政办〔1992〕112号),是年撤并小学133所。

1994年,新建县实验小学。

1995年,顺利通过省"两基"(基本普及义务教育,基本扫除青壮年文盲)验收。

1996年7月,县教委印发《小学管理规程》,要求全县各小学认真学习宣传,坚决贯彻执行。1996年12月,县教委下发《关于进一步加强中小学教育教学管理工作的意见》,要求各校要严格执行教学计划,开齐全部课程,严格执行省教委浙教普〔1996〕331号文件规定,对中小学实行五天工作制管理,要严格控制学生的学习辅导资料的征订,要切实加强管理,减轻学生过重课业负担。

1997年,通过"基本普及试验县"验收和省"两基"复查,教育教学质量逐年提高,基础教育综合水平居全省19位。

1999年9月,全县改"六三"制,年满六周岁儿童方可入学。

1993年至2003年,撤并村校200所,至2003年年底全县有小学33所。

2007年年底,全县小学20所(含仁川镇方山、玉山镇玉峰2个教学点)。

2009年,撤并仁川镇方山教学点,保留玉山镇玉峰教学点。同年县教育局稳步实施"教育共同体"试点,县实验小学与大盘小学结成城乡教育共同体。

2010年4月,教育局发通知要求各中小学开展义务教育段特殊教育状况调查。

2011年,教育局实施小规模学校管理改革。开展对高二、盘峰、维新等小规模学校联合体建设研究,通过连片教研、单复结合式教学、教师走教等改革,提升学校管理水平,提高教育资源使用效益。2011年,《今日磐安》《金华日报》分别以"教育共同体:城乡教育均衡的生动实践"和"如何实现教育均衡"为题,对磐安县教育共同体建设情况进行深入的专题报道。

2012年10月,县教育局下发磐教〔2012〕63号文件,确定安文小学与双峰小学建成教育共同体。2012年11月,磐安县教育局、磐安县财政局、磐安县残疾人联合会印发《磐安县义务教育阶段适龄重度残疾儿童少年"送教上门"的实施意见》。

2013年,撤并盘峰乡中心学校、维新乡中心小学,全县小学18所。

2014年3月,为开展小班化课堂教学操作策略研究,县教研室在双峰小学举行小学段小班化课堂教学研讨活动。活动开设语文、数学、英语和科学共四节小班化研讨课。是年9月,磐安县文溪小学创办并开始招收一年级新生,开设6个班共招273人。

2015年,撤并高二乡中心小学,全县小学16所(含玉峰教学点)。同年,县教育局制订和启动《磐安县特殊教育三年提升计划》,成立特殊教育指导中心,加强特殊教育资源教室建设,启动特殊教育骨干教师培养,开展医教结合的"送教上门"工作,巩固提高义务教育段残疾适龄儿童少年入学率,探索特殊教育向学前段和高中段教育延伸,努力提高特殊教育质量。

表4—11　　　　1989年磐安县县属镇小学基本情况一览表

校名	校址	班级数(个)	在校学生数(人)						教工数(人)
			合计	一年级	二年级	三年级	四年级	五年级	
安文镇中心小学	安文镇	21	986	229	180	154	205	218	49
安文镇市口小学	市口	2	42	17	12	13	—	—	2
安文镇上章小学	上章	2	52	14	9	8	14	7	2
安文镇根溪小学	根溪	1	17	5	5	—	7	—	1
安文镇岭外小学	岭外	2	50	9	9	7	11	14	2
安文镇胡村小学	新胡	1	34	12	8	7	7	—	1
安文镇应古小学	应古	1	8	—	3	—	—	5	1
安文镇岩里小学	岩里	1	16	—	10	—	6	—	1
安文镇朱坑小学	朱坑	1	19	2	7	—	10	—	1
安文镇羊山头小学	羊山头	1	26	11	—	9	6	—	1
安文镇殊闲小学	殊闲	1	8	2	—	4	2	—	1
安文镇捏弯小学	捏弯	1	13	—	13	—	—	—	1
安文镇台口小学	台口	2	47	—	13	15	10	9	2

续表 4—11

校　　名	校　址	班级数（个）	在校学生数（人）						教工数（人）
			合　计	一年级	二年级	三年级	四年级	五年级	
安文镇岭脚小学	岭脚	1	12	9	—	—	3	—	1
安文镇朱式坞小学	朱式坞	1	10	3	—	6	—	1	1
安文镇联谊小学	联谊	4	123	11	17	25	36	34	5
安文镇联进小学	联进	1	29	17	12	—	—	—	1
安文镇园岭坑小学	园岭坑	1	18	7	6	5	—	—	1
新渥镇中心小学	新渥	6	210	26	20	32	62	70	15
新渥镇双溪小学	双溪	10	339	61	62	68	83	65	15
新渥镇苦竹小学	苦竹	2	47	12	23	12	—	—	2
新渥镇大麦坞小学	大麦坞	1	18	7	11	—	—	—	1
新渥镇大山下小学	大山下	1	32	12	14	6	—	—	1
新渥镇双槐小学	双槐	1	6	3	3	—	—	—	1
新渥镇西庄小学	西庄	1	12	7	5	—	—	—	1
新渥镇大芝山小学	大芝山	1	11	6	5	—	—	—	1
新渥镇西湖小学	西湖	4	137	16	18	21	40	42	6
新渥镇杨山小学	杨山	2	43	15	12	16	—	—	2
新渥镇永加小学	永加	1	21	16	16	—	—	—	1
新渥镇麻车下小学	麻车下	2	65	20	28	17	—	—	2
新渥镇外田口小学	外田口	1	24	10	14	—	—	—	1
新渥镇后陈小学	后陈	1	16	8	8	—	—	—	1
新渥镇岩上小学	岩上	1	22	14	8	—	—	—	1
新渥镇上卢小学	上卢	4	123	13	14	25	36	35	6
新渥镇中卢小学	中卢	4	150	17	24	15	51	43	6
新渥镇宅口小学	宅口	5	173	30	32	34	49	28	7
新渥镇杜坑小学	杜坑	1	6	4	2	—	—	—	1
新渥镇苍色小学	苍色	1	5	2	3	—	—	—	1
新渥镇方田小学	方田	1	10	5	5	—	—	—	1
新渥镇黄塘小学	黄塘	1	7	2	5	—	—	—	1
新渥镇直来小学	直来	1	9	4	—	5	—	—	1
尖山镇中心小学	尖山	8	307	57	33	60	77	80	17
尖山镇新宅小学	新宅	7	264	50	41	60	64	49	12
尖山镇楼下宅小学	楼下宅	6	194	38	35	27	62	32	9
尖山镇管头小学	管头	3	71	10	11	13	19	18	3
尖山镇东里小学	东里	3	96	25	23	15	18	15	3
尖山镇立岭小学	立岭	3	94	14	15	13	29	23	3

续表 4—11

校　　名	校　址	班级数（个）	在校学生数（人）						教工数（人）
			合　计	一年级	二年级	三年级	四年级	五年级	
尖山镇里光洋小学	里光洋	3	107	20	9	19	33	26	3
尖山镇里岙小学	里岙	3	52	7	8	9	16	12	3
尖山镇塘头小学	塘头	1	12	—	2	—	—	10	1
尖山镇陈村小学	陈村	1	16	6	6	4	—	—	1
尖山镇廷潭岗小学	廷潭岗	1	15	7	3	5	—	—	1
尖山镇陈界小学	陈界	1	10	2	6	2	—	—	1
尖山镇斯村小学	斯村	1	11	7	1	3	—	—	1
尖山镇新屋小学	新屋	1	19	10	4	5	—	—	1
尖山镇溪源坑小学	溪源坑	1	12	7	5	—	—	—	1
尖山镇火路岭小学	火路岭	1	14	8	3	3	—	—	1
尖山镇大园小学	大园	1	15	9	6	—	—	—	1
尖山镇大山头小学	大山头	1	10	6	—	4	—	—	1
尖山镇林庄小学	林庄	1	10	6	4	—	—	—	1
尖山镇湖田小学	湖田	1	16	5	7	4	—	—	1
尖山镇小坑姆小学	小坑姆	1	10	7	3	—	—	—	1
尖山镇坑口小学	坑口	1	20	15	5	—	—	—	1

表 4—12　　1989 年磐安县安文区小学基本情况一览表

校　　名	校　址	班级数（个）	在校学生数（人）						教工数（人）
			合　计	一年级	二年级	三年级	四年级	五年级	
双溪乡中心小学	史姆	7	215	30	31	29	62	63	13
双溪乡梓誉小学	梓誉	3	99	20	14	13	21	31	3
双溪乡礼府小学	礼府	3	86	12	11	16	19	28	4
双溪乡金峨小学	金峨	2	45	13	9	13	10	—	2
双溪乡傅宅小学	傅宅	2	53	8	18	12	15	—	2
双溪乡其良小学	其良	1	20	4	8	8	—	—	1
双溪乡山早小学	山早	1	14	7	3	4	—	—	1
双溪乡王庄小学	王庄	1	13	7	6	—	—	—	1
双溪乡丽坑小学	丽坑	2	44	11	—	12	7	14	2
双溪乡下山小学	下山	1	10	4	—	6	—	—	1
双溪乡下元小学	下元	1	25	12	13	—	—	—	1
双溪乡下潘小学	下潘	1	19	7	8	4	—	—	1
双溪乡横塘小学	横塘	2	41	13	14	14	—	—	2

续表 4—12

校名	校址	班级数（个）	在校学生数（人）						教工数（人）
			合计	一年级	二年级	三年级	四年级	五年级	
双溪乡横山小学	横山	1	12	3	3	6	—	—	1
窈川乡中心校	窈川	6	248	33	42	39	34	100	14
窈川乡依山下小学	依山下	2	55	21	12	11	11	—	2
窈川乡赐勑小学	赐勑	2	50	8	14	10	18	—	2
窈川乡岭溪小学	岭溪	1	32	18	—	14	—	—	1
窈川乡塘坑小学	塘坑	1	11	4	—	7	—	—	1
窈川乡白岩头小学	白岩头	1	6	2	—	4	—	—	1
窈川乡长坑小学	长坑	1	20	—	9	—	11	—	1
窈川乡木棉塔小学	木棉塔	1	5	4	1	—	—	—	1
墨林乡中心校	墨林	5	157	36	21	30	31	39	11
墨林乡岗头小学	岗头	3	70	16	12	15	13	12	3
墨林乡东川小学	东川	4	104	26	20	18	21	19	4
墨林乡王隐坑小学	王隐坑	1	22	12	5	5	—	—	1
墨林乡下葛小学	下葛	1	10	4	4	2	—	—	1
墨林乡卢坎头小学	卢坎头	1	14	4	4	6	—	—	1
云山乡中心小学	中田	6	218	14	13	21	90	80	13
云山乡上马石小学	上马石	2	41	14	16	11	—	—	2
云山乡上葛小学	上葛	2	43	11	19	13	—	—	2
云山乡白云山小学	白云山	2	37	15	11	11	—	—	2
云山乡石头小学	石头	2	45	18	17	10	—	—	2
云山乡石背小学	石背	1	27	10	9	8	—	—	1
云山乡双坑小学	双坑	2	41	13	13	15	—	—	2
云山乡田里北小学	田里北	1	12	5	3	4	—	—	1
云山乡栗树坞小学	栗树坞	1	8	2	3	3	—	—	1
云山乡石坑小学	石坑	下半年停办							
深泽乡中心小学	深泽	10	381	62	42	31	128	118	21
深泽乡后力小学	后力	7	233	25	26	26	81	75	10
深泽乡马祥小学	马祥	1	10	6	4	—	—	—	1
深泽乡源头小学	源头	1	15	5	10	—	—	—	1
深泽乡上横小学	上横	1	13	5	—	8	—	—	1
深泽乡翠坞小学	翠坞	1	7	2	2	3	—	—	1
深泽乡西华坑口小学	西华坑口	1	9	5	4	—	—	—	1
深泽乡森屋小学	森屋	1	16	11	3	2	—	—	1
深泽乡上产小学	上产	1	24	12	12	—	—	—	1

续表 4—12

校名	校址	班级数（个）	在校学生数（人）						教工数（人）
			合计	一年级	二年级	三年级	四年级	五年级	
深泽乡上亭堂小学	上亭堂	1	23	10	13	—	—	—	1
深泽乡金钩小学	金钩	1	20	9	4	7	—	—	1
深泽乡上村小学	上村	1	12	6	—	6	—	—	1
深泽乡道士岙小学	道士岙	2	40	9	18	13	—	—	2
深泽乡南坞小学	南坞	1	19	9	3	7	—	—	1
深泽乡六冲小学	六冲	2	54	15	18	21	—	—	2
深泽乡仰头小学	仰头	1	36	11	15	10	—	—	1
深泽乡殿口小学	殿口	1	16	6	5	5	—	—	1
深泽乡屋楼小学	屋楼	2	43	12	18	13	—	—	2
冷水乡中心小学	冷水	8	309	39	36	66	86	82	18
冷水乡白岩小学	白岩	4	132	39	35	32	—	26	6
冷水乡潘潭小学	潘潭	3	83	19	16	15	15	18	4
冷水乡大溪小学	大溪	1	15	7	8	—	—	—	1
冷水乡小章小学	小章	1	25	11	14	—	—	—	1
冷水乡岩潭小学	岩潭	1	14	4	10	—	—	—	1
冷水乡水坑弄小学	水坑弄	1	8	—	4	—	4	—	1
冷水乡西英小学	西英	1	30	10	9	11	—	—	1
冷水乡胡山小学	胡山	1	18	9	9	—	—	—	1
冷水乡环山小学	环山	1	8	—	5	3	—	—	1
冷水乡庄头小学	庄头	1	26	13	13	—	—	—	1
冷水乡道川小学	道川	1	9	—	6	—	3	—	1
冷水乡虬里小学	虬里	1	9	5	4	—	—	—	1
冷水乡泗岩小学	泗岩	3	68	11	8	15	21	13	3
冷水乡西坑小学	西坑	1	20	11	9	—	—	—	1
仁川乡中心小学	黄俞田	8	301	5	42	43	80	91	17
仁川乡方山小学	方山	7	275	71	45	46	49	64	10
仁川乡胡庄小学	胡庄	4	126	27	21	16	32	30	5
仁川乡洋庄小学	洋庄	3	114	29	15	21	20	29	4
仁川乡滚涛小学	滚涛	2	31	3	2	9	10	7	2
仁川乡泊公坑小学	泊公坑	1	27	9	6	12	—	—	1
仁川乡半坑小学	半坑	1	8	—	5	—	3	—	1
仁川乡荣坑口小学	荣坑口	1	20	10	—	10	—	—	1
仁川乡流岸小学	流岸	2	51	15	11	10	15	—	2
仁川乡平子坑小学	平子坑	1	21	—	13	—	8	—	1

续表 4—12

校　　名	校　址	班级数（个）	在　校　学　生　数（人）						教工数（人）
			合　计	一年级	二年级	三年级	四年级	五年级	
仁川乡赤岩前小学	赤岩前	1	12	9	3	—	—	—	1
仁川乡洋坑小学	洋坑	1	21	15	—	6	—	—	1
仁川乡柳坡小学	柳坡	2	77	22	21	19	15	—	2
仁川乡岭下小学	岭下	1	22	11	11	—	—	—	1
仁川乡潘田小学	潘田	1	18	9	9	—	—	—	1
仁川乡泊公小学	泊公	2	58	14	9	23	12	—	2
仁川乡月岭小学	月岭	1	16	7	8	1	—	—	1
仁川乡石赤下小学	石赤下	2	52	12	11	12	17	—	2
仁川乡下石岗小学	下石岗	1	8	—	5	—	3	—	1
双峰乡中心小学	大皿	10	316	62	65	61	64	64	17
双峰乡东坑小学	东坑	2	46	13	14	10	9	—	2
双峰乡高里小学	高里	1	7	4	—	1	2	—	1
双峰乡溪上小学	溪上	1	25	10	—	8	7	—	1
双峰乡三角园小学	三角园	1	6	—	6	—	—	—	1
双峰乡溪下小学	溪下	2	41	13	7	8	13	—	2
双峰乡皂坑小学	皂坑	1	12	5	—	7	—	—	1
双峰乡西告小学	西告	1	13	6	3	—	4	—	1
双峰乡黄山头小学	黄山头	1	—	6	—	2	—	4	1
天网乡中心校	平象	3	85	12	8	16	14	35	8
天网乡西产小学	西产	2	27	9	5	7	—	6	2
天网乡马岭小学	马岭	2	46	17	—	10	12	7	2
天网乡下余小学	下余	1	10	5	5	—	—	—	1
天网乡张圩小学	张于	1	21	13	—	8	—	—	1
天网乡姜华坑小学	姜华坑	1	4	—	—	4	—	—	1
天网乡高坑小学	高坑	1	10	—	3	—	7	—	1
天网乡里七仰小学	里七仰	1	10	4	6	—	—	—	1
天网乡胡八坑小学	胡八坑	1	10	1	—	9	—	—	1

表 4—13　　1989 年磐安县盘山区小学基本情况一览表

校　　名	校　址	班级数（个）	在　校　学　生　数（人）						教工数（人）
			合　计	一年级	二年级	三年级	四年级	五年级	
大盘乡长坑小学	长坑	1	20	7	6	7	—	—	1
大盘乡林丰小学	林丰	1	28	12	8	8	—	—	1

续表 4—13

校名	校址	班级数（个）	在校学生数（人）						教工数（人）
			合计	一年级	二年级	三年级	四年级	五年级	
大盘乡中心小学	殿下	8	363	51	43	37	106	126	18
大盘乡长坑小学	长坑	1	20	7	6	7	—	—	1
大盘乡林丰小学	林丰	1	28	12	8	8	—	—	1
大盘乡北山小学	北山	下半年停办							
大盘乡王庄小学	王庄	1	29	12	7	10	—	—	1
大盘乡光明小学	光明	1	13	4	5	4	—	—	1
大盘乡后塘小学	后塘	2	51	12	14	12	13	—	2
大盘乡小盘小学	小盘	3	118	18	25	18	33	24	4
大盘乡利济小学	利济	2	59	17	16	11	15	—	2
大盘乡北桥小学	北桥	1	16	11	2	3	—	—	1
大盘乡甲坞小学	甲坞	1	8	—	6	2	—	—	1
大盘乡双桥小学	双桥	1	19	5	10	4	—	—	1
大盘乡安田小学	安田	1	10	5	3	2	—	—	1
大盘乡大坑小学	大坑	1	8	1	5	2	—	—	1
大盘乡百廿秤小学	百廿秤	1	12	6	4	2	—	—	1
大盘乡下寮小学	下寮	1	21	10	8	3	—	—	1
大盘乡安山小学	安山	1	11	2	5	4	—	—	1
大盘乡上面古小学	上面古	下半年停办							
大盘乡石英坑小学	石英坑	1	9	5	4	—	—	—	1
方前镇中心小学	方前	7	288	45	40	48	82	73	14
方前镇寺岙小学	寺岙	5	146	28	25	31	30	32	6
方前镇陈岙小学	陈岙	1	14	6	8	—	—	—	1
方前镇傅岙小学	傅岙	1	18	6	6	6	—	—	1
方前镇炉田小学	炉田	1	24	8	10	6	—	—	1
方前镇许溪小学	许溪	1	20	11	9	—	—	—	1
方前镇高丘小学	高丘	1	14	5	3	6	—	—	1
方前镇后朱小学	后朱	1	10	4	2	4	—	—	1
方前镇桥头小学	桥头	1	26	10	7	9	—	—	1
方前镇前王小学	前王	3	113	20	18	11	27	37	4
方前镇里王小学	里王	1	11	11	—	—	—	—	1
方前镇下村小学	下村	1	13	3	10	—	—	—	1
方前镇官田小学	官田	1	13	3	—	10	—	—	1
方前镇茶潭小学	茶潭	2	45	10	11	12	12	—	2

续表 4—13

校　　名	校　址	班级数（个）	在校学生数（人）						教工数（人）
			合　计	一年级	二年级	三年级	四年级	五年级	
方前镇柘溪小学	柘溪	1	7	2	4	1	—	—	1
方前镇中央厂小学	中央厂	1	9	5	4	—	—	—	1
方前镇龙潭小学	龙潭	1	7	3	2	2	—	—	1
方前镇乌岩坑小学	乌岩坑	1	16	11	—	5	—	—	1
方前镇上河小学	上河	下半年停办							
四协乡中心校	里田石	3	94	12	3	12	33	34	8
四协乡里林山小学	里林山	1	8	—	5	3	—	—	1
四协乡外林山小学	外林山	1	8	3	3	2	—	—	1
四协乡西坑小学	西坑	1	11	5	3	3	—	—	1
四协乡大平头小学	大平头	1	10	5	5	—	—	—	1
四协乡石研小学	石研	1	13	7	2	4	—	—	1
四协乡里井坑小学	里井坑	1	6	4	1	1	—	—	1
四协乡外井坑小学	外井坑	1	6	1	3	2	—	—	1
四协乡岩门小学	岩门	1	9	—	3	—	6	—	1
四协乡施家庄小学	施家庄	1	9	3	2	4	—	—	1
四协乡横路头小学	横路头	3	55	5	8	2	22	18	3
四协乡前门山小学	前门山	1	10	2	5	3	—	—	1
四协乡上山头小学	上山头	1	12	7	4	1	—	—	1
盘峰乡中心小学	樟村	5	153	27	30	27	40	29	10
盘峰乡榉溪小学	榉溪	4	132	25	27	17	29	34	5
盘峰乡横坑小学	横坑	1	5	2	—	3	—	—	1
盘峰乡岭头小学	岭头	1	14	3	8	3	—	—	1
盘峰乡岭脚小学	岭脚	1	9	—	7	2	—	—	1
盘峰乡黄坞小学	黄坞	1	8	3	2	3	—	—	1
盘峰乡金竹头小学	金竹头	1	11	7	3	1	—	—	1
盘峰乡沙溪小学	沙溪	1	18	8	—	10	—	—	1
盘峰乡盘溪小学	盘溪	1	7	—	7	—	—	—	1
盘峰乡长头坑小学	长头坑	1	5	—	3	2	—	—	1
盘峰乡麻车峡小学	麻车峡	1	6	4	—	2	—	—	1
维新乡中心校	丁埠头	3	91	4	8	11	28	40	7
维新乡后甲小学	后甲	2	51	12	10	8	12	9	2
维新乡西溪小学	西溪	1	11	4	4	3	—	—	1
维新乡上卢小学	上卢	1	9	9	—	—	—	—	1

续表 4—13

校名	校址	班级数(个)	在校学生数(人)						教工数(人)
			合计	一年级	二年级	三年级	四年级	五年级	
维新乡王大坑村	王大坑	1	8	5	2	1	—	—	1
维新乡马加坑小学	马加坑	1	16	6	3	7	—	—	1
维新乡龙溪小学	龙溪	1	11	4	7	—	—	—	1
维新乡东佑小学	东佑	1	8	2	3	3	—	—	1
维新乡溪下路小学	溪下路	1	10	6	2	2	—	—	1
维新乡新渠小学	新渠	2	28	8	13	3	—	—	2
维新乡长田小学	长田	1	7	7	—	—	—	—	1
维新乡上塔小学	上塔	1	7	7	—	—	—	—	1
高二中心校	大柘坑	3	112	9	11	10	43	38	8
高二乡东山头小学	东山头	1	22	13	—	9	—	—	1
高二乡西井小学	西井	1	8	5	—	3	—	—	1
高二乡小柘坑小学	小柘坑	1	6	—	6	—	—	—	6
高二乡西家小学	西家	1	7	2	1	4	—	—	1
高二乡半岭小学	半岭	1	7	2	2	3	—	—	1
高二乡双坑小学	双坑	1	21	14	—	7	—	—	1
高二乡栗树坑小学	栗树坑	1	15	5	5	5	—	—	1
高二乡西坑小学	西坑	1	10	2	4	4	—	—	1
高二乡照研小学	照研	1	7	2	3	2	—	—	1
高二乡下陈小学	下陈	3	99	17	14	12	31	25	4
高二乡风厂小学	风厂	1	10	6	4	—	—	—	1
高二乡初坑小学	初坑	1	9	6	—	3	—	—	1
高二乡小湖山小学	小湖山	1	14	3	7	4	—	—	1
高二乡山前小学	山前	1	9	4	—	5	—	—	1
高二乡冷坑小学	冷坑	1	9	2	3	—	4	—	1

表 4—14　　1989 年磐安县玉山区小学基本情况一览表

校名	校址	班级数(个)	在校学生数(人)						教工数(人)
			合计	一年级	二年级	三年级	四年级	五年级	
尚湖镇中心小学	尚湖村	8	329	60	40	49	82	98	18
尚湖镇大王村小学	大王	5	159	35	26	22	35	41	7
尚湖镇中心庄小学	中心庄	2	57	15	11	13	18	—	2
尚湖镇后岩小学	后岩	1	12	6	—	6	—	—	1
尚湖镇上路坑小学	上路坑	1	11	5	—	6	—	—	1

续表 4－14

校　　名	校　址	班级数（个）	在校学生数（人）						教工数（人）
			合　计	一年级	二年级	三年级	四年级	五年级	
尚湖镇董村小学	董村	5	144	24	25	30	27	38	6
尚湖镇五家山小学	五家山	1	6	2	4	—	—	—	1
尚湖镇竹园山脚小学	竹园山脚	1	7	5	2	—	—	—	1
尚湖镇大坑小学	大坑	1	5	1	—	—	4	—	1
尚湖镇山宅小学	山宅	5	180	27	32	32	44	45	7
尚湖镇下宅口小学	下宅口	1	26	14	—	12	—	—	1
尚湖镇市岭下小学	市岭下	4	112	15	19	19	28	31	5
尚湖镇杜家庄小学	杜家庄	4	145	13	16	41	41	34	6
尚湖镇大塘小学	大塘	1	5	3	2	—	—	—	1
尚湖镇桥头小学	桥头	1	15	9	6	—	—	—	1
尚湖镇黄塘坑小学	黄塘坑	1	6	3	3	—	—	1	1
尚湖镇雪头小学	雪头	1	19	8	11	—	—	—	1
尚湖镇韦溪坦小学	韦溪坦	5	156	20	10	22	29	69	7
尚湖镇上溪坦小学	上溪坦	1	12	6	6	—	—	—	1
尚湖镇荷花塘小学	荷花塘	1	17	6	—	11	—	—	1
尚湖镇青龙头小学	青龙头	1	6	6	—	—	—	—	1
尚湖镇袁村小学	袁村	4	148	20	21	28	42	37	6
尚湖镇上高亭小学	上高亭	1	9	—	5	—	4	—	1
岭口乡中心小学	岭口	11	458	75	73	68	95	147	22
岭口乡新艳小学	新艳	1	22	22	—	—	—	—	1
岭口乡王里小学	王里	2	36	6	9	5	16	—	2
岭口乡九桥小学	九桥	1	9	2	2	5	—	—	1
岭口乡下凡小学	下凡	1	10	3	3	4	—	—	1
岭口乡金竹坞小学	金竹坞	1	6	1	5	—	—	—	1
岭口乡中湖小学	中湖	1	23	12	11	—	—	—	1
岭口乡方塘小学	方塘	4	104	22	15	15	25	27	5
岭口乡孔畈小学	孔畈	1	6	3	—	3	—	—	1
岭口乡马山塘小学	马塘	1	7	5	2	—	—	—	1
岭口乡林宅小学	林宅	4	120	18	14	24	26	38	5
岭口乡小溪头小学	小溪头	1	5	3	2	—	—	—	1
岭口乡上蒋小学	上蒋	1	9	9	—	—	—	—	1
岭口乡珍溪小学	珍溪	2	68	17	12	10	12	17	2
岭口乡上月坑小学	上月坑	2	44	8	12	8	16	—	2

续表 4—14

校名	校址	班级数（个）	在校学生数（人）						教工数（人）
			合计	一年级	二年级	三年级	四年级	五年级	
岭口乡下月坑小学	下月坑	1	13	9	2	2	—	—	1
岭口乡吕家山小学	吕家山	2	27	10	6	4	7	—	2
玉峰乡中心小学	浮牌	5	154	26	28	26	32	42	11
玉峰乡张村小学	张村	5	143	27	28	32	30	26	7
玉峰乡元里小学	元里	4	101	20	15	24	26	16	4
玉峰乡马塘小学	马塘	2	34	12	7	7	8	—	2
玉峰乡孔宅小学	孔宅	1	17	4	7	6	—	—	1
玉峰乡铁店小学	铁店	5	157	27	30	25	29	46	7
玉峰乡向头小学	向头	1	32	8	10	14	—	—	1
玉峰乡佳村小学	佳村	3	97	15	15	14	29	24	3
玉峰乡妙塘小学	妙塘	1	16	6	—	10	—	—	1
玉峰乡大比头小学	大比头	1	8	3	5	—	—	—	1
胡宅乡中心学校	栗桥庵	4	198	—	—	—	94	104	10
胡宅乡横路小学	横路	3	77	26	26	25	—	—	3
胡宅乡胡宅小学	胡宅	2	51	26	11	14	—	—	2
胡宅乡下周小学	下周	2	46	13	8	25	—	—	2
胡宅乡岭头小学	岭头	2	69	31	20	18	—	—	2
胡宅乡岙里小学	岙里	1	10	6	4	—	—	—	1
胡宅乡培香小学	培香	1	13	8	—	5	—	—	1
胡宅乡张斯小学	张斯	4	122	17	11	34	34	26	4
胡宅乡丁界小学	丁界	1	20	12	8	—	—	—	1
胡宅乡杨树坞小学	杨树坞	1	15	8	7	—	—	—	1
胡宅乡金光小学	金光	1	20	7	11	2	—	—	1
胡宅乡塘田小学	塘田	5	138	27	21	28	33	29	6
胡宅乡龙塘小学	龙塘	1	6	4	—	—	2	—	1
胡宅乡梭里塘小学	梭里塘	1	10	5	—	5	—	—	1
前山乡中心学校	前山	2	87	—	—	—	—	87	6
前山乡前山小学	前山	5	179	43	37	36	63	—	7
前山乡后张小学	后张	3	66	22	20	24	—	—	3
前山乡岭西小学	岭西	3	71	31	22	18	—	—	3
前山乡榧里小学	榧里	1	24	10	6	8	—	—	1
前山乡和家小学	和家	1	10	—	5	—	5	—	1
前山乡将平小学	将平	1	5	—	2	3	—	—	1

续表 4—14

校名	校址	班级数（个）	在校学生数（人）						教工数（人）
			合计	一年级	二年级	三年级	四年级	五年级	
万苍乡中心小学	雅庄	8	276	62	35	48	66	65	17
万苍乡安宅小学	安宅	1	33	17	16	—	—	—	1
万苍乡胡庄小学	胡庄	4	146	24	14	30	37	41	6
万苍乡斐湖小学	斐湖	7	242	35	26	44	70	67	9
万苍乡楼界小学	楼界	3	67	22	10	9	16	10	3
万苍乡秧田坑小学	秧田坑	3	79	13	14	17	17	18	3
万苍乡赵界小学	赵界	2	27	7	8	6	6	—	2
万苍乡自然小学	自然	1	12	5	7	—	—	—	1
万苍乡潘界小学	潘界	1	17	9	8	—	—	—	1
万苍乡孔界小学	孔界	1	16	6	5	5	—	—	1
万苍乡东山小学	东山	1	9	5	4	—	—	—	1
万苍乡葛依尖小学	葛依尖	1	18	5	13	—	—	—	1
万苍乡大坞小学	大坞	1	9	—	1	8	—	—	1
万苍乡求静小学	求静	1	16	—	8	—	—	—	1
万苍乡马车坑小学	马车坑	1	9	6	3	—	—	—	1
万苍乡山岗小学	山岗	1	12	4	8	—	—	—	1
万苍乡下岸小学	下岸	1	9	3	6	—	—	—	1
万苍乡金钩沿小学	金钩沿	1	7	3	4	—	—	—	1
山环乡中心校	栗树山	4	175	31	26	39	38	41	9
山环乡岭干小学	岭干	4	127	39	21	22	21	24	4
山环乡同田小学	同田	4	126	17	9	28	32	40	5
山环乡小坑门小学	小坑门	1	7	5	2	—	—	—	1
山环乡板榧小学	板榧	1	22	14	8	—	—	—	1
山环乡尚路研小学	尚路研	1	16	10	6	—	—	—	1
山环乡大家古小学	大家古	1	6	4	2	—	—	—	1
山环乡西岭小学	西岭	1	7	5	2	—	—	—	1
山环乡金竹坑小学	金竹坑	1	11	6	3	2	—	—	1
山环乡黄林坑小学	黄林坑	1	20	12	8	—	—	—	1
山环乡黄岩前小学	黄岩前	1	7	4	3	—	—	—	1
九和乡中心小学	周店	5	208	—	—	—	87	121	11
九和乡自家庄小学	自家庄	1	11	5	6	—	—	—	1
九和乡后业岭小学	后业岭	2	43	9	12	11	11	—	2
九和乡毛竹溪小学	毛竹溪	1	29	11	11	7	—	—	1

续表 4—14

校　　名	校　址	班级数（个）	在校学生数（人）						教工数（人）
			合　计	一年级	二年级	三年级	四年级	五年级	
九和乡坞塘小学	坞塘	1	15	5	5	4	—	—	1
九和乡中坑小学	中坑	1	6	—	2	4	—	—	1
九和乡下坑小学	下坑	1	16	4	5	7	—	—	1
九和乡革联小学	革联	1	13	3	—	10	—	—	1
九和乡柘周小学	柘周	1	4	3	1	—	—	—	1
九和乡南坑小学	南坑	2	44	17	13	14	—	—	2
九和乡三水潭小学	三水潭	1	25	5	10	10	—	—	1
九和乡宿坑小学	宿坑	1	30	9	11	10	—	—	1
九和乡下溪小学	下溪	1	11	4	4	3	—	—	1
九和乡九龙小学	九龙	1	16	7	—	9	—	—	1
九和乡联桥小学	联桥	1	15	2	6	7	—	—	1
九和乡孔潭小学	孔潭	2	38	7	7	7	17	—	2
九和乡东吴小学	东吴	1	9	4	—	5	—	—	1
九和乡各界了小学	各界了	1	8	3	1	4	—	—	1
九和乡塘山小学	塘山	1	10	4	2	4	—	—	1
九和乡岩甲小学	岩甲	1	23	13	6	4	—	—	1
九和乡红宅小学	红宅	1	5	—	2	3	—	—	1
九和乡上俞小学	上俞	3	78	11	6	11	29	21	4
九和乡山儿头小学	山儿头	1	14	2	8	4	—	—	1
九和乡双义小学	双义村	1	8	—	8	—	—	—	1

表 4—15　　磐安县 1989 年小学复式班情况统计表

区(镇)名	小学总班数	复式班级（个）				复式班数占总班数%	小学在校学生总数（人）	复式班学生数(人)						复式班学生占总人数%
		班级数	二复式	三复式	四复式			学生数	一年级	二年级	三年级	四年级	五年级	
合　计	758	385	277	107	1	50.8	19679	7386	2438	2264	1657	865	162	37.5
安文镇	48	22	14	7	1	45.8	1545	451	132	115	93	75	36	29.2
安文区	271	140	115	25	—	51.7	7202	2949	986	894	647	357	65	40.9
玉山区	309	137	108	29	—	44.3	8121	2569	866	837	561	278	27	31.6
盘山区	130	86	40	46	—	66.2	2811	1417	454	418	356	155	34	50.4

表 4—16　　2001 年磐安县小学各校基本情况一览表

学校名称	当年班级数(个)		当年在校学生数(人)	当年教职工数(人)	中心校校址
	班级数	其中复式班			
安文镇中心小学	43	2	1931	95	安文镇文明街 19 号
新渥镇中心小学	28	—	977	63	新渥镇新渥村
冷水镇中心小学	22	—	644	31	冷水镇冷水村
仁川镇中心小学	25	3	859	44	仁川镇黄余田村
尖山镇中心小学	23	2	792	47	尖山镇尖山村
玉山镇中心小学	34	1	929	56	玉山镇岭口村
尚湖镇中心小学	30	4	974	55	尚湖镇尚湖村
大盘镇中心小学	11	—	406	23	大盘镇学田村
方前镇中心小学	21	3	703	38	方前镇方前村
深泽乡中心小学	22	—	933	51	深泽乡深四村
双峰乡中心小学	11	—	348	20	双峰乡大皿村
墨林乡中心校	5	1	81	11	墨林乡墨林村
窈川乡中心校	6	—	218	12	窈川乡窈川村
双溪乡中心小学	11	1	364	28	双溪乡史姆村
万苍乡中心小学	19	3	499	34	万苍乡雅庄村
胡宅中心校	18	—	552	29	胡宅乡胡宅村
九和中心校	10	—	303	21	九和乡南坑村
盘峰乡中心小学	8	—	206	17	盘峰乡樟村
维新乡中心小学	6	—	151	13	维新乡丁埠头村
高二乡中心小学	7	1	170	15	高二乡大柘坑村
磐安县实验小学	23	—	1167	74	安文镇下园畈

表 4—17　　2005 年磐安县小学名录

学校名称	创办时间	所在地址	班级数(个)	学生数(人)	教职工数(人)
县实验小学	1994 年	安文镇下园畈	44	2131	109
安文镇中心小学	1904 年	安文镇文明街 19 号	34	1777	87
深泽乡中心小学	1924 年	深泽乡深四村	16	823	42
新渥镇中心小学	1874 年	新渥镇新渥村	18	937	52
冷水镇中心小学	1868 年	冷水镇冷水村	12	477	24
仁川镇中心小学	1862 年	仁川镇黄余田	12	548	31
双峰乡中心小学	1911 年	双峰乡大皿村	11	305	17
双溪乡中心小学	1942 年	双溪乡史姆村	10	336	23
窈川乡中心小学	1913 年	窈川乡窈川村	6	183	10

续表 4—17

学校名称	创办时间	所在地址	班级数(个)	学生数(人)	教职工数(人)
玉山镇中心小学	1691 年	玉山镇岭口村	13	550	29
尖山镇中心小学	1915 年	尖山镇尖山村	21	838	44
尚湖镇中心小学	1904 年	尚湖镇尚湖村	24	1025	53
胡宅乡中心小学	1917 年	胡宅乡胡宅村	12	404	23
万苍乡中心小学	1914 年	万苍乡雅庄村	12	464	30
九和乡中心小学	1950 年	九和乡南坑村	8	265	20
大盘镇中心小学	1929 年	大盘镇学田村	10	414	23
方前镇中心小学	1923 年	方前镇方前村	14	595	29
盘峰乡中心小学	1905 年	盘峰乡樟村	6	138	12
维新乡中心小学	1950 年	维新乡丁埠头村	6	105	12
高二乡中心小学	1937 年	大柘坑村高二乡	6	125	11
深泽乡后力小学	1912 年	深泽乡后力村	6	101	6
新渥镇双溪小学	1911 年	新渥镇金山村	4	80	6
冷水镇白岩小学	1936 年	冷水镇白岩村	5	101	6
仁川镇方山小学	1926 年	仁川镇方山村	6	142	5
仁川镇天网小学	1938 年	仁川镇平象村	6	78	5
玉山镇玉峰小学	1916 年	玉山镇浮牌村	9	297	18
玉山镇林宅小学	1910 年	玉山镇林宅村	4	52	4
胡宅乡前山小学	1958 年	胡宅乡前山村	6	138	6

表 4—18　　2015 年磐安县小学名录

学校名称	创办时间	所在地址	班级数(个)	学生数(人)	教职工数(人)	学校标识码
县实验小学	1994 年	安文镇下园畈	50	2389	115	2133002401
安文小学	1904 年	安文镇文明街	44	1994	102	2133002598
深泽乡中心小学	1924 年	深泽乡深四村	29	1141	51	2133002725
新渥镇中心小学	1874 年	新渥镇新渥村	24	1022	51	2133003675
冷水镇中心学校	1868 年	冷水镇冷水村	13	512	49	3133004914
仁川镇中心小学	1862 年	仁川镇黄余田村	13	532	31	2133002622
双峰乡中心小学	1911 年	双峰乡大皿村	6	153	11	2133002727
双溪乡中心小学	1942 年	双溪乡史姆村	6	172	13	2133002738
窈川乡中心小学	1913 年	窈川乡窈川村	6	89	11	2133003329
玉山镇中心小学	1691 年	玉山镇岭口村	12	454	31	2133002626
尖山镇中心小学	1915 年	尖山镇尖山村	31	1379	66	2133002625
尚湖镇中心小学	1904 年	尚湖镇尚湖村	24	962	53	2133002628
胡宅乡中心小学	1917 年	胡宅乡胡宅村	6	175	14	2133002746

续表 4—18

学校名称	创办时间	所在地址	班级数(个)	学生数(人)	教职工数(人)	学校标识码
万苍乡中心小学	1914 年	万苍乡雅庄村	10	312	20	2133002743
九和乡中心小学	1950 年	九和乡南坑村	6	128	11	2133002747
大盘镇中心小学	1929 年	大盘镇学田村	12	373	30	2133002721
方前镇中心学校	1923 年	方前镇方前村	9	274	32	3133004921
玉峰教学点	1916 年	玉山镇浮牌村	6	148	10	2133002988
文溪小学	2014 年	安文镇新元路	12	511	40	—

表 4—19　　1990～2015 年磐安县全日制小学统计表

年份	学校数(所)	班级数(个)	入学率(%)	学生数(人)			教职工数(人)	
				在校学生数	招生数	毕业生数	合计	其中：专任教师
1990 年	374	736	99.25	18451	2629	3811	773	681
1991 年	346	701	99.2	16620	2010	3757	772	674
1992 年	230	550	99.5	15211	2082	3474	751	649
1993 年	232	546	99.52	14122	2501	3559	770	651
1994 年	226	516	99.72	12894	2832	4008	762	624
1995 年	212	495	99.87	12361	2446	2979	815	723
1996 年	205	488	99.87	12534	2485	2280	779	663
1997 年	194	482	99.91	12969	2593	2169	791	676
1998 年	121	422	99.92	12629	2194	2501	797	680
1999 年	84	416	99.93	13430	3607	2811	794	660
2000 年	74	400	99.94	13296	2354	2479	800	667
2001 年	61	383	99.99	13207	2394	2506	777	642
2002 年	50	362	99.99	13033	2441	2584	769	637
2003 年	33	342	99.98	13051	2319	2247	753	617
2004 年	33	349	100	13400	2066	1696	748	611
2005 年	28	341	100	13429	1899	1858	734	615
2006 年	21	321	100	13120	2043	2314	726	606
2007 年	18	300	100	12863	2019	2397	707	605
2008 年	18	295	100	12506	2064	2463	706	628
2009 年	18	290	100	12324	2146	2341	696	626
2010 年	18	290	100	12511	2168	2048	683	614
2011 年	18	292	100	12862	2243	1951	629	616
2012 年	15	293	100	12779	1997	2109	638	632

续表 4—19

年　份	学校数(所)	班级数(个)	入学率(%)	学生数(人)			教职工数(人)	
				在　校学生数	招生数	毕业生数	合　计	其中：专任教师
2013 年	15	292	100	12591	1894	2040	668	631
2014 年	16	299	100	12349	1861	2089	651	625
2015 年	16	307	100	12209	1885	2155	665	637

第二节　学校管理

20 世纪 80 年代末到 90 年代初，磐安县的三个区域教办分别代表县教育主管部门，对所属乡镇学校实行行政与业务管理。一个乡镇有多所完小和村校期间，乡镇内的教师调动由中心学校提出初步意见，报乡镇党委、政府研究审批。有民办教师期间，民转公等考核结果报乡政党委、政府同意后，上报教育行政部门。完全小学校长与村校负责人由中心小学校长提名、乡镇政府任命。村校教师归口完全小学管理。

乡镇中心小学负责全乡镇小学的教育教学管理工作。各中心小学设有教导处、总务处以及少先队等机构。教导处负责学校日常教学管理，包括书本发放、课程表时间表的编排、期中考试期末考试的组织等教学业务；总务处提供后勤服务，包括师生在校的饮食起居、学校建设以及财产管理等；少先队负责学生的思想、安全、卫生以及四项竞赛等工作。全县规模较大的中心小学(如新渥镇中心小学)可设校长行政办公室，规模小的中心小学不设校长行政办公室，由校长指定一名课任教师兼管办公室工作，或者校长本人监管办公室事务。

乡镇中心小学对完全小学与村校的教育教学管理，一般采用以下几种方式：

1. 中心学校校长、教导主任不定期到所属完小、村校检查教学工作，听教师上课，检查教师的备课笔记，了解村校教师的作业批改情况。

2. 每周末召集全乡镇教师集中学习，学习的内容为党报党刊重要社论或者上级有关文件，并布置下一阶段或下一周的主要工作。中心小学内部以及各完小有周前例会制度，一般在周一晚上召开，全体教职工参加。会议的内容以布置一周工作为主。在月份交替的周前会议时，以 A、B、C 形式对教职工进行月考核。

3. 期中、期末进行教学成绩抽测或者统一考试、统一评卷。

4. 每年年底组织先进工作者评比。

全面实行校长负责制后，校长成为学校的法人代表，对学校教育、教学、人事、财务等实行统一领导，全面负责，并通过校务委员会行使决策指挥权；学校党组织对学校行政的重大事项参与决策，行使监督和保证；教代会作为全体教职工的群众性组织，在学校党组织的领导下，以“主人翁”身份参与学校管理，行使民主管理和民主监督。

学校每年年终召开一次教代会，校长报告年度总结和新年度工作计划，后勤报告财务预结算报告，接受教职工监督。学年结束，召开民主评议会，对校长、副校长以及中层干部进行评议。

1998 年 5 月，城区小学开始设立教育科学研究室，负责学校的教育科学研究工作，其后较大规模的乡镇中心小学相继设立教科室。2010 年前,各科室负责人均采用任命制。2010 年开始,部分学校采用岗位竞聘制。2010 年前,城区小学中层由教育局任命,2010 年开始,城区小学中层由学校任命。

20 世纪 90 年代中期,中心小学一般与乡镇初中联合成立教育党支部,中后期,中小学党支部独立设置,校党支部书记大多由校长兼任,个别学校设立党支部副书记。规模较大的城区学校单独设立党支部书记。

2005 年 24 个班级及以上的学校机构系统示意图

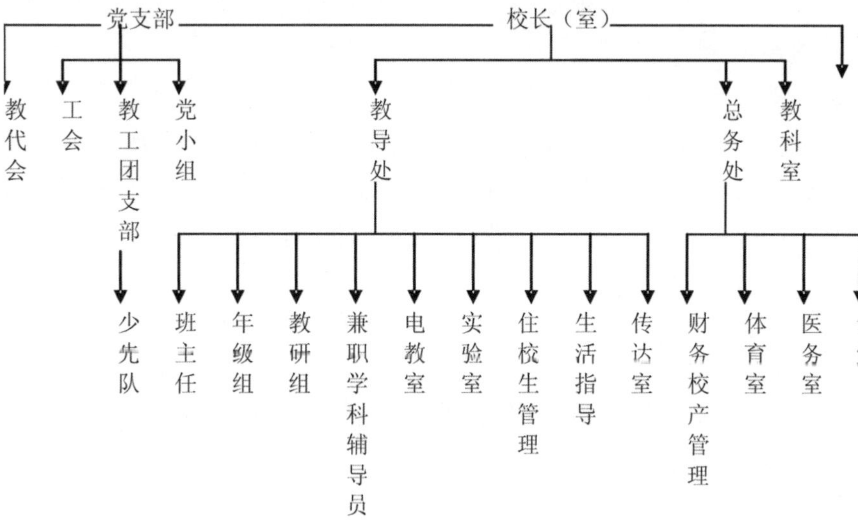

2015 年磐安县安文小学学校管理网络示意图

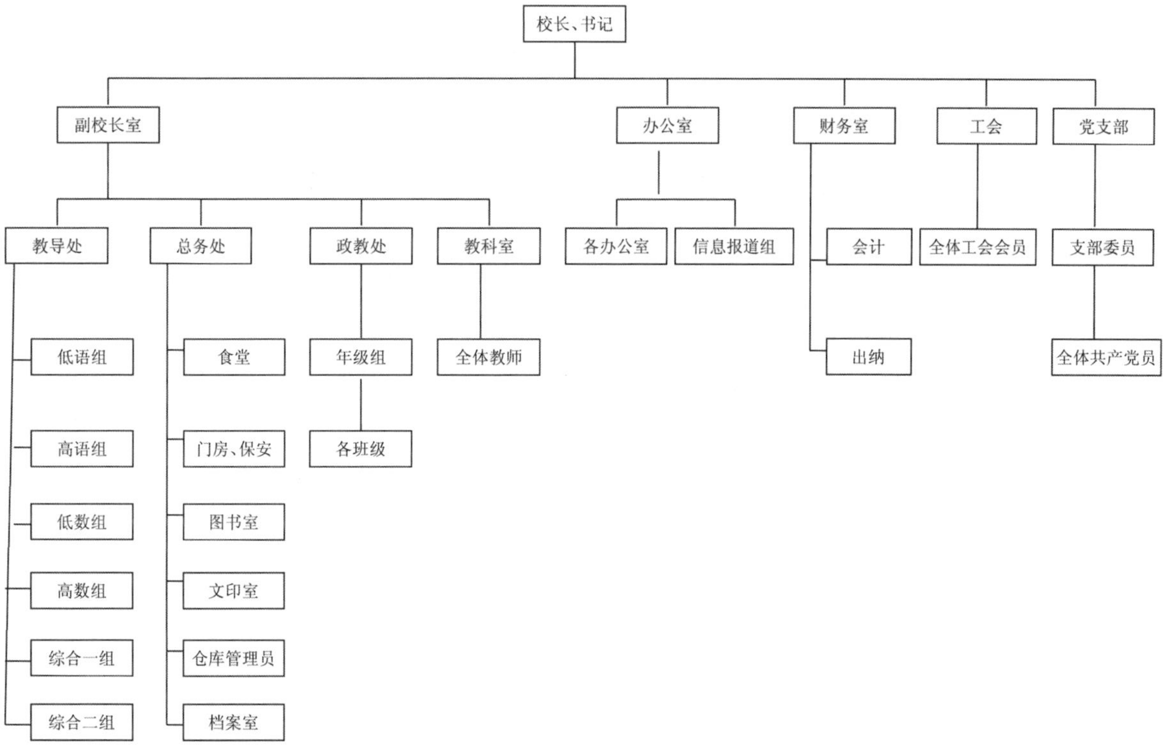

第三节 规章制度

规章制度是学校有序运作的保证,是教育教学的基础。各学校在执行国家教育法规、上级教育主管部门制定的系列规章制度外,还根据管理需要,制定各自学校的章程、制度,依制度管理学校。

县实验小学制定一系列比较完善的规章制度,其中“综合制度”13 项,“德育管理制度”15 项,“教学管理制度”10 项,“后勤管理制度”10 项,“寄宿制管理制度”6 项,“安全管理制度”3 项,“学生活动管理制度”2 项,共计 59 项。其中,“综合制度”具有共性,可以为其他小学参照。以下是该校各类制度以及部分制度的具体内容。

一、磐安县实验小学各项规章制度

综合制度有磐安县实验小学章程、教职工代表大会制、教职工聘任制条例、教职工学年(年度)考核办法、奖励性绩效工资分配方案、考勤制度、作风和效能建设考核办法、党(行)风廉政建设实施意见、党员组织生活制度、校务公开制度、校务监督委员会建设工作方案、家长委员会章程、校务班子岗位职责,以及科室工作职责等。

德育管理制度有实验小学各年级养成目标、实验小学年级管理制度方案(试行稿)、班主任工作职责、班主任一日常规、班主任工作学期考核办法、“红星班级达标制”创建活动方案、特色班级创建方案、值周领导职责、值日教师职责、副班主任工作职责、卫生包干区职责、师生一日常规细则、低段“星级学生”评价办法以及高段星级学生评价办法等。

教学管理制度有课堂教学的常规要求、高段语文学科教学规范操作建议、低语教学规范操作建议、小学数学学科教学规范、小学英语课堂教学常规、作业批改操作性建议(解读稿)、学科教研组长职责、备课组长职责、教师业务工作实施意见以及“时晓·承风”书画文学部落章程等。

后勤管理制度有校产管理制度、财务管理制度、差旅费报销规定、食堂管理制度、食堂工作监督小组职责、学生就餐管理制度、教职工食堂就餐制度、卫生保洁员职责,以及家庭经济贫困学生申请困难补助实施办法等。

寄宿制管理制度有寄宿制管理实施方案、生活管理教师考核实施细则、生活管理组大组长职责、生活管理组小组长职责、生活管理教师职责以及创建“星级寄宿班”“文明寝室”活动实施方案等。

另有安全工作责任制和责任追究制、安全教育网格化管理实施方案、保安人员工作职责等安全管理制度,以及“跑操”“大课间”实施方案、实验小学“小星星舞台”展演制度等学生活动管理制度。

二、磐安县实验小学具体规章制度列举

例 1:

磐安县实验小学章程

(2015 年 12 月 10 日第七届四次教职工代表大会审议通过)

序　言

磐安县实验小学是一所寄宿制学校,创办于 1994 年,地处安文镇,隶属教育局。学校原址位于县

城壶厅路一号，2005 年 9 月，实验小学与南园小学、墨林乡中心校、云山小学四校合并，迁址至县城南园路 88 号。现有教学班 49 个，学生 2400 余人，教职工 200 余人。校园占地 80 余亩，有教学大楼、科技大楼、行政图书大楼、学生公寓、餐厅大楼和 400 米环形跑道田径场等设施，建有录播教室一个，每个教室配备电子白板教学系统，校园网、校园办公平台使用常规化，各类设施设备先进齐全。

第一章　总　　则

第一条　为适应现代教育发展需要，贯彻国家教育方针，深化教育改革，保障学校依法自主管理，保障学生与教职工合法权益，全面提高办学品质，根据《中华人民共和国教育法》《中华人民共和国教师法》《中华人民共和国义务教育法》《中华人民共和国未成年人保护法》等法律、法规、规章和规范性文件，制定本章程。

第二条　学校全称：浙江省实验小学，英文表述为 Zhejiang Pan'an Experimental Primary School。住所地址：浙江省安文镇南园路 88 号。邮政编码为：322300，网址：http://www.zjpasx.com/

第三条　学校是一所实施六年制小学教育的全日制公办教育机构，具有法人资格，独立承担民事责任。

第四条　学校面向政府规定的教育服务区域招生，招生对象为符合条件的适龄儿童。招生规模以教育局核定的班级数为准。

第二章　办学理念与学校文化

第五条　办学宗旨：用爱心和智慧为学生健康成长奠基

第六条　办学目标：传承“用爱心和智慧为学生健康成长奠基”的办学理念，追求现代化、高质量的办学品质，彰显特色，突出示范功能。

第六条　培养目标：学校以“四个学会”——学会学习、学会健身、学会做人、学会创造为具体培养目标，让孩子们学有所乐，学有所长，使之成为具有“诚信友善、勤学高雅”儒雅风范的学生。

第七条　学校校训为“团结协作 勤奋乐学 开拓求实”；校风为“规范进取 信任乐观”；教风为“博学厚德敬业包容”；学风为“诚信友善 勤学高雅”。

第八条　学校标识

校名、校徽

磐安县实验小学
Pan'an Xian Shi yan Xiao xue

校歌为《升起明天的太阳》

第九条　学校按照依法治校、规范办学、自主发展的要求，定期制订三年发展规划，并形成和健全自评机制，促进学校可持续发展。

第三章　管理体制

第十条　学校实行校长负责制，校长是学校法定代表人，组织领导学校教职工贯彻执行党和国家的教育方针、政策，国家的法律、法规、规章，以及教育行政部门的指示、规定，全面提高教育质量。副校长协助校长做好分管工作。

校长享有以下权利：

(一)决策权。校长有权根据党和国家的方针、政策和上级指令，在听取各方面意见基础上，经班子例会讨论研究，对学校的重大问题行使集体意见决策权。

(二)人事权。校长按有关规定权限和程序，有权对中层干部进行任免或采用竞聘方法；根据学校实际，有权对教职工聘任、解聘、分工与管理。

(三)财务权。对国家拨给的办公经费等，学校实行“统一领导，统一管理、分管负责”的财务财产管理制度，学校的财务活动和财产在校长的领导下，由总务处依法管理。

(四)奖惩权。根据对教职工的综合评价情况，或在教育教学工作和其他工作中有突出贡献的干部和教职工进行奖励。对有重大问题和违纪的教职工，在综合党组织和校务委员会、教职工代表大会的意见后，按有关规定进行处理。

(五)课程管理权。校长对学校课程规划、校本课程的开发与实施等，具有审议、决策、监控和督导权。

第十一条 校长主要职责：

(一)组织起草学校章程、发展规划，并负责组织实施；

(二)组织制定规章制度、工作计划，并负责组织实施、检查和评价；

(三)执行上级教育行政部门的决定和指示；

(四)领导学校各职能部门及常设机构，完善岗位设置，维护学校秩序；

(五)负责学校日常事务管理，主持校务会议审议重大事项并作出决策；

(六)负责学校教育教学工作，大力推进素质教育；

(七)负责教职工队伍建设，促进教职工全面发展；

(八)负责学校财务、基建及重要设施设备购置的审批；

(九)负责学校安全工作；

(十)组织协调学校与政府、社区、家庭等方面的关系，为学校创造良好的育人环境。

第十二条 学校成立党支部，设书记及支部委员会，全面负责党务工作。学校依靠党组织，充分发挥工会、教职工(代表)大会、共青团、学生会等组织的作用。党支部的工作职能：

(一)保证党的基本路线、教育方针、政策法规在学校的全面贯彻执行，发挥党支部的政治核心、监督保证和先锋模范作用。

(二)加强党的思想建设、组织建设和作风建设。认真组织党员学习党的基本路线方针、政策和邓小平理论，不断提高党员的政治素质。

(三)做好全体教职工的思想政治工作，定期组织政治学习，开展组织活动，提高教职工的政治思想觉悟和道德水平。

(四)对学校的发展规划、学年、学期工作计划，重大政策方案、重要工作和人事安排等认真研究、讨论，参与决策，保证计划的顺利实施。

(五)对领导干部发挥管理、教育与监督作用，讨论校长对中层干部人选的提名，并按干部管理程序上报上级主管部门审批或备案。

(六)组织领导教职工代表大会，支持和保证教代会在民主管理和民主监督中正确行使权力和履行义务。

(七)组织领导学校工会、共青团、少先队开展创造性的工作。

第十三条 党支部监督程序:支部书记根据工作需要和委员提议确定支部委员会议的议题。充分地听取意见,会前与班子相关成员沟通酝酿。组织召开支委会会议。党支部根据会议决定向承办部门或人员交付实施。承办部门应将承办情况及时报告党支部,决策执行过程中若需对决策进行重大调整和变更,应由支部委员会议复议后决定。

第十四条 学校建立健全重大事项决策制度,学校重大问题由校务会议决策。校务会议成员为正副校长、党支部正副书记和工会主席及各职能部门成员等,会议由校长主持。重大问题决策要贯彻民主集中制原则,会前个别酝酿,会上充分讨论,民主集中,校长决策。根据管理权限,须报上级有关部门批准的重大问题应按规定程序报批后方可实施。

第十五条 学校根据办学实际需要,建立由行政、教师、家长代表等参加的校务监督委员会,参与制定、审议学校章程、发展规划和其他规章制度、人事与财务方案等重大事项。

第十六条 校务监督委员会对重大校务、财务、工程建设、重大事项及其他事项进行监督。

第十七条 学校建立以教师为主体的教职工(代表)大会制度,定期召开教职工代表大会,保障教职工参与学校民主管理和进行民主监督。凡属教职工(代表)大会职权范围的事项,都应提交教职工(代表)大会审议。教职工代表大会每届任期3年,每学年至少召开1次会议,每次会议必须有三分之二以上的代表出席方为有效,进行选举和表决,须经全体教职工代表的半数以上通过方为有效。

教代会的职权如下:

(一)审议建议权。听取学校章程草案的制定和修订情况报告,提出修改意见和建议;听取学校发展规划、教职工队伍建设、教育教学改革、校园建设以及其他重大改革和重大问题解决方案的报告,提出意见和建议;听取学校年度工作、财务工作、校务公开工作、教代会工作,以及其他专项工作报告,提出意见和建议。审议学校上一届(次)教代会提案办理情况报告。

(二)审议通过权。审议通过学校提出的与教职工利益直接相关的福利、校内分配实施方案以及相应的教职工聘任、考核、奖惩办法;审议通过其他涉及教职工切身利益的重要政策和改革方案;讨论法律法规规章规定的以及学校与工会商定的其他事项。

(三)评议监督权。按照有关规定和安排,在学校党组织领导下民主评议学校领导干部;通过多种方式对学校工作提出意见和建议,监督学校章程、规章制度和决策的落实,提出整改意见和建议。

学校工会作为教职工(代表)大会的工作机构,依法保障学校民主管理、民主监督的落实,维护教职工的合法权益。

第十八条 校长、书记、副校长由上级教育行政主管部门任免。学校按上级批复编制设置校长、副校长、主任、副主任、少先队辅导员、教师及其他工作人员。设置办公室、学生处、教务处、教科室、总务处等职能部门,分别承担相应的管理职能。

(一)办公室:协助校长协调各处室之间的工作,负责校务委员会、教师会议记录,考勤、档案、对内对外宣传,学校各类创建考核,收、制、发文件等工作。

(二)学生处:负责学生日常行为规范管理、思想教育工作,班主任队伍建设及考核、少先队工作、全校性学生活动等工作。

(三)教务处:负责基础课程和拓展课程工作的组织、实施、督查考核工作及教务日常管理工作。

(四)教科室:负责做好校本课程开发和使用、教师业务发展、教育科研、校报校刊等工作。

(五)总务处:负责做好校舍、财产、财务、食品卫生等后勤保障工作。

第十九条 学校建立健全信息公开制度。学校实行校务公开,切实保障教职工的知情权、参与权和监督权;同时向社会公开学校相关信息,以适当方式为学生及其家长了解学生的学业成绩及其他有关情况提供便利,接受社会、家长的监督。

第二十条 学校建立健全档案管理制度。学校建立档案室,加强档案资料的建设和管理。各职能部门做好各类资料的收集、整理和归档工作。学校建立校史室,重视教育历史物证遗存保护,发掘和弘扬校本优秀文化传统。

第二十一条 学校建立健全校内权益救济制度,保障学生和教职工的合法权益。

学校建立健全校内申诉制度。分别成立校内学生申诉处理委员会和校内教师申诉处理委员会,明确受理学生和教师申诉的部门和程序。

学校建立健全争议调解机制。通过劳动(人事)争议调解委员会,就教职工与学校的劳动(人事)争议进行调解;通过人民调解委员会,就学生、教职工、学校间的民事纠纷进行调解。

第二十二条 学校建立健全平安校园制度,制定校园安全应急预案,定期开展安全教育,组织安全演练,加强校舍、交通、消防、饮食卫生、健康、周边环境治安,以及教育教学安全管理,防范安全事故发生。

学校按照国家有关规定投保学生意外伤害校方责任险。鼓励学生自愿参加人身意外伤害保险。发生校园意外伤害事故,立即启动相关应急预案,及时救助受伤害学生,并依法进行善后处理。

第二十三条 学校接受政府以及教育、财政、物价和审计等管理部门的监督,接受社会、家长的监督,听取社会各界对学校工作的意见和建议。

第四章 教育教学管理

第二十四条 学校建立健全年级组、教研组、备课组等教育教学基层管理组织。

年级组是学校管理的基层行政组织,年级组长全面主持本年级教育教学工作。年级组长根据年级组长职责制订本年级工作计划,组织、协调本年级教育、教学活动,组织学生参加校内外有关的竞赛活动,处理本年级常规事务及偶发事件,重大问题及时向校长室报告。

教研组是学校开展教科研活动的基础组织。教研组长根据教研组长职责制订教研计划,确立教研课题,组织组内教研活动,做好教学常规的检查督促工作。

备课组是教研组领导下的落实学校工作的基层组织。备课组长根据职责制订教学计划,抓好本年级学科的备课工作,提高教学质量。

第二十五条 学校贯彻国家课程、地方课程和校本课程三级管理体制,认真执行国家和地方课程计划,积极开发校本课程,形成学校特色课程体系。学校选用国家或省级教材审查委员会审定通过的教材和课程辅助资源。学校按照课程设置标准实施教育教学,确保开齐课程,开足课时。

建立课程教学资源管理制度。在课程实践中开发与积累课程资源,以及教学设计、课件、课例、习题、教学研究案例等教学资源,建立资源的积累与利用的工作机制与技术平台。

第二十六条 学校采用班级授课制,按课程计划开齐课程,开足课时,并切实按照课程计划安排各学科课程的教学。

学校建立定期检查与随机抽查相结合的教学检查制度,努力提升教师的专业水平。

学校建立教学质量监控调研制度,关注常态课堂的质量。

丰富学生校园生活，合理安排晨间锻炼、午间休息、课后活动和晚间兴趣拓展等活动内容。科学合理设置各科作业，严格控制作业量。禁止利用节假日为学生补课和举办任何形式的文化课补习班。

各门课程的学业评价坚持体现课程性质。学校建立学科过程性评价机制，引导学生健康和谐地发展，促进教师改进教学行为。

第二十七条　学校坚持“校长负责，教职工实施”的全员德育原则，贯彻落实《未成年人思想道德的建设》，构建德育目标体系，健全德育管理机制，建立学校、家庭、社会三结合的育人网络，优化德育活动过程。

学校加强以树立社会主义民主法治、自由平等、公平正义理念为目标的公民意识教育，积极引导学生理解并正确地行使权利，依法维护自身合法权益，并尊重他人权利，履行相应义务，增强社会责任感。

积极发挥少先队的德育功能，参与学校管理活动，有计划地组织学生开展适合学生发展的年级主题活动、综合实践活动、传统节日及队文化活动，充分发挥广播、黑板报、宣传橱窗等队文化阵地的宣传教育作用。

坚持正确的德育工作原则和方法，从学生的年龄特点和思想实际出发，以正面教育、启发引导、表扬鼓励为主，定期对学生进行法制、安全、心理健康等教育，防止各类意外事故发生。

第二十八条　班级是学校教育教学工作最基层的组织单位，班主任是班集体的组织者和管理者，做好对学生学习、生活方面的指导，培养学生良好的品德和能力。班级管理开展“红星班级达标制”创建活动。

第二十九条　学校传承书法教育、书香校园等特色课程文化，突出“书浸、墨染、球健、艺陶”全面发展的办学思路，每年定期开展并不断完善“两节一周”（读书节、书画节、六一快乐周）。立足于课堂、并延伸至课外，促进学生全面发展，提高学生在艺术、文学、体育、科技、生活能力等方面的修养。组织学生参与学校及各级各类的表演、竞赛、交流等活动，使学生们学有所乐、学有所长、学有所展。

第五章　学生管理

第三十条　凡被本校录取或转入本校学习的学生即取得本校学籍。学校按照省、市有关学生学籍管理的规定实行学籍管理，健全学籍档案，严格转学、休学、复学等手续程序。

第三十一条　学生享有下列权利：

（一）参与学校组织的各种教育教学活动，使用学校提供的教育教学资源；

（二）参与学校、班级管理，评议学校工作和教师的教育教学工作；

（三）按照国家有关规定获得奖学金、助学金；

（四）在品行和学业成绩上获得公正评价，完成规定的学业后获得相应的学业证书；

（五）对学校给予的处分或处理有异议，对学校、教职工侵犯其受教育权、人身权、财产权等合法权益的行为，依法提出申诉或提起诉讼；

（六）法律法规规定的其他权利。

第三十二条　学生应当履行下列义务：

（一）遵守法律法规，遵守《中小学生守则》，遵守学校章程及规章制度，遵守公共秩序和学生行为规范要求；

（二）尊师爱校，团结同学，参加集体活动，促进身心健康，养成良好品行；

(三)努力学习,完成规定的学习任务;

(四)承担在学生自治活动中当选职务的相应职责;

(五)爱护学校提供的教育教学资源;

(六)法律法规规定的其他义务。

第三十三条 学校为每一位学生建立成长手册,对学生实施综合素质评定,促进学生全面发展。成立各级评价小组,通过自评、互评、班评及校评,最终产生结果。评价中力求公开、公平、公正、规范地做好综合素质评定工作,激励和引导学生不断进取,有效地促进学生全面发展。每学期评价结果记入学生本人档案。

第三十四条 学校对德智体美诸方面均表现突出、在某方面有突出成绩或进步显著的学生,予以表彰和奖励,并记入学生本人档案。

学校对违反校纪校规的学生予以批评教育,并对情节严重者给予相应处分。

第三十五条 学校成立膳管会,实行三餐统一管理,做到合理搭配,营养平衡,满足学生生长发育的需要。学校配备保育教师,负责学生晚间管理和晨间锻炼及生活指导工作。

第三十六条 学生资助

学校对符合入学条件而家庭经济困难的学生,通过寄宿费部分减免、教育券等形式提供资助。

第三十七条 学生自治

学校建立少先队大队部,保障学生自主管理和学生合法权益。少先队大队部组成人员一般通过竞选产生。

第三十八条 为保障学生在校期间的合法权益,学校及教职工应当做到:

(一)平等对待学生。关注学生个体差异,因材施教,促进学生充分发展。不得歧视学生。

(二)尊重学生人格。不得对学生实施体罚、变相体罚或者其他侮辱人格尊严的行为,严禁用讽刺、威吓等方式给学生心理造成伤害。

(三)尊重学生隐私。保护学生个人信息,未经学生及其监护人同意,不得随意使用、披露学生个人隐私。

(四)不得非法收缴学生财物。为保护学生安全、保障校园秩序,可以对学生违纪的相关物品采取必要措施予以处理,但应及时与监护人联系。

(五)不得随意处分学生。处分学生应当依据法律法规及省、市教育行政部门有关学生学籍管理的规定,听取学生及其监护人的意见,并举行听证。

第六章　教职工管理

第三十九条 学校执行国家教师资格制度、公开招聘制度和教师专业技术职务评聘制度,依法实行学校用人制度。对聘用人员实行岗位管理和绩效工资制度。

第四十条 教师享有下列权利:

(一)开展教育教学活动,从事教育教学改革和实验;

(二)参加教育教学科研、学术交流,加入专业学术团体,在学术活动中充分发表意见;

(三)指导学生学习和发展,评定学生品行和学业成绩;

(四)按时获取工资报酬,享受国家规定的福利待遇以及寒暑假的带薪休假;

(五)通过教职工(代表)大会或其他形式参与学校管理,对学校工作提出意见和建议;对学校重大

事项有知情权;对不公正待遇或处分有申诉权;

(六)使用学校设施设备、图书音像资料及其他教育教学用品;

(七)参加进修或者其他方式的培训;

(八)法律法规规定的其他权利。

第四十一条 教师应当履行下列义务:

(一)遵守法律法规、职业道德规范、学校章程及规章制度,为人师表,忠诚于人民教育事业,自觉抵制任何形式的有偿家教;

(二)贯彻国家教育方针,执行学校工作计划,履行教师聘约和岗位职责,完成教育教学工作任务;

(三)对学生进行思想品德教育以及文化知识教育,组织、带领学生开展有益的社会活动;

(四)弘扬爱心与责任感,关心、爱护全体学生,尊重学生人格,促进学生在德、智、体、美等方面的全面发展;

(五)制止有害于学生的行为或者其他侵犯学生合法权利的行为,批评和抵制有害于学生健康成长的现象;

(六)确立以生为本理念,终身学习,与时俱进,不断提升育人水平。

第四十二条 学校职工按照合同履行岗位职责,学校依法保障其合法权益。

第四十三条 学校制定教师专业发展、师训计划,鼓励和支持教师参与学术研究、考察交流和进修培训,促进教师专业成长。

第四十四条 学校保证教职工工资、保险、福利待遇按照国家有关规定执行,逐步改善教职工的工作条件和生活条件,帮助解决教职工遇到的实际困难。

第四十五条 学校建立健全班主任选配、聘任、培训、考核、评优等制度,切实加强班主任队伍建设,提升敬业精神、教育理念和业务能力。

教师应当遵照《中小学班主任工作规定》,履行职责,完成任务,享受相应待遇与权利。

第四十六条 学校建立教职工业务档案,每年对教职工的职业道德、工作能力、工作态度和工作绩效进行考核,考核结果作为续聘、转岗、解聘、晋升工资、实施奖惩等的依据。

学校将师德表现作为教师考核、职务评聘、进修深造和评优评先等的首要内容。

第四十七条 学校对在教育教学、科研、管理服务等方面表现优异、业绩突出者予以表彰和奖励。

学校对违反校纪校规和合同,或在工作中造成失误和不良影响的教职工,视情节轻重,按照有关规定予以批评教育和惩处。

第七章 学校后勤与资产管理

第四十八条 学校具体经费来源包括财政拨款收入和其他收入等。

第四十九条 学校资产受法律保护,任何单位、个人不得侵占、私分和挪用。

学校对侵占校舍、场地、设施等资产的行为和侵犯学校名称权等无形资产的行为,应积极履行国有资产管理职责,依法追究侵权者的责任。

对学校财物造成损坏的应当依法赔偿,学校资产报废处置按上级有关部门要求进行,任何个人不得随意处置。

第五十条 学校建立健全财产、物资管理制度,建立账目,落实专人管理,定期清点,及时做好变更、增减手续。

学校向教职工和学生提供符合国家安全标准的教育教学设施设备，有计划地进行学校基本建设和维护修缮工作，并及时检查、维修，消除安全隐患。

学校加强对体育馆、图书室、实验室、计算机房等专业设施的管理，充分发挥教学设施、仪器设备、体育器材、图书音像资料的使用效益，防止设备设施的闲置和浪费。

第五十一条 学校如遇政府规划调整等不可抗拒因素而需要迁址、合并、分立或终止办学时，应当及时制订保护学校资产安全的方案，并依法进行资产清算。如遇其他不可抗力，学校资产安全受到危险时，应第一时间报上级相关部门，并进行有效的应急处置。

第五十二条 学校建立健全财务管理制度。学校财务工作在校长室领导下开展，实行民主管理和财务公开。

学校执行国家统一的会计制度，配备具有专业资格的会计人员，依法进行会计核算，建立健全内部会计监督制度，保证会计资料合法、真实、准确、完整。

学校依法向政府部门提出年度预算安排意见，经批准后执行，并接受上级教育行政部门和财政、税务、审计、纪检监察等相关职能部门的监督。

第五十三条 学校严格执行收费政策，规范收费行为，按照有关部门确定的项目和标准收费。各项收入按照有关规定实行收支两条线管理。

第五十四条 学校依法接受社会各界的捐赠，建立健全受赠财产的使用制度，加强对受赠财产的管理并接受社会监督。

第八章　学校与社会的关系

第五十五条 学校主动与社会、家庭联系沟通，加强学校、家庭、社会密切配合的育人体系建设，形成教育合力。

学校根据教育教学需要，聘请兼职教师和校外辅导员。

学校建立德育、科普、法制、社区等各类教育基地，定期组织开展校外教育活动。

第五十六条 学校遵循民主、公开、自愿的原则，组织家长选举成立家长委员会，设立校、班两级家长委员会。

家长委员会在学校的指导下履行参与学校管理、参与教育工作、沟通学校与家庭等职责，注重德育、学生安全健康、减轻学生课业负担、化解家校矛盾、促进学校发展等工作。

学校建立与家长委员的联席会议制度，通报学校发展规划及其进展、教育教学工作情况，听取家长委员会的意见和建议，取得支持和帮助。

第五十七条 学校依靠家长委员会办好家长学校，制定教学计划，定期开展活动，加强对家庭教育的指导。

学校建立教师与家长的日常联系机制。教师特别是班主任应密切联系家长，做好家访工作，家校合力，促进学生健康成长。

第五十八条 学校通过加强内部建设，树立良好的公共形象，在相应区域内发挥积极作用，服务于城市发展建设。

学校因需要有条件开放校内文化设施和体育场地。

学校依托社区，开发社区教育资源，开展社会实践活动，为学生创造服务社区和实践体验的机会。

第五十九条 学校依靠社区、公安、城管、交警、消防等共同开展校园及周边地区的综合治理工作，加强对身心行为偏差学生的教育，建设平安文明校园。

第六十条　学校开展校际互动合作，不断扩大对外交流，拓展教育视野，增加办学影响，提升办学水平。学校要创设条件开展国际教育合作与师生交流。

第九章　附　　则

第六十一条　学校建立健全本章程统领下的学校规章制度体系，涉及规章制度的立、改、废等均依照民主程序进行。

第六十二条　本章程经学校教职工(代表)大会审议、通过，并经教育局核准后实施。

第六十三条　本章程未尽事宜按照法律法规及上级规范性文件政策执行。如有抵触处，以法律、法规、规章及上级其他规范性文件为准。

第六十四条　本章程的修改需由校务委员会或1/3以上教职工(代表)大会代表提议方可进行，经教职工(代表)大会审议通过，校务委员会审定，报教育局核准后生效。

第六十五条　本章程由校务委员会负责解释。

例2：

磐安县实验小学教职工学年(年度)考核办法

(第七届五次教职工代表大会审议通过)

为了全面评价教职工的德、能、勤、绩，激励教职工爱岗敬业，认真履行职责，增强竞争意识，充分发挥自身潜能，为提高教育教学质量多作贡献，并为其晋升、聘任、奖惩提供客观依据。根据《磐安县中小学教职工考核办法》，结合本校实际制定本办法。

一、考核内容

1.师德　2.出勤　3.工作　4.实绩　5.教研

二、考核办法

(一)师德考核

1.遵纪守法，忠诚党的教育事业，遵守师德规范，教书育人，为人师表，具有良好的职业道德和社会公德。记基本分15分。

2.获全国、省、市、县荣誉称号分别另5、4、3、2分。

3.有下列情况之一，并造成不良影响者，经校务会讨论通过，酌情扣分1～15分，且在年度考核中不能评为优秀等第。

①有体罚学生行为。

②制造矛盾。

③工作不负责任。

④歧视差生。

⑤收受家长礼品者。

⑥言行不检点。

⑦旷工(旷课)两次及以上，或旷课(旷工)1天。

⑧其他违反师德行为。

4. 有下列情况之一者，实行一票否决，定为“不合格”，师德记0分。

①政治上，经济上犯有严重错误者。

②由于工作失职造成严重后果者。

③严重体罚学生行为者。

④有污辱摧残学生行为者。

⑤擅自外出兼课，或搞第二职业。

⑥泄露试题或在监考中作弊。

⑦违反计划生育政策者。

⑧无正当理由不服从工作调动和拒不承担组织分配任务者。

⑨有赌博行为者。

(二)出勤考核

1. 本学年坚持出满勤者，记基本分15分。

2. 下列情况酌情扣分：

①事假每天扣1分，一般病假每天扣0.2分，晚间会议活动请假作半天。

②不遵守作息时间，有迟到、早退现象，每次扣0.5分。

③会议、教研无故缺席每次扣2分。

④旷课每节扣5分，旷工每半天扣10分，旷工半天以上扣出勤分15分。

3. 长期病假者，出勤分以实际上班时间占出满勤者的百分比折算。

(三)工作考核

1. 教师应按“教学五认真”要求努力做好本职工作。备课、上课、批改、辅导、计划和总结，分五项由教务处组织检查，并评出等第，分项上等记5分，中等记4分，下等记1～3分。内容缺项的教师只记基本分(单项基本分为4分)。长期病假不超过3个月折半记分，超过3个月不记分。

2. 有下列情况之一者，每次扣1～3分。

①发现无教案上课，迟到课堂或提前下课。

②上课纪律混乱，或无特殊原因坐着上课，或中途随便离岗者。

③学生作业负担过重。

④不严肃执行教学计划，移用课时者。

⑤值周值日工作不负责，不到岗值勤，不完成检查任务者。

⑥生活管理教师值班时间离岗或在岗睡觉者，或未完成工作任务者。

⑦不及时处理偶发事件者。

⑧中层干部白天擅自离岗或工作拖拉，或工作出差错者。

⑨一学年内没有创建“达标班级”的班主任。

⑩其他违反课堂积极行为的。

(四)实绩考核

(一)过程管理考核与评价。(16分)

学科教师过程考核以课堂教学过程评价记录本为主要评价依据。

(1)过程评价学生记录本使用规范，记录详实。

(2)过程评价教师记录表记录详实。

(3)学生阶段性评价(如单元测试、阶段性技能检测)开展及时,记录详实。

较好完成三项任务的记16分。完成的特别好的可记17分。

(二)期末考核与评价。(24分)

1.语、数等统一组织定期与不定期相结合的教学质量过程检测。检测成绩以平均分为评价指标,超过年级平均分4分计25分,低于年级平均分4分的计20分,其他计24分。非统测科目学期考核记20分。

3.有下列情况可以加分:(最多加20分)。

①班主任教师根据工作成效记奖励分1～10分。

②一学年中,无安全责任问题,记奖励分2分。

③在县教育局教研室等上级部门组织的质量检测(过程检测、年段测试)中,成绩位居全县第一名,在学期(学年)考核中记奖励分1～5分。

④教师在学校重点工作中,或县市非竞赛活动中,为学校赢得声誉,经校务会议研究可记奖励分1～5分。

⑤教学后勤线教职工根据工作责任心、服务质量、工作满意度,经校务会研究可记奖励分1～5分。

⑥中层干部分管工作成效显著,获县、市、省嘉奖可分别记奖励分1～5分。

⑦参与城乡教育共同体乡镇支教的教师,支教当年的学期(学年)考核加5分。支教结束以后,该教师在学年考核中继续加1分/学年。

⑧教师承担校级教育教学讲座、经验交流,每次加3分。

(五)科研考核

1.公开教学。县级每次1分,市级每次5分,省级每次10分,听课达到规定节数2分,业务学习达标记2分。

2.科研论文。

(1)获奖发表或交流记分标准如下:(单位:分/篇)

级　　别	论　文　获　奖			发　　表	交　流	优　秀　教　案		
	一等奖	二等奖	三等奖	1000字以上		一等奖	二等奖	三等奖
全　　国	18	12	8	10	18	10	8	7
省　　级	10	8	6	8	10	7	6	4
市　　级	6	4	3	4	6	4	3	2
县　　级	3	2	1	2	3	2	1	0

②一篇论文、课例按最高档次记,不累计加分。

②规划办(教研室)立项课题研究成果按上表5倍记分,其他系列课题(小课题)立项课题获奖按上表2倍记分。规划课题结题但未能获奖的连同校级课题经校课题评审会认定记考核分3分、2分、1分。执笔人记50%,负责人为执笔人的50%,其他成员根据贡献大小由课题负责人决定记分,但不重

复记分。

③教师设计的练习题、学习记忆儿歌等在报纸杂志发表,按下列标准记分:

市级 0.1 分/篇,省级 0.2 分/篇,全国级 0.3 分/篇。

④教育类随笔 800 字以上:省级及以上包括《金华日报》每篇 1 分,市级其他报刊及县级每篇 0.5 分。

⑤开发校本课程:一般课程每门 3 分,精品课程每门 6 分。

(2)教师参加教育部门组织的业务竞赛。

①县级一、二、三等奖记 3、2、1 分,市、省级及以上分别以 2、3 倍记分。

②团体参赛由校务会决定视贡献大小酌情记分。

③微课:校资源库录用每课 1 分,省级录用每课 3 分。

④优课按同级二等奖计分。

(3)文学书画沙龙"星级社员",按《"时晓. 承风"文学书画部落章程》在学年考核中予以加分。

3. 辅导竞赛

指辅导学生参加教育部门组织的竞赛活动及作品发表。

①指导学生参加教育部门组织的竞赛活动,按获奖等第给指导师记分,学生个人获一、二、三等奖,县级记 2、1、0.5 分,市级 3、2、1 分,省级 6、5、4 分,全国级 10、8、6 分,名次取奖的按三分之一的比例折作等第。非现场比赛折半记分。(大面积得奖按五分之一记分)

②学生作品发表每篇县级 0.5 分,市级 1 分,省级 2 分,全国级 3 分。学生书画、摄影作品发表也按此标准记分。

③学生考级奖励,每人次 0.2 分。该小项奖励最高不超过 4 分。

④学校兴趣小组指导师以团体得奖等第为准,记分标准:县一、二、三等奖记 20、10、5 分,市、省、全国分别以 2、3、4 倍记分。负责人记 50%,其余 50%协助教师酌情分配。

⑤本款最高分记 30 分,超过 30 分的作 30 记。

三、奖励办法

1. 学年考核,按得分高低,分为优秀、称职两档。优秀按上级的规定比例 15%～25%,在得分较高、教学成绩优良(英、常、音、体、美、劳等学科的专职教师指导学生参加县级各项竞赛获团体一等奖)、职工岗位信任度测评达 85%的教师中评选。如发现教研组得分不平衡,确属机遇不均造成时,优秀确定应考虑各组的代表性,考核分低于 70 分者原则上定为不称职(长期病假者除外)。

2. 一年当中上班时间达不到 80%的教师不能评为优秀。

3. 低职高聘对象在考核优秀教师中产生(具体办法另定)。各类先进分子也基本以考核分为依据,适当考虑典型性和代表性。职评、晋升与考核分挂钩。

四、考核组织及具体分工

师德考核:校长室

教学实绩考核:副校长室　安全工作考核(含保卫人员):副校长室

后勤线工作考核(含炊事员):副校长室　生活管理教师考核:副校长室

出勤考核:教务处　教学工作考核:教务处　公开教学考核:教务处

班主任考核:学生处　辅导竞赛考核:学生处　科研论文考核:教科室

协助考核:正副主任及教研组长。

五、有关说明

1. 本制度为试行稿，解释权在校务会议，未尽事宜由考核组研究决定。

2. 生活管理教师工作考核按照《生活管理教师考核实施细则》执行。

例 3：

磐安县实验小学奖励性绩效工资分配方案

（磐安县实验小学 2015 年 12 月第七届五次教职工代表大会审议通过）

为保障教职工合法权益，进一步调动教职工的积极性和主动性，构建科学合理、公平公正、有激励机制的内部分配制度稳步推进绩效工资分配。依据《磐安县教育局关于义务教育学校教职工奖励性绩效工资分配的指导意见》《磐安县实验小学章程》有关规定，制定本方案。

一、分配原则

1. 坚持在其职，谋其事、负其责，受其利的原则。

2. 坚持“奖勤罚懒，奖优罚劣，多劳多得，多绩多得”的原则。

3. 坚持合理设岗，结合实际，科学定量，公平竞争。

4. 坚持民主集中制，个人服从组织，少数服从多数，局部服从整体。

5. 坚持经费使用合理合法，遵守财经纪律。

二、分配办法

1. 考勤奖

①满勤奖每月 100 元（每学期病假累计不超过 4 天，事假不超过 2 天的视为满勤。超过部分按每天 50 元扣除，达到上级行政部门规定天数的按有关规定执行）。

②晚间会议及活动请假作半天。

③旷工一次不享受当月考勤奖及工作量奖。

④无故迟到，每次扣 50 元。一个月迟到两次以上者，扣当月满勤奖及工作量奖。

⑤婚、丧、小产及函授视为出勤，超过规定天数作为事假。产假期间绩效工资按有关规定执行。

2. 工作量奖

①本校教师满工作量为 18 课时/周，满工作量奖每月 200 元。超课时或少课时由课时工资调节，每超 1 课时工资 4 元，代课每节 4 元。许多临时性工作人人都有责任和义务，不计课时提倡奉献精神。

②学校行政事务工作周课时折算标准：

书记（兼）2、校长 18、副校长（校长助理）15、工会主席 12、主任 10、副主任、少先队总辅导员、年级组长 8。校务助理、教研大组长、艺术团副团长、信息中心副主任、心理辅导员 5，档案管理员、广播电视演播室管理、多功能厅、学科教研小组长（备课组长）3，办公室负责人、团支书、女工主任 1。体育器材出借管理、音乐、美术器材管理 1。兼职岗位课时折算按工作性质、工作量由校务会确定。

图书管理员、教师（学生）阅览室、仪器管理员 8，教学服务人员、保育员、炊事员及因学校安排周课时不满 18 课时者，都按满工作量计算。

③课时折算:

语数:一至五年级1∶1.5,毕业班1∶1.6

英语、科学:1∶1.4　音乐、体育、美术、书法为1∶1.1

其他课程1∶1　早读1∶0.5

语数包班、两班语文加2课时/周,语文兼科学加1课时/周。

两班数学加1课时/周。

年满50周岁教师每周加3课时。(在实际工作量基础上累加)

④晨间锻炼指导,业务学习按实际课时计算。

⑤学校体育队按实际工作时间计算,节假日以奖代补。

⑥食堂职工早班、值日、值周补贴每天20元。

3.教育教学奖

(1)年度综合考核奖:按校教职工考核办法计算每学期考绩分,按总得分多少拉开档次发放考核奖,奖金视财力而定(长假、长期病假按出勤比例折算)。

(2)教学质量年段过关达标奖:按学校教学质量管理考核办法有关规定执行。

(3)教学质量过程检测优胜奖:凡是在县教育局、教研室等上级部门组织的质量检测(过程检测、年段检测)中,成绩居县第一名,发教学质量优秀奖300～3000元(具体金额视执教的教师数而定)。在检测中,因成绩不理想影响学校声誉,经校务会研究,视平时教学情况,可以扣除本学年的教学质量达标奖。

(4)县级重大竞赛活动优秀指导师奖。

①体育竞赛活动中,指导师节假日辅导实行以奖代补。在一年一度的田径运动会中,获得一个组别的县团体冠军,并且各个组别名次分合计居全县第一奖3800元;如果各个组别都获得冠军,再嘉奖1200元。其他单项体育竞赛,获全县第一获奖1200元;体育项目竞赛获市前6名奖600～1800元。

②在县艺术节中,指导的项目获县一等奖,奖给指导师600～1500元(视节目参赛人数及创编情况)。

③在其他学科竞赛(科技节)中,团体成绩居全县第一,奖给指导师200～1000元。

非艺术类的团体认定办法:非艺术类团体一等奖必须达到两个条件:

(1)一等奖的获奖人数超过同类学校

(2)一、二等奖的总人次超过同类学校

④参加县级以上的比赛中,团体获一等奖,市级2倍计奖,省级3倍计奖(获市级二等奖、省级二等奖均视为县一等奖)。如果同一个项目(节目)参加县级比赛后,参加更高一级比赛获奖,考核分及奖金以差额兑现。

⑤以上各项竞赛活动,必须是教育系统组织。

4.科研成果奖

(1)凡有课题立项,给以科研经费支持。具体标准如下:

规划办(教研室)系列课题:省级重点课题1200元,省级年度课题(市级重点课题)700元,市级年度课题500元,县级课题400元。

其他系列课题(含小课题)不分级别,给以科研经费100元。

课题成果的编印由学校统一安排。

(2)在规划办(教研室)系列课题及教学成果奖评比中,获县一等奖发300元,二等奖100元,市一等奖800元,市二等奖400元,市三等奖200元,省级及国家级课题获奖以市级的3倍计奖。

在教育系统组织的其他系列课题成果评比、论文评选及教师业务竞赛中,对一等奖获得者在期末给以嘉奖,县级一等奖(市二等奖)发100元,市级一等奖(省二等奖)发200元,省级一等奖发300元。

(3)信息、报道、论文发表奖

在各级报刊、网站上发表的信息,以稿费通知单为依据,奖励加倍的稿费(省级4倍、市级3倍、县级2倍)。

论文发表以稿费通知单为依据,奖励1倍稿费(最高不超过300元),并根据《教职工考核办法》的规定,加相应的考核分。

5.班主任考核奖

(1)根据《磐安县实验小学班级达标创建活动方案》,经班主任申报,学校考核通过,达标班级每月奖80元,特色创建班级每月奖120元。

(2)根据《磐安县实验小学班主任考核办法》,按学期考核,按年度颁发。

6.教师专业成长奖

(1)学历进修奖:按教育局有关规定执行。

(2)教师专业成长奖:具体奖励办法见《磐安县实验小学教师专业成长奖考核办法》。

(3)课程开发奖:学校鼓励教师自主开发校本拓展课程,一般课程每门300元,精品课程每门600～1200元。

7.安全奖

一学期中,分管工作无安全责任事故,分管安全领导每学期奖励500元,班主任及体育教师每学期奖励400元,各线分管领导每学期奖励300元,其他教职工每学期奖励200元。

8.管理岗位考核奖。

校领导应把主要精力用于学校管理和兼顾任教的学科教学,在各方面做好模范带头作用。学校管理人员岗位考核奖原则上在奖励性绩效工资总额的5%以内确定奖励数额,学校对管理人员履行职责情况在考核基础上进行奖励。学校管理人员岗位考核奖原则上副校长为班主任的115%,主任与班主任持平,副主任为80%。

9.团结协作奖:在学校重点工作中,对贡献突出者,可给予一定的奖励,具体金额由校务会议研究决定。

三、本方案由校务委员会负责解释、实施,校务监督委员会监督。

例4:

寄宿制管理实施方案

(磐安县实验小学2014年8月28日七届四次教职工代表大会审议通过)

一、指导思想

为进一步加强寄宿生的日常管理,使学生学得安心、住得舒心、吃得顺心、家长放心,达到管理育人、服务育人的目的,特制定本方案。

二、寄宿制管理工作内容

时　　间	责　任　人	工　　作　　内　　容
学生起床至晨练	生活管理教师	督促住宿生起床，组织住宿生洗漱 组织学生整理内务，打扫宿舍卫生 带领学生到操场或校园广场晨练
早餐	教学线班主任及生活管理教师。值日教师到岗	1.组织学生组织学生安静有序地进入餐厅，在规定的位置入座 2.教育学生文明就餐，爱惜粮食，不留饭菜 3.教育学生就餐完毕后，应及时清理餐桌，并收好餐具放在指定地方
上课预备至中午放学	教学线正副班主任及任课教师	1.晨检 2.晨读 3.上课
中午放学至下午预备	教学线正副班主任	1.组织学生就餐 2.组织学生午间活动或午休 3.午睡期间，维持午睡纪律，午休结束组织学生整理内务
下午预备至下午放学	教学线正副班主任及任课教师	学生上课 学生课间安全管理
下午放学至晚自习前	教学线正副班主任	组织学生课外活动 组织学生就餐
晚间活动	教学线正副班主任	晚间兴趣活动辅导 组织学生课外阅读。值日教师离岗
晚间阅读后至次日学生起床	值周领导、班主任、生活教师	生活教育指导或组织学生看电视 组织学生刷牙、洗脸、洗脚、就寝。班主任离校 学生休息，生活管理教师巡视，值周领导督察

三、寄宿制管理具体分工(略)

四、考核及津贴发放办法

(一)考核奖惩

①各时间段的责任人必须准时到岗，不能无故离岗。如遇特殊情况接到通知必须到岗。

②如在本时间段范围内出现寄宿生严重违纪行为，每出现一次，责任人年终考核扣1分；造成严重后果的，责任人一票否决，年终不得评定为优秀。

(二)寄宿生管理津贴发放细则

1.教学线班主任及学校管理人员晚间管理津贴每月200元。

2.寄宿部班主任管理津贴：保育线按学生数多少，发放岗位津贴，标准为：女生每生2元，男生每生3元。男生宿舍三楼寄宿班每个班每月另加50元，四楼、五楼高段男生寄宿班每月每个班另加100元。教学线按优秀、达标、不达标分别给予120元、80元、0元发放。

3.寄宿部、餐饮部管理组组长月岗位津贴：保育大组长、食堂大组长每月200元，副大组长120元，保育小组长、食堂小组长、保安小组长每月60元。

4.保育教师夜餐补贴每晚5元，炊事员早班补贴每次5元，值日每天20元。

5.晚间课时津贴：晚间兴趣小组活动指导师每课时25元。晚间阅读课指导师每课时6元。(按实际工作时间计算)。

6. 寄宿生午睡管理,每天10元。

7. 寄宿生管理考核奖。参与管理的教职工经过考核,每月发管理考核奖0～250元。

例5:

追 赶 星 星

——磐安县实验小学低段“星级学生”评价办法

为了更好地做好幼小衔接工作,帮助低段学生更快、更好地融入小学生活。也为了我们“一切为了每一位学生的发展”这一教育的最终目的,结合低段孩子的年龄、心理以及能力的发展特点,特制定我校低段学生评价方案。

一、评价对象

一、二年级全体学生

二、奖项设置

1. 单项奖:星级学生

从德育和学习两个方面设单项奖。

德育类从“在校好学生”和“在家好孩子”两个方面设四个奖项。其中“在校好学生”分为生活之星、文明之星、环保之星三个方面,每个方面各四条标准。“在家好孩子”设一个奖项,即“家庭之星”,意在让孩子在家也能表现得独立自主,与学校教育相结合。

学习类按学科分设语文之星、书法之星、数学之星、文艺之星、绘画之星、运动之星、阅读之星。

2. 综合奖设“三好学生”。

三、“星级学生”评价标准

【德育类】

在校“好学生”

(一)生活之星

1. 能带齐自己的生活、学习用品,按时上学,不哭闹。

2. 课间会自己上洗手间、喝茶、休息,不追跑、喧闹。

3. 按时就寝,学会整理自己的床铺,学会自己洗涮、睡觉、穿衣,过好每一天。

4. 不挑食,尽量吃完盘子里的饭菜,做到安静用餐,餐后整理好餐桌,盘子轻轻放整齐。

(二)文明之星

1. 进校园会说“老师您好”“保安叔叔好”“××,你好”,放学回家会跟他们说“再见”。

2. 有事回家或不能来校上课要书面或打电话向老师请假。

3. 和小朋友互相帮助,不打架,“你好、谢谢、对不起、没关系”常挂嘴边。

4. 校园行走靠右慢行,出操、集会静、齐、快,眼保健操认真做。

(三)环保之星

1. 讲究个人卫生,勤剪指甲,每天洗干净脸、脚、手,每周至少洗一次头发,洗一次澡。

2. 每天整理自己的书桌、生活学习用品,保持干净、整齐,爱护公物,节约水电。

3. 看见垃圾弯弯腰捡起并扔进垃圾桶，不乱扔乱吐，保持地面清洁。

4. 积极参加班级值日、卫生打扫工作，并把自己的工作做好。

在家“好孩子”

“家庭之星”

1. 自觉主动完成老师布置的任务，做事时安安静静，不玩耍，不开电视。

2. 愿意和家人分享交流学习趣事，把在学校里发生的好玩的、好吃的、快乐的事告诉家人。

3. 尊敬长辈，孝敬老人，有好东西一起分享，不能随便对边上的人发脾气，对家人常说“谢谢、对不起、我爱你”。

4. 主动承担一些家务，如倒垃圾、收拾碗筷、整理房间等，做好“家庭小主人”。

5. 上学前一天自己整理好要带到学校的学习、生活用品，不丢三落四。

6. 在家快乐用餐，不挑食，不偏食，家里烧什么吃什么。

7. 坚持每天独立或和家人一起读书看报，经常逛逛新华书店、图书馆等学习公共场所。

【学习类】

参照《实验小学课堂学习规范建议》和《实验小学作业规范操作性建议》(附后)，结合各学科特点，根据各方面表现评出周、月、学期的星级学生。

四、“三好学生”评价标准

期末得到德育全部单项奖，学习星得到五颗及以上，各学科期末评价优秀，可以参加本学期的“三好学生”评选。

五、实施方法

1. 学期初组织学习，明确目标。开学时班主任组织本班学生学习《评价办法》，结合本班实际，制定各星级学生的达标要求。

2. 学期中一周一评。根据评价方法，编印评价手册，一周一记录，个人评价、小组评价相结合，班主任和学科老师审核后确定为本周的“XX之星”，有些学习类是一月一评。“我是小当家”每周周末请家长如实评价，具体操作另见《评价手册》的“使用说明”。

3. 期末评比。期末汇总周(月)得星次数，每单项达到学期初班级制定的目标就可评为本学期的“XX之星”，交任课老师和学校审核后进行表彰和奖励。

例6：

星光闪烁

——县实验小学高段星级学生评价办法

“一切为了每一位学生的发展”是教育的最终目的。我们的教育要关注孩子成长的每个方面和每段过程，关注每个学生的个性和特长发展，关注学生日常生活的表现和成长过程。为了让每一个学生找准目标，奋发进取，体验成功，带着自信回家，结合我校实际，特制定本评价办法。

一、奖项设置

1. 单项奖：星级学生

从德育、学习两个方面各设单项奖。其中德育类设生活之星、文明之星、环保之星和友善之星四项，学习类根据学科设语文之星、书法之星、数学之星、英语之星、科技之星、文艺之星、绘画之星、运动之星、巧手之星、IT之星、阅读之星，共11项。如果有学生想自己从这两方面另设其他项目，报班主任审核后可以予以确认。

2.综合奖：三好学生

二、“星级学生”评选标准

以《实验小学学生一日常规细则》为主要参考标准，以学生平时表现和取得的成绩为主要依据，结合期末评比综合产生各类单项奖。

（一）德育类

“生活之星”参考标准

1.穿戴整洁、大方，少先队员佩戴好红领巾，不系有破损，弄脏的红领巾。

2.讲究个人卫生，勤洗澡，勤剪指甲。

3.在家能做力所能及的家务事，如扫地、洗碗、整理房间等，生活基本自理。

4.自觉抑制不卫生食品，不挑吃穿，不随意浪费。

※5.午睡和晚间做到按时、安静，尊重管理老师的安排和提醒，有意见能礼貌、诚恳地与老师交流。

“文明之星”参考标准

1.按照《一日常规》要求能主动向同学、老师、客人及学校其他工作人员问好，对待他人文明有礼。

2.说话文雅、友善，“请、你好、再见、谢谢、对不起”十字礼貌用语常挂嘴边。

3.认真做眼保健操，不睁开眼睛，不和同学交谈，动作规范。

4.公共场所不大声说话、吵闹，集会、听讲座安静聆听。

※5.出操、集会静齐快，上下楼梯靠右走，不拥挤，就餐路上行走有序，就餐时不大声交谈，餐具轻拿轻放。

“环保之星”参考标准

1.热爱劳动，认真做好值日工作和每周的“校园清洁日”大扫除工作。

2.积极参加学校组织的社会公益劳动，劳动中不怕累，不怕脏。

3.生活中能关注环保节能，积极倡导低碳生活。

4.及时整理抽屉、书包里的学习用品，能保持物品摆放的整齐。

※5.爱护公共财物和花草树木，在公共场所不乱丢乱吐，看到垃圾能主动捡起，保持良好的卫生习惯。

“友善之星”参考标准

1.尊敬老师，能主动和老师交谈、请教，能诚恳地向老师提出看法和建议。

2.孝敬父母，能虚心听从师长的教诲，不顶撞长辈，学会对父母、长辈说“谢谢”“我爱你”。

3.不论事情大小，对曾经帮助过自己的人心怀感恩。

4.学会互相帮助，积极参加志愿者活动，主动帮助需要帮助的人，把温暖传递。

※5.同学之间友善相处，先人后己，不能相互侮辱、结伙打架，高年级同学要爱护低年级同学。

注：若违反带※这一条规定，一票否决。

（二）学习类

参照《实验小学课堂学习规范建议》和《实验小学作业规范操作性建议》（附后），结合各学科特点，根据各方面表现评出周、月、学期的星级学生。

三、"三好学生"评选标准

"三好学生"人数原则上为班级学生数的40%左右。期末得到德育全部单项奖，学习星得到9颗及以上，各学科期末评价优秀，可以参加本学期的"三好学生"评选。

四、评比实施办法

1.期初申报：开学初，班主任老师组织学生学习《实验小学期末考核评价办法》，指导学生根据本人特长和努力方向申报奖项，如果还有另外的特长也可以自行申报奖项，让每个同学找准目标，努力争取，时时对照检查。

2.期中考核：(1)结合本班实际制定可量化考核的细则，张贴"星级学生"评选积星表。(2)一周一评。以落实《实验小学学生一日常规细则》《课堂学习规范建议》为平时养成教育工作重点。每周德育课组织学生自评和小组评，给达标的同学加星。遇到有突出表现的同学，可以酌情加星。遇到表现特别不好的同学，也可酌情减星。(3)让学生及时记录在努力过程中的一些表现。

3.期末评比：(1)临近期末每位学生根据自己申报的奖项进行自我总结。(2)学期期末前一两周根据学生申报奖项，统计各个学生的得星总数，参考平时表现和评选标准，由师生共同投票评选产生，各奖项有效投票为班级学生数的二分之一以上。(3)交任课老师同意后交学校审核，进行表彰和颁奖。

4.有重大违纪违规行为的学生不能评为"星级学生"和"三好学生"。

第四节　小学简介

仁川镇中心小学

仁川镇中心小学校址设在仁川镇杨宅村467号。

学校创办于清同治元年(公元1862年)，始名青云书院，校址在下坑证因寺旁。民国18年(公元1929年)，移设黄余田杨氏宗祠，改称日新小学。1939年，改名润川乡中心国民小学。1950年改名黄余田小学。1952年改名为大皿区第一中心小学。1958年11月，改称东阳县仁川公社中心小学。1968年春，附设农中2个班，9月，附设初中2个班、幼儿园1个班，学校改名为仁川乡中小学。1984年，中小学分开，改名为仁川乡中心小学。1992年，更名为仁川镇中心小学。2002年到2009年，柳坡、洋庄、胡庄、石下、天网、方山等4所村校两所完小相继并入，仁川镇中心小学成为全镇唯一的一所小学。2010年，中国青少年发展基金会授名学校为"平安希望小学"。

校园占地3894平方米，建筑面积3079平方米，体育场地1250平方米。1990年建成庆同教学楼，1997年9月8日建成才苑楼，2002年建成综合楼，2010年建成教学综合楼。2015年建成塑胶操场，内设篮球场、气排球场与4条30米直线跑道。

2015年，学校拥有541名学生。在职教师31人中22人本科毕业。有普通教室12个，多媒体教室12个，计算机教室、图书室、音乐教室、仪器室和实验室各1个，教学仪器按省Ⅰ类标准配备。同时开通校园有线电视、"校校通"工程和校园自控音乐广播系统，拥有计算机88台，钢琴1架。2004年秋，开办学生就餐服务。

学校以德立校，以学校文化建设、创建学习型组织为抓手，以课程改革和校本研修为切入点，以建设高素质高水平的教师队伍为基础，以全面推行素质教育为目标，走上培养学生全面发展为宗旨的办学道路。通过努力，学校先后被评为金华市廉政文化示范点、金华市示范性家长学校、金华市群体师德创优先进集体、金华市文明单位、金华市模范希望小学、文明单位、教育系统先进基层工会、书香校园、口琴特色学校等。

附：

方山小学

校址：方山村。创办于民国15年(1926年)，为缙云县方山安志小学。1939年，划入磐安为金峰乡中心国民小学。1950年，改名风门乡小学。2005年，校园占地3228平方米，建筑面积2500平方米，体育场地800平方米。在校生6个班142人。2006年9月，改为方山教学点。2009年9月，在校4个班级，并入仁川镇中心小学。

天网小学

校址：平象。创办于民国23年(1934年)，称缙云县双峰乡平象小学。1950年，双峰乡分设天网乡，改名天网乡小学。1956年3月，天网乡撤销并回双峰乡，改名双峰乡平象小学，1976年，附设初中。1980年12月19日，分设天网公社，改称天网公社中小学。1992年5月，天网乡并入仁川镇。1993年9月，下余村校并入。1996年9月，初中并入仁川初中。1998年9月，张圩、胡八坑、西产、马岭4所村校并入。2005年底，校园占地1494平方米，建筑面积1099平方米，活动场地480平方米。在校生4个班64人。2006年9月，并入仁川镇中心小学。

胡庄小学

校址在胡庄村。民国25年(1936年)，为缙云县湖中乡小学。民国28年(1939年)，划入磐安，改名协中乡第一中心国民小学。1950年，协中乡分设如公、雅塘2乡，改名如公乡小学。1953年，改为胡庄小学。2002年，并入仁川中心小学。

冷水镇中心学校

冷水镇中心学校位于冷水镇冷水村凤凰路46号。

学校创建于清同治七年(公元1868年)，原名“凤楼书院”，院址在冷水隔山村凤凰山麓。清光绪二十八年(公元1902年)，因地处偏僻，书院迁至冷水村隔山村后山脚，有正厅3间，左右厢楼房，门楼一个，伙房2间。

光绪三十二年(公元1906年)，凤楼书院停办。

1937年冷水村吕焕通办凤楼小学，校址设冷水隔山村吕氏宗祠内，即现校址的一部分。学制6年，班级5个，教职员工8人。1904年学校改名缙云县长合乡国民学校。

学校创办以来多次易名：1951年，缙云县仙水小学；1954年，磐安县冷水小学；1958年，东阳县冷水小学；1968年附设初中，改名东阳县冷水公社五七学校。1983年10月，改名磐安县为冷水乡中心学校。1984年,初中小学分设,小学部称"冷水乡中心小学",初中部称"冷水乡初级中学"。2006年冷水镇中心小学与冷水镇初级中学合并,更名为冷水镇中心学校。

学校占地面积21591平方米,建筑面积5837平方米,校园绿化面积2025平方米,拥有400米标准田径运动场1个。有计算机教室、多媒体专用教室、探究性实验室、生化实验室、音乐舞蹈教室、图书室、阅览室等现代化建筑设施。2015年年底,有教学班级18个(小学部12个,初中部6个),在校学生750人。教职员工47名,专任教师44人。

20世纪80年代末,初中部的毕业班教师"蹲班制"改为"教学大循环",初一接手的班级一般由固定的学科教师带班到中考结束,以此增强教师的工作责任心并提升他们的教学水平。几轮的循环,教学效果彰显,20世纪90年代初期安文区7名教研大组长中有6名是冷水初中教师。此外,几任学校领导的人性化管理,特别是20多年一直坚持的"以身作则,打拼在教学第一线"的良好传承,也为学校教学质量的提升助力不少。

近年来,学校获"省义务教育标准化学校""市文明单位""市师德创优先进集体"等荣誉称号。

附:

潘潭小学

19世纪末叶,潘潭村已出现设在祠堂庙宇中的私塾。民国28年(1939年),卢体复、卢炳文等文化人倡议并筹资,在村子中部上下两口池塘之间买地建造学校。民国29年(1940年)3月校舍建成,初名缙云县长溪乡育才学校,后相继更名长潭小学、潘潭小学。1949年,学生数日益增多,学校搬迁至村西的长潭卢氏宗祠中。1970年,小学附设初中,1975年创办高中,大队为之先后建造起有12个教室的三幢土木结构平房。1978年9月高中停办。1980年9月,初三并入冷水,1983年9月初中停办。20世纪90年代,金华商业银行捐资,将前一排平房改建成三层砖混楼房,时任金华市常务副市长的卢福禄题名为"商行希望小学"。2004年9月,小学并入冷水镇中心小学,三层楼房的一部分成为民办幼儿园,一部分成为村里的会议室与贮藏室。

白岩小学

校址在白岩大处村西南。创办于民国25年(1936年),称缙云县龙门乡小学。民国28年(公元1939年),改称协中乡第二中心国民小学。1950年,改名雅塘乡小学。1956年改名白岩小学。1968年,拆去曹氏宗祠改建楼房教室。1976年9月,设初中班。1980年9月,初中部并入冷水初中。2006年9月,小学并入冷水镇中心小学。

箬坑小学

1950年2月创办,校舍设箬坑上婆滩周氏宗祠。1976年9月,设初中1个班,学生来自大山、胡山、西英等村。1977年,教师7人,学生5个班200多人。1978年9月,初中部并入潘潭初中。2000年,小学部并入冷水中心小学。

新渥镇中心小学

新渥镇中心小学创办于清同治十三年(公元1874年),始名宅口发鸿书院,校址设新渥镇宅口村。民国2年(公元1913年),定名为永康县私立发鸿小学。民国23年(公元1934年),改名为永康县孝义乡代用中心学校。民国28年(公元1939年)更名为磐安县翠峰乡中心国民学校。1949年10月易名为磐安县翠峰乡中心小学。

1968年8月,学校附设初中班。1975年9月设"五·七"高中班。1978年由宅口村搬迁至新渥村,即现在的新渥南侧小山坡上,与新渥村小合并。1980年下半年,初高中停办,学校变更为新渥公社中心小学。1985年改名为"新渥镇中心小学"。

20世纪70年代,新渥镇中心小学下辖上卢、宅口、双溪3所完小和15所村小。1992年,后陈村小并入外田口,黄塘下村小并入大麦坞,大芝山、杜坑村小并入中心小学。1998年,岩上、双槐村小并入中心小学,永加村小并入双溪,大麦坞村小并入上卢,外田口村小并入西湖,大山下村小并入麻车下。1999年到2001年,中卢、古竹、麻车下、杨山、西湖等村小相继并入中心小学。2002年到2003年,上卢与宅口两所完小并入。2007年,双溪完小并入。至此,全镇3所完小和15所村小全部并入新渥镇中心小学。

2015学年,学校设有24个班级,在校学生1022人。教职员工54人,其中专任教师51人,本科学历37人,大专学历12人,中专学历2人;高级职称教师1人,中级职称教师25人。拥有金华市教坛新秀1人,市学科带头人1人,县优秀教师1人。

学校占地面积12694平方米,校舍建筑面积6722平方米,绿化面积2461平方米。拥有多功能教室、音乐室、书画室、实验室、教学仪器室、阅览室、计算机室,有250米塑胶操场、100米直道的运动场,还有"磐五味"种植基地。近年,学校建立数字化教学平台,教育教学设施齐全。

围绕"以人为本,全面发展,健康成长"的办学宗旨,学校全力打造"书香飘药乡,悦读伴成长"的药乡文化,构建"五味"(乡土掌故,学科拓展,实践体验,才艺特长,文明礼仪)特色课程体系,开拓"教师教学有特点、学生发展有特长"的学校特色教育教学之路。同时构建以班级为点、家庭为面、社会为体的"三位一体"立体化管理网络,形成"人人都是德育工作者"的德育管理模式。

学校先后获"金华市文明学校""金华市艺术教育特色学校""金华市第二批数字化校园建设示范学校""省农村示范性学校""省书法教育基地""省农远工程先进单位""省绿色学校省红旗大队""省课外阅读先进集体"等荣誉称号。

附:

新渥镇双溪小学

双溪小学创办于清宣统三年(公元1911年),校址在金山村新祠堂。1968年附设初中,1975年附设高中,1979年高中停办。1985年8月,初中部并入新渥初中。2007年9月,小学部并入新渥镇中心小学。2009年在原初中部校址创办幼儿园,成为新渥镇中心幼儿园分园。

双溪乡中心小学

双溪乡中心小学坐落在双溪乡史姆村318号。创办于清光绪三十年(公元1904年),始名史姆私塾。民国31年(公元1942年),更名磐安县史姆小学。民国32年(公元1943年)更名双溪乡中心国民学校。1950年,更名磐安县立史姆小学。1952年10月,更名双溪区第一中心小学。1968年9月,附设初中班。1975年创办高中班,1978年停办。1984年,小学初中分开,更名双溪乡中心小学。1991年至2001年,全乡各村校、完小相继并入双溪乡中心小学。2009年8月,在校园内创办乡中心幼儿园。

学校占地面积6389平方米,建筑面积3691平方米,9个班级(幼儿园3、小学6),22名教职员工,240余名学生。14名小学教师中,小学高级教师6名,大专及以上学历11人,县级名师、教坛新秀、骨干教师2名。

学校秉承“教书育人”的宗旨,丰富学校办学内涵,努力创建书香校园。先后通过省三类标准化学校和教育强乡验收,被评为县绿色学校,荣获县“群体师德创优”先进集体、书香校园和童话教育特色项目等称号。

2009至2011年,以及2014学年获县教学管理考核二等奖,2012与2013学年获三等奖。2015年度获县学校工作目标考核三等奖。2015年在县中小学生运动会中获小B甲组团体总分第一名。

安文小学

安文小学创办于光绪三十四年(公元1908年),时名“安文时宜初高两等小学堂”。民国2年(公元1913年),学校初高等分立,初小名“时宜小学”,高小名“东阳县立第九小学”。民国22年(公元1933年),县立第九小学更名为“东阳县立安文小学”。民国26年(公元1937年),时宜初小并入安文小学。民国29年(公元1940年),更名为“磐安县安文乡中心国民学校”。1949年10月,更名为“磐安县立安文小学”。1975年,附设初中三个班。1983年初中单办后,更名为“磐安县安文镇中心小学”。1999年至2003年周边14所小学相继并入。2007年,安文镇中心小学升格为县属小学,更名为“磐安县安文小学”。

现校址在磐安县城文明街19号。校园占地7239平方米,建筑面积7091平方米。全校32个教学班,在校学生1484人。教职工76人中,省市县级名师、优秀人才、教坛新秀、骨干教师、名师培养对象33名。学校硬件设施齐全,有多媒体教室、高标准仪器室、实验室、电脑室、图书室、远程录播教室等,铺设塑胶篮球场两个。

“慧棋立人,艺雕传神”是学校的办学特色。象棋校本特色初萌于2008年底,此后每年举办为期一周的全校性象棋比赛。2010年学校被评为浙江省体育特色学校,《中国教育报》《民俗摄影报》《金华晚报》《小学生世界》等报刊分别报道学校象棋特色活动。此后,学校又开设“艺雕”特色课程。

学校积极开展书香校园、尚雅教育等方面的探索,打造充满活力的和谐校园。先后获全国模范职工之家、“长三角地区”教育科研优秀团队、浙江省教育科研先进集体、浙江省教育科学研究百强学校、浙江省百年百强名校、浙江省依法治校示范校、浙江省现代教育技术实验学校、浙江省课外阅读先进集体等六十多项市级以上荣誉称号。

我国著名的笛子演奏家、作曲家赵松庭曾经任教于安文小学,并于民国33年(公元1944年)为学校谱写校歌。

窈川乡中心小学

窈川乡中心小学位于窈川乡川二村56号,原川二村郑氏宗祠所在地。

学校创办于1913年,始名东阳县高登完全小学,设校董会,董事长郑亨亮。1916年改为私塾。1920年改为东阳县窈川小学。1921年,更名为同德乡窈川小学。1939年,磐安设县,改名双溪乡第一中心国民学校。1942 年 5 月，日军侵入，祠堂被焚，教师陈卿圣被日军枪伤右脚致残。次年，学校借用民房移设隔山。1951 年，迁回重建的郑氏祠堂内。1952 年，改名双溪区第二中心小学。1968 年，附设初中。1984 年，改名窈川乡中心校。1991 年，拆除祠堂建楼房。1997 年白岩头村校撤并到中心校，1998 年依山下、赐敕、岭溪、塘坑、长坑村校并入。2003 年 8 月，初中部并入磐安二中，改名窈川乡中心小学。

校园占地 3334 平方米，校舍建筑面积 2860 平方米。有音乐教室、美术教室、计算机教室、实验室、仪器室、图书阅览室、餐厅等，铺设有塑胶活动场地，学生寝室配备卫生间、热水淋浴设施。

2015 学年，学校有 6 个班，在校学生 92 人。教师 11 人，大专及以上学历 9 人，中专 2 人。

2010 年后，学校以快乐跳绳为特色项目，注重学生全面素质的提高。全校师生人人学跳绳，天天练跳绳，个个会花样。“彩绳劲舞舞出阳光品格，神采飞扬扬起理想风帆”，旨在培养健康、快乐、自信、阳光的少年。2013 年通过县快乐跳绳特色项目学校评估。

参加县中小学生运动会成绩优异。2014 年获得小 B 乙组团体总分第一名。2012 学年、2013 学年、2014 学年获县教学管理考核三等奖。2015 年度获县学校工作目标考核一等奖。

尚湖镇中心小学

尚湖镇中心小学坐落于尚湖镇尚湖村新南街。

学校创办于民国初年，公常负责人将 4 所私塾合并为 1 所学堂，校址设在中街祠堂。民国 6 年(公元 1917 年)，学校迁到新祠堂。民国 18 年(公元 1929 年)，定名为东阳县立尚湖小学，学校迁到擂鼓山。民国 28 年(公元 1939 年)，改名为磐安县九和中心小学。民国 37 年，学校迁回新祠堂。1949 年 10 月，改名为磐安县立尚湖小学。次年 2 月，万苍、四顾乡联立中心国民学校并入尚湖小学。1952 年，改名为尚湖区第一中心小学。1955 年 8 月，拆祠堂“雨台”，新建 500 平方米前楼。次年，附设幼儿园 1 个班。1958 年 11 月，改名为东阳县尚湖小学。1968 年，招初中 2 个班，改名为东阳县尚湖公社中小学。1976 年，招“五·七”高中 1 个班(1979 年停办)。同年，民办公助新建一幢 8 间教室的楼房。1980 年建立中共尚湖公社教育支部。1982 年 9 月，小学、初中分开，改名为东阳县尚湖公社中心小学。1983 年 10 月，改名为磐安县尚湖乡中心小学。1987 年，改名为磐安县尚湖镇中心小学。1989 年，附设幼儿园 3 个班。

1996 年，下辖山环、王村 2 所完小和 13 所村小。1997 年 8 月，校址迁于王安府地段(现尚湖镇尚湖村新南街)。同年，后岩村小并入镇小，西岭村小并入山环完小。1998 年黄林坑村小、尚路研村小、岭干村小、同田村小并入山环完小，岭下村小并入镇小。2002 年，杜家庄村小并入镇小。2003 年，王村完小、董村村小、山宅村小、下溪滩村小、袁村村小并入镇小。2004 年，山环完小并入镇小。

2015 年，学校有 24 个班，在校学生 963 人。教师 51 人，其中专任教师 48 人。

校园占地面积 31280 平方米，集中绿化面积 7649 平方米，校园建筑面积 12921.84 平方米。学校有多功能教室、音乐室、书画室、实验室、教学仪器室、阅览室、计算机室、科技活动室、心理辅导室，有 300 米环形跑道操场，还有以尚湖镇小首字母形状而设的林荫小道、一座善晓亭和读书长廊。

近年来，学校确立以书香校园和葫芦丝艺术教育为特长的办学特色，致力于文化先进、内涵丰厚、特色鲜明、质量过硬、社会满意的绿色学校建设。先后被命名为“浙江省示范小学”“浙江省标准化学校”“浙江省绿色学校”“金华市教育信息化示范学校”“金华市素质教育示范学校”“金华市语言文字规范化示范学校”，荣获“浙江省书法教育研究会实验基地”“浙江省课外阅读先进集体”“浙江省红旗大队”“金华市文明单位”“金华市教育系统先进基层工会”等荣誉称号。

附：

山环小学

学校创办于民国18年(1929年)，由栗树山高台门私塾改办成蔚文初级小学，校址栗树山。1933年改称山环乡中心国民学校。中华人民共和国成立后，改名磐安县立栗树山小学。1958年改名东阳县栗树山小学。1969年8月附设初中班，改为东阳县山环乡中小学。1976年招“五·七”高中1个班。1983年10月改名磐安县山环乡中心校。1996年初中部并入尚湖初中，学校改称尚湖镇山环完小。2004年山环完小并入尚湖镇中心小学。

双峰乡中心小学

双峰乡中心小学的前身为缙云县私立养中初级小学，创办于民国元年(公元1912年)春，校址在大皿羊氏大宗祠。民国19年(公元1930年)，改名缙云县私立养中完全小学。民国28年(公元1939年)秋，更名为磐安县第二区立养中心小学。民国29年(公元1940年)秋，更名为磐安县双峰乡中心国民小学。民国32(公元1943年)春，省立宁波中学因战乱迁至小学本部，小学新建到孟十二祠下首空基上。1946年宁波中学迁回后小学本部搬回原址。1950年，学校改名双峰乡小学，1952年，改名大皿区第二中心小学。1968年，附设初中班。1984年，初中分设。1993年，乡内各村小并入。

截至2015年底，学校占地6142平方米，建筑面积4487平方米，体育场地2068平方米，绿化面积500平方米，学校设有计算机教室、实验室、仪器室、音乐教室、美术教室、图书阅览室、音乐兴趣活动室、剪纸教室、餐厅等，铺设塑胶活动场地，为住校生配备热水淋浴等设施。

2015年，学校有6个教学班，158名在校学生，14名教职员工，大专以上学历12人，中专学历2人。

学校开设具有地方特色的校本剪纸课程，自编《快乐剪纸》教材，在全校开设剪纸课，并采取多种形式的激励措施，力求“人人会剪纸，班班有专栏”。同时开展篮球、韵律操、笛子吹奏等“体艺2＋1”活动，组建学生腰鼓队和师生民乐队，师生合作编排的《金蛇狂舞》《彩云追月》《婺剧花头台》等经典民乐器合奏卓有成效，受到浙江省委宣传部领导的肯定和赞赏。

学校先后获得浙江省普及初等教育先进单位、浙江省《国家体育锻炼标准》先进单位、“花园式学校”等荣誉称号。2004年12月，通过金华市素质教育示范学校验收。2006年被评为浙江省绿色学校、文明单位、金华市文明单位。2013年1月被命名为第二批书香校园，12月被评为金华市艺术教育特色学校。2015年7月被评为浙江省标准化学校。

万苍乡中心小学

万苍乡中心小学位于万苍乡雅庄村北街18号。

学校创办于民国3年(公元1914年)，始名临川小学，校址在雅庄村陈氏宗祠。民国28年(公元1939年)7月，万苍划入磐安，玉虹区公所搬进陈氏宗祠，学校撤出，在雅庄、溪头分设两个保国民学校。民国31年(公元1942年)5月18日，日军侵入万苍，烧毁雅庄、溪头房屋500多间。学校停办半年后，村民利用关帝庙并借用部分民房继续办学。1950年，学校改名立雅庄小学，1952年，改为尚湖区第二中心小学。1968年附设初中，1982年9月初中分设。1983年10月，更名磐安县万苍乡中心小学。

1992年，东山村小并入斐湖小学，孔界、麻车坑村小并入胡庄村小，自然村小并入雅庄小学。是年，全乡在校小学生716人。1993年5月13日雅庄小学迁入现址。1995年后，山岗、葛依尖、赵界等村小先后并入。2002年，安宅村小并入。2003年，全乡完小、村小全部并入，其中包括自然、胡庄、秧田坑、楼界，以及斐湖这些有一定规模的完小。

2015年年底，万苍乡中心小学校有6个年级10个教学班312名学生。22位教职工中中级职称教师11人，占50%。校园占地12398平方米，建筑面积4265平方米。拥有电脑教室、多媒体教室、图书室、阅览室等专用教室，建有塑胶跑道、塑胶球场、休闲花园、阳光书吧等附属设施。

遵循“德育为先，强化教学，开创特色，全面发展”的办学思想和“学会学习，学会做人，学会生活”的培养目标，学校踏踏实实开展教育教学工作，教学质量稳步提升，教学特色日趋形成。最近几年，学校创编足球操，组织校足球队参加比赛，特色活动开展得有声有色。

学校先后被确认为“省标准化学校”“金华市示范性学校”“金华市文明单位”“足球特色学校”“书香校园”，还先后获得县教学管理考核二、三等奖。

附：

斐湖小学

学校设在斐湖村。创办于清乾隆10年(1745年)，始名万苍书屋。至公元1896年，出息进士1人、秀才14人、太学生8人。民国5年(1916年)，更名种杏小学。1948年，更名万苍乡第二中心小学。1949年9月，易名万苍乡斐湖小学。1973年，附设初中。1982年，初中部并入万苍。2003年，小学部并入万苍。

尖山镇中心小学

尖山镇中心小学创建于公元1915年，坐落在尖山镇深塘街狮峰山脚。

学校前身是一所私塾，在原老街大会堂旧址，创办于清末民初。民国4年(公元1915年)，私塾改为学校，校舍从堂楼移至周姓宗祠。民国7年(公元1918年)，学校改名“作新小学”。民国31年(公元1942年)，日军火烧尖山村，学校停办。民国32年(公元1943年)，学校复学，校舍设周姓宗祠门楼。

1951年，“作新小学”改名“尖山村初级小学”，学校迁至张氏宗祠(原尖山中心幼儿园礼堂旧址)。1957年，改名“尖山乡校”，承担各村校教学辅导任务。1961年，更名为“东阳县尖山公社中心小学”，6个班，8名教师，276名学生。1972年，学制由六年制改为五年。1974年，拆去张氏宗祠和茶厂六间平房改建新校舍。1975年，新校舍交付使用，四合式平房，建筑面积712.41平方米。1983年10月，学校改名“磐安县尖山乡中心小学”。1986年，改名为“尖山镇中心小学”。

1992年到2003年，先后并入13所完小与4所村校，学校规模扩大到18个班，41名教师。2004年，学校整体搬迁到深塘街新校区。

2015学年，学校共有31个班级，1386名学生，教职工70人。校园占地40亩，建筑面积12017平方米，有教学综合楼、食堂、学生宿舍楼、教师公寓，有400米标准塑胶田径场、游泳池等体育设施。

近年来，学校本着“求知的学园，生活的家园，成长的乐园”的办学目标，致力于“培养人文化、个性化、生态化的优质教育”。通过全体师生的共同努力，获得省市县颁布的多项荣誉称号，如“全国基层示范儿童之家”“浙江省绿色学校”“浙江省义务教育标准化学校”“金华市农村示范性小学”“金华市艺术特色学校”等。

附:

楼下宅小学

1890年,楼下宅私塾设于后山磡岭脚上屋楼上,因失火,移至前山岭边小祠堂,不久改名学堂并移至大祠堂。民国初年(1912年),学堂改称“崇忠小学”。中华人民共和国成立,改为“楼下宅小学”,招收一至四年级学生。1965～1968年,开办五、六年级,称为“高小班下伸”。1968年,学校由老祠堂移至新建楼下宅小学校舍。1973～1985年附设初中教学点,学制2年。1978年校内开设幼儿班。1998年四、五年级学生并入尖山镇中心小学。2002年楼下宅小学撤并到尖山镇中心小学。

新宅小学

1890年,新宅私塾设于新宅大祠堂。民国元年(1912年),私塾改为村校。中华人民共和国成立,新宅村校改为新宅小学。1969年新宅小学在原址上扩建。1977年新宅小学改为新宅中小学,1977～1979年附设高中教学点,称“五·七”高中。1978～1983年附设初中教学点。1983年初中并入尖山初中。1999年新宅小学撤并到尖山镇中心小学。

胡宅乡中心小学

胡宅乡中心小学位于胡宅村北侧,文化路17号。

学校创建于民国6年(1917年),始名培松小学,校园在烈桥庵。1952年改名东阳县尖山乡胡宅初小,1956年2月改名友谊乡中心小学。1966年,附设农中,次年停办。1968年附设初中,1976年创办高中,1979年高中停办。1980年,附设小学高段教学班。1983年10月胡宅设乡,小学初中合并改名为磐安县胡宅乡中心学校,下辖15所村校。1992年撤并胡宅、岙里、培香、何家、榧里、龙塘、梭里塘、丁界、杨树坞等9所村校。1996年撤并横路村校。1998年撤并金村村校。1999年撤并下周、岭头村校。2000年撤并塘田、张斯村校。2007年9月胡宅初中部并入尖山初中,前山小学并入胡宅,学校改名为胡宅乡中心小学。2010年9月,校园内开设胡宅乡中心幼儿园。2015学年,学校共有6个班级,在校学生175人,教师14人,其中大专及以上学历11人,中专学历3人,具有中级职称教师7人。

学校占地面积6872平方米,校舍建筑面积4652平方米,校园绿化总面积1015平方米,体育场地1220平方米。

1995年5月12日,浙江省副省长徐志纯到胡宅乡中心学校视察工作。1996年10月验收组到学校检查验收“两基”达标情况。2000年10月通过县二级学校评估。此后,先后获县第二届科技节先进集体、县“四五普法”先进单位、县社会综治先进单位、县教育信息先进单位等荣誉称号。中国象棋为内容的特色教育取得效果,参加金华市中小学学生象棋比赛,男女团体总分在前六名,被金华市文化体育局、教育局命名为“金华市传统项目学校”。2008年与2011年分别被命名为金华市绿色学校与文明单位。2013年通过省二级幼儿园等级评估验收。2015年通过省标准化学校验收。

附：

前山小学

校址在前山畈。创办于1958年9月，名后张小学，校舍设后张八殿旧庙中。1968年9月，迁移前山畈。1969年9月，附设初中。1976年9月，附设农业高中。1978年农业高中停办，改名前山中小学。1982年，初中并入胡宅中心学校。1983年12月胡宅乡分设前山乡，1984年2月初中复设，校名改为前山乡中心小学。1992年5月，前山乡撤销并入胡宅乡。1998年9月，初中部并入胡宅乡中心学校，改名为前山小学。2007年9月，小学部并入尖山镇中心小学，学校停办。

玉山镇玉峰小学

玉峰小学原名聚英初级小学，始创于1917年，坐落在玉山镇浮牌村东北侧。当年，学校借用浮牌敬德堂大厅；1945年，浮牌村民资助兴建砖木结构回廊式楼房五间，并配平房两幢为校舍。1983年，学校改名玉峰乡中心小学。1992年5月，玉峰、岭口撤乡合并为玉山镇，改名玉山镇玉峰小学。1999年9月，玉峰初中并入岭口初中，小学各年级先后陆续搬迁至原玉峰初中校舍。次年，美国唐氏基金会和浮牌村有识之士捐资建造新教学楼。2015年，学校占地面积4700平方米，建筑面积2601平方米，图书12000余册，办学条件大为改善，是磐安县五次布局调整后唯一保留着的完全小学。1992始归属玉山镇中心小学管理。

学校有教职员工10名，其中本科学历5人，专科5人，小学高级教师4人。6个教学班，学生145名，实行全封闭校园管理。

学校以“勤学、守纪、开拓、创新”为校训，以全面推进素质教育和打造和谐团队为目标，抓好教育管理，提高教学质量。2002年被评为县“文明单位”“平安校园”。为丰富校园文化，2014年开设民族乐器培训班，“花头台”乐队多次应邀参加乡镇文艺演出。2015年下半年参加县艺术节比赛荣获县二等奖。2015年被评为“金华市非遗传承教学基地”。

方前镇中心学校

方前镇中心学校创办于民国12年(公元1923年)，始称天台县立方前小学，校址在方前村施氏宗祠。民国28年(公元1939年)，改名飞山乡中心学校。民国30年(公元1941年)，改名飞山乡第一中心国民学校。1952年，为大盘区第二中心小学。1968年，附设初中，改名东阳县方前公社“五七”学校。1973年，招机电高中。1974年，设普通高中，开辟校田6亩。1978年，寺岙高中点并入。1981年8月，中小学分设，小学改名为“方前公社中心小学”。1988年，校舍迁至方前镇振兴街35号，更名为方前镇中心小学。1992年至2005年，全镇19所村校2所完小并入。2006年9月，初中、幼儿园并入，更名为方前镇中心学校。

2015年，学校共13个班级，小学、初中分别为9个班和4个班，在校生375人，教职工33人，其中专任教师32人。学校占地面积31876平方米，建筑面积9169平方米，绿化面积5860平方米，一条80米长通道连接设在方前镇文明路15号的初中部，400米环形跑道的标准田径场和标准化足球场、篮球场为小学部与初中部共用。学校有计算机教室、实验室、音乐舞蹈教室、美术室等专用教室，各班教室安装多媒体教学设备。

学校全面贯彻国家教育方针，积极探索教育教学新路子。注重校本课程开发，小学部开设足球、书法，初中部开设陶笛、独轮车等校本课程，取得一定成效。先后获得“浙江省示范小学”“浙江省绿色学校”“浙江省书法教育实验基地”“浙江省少先队红旗大队”“金华市文明单位”“金华市卫生先进单位”“金华市治安安全单位”“金华市体育传统项目学校”“金华市群体师德创优先进集体”“金华市文明示范岗”“金华市无邪教校园创建先进单位”等荣誉称号。

附：

方前镇初级中学

方前镇初级中学创办于1965年8月，前身为方前小学附设农业中学，校址在方前施氏宗祠。1967年，在茅坪山搬迁坟墓，建设校舍。1968年，农中迁入，同时增设初中1个班。1973年9月，农中停办改设机电中技班，学制1年。1974年9月，改办高中。1976年在寺岙中小学教学点分设高中1个班。1978年，寺岙高中班并入。1981年9月，小学分设。1982年9月，高中停办，1983年10月，改名为磐安县方前乡初级中学。1988年9月，改名方前镇初级中学。1993年9月，四协中心校初中部并入。2006年9月，与方前小学合并，改称方前镇中心学校。2015年底，初中部4个班，在校学生104人，教师16人。

四协中心校

学校创办于民国23年(1934年)，校址设里田石村。1958年，全乡并校，校址由里田石村迁到西坑村。翌年，学校迁回原址。1969年，招高小班，同时，附设二年制初中班1个。1976年，学校改名为田石“五·七”学校。1983年，横路头村初中并入，学校改名为四协乡中心校。1993年初中部并入方前镇初级中学，学校改称四协完小，2003年，并入方前中心小学。

深泽乡中心小学

深泽乡中心小学的前身是文新、翠溪两所私塾，创建于民国13年(公元1924年)。民国23年(公元1934年)两校合并为文新小学。校址在四和祠堂(今深泽幼儿园)。民国27年(公元1938年)校址迁至陈氏祠堂(称旧祠堂)，改称永康县下五美乡代用中心小学。民国35年(公元1946年)更名为磐安县上下五美乡联立中心国民学校深泽分校。1950年，更名为磐安县深泽小学，1952年，更名为深泽区第一中心小学。1958年，改名为东阳县深泽小学。1983年11月，更名为磐安县深泽乡中心小学，搬迁到深泽乡深二区262号。1985年至1998年全乡16所村校相继撤并到深泽乡中心小学。1994年春，学校增名为“墅安希望小学”。

学校占地面积23608平方米，建筑面积13933平方米，拥有教学楼一幢，综合楼二幢，1304平方米的师生标准食堂大楼一幢，学生、教工宿舍楼各1幢，每班有多媒体教学设备，为浙江省首所希望网校。学校现有25个教学班，在校学生1140人，教职工78人，其中特级教师1人，中学高级教师2人。下辖乡中心幼儿园8个班，教职工18人。

近年来，学校以“幸福成长园”为目标，构建“爱心飞扬”德育课程、“智慧课堂”学科课程、“舞动人生”拓展课程、“文化深泽”综合实践课程体系，每年开展“读书节”“舞蹈节”等特色活动。2008年，被评为浙江省艺术教育(舞蹈)特色学校。2013年12月，被金华市设为第二批非物质文化遗产传承教学基地。2015年12月，被确认为金华市中小学教学改革先进学校、金华市深化义务教育课程改革基地学校。并先后荣获全国模范希望小学、全国巾帼文明示范岗、浙江省首所希望网校、浙江省模范希望小学、浙江省红旗大队、金华市文明单位、金华市示范性小学等二十多项县级以上荣誉称号。

自1998年9月成立"家长委员会"以来，学校不断完善组织机构，形成一套日臻成熟的家长委员会运作模式，家校合作得到省市领导的充分肯定，运作经验在中央和省市新闻媒体中报道。

附：

后力小学

创办于民国7年(1918年)，名时雨小学。民国31年(1942年)，改为上五美乡中心小学。1950年11月，设源头乡，名源头乡小学，学生来自马祥、源头、上横、上产、森屋、上亨塘。1956年，源头乡并入深泽乡，校名改为深泽乡后力小学。1968年9月，附设初中班。1975年，拆去静山公祠改建校舍。1976年，初中班并入深泽初中。2005年底，校园占地2461平方米，建筑面积1240平方米，运动场地560平方米。在校生6个班101人，教师6人。2006年9月并入深泽中心小学。

大盘镇中心小学

大盘镇中心小学创办于民国18年(公元1929年)，以所在村命名为"东阳县立大盘乡殿下村初级小学"。民国24年(公元1935年)，改为完全小学。民国32年(公元1943年)，成为简易师范附属小学。1949年，改名为磐安县立大盘小学。1952年，改为大盘区第一中心小学。1958年，更名为东阳县盘山公社中心小学。1976年，学校增设初中一个班。1978年，初中并入盘山中学。1983年11月定名磐安县大盘乡中心小学。1993年大盘撤乡建镇，改名为大盘镇中心小学。1997年8月，搬迁至学田村来龙山脚，全镇21所完小和村小并入。

2010年8月学校挂牌为"实验小学大盘校区"，实施一个学校、两个校区、统一管理、统一考核的"1211"紧密型城乡教育共同体管理模式。2013年，维新、盘峰乡中心小学相继并入。2014年，高二乡中心小学并入。

2015年，学校占地面积24526平方米，校舍建筑面积11223平方米，绿化面积4410平方米。配备音乐教室、美术教室、书法教室、计算机室、小逗号书屋、实验室、仪器室等专用教室。有塑胶操场，童话园，劳动实践基地。共12个班级，373名在校生。34名教职员工，其中专任教师27人。

本着"健康、向善、乐学"的办学理念，通过全校师生的共同努力，学校取得不少成绩，先后获得浙江省示范性小学、省校本课程建设先进学校、省示范性图书馆，金华市文明单位、金华市绿色学校、金华市校本教研示范学校、金华市教师基本功培训先进集体、金华市体育特色学校(棋类)、金华市艺术特色学校等二十多项荣誉称号。

附：

盘峰乡中心小学

校址：盘峰村(原名樟村)108号。清末，樟村有后山、马樟田、中央台门3所私塾。光绪三十一年

(1905年),私塾改为启明和再思2所初小学堂。民国18年(1929年)两校合并为永康县孝义乡樟村小学。民国28年(1939年),从永康划入磐安,校名为盘峰乡中心小学,设在榉溪,再移至今维新乡后甲村。1950年2月,学校搬回樟村改名磐安县立樟村小学,学生来自今维新、高二、盘峰3个乡。1952年,改名大盘区第三中心小学。1968年9月,附设初中,改为东阳县盘峰公社中小学。1974年,设高中;1979年,高中停办。1981年,初中分设。1991年,初中并回,改名盘峰乡中心学校。1997年9月,初中并入盘山中学,校名改为盘峰乡中心小学。2013年,学校并入大盘小学。

维新乡中心小学

校址:丁埠头村51号。初创于1950年,校名为后阁乡丁埠头村校。1968年,后阁设初中。1970年,丁埠头改为完小,校名为维新公社五七学校,并迁入新建的校舍。1972年9月,在白岩头创办"五七"高中。1977年,高中并入盘山中学。1977年,改名维新公社中心学校,1978年,后阁初中点并入。1993年,全乡完小、村校并入中心学校。1998年9月,维新初中并入盘山中学。2013年,学校并入大盘小学。

高二乡中心小学

校址:高二村(原名大柘坑)。民国元年(1912年),徐荣来、吴世宪合办私塾。民国26年(1937年),创办永康县大柘坑短期小学。民国29年(1940年),改为盘峰乡第六、七保联立保国民学校,1957年4月,校名高二小学,1958年12月,改名东阳县高二公社中心小学。1968年,附设初中。1976年,设高中班(1979年停办)。1982年,下陈初中并入。1991年6月,16所村校就近撤并为6所。1993年撤并5所村校。1997年8月,初中并入盘山中学,丰陈完小并入高二中心小学。2014年,学校并入大盘小学。

九和乡中心小学

九和乡中心学校地处九和乡南坑村市岭头31号,创办于民国30年(公元1941年),原址在周店村大厅。1950年,更名周店村初级小学,迁至周店村祠堂。1952年,改办完小,为公办学校,一个混合班,教师1人,学生20多人。1953年三水潭村划归九和,学校更名为周店小学,学制六年,3个班,教师4人,学生60人。1956年高小学生并入尚湖小学,周店小学留一个初小复式班;1957年复设完小,共3个班,85名学生,4名教师。1958年迁至柘周村,学生增至186名。1959年9月,迁回周店村,更名为东阳县光明公社周店小学。1960年后业岭等7个行政村从玉峰乡划归九和,并入村校12所。1966年学校共有5个班,180多名学生,8名教师。1968年2月,附设初中,更名为光明公社中小学。1975年,设高中。初中分设周店、后业岭、上俞3个点。1979年高中停办。1980年,初中并回周店。1984年,初中迁至南坑村岭头。1986年9月,中小学分设,更名为磐安县九和乡中心小学。1992年,初中小学合并,名为九和乡中心学校。1988年至1999年,全乡15所村校撤并至中心学校。2002年9月,九和中心校初中部并入玉山镇初级中学,中心小学迁入南坑村岭头原初中校园。

教学楼"海贝楼"于2011年6月投入使用,师生宿舍楼于2014年12月开工,2015年10月投入使用。

2015年，学校占地面积4733平方米，校舍建筑面积4216.77平方米，校园绿化面积300平方米；6个班级，126名学生，20名教职员工。学校有探究性实验室、仪器室、音乐教室、美术教室、图书阅览室、卫生保健室、体育活动室、计算机室，有篮球场、气排球场、乒乓球场、50米塑胶跑道等。

学校先后获得“省标准化学校”“金华市文明单位”“县书香校园”“县活力板特色项目学校”等荣誉称号。

玉山镇中心小学

玉山镇中心小学位于岭口村文园小区40号，创办于1951年，始名云峰乡校。1958年更名为玉山区中心小学。1981年9月改名为东阳县岭口公社中心小学。1983年10月改名为磐安县岭口乡中心小学。1993年更名为磐安县玉山镇中心小学。

2015年，学校共有12个教学班、30名专任教师、474名学生。占地面积7210.32平方米，建筑面积7430.59平方米，其中教学楼、综合楼、宿舍楼各1幢，食堂及餐厅1个。体育活动设施有塑胶跑道、灯光球场及室外运动场，教育教学基础设施有电脑室、实验室、阅览室。学生寝室配备卫生间、热水淋浴等生活设施。

进入21世纪以来，学校开展课堂教学改革，全面深化素质教育，提出“135课堂教学模式”，旨在打造高效课堂。同时，努力打造“茶香、书香、墨香”式校园。

2006年，学校被评为浙江省农村中小学现代远程教育工程先进单位；2010年被评为县绿色学校；2013年被评为“金华市课堂教学改革先进单位”“金华市文明单位”；2014年被评为“金华市无邪教校园创建先进单位”，通过“浙江省义务教育标准化学校”评估。

附：

林宅小学

学校创办于1951年，1998年1月由中国青基会援建，受到香港陈延骅基金会捐助，原址重建，更名为福和希望小学。学校占地2.5亩，教学楼、综合楼、食堂各一幢，总计建筑面积1500平方米，内有300多平方米的活动场地。学校原有教师5名，小学1～5年级五个班，就读学生多为临近村落的农民子女。2006年撤并至玉山镇中心小学，原校舍先后用做林宅幼儿园和林宅养老中心，现为档案馆。

实验小学

磐安县实验小学创建于1994年，校址在安文镇壶厅西路1号。2005年8月，与南园小学、安文镇云山小学和墨林乡中心小学四校合并，整体搬迁至现址安文镇下元畈小区。

学校占地80余亩，建筑面积4.2万平方米，建有6725平方米的教学大楼、3716平方米的实验科技大楼、2168平方米的行政图书大楼、17154平方米的四幢学生公寓、3793平方米的餐厅大楼和400米环形跑道田径场等；有录播教室一个，每个教室配备电子白板等教学系统。

2015年底有49个教学班，在校学生2490名，在编教职工117名，其中中学高级7人，小学高级73人，省、市、县教坛新秀、名师、骨干教师等53人，专任教师本科以上学历92人。

1994年，学校创办之初即实行寄宿制管理，以“用爱心和智慧为学生健康成长奠基”作为学校的办学理念，以“四个学会”——学会学习、学会健身、学会做人、学会创造为具体培养目标，致力于培养具有聪明的头脑、健美的身体、完美的心灵、超前的步伐,为初中段学习奠定良好基础的新时代儿童。

学校以书法教育为龙头,围绕“书浸、墨染、球健、艺陶”为特色的办学思路,每年定期举办校园书画节、读书节。至2015年,已出版书画作品集11集,《文溪飞花》学生作文集9集,《小芽儿》儿童诗集8集,2013年推出电子版校报《种太阳》。学校以教育教学改革为重点,大胆进行课堂教学改革,积极探讨新型课堂教学模式,逐步开展学生学业评价改革、学生校园生活力培植等全校性课题的实施与研究。学校编印学生“口袋书”——《好习惯益终身》,推行“一日常规”教育;学校开展实践教育,开辟校内学生劳动基地,开展种菜、卖菜等劳动实践,走进工厂、军营,开展“工农兵”生活体验教育;重视学生心理健康教育,学校心理健康辅导站被评为省一级站。重视体育艺术工作,连年获得县运动会团体第一,校足球队、篮球队、乒乓球队、艺术队等在县市比赛中多次获得团体第一的成绩。

先后被授予“省文明单位”“省示范小学”“省一类标准化学校”“省科研百强学校”“省现代教育实验学校”“省艺术特色学校”“全国书法实验学校”“全国写字教学研究中心实验基地”“全国雏鹰红旗大队”“全国体育工作示范校”等十余项省级以上集体荣誉称号。学校1995年至2015年获得素质教育目标考核和教育管理考核“双第一”。

附:

南园小学

创办于2004年9月。租用县教师进修学校为校舍,招小学一年级新生5个班,150人,选聘教师15人。2005年9月并入实验小学。

云山中心小学

始创于清咸丰元年(公元1851年),为中田村私塾学校。民国18年(公元1929年),改为中田初级小学。民国32年(公元1943年),由陈季豪任董事长筹建复兴小学,以陈氏宗祠为校舍,以15亩明智寺田与金交椅公常山为校产,用收入的山田租费作为学校的日常开支。1949年10月,学校改名中田小学。1950年11月,更名九云乡小学。1952年,改为深泽区第三中心小学,教师工资由国家发放。1958年,改名东阳县云山小学。1968年,附设初中班,改名东阳县云山公社中小学。1975年,中学分设。1982年10月,中心小学移设中田新建教学大楼。2005年9月,学校并入县实验小学。

墨林乡中心小学

创办于宣统二年(公元1910年),校址设郑氏厅楼。塾师1人,学生30人,以《三字经》《孟子》作教材。民国26年(公元1937年),改为短期小学,校址移设郑氏宗祠。次年改为双溪乡第一保国民学校,经费由财政补助、公常资助、学生学费等三方负担。1950年,改为村校。1958年,改为泉溪公社中心小学。1968年,附设初中班。2002年9月,初中部并入安文镇中。1993年4月28日,时任浙江省省长万学远来校视察。1997年,全乡村校并入中心小学。1998年8月,投资30万元,建筑面积670平方米的教学楼竣工投入使用。2005年9月,学校并入县实验小学。

文溪小学

磐安县文溪小学创办于2014年，坐落在县城新元路66号。

学校占地面积36018平方米，总建筑面积24280平方米，工程总投资约8000万元(包括教学设备等投入)。一期工程于2014年9月份完工，包括教学楼两幢、实验楼一幢、学生宿舍楼一幢、行政图书楼一幢，以及门房、广场、绿化、边坡治理、防洪堤、停车场等附属设施。二期工程计划2016年开工建设，包括学生宿舍楼一幢、食堂餐厅一幢、室内风雨操场一个、生活用房、250米塑胶田径场、塑胶篮球场、排球场，及一些附属设施。学校现有多功能报告厅、学生阅览室、教师阅览室、心理辅导室、音乐教室、舞蹈教室、美术教室、实验室、仪器室、计算机室，每个教室都安装起白板。

2015学年，学校设一、二两个年级，12个班，在校学生507人，教职员工25人，其中专任教师23人。

文溪小学是一所半寄宿制学校。学校以“国学育雅行，丹青润童心”为办学特色，重点打造国学和美术两门特色课程，积极开展国学经典诵读活动研究。学校把德育工作放在首位，以培养学生良好的道德品质和行为习惯为第一要务，让师生重视文化的力量，从“国学”中汲取营养，努力打造柔和、谦恭、滋润万物不求回报的品性。学校把“博学爱生，乐教善导”的教风和“乐学善思，合作探究”的学风融入教育教学活动中，营造“文明和谐、求真向上”的校风。

截至2015年底，学校先后获得“浙江省标准化学校”“全国阅读示范基地学校”等荣誉称号。在县第十届中小学艺术节中，获得现场艺术展示一等奖，现场文艺比赛教师节目一等奖。

第三章　初中教育

民国31年(1942年),磐安县在下五美乡(今深泽乡)金仙寺创办战时初级中学生补习学校,2个班级,152名学生,教职员工15人,次年改名为“县立初级中学”。义乌私立中国中学、浙江省立宁波中学也在这一年分别搬迁到安文镇与大皿村。民国34年(1945年),中国中学迁回义乌时在安文镇留一分部,命名文范中学。次年一月,宁波中学搬回宁波。同年,县立初级中学迁到大盘利济村,1949年8月迁到大皿,在翠峰乡(今新渥镇)宅口小学设立分部。1950年磐安县立初级中学迁到县城后,合并文范中学、县简易师范、县立初级中学玉虹分部(今尚湖镇青龙头村),命名为“磐安县初级中学”,在尚湖、今新渥镇宅口、玉山中心校各设一个初中班。到1958年,全县有玉山、尚湖、大盘殿下、仁川黄余田、双溪史姆5所初级中学。1966年,学校停课。1968年初中恢复招生,“三三制”(初高中分别三年)改为“二二制”,各公社中心校均有附设初中班。1976年,不少生产大队也设立初中,当年,磐安境内有初中63所。1983年磐安恢复县建制后,生产大队一级的初中相继撤并。1988年,安文镇开始实施普及初中教育。

20世纪50年代至60年代,农村经济不景气,农民子弟流生现象严重。到80年代,随着农村经济的迅速发展,以及家长对大中专毕业生便于就业前景的看好,学生入学踊跃。

第一节　发展概况

1990年8月,县委县府与各乡镇签订《实施义务教育法责任书》,推动全县初中的普及工作。责任书确立乡镇党委政府的目标与责任:每年至少4次专题研究教育,制订实施义务教育的具体措施;明确普及初中教育标准,每年小学毕业生升初中的比例达到98%,巩固率达到98%,按时毕业率达到90%,普及率达到85%以上。同时对各乡镇进行考核和奖惩,对完成普及义务教育成绩显著的乡(镇),给予乡(镇)人民政府奖励性补助办学经费3000～10000元,并给予书记、乡(镇)长和分管教育干部适当的奖励,对完不成上述指标的乡(镇),扣罚书记、乡(镇)长和分管教育的干部全年奖金的5～15%。

1990年9月,岭口乡实施初中普及教育。1991年9月,冷水、窈川、尚湖、高二等4个乡镇实施初中普及教育。1992年5月,撤销安文、盘山、玉山3个区公所,云山并入安文,山环并入尚湖,玉峰、岭口合并改名玉山,四协并入方前,天网并入仁川,前山并入胡宅,26个乡镇撤并成20个。同年9月,双溪、胡宅、方前、尖山、新渥等乡镇实施初中普及教育。1993年9月,仁川、盘峰、万苍、九和等4个乡镇实施初中普及教育,全县完成初中普及的办学目标。

1994年7月,全县单办初中14所,完全中学1所,小学附设初中10所。规模在12个班级以上的初中有安文镇中、仁川镇中、新渥镇中、方前镇中、玉山镇中、尖山镇中、尚湖镇中等7所。初中巩固率达96%,16岁毕业率达77.38%,小学升入初中的比率达97.89%。初中教职工652人,其中专任教师448人,代课教师87人,专任教师学历合格率为52.7%,专任教师与学生比为1∶23。

1994年始，全县初中进行渐进式布局调整，四协初中部并入方前初中。1996年，山环初中部并入尚湖初中，天网初中部并入仁川初中。1997年9月，维新初中部、高二初中部、盘峰初中部并入盘山中学。1998年前山初中部并入胡宅初中，1999年玉峰初中并入玉山镇中，同年新创办的磐安二中初中部招收4个班。2000年云山初中并入安文镇中。2002年，墨林初中部并入安文镇中；九和初中部并入玉山初中。2003年，窈川初中部并入磐安二中。2005年双峰初中并入仁川镇中。2007年，磐安二中初中部与双溪初中合并，成立实验初中；安文镇中升格为县属初中；胡宅初中部并入尖山镇中；冷水初中、方前初中分别与所在地中心小学合并，成为冷水镇中心学校和方前镇中心学校，为九年一贯制学校。2008年万苍初中分头并入尖山镇中、尚湖镇中。2009年盘山中学高中部停止招生。至此，全县初中有盘山中学、县实验初中、安文初中、深泽初中、新渥初中、仁川初中、尚湖初中、尖山初中、玉山初中、冷水镇中心校初中部、方前镇中心校初中部11所。至2015年底，全县初中沿袭这一格局。2014年，新城中学和第四中学开始筹建，酝酿新的学校布局。

安文、玉山、大盘3所教办未撤之前，各乡镇初中人事、教学业务、后勤服务等一般由教办直接管理，县属学校由教育局直接管理；2009年8月，3所教办撤销之后，全县初中直接受教育局及相关科室领导。部分学校成立民间联盟，开展教学业务交流。

2009年，县实验初中与新渥初中结成紧密型教育共同体，实施“1211”管理模式，即“一所学校，两个校区，统一管理，统一评价”。2012年，安文初中与盘山中学成立教育共同体。

全县初中2004年开始进入新课程改革阶段，围绕“改变学习方式，提高课堂效益”进行教学改革。组织校长到江苏、山东学习洋思经验、杜郎口经验。在洋思模式、杜郎口模式的启发下，各校大刀阔斧地进行教学变革，涌现出实验初中助学法、深泽初中先学后教等一些课改案例。2008年9月开始，全县规范教学行为，严格执行教学常规，取消双休日补课(假日活动)。2011年，召开义务教育教学工作专题会议，评选“减负增效”先进学校与先进个人。2012年，举行义务教育段校长的课堂教学比赛。随着对课改认识的进一步深化，2015年，从单一课堂教学改革阶段逐步过渡到学校内部课程建设阶段。

表4—20　　1990年～2015年磐安县初中学生情况统计表

项目 年份	新生招生人数（人）	新生班级数（个）	毕业人数（人）	毕业班数（个）	在校生总班级数（个）	在校生总人数（人）	初中升学率（%）
1990年	3326	64	3081	63	192	9873	30.7
1991年	3613	71	3043	63	199	10095	39.6
1992年	3426	70	3007	65	206	10209	34.6
1993年	3503	73	3434	70	211	10302	40.76
1994年	4006	77	3268	67	216	10696	46.06
1995年	3006	63	3301	69	208	10311	45.79
1996年	2276	50	3895	76	187	9196	49.4
1997年	2170	48	2993	61	159	7466	—
1998年	2490	54	2280	50	152	6942	60.48
1999年	2797	59	2141	48	160	7407	74.72

续表 4—20

项目 年份	新生招生人数（人）	新生班级数（个）	毕业人数（人）	毕业班数（个）	在校生总班级数（个）	在校生总人数（人）	初中升学率（%）
2000 年	2482	54	2457	52	165	7734	81.75
2001 年	2499	52	2737	59	166	7713	79.62
2002 年	2595	52	2466	54	157	7561	80.10
2003 年	2233	49	2496	52	155	7330	84.90
2004 年	1714	41	2559	54	144	6527	90.10
2005 年	1880	42	2293	50	131	5887	92.07
2006 年	2337	48	1711	40	130	5936	93.64
2007 年	2475	50	1899	40	135	6718	95.96
2008 年	2486	49	2331	46	144	7284	97.84
2009 年	2350	49	2453	48	145	7155	97.90
2010 年	2031	45	2465	48	142	6733	98.00
2011 年	1967	45	2341	50	140	6340	97.97
2012 年	2117	52	2031	46	142	6114	98.03
2013 年	2005	47	1962	47	143	6073	98.08
2014 年	2066	46	2095	50	144	6093	98.32
2015 年	2170	52	2004	48	148	6250	98.57

表 4—21　　1990 年磐安县初中学校基本情况一览表

校名	班级数（个）	在校学生数（人）				教工数（人）
		合计	一年级	二年级	三年级	
安文镇初级中学	18	933	308	326	299	51
新渥镇初级中学	15	758	257	272	229	37
尖山镇初级中学	10	610	229	208	173	24
深泽乡初级中学	12	600	185	211	204	33
冷水乡初级中学	9	403	130	134	139	25
仁川乡初级中学	12	546	185	169	192	23
双峰乡初级中学	6	217	59	75	83	14
天网乡中心校	3	156	47	57	52	6
云山乡初级中学	6	240	77	99	64	17
墨林乡中心校	4	177	53	77	47	10
窈川乡中心校	4	188	54	57	77	10
双溪乡初级中学	6	335	107	120	108	16
岭口乡初级中学	12	745	255	261	229	34

续表 4－21

校　　名	班级数（个）	在　校　学　生　数（人）				教工数（人）
		合　计	一年级	二年级	三年级	
玉峰乡初级中学	6	355	120	131	104	14
胡宅乡中心校	6	331	116	114	101	14
万苍乡初级中学	9	483	159	170	154	18
尚湖镇初级中学	12	779	260	285	234	29
山环乡中心校	3	189	64	66	59	6
九和乡初级中学	5	225	102	84	39	10
前山乡中心校	3	155	58	57	40	6
盘山中学	9	429	145	142	142	22
方前镇初级中学	9	429	145	150	134	22
四协乡中心校	3	124	51	30	43	7
盘峰乡中心校	3	172	54	59	59	6
维新乡中心校	3	146	48	55	43	8
高二乡中心校	3	168	58	57	53	7

表 4－22　　2015 年磐安县初中学校基本情况一览表

校　　名	班级数（个）	在　校　学　生　数（人）				教工数（人）
		合　计	一年级	二年级	三年级	
磐安县实验初级中学	36	1693	574	593	526	106
磐安县安文初级中学	24	1043	356	357	330	76
新渥镇初级中学	12	467	174	166	127	37
尖山镇初级中学	17	749	260	252	237	51
深泽乡初级中学	9	385	139	120	126	36
冷水镇中心学校	6	245	84	79	82	18
仁川镇初级中学	12	332	101	104	127	32
玉山镇初级中学	10	437	159	138	140	37
尚湖镇初级中学	14	670	237	200	233	45
盘山中学	4	128	50	35	43	18
方前镇中心学校	4	101	36	32	33	12

第二节　学校管理

20 世纪 90 年代开始，全县初中实行校长负责制。校长是学校法人代表，全面负责学校的教育教学管理工作。

“三会”制度。校长办公会议研究学校重大问题,出台相关政策;行政会议(校务会)安排工作落实,优化问题解决方案;教职工会议布置一月或一周工作。

教职工考评。每年评选先进工作者、优秀班主任等荣誉,并进行年度考核,分优、合格、不合格3个档次。2008年前,学校采用结构工资激励的方法,并兼以月考核管理制度,每月对教师实行A、B、C、D四档考核。2009年始,全面实施绩效工资,大幅度提高班主任津贴,以绩效工资调动教师工作积极性。

学校管理。学生的日常管理一般采用值周制度,以“四项”(纪律、卫生、两操、安全)竞赛为载体进行管理,周一进行升旗仪式,总结上一周学生思想行为动态,并提出整改意见。2009年开始,全县学校建立传达室制度,并逐步规范升级。质量是学校的生命,教学上注重教研组、备课组的集体力量,开展系列教学研究、课堂观摩,切磋教学技艺。部分学校实施月考制度,采取优秀生、落后生个别辅导措施。

家校联系。20世纪90年代初期,学校一般安排班主任在开学前或者学期结束时家访,就学生思想、学习、社交等情况与家长取得沟通。进入21世纪,随着通信工具的便捷,学校通过话访、家长会、家长委员会、上门家访、致家长一封信等多种形式及时与家长取得沟通,充实管理力量。

2010年开始,全县初中趋向于内涵式发展,开展提炼教育理念、布局校园文化建设、制定学校章程,以及培育特色发展等方面工作,走上行政、制度以及人文相结合的管理路径。

为便于学校管理,各校均设有教导处与总务处。教导处负责学校教育教学,总务处负责学校后勤管理。校长、教导主任、总务主任是学校管理传统上的三驾马车。为加强学生管理,20世纪90年代初,城区初中负责学生思想政治工作的职能从教导处分离,设立政教处,原部门改为教务处;部分初中设立德育办公室,安排男女生活指导师,负责住校学生的思想教育工作。后来,乡镇初中德育办公室易名为政教处,负责学生德育工作。1998年,12个班级以上的学校成立教科室,负责教育科学研究工作,12个班级以下的学校科研由教导处兼管。2005年,安文初中设立校长行政办公室,负责学校接待、文秘、档案等工作。2006年始,乡镇初中也普遍设有校长办公室。为推动新课程改革,2011年,深泽初中成立课改办,负责课改以及科研工作。

2010年8月,县教育局下发“磐教〔2010〕75号”文件,规范学校机构与中层干部职数。部分初中,如安文初中、实验初中等通过竞聘选拔学校中层干部,任期3年。因工作需要,许多学校还成立临时工作小组,整合学校人力资源,负责落实学校重点工作。如文明单位创建小组、标准化学校创建小组等。临时工作完成,小组职能跟着取消。

学校职能部门的设置随着社会形势和时代发展的需要不断改变,安文初中管理机构的变化可以清晰反映这一变化:

1990年:党支部、校长室、教务处、政教处、总务处、企管处。

1995年:党支部、校长室、教务处、政教处、总务处。

2000年:校长室、党支部、政教处、教务处、总务处、教科室。

2005年:校长室、党支部、校长办公室、教务处、政教处、总务处、教科室。

2015年:校长室、党支部、校长办公室、教务处、政教处、总务处、教科室。

附：

安文初级中学管理机构网络示意图(2015年)

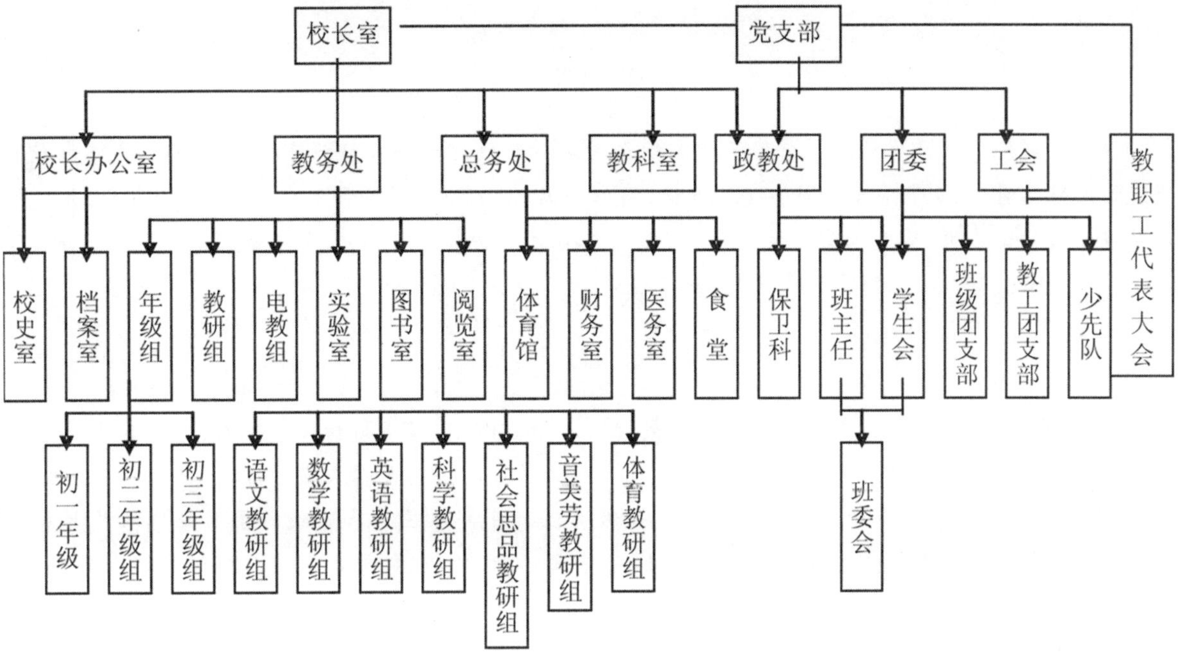

第三节　规章制度

科学的管理制度是学校工作有序运作的保证。磐安县各初中学校在执行国家颁发的教育法规、重要决议以及教育主管部门的规章制度外，同时根据各校实际情况制定规章制度进行管理，如考勤制度、教学评价方法、班主任考核制度、绩效工资操作办法等。学校规章制度是对教育法规与上级政策的进一步细化，也是学校制度管理工作中重要的文本依据，具有实用性、地域性、时限性等特点。

学校制度在管理工作中一直在不断完善。实验初中每年教代会都有一项关于制度修改的议题，征求教职工意见，民主集中，最后形成修改决议。2014年，磐安县实验初中的规章制度汇编列有14条目录。以下所录为实验初级中学各项制度目录以及《实验初级中学班主任考核制度》的具体内容，是初中学校规章制度的典范。

一、实验初级中学各项制度

实验初级中学出台的制度有磐安县实验初级中学章程、教职工年度考核办法、奖励性绩效工资操作办法、教职工月考核办法实施细则、考勤制度实施细则、学年中考激励制度、学生素质教育激励机制、教师教学评价方法、班主任考核制度、值周制度汇编、教科研奖励办法、校园文化建设方案、财产管理制度，以及食堂职工职责及考核办法等。

二、县实验初中具体规章制度举例

例 1:

磐安县实验初级中学章程

(2015 年 11 月 30 日第三届第四次教职工代表大会审议通过)

序　言

磐安县实验初级中学是以原磐安二中初中部为基础而创建的县属初级中学。学校原址位于安文镇文溪北路 1 号。2007 年 8 月因磐安二中初、高中分离,其初中部迁址到安文镇南园路 91 号,并与原双溪乡初级中学合并,易名为实验初级中学,又名南园初级中学。同年始,七年级接收原墨林、云山区域的学生入学就读。

第一章　总　则

第一条　为全面贯彻党和国家的教育方针,规范学校内部管理体制和运行机制,大力推进素质教育,努力提高教育教学质量和依法治校水平,保证学校稳定、持续、健康发展,构建现代化学校,根据《中华人民共和国教育法》《中华人民共和国义务教育法》《中华人民共和国教师法》《中华人民共和国未成年人保护法》《全面推进依法治校实施纲要》等有关法律、法规、规章和上级其他规范性文件,结合学校实际,制定本章程。

第二条　学校全称为实验初级中学,曾用名为南园初级中学,英文表述为 Pan'an Experimental Middle School。

学校地址为安文镇南园路 91 号,邮政编码为 322300,学校网址为 http://www.pasycz.com/。

第三条　学校隶属教育局,经登记批准,是具有法人资格的办学机构,独立承担民事责任。学校是一所实施三年制初中教育的全日制公办教育机构。

第四条　学校面向教育局规定的学区范围内招生,招生对象为当年本学区对口的应届小学毕业生。招生规模以教育局核定的班级和人数为准。

第二章　办学理念与学校文化

第五条　学校的愿景目标:建设实验性、示范性、引领性的具有现代学校制度特征的浙中山区知名学校。为学生的终身发展打下坚实的学力基础和健全的人格基础,让老师和学生都能过上幸福完整的教育生活。

第六条　学校的办学理念:自主树人,和悦化文,质量兴学,特色立校。

第七条　学校的办学目标:为高级中学培养健康学子,为一流学校涵养幸福教师,为初中教育探索教育规律。

第八条　学校的办学特色:合唱、校园足球及自主教育德育工程。

第九条　师生的共同价值追求:心正身正行正,爱教爱生爱校,勤学善学乐学,成人成才成功。

第十条　校园文化主题为"和悦",意为"天和地和人和,悦人悦己悦天下"。

第十一条　校训:求真　扬善　崇美　创新　　校风:园育百卉　生生不息

教风:合作　优雅　生本　业精　　学风:自主　乐思　勤奋　精进

第十二条　校刊:《星语》

校报:《南园少年》

校徽:

第三章　学校内部的管理体制及运行机制

第十三条　学校实行校长负责制。校长是学校的法定代表人,对外代表学校,对内全面负责学校的教育教学和行政管理工作,按照本章程管理学校,接受教育行政部门的评估、检查、审计和监督,接受学校教职工代表大会和校务监督委员会的监督。学校副校长在校长领导下分管学校德育安全、教学教研和总务后勤等工作。

第十四条　校长依法履行下列主要职责:

(一)组织起草学校章程、发展规划,并负责组织实施。

(二)组织制定规章制度、工作计划,并负责组织实施、检查和评价。

(三)学校实行全员聘用合同制,按县人事部门核准的岗位设置,进行定编、定岗、定责、定工作量。教职工由校长聘任,未聘人员按有关规定处理。

(四)执行上级教育行政部门的决定和指示。

(五)领导学校各职能部门及常设机构,完善岗位设置,维护学校秩序。

(六)负责学校日常事务管理,主持校务会议审议重大事项并作出决策。

(七)负责学校教育教学工作,大力推进素质教育。

(八)负责教职工队伍建设,促进教职工全面发展。

(九)负责学校财务、基建及重要设施设备购置的审批。

(十)负责学校安全工作。

(十一)组织协调学校与政府、社区、家庭等方面的关系,为学校创造良好的育人环境。

第十五条　学校决策形式:

(一)校务委员会。由学校领导、教师代表、家长代表、社会代表等人员组成。校务委员会主任由校长担任。校务委员会主要负责审议有关学校发展、学生管理等重大事项。

(二)校长办公会议。学校重大问题由校长办公会议决策。校长办公会议成员为正副校长和党支部书记。会议由校长主持,办公室主任列席会议并做好会议记录。

(三)党支部委员会会议。由学校党支部书记组织定期召开支部委员会,研究商讨学校发展的重大问题等。

(四)中层以上行政班子会议。由校长定期组织,中层以上干部参加会议,讨论研究学校日常工作中的有关问题,定期对教职工进行考核评价,必要时可根据议事内容召集有关人员列席参加。

(五)教职工代表大会。由工会组织召开,讨论通过与教职工利益直接相关的重大事项。

根据管理权限,须报上级有关部门批准的重大问题应按规定程序报批后方可实施。

第十六条　成立校务监督委员会。根据《校务监督委员会建设工作方案》,推进学校廉政建设和反腐败工作,选举产生校务监督委员会成员若干名。参与制定、审议学校章程、发展规划和其他规章制度、人事与财务方案等重大事项。

第十七条 学校党组织是中国共产党在学校的基层组织，是学校的政治核心。党支部发挥党组织的战斗堡垒作用，并带领共产党员发挥先锋模范作用；领导学校工会、教职工代表大会、共青团等群众组织，对学校行政工作的重要问题提出意见和建议；支持校长充分行使职权，并保证、监督校长依法办学。

第十八条 学校建立以教师为主体的教职工代表大会制度，保障教职工参与学校民主管理和进行民主监督。

学校工会作为教职工代表大会的工作机构，依法保障学校民主管理、民主监督的落实，维护教职工的合法权益。

第十九条 学校设置办公室、教务处、政教处、总务处、教科室、工会和团委等职能部门，分别承担相应的管理职能。职能部门负责人由学校考察提名，报上级教育行政主管部门审核后由校长聘任。

第二十条 成立年级教育教学管理小组，共同落实学校教育教学的决策，摸清年级教与学的情况，研究具有针对性、实效性的措施，及时解决教育教学中出现的问题。

第二十一条 学校依法实行信息公开，切实保障教职工、学生、社会公众对学校重大事项、重要制度的知情权、参与权、表达权和监督权。

学校建立健全档案管理制度。学校建立档案室，加强各类档案资料的收集、整理和归档工作。

第二十二条 学校建立健全校内申诉制度，设立校长信箱，依法健全校内纠纷解决机制，综合运用信访、调解、申诉等争议解决机制处理学校内部各种纠纷，保障学生和教职工的合法权益。

第二十三条 学校依法接受教育及其他政府相关部门的管理和监督，充分利用校园网、校讯通、校长信箱和家长代言人等平台接受社会、家长的监督，听取社会各界对学校工作的意见和建议。

第二十四条 建立健全平安校园制度，制定校园安全应急预案，定期开展安全教育，组织安全演练，加强校舍、交通、消防、饮食卫生、健康、治安，以及教育教学安全管理，防范安全事故发生。

第四章　教育教学管理

第二十五条 学校实行年级组和教研组并存的组织形式。分年级设立年级组长，协助学校负责全年级教育教学工作。同时分学科设置教研组，教研组下设备课组，负责集体备课和教学研究活动。

第二十六条 学校实施“自主教育”德育工程，以班集体建设和德育讲坛为载体，践行“五自”教育模式，有计划有序开展系列主题教育活动。

第二十七条 学校坚持全员德育原则，校长负责，教职工参与，实行教书育人、管理育人、服务育人。切实加强班主任队伍建设，提高班主任的责任感和业务水平。

第二十八条 学校贯彻国家课程、地方课程和校本课程三级管理体制，认真执行国家和地方课程计划，积极开发校本课程，根据学校实际情况编制具备学校特色的校本教材，并逐步形成学校独立的课程体系。

第二十九条 学校严格按照国家规定的教育教学要求，开足开好各门课程。坚持以教学为中心，实施素质教育，开展教育科研和教学研究，推进课堂教学改革，积极探索符合本校实际的“和悦课堂”教学模式。

第三十条 严格执行课程标准和教学计划，维护作息时间表、课程表和周工作安排表的严肃性，任何班级和个人均不得擅自停课和调课，确需调课，需报教务处批准。

第三十一条　学校采用班级授课制，教材、学习资料的征订由学校教务处统一管理，任何个人不得擅自向学生推销任何学习资料。

第三十二条　汉语言文字为学校的基本教学语言文字，学校使用全国通用的普通话和规范字。

第三十三条　学校教师按照国家规定的教学计划、课程设置及课程标准制订学期的教学工作计划，安排好教学进度，做好学期中、学期末的教学总结和质量分析。

第三十四条　任课老师不得利用寒暑假、节假日、业余时间进行违规带生或有偿家教，不参与任何营利性社会力量办学。

第三十五条　重视学生的体育、美育、劳动教育和卫生教育，严格执行国家颁布的有关学校体艺、劳动实践及卫生健康工作的法规、条例。

第三十六条　学校建立心理辅导室，建立学生心理健康档案，开展学校心理辅导工作。

第三十七条　学校成立信息管理中心，加强教育装备和信息技术管理。设立校园网，建立网络化的教育教学资源库，创设教师交流展示的平台，以实现教育教学信息资源的共享，推动学校的信息化建设。

第五章　学生管理

第三十八条　按有关规定被本校录取或转入本校学习的学生即取得本校的学籍。加强学籍管理，规范转学、休学、复学等手续，建立学生档案。

学校实施初中段三年制义务教育制度。学生德智体和心理等各方面达到规定要求，修完规定课程且成绩合格者，准予毕业，发给义务教育毕业证书。

第三十九条　学生享有下列权利：

1. 学生享有法律、法规规定的受教育的权利。
2. 参加教育教学计划安排的各种活动，按教师的要求使用教育教学设施、设备、图书、音像资料。
3. 按照国家有关规定获得奖学金、助学金。
4. 在学业成绩和品行上获得公正评价。
5. 对学校给予的处分不服向有关部门提出申诉，对学校、教师侵犯其受教育权、人身权、财产权等合法权益，提出申诉或依法提起诉讼。
6. 法律、法规规定的其他权利。

第四十条　学生应当履行下列义务：

1. 履行法律、法规规定的受教育者的义务。
2. 遵守法律、法规，遵守《中小学生守则》，遵守学校章程、学校的管理制度和行为规范要求。
3. 尊敬师长，养成良好的行为习惯和思想道德品质，自觉维护学校荣誉。
4. 努力学习，完成规定的学习任务。
5. 文明守纪。

第四十一条　学校建立学生成长档案，对学生实施综合素质评定，促进学生全面发展。每学期评价结果记入学生本人档案。在某方面有突出成绩或进步显著的学生，予以表彰和奖励。对违反校纪校规的学生予以批评教育，并可对情节严重者给予相应处分。

第四十二条　学校实施寄宿制管理。学生生病或临时有事外出，必须填写请假条并经班主任同意方可离校。

第六章　教职工管理

第四十三条　学校执行国家教师资格证制度和教师专业技术职务评聘制度,依法实行学校用人制度。

第四十四条　教师享有《教师法》及有关法律、法规规定的权利,履行《教师法》及有关法律、法规规定的义务。遵守学校的规章制度,履行岗位职责,自觉维护学校荣誉和利益。

第四十五条　学校实行教职工岗位责任制。每学年对教职工的职业道德、业务水平和工作实绩等进行综合考核评价,考核结果作为续聘、转岗、解聘、晋升和奖惩的基本依据。

第四十六条　学校实行教职工岗位聘任制。按上级有关规定结合学校实际情况,定岗、定责、定人、定工作量,实行全员聘任合同制,对不服从学校分工或不能完成教育教学和各项工作任务的,学校将予以辞退。

第四十七条　学校实行绩效工资制。绩效工资分配方案须经教职工代表大会审议通过。

第四十八条　学校对在教育教学、科研、管理服务等方面表现优异、业绩突出者予以表彰和奖励。

学校对违反校纪校规和合同,或在工作中造成失误和不良影响的教职工,视情节轻重,按照有关规定予以批评教育和惩处。

第七章　学校资产及财务管理

第四十九条　学校具体经费来源包括财政拨款收入、事业收入和其他收入等。学校资产受法律保护,任何单位、个人不得侵占、私分和挪用。

第五十条　学校对侵占校舍、场地、设施等的行为和侵犯学校名称权及无形资产的行为,应积极履行国有资产管理职责,依法追究侵权者的责任。对学校财物造成损坏的应当照价赔偿。

第五十一条　学校建立健全财产、物资管理制度,建立账目,落实专人管理,定期清点,及时做好变更、增减手续。

第五十二条　学校如遇因政府规划调整等不可抗拒因素而需要迁址、合并、分立或终止时,应当及时制订保护学校资产安全的方案,并依法进行资产清算。

第五十三条　学校建立健全财务管理制度。学校财务活动在校长领导下开展,实行民主管理和财务公开。

学校执行国家统一的会计制度,配备具有专业资格的会计人员,依法进行会计核算,建立健全内部会计监督制度,保证会计资料合法、真实、准确、完整。

第五十四条　学校依法向政府部门提出年度预算安排意见,经批准后执行,并接受上级教育行政部门和财政、税务、审计、监察等相关职能部门的监督。

第五十五条　学校严格执行收费政策,规范收费行为,按照有关部门确定的项目和标准收费。各项收入按照有关规定实行收支两条线管理。

第五十六条　学校依法接受社会各界的捐赠,建立健全受赠财产的使用制度,加强对受赠财产的管理并接受社会监督。

第八章　学校与家庭社会的关系

第五十七条　学校成立家长学校,通过校讯通或定期召开家长会向家长宣传正确的育人观和教育方法。

第五十八条 推行家长代言人制度运行模式，分年级召开家长代言人座谈会，充分发挥代言人作用，共同致力于学校管理。

第五十九条 学校成立家长委员会，让家长充分享受对学校教育教学工作的知情权、评议权、参与权和监督权，完善学校、家庭、社会三位一体的教育体系，营造良好的教育环境。

第六十条 学校依靠当地政府和公安部门共同开展校园及周边地区的综合治理工作，建设平安文明的和悦校园。学校充分利用社区的有关德育、科普、法制等教育资源，为学生的校外教育实践活动提供设施和场地。

第九章 附 则

第六十一条 学校建立健全本章程统领下的学校规章制度体系，即包括教育教学、学生管理、教职工管理、财务管理、后勤管理、安全管理制度以及各种办事程序、各种内部组织的组织规则、活动程序、议事规则、应急管理等制度。规章制度的立、改、废均依照民主程序进行。

第六十二条 本章程未尽事宜按照法律、法规、规章及上级其他规范性文件执行。如有抵触，以法律、法规、规章及上级其他规范性文件为准。

第六十三条 本章程经教职工代表大会审议通过，校务委员会审定，并报经教育局核准后生效。本章程的修改，需由校务委员会或1/3以上教职工代表大会代表提议方可进行，经教职工代表大会审议通过。

第六十四条 本章程由校务委员会负责解释。

附件：校徽的解读

校徽主体图案是山和水，寓意山水磐安。山形如瑞兽麒麟，特指我校背后的麒麟山，水是指学校前面的花溪，学校背山面水，青山绿水，山清水秀，环境优美。校徽主体内容指明我校所处的优美的地理环境。花溪的造型暗含字母N，鸟形图案暗含字母Y，是南园二字拼音的开头字母。三根线条表示：一流的管理，一流的师资，一流的质量。校徽中鸟形图案有多种寓意：一是指莘莘学子如同雏鹰展翅翱翔在校园上空。二是鸟形图案如同书本，寓意同学们勤奋学习，知识改变命运，冲出磐安，飞向世界。三是鸟形图案有字母v的造型，有胜利、成功的寓意。

例2：

磐安县实验初级中学班主任考核制度

（二〇一五年十一月三十日校三届四次教代会通过）

班级是学校进行教育、教学工作的基本单位。班主任是班集体的组织者和指导者，是学校实施教育教学工作的得力助手。为加强班级管理，激发班主任工作热情，提高班主任综合能力，使学校的管理工作规范化、制度化，促进学生全面发展，健康成长，特制定班主任考核细则。本办法由考核方法、考核细则、班主任津贴发放办法和说明四部分组成，由学校班主任工作考核领导小组负责实施。

一、考核方法

1. 建立由校行政、政教处组成的班主任考核小组，负责考核评分。

2.制定班主任考核细则和操作规程,逐项对照给予评定。

3.结合学校开展的有关工作和平时的检查、抽查,给予考核评分。

4.班主任考核内容由月考核、学期考核两部分组成。

二、月考核细则

班主任考核分职责履行、常规管理、学风评价、安全管理四大块进行,具体职责履行20分,常规管理40分,学风评价20分,安全管理20分,侧重对班主任班级常规管理的考核。

1.职责履行(20分)每项4分

(1)课间操按时到岗,尽职尽责,每缺一次扣0.5分;早锻炼每周至少2次,少一次扣1分,多一次加1分;排队就餐管理每周5次,少一次扣1分,多一次加1分。由值周组负责统计考核,上交政教处,每周公布。

(2)每星期到寝室巡查,签到不少于3次,少一次扣分,多一次加1分。由寝室管理员统计,上交政教处,每月公布。

(3)按时参加学校召开的班主任会议,迟到或早退一次扣0.5分,不到一次扣2分,每月按政教处的布置开好班团活动课,走过场的扣1分,没有开的扣2分。政教处检查并统计考核,每周公布。

(4)期初制订班主任工作计划,期末完成班主任总结,不及时的扣1分,没有完成任务的扣2分,质量不高的或抄袭的扣1分,期末写好学生品德评语,不认真写的扣5分,没有写的考核一票否决。由政教处检查并统计考核。

(5)按时完成并上交有关处室材料,迟交的扣0.5分,不交的扣2分。由政教处检查并统计考核,每月公布。

注:(1)早锻炼和晚寝到位可以合并,累计每周不少于5次,但每周的早锻炼或晚寝到位次数不能少于1次。(2)根据阶段性工作的需要,政教处可临时规定班主任各时段的到位要求,并且从严考核。

2.常规管理(40分)(侧重四项竞赛成绩,每月公布文明班级、文明寝室)

(1)仪表:学生文明礼貌,主动向老师问好,不穿拖鞋、背心,戴好校牌(体育课除外),男生不留长发,女生不戴首饰。

(2)公德:爱护公物和公共财产,不故意损坏物品或损坏后能及时到总务处理赔,门、窗完好,晚自修结束后能及时关好门窗,关掉电灯,节约用水,教室墙壁无球印、脚印、污迹,教室、寝室窗明几净。

(3)集会:升旗仪式和集会要做到静、齐、快,严肃认真,离场有序。

(4)三操:早操、课间操、眼保健操动作到位,无讲话,秩序井然,有良好的精神风貌。

(5)自主学习:学生按时参加,人数齐,朗读的声音响亮,晚自学无人讲话,认真作业。

(6)午睡和课间纪律:午睡课人数齐,无人讲话、做作业、无人走动。

(7)读报写字:读报写字课按规定进行读报、写字、唱歌。

(8)就寝纪律:按时就寝,按时关灯,熄灯后无人讲话,无人走动,无人照手电看书,不吃零食;通学生不得进入宿舍。

(9)教室卫生:教室要保持全天候整洁,一日三扫,黑板要洗干净,教室里的塑料瓶不随地乱扔,扫把、拖把要放整齐,畚斗内垃圾较多要及时清理,讲台干净整齐,墙壁干净无破损,无蛛网。

(10)公共场地卫生:本班的公共场地要每天餐后打扫三次,并保持干净。

(11)寝室卫生:见实验初中寝室管理规定和扣分细则。

(12)文明就餐:学生排队就餐进餐厅,不浪费粮食,自己的餐位保持干净。

(13)学生不带通信工具进校园。

(14)主零食不进教学楼;不在课堂内吃零食;不在校园内边走边吃零食。

3.学风评价(20分)

以教务处考核为准。

4.安全管理(20分)

(1)对学生经常性的进行安全教育,确保学生在校期间不发生重大事故,对班级出现的重大问题和事故要及时解决,并及时上报。

(2)班级内学生无打架斗殴事件,杜绝吸烟、喝酒、打牌、赌博、偷窃等事件,不进不健康的娱乐场所,严禁看不健康书籍,严禁与校外不良人员来往。

(3)班主任管理不当导致学生出走或发生重大事故的,视事故大小或情节严重程度给予扣分,情节严重者降档处理。

(4)学生严重违反校纪校规,影响较大,被学校纪律处分的按处分级别给予相应扣分。如被派出所传唤、立案调查,相应班级班主任考核一票否决。

班级出现安全事故酌情扣分,情节严重者月考核c档,并在学期考核中予以体现。

5.奖励加分(由各年级分管主任提出加分事由,共同商定具体加分量)

(1)主题班会、公开课全校或全县、市的观摩课,组织好、效果佳,评价好,酌情加分。

(2)执行领导布置的工作,乐意接受临时任务,并能很好完成任务酌情加分。

(3)文明班级、文明寝室可酌情加分。学生中有一定影响的好人好事,酌情加分。

(4)在各类团体比赛或活动中,优胜班级或表现突出班级酌情加分。

三、班主任学期工作考核(100分)(作为学校评先、评优的依据)

1.学期班主任月工作考核积分(60分)(一个学期成绩以五个月计)

(1)每月班主任月考核A等的积6分,B等积5分,C等积4分。

(2)学期班主任月考核积分=每月班主任月考核等次的积分+四项竞赛学期总分/10。

2.班级学风评价(20分)

班级期末考试总分1～3名得20分,4～6名得18分,7～8名得16分,9～12名得14分,以各年级组为单位,以教务处考核为准。

3.公物管理评价。(10分)

以各年级组为单位,由总务处考核为准。

4.班主任工作民主评价。(10分)

由学校办公室组织学生对班主任一学期的实际工作表现和成绩进行民主评议,A等10分,B等9分,C等8分。

四、班主任考核等第及奖惩

考核等第分三档,A:90分及以上;B:80分及以上;C:80分以下(纪律、卫生单项月扣满5分者不能打A档)。月考核A等级名额不超过25%,原则上以年级为单位。

月考核奖金:A档230元,B档200元,C档100元。

五、几点说明

1.班主任考核由政教处具体负责,校长室审批。常规管理的各项考核,均以扣完该项满分为止,最高分不超过该项满分。

2. 学校允许的每周临时请假次数,班主任比其他教职工多一次。

3. 在本校担任班主任,累计六年的现任班主任,每月补贴 50 元;累计七年及以上的现任班主任,每月补贴 60 元。此项补贴从校长基金开支。

4. 校长基金将对班主任工作进行奖励,按工作表现,划分一、二、三等奖。

5. 本制度解释权归校长室和政教处。

第四节　初中简介

盘山中学

盘山中学坐落在大盘镇盘山中路 35 号,创办于 1958 年 9 月,原名磐安县第三初级中学。1958 年 11 月,易名为东阳县盘山初级中学。1970 年 9 月增设高中部。1983 年 10 月更名为磐安县盘山中学。1987 年林业技术学校并入盘山中学高中部。1997 年,高二、维新、盘峰三乡的初中相继并入盘山中学初中部。2009 年,第四轮学校布局调整,盘山中学高中部停止招生。

学校占地面积 13476 平方米,建筑面积 11600 平方米,绿化面积 1840 平方米,建有多功能阶梯教室、音乐教室、书画教室、标准化实验室、教学仪器室、图书阅览室、计算机室等功能教室,有 150 米塑胶操场、50 米直道运动场,还有学生农业拓展基地。

2015 年,学校有 4 个班级,在校学生 168 人。教职员工 18 人,其中专任教师 14 人。

学校全面贯彻国家的教育方针,全面实施素质教育,因地制宜,因材施教。输送的毕业生中,有博士后 2 人,博士 5 人,处级以上领导 50 多人,正高以上职称 10 多人。

20 世纪 90 年代以来,学校获得不少荣誉称号:1992 年被评为"金华市先进中小学";2005 年被评为"金华市文明单位";2006 年通过浙江省标准化学校验收,被命名为"金华市绿色学校""金华市示范实验室学校";2008 年被评为"金华市语言规范学校""金华市治安安全单位""浙江省三级档案室"。2011 年,被评为"金华市课改示范学校";2014 年底被评为"浙江省绿色学校"。

附:

高二中心学校初中部

原属东阳县高二公社中心小学,1968 年附设初中,1976 年设高中班(1979 年停办),1982 年下陈初中并入。1997 年 8 月,初中并入盘山中学。

维新中心学校初中部

1968 年,后阁设初中。1972 年 9 月,在白岩头办五七高中,1977 年,高中并入盘山中学。1978 年,后阁初中点并入维新公社中心学校。1997 年 8 月,维新初中并入盘山中学。

盘峰中心学校初中部

原属大盘区第三中心小学，1968年附设初中，改为东阳县盘峰公社中小学。1974年设高中，1979年高中停办。1981年，初中分设。1991年，初中并回，改名盘峰乡中心学校。1997年8月，初中并入盘山中学。

磐安林业技术学校

1975年创办之初，借用盘山中学校舍，1个班，56名学生。1976年迁大盘乡光明村会堂，3个班，168名学生。次年3月，在大盘乡石上岭头建造6个教室，以及教工宿舍、厨房厕所等生活设施，建筑面积888平方米。1979年，更名为东阳县盘山区农业中学，受盘山区公所领导。1984年9月，改名为林业技术学校，由县文教局与林业局联办。此后每年招生1个班，连招4届。学校教职工8～9人，输送毕业生462人，其中12名被县林业局录用。举办短期缝纫培训班22期，结业532人。开茶园54亩，封山育林166.7亩。每年勤工俭学收入3000多元。1987年8月，学校并入盘山中学。

新渥镇初级中学

新渥镇初级中学位于新渥镇宅口村翠峰北路1号（俗称“文元背”），创办于1968年8月，始称东阳县新渥公社宅口小学附中，学制二年，2个班，学生128人，教职工7人。1978年，学制三年，8个班，学生425人，教职工16人。1983年12月，学校易名磐安县新渥中心小学附中，6个班，学生287人，教职工16人。1984年8月，附中与小学分开，改名为新渥乡初级中学。1985年8月，新渥镇双溪小学附中并入，更名为新渥镇初级中学，13个班，674名学生，37名教职工。合并后学校用房无法满足需要，初一年级放在双溪就读。1990学年，有15个教学班，学生758人，教职工35人。1993年8月，初一年级迁回本部。1995年6月，学校挂牌“银鹰中学”。2010年6月，与县实验初中建立“共同体”关系，改挂“县实验初级中学新渥校区”校牌。

2015学年，学校有11个教学班，学生467人，教职工37人（借用3人，上挂1人，代课4人），其中中学高级教师4人，中级职称教师19人。学校占地面积15242平方米，建筑面积7782平方米。有教学楼、科技综合楼、师生餐厅、学生宿舍楼、教职工宿舍楼和行政办公楼等楼房6幢，有科学实验室、计算机教室、图书阅览室、音乐舞蹈室、美术教室、心理健康辅导室、体育活动室、卫生室和各种仪器室等十多个。

在20世纪80年代到90年代初的十年间，学校为当地乡镇初中打造出一块品牌。2010年与县实验初中建成共同体后，教育教学质量再现喜人局面，中考成绩稳步攀升，学生参加市县文艺表演、体育竞赛以及各学科竞赛都取得较好成绩。

学校先后获得省市县级数十项荣誉称号，如省“创安”先进单位、市示范性学校、市课改实验基地、市示范性实验室、市文明单位、市卫生先进单位、市农函大办学先进辅导站、市级绿色学校、县先进学校等。

尖山镇初级中学

尖山镇初级中学，创办于1968年9月，当时为东阳县尖山公社中心小学附设初中，校址在尖山村下市基。1976年9月增设高中,1979年停办。1981年管头、栗岭、东里、三村(小坑姆、里岙、湖田)4个初中点并入。1982年,初中分设,名东阳县尖山公社初级中学。1983年10月,更名磐安县尖山乡初级中学。1985年7月,改为尖山镇初级中学,同时新宅、楼下宅两所附中并入。1997年9月,迁入尖山镇新街38号新校园。2007年9月,胡宅中心校初中部整体与万苍初中部分并入。

2015年,学校有班级16个,学生756人,教职工51人,其中专任教师45人。

校园占地面积18979.4平方米,校舍建筑面积9728平方米,绿化面积2805平方米,体育场地5400平方米,内含100米直跑道、250米环形跑道的半标准的运动场。学校有普通教室16个,有计算机、多媒体、实验室、仪器室、音乐室、美术室等专用教室。

20多年来,学校领导与教职员工同心同德,务实求真,着力于校风学风的建设与学生整体素质的提升,为全县乡镇初中的教育教学管理树立起一面旗帜:素质教育目标年度考核连续6年获县一等奖,教学管理考核连续5年获县第一名。同时先后获得50多项县市级先进集体荣誉,如"金华市示范初中""金华市收费规范学校""金华市治安安全单位""金华市阳光食堂、透明厨房学校""金华市文明单位""省示范初中""省轻负担高质量学校""省标准化学校""省绿色学校"等。

附:

胡宅中心校初中部

1966年9月,胡宅乡中心小学附设农中,次年停办。1969年附设初中。1976年,设高中。1979年,高中停办。1980年,初中分设。1983年,初中并入中心校。2006年底,在校生3个班,131人,教师12人。2007年9月,学校并入尖山初中。

万苍乡初级中学

校址在雅庄村玉虹溪畔,创办于1968年9月,初名东阳县雅庄小学附设初中。1982年9月,初中分设,定名东阳县万苍公社初级中学,同时斐湖附中并入。1983年10月,改名磐安县万苍乡初级中学。2005年校园占地4669平方米,建筑面积3051平方米,体育场地300平方米,绿化面积356平方米。在校学生4个班,184人。专任教师15人,其中本科4人,专科11人。1993年至2005年,荣获市县级奖励24项。2007年9月,学校撤并,以雅庄村玉虹桥为界,桥东部分学生入读尖山初中,桥西部分学生入读尚湖初中。

仁川镇初级中学

仁川镇初级中学位于仁川镇柳坡村下片6—1号。

学校创始办于1968年9月,附设于仁川公社中心小学,校址在黄余田村。1976年9月,仁川公社办在黄檀林场的"五七"林业高中搬迁到仁川公社柳坡村,借用柳坡村村西养猪场上课,建成砖木混结构的、有八个教室的教学楼一幢。1978年7月,仁川公社五七林业高中并入安文农中,9月,仁川公社中心小学附设初中班的初一学生迁往柳坡村八教室教学楼上课。同时,方山、洋庄、胡庄等初中点并入仁川公社中心小学。1984年初中小学分开,设在柳坡的初中部定名为"磐安县仁川乡初级中学"。

同年，在校园内新建教学楼一幢。1985 年 9 月，在黄余田村就读的初二、初三学生全部迁往柳坡村。1992 年 7 月，更名为磐安县仁川镇初级中学。1996 年 8 月，天网中心校初中部并入。2005 年 8 月，双峰乡初级中学并入。

学校占地面积 9665 平方米，建筑面积 7096 平方米，体育场地 2100 平方米，校园绿地面积 2380 平方米。商教楼由浙江省商业集团捐资建造，2001 年 9 月动工，2002 年 8 月竣工，占地面积 2868 平方米，教室 18 个，设理化实验室、仪器室、多媒体教室、电脑室、体育器材室、阅览室、图书室等各功能教室，达到省万校标准化建设Ⅲ类标准。2006 年 10 月食堂工程竣工。2015 年 7 月翻新改造学校运动场，新建塑胶篮球场一个和百米塑胶跑道一条，当年通过省标准化学校验收。

2015 年底，学校有 9 个教学班，在校学生 336 人，住校生 316 人。教职工 30 人，专任教师 30 人，本科学历 26 人，其中高级教师 3 人，中学一级教师 17 人，省级教坛新秀 1 人。

20 世纪 80 年代初期，仁川初中是安文区教学工作的旗帜。2004 年秋季开始展开的新一轮课改实验，再次促进教师教学观念和行为的转变，开始注重优化教学过程和学生学习方式。本着“使每个学生都发展，使每位家长都满意”的办学宗旨，遵循“每天进步一点点”办学理念，学校在求管理效能、求教育教学质量稳步上升方面展开诸多工作。

学校先后获得县文明单位、县卫生先进集体、县第四批群体师德先进集体、县先进基层党组织、县国防教育工作先进单位、县先进职工之家、县先进基层工会、市治安安全单位等荣誉称号。2015 年中考，进入磐安中学的应届毕业生 27 人，比率在同类学校中名列前茅。

附：

双峰乡初级中学

学校创办于 1968 年 9 月，校址在双峰乡大皿一村，初为双峰小学附设初中班。1976 年春，招“五·七”高中 2 个班。次年，“五·七”高中停办。1978 年初中改为三年制。1982 年，小学初中分开，定名为双峰公社初级中学。1983 年，改名为双峰乡初级中学。

天网中心校初中部

1976 年，双峰乡平象小学附设初中，1980 年改称天网公社中小学，1992 年 5 月，称仁川镇天网中心校，1996 年 8 月，初中部并入仁川镇初级中学。

尚湖镇初级中学

尚湖镇初级中学位于尚湖村中街 70 号。校园分教学区和生活区。生活区有教工宿舍楼、学生宿舍各一幢，两幢宿舍之间为运动场。教学区有四层十六教室楼和教师办公室，综合楼分别设有物理、生化实验室、探究实验室、仪器室、多媒体教室、电脑室、图书室、阅览室等功能教室。

学校创办于 1968 年，附设于东阳县尚湖公社中心小学，校址在尚湖村。1976 年，增设“五·七”高中，1979 年“五·七”高中停办。同年，大王村、董村、韦溪坦、山宅、袁村、杜家庄等六个村初中点并入初中部。1982 年中小学分开管理，称尚湖公社初级中学。1986 年，改名磐安县尚湖镇初级中学。

1996年，山环中心校初中部并入。1997年，中心小学搬迁至新校舍。2007年8月，万苍乡初级中学撤并，部分学生到尚湖镇初级中学就读。

学校现存最早的办公楼建成于1962年，教工宿舍1989年建成，以群众集资为主建造的四层水泥结构教学楼建成于1991年。2003年6月新教学大楼竣工。同年12月综合楼建成使用，食堂餐厅、理化生实验室、图书室、阅览室、计算机房、多媒体教室等跟着完善。

2015年，学校占地面积12681平方米，建筑面积8562平方米，校园绿化面积1310平方米。14个教学班，678名学生。45名教职工中专任教师41人，本科学历35人，研究生学历1人，高级职称3人，中级职称18人；拥有县教坛新秀1人、县优秀教师和县先进工作者多人。

学校确立“以人为本，人人有才”的办学宗旨，抓硬件建设与教师素质提升，这些年将“感恩教育”及“才艺社团”列为学校特色项目。2015年通过省标准化验收，2011年被确定为“金华市课堂教学改革实验学校”，2012年被金华市教育局、金华市文化广电新闻出版局、金华市婺剧促进会指定为“金华市婺剧进校园试点学校”。

2005年10月学校被评为金华市文明单位，2010年被评为金华市绿色学校、金华市卫生先进单位，2010年、2014年两次被评为浙江省课外阅读先进集体，2015年被命名为金华市治安安全单位，2015年被评为第二批金华市中小学教学改革先进学校和金华市课程改革基地学校。

附：

山环中心校初中部

山环乡中心校创办于民国18年(1929年)，中华人民共和国成立后，改名为磐安县立栗树山小学，1969年，附设初中班，改为东阳县山环乡中小学。1983年，改为磐安县山环乡中心校。1996年，初中部并入尚湖镇初级中学。

玉山镇初级中学

创办于1968年9月的玉山镇初级中学，原名东阳县岭口公社中心小学附设初中，坐落在玉山镇岭口村东岭头。1970年9月，小学部迁址分设，附设初中更名为岭口公社初级中学。1974年9月，学校增设“五七”高中。1975年，初中部迁岭口塘下，高中部除本公社学生外，面向玉山区其他学校招收少量学生。1978年8月，“五七”高中停招，其间，共招生5个班300余人，1979年高中停办，初中部迁回东岭头，为东阳县重点初中。在招收岭口公社学生基础上，每年面向玉山区招收初中尖子生一个班(1981年为两个班)。1983年10月，划入磐安县。1989年9月，尖子班停招。1992年5月，撤区扩镇并乡，更名玉山镇初级中学。1999年8月玉峰初中并入。2002年8月，九和中心校初中部并入。2015年，学校有11个教学班，443名学生，38名教职员工。

学校占地面积9192平方米，总建筑面积7054平方米，集中绿地总面积约1100平方米。普通教室12个，还有科学实验、音乐美术、计算机、综合实践等专用教室。校园中有篮球场、塑胶跑道、羽毛球场等体育活动场地。

学校以“练球炼体炼神，博爱博学博教，为快乐成长、幸福生活助力”为办学宗旨，以“实施素质教育，形成办学特色，把学校办成学生喜欢、家长满意、社会认可的学校”为办学目标，立足学校、教师、学生，发展三位一体的、新的制高点，全面深化素质教育。

2007年被评为“金华市绿色学校”，2010年11月被评为“浙江省绿色学校”。此外，还相继获得“县群体师德创优先进集体”“县优秀学习型党组织”“县禁毒示范学校”“市文明单位”“市无邪教校园创建示范单位”“省义务教育标准化学校”等荣誉称号。

附：

玉峰乡初级中学

校址：浮牌村。创办于1975年9月，为东阳县朝阳公社浮牌小学附设初中。1981年2月，初中分设，校名为东阳县玉峰公社初级中学。1983年11月，划入磐安县。1992年5月，玉峰乡与岭口乡合并，改称玉山镇。1999年8月，玉峰乡初中并入玉山镇初级中学。

九和乡初级中学

校址：九和乡南坑村寺岭头。创办于1968年，为东阳县光明公社周店小学附设初中。1975年9月，设五七高中。1978年9月，高中停办。1980年，周店、后业岭、上俞3个初中点并入。1983年10月，划入磐安县。1984年9月，初中部迁南坑寺岭头。1986年9月，初中分设，定名九和乡初级中学。2002年8月，并入玉山镇中。

深泽乡初级中学

深泽初中位于深泽乡金钩村金钩山背，创办于1973年8月，时称东阳县深泽公社初级中学。开办之初，招收2个班。次年，从深泽公社中小学、后力中小学并入初二年级两个班。1976年9月，改名东阳县深泽“五七”中学，招收初中2个班，高中3个班。1979年高中停止招生，向东（道寺岙）、仰头2所小学附设初中并入。1982年，深泽公社中心小学附中与后力小学附中并入。1983年11月，改名磐安县深泽乡初级中学。

1995年开始，学校在原地基上建造教学楼一幢，建筑面积1286平方米。2000年6月，投资5.5万元拓宽操场面积。同年12月，投资30.38万元，建造面积613平方米的学生宿舍楼（现综合楼）一幢。2010年，投资510万元完成初中校舍改造工程。

2015年，学校占地50亩，拥有教学楼、办公楼、图书室、阅览室、多媒体教室、学生电脑室、语音室、音乐教室、实验室等专用教室，安装起校园闭路电视和智能广播系统。有9个教学班，353名学生，36名教职员工。其中中学高级教师5名，中学一级教师17名，大学本科及以上学历教师30人。

近年来，学校开展课堂教学改革，形成“先学后教”的课堂教学模式。此外，以创建“书香校园”和“艺术教育特色学校”为契机，以“体艺2+1”活动为载体，促使全体学生德智体美劳全面发展。

学校先后获金华市文明单位、金华市治安安全单位、金华市“农函大”办学先进单位、金华市课堂教学改革先进单位、金华市艺术教育特色学校等称号，还被评为先进单位、先进实验点、体育先进单位、卫生先进单位、“群体师德创优”先进集体等。

安文初级中学

1975年安文初级中学始创，附设于安文小学，校址在文明街，即现在的安文小学校园内，初名“东阳县安文镇初级中学”，学制二年。1977年岭外小学附属初中并入。1979年学制改为三年。1980年联谊小学附属初中并入。由于规模扩大，安文镇政府把位于上章村的安文镇原五·七高中校舍划归学校使用。1983年8月23日，初中与小学分开，定名为“东阳县安文镇初级中学”。1985年12月，在城上村新建校园。1987年10月新校舍竣工，迁入现址。2000年8月，云山初级中学并入。2002年8月，墨林初中并入。2007年8月，学校升格为县属中学，更名为“磐安县安文初级中学”。

2015年，校园占地面积18540平方米，建筑面积11470平方米，绿化面积2260平方米。学校实验室、图书馆、阅览室、电脑房、活动场所等教育教学设施齐全。有24个教学班级，在校学生1100余人，教职工100余人。

学校以师生的“德育手记”“成长手记”为突破口，激发学生自识、自省、自律、自学、自立意识，引导他们的自我发展；提升教师教育能力和师德水平。先后获得浙江省文明单位、浙江省义务教育标准化学校、浙江省示范初中(农村)、浙江省现代教育技术试验学校、浙江省校本教研示范学校、金华市示范初中、金华市首届教育科研先进集体、金华市中小学校本培训示范学校、金华市绿色学校、特色项目学校(成长手记)、书香校园等多项综合性荣誉称号。在县学年考核中多年被评为教学目标管理一等奖。教师队伍中，中高级教师占81.9％，获县级及以上教坛新秀、优秀教师、优质课评比一等奖等荣誉称号的占教师总数的30.1％。

实验初级中学

磐安县实验初级中学原属磐安二中初中部，1999年4月创办，校址在安文镇文溪北路1号，即磐安中学老校园内。2007年8月，磐安二中初高中分设，初中部迁址安文镇南园路91号，双溪乡初级中学并入，易名为磐安县实验初级中学，曾用名“磐安县南园初级中学”。同年，七年级接收原墨林、云山区域的学生入学就读。

2010年与新渥初中结为城乡教育共同体，分南园总校与新渥分校两个校区。总校占地面积61146平方米，建筑面积29303平方米。学校的教育教学设施按省标准化学校配备：有教学大楼、行政楼、科技楼、餐厅、学生公寓等多种建筑，有物理实验室、化学实验室、计算机教室、微格录播教室、音乐教室、美术教室、图书馆、阅览室、篮排球场等专用设施。此外，学校还拥有与实验小学共用的首个标准塑胶田径场、体艺馆。学校布局按园林式设计，结构合理，环境优美，是浙江省标准化学校。

2015年，学校有36个教学班，在校学生数1693人，正式教职工106人，其中硕士研究生3人，本科生86人，专任教师中高级教师27人，一级教师52人，市、县级教坛新秀、骨干教师31人。

学校坚持“自主树人，和悦化文，质量兴学，特色立校”的办学理念，教书育人，质量立校，连续八年获县中小学教学管理和年度工作考核初中段一等奖。全县中小学生田径运动会，基本囊括初中甲组、乙组团体冠军。县学校艺术节中，书法、绘画、舞蹈、合唱现场比赛等多个项目获团体一等奖和优秀组织奖。女子足球队曾在金华市中小学生校园足球联赛中分别获得冠、亚军。合唱节目《美丽的夏牧场》《踩咸菜》《I will follow him》在浙江省中小学生艺术节合唱现场比赛中两次荣获一等奖。

学校还先后获得“全国语文教改示范校”“省标准化学校”“省中小学示范家长学校”“省课外阅读先进集体”“省教科研先进集体”“浙江省青少年校园足球特色试点学校”“市文明单位”“市最美校园和绿色学校”“市艺术特色学校”“市校本教研示范学校”“县最美团队”等五十多项荣誉称号。

附：

墨林中心校初中部

学校创办于1937年，校址设在墨林。1940年，学校改名为双溪乡第一保国民学校。1958年，学校改称泉溪公社中心小学。1969年附设初中。2002年，初中部并入安文镇中，2007年，墨林籍学生进实验初中就读。

窈川中心校初中部

1952年，校名为双溪区第二中心小学。1968年，附设初中。1984年，改名窈川乡中心校。2003年，初中部并入磐安二中。2007年，窈川籍学生进实验初中就读。

双溪乡初级中学

双溪初级中学创办于1958年9月，学校在双溪乡史姆村。1961年停办，学生并入安文中学。1968年9月复办，名双溪公社小学附中。1984年，中小学分开，定名为双溪乡初级中学。2007年8月，学校并入磐安县实验初级中学。

第四章　普通高中教育

1958年，磐安县初级中学开始创办高中，招收2个高中班级，96名学生。4月，初级中学改为磐安中学。同年11月，并入东阳，校名改称浙江省东阳安文中学，1959与1960年，各招高中2个班，3年共招学生291人。1961年至1969年高中停办。1970年9月，安文中学、玉山中学、盘山中学各开设高中班，学制改为二年，共5个班，学生235人。1975年9月，今磐安境内创办"五·七"高中4所。1976年9月，高中29所，在校生3292人。1977年9月，高中31所，在校生4940人，教师188人。1978年至1979年"五·七"高中相继停办。1980年9月，高中3所，在校学生990人。1981年9月，玉山中学停招初中，单办高中。1983年10月磐安复县时，全县普通高中3所。

第一节　发展概况

磐安中学1984年将高中段改为三年制的次年，玉山中学、盘山中学高中段也改为三年制。1987年9月，磐安中学开始停招初中部学生，至1989年9月成为单办高中。

20世纪90年代，高中学校为县教育局直属学校。磐安中学为省重点中学，校长由县委任命，其他两所高中校长由县委宣传部任命。

从提升磐安师资质量的需要出发，经省教育委员会批准，磐安中学于1994年9月从最优秀的初中应届毕业生中招收高师预科班1个班级，学生46人，学制三年，毕业后只报考高师院校，上不了高校的进金华师范学校培训半年，发给中师毕业证书，回磐安任小学教师。高师预科班连续招生四届，1995年30人，1996年33人，1997年28人。

1994年，磐安中学开始争创省二级重点中学。县政府拨专款50万元用于建造科技图书楼，并把"磐中上等级"列为1996年全县72件大事之一。县领导、校友、社会各界慷慨解囊捐助。磐中按"超前投入，负债建设，分步实施"的战略，共投入530多万元，建成科技图书楼、体育馆等硬件设施，添置实验器材等配备。师资结构方面，74名专任教师中本科学历61人，占82.4%，中高级职称55人，占74.4%，多名教师获市、省、国家级荣誉称号。1995学年磐中教师市、省、国家级获奖论文23篇，正式教育刊物发表论文68篇。设立"新生奖学金"，鼓励优秀的初中毕业生来校就读。教学质量方面，磐中国家指令性计划上线人数1993年124人，1994年225人，1995年259人，1996年磐中分别有2名文、理科考生进入金华前10名。1997年4月，磐安中学隆重举行省二级重点中学授牌仪式暨发展座谈会，县长刘树枝致辞祝贺。

为普及高中教育，1998年初，县政府作出筹建磐安第二中学的决定，成立由县长任组长的磐安第二中学建设领导小组，将建设项目列入省"9761"重点项目和县1998年"八大实事"之一。选址安文镇根溪村凤凰山麓，征地67126平方米(100.64亩)，建筑面积18516平方米。1998年6月开工，1999年8月完工。

1999年8月，县政府在原磐安中学校园创办第二中学，招收初高中新生。与县第二中学易址的磐安中学迁入根溪村凤凰山麓新校址。

2000 年，第二中学高中学生数 392 人，盘山中学 169 人。

2001 年 10 月，玉山中学从玉山镇佳村搬迁至西坑畈和金华行知职业高中合并，改名第三中学。

2002 年 12 月，浙江省教育厅批准磐安中学为浙江省一级重点普通中学。

2005 年底，全县有 4 所普高，62 个班级，在校学生 3135 人，女生 1516 人，男生 1619 人。其中重点中学磐安中学 32 个班级，在校学生 1553 人，教职工 138 人，专任教师 113 人；磐安二中和盘山中学为完全中学；磐安三中为综合高中。

2007 年，磐安二中初中部分离，单设高中。年底，全县高中共 4 所，64 个班级，在校学生 3167 人，教职工 228 人。

2009 年 9 月，盘山中学停止招收普通高中新生，到 2011 年 9 月，学校成为单办初中。

2011 年，县职业技术学校与磐安三中合并成立县职业技术教育中心，三中校区继续附设普高班。

2012 年底，全县高中 2 所（另有职教中心三中校区附设普高班），66 个班级，在校学生 3540 人，教职工 243 人。

2014 年 5 月，磐安二中成为省首批二级特色示范学校。同年，职教中心三中校区停止招收普高新生。全县普通高中 2 所，72 个班级，在校学生 3123 人。

2015 年 9 月，磐安中学成为省一级普通高中特色示范学校。2015 年底，全县普通高中 2 所，72 个班，在校学生 3043 人，教职工 263 人。

表 4—23　　1958 年～1989 年磐安县高中学生统计表

年　份	校数(所)	班数(个)	招生数(人)	毕业生数(人)	在校生数(人)	备　　注
1958 年	1	2	96	—	96	
1959 年	1	4	98	—	172	
1960 年	1	6	97	—	264	
1961 年	1	3	停招	72	152	1961 年至 1969 年高中停招
1962 年	1	2	停招	72	51	
1963 年	1	2	停招	58	—	
1970 年	3	4	235	—	235	学制 2 年，磐中、玉山中学、盘山中学 3 所开始招高中生
1971 年	3	15	340	—	575	
1972 年	3	9	334	135	545	
1973 年	3	12	394	220	622	
1974 年	3	18	635	312	836	
1975 年	5	36	1585	388	2013	开办“五・七”高中
1976 年	29	62	2215	578	3292	开办“五・七”高中
1977 年	31	97	2863	1051	4940	开办“五・七”高中
1978 年	23	86	1232	2349	3456	开办“五・七”高中
1979 年	6	32	828	1953	1721	“五・七”高中停办
1980 年	3	16	456	667	990	磐中、玉山、盘山 3 所
1981 年	3	16	460	496	901	

续表 4—23

年　份	校数(所)	班数(个)	招生数(人)	毕业生数(人)	在校生数(人)	备　　注
1982 年	3	17	479	415	921	磐中、玉山、盘山 3 所
1983 年	3	17	505	425	961	
1984 年	3	21	454	216	1179	磐中改为三年制
1985 年	3	27	461	190	1556	玉山、盘山改为三年制
1986 年	3	26	522	505	1541	—
1987 年	3	25	547	543	1552	—
1988 年	3	28	620	466	1685	—
1989 年	3	29	507	522	1630	—

表 4—24　　1990～2015 年磐安县普通高级中学发展情况一览表

年份	学校数(所)	班级数(个)	在校学生数(人)		毕业生数(人)	招生数(人)	教 职 工 数 (人)		
			计	其中女生数			计	其中专任教师数	专任教师中有代课教师
1990 年	3	28	1490	571	513	408	150	—	5
1991 年	3	26	1419	589	582	510	—	90	—
1992 年	3	25	1320	541	485	397	—	88	—
1993 年	3	28	1390	547	422	429	—	89	—
1994 年	3	28	1412	568	488	540	129	90	—
1995 年	3	30	1579	616	449	700	134	86	—
1996 年	3	33	1658	655	378	533	—	114	—
1997 年	3	36	1799	689	453	624	—	122	1
1998 年	3	37	1817	725	654	693	177	126	2
1999 年	4	41	1972	801	514	679	195	140	—
2000 年	4	44	2193	892	599	819	214	157	—
2001 年	4	46	2389	1022	690	907	—	160	—
2002 年	4	48	2532	1083	682	860	239	168	—
2003 年	4	51	2607	1166	783	879	203	164	—
2004 年	4	56	2797	1307	875	1089	—	191	—
2005 年	4	62	3135	1516	843	1166	—	223	—
2006 年	4	66	3339	1621	852	1054	—	243	—
2007 年	4	64	3167	1503	1100	859	—	227	—
2008 年	2	61	2906	1432	1212	955	258	219	—
2009 年	2	62	2926	1483	1087	1126	252	213	—
2010 年	2	64	3240	1667	852	1146	252	222	—
2011 年	2	66	3530	1829	939	1192	256	233	—
2012 年	2	66	3540	1872	1147	1153	243	221	—

续表 4—24

年份	学校数（所）	班级数（个）	在校学生数（人）		毕业生数（人）	招生数（人）	教职工数（人）		
			计	其中女生数			计	其中专任教师数	专任教师中有代课教师
2013 年	2	72	3321	1779	1177	984	256	232	—
2014 年	2	72	3123	1698	1194	996	261	237	—
2015 年	2	72	3043	1677	1128	1057	263	237	—

表 4—25　　2001～2015 年磐安县普通高级中学班级数统计表

单位：个

年份＼学校	磐安中学	磐安二中	玉山中学（磐安三中）	盘山中学	职业教育中心
2001 年	24	12	6	4	—
2002 年	26	13	4	5	—
2003 年	28	14	2	7	—
2004 年	32	15	4	5	—
2005 年	32	16	9	5	—
2006 年	32	17	14	3	—
2007 年	30	20	12	2	—
2008 年	30	22	9	—	—
2009 年	30	26	6	—	—
2010 年	30	28	6	—	—
2011 年	30	30	6	—	—
2012 年	30	30	—	—	6
2013 年	34	32	—	—	6
2014 年	36	32	—	—	4
2015 年	36	34	—	—	2

表 4—26　　2015 年 12 月底磐安县普通高级中学名录

学校名称	创办时间	所在地址	班级数	学生数	教职工数	学校标识码
浙江省磐安中学	1958 年	安文镇根溪村	36	1445	142	3433000455
磐安县第二中学	1999 年	安文镇城上村	34	1530	121	3433000456

表 4—27　　2015 年磐安县普通高中基本情况一览表

校名	类别	班级数（个）	在校学生数（人）	教职工数（人）		学校占地面积（m^2）	学校建筑面积（m^2）	计算机（台）	图书藏量（册）
				计	专任教师				
浙江省磐安中学	公办	36	1445	142	127	121332	40948.02	483	89559
磐安县第二中学	公办	34	1530	121	110	59836.9	31156.17	300	57305

第二节　学校管理

1988年，贯彻落实《中共中央关于教育体制改革的决定》，各高中着手改革学校管理体制——实行校长负责制。校长是学校法人代表，在学校党支部监督和教职工民主参与下，全面负责行使学校管理职权。

校长一般兼任书记，校长室配备若干副校长，分线负责。中层机构设有教务处、政教处和总务处，有群众组织团委、工会，以及对外联络处等临时机构，还有基层组织年级组、学科教研组乃至班主任等。根据"校长室决策，各线分工落实，各司其职"的管理方针，各职能处室、群众组织与基层组织围绕学校的总目标与分目标分头开展工作。1995年开始，学校设立校长行政办公室，负责学校接待、文秘等工作。1998年，各高中设立教科室，负责学校教育科研工作。2010年8月，县教育局下发磐教〔2010〕75号文件，规范学校机构与干部职数。2012年新课程实施后，磐安中学成立课程改革办公室，指导课程实施以及课程开发等工作。

学校坚持校长办公会议、校务会议、教职工代表大会等常规会议制度，共谋学校发展大业。

同时，学校通过建章立制实行管理。

受周边县市学校的影响，磐安县高中段学校注重制度管理的历史相对较早，无论是全县的龙头高中磐安中学，还是规模不大的盘山中学，都有各自的制度汇编，起步较迟的磐安二中还曾拥有教师申辩庭，接受被处分教师的申诉。2015年，磐安中学与磐安二中制定各自的学校章程，以此规范学校工作。

1994年，磐安中学走出教学低谷，除学校领导班子奖勤罚懒、优化校风，同时实行"校长室决策，各线分工落实，各司其职"分层次管理等措施外，还得力于他们在学校管理中实施的"人性化管理""动态管理"与"标准分管理"等多种方法和措施。

人性化管理是通过提高教职员工思想觉悟、职业道德、社会公德进行管理的方法手段。在学校，管理者是人，被管理者也是人，所出的"产品"还是人。人是有思维有情感，有主观能动性的。学校管理者深入了解每个教师的实际情况，关心他们的生活、解决他们的问题、爱护他们的热情、支持他们的教学改革，他们就能感到自己是学校主人，就可以全身心地发挥自己的主观能动性。

动态管理是学校管理过程中，通过外部环境的预测、内部数据的分析，对管理策略、管理手段进行适时调整和对计划进行修改、补充的一种管理方式。管理的实质是协调。学校管理中，既要协调人与人的关系，又要协调各组织之间的关系；既要挖掘人的智能潜力，又要建立健全各种规章制度。教育和量化同行，人性化管理与规章制度管理并举，使学校管理不断科学化，使教学效果不断优质化。这也是当年磐安中学管理上的显著特点，是动态管理的重要内容。

标准分就是原始分与平均分的差除以标准差的商。例如某班四个同学的数学考试成绩为74、79、80、83，这一班平均分79，标准差S=3.24，那么这四个同学的标准分分别为－1.54、0、0.31、1.23。由此可以看出，标准分是一种以标准差为单位的相对量，它以整体的平均水平作为比较的基准。标准分为正，表示个体成绩高于平均水平，且数值越大，表示成绩越好。负值则表示个体水平低于平均水平。当年的磐安中学引进标准分管理机制，因为学校中有普通班与重点班之分，普通班绝对成绩无法与重点班同日而语，可成绩提升幅度不一定低于重点班。不正视这一现实而只看到绝对分数的多少，这显然不公正，无异于轻视学校的教育方针与教学任务，轻视普通班教师的努力，同时很容易滋生重点班教师的傲慢怠惰优越感。标准分管理将所有教师拉到同一起跑线上，让每个班级学习成绩的高低变化在坐标系中直观表示，使人一目了然。这样就得以公平公正地评价教师，最大限度地调动教师的教学积极性，提高全体学生的教学成绩。

进入21世纪后，磐安二中坚持“美德养育”方向，实施“德育工程统领全校工作”的战略思想，广泛开展“读圣贤书、立君子品、做有德人”德育工程，对必修的文科课程在内容安排上作适当调整和拓展，对语文、历史、地理、政治四门学科的17个知识模块进行结构优化和知识重组，为培养学生的人文精神提供认知条件。校园四大专题教育活动（国防教育、远足活动、文艺会演、成人仪式）主题化、常规化；改革学生评价制度，以道德之星、文明之星、管理之星、进步之星等每月之星取代传统三好学生的评选；每周两次的国学朗诵、校园广播的美文播诵、校园环境文化美德主题的凸现，使校园人文气息更加浓郁。

附：

磐安中学学校机构（含群众组织）

1990年：党支部、校长室、教务处、政教处、总务处、（团委、工会）。

1995年：党支部、校长室、校长办公室、教务处、政教处、总务处、（团委、工会）。

2000年：党支部、校长室、校长办公室、教务处、政教处、教科室、总务处、（团委、工会）。

2005年：校长室、党支部、办公室、教务处、政教处、教科室、总务处、（团委、工会）。

2015年：校长室、党支部、办公室、德育处、课程处、教务处、教科室、总务处、（工会、团委）。

附1：

2015年磐安中学行政管理结构示意图

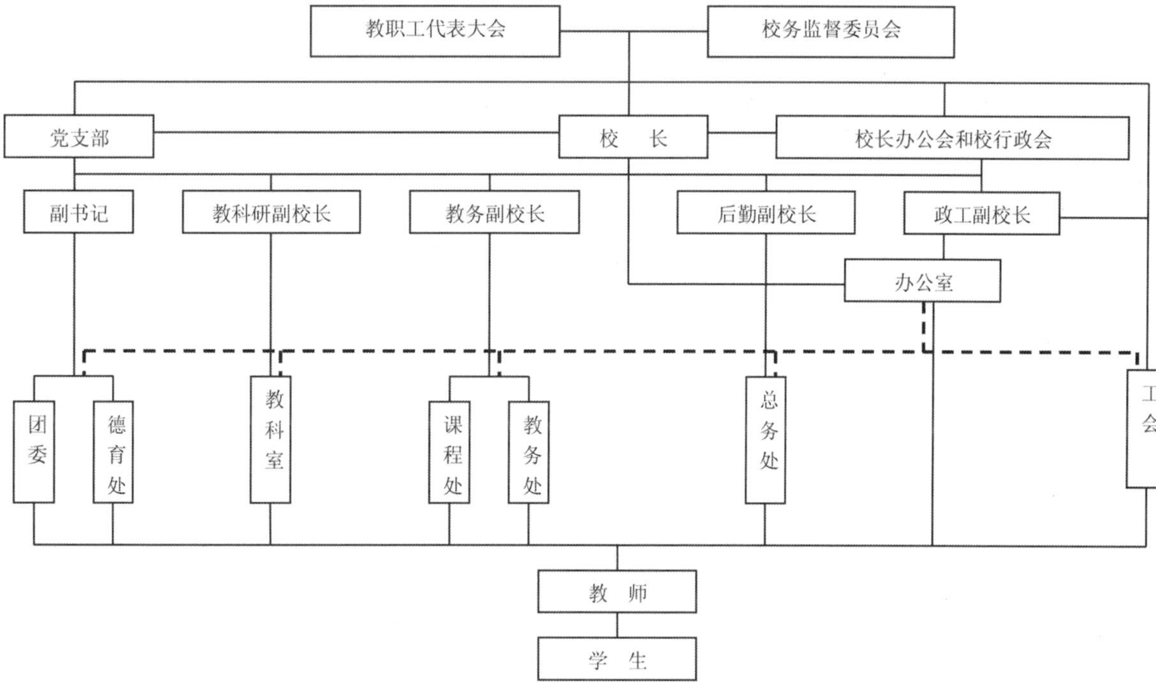

附 2：

2015 年磐安中学行政机构示意图

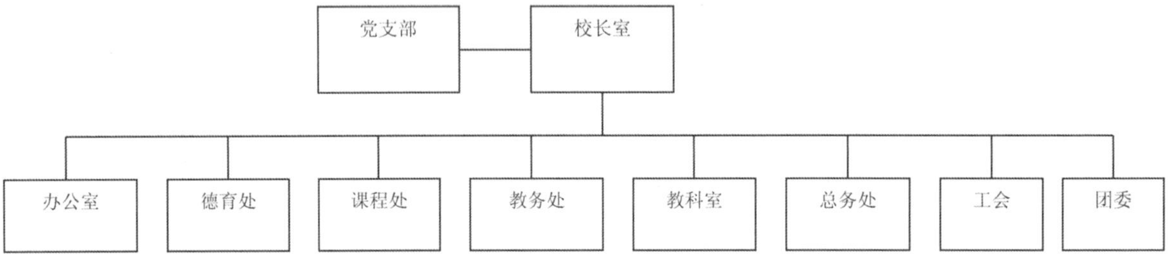

第三节 规章制度

磐安县各高中贯彻执行各级教育主管部门制定的一系列规章制度，如教学大纲、课程标准以及中学生守则、中学生日常行为规范、学校体育卫生工作条例、班主任工作条例、学生奖惩制度、教师聘任制细则、教师岗位职责等，还根据管理需要，从实际出发，制订学校规章制度、工作规范，让上级部门的某些规则、细则更显细节化与可操作性特点。

磐安中学学校管理制度，代表着磐安县高中段学校的管理思想与方法，这些规章制度分别规定教务处、政教处、班主任、教研组长、生活指导师、任课教师、图书管理员，以及实验室管理员等各工作职责。如教务处工作职责规定：学校以教学为中心，教学工作由教务处具体负责。教务处是学校教学工作的职能部门，是协助校长组织全校教学工作的办事机构。教务处的教学管理，核心是调动教师的教学积极性，提高教学质量。教务处除抓好教学工作外，还要与政教处协调配合共同抓好教育教学管理，促进学生德、智、体、美、劳全面发展。

磐安中学的规章制度，分为行政线、教学教科线、德育团委线、工会后勤线等四大类 40 种制度，门类齐全，面面俱到。这里分项列举该校的制度目录及《磐安中学教职工考核办法》的具体内容。

一、磐安中学出台的各项规章制度

磐安中学出台的行政线规章制度有浙江省磐安中学章程、师德师风督查制度(修订)、教师师德承诺制度、教职工考核办法(修订)、磐安中学办公制度、三级聘任制实施方案、教师专业技术职务评审考核推荐操作办法(试行稿)、关于“四重一大”事项集体决策制度的实施办法，以及磐安中学请假制度、加班制度、电子显示屏管理办法、“校长信箱”管理办法以及浙江省磐安中学公文处理规范。

教学、教科线的规章制度有课堂教学改革指导意见、进一步加强学风建设实施方案、学科竞赛管理办法、校本选修课程开设管理与评价暂行规定、学生选修课教学管理制度、学分认定办法、“十大优秀教师”评选方案、职务评审教学工作考核细则、课程中心工作职责、年级长管理目标责任制方案(试行稿)、录播教室管理使用制度(讨论稿)、图书馆管理人员、阅览室工作人员岗位职责，以及新校园书吧管理制度等。

德育、团委线的规章制度有班主任学年考核办法、学生安全信息员制度、学生社团工作指导意见、十大优秀班主任评选办法、校园十大感动人物评选办法、高考突发暴力事件应急处置预案，以及跑操管理制度。

工会、后勤线的规章制度有文明办公室标准及评比办法、校监会成员选举罢免及补选办法、食堂管理试行方法、学校财产管理制度、教职工宿舍管理制度，以及总务处关于食堂食品配送管理工作实施方案。

二、磐安中学规章制度举例

例 1：

浙江省磐安中学学校章程

（2015 年 12 月 13 日经第九届第五次教职工代表大会审议通过）

序　　言

浙江省磐安中学创办于 1942 年 8 月，初名“县立初级中学”。1958 年春，首次招收高中班，学校更名为“浙江省磐安中学”。1984 年，被确定为浙江省重点中学，1996 年被评为“浙江省二级重点中学”。1999 年 8 月迁至现址。2002 年 12 月被确定为省一级重点中学，2005 年 3 月通过省一级重点中学复评。学校以“尚美教育”为办学特色，2014 年 1 月被命名为“尚美教育”特色学校。2015 年 4 月获金华市“最美校园”称号。2015 年 8 月被确定为浙江省一级普通高中特色示范学校。学校先后荣获省文明单位、省教育科研先进集体、省志愿者先进集体、省中小学示范实验室、省现代教育技术实验学校、省“五·四”红旗团委等荣誉称号。

第一章　总　　则

第一条　为适应现代教育发展需要，贯彻国家教育方针，深化教育改革，保障学校依法自主管理，保障学生与教职工合法权益，全面提高办学品质，加强学校内部规范化管理，坚持走特色发展之路，明确学校发展方向，提高学校教育质量，依据《中华人民共和国教育法》及其他有关教育法律法规规章和规范性文件，结合本校实际，制定本章程。

第二条　学校全称为浙江省磐安中学，英文表述为 Pan an High School；学校地址为浙江省安文镇育才路 36 号；邮政编码为 322300；学校网址 http://www.zjspazx.cn。

第三条　学校由人民政府举办，隶属于教育局，经登记批准，具有独立法人资格。学校为全日制普通高级中学，学制三年。

第四条　学校的办学理念：为学生的人生幸福作准备，为人类的共同福祉作贡献。

办学目标：创建一所“校园生态、师生淳美、特色鲜明”的省山区示范性普通高中。

育人目标：培养“淳美、智慧、坚毅、博雅”的现代公民。

校训：立德　启智　尚美

教风：厚德润物　严谨智慧

学风：勤奋刻苦　融会贯通

第五条　校徽图样：

校刊：《灵谷清流》

校报：《磐中学生报》《磐中校友报》

第二章　学校治理结构与运行机制

第六条　学校实行校长负责制。校长是学校的法定代表人,对外代表学校,对内主持学校全面工作。校长按照本章程管理学校,接受上级主管部门的评估、检查、审计和监督,接受学校教职工代表大会的监督。学校设副校长,协助校长工作。

第七条　校长依法行使下列主要职责:

(一)组织起草学校章程、发展规划,并负责组织实施。

(二)组织制定规章制度、工作计划,并负责组织实施、检查和评价。

(三)学校实行全员聘用合同制,按县劳动人事部门核准的岗位设置,进行定编、定岗、定责、定工作量。教职工由校长聘任,未聘人员按有关规定处理。

(四)执行上级教育行政部门的决定和指示。

(五)领导学校各职能部门及常设机构,完善岗位设置,维护学校秩序。

(六)负责学校日常事务管理,主持校务会议审议重大事项并作出决策。

(七)负责学校教育教学工作,大力推进素质教育。

(八)负责教职工队伍建设,促进教职工全面发展。

(九)负责学校安全工作。

(十)组织协调学校与政府、社区、家庭等方面的关系,为学校创造良好的育人环境。

第八条　学校党支部是党的基层组织,发挥政治核心和保证监督作用,除完成好上级党组织交给的各项任务外,主要负责以下工作:

(一)认真贯彻执行党的路线、方针和政策。

(二)建立学校党组织统一领导的党、政、工、团齐抓共管的思想政治工作体制,协调、检查、督促各部门落实思想政治工作计划。

(三)参与学校发展规划、学期工作计划、重大改革方案、重要人事安排和工作安排等涉及方向、政策、全局性的重大问题的研究与决策,发挥监督保障作用。

(四)加强党组织的思想作风建设和组织建设,做好组织发展工作。

第九条　学校依法建立工会组织,工会独立自主地开展工作,行使权力,履行义务。校教职工代表大会是全体教职员工在校党支部领导下,依法参与学校民主管理和监督的重要组织形式。教职工代表大会依照党的方针和有关法律、法规行使如下职权:

(一)听取学校章程草案的制定和修订情况报告,提出修改意见和建议,审议通过学校章程。

(二)听取学校发展规划、教职工队伍建设、教育教学改革、校园建设,以及其他重大改革和重大问题解决方案的报告,提出意见和建议。

(三)听取学校年度工作、财务工作、工会工作报告,以及其他专项工作报告,提出意见和建议。

(四)讨论通过学校提出的与教职工利益直接相关的福利、校内分配实施方案以及相应的教职工聘任、考核、奖惩办法。

(五)审议学校上一届(次)教职工代表大会提案办理情况报告。

(六)按照有关工作规定和安排评议学校领导干部。

(七)通过多种方式对学校工作提出意见和建议,监督学校章程、规章制度和决策的落实,提出整改意见和建议。

（八）讨论法律法规规章规定的以及学校与学校工会商定的其他事项。

第十条　学校决策形式。

（一）教职工代表大会。凡属教职工代表大会职权范围的事项，应提交教职工代表大会审议。教职工代表大会由工会组织召开，讨论通过与教职工利益直接相关的重大决议。

（二）校长办公会议。由校长组织召开校长办公会议，讨论研究学校日常工作中的有关问题，必要时可根据议事内容召集有关人员列席参加。

（三）党支部委员会会议。由学校党支部书记组织定期召开支部委员会，研究商讨学校发展等重大问题。

（四）行政会议。由校长定期组织召开行政会议，研究、决定学校阶段性行政工作重大问题。行政会议人员由学校的正副校长，党支部正副书记、各处室正副主任组成。

第十一条　根据上级规定和工作需要，学校设置年级管理组、办公室、教务处、教科室、德育处、课程处、总务处、团委等职能部门，分别承担相应的管理职能。

年级管理组——学校管理系统中的综合性实体，年级组长对本年级教育教学工作全面负责。

办公室——负责科室协调、工作督查、公务接待等工作。

教务处——具体负责组织学校的教育教学工作，推进新课程。

教科室——负责课题管理，组织全校教育科研工作。

德育处——负责德育管理、班主任管理等工作。

课程处——负责校本选修课程的建设与管理工作，协助教务处推进教师队伍建设。

总务处——负责财务工作、食堂、基础建设。

团　委——负责共青团工作，协助德育处、课程处工作。

各职能部门及常设机构各司其职，分工合作，提升管理效能，确保各项工作圆满完成。

第十二条　建立健全校务监督委员会。建立健全学校决策权、执行权、监督权，既相互制约又相互协调的权力结构和运行机制。

第十三条　学校实行教职工岗位责任制。每学年对教职工进行一次教育教学评价，每年度进行一次年度考核。

第十四条　学校实行教职工聘任制。按上级有关规定结合学校实际情况，实行定岗、定责、定人、定工作量的人事管理制度。教职工由校长聘任，聘任时学校因事设岗，按岗定员，双向选择，优化组合，实行全员聘任合同制。

第十五条　学校实行绩效工资制。绩效工资分为基础性绩效工资和奖励性绩效工资两部分，基础性绩效工资由财政渠道按月发放，奖励性绩效工资由学校依据绩效考核情况执行。

第十六条　学校建立健全信息公开制度。学校实行校务公开，切实保障教职工的知情权、参与权和监督权；同时向社会公开学校相关信息，以适当方式为学生及其家长了解学生的学业成绩及其他相关情况提供便利，接受社会、家长的监督。

第十七条　学校建立健全档案管理制度。学校建立档案室，加强各类资料的建设和管理。各职能部门做好各类资料的收集、整理和归档工作。学校建立校史室，重视教育历史物证遗存保护，发掘和弘扬校本优秀文化传统。

第十八条　学校建立健全校内权益救济制度，保障学生和教职工的合法权益。

学校建立健全校内申诉制度。分别成立校内教师和学生申诉处理组织，明确受理学生和教师申诉的部门和程序。

学校建立健全争议调解机制。通过劳动(人事)争议调解委员会,就教职工与学校的劳动(人事)争议进行调解;通过人民调解委员会,就学生、教职工、学校间的民事纠纷进行调解。

第十九条 学校建立健全平安校园制度,制定校园安全应急预案,定期开展安全教育,组织安全演练,加强校舍、交通、消防、饮食卫生、健康、治安,以及教育教学安全管理,防范安全事故。

学校按照国家有关规定投保学生意外伤害校方责任险。自愿参加人身意外伤害保险。发生校园意外伤害事故,立即启动相关应急预案,及时救助受伤害学生,并依法进行善后处理。

第二十条 学校依法接受政府以及教育、登记管理和审计等管理部门的监督,接受社会、家长的监督,听取社会各界对学校工作的意见和建议。

第三章 教育教学管理

第二十一条 贯彻落实《公民道德建设实施纲要》,认真学习中学德育大纲,不断加强和改进德育工作,提高学生政治思想觉悟。

第二十二条 学校建立以德育处负责人及班主任代表组成的德育工作领导小组。德育处是学校德育工作职能部门。

第二十三条 学校建立健全年级组、教研组、备课组等教育教学基层管理机制。

第二十四条 加强学籍管理,对转学、休学、复学等严格手续程序,严肃各项管理制度。

第二十五条 切实加强班主任队伍建设,提高班主任工作的责任感和班主任业务水平。

第二十六条 进一步完善学校"尚美教育"特色,不断提升学生对善美、智美、体美、情美的获得感;全面实施课改方案,不断提高学校品位。

第二十七条 学校贯彻国家课程、地方课程和校本课程三级管理体制,认真执行国家和地方课程计划,遵循课程改革原则,按规定开齐、开足各类必修课程和选修课程,积极开发校本课程,形成学校特色课程体系。

课程设置以"特色鲜明、结构多元、尊重选择、差异发展"为课程建设总体目标,构建三层四类尚美教育课程体系,即"帆"形课程体系。

健全人生规划导师制,初步形成职业生涯规划教育体系。

第二十八条 坚持以教学为中心,落实课堂教学在实施教育的主渠道作用,不断更新教学观念,积极推进教学改革,大力开展教学研究,改进教学方法,采用现代化教学手段,全面提高教学质量。努力培养学生的创新思维和创造能力。注重学生的自主发展,培养主动学习、主动思考、主动发展的能力,注重培养学生个性特长,促进学生全面和谐发展。

第二十九条 加强教学常规管理,认真抓好各个教学环节的管理。认真组织教学质量评估活动,努力探讨以过程评估、定性评估、诊断评估为主的评价制度,科学、客观、公正地对教师的教学水平进行评估,评估结果记入工作档案,作为评优评先、晋级聘任的重要依据。

第三十条 严格执行上级教育行政部门有关规定,任何班级和个人均不得擅自停课或调课,确需停课调课的报有关部门批准。任何组织和个人不得干扰学校正常的教学活动。

第三十一条 坚持"科研兴校,科研强校"。组织指导教育科研工作,重视学法研究及科研成果的推广。学校保证科研经费,对教育科研、教学改革取得突出成绩的教职工给予表彰奖励。

第三十二条 学校建立心理咨询室,建立学生心理健康档案,配备教师开展工作。

第三十三条　学校严格执行有关学校体育、卫生工作的法律法规规章，通过日常体育活动以及各类体育竞赛活动增强学生体质，开展健康教育，开展经常性的卫生防治工作，不断提高学生健康水平。

第三十四条　完善校园文化建设体系，提升校园文化品位。

建设校园网，建立网络化的教育教学资源库，创设教师交流展示平台，实现教育教学信息资源共享，不断推进学校的信息化建设工作。

第四章　教职工管理

第三十五条　教师享有《中华人民共和国教师法》规定的权利同时，必须履行《教师法》规定的义务，遵守学校的规章制度，履行岗位职责。任何组织和个人不得侵犯教师的合法权益。

第三十六条　教师享有下列权利：

（一）开展教育教学活动，从事教育教学改革和实验。

（二）参加教育教学科研、学术交流，加入专业学术团体，在学术活动中充分发表意见。

（三）指导学生学习和发展，评定学生品行和学业成绩。

（四）按时获取工资报酬，享受国家规定的福利待遇以及寒暑假的带薪休假。

（五）通过教职工（代表）大会或其他形式参与学校管理，对学校工作提出意见和建议；对学校重大事项有知情权；对不公正待遇或处分有申诉权。

（六）使用学校设施设备、图书音像资料及其他教育教学用品。

（七）参加进修或者其他方式的培训。

（八）法律法规规定的其他权利。

第三十七条　教师应当履行下列义务：

（一）遵守法律法规、职业道德规范、学校章程及规章制度，为人师表，忠诚于人民教育事业。

（二）贯彻国家教育方针，执行学校工作计划，履行教师聘约和岗位职责，完成教育教学工作任务。

（三）对学生进行思想品德教育以及文化知识教育，组织、带领学生开展有益的社会活动。

（四）弘扬爱心与责任，关心、爱护全体学生，尊重学生人格，促进学生在德、智、体、美等方面的全面发展。

（五）制止有害于学生的行为或者其他侵犯学生合法权利的行为。批评和抵制有害于学生健康成长的现象。

（六）践行以生为本理念，终身学习，与时俱进，不断提升育人水平。

第三十八条　学校执行国家教师资格制度、公开招聘制度和教师专业技术职务评聘制度，依法实行学校用人制度，实行全员聘用合同制。

教职工必须履行聘约，服从学校分工，执行学校教育教学和各项工作计划，完成教育教学和各项工作任务。

教职工不履行聘约的，须提前一个月向校长提出申请，经批准后，方可解除聘约。对不服从学校分工或不能完成教育教学和各项工作任务的，学校将予以辞聘。

第三十九条　学校保证教职工工资、保险、福利待遇按照国家有关规定执行，逐步改善教职工的工作、生活条件，帮助解决教职工遇到的实际困难。

第四十条　学校建立健全班主任选配、聘任、培训、考核、评优等制度，切实加强班主任队伍建设，提升敬业精神、教育理念和业务能力。

第四十一条 学校采取各种形式,建立教师业务档案。对教职工的政治、思想、道德、业务水平、工作态度和工作实绩进行客观、公正、准确的考核。考核结果作为续聘、转岗、解聘、晋升和奖惩的基本依据。

学校将师德表现作为教师考核、职务评聘、进修深造和评优评先等首要内容。

第四十二条 学校对在教育教学、科研、管理服务等方面表现出色、业绩突出者予以表彰和奖励。

学校对违反校纪校规或在工作中造成失误和不良影响的教职工,视情节轻重,按照有关规定予以批评教育和惩处。有违约情节的,违约方须依据聘用合同承担相应法律责任。

第五章 学生管理

第四十三条 凡按有关规定通过正常手续被本校录取或转入我校学习的学生可取得本校学籍。

第四十四条 学生享有下列权利:

(一)接受平等教育的权利。学生享有德育、智育、体育、美育、劳动教育,以及社会生活指导和青春期教育。参与学校组织的各种教育教学活动,使用学校提供的教育教学资源。

(二)参与学校、班级管理,评议学校工作和教师教育教学工作。

(三)按照国家有关规定获得奖学金、助学金。

(四)在学习成绩和操行评语等第上获得公正评价。完成规定的学业后获得相应的学业证书。

(五)对教师奖惩不公平,有权提出意见;对学校给予的处分不服可向有关部门提出申诉;对学校、教师侵犯其人身权、财产权等合法权益,可提出申诉或者依法提起诉讼。

(六)法律、法规规定的其他权利。

第四十五条 学生必须履行下列义务:

(一)遵守法律法规,遵守《中学生守则》《中学生日常行为规范》的要求,遵守学校的各项规章制度。

(二)养成良好的思想品德、道德情操,尊敬师长,团结同学,诚实正直,参加集体活动,促进身心健康,养成良好品行。

(三)养成良好的学习习惯,勤奋学习,刻苦钻研,培养能力,勇于创新,惜时守信,自信自强,立志成才。

(四)承担在学生自治活动中当选职务的相应职责,积极参加校内外社会实践活动。

(五)爱护学校提供的教育教学资源。

(六)养成良好的劳动习惯。

(七)自觉抵制不良思想与行为,正确辨别是非、美丑、善恶,敢于伸张正义。

(八)增强自我保护意识,提高自理、自救、自护、生存能力。

第四十六条 学校建立学生成长档案,对学生实施综合素质评定,促进学生全面发展。每学期评价结果记入学生本人档案。

第四十七条 学校对德智体美诸方面均表现突出、在某个方面有突出成绩或进步显著的学生,予以表彰和奖励,并记入学生本人档案。

学校对违反《中学生守则》《中学生日常行为规范》和学校各项规章制度的学生予以教育批评,对情节严重者给予相应处分。

第四十八条 学校对符合入学条件而家庭经济困难的学生,通过助学金等形式提供资助。

学校鼓励和支持学生利用业余时间参加社会服务和勤工助学活动，并进行适当的引导和管理。

第四十九条　学校建立学生会等组织，保障学生自主管理和学生合法权益。

第六章　后勤服务管理

第五十条　后勤服务理念：坚持后勤工作为教育教学服务，为师生员工的发展服务的思想，贯彻管理育人、服务育人的宗旨，不断提高服务质量和工作效率，确保教育教学工作顺利进行。

第五十一条　学校经费来源以国家财政拨款为主，以合法渠道多方筹措为辅。坚持勤俭办学、厉行节约的原则，合理使用资金，做到统筹兼顾、量入为出。学校依据实际情况作出经费预算，并向上级有关部门提出经费使用意见，提高资金使用效益。

第五十二条　学校资产受法律保护，任何单位、个人不得侵占、私分和挪用。

学校对侵占校舍、场地、设施等行为和侵犯学校名称权及无形资产的行为，应积极履行国有资产管理职责，依法追究侵权者的责任。对学校财物造成损坏的应当依法赔偿。

第五十二条　学校建立健全财产、物资管理制度，健全财产档案。同时，对学校资产加强管理，充分发挥其作用，提高利用率和使用寿命，从而为教育教学工作更好地服务。

加强校园校舍管理，校园校舍的基本建设要符合学校的教育教学的要求。校舍内各类设施要保证正常使用，抓好管理，检查、维修要及时到位，严格岗位责任，杜绝安全隐患，防止责任事故发生。

第五十三条　认真贯彻《中华人民共和国会计法》，学校建立健全财务管理制度，规范财务管理行为，严格遵守国家财经制度和财经纪律，经费开支民主、公开、接受上级有关部门审计和监督。

第五十四条　学校严格执行收费政策，规范收费行为，按照有关部门确定的项目和标准收费。

第五十五条　学校依法接受社会各界的捐赠，建立健全受赠财产的使用制度，加强对受赠财产的管理并接受社会监督。

第七章　学校与家庭社会的关系

第五十六条　学校主动与社会、家庭联系沟通，加强学校、家庭、社会密切配合的育人体系建设，形成教育合力。

学校建立德育、科普、法治、社区等各类教育基地，定期组织开展校外教育活动。

第五十七条　学校遵循民主、公开、自愿的原则，组织家长选举成立家长委员会。家长委员会在学校的指导下履行参与学校管理、参与教育工作、沟通学校与家庭等职责。

学校建立与家长委员的联席会议制度，通报学校发展规划及其进展、教育教学工作情况，广泛听取家长委员会的意见和建议，取得支持和帮助。

第五十八条　学校建立教师与家长的日常联系机制，形成家校教育合力，促进学生健康成长。

第五十九条　学校依托社会教育资源，开展社会实践活动，为学生创造服务社会和实践体验的机会。

第六十条　学校依靠当地政府、派出所共同开展校园及周边地区的综合治理工作，加强对行为偏差学生的教育，建设平安文明校园。

第六十一条　学校建立校友会组织，发挥校友的宣传、桥梁、教育、助学、咨询等作用，促进学校发展。

第八章　附　　则

第六十二条　本章程提交校教职工代表大会审议，经校长办公会议审定，报教育局核准。

第六十三条 本章程是学校运行的基本规范。本章程生效之后,学校制定的规章制度不得与本章程相抵触。本章程生效之前制定的学校规章制度,与本章程不一致的,应遵照本章程有关内容予以修改或废止。

本章程的修改,需要由1/3以上教职工代表大会代表提议方可进行。

本章程未尽事宜按照法律法规规章及其他规范性文件政策执行。如有抵触,以国家法律法规规章及其他规范性文件为准。

校长办公室负责监督章程的执行情况,依据章程审查学校内部规章制度,受理对违反章程的管理行为、办学活动的举报和投诉,并向校长办公会议、校党支部报告章程执行监督情况。

第六十四条 本章程的解释权归校教职工代表大会。

第六十五条 本章程经教育局核准后正式生效。

例2:

浙江省磐安中学教职工考核办法

为了进一步深化普通高中课程改革,创建省一级特色示范高中,充分发挥全校教师教书育人的积极性和主动性,客观、公正、公平、合理地考核评价教职工工作,真正做到坚持标准、科学量化、全面考核,参照教育局有关文件的规定,特制订本办法。

一、考核原则

(一)发展性原则。考核是为了促进学校工作和教师个人素质的发展,引导教师通过评价进行自我反思,实现自我完善与自我提高。

(二)导向性原则。考核最终目的是为了引导广大教师在全面抓德智体工作的基础上积极参与新课程改革,承当班主任工作,狠抓教学质量。

(三)全面性原则。根据德、能、勤、绩四方面以及新课程改革与班主任工作,多指标、全方位、多层次地实施评价,科学、客观、公正地考核教师工作。

(四)激励性原则。力求通过考核帮助教师看到自己的成就和不足,激发广大教师扬长避短,促进工作的主动性与热情,全身心地投入到学校的教学工作之中。

(五)公开、公平、公正原则。考核方案的制定与实施公开透明。考核要全面客观,坚持标准。

二、教师考核

教师考核分常规考核和重点工作考核两部分。重点工作包括深化课程改革工作和班主任工作。

第一部分:常规考核

(一)师德(10分)

1.考核职能部门:办公室

2.考核依据

以《中小学教师职业道德规范》和上级教育行政部门的有关规定为政策依据,采用扣分制予以考核。

3.具体办法

以10分为基准分,有下列情况的予以扣分:

(1)月考核每得一个C扣1分(月考核得A的多少列入年度考核参考)。

(2)违反国家法纪,并受到处分的,每次扣5分;违反校规校纪并受到处分者,每次扣2分。

(3)出现直接责任事故者,每次扣5分。

(4)有侮辱、歧视、体罚或变相体罚学生的行为,有学生投诉并经查实者,每次扣2分。

(5)与闹不团结、有吵架、有打架等现象,造成明显不良影响者,每次扣3分。

(6)家长闹矛盾或收受学生家长钱物,造成明显的不良影响者,每次扣2分。

(7)经学校查实违反家教(带生)有关规定者,扣3分。

(8)言行举止不文明,严重违反社会公德和家庭美德,造成明显的不良影响者,每次扣2分。

(二)出勤(5分)

1.考核职能部门:办公室

2.考勤依据

(1)学校和上级关于教职工考勤的有关规定

(2)请假单

(3)出勤检查、抽查记录

3.具体办法

考勤采用扣分制。结合磐教〔2012〕57文件及学校有关规定扣分标准如下:

(1)病假从累计第6天起,每天扣0.1分;

(2)事假每天扣0.2分;

(3)迟到、早退、抽查不到,每次扣0.5分;

(4)旷课每节扣1分;

(5)无故不参加学校组织的各类会议每次扣1分。请假3次作不到一次处理。

考勤扣分全年累加统计,扣完为止。

(三)教科研工作(5分)

1.考核职能部门:教科室

2.具体办法

(1)本年度个人教育教学专著正式出版每部计4分,非正式出版折半计分;

(2)本年度获国家发明专利一项计4分;

(3)本年度规划课题:国家、省、市、县(市、区)课题结题执笔人分别计2分、1.5分、1分、0.5分;获奖执笔人分别计5、4、3、2分。负责人折半计分。课题组成员按该课题得分除以合作人数计分。

(4)论文发表或获奖(属于申报学科或关于德育内容)。刊物发表:正式刊物国家级每篇计3分、省级2.5分、市级2分,非正式刊物折半计分。各级获奖:县级三等奖0.2分、二等奖0.5分,一等奖1分,市级、省级、国家级各按县级的2倍、3倍、4倍记分。同一论文,不重复记分。最高得分不超过5分。

(5)教师选修课开发开设研究成果视同论文。

(四)教学常规(10分)

1.考核职能部门:教务处

2.具体办法

由教务处组织人员进行检查、考核,按比例确定等级,其中A等控制在30%以内,C等控制在5%

以内。

(1)上课、作业、辅导(5分):A等5分,B等4分,C等3分;

(2)备课(3分):A等3分,B等2分,C等1分;

(3)听课(2分):A等2分,B等1分;

(五)教育实绩(10分)

1.考核职能部门:德育处、教务处

2.具体办法

能胜任教育工作,能根据学生年龄特点、思想实际有计划地开展内容丰富、形式多样的教育活动,在课内能对学生进行思想品德教育的,计10分。

有下列情况的予以扣分:

(1)因班主任工作不负责而出现乱班者,扣3分;发生责任事故的每次扣2分;

(2)任课教师课堂内与学生发生冲突,教师有过错者,每次扣2分;课堂秩序经常较乱者,扣3分;

(3)教师发现学生违纪不予制止,导致事态扩大者,每次扣2分;

(4)音体美教师出现放羊式教学现象者,每次扣2分。

(六)教学实绩(55分)

1.考核职能部门:教务处

2.具体办法

由教务处制定相关办法按等级进行考核。

A等55～50分,B等49～42分,C等41～30分,D等29分以下。

根据教师实际情况,将教师分为四类,各类按下列比例确定等级:

高三文化课教师:A等控制在30%以内,D等控制在5%以内。

高一、高二高考相关科目教师:A等控制在30%以内,D等控制在5%以内。

会考科目教师:A等控制在20%以内,D等控制在5%以内。

其他教师:A等控制在20%以内,D等控制在5%以内。

以上四类项目有交叉的教师,以前一类项目为考核基本内容,后一类项目作参考。任课教师教学效果D等比例总体上控制在5%以内。

(七)课改任务(5分)

1.考核职能部门:课程处

2.具体办法

(1)选修课程开发(2分):根据教务处下达的有关工作任务进行考核,完成选修课程开发任务的,计2分。

(2)选修课程开设及学生社团指导(3分):根据相关处室下达的工作任务进行考核,完成选修课程开设与社团指导任务的,计3分。

(八)考核满分为100分,分优秀、合格和不合格三档,优秀人数占我校局定优秀名额的50%,按得分从高到低排列。有以下情况者一般定为不合格:

1.年度考核民主测评不合格票数占30%以上的;

2.作风散漫、纪律松弛、经常迟到早退或上班时间经常办私事,经组织2次以上正式谈话、批评教育仍不改进的;

3. 无正当理由请假不归，逾期连续超过3天或一年内累计超过10天的；

4. 在公众场合散布有损党和政府形象的言论，造成不良影响的；

5. 有贪污、盗窃、行贿、受贿、威胁、敲诈行为的，或利用职务便利为自己或他人谋取私利的；

6. 因打架、酗酒闹事等严重违反社会公德，被有关部门处罚或告知本单位的；

7. 参与赌博、迷信、色情等活动，被有关部门处罚或告知本单位的；

8. 因主观原因完不成本职位工作任务或达不到年度岗位目标责任制要求的；

9. 因责任事故造成公共财物或他人财物损失3万元以上并造成社会不良影响的；

10. 工作责任心不强，责任差错在3次以上并造成后果的；

11. 违反纪律煽动群众集体上访的；

12. 在政治是非问题上立场动摇，参加社会非法组织或非法活动的；

13. 工作效率低，办事拖拉、推诿，没有在规定时间内完成工作任务或被群众投诉3次以上且情况属实的；

14. 其他应确定为不合格等次的；

15. 一年打C三次及以上者。

第二部分：重点工作考核

（一）班主任工作

1. 考核职能部门：德育处

2. 考核办法

由政教处制订《浙江省磐安中学班主任工作考评制度》进行考核。确定为优秀的人员必须在常规考核中达到合格以上，优秀人数占我校局定优秀名额的25%。

（二）其他重点工作

1. 考核职能部门：办公室

2. 考核办法

优秀人员由学校教职工年度考核小组综合考评教师在以下几个方面的工作成绩中产生：⑴在学校课程改革和教学改革中作出突出贡献的；⑵在校园文化建设中作出特殊贡献的；⑶在应对新高考研究方面取得特殊贡献的；⑷在县教育局对我校年度考核中作出特殊贡献的；⑸在其他学校重点工作和重大活动中对学校发展作出特殊贡献的。

确定为优秀的人员必须在常规考核中达到合格以上，优秀人数不超过2人。

四、后勤工作人员（含服务性教师岗位）年度考核

（一）考核对象

①全体职工编制的正式职工；②教师编制的服务性岗位（待遇按教师编制执行）；③点日工（待遇按点日工的协议执行）。

（二）考评分类和分工

后勤工作人员根据不同的工作岗位进行分类考核，由相应的职能处室负责初评。其分类和分工如下：

大类、岗位分类、初评处室

教务后勤、教务处内务后勤（教务员、资料员、统计员、文印人员）、教务处；

实验室教师、电脑室教师；

图书、阅览室人员、体育馆工作人员；

政教后勤、政教处内务后勤(宿舍管理员、门卫、保安)、德育处；

宿舍管理人员；

总务后勤、总务处内务后勤(水电工、勤杂工、司机、财产保管、财务工作人员)；

总务处；

食堂职工；

行政后勤、档案员、接待员、办公室；

(三)考评依据

以月考核为主要参考依据，结合出勤，职业道德表现、工作实绩等进行综合考评。

(四)考评办法

1.各职能科室根据后勤工作人员的岗位职责制定具体的月考核细则与年度考核细则报校长办公会议审批。

2.年度考核由办公室牵头，教务、政教、总务各处室参与组成年度考评小组进行综合评议，按比例确定等级。

(五)考评结果

后勤工作人员年度考评结果分ABC三个等次，其中A等比例控制在10%以内。在此基础上再进一步确定优秀、合格、不合格三个等次，其中，优秀等次根据当年的实际情况酌情确定。

例3：

浙江省磐安中学教学常规与实绩考核细则

(2015年6月23日)

为客观、公正、公平、合理地考核评价教师和教学辅助工作人员的工作，充分发挥教师的工作积极性和主动性，更好地完成本职工作，并努力提高工作实效，根据《浙江省磐安中学素质教育激励机制》和学校实际情况的发展，参照《浙江省磐安中学教师工作考核评价制度》，制订本考核细则。

一、考核原则

1.客观、公正、公平、公开、简便、高效。

2.定量与定性相结合，以定量评价为主。

3.本办法考核对象为全年在磐安中学工作的教师，对新调入的教师原则上定为B。

二、考核办法

(一)教学常规(10分)

1.等级得分的标准与分等原则

上课、作业、辅导(5分)：A等5分，B等4分，C等3分；

备课(3分)：A等3分，B等2分，C等1分；

听课(2分)：A等2分，B等1分。

由教务处组织人员进行检查、考评，按比例确定等级，其中A等控制在30%以内，C等控制在5%以内。

2.具体办法

上课、作业、辅导，以学生民主测评为依据，由高到低分年级按序划分A、B、C。

有下列情况的予以扣分：

①上课铃响后2分钟仍未进教室的视为迟到；下课铃响前没向学生说明理由提前离开教室（或其他教学场所）的，视为早退。无故上课迟到、早退、接听电话被查实者，每次扣1分。

②无故不到课者，每次扣1分。

③课堂组织教学不力，课堂秩序混乱被查实者，每次扣0.5分。

④课堂上与学生产生矛盾，课后又不及时调解处理，导致产生不良后果者，每次扣0.5分。

备课：基本分3分。

有下列情况的予以扣分：

①备课不认真，教案数不足者（习题可见试卷等资料而略，但试卷或习题卷上应有教师在课前备课时做的答案，要有学生练习中差错情况简明记录），扣1分。

②高级教师教后记少于10%，中级教师教后记少于20%，初级教师教后记少于30%者扣0.5分。

③教案检查，凡教案中没有能反映课堂教学目标、教学的主要内容和主要教学活动过程的，就认定为“教案质量差”，扣0.5分。

④凡检查时缺少或当时拿不出有关教案的，就认定为“无教案上课”，扣3分。

作业布置批改能力和态度：基本分2分。

有下列情况的予以扣分：

①以一个学期来看，布置作业次数少于授课时数的1/2者，视为布置作业量明显不合理，扣1分；

②每次作业批改量少于任教班级学生数的1/2，视为作业批改过少，扣0.5分。

（二）实绩考评（50分）

1.等级得分的标准与分类原则

（1）A等44至50分，B等37至43分，C等30至36分，D等30分以下。

（2）根据教师实际情况，将教师分为四类，各类按下列比例确定等级：

高三文化课教师：A等30%，12人，D等在5%以内。

高一、高二高考相关科目教师：A等30%，10人，D等5%。

会考科目教师：A等20%，1人，D等5%以内。

其他教师：A等20%，2人，D等5%。

以上四类项目有交叉的教师，以前一类项目为考核基本内容，后一类项目作参考。任课教师教学效果D等比例总体上控制在5%以内。

2.实绩考核办法

（1）高三年级：

第一层次班级教师，按高考重点上线人所占有效率排序，按比例划定ABCD，权重70%，单位班级均分比值差排序，按比例划定ABCD，权重30%。按得分高低排名，其中48以上2人，47分1人，46分1人，44至45分3人。

第二层次班级教师，按本科上线人所占有效率排序，按比例划定ABCD，权重70%，单位班级均分比值差排序，按比例划定ABCD，权重30%。按得分高低排名，其中47分1人，46分1人，44至45分3人。

排序办法:在分层排序的基础上对二个层次进行合成,按得分高低排序,分数为:

1	2	3	4	5	6	7	8	每名差 0.2
50	49	48	47.5	47	46.5	46	45.8	

注 1:划定有效人数时,以不退为准。

注 2:对高考重点上线贡献突出者,直接界定为 A 挡 48 分以上。

注 3:跨层任教的教师,按两者平均分进入排序。

(2)高二年级:

第一层次班级教师,按第一目标上线人所占有效率排序,按比例划定 ABCD,权重 50%,单位班级均分比值差排序,按比例划定 ABCD,权重 50%。按得分高低排名,其中 47 分 1 人,46 分 1 人,44 至 45 分 3 人。

第二层次班级教师,按第二目标上线人所占有效率排序,按比例划定 ABCD,权重 50%,单位班级均分比值差排序,按比例划定 ABCD,权重 50%。按得分高低排名,其中 47 分 1 人,46 分 1 人,44 至 45 分 3 人。

排序办法:在分层排序的基础上对二个层次进行合成,按得分高低排序,分数为:

1	2	3	4	5	6	7	8	每名差 0.2
50	49	48	47.5	47	46.5	46	45.8	

注 1:划定有效人数时,以不退为准。

注 2:跨层任教的教师,按两者平均分进入排序。

(3)高一年级:

第一层次班级教师,按第一目标上线人所占有效率排序,按比例划定 ABCD,权重 50%,单位班级均分比值差排序,按比例划定 ABCD,权重 50%。按得分高低排名,其中 47 分 1 人,46 分 1 人,44 至 45 分 3 人。

第二层次班级教师,按第二目标上线人所占有效率排序,按比例划定 ABCD,权重 50%,单位班级均分比值差排序,按比例划定 ABCD,权重 50%。按得分高低排名,其中 47 分 1 人,46 分 1 人,44 至 45 分 3 人。

排序办法:在分层排序的基础上对二个层次进行合成,再对两个学期按分学期权重进行合成,按得分高低排序,分数为:

1	2	3	4	5	6	7	8	每名差 0.2
50	49	48	47.5	47	46.5	46	45.8	

注 1:划定有效人数时,以不退为准。

注 2:跨层任教的教师,按两者平均分进入排序。

(4)会考教师：

会考合格率达98%为前提，按A等率排名，前20%为A等，D等在5%以内。

会考合格率在95%以下定为D等。

既有会考又有高考或年段过关考试的教师，以高考或年段过关为准。

(5)其他教师：

体育健康达标率>95%，得基本分37分，不达标扣4分；县运动会得团体总分第一，组长和教练加2分，县运动会得团体总分第二及以下，组长和教练每年扣2分。市重点中学田径对抗赛，得前6名，组长和教练加6分。体育单项团体赛，得县第一名，教练加2分，得县第三名及以下，教练扣2分，近三年无赛事但正常训练的记38分。市体育单项团体赛，得前6名，教练加6分。

音乐、美术教师：常规教学考核合格得基本分37分；在县艺术节上音乐、美术获县一等奖项数分别为县高中段第一的前提下，每获一个一等奖，指导教师加1分。

实验教师：实验教师在实验开出率达98%记基本分37分，每增加1个1%，加1分；超过100%，加1分。自制教具、劳技作品、科技创新等获县一等奖，每项加1分，市三等奖加1分，市二等奖及以上加2分，同一作品按最高级别计算(此项累计加分不超过4分)。

以上三类教师，按得分高低排名，A等20%，D等5%以内。

其他教师及教务处后勤人员：以相应服务范围内的教师和学生满意度高低，按比例确定等级。

(三)课改任务(10分)

1.每位教师基本分9分。

2.选修课程开发：完成选修课程开发任务(送市以上评审)加0.5分。

3.选修课程开设及社团指导：完成选修课程开设及社团指导任务加0.5分。

三、考核程序

1.教师系列考核在教师自评的基础上，经教研组初评后，上报教务处，教务处对教研组考核结果进行审核，上报学校。

2.教学辅助工作人员系列考核由教务处直接检查考核。

四、今后教师职评教学考核按本办法执行。

第四节　普通高中简介

磐安中学

磐安中学校址在县城东部的根溪村育才路36号。校园占地面积81920平方米，建筑面积40918平方米，绿化面积15800平方米。校园分五大功能区。教学区：教学楼和实验楼各2幢；自主学习区：图书综合楼1幢；运动区：有体艺馆、标准田径场、室内外排球场和篮球场、游泳馆等；生活区：食堂和5幢宿舍楼；行政楼1幢。学校有51个多媒体教室426台电脑，有多个理化生实验室、音乐教室、美术教室、计算机室、录播室，各项教育技术现代化装备达到省中小学现代教育装备标准。另有生物实践基地、生物创新实验室和多个名师诊断室，各类设备设施能满足教育教学及学生社团活动的需要。2001年2月26日，时任省委书记的张德江莅临磐中时称赞“硬件设施，全国一流”。

学校创建于民国31年(公元1942年)8月，前身为“磐安县立战时初级中学生补习学校”，校址设五美乡(今深泽乡)上产村金仙寺，简称“磐安战时中学”。民国32年(公元1943年)8月，更名为“磐安县立初级中学”。民国35年(公元1946年)8月,学校从金仙寺迁至当时的县城大盘镇利济村孔氏宗祠,与县立简易师范学校合并,实行两校一长制。民国38年(公元1949年)8月,学校迁至双峰乡大皿村羊氏总宗祠。

1949年10月,中国人民解放军军管组接管学校,时任磐安县县长的陶健兼任校长。1950年2月,学校定址安文镇海螺山西麓陈氏大宗祠,与县立初级中学玉虹分部、县立简易师范学校和私立文范中学合并,更名为“磐安县初级中学”。

1958年春,学校更名为“磐安中学”,首次招收高中班;1959年,更名“东阳县安文中学”;1983年10月,恢复“磐安中学”校名。

2015年,学校有36个教学班,学生1443人;教职工142名,其中专任教师127人。有特级教师3人,高级教师56人,全国优秀教师、全国五一劳动奖章获得者3人。省教坛新秀、省师德楷模、省“春蚕奖”、省劳动模范、省五一劳动奖章获得者、省名师名校长培养对象等11人次。市名师名校长、市教坛新秀、市骨干教师、市名师培养对象等12人次,县级教坛新秀35人次、县级骨干教师47人次。

1993下半年开始,学校坚持以教学为中心,走出去,请进来,分层次管理,标准分管理,动态管理,从抓教风入手促学风好转。经过师生的共同努力,1994年高考打了翻身仗。到21世纪,高考升学率又有新的突破:2005年高考上重点线135人,2011年181人,2013年139人,2014年155人,2015年199人,多次受到磐安县人民政府嘉奖。

1984年,学校被认定为省重点中学。1996年12月,被确认为省二级重点中学。2002年12月,确认为省一级重点中学。2015年8月,被确认为省一级普通高中特色示范学校。

注重抓教学质量的同时,学校致力于校园文化的打造,坚守“尚美教育”,营造师生精神家园,开展百名校友、百家讲坛、百首名曲进校园活动。先后获多项荣誉称号,其中有省文明单位、省现代教育技术实验、省教育科研先进集体、省中小学示范实验室、省教育装备和勤工俭学管理中心、市曙光计划示范学校、市公民道德建设先进集体、市学校思想政治工作先进单位、市中小学校本培训示范学校、市教育系统民主管理先进单位、市优秀学校心理辅导室、市体育传统项目学校等。2015年,国家省市级多家新闻媒体报道学校办学特色与管理经验108篇次,“尚美教育行动研究”课题获省优秀成果一等奖,学校被评为市“最美校园”、市“和谐校园”、县“最美团队”。

磐安县第二中学

磐安县第二中学,简称磐安二中,创办于1999年4月,校址在安文镇文溪北路1号,即原来的磐安中学校园。

创办之初,初高中合一。高中4个班191人,初中5个班225人,教职员工43人。至2001年,高中12个班,在校生613人;初中15个班,在校生726人,教职工总数96人。2003年8月,窈川乡初级中学并入第二中学初中部。2006年,高中部17个班,初中部18个班,35个班计学生1900余名,正式教职工134人。2007年9月,学校单办高中,20个班,在校生1037人,正式教职工87人。2015学年,34个班,在校生1532人,正式教职工125人,专任教师111人,其中,高级教师24人,中级教师36人。

学校造就全国优秀教师1名,“春蚕奖”“师德楷模”等省级荣誉获得者5人,省级教坛新秀3人,市级教坛新秀8人,县级教坛新秀29人。

2015年底,学校占地面积49540平方米,建筑总面积36355.7平方米。新建多功能综合楼一幢与教学楼两幢,有普通教室50个,理化生实验室9个,有计算机、录像导播、观摩教室6个,档案管理室、多媒体综合会议室、劳技音乐美术教室、学生阅览室、教师资料室、工会活动室、党员活动室共10个。

配备计算机418台，多媒体控制软件6套。图书资料53500册，音像资料680盘。此外，还有标准运动场、体育馆、图书科技楼等附属设施。

学校坚持“为成就生命幸福立基”的办学理念，实施“读圣贤书、立君子品、做有德人”德育工程，以“诗书立业，孝悌做人”为核心，推进校园文化建设，致力于德育内化，建构学生的良好品质。

2013年1月学校被评为“浙江省文明单位”。2014年5月，被省教育厅确认为“浙江省二级普通高中特色示范学校”。学校还先后获“全国创和谐校园先进单位”“省普通高中会考先进集体”“省中学生课外阅读先进集体”“省级餐饮服务食品安全示范学校食堂”“金华市体育特色学校”“金华市教科研先进集体”“磐安县首所德育特色学校”等多项荣誉称号。

第五章　中等职业技术教育

1958年，磐安县各乡(村)普遍开办农职业中学，磐安县共有农职类学校21所，32个班级，1143名学生，学校招收半工半读学生，分设初中政治、语文、数学、农业技术知识等课程，冷水农中被评为浙江省农业中学先进集体。1961年秋，农中相继停办。1967年，社会上再掀大办农职业学校热潮，今磐安境内有农业初级中学15所，22个班级，1100名在校学生。到20世纪70年代，农职业学校先后停办或改办。

1984年创办农职业技术学校，8月与安文区农职业学校合并并改名为县职业技校。1985年，中共中央《关于教育体制改革的决定》提出“调整中等教育结构”“大力发展职业技术教育”后，职业教育受到政府和教育部门的重视。1986年秋，志成农职业中学由当地群众集资创办，地址在尚湖青龙头。1990年，磐安中学、玉山中学、盘山中学开设职业教育班，学制三年。

第一节　职业高中教育

一、发展概况

1987年9月，磐安林校并入盘山中学，开始附设林业班，至1995年林业班停招，先后共计13个班级，毕业学生442人。

1989年9月，磐安中学附设三年制财会班招收学生47人。1990年9月招生47人，在校生87人。1991年停招。1992年毕业42人，1993年毕业44人，共毕业86人。

1990年4月，《金华日报》以“深山职教一枝花”为题介绍磐安县职业技校的办学经验。6月，县建设局、县教育局联合印发《关于进一步办好县职业技术学校建筑专业班、建筑工程队的意见》，意见指出，县职业技校建筑班毕业生颁发两个证书：一是金华市颁发的中等职业技术学校毕业证书；二是技术等级证书，发初级或中级上岗证。学制长短结合，以三年制长期班为主。学生做到校内训练与校外实习工作相结合。技校工程队与住宅建筑公司协作，经济独立核算，自负盈亏。10月，《文汇报》以“深山奇葩”为题报道县职业技校办学成果。同月，经县卫生局批准建立县职业技校医务室。11月，磐安县人民政府下发《关于成立县职业技术教育领导小组的通知》，通知指出，县长卢福禄兼任县职业技术教育领导小组组长，陈竹青任办公室主任。

1990年9月，玉山中学附设三年制职业班，招生65人。1991年招59人，在校生117人。1992年招生50人，在校生163人。1993年毕业50人，招生63人，在校生175人。1994年毕业54人，招二年制班级62人，三年制72人，在校生249人。1995年毕业54人，招三年制学生73人。1996年二年制毕业生49人，三年制50人，共99人。同年停招职业班。1997年，二年制毕业67人，三年制58人，共125人。1990年至1997年共毕业学生382人。

1991年，职业技术学校成立食用菌教研组，着手竹荪和野生菇类灵芝草人工栽培的课题研究。学校通过技术培训、推广、上门服务等形式，支持全县发展食用菌生产。磐安县26个乡镇的食用菌辅导员中，7人是该校毕业生。

1993年5月，金华市教职下发《关于建设窗口职业中学的通知》，磐安县职业技术学校被金华市教育委员会确定为市窗口建设学校，享受“教育行政经费优先，基建经费优先，职教补助经费优先”的政策。同年5月，磐教〔1993〕34号文件指出：“磐安县职业技术学校”为磐安县职业教育的窗口学校，并决定于1995年底前完成综合楼、实验楼、教学楼等基建项目。9月，金华市教育委员会同意磐安县玉山农职业学校，增名金华行知职业高级中学。

1994年1月，经磐安县人民政府研究，同意将玉山农职业技术学校归属县教育局管理，由县教育局会同财政局等有关部门做好交接工作。同年8月，为解决县职业技术学校建造教学楼资金问题，县人民政府批准，招收“农业户口转为非农业户口”学生106名。每生收培养费0.6万元，共收63.6万元。次年8月，县人民政府批准，同意县职业技校继续招收“农转非”学生100名，每生交培养费0.6万元，收培养费60万元。由学校在银行单独开户、单独立账，作为建设学校综合楼、学生寝室和购买实验设备等经费。“农转非”学生安排工业民用建筑中专班、公关电脑专业、大专班、五年一贯制双文凭专业、电子汽拖专业等专业班级就读。招生对象为县内外初、高中毕业生，以县外为主。“农转非”学生毕业后自谋职业、不包分配，大部分由学校推荐就业，少数自找职业。是年，县职业技校与人武部联合办学，开设预军专业，开展军事化专业管理。

1995年，经国家教委批准，磐安县职业技校被确认为“现代文秘规范培训实验基地”。11月，以省教委督导室主任陈聿武为组长的省示范职业中学评估验收小组对县职业技校进行评估验收。是年7月22日，《浙江教育报》头版头条刊登《磐安县职业技术学校的改革发展之路》，介绍学校的改革举措。同年7月29日、8月26日，《中国教育报》以“农民心中的黄埔军校”为题分上下两篇报道学校的办学经验。学校的办学模式被一些职教专家称为“磐安模式”。

1996年1月，县职业技校被确定认为省第二批示范性职业学校。是年2月，国家职业技能鉴定委员会专家委员会规范培训指导委员会下文，批准磐安职业技校为“现代文秘职业技能规范培训实验基地”。是年6月，金华市教委批复同意在磐安县职业技校进行选科学分制教学管理改革试点，试点专业6个：工民建、电子电器、计算机、财会、幼师、预备役军人。试点时间从1999年秋季入学的职业高中(职业中专)新生开始，选科学分制实行教考分离，每门课结业时由县教研室组织命题、考试，学生成绩合格取得相应的学分。是年10月，为切实加强对县职业技术教育的领导，磐安县人民政府办公室下发《关于调整县职业技术教育领导小组成员的通知》，决定调整充实县职业技术教育领导小组，由县长刘树枝任组长。是年，全县职业高中共有26个班级，1354名学生(其中民办职高1所，3个班级，普高职业班3个)。

同年11月，县教育委员会制订《磐安县职业教育“九五”发展规划》。“九五”期间具体的奋斗目标是：加快职业教育的发展速度，扩大职业学校的办学规模。进一步调整职业教育结构，推进以初中后为重点的不同阶段的教育分流，建立、健全职业学校教育与职业培训并举，并与其他教育相互沟通、协调发展职业教育体系。进一步加强职业教育内部建设和管理，深化改革、办出特色，提高教育质量和办学效益。县职业技校要争创“国家级示范性职业中学”，金华行知职高要在1996年争取通过“省示范性成人文化技术学校”的基础上努力创建“省示范性职业中学”。

1997年2月，县职业技校被评为市职教工作先进集体。1997年度上学期，县教育局对学校的管理体制进行重大改革，实行集团统一领导下的分块负责制。这一体制实施近一年。

2001年玉山中学与行知职高联合办学，11月两所学校在西坑畈合并成磐安县第三中学，为综合高中,形式上保留玉山中学和金华行知职业高级中学两块牌子。

2001年初,县职业技校学生宿舍大楼工程立项,2002年竣工并交付使用;学校采用社会化办学方式,利用民间资本兴建食堂餐厅,12月份竣工后归投资者使用30年。实验实训大楼于7月份动工兴建。为解决学校资金困难问题,女生宿舍楼也利用民间资本,采用承包方式经营。

2002年12月,经省教育厅检查评估,认定磐安职业技术学校为省二级重点职业学校。

2004年2月,市教育局领导徐灵甫一行3人,走访县职业技校和磐安三中,对县中等职业教育进行调研。

2007年12月底,县内职业高中有县职业技术学校、县第三中学(综合高中)48个班级,在校学生2313人。教职工178人,其中专任教师147人。从1980年至2007年共培养职业技术毕业生12201人。

2008年,盘山中学开始招收高职生,全县有中等职业技术学校3所,47个班,在校学生2121人,教职工194人。2009年,盘山中学停止招收高职生。

2010年下半年,县政府成立由潘丽霞副县长任组长的课题组,开展一个月的专题调研,按照“一校二区、专业互补、立足磐安、接轨周边、长远发展与近期效益相结合”的思路,设计中等职业教育专业结构调整规划。

2011年,盘山中学高中部撤销,时磐安县职业中学2所,50个班,在校学生2213人,教职工152人。是年5月,县教育局下发《磐安县中等职业教育专业结构调整规划》,确定全县中职教育专业结构调整的目标:争取用五年左右时间,基本完成中等职业教育专业结构调整,构建与磐安县经济和产业转型升级匹配程度高、结构合理、错位发展、特色鲜明的中等职业教育专业发展新格局;推进“一校两区”办学模式,着力提升职业教育核心竞争力,提高人才培养质量,为创建县职教中心打下良好基础。同年9月,磐安县职业技术学校、磐安三中合并成立磐安县职业技术教育中心。2012年,县职教中心计51个班,在校生2156人,教职工173人。

2013年,磐安县职业技术教育中心与义乌工商学院、金华职业技术学院、江苏硅湖职业技术学院联合办学,与金华职业技术学院旅游分院签订“3+2”合作办学协议。投资90万元建设农家乐培训中心,创建省级旅游实训基地,获省级奖励性补助经费150万元。同时,完成农民培训5300多人次。学校顺利通过“省二级重点职校”评估验收,并被评为市县职业教育发展挂钩考核优秀单位,获得奖励资金400万元。

2014年,县农民学校在职教中心挂牌成立,为培养职业农民、特长农民、品牌农民提供平台。开展年度扫盲工作,完成扫盲1206人,组织各类技能培训达14738人次。

2015年,磐安县职业中学1所(职教中心),37个班,在校学生1477人,教职工138人。

表4—28　　1980年～2015年磐安县职业中学学生、教职工基本情况一览表

年份	学校数(所)	班数(个)	招生数(人)	毕业生数(人)	在校学生数(人)	教职工数(人)		备注
						计	其中:专任	
1980年	3	11	250	168	465	32	27	1980年至1984年为安文区农职校、盘山区农职校、玉山区农职校
1981年	3	10	209	159	402	30	27	
1982年	3	9	196	187	363	30	26	
1983年	3	11	286	157	424	31	26	

续表 4—28

年　份	学校数（所）	班　数（个）	招生数（人）	毕业生数（人）	在校学生数（人）	教职工数		备　　注
						计	其中:专任	
1984 年	3	9	249	151	425	35	27	1984 年创办县农职业技术学校，8 月与安文区农职校合并改名县职业技校。盘山农校改名磐安林校
1985 年	3	11	324	176	552	41	34	
1986 年	3	10	337	273	599	37	29	
1987 年	3	12	325	249	667	42	29	
1988 年	2	10	380	194	338	57	41	1987 年磐安林校并入盘山中学。县内有县职技校和玉山农职校 2 所。1989 年磐中 1 个、盘山中学 3 个职业班
1989 年	2	19	457	255	991	61	47	
1990 年	2	22	502	291	1064	80	55	
1991 年	2	26	434	276	1274	85	59	
1992 年	2	26	407	444	1135	90	63	
1993 年	2	27	505	403	1224	90	59	
1994 年	3	33	805	419	1575	88	61	1986 年 9 月，创设民办志成职业高中，表内 1986 年至 1993 年未统计在内，1994 年至 1999 年统计在内，2000 年停办
1995 年	3	33	501	312	1378	85	59	
1996 年	3	26	489	490	1354	106	74	
1997 年	3	42	965	609	2003	121	89	
1998 年	3	43	644	536	1945	120	89	
1999 年	3	42	608	656	1756	119	93	
2000 年	2	41	720	690	1709	121	92	
2001 年	2	43	883	546	1990	130	101	县职业技校、县三中(职高)、盘山中学(职高)
2002 年	2	51	987	498	2455	171	131	
2003 年	2	55	971	663	2709	191	153	
2004 年	2	57	829	791	2692	192	157	
2005 年	2	54	889	947	2551	161	127	
2006 年	3	53	955	890	2564	155	124	
2007 年	3	48	609	765	2313	178	147	
2008 年	3	47	674	832	2121	194	148	2008 年盘山中学开始招职高生
2009 年	3	44	730	854	1936	179	149	
2010 年	3	47	786	577	2094	169	142	
2011 年	2	50	816	629	2213	152	131	2011 年盘山中学高中部撤销，同年 9 月，磐安县职业技术学校、磐安三中合并成立磐安县职业教育中心
2012 年	1	51	654	644	2156	173	132	
2013 年	1	55	528	743	1893	169	137	
2014 年	1	44	479	730	1601	149	118	
2015 年	1	37	530	609	1477	138	114	

二、学校管理

1. 管理机构与体制

1991 年，职业技术学校根据上级部门的文件精神。实行校长负责制。从职业学校特点出发，县职业技校逐步建立、完善教师岗位责任制、聘任制、结构工资制和班主任聘任制，同时推行专业教学组负责制，学校共建有建筑、多种经营、林业、财会、机电、家电、缝纫、公关等8个教学组。

1992年8月，县教育局批准县职技校设立生产实习处，专门管理学生的实习工作。

2006年，为完善学校机构的设置，充分调动中层干部的积极性，进一步促进学校中层干部管理工作科学化、民主化、制度化，促进学校各项事业的科学和谐发展，职业技校历时2个月实行中层干部竞聘上岗。

县职教中心围绕本地区经济社会发展的战略目标，坚持“以服务为宗旨，以就业为导向，以能力为本位”的办学理念，主动调整专业结构，优化专业设置，以磐安及周边的市场需求、企业工作岗位为导向，培养“明礼精技、富有创业创新能力”的初中级技能型人才，努力打造中职教育专业品牌和社会培训品牌，为磐安社会经济发展提供人力资源和技术支撑。学校紧紧围绕经济社会发展需求，开设新兴专业。根据县中等职业教育专业机构调整规划的精神，以电气技术应用、旅游服务与管理、塑料成型为主体专业，汽车运用与维修、建筑、学前教育为精品专业，财会、农村经济综合管理为辅助专业，做大做强社会培训，近年来完成社会培训达7602人次，毕业生的一次性就业率达96%以上。

磐安县职业技校学校管理机构(含群众组织)的变化情况：

1990年：党支部、校长室、教务处、政教处、总务处(团委、工会)。

1995年：党支部、校长室、校长办公室、教务处、政教处、总务处、生产实习处(团委、工会)。

2000年：党支部、校长室、校长办公室、教务处、政教处、教科室、总务处、生产实习处(团委、工会)。

2005年：党支部、校长室、办公室、教务处、政教处、教科室、总务处、生产实习处(团委、工会)。

2010年：党支部、校长室、办公室、教务处、政教处、教科室、总务处、实习就业处(团委、工会)。

2015年：党支部、校长室、办公室、教务处、政教处、校史办、总务处、教科室、实习处、筹建办、校监会(团委、工会)。

附：

2015年磐安县职业教育中心行政管理机构示意图

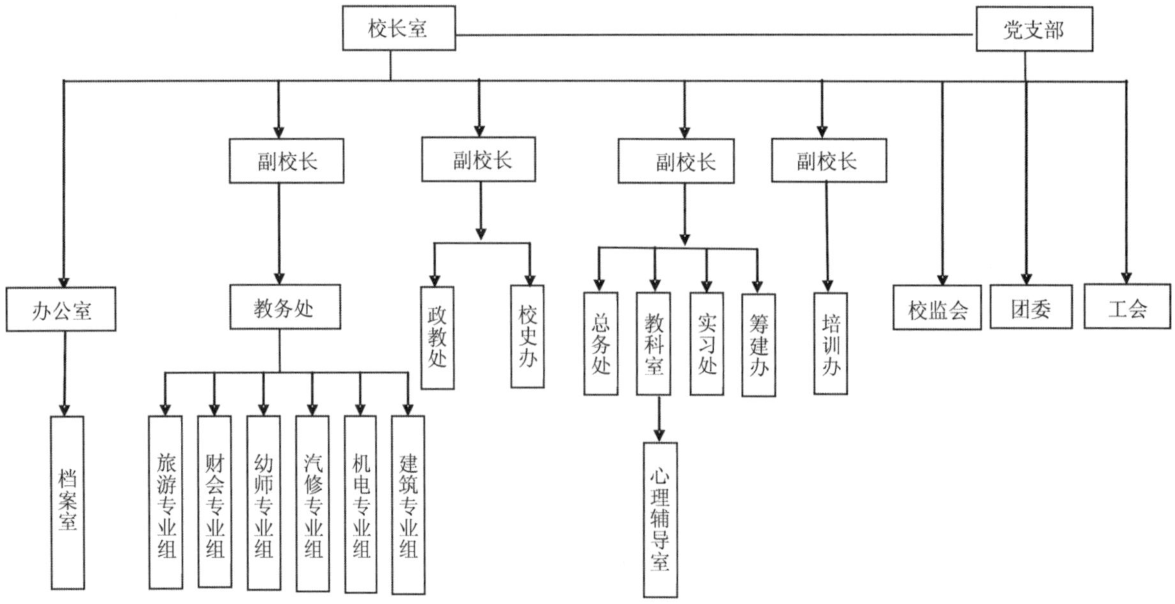

三、教学管理

中等职业技术学校的培养目标是教育学生学会做人、学会学习、学会技术、学会合作、学会创新，德、智、体、美全面发展，成为有文化科学基础知识和专业知识的社会经济建设实用技术人才，并为高等职业院校输送合格人才。

1. 专业设置

根据培养目标，学校课程设计分文化课和专业课。各类专业都开设政治、语文、数学、英语等必修课，专业课按不同类专业开设。

1990 年，开设会计、电子电器、建筑工程施工、服装、公关、多种经营 6 个专业。

1991 年，开设建筑工程施工、服装、公关、农学、农机 5 个专业。

1992 年，开设建筑工程施工、工艺美术、公关、农家、企业管理、农机 6 个专业。

1993 年，开设电子电器、建筑工程施工、文秘 3 个专业。

1994 年，开设电子电器、建筑工程施工、工艺美术、公关、预军 5 个专业。

1995 年，开设电子电器、建筑工程施工、计算机应用、工艺美术、文秘、公关、装潢、预军 8 个专业。

1996 年，开设会计、电子电器、建筑工程施工、计算机应用、文秘、农技、预军 7 个专业。

1997 年，开设会计、电子电器、建筑工程施工、计算机应用、工艺美术、文秘、预军、预科 8 个专业。

1998 年，开设会计、电子电器、建筑工程施工、计算机应用、学前教育、预军、预科、戏曲 8 个专业。

1999 年，开设会计、电子电器、计算机应用、学前教育、服装、保安、综合 7 个专业。

2000 年，开设电子电器、计算机应用、保安、综合 4 个专业。

2001 年，开设电子电器、计算机应用、学前教育、服装、保安、综合、财建 7 个专业。

2002 年，开设会计、电子电器、计算机应用、学前教育、工艺美术（含体美）、服装、文秘、综合 8 个专业。

2003 年，开设会计、电子电器、计算机应用、学前教育、服装、文秘、体育、保安、综合 9 个专业。

2004 年，开设会计、电子电器、建筑工程施工、学前教育、计算机应用工艺美术、文秘服装、综合 7 个专业。

2005 年，开设会计、电子电器、建筑工程施工、学前教育、工艺美术、服装、文秘、综合 8 个专业。

2006 年，开设汽车运用与维修、会计、电子电器、建筑工程施工、艺术、文秘、综合 7 个专业。

2007 年，开设汽车运用与维修、会计、电子电器、建筑工程施工、学前教育、市场营销、工艺美术、服装、文秘 9 个专业。

2008 年，开设机械、汽车运用与维修、会计、电子电器、建筑工程施工、学前教育、市场营销、工艺美术、服装 9 个专业。

2009 年，开设机械、汽车运用与维修、会计、电子电器、建筑工程施工、学前教育、旅游服务、市场营销、工艺美术 9 个专业。

2010 年，开设机械、汽车运用与维修、会计、电子电器、建筑工程施工、计算机应用、学前教育、旅游服务 8 个专业。

2011 年，开设机械、汽车运用与维修、会计、电气、建筑工程施工、学前教育、旅游服务 7 个专业。

2012 年，开设机械、汽车运用与维修、会计、建筑工程施工、学前教育、旅游服务 6 个专业。

2013 年至 2015 年，均开设机械、汽车运用与维修、会计、电子电器、建筑工程施工、学前教育、旅游服务 7 个专业。

表 4—29　　　　1990 年～2015 年磐安职业技校各专业学生数统计表

学年	机械	汽车运用与维修	会计	电子电器	建筑工程施工	计算机应用	学前教育	旅游服务	市场营销	艺术	工艺美术	服装	计算机应用工艺美术	文秘服装	文秘	公关	多种经营	装潢	农技	农学	企业管理	农机	体育	保安	预军	预科	戏曲	综合	财建	合计
1990 年	—	—	59	58	39	—	—	—	—	—	—	50	—	—	—	39	29	—	—	—	—	—	—	—	—	—	—	—	—	274
1991 年	—	—	—	—	31	—	—	—	—	—	—	43	—	—	—	54	—	—	—	60	—	60	—	—	—	—	—	—	—	248
1992 年	—	—	—	—	19	—	—	—	—	—	36	—	—	—	—	51	—	—	—	33	25	35	—	—	—	—	—	—	—	199
1993 年	—	—	—	103	39	—	—	—	—	—	—	—	—	—	97	—	—	—	—	—	—	—	—	—	—	—	—	—	—	239
1994 年	—	—	—	108	60	—	—	—	—	—	30	—	—	—	—	93	—	—	—	—	—	—	—	—	128	—	—	—	—	419
1995 年	—	—	—	107	53	54	—	—	—	—	27	—	—	—	49	81	—	43	—	—	—	—	—	—	54	—	—	—	—	519
1996 年	—	—	33	59	58	41	—	—	—	—	—	—	—	—	52	—	—	—	28	—	—	—	—	—	119	—	—	—	—	390
1997 年	—	—	104	62	54	45	—	—	—	—	19	—	—	—	42	—	—	—	—	—	—	—	—	—	188	61	—	—	—	575
1998 年	—	—	52	54	40	54	38	—	—	—	—	—	—	—	—	—	—	—	—	—	—	—	—	—	117	42	13	—	—	410
1999 年	—	—	32	55	—	58	22	—	—	—	—	23	—	—	—	—	—	—	—	—	—	—	—	95	—	—	—	94	—	379
2000 年	—	—	—	53	—	138	—	—	—	—	—	—	—	—	—	—	—	—	—	—	—	—	—	50	—	—	—	253	—	494
2001 年	—	—	—	48	—	139	45	—	—	—	—	38	—	—	—	—	—	—	—	—	—	—	—	30	—	—	—	176	54	530
2002 年	—	—	29	43	—	83	41	—	—	—	42（体美）	18	—	—	50	—	—	—	—	—	—	—	—	—	—	—	—	104	—	368
2003 年	—	—	43	32	—	37	30	—	—	—	—	30	—	—	32	—	—	—	—	—	—	—	24	26	—	—	—	132	—	386
2004 年	—	—	49	53	47	—	30	—	—	—	—	—	49	45	—	—	—	—	—	—	—	—	—	—	—	—	—	94	—	367
2005 年	—	—	62	56	57	—	38	—	—	—	12	14	—	—	28	—	—	—	—	—	—	—	—	—	—	—	—	247	—	514
2006 年	—	42	53	19	31	—	—	—	—	17	—	—	—	—	30	—	—	—	—	—	—	—	—	—	—	—	—	213	—	405
2007 年	—	46	32	32	38	—	28	—	37	—	22	14	—	—	14	—	—	—	—	—	—	—	—	—	—	—	—	—	—	263
2008 年	17	59	40	15	35	—	49	—	23	—	42	12	—	—	—	—	—	—	—	—	—	—	—	—	—	—	—	—	—	292
2009 年	55	81	44	23	40	—	82	8	17	—	44	—	—	—	—	—	—	—	—	—	—	—	—	—	—	—	—	—	—	394
2010 年	28	65	46	51	67	63	63	12	—	—	—	—	—	—	—	—	—	—	—	—	—	—	—	—	—	—	—	—	—	395
2011 年	38	83	40	25 电气	123	—	50	90	—	—	—	—	—	—	—	—	—	—	—	—	—	—	—	—	—	—	—	—	—	449
2012 年	17	72	91	—	124	—	47	59	—	—	—	—	—	—	—	—	—	—	—	—	—	—	—	—	—	—	—	—	—	410
2013 年	17	74	56	17	108	—	32	53	—	—	—	—	—	—	—	—	—	—	—	—	—	—	—	—	—	—	—	—	—	357
2014 年	15	54	82	40	95	—	30	45	—	—	—	—	—	—	—	—	—	—	—	—	—	—	—	—	—	—	—	—	—	361
2015 年	44	96	89	43	46	—	77	37	—	—	—	—	—	—	—	—	—	—	—	—	—	—	—	—	—	—	—	—	—	432

2. 校企合作

1991 年 4 月，县职业技校学校与县消防中队签订协议，校 89 公关班和县消防中队开展共建共育活动。1992年，技校创办技校塑料厂、教育制衣厂、技校无线电厂、技校预制场。12月，县教育工程队更名为“磐安县第八建筑工程公司”。1993年5月，成立磐安县第八建筑工程公司，为四级企业，学校成立磐安县科技培训中心。1995年，职业技校改革办学模式，走“上挂横联下幅射”的路子。同年，经国家教委批准，成为现代文秘规范培训实验基地，学校先后办起县八建公司等10个校内实习基地。1995年下学期，职业技校与金华教育学院联合办学，设金华教育学院磐安技校教学点，专业有高级公关文秘专业、财务与金融专业。1996年11月，职业技校成立金华翔宇集团有限公司，公司下属企业有制衣厂、灯头厂、塑胶厂、八建公司、教育宾馆等。2007年，学校与义乌城镇职校签订“浙江省中等职业学校结对帮扶合作协议书”。2008年，学校设立教学改革与规划发展研究室。2009年，学校建立职业技能鉴定站。

2004年至2007年，磐安三中与多家企业合作，开展联合办学。2004年与磐安景光塑胶制品厂签订联合办学协议；2005年与浙江三花制冷集团有限公司签订联合办学协议，同年与杭州松下马达有限公司签订联合办学协议；2006年与浙江英洛华电子有限公司签订联合办学协议，同年与金华亚蔓车辆制造有限公司签订联合办学协议；2007年与浙江金华威邦塑胶有限公司签订协议，同年与浙江帅盟实业有限公司签订合作协议。协议内容是学校负责为企业培养职工，企业为这一学校的学生提供实习方便或者就业机会。

2011年9月，三中与县职业技术学校合并，成立磐安县职业教育中心，开始“一个中心，两个校区，统一管理，统一考核”的管理模式。县职教中心加强校企合作、工学结合，实施订单办学策略，与金华青年汽车集团、杭州至尊鲨鱼大酒店等知名企业建立紧密合作关系，拓宽学生实习就业渠道，成效显著。2013年，校企合作不断加强，县职教中心与三家企业建立校企合作关系，其中浙江永拓建设有限公司为学校设立50万元的永拓奖学金。

3.重点专业建设

1989年，磐安职业技校设有建筑、机电、电视中专、多种经营、林业、家电、公关7个专业，11个班级，学生551名，教职工45名，校园占地面积11867平方米，建筑面积3935.17平方米，拥有禽畜饲养室8间，鱼塘2亩，种植试验地3.5亩和菌种场、建筑实习场、农生化实验室等。学校专门设立勤工俭学办公室，管理现有的建筑工程队、电器修理店、商店、服装厂、家具工艺厂、养鸡场、食用菌菌种场、养鱼场等。

1992下学期，学校增设美工专业班和企业管理专业班。1994年学校新开设司法文秘专业，改革招生制度，改变招生难的现象，报名与录取的比例为5.8∶1，就读的学生除磐安当地的初中毕业生，还有一部分来自金华、义乌、东阳、永康、天台等地的学生。是年秋季招收新生423名，完成县招生计划的157%；1995年，招收新生452名；1996年，24个班级在校生1112名学生。1997年，招收新生574名。预军(军人预备役)专业，创办于1994年8月，与县人武部联办，当年招生2个班127名学生，1995年招生56名。1996年预军专业与文秘、电脑专业合并，创办预军文秘、预军电脑专业，各招生一个班，分别为60名与61名。1997年继续招生，预军文秘招收新生62名、预军电脑126名。1998年，预军电脑继续招生117名。1999年，预军专业改为保安专业，招生92名。

1994年与1995年职业技校招收“农转非”学生，学校在校学生从90年代初的12个班级500多名增加到1997年的26个班级1300多名。

2000年学校财会电算化专业为金华市职业学校第二批重点专业。

2005年，浙江省教育厅、浙江省中小企业局公布磐安技校为第一批“省级中小企业职工培训示范基地”。

2011 年 9 月，磐安县职业教育中心成立。学校设有机电、旅游服务与管理、建筑(永拓 BIM)、汽修、幼师、财会(电子商务)、护理(养生)等专业。

2015 年，旅游专业被评为浙江省级骨干专业。旅游专业师资扎实。旅游管理与服务专业的教师都参加省级以上技能培训，有 3 人次参加国家级技能培训，普遍具有较丰富的实践经验和较高的教学水平，教育教学能力得到同行的广泛肯定。实训设备先进。该专业累计已投入 234 万元，建有中餐宴会等多个实训室等，专业设施先进、功能完备。校企合作紧密。学校先后与县风景旅游管理局等多家企业签订长期的校企合作协议，开展深度合作，实行订单培养，保证学生参加对口专业的教学实习。社会培训力度大。旅游服务与管理专业实训基地于 2012 年被评为省级实训基地。与县旅游协会等单位合作，面向企业和社会人员开展培训，取得良好的社会效益。

电气技术应用专业也是省级骨干专业。专业基础稳固。该专业已有近二十年的办学历史。为磐安当地培养了几千名电子电工技术人才。专业师资扎实。该专业高级职称 3 名，学历合格率 100%。有金华市学科带头人、金华市机电教研大组的副组长、市级优秀双师型教师。实训设备先进。该专业是省级实训基地，内有机床电气线路等实训室，其总值达 400 万元。校企合作紧密。实行订单培养，保证学生参加对口专业的生产实习。学校成为企业技术工人的人才储备库，企业成为学校师资培训、学生实习、毕业生就业的基地，订单培养比例达 50%以上。社会培训力量强大。每年完成 400 多人培训。

四、县职教中心规章制度举例

例 1：

磐安县职业教育中心章程

（2015 年 12 月 8 日第一届教职工代表大会第三次会议审议通过）

序　　言

磐安县职业教育中心成立于 2011 年 9 月 1 日。由当时的磐安县职业技术学校和磐安县第三中学合并创建而成。

磐安县职业技术学校的前身为创建于 1978 年的东阳县安文区农业中学，1983 年 11 月改名为磐安县职业技术学校。

磐安县第三中学成立于 2001 年 11 月 5 日，由当时的磐安县玉山中学与金华行知职业高级中学合并创建而成。磐安县玉山中学由创建于 1909 年的东阳县玉山初小学堂发展而来。金华行知职业高级中学由创建于 1980 年的东阳县玉山农业中学发展而来。

磐安县职业教育中心继承了原磐安县玉山中学、原磐安县职业技术学校、原金华行知职业高级中学的校产、校史和档案。校园包括坐落于玉山镇西坑畈的原磐安县第三中学校园、坐落于玉山镇佳村的原磐安县玉山中学校园、坐落于安文镇壶厅西路 107 号的原磐安县职业技术学校校园。

2012 年，磐安县职业教育中心被确定为浙江省二级中等职业学校。

第一章 总 则

第一条 为全面贯彻国家教育方针，大力推进素质教育，依法治校，依据《中华人民共和国教育法》《中华人民共和国教师法》《中华人民共和国职业教育法》等法律法规和其他规范性文件，制定本章程。

第二条 学校全名为：磐安县职业教育中心(简称职教中心)，英文名称为：Pan′an Vocational Education Center。

职教中心网址：http://pajx.paedu.net。

职教中心目前管辖两个校区。磐安县职业教育中心技校校区，地址：磐安县安文镇壶厅西路107号，邮编：322300。磐安县职业教育中心三中校区，地址：磐安县玉山镇西坑畈经济开发区大康路39号，邮编：322302。

第三条 磐安县职业教育中心由磐安县人民政府举办，隶属于磐安县教育局，是一所公立全日制中等职业学校。

职教中心以中等职业学历教育为主，同时兼具社会培训、社区服务等功能，为地方经济建设和社会发展培养合格加特长的人才，为高等职业院校输送合格新生，是一所多层次、多专业、综合性的中等职业学校。

全日制学历教育的学制是三年。

第四条 确立符合职教中心特点的校园文化。

(一)校训：明理精技 创业天下

(二)校风：团结 勤奋 求技 创新

(三)教风：爱生 敬业 求真 扬长

(四)学风：自尊 崇技 自信 创业

(五)办学目标：具有山区特色的省一级中等职业学校。

(六)办学宗旨：以服务为宗旨 以就业为导向 以能力为本位

第二章 行政管理

第五条 职教中心实行中心主任负责制。中心主任是职教中心的法人代表，驻磐安县职业教育中心技校校区。

第六条 职教中心主任的职责：

(一)坚持正确的办学方向，依法治教，保护师生的合法权益。

(二)遵循《中华人民共和国宪法》和《中华人民共和国教育法》《中华人民共和国职业教育法》确定的基本原则，团结全体教职工，执行上级党委、政府和教育行政部门的决议，完成上级下达的教育、教学和其他任务。

(三)制定职教中心工作计划，全面规划、统一安排职教中心工作，定期检查、总结工作。接受上级党组织、政府及教育主管部门的领导和监督，定期向上级主管部门请示和汇报工作。

(四)规范职教中心管理，坚持民主集中制，充分发挥校内管理人员和教职工的智慧和力量，定期向教职工代表大会或全体教职工报告职教中心工作，自觉接受教职工代表大会的监督。

(五)加强教职工队伍建设和管理，切实提高教师教育教学水平。

(六)积极创造条件,加快职教中心教育现代化、信息化建设步伐,抓好职教中心教学设施设备、校园环境等建设。

(七)根据县招生委员会的文件确定年度招生人数,制订招生政策并执行。

(八)加强与企业合作,为当地经济发展服务。

(九)关心教职工工作、学习、生活,保障教职工福利待遇。

(十)勤政廉洁,以身作则,为人师表,带头实干。

第七条 校区党组织积极发挥贯彻执行党的教育方针和组织教学过程中的核心、监督和保障作用,在职教中心的任务主要包括:

(一)建立党组织统一领导的党、政、工、团齐抓共管的校区思想政治工作体制,发挥校区内各职能部门、教学机构的积极作用。

(二)校区内干部的培养、教育、管理和监督。

(三)参与职教中心发展规划、重大改革方案的决策。

第八条 职教中心副主任协助职教中心主任工作;校区副校长协助校区执行校长工作。

第九条 职教中心教职工代表大会行使的职权:

(一)讨论、审议、表决职教中心主任的工作报告、职教中心的财务工作报告、职教中心的办学思想、发展规划、改革方案、财务预决算等重大事项。

(二)审议通过职教中心岗位责任制方案、考核方案、奖罚规定及主要制度。

(三)审议并表决职教中心章程及其修改方案。

(四)必要时可召开校区教职工代表大会,研究、表决校区重要事项,评议监督校区的行政管理人员。

(五)校区工会是职教中心教职工代表大会的工作机构,职教中心教职工代表大会闭会期间,在校区党支部的领导下行使职教中心教职工代表大会的有关职能。

第十条 职教中心党政联席会议研究决策职教中心重大事项,由中心主任主持召开,参加人员有中心主任、副主任、校区执行校长、副校长、党支部书记、副书记、校区办公室主任等。

校区行政会议由校区执行校长主持召开,参加成员有执行校长、副校长、行政处室负责人、工会主席、团委书记、教职工代表等。研究决策校区教育教学管理事项,贯彻执行职教中心工作安排。

第十一条 职教中心及所属校区建立健全的信息公开制度。切实保障教职工的知情权、参与权和监督权,同时接受社会、家长、学生的监督。

第十二条 校区校务监督委员会对职教中心及校区重大事项决策、人事任免、工程项目、物资采购、经费管理、“三务”(党务、校务、财务)公开情况及其他有关事项进行监督。

第十三条 职教中心采取三级聘任制管理模式。在职教中心主任领导下,由校区执行校长负责实施。

第十四条 校区团委在校区党支部领导下开展工作。协助校区进行学生管理、组织学生文体活动、开展学生志愿者服务等。

第三章 教育教学管理

第十五条 依据教育行政部门颁布的教学计划、课程标准开展教育教学活动。

第十六条 坚持德育为首。认真贯彻有关法规文件,建立德育机构及工作网络,德育工作有计划、有目标、有措施、有实效。

第十七条　坚持以教学为中心。积极进行教育教学改革，更新教学观念，采用现代化教学手段，提高教学质量。

第十八条　依据《中等职业学校管理规程》实施教学活动，学生学习过程和学习成绩实施学分制管理。

第十九条　教材、学习辅助资料由校区教务处统一征订。

第二十条　认真抓好教学研究和教育科研工作，组织教师积极参与教学改革和教育研究。

第二十一条　校区按照教学计划开展学生实习就业和校企合作等工作。严格执行国家教育部门与劳动部门颁布的劳动法律法规，切实维护学生利益。

第二十二条　校区根据当地社会需要，积极承办成人学历、岗位资格、职业技能等培训及鉴定工作。

第二十三条　正常开展体育和卫生工作，组织学生开展劳动教育、社会实践和课外活动，促进学生身心健康发展。

第二十四条　职教中心设立永拓奖励基金，对优秀教师、优秀学生、优秀团队进行奖励。

第二十五条　加强学籍管理，健全学籍档案。对转学、休学、借读、复学等严格手续程序，严肃招生、毕业证书颁发、学生档案管理等方面的纪律制度。

第二十六条　加强法制教育和警校共建活动，杜绝学生违法犯罪。

第二十七条　校区综合治理领导小组领导校区安全工作。成立校区紧急情况应急小组，组织紧急疏散演练，保障师生安全。

第二十八条　认真管理和积极使用教育设施、仪器设备、文体器材、图书资料，注重发挥校园网的作用，提高现代化教学设施的使用效益，做好各类教育教学资料的收集和归档。

第二十九条　校区努力营造文明、健康、向上、和谐的育人环境。结合职业教育特点打造净化、绿化、美化的文明校园。

第四章　教师管理

第三十条　教师享有《中华人民共和国教师法》规定的权利，履行《中华人民共和国教师法》规定的义务。遵守职教中心的规章制度，履行岗位职责。

第三十一条　教师享有下列权利：

（一）进行教育教学活动，开展教育教学改革和实验；

（二）从事科学研究、学术交流，参加专业的学术团体，在学术活动中充分发表意见；

（三）指导学生的学习和发展，评定学生的品行和学业成绩；

（四）按时获取工资报酬，享受国家规定的福利待遇以及寒暑假期的带薪休假；

（五）对职教中心教育教学、管理工作和教育行政部门的工作提出意见和建议，通过教职工代表大会或者其他形式，参与职教中心的民主管理；

（六）参加进修或者其他方式的培训。

第三十二条　教师应当履行下列义务：

（一）遵守宪法、法律和职业道德，为人师表；

（二）贯彻国家的教育方针，遵守规章制度，服从学校工作安排，执行职教中心的教学计划，履行教

师聘约,完成教育教学工作任务;

(三)对学生进行宪法所确定的基本原则的教育和爱国主义、民族团结的教育,法制教育以及思想品德、文化、科学技术教育,组织、带领学生开展有益的社会活动;

(四)关心、爱护全体学生,尊重学生人格,促进学生在品德、智力、体质等方面全面发展;

(五)制止有害于学生的行为或者其他侵犯学生合法权益的行为,批评和抵制有害于学生健康成长的现象;

(六)不断提高思想政治觉悟和教育教学业务水平。

第三十三条 对违反《中华人民共和国教师法》和《中小学教师职业道德规范》的教师,根据职教中心有关奖惩规定予以处罚,如有不服,可以按有关规定提出申诉。教职工申诉的受理部门是校区工会。

第三十四条 两个校区教师的身份关系相对独立,职教中心可根据需要统一调配教师资源。

第五章 学生管理

第三十五条 学生享有法律、法规规定的接受平等教育的权利。

第三十六条 职教中心对符合入学条件但家庭经济困难的学生,按照有关规定为其申请国家助学金。

第三十七条 学生顶岗实习期间由实习处负责管理。

第三十八条 学生享有以下权利:

(一)参与职教中心管理,评议校区教师工作。

(二)接受平等教育。

(三)参加职教中心安排的各种活动,使用教学设备、图书资料。

(四)在学习成绩和操行评语等评价上获得公正评价。完成规定的学业后获得相应的学业证书。

(五)法律、法规和职教中心制度规定的其他权利。

第三十九条 学生应履行下列义务:

(一)遵守法律、法规和校区的规章制度。

(二)规范行为,尊敬师长,提高自己的思想品德修养。

(三)勤学苦练,完成规定的学习任务,立志成才。

(四)养成良好的行为习惯。同学之间友好相处,产生矛盾及时报告老师,不得非法邀请校外无关人员介入。

(五)按时完成值日工作。

(六)维护职教中心声誉,为校争光。

第四十条 对违反《中小学生守则》《中学生日常行为规范》的学生,根据校区学生管理的有关制度予以处罚。当事学生如有不服,可按规定提出申诉。学生申诉的受理部门是校区团委。

第六章 后勤服务管理

第四十一条 后勤部门积极为教学、为师生服务。制订各项规章制度,严格工作规范,廉洁自律,克己奉公。

第四十二条 建立健全的资产管理制度,加强校舍、校产管理,严防公物流失和浪费,对校区固定资产、仪器设备、房屋、场地及其他物资等实行严格管理。固定资产的调拨、添置、损废、变卖必须按照上级部门的有关规定进行管理。

第四十三条 校区食堂、校内商店等由校区总务处负责监管。校园绿化由校区总务处负责规划和养护。

第七章 经费来源与财务管理

第四十四条 职教中心为磐安县全额拨款事业单位,职教中心的教育事业经费列入县财政计划,经费主要来自政府拨款和学生缴费,同时通过多元化途径,根据《中华人民共和国职业教育法》,积极吸纳社会各界对职业教育的投资和捐助,各项收入全部纳入职教中心预算。

第四十五条 职教中心依法建立健全的财务管理机构和制度,严格遵守财经纪律。经费开支实行民主管理,通过磐安县国库支付教育分中心的审核,并接受主管部门审计和监督。

第四十六条 职教中心按照上级教育、物价、财政部门确定的收费项目和收费标准,依法向学生收取费用。

第四十七条 职教中心按照有关规定,实行财务年度预算制度,在规定时间内,按"量入为出,收支平衡"的原则,编制预算方案,逐级上报审批后执行。

第四十八条 按照财务管理制度,严格审批程序,坚持节俭、规范的原则合理支出。

第八章 专业组管理

第四十九条 专业组是在校区教务处领导下的校区教育教学工作的组织机构和实施主体。

第五十条 专业组负责制订本专业的专业设置和人才培养方案、专业建设规划、专业实训基地建设规划、专业教师队伍建设规划、课程建设规划、本专业的教材建设规划。

第五十一条 组织本组教师实施教学计划,指导本专业教学实践工作,评价本组教师教学效果。

第五十二条 依据本专业教师队伍建设规划,协助职能处室抓好本专业师资队伍建设,如学科带头人、专业骨干教师、双师型教师和青年教师的培训、培养等。

第九章 附 则

第五十三条 职教中心建立健全本章程统领下的学校规章制度体系。规章制度的立、改、废均依照民主程序进行。

第五十四条 本章程未尽事宜按照法律法规规章及上级其他规范性文件执行。如有抵触,以法律法规规章及上级其他规范性文件为准。

第五十五条 本章程的修改需由职教中心党政联席会议或三分之一以上教职工代表提议方可进行。

第五十六条 本章程由职教中心教职工代表大会负责解释。对某一条款有异议,中心主任或经三分之一教职工代表提议,召开临时教职工代表大会,以与会代表过半数通过并作出解释决议文,报县教育局备案。

第五十七条 本章程经磐安县教育局核准后正式生效。

例 2:

磐安县职业教育中心跟岗实习管理制度

(2015 年 3 月)

第一章　总　　则

第一条　根据省教育厅新一轮课程改革要求,加强与企业合作,以培养学生职业素养和实习职业技能,实现校企合作"零距离对接"为主线。在企业设立"企业教室",拓展技能型人才培养的新途径。对此,为了加强学生在教学见习的管理,帮助学生顺利完成获得走出校门就能上岗的"零适应期"的毕业生奠定良好的基础,学校特制定本制度。

第二条　学校首先对招生制度进行改革,将学校的各专业整合为升学和就业类两种类别,然后针对就业类各专业工作岗位特点,按"岗位对接,专业对口"的原则筛选合作企业,形成"企业教室"建设合作单位,按"招生即招工,入校即入厂,校企联合培养"等体现现代学徒制特点的具体措施纳入校企合作协议。

第三条　校企共建"企业教室"是一项学校、企业、学生三方共赢的举措。学生经过"企业教室"项目课程的学习,增强对专业、职业的感性认识,在专业选择,升学就业的选择,职业选择的时候便有明确的目标指向。

第四条　本制度 2015 年 1 月执行。

第二章　教学见习条件

第五条　由学校统一安排教学见习的学生必须达到以下基本条件。

1. 综合素质测评成绩必须在合格及以上。

2. 在校期间没有违反国家法律法规的行为和严重的违纪行为,受到的纪律处分应该撤销。

3. 身体健康,没有传染疾病,不存在严重的生理缺陷和心理缺陷。

第三章　教学见习程序

第六条　学校公布教学见习信息,学生愿意前往的,公布教学见习单位的,由学生本人提出书面申请及家长签署意见,班主任签署推荐意见后,报经校政教处、教务处同意,再交实习就业处审核确认。然后,学生本人及家长到校实习就业处签署教学见习安全责任书一式两份。

第七条　由实习就业处统一安排,派专人护送到教学见习单位,协助学生办理有关手续,并跟踪管理。

第四章　教学见习期间管理

第八条　教学见习期间,学生必须自觉遵守教学见习单位的有关规章制度,服从用人单位及跟踪管理的老师的管理,服从工作及生活的安排,勤奋工作。

第九条　教学见习结束时,学生必须向学校汇报自己工作、学习和生活情况的书面材料,交给跟踪管理的老师,然后由管理老师作出评定,并打出教学见习的学分。

第十条　对于擅自离开教学见习单位的,学校将作自动退学处理,并且学校一概不负责其产生的后果。

第十一条　在教学见习期间，由于违反用人单位的规定而被辞退的学生，学校根据实际情况作出相应的纪律处分。

第十二条　为了加强对教学见习学生的跟踪管理服务，学校根据参加教学见习学生的多少派出专职老师跟踪管理和服务，及时了解学生的学习、工作、生活情况，结束时对每一个学生的教学见习情况进行综合评定。

第五章　奖励与处罚

第十三条　学校将在教学见习管理经费中设置考核基金，教学见习期间工作积极，表现好的优秀教学见习生及有关老师给予一定的物质奖励，具体奖励方法另行规定。

第十四条　在教学见习过程中，不能吃苦，贪图享受，过分追求待遇的等，学校将根据实际情况作出相应的纪律处分。

第十五条　本制度的解释权在实习就业处。

第二节　综合高中教育

一、基本情况介绍

综合高中的办学目标在于培养有扎实文化基础知识，又具备一定专业技能的综合型人才，既可以为学生提供升学机会，又能够为他们提供就业技能。其主要特点是按专业大类招生，文化课采用普高教材，允许一年或两年后分流。学生在学校组织下可参加省普通高中或综合高中会考，成绩合格者发给普通高中或综合高中会考证书，毕业生可报考高等职业技术院校或普通高校。综合高中是高中阶段普通教育和职业教育互相渗透融合的一种教育模式。为满足学生、家长及社会的需求，职业技校、玉山中学、盘山中学等相继开设综合高中班级。

1999 年至 2000 年，磐安职业技校设综合班，招生 164 人。

2001 年 9 月，磐安县人民政府〔2001〕90 号文件批复：经县政府第 15 次常务会议研究决定，同意玉山中学和行知职高两校合并，合并后的新校名为磐安县第三中学，同时保留玉山中学和金华行知职业高级中学两块牌子，校址定在西坑畈。陈志身任玉山中学与金华行知职高两校合并领导小组组长，吕为苗任磐安县第三中学筹备小组组长。10 月 28 日，玉山中学开始从佳村搬迁到西坑畈，10 月 30 日搬迁完毕。11 月 5 日，磐安县第三中学举行挂牌、综合楼落成、教工宿舍奠基仪式，学校成为浙江省首批综合高中。

2003 年至 2009 年，盘山中学开设文秘综合班，高三年级实行分流教学。

2001 年 9 月至 2010 年 7 月，磐安县第三中学综合班的高一学生学习普通高中课程，高二年级根据学生意愿分电子、财会、机械、文秘四个专业，高三学生可参加高职考或直接选择就业。2008 年 9 月，为结合适应玉山台地经济，开设“高分子材料与应用”专业，第一年招生 56 人。

2011 年 9 月，三中与县职业技术学校合并，成立磐安县职业技术教育中心。其中三中校区继续招收一定数量的综合班学生，直至 2015 年。学校坚持综合办学方向，普高班严格执行普高新课程标准，一般不分流，学生参加高考。职高班学生执行职业高中课程标准，学完二年后可以分流，也可以学习三年后参加浙江省高职考。

二、课程设置及管理

综合高中教育采用"二一"分段教育模式。高一、高二按照普通高中培养模式开展教学活动,课程计划执行省教育厅 2001 年 4 月下发的《浙江省普通高中"二一分段、高三分流"试验学校课程计划安排示例表》,开设与普通高中相同的文化课,使用与普通高中一样版本的教材和课程标准,高二开始也跟普高一样文理分班教学。高三年级开始实施独特的分流教育,学生可根据本人的实际情况,自愿选择升学预备教育或专业技术教育。选择普通高等院校预备教育的继续按普高的教育模式开展教育教学;选择高等职业院校预备教育的必须选定一个专业,按照职业院校"单考单招"的要求开设语文、数学、英语三门文化课和相关专业课;选择就业预备教育的按照职业高中培养模式实施教学,选定一个专业,重点培养学生的专业技能和动手能力。综合高中教育目标具有三重性:一是为普通高等院校输送新生;二是为高等职业院校输送合格新生;三是为当地经济建设培养中等技术人才。

表 4—30　2001 年磐安县普通高中"二一分段、高三分流"试验学校课程计划安排表

<table>
<tr><th colspan="3" rowspan="2">课　　程</th><th rowspan="2">高　一</th><th colspan="2">高　　二</th><th rowspan="2">必修、选修授课时数</th><th rowspan="2">总授课时　数</th></tr>
<tr><th>Ⅰ</th><th>Ⅱ</th></tr>
<tr><td rowspan="19">学科</td><td>思想政治</td><td>必修</td><td>3/2</td><td>2/3</td><td>2/3</td><td>—</td><td>—</td></tr>
<tr><td>语文</td><td>必修</td><td>4/5</td><td>4/5</td><td>4/5</td><td>—</td><td>—</td></tr>
<tr><td>外语</td><td>必修</td><td>4/5</td><td>5/4</td><td>5/4</td><td>—</td><td>—</td></tr>
<tr><td>数学</td><td>必修</td><td>4</td><td>4</td><td>4</td><td>—</td><td>—</td></tr>
<tr><td rowspan="2">信息技术</td><td>必修</td><td>2</td><td>—</td><td>—</td><td>—</td><td>—</td></tr>
<tr><td>选修</td><td>—</td><td>2</td><td>2</td><td>—</td><td>—</td></tr>
<tr><td rowspan="2">物理</td><td>必修</td><td>3/2</td><td>2</td><td>2</td><td>—</td><td>—</td></tr>
<tr><td>选修</td><td>—</td><td>—</td><td>2</td><td>—</td><td>—</td></tr>
<tr><td rowspan="2">化学</td><td>必修</td><td>2</td><td>2</td><td>2</td><td>—</td><td>—</td></tr>
<tr><td>选修</td><td>—</td><td>—</td><td>2/1</td><td>—</td><td>—</td></tr>
<tr><td rowspan="2">生物</td><td>必修</td><td>—</td><td>3</td><td>3</td><td>—</td><td>—</td></tr>
<tr><td>选修</td><td>3</td><td>—</td><td>—</td><td>—</td><td>—</td></tr>
<tr><td rowspan="2">历史</td><td>必修</td><td>3</td><td>—</td><td>—</td><td>—</td><td>—</td></tr>
<tr><td>选修</td><td>—</td><td>2</td><td>—</td><td>—</td><td>—</td></tr>
<tr><td rowspan="2">地理</td><td>必修</td><td>3</td><td>—</td><td>—</td><td>—</td><td>—</td></tr>
<tr><td>选修</td><td>—</td><td>2/1</td><td>—</td><td>—</td><td>—</td></tr>
<tr><td>体育和健康</td><td>必修</td><td>2</td><td>2</td><td>2</td><td>—</td><td>—</td></tr>
<tr><td>艺术(音乐、美术)</td><td>必修</td><td>1</td><td>1</td><td>1</td><td>—</td><td>—</td></tr>
<tr><td rowspan="4">综合实践活动</td><td>研究性学习</td><td rowspan="4">必修</td><td>3</td><td>3</td><td>3</td><td>—</td><td>—</td></tr>
<tr><td>劳动技术教育</td><td>—</td><td>—</td><td>—</td><td>—</td><td>—</td></tr>
<tr><td>社区服务</td><td>—</td><td>—</td><td>—</td><td>—</td><td>—</td></tr>
<tr><td>社会实践</td><td>—</td><td>—</td><td>—</td><td>—</td><td>—</td></tr>
<tr><td colspan="3">地方和学校选修课</td><td>0</td><td>0</td><td>0</td><td>—</td><td>—</td></tr>
<tr><td colspan="3">周活动总量</td><td>34</td><td>34</td><td>34</td><td>—</td><td>—</td></tr>
</table>

第三节　职业学校简介

县职教中心技校校区

磐安县职教中心技校校区(简称磐安技校)坐落在磐安县城壶厅西路107号。其前身为东阳县安文区农业中学,办于1978年,为东阳县三所重点农中之一。

1984年,县教育局、农业局、建设局联合安文区农业中学创办"磐安县安文农职业学校"。8月,更名为"磐安县职业技术学校",归属县教育局。2011年9月,磐安县职业技术教育中心成立。磐安县职业技术学校成为县职教中心的一个校区。

学校先后开设水稻栽培、畜牧、农学、机电、公关文秘、军人预备役等专业。2015年,学校设有机电、旅游服务与管理、建筑(永拓BIM)、汽修、幼师、财会(电子商务)、护理(养生)等专业,其中"机电""旅游"为省级骨干专业,"财会"为市级示范专业。此前的1994与1995两年招收"农业户口转为非农业户口"学生206名。

初,学校设勤工俭学办公室,管理学校属下的建筑工程队、电器修理店、商店、服装厂、家具工艺厂、养鸡场、食用菌菌种场、养鱼场等。1996年学校创办"金华翔宇集团有限公司",管辖"技校塑料厂""教育制衣厂""技校无线电厂""技校预制场""县第八建筑工程公司""县科技培训中心"等校办企业。

1989年,学校规模扩大至11个班级,551名学生,45名教职员工,校园占地面积11867平方米,建筑面积3935.17平方米。2001年开始,学校新建学生宿舍大楼、实验实训大楼、师生食堂餐厅、灯光球场和操场等,并先后建成电子电工类实训中心、机械类实训中心、汽修类实训中心,拥有机床电气排故考核实训室等20多个校内实习实训场所,其中机电、旅游、建筑、汽修、农家乐等为省级实训基地。

学校确立"以服务为宗旨、以就业为导向、以能力为本位"的办学理念,以"明理精技,创业天下"为校训,致力于培养"阳光、自信、创业、快乐"的学生。学校以"选科学分制""教职工三级聘任制"为抓手推动教育教学改革,开展"职业教育活动周""技能吉尼斯"等活动,促进学生技能的提高。普职联合,为二中等普高学生培训职业技能;与浙江师范大学、义乌工商学院等联合办学,提升学校层次;与金华青年汽车集团等知名企业建立紧密合作关系,工学结合,实施订单办学,拓宽学生实习就业渠道。农家乐、驾驶员中高级技能培训等成人技术教育卓有成效。

学校成为国家"现代文秘职业技能规范培训实验基地"、省示范性职业学校、省二级重点中等职业学校、省级中小企业职工培训示范基地、省中等职业学校课程改革创新试点学校、省新型农民素质培训示范基地和省中职学生创业教育基地、浙江省绿色学校、市文明单位等。多次被评为县市级先进学校、省级勤工俭学先进单位,连续五年被评为综合治理先进单位。教师参加市优质课评选,连续五年获市一等奖;学生参加创业创新大赛,连续两年获省一等奖;学生参加市技能大赛,成绩显著,其中集体舞蹈连续五年获市一等奖;教职工参加县奥特王篮球赛,连续五年获得冠军。

县职教中心三中校区

磐安县职业教育中心三中校区,位于玉山镇西坑畈经济开发区。学校前身为1909年建成的校址在佳村的玉山中学,以及1980年建成的金华行知职业高级中学。2001年10月两所学校合并,在行知职高的校址成立磐安县第三中学,成为一所全日制省级综合高中。2011年9月,三中与县职业技术学校合并,成立磐安县职业技术教育中心,开始"一个中心,两个校区;统一管理,统一考核"的管理模式,称磐安县职教中心三中校区。

三中校区占地面积60余亩，总建筑面积20009余平方米。13个班级，在校生480余人，顶岗实习生167余人，开设机械、旅游服务与管理、建筑、电子商务(含财会、农村经济综合管理)、电子电工、塑料成型等6个专业。教职员工44人，其中具有中高级职称教师24人，县教坛新秀和骨干教师8人，专任教师学历合格率97%，专业课教师“双师型”比例达100%。

围绕本地区经济社会发展的战略目标，学校坚持“以服务为宗旨，以就业为导向，以能力为本位”的办学理念，主动调整专业结构，优化专业设置，以磐安及周边的市场需求、企业工作岗位为导向，培养“明礼精技、富有创业创新能力”的初中级技能型人才，努力打造中职教育专业品牌和社会培训品牌，为磐安社会经济发展提供人力资源和技术支撑。学校从2014年开始，按照省中职课程改革要求，积极探索“学徒制”，加强校企合作。旅游服务与管理、机械、电子电工、电子商务等专业与杭州锦阳人力资源公司、金华“威邦机电科技有限公司”、金磐餐饮管理有限公司、浙江凯越塑胶工业有限公司、金华中科通信技术有限公司、玉山镇“景光公司”，及万苍乡“帅盟公司”等多家企业签订校企合作合同，先后安排学生到上述企业实习，提高学生理论与实践相结合的能力，也取得较好的社会效益。

近年来学校以电子电工、旅游服务与管理、塑料成型为主体专业，财会、农村经济综合管理为辅助专业，做大做强社会培训，完成农民双证制培训、初级电工培训等社会培训达2000余人次。2014年下半年新增驾驶员理论培训，先后已经举办25期。近几年学校毕业生一次性就业率达96%以上。

学校先后获得全国“实践行知思想、推进素质教育”先进集体、浙江职业教育先进集体、浙江省绿色学校、浙江省先进团委、浙江省社区教育示范学校、浙江省青少年足球特色试点学校、金华市文明单位、治安安全单位、收费规范学校、成人教育先进单位、县群体师德创优先进集体等荣誉称号。

附：

玉山中学

校址在玉山镇佳村。创办于清宣统一年(1909)9月，时为东里小学堂。1949年更名玉山中心小学。1952年附设初中班。1956年9月，小学迁往岭口，更名东阳县玉山初级中学。1970年9月，招收高中2个班。1981年9月，停招初中，单招高中4个班。1983年11月，划入磐安，改名磐安县玉山中学。2001年10月，并入磐安县第三中学。

金华行知职业高中

校址在西坑畈。创办于1980年8月，校名东阳县玉山农业中学，校舍借用元里村小。1982年，东阳文教局拨款2万，购买玉山区西坑畈占地面积5000平方米的养猪场暂作校舍。1984年，改名磐安县玉山农职业学校。1993年10月，改名金华行知职业高中。2001年10月，并入磐安三中。

第六章　高等教育

浙江省广播电视大学1979年2月第一次对今磐安境内的对象开始招生一个班，20名学员，分数学、物理、化学、英语四个专业，地点设在今磐安二中校园内，两年后，结业6人。1984年1月，浙江省广播电视大学磐安工作站建立，校址在安文镇城上街15号原县教研室大院（今安文初中校园内）。到1989年为止，先后招收六届学生。

磐安县高等教育自学考试工作站成立于1984年11月，接受浙江省高等自学考试指导委员会的组织领导，每年分四月、十月两次办理报名手续参加考试。截至1989年，已经组织六年11次的考试工作，报名人数2429，实考率55.89%，合格率45.45%，累计毕业人数37。

第一节　浙江广播电视大学磐安分校

一、发展概况

浙江广播电视大学磐安分校（简称磐安电大）设磐安县安文镇文溪北路56号，是国家开放大学（原中央广播电视大学）下属的县级电大，是磐安县唯一一所国民教育系列的高等学校。学校秉承“开放、开拓、求实、创新”的校训，奉行“厚德、博学、笃行、善导”的教风，以培养服务于当地经济建设和社会发展的应用型人才为办学宗旨，以“开放、质量、发展”为工作主题，解放思想，开拓创新，真抓实干。经过三十多年的努力，学校拥有浙江广播电视大学磐安分校、金华广播电视中等专业学校磐安分校，浙江大学远程教育磐安学习中心、奥鹏远程教育磐安学习中心和磐安县社区学院等五块牌子，形成以中专、专科、本科、研究生主干课程学历教育为主和非学历培训为辅的办学格局。

磐安电大前身为浙江广播电视大学磐安工作站，简称磐安电大工作站，创办于1984年5月17日，与原教育局合署办公。8月，学校首次招收以党政干部为主要对象的党政专业大专班。

1988年，金华广播电视中等专业学校磐安工作站成立。1993年更名为金华广播电视中等专业学校磐安分校，电大和电视中专两块牌子一套班子。电视中专下设党校、县职业技术学校、金华行知职高3个教学点。

1989年5月，与县教研室合署办公。

1996年9月，搬至文溪北路56号，校园占地面积246平方米，建筑面积1300平方米。1996年开始，参加注册视听生招生试点。

2002年，与教师进修学校、教科所、教育信息中心等单位组合，成立磐安县成人教育中心。中心成立后电大工作站仍相对独立，保持原来性质不变，可以共享中心的设备、师资等一切教育资源。同年9月，注册视听生停止招生，参加省电大“人才培养模式改革和现代远程教育试点”工作。10月，开始招收现代远程教育学生。

2003年11月,顺利通过省电大现代远程教育试点评估验收。同年,学校与西南科技大学网络教育学院开展合作办学,在磐安电大设立西南科技大学网络教育校外学习中心。

2004年,学校停止远程教育试点招生,经过批准加入中央电大“人才培养模式改革和开放教育试点”工作,原省电大远程教育学生与2004年上半年的学生全部归并到中央电大的开放教育。同年10月,学校又与浙江大学开展联合办学,成立浙江大学远程教育学院磐安学习中心。

2005年4月,顺利通过省教育厅对学校开展的开放教育试点工作总结性评估验收。春季浙江大学远程教育学院磐安学习中心开始招生。

2007年12月,学校被命名为磐安县文明单位。

2009年3月,成立浙江广播电视大学磐安工作站奥鹏远程教育学习中心,同年春季开始招生。12月浙江广播电视大学磐安工作站升格为浙江广播电视大学磐安分校。

2010年8月,经县人民政府批准,成立磐安县社区学院。磐安县社区学院是一所集成人学历教育、职业技能培训教育、社区综合素质教育为一体的社区教育培训服务实体机构。10月,浙江广播电视大学磐安工作站奥鹏远程教育学习中心更名为浙江广播电视大学磐安分校奥鹏远程教育学习中心。9月,开展“一村一名农民大学生”培养项目试点,招收首届农民大学生73人。

2013年12月,学校被命名为金华市文明单位。

磐安电大现有教职工11名,其中高级技术职称2人,中级技术职称8人,初级职称1人。另外有长期聘请的兼职教师10多人。学校开设理、工、经、法、医、农六大类学科20多个专业,每年春秋两季招生,共培养中专毕业生777人,大专毕业生2700多人,本科毕业生1500多人。学校网站2005年、2006年连续两年获得省电大“四星级网站”称号,被评为2009～2010年度广播电视大学全国统一考试优秀考点、2010～2011年度全省电大系统先进办学单位、2012年度全省电大系统教材发行管理先进单位、2011～2015年连续五年被评为全省电大系统新闻宣传信息工作先进集体。

二、教学实施

磐安电大是采用计算机网络、卫星电视等现代传媒技术,运用广播、电视、印刷教材、音像教材和多媒体网络为教学媒体,远程开放教育为主体,其他类型教育协调发展的开放性教育机构,有中专、大专、本科等学历教育与非学历教育等组织形式。

1988年,金华广播电视中等专业学校磐安分校开始招生,开设财务会计、机电、土木建筑工程、乡村经济管理、农村家庭经营管理、市场营销、幼儿师范等7个专业,至2003年毕业学生777人。

2003年,学校与西南科技大学网络教育学院开展合作办学,设立西南科技大学网络教育校外学习中心。春季开始本科招生,开设法学、会计学、英语教育、数学教育、汉语言文学等5个专业,至2011年共毕业308人。

浙江大学远程教育学院磐安学习中心2005年开始招收本科学生,开设护理学、药学、计算机科学与技术、电气工程及自动化、英语(经贸)、电子商务、人力资源管理、工商管理、公共事业管理、市场营销、信息管理与信息系统等11个专业,至2015年共招生1002人,毕业830人。2010年开始招收专科学生,开设护理学、药学、工商企业管理3个专业。至2015年共招生97人,毕业51人。

浙江广播电视大学磐安分校奥鹏远程教育学习中心2009年开始招收本科学生,开设体育教育、汉语言文学、数学教育、公共事业管理、物理教育、英语教育、艺术管理、地理教育等10多个专业,至2015年共招生203人,毕业105人。2012年开始专科招生,开设艺术设计、语文教育等2个专业,至

2015 年共招生 13 人，毕业 1 人。

浙江广播电视大学磐安分校学历教育的重点是开放教育专科、本科教育。开放教育专科从 1984 年秋季开始招生，先后开设汉语言文学、会计学、法学、小教、学前、计算机、建筑、观光农业等 20 多个专业，至 2015 年共招生 3000 余人，毕业 2725 人；本科从 2007 年秋季开始招生，开设金融、法学、土木工程、会计学、学前教育、小学教育、汉语言文学等 9 个专业，至 2015 年共招生 640 人，毕业 321 人。其中，1996 年开始，参加注册视听生招生试点。开设法律、文史、汉语言文学、档案管理、图书管理、政史、师范英语、文秘、行政管理、财税、财务会计、金融、工业企业经营管理、商业企业经营管理、电子工程、计算机等 16 个专业，1996 年至 2002 年春季共招收学生 589 人。2002 年秋季注册视听生停止招生，开始招收现代远程教育学生。

表 4—31　　浙江广播电视大学磐安分校历年招生、毕业生数统计表

单位：人

项目/年份	中专		本科		大专						合计	
					中央电大开放教育		浙大远程教育		奥鹏远程教育			
	招生	毕业	招生	毕业	招生	毕业	招生	毕业	招生	毕业	招生	毕业
1986 年	—	—	—	—	—	21	—	—	—	—	—	21
1987 年	—	—	—	—	—	—	—	—	—	—	—	
1988 年	—	—	—	—	—	10	—	—	—	—	—	10
1989 年	—	—	—	—	—	7	—	—	—	—	—	7
1990 年	—	58	—	—	62	56	—	—	—	—	62	56
1991 年	—	50	—	—	32	57	—	—	—	—	32	57
1992 年	—	—	—	—	35	72	—	—	—	—	35	72
1993 年	—	—	—	—	16	46	—	—	—	—	16	46
1994 年	—	99	—	—	26	16	—	—	—	—	26	16
1995 年	—	17	—	—	70	37	—	—	—	—	70	37
1996 年	—	109	—	—	39	21	—	—	—	—	39	21
1997 年	—	82	—	—	66	14	—	—	—	—	66	14
1998 年	—	103	—	—	78	17	—	—	—	—	78	17
1999 年	—	50	—	—	35	27	—	—	—	—	35	27
2000 年	—	50	—	—	65	35	—	—	—	—	65	35
2001 年	—	34	—	—	112	56	—	—	—	—	112	56
2002 年	—	88	—	—	219	100	—	—	—	—	219	100
2003 年	—	37	—	—	170	159	—	—	—	—	170	159
2004 年	—	—	—	—	179	269	—	—	—	—	179	269
2005 年	—	—	313	194	176	176	—	—	—	—	176	176
2006 年	—	—	149	80	161	164	—	—	—	—	161	164
2007 年	—	—	164	142	122	177	—	—	—	—	122	177

续表 4－31

项目/年份	中专		本科		大专						合计	
					中央电大开放教育		浙大远程教育		奥鹏远程教育			
	招生	毕业	招生	毕业	招生	毕业	招生	毕业	招生	毕业	招生	毕业
2008 年	—	—	133	182	105	131	—	—	—	—	105	131
2009 年	—	—	168	151	153	135	—	—	—	—	153	135
2010 年	—	—	101	72	141	105	10	—	—	—	151	105
2011 年	—	—	112	169	246	142	19	—	—	—	265	142
2012 年	—	—	153	149	182	107	4	—	1	—	187	107
2013 年	—	—	188	132	194	243	23	9	7	—	224	252
2014 年	—	—	184	129	153	187	19	21	5	—	177	208
2015 年	—	—	180	164	177	138	22	18	—	1	199	157
合计	—	777	1845	1564	3014	2725	97	48	13	1	3124	2774

第二节　高等教育自学考试

一、自考机构与管理

高等教育自学考试是国家根据宪法“鼓励自学成才”的规定，为推进在职专业教育和中学、大学后继续教育而建立的个人自学、社会助学和国家考试相结合的高等教育考试制度。它不受年龄、地域，原有教育程度的限制，不需入学考试，自学者可以学一门课报考一门，全部课程合格后经思想品德鉴定，由国家发给毕业文凭。

高等教育自学考试的管理机构分国家、省、市(地)、县(市、区)四级。1984 年 10 月，伴随改革开放和教育事业的发展步伐，磐安县建立高等教育自学考试工作站，办公地点设在县教育局内，与磐安县高等学校招生委员会办公室实行“一套班子两块牌子”管理。1993 年 9 月，县自考工作站改名为磐安县高等教育自学考试办公室。其主要职责是贯彻执行上级有关自学考试工作的方针、政策、法规和业务规范，负责本县自学考试的考生报名、试场编排、组织考试，办理考生的免考、课程成绩顶替、转专业、转考等考务工作，分发考试成绩单，征订自学考试教材及考试大纲，参与指导社会助学活动，负责毕业思想品德鉴定和初审工作。

随着自学考试专业门类的增加和考试规模的扩大，自考工作逐渐由城市向农村延伸。1999 年，全县建立有尚湖、深泽、大盘、方前、新渥、尖山、仁川、玉山等 8 个乡镇的自学考试联络站，直接承担办理报名手续等具体工作。自学考试的考务、考籍管理，按照《浙江省自学考试考务管理工作实施细则》和《浙江省自学考试考籍管理工作实施细则》贯彻实施。

二、自考实施

高等教育自学考试经部分省、市试点，于 1983 年起在全国逐步推开。其学历考试分大学本科、专科(基础科)、中专三个层次。按照考试计划的安排，大学本科 3～5 年、专科及中专 2～4 年为一个周期。各开考专业由符合条件的普通高等学校和中等专业学校担任主考院校，负责制订课程考试大纲，选定教材，参与组织命题、考试、阅卷、评分、颁发毕业证书等事项。高等教育自学考试命题，由1984年开考时国家、省两级命题逐步过渡到全国、大行政区、省三级命题。中专教育自学考试则直接由主考学校负责命题。按照考试计划的要求，每种课程进行一次性考试，及格者取得相应学分，不及格者可参加下一轮该课程考试。应考者考完专业考试计划规定的全部课程，成绩及格，完成规定的毕业论文（设计）或其实践教学任务且思想品德鉴定合格的，由主考院校副署盖章。省自考委颁发毕业证书，国家承认学历，并享受普通高校（中专）同类毕业生的相关待遇。

高等教育自学考试全国统一考试时间为每年2次，在4月份倒数第二个星期的星期六和星期天，10月份最后一个星期六和星期天举行考试。考生首次报名时，须持本人身证（含军人、武警人员证件），未成年人凭户口簿，在规定的报名日期内到指定地点办理报名手续，申领准考证。考生凭准考证办理报名手续。

1986年，自学考试首次延伸到中专层次。之后，陆续开考邮电管理、公安、统计、物资管理、实用机电、水利工程、工民建、计算机应用、市场营销、实用英语、现代文秘等专业。

随着全国高中段教育尤其是中等职业教育规模的扩大，中专自学考试的报考人数逐年下降。1994年起，中专自考各专业陆续停考。报考高等教育的考生数逐年增长，报考人数由1984年开考之初的82人发展到1999年近2000人。2001年起，自学考试由每年2次增加为4次，分别在每年的4月、7月、10月、12月举行。2003年，又改为在每年的1月、4月、7月、10月举行，其中1月、7月为重考（限于报考过上年10月及当年4月考试相同课程的考生报考）。

由于自考人数的下降，浙江省从2014年开始，自考又恢复到原来的4月和10月两次举行。

自学考试考风考纪正、公平竞争实，文凭硬，单科成绩终身有用，还有一点是收费合理。1987年每课次5元，1994年每课次12元，1995年每课次24元，1999年每课次32元，2004年开始到现在每课次48元。

县自学考办公室几易办公地址，1984～1985年，与文教局一起设现磐安中学门房平屋；1986年～1989年，移到安文镇城上街15号原教研室大院，即现在安文初中的教学办公楼；1989年随县文教局搬迁到县综合楼三楼北侧办公；1996年7月，随着自考要求的不断提高，自考办又搬回城上街15号；2002年下半年开始，自考办成为经费独立核算的事业单位，工作人员增至6人；2003年2月办公室搬迁到龙山路1号县政府大院门口左侧二楼。2005年12月，搬迁到县教育印刷厂办公楼。2010年9月，搬迁到安文镇上后埂66号龙山公园旁。

三、自考成效

2004年，高等教育自学考试开设专、本科专业110多个，开考课程近700门，全年报名人数1712人，报考课次3406课，考试合格919课。到2015年底，通过自学考试，全县有901人获得学历文凭。

表4－32　　　1984～2015年磐安县自学考试统计表

时间	报考人数（人）	首考生（人）	续考生（人）	报考课次（课次）	实考课次（课次）	实考率（%）	合格课次（课次）	合格率（%）	毕业人数（人）	备注
1984年	82	82	0	160	128	80.00	44	34.38	—	—
1985年上	138	91	47	265	156	58.87	59	37.82	—	—

续表 4-32

时间	报考人数（人）	首考生（人）	续考生（人）	报考课次（课次）	实考课次（课次）	实考率（%）	合格课次（课次）	合格率（%）	毕业人数（人）	备注
1985 年下	267	184	83	539	312	57.88	137	43.91	—	—
1986 年上	242	95	147	589	315	53.48	153	48.57	—	—
1986 年下	269	113	156	679	376	55.38	126	33.51	—	—
1987 年上	315	128	187	791	347	43.87	153	44.09	—	—
1987 年下	253	63	190	661	359	54.31	167	46.52	3	—
1988 年上	252	75	177	622	333	53.54	130	39.04	2	—
1988 年下	273	135	138	664	326	49.10	154	47.24	7	—
1989 年上	179	54	125	430	209	48.60	155	74.16	9	—
1989 年下	160	53	107	380	228	60.00	116	50.88	8	—
1990 年上	148	45	103	371	193	52.02	79	40.93	10	—
1990 年下	157	64	93	390	201	51.54	77	38.31	6	—
1991 年上	180	86	94	469	238	50.75	106	44.54	3	—
1991 年下	204	70	134	481	296	61.54	145	48.99	4	—
1992 年上	287	155	132	686	372	54.23	178	47.85	3	—
1992 年下	283	106	177	670	389	58.06	186	47.81	5	—
1993 年上	268	96	172	650	360	55.38	171	47.50	0	—
1993 年下	304	108	196	674	414	61.42	181	43.72	11	—
1994 年上	323	123	200	705	419	59.43	206	49.16	7	—
1994 年下	330	168	162	760	467	81.45	269	57.60	11	—
1995 年上	424	211	213	1025	634	61.85	344	54.26	8	—
1995 年下	522	232	290	1282	880	68.64	449	51.02	7	—
1996 年上	589	219	370	1378	893	64.80	419	46.92	14	—
1996 年下	715	279	436	1642	1080	65.77	567	52.50	13	—
1997 年上	768	220	548	1681	1058	62.94	519	49.05	3	—
1997 年下	760	228	532	1731	1096	63.32	615	56.11	18	—
1998 年上	847	226	621	1952	1226	62081	663	54.08	18	—
1998 年下	934	277	657	2116	1252	59.17	567	45.29	15	—
1999 年上	929	271	658	1968	1190	60.47	638	53.61	28	—
1999 年下	991	313	678	2140	1178	55.05	538	45.67	39	—
2000 年上	922	922	0	1941	1166	60.07	552	47.34	27	换证
2000 年下	824	251	573	1669	1033	61.89	536	51.89	35	—
2001 年 4 月	848	135	713	1787	835	46.73	435	52.10	15	—
2001 年 7 月	358	—	358	510	362	70.98	202	55.80	—	加考

续表 4－32

时间	报考人数（人）	首考生（人）	续考生（人）	报考课次（课次）	实考课次（课次）	实考率（%）	合格课次（课次）	合格率（%）	毕业人数（人）	备注
2001 年 10 月	879	214	665	2011	777	38.64	403	51.87	68	—
2001 年 12 月	325	—	325	488	325	66.60	186	57.23	—	加考
2002 年 4 月	879	265	614	2210	819	37.06	479	58.49	41	—
2002 年 7 月	358	—	358	542	377	69.56	190	50.40	—	加考
2002 年 10 月	927	314	613	2188	984	44.97	557	56.61	46	—
2003 年 1 月	393	—	393	656	441	67.23	267	60.54	—	加考
2003 年 4 月	841	232	609	2186	857	39.20	467	54.49	29	—
2003 年 7 月	279	—	279	454	343	75.55	208	60.64	—	加考
2003 年 10 月	774	143	631	1841	605	32.86	308	50.91	43	—
2004 年 1 月	349	—	349	580	383	66.03	236	61.62	—	加考
2004 年 4 月	576	81	495	1277	449	35.16	252	56.12	33	—
2004 年 7 月	283	—	283	462	310	67.10	191	61.61	—	加考
2004 年 10 月	504	90	414	1087	420	38.64	240	57.14	45	—
2005 年 1 月	230	—	230	349	242	69.34	163	67.36	—	加考
2005 年 4 月	458	90	368	999	406	40.64	240	59.11	42	—
2005 年 7 月	190	—	190	285	208	72.98	116	55.77	—	加考
2005 年 10 月	897	484	413	1835	751	40.93	407	54.19	48	—
2006 年 1 月	411	—	411	581	418	71.94	228	54.55	—	加考
2006 年 4 月	524	184	340	1023	500	48.88	249	49.80	23	—
2006 年 7 月	200	—	200	279	170	60.93	89	52.35	—	加考
2006 年 10 月	272	55	217	531	190	35.78	108	56.84	25	—
2007 年 1 月	128	—	128	184	127	69.02	70	55.12	—	加考
2007 年 4 月	320	69	251	627	295	47.05	135	45.76	20	—
2007 年 7 月	146	—	146	215	138	64.19	80	57.97	—	加考
2007 年 10 月	204	51	152	470	162	34.17	110	67.90	20	—
2008 年 1 月	88	—	88	133	88	66.17	62	71.26	—	—
2008 年 4 月	185	43	142	424	151	35.61	70	46.05	16	专 5
2008 年 7 月	71	—	71	115	78	67.80	43	56.58	—	—
2008 年 10 月	—	—	—	—	—	—	—	—	—	—
2009 年 1 月	52	—	53	81	49	61.2	31	63.27	—	—
2009 年 4 月	109	28	81	248	92	37.1	45	48.91	10	专 4
2009 年 7 月	51	3	48	97	52	53.6	39	75	—	—
2009 年 10 月	86	24	62	205	78	38.05	45	57.69	12	专 6

续表 4—32

时间	报考人数（人）	首考生（人）	续考生（人）	报考课次（课次）	实考课次（课次）	实考率（%）	合格课次（课次）	合格率（%）	毕业人数（人）	备注
2010 年 1 月	43	2	41	75	52	69.33	28	53.87	—	—
2010 年 4 月	89	21	68	207	61	29.47	28	45.90	6	专 2
2010 年 7 月	45	2	43	77	53	68.83	26	49.02	—	—
2010 年 10 月	71	14	57	154	48	31.17	33	68.75	9	专 4
2011 年 1 月	50	8	42	90	67	74.44	40	—	—	—
2011 年 4 月	56	16	40	137	49	35.7	30	61.22	—	—
2011 年 7 月	39	6	33	65	36	55.3	21	58.33	—	—
2011 年 10 月	48	11	37	93	34	36.56	14	41.17	7	专 1
2012 年 1 月	31	1	30	46	32	69.56	19	59.37	—	—
2012 年 4 月	49	10	39	97	32	32.98	18	56.25	4	—
2012 年 7 月	28	2	26	53	27	50.94	19	70.37	—	—
2012 年 10 月	51	4	37	80	36	36.62	20	55.55	8	专 2
2013 年 1 月	57	32	25	74	32	43.24	19	59.37	—	—
2013 年 4 月	38	3	35	87	39	44.83	23	58.97	5	专 1
2013 年 7 月	23	3	20	42	32	76.19	22	68.75	—	—
2013 年 10 月	25	6	19	86	37	43.02	24	64.86	4	专 1
2014 年 1 月	22	4	18	48	20	41.66	15	75	3	—
2014 年 10 月	28	9	19	64	36	—	—	—	—	专 1
2015 年 4 月	19	4	15	49	38	77.55	28	73.68	3	专 1
2015 年 10 月	16	6	10	37	24	64.86	16	66.66	1	—

第七章　成人教育

民国初期，成人教育称“民众教育”，由民众教育馆主管。民国29年(1940年)开始，磐安的民众教育任务由学校承担。

中华人民共和国成立后，成人业余教育由县人民政府文教科主管。1950年磐安县成立冬学委员会。1952年建立磐安县扫盲委员会。1958年，磐安并入东阳，成人业余教育受东阳县业余教育机构管理。1979年，村共青团组织、企业单位的工会，以及各基层妇联等组织分头组织和管理成人业余教育，教育部门提供教师、办公费用，负责对业余教育教师的业务指导，成人教育学校学习内容有文化学习，也有生产技术指导。

1984年12月，成立磐安县成人教育委员会，县教育局教育股及各区教办均配备成人教育专职干部，具体负责此项工作。1989年，教育局成人教育办公室公布《磐安县乡(镇)成人文化技术学校目标管理评分细则》。

第一节　组织和管理

1984年3月，磐安县文教局向县委、县人民政府提交《关于要求建立磐安县成人教育管理委员会的报告》。12月，县委下发《关于建立县成人教育委员会及办公室的通知》(县委〔1984〕74号)，建立磐安县成人教育委员会及办公室。郭茂春同志任主任，徐宏泰同志任副主任兼办公室主任，方儒夏同志任副主任；楼炽阳、张锡其、钟启法、陈金仓、周义妹、徐月明、卢土龙同志任委员；李寿喜同志任委员兼办公室副主任。成人教育办公室设在县教育局，其主要职责是：贯彻成人教育的方针、政策，管理农民教育和职工教育，指导办好乡(镇)文化技术学校，搞好实用技术培训；对成教干部进行培训、考核，不断加强成人教育的干部队伍建设。县教育局、区教办各配备成教干部1人，具体负责成人教育工作。

1987年11月，县教育局下发《关于公布成人教育专职干部的通知》(磐教〔1987〕114号)，明确各中心校、教办的成人教育专职干部，中心校的成教干部在校中需要兼课。

1988年，全县各乡镇配备专职成教干部1人，上班在乡镇，编制在学校，专做扫盲、农村实用技术培训、成人学历教育等工作。全县创办乡镇成人文化技术学校20所，由乡镇党委书记或乡镇长兼任校长，专职成教干部任副校长，负责日常工作。

1989年3月，县教育局公布《磐安县乡(镇)成人教育干部目标岗位责任制(试行)》，及《磐安县乡(镇)成人教育干部岗位考核评分细则》。同年9月，公布《磐安县乡(镇)成人文化技术学校目标管理的意见》及《磐安县乡(镇)成人文化技术学校目标管理评分细则》。

1990年1月，县教育局向县委、县人民政府提交《关于重新明确成教干部的工作职责和工作关系的报告》，时任县长卢福禄批复：成教干部应坚持编制在校、工作在乡的办法，至于教龄、职称、年终节支奖、差旅费应与其他教师一视同仁。1月23日，时任县委书记徐炳清批示：成教干部要把“三教”(成教、职教、幼教)都抓起来,乡政府不要安排他们去干成教之外的工作。

1994年3月,县教育局刻制安文、深泽、新渥、冷水、仁川、双峰、墨林、窈川、双溪、大盘、方前、盘峰、维新、高二、尚湖、尖山、玉山、胡宅、九和、万苍等20个乡镇成人文化技术学校印章各1枚,于3月2日启用。

1996年4月,省教委转发国家教委《关于农村成人学校和中小学参加扫盲工作的通知》,要求做到:第一,堵住新文盲的产生;第二,切实参加扫盲工作。

1997年3月,因机构改革,县教委撤销成人教育办公室,设立成职教科。成职教科的职责为成人教育、职业教育、社会力量办学等管理工作。

1998年,安文、新渥、玉山等3所成人文化学校成为省一级成校,冷水等12所成人文化技术学校成为省二级成校,窈川等5所成人文化技术学校成为省三级成校。

表4—33　　1998年12月底磐安县成教工作成绩一览表(1)

单位	扫盲情况				明年计划脱盲人数(人)	乡镇成校办学情况				成校经费			成教队伍		
	县定指标人数(人)	实际脱盲人数(人)	非盲率(%)	近三年巩固率(%)		培训人次(次)	培训面(%)	今年高中段招生数(人)	高中段在校生(人)	计(元)	人均开支(元)	与上年增长比(%)	计(人)	其中专任教师(人)	兼任教师(人)
安文镇	5	6	99	98	5	12653	35	—	—	23900	1.55	5	25	2	23
深泽乡	5	6	98.21	100	26	2710	35.1	—	—	8877	1.15	1.97	93	1	92
新渥镇	85	100	98.79	96.71	55	3574	39.51	—	—	19910	1.32	—	126	2	126
冷水镇	57	57	98.77	100	16	2912	32	—	—	10000	1.09	—	63	1	62
仁川镇	75	90	98.64	95.8	42	5460	37.5	—	—	15000	1.65	—	38.5	1.5	37
双峰乡	8	10	98.00	100	4	2680	36	—	—	3400	0.65	—	11	1	10
墨林乡	9	6	98.4	95.7	—	2558	33	—	—	2000	0.5	50	16	1	15
窈川乡	7	9	98.14	100	3	6064	35	—	—	1200	0.26	—	29	1	23
双溪乡	8	10	98.19	98	4	2038	35	—	—	6900	0.85	—	11	1	10
玉山镇	50	46	98.99	90.52	39	3642	36.75	210	672	59000	4.5	10	124	26	98
尖山镇	40	50	98.65	97	30	2014	32	—	—	19806	1.6	33	13	1	12
尚湖镇	80	100	98.68	98.6	40	3671	36.8	—	—	27500	1.56	16.4	44	2	46
胡宅乡	12	40	98.4	98.5	12	2291	34	—	—	12000	1.00	0	13	2	11
万苍乡	10	10	97.93	96.61	16	1691	30.73	31	31	10500	1.10	10	23	5	18
九和乡	5	5	98.1	100	15	1615	30	—	—	6965	1.00	25	9	1	8
大盘镇	40	43	98.5	96	21	1648	35	—	—	8000	1.03	—	26	1	25
方前镇	85	90	99.1	95.5	6	3460	50.9	21	50	22100	2	—	79	2	77
维新乡	5	5	97.8	96.7	4	620	35.5	—	—	1717	0.6	16	53	1	52
高二乡	10	22	98.58	95	5	892	36	—	—	4830	1.11	11	49	1	48
盘峰乡	10	19	97.9	96.2	10	1009	42	—	—	1150	1.4	—	22	1	21
合　计	606	724	98.1	97.05	353	53190	35.9	262	753	141555	1.15	0	874.0	55.0	819

表 4—34　　1998 年 12 月底磐安县成教工作成绩一览表(2)

单位	乡镇成校概况			行政村总数(个)	村成校总数(所)	学校建设及设施设备				原计划实施基地			
	省一级	省二级	省三级			占地面积(m^2)	建筑面积(m^2)	计算机(台)	图书(册)	耕地(亩)	山(亩)	水面(亩)	车间(m^2)
安文镇	√	—	—	29	29	1005	232	1	13000	950	2460	135	750
深泽乡	—	√	—	21	21	160	144	1	924	60	1500	500	—
新渥镇	√	—	—	19	19	2067	850	1	10000	172	124	3	2000
冷水镇	—	√	—	17	17	206	189	—	984	120	963	—	—
仁川镇	—	√	—	28	26	1734	510	—	5000	—	11600	—	—
双峰乡	—	√	—	9	9	67	36	1	—	—	600	—	—
墨林乡	—	√	—	6	6	133	144	—	400	1500	540	—	—
窈川乡	—	—	√	8	8	233	210	—	1000	2309	5225	—	—
双溪乡	—	√	—	17	17	334	320	—	2500	—	10000	—	—
玉山镇	√	—	—	22	22	12606	5083.4	27	5700	6150	1500	—	—
尖山镇	—	√	—	22	22	206	210	—	1800	7664.5	31720	1323.3	6767
尚湖镇	—	√	—	32	32	600	150	—	6000	1600	3305	200	—
胡宅乡	—	√	—	18	18	466	464	1	3000	1700	200	—	—
万苍乡	—	√	—	13	13	6336	150	1	1800	2500	4850	—	—
九和乡	—	√	—	21	21	93	99	1	4250	—	850	—	—
大盘镇	—	—	√	19	19	100	130	1	1400	—	105	—	—
方前镇	—	√	—	34	29	200	172	—	1200	400	100	—	—
维新乡	—	—	√	8	7	80	40	—	150	500	2000	—	—
高二乡	—	—	√	13	13	200	130	—	150	2402.6	3260	10	—
盘峰乡	—	—	√	13	12	300	230	1	250	10	50	—	—
合　计	3	12	5	369	360	27126	9493.4	36	59508	28038.1	80952	2171.3	9517

1999 年,全县现有省级示范性乡(镇)成技校 1 所,省一级成技校 5 所,省二级成技校 12 所,省三级成技校 2 所,村级成技校 350 所。

表 4—35　　1999 年磐安县农村成人教育事业年报表(1)

乡(镇)	青壮年数(人)	文半盲数(人)	1999 年青壮年扫盲情况		村成校建设情况			
			脱盲人数(1999 年)(人)	非盲率(%)	行政村数(个)	村成校数(所)	村成校实用技术培训	
							期　数	人　次
合　计	125997	1952	369	98.14	369	350	718	36053
安文镇	15435	345	2	99.08	29	24	48	1207
深泽乡	7832	115	29	98.73	21	21	62	3406

续表 4—35

乡(镇)	青壮年数（人）	文半盲数（人）	1999年青壮年扫盲情况		村成校建设情况			
			脱盲人数(1999年)(人)	非盲率(%)	行政村数(个)	村成校数(所)	村成校实用技术培训	
							期　数	人　次
新渥镇	9213	407	55	99.31	19	19	76	5792
冷水镇	5613	49	18	99.13	17	17	7	353
仁川镇	9549	90	42	99.05	28	28	31	3423
双峰乡	3085	53	5	98.3	9	9	24	1320
墨林乡	2217	38	3	98.3	6	6	12	308
窈川乡	2731	47	3	98.28	8	8	16	729
双溪乡	4394	87	4	98.31	17	17	17	512
尚湖镇	11220	108	43	99.04	32	32	98	2463
玉山镇	9901	93	37	99.13	22	22	21	1492
尖山镇	8218	64	35	99.2	22	22	47	1880
万苍乡	6004	97	15	98.39	13	12	35	1580
胡宅乡	7251	97	15	99.09	18	18	72	5408
九和乡	4307	61	15	98.95	21	21	90	2939
大盘镇	5155	49	22	99.05	19	19	9	538
方前镇	7048	36	6	99.49	34	26	7	818
盘峰乡	2533	41	9	98.38	13	12	9	254
维新乡	1783	31	5	98.26	8	7	12	530
高二乡	2508	34	6	98.64	13	10	25	1101

表 4—36　　1999年磐安县农村成人教育事业年报表(2)

乡(镇)	乡镇成校建设情况						乡镇成校建设及设施设备			
	示范性成　校	省一级	省二级	省三级	乡镇成校期数	实用技术培训人次	占地面积(亩)	建筑面积(平方米)	计算机(台)	图　书(册)
合　计	1	5	12	2	493	66224	76.63	16716.8	68	83379
安文镇	—	√	—	—	23	26743	1.5	1600	4	15000
深泽乡	—	—	√	—	31	2788	1.8	572	1	924
新渥镇	—	√	—	—	38	3614	2.04	1200	—	8500
冷水镇	—	—	√	—	31	2906	7.6	279	—	1405
仁川镇	—	—	√	—	22	5543	2.6	510	—	6000
双峰乡	—	—	√	—	22	1365	0.1	36	1	9000
墨林乡	—	—	√	—	21	681	0.2	144	—	3400
窈川乡	—	—	√	—	20	751	—	210	—	1000

续表 4—36

乡(镇)	乡镇成校建设情况						乡镇成校建设及设施设备			
	示范性成校	省一级	省二级	省三级	乡镇成校期数	实用技术培训人次	占地面积(亩)	建筑面积(平方米)	计算机(台)	图书(册)
双溪乡	—	—	√	—	26	1929	3.8	259	—	5500
尚湖镇	—	√	—	—	23	1646	6.8	2887	1	6000
玉山镇	√	—	—	—	29	3423	32	4723.4	52	7500
尖山镇	—	√	—	—	36	2209	1.29	1128.4	1	1800
万苍乡	—	—	√	—	33	1311	0.36	240	1	3000
胡宅乡	—	—	—	√	25	2537	0.32	214	1	3000
九和乡	—	—	√	—	30	2090	1.49	99	1	4250
大盘镇	—	—	√	—	14	1503	5.2	1020	1	4250
方前镇	—	√	—	—	27	1834	1.23	826	1	1750
盘峰乡	—	—	—	√	15	2108	1	230	1	250
维新乡	—	—	√	—	13	678	4.8	40	1	500
高二乡	—	—	√	—	14	565	2.5	500	1	350

2000年,全县共有乡镇成人文化技术学校20所,其中省级示范性乡镇成人文化技术学校1所,新增大盘镇为省一级成人文化技术学校,省二级13所。村级成人文化技术学校355所,已达到省规定的标准。成人教育的办学路子进一步得到拓展。2000年,县成校高中段招生303人,在校学生达763人;新创办农村基层干部中专培训班,成人中专幼师班,成人外语培训中心,成人技能培训中心等。

表4—37　　2000年磐安县农村成人教育事业年报表(1)

乡(镇)	青壮年数	文半盲数	99年青壮年扫盲情况		村成校建设情况			
			脱盲人数(99年)	非盲率	行政村数	村成校数	村成校实用技术培训	
							期　数	人　次
合　计	127737	1589	347	98.75	369	355	599	35463
安文镇	15435	111	234	99.28	29	29	—	—
深泽乡	7933	84	6	98.94	21	21	50	2594
新渥镇	9478	407	10	95.70	19	19	33	2926
冷水镇	5712	45	4	99.21	17	17	15	723
仁川镇	9691	83	7	99.14	28	26	59	4237
双峰乡	3126	57	3	98.17	9	9	25	1350
墨林乡	2252	38	2	98.31	6	6	9	218
窈川乡	2759	44	3	98.14	8	8	16	718
双溪乡	4447	81	6	98.17	17	17	13	504

续表 4—37

乡(镇)	青壮年数	文半盲数	99年青壮年扫盲情况		村成校建设情况			
			脱盲人数(99年)	非盲率	行政村数	村成校数	村成校实用技术培训	
							期 数	人 次
尚湖镇	11403	102	6	99.10	32	32	56	2134
玉山镇	9901	56	37	99.43	22	22	24	1564
尖山镇	8351	60	4	99.28	22	22	48	3252
万苍乡	6102	91	6	98.50	13	13	27	3886
胡宅乡	7537	94	3	98.75	18	18	116	2513
九和乡	4109	57	4	98.61	21	21	42	6074
大盘镇	5264	46	3	99.12	19	19	10	402
方前镇	7278	34	2	99.53	34	26	22	1291
盘峰乡	1818	29	2	98.40	8	7	12	530
维新乡	2579	32	2	98.75	13	11	13	153
高二乡	2562	38	2	98.51	13	12	9	394

表 4—38　　2000年磐安县农村成人教育事业年报表(2)

乡(镇)	乡镇成校建设情况						乡镇成校建设及设施设备			
	省示范性成校	省一级	省二级	省三级	实用技术培训		占地面积(亩)	建筑面积(平方米)	计算机(台)	图书(册)
					期 数	人 次				
合 计	1	6	13	—	593	42937	83.46	16536.8	131	85244
县技校	—	—	—	—	—	—	1.44	145	56	2000
安文镇	—	√	—	—	25	5405	1.5	232	1	12000
深泽乡	—	—	√	—	40	3627	10.64	14422	1	469
新渥镇	—	√	—	—	56	1733	2.04	1200	1	9200
冷水镇	—	—	√	—	22	902	7.6	279	1	4505
仁川镇	—	—	√	—	29	5435	2.6	510	—	6000
双峰乡	—	—	√	—	21	1348	0.25	168	2	10000
墨林乡	—	—	√	—	24	663	0.2	144	1	3400
窈川乡	—	—	√	—	20	786	0.2	210	2	1000
双溪乡	—	—	√	—	21	1132	3.8	259	—	5000
尚湖镇	—	√	—	—	24	2325	6.8	2887	1	6000
玉山镇	√	—	—	—	28	3516	32.2	4223.4	54	4064
尖山镇	—	√	—	—	36	2218	1.29	1128.2	2	2000
万苍乡	—	—	√	—	108	4770	0.36	240	2	3520
胡宅乡	—	—	√	—	32	2879	0.32	214	2	3000

续表 4—38

乡(镇)	乡镇成校建设情况						乡镇成校建设及设施设备			
	省示范性成校	省一级	省二级	省三级	实用技术培训		占地面积(亩)	建筑面积(平方米)	计算机(台)	图书(册)
					期数	人次				
九和乡	—	—	√	—	27	1947	1.49	99	2	4250
大盘镇	—	√	—	—	15	1237	5	1020	1	4136
方前镇	—	√	—	—	23	1306	1.23	826	1	3750
盘峰乡	—	—	√	—	22	686	1	600	1	500
维新乡	—	—	√	—	16	756	2.5	500	—	105
高二乡	—	—	√	—	4	266	1	230	1	300

2005年11月，县委、县人民政府下发《中共磐安县委磐安县人民政府关于磐安县教育局职能配置、内设机构人人员编制方案的批复》(县委〔2005〕54号)，县教育局设办公室(法制科)、人事科、计财科、教育科、体育课、督导审计科(县人民政府教育督导室)6个职能科室。其中教育科由原来的普教科与职成教科合并而成。

2006年全县各类教育培训40469人次，其中农业技术培训17885人次，农民转移就业培训6388人次，职工技能培训3937人次，其他培训40511人次。

表 4—39　　安文区域成校2004～2006年成人教育培训数据统计表

项目 年度	当年劳动力人口数	百万农民培训工程		职工技能培训	其他培训	合计	初三农函大办学结业人数	占劳动力人口比例(%)	农民人均收入(元)	比上年增长数(元)
		农业技术培训	转移就业技能培训							
2004年	41163	8794	2089	392	3570	14489	545	35.2	—	—
2005年	41115	6782	2299	1883	4410	15464	658	37.61	—	—
2006年	42426	7352	3243	1276	3527	15413	—	36.32	—	—

表 4—40　　盘山区域2004～2006年成人教育培训数据统计表

项目 年度	当年劳动力人口数	百万农民培训工程		职工技能培训	其他培训	合计	初三农函大办学结业人数	占劳动力人口比例(%)	农民人均收入(元)	比上年增长数(元)
		农业技术培训	转移就业技能培训							
2004年	18284	3752	1472	427	651	6302	280	34	2068	48
2005年	18430	3927	908	1193	860	6888	—	185	2293	36
2006年	18780	5303	500	707	224	6734	—	176	2318	29

表 4—41　　玉山区域 2004～2006 年成人教育培训数据统计表

项目 / 年度	当年劳动力人口数	百万农民培训工程		职工技能培训	其它培训	合计	初三农函大办学结业人数	占劳动力人口比例(%)	农民人均收入(元)	比上年增长数(元)
		农业技术培训	转移就业技能培训							
2004 年	45016	4307	1907	1941	6649	14812	602	32.9	2680.5	116.33
2005 年	44916	4053	2028	1676	7363	15116	306	33.65	2767.17	86.67
2006 年	45809	3474	2325	1629	8005	15433	—	33.68	2901.17	134

2007 年，全县乡镇成人文化技术学校 19 所，省示范性成校 1 所，省一级成校 7 所，省二级成校 11 所，县级以上培训基地的成校 18 所，村级成校 273 所，教育经费收入 90.189 万元，教职工 22 人。

2012 年，磐安县教育局下发《关于规范成人教育学前教育管理的通知》(磐教〔2012〕38 号)，鉴于青壮年扫盲任务的基本完成和成人教育的多元化变化，教育局要求成人教育的干部除继续抓好成人教育外，同时负责抓好所在乡镇的学前教育。同时规定，成幼教工作在当地人民政府领导下，统一由学校教务处管理。

2008 年至 2015 年，全县农村成人文化技术培训学校 19 所，2008 年培训人次 27984，2009 年 22800 人次，2010 年 22803 人次，2011 年 22820 人次，2012 年 18284 人次，2013 年 12608 人次，2014 年 12825 人次，2015 年 12678 人次，8 年间共培训 152802 人次。

截至 2015 年，全县共有省级成人标准化学校 15 所，分别为新渥镇、深泽乡、冷水镇、仁川镇、双峰乡、窈川乡、双溪乡、大盘镇、方前镇、尚湖镇、万苍乡、尖山镇、九和乡、胡宅乡，以及玉山镇。

第二节　农民教育

一、农村扫除文盲教育

1990 年是国际扫盲年。是年 2 月，县政府下发《磐安县人民政府关于贯彻国务院〈扫盲工作条例〉认真抓好扫盲工作的通知》，将扫盲指标下达乡镇，并落实扫盲经费。同年，磐安县教育局下发磐教〔1990〕39 号《关于认真开展扫盲工作的通知》，要求各乡镇认真学习、宣传贯彻国务院的《扫盲工作条例》，形成全社会都来关心、支持扫盲工作的社会风气，成教干部要做好乡镇政府的参谋，当好助手。扫盲教材统一使用浙师大编写的《农民快速识字课本》。

1993 年，县教育局下发磐教〔1993〕10 号文件《1993 学年农村成人教育工作意见》，文件要求，充分发挥村级成校的作用，大力组织已脱盲对象常年办班学习，每学年学习不少于 120 课时(或 60 个夜晚)。

1994 年，县教育局下发磐教〔1994〕1 号文件《关于印发 1994 年磐安县成人教育工作要点的通知》，对该年成人教育工作作出部署。是年底，全县共扫除文盲 1005 人，非盲率 96%。1995 年，县教育局下发磐教〔1995〕2 号文件《关于印发 1995 年磐安县成人教育工作意见的通知》，确定工作目标是：巩固和完成扫除全县青壮年文盲 1000 名。同年，磐安县在全省欠发达地区中率先通过两基验收，成为基本扫除文盲县。

1996年，全县实际脱盲人数543人，完成县定指标469人的115.8%。是年，磐安县被评为全国扫除文盲工作先进县。

1998年，全县完成扫盲724人，非盲率98.1%。

表4—42　　1998年12月底磐安县扫盲情况统计表

项目/单位	青壮年人口			省验以后		
	总　数（人）	非盲人数（人）	非盲率（%）	脱盲人数（人）	巩固班人数（人）	巩固率（%）
安文镇	15435	15313	99	29	29	98
深泽乡	7713	7569	98.3	76	76	100
新渥镇	9045	8935	98.79	169	68	97.14
冷水镇	5586	5492	98.8	94	94	100
仁川镇	9395	9245	98.64	176	353	95.8
双峰乡	3036	2968	98.08	76	75	99
墨林乡	2189	2145	98.4	19	47	95.7
窈川乡	2686	2636	98.14	59	59	100
双溪乡	4322	4231	98.19	44	40	90
玉山镇	9910	8979	99	195	192	98.52
尖山镇	7350	7251	98.65	164	114	97
尚湖镇	11049	10908	98.72	223	220	98.6
胡宅乡	7071	6959	90.4	170	134	90
万苍乡	5906	5785	97.93	59	57	96.61
九和乡	3965	3891	98.1	69	69	100
大盘镇	5058	4977	90.4	87	84	96.5
维新乡	1740	1620	97.8	90	87	96.7
高二乡	2450	2415	98.57	20	19	95
盘峰乡	2491	2441	97.9	53	51	96.2
合　计	123441	120678	98.1	2106	2044	97.05

1999年，全县共扫除青壮年文盲369人，非盲率达到98.14%。

2000年，各成人学校结合实用技术培训进行扫盲工作。采用包教包学形式，全县扫除青壮年文盲347人，非盲率达98.75%，巩固率达98%。全县还有青壮年文盲1589人，占1.25%。

2001年3月，县教委下发磐成教〔2001〕2号文件《关于2000年农村成人教育事业发展情况的通报》。

同年6月，浙江省委农村工作办公室和浙江省教育厅联合下发《关于深入开展百万农民培训工程的实施意见》（浙教职成〔2001〕223号），2001至2002年，要求各县（市区）重点选好若干个培训基地，精选一批示范推广项目，落实培训单位和培训师资，开展培训，出成果，出经验。磐安县通过县、乡、村成职教三级网络建设,加强对农民的实用技术培训。

2003年,县文教局与县农办、扶贫办联合下发《磐安县"万名农民培训工程"实施意见》,落实有机茶、中药材、食用菌、高山蔬菜、猕猴桃等十大推广项目,确定县、乡两级示范基地63个,推广面积达37692亩,收到明显的效益。尤其是玉山社区,坚持以"教育富民,服务农业农村农民"为宗旨,以社区科技中心为龙头,以磐安三中为阵地,以乡镇成技校为网点,以县有关部门为依托,实施职教、成教、普教统筹,农业、科技、教育结合的模式,"重培训、抓基地、送小报、优服务"的农村社区教育实践深受当地农民的欢迎。这一年县文教局还与县科协合作,一如既往地办好"农函大"。

2004年6月,磐安县委出台〔2004〕43号《关于实施万名农民培训工程,加快农村劳动力转移就业的意见》,主要为提高农民的职业技能和就业能力,促进农村劳动力转移,增加农民收入。2004年至2010年,县政府每年整合安排培训经费150万元以上。举办中等学历培训1380人,大专及以上培训1124人;非学历教育培训13200人次,农民各类培训36600人次。

2005年,全县各类教育培训40173人次,其中农业技术培训16228人次,转移就业培训5715人次,职工技能培训5272人次,其他培训12958人次。

2007年,全县青壮年137144人,其中非文盲136431人,非文盲率99.7%,居全省中上水平,该指标达到省教育强县的标准。各类教育培训39123人次,其中农业技术培训10795人次,转移就业培训16053人次,职工技能培训4490人次,其他培训7779人次。取得职业资格证书2670人。

2013年,根据浙教办〔2013〕42号《浙江省教育厅关于进一步加强扫盲工作的通知》和浙教办职成〔2013〕96号《浙江省教育厅办公室关于做好新时期扫盲工作有关具体事项的通知》精神,全县建立三支扫盲队伍:由扫盲教育专(兼)职人员组成扫盲工作管理队伍;由中小学校长、村(居)干部等组成扫盲对象动员组织队伍;由中小学校、农村成技校的教师、退休教师等组成扫盲教学队伍。县教育局在核准扫盲情况基础上,将扫盲工作任务分解到各乡镇中心学校,并由学校进一步分解落实到每个教师,实行分区包干,责任到人。各乡镇中心学校,针对扫盲对象绝大多数在农村、居住分散,年龄较大、妇女比重大的实际,实行集中与分散相结合、农闲时集中扫盲、农忙时分散包教。文盲较多的地方,集中办扫盲班;文盲比较分散的地方,上门扫盲。是年,扫盲指标1000名,实际完成扫除文盲1200名。2014年与2015年共计扫盲1113人。

二、农民职业技术教育

1989年,乡(镇)成人文化技术学校发展到29所,学校先后举办春玉米、缝纫、车木加工、藤萝加工、杂交水稻制种等实用技术培训343期,受训人数14320人次。

1994年,全县实施"燎原计划"的示范乡(镇)7个,其中省级1个,市地级6个。这些乡(镇)以科教兴农为目标,实行农科教结合、三教统筹,把农村经济工作逐步转移到依靠科技进步和提高劳动者素质的轨道上来。具体做法:一是加强领导,健全网络。乡(镇)主要领导亲自抓,分管领导具体抓,逐步完善乡(镇)、村、组三级科技推广网络。如新渥镇坚持教学、生产、技术相结合的原则,全镇建有水果、蚕桑、食用菌、科技4个专业协会,开设庄稼医院1家,镇政府建立科技推广领导小组,完善服务体系:建有农村科技推广服务站、农机、农技、种子服务部,全镇19个行政村全都配备科技村副主任,确立两个科技示范村,8个专业村,209户科技示范户、重点户。各专业协会、各领导小组、各类科技示范户、示范村纵横交错,分工明确,各负其责,形成科技幅射网络。二是部门配合,狠抓落实。教育部门搭台,农林科教唱戏,通过"燎原计划"的实施,把农科教三家紧密地连接在一起,做到"农科出题,教育做文章”。乡(镇)成校根据确定的主攻项目,制订培训计划,组织农科教三结合的师资队伍,开展实用技术培训,把科技变为现实的生产力。三是主攻项目明确,经济效益显著。“燎原计划”示范乡镇,都因地制宜确定自己的开发性项目,形成一乡一品,一村一品的格局。如双溪乡的万亩板栗基地建设、新渥镇的塑料大棚栽培香菇,方前镇的竹、木、石开发,大盘镇的高温香菇、高山西瓜,胡宅乡的茶叶深加工,玉山镇的蚕桑生产,尚湖镇的制种、茶叶,深泽乡的大棚蔬菜生产等。全年共举办实用技术培训488期,受教育达112190人次,占全县人口的52%。

1999年,全县村级成校举办实用技术培训718期,受训人数36053人次,乡镇级成校组织培训493期,受训人数66224人次。是年3月,玉山社区教育中心成立。该区共有6个乡镇,28个行政村,面积341.16平方公里,农业人口72413人,平均海拔460米以上,属高山台地平原。农民的经济支柱产业为茶叶、高山蔬菜和来料加工(头花加工)。工业产品为塑料软管。1999年4月,玉山社区教育中心组织茶叶培训班,预定102人,实际参加者170多人。

2000年,乡镇、村两级成人文化技术学校共组织各种培训1192期,参加人员78400人次。是年,玉山“社区教育”进一步完善。一是着力加强成教干部和乡镇农技站长的队伍建设,二是重点加强乡村二级专业干部和农村的重点户和专业户培训。全年共组织7期规模较大的培训活动,参训人数1250人次。确定“七大示范基地”和“十大试验基地”;科教信息小报《科教窗口》制订征稿和发行制度,并进行有偿征稿的尝试,全年发行7期14000多份。

2002年4月,县农业和农村工作办公室联合县文化教育局下发磐农办〔2002〕6号、磐文教〔2002〕29号《磐安县万名农民培训工程实施意见》,推进县科教兴农和生态富县战略,组建县万民农民培训办公室,聘任万民农民培训讲师72人,并颁发讲师证。玉山社区举办高山蔬菜种植技术培训,参训100多人。

2003年,玉山社区举行法制教育、敬老爱幼教育和健身教育等,参训2600多人次。

2004年8月,磐安县农民培训和转移就业工作领导小组办公室印发磐安培办〔2004〕3号《磐安县农民培训和转移就业工作专项资金管理及考核验收办法》规定:设立农民培训和转移就业工作专项资金财政专户。按“财政安排、上级补助、部分筹集”的要求,2004年至2010年,县每年安排培训资金150万元以上,其中县财政下拨50万元,争取上级补助50万元,人事劳动保障局、经贸局、科技局、国土局、农业局等筹集50万元。资金补助及奖励标准规定:凡按培训考证要求,完成规定培训课程和课时的,按照获得培训证书的人数分类给以补贴。1.农业专业技能培训:农民技术资格证书(绿色证书)培训,按每人80元核拨。乡土人才专业技术资格证书初、中级培训分别按每人100元、200元核拨。2.富余劳动力转移就业技能培训:电脑、施工安装、经纪人(营销员)等职业技术培训按每人300元核拨。家政、保安、娱乐休闲职业技术培训和烹调、电工职业资格证书培训按每人200元核拨。来料加工岗前培训视不同种类按每人60元至120元核拨。3.已在二、三产业就业的农民岗位技能培训视不同工种按每人50至150元核拨。4.后备劳动力农函大培训,按每人50元核拨。农民职称技术员(助理技师)、技师培训分别按50元和70元核拨。5.实行委托培训的发给“培训券”,原则上按以上不同培训项目的补助标准给予补助。被征地农民、下山移民的培训补助标准可适当提高,最高限额不超过500元。奖励资金核算标准规定:(1)吸纳本县农民从事来料加工人数,名列第1名至5名的经纪人,分别奖励10000元、9000元、8000元、6000元、5000元。(2)农民培训和转移就业工作年终考核名列前三名的乡镇、县机关部门分别给予10000元、5000元、3000元的奖励。(3)工作成绩突出的培训基地、先进企业给予通报表彰和一定的奖励。这一年的年底,全县乡村劳动力111421人,其中农业劳动力76614人,二、三产业劳动力34807人。全县富余劳动力2.36万人,经过转移培训4972人,培训后就业的2676人。下拨农民培训补助资金53.608万元,其中部门及培训基地补助34.028万元,汽车驾驶员培训等补助19.58万元。同年,玉山社区被确认为“浙江省首批社区教育实验区”。

2005年,全县农村劳动力11.96万人,参加农业专业技能培训13705人,参加农村富余劳动力转移培训6215人,其中取得职业证书5280人,培训后转移就业的3347人。下拨农民培训教育经费94.79万元。玉山社区组织6个乡镇61个行政村的86名退休干部和退休教师任科普宣传员,负责出黑板报、墙报、分发《科教窗口》小报、读报等宣传工作。是年,被联合国教科文组织确定为“农村社区学习中心项目实验点”,并承担联合国教科文组织利用ICT提高当地生产能力中国项目实验。同年,磐安县委宣传部长代表县委县政府,在省委召开的社区工作会议上作典型发言,介绍玉山社区经验。

2006年,参加农业专业技能培训17885人,参加农村富余劳动力转移培训6388人,职工技能培训3937人,其他培训班12259人,合计40469人,占劳动力人数的35.73%。是年,利用磐安三中电教设备培训乡镇成校教师和社区成员,其中培训计算机和互联网使用技能200人,举办外出务工农民法制讲座6期600人,土鸡饲养知识培训1期100人。编印预防禽流感资料免费分发4000份。

2007年,参加农业专业技能培训10795人,参加农村富余劳动力转移培训4490人,引导性培训11563人,合计26848人,占劳动力人数的23.38%。是年,进行茭白扦插技术培训2期200人,茶叶技能培训6期600人,农民计算机操作培训1期50人,中药材种植技术培训1期100人,防火教育6期500人。

玉山社区在1999年至2007年这几年中培训10多万人次,同时编印《科教窗口》96期345600份,广泛宣传科学知识。

通过对农民的各类实用技术培训,促进农民就业增收,促进全县经济的发展。以下是全县1990年至2015年农民实用技术培训情况统计表。

表4—43　　1990～2015年磐安县农民实用技术培训情况统计表

年　份	期　数	培训人次	培　训　内　容
1990年	276	11973	食用菌、茶叶、蚕桑、板栗等生产技术
1991年	281	12083	缝纫、食用菌、茶叶等生产技术
1992年	290	12470	茶叶、蚕桑、板栗等生产技术
1993年	305	13115	食用菌、茶叶、蚕桑等生产技术
1994年	488	112190	茶叶生产加工、大棚蔬菜生产
1995年	405	17415	食用菌、茶叶、蚕桑、大棚蔬菜等生产技术
1996年	321	13803	茶叶生产加工、大棚蔬菜生产等
1997年	325	13975	茶叶生产加工、大棚蔬菜生产等
1998年	340	14620	大棚香菇、茶叶生产加工、高山蔬菜种植等
1999年	24	4296	大棚香菇、茶叶生产加工、高山蔬菜种植等
2000年	21	3759	大棚香菇、茶叶生产加工、高山蔬菜种植等
	1	58	农民计算机操作员培训
	1	58	农民电车工培训

续表 4—43

年　份	期　数	培训人次	培　训　内　容
2001 年	25	4475	大棚香菇、茶叶生产加工、高山蔬菜种植等
	1	50	农民计算机操作员培训
	1	50	农民电车工培训
2002 年	27	4833	大棚香菇、茶叶生产加工、高山蔬菜种植等
	1	48	农民计算机操作员培训
	1	48	农民电车工培训
2003 年	1	52	农民计算机操作员培训
	1	52	农民电车工培训
2004 年	1	55	农民计算机操作员培训
	1	55	农民电车工培训
2005 年	1	45	农民计算机操作员培训
	1	55	农民电车工培训
2006 年	1	100	土鸡饲养知识培训
	1	48	农民计算机操作员培训
	1	48	农民电车工培训
2007 年	2	200	茭白扦插技术培训
	6	600	茶叶技能培训
	1	100	中药材种植技术培训
	1	42	农民计算机操作员培训
	1	52	农民电车工培训
2008 年	1	55	农民计算机操作员培训
	1	55	农民电车工培训
	1	42	农民管道工培训
2009 年	1	52	农民计算机操作员培训
	1	57	农民电车工培训
	1	56	企业注塑工培训
2010 年	1	66	成人双证制培训
	1	50	农民计算机操作员培训
	1	50	农民电车工培训
2011 年	1	68	成人双证制培训
	1	48	农民计算机操作员培训
	1	58	农民电车工培训
	1	62	农民电工培训

续表 4－43

年份	期数	培训人次	培训内容
2012 年	1	60	成人双证制培训
	1	52	农民计算机操作员培训
	1	46	农民电工培训
2013 年	1	64	成人双证制培训
	1	55	农民计算机操作员培训
2014 年	1	62	成人双证制培训
	1	46	农民计算机操作员培训
2015 年	1	64	成人双证制培训

第三节　职工教育

1994 年，县职教办对全县企业的职工岗位培训进行调查。

1995 年，根据《国有集体企业产权制度改革若干规定》，全县国有、集体企业开始先后改制为私营企业或股份制企业，改制企业单位的职校随本单位的改制而先后停办。县总工会、县经贸局（现为县经济商务局）、县职校和县劳动局培训中心等则开始面向企业、面向社会、面向市场，广开办学门路，为企业和社会培养急需的专业技术人才。其培训对象包括工厂固定职工、城镇登记失业人员、企业下岗职工、改制企业自谋职业人员以及新招的工人等。

1995 年至 2003 年，县劳动局再就业培训中心先后组织 24615 人参加计算机、商务英语、电工、家电、烹饪等工种的培训。此外，县妇联面向女性就业群体开展岗位技能培训。

2003 年 9 月，磐安城区撤村建居，城区共成立了龙山、五指、上章、壶厅、市口、东溪、康庄、荷塘 8 个居委会，各居委会都成立社区学院市民学校。县电大设立总院，各居委会设立分校，对各辖区市民分批次、分群体进行科普、卫生保健、普法等各类培训。

自 2010 年开始，县总工会与县农办联合开办家政（护理）服务员培训班，每年一期。至 2015 年共举办了 6 期，累计培训 720 人次。

表 4－44　　磐安县家政（护理）服务员培训情况一览表

时间	培训内容	期数	级别	参训人数
2010 年	家政（护理）服务员培训	第一期	初级	45
2011 年	家政（护理）服务员培训	第二期	初级	135
2012 年	家政（护理）服务员培训	第三期	初级	134
2013 年	家政（护理）服务员培训	第四期	初级、中级	初级 136 中级 16
2014 年	家政（护理）服务员培训	第五期	初级、中级	初级 93 中级 7
2015 年	家政（护理）服务员培训	第六期	初级、中级	初级 126 中级 28

2010年至2015年，县人力资源和社会保障局就业培训中心联合县供电局、县职教中心、县农办、县妇联、县科协、县经济商务局等单位共举办各类培训班74个，100期15318人次。

表4—45　磐安县人力资源和社会保障局就业培训中心联合相关单位培训情况一览表

时　间	培　训　项　目	培训人次
2010年	茭白种植管理技术培训班	130
	农家乐创业技能培训	58
	网上创业培训	103
	酒店服务员培训班	87
	平面设计培训班	30
	失业人员培训(计算机、网上创业、中药材购销员)	90
	汽车驾驶员中高级培训	28
	电车培训班	32
	专业技术人员继续教育培训	1350
	浙江省英语等级培训	62
	营业员培训人员	140
2011年	茶艺师培训	40
	文化礼仪培训	45
	食用菌种植户技术培训	95
	平面设计培训班	40
	劳动关系协调员培训	116
	SYB创业培训	92
	农民专业合作社建设培训班	34
	农家乐培训	126
	餐厅服务员培训	60
	失业人员再就业技能培训	303
	全国计算机应用能力培训	716
	省英语二三级培训	51
2012年	铁皮石湖种植技术培训班	186
	美容师免费培训班	75
	农家乐创业	128
	农产品经纪人(一期)	50
	果茶桑园艺工(一期)	20
	绿化工(一期)	49
	平面设计(两期)	77
	保洁员(一期)	308
	电子仪器仪表装配工(两期)	536

续表 4—45

时　间	培　训　项　目	培训人次
2012 年	家政服务员(一期)	73
	厨政管理师岗位资格培训班	103
	上门就近培训(数控车床、平板印刷技术)	243
	劳动保障协管员培训(四期)	412
2013 年	蚕桑种植技术培训班	176
	安文镇社区工作者技能培训(一期)	23
	新任劳动保障人员业务培训(一期)	18
	进城务工农民工技能培训(装配工、计算机、保安员等工种)	1780
	创业类培训	202
	国土局全体干部职工南方 CASS 和 PS 的培训	60
	英语二级、三级培训各一期	58
	组织继续教育公共必修课《物联网技术与应用》培训	1100
	家政服务员培训班	136
	网上创业培训班(三期)(飞扬软件)	149
	维修电工高技能人才培养(联合供电局)	114
	收银员高级、汽车维修工高级等培训和举办了两期农家乐创业(技校)	106
	钢筋工等高级工培训(委托磐安七鑫人力资源服务有限公司)	210
2014 年	县内进城务工人员培训(两期初级 107 人,一期中级 40 人)	147
	县外进城务工人员培训(联合两家人力资源公司)电子仪器仪表装配工中级 8 期共 588 人,养老护理员初级一期 65 人,保洁员中级一期 104 人,保安员初级一期 101 人	858
	乡镇电子商务培训(两期)	80
	维修电工培训班	96
	网上创业培训	113
	平面设计	62
	劳动保障协管员素质培训班	410
	家政服务员培训班	101
	青年创业培训班	21
	农家乐厨师培训	106
	大货汽车驾驶员高级工培训	125
	茶园机械操作技术培训	180
	新进劳动保障协管员素质培训班	35
	组织专业技术人员《物联网技术与应用》培训	1017
	计算机系统操作员初、中级培训	181
	大盘山温泉酒店第一期服务人员培训	14

续表 4—45

时　　间	培　　训　　项　　目	培训人次
2015 年	进城务工人员培训(计算机操作员初、中级)初级 92 人、中级 41 人	133
	进城务工人员培训(装配工培训)	64
	初级、中级农家乐(厨师)免费培训班(联合县农办和县职教中心)	104
	家政(护理)服务员培训班(联合总工会)	154
	电子商务培训(共七期)	358
	电商从业人员农村电商提升培训班	52
	插花员免费培训班	35
	企业培训师培训班	92
	专业技术人员《物联网技术》公共课培训	560

第五篇

教育教学研究与教育服务

教育教学研究是指人们运用科学方法探索教育领域客观规律的认识过程，涵盖教育管理研究与学科教学研究。教育局下设的教科所与教研室这两个部门，有其各自的研究对象和任务。教研室主要研究学科学习的方法和规律，探索解决教与学之间的矛盾；而教科所主要研究对象则是教育管理层面的理论与方法，包括学生的心理健康问题。

“教育服务”指教育局设置的职能部门，以提供劳动的形式满足学校、教师以及学生某些方面的需要，这些职能部门包括教育服务中心、招生办公室（自考办公室）、教育技术装备站、学生资助管理中心等。

第一章　教育教学研究

民国16年(1927年),现磐安境内的安文、宅口、方前、玉山灵溪庵等小学分别建立学区教研中心,辅导学区所属各校的教学教研工作。民国29年(1940年),磐安县各乡中心校分别成立国民教育研究会。

1950年后,各学校相继成立语文、数学、史地、自然等学科教研组。1956年,县教学研究会成立,有教研员3人。1963年,各学区配有教学业务辅导员。"文化大革命"前期,教研组织解散。1972年后,学区、公社中心校的教研组织恢复活动,各区重新配备业务辅导员。1977年,以区为单位成立各学科教研大组。1983年,磐安县文教局教研室建立后,学科教研员人数逐年增多。1989年,教研室有正副主任2人、中学教研员7人、小学教研员3人、幼儿教研员1人、图书资料员1人。

1983年到1989年间,县教研室从调查研究入手,面向师生,组织教师开展教学理论学习、教学业务辅导与群众性研究活动,并组织师生参加各种竞赛以及评比活动,以研促教。

第一节　教育科学研究

一、机构与管理

(一)县教育科学研究所

磐安县教育科学研究所(简称县教研所)成立于1997年8月,办公室设在县教研室办公楼内。2002年10月,迁入局机关办公楼办公,下设教育科学规划领导小组办公室、德育研究会(同时隶属于县教育学会)、中小学心理健康教育指导中心等机构。2003年4月,中小学德育工作由普教科划入该所管理。2004年5月,县教科所通过金华市教育科研专项督导评估组的督导评估。2015年9月,兼管县教育学会工作。

表5—1　　磐安县教育科学研究所历任领导

任职时段	所长	副所长
1997年8月～1998年7月	—	胡英莺
1998年8月～1999年7月	孔国华	胡英莺
1999年8月～2000年7月	—	胡英莺(主持工作)
2000年8月～2004年7月	张炎彪	—
2004年8月～2006年7月	—	周兴法(主持工作),陈大明
2006年8月～2007年7月	陈金良	陈大明
2007年8月～2010年7月	吕世明	陈大明

续表 5-1

任职时段	所长	副所长
2010年8月～2011年7月	—	陈大明(主持工作)
2011年8月～2015年7月	应时法	—
2015年8月～	张生红	—

(二)教育科研管理

县教科所的工作宗旨是:为促进教育均衡化服务,为学校教育行政决策服务,为教师专业成长服务,做好教育科研的管理和服务两大文章。

2000年,出台《磐安县教育科研管理办法》,规定县属学校及乡镇中心校以上成立教科室,配备教科室主任,享受学校中层待遇。

2001年,出台《磐安县教育科研成果评审和奖励办法》《磐安县教育科研成果推广办法》。

2004年,出台《磐安县教育科学研究五年规划》。

2005年,启动磐安县教育科研示范(达标)学校评估。

2005年12月,提出"务实化取向、课题化管理、校本化操作、品牌化经营"四大管理策略,以实现"群体的科研、教师的科研、课堂的科研"目标。

2008年,出台《关于加强教育科研工作的意见》,内容包括提高对教育科研工作重要性的认识、重视教育科研骨干队伍的建设、加强教育科研工作的过程管理、实施对学校教育科研工作的考评、加大教育科研的投入和成果奖励等。

2012开始,启动教育科研精品成果培育工程。工程分精品工程课题、孵化工程课题、萌芽工程课题三大类,以逐步形成"精品工程育精品,孵化工程挖潜力,萌芽工程重均衡"的格局。

2013年1月,县教育局出台《磐安县教育系统学术规范及违规处理暂行办法》,明确教育系统的学术规范、违规表现和处理办法,首次规范全县教育系统的学术行为和评价机制。

2014年,磐安县承担的省级立项课题有重大突破,共立项6个省级课题,其中省规划课题2项,省农村青年教师专项课题3项,省体卫艺专项课题1项。

2015年4月,磐安县入选为全国基础教育满意度调研样本县。有1所幼儿园(县实验幼儿园)、2所小学(安文小学、尚湖小学)、2所初中(实验初中、尚湖初中)、2所普通高中(磐安中学、磐安二中)作为样本学校参与调查,涉及学生45名、教师17名。

二、教科研活动

(一)教科研活动的普及

1997年,磐安县教育委员会"贫困地区实施素质教育的实践与探索"被列为浙江省教育科学"九五"规划重点课题。

1998年11月,磐安县教育委员会下发《关于认真做好"学校整体推进素质教育实施方案"制定和决策工作的通知》,各中小学认真制定、上交并实施推进素质教育方案。同年11月,举办磐安县首届教科研人员培训班,全县49所学校、3个区域教办及有关的科研人员参加培训,参会人员68名。

1999年,磐安县参加浙江省教育科学"九五"规划重点课题"中小学日常行为规范养成教育的理论与实践"研究,并上送子课题研究成果。

2001年11月，县教科所召开首届教科研先进表彰暨现代教育思想报告会，邀请华东师大兼职教授刘京海、省教研室课程教材研究室主任韩颖分别作题为“基础教育改革与成功教育”“研究性学习价值与实施方略”的学术报告。

2004年8月，县教科所对全县各中小学教科研现状进行调研，提出营造重视教科研的环境氛围、抓好几个重点课题、强化政策导向、加强过程管理、注重推广应用五大建议。

2005年，县教科所组织编写《新课程改革教育故事集》。11月，启动县教育科研示范学校评比工作。

2006年11月，县教育局下发《关于做好“一校一品”特色德育创建工作的通知》，要求结合省规划课题“区域构建学生和谐发展三维体系的初步研究”的要求，形成特色化的学校德育成果。

2008年4月，磐安县职业技术学校、磐安县安文小学的学校科研管理经验入选吉林大学出版社出版的《科研兴校：金华的诠释》。同年6月，启动建设山区特色教育强县主题教育，包括学校交流、校长论坛、主题征文、特色创建等，前后历时六个多月。同年10月，出台《关于加强教育科研工作的意见》，将县级教科规划成果的获奖比例由30%调整到50%；重奖高品位的教科研成果，重视成果推广与创新。同年11月，县教育局申报的“建设山区特色教育强县的行动研究”这一省级重点课题成功立项（结题时变更为“山区县义务教育均衡发展行动研究”）。同年12月至2009年4月，根据教科所建议，县教育局启动建设城乡教育共同体的全方位调研。参加调研对象有教育局班子成员，也有中小学校长；有县内调研，也有县外调研。

2009年2月，邀请省教科院院长方展画、副院长朱永祥，浙江教育学院教科处处长卢真金，市教育局原副局长许璋，市教科所所长金跃芳、副所长丁斌等省市教育专家和领导组成的课题论证组，为“建设山区特色教育强县的行动研究”进行开题论证；启动磐安县教育科研精品培育工程。同年5月，县教育局出台《关于城乡教育共同体试点工作的意见》，以实验小学和大盘镇中心小学为试点学校，实践法人独立、经费相对独立、师资交流、资源共享、考核捆绑的模式构想。

2010年7月，县教育局下发《关于开展紧密型城乡教育共同体工作的意见》，采用“1211”（一所学校，两个校区，统一管理，统一评价）的实践模式。共同体学校为县实验小学与大盘中心小学，实验初中与新渥镇初级中学。

2012年3月，推荐并入选金华市精品培育工程课题4项、县精品培育工程课题9项、县科研孵化工程课题8项、县科研萌芽工程课题7项，注重提升全县科研成果的品位、潜力，促进城乡教育科研均衡。同年8月，邀请省教科院院长方展画、市教科所所长金跃芳到磐安县指导省重点课题“山区县义务教育扩大优质中间层趋近高水平均衡的行动研究”。方展画院长肯定磐安县培植优质教育中间层的实践，对课题的深入研究提出四点意见：一是要以提高教育质量为核心，追求有质量的城乡均衡。二是要抓住“强师”这一关键，促进农村教师队伍的专业成长。三是要坚持从课堂改革中求特色。四是要开展更有实效性的小课题研究。

同年10月，县教育局下发《关于进一步开展城乡教育共同体实践工作的意见》，采用“结对帮扶办学”的实践模式。结对学校为安文小学与双峰小学，安文初中与盘山初中。

2013年1月，磐安县立项省级教科规划课题的数量达6项。其中省规划课题2项，省农村青年教师专项课题3项，省体卫艺专项课题1项。同月，县教育局组建县教育科研大组，利用开题论证、中期检查、课题笔会和集中培训等机会，组建课题研究工作坊。

2014年4月，邀请省教科院院长方展画、市教科所所长金跃芳一行到磐安县指导教科研工作，对实验初中、实验小学的4个省教科规划课题进行指导。同年7月，举办县首届教科研骨干培训班。

2015年12月,磐安县共有20项成果获金华市教育科研优秀成果奖。

(二)教科研成果的推广

2002年12月,组织召开中小学生研究性学习成果展示活动。

2003年9月,组织召开全县研究性学习课题群会议。

2004年12月,县教科所组织编辑"分类指导,分步实施,整体推进素质教育"《实践篇》,分结题报告、研究纵横、一线视点、实践探新四大板块,收录磐安县各中小学、直属单位29项实践经验。

2006年11月,县教育局下发《关于在全县初中阶段全面建立学生成长记录评价体系的通知》,推广使用金华市教科所研发的《金华市初中学生成长记录册》。

2007年,县教科所组织编写《校园特色风》专集,汇编磐安县各学校28项教育成果,介绍磐安县开展特色教育的情况。

2009年6月,《金华日报》以《磐安县实施城乡教育共同体试点》为题报道磐安县"法人独立、经费相对独立、师资交流、资源共享、考核捆绑"的办学模式。

2010年7月,《上海教育科研》以《浙江金华磐安组建"1211"紧密型共同体》为题,报道磐安县推进城乡教育均衡的实践探索,具体操作模式为"一个学校,两个校区,统一管理,统一评价"。

2012年7月,《今日教育·幼教金刊》7、8合刊以《培育优质中间层,促进城乡幼教均衡》为题全面介绍磐安县的学前教育发展现状与计划。

2012年7月,《教育时报·管理周刊》首版刊发《如何培育足量的优质教育中间层》,集中介绍磐安县推进教育均衡的经验。

2012年10月,《校长》杂志第10期,在《中国教育万里行》专栏,以《一杆秤在磐安》为题,用6个页码的篇幅全面报道磐安县教育均衡发展的计划与实践。

2013年9月,《教育月刊·中学版》的《前沿》专栏,以《用制度浇灌教师发展的沃土》为题刊发对教育局局长吕为苗的访谈录以及他的专题论文《打造磐安幸福教育的几点思考》,以《输血·换血·造血》为题报道磐安县促进城乡师资均衡的举措,以及其他几位校长教师的主题论文。

2014年6月,《教育月刊·中学版》出版增刊,分人本德育、品质课堂、阳光教师、教学现场、观察思考、家校平台、多彩校园7个板块,多角度展示磐安县素质教育的成果。

2015年3月,在新渥镇中心小学举行小学段优秀教科研成果推广会,新渥小学《农村小学生语文课堂合作能力培育策略研究》、实验小学《30+10>40小学数学高效课堂教学模式的实践与研究》、安文小学《利用Phonics提升小学生英语单词识记能力的实践研究》三项成果进行推广,省特级教师、金华市教科所所长金跃芳对所推广的成果进行逐一点评,并对全体与会人员作专业辅导。

三、教科研成果

表5—2　　1994～2015年磐安县教育课题获奖名录

序号	成果名称	单位	负责人	执笔人	获奖时间	获奖等第
1	贯彻义务教育法规实施细则的实践	县教育局	课题组	—	1994年	1992～1993年度浙江省普教科研成果三等奖
2	农村小学寄宿制管理模式综合实践研究报告	实验小学	黄加文等	—	1998年	1997年度浙江省基教科研优秀成果三等奖

续表 5—2

序号	成果名称	单位	负责人	执笔人	获奖时间	获奖等第
3	山区重点高中的办学研究与实践	县教育委员会	杜天笋	—	1999 年	省基础教育科研成果三等奖
4	小学生素质教育综合评价实践研究	实验小学	—	—	2000 年	省基础教育科研成果三等奖
5	以创新精神为核心的初中课堂教学策略的实践与研究	安文镇初级中学	孙德钱等	—	2001 年	省基础教育科研成果三等奖
6	高中生心理健康与应激、应付的相关研究	磐安中学	吴国荣	王通理	2000 年	2000 年度金华市教育科研优秀成果一等奖
7	中学创新型教师培养管理的实践研究	磐安中学	—	—	2002 年	市教育科学优秀成果一等奖
8	分类指导分步实施整体推进素质教育	磐安县文化教育局	杜天笋	张炎彪	2002 年	省第三届教育科学优秀成果一等奖、市教育科研优秀成果一等奖
9	享受亲情——寄宿制小学生活化管理的理论与实践研究	实验小学	陈新芳	陈月莲	2005 年	省基础教育科研优秀成果三等奖、市教育科研优秀成果一等奖
10	自我剖析，自我诊治——校本教育病理学实践研究	磐安中学	楼晓明	王通理	2005 年	省基础教育科研成果三等奖
11	爱生态县，养生态德，育生态人——区域推进生态教育初步研究	磐安县教育局	卢华华	陈复兴	2006 年	全国中小学思想道德建设优秀成果展评特等奖
12	以漫画为载体的校园文化建设的探索与研究	安文镇小	施妙英	卢卫芳	2006 年	金华市教育科研成果一等奖
13	农村初中英语交际教学法与张思中教学法对比研究	县第二中学	傅小卫	—	2007 年	省第五届教育科学优秀成果二等奖
14	基于学生发展的小学“书香校园”建设的行动研究	县实验小学	陈新芳	陈月莲	2007 年	金华市教育科研优秀成果一等奖
15	培养小学生责任心的探索与研究	县安文小学	施妙英	陈燕飞	2007 年	省第六届教育科学优秀研究成果一等奖、金华市教育科研成果一等奖
16	缔造培养健康人，文明人，幸福人的摇篮——山区欠发达县构建学生和谐发展三维体系初步研究	县教育局	陈益青	陈复兴	2008 年	省基础教育科研成果三等奖、市教育科研优秀成果一等奖
17	高中学生的美德养育实施研究	县第二中学	周生民	朱梅光	2009 年	省教育科学研究优秀成果二等奖
18	山区隔代教育儿童与学校教育互动合作对策的研究	县深泽小学	曹苏芬	周斌	2009 年	省教育科学研究优秀成果三等奖

续表 5—2

序号	成果名称	单位	负责人	执笔人	获奖时间	获奖等第
19	依托“童心真语文集”培养小学生写作能力的实践研究	县安文小学	施妙英	胡琳琳	2010 年	省教育科学研究优秀成果三等奖、市教育科研优秀成果一等奖
20	生活中感悟、活动中生成、引领中发展——中职学生生态德行养成的实践研究	县职业技校	郑旌	施慧飞 陈秀影	2011 年	金华市教育科研优秀成果一等奖
21	山区县扩大“优质中间层”趋近高水平均衡的行动研究	磐安县教育局	吕为苗	陈复兴	2012 年	省教育科学研究优秀成果一等奖、市教育科研优秀一等奖
22	育德于无形　成长却有迹——“美德养育引领学生和谐发展”的实施研究	县第二中学	周生民	朱梅光	2012 年	金华市教育科研优秀成果一等奖
23	基于新班集体建设促进学生自主发展的实践研究	县实验初中	傅小卫	孙德钱 卢红星	2013 年	金华市教育科研优秀成果一等奖
24	寄宿制培植小学生“校园生活力”的行动研究	县实验小学	陈日伟	葛丽英	2013 年	金华市教育科研优秀成果一等奖
25	普通高中“尚美教育”行动研究	磐安中学	周生民	倪喜中	2014 年	金华市教育科研优秀成果一等奖
26	基于家校互动的学生文明礼仪教育探索	磐安县实验小学	陈日伟	吴爱君	2014 年	金华市教育科研优秀成果一等奖
27	基于表达的小学数学阅读能力提升的实践研究	磐安县教育局教研室	朱旭芳	—	2015 年	金华市教育科研优秀成果一等奖
28	“和”铸校魂——基于合唱的校园“和”文化建设实践研究	磐安县实验初中	傅小卫	卢红星 潘俊英	2015 年	金华市教育科研优秀成果一等奖
29	让“尚美”成为学生的生命自觉——普通高中“尚美学子”培育行动研究	磐安中学	周生民	孔灵瑞	2015 年	金华市教育科研优秀成果一等奖

第二节　教学研究

一、机构与管理

(一)历史沿革

1983 年 10 月，磐安恢复县建制后，重建县文教局教研室，办公室设在安文镇城上街 15 号(现安文初中校园一部分)，占地面积 2227 平方米。设中学教研员 5 人，小学教研员 2 人，兼职教研员 6 人。次年，县文教局搬出磐安中学校园，与教研室同一大楼办公。

1986 年 8 月，磐安县文教局教研室更名为磐安县教育局教研室。同时，成立磐安县教师进修学校，与教研室两块牌子、一套班子，教研室主任兼教师进修学校校长，中学、小学、师训和后勤各设副职一名。此时，教研员 13 人(中学 8 人，小学 5 人)，师训组工作人员 3 人。

1989 年 5 月，教育局从城上街 15 号搬进县政府大院，教研室独立办公。

1991 年，教职工 25 人，其中退休留用 1 人，计划内临时工 1 人，借进 2 人，借出 2 人，临时炊事员 1 人。

1996 年 7 月，磐安县教育局教研室更名为磐安县教委教研室。

2002 年 1 月，磐安县教委教研室更名为磐安县文教局教研室。同年 10 月 18 日，教研室将安文镇城上街 15 号办公楼转让给安文镇中，搬进安文镇北街 30 号原磐安第一丝绸厂宿舍区占地面积 4420.9 平方米的院子内。县文化教育局向县教研室租用房子并同时搬进这一院子办公。

2003 年 4 月 29 日，浙江省教育厅下发文件，同意磐安县教师进修学校在省教育厅备案。以“小实体、多功能、大服务”的办学原则，开创中小学校长、教师培训工作。

2003 年 7 月，教研师训新大楼在北街 30 号竣工，建筑面积 4282 平方米。9 月，聘请职教、信息技术和小学英语兼职教研员 3 人。

2004 年 3 月，设生活与劳动、综合实践教研员各 1 人。

2005 年 2 月，配备小学英语教研员 1 名。6 月，磐安县文教局教研室更名为磐安县教育局教研室。

2007 年 9 月，聘请高中通用技术兼职教研员 1 名。

2007 年底，在职教研员 17 人，其中中学教研员 8 人，小学教研员 6 人，中小学合科教研员 2 人，兼职幼教教研员 1 人。

2007 年 9 月，“生活与劳动”学科教研员改称“劳技”学科教研员。

2009 年 8 月，设专职中学信息、通用技术教研员 1 人。

2012 年底，在职教研员 20 人，其中中学教研员 11 人，小学教研员 5 人，中小学合科教研员 3 人，兼任幼教教研员 1 人。

2015 年 8 月，设专职音乐教研员和专职幼教教研员各 1 人。

2015 年底，在职教研员 21 人，其中中学教研员 10 人，小学教研员 6 人，中小学合科教研员 4 人，专任幼教教研员 1 人。

表 5—3　　县教研室历任领导名录

姓　名	职　务	起 讫 时 间	籍　贯	备　注
沈志新	副主任	1983 年 10 月～1984 年 8 月	东阳	—
	主　任	1984 年 8 月～1988 年 2 月		
	书　记	1987 年 6 月～1989 年 7 月		
曹金贤	副主任	1987 年 7 月～1989 年 7 月	磐安	—
	副校长	1989 年 10 月～1990 年 8 月		
朱　敬	主　任	1988 年 3 月～1991 年 9 月	义乌	—
	书　记	1989 年 7 月～1991 年 9 月		
杜天笋	副主任	1990 年 1 月～1991 年 9 月	东阳	—
	书记、校长	1991 年 10 月～1993 年 8 月		

续表 5—3

姓　名	职　务	起讫时间	籍　贯	备　注
董文泉	主任、校长	1993 年 9 月～1996 年 8 月	磐安	—
李　坚	主任、校长	1996 年 9 月～1999 年 8 月	东阳	—
应天有	主任、校长	1999 年 9 月～2000 年 8 月	磐安	—
厉显畈	主任、校长	2000 年 9 月～2002 年 8 月	磐安	—
吕世明	主任、校长	2002 年 9 月～2007 年 8 月	东阳	—
潘炉新	书记、副主任	2006 年 8 月～2007 年 8 月	磐安	—
	校长、主任	2007 年 9 月～		
陈卓珺	书　记	2007 年 9 月～2010 年 7 月	磐安	—
曹岩火	书　记	2010 年 8 月～2013 年 7 月	磐安	—
郭文锋	书　记	2013 年 8 月～	东阳	—

（二）工作职能

教研室是县教育主管部门的参谋和助手，教研室工作关联中小学教育教学的秩序与质量，影响全县教师业务素养与教学理论水平的提升。其主要职责是：

(1)贯彻执行上级和同级教育行政部门有关教育工作的指示，检查、督促贯彻教育方针和教学管理的情况；

(2)根据当地实际，提出执行教学计划、学科教学大纲和教材使用的意见，研究并报告本地区基础教育的教学质量状况和需要采取的措施，为教育行政部门决策提供依据；

(3)根据教育行政部门的部署，积极参与课程教材改革实验，按有关规定组织编写乡土教材和补充教材；

(4)根据讲求实效、少而精的原则，从实际出发，组织多层次、多形式的教学研究活动，帮助广大教师执行教学计划，钻研、掌握教学大纲和教材，不断改进教学方法，努力提高课堂教学质量；

(5)总结、推广教学经验，组织和指导教改实验，积极推动教学改革；

(6)指导和帮助教师开展学科课外活动，组织有利于学生健康成长和个性发展的科技、艺术、体育活动；

(7)组织对学科教学的检查和质量评估，在授权范围内制定考核标准和组织命题，研究和改进检查评估的手段和方法，探索考试制度和方法的改革；

(8)培养骨干教师和学科带头人。

（三）管理模式

教研室的管理包括内部行政管理与学校业务管理两个方面。

1. 内部管理，即教研室主要领导对学科教研员发送工作信息或指令的过程与途径。教研室工作人员不多，领导的信息指令可以即时送达；工作繁忙、关系错综复杂时，则需分头操作，或者通过中层领导间接传达。2011 年 2 月，“磐安教研”QQ 群建成后，传递文件与信息更加便捷。

2. 外部管理，是指县教研室与学校教务处、学科教研组开展业务对接与指导的关系处理或工作方式。

磐安县高中类学校不多，对这些学校以及城区初中、小学的业务管理，由教研室分管领导或者学科教研员与学校教务处、教研组直接联系并开展工作。

乡镇学校的教学教研工作，2009 年前，在教研室或学科教研员指导下，由区教办业务辅导员组织本区域内学校开展相关活动。如期末统一考试的监考安排和试卷评析、各区域优质课参赛选手的选拔与推荐、学生学科竞赛的初赛与选手推荐等。学科教研员到乡镇学校教学调研，区教办业务辅导员往往一起参加；各区域组织学科教师开展教学业务交流，有时也邀请相关教研员参加。区教办撤销后，教研室直接管理学校的教学教研工作，同一区域内几所学校偶尔有一些自行组织的联校教研。

县级各学科教研大组是学科开展教学研究活动的组织管理机构。教研大组成员多由骨干教师组成，在学科教研员领导下开展工作，包括教学教研活动计划的制订、教学规范条款的修改、教师业务培训的辅导、教学论文教坛新秀以及优质课的评比等。

2004 年 9 月，"磐安教研网"建成，教研室领导与学科教研员不仅在这发布教研活动、学科竞赛、教师培训等各类通知，同时也将它用作教学理论普及与探讨的重要渠道，部分学科还以它作为学生学习与实践的平台。2010 年后，由各学科教研员相继组建的学科教师 QQ 群，让管理工作更为精细化。

2009 年 8 月前管理模式示意图

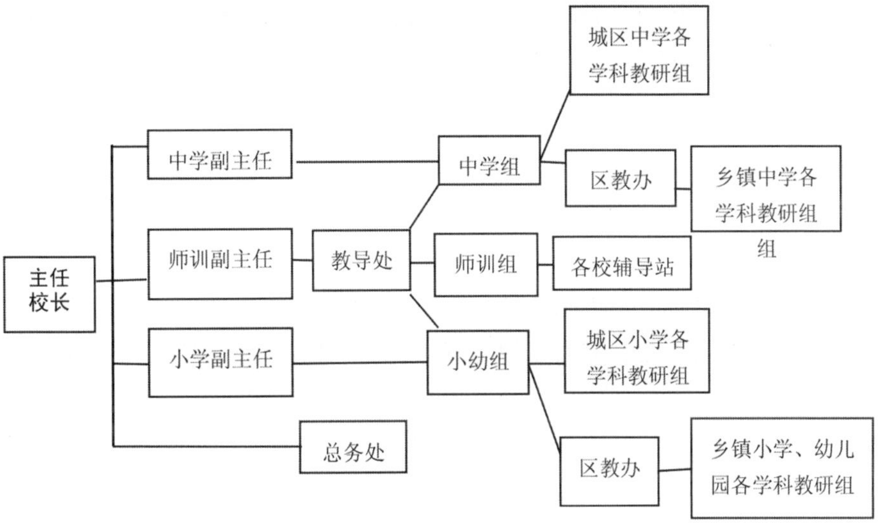

2009 年 8 月后管理模式示意图

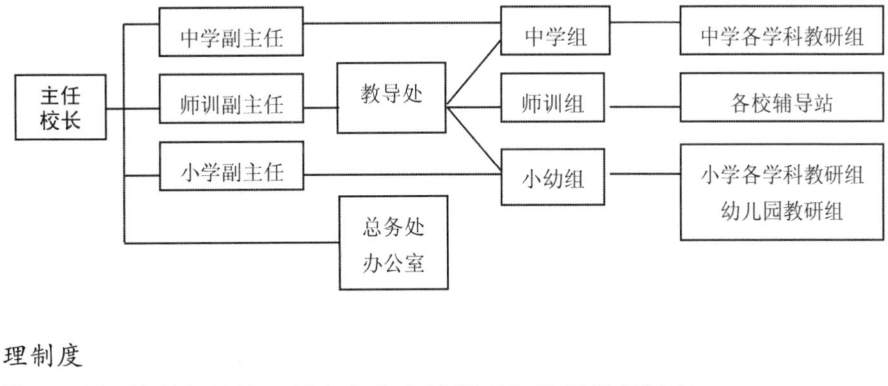

（四）管理制度

与管理模式一样，教研室的管理制度也分内部管理与外部管理制度。

1.外部管理制度

主要为有效开展教学教研工作，由教研室以及学科教研员组织学科大组成员共同制订的对教师及教研员自身行为有一定约束力的规章制度。如学校教学工作管理制度、学科教学工作规范、教学论文教坛新秀优质课评比的过程设定与操作方法确定等。

2.内部管理制度

从教研室重建到2007年，教研室的内部管理制度主要有教职工代表大会表决通过的教研室教职工奖惩制度。奖惩制度要旨在于奖勤罚懒，鼓励学科教研员加强自身业务素养的建设以及有效开展全县性的教学教研工作。2007年之后，制度中的部分内容有变化。2010年，绩效工资制实施。2015年4月，制订出绩效工资分配方案，并由第八届教职工代表大会通过。

教研室先后制订过的规章制度有：磐安县教育局教研室基本职责、工作制度、人员岗位责任制、教研员工作职责、工作人员日常行为规范、学段工作职能、政治学习制度、业务学习制度、班子会议制度、教学调研工作制度、校本研修制度、教研员常规教研要求、考勤制度、工勤人员考核细则、绩效工资分配方案、教师专业发展培训工作规程、党风廉政建设制度、公务接待制度、教职工代表大会制度、办公室工作职责、财务管理制度、电脑打印机管理制、公务用车管理制度、卫生制度、安全制度等。

二、教学研究活动

教研员走下去、教师们走出去、把专家请进来、学校教师动起来，是磐安县中小学教学研究活动的基本特点。“走下去”，为保证活动指导的针对性、实效性；“走出去”“请进来”便于拓宽教师教学视野、更新教育理念；学校和教师根据自身需要自觉开展有针对性的教学研究活动，即“动起来”，是教研室工作的最终目的。

(一)教研员走下去

1.把脉课堂教学

教研员走进课堂，帮助教师准确把握教材与学生，改进教学方法，提高教学质量，是教研员的工作职责之一。听课的目的，一是对新教师的了解性听课，二是对其他教师的比较性听课，三是针对某个问题的调研性听课。

1990年以来，规模较大、影响较深的调研听课有8次：

1990年3月，中小学教研员分两个组下校调研听课。中学组的听课对象为磐安中学等12所学校，小学组的听课对象为大盘中心小学等11所学校。为深入了解高中课堂教学情况，中学教研员在磐安中学蹲点调查时，对教师的备课、上课、改作、晨读课下班辅导等一系列教学活动跟踪观察，根据所得情况分析研究，形成报告。

1993年，从3月开始，中小学教研员连续4个月到县属中学听课蹲点，就教师教学中的“教材处理”“教法实施”“系统训练”“反馈交流”等方面向学校提出改进建议。

1996年，根据县教委指示，中小学教研员深入全县10所初中、8所乡镇学校、3所完小和4所村校进行全面调查。在获得大量第一手材料的基础上，各学科教研员分头撰写调查报告，最后由教研室汇总成《义务教育段教学常规、教学情况的报告》送交县教委。报告从磐安县教学常规管理和教研工作两个角度，提出“向素质教育转轨”“提高教师素质”“改进教法和学法”等方面的建议。

1997年，县教研室根据磐教〔1995〕92号文件“抓规范抓考评”工作的通知，集中力量组织各学科教研员深入学校，开展教学“五认真”检查，开展教学调查，加大音、体、美、劳等学科以及其他薄弱学科的指导和督查力度。一年间，各中小学学科教研员调查学校 28 所，听课 660 堂，检查教师备课笔记 543 本，学生作业 8670 本，召开教师座谈会 142 次，专题讲座 21 次。

2004 年 11 月，小学组一行 6 人，在万苍乡中心小学开展学科教学调研，同时就“农村小学如何实施新课改”进行具体指导。

2005 年 3 月，中考学科教研员到新渥镇中开展中考复习专题调研。各学科教研员分头听取毕业班教师的复习指导课，了解他们备课、测试、改作情况，然后与教师交流座谈复习工作，对后阶段复习工作进行指导。同时，针对新渥镇中的现状，在教学理念、课堂教学效益、教师培养、校本教研等方面提出改进建议。

2010 年 3 月，就安文区域教学质量连续多年下降、三个区域教办已撤销的现实，教育局分管教学领导率中学教研员以及安文区域各学校负责人到仁川镇中听课调研。调研期间，教研室牵头组建安文区域教研共同体，推举深泽小学和深泽初中为区域教研共同体的牵头学校，并明确 2010 上半年的教研主题。

2014 年 11 月，县教研室中学组一行 8 人到尚湖初中蹲点，就新课程改革形势下的课堂教学现状以及面临的问题开展调研。

2. 调研学科质量

通过调查研究，分析学科教学存在的问题，探索学科教学的规律，提高学科教学的质量，也是学科教研员的工作职责之一。

1996 年 7 月，中考成绩公布后，征得县招生办同意，随机抽取 100 份纸质试卷，分析、梳理各小题成绩的及格率、优秀率、平均分，抓住其中存在的普遍性或特殊性问题深入研究，写出各学科调研报告，并在 10 月全县中小学教学质量分析会上交流。

1997 年、1998 年连续两年，教研室对小学教学质量开展检测并形成调研报告，对初中段中考成绩抽样分析并形成各学科的质量分析报告。

2003 年 11 月，中学语文学科在磐安中学等 4 所初高中学校作“中学生课外阅读”问卷调查，调查内容涉及中学生的阅读爱好、阅读数量、阅读内容、阅读阻力以及阅读习惯等，并形成调查报告。

2005 年 9 月，中学语文学科现场抽查新渥、深泽、二中 3 所学校的初三学生作文，写成调查报告，提出“作文教学应当有教有学”的建议。

高中段会考及高考试卷保密性强，学科教研员每年将从学校得来的考生成绩归档保存。

3. 培养学科骨干

通过开设教研课、展示课、观摩课，组织学科教师开展各种竞赛、评比等活动，发现优秀教师苗子，培养学科教学骨干，这也是教研员的重要工作职责。

1992 年 11 月，县初中作文研讨会在尖山镇中召开，公开观摩 4 位教师的作文教研课。

1994 年 10 月，小学思想品德、小学语文、小学数学、小学自然等学科教研员率领青年骨干教师到县实验小学、玉山小学、大盘小学等开展课堂教学巡回观摩活动。

1997 年与 1998 年，组织全县劳技学科教师开展泥石类材料、竹木类材料加工制作技能培训活动。

1998 年 10 月，组织 3～4 年教龄的初中语文教师举行说课比赛，组织 1～2 年教龄的高中语文教师集中会教。会教不带教参，独立备课。

1999 年 9 月，组织初中语文、英语优秀课教师到盘山、安文、玉山 3 个区域巡回教学。

2003 年 10 月，组织初中英语与初中语文教师“新课标新理念”巡回教学。

2004 年,小学语文新课程课堂研讨会在深泽小学开设识字、口语交际、阅读等观摩课。

2005 年 12 月,中小学语文教研员参加安文教办在冷水中心学校举办的"关注学段衔接、深化语文课改"研讨会。

2006 年 8 月,组织 80 多名初三语文教师举行备课会议,要求当场设计教学方案,当场评比。

2007 年 3 月,召开主题为作文教学的初中语文新教材备课会议。就"提高自身写作水平""为学生创造发表习作机会""命题作文训练"等问题展开交流。4 月,小学段优质课送教下乡活动在大盘小学举行。10 月,县教研室主任带领 4 名教研员及 4 名县小学骨干教师开展新课程送教到新渥小学活动。11 月,县初中数学教研大组组织优秀教师送教至新渥镇中。

2008 年之后,各学科教研员走进学校,开设多种形式的示范课、研究课。

(二)教师们走出去

"走出去"是促进教师专业成长的一条途径,它可以让教师们通过学习、对比、思考、归纳等一系列思维活动,达到增进知识、拓展视野、改变理念、改进教学的目的。

1991 年 4 月,组织小学骨干教师到上海学习,听取上海市师训中心"实用文"教学与"优化课堂结构"的专题讲座,参加上海一师附小"愉快教学"课堂观摩,听取上海一师附小"愉快教学"专题报告。同月,组织部分幼教辅导员 40 人赴杭州市北山幼儿园等学校听课,并听取各园主任的教育管理和培养青年教师的经验介绍,观看一日活动的安排情况。

1992 年 8 月,初中英语教师参加金华市教研室组织的为期 5 天的新教材备课会议,听取新教材编写体系和特点介绍,对如何使用新教材、如何使用简笔画、唱英语歌为课堂教学服务有了新的认识。

1993 年 10 月,组织物理骨干教师参加东阳二中和巍山中学的高中会考与高考复习研讨会,并听取物理教学专家、特级教师俞鉴康的专题报告。

1995 年 4 月,全县化学教师赴嘉兴一中、桐乡中学取经听课,了解与学习这些学校如何抓复习课教学、如何获取会考与高考信息资料的做法。

1997 年 2 月,组织部分中学语文骨干教师到金华聆听全国著名特级教师魏书生的学术报告,组织部分中学校长到武义实验中学参观学习,部分小学校长到百花洲小学参加学习。同年 4 月,中学劳技学科 9 名教师赴杭州听课学习,在杭州七中初中部学习木板雕刻、小制作,听取高中焊接训练课和制图课等。

1998 年 3 月,初中青年数学教师提高班拜师活动中,组织 14 人到浙江教育学院听 4 位省特级教师和 4 位青年教师的数学课,同时还听取 4 位省特级教师的专题讲座。同年 10 月,部分中学语文教师到建德参加全国中语会学法研究中心成立大会,大会邀请张定远、钱梦龙、欧阳黛娜、程翔等全国著名特级教师讲学,同时开设观摩课。

2004 年 4 月,部分小学教师赴丽水小学教师培训中心参加"课程改革与学习主题构建"专题培训。10 月,参加"省课程改革与学习主题构建"专题培训。同年 11 月,参加浙江省首届小学语文写话与习作教学研讨会研讨活动。同年 12 月,参加瓯海区校本教研研讨会。

(三)把专家请进来

把专家请到家门口,可以让更多教师有接触教学新理念、新方法的机会,也为教师的专业成长开拓一条新途径。

1991 年 11 月,义乌师范学校教师黄昌文到磐安作复式教材教法讲座,内容为低年级阅读教学如何加强朗读训练、培养学生自学能力等。同月,金华市高中地理教师会议在磐安举行,专家们对电化教学如何在地理课堂教学中运用作方法辅导。

1996 年，先后邀请数学专家戴再平、中学物理特级教师吴加澍、市教研室副主任朱德义等专家到磐安讲学。

1997 年 4 月，磐安县中语会第四届年会召开，浙江省特级语文教师、金华市教研室主任殷茂心应邀到磐安作“如何提高语文课堂教学效率”的报告。9 月，省“绿茵”讲师团卢瑞宝等老师到磐安讲学，全县相关学科教师集中听专家作学术报告。11 月，高中英语学科邀请金华一中诸才章、义乌市优秀教师黄岩生等名师到磐安县上观摩课。

1999 年 10 月，浙江省教师团组织优秀教师到磐安上课。

2000 年 5 月，原籍磐安县冷水镇潘谭村的上海市首批特级语文教师卢元到磐安中学讲学，题目是“一个语文教师应该具备的素质”。同年 11 月，金华市教委教研室组织的优秀教师巡回教学活动在县实验小学与安文镇中心小学分头举行。

2004 年 10 月，金华市新课程巡回教学活动在县实验小学举行，金华市名师对几堂观摩课进行点评并作讲座。11 月，金华市小学科学送教活动在安文镇中心小学举行。

2005 年 4 月，金华市小学数学青年教师教学活动在尚湖小学举行，金师附小等几位教师分别开设新课程教学观摩课，并就新课程改革进程中的数学课堂教学和校本教研作专题交流。

2005 年 12 月，县教研室组织承办浙江省农村义务教育新课程改革“携手行动”——初中数学农村课改教学调研暨课堂教学展示活动，并邀请杭州市教研员、特级教师施储，温州市教研员、特级教师黄新民，衢州市教研员、特级教师胡兴余作讲座。

2007 年 12 月与 2008 年 10 月，金华市教研室连续两年率金华市部分名师到新渥镇中、新渥小学指导教学工作。

2010 年 5 月，浙江省初中部“千人百场”送教下乡活动到磐安。

2014 年 11 月，浙江师范大学 2014 省“千人百场”英语学科名师送教活动在磐安县实验小学举行。

2015 年 12 月，县教研室邀请兰溪市特级教师童国强等 3 位教师给全县初中语文教师讲座、上课。同月，衢州市特级教师刘芳等 3 位教师给全县初中数学教师上课讲座。

（四）学校、教师动起来

1. 教师或教研组的“自动”

1996 年，全县中小学分头开展“农村初中分层次目标教学管理”“小学教学序列化”“几种教法与小学生数学思维发展”以及幼儿教育的“尝试教学法”、中学英语的“五步教学法”的研究与实践活动。

2000 年 9 月，磐安中学对每位教师提出“读一本书、写一篇教学论文、制作一个多媒体课件、上好一堂课、撰写一篇高考试卷分析以及复习策略文章”的要求，在全校掀起教师“充电忙”浪潮；同时，开展教师间的师徒结对活动，全校 24 名骨干教师分别选择年轻教师作为自己的带领对象。

2003 年 10 月，仁川小学语文、数学学科开展“以导学案为载体的合作学习模式”的教研活动。

2004 年 9 月，县实验小学开展“走进新课程、走进小班教学”主题研讨月活动。

2005 年 3 月，玉山区域 5 所学校的初一英语教研活动在万苍初中举行，安文区域小学语文青年教师现场备课上课评课活动在深泽小学举行。4 月，安文镇中心小学出台《校本教研工作实施意见》。10 月，冷水小学召开“培养学生自主学习能力”经验交流会。12 月，尚湖中心小学语文教研组开展以研究阅读思维策略、探索校本教研新方式为主题的校本教研活动。

2008 年 1 月，尖山小学以复习研讨为主题，开展各学科课堂教学大讨论活动。9 月开始，实验初中语文组分年级开展“同课异构”课题研究,研究活动持续三年。

2009年9月,安文初中开展为期一周的“相互听课研究教学”活动。10月,县实验小学组建“QQ群网络教研”,不少于20人的6个教研组都建有自己的QQ群。12月,盘山中学组织教师开展“如何在课堂中进行有效教学”的研讨活动。

2013年10月,实验初中以课改为契机,开展实施“品牌教研组”活动。

2014年4月,双溪小学举行全校“口语作文”微课教研活动。

2.学校间的“互动”

2004年10月,县实验小学与新渥镇小学开展数学新课程听课交流活动。实验小学3位数学教师展示3堂研讨课后,与新渥镇小学一年级数学教师研讨交流。

2005年4月,安文镇小邀请玉山小学全体年轻教师、骨干教师到学校参加校本教研专题研讨活动。5月,安文镇中社会、英语学科骨干教师送教到新渥初中,并与新渥初中学科教师交流经验。6月,县实验小学送教到仁川镇中心小学,两校就数学和写字课开展交流活动。

2006年2月,盘山片新教师在方前小学会教交流。4月,玉山区域小学语文“探索新课程语文教学课堂模式”教研活动在尚湖镇中心小学举行。10月,大盘镇中心小学、盘峰小学、维新小学和高二小学“三乡一镇”联合举行校本教研活动。11月,玉山区域数学教学展示活动在尖山小学举行。12月,安文区域举行幼儿园教学研讨会,与会的各乡镇幼教干部和各幼儿园园长参加研讨活动。双溪小学一行4人前往大盘小学开展工作交流与教学研讨。

2008年6月,安文区域在深泽中心幼儿园举行幼儿园新课程教育教学研讨会。

2013年11月,冷水镇中心学校、实验初中、深泽初中联合开展初中语文课改交流活动。

2013年12月,实验初中总校语文、数学和英语教研组到新渥校区开展课改互动交流活动。

2014年12月,实验小学6位教师到大盘小学开展语文教研交流活动。

三、教学管理措施

教学管理措施包括决策、规划、组织、指导、控制、协调、评估、激励等内容,科学有效的教学管理措施是营造良好教风学风的必要条件。

1990年,县教研室下发《关于加强培养青年教师教学业务能力的实施意见(试行稿)》。同年10月,组织召开提高高中教学质量研讨会。会议前的9月10日到25日,中学教研员到磐安中学蹲点调查半个月,通过查计划、查教案、听课、座谈、问卷调查等形式,掌握大量的第一手资料,对如何提高高中教学质量提出意见和建议。

1992年12月,全体教研员参加县教育局安排的全县教学质量抽测工作。

1994年10月,县教育局下发《磐安县中小学教学基本要求(试行稿)》,要求学校加强教学工作终端管理的同时,重视和加强教学工作的过程管理,对教师的备课、上课、作业布置和批改、学生辅导、质量检测等环节进行指导、检查和评比。

1995年,县教育局下发《关于加强教学研究工作的意见》,健全以教研室为龙头的四级教研网络。同年11月,教育局下发《关于开展中小学教学“抓规范抓考评”工作的通知》,分别从教学管理规范、教学质量达标、教研活动正常、教学档案齐全四个方面提出考评要求和考评方法。

1997年,县教委制订磐安县1997年度中小学工作目标考核意见,考核分含基本分与奖励分:基本分包括教育事业发展、教育教学管理、教育教学质量、教育发展条件四个部分;奖励分有教师队伍建设、教育科研成果、教育教学论文等 9 个方面。此外还有 14 个方面的否定分。

同年 5 月，县教委根据国家教委教基〔1997〕1 号和浙教普〔1997〕439 号、58 号文件精神，制定《磐安县贯彻实施“两个意见”实施方案》。方案中作出 10 项规定：1. 不搞重复教育，实行不留级制度。2. 不收择校生和变相择校生。3. 不办重点班、快慢班、特长班。4. 不随意增减课时和增加教学难度。5. 不加班加点利用假期补课。6. 不增加考试次数和考试难度。7. 不按升学率高低、考试成绩好差排名次或发放奖金。8. 不向学校和教师下达升学指标。9. 不乱编乱发学生学习辅导资料。10. 不组织学生参加未经教育部门批准的各类竞赛。

6 月，县教委下发《关于对中小学德育、美育、劳技和群体工作进行考核的通知》，划定考核对象为全县中小学，考核结果分 A、B、C 三个等级。

1998 年 11 月，县教委下发《磐安县中小学教学工作规范》，强化教学管理，克服教学工作的随意性，规范课堂教学。

1999 年 9 月与 10 月，县教委相继下发《磐安县整体推进素质教育实施方案》《关于全县小学推行素质教育报告单的通知》，通知要求各校教师从知识能力、态度习惯、兴趣爱好三个方面评定学生的学业成绩。

2002 年 4 月，县文教局下发《关于 2002 年度幼儿园教育工作考核细则的通知》，考核细则从事业发展、师资队伍建设、教育管理、教学研究、卫生安全、环境设备、家园联系 7 个方面设定考核细则与赋分，其中师资队伍建设与教学教研共 30 分，占细则赋分的 33.3%。

同年 5 月，根据《金华市中等职业学校课堂教学常规（试行）》的文件精神，磐安县着手设计职业学校教学量化评估表，对教师在课堂教学中的教学目标、教学内容、教学方法、教学技能、教学效果和教学特色几个方面进行量化。

2004 年 5 月，县文教局下发《磐安县中小学 2004 年度动态目标的通知》，对学校的教学设施和动态工作进行考核。同月，县教研室发出《关于开展幼儿园教学管理十规范考核》的通知，依据《磐安县幼儿园教学管理十规范》标准。

2004 年 12 月，县文教局下发《磐安县实施素质教育评价方案》的通知，评价方案坚持平时督导、年度考核、办学水平评估为依据的原则，把学校分为 A、B、C 三类，对全县学校的素质教育开展情况进行考核。考核以学校自查、累积考核、实地考核、定性考核等项目为内容，附设常规目标考核细则以及附加目标考核细则。

2005 年 6 月，县教研室分小学、中学两个组，对全县中小学 2004 学年教学管理工作进行全面考核评价。考核主要采用查、看、访、谈、测等形式进行。

2006 年 3 月，《磐安县幼儿园教学管理十规范》经修订后颁布。同年，县教育局发布《〈磐安县实施素质教育评价方案〉修改意见》。

2008 年 12 月，县教育局发布《关于下发磐安县中小学 2008 年度动态目标的通知》。通知指出：常规目标“必查”项目含安全事故、教学管理、校园文化建设；常规目标“抽查”项目含职业道德、“三室”（实验室、阅览室、计算机教室）管理、教育信息等。

2010 年 3 月，县教育局下发《磐安县“轻负担高质量”示范教师和示范学校考核细则》。“轻负担高质量”示范教师主要从教师课堂教学水平、备课、作业布置与批改，以及获奖数量、教学效果、同事学生家长满意度等方面进行考核。“轻负担高质量”示范学校，主要从学校的教育思想、执行省市县减负规定情况、轻负高效经验、学生教师家长满意度，以及教育局有关科室评价、群众来信来访等方面进行考核。

同年5月,县教育局下发《磐安县中小学年度工作目标考核实施办法(2010年修订)》的通知。该办法以实施素质教育为核心,以科学和谐可持续发展为目标,激励学校自主发展,引导学校特色办学,促进学生健康成长。考核内容分基础性工作目标、重点工作目标、发展性工作目标、特殊加分四部分。

2013年3月,县教育局发布《磐安县城乡教育共同体考核评价指标》通知。通知从组织保障、管理高效、活动有效和效益明显4个方面对共同体学校间的发展规划、组织机构、保障措施、管理机制、网络资源、评价机制、学校相互促进、干部教师相互交流学习、学生相互交流、共同体学校学生得到发展,共同体学校办学成效等方面进行考核。

在关注过程管理的同时,县教学业务主管部门还定期不定期地组织初高中期末教学质量抽测,并对小学段的一部分学科进行相应的质量跟踪检测。

四、教学研究成果

(一)教师基本功比赛

1990～2015年,磐安县中小学各学科教师参加各级各类教学基本功比赛,据不完全统计,获国家级奖项13人次、省级12人次、市级120人次。

(二)教师获奖以及发表的论文

26年来,全县教师获金华市一等奖以上的教学论文,发表于正式报刊上的教学类文章,因资料保存不完整导致统计数字有遗漏。搜集到的数据见表5—4。

表5—4　1990～2015年磐安县获市一等奖教学论文及发表的教学类文章情况表

学科/篇数		高中政治	初中思品	高中数学	初中数学	高中生物	高中物理	高中化学	初中科学	高中英语	高中英语	高中语文	初中语文	音乐	体育	职业教育	校本课程	信息技术
中学	获奖	34	35	20	22	20	22	13	34	26	24	24	31	3	21	173	2	2
	发表	36	13	40	45	22	28	32	7	34	20	38	71	8	10	102	—	—
学科/篇数		自然常识	语文	数学	音乐	信息技术	英语	体育	幼儿教育	地方课程	校本课程	综合实践	研究课题	—	—	—	—	—
小学幼教	获奖	4	123	69	11	8	24	6	49	2	1	1	1	—	—	—	—	—
	发表	22	96	15	2	—	8	—	20	—	—	—	—	—	—	—	—	—

表5—5　1998～2015年磐安县获省一等奖以上的教师教学论文概况表

学校名称	学　科	论　文　标　题	论文作者	获奖时间	获奖等级
磐安中学	化学	中学化学教学中培养学生创造性思维的探索和实践	黄龙飞	1998年8月	省一等奖
磐安中学	化学	学习迁移指导法在中学化学教学中的实施问题初探	黄龙飞	1999年5月	省一等奖
尖山初中	初中数学	数学学习过程中的心理活动	陈永平	2002年12月	省一等奖
磐安中学	高中物理	中学物理学科德育的病象及诊治	楼晓明	2005年12月	省一等奖
磐安三中	职教语文	把学生引入美的殿堂	潘斌仁	2006年5月	省一等奖

续表 5—5

学校名称	学　科	论　文　标　题	论文作者	获奖时间	获奖等级
县教研室	体育	保证时间　参与运动　享受快乐	陈小青	2006 年 5 月	省一等奖
磐安中学	高中物理	试论物理课堂激活中学生问题意识的策略和方法	楼晓明	2006 年 12 月	省一等奖
尖山初中	初中数学	新课程视野下农村初中“数学学习实效性”探索	陈永平	2007 年 12 月	省一等奖
磐安中学	高中数学	新课标下高中数学“问题教学”模式的探究	卢章洪	2008 年 12 月	省一等奖
实验小学	小学数学	以形助数　以数辅形	周苏丹	2010 年 12 月	省一等奖
磐安二中	高中政治	从“误”中“悟”出课堂教学实效	陈萍兰	2012 年 5 月	省一等奖
实验幼儿园	幼儿教育	新课程实施中的误区与反思	陈红光	2013 年 5 月	省一等奖
实验初中	科学	PISA 引领与构建“智慧”实验的教学尝试	张新浩	2015 年 1 月	省一等奖

（三）各学科优质课评比

磐安县教师获市一等奖以上 43 人次，其中获得省级荣誉 5 人次、国家级荣誉 1 人次。

表 5—6　　各学科获市一等奖以上优质课教师名表

序号	所在学校	学　科	评比内容	姓　名	获奖时间	获奖等级
1	磐安二中	高中历史	优质课评比	申屠兴山	2007 年 7 月	全国一等奖
2	新渥小学	小学农村音乐	优质课评比	陈新芳	1991 年 11 月	省级
3	实验小学	小学语文	优质课评比	陈　斌	2003 年 5 月	省一等奖
4	磐安二中	高中历史	优质课评比	申屠兴山	2004 年 10 月	省一等奖
5	磐安中学	高中语文	优质课评比	郑伟慧	2009 年 4 月	省二等奖
6	磐安中学	高中政治	优质课评比	张姣芳	2013 年 1 月	省一等奖
7	磐安中学	高中生物	优质课评比	郑素芳	1995 年 5 月	市一等奖
8	安文小学	小学语文	优质课评比	陈红光	1997 年 4 月	市一等奖
9	磐安中学	高中政治	优质课评比	傅　君	2000 年 4 月	市一等奖
10	磐安二中	高中地理	优质课评比	周红星	2000 年 4 月	市一等奖
11	实验小学	小学数学	优质课评比	周苏丹	2000 年 4 月	市一等奖
12	安文小学	小学语文	优质课评比	陈红光	2000 年 5 月	市一等奖
13	实验小学	小学数学	优质课评比	周巧琼	2000 年 5 月	市一等奖
14	安文初中	初中英语	优质课评比	沈永庆	2000 年 6 月	市一等奖
15	磐安二中	初中英语	优质课评比	陈良富	2001 年 1 月	市一等奖
16	实验小学	小学语文	优质课评比	陈　斌	2001 年 4 月	市一等奖
17	安文初中	初中思品	优质课评比	胡芝芳	2002 年 4 月	市一等奖
18	磐安中学	高中生物	优质课评比	陈品德	2002 年 5 月	市一等奖
19	安文初中	初中数学	优质课评比	虞慧芬	2003 年 12 月	市一等奖
20	磐安中学	高中数学	优质课评比	卢章洪	2003 年 12 月	市一等奖

续表 5—6

序号	所在学校	学　　科	评比内容	姓　名	获奖时间	获奖等级
21	磐安二中	高中历史	优质课评比	申屠兴山	2004 年 6 月	市一等奖
22	安文初中	初中科学	优质课评比	陈心洲	2004 年 10 月	市一等奖
23	磐安中学	高中地理	优质课评比	吕施政	2004 年 2 月	市一等奖
24	磐安中学	高中生物	优质课评比	陈品德	2004 年 5 月	市一等奖
25	磐安二中	高中历史	优质课评比	申屠兴山	2004 年 5 月	市一等奖
26	安文初中	初中音乐	优质课评比	周晓园	2006 年 3 月	市一等奖
27	磐安中学	高中物理	优质课评比	胡越男	2006 年 4 月	市一等奖
28	实验小学	小学数学	优质课评比	吕　琴	2006 年 4 月	市一等奖
29	磐安二中	高中历史	优质课评比	申屠兴山	2006 年 6 月	市一等奖
30	安文小学	小学体育	优质课评比	陈　玲	2007 年 1 月	市一等奖
31	磐安中学	高中物理	优质课评比	陈向军	2007 年 5 月	市一等奖
32	实验小学	小学语文	优质课评比	羊海洋	2007 年 4 月	市一等奖
33	实验初中	初中英语	优质课评比	徐巧燕	2007 年 4 月	市一等奖
34	实验初中	初中英语	优质课评比	黄章良	2007 年 5 月	市一等奖
35	方前小学	小学英语	优质课评比	沈巧燕	2007 年 5 月	市一等奖
36	实验初中	初中数学	优质课评比	陈向阳	2007 年 9 月	市一等奖
37	磐安二中	高中化学	优质课评比	徐巧定	2007 年 9 月	市一等奖
38	实验小学	小学音乐	优质课评比	胡瑞霞	2008 年 1 月	市一等奖
39	实验初中	初中思品	优质课评比	陈爱珍	2008 年 11 月	市一等奖
40	磐安中学	高中语文	优质课评比	郑伟慧	2009 年 4 月	市一等奖
41	新渥初中	初中英语	优质课评比	施丽君	2008 年 4 月	市一等奖
42	磐安中学	高中物理	优质课评比	陈江山	2008 年 5 月	市一等奖
43	磐安中学	高中信息技术	优质课评比	杨仙丹	2009 年 4 月	市一等奖
44	磐安三中	中职文化课	优质课评比	王雪娇	2009 年 4 月	市一等奖
45	磐安中学	高中化学	优质课评比	厉红兰	2009 年 9 月	市一等奖
46	安文初中	初中思品	优质课评比	王　镇	2010 年 11 月	市一等奖
47	磐安中学	高中地理	优质课评比	陈利娟	2010 年 4 月	市一等奖
48	磐安中学	高中生物	优质课评比	陈伟东	2010 年 5 月	市一等奖
49	实验初中	初中英语	优质课评比	潘苏芳	2011 年 1 月	市一等奖
50	磐安三中	中职文化课	优质课评比	王雪娇	2011 年 4 月	市一等奖
51	实验初中	初中思品	优质课评比	李　霞	2012 年 11 月	市一等奖
52	实验初中	初中英语	优质课评比	傅丽君	2012 年 11 月	市一等奖
53	职教中心	学前教育专业	优质课评比	陈　芳	2012 年 11 月	市一等奖
54	磐安中学	高中生物	优质课评比	郑妙阳	2012 年 4 月	市一等奖

续表 5－6

序号	所在学校	学　科	评比内容	姓　名	获奖时间	获奖等级
55	新渥小学	小学信息	优质课评比	周伟强	2012 年 5 月	市一等奖
56	实验初中	初中语文	优质课评比	范丽莉	2012 年 5 月	市一等奖
57	职教中心	汽修专业	优质课评比	孙志明	2012 年 5 月	市一等奖
58	磐安中学	高中物理	优质课评比	陈平男	2012 年 5 月	市一等奖
59	磐安二中	高中历史	优质课评比	范　斌	2012 年 5 月	市一等奖
60	磐安中学	高中地理	优质课评比	陈利娟	2012 年 5 月	市一等奖
61	安文小学	小学数学	优质课评比	孔姣倩	2013 年 4 月	市一等奖
62	实验小学	地方课程	优质课评比	陈鸾鸾	2013 年 4 月	市一等奖
63	磐安中学	高中政治	优质课评比	张姣芳	2013 年 5 月	市一等奖
64	职教中心	中职语文	优质课评比	李平芬	2013 年 5 月	市一等奖
65	磐安中学	高中政治	优质课评比	张姣芳	2013 年 5 月	市一等奖
66	冷水初中	初中思品	优质课评比	郑　瑜	2014 年 1 月	市一等奖
67	实验初中	初中语文	优质课评比	羊世洪	2014 年 3 月	市一等奖
68	职教中心	中职旅游	优质课评比	何　挺	2014 年 4 月	市一等奖
69	磐安中学	高中物理	优质课评比	孔瑾瑾	2014 年 5 月	市一等奖
70	磐安中学	高中生物	优质课评比	郑妙阳	2014 年 5 月	市一等奖
71	大盘小学	地方课程	优质课评比	张国珍	2015 年 5 月	市一等奖
72	实验初中	初中数学	优质课评比	张巧红	2015 年 11 月	市一等奖
73	磐安中学	高中数学	优质课评比	潘涵蕊	2015 年 11 月	市一等奖
74	磐安二中	高中体育	优质课评比	徐晨露	2015 年 12 月	市一等奖
75	磐安中学	高中英语	优质课评比	杨丽娟	2015 年 3 月	市一等奖
76	职教中心	中职德育	优质课评比	龙　霞	2015 年 5 月	市一等奖
77	职教中心	中职英语	优质课评比	任伟娇	2015 年 5 月	市一等奖
78	磐安中学	高中语文	优质课评比	罗　琛	2015 年 9 月	市一等奖

第三节　合作交流

20 世纪 90 年代的磐安，学校教育面临资金紧缺、设备落后、基础薄弱等问题，寻求外界的支持尤为紧要。20 世纪末，全县多数学校与县外学校结对，并在资金援助、教学交流、教师培训、教科研提升、学生资助等方面积极开展工作。

就合作交流途径看，大致可分三类。

一是主动参与省政府的教育对口扶贫行动，与发达地区学校结对合作。至 2015 年止，省政府推出三轮教育对口扶贫行动。

2002～2006 年，第一轮学校结对合作对象为义乌市。全县学校获捐赠现金 180 万元、图书 3800 册、仪器设备180套。磐安二中、仁川小学等8所学校享受政策福利，结对的120名贫困生得到资助。义乌向磐安派遣支教校长、骨干教师26人次，磐安受培训校长、教师500多人次。绣湖中学副校长陈志勤在盘山中学支教一年。

2007～2010年，第二轮结对合作县市为金华市本级和义乌市。合作内容主要是资金支持、师资培养、办学设施改善、贫困生资助等方面。全县受助财政资金431.6万元、图书6100册、仪器设备415(台套)，结对学校24对，结对贫困生102对，受训训校长与教师790多人次。

2011～2015年，第三轮结对合作县市为金华市本级和义乌市。全县学校获得财政资金420万元，完成深泽乡中心小学餐厅、尖山实验幼儿园综合楼食堂、尖山镇中心小学400米环形塑胶田径场、九和小学宿舍楼、尚湖镇中心小学综合楼的建设任务。10所受助学校获得价值14.1万元的19760册图书资料、价值6.6万元的10台有效计算机、价值15万元的100套教学仪器、价值1.65万元的420套幼儿玩具。20所结对学校有结对教师200多人。教师培训2093人次，义乌向磐安派出支教教师95人，磐安挂职义乌教师29人。方前中心学校先后派遣十多名教师到结对学校义乌北苑初中蹲点学习，时间长达半多之月。受助贫困学生372人，受助现金及物资8.3万元。县职业教育中心与义乌市城镇职业技术学校共同组建职业教育跨区域发展联合体，积极探索与实践职业教育改革与发展的新途径，努力提高专业发展水平和服务区域经济的能力。

二是部分学校通过民间渠道，自寻对象，合作交流。实验初中与浦江实验初中、东阳吴宁三中、金华四中等名校结对，并与“金衢十校”联谊。安文初中于1996年开始与东阳吴宁一中、义乌稠州中学、义乌绣湖中学、金华五中、武义实验中学、兰溪二中等组建“六校联谊”。不同县市的学校组建教育联盟，轮番做东，开展课改交流、课程建设互动以及中考研讨等活动，推进学校教育发展。磐安县职业技校与丽水学院成人教育学院、金华职业技术学院、硅湖职业技术学院、浙江师范大学、浙江交通技师学院、义乌工商职业技术学院、浙江横店影视职业学院等高校开展“3＋2”和“五年一贯制”联合办学，与金华青年汽车制造有限公司等企业实行订单式培养，助推学校发展。磐安中学与北京新奥特集团、杭州钟艺美术中心等开展联合办学，组织学生暑期“新奥特夏令营”活动。并与浙大附中、义乌四中、安吉高中、杭州十五中共同成立浙江微课联盟，共同探索信息化教育新路子。

三是走出国门，放眼世界。磐安一些窗口学校也把眼光瞄向国外学校，以期走上国际化教育之路。2012年，磐安中学与日本静冈县立吉原高中友好结对，校长越洋过海到该校视察学习。2013年，安文小学校长到加拿大素里教育局签约，与温哥华素里小学结成姐妹学校，并与马来西亚南谊小学结对，平时保持邮件来往。实验小学与加拿大素里市森赖斯里小学签约，安文初中与加拿大全景岭中学结成姐妹学校，但未曾来往。

表5—7　　磐安县第一轮结对学校名表

时　间	磐安学校	合作学校	合作交流形式
2002～2006年	磐安二中	义乌二中	经验分享，教学探讨
2002～2006年	磐安职业技校	义乌城镇职校	经验交流，相互观摩
2002～2006年	盘山中学	义乌绣湖中学	绣湖中学捐资30000元，捐助80套课桌凳和价值30000余元的化学实验器材。副校长陈志勤和教师毛志俊到盘山支教，两次派外籍教师为学生授课，接纳教师蹲点学习

续表 5—7

时　间	磐安学校	合作学校	合 作 交 流 形 式
2002～2006 年	方前镇中	义乌稠州中学	稠州中学送慰问金、教师支教、教学研讨等
2002～2006 年	窈川小学	义乌实验小学	教师走访,学习交流
2002～2006 年	仁川小学	义乌绣湖小学	教师走访,学习交流
2002～2006 年	万苍小学	义乌保联小学	教师走访,学习交流
2002～2006 年	玉山小学	义乌朝阳小学	教师走访,交流学习
2002～2006 年	盘山中学	金华教科所	课题研究探讨与指导
2002～2006 年	大盘小学	金华教科所	课题研究探讨与指导
2002～2006 年	盘山中学	舟山中学	信息共享
2002～2006 年	尚湖小学	金华江滨小学	教学交流

表 5—8　　磐安县第二轮结对学校名表

时　间	磐安学校	合作学校	合 作 交 流 形 式
2007～2010 年	磐安二中	义乌二中	校际"同堂异构"教学研讨
2007～2010 年	磐安职业技校	义乌城镇职校	节目演出交流
2007～2010 年	盘山中学	义乌绣湖中学	绣湖中学赠送价值 7 万多元的新电脑 20 台
2007～2010 年	方前镇中	义乌稠州中学	蹲点学习,贫困生资助
2007～2010 年	窈川小学	义乌实验小学	资金补助,教学探讨
2007～2010 年	仁川小学	义乌绣湖小学	资金补助,教学探讨
2007～2010 年	万苍小学	义乌保联小学	跨校听课
2007～2010 年	玉山小学	义乌朝阳小学	教师走访,学习交流
2007～2010 年	磐安中学	金华一中	教师互派,课堂观摩
2007～2010 年	磐安三中	金华一职校	课堂观摩
2007～2010 年	新渥初中	南苑中学	设南苑奖学金,实行资源共享
2007～2010 年	金华十五中	尚湖初中	教育管理探讨,课改交流
2007～2010 年	南苑小学	深泽小学	教育科研交流指导
2007～2010 年	东苑小学	尚湖小学	教学交流
2007～2010 年	西苑小学	大盘小学	开展夏令营活动
2007～2010 年	安文小学	金华江滨小学	教育教学交流
2007～2010 年	仁川镇中	义乌宾王中学	教育资源共享、资金援助、支教等
2007～2010 年	玉山镇中	义乌江东中学	师徒结对、参观交流、教学探讨
2007～2010 年	双溪小学	义乌香山小学	送教、捐赠教学设备
2007～2010 年	冷水中心校	义乌江滨小学	教学交流
2007～2010 年	盘峰小学	义乌艺术学校	送教,资助贫困生
2007～2010 年	维新小学	义乌稠城一校	送教,资助贫困生

续表 5—8

时　　间	磐安学校	合作学校	合　作　交　流　形　式
2007～2010 年	九和小学	义乌稠城三校	送教,资助贫困生
2007～2010 年	胡宅小学	义乌青口小学	送教,资助贫困生
2008～2010 年	新渥初中	金华教研室	送教与教学诊断,讲学
2008～2010 年	新渥小学	金华教研室	送教与教学诊断,讲学
2008～2010 年	新渥初中	东阳中天中学	教育教学经验分享

表 5—9　　　　　　　　　　　　磐安县第三轮结对学校名表

时　　间	磐安学校	合作学校	合　作　交　流　形　式
2011～2015 年	双溪小学	义乌福田小学	送教
2011～2015 年	盘山中学	稠州中学教育集团	互派教师在对方学校开展课堂教学,开展师徒结对活动、课改交流、合作教科研,对盘山中学进行图书、教学设备、资金资助等
2011～2015 年	仁川初中	义乌绣湖中学	讲座、教育教学交流,参与名师工作室等教学活动
2011～2015 年	玉山初中	义乌宾王中学	送教、师徒结对、学生结对、专题讲座、参观交流、资源共享、赠送教学用品
2011～2015 年	方前中心校	义乌北苑初中	教育、课改探讨
2011～2015 年	县职业教育中心	义乌城镇职业技术学校	组建区域联合体
2011～2015 年	县广播电视大学	义乌市市民学校	农村劳动力培训等
2011～2015 年	尖山实验幼儿园	义乌市宾王幼儿园	送教、师徒结对、学习观摩交流、赠送教学玩具和绘本
2011～2015 年	安文小学	金华市江滨小学	教育教学交流
2011～2015 年	安文小学	金华市站前小学	教育教学交流
2011～2015 年	尖山小学	义乌实验小学教育集团	教育教学交流
2011～2015 年	玉山小学	义乌市稠城一小	教师走访,听课学习;科技活动指导、支持
2011～2015 年	方前中心校	浙师大附属义乌实验学校	教育、课改探讨
2011～2015 年	新渥小学	义乌市绣湖小学	学校管理、课堂教学分享
2011～2015 年	大盘小学	富阳市富春江第七小学	教育教学科研合作,贫困学生结对资助
2011～2015 年	大盘小学	金华教科所	课题研究实践指导
2011～2015 年	深泽小学	义乌福田小学	福田小学赠送教育教学设备计 15 万元,教育科研交流指导
2011～2015 年	万苍小学	义乌香山小学	教育教学交流、跨校听课活动,两校教师教学资源共享
2011～2015 年	冷水中心校	义乌青口小学	两校同课异构
2011～2015 年	新渥初中	金华教研室	送教与教学诊断,讲学
2011～2015 年	新渥小学	金华教研室	送教与教学诊断,讲学

第二章 教育服务

民国之前，磐安境内私塾、书院的办学经费大部分来自学田、寺庙、庵产以及公常的租息收入，也有部分来自个人捐资。

中华民国时期，私塾改为学校，政府给学校拨款有限，经费主要来源为公常投资与收缴学费。教学设施简陋，教学仪器缺乏，校舍多在庵堂寺院及宗祠中，房屋修葺由地方筹资。初高中升学实行考试制度，事先由学校发布广告，公布考试科目、时间、地点等，考生可以报考多所学校。民国35年(1946年)，磐安县政府加大对教育经费的投入，当年教育文化费的支出占县财政总收入的36.8%。

1950年后，磐安县人民政府重视教育投入：1954年投资的教育经费占全县财政总收入的24.26%；截至1958年，为学校建设共投资金105777.85元。教育经费的管理走过全县统一管理、分区代管、各学校和学区包干使用等曲折道路。而在资金筹措上，始终贯彻"两条腿走路"方针：开展勤工俭学，各中小学由开办农场、林场、畜牧场到校办工厂，到师生为农户打工，学校出租商店等方式增加学校经济收入。同时，师生自己动手，制作教具，添置教学设备，建立学校图书室，尽可能节省学校经费开支。

1956年，磐安县设置招生委员会，负责县内中小学招生工作。1966年，学校停止招生。1968年秋，初中恢复招生。1970年，高中招生取消文化考试，由公社、大队以及学校领导推荐入学。1978年后，逐步恢复大学、高中、中专、中技招生考试制度。磐安县高等教育招生委员会成立于1984年2月，主任由县长兼任。

1984年，磐安教育局设置教学仪器站。

第一节 招 生

一、机构与职责

磐安县高等学校招生委员会成立于1984年2月，时任县长方泉为主任，李绍成、羊荣根为副主任。委员会办公室设在文教局，文教局局长羊荣根兼办公室主任。招生委员会的成员随着人事的变动每年略有调整和补充。1987年开始，招生委员会主任调整为分管文教卫的副县长兼任，成员单位由成立初的9个增至18个。

县招生办公室在省、市高等学校招生办公室和县高等学校招生委员会的领导下开展日常工作。主要职责是：贯彻执行上级招生政策和规章制度，讨论制定县内高中段招生计划及招生政策，组织领导高等学校、中等学校招生考试工作，调查处理招生考试工作中发生的重大事件，维护考生的合法权益。

三十年来，县招生办公室几易办公地点。

1984～1985 年，与文教局一起，办公地点设在安文镇文溪北路 1 号(即原磐安中学校园内)。1986～1989 年，随教育局办公用房的搬迁移往安文镇城上街 15 号(现安文初中校园内)。1989 年，随文教局搬迁到县政府综合楼北侧。1996 年 7 月，因保密室电脑房等硬件设施配置的需要，搬回安文镇城上街 15 号教研室大院三楼。2002 年下半年开始，招生办成为经费独立核算的事业单位，工作人员增加到 6 人。2003 年 2 月，办公室搬迁到龙山路 1 号县政府大院门口左侧二楼。2005 年 12 月，搬迁到县教育印刷厂内三楼。2010 年 9 月，搬迁到安文镇上后埂 66 号龙山公园旁。

表 5－10　　磐安县招生办公室负责人变更情况一览表

招生办副主任(主持工作)	
李春水 1984 年 2 月～1992 年 6 月	陈美伟 1992 年 7 月～1996 年 7 月
陈灯旺 1996 年 8 月～2002 年 7 月	张瑞良 2002 年 8 月～2011 年 8 月
傅美华 2011 年 9 月～2012 年 8 月	张美瑶 2012 年 9 月～2015 年 8 月
王长新(自考办副主任主持工作)2015 年 9 月～	—

二、高等学校招生

(一)招生政策与规定

中华人民共和国成立初期，各高等学校独立招生，或几所高校联合组织招生，磐安考生到金华或杭州参加各校的招生考试。1952 年开始，全国统一招生，并逐步实行按考生志愿，兼顾政治、学业、健康三方面条件从高分到低分录取的招生办法。

1966～1969 年，高校停止招生。1970 年起，部分高校采取推荐加政审的办法。招收“相当于初中毕业文化程度，有两年以上实践经验”的工农兵学员。

1977 年，恢复高等学校招生考试制度，考生在地、县初选后参加全省统一考试，按照德智体全面考核、择优录取的原则，学校分头录取，省招生办公室审核批准。1978 年，全国统一招生，统一命题，省招生委员会组织考试和录取工作。各地县招生委员会按照省的统一部署组织实施考生的报名、考试、体检、填报志愿、建立考生档案等工作。

1985 年，各高校开始从考生中招收少量计划外自费生，实行不收费的国家计划招生和收费的国家调节招生并存的“双轨制”。1990 年，考生报考高校须在户口所在县(市、区)报名，由所在学校或企事业单位、乡镇政府、街道办事处审查后报县招生办公室审核批准，并发给准考证。全国高校招生统一考试在英语学科继续采用“标准化”考试的基础上，开始全面推行“标准化”和分卷考试。高校文史类考政治、语文、数学、历史、地理、外语，理工农医类考政治、语文、数学、物理、化学、生物、外语。报考外语类专业的上线考生，需进行口试。报考艺术、体育的考生还需在统考前参加术科测试，成绩达到最低控制线者方可参加统考，术科测试的成绩按一定比例计入总分。高中专文科类考政治、语文、数学、地理、历史，理科类考政治、语文、数学、物理、化学。高中专与普通高校同一试卷，外语不单独设科类，有外语要求的学校专业从高校外语类落选考生中择优录取。

表 5—11　　　　1990 年普通高校、高中中专(技)招生全国统一考试日程表

日　期	7月7日	7月8日	7月9日	
上　午	语文 9：00～11：30	数学 9：00～11：00	物理　历史 9：00～11：00	
下　午	化学　地理 14：30～16：30	外语 14：30～16：30	政治 14：00～16：00	生物 16：30～17：30

说明：语文满分 120 分，数学满分 120 分，生物满分 20 分，其他各科满分 100 分

考生的思想政治品德考试主要看本人的表现，由考生所在单位的基层组织负责考核。应届毕业生的毕业鉴定可作为考核的鉴定。考生必须具备中学阶段的档案，1988 年及往届毕业的高中生需具有参加社会实践活动的鉴定。考生还需按照统一的体检标准，通过专门设立的体检站的体格检查。考生在统考后、分数线公布前填报志愿，志愿表填好上报县招生办公室后就不得改动。

高校录取工作贯彻德智体全面考核、择优录取的原则，分五批（提前批、第一、二、三批和自费生）划定最低控制分数线，在省招生办公室的监督下，由招生学校进行录取并发给录取通知书。高中中专的录取由市招生委员会组织实施。

此后几年的高校招生，基本沿袭这一模式和程序。

1993 年，全国高校全面扩大招生。为解决代课教师问题，全省师范院校开始招收具备合格学历的高中、小学代课教师，补修教育学、心理学等师范教育课程后发给师范院校毕业证书，转为公办教师并分配工作。1994 年，各高校试行“并轨”招生，消除国家计划招生和调节招生的录取分数差距。

1995 年，浙江进行高考科目改革，实行“3＋2”方案，即各类考生共同考试科目为语文、数学、外语；文史类考生加考政治、历史；理工类考生加考物理、化学。报考外语专业的考生首次进行听力测试。这一年开始，高中中专与高校考生同一试卷，并实行高校、高中中专录取“一条龙”制度。

1999 年，高中中专停止招生。高校考生填报志愿改在考试成绩公布后进行。2000 年，浙江高考科目再次进行调整，改原来的“3＋2”改为“3＋综合”。即各类考生共同考试科目为语文、数学、外语；文史类考生加考“文科综合”，理工类考生加考“理科综合”。全体考生均参加外语考试的听力测试，测试成绩（满分 30 分）计入总分。文化考试成绩满分为 710 分。

表 5—12　　　　2000 年普通高校、高职院校招生统一考试日程表

日　期	7月7日	7月8日	7月9日
上　午	语　文 9：00～11：30	数　学 9：00～11：00	外语（含英语听力） 9：00～11：00
下　午	综合、高职专业基础 15：00～17：30	高职外语 15：00～17：00	—

说明：语文满分 150 分，数学满分 150 分，英语满分 150 分，综合满分 260 分

2001 年，普通高校招生考试试卷满分值提高到 750 分（其中，综合科由 260 分提高到 300 分）。在上年试点的基础上，普通高校全面实施网上录取，投档和录取均通过互联网进行；高校招生取消考生“不超过 25 岁”和“未婚”的限制。

2003年起,全国普通高校招生考试提前到6月7～9日进行。2004年,普通高校招生考试语文、数学、英语3科首次由浙江省自行命题;考试性质仍属国家统一考试。全省二级学院开始单独招生。

2005年,高考报名条件适当放宽,有条件的县(市)可以接受非本地户口的本省籍考生报名。高考试场编排由每试场25名考生增加为30名。英语考试取消听力测试。

表5—13　　2005年普通高校招生统一考试日程表

日　期	6月7日	6月8日
上　午	语　文 9∶00～11∶30	综合(文科、理科) 9∶00～11∶30
下　午	数　学 15∶00～17∶00	外　语 15∶00～17∶00

说明:语文满分150分,数学满分150分,外语满分150分,综合满分300分

2006年开始实行高中新课改试点。2008年4月,省政府办公厅印发《浙江省新课改高考方案》。2009年实行"3+X""3+X+自选模块""3+技术考试"的新方案,即一类增设自选模块,三类不设综合(文综/理综),增设技术考试科目。录取按第一批、第二批和第三批进行。志愿设置:各批提前录取院校依次设5个志愿,艺术第一批(含专业院校)依次设3个志愿。其他各批首轮填报和征求志愿均设5个平行志愿。

2009年,将英语听力考试和信息技术、通用技术三项考试时间归并安排在3月和9月进行。每年4月、10月进行技术考试。

2009年,开始实行高考分类考试,考生自主选择考试类别。2011年起,尝试三位一体招生,实行综合评价、择优录取。此外,高职提前招生、单考单招等改革同时进行。

2012年开始,浙江省实施深化普通高中课程改革方案。

2013年开始,浙江省实施与课改相适应的普通高中学业水平考试,考试安排在标准化考点、考场进行,全科开考,一年2次。同时规定:外省籍进城务工人员随迁子女接受义务教育后可以在浙江省参加升学考试。7月正式启动高考招生制度综合改革试点方案。

2014年,启动职业技能考试方案。

2015年,浙江省面向文成、磐安等12个县定向招生的地方专项计划实施。同时,教育部重点高校招取农村和贫困地区学生专项计划实施,磐安县是浙江省29个县(市、区)之一。同年10月,开始实施选考科目多次考试。

表5—14　　2014年普通高等学校招生全国统一考试日程表

日　期	6月7日	6月8日	6月9日
上　午	语　文 9∶00～11∶30	文科综合/理科综合 9∶00～11∶30	自选模块 9∶00～10∶30
下　午	数　学 15∶00～17∶00	外　语 15∶00～17∶00	—

(二)招生组织实施

中华人民共和国成立初期,在地县教育部门领导下,由学校组成招生委员会或招生工作组负责招生工作。1952年开始,建立全国高校统一招生考试制度。1956年6月,磐安县设招生委员会,负责全县中专、高中招生。

1985年开始,为配合金华市招生办公室做好报名、考试、政审、体检以及"招飞"的相关工作,每年中考、高考、成考前,磐安县招生办公室按照市政府统一部署召开相关人员会议,贯彻落实上一级的指示精神,组织工作人员就报名、考试、评卷、体检等各环节工作进行岗位培训。

1992年,贯彻国家教委颁布的《高等学校招生全国统一考试管理处罚暂行规定》。磐安县招生办进一步加强考风考纪管理。开始由纪检、监察部门派员协助县招生部门维护考风考纪。

1993年开始,磐安县成人高校招生考试的考点,均由纪检、监察部门派员协助县招生部门维护考风考纪。

1994年,磐安县招生办保密室获得合格证书,中考、高考监考人员安排严格执行回避制度。

1995年,按照上一级招生部门"一级抓一级,落实岗位责任制"的工作要求,县招生办、考点、施考人员分级落实考试招生的各项责任。此后,磐安县每年采取层层签订责任书的做法。

1996年,县招生办添置专用计算机等现代化办公设备,加装通风、照明等设施,严格按规定标准布置考点、考场,落实保密、考务各岗位责任。

1998年,根据上一级招生部门的规定,职业高校(高职班)招生考试工作统一纳入县招生部门组织管理。

2001年,全省开展"考务质量管理年"活动。磐安县拟订《磐安县高考安全保卫工作方案》。磐安县交通局、卫生局、城建局、环保局、电业局等部门都为高考的顺利进行专门发文,同时拟定各种应急措施,开展专项治理和督查工作。

2003年,因发生"非典型性肺炎"疫情,磐安县成立招生考试期间的"非典"防治工作领导小组,由常务副县长任组长,制订"非典"防治工作实施办法和紧急情况处理预案,并增设防"非典"备用试场,每个考点都有临时医疗站和保卫组。

2004年,磐安县招生办按浙江省招生委员会文件要求,进一步加强招生考试安全保密工作,建成具有"一机(电话机)、两器(报警器、灭火器)、三铁(铁门、铁窗、铁柜)、四防(防盗、防水、防潮、防鼠)"和视频监控设备的试卷保密室,并通过市招生办的验收。

2005年起,所有考生报名时均需签订"诚信考试承诺书",并建立考生诚信电子档案。2006年起,普通高校全部采用网上报名。

2008年,根据《浙江省新课改高考方案》,县招生办积极做好"3+x""3+x+自选模块""3+技术"考试的准备工作。2009年,磐安县招生办主动与县政府联系,召开高校招生委员会成员单位会议,顺利做好3月14日的首次"三项考试"工作。

2011年,根据浙江省教育厅、浙江省财政厅《关于加快推进我省国家教育考试标准化考点建设工作的通知》精神,磐安县招生办积极做好标准化考试点建设。2012年高考前,磐安中学标准化考点通过验收。2014年,磐安第二中学建成标准考点,同时磐安县招生办建成考试指挥中心。

(三)招生概况

1984年,为普通高校招收本科生43人,其中入清华、北大各1人,专科57人。考入成人高中57人、高中专38人、初中专34人、初中技4人、民师班20人、中师11人、成人中专63人,合计295人。随着各类学校的增多、招生比例的增大,全县的招生人数不断增长,1984～2007年,升入各类学校的人数:普通高校8335人(其中清华大学6人、北京大学6人、飞行员6人),高职1153人,成人高校2541人,高中专1168人,初中专4079人,初中技1105人,民师111人,中师414人,预科151人,小教大专班158人。成人中专685人,共计19900人。2008～2015年,升入各类学校的人数:文科3332人,理科5819人,共计9151人。

1984～1996年委培自费生人数:普通高校47人,高中专430人,初中专1087人,初中技565人,合计2129人。

表5—15　　　　1984～2007年大中专学校磐安县招生录取人数表

单位:人

年份	普通高校						高职	成人高校	高中专	初中专	初中技	民师	中师	小教大专	成人中专
	录取数	本科	专科	重点											
				清华	北大	招飞									
1984年	100	43	57	1	1	—	—	57	38	34	4	20	11	—	63
1985年	143	46	97	—	—	—	—	39	42	37	1	11	16	—	57
1986年	108	31	77	1	—	—	—	52	65	69	7	12	22	—	47
1987年	91	23	68	—	—	—	—	32	74	120	20	13	21	—	57
1988年	77	21	56	—	—	—	—	102	75	131	13	—	26	—	28
1989年	83	33	50	—	—	—	—	49	92	118	7	—	25	—	28
1990年	71	22	49	—	—	1	—	41	102	151	4	—	37	—	20
1991年	75	30	45	—	1	—	—	239	140	141	19	—	37	—	43
1992年	83	19	64	—	—	1	—	172	111	172	14	—	31	—	87
1993年	124	22	102	—	—	—	—	82	146	280	1	12(代)	34	6	31
1994年	225	40	185	—	2	1	—	118	111	307	5	12(代)	53,预40	6	30
1995年	259	79	180	—	1	—	—	383	58	245	7	13(代)	35,预27	3	143
1996年	166	87	79	2	—	—	—	189	42	241	28	9(代)	37,预24	5	44
1997年	195	99	96	—	—	—	11	63	37	299	94	9	26,预19	8	107
1998年	214	102	112	—	—	—	11	67	31	338	116	—	13	8	37
1999年	360	215	145	—	—	—	23	90	4	319	80	—	12	14	41
2000年	410	209	201	1	1	—	42	169	—	234	70	—	—	22	38
2001年	287	221	226	—	—	1	43	135	—	125	125	—	—	21	—
2002年	725	313	412	1	—	1	88	144	—	156	150	—	—	20	—
2003年	721	379	342	—	—	—	195	51	—	96	120	—	—	20	—
2004年	809	414	395	—	—	—	287	51	134	120	—	—	—	16	—
2005年	908	498	410	—	—	—	237	116	83	100	—	—	—	9	—
2006年	952	494	458	—	—	—	159	68	—	126	—	—	—	—	—
2007年	989	554	435	—	—	1	57	32		123	—	—	—	—	—
合计	8175	3994	4314	6	6	6	937	2441	1168	4082	885	民办62,代课46	中师436,预科班11	158	901

表 5—16　　2008～2015 年普通高校磐安县招生考试情况表

单位：人

年份	第一批		第二批		第三批		第四批		组档线		艺术				体育		合计		总计
	文科	理科	文科	理科	文科	理科	文科	理科	文科	理科	本科		专科		文科	理科	文科	理科	
											文科	理科	文科	理科					
2008 年	12	110	45	136	118	200	269	244	51	24	32	5	37	7	3	6	567	732	1299
2009 年	11	137	161	317	209	220	—	—	—	—	36	6	37	11	4	4	456	695	1151
2010 年	15	109	141	332	122	231	—	—	—	—	26	10	9	6	3	5	317	692	1009
2011 年	13	186	188	328	97	222	—	—	—	—	43	15	13	7	10	10	364	768	1132
2012 年	27	130	230	409	119	213	—	—	—	—	30	8	16	17	6	10	428	787	1215
2013 年	37	110	191	365	151	232	—	—	—	—	38	10	12	11	5	10	434	738	1172
2014 年	20	138	113	352	208	177	—	—	—	—	37	6	2	8	2	5	384	684	1068
2015 年	50	149	176	309	114	251	—	—	—	—	36	6	2	5	4	3	382	723	1105
合计	185	1069	1245	2458	1138	1748	269	244	51	24	278	66	128	72	37	53	3332	5819	9151

表 5—17　　2003～2015 年磐安县高职招生情况表

单位：人

年份	机械类	计算机类	文秘类	工艺美术类	建筑类	服装类	财会类	电子电工类	商业类	旅游服务类	艺术类	其他类	合计
2003 年	6	38	14	12	3	5	38	27	20	—	4	29	196
2004 年	7	24	91	15	6	—	51	49	27	—	2	15	287
2005 年	11	21	78	—	—	—	44	47	17	—	10	9	237
2006 年	16	8	54	—	—	—	49	42	31	—	3	1	214
2007 年	4	2	9	—	—	—	26	14	1	—	—	2	58
2008 年	1	—	10	—	1	—	9	6	5	—	—	—	32
2009 年	15	—	—	—	5	—	32	17	12	—	1	2	84
2010 年	3	—	—	—	2	—	27	37	6	—	—	8	83
2011 年	20	—	—	—	10	—	30	22	15	—	10	6	113
2012 年	11	—	—	—	—	—	48	56	—	15	15	6	151
2013 年	19	—	—	—	3	—	21	53	21	—	11	3	131
2014 年	10	—	—	—	6	—	16	23	—	5	7	2	69
2015 年	24	—	—	—	19	—	24	32	—	22	6	3	130

（四）招飞工作

1988 年起，磐安县招生办承担协助南京军区空军招飞中心招收飞行学员的工作。每年 11 月初，市教育考试院召开“招飞”工作会议，县级成立“招飞”工作领导小组，开始招飞工作宣传。11 月下旬，组织高中应届毕业生报名并进行目测，审定参加南京军区空军招飞中心初检名单。12 月，送初检合格学生前往南京参加全面体检和心理品质测试。翌年上半年,配合南京军区空军招飞中心做好政审和建档工作。重点保育全面合格学生,确保其身体素质不下降,薄弱学科得到重点辅导,以良好的状态参加高校招生统一考试。

表 5—18　　1988～2015 年磐安县空军飞行学员录取情况表

单位:人

年　份	1988 年	1989 年	1990 年	1991 年	1992 年	1993 年	1994 年	1995 年	1996 年	1997 年
人　数	—	—	1	—	1	—	1	—	—	—
年　份	1998 年	1999 年	2000 年	2001 年	2002 年	2003 年	2004 年	2005 年	2006 年	2007 年
人　数	—	—	—	1	1	—	—	—	—	1
年　份	2008 年	2009 年	2010 年	2011 年	2012 年	2013 年	2014 年	2015 年	2016 年	2017 年
人　数	—	—	—	1	—	—	—	1	—	—

三、高中段招生

(一)招生政策与规定

1990 年 5 月 26 日,磐安县人民政府办公室下发磐政办〔1990〕37 号文件,转发县教育局《关于实施一九九〇年招生计划的意见》,文件中指出:控制普通高中规模,大力发展职业技术教育,普通高中招生 8 个班、410 人,农职业高中招生 10 个班、502 人。同时,规定录取普通高中的英语按 100%计入总分,录取农职业学校的英语不计入总分。

1992 年 5 月 6 日,县政府办公室下发抄告单,转发时任县长卢福禄、副县长杜慧萍对教育局《关于盘山中学普高班停止招生的请示》批复意见,同意教育局的请示。

1994～1997 年,磐安县(磐安中学)每年招收浙江师范大学预科班(高师预科班),招生对象以本县学生为主,部分招收浦江、东阳、义乌等县、市学生。1994 年 46 人,1995 年 30 人,1996 年 33 人,1997 年 22 人。

1995 年,磐安中学实行保送招生制度,招收保送生一个班,46 人。

1996 年 7 月开始至 2007 年,磐安中学设立重点班,招收全县初中升高中考试成绩最好的学生。

1998 年,普通高中计划招生 13 个班、650 人,职业高中计划招生 16 个班、800 人。初中专(技)按省、市下达的计划执行。初中应届毕业生升高中段的比例在 50%以上,职业高中与普通高中的招生比例在 1.1∶1 以上。

1999 年,磐安县人民政府下发磐政〔1999〕36 号文件,普通高中计划招生 13 个班、650 人,职业高中计划招生 650 人。初中应届毕业生升高中段的比例在 60%以上。是年,磐安二中创办,录取高中新生 191 人。

2000 年 4 月,县教委颁发磐安县招收职业高中(职业中专)“保送生”的实施意见。推荐比例:以各初中应届毕业生总数的 15%以上予以推荐。由于家长不理解,该措施于第二年不再执行。

2002 年 6 月,县文教局先后在方前镇、尖山镇、新渥镇、安文镇举办 2002 年高中及义务教育招生政策咨询活动。

2003 年,磐安县高中段招生报考条件中规定,考生年龄一般在 17 周岁以下。报考中专、职高的年龄不限。报考中等职业学校纯农专业的年龄、婚否不限。

2005年，磐安县高中招生确定免试入学及加分对象。确定五类学生可免试入学：一是在初中阶段被县级及以上党委、政府表彰的模范人物；二是初中阶段参加省级及以上正式体育比赛获个人前六名的或团体前三名的主力队员；三是在近两个学年获小发明、小创造省二等奖及以上奖项，或浙江省学生艺术特长水平测试A级证书的考生；四是初中阶段在浙江省初中数学、自然科学竞赛，浙江省中小学电脑制作比赛、青少年科技创新大赛、青少年信息学(计算机)竞赛，全国中小学教育创新作品邀请赛中获省一等奖以上奖项的考生；五是初中阶段参加市级及以上比赛达到国家二级及以上级别运动员标准的考生。符合免试入学条件的考生可向学校提出就学申请，如未被录取，该生加10分投档。

另外，有四类对象可获2～20分加分：一是已领取独生子女证的农村户籍的独生子女；二是归侨华侨子女，少数民族考生，港、澳、台籍考生，驻磐部队现役军人子女；三是在省市科技、艺术比赛中获奖并符合相关加分条件的；四是烈士子女、残疾军人、因公牺牲军人子女、一级至四级残疾军人子女，驻边疆国境县市、沙漠区、国家确定的边远地区中的三类地区，以及军队确定的特、一、二类岛屿部队的现役军人子女。

招生共分七批次录取：第一批，磐安中学270名。第二批，磐安中学定向生50名。第三批，师范(小教大专班)。第四批，普通高中、综合高中第一批(普通班)。第五批，县职业技术学校综合班、盘山中学综合班。第六批，综合高中第二批(综合班)、职业高中。第七批，初中专、中技。

2009年，全县普通高中招生1130人，职业高中招生900人。初中专(技)招生按省、市下达的计划执行，不低于200人。普通高中的择校生比例按省、市“三限”(限人数、限分数、限钱数)政策执行。

是年，普通高中的报考条件为：1.报考普通高中的考生，年龄一般应在14周岁及以下(即1993年9月1日后出生)的磐安县户籍的初中毕业生，报考中专、职高的考生年龄及户籍不限。2.应届学生在就读学校报名。本县户籍学生在学区外学校就读，须有义务教育登记卡，没有登记卡或未按规定办理转学手续的，回户籍所在地学校报考。磐安户籍学生在外县市就读回本县报考的，需由毕业学校提供是否应届毕业生及有无重读的证明，在户籍所在地学校报考；不回磐安县报考的，普通高中不予录取。3.外县户籍考生，初中阶段在磐安县学校读满三年，经县教育行政部门审批同意的，可在磐安县报考。未足三年，本人要求在磐安借考的，经教育行政部门同意，可以在磐安县借考，但磐安中学不予录取(因父母工作调动或县政府同意作为人才引进的除外，但需提供工作调动及人才引进的证明，并经教育行政部门批准)。往届学生在户籍所在地学校报考。高中段在校生不得报考，初中毕业后在全日制中学插班、重读、旁听及社会复习班学生不得报考普通高中。

录取类型为：(1)综合录取。考生参加县教育局组织的金华市初中毕业生学业考试所得的总分，是高中招生录取的主要依据。学生综合素质测评等第，是高中录取的必要条件。具体标准：学业考试成绩相同考生的录取，主要参照综合素质评价的差异，其顺序按3A、2A1P、1A2P、3P等依次类推。其中，省一级重点高中录取，须达到3A；普通高中录取，须达到2A及以上且不得有E。学业考试成绩相同且综合素质评价等第也相同的考生，按语数英科学、语数英、语数、数学顺序，高分者录取。(2)定向录取。磐安中学招生计划数的40%用作定向录取。定向录取名额分配依据及权重：①各初中学校初三毕业学生数30%、学区范围内人口数20%；②各初中学校毕业生学业考试优秀率30%(优秀率以全县考生数的前15%为准)、各初中学校毕业生学业考试后25%所占比例10%；③各初中所在乡镇的办学水平情况(以省市级教育强乡镇为依据)10%；④各初中学校规范办学情况，视违规查实情况实行倒扣。定向录取分数线：县招生办按磐安中学招生总数划定最低控制分数线，在最低控制分数线内录取不足时，剩余名额由县招生办按高分到低分调剂录取。定向录取名额的数据计算由县招生办负责，县教育行政部门审核批准。对于正式录取和定向录取均无考生上磐安中学分数线的初中学校，在低于正式录取分数线50分的范围内，按高分到低分照顾录取2名。考虑到盘山中学高中部停止招生以及教育均衡的需要，2009～2011年三年内，盘山片户籍的盘山中学、方前中心学校应届初中毕业生，在磐安县第二中学录取时，予以适当倾斜。(3)特长录取。符合下列条件之一的考生，由学生本人申请、学生所在学校任课教师推荐、校领导班子集体研究确定推荐名单。高中招生学校认真审查推荐学生的材料，对符合推荐条件的学生，可通过面试、研究性学习成果答辩等形式，进行综合测试后，确定正式录取名单，经公示无异议，报教育行政部门批准。①初中阶段参加市(地)级及以上正式体育比赛获个人前六名的学生和团体前三名的主力队员；②初中阶段获青少年科技创新大赛、优秀科技创新项目省二等奖及以上奖项，或获浙江省学生艺术特长水平测试“A级”证书的考生；③初中阶段获数学、自然科学竞赛、中小学电脑制作比赛、青少年信息学(计算机)竞赛市(地)一等奖、省二等奖及以上奖项的考生；④初中阶段参加市(地)及其以上比赛达到国家二级及以上运动员标准的考生。以上各类比赛获奖必须由教育行政部门组织或参与组织方为有效，其中②、③两条中两人及以上的获奖项目，只限第一作者(姓名)有效。

有关政策加分：(1)符合国家可以生育两胎政策，且已领取独生子女证的农村户籍的独生女考生，可以在学业考试成绩基础上加2分。(2)有下列情形之一的考生，可以在学业考试成绩基础上加5分。①归侨华侨子女；②少数民族考生；③港、澳、台籍考生；④驻磐部队现役军人子女。(3)根据《民政部、教育部、总政治部关于印发〈优抚对象及子女教育优待暂行办法〉的通知》(民发〔2004〕192号)及《中华人民共和国人民警察法》第41条的规定，符合下列条件的，作如下规定：①烈士子女可以直接升入职业高中就读；报考普通高中、中等专业学校，可以在学业考试成绩基础上加20分。②残疾军人(警察)、因公牺牲军人(警察)子女、一级至四级残疾军人(警察)子女可以直接升入职业高中就读；报考普通高中、中等专业学校，可以在学业考试成绩基础上加10分。③驻边疆国境的县(市)、沙漠区、国家确定的边远地区中的三类地区和军队确定的特一、二类岛屿部队现役军人子女，报考普通高中、中等专业学校，可以在学业考试成绩基础上加20分。同一考生如符合同一条中多项的，不能累计加分；同时符合多条的可累计加分，但以20分为限。

2010年，普通高中招生1150人，职业高中招生900人，初中专(技)招生按省、市下达的计划执行，不低于300人。“报考条件”有变化：报考普通高中年龄改为“一般应在15周岁及以下”。“定向录取”的比例上调，名额分配依据作修改。磐安中学招生计划数的50%为定向录取名额。定向录取名额分配依据：①各初中学校初三毕业学生数、学区范围内人口数；②各初中学校毕业生学业考试优秀率、后25%所占比例；③各初中所在乡镇的办学水平情况(以省、市级教育强乡镇为依据)；④各初中学校规范办学情况(含“轻负担高质量”推进情况)。定向录取分数线：县招生办按磐安中学招生总数划定最低控制分数线，在最低控制分数线内录取不足时，剩余名额由县招生办按高分到低分调剂录取。定向录取名额的数据计算由县招生办负责，县教育行政部门审核批准。

2011年，普通高中招生1200人，职业高中招生900人，初中专(技)招生按省、市下达的计划执行，不低于320人。特长录取的规定更改为：初中阶段获青少年科技创新大赛、优秀科技创新项目省二等奖及以上奖项的考生；中小学电脑制作比赛、青少年信息学(计算机)竞赛、全国中小学教育创新作品邀请赛省二等奖、市一等奖及以上的考生。职业高中招收“直升生”(学生必须参加初中毕业生学业考试，作为完成初中学业的依据)。学校可根据初中毕业生综合素质评价等第自主录取新生。烈士子女可按照其志愿安排入学。

2012年,普通高中招生1150人,职业高中招生900人。初中专(技)招生按省、市下达的计划执行,不低于250人。普通高中招收“三限生”占招生总数(不包括“三限生”)的比例控制在20%以内。“综合录取”中规定:磐安中学录取的新生要求综合素质评价等第须达到2A及以上且不得有E,普通高中录取的新生必须达到1A及以上且不得有E。

2013年,普通高中招生1000人,职业高中招生800人。初中专(技)招生按省、市下达的计划执行,不低于200人。“报考条件”第一项更改为:磐安县户籍学生同时符合下列条件:①遵守中华人民共和国宪法和法律;②初中毕业或具有同等学力;③年龄一般在16周岁以下(1997年9月1日以后出生)的初中毕业生。其中,报考中专(包括“3+2”)、职高、技校的年龄不限。

2014年,普通高中招生1000人,职业高中招生800人。初中专(技)招生按省、市下达的计划执行,不低于150人。普通高中招收“三限生”占招生总数(不包括“三限生”)的比例控制在10%以内。“录取形式”中增加“保送录取”。2014年,磐安中学提前招收“保送生”120名。保送生为各初中学校选拔推荐的优秀初中毕业生;保送生录取应在学业考试前完成,已被录取的保送生不再参加学业考试;保送生具体录取办法由磐安中学制定和实施,报县教育局与县招生委员会备案。保送考试时间为5月1日。

“加分政策”里作出的新规定有:因公牺牲公安干警子女、一级至四级残疾公安干警子女,可以在学业考试成绩基础上加10分。其他军人子女中考优待政策,按照《浙江省教育厅、浙江省军区政治部关于贯彻〈军人子女教育优待办法〉的实施意见》(浙政联〔2013〕2号)文件要求执行。同一考生如符合同一条中多款的,不能累计加分。同时符合多条的可累计加分,但以30分为限。

2015年,普通高中招生1056人,职业高中招生800人。初中专(技)招生按省、市下达的计划执行,不低于200人。普通高中严格执行《关于切实规范公办普通高中学校招生工作的通知》(浙教办基〔2014〕25号)文件精神,2015年取消招收择校生。保送录取:2015年,磐安中学提前招收“保送生”增加到160名。保送考试时间为5月1日。定向录取中磐安中学招生计划数的50%为定向分配招生名额。定向招生名额以各初中学校初三毕业学生数(以学籍为准)和学区范围内人口数为主要依据,同时结合以下依据按一定权重予以分配:①各初中学校毕业升学考试优秀率;②各初中学校所在乡镇的办学水平情况(以省市级教育强乡镇为依据);③各初中学校规范办学情况。“特长生录取”的新规定是:特长生是指在某一学科或某一方面,主要是艺术、体育、创新发明、信息技术、自然科学、文学创作等具有特殊才能的学生。普通高中学校根据办学定位和特色,确定招收特长生的类别。招生计划报县教育行政部门审核同意,由县教育行政部门统一发布。

(二)招生录取

高中招生录取工作由县招生办负责,为体现公正公平公开原则,招生人数与分数根据招生计划严格执行。

表5—19　　1990～2015年磐安县高中段学校招生情况一览表

单位:人

年份	初中毕业人数	高中录取数			职业高中
		重点	普通	合计	
1990年	2966	260	148	408	502
1991年	3015	333	177	510	534

续表 5—19

年份	初中毕业人数	高中录取数			职业高中
		重点	普通	合计	
1992 年	2999	297	100	397	407
1993 年	2964	258	171	429	505
1994 年	3389	318	222	540	805
1995 年	3258	427	273	700	501
1996 年	3294	292	241	533	489
1997 年	3856	320	304	624	965
1998 年	2981	380	314	694	644
1999 年	2271	408	271	679	608
2000 年	2148	408	411	819	720
2001 年	2449	446	461	907	883
2002 年	2714	495	365	860	987
2003 年	2471	493	386	879	971
2004 年	2485	572	461	1033	829
2005 年	2574	505	518	1023	889
2006 年	2297	499	566	1065	955
2007 年	1708	436	470	906	609
2008 年	1897	473	482	955	674
2009 年	2329	546	580	1126	730
2010 年	2451	539	607	1146	786
2011 年	2466	542	650	1192	816
2012 年	2339	551	602	1153	654
2013 年	2032	480	504	916	528
2014 年	1962	470	656	996	479
2015 年	2097	492	565	1057	530

表 5—20　　1998～2007 年高中段招生录取分数线表

年份	磐安中学				磐安二中			磐安三中			盘山中学			职业技校		
	重点班	定向生	普通班	择校生	重点班	普通班	择校生	普高班	择校生	综合班	普高班	择校生	综合班	综合班	择校生	职业班
1990 年	583	—	459	348	—	—	—	474	—	198	457	—	352	—	—	213
1991 年	608	—	536	—	—	—	—	501	—	202	359	—	230	—	—	171
1992 年	—	—	573	—	—	—	—	574	—	340	—	—	333	—	—	275

续表 5—20

年份	磐安中学				磐安二中			磐安三中			盘山中学			职业技校		
	重点班	定向生	普通班	择校生	重点班	普通班	择校生	普高班	择校生	综合班	普高班	择校生	综合班	综合班	择校生	职业班
1993 年	—	—	385	—	—	—	—	383	—	—	360	—	—	—	—	—
1994 年	533	—	449	—	—	—	—	450	—	—	447	—	—	—	—	137
1995 年	481	—	431	—	—	—	—	—	—	—	—	—	—	—	—	—
1996 年	479	—	—	—	—	—	—	341	—	—	340	—	—	—	—	135
1997 年	476	—	—	—	—	—	—	339	—	—	338	—	—	—	—	131
1998 年	468	—	432	—	—	—	—	420	—	—	—	—	—	—	—	250
1999 年	441	—	320	—	404	320	—	392	—	—	—	—	—	—	—	220
2000 年	449	414	412	332	439	393	—	370	—	—	—	—	—	—	—	—
2001 年	474	449	449	248	466	436	248	421	248	—	—	—	248	—	—	248
2002 年	704	684	—	654	—	670	640	628	598	—	535	505	—	598	568	451
2003 年	701	682	—	574	—	671	551	620	500	428	499	379	—	562	442	408
2004 年	650	630	—	530	—	605	485	541	421	331	575	455	489	—	—	339
2005 年	695	675	—	615	—	664	544	590	470	410	580	460	410	560	440	360
2006 年	713	693	—	633	—	685	605	628	508	446	616	496	442	608	488	171
2007 年	696	676	—	656	—	657	617	618	568	321	—	—	321	—	—	321

表 5—21　　2008～2015 年高中段招生录取分数线表

单位：分

年　份	磐安中学	磐安二中	磐安三中普高/职高	技　校
2008 年	581	551	525/290	290
2009 年	587	541	528/270	270
2010 年	583	529	480/300	300
2011 年	575	517	488/280	280
2012 年	569	505	467/200	200
2013 年	570	511	486/233	233
2014 年	572	500	488/230	230
2015 年	552	439	0/210	210

四、义务教育阶段招生

1990 年 5 月，磐安县人民政府办公室下发磐政办〔1990〕37 号文件，转发教育局《关于实施 1990 年招生计划的意见》，其中计划小学招生 2805 人，占全县学龄儿童总数的 99%以上。初中计划招生 65 个班 3306 人，其中小学升初中的入学率保证在 98%以上。

1992 年,磐安县初中招生对象是应届和历届小学毕业生,但历届小学毕业生的年龄不得超过 15 周岁。小学升初中考试,以乡镇为单位组织,由各区教办负责实施。考试科目为语文(100 分)、数学(100 分)、自然(30 分)。是年,磐安县小学升初中的比例达到 97.87%,全县有 16 个乡镇 16.61 万人口普及初中教育。

1994 年 9 月,实验小学一年级招生 4 个班,其中 2 个普通班、90 名学生,2 个实验班、60～70 名学生。实验班面向全县招生,以自愿为主。教育局规定其普通班招生范围是东至东仙公路,北至东溪街、中街以西、真武弄以南,西至金盘村地段的义务教育招生对象。其他均为安文镇中心小学招生对象。

1995 年 8 月,教育局〔1995〕70 号,关于下发《磐安县关于在城区学校就读问题的有关规定(试行)》的通知。该规定的适用对象是户籍不在县城,而要求到城区学校就读的学生;或户籍在县城,而要跨学区就读的学生。对于这部分学生要收取一定的教育补偿费。依据是省政府办公厅浙政办发〔1994〕191 号《关于进一步加强中小学收费管理工作的通知》及省财政厅的有关文件精神。教育局的文件中规定,教育局提取补偿费总额的 20%作为县教育统筹基金;80%留在就读学校用于改善办学条件,增添教学设备。

1996 年 7 月,城区小学招生协调会议在县教委会议室召开。实验小学、安文镇中心小学仍按 1994 年的学区范围进行招生。金盘村由联谊完小招生。后坞村原则上由安文镇中心小学招生。从 1997 年秋季开始,实验小学、安文镇中心小学的招生以学生户籍和居住地为准。在原学区范围内,作以下调整:新东溪街以北、真武弄以南原实验小学招生范围,划归安文镇中心小学招生;金盘村以南(含金盘)学生属联谊完小招生范围,归安文镇中心小学管理。

1997 年,县教委〔1997〕11 号文件《关于规范磐安县当前义务教育阶段办学行为的意见》中指出,根据义务教育“免收学费”“就近入学”“平等受教育”的原则,义务教育阶段学校不得招收“择校生”和变相“择校生”。重申义务教育阶段不设重点班、快慢班、重点校。义务教育阶段的中小学均不得举办“校中的民办校”或“校内的民办班”,严禁搞“一校两制”。同年,县教委、县科协下发文件,在全县初中三年级学生中举办“农函大”分流班。

1998 年,初中、小学的招生原则是依法招生、就近入学。城区户籍的学龄儿童,按磐教〔1996〕56 号文件《磐安县城区小学招生协调会议纪要》所划定的学区范围,分别到县实验小学、安文镇中心小学就读。小学毕业生 100%免试升入初中。

1999 年,磐安县教育委员会规定磐安二中(初中部)和安文镇中的招生范围:县实验小学毕业生原则上到县二中就读,安文镇中心小学和安文镇的其他完小五年级毕业生原则上到安文镇中就读(云山片除外)。是年,教育局普教科下发通知,要求有借读生的初中、小学,按磐教〔1999〕20 号文件规定的借读生审批权限,在学生报名后 4 天内报批。

2000 年,初中、小学的招生范围是各乡镇初中、小学按第二轮布局调整方案划定的学区范围招生。城区小学招生范围:实验小学为北至东溪街南,东至市口村,南至金盘村,西至后坞村。其他为安文镇中心小学招生范围(不含云山片各小学及上章、联谊完小)。城区初中招生范围:县二中为具有城区户籍的实验小学毕业生;安文镇中为具有城区和安文镇户籍的安文镇中心小学及上章、联谊完小的毕业生。

2003 年,城区小学招生范围按照 2000 年划定的范围执行,磐安二中初中招生范围为原实验小学义务教育学区及窈川乡,安文镇中招生范围为安文镇中心小学义务教育学区(含云山片及上章,联谊完小)及墨林乡。

2004～2009 年的招生政策与 2003 年大致相同,招生数略有变化。2007 年,县实验初中创办,其招生范围为实验小学义务教育学区、双溪乡、窈川乡、墨林乡及云山片。

2010 年，义务教育段招生：1. 全县小学一年级适龄儿童 2045 人，依法全部入学。小学新生入学年龄为 6 周岁（2003 年 9 月 1 日～2004 年 8 月 31 日期间出生），不得提早入学。其中实验小学招生 8 个班，安文小学招生 6 个班。班级学额按规定（每班 45 人）不得突破。乡镇学校所辖适龄儿童按户籍原则上在本乡镇学校入学；城区小学按学区入学。2. 全县初中一年级新生 2341 人，小学毕业生 100%升入初中。其中实验初中招生 12 个班，班级学额不得突破 50 人；安文初中 8 个班，班级学额不得突破 45 人。乡镇初中新生按乡镇所辖小学毕业生对口升学。城区初中新生范围：实验初中，由在实验小学就读的本学区户籍小学毕业生及双溪乡、窈川乡户籍小学毕业生对口升学；安文初中，由在安文小学就读的本学区户籍小学毕业生对口升学。已在城区义务教育段学校就读的学生，由于户口迁移、居住地变化等原因引起学区变化的，以就读学校为准，并按实验小学升入实验初中、安文小学升入安文初中为原则，不再转换学区。义务教育阶段学生免杂费，免费享用国家教科书；从 2010 年开始，农村义务教育阶段学生免住宿费。

2011 年，义务教育招生政策：全县小学一年级适龄儿童 2158 人，全县初中一年级新生 1952 人，延续 2010 年招生政策。

2012 年，小学段招生：乡镇小学以乡镇所辖范围为学区范围；城区小学学区继续按 2010 年划定的学区执行。乡镇初中新生，按乡镇所辖小学毕业生对口升学。城区初中新生的对象范围如下：实验初中由在实验小学就读的本学区户籍小学毕业生及双溪乡、窈川乡户籍小学毕业生对口升学。安文初中由在安文小学就读的本学区户籍小学毕业生对口升学。已在安文小学就读的双溪、窈川等户籍学生，升入安文初中。从 2013 年开始，双溪、窈川户籍学生，起始年级在安文小学就读，最后一学年转回原籍学校的，初中原则上到安文初中就读。已在城区义务教育段学校就读的学生，不再转换学区。

资格审定：1. 接受义务教育的小学、初中一年级新生，均应进行资格审查。审查依据以户籍管理部门提供的户籍资料（原件）、房管部门提供的房产资料（原件）为准。县城义务教育起始年级入学对象的资格，按磐政〔2001〕33 号、磐政〔2010〕61 号文件确定。2. 城区小学义务教育对象审定原则：（1）户籍与房产均在同一学区范围内的，为本学区义务教育对象。（2）户籍与房产（指私房）所在地分别属于两个学区的，以房产所在地为准。（3）仅有营业场所的城区户籍居民子女，以营业执照所在地为准。（4）学区有异议的，以教育局的裁定为准。3. 因特殊情况需要延缓入学或免予入学的，须由儿童少年的父母或其他监护人提出申请，并提供相关的证明材料（因身体原因申请缓学、免学的，应附具县级及以上医院证明材料），经户籍所在地乡镇中心小学和乡镇人民政府审核同意，报县教育局批准。

招生顺序：1. 城区学区范围内的义务教育对象。2. 符合国家政策规定应照顾入学的义务教育对象。3. 空余学额按以下顺序招收非学区范围新生，招满即止。（1）县绿卡企业持卡人子女。（2）县绿卡企业中层以上骨干（凭任命文件、养老保险缴纳证明及金融机构发放的工资清册等，应发工资 3500 元/月以上）子女由县教育局统筹安排入学（城区范围内的按企业所在学区安排就读学校）。（3）外县来磐，在县境内实际投资累计超过 1000 万元的企业投资业主（其个人投资比例占 25%及以上），其子女可享受绿卡企业骨干子女同等就学待遇。（4）城区企业经相关职能部门认可的，从外地引进的高级技术人才子女按企业所在学区安排入学。（5）夫妻一方因工作调动进城 1 年以上，且户籍所在地没有监护条件的，其子女按其居住地学区安排入学。（6）在城区办企业 1 年以上的企业主子女按其企业所在地学区安排入学。(7)在城区经商1年以上,且户籍所在地没有监护条件的个体经商户子女,按经商地所在学区安排入学(当可录取人数少于本条报名人数时,按取得经商营业执照的时间先后依次录取);夫妻双方在城区务工3年以上,并与企业签订劳动合同且按时缴纳养老保险、工伤保险的,其子女按企业所在学区安排入学(当可录取人数少于本条报名人数时,按在本县养老保险缴费的年限长短依次录取)。(8)夫妻双方在城区务工1年以上,并与企业签订劳动合同且按时缴纳养老保险、工伤保险的,其子女按企业所在学区安排入学(当可录取人数少于本条报名人数时,按在本县养老保险缴费的年限长短依次录取)。(9)夫妻一方在城区务工1年以上,且户籍所在地没有监护条件的,并与企业签订劳动合同且按时缴纳养老保险、工伤保险的,其子女按其企业所在学区安排入学(当可录取人数少于本条报名人数时,按在城区务工一方在本县养老保险缴费的年限长短依次录取)。同等情况下,在城区有房产者优先。当一学校按招生顺序招满时,剩余的招生对象由另一学校按招生顺序不分学区统一招生。

2013年,义务段招生有关资格审查和招生顺序的规定:

(1)接受义务教育的小学、初中一年级新生,均应进行资格审查。审查依据以户籍管理部门提供的户籍资料(原件)、房管部门提供的房产资料(原件)为准。县城义务教育起始年级入学对象的资格,按磐政〔2001〕33号、磐政〔2010〕61号文件确定。(2)城区小学义务教育对象审定原则:①户籍与房产均在同一学区范围内的,为本学区义务教育对象。②户籍与房产(指私房)所在地分别属于两个学区的,以房产所在地为准。③仅有营业场所的城区户籍居民子女,以营业执照所在地为准。④学区有异议的,以教育局的裁定为准。(3)因特殊情况需要延缓入学或免予入学的,须由儿童少年的父母或其他监护人提出申请,并提供相关的证明材料(因身体原因申请缓学、免学的,应附具县级及以上医院证明材料),经户籍所在地乡镇中心小学和乡镇人民政府审核同意,报县教育局批准。

2014年,义务教育阶段招生的范围有所变化:乡镇小学以乡镇所辖范围为学区范围;城区小学学区按2014年新划定的学区执行。"招生顺序"中规定:当一学校按招生顺序招满时,剩余的招生对象由县教育局视学额空余情况统筹安排入学。超过规定学额的,就近安排到新城区学校及与城区学校结成共同体的对应学校。

2015年义务教育阶段学校招生政策与2014年基本相同,新增规定:2017年开始,老城区两所初中(实验初中、安文初中)招生将实施学区对口招生,教育局负责起草学区划分方案,报县政府批准后公布实施。"招生顺序"中补充规定:2014年7月1日以后办理,且2014年7月至2015年6月没有按月连续缴费的养老保险年限和2015年补交2014年的养老保险年限均不予认可。并规定从2016年开始,第8、9类对象缴纳养老保险的年限提高为2年以上(含2年)。

第二节　教育技术与信息技术装备

一、管理机构与职能

1984年,磐安县教育局设立教学仪器管理站。

1990年4月28日,县编制委员会10号文件批复,同意将县教育教学仪器管理站确定为事业单位,编制不变。

2002年8月,县教育教学仪器管理站改称磐安县教育技术装备站。

县教育技术装备站是县教育局下属的教育设备管理机构。2003 年，县文教局下发《关于规范学具配备管理的通知》中确认：中小学学具的配备、管理、检查、指导等工作统一由教育装备部门负责。

具体职责为：制定并实施全县教育信息技术发展规划，负责县级层面及全县中小学教育教学仪器、图书、信息技术设备采购，指导学校信息化、实验室以及图书馆建设，指导教师利用信息技术开展教育教学活动，负责全县教育网络建设，做好磐安县教育网建设工作，开展以信息技术为载体的各类评选赛事活动，开展教育技术的理论和应用研究，组织开展各类信息知识与技能技术培训等。

与建立之初相比，装备站除全县信息化设备的配备、管理、使用外，更加侧重于促进教育技术和教育教学的融合，成为提高教育教学质量的一个重要方面。

二、教育技术装备

(一)仪器器材配置与实验室建设

1990 年，根据省装备标准和学校实际，县教学仪器管理站对各校实验室数量、面积提出具体要求：磐安中学 5 个，250 平方米；安文镇中 3 个，150 平方米；此外的完全中学、高中以及职业技术学校各 2 个，100 平方米；6 个班级(含 6 个班)以上的学校 2 个，100 平方米；5 个班级以下 1 个，50 平方米。当年省、市、县筹资 6.6 万元，县教学仪器管理站组织学校采购一批普教仪器。

表 5－22　　1990 年磐安县各类学校装备达标情况表

统计项目 学校类别	学校总数(个)	教学仪器(件)				图书(册)			劳技	音乐	体育	美术	卫生
		一类	二类	三类	四类	一类	二类	三类					
合计	416	4	21	22	—	—	—	—	—	—	—	—	—
小学	386	1	6	18	—	—	—	—	—	—	—	—	—
初级中学	25	2	13	3	—	—	—	—	—	—	—	—	—
高级中学	3	1	2	—	—	—	—	—	—	—	—	—	—
职业中学	2	—	—	1	—	—	—	—	—	—	—	—	—

说明：按省教委(省教委未颁发的按国家教委)颁发的标准为依据；单位为学校数(所)，图书、劳技等当时均未统计

表 5－23　　1990 年磐安县各类学校装备情况表

统计项目 学校类别	学生数(人)	当年累计金额		当年投入金额				
		当年累计总金额(万元)	当年累计生均金(元)	当年投入总金额(万元)	实验室、功能室(个)	电教器材(件)	图书馆(室)图书设施(万元)	当年生均投入设备资产(元)
合计	30878	81.98	—	12.17	11	1.17		3.9
小学	18451	13.46	7.3	1.11	0.8	0.31		0.6
初级中学	9873	39.08	39.6	7.54	6.97	0.57	未统计	7.64
高级中学	1490	22.82	153.2	1.35	1.06	0.29		9.06
职业中学	1064	6.62	62.2	2.17	2.17	—		20.4

表 5－24　　1990 年磐安县各类学校实验室基本情况表

统计项目 / 学校类别	实验室		仪器室		实验教师(人)	
	间　数	面积(平方米)	间　数	面积(平方米)	专　职	兼　职
合　计	46	2617	68	1666	16	16
小　学	8	409	19	306	1	1
初级中学	28	1563	38	770	11	9
高级中学	9	595	9	545	4	5
职业中学	1	50	2	45	1	1

表 5－25　　1990 年磐安县各类学校实验教师基本情况表

单位:人

统计项目 / 学校类别	小计	专兼职		文化程度			职　称			
		专	兼	大专以上	中专(高中)	其他	高级	中级	初级	其他
小　学	2	1	1	—	2	—	—	—	2	—
初级中学	20	11	9	7	13	—	—	5	15	—
高级中学	9	4	5	8	1	—	—	1	8	—
职业中学	2	1	1	—	2	—	—	—	2	—

1991 年,县教育局下发《关于对省普教仪器奖配乡(镇)中小学实验室进行检查、登记的通知》,检查内容为实验用房和配套设施是否符合要求、教学仪器配备有否达到标准、实验室管理是否符合要求。

1993 年 3 月,县教育局《关于教学器材供应办法试行意见》中提出:省奖配乡镇中小学订购的教学仪器由省奖励补助 30%、县奖励补助 40%。县奖配乡镇中小学订购的教学仪器由县奖励补助 70%,自筹部分由乡镇财政负担。各校若需更新、补缺、添置教学仪器,或订购消耗性玻璃仪器和化学药品等,可在规定时间(一般 2～3 月)内,向县教育局电教仪器站联系订购,并申请享受优惠补助。

1996 年,为创建省实验基本普及县,县财政投入资金,仪器采购 54 万元,配套设施 22.5 万元。同时,要求各校多方筹措资金,当年教学仪器经费生均投入,小学不低于 10 元,初中不低于 20 元,高中不低于 40 元。

1997 年,顺利创建省基本普及实验县。

表 5－26　　1997 年磐安县各类学校装备达标情况表

统计项目 / 学校类别	学校总数	教学仪器(套)				图　书(册)			劳技	音乐	体育	美术	文科	卫生
		一类	二类	三类	四类	一类	二类	三类						
合　计	214	4	33	16	51	1	3	14	4	9	12	6	9	3
小　学	191	2	19	10	51	—	2	13	4	6	7	4	5	2
初级中学	18	1	13	4	—	—	1	1	—	2	3	1	3	1

续表 5—26

统计项目/学校类别	学校总数	教学仪器(套)				图　书(册)			劳技	音乐	体育	美术	文科	卫生
		一类	二类	三类	四类	一类	二类	三类						
高级中学	3	2	1	—	—	1	—	—	—	1	2	1	1	—
职业中学	2	—	—	2	—	—	—	—	—	—	—	—	—	—

说明：按省教委(省教委未颁发的按国家教委)颁发标准为依据；单位为学校数(所)，其中劳技、音乐、体育、美术、文科、卫生按最低标准填。职业中学的图书、劳技等当年未统计

表 5—27　　1997 年磐安县各类学校装备情况表

统计项目/学校类别	学生数	当年累计金额		当年投入金额				
		当年累计总金额(万元)	当年累计生均金额(元)	当年投入总金额(万元)	实验室、功能室(万元)	电教器材(万元)	图书馆(室)图书设施(万元)	当年生均投入设备资产(元)
合　计	23251	555	238.7	93	46	25	22	40
小　学	12354	145	117.37	46	21	12	13	37.23
初级中学	6749	156	231.15	28	11	9	8	41.49
高级中学	2525	173	685.15	13	9	3	1	51.49
职业中学	1623	81	499.08	6	5	1	—	36.97

表 5—28　　1997 年磐安县各类学校实验室基本情况表

统计项目/学校类别	实验室		仪器室		实验教师(人)	
	间　数	面积(平方米)	间　数	面积(平方米)	专　职	兼　职
合　计	78	4665	107	2973	26	43
小　学	26	1408	32	866	2	23
初级中学	38	2317	59	1462	15	14
高级中学	13	886	13	545	7	4
职业中学	1	54	3	100	2	2

表 5—29　　1997 年磐安县各类学校实验教师基本情况表

单位：人

统计项目/学校类别	小计	专兼职		文化程度			职　称			
		专	兼	大专以上	中专(高中)	其他	高级	中级	初级	其他
小　学	25	2	23	1	24	—	—	6	19	—
初级中学	29	15	14	23	6	—	—	9	20	—
高级中学	11	7	4	10	1	—	—	4	6	1
职业中学	4	2	2	3	1	—	—	3	1	—

2006年，县教育局下发《中小学教育技术装备管理办法》，到2007年创建省教育强县时，70%的中小学的实验仪器达省一类标准，60%的中小学(镇级学校)音、体、美、劳、卫、文、科器材达到省一类标准，其他学校(乡级学校)达省二类标准。各级各类学校的实验室、仪器室、准备室等数量均按照浙江省教育厅中小学现代教育装备标准执行。大盘、尚湖、尖山3所小学，以及盘山、尖山、新渥3所中学的实验室被评为金华市现代化示范实验室。

2007年，为创建省教育强县，依据县教育局创建浙江省教育强县中小学教育装备配备规划的精神，县装备站组织采购价值82.1万元仪器和器材，全部送达学校。

2008年，组织磐安中学、磐安三中、安文初中、尖山初中、安文小学和深泽小学等学校实验教师代表，结合各校情况，学习讨论《浙江省中小学标准化实验评分标准(草稿)》。

2008～2009年，县财政共下拨专项资金18万元，由县装备站组织采购理、化、生、科学仪器器材和化学药品。

2009年，实验小学通过自筹30%、省财政补助70%的方式，斥资6万元，建立首个磐安县小学科学探究实验室。同年，磐安中学实验室被评为省中小学示范性实验室。

2010年，为迎接省教育强县复评，县装备站组织采购4.26万元教学仪器、1.71万元化学药品、55.5万元音体美劳卫器材。同年，安文、方前、尖山3所小学，以及实验初中和尚湖初中分别由省财政资助建造探究实验室各1个，次年，冷水中心学校与玉山小学也通过省财政资助建造起探究实验室。

表5—30　　2010年磐安县各类学校装备达标情况表

统计项目 / 学校类别	学校总数(所)	教学仪器		图书		劳技		音乐		体育		美术		卫生	
		一类	二类	一类	二类	一类	二类	一类	二类	一类	二类	一类	二类	一类	二类
合计	33	24	9	12	8	21	8	22	11	24	6	23	8	22	5
小学	18	9	9	8	6	9	5	8	10	9	6	9	7	9	3
初级中学	10	10	—	2	2	8	2	9	1	10	—	9	1	9	1
高级中学	3	3	—	1	—	2	1	3	—	3	—	3	—	3	—
完全中学	1	1	—	1	—	1	—	1	—	1	—	1	—	1	—
职业中学	1	1	—	—	—	1	—	1	—	1	—	1	—	—	1

说明：按省教委(省教委未颁发的按国家教委)颁发的标准为依据；单位为学校数(所)，学校类别按2010年省教育装备统计口径

表5—31　　2010年磐安县各类学校装备情况表

统计项目 / 学校类别	学生数	当年累计金额		当年投入金额				
		当年累计总金额(万元)	当年累计生均金额(元)	当年投入总金额(万元)	实验室、功能室(万元)	电教器材(万元)	图书馆(室)图书设施(万元)	当年生均投入设备资产(元)
合计	24681	4407	1786	376.8	—	188.9	34.9	153
小学	11548	1802	1560	187	154	123	17	162

续表 5—31

学校类别＼统计项目	学生数	当年累计金额		当年投入金额				
		当年累计总金额（万元）	当年累计生均金额（元）	当年投入总金额（万元）	实验室、功能室（万元）	电教器材（万元）	图书馆（室）图书设施（万元）	当年生均投入设备资产（元）
初级中学	7600	1123	1478	137	127		17	180
高级中学	4147	964	2325	43	42.6		0.4	104
完全中学	337	98	2908	1.6	1.13		0.47	47
职业中学	1049	420	400	8.2	—	8.2	—	78

表 5—32　　2010 年磐安县各类学校实验室基本情况表

学校类别＼统计项目	实验室		仪器室		实验教师	
	间　数	面积（平方米）	间　数	面积（平方米）	专　职（人）	兼　职（人）
合　计	70	4037	—	—	22	107
小　学	20	1339	—	—	7	83
初级中学	25	2425	—	—	8	16
高级中学	22	2505	—	—	7	5
完全中学	3	273	—	—	—	3
职业中学	—	—	—	—	—	—

说明：当年省装备统计仪器室间数和面积、职业中学的实验室情况未统计

表 5—33　　2010 年磐安县各类学校实验教师基本情况表

单位：人

学校类别＼统计项目	小计	专兼职		文化程度			职　称			
		专	兼	大专以上	中专（高中）	其他	高级	中级	初级	其他
小　学	90	7	83	—	—	—	—	54	33	3
初级中学	24	8	16	—	—	—	5	12	5	2
高级中学	12	7	5	—	—	—	2	8	2	—
完全中学	3	—	3	—	—	—	—	—	3	—
职业中学	—	—	—	—	—	—	—	—	—	—

说明：2010 年省装备统计未含文化程度、职业中学情况的统计

2012 年，浙江省启动义务教育阶段中小学校实验室和专用教室专项补助工程，省财政补助 189 万元，县财政补助 47 万元，为磐安县添置 20 个实验室、8 个音乐教室、7 个美术教室。次年，省补仪器、器材、桌椅、多媒体等全部送达受助学校。实验小学实验室在这一年被评为省中小学示范实验室。

2013 年，县教育局修订《磐安县中小学教育技术装备管理考核办法》，明确规定实验仪器按省教育技术装备标准配备，实验室面积和间数符合规定要求。同时，对实验教师提出明确要求，高中至少有 3 名专职实验教师，初中至少有 1 名专职或 2 名兼职实验教师，小学至少有 1 名兼职实验教师。

2014年，县教育局把“装备建设和管理使用”作为局重点考核工作之一，其中实验室建设的考核内容为“按标准建设实验室；面积、间数、仪器器材按要求配备，满足教学需要；实验室管理人员落实到位；仪器、药品账册完整、存放科学规范”。同年，县财政拨出专项资金29万元，为全县中小学校采购仪器柜253个、药品柜38个。

2015年，磐安中学、磐安二中分别申报省创新实验室项目。市教育技术中心在磐安二中举行项目论证会，磐安中学的“生物创新实验室”和磐安二中的“中学生课本剧表演实验室”通过论证，分别获48万元、24万元相关实验室仪器器材资助。至2015年底，全县中小学教学仪器达标学校28所(职业学校除外)，全部按一类标准配齐。实验室和功能教室设备累计总值1443万元，信息化装备累计总值4052万元。

表5—34　　　2015年磐安县各类学校装备达标情况表

统计项目／学校类别	学校总数(所)	教学仪器		图书		劳技		音乐		体育		美术		卫生	
		一类	二类	一类	二类	一类	二类	一类	二类	一类	二类	一类	二类	一类	二类
合计	30	30	—	30	—	30	—	30	—	30	—	30	—	30	—
小学	15	15	—	15	—	15	—	15	—	15	—	15	—	15	—
初级中学	9	9	—	9	—	9	—	9	—	9	—	9	—	9	—
高级中学	2	2	—	2	—	2	—	2	—	2	—	2	—	2	—
九年一贯制	2	2	—	2	—	2	—	2	—	2	—	2	—	2	—
职业中学	2	2	—	2	—	2	—	2	—	2	—	2	—	2	—

说明：按省教育技术中心颁发的标准为依据，单位为学校数(所)，学校类别按2015年省教育装备统计口径

表5—35　　　2015年磐安县各级各类学校教育技术设备情况表

统计项目／学校类别	当年累计装备资产					当年装备投入				
	合计(万元)	实验室功能室(万元)	信息化装备(万元)	图书馆(室)图书设施(万元)	当年生均设备资产(元)	合计(万元)	实验室功能室(万元)	信息化装备(万元)	图书馆(室)图书设施(万元)	当年生均设备资产(元)
小学	3291.42	567.16	1992.75	731.51	2881.40	475.89	107.09	263.71	105.09	416.60
初级中学	1848.48	464.18	1106.03	278.27	3130.89	314.51	62.99	203.44	48.08	532.70
高级中学	1032.43	331.89	601.19	99.35	3470.34	201.57	103.32	84.02	14.23	677.52
九年一贯制	503.42	80.45	352.81	70.16	4439.36	60.61	29.53	21.67	9.41	534.37
职业中学	1337.41	652.83	630.82	53.76	9100	124.04	57.91	57.39	8.74	840

表5—36　　　2015年磐安县中小学实验室基本情况表

学校名称	班级数(个)	实验室		仪器室		实验教师	
		间数	面积(平方米)	间数	面积(平方米)	专职(人)	兼职(人)
磐安中学	36	9	810	6	120	4	0
磐安二中	34	9	900	16	252	3	0

续表 5－36

学校名称	班级数（个）	实验室		仪器室		实验教师	
		间数	面积（平方米）	间数	面积（平方米）	专职（人）	兼职（人）
职教中心技校校区	26	34	6322	1	42.2	0	25
职教中心三中校区	18	11	1043	11	380	0	11
盘山中学	4	2	167	4	164	0	1
实验初中	36	4	480	4	246	2	1
安文初中	24	4	394	2	114	1	1
深泽初中	9	2	164	2	88	1	0
新渥初中	12	3	299	4	133	1	1
仁川初中	12	2	152	2	120	1	0
尚湖初中	14	4	377	6	209	2	0
玉山初中	10	3	207	4	73	0	1
尖山初中	17	4	384	2	168	0	2
冷水中心校	19	1	40	2	68	0	1
方前中心校	13	3	183	2	80	3	4
实验小学	50	3	288	1	63	1	0
安文小学	44	3	210	3	120	3	9
文溪小学	统计在安文小学内						
深泽小学	29	2	158	1	30	3	4
新渥小学	24	1	72	1	45	2	3
仁川小学	13	1	60	1	32	1	3
双峰小学	6	1	56	1	50	0	1
双溪小学	6	1	48	0	0	0	1
窈川小学	6	1	70	1	36	0	1
尚湖小学	24	1	86	1	24	0	1
玉山小学	18	2	214	1	36	0	3
尖山小学	31	2	172	1	86	1	4
万苍小学	10	1	70	1	70	0	4
胡宅小学	6	1	60	0	0	0	1
九和小学	6	1	60	2	28	0	1
大盘小学	12	1	60	2	112	1	4

表 5－37　　2015 年磐安县中小学实验教师基本情况表

单位：人

统计项目 学校类别	小计	专兼职		文化程度				职称			
		专	兼	大学本科及以上	大学专科	高中	初中及以下	高级	中级	初级	其他
小学	54	12	42	37	9	8	0	5	24	20	5
初级中学	15	8	7	7	8	0	0	3	10	1	1

续表 5-37

统计项目 / 学校类别	小计	专兼职		文化程度				职称			
		专	兼	大学本科及以上	大学专科	高中	初中及以下	高级	中级	初级	其他
高级中学	7	7	0	5	2	0	0	3	3	1	0
九年一贯制	8	3	5	4	4	0	0	1	3	3	1
职业中学	36	0	36	33	2	1	0	3	7	24	2

(二)实验教学管理

1990年,县教育局下发《关于进一步加强学校教学常规管理的通知》,要求各学校"重视实验、电化教学,培养学生动手能力,演示实验开出率达到100%"。这一年,各校理化生各科分组实验平均开出率在95%以上。

1998年4月,组织召开全县实验教师培训会议。9月,县教育委员会发布《关于试行学生(分组)实验三签单的通知》,要求在全县中小学试行学生(分组)实验统一由任课教师、实验教师、学生代表在实验单上分别签字,以作为检查实验教学开设情况的原始凭证和学校年度目标考核的依据。

2000年4月,为做好一年一度的普教仪器、玻璃仪器、化学药品及音体美劳器材征订工作,召开全县实验教师会议,并对征订工作做了具体要求。

2002年,县文化教育局下发"初中实验操作考查"的通知,要求自2003年起,全县初中毕业报考高一级学校的学生均应参加实验操作考查,内容为教学大纲及教材规定的学生必做的分组实验,全省统一命题。考前学生抽签选取考题,实验操作考试时间20分钟,满分10分。实行"二监四"(即2名监考人员对应4名学生)方式,当场计分,成绩计入升学总分。

2003年,县文化教育局转发《金华市2003年中考自然科学实验操作考查实施细则》,对报名、考点、实施、成绩上报等工作作出具体规定。当年,全县2454名考生,分设考点14个,监试人员27人,分2个组,用7天时间完成考查工作。

2008年,县教育局对学校实验教学进行考核,考核依据为磐教〔2006〕7号文件,重点检查是否履行实验三签单制度,总分1分,少1项扣0.5分。

2011年,县装备站带领小学、初中教师参加市首届中小学教师实验技能大赛,同时组织15名教师参加现场观摩。

2013年,县教育局下发2013年度重点工作目标,其中实验教学管理检查作为重点工作目标之一,要求实验开出率在95%以上,任课教师、课代表和管理人员(实验员)共同签字的"三签单"必须记载完整。4月,抽调教育局各科室负责人为巡视员,分别到11所初中巡视、监督实验操作考查。

2014年3月,县装备站组织召开由各学校教务主任、总务主任参加的装备管理培训会议,强调实验教学要与教学进度同步进行,同时按演示实验、分组实验分类整理,按学期、分年级存放。3月27~28日,组织各校教师30余人参加市实验室建设与管理培训班,磐安中学作交流发言。在充分论证,征求教研员、科学教师和实验员意见的基础上,5月下发《磐安县小学科学实验目录》。

2015年2月,县教育局公布2014年中小学教育技术装备管理考核结果,实验初中、实验小学、新渥小学获一等奖,奖金各1万元,磐安中学等6个学校获二等奖,奖金各8000元,其他21个学校为达标奖。6月16~19日,对部分小学实验教学管理进行抽查,抽查依据是《磐安县小学科学实验目录》,

抽查方式为查学生实验分组三签单、学生问卷调查，最后对抽查情况进行通报。

（三）基本普及实验县创建

1996 年 6 月，召开迎接省基本普及实验县验收工作动员大会，县教委和有关学校把迎接验收工作列入议事日程。磐教〔1996〕44 号、115 号文件中，要求学校加大普及实验教学力度，切实做好迎接验收的基础性工作。同时，明确验过程为三个阶段：1996 年下学期，学校自查自评；1997 年 3～4 月，县教委检查与指导；1997 年 11 月，省教委检查验收。

1997 年 3～4 月，分别召开县小学、高中普及实验教学现场会与安文片玉山片的初中实验教师会议。6 月，对照《浙江省中小学实验教学普及县验收评分表》中的指标，分两批对全县 42 所中小学（中心校、小学、初中分开查）逐项对照、量化评分。9 月 30 日，县教委对联系乡（镇）学校的科室干部进行培训，要求加强督查力度。教仪站工作人员分头抽查有关学校，并根据联系干部督查情况进行通报。

11 月 26～28 日，浙江省“普及实验教学”验收组，在听取县教委金彩荣主任汇报后，以抽签形式随机确定 5 个乡镇和 2 所县属学校为抽查评分对象。验收组分 3 个小组，点面结合，赴各有关学校检查验收。

点上抽查学校 12 所，得分结果如下：

表 5—38　　普及实验县点上抽查得分表

校　　名	得　　分	校　　名	得　　分
磐安中学	98.4	安文镇中	95.5
实验小学	98.4	新渥镇中	95.5
尚湖小学	97.0	万苍初中	95.5
尚湖镇中	96.2	万苍中心校	94.9
安文小学	96.0	仁川镇中	90.9
仁川小学	95.7	新渥小学	89.2

面上检查方前镇中、方前小学、盘峰中心校、榉溪完小、沙溪村校、盘山中学、深泽乡初中、深泽中心校。

验收组对磐安县“普及实验教学”工作充分肯定，同时也对实验室建设规范化、仪器配备标准化提出更高要求。

1997 年 12 月 23 日，浙江省教育委员会下发《关于同意富阳等 26 个县（市、区）通过中小学实验教学普及县（市、区）验收的通知》，公布磐安县通过中小学实验教学普及县省级验收，并授予“浙江省中小学实验普及县”称号。

三、学校图书馆

（一）图书配置

1992 年，省教育委员会下发中小学最低生均藏书量标准：完全中学 30 册，初级中学 20 册（18 班以上 25 册），城市和乡镇中心小学 15 册，农村一般完小、初小 5 册，实验小学和规模较大的 20 册。报刊、工具书、教学参考书的最低藏书量由学校根据实际情况确定，原则上不应低于国家教委规定的三类标准。

1993 年,县教仪站统计全县各类中小学藏书情况:完全中学 5 所,学生 2455 人,藏书 31308 册,生均 11.8 册;初级中学 26 所,学生 10209 人,藏书 5435 册,生均 0.5 册;小学 26 所,学生 15211 人,藏书 13891 册,生均 0.9 册。

1995 年 11 月,县教仪站投入 13907 元,为各校配发图书 500 册。

1996 年,县教仪站投入 42878 元,分两批为学校配发图书 10500 册。

2007 年,省农村义务教育阶段中小学书香校园首轮工程开始。至 2015 年,磐安县义务教育阶段中小学受助 132 万元,图书和工具书 105633 册。

2010 年,为迎接省教育强县复评,县装备站和学校多方筹措资金采购图书,各级各类学校图书馆与藏书量增加较多。

表 5—39　　2010 年磐安县各级各类学校图书馆与藏书量统计表

学校类别	图书册数(册)	生均册数(册/生)
小　学	282018	22.54
初级中学	148301	21.69
完全中学	13168	95.42
高级中学	128643	31.02
职业中学	33023	31.48

2011 年,县财政拨款 25 万元,为学校采购图书 25496 册。

2012 年,县财政拨款 31 万元,为学校采购图书 30369 册。

2013 年,县教育局明确要求学校生均藏书量达到小学 20 册以上,中学 30 册以上,小学、中学添置图书分别为每年 1 册以上、2 册以上。同年,县财政为学校采购总金额 36 万元的图书 29871 册。

2014 年,县财政拨款 50 万元,为学校采购图书 41411 册。

2015 年,县财政拨款 67 万元,为学校采购图书 70034 册。

表 5—40　　2015 年磐安县各级各类学校图书馆与藏书量统计表

学校类别	图书册数(册)	生均册数(册/生)
小　学	418012	36.59
初级中学	241991	40.99
高级中学	144814	48.68
九年一贯制	61395	54.14
职业中学	74844	50.67

(二)图书馆建设

1993 年,县教仪站统计全县中小学图书馆情况:

完全中学 5 所,专职管理员 3 人,兼职 3 人,藏书室 124 平方米,教工阅览室 65 平方米,学生阅览室 106 平方米，书架 39 个，阅览桌 28 张。

初中 26 所，兼职管理员 9 人，藏书室 42 平方米，教工阅览室 27 平方米，书架 10 个，阅览桌 2 张。

小学 26 所，兼职管理员 15 人，藏书室 18 平方米，教工阅览室 42 平方米，书架 20 个。

2005 年，磐安二中、安文镇初中、尚湖小学、深泽小学被评为金华市现代化示范图书馆。

2006 年底，县教育网开始建有电子图书馆和新课程资源库，实行网上资源共享。当年，大盘镇与尖山镇小学图书馆被评为金华市现代化示范图书馆。

2009 年，磐安县深泽小学图书馆被评为省首批中小学示范性图书馆。

2010 年，县装备站在《关于开展中小学书香校园工程阶段总结活动的通知》中，要求学校高度重视图书馆建设，做好图书馆的配套设施落实工作，并对 10 所学校图书馆建设现状进行问卷调查。

2012 年，尖山镇中心小学图书馆被评为省第二批中小学示范性图书馆。

2013 年，《磐安县中小学教育技术装备管理考核办法》明确提出，学校要有与之规模相适应的图书馆（室）和阅览室。

2015 年，大盘镇中心小学图书馆被评为省中小学示范性图书馆。

（三）图书管理

1994 年，为加强县中小学图书馆（室）的建设和管理，县教育局下发《关于建立中小学图书馆（室）基本情况统计年报制度的通知》，决定自 1994 年开始建立中小学图书馆（室）基本情况统计年报制度。

1999 年，为加强中小学图书馆（室）管理工作，县教仪站分三期对全县属中小学举行图书分类、图书账册建立等内容培训，并统一发放图书登记簿、“中图法”分类书。同年，县教仪站为各校发放图书丢失和损坏制度、书刊借还制度、图书馆（室）藏书和资料管理制度、图书剔旧和处理办法、电子阅览室守则、图书管理员责任制度等规章制度的书籍。

2000 年 11 月，教仪站带领安文镇中、职业技校图书管理员参加省第三期图书馆自动化管理培训。

2007 年 11 月，组织全县图书馆（室）管理员、实验员、电教管理员等培训，34 名图书馆（室）管理员参加。

2008 年，磐安中学、实验小学、安文小学图书馆（室）管理员到杭州参加省农村中小学图书馆工作人员培训。

2010 年，组织全县中小学生参加省、市“书香相伴，梦想同行”征文比赛，3 人获省二等奖，4 人获省三等奖。4 人获市一等奖，5 人获市二等奖，12 人获市三等奖。

2013 年，县装备站为规范图书管理，在磐安教育网教育装备工作专栏发布图书总括登记簿、图书个别登记册、注销图书个别登记簿等各类样表。要求学校实行电子化管理，一学年图书出借生均达到 12 册以上。

2015 年，全县中小学有专职图书管理员 14 人、兼职管理员 22 人，图书管理制度健全。当年，18 所学校受赠浙江清大新洋科技有限公司图书馆管理软件各 1 套。

四、信息技术装备

1990 年，磐安中学有苹果Ⅱ计算机 13 台，用于 BASIC 语言教学。

1991 年，省补助的教育电视卫星地面接收站设备到位，安装调试并投入使用。同年，设立方前初中、玉山中学、岭口初中、新渥初中 4 个放像点。

1992 年，磐安中学建成全县首个语音实验室。

1993年,各中学及乡镇中心小学学校全面配备书写投影机和银幕并进入班级,加上此前配备的幻灯机,“两机一幕”的应用逐步推广。

1994年,浙江省教委生产供应设备处印发《关于1994年中小学计算机配备问题的通知》,此后,学校开始全面配备计算机,开展信息技术教学。

1995年,开始建设计算机教室。

1999年,学校配备投影机型多媒体,磐安中学、磐安二中、新渥小学各添置1套。至年底,全县学校计算机259台,1所小学、2所初中、5所高中开始使用计算机教学。

2000年,着手配备电视摄像机、影碟机(VCD/DVD)等设备。

表5—41　　2000年磐安县中小学有关信息技术装备情况统计表

设备名称	合计	职业中学(所)	普通中学(所)	小学(所)
各种规格幻灯机、投影机(套)	509	4	182	323
液晶投影仪(套)	10	1	4	5
各式录音(扩)机(套)	616	10	235	371
电视摄像机(台)	6	—	3	3
磁带录放机(套)	48	3	19	26
VCD/DVD影碟机(台)	34	3	13	18
计算机(台)	465	141	159	165
计算机教室(个)	13	3	6	4
多媒体综合教室(个)	10	1	4	5
语音实验室(个)	7	—	7	—
配有“两机一幕”的班级(个)	447	3	162	282

2002年,全县投入271万元,配备电脑420台、投影机型多媒体11套、语音实验室设备3套。9月开始,新华书店在每学期初向贫困生赠送学习用录音机。同年11月20日,省教育厅浙教电〔2002〕238号文件批复,同意建立磐安县教育网站。

2003年,磐安教育网投入使用。10月8日,浙江省教育厅电化教育办公室下发《关于进行全省农村远程教育工作有关数据调研的通知》,标志“浙江省农村中小学现代远程教育工程”(简称“农远工程”)启动。10月20日,金华市教育局电化教育办公室25号文件明确表示:从2004年春季开始规范全市初中、小学信息技术课教材。

2005年5月,“农远工程”光盘放像点设备(34P9A－T海尔电视机/DVD－H9A71海尔播放机)31套到位。11月9日,浙江省教育厅、财政厅联合印发《浙江省农村中小学现代远程教育工程实施办法的通知》,“农远工程”开始全面实施。

2007年,磐安县创建“教育强县”,县财政投入260万元,用于添置教育装备设备,其中信息技术装备投入167万元。同年,提出“校园网络班班通”。

2009年,县教育局要求初中学校通过“农远工程”配备、县装备专项经费配备、学校自筹等途径,首先达到多媒体班套比1∶1(配备的多媒体绝大多数是平板电视机型)的目标。

2011年上半年，投入专项教育经费229万元，学校自筹98万元，共计327万元，一次性给各中小学配备教师用计算机631台，达到专任教师人手1台；学生用计算机400台。年底，全县中小学多媒体(大多为交互式电子白板型)班套比基本达到1∶1的目标。

同年，浙江省教育厅提出“教育信息化工程”建设。此后的计算机与多媒体等配备以更新换代为主。投影机型和平板电视机型多媒体被交互式电子白板型多媒体代替。并开始建设和使用远程录播教室、常态录播教室、交互式一体机多媒体等信息技术装备。

表5—42　　2011年磐安县信息技术装备统计表

学校名称	班级数(个)	学生数(人)	专任教师数(人)	计算机		多媒体	
				总数(台)	其中：教师机(台)	总数(套)	进普通教室套数
浙江省磐安中学	30	1623	86	410	131	33	30
磐安县第二中学	30	1640	103	232	95	30	28
县职教中心三中校区	27	1320	77	228	82	31	27
县职教中心技校校区	23	1160	76	263	83	31	23
县实验初级中学	36	1697	105	283	118	45	36
实验初中新渥校区	9	340	35	122	31	12	9
安文初级中学	26	1211	81	210	81	30	26
盘山中学	6	177	27	133	29	9	6
深泽乡初级中学	9	337	35	106	35	11	9
冷水镇中心学校	18	797	43	147	42	21	18
仁川镇初级中学	9	396	32	116	26	11	9
玉山镇初级中学	10	484	35	136	34	14	10
尚湖镇初级中学	11	536	36	195	40	16	11
尖山镇初级中学	14	761	47	159	46	17	14
方前镇中心学校	16	562	39	170	41	22	16
实验小学	49	2619	109	340	116	54	49
实验小学大盘校区	9	327	17	90	23	11	9
安文小学	37	1912	79	210	84	41	37
深泽乡中心小学	19	975	44	163	43	21	19
新渥镇中心小学	20	1041	46	139	50	22	20
仁川镇中心小学	12	615	32	153	75	13	12
双峰乡中心小学	6	174	14	59	15	8	6
磐安县窈川乡中心小学	6	98	10	34	11	7	6
双溪乡中心小学	6	165	14	52	13	8	6
玉山镇中心小学	18	804	39	134	39	20	18

续表 5－42

学校名称	班级数（个）	学生数（人）	专任教师数（人）	计算机		多媒体	
				总数（台）	其中：教师机（台）	总数（套）	进普通教室套数
尚湖镇中心小学	23	1063	46	148	49	26	23
尖山镇中心小学	24	1181	51	187	47	27	24
万苍乡中心小学	9	351	17	120	17	12	9
胡宅乡中心小学	7	261	16	68	18	9	7
九和乡中心小学	6	177	11	45	12	7	6
盘峰乡中心小学	6	36	7	36	8	6	6
维新乡中心小学	6	72	10	42	12	6	6
高二乡中心小学	5	32	6	32	11	5	5
总计	542	24944	1425	4962	1557	636	540

表 5－43　　2015 年磐安县信息技术装备统计表

学校名称	班级数（个）	学生数（人）	专任教师数（人）	计算机		多媒体		录播教室		网络中心（个）
				总数（台）	其中：教师机（台）	总数（套）	进普通教室套数	精品（间）	简易（间）	
实验小学	50	2389	112	457	136	61	50	1	—	1
安文小学	44	1994	101	424	135	65	44	—	1	1
仁川镇中心小学	13	532	28	130	35	16	13	—	—	1
尖山镇中心小学	31	1379	65	276	71	39	31	—	—	1
玉山镇中心小学	18	602	40	220	41	26	18	—	—	1
尚湖镇中心小学	24	962	50	207	63	34	24	—	—	1
大盘镇中心小学	12	373	30	197	56	29	12	—	—	1
深泽乡中心小学	29	1141	54	195	55	36	29	—	1	1
双峰乡中心小学	6	153	10	66	18	10	6	—	—	1
双溪乡中心小学	6	172	10	68	11	12	6	—	—	1
万苍乡中心小学	10	312	19	142	34	140	10	—	—	1
胡宅乡中心学校	6	175	13	85	16	11	6	—	—	1
九和乡中心学校	6	128	11	69	18	8	6	—	—	1
窈川乡中心小学	6	89	11	46	14	12	6	—	—	1
新渥镇中心小学	24	1022	48	196	51	27	24	—	—	1
实验初级中学	36	1693	95	334	100	42	36	1	—	1
安文初级中学	24	1043	70	215	85	31	24	1	1	1

续表 5—43

学校名称	班级数（个）	学生数（人）	专任教师数（人）	计算机		多媒体		录播教室		网络中心
				总数（台）	其中：教师机（台）	总数（套）	进普通教室套数	精品	简易	
新渥镇初级中学	12	467	31	115	41	18	12	—	—	1
仁川镇初级中学	12	332	32	116	39	18	12	—	—	1
玉山镇初级中学	10	437	32	112	37	17	10	—	—	1
尚湖镇初级中学	14	670	41	148	42	22	14	—	—	1
深泽乡初级中学	9	385	34	133	35	16	9	—	—	1
冷水镇中心学校	19	759	43	176	57	27	19	—	—	1
方前镇中心学校	13	375	32	176	39	26	13	—	—	1
尖山镇初级中学	17	749	46	186	64	19	17	—	—	1
盘山初级中学	4	128	16	73	22	12	4	—	—	1
浙江省磐安中学	36	1445	127	425	158	48	36	1	—	1
第二中学	34	1530	110	451	111	40	34	1	—	1
县职业教育中心	37	1477	114	795	127	56	37	—	—	1

五、数字化校园建设

（一）省级现代教育技术实验学校建设

1999 年 12 月，磐安县实验小学被确认为浙江省第一批省级现代教育技术实验学校。

2001 年 12 月，磐安中学被确认为浙江省第二批省级现代教育技术实验学校。

2002 年 12 月，浙教电〔2002〕267 号文件公布磐安县安文镇初级中学、磐安县安文镇中心小学为浙江省第三批省级现代教育技术实验学校。

（二）市级教育信息化示范学校建设

2005 年 6 月，金市教基〔2005〕26 号文件公布磐安县第二中学和安文镇初级中学为金华市教育信息化示范学校。

2006 年 4 月，金市教基〔2006〕27 号文件公布磐安县大盘镇中心小学、尚湖镇中心小学、尖山镇中心小学和深泽乡中心小学为金华市教育信息化示范学校。

（三）省市两级数字校园示范学校建设

2012 年 8 月，浙江省教育厅印发《关于开展省数字校园示范建设工作的通知》，标志着数字校园示范学校建设工作在全省范围推开。

2013 年开始，磐安县教育局将“数字校园建设和应用成果”列入年度重点工作考核目标，明确规定：在教育教学及学校管理等方面信息化应用有创新并取得成效的，经考核认定后予以加分。以此引导和督促学校探索信息化特色学校建设之路。

同年 2 月，浙教办技〔2013〕21 号文件公布磐安县实验小学为浙江省首批数字校园示范建设学校。

2014 年 7 月，浙江省教育厅发文公布磐安县尖山镇中心小学为第二批省数字校园示范建设学校。

2013 年 11 月，金华市教育局下发《关于公布金华市首批数字校园示范建设学校名单的通知》，磐安县实验小学、尖山镇中心小学、实验初级中学、磐安中学、县职业教育中心和安文小学被确认为金华市首批数字校园示范建设学校。

2014 年 6 月，金华市教育局发文，确认磐安县新渥镇中心小学和县第二中学为金华市第二批数字校园示范建设学校。

2015 年下半年，磐安县实验小学初步通过省级数字校园示范学校验收。磐安县实验初级中学开展电子书包教学实践。同年，磐安县职业教育中心投入 90 多万元，建成 3D 导游虚拟仿真实训室。该实训室集成环境艺术和建筑艺术、虚拟现实技术、三维显示技术、数据库技术、网络技术等先进科技手段，以逼真的数字化模拟场景，通过体验式虚拟教学，实现教学与实训的有机结合。

六、教育网建设

(一)网络建设

2002 年，磐安县教育局与磐安县电信局合作建设磐安教育城域网络并于 2003 年投入使用。骨干网租用磐安电信的光纤链路，互联网出口带宽 100M，城区公办中小学到教育局网络中心带宽为 100M，其余乡镇学校以 10M 带宽汇聚到电信机房，经 100M 光纤接入教育局信息中心。核心设备为天融信防火墙(型号：Topsec NGFW4000)和思科交换机(型号：Catalyst 2894G－L3)。

2007 年，磐安教育网进行升级改造。信息中心核心交换机采用中兴万兆路由交换机(型号：ZXR10 T64G)和联想网御万兆 UTM 防火墙(型号：Super V－7812)，共投资 29.7 万元。互联网出口带宽增加到 1G，城区学校与信息中心千兆互联，乡镇中小学百兆带宽链路汇聚至磐安电信机房，经千兆光纤接入教育局信息中心。乡镇学校单独划分 VLAN，缓解网络广播风暴，减少 ARP 攻击对网络稳定的影响。整个教育网的速度和稳定性大为改观。

2013 年，省配学校网络中心设备 5 套，价值 14 万元。县投入专项经费 15 万元，另配 7 套学校网络中心设备。

磐安教育网网络拓扑简图

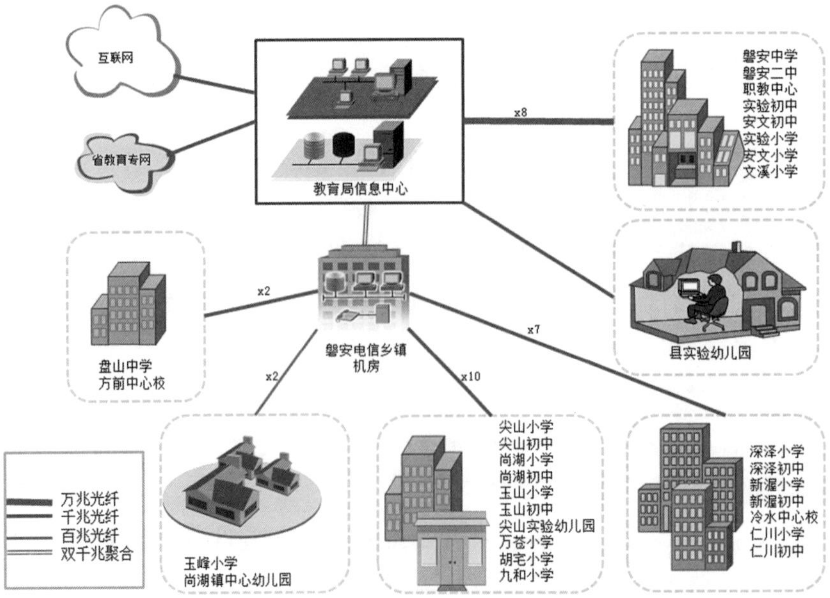

2013～2014年，根据省教育厅“千校联网”工程的要求，投资95万元启动教育网第二次升级改造，同时推动学校进行校园内网改造。改造完成后，全县中小学均建成网络中心。教育局信息中心核心设备更换为H3C交换机(SR－8805)、H3C防火墙(SecPath F5000)、H3C路由器(SR－8805)和深信服上网行为管理系统(AC9000)。城区学校网络核心设备更换为万兆交换机，实现与信息中心万兆互联，乡镇学校采用千兆交换机，以千兆速率汇聚至磐安电信机房，经双千兆聚合光纤链路接入信息中心。通过校园内网改造，实现全部教室和办公室100M或1000M速率联网。通过核心路由器，磐安教育网整体并入全省教育专网。

磐安教育网每年光纤线路租费及维护费根据学校规模等因素进行分摊。

2014年，磐安县实验小学实现校园无线网络覆盖。2015年，磐安中学和新渥镇中心小学分别建成集中管理的校园无线网络。

（二）网站建设

经省教育厅前置审批，2002年11月，磐安县教育局官方门户网站(磐安教育网)举行开通仪式。磐安教育网域名为www.paedu.net。2009年，根据磐安县机构编制委员会办公室等部门的要求，注册“磐安教育·政务”和“磐安县教育局·政务”两个专用中文域名。2012年，增加注册政府部门网站域名www.paedu.gov.cn。备案号为浙ICP备13024697号。主服务器IP地址为61.175.239.29，放置于教育局信息中心机房。

磐安教育网主要栏目有政务频道、教育信息、招生考试、教师园地、局长推荐、学前教育、学生资助、教育风采以及家教频道等，是全县信息发布及时、内容丰富、社会关注度高和影响力强的政府部门网站。

磐安教育网由教育局信息中心负责维护。2014年底，完成第二级信息系统安全等级保护评估。

磐安教育网于2005年和2008年两次改版。

第三节 教育经费与校园建设

一、经费管理的历史沿革

20世纪的70与80年代，磐安县的教育经费坚持“两条腿走路”的方针，即以国家、地方财政拨款为主，村集体补充为辅。民办教师工资由财政支付，口粮则由生产大队付给。1996年，民办教师全部转为公办，教师工资全部由国家财政承担。进入21世纪，教育经费来源主要是国家财政投入，其次是学生缴纳，还有少量社会和个人捐助。主要支出是校园建设、教职工工资、办公费、奖学金、助学金等。

1993年8月，县教育财务管理制度规定，学校向学生收取的各项费用，都必须开具县财政部门统一制定或监制的收据，并全部纳入学校预算外经费管理，作为教育事业费的补充。代管费列入学校预算外代管经费科目核算，每学期结束公布账目。

1996年9月，县财政局、县教育局制定《磐安县中小学预算外资金管理暂行办法》。中小学预算外资金是指各中小学校根据国家法律、法规和财政、财务制度的有关规定，收取、提留和安排使用的不纳入国家预算的资金，它是教育经费的重要补充。预算外资金主要用于公用经费开支和改善办学条件、政策性补贴等。预算外资金必须坚持统一管理、先收后支、量入为出、专款专用和权责结合的原则。中小学预算外资金的收入范围包括学杂费收入、勤工俭学收益、各项资助办学收入以及其他收入。县属学校及安文镇中小学收取的教育补偿费和职高、普高的自费生委培费暂定提取20%由县教委统筹使用;60%用于学校基本建设,改善办学条件;20%由学校统筹安排使用。指定乡镇试行乡镇教育事业财务统一管理体制;完小、村小,其资金由乡镇中心小学统一管理,分户核算,所有支出到乡镇中心小学报账。

1997年4月,《磐安县教育委员会加强财务管理有关规定》对局机关预算内经费以及预算外经费的管理、使用做出具体规定。11月,县教育系统推行财务公开制度。财务公开的内容包括财务管理、公务接待、差旅费报销、代管费管理、车辆管理、财产管理、物资购买、食堂管理、基建项目管理、非经常性专项活动经费管理等方面的制度、结果及其他需公开的财务。

2002年,按照省政府《关于全面进行农村税费改革的通知》,全面取消面向农民征收的农村教育附加费。税费改革后,乡镇学校的经费主要来源于财政拨款和杂费收入。这一年开始,按国务院规定,教师工资由县财政拨入县信用联社,直接打入个人工资专户统一发放。

2004年8月,县文教局、物价局、财政局联合推行义务教育阶段学校"一费制"。"一费制"是指在严格核定杂费、课本费和作业本费标准的基础上,一次性统一向学生收取费用。

2006年8月,县政府下文免除义务教育学生学杂费,免除学杂费的相应金额由县财政在教育经费中拨付给学校。

2007年5月,县政府成立全县义务教育经费保障机制改革领导小组,县长任组长,并制定《磐安县义务教育经费保障机制改革实施方案》。方案规定:1.全部免除义务教育阶段学生学杂费。免除义务教育阶段学生杂费所需资金由省、市县按比例分担,磐安县作为欠发达地区,义务教育阶段学生杂费减免所需的资金由省财政全额承担。2.提高义务教育阶段中小学日常公用经费保障水平。日常公用经费由2003年的省定"欠发达地区小学生均180元/年、初中生均240元/年",提高到"小学生均230元/年、初中生均330元/年"。3.做好家庭经济困难学生资助工作。从2007年起,扩大低收入家庭学生资助范围,将低收入家庭收入标准从农村居民年人均收入1500元提高到2000元,城镇居民年人均收入从3000元提高到4000元。4.建立义务教育学校校舍维修改造长效机制。5.完善中小学教师工资福利保障机制。实行县财政直接支付教师工资制度,将中小学教师合理收入全额纳入县财政预算和管理,纳入县财政统一发放范围,不留"缺口"。达到县乡统一标准、统一津补贴和社会保障等,确保教师的平均工资、福利待遇水平不低于当地公务员的平均工资和福利待遇水平。6.加强教师培训,提高教师素质。

2007年8月,为防范和化解债务风险,县政府开始全面实施"校财县管"改革。"校财县管"改革以加强支出过程管理为手段,完善学校的财务管理和资金管理方式,规范收支行为,强化预算约束,确保基本支出需要。9月,磐安中学、磐安二中、磐安三中、盘山中学、县职业技校、县实验小学、县实验初中、安文初中、安文小学和县实验幼儿园10家县直学校纳入县财政,实行"校财县管",会计核算职能暂保留在学校,采取财政国库集中支付的运行模式。10月,根据国务院关于"优先化解农村义务教育债务"和"制止新债、摸清旧债、明确责任、分类处理、逐步化解"的总体要求,为摸清债务底数、有效化解债务,全县开展教育债务清理核实工作,并在12月14日通过省级核查。

2008年2月,省教育厅对全省义务教育经费进行专项审计调查,磐安县顺利通过市复查和省抽查。5月,磐安县制定《化解义务教育债务实施方案》,开始全面化解7249.82万元义务教育债务。8月,县教育局、财政局印发《磐安县中小学校舍维修改造专项资金管理实施办法(试行)》。办法规定乡镇学校的校舍维修改造项目经费由县财政、乡镇财政共同承担,县财政负责安排总工程款(以项目审计结论数为准）的 2/3，乡镇财政负责配套总工程款（以项目审计结论数为准）的 1/3。县属学校的校舍维修改造项目经费全部由县财政承担。

2009 年 6 月，县教育局、财政局印发《关于加强全县中小学社会捐助资金管理的通知》，要求各中小学及县实验幼儿园接受捐赠款项后，必须统一纳入教育财政专户，实行收支两条线管理。各接收单位不得在专户外管理使用捐赠款物，不得通过其他单位或个人隐匿捐赠收入，不得账外使用捐赠资金。

2011 年，为加强教师培训，县财政按照教师工资总额的 3%保障教师培训经费，各中小学按照不少于学校年度日常公用经费总额 10%的比例，提取教师培训经费，用于教师培训。

2012 年 4 月，为支持和促进磐安县中等职业教育发展，县教育局、财政局试行中等职业学校生均经费标准。从 2012 年开始，确保中等职业学校生均教育经费不低于普通高中学校的生均教育经费，并逐步将中等职业学校生均公用经费提高到普通高中的 1.5 倍以上。是年 9 月，县教育局出台《落实“四重一大”事项集体决策制度实施办法》，规定局机关大额度资金使用应集体讨论决定，包括：年度预算的编制、执行和调整；各项专项资金的安排、使用和管理；万元以上大宗物品购置和资金支付，以及其他单项一次性万元以上开支；单位的固定资产、工程款支出 5 万元以上（含 5 万元）的资金使用与管理；其他需集体研究决定的大额资金的安排与使用。同月，磐安县国库集中收付教育分中心成立。

2015 年 1 月，磐安中学、磐安二中、磐安三中、盘山中学、县职业技校、县实验小学、县实验初中、安文初中、安文小学和县实验幼儿园第一批 10 所学校进入教育分中心，所有支出由教育分中心审核方可支付。同年 11 月，全县所有中小学、县属公办幼儿园财务和直属单位都进入教育分中心。

二、经费来源

（一）政府拨款

1990 年，县财政收入为 964 万元，财政支出 2872 万元，财政对教育的拨款为 537.4 万元，教育支出占财政支出的 18.7%。

“八五”期间（1991～1995 年），为实现普及九年义务教育目标，县政府加大对教育的投入。1994 年，政府预算内对教育拨款首次突破千万元，达 1243.7 万元，占当年财政支出的 24.8%。1995 年，预算内教育拨款达 1382.8 万元，是 1990 年的 2.57 倍，五年内预算内教育拨款年均增长 20.81%。

1996 年起，磐安县先后开展创建标准化学校，创建教育强乡镇等活动，政府对教育的投入逐年增大，2006 年突破亿元大关。至 2015 年，预算内教育经费拨款达 46186.6 万元，是 1990 年的 85.9 倍。25 年里，年均增长达 19.5%。

1990 年，预算内教育拨款占财政支出的比例为 18.7%，到 2015 年，预算内教育拨款占财政支出的比例为 21.5%，25 年间除个别年份外，该比例均在 20%以上。

表 5—44　　磐安县 1990～2015 预算内教育经费占财政支出的比例表

年份	预算内教育经费（千元）	财政预算总支出（千元）	预算内教育经费占财政总支出的比例（%）	年份	预算内教育经费（千元）	财政预算总支出（千元）	预算内教育经费占财政总支出的比例（%）
1990 年	5374	28720	18.7	1992 年	7091	34880	20.3
1991 年	6058	30870	19.6	1993 年	9117	39310	23.2

续表 5－44

年　份	预算内教育经费（千元）	财政预算总支出（千元）	预算内教育经费占财政总支出的比例(%)	年　份	预算内教育经费（千元）	财政预算总支出（千元）	预算内教育经费占财政总支出的比例(%)
1994 年	12437	50130	24.8	2005 年	90189	414750	21.79
1995 年	13828	62520	22.1	2006 年	107600	477080	22.55
1996 年	15028	72410	20.8	2007 年	137768	597700	23.05
1997 年	19373	92420	21	2008 年	154797	671290	23.06
1998 年	20260	96160	21.1	2009 年	166429	790300	21.06
1999 年	27316	127110	21.49	2010 年	200750	1064450	18.86
2000 年	30838	146990	20.98	2011 年	250901	1247860	20.11
2001 年	40432	194720	20.76	2012 年	327353	1408260	23.25
2002 年	45273	243790	18.57	2013 年	378863	1756090	21.57
2003 年	48195	284010	16.97	2014 年	409802	1896240	21.61
2004 年	76826	352640	21.79	2015 年	461866	2147840	21.5

“十五”“十一五”期间，磐安县人民政府对教育投入的财政性教育经费占地方国民生产总值的比例均在 4%以上，提前达到国家目标 4%。“十二五”期间更是在 5%以上，远超 4%的目标。

表 5－45　　磐安县 2001～2015 年财政性教育经费占国民生产总值的比例表

年　份	财政性教育经费（千元）	国民生产总值（千元）	财政性教育经费占国民生产总值比例(%)	年　份	财政性教育经费（千元）	国民生产总值（千元）	财政性教育经费占国民生产总值比例(%)
2001 年	50575	1247480	4.05	2009 年	171055	4065000	4.21
2002 年	56837	1402080	4.05	2010 年	212664	4801000	4.43
2003 年	57918	1651310	3.51	2011 年	264445	5575000	4.74
2004 年	83252	2030000	4.1	2012 年	336543	6144000	5.48
2005 年	98900	2430000	4.07	2013 年	386625	6914000	5.59
2006 年	119753	2838000	4.22	2014 年	415202	7364000	5.64
2007 年	141460	3359000	4.21	2015 年	469835	7830000	6
2008 年	158851	3728000	4.26	—			

说明：2001～2015 年的 15 年间，磐安县人民政府预算内教育经费拨款、生均预算内教育事业费拨款、生均预算内公用经费支出“三个增长”，除个别年份预算内教育经费拨款外，均达到《中华人民共和国教育法》的规定

表 5－46　磐安县 2001～2015 年公共财政预算安排(预算内)教育经费“三增长”情况统计表

项目 / 时间	财政安排公共财政预算、安排教育经费增长情况(千元)						年生均公共财政预算安排教育事业费(元)						年生均公共财政预算安排日常公用经费(元)					
	公共财政预算收入	比上年增长%	财政经常性收入	比上年增长%	公共财政教育支出	比上年增长%	生均经费	比上年增长%	其中:高级中学	初级中学	职业中学	普通小学	生均公用经费	比上年增长%	其中:高级中学	初级中学	职业中学	普通小学
2001 年	75810	44.40	48500	14.90	40432	31.11	1615	5.18	3271	1417	1040	1420	116.45	28.65	48	74	273	46
2002 年	81300	7.24	52200	7.63	45273	11.97	1790	10.80	2066	1580	1438	1774	120.63	3.60	52	92	14.81	64.54
2003 年	111910	37.65	121520	18.30	48195	6.47	1878	4.90	2575	1708	1443	1816	132	9.43	58	91	3.64	87
2004 年	132950	18.80	142450	17.22	76826	59.41	3007	60.17	2944	2773	2212	2974	133.26	0.95	107	92	42.1	94
2005 年	161690	12.16	153440	7.71	90389	17.65	3603	19.79	4839	3636	2848	3333	146.83	10.18	30	107	38.92	98
2006 年	186000	15.03	176630	15.11	107600	19.04	4288	19.04	4160	4887	3071	4290	233.63	59.12	97	215	138.4	193
2007 年	225180	21.06	213730	21.00	137768	28.04	5370	25.21	4514	7137	5687	4250	321.9	37.78	248	441	304.5	305
2008 年	252860	12.29	239170	11.90	154797	12.36	5893	9.74	5180	6430	5155	5659	442.44	37.45	208	495	347	354
2009 年	272000	7.57	257950	7.85	166429	7.51	6391	8.46	5774	6849	6486	6120	617.12	39.48	253	682.4	674	472
2010 年	328000	20.59	309220	19.88	200750	20.62	7624	19.28	4580	8545	6380	8371	652.7	5.77	367.7	762	867	545
2011 年	400950	22.24	399770	29.28	250901	24.98	9119	19.61	5992	11101	9047	8535	965.23	47.88	160.3	943.4	1127	798.5
2012 年	453450	13.09	444550	11.20	313473	24.94	9869	8.23	11792	11141	9173	8600	993.73	2.95	232.4	1061	1249	873.5
2013 年	519650	14.60	511510	15.06	363783	16.05	11699	18.54	11551	11599	9401	12498	998.51	0.48	129.1	1153	1270	933.5
2014 年	600500	15.56	552940	8.10	409802	8.17	12098	3.40	13521	12467	9403	12556	923.63	6.46	155.5	1019	1609	837.3
2015 年	732200	21.93	615400	11.30	461866	11.35	14118	16.69	15809	17306	16964	12567	995.27	7.76	249.2	1081	1667	893.1

1990 年,教育部门预算内外总收入 754.8 万元,其中预算内教育经费拨款 537.4 万元。2015 年,教育部门总收入达 49016.5 万元,其中公共财政预算拨款(预算内)45687.6 万元,分别是 1990 年的 65 倍和 85 倍,年均增长率分别是 18.17%和 19.45%。

(二)教育收费

学杂费、住宿费等向学生收取的各项费用是学校经费收入的一部分,并由学校掌握使用,主要用于学校办公费、业务费、校舍基建维修等方面的开支。2006 年秋季之前,小学、初中九年制义务教育阶段免收学杂费;2006 年秋季之后,免杂费,非义务教育阶段收取学杂费;职业高中自费生收取培养费后不再收取学杂费。代管费主要用于课本费、作业本费、学习资料费、保险费、班会费和文娱费。学校收费项目及标准由县物价局、教育局、财政局等部门共同核定。对家庭经济确有困难的学生,给予减免杂费或学杂费,特殊教育和少数民族小学生免收杂费。

1988 年,开始实施收费许可证制度。

表 5—47　　1989 年学生学杂费收费标准表

单位:元/生·学期

类别＼年段	小学段						初中段		高中段	
	一	二	三	四	五	六	走读	住校	走读	住校
城　镇	6.00	6.00	6.00	7.50	7.50	—	12.00	—	40.00	—
乡　村	5.00	5.00	5.00	6.50	6.50	—	12.00	—	40.00	—

1993 年 8 月,县教育局、物价局、劳动人事局、财政局联合下文,调整中小学收费标准。

表 5—48　　1993 年秋季磐安县中小学收费标准表

单位:元/生·学期

类别＼项目		杂费	学费	实验费	住宿水电费	走读生回校夜自修水电费	借读费	自费生培养费	社会团体个人办学校学杂费(最高限额)	备注
小学	农村	14	—	—	15	—	30	—	—	一、普高会考费: 1. 考试费:2.50 元/人、科补考费:5 元/人·科,实验费:1 元/人·科 2. 会考证书 2.5 元/本,补领证书 4 元/本 二、初中毕业会考:考试费 1.50 元/人·科 三、实验费:开实验的学校收取
	城镇	18	—	—	15	—	60	—	—	
初中		30	—	—	30	10	农村:60 城镇:100	—	150	
高中	一般高中	80	—	40	10	300	—	400	—	
	省定重点高中	130	—	40	10	400	—	—	—	
职业高中	工科、医药、艺术类及烹饪、服装	130		40	40	10	—	600	550	
	文科、财政类及其他服务专业	120		20	40	10	—	560	500	
	农林、水产类	110		30	40	10	—	500	450	

1994 年 8 月,县物价局、财政局、教育局调整县中小学收费政策。明确:1. 义务教育阶段只收杂费,不收学费,对家庭经济确有困难的学生,可分别给予缓、减、免缴杂费。2. 对户口不在本地的学生入学收费问题,按以下原则掌握:首先符合下列条件之一者,经教育主管部门批准,并在其暂住户口所在地学校就读的,其待遇应与本地学生相同,免收教育补偿费(父母因公出国一年以上的;烈士子女;父母从事野外工作的;父母为解放军、边防指战员的;双职工子女)。其次,父母异地务工经商,随身子女已办理暂住户口的,其子女由暂住所在地教育主管部门统筹安排学生入学,学校可按规定收取学杂费,教育主管部门可统一收取教育补偿费,并全部用于改善办学条件,补充教育经费不足,但不得用于发奖金、搞福利。3. 代管费范围统一规定为课本费、作业本费、讲义费、班会费 4 项。代管费的收费以保本为原则,不得收取手续费、管理费。4. 柴火费实行单独列账,坚持收支平衡原则,不得移作他用。

表 5—49　　　　　　　**1994 年秋季磐安县中小学收费标准表**

单位:元/生·学期

类别＼项目		杂　费	学　费	实验费	住宿费(含水电费)	教育补偿费	自费委培生收费	备　　注
小学	农村	20	—	—	18	100	—	一、普高会考费: 1.考试费:4 元/人·科 补考费:5 元/人·科 实验费:2 元/人·科 2.会考证书(含报名登计费):5 元/本 二、初中毕业会考 考试费:1.5 元/人·科 三、普高职高招生 报名费:5 元/人·次
	县城	23	—	—	18	150	—	
初中	农村	35	—	—	40	150	—	
	县城	40	—	—	50	300	—	
高中	普通高中	110	—	40	300	—	—	
	省定重点高中	150	—	40	400	—	—	
职业高中	理工科、医药、艺术类及烹饪、服装	150	80	40	—	500	—	
	文科、财政类及其他服务专业	130	40	40	—	450	—	
	农林、水产类	120	40	40	—	400	—	

1996 年 9 月,磐安县工商物价局核定学校教室场租收费标准,按每场(半天)20 元收取,纳入学校财务统一管理。

1999 年 8 月,县物价局、县教委、县财政局联合下文,调整中小学收费标准:1.适当调整初中、小学的杂费、住宿费标准。2.改革高中段收费。3.建立健全学杂费减免制度。对家庭经济困难的学生应适当减免费用,对特困家庭、农村贫困家庭、父母双亡或父母一方亡故、失去主要经济来源的家庭等,其子女的学杂费应给予全免,学校学杂费减免总额为学杂费总收入的 10%。特殊教育的小学生及少数民族小学生免收杂费。4.加强代管费收支管理。实行"管项目、定限额,事先审定、事后审核,分学期预收、按学年结算"的管理办法,严格控制代管费的列支范围。5.每周六上午组织学生开展培训性质的个性培养活动,仅限城区中小学校及农村集镇中学。个性培养活动收费标准为小学每生每学期 40 元,初中一、二年级每生每学期 50 元,初中三年级和高中每生每学期 80 元(含补偿晚自修支出)。

表 5—50　　　　　　　**1999 年秋季磐安县中小学收费标准表**

单位:元/生·学期

类别＼标准＼项目	学(杂)费	一般职高技校学　费	省级以上重点(含示范性)职高、技校学费	住宿费	借读费	代管费	个性培养活动收费
小　　学	县城 45 农村 35	—	—	30	县城 300 农村 150	150	40
初　　中	县城 75 农村 60	—	—	80	县城 600 农村 300	260	初一、初二 50, 初三 80

续表 5—50

类别＼标准＼项目		学(杂)费	一般职高技校学费	省级以上重点(含示范性)职高、技校学费	住宿费	借读费	代管费	个性培养活动收费
普通高中	省二级重点高中	500	—	—	100	—	240	80
	特色高中	450						
	一般高中	300						
职业高中	艺术类	—	520	620	100	—	220	—
	理工科类	—	400	500				
	方科类及其他类	—	350	420				

表 5—51　　1999 年秋季磐安县中小学收费标准表

单位:元/生·学期

类别＼项目	代管费分项定额														
	课本费			音像教材费	作业本费		讲义费			班会费				水电费	合计
	课本	辅导教材	配套作业		作业本	寒暑假作业	讲义	单元卷	乡土教材	班队活动费	电影费	报刊费	预防保健费		
小　学	51	10	10	10	6	6	3	6	4	7	10	10	7	10	150
初　中	85	30	18	10	10	10	20	15	5	10	10	15	7	15	240
普通高中	80	30	10	8	10	—	30	20	—	10	10	15	7	10	260

说明:提供蒸饭服务的学校可收取柴伙费:中餐 20 元,住校生 50 元

2000 年 8 月,县人民政府调整高中段学费和住宿费标准,并按住宿条件等级收费。

表 5—52　　2000 年秋高中段学费和住宿费标准表

单位:元/生·学期

类　别			学　费	住　宿　费
普通高中	磐安中学		600	150
	磐安二中		500	150
	玉山中学		400	100
	盘山中学		400	130
职业高中	职业技校	艺术类	670	130
		理工科类	550	130
		文科及其他类	470	130
	行知职高	艺术类	570	150
		理工科类	450	150
		文科及其他类	400	150

表 5—53　　**2000 年秋全县中小学住宿条件等级表**

等级		校名
一级	高中	磐安中学、磐安二中、行知职高
	初中	磐安二中、安文镇中
	小学	尚湖小学、大盘小学、实验小学
二级	高中	盘山中学、县职业技校
	初中	新渥镇中、冷水镇中、双峰初中、窈川初中、双溪初中、云山初中、玉山镇中、尖山镇中、胡宅初中、方前镇中、仁川镇中、万苍初中、九和初中
	小学	深泽小学、仁川小学、双峰小学、窈川小学、玉山小学、尖山小学、胡宅小学、九和小学、方前中心校、盘峰小学、高二小学、云山小学、前山小学、天网小学、四协小学
三级	高中	玉山中学
	初中	深泽初中、墨林初中、尚湖镇中
	小学	新渥小学、冷水中心校、墨林小学、双溪小学、维新小学、玉峰小学、山环小学

表 5—54　　**2000 年秋中小学住宿等级收费表**

单位:元/生・学期

等级	等级标准	收费标准		
		高中	初中	小学
特级	寝室内设施齐全,每间有卫生间、淋浴等设施,每间住 8 人以下,一人一铺,生均使用面积 2.5 平方米以上	200	150	120
一级	寝室内设施齐全,每层有卫生间,一人一铺,生均使用面积 1.8 平方米以上	150	120	100
二级	寝室房屋较新,地面平坦清洁,有天花板、住宿条件较好,一人一铺,生均使用面积 1.5 平方米以上	130	100	80
三级	住宿条件一般,生均使用面积 1.5 平方米以上	100	80	50

2002 年 6 月,县物价局、县财政局调整安文镇中心幼儿园收费标准。保育费:系统内每生每期 220 元,系统外每生每期 360 元。代管费:中班每生 40 元,大班 50 元。

2002 年 7 月,县物价局、县财政局联系下达《心理健康教育骨干培训收费标准》。定额为每人每期 130 元,包括授课费、资料费等。

2002 年 8 月,县物价局、县财政局、县文教局联合下达《调整部分中小学住宿费标准》。

表 5—55　　**2002 年磐安县中小学住宿费标准表**

单位:元/生・学期

校别	原等级	调整后等级	收费标准	备注
磐安县职业技校	高中二级	特级	200	—
磐安县第三中学	高中二级	高中一级	140	—

续表 5—55

校　　别	原等级	调整后等级	收费标准	备　　注
尚湖镇初级中学	初中三级	初中二级	90	—
深泽乡初级中学	初中三级	初中二级	90	—
玉山镇中心小学	小学二级	小学一级乙	60	—
冷水镇中心小学	小学二级	小学一级乙	60	—
墨林乡中心小学	小学三级	小学一级乙	60	—
方前镇前王小学	—	小学一级乙	60	—

2002 年 8 月,县物价局、县文化教育局印发《磐安县幼儿园收费管理暂行办法》。幼儿园收费项目定为保育费、代管费。保育费标准按年人均实际保育成本确定。人均保育成本包括公务费、业务费、设备购置费、修缮费、教职工人员经费、固定资料折旧等正常办园费用支出。代管费列支范围为发放给幼儿个人用的省定统一教材、幼儿配套用书以及手工材料。

2003 年 1 月,金华市物价局、财政局、教育局批复磐安中学学费执行标准:每生每期 700 元,2003 年春季开始执行。2003 年 2 月,县物价局、财政局、文教局联合下达《调整义务教育阶段部分收费标准》。具体规定是:

1. 杂费。城镇中小学(含乡镇所在地初中、小学,下同)调整为:小学 75 元/生·学期,初中 105 元/生·学期;乡镇办事处所在地小学杂费调整为 60 元/生·学期;其他农村小学(指村小、完小)仍为 45 元/生·学期。已实施多媒体教学或开设信息技术课,有教学计划、教材和课程安排,且有必需的电脑教学设施的,城镇小学可加收 15 元/生·学期,初中可加收 20 元/生·学期。

2. 代管费。实行“分学期收取,按学年结算,多退少不补”的原则,列支范围城镇中小学仍为 5 项,农村中小学为课本费和作业本费 2 项。具体标准:农村小学和城镇小学的 1～2 年级为 120 元/生·学期,城镇小学 3～6 年级为 150 元/生·学期,初中仍为 260 元/生·学期。

2003 年 2 月,县物价局下发《关于规范县社区青少年教育中心收费行为》。规定:1. 学生课外培训收费标准为每项培训课目小学 60 元/生·期,初中 70 元/生·期,高中 80 元/生·期。上述标准包括培训项目必需的设备、资料和材料。每个项目培训总课时不得少于 45 课时(每课时 40～45 分钟)。同年 7 月,县物价局调整社区青少年教育中心收费标准:小学 80 元/生·学期,初中 90 元/生·学期,高中 100 元/生·学期。培训总课时不得少于 60 课时(每课时 40～45 分钟)。

从 2003 年秋季起,县物价局调整县普通高中学费标准和部分学校住宿费标准。

表 5—56　　2003 年秋季磐安县普通高中收费标准表

单位:元/生·学期

标准 项目 学校	学　　费	代 管 费	柴 伙 费	住 宿 费
磐安中学	1100	280	50	按相应的等级收费
磐安三中	800			
磐安二中 盘山中学	600			

表 5—57　　2003 年秋季磐安县普通高中代管费及分项限额标准表

单位:元/生·学期

项目 类别	合　计	其中				
		课本费	音像教材费	作业本费	讲义费	班会费
普通高中	280	170	35	10	45	20

表 5—58　　2003 年秋季磐安县住宿等级及收费标准调整表

单位:元/生·学期

学　校	原等级	调整后等级	收费标准	备　注
盘山中学	二级	特级	高中 200 初中 150	新建
方前镇中	三级	一级甲	110	新建
冷水镇中	三级	二级	90	—
维新小学	四级	特级	100	新建
方前中心校	三级	一级甲	70	—
万苍小学	—	一级乙	60	—
九和小学	三级	一级乙	60	—

2003 年 8 月,县物价局同意调整县职业技校学费、代管费等收费标准。

表 5—59　　2003 年磐安县职业技校收费标准表

单位:元/生·学期

项目 班别	学　费	代　管　费	住　宿　费	柴　伙　费
综合班	850	280	200	50
职高班	850	200	200	50

从 2003 年秋季起,对普通高中招收择校生统一实行“三限”:1. 限人数。择校生人数不得超过新生总人数的 20%。2. 限分数。择校生录取必须划定统一的分数线,从高分到低分顺序录取,严禁以收费多少为标准录取。3. 限钱数。学校对择校生除按规定收取学费外,可一次性收取择校费。择校费标准为省一级重点学校不超过 2.3 万元,综合高中不超过 0.8 万元,一般高中不超过 1 万元。

2004 年 8 月,县物价局批复调整县机关幼儿园保育费标准。1. 调整日托幼儿保育费标准:不再分系统内外,保育费收费标准统一为 550 元/人·学期,3 周岁以下幼儿可在此基础上加收 10%。2. 全托幼儿在家长自愿的前提下,按 800 元/人·学期收取。是月,县物价局核定南园小学寄宿生住宿临时收费标准:每生每学期 645 元,包括住宿及日常用品和吃饭、保育生活服务及晚间兴趣活动、辅导等服务。

2004 年 11 月,县物价局调整部分学校住宿费标准。

表 5－60　　县物价局调整后的住宿费标准表

单位:元/生·学期

学　　校	原等级	调整后等级	调整后收费标准	备　注
磐安县第三中学(爱心楼)	高中一级	特级	200	—
尖山镇中心小学	小学三级	小学一级乙	60	—
盘峰乡中心学校	小学二级	小学一级甲	70	—

2004 年秋季,县文教局、物价局、财政局联合推行义务教育阶段学校"一费制"收费办法,即在严格核定杂费、课本费和作业本费标准的基础上,一次性统一向学生收取费用。

表 5－61　　磐安县义务教育阶段中小学"一费制"收费项目及标准表

单位:元/生·学期

年　级		类　别	杂　费	课本费	作业本费	小　计
一年级		城镇	100	85	10	195
		农村	65	85	10	160
二年级	课　改	城镇	100	85	10	195
		农村	65	85	10	160
	非课改	城镇	100	55	10	165
		农村	65	55	10	130
三年级	课　改	城镇	100	135	10	245
		农村	65	135	10	210
	非课改	城镇	100	110	10	220
		农村	65	110	10	185
四年级		城镇	100	130	10	240
		农村	65	130	10	205
五年级		城镇	100	120	10	230
		农村	65	120	10	195
六年级		城镇	100	120	10	230
		农村	65	120	10	195
初　一		城镇	130	220	15	365
		农村	90	220	15	325
初　二	课　改	城镇	130	200	15	345
		农村	90	200	15	305
	非课改	城镇	130	165	15	310
		农村	90	165	15	270
初　三	课　改	城镇	130	215	15	360
		农村	90	215	15	320
	非课改	城镇	130	185	15	330
		农村	90	185	15	290

2000～2005年，磐安县先后有24所学校被评为金华市收费规范学校。其中，2000年3所，分别为玉山中学、尖山镇初中、盘峰乡中心学校；2001年5所，分别为县实验小学、冷水镇中心小学、尚湖镇中心小学、万苍乡初中、方前镇初中；2003年5所，分别为方前镇中心小学、双溪乡中心小学、安文镇初中、深泽乡中心小学、磐安县第二中学；2005年11所，分别为盘山中学、职业技校、仁川镇中心小学、双峰乡中心小学、新渥镇初中、尖山镇中心小学、高二乡中心小学、冷水镇初中、窈川乡中心小学、大盘镇中心小学、深泽乡初中。

2006年秋季，小学、初中九年制义务教育阶段免收学杂费。城镇小学学杂费免除标准为每生每学期100元、城镇初中每生每学期130元；农村小学学杂费免除标准为每生每学期65元、农村初中每生每学期90元。借读费收取范围仍按《浙江省义务教育收费管理办法》(省政府156号令)规定执行，具体标准为小学每生每学期300元、初中每生每学期600元，同时扣减免除的杂费。全县初中学生5906人，应交学杂费76.81万元；小学生13148人，应交学杂费129.02万元。合计免收学杂费205.83万元。

2006年8月，县物价局调整磐安县普通(综合)高中一年级秋季代管费的标准。

表5—62　　2006年县物价局调整的高中一年级秋季代管费标准表

单位：元/生·学期

项　目	合　计	课本费	音像教材费	作业本费	讲义费	班会费
普通(综合)高中	440	330	35	10	45	20

2007年1月，降低义务教育阶段学校课本费收费标准，作业本费收费标准不变。

表5—63　　义务教育阶段学校课本费收费标准表

单位：元/生·学期

年　级		课本费		作业本费	调整后小计
		调整前	调整后		
小　学	一年级	85	80	10	90
	二年级	85	80	10	90
	三年级	135	130	10	140
	四年级	130	125	10	135
	五年级	120	115	10	125
	六年级	120	115	10	125
初　中	初　一	220	210	15	225
	初　二	200	190	15	205
	初　三	215	205	15	220

2007年2月，调整磐安县普通(综合)高中一年级春季学期学生代管费的收费标准。

表 5—64　　2007 年高中一年级春季学期学生代管费收费标准表

单位:元/生·学期

项　　目	合　计	课本费	音像教材费	作业本费	讲义费	班会费
普通(综合)高中	330	220	35	10	45	20

2007 年 8 月,进一步治理教育乱收费,规范教育收费工作。1.从 2007 年春季学期开始,全面实施义务教育经费保障新机制后,义务教育阶段学校只能按规定标准收取课本费、作业本费、寄宿生住宿费。2.从 2009 年春季开始,全部取消住宿费,在两年过渡期内仍保留住宿费项目。3.对按规定接受资助的低保家庭子女、福利机构监护的未成年人、革命烈士子女、五保供养的未成年人和残疾学生,不再收取课本费、作业本费和住宿费;对低收入家庭子女和少数民族学生,不再收取课本费和作业本费;对因病、因灾造成临时困难的家庭子女,其减免项目和标准由县政府决定。4.从 2007 年春季学期开始,除上述规定收费项目以外,学校一律不得收取春(秋)游活动费、国防教育(军训)费、爱国主义影剧费、困难班费、教辅材料费、学具费、校服费、保险费、体检防疫费等代办收费和存车费、热(蒸)饭费、饮水费等服务性收费,相应的合理支出纳入公用经费开支范围。5.进一步完善公办高中招收择校生"三限"政策。从 2007 年秋季起,改变原择校费(扣除每学期缴纳的学费)一次性收取和再按学期收取的做法,对择校费统一实行一次性收取。

表 5—65　　磐安县公办高中生择校费最高限额表

单位:万元/生

县(市)	省一级重点	省二级重点	省三级重点	一般高中
磐　安	3	2.6	2.17	1.29

表 5—66　　2007 年磐安县中学收费标准表

单位:元/生·学期

序号	单　　位	学(杂)费	高中代管费 初中小学课本作业本费	住宿费		柴伙费 (蒸饭学生)
				高中	初中	
1	磐安中学	1100	综合 280　高一 330	200	—	50
2	县职业技校	850	综合 280　高一 330　职高 200	200	—	—
3	磐安三中	800	综合 280　高一 330　职高 200	200	—	50
4	磐安二中	高中 600　初中免	高中 280　高一 330 初一 225　初二 205　初三 220	140	110	50
5	盘山中学	高中 600　初中免	高中 280 初一 225　初二 205　初三 220	200	150	50
6	安文镇中	免	初一 225　初二 205　初三 220	—	110	50
7	深泽初中	免		—	90	50
8	新渥镇中	免		—	90	50
9	冷水初中	免		—	90	50

续表 5—66

序号	单　位	学(杂)费	高中代管费 初中小学课本作业本费	住　宿　费		柴伙费 (蒸饭学生)
				高中	初中	
10	仁川镇中	免	初一 225　初二 205　初三 220	—	90	50
11	双溪初中	免		—	100	50
12	尚湖镇中	免		—	100	50
13	万苍初中	免		—	80	50
14	玉山镇中	免		—	90	50
15	尖山镇中	免		—	90	50
16	方前镇中	免		—	110	50
17	胡宅初中	免		—	100	50

表 5—67　　2007 年磐安县小学收费标准表

单位:元/生·学期

序号	单　位	学(杂)费	小学课本 作业本费	寄宿生 保育费	住宿费	柴伙费
1	安文小学	免	一、二年级 90 三年级 140 四年级 135 五、六年级 125	—	—	50
2	南园小学	免		980	—	—
3	深泽小学	免		—	70	50
4	新渥小学	免		—	70	50
5	冷水小学	免		—	60	50
6	仁川小学	免		—	70	50
7	双峰小学	免		—	50	50
8	窈川小学	免		—	50	50
9	双溪小学	免		—	50	50
10	玉山小学	免		—	60	50
11	尖山小学	免		—	100	50
12	尚湖小学	免		—	70	50
13	万苍小学	免		—	60	50
14	胡宅乡校	免		—	60	50
15	九和乡校	免		—	60	50
16	大盘小学	免		—	70	50
17	方前中心校	免		—	70	50
18	盘峰小学	免		—	100	50
19	维新小学	免		—	100	50
20	高二小学	免		—	70	50
21	玉峰小学	免		—	60	50

2007年11月，省教育厅、省财政厅明确提出：自2007年秋季起，中央对全国农村义务教育阶段所有学生免费提供国家课程的教科书。学校已收2007年下半年教科书费的，予以清退。中央财政补助小学每生35元、初中每生70元，全县共计补助87万元。

2007年12月，省教育厅通知，从2008年春季学期开始，对经县级以上教育行政部门批准的城乡义务教育阶段学校就读并取得学籍的中小学生，免收课本费和作业本费。同时，对符合就学条件的外来民工子女免收借读费。

2008年7月，县物价局核定普通(综合)高中三年级秋季学期学生代管费标准。

表5－68　　2008年磐安县普通(综合)高中三年级秋季学生代管费标准表

单位：元/生·学期

合　计	课本费	音像教材费	作业本费	讲义费	班会费
370	260	35	10	45	20

表5－69　　2008年磐安县高中收费标准表

单位：元/生·学期

序　号	单　　位	学(杂)费	代　　管　　费	住　宿　费
1	磐安中学	1100	高一330　高二295　高三280	200
2	磐安二中	600	高一330　高二295　高三280	140
3	磐安三中	800	高一330　高二295　高三280	200
4	职业技校	850	高一200　高二295　高三280　职高200	200
5	盘山中学	600	高一330　高二295　高三280	200

表5－70　　2011年磐安县高中收费标准表

单位：元/生·学期

序　号	单　　位	学(杂)费	代　　管　　费	住　宿　费
1	磐安中学	1100	高一：春330；秋440　高二：春295；秋400 高三：春160；秋370	200
2	磐安二中	600	高一：春330；秋440　高二：春295；秋400 高三：春160；秋370	140
3	磐安三中	800	高一：春330；秋440　普高：高二：春295；秋400 高三：春160；秋370　职高：200	200
4	职业技校	850	高一：春330；秋440　普高：高二：春295；秋400 高三：春160；秋370　职高：200	200
5	盘山中学	600	高一：春330；秋440　普高：高二：春295；秋400 高三：春160；秋370　职高：200	200

表 5－71　　　　**2008～2011 年磐安县初中收费标准表**

单位：元/生·学期

序　号	单　　位	住　宿　费	序　号	单　　位	住　宿　费
1	盘山中学	150	7	仁川镇中	90
2	实验初中	150	8	尚湖镇中	100
3	安文初中	110	9	玉山镇中	110
4	深泽初中	90	10	尖山镇中	90
5	新渥镇中	90	11	方前镇中	110
6	冷水初中	90	12	胡宅初中	100

表 5－72　　　　**2008～2011 年磐安县小学收费标准表**

单位：元/生、学期

序　号	单　　位	保育费	住宿费	序　号	单　　位	保育费	住宿费
1	安文小学	—	—	12	尚湖小学	—	70
2	实验小学	980	—	13	万苍小学	—	60
3	深泽小学	—	70	14	胡宅乡校	—	60
4	新渥小学	—	70	15	九和乡校	—	60
5	冷水小学	—	60	16	大盘小学	—	70
6	仁川小学	—	70	17	方前中心校	—	70
7	双峰小学	—	50	18	盘峰小学	—	100
8	窈川小学	—	50	19	维新小学	—	100
9	双溪小学	—	50	20	高二小学	—	70
10	玉山小学	—	60	21	玉峰小学	—	60
11	尖山小学	—	100	—			

2011 年 8 月，县物价局规范幼儿园收费，收费项目统一设置为保育费、代管费和膳食费 3 项。保育费标准实行按评定等级确定；代管费标准统一核定为 80 元/人·学期，多退少不补；膳食费标准由各幼儿园按非盈利原则，根据食堂伙食成本合理确定。

表 5－73　　　　**磐安县公办等级幼儿园保育费收费标准表**

单位：元/生·学期

等　　级	收　费　标　准			备　　注
	甲	乙	丙	
省一级	1300	1150	1000	—
省二级	950	900	850	—
省三级	800	750	700	—
准办级	700	550	400	—

表 5－74　　磐安县公办幼儿园保育费执行标准表

单位:元/生·学期

幼儿园名称	收费标准	评定等级	备　注
县实验幼儿园	1000	省一级	—
尖山镇实验幼儿园	850	—	申报省一级
新渥镇中心幼儿园	700	—	—
新渥镇双溪幼儿园	700	—	—
仁川镇中心幼儿园	700	省三级	—
大盘镇中心幼儿园	550	—	—
方前镇中心幼儿园	750	省二级	一学年后按 850 元/学期执行
胡宅乡中心幼儿园	700	省三级	—
万苍乡中心幼儿园	700	—	申报省二级
九和乡中心幼儿园	550	—	—
双溪乡中心幼儿园	550	省三级	一学年后按 700 元/学期执行
窈川乡中心幼儿园	550	—	—
双峰乡中心幼儿园	700	—	—
维新乡中心幼儿园	400	—	—
高二乡中心幼儿园	550	—	—
盘峰乡中心幼儿园	550	—	—

2012 年 2 月,县教育局、物价局、财政局联合下文,免除农村义务教育阶段学校住宿费。

2014 年 3 月,县教育局、物价局、财政局下发《关于严肃教育收费纪律,进一步规范教育收费的通知》,重点规范义务教育阶段择校乱收费行为、中小学违规办班补课收费、高中招收择校生的"三限"政策、中小学教辅材料管理和幼儿园收费行为。

2015 年秋季学期公办学校收费项目及标准:

1. 义务教育学校除按自愿原则收取伙食费外,实行"零收费",即学费、代管费、住宿费(不含城区学校)全部免收。

2. 高中(生/学期):

(1)磐安中学:学费 1100 元;住宿费 360 元;代管费:高一 360 元,高二 320 元,高三 230 元;主食(米)费:男生 280 元,女生 240 元。

(2)磐安二中:学费 900 元;住宿费:男生 180 元,女生 360 元;代管费:高一 360 元,高二 320 元,高三 230 元;主食(米)费:男生 280 元,女生 240 元。

(3)县职教中心(生/学期):学费免;住宿费 300 元;代管费 300 元;主食(米)费:男生 240 元,女生 210 元。

(三)多渠道筹措教育经费

2010 年前,为发展地方性教育事业,扩大地方教育经费的资金来源,根据中共中央、国务院《关于教育体制改革的决定》《关于筹措农村学校办学经费的通知》等文件精神,磐安县在增拨教育财政经费的同时，多渠道筹措经费，作为改善办学条件的重要补充。

1.征收教育费附加

教育费附加是国家为扶持教育事业发展，计征用于教育的政府性基金，由教育部门统筹安排使用。

1986年，国务院颁布《征收教育费附加的暂行规定》，决定从1986年7月起，以各单位和个人实际缴纳的增值税、营业税、消费税总额的2%计征。2005年，国务院《关于修改〈征收教育费附加的暂行规定〉的决定》中规定，从2005年10月起，教育费附加地征比例提高为3%。

磐安县为发展地方教育事业，根据教育法规定，同时开征地方教育费附加。教育费附加由地方税务局负责征收，农业、乡镇企业由乡镇人民政府征收农村教育事业附加，不再征收教育费附加。1990年，全县征收教育费附加91万元，其中城镇20.2万元，农村70.8万元。2014年，全县征收教育费附加和地方教育费附加2103.1万元，其中教育费附加1603.1万元，地方教育费附加500万元。从1990年到2014年，全县累计征收教育费附加和地方教育费附加17645.3万元。

2.社会各界捐资助学

为在1993年起实施九年制义务教育，1994年底前完成全县2.78万平方米的破旧校舍改造任务，1990年8月，磐安县委、县政府下发《关于在机关、企事业单位中开展为教育捐资活动的决定》。捐资数额为全县党政、企事业单位中吃商品粮干部职工月收入的10%，捐资50元以上者，由县委、县政府公布表彰。

1992年8月，县委办、县府办下发《关于千方百计筹集资金努力改善办学条件的通知》。目标是自1992年起到1994年止，每年平均集资150万元，用于破旧校舍改造。主要筹集途径是:(1)县财政每年拨款30万。(2)各乡镇每年划出财政超收部分的50%左右。(3)农村教育事业费附加的30%。(4)个人集资。机关干部、厂矿企事业单位职工按月收入的10%筹集，农民按上年人均收入的1%～1.5%筹集。(5)学校勤工俭学收入的20%以上。并对20个乡镇下达具体的集资指标。

1993年5月，县委、县政府表彰多渠道筹措教育经费改善办学条件的先进单位、先进个人。先进单位有胡宅乡、尚湖镇、双溪乡、双峰乡等，先进个人有李敏荣、陈振华、胡人胜等13人。

1993年5月，为争取1994年基本完成破旧校舍改造任务，迎接“两基”验收，县委、县政府再次下文《关于多渠道筹措教育经费进一步改善办学条件的决定》。

3.磐安县人民教育基金会

1989年7月3日，磐安县人民教育基金会成立。基金会宗旨是:推动全社会关心和支持教育，筹集资金促进县教育事业的发展，推动全县在1993年前实施九年制义务教育。基金会把筹集的资金存入银行，用每年所得利息，改善贫困乡(镇)的办学条件，奖励优秀教师和学生，解决一部分代培、函授、电大进修的教师学费。

磐安县人民教育基金会发起单位(排名不分先后)有磐安县第一绸厂、磐安县个体劳动者协会、磐安县灯具厂、磐安县建新塑料厂、磐安县玻纤厂、磐安县服装厂、磐安县机械塑料配件厂、磐安县红木工艺厂、磐安县工艺厂、磐安县竹编厂、磐安县竹编二厂、磐安县屋楼竹藤工艺厂、磐安县纸品厂、磐安县橡胶厂、磐安县罐头厂、磐安县建筑公司、磐安县木材公司、磐安县保险公司、磐安县新华书店、磐安县工商银行、磐安县印刷厂、磐安县广播站、磐安县香料厂、磐安县二轻工业局、磐安县乡镇企业局、磐安县机床电器厂、磐安县经济委员会、磐安县商业局、磐安县供销总社等单位。

表 5－75　　捐款单位和个人的捐资数额表

单位:元

序　号	捐　款　单　位	金　额	序　号	捐　款　单　位	金　额
1	磐安县香料厂	5000.00	21	天网乡政府	362.00
2	县保险公司	5000.00	22	玉山各校	2277.82
3	县个体劳协会	5755.00	23	仁川初中	495.00
4	县经委	500.00	24	新华书店	500.00
5	县社工会和团支部	815.00	25	安文镇中教师	250.00
6	县委县府国库拨入	10000.00	26	安文镇中学生	1147.20
7	县供销系统	5000.00	27	县工行	5000.00
8	县商业局	5000.00	28	磐中 17 个班学生	1372.74
9	县罐头厂	760.00	29	玉山中学	509.00
10	县绸厂	2460.00	30	盘山中学	1022.00
11	四协乡	392.00	31	玉山中学	2755.40
12	安文镇小、镇中,深泽中、小学	957.00	32	倪晓宇	2000.00
13	良福、荣良、厚宪	1060.00	33	陈易新	5000.00
14	尖山镇政府	5000.00	34	方前初中	327.83
15	县协会转入	2661.10	35	个人捐款	2685.37
16	玉峰乡政府	250.00	36	楼朝阳部长	100.00
17	四协乡政府	23.00	37	赵金勇县长	400.00
18	双峰乡政府	260.00	38	五环建筑公司	8000.00
19	方前镇政府	37.00		总计	85714.46
20	盘山教办	580.00	—		

2016 年 1 月,磐安县人民教育基金会因长期未正常运行而撤销,基金会存款 243906.67 元转入教育局账户。

4.海外华侨、华人捐赠

海外华侨、华人积极支持磐安教育事业,1989～2010 年,为磐安的学校建设捐助人民币 232.23 万元、美元 6 万元。

(1)沈炳麟,香港大业织造有限公司董事长,捐赠代理机构为上海应善良福利基金会,经由浙江省侨办引荐,在磐安教育系统捐建项目 7 个,捐赠金额 90.23 万元。主要有:1989 年 12 月,捐建仁川镇中心小学庆同教学楼 14.5 万元;1990 年 7 月,捐建磐安中学(现磐安二中)庆同教学楼 14.4 万元;1992 年 1 月,捐建方前镇初级中学庆同教学楼 14.28 万元;1992 年 11 月,捐建万苍乡中心小学庆同教学楼 12.24 万元;1994 年 1 月,捐建双溪乡中心小学恩美教学楼 10.125 万元;1995 年 9 月,捐建冷水镇中心小学恩美教学楼 14.125 万元;1998 年 4 月,捐建冷水镇白岩小学恩美教学楼 10.56

万元。

(2)赵安中，香港荣华纺织有限公司董事长，祖籍浙江宁波镇海骆驼桥杜塘畈，省政协香港委员。热心捐资公益事业，大部分用于资助贫困山区和偏远海岛的基础教育事业。所捐建教学楼均以其母亲“林杏琴”命名。1994年，浙江省人民政府授予赵安中“爱乡楷模”荣誉称号。捐赠代理人为贺师三，经宁波市侨办引荐，省市侨办、省市教委共同参与，在磐安教育系统捐建项目3个，捐赠金额60万元。主要有：1998年8月，捐建新渥镇中心小学林杏琴教学楼20万元；2000年8月，捐建安文镇初级中学林杏琴教学楼20万元；2000年11月，捐建胡宅乡中心小学林杏琴教学楼20万元。

(3)唐仲英，美籍华人，1930年出生于江苏省吴江市盛泽镇，1950年到美国。1995年出资在美国成立美国唐氏基金会。经省、县侨办安排，唐仲英在磐安教育系统捐建项目6个，捐赠金额6万美元。主要用于：1998年，捐建玉山玉峰小学教学楼10000美元；1999年，捐建方前前王小学教学楼10000美元；2000年8月，捐建深泽乡中心小学教学楼10000美元；2000年8月，捐建双峰乡中心小学教学楼10000美元；2000年11月，捐建胡宅乡中心小学教学楼10000美元；2001年，捐建仁川镇中心小学教学楼10000美元。

(4)陈宜昌，温岭市潘郎惠民福利基金会会长、香港兴昂实业股份有限公司名誉董事长，台湾爱国同胞，祖籍浙江温岭潘郎。其慈善事业代理人何之三。经由浙江省工商联的引荐，省侨办共同参与，唐仲英在磐安教育系统捐建项目6个，捐赠金额45万元。主要有：1999年8月。捐建安文镇中心小学惠民教学楼15万元；2005年12月，捐建玉山镇初级中学食堂10万元；2006年5月，捐建深泽乡中心小学食堂10万元；2010年4月，捐建九和乡中心小学教学楼10万元。

(5)闻儒根，香港永联行贸易有限公司董事长、香港闻氏福利基金会会长，祖籍浙江宁波，浙江省第五届、第六届、第七届政协委员。1998年8月，经宁波市侨办引荐，省侨办共同参与，闻儒根捐建维新乡中心小学综合楼(闻裕顺小学)12万元。

(6)包玉书，1999年8月，经由建立的香港龙赛教育基金会安排，省、市、县侨办参与，捐建盘峰乡中心小学宿舍楼10万元。

(7)董包秀云，台湾爱国同胞。经镇海市侨办引荐，1999年12月捐资15万元建造方前镇中心小学(云龙小学)教学楼。以磐政〔1999〕149号文件，将方前镇中心小学命名为“云龙小学”。

4.其他帮扶

磐安教育事业的发展，还离不开省内其他单位的帮扶，1989～2005年期间，共收到帮扶资金1377.5万元人民币。

省市领导重视扶贫建校，1989～2005年，多方筹集资金1667.5万元，建设中小学校舍。此外，还有省扶贫建校费370万元，义乌市政府捐资280万元，金华市教育局260万元，省财政厅90万元，省汽车租赁公司45万元，省委办公厅40万元，杭州拱墅公司35万元，金华农行30万元，金华造漆厂30万元，省救灾30万元，省青年基金会20万元，康莱特公司20万元，省工商银行15万元，国家计委救灾15万元，金磐开发区12万元，省煤炭公司10万元，金华城市信用社10万元，省商业集团10万元，省扶贫办8万元，省医药管理局5万元；郑福双20万元，张瑞昌、周焚梦12.5万元，张学进10万元。

表 5－76　　　　磐安县 1990～2015 年教育部门教育经费收入情况汇总表

单位：千元

项目 年份	总计	预算内教育经费				教育费附加			勤工助学等其他国家财政性经费	捐赠收入	事业收入		其他收入
		计	教育事业费	基建拨款	其他	城市	农村	地方			计	其中：学杂费	
1990 年	7548	5374	5374	—	—	202	708	—	195	184	743	743	142
1991 年	8876	6058	6058	—	—	140	979	—	227	475	719	719	278
1992 年	10222	7091	6391	—	—	163	1000	—	243	485	1068	1068	172
1993 年	13315	9117	9117	—	—	395	1136	—	243	671	1522	1522	231
1994 年	18985	12437	12437	—	—	600	1894	—	350	754	1997	1997	953
1995 年	24204	13828	13828	—	—	488	2806	—	375	2379	2818	2818	1510
1996 年	29937	15028	15028	—	—	600	4327	—	949	3053	2946	2946	3034
1997 年	36237	19373	19373	—	—	800	5002	—	1084	2180	2968	2968	4830
1998 年	41687	20260	20190	70	—	600	5173	—	1014	4098	8876	3582	1666
1999 年	49752	27316	26246	70	1000	820	5605	—	1262	3427	9698	4339	1624
2000 年	55324	30988	30838	150	—	630	5610	—	1178	2752	12590	5629	1576
2001 年	70988	42672	40432	440	1800	860	5366	—	1677	3949	14284	6471	2180
2002 年	82768	51935	45273	100	6562	1904	2090	—	908	6496	15389	7208	4046
2003 年	86636	51801	48195	—	3606	3808	687	—	1622	3621	17668	9709	7429
2004 年	117522	77026	76826	200	—	820	—	3515	1891	3903	22139	11206	8228
2005 年	131744	90889	90389	500	—	—		2967	5044	3641	24027	13758	5176
2006 年	151972	107600	107600	—	—	—		10549	1604	4952	21078	9865	6189
2007 年	174714	138218	137768	450	—	538		2704	—	3681	21001	9610	8572
2008 年	191797	153417	153417	—	—	100		3954	—	4316	24861	10190	5149
2009 年	198700	165051	165051	—	—	—		4626	—	503	18471	8155	10049
2010 年	241666	200750	200750	—	—	—		11914	—	1257	22784	14140	4961
2011 年	291776	247812	247812	—	—	—		13440	104	379	20128	14597	9913
2012 年	357710	307849	307849	—	13880	9190		—	22	21523	15589	5246	—
2013 年	406935	357743	357743	—	—	15080		7752	—	50	21013	13518	5297
2014 年	434529	401717	385686	—	—	16031		5000	其他基金 400	457	25446	13235	1509
2015 年	490165	456876	456876	—	—	—		—	其他基金 7968	4	22091	13240	3226

说明：统计口径为教育部门办学校(综 2－1－1)，2014 年起，预算内教育经费和教育费附加统称为公共财政预算安排的教育经费

三、经费支出

教育经费支出主要分三大块：一是用于个人部分的人员经费，含教师工资、福利费、社会保障费、奖贷助学金等；二是公用经费，含公务费、业务费、设备购置费、修缮费及其他支出；三是基建经费。

1990 年，全县教育部门教育总支出 734.9 万元，其中，预算内教育经费支出 546.4 万元，占教育总支出的 74.35%。其中，预算内教育事业费支出用于个人部分 408.2 万元，公用经费 129.2 万元。基建支出 9 万元。预算外支出 188.5 万元，占教育总支出的 25.65%。

2006 年，全县教育部门教育总支出 14894.5 万元，其中，预算内教育经费支出 10760 万元，占教育总支出的 72.24%。其中，用于个人部分 7516.8 万元，公用经费 3243.2 万元(校舍建设费 2630.5 万元)。预算外支出 4134.5 万元，占教育总支出的 27.76%。

表 5－77　　1990～2006 年磐安县教育部门预算内教育经费支出情况表

单位：千元

年份	合计	事业性															基建支出
		事业性合计	个人部分							公用部分							
			个人部分合计	基本工资	补助工资	其他工资	福利费	社保	奖助学金	公用部分合计	公务费	业务费	设备费	修缮费	其中：校舍建设费用	其他	
1990 年	5464	5374	4082	1644	1363	292	329	436	18	1292	113	66	115	728	—	270	90
1991 年	6083	6058	4377	1686	1435	403	345	488	20	1681	150	75	132	1076	—	248	25
1992 年	6625	6525	5406	1928	1958	383	382	735	20	1119	138	69	75	387	—	450	100
1993 年	9117	8927	7277	5209	330	—	645	1075	18	1650	273	—	43	1261	—	73	190
1994 年	12597	12437	10875	5889	502	—	2897	1568	19	1562	264	—	47	1125	—	106	160
1995 年	13828	13768	11378	6477	374	—	2715	1787	25	2390	384	—	82	1818	—	106	60
1996 年	15028	14948	13299	6548	146	—	3978	2605	22	1649	737	—	138	667	—	107	80
1997 年	19373	19153	15399	7973	—	—	4428	2977	21	3754	1184	—	258	2220	—	92	220
1998 年	20260	20190	17682	8850	3825	—	1149	3839	19	2508	622	165	113	1167	—	441	70
1999 年	27316	27246	21987	10684	5097	—	1555	4621	30	5259	681	380	474	3264	—	460	70
2000 年	30988	30838	25788	12373	6117	—	1668	5601	29	5050	705	440	148	3328	—	429	150
2001 年	40872	40432	35517	15249	8337	—	2484	9234	213	4915	677	731	104	2968	—	435	440
2002 年	51935	51835	42222	15494	11624	2696	2145	10062	201	9613	1071	417	178	7314	—	633	100
2003 年	51801	51801	46201	16040	10725	3507	3315	12418	196	5600	985	335	573	2360	1651	1347	—
2004 年	77026	76826	68229	17845	22801	7598	2183	17802	—	8597	673	664	980	5472	4993	808	200
2005 年	90889	90389	69093	17118	18532	8095	2622	21395	1331	21296	1265	775	625	17861	17362	770	500
2006 年	107600	107600	75168	17840	18394	10945	3218	22467	2304	32432	2145	71	695	27429	26305	2092	—

2007 年，教育部门教育总支出 17065.8 万元，其中预算内支出 13821.8 万元，占总支出的 80.99%，预算内教育支出占教育总支出的比例首次超过 80%，以后逐年提高，到 2015 年，公共财政预算安排的教育经费支出 37823.2 万元，占教育总支出 40214.1 万元的 94.05%。财政预算拨款基本能保障全部教育支出需要。

表 5－78　　2007～2015 年磐安县教育部门经费支出情况表(1)

单位:千元

项目/年份	总计	事业性经费支出														
		合计	个人部分													
			合计	工资福利支出							对个人和家庭补助支出					
				小计	基本工资	津贴补贴	奖金	社会保障费	绩效工资	其他支出	小计	离、退休费	抚恤金及生活补助	助学金	住房公积金	其他支出
2007 年	170658	170208	114524	83961	28094	18818	—	5247	19420	12382	30563	18769	—	4477	—	7317
2008 年	185822	185822	130644	92194	25891	21177	—	6938	26305	11883	38450	18899	233	10258	—	9060
2009 年	198443	198443	137701	102318	27621	24105	—	7157	35158	8277	35383	20611	81	7389	—	7302
2010 年	239871	239871	172960	124362	30330	7443	—	7531	71760	7298	48598	28591	—	9086	—	10921
2011 年	291851	291851	170287	117730	29272	8302	—	9037	64894	6225	52557	28619	—	11231	—	12707
2012 年	315068	315068	190610	121187	28479	354	—	8763	78622	4969	69423	37029	—	17374	—	15020
2013 年	369809	369809	215164	134738	29612	517	—	9299	90359	4951	80426	40591	31	18472	—	21332
2014 年	366588	366588	213607	141267	28747	490	195	10097	95625	6113	72340	37834	2357	15536	12636	3977
2015 年	402141	402141	275587	226471	58451	4237	214	47577	105667	10325	49116	3606	2785	18982	13812	9895

表 5－79　　2007～2015 年磐安县教育部门经费支出情况表(2)

单位:千元

项目/年份	事业性经费支出															
	公用部分															
	合计	商品和服务支出														
		小计	办公费	水电费	邮电费	物业管理费	差旅费	维修(护)费	会议费	培训费	公务接待费	专用材料费	劳务费	福利费	公务用车维护费	其他支出
2007 年	55684	17322	3827	1272	314	—	1151	2197	—	1323	—	449	187	642	—	5960
2008 年	55178	17271	3260	1306	351	—	1366	1394	—	1905	—	166	263	1262	—	5998
2009 年	60742	21969	3780	1327	464	—	1257	2792	—	1739	—	234	372	781	—	9223
2010 年	66911	25570	4566	1482	266	—	1717	3047	—	2066	—	282	372	1460	—	10312
2011 年	121564	36043	5988	1613	360	—	1911	3169	—	3056	—	504	2852	1107	—	15483
2012 年	124458	30138	4960	1887	1040	—	1036	23878	—	4768	—	330	2933	1316	—	9481
2013 年	154645	35348	5389	2071	560	—	1320	3172	—	4701	—	779	5065	1152	—	11139
2014 年	152981	50863	6320	2309	688	672	1334	4980	175	5963	989	2961	7936	2035	668	13833
2015 年	126554	60386	4834	2513	650	1027	1593	6436	203	6432	861	1172	10924	10515	214	13012

表 5—80　　2007～2015 年磐安县教育部门经费支出情况表(3)

单位:千元

项目 \ 年份	事业性经费支出										基本建设支出
	公用部分(续)										
	其他资本性支出										
	专项公用经费							专项项目支出			
	小计	办公设备购置	专用设备购置	信息网络购建	交通工具购置	其他支出		小计	房屋建筑物购建	大型修缮	
						小计	其中:图书购置				
2007 年	3906	1149	2152	36	86	483	—	34456	28191	6265	450
2008 年	3187	872	1628	—	186	501	—	34720	25012	9708	—
2009 年	6669	2043	4325	71	—	230	—	32104	22098	10006	—
2010 年	4196	1549	1078	16	—	1553	—	37145	32395	4750	—
2011 年	10263	4387	2768	137	—	2971	—	75258	61060	14198	—
2012 年	10335	3270	4649	112	140	2164	—	83985	70886	13099	—
2013 年	8507	2404	2012	379	173	3539	—	110790	100218	10572	—
2014 年	18436	6469	7458	395	1374	2740	523	83682	74780	8902	—
2015 年	10470	3936	2388	545	—	3601	652	55698	46893	8805	—

1999 年,生均教育经费支出(培养成本)1781 元,其中生均公用经费 671 元,生均基建经费 217 元。到 2015 年,生均教育经费支出(培养成本)15344 元,其中生均公用经费 1490 元,生均基建经费 2125 元。

表 5—81　　1999～2015 年磐安县生均教育经费(培养费用)情况表

单位:元

项目 \ 年份	年生均教育经费							年生均公用经费							年生均基建经费						
	年生均教育经费	其中:						年生均公用经费	其中:						年生均基建经费	其中:					
		高级中学	初级中学		职业中学	普通小学			高级中学	初级中学		职业中学	普通小学			高级中学	初级中学		职业中学	普通小学	
			小计	其中农村		小计	其中农村			小计	其中农村		小计	其中农村			小计	其中农村		小计	其中农村
1999 年	1781	4034	1502	—	1986	1430	—	671	2402	453	—	887	424	—	217	902	92	—	0	214	—
2000 年	2244	5157	2099	—	2133	1674	—	699	2128	614	—	869	379	—	116	475	142	—	—	61	—
2001 年	2798	6135	2191	—	2809	2044	—	810	3079	609	—	1257	341	—	158	723	—	—	1456	9	—
2002 年	3318	8604	2688	2379	3494	2633	3004	1131	2507	781	483	1376	602	778	268	2304	—	—	894	9	—
2003 年	3185	5970	2634	2576	3620	2654	2970	610	852	527	401	814	425	535	260	1467	32	30	588	129	107
2004 年	4497	6583	3908	3991	4333	3996	3838	696	1067	543	590	864	499	468	299	672	96	99	39	343	62
2005 年	5104	8418	4766	4775	4908	4345	3756	732	1146	718	660	711	463	397	813	1919	354	365	795	827	297

续表 5－81

项目 年份	年生均教育经费							年生均公用经费							年生均基建经费						
	年生均教育经费	其中：						年生均公用经费	其中：						年生均基建经费	其中：					
		高级中学	初级中学		职业中学	普通小学			高级中学	初级中学		职业中学	普通小学			高级中学	初级中学		职业中学	普通小学	
			小计	其中农村		小计	其中农村			小计	其中农村		小计	其中农村			小计	其中农村		小计	其中农村
2006年	5936	6853	7496	6208	4858	5175	4340	795	983	810	801	920	566	469	1435	709	2617	1237	476	1444	628
2007年	6634	7642	7994	6554	7262	4977	5189	827	1201	642	734	1051	539	459	5104	555	3106	1154	1694	510	619
2008年	7137	8226	7210	6788	7369	6291	6067	786	1143	729	637	979	483	475	1334	1091	1632	1075	557	1285	817
2009年	7684	9382	7298	7583	10180	6623	6764	1109	1353	907	964	2473	742	694	1243	1171	1687	1285	912	981	451
2010年	9109	8508	9601	9484	8749	8929	9080	1130	1556	854	954	1833	711	694	1411	389	2075	880	585	1509	812
2011年	10740	10967	11973	14217	11649	8970	10736	1704	1463	1314	1424	3066	1167	1116	2769	2673	3953	5035	2445	1718	2619
2012年	11346	17160	11223	12091	14084	8832	9977	1457	1513	1119	1224	2345	1050	960	3024	8490	2630	2088	3189	1289	1465
2013年	13443	15448	11847	13937	12120	13964	13249	1594	1478	1367	1335	2223	1156	1086	4027	8490	1576	2584	166	5309	3532
2014年	13670	19346	12865	12865	13655	12929	12929	1475	1489	1225	1225	2670	1031	1031	3121	8490	2044	2044	437	3439	3439
2015年	15344	18206	18869	18869	17952	12949	12949	1490	1535	1230	1230	2655	1067	1067	2125	1245	4866	4866	400	1680	1680

说明：1.统计口径为教育部门办学校；2.年生均教育经费包含全部教育经费；年生均公用经费只含基本支出；年生均基建经费包括专项项目支出和基本支出

四、学校建设

（一）危房改造

磐安县第一轮危房改造始于1987年。1988年，危房改造工作全县铺开。至1989年12月，国家投资887.82万元，全县新建、拆建校舍建筑面积68615平方米，各乡镇中小学危房基本消灭。

1990年8月，磐安县教育局下发《磐安县中小学校舍新建、拆建工程基建工作程序》。1990年底，县政府投资980万元，全县新建、拆建校舍面积7.7万平方米。香港大业织造有限公司董事长沈炳麟资助建造仁川中心校与磐安中学(现为磐安二中)教学楼。

1991年4月，磐安县教育局计财科印发《磐安县中小学校舍管理规定》。是年11月，县教育局组织人员到仁川中心小学、磐中检查庆同楼使用情况。

1993年2月，浙江省教育委员会、省财政厅、省计划经济委员会转发国家教育委员会、财政部、国家计划委员会联合下发的《关于发布〈全面消除和杜绝中小学危房的规定〉的通知》。1993年2月，县教育局制定《磐安县中小学破旧校舍改造验收标准(试行)》，明确破旧校舍改造验收总体要求与具体细则。1993年3月，县教育局转发《全面消除和杜绝中小学危房的规定》。规定共11条，其中第3、第7、第9条分别指出："各地要结合实际，尽快修订全面消除中小学危房的规划，在1994年前全面消除中小学危房。""凡已确定为危房的校舍，要立即停止使用。并分别不同情况，采取措施，力争在当年解决。""为消除和杜绝中小学危房工作所需的经费，由地方政府负责筹措，并给以优先保证。"

1995年始，全县进入省长工程"扶贫建校"模式，校园危房改造实行动态管理。

2001年，实施全面消除校园危房工程。6月，县政府组织计经委、城建局、财政局等部门组成检查组，对全县校舍开展“地毯式”安全检查，发现存在安全隐患的破旧校舍33674平方米，其中19所学校有9609平方米的危房。11月，磐安县人民政府办公室转发县教委、县计划与经济委员会、县财政局等部门《关于实施中小学危房改造工程意见的通知》。通知提出五点意见：一是统一思想，提高认识，高度重视中小学危房改造工作；二是彻底排查，建立档案，科学制定中小学危房改造规划，确保两年内消除现有的中小学危房和基本消除有安全隐患的破旧房；三是强化管理，规范操作，把中小学危房改造工程列入重点工程管理，工程质量实行终身负责制；四是实行地方负责、分级管理措施，切实保证中小学危房改造资金。五是加强领导，建立机制，确保中小学危房改造工作的顺利开展。是年，县政府成立磐安县中小学危房改造工程领导小组，各乡镇成立相应机构，负责当地中小学危房改造工程的领导和管理，凡鉴定为危D级的项目一律拆除新建，鉴定为危C的项目一律拆除。

2003年，各项危房改造工程全面竣工，全县改建36383平方米学校用房，校园危房彻底消灭。

表5—82　　磐安县中小学危房改造工程表

学　校	项　目	面积(平方米)	鉴定意见	要　求	改造面积(平方米)
山环完小	门楼	188	危D	拆除	教学楼800
山环完小	平房	112	危C	拆除	—
山环完小	六教室	402	危C	拆除	—
前山完小	厨房	48	危D	拆除	厨房60
尖山小学	四教室	37	危D	拆除	学生宿舍1500
玉山中学	门房	25	危D	拆除	综合楼1200
玉山中学	女生宿舍	524	危C	拆除	—
玉山小学	教学楼	590	危D	拆除	教学数1700
万苍初中	厨房	181	危D	拆除	厨房200
万苍初中	厕所	72	危D	拆除	厕所80
仁川小学	祠堂	311	危C	处理使用	综合楼1500
方山完小	教学楼	180	危D	拆除	教学楼800
冷水镇中	实验楼	688	危C	拆除	实验楼1200
深泽初中	平房宿舍	396	危C	拆除	实验楼1200
深泽中心小学	旧厨房	118	危C	拆除	综合楼800
后力完小	厨房宿舍	340	危C	拆除	厨房宿舍340
县职业技校	学生宿舍	783	危C	拆除	女生宿舍3116
县职业技校	学生宿舍	868	危C	拆除	男生宿舍3786
维新中心校	大会堂	432	危B	维修	—
维新中心校	办公楼	216	危C	拆除	学生宿舍800
维新中心校	旧厕所	40	危D	拆除	—
盘峰中心校	教工宿舍	400	危C	拆除	教工宿舍600
方前镇中	学生宿舍	892	危C	拆除	学生宿舍1200

续表 5—82

学　　校	项　　目	面积(平方米)	鉴定意见	要　　求	改造面积(平方米)
双溪中心小学	厨房商店	96	危 D	拆除	综合楼 1200
墨林中心校	男生宿舍	397	危 C	拆除	学生宿舍 800
行知职高	教学楼	935	危 D	拆除	教学楼 3400
合计	—	9609	—	—	36383

(二)校舍改造

1998～2005 年,县教育局重点实施中心小学校舍改造,以适应布局调整顺利进行。至 2005 年 12 月底,全县乡镇中心小学 19 所,其中安文、新渥、冷水、仁川、玉山、深泽、双溪、胡宅、盘峰、维新、高二等 11 所中心小学在原地拆建、扩建;尖山、尚湖、大盘、方前、万苍等 5 所中心小学异地新建;双峰、九和、窈川并入初中校舍。

2004～2015 年,县教育局先后实施"三改"(改水、改厕、改食堂)工程、食宿改造工程、校安工程、校舍维修改造工程,并上马一批重大新建项目,磐安的办学条件得到进一步改善。

2004 年,为改善中小学生活卫生基础设施,确保师生生活质量和身体健康,实施中小学生活卫生设施"三改"工程。工程规划全县中小学"三改"项目 50 个,概算投资 636.6 万元。2004 年底前,完成改造项目 43 个,其中改水 24 个,改厕 15 个,改食堂 4 个,概算投资 510.6 万元;规划 2005 年 7 月底完成概算投资 126 万元的 4 个项目,暂缓实施因布局调整规划未定等项目 3 个。"三改"项目被列入县委、县政府 2004 年重点办好的八大实事之一。根据县长办公会议确定的"先农村后城市,先急需后改善,先布局内后布局外"的实施原则,7 月下发通知并与各乡镇政府和县直属学校签订项目改造责任书。2004 年 12 月底,43 个改造项目全部完成。

从 2005 年起,省政府决定通过三年努力,实现生均宿舍建筑面积 3 平方米、食堂建筑面积 1 平方米的目标,促使全省农村中小学生的食宿条件明显改善,即"食宿改造工程"(该工程与原"三改"工程有叠合成分)。2005 年 9 月,县教育局出台《磐安县农村中小学食宿改造工程实施规划》。规划提出:征用土地 82 亩,拆、扩、迁建学生宿舍面积 23530 平方米、食堂建筑面积 15368 平方米。2004 年完成 3 个项目,2005 年完成 13 个项目,2006 年完成 12 个项目,计划投资 2723 万元。县实验初中改造工程全面启动。2007 年,全县食宿工程全部竣工,新渥初中、玉山小学等一大批学校在工程中受益,盘山中学建成新餐厅。

为切实推进中小学校舍安全工程,根据县政府办公室《关于成立磐安县中小学校舍安全工程领导小组的通知》(抄字〔2009〕53 号)精神,2009 年 8 月,县教育局成立中小学校舍安全工程领导小组办公室(简称县校安办),由教育局副局长任办公室主任,着手实施"校安"工程建设。县校安办委托浙江新时代建筑设计有限公司对全县 19 个乡镇和城区 34 所中小学的 256 个校舍工程项目展开排查,排查校舍总建筑面积 330020.26 平方米。其中安全项目 203 个 302760.59 平方米,占排查校舍总面积的 91.74%;建议拆除的不安全项目 27 个,面积 9175.6 平方米,占校舍总面积的 2.78%;建议检测鉴定的项目 26 个,面积 18084.15 平方米,占校舍总面积的 5.48%。根据排查情况,制订磐安县中小学校舍安全工程规划,并按规划做好实施方案。

表 5－83　　　2005 年底磐安县小学校舍建设一览表

单位：平方米

乡镇（县直属学校）名称	学校占地面积	校舍建筑面积	教学及辅助用房						行政办公用房		生活用房	其他用房	校舍面积中	
			小计	其中					小计	其中			危房面积	当年新增
				普通教室	实验室	图书馆	微机室	语音室		教师办公室				
合计	233002	123744	50564	36590	3470	2041	1914	670	5707	3275	53621	13852	—	34964
磐安县南园小学	57336	34855	9054	7525	370	655	269	235	1309	655	20996	3496	—	34855
磐安县安文镇中心小学	7521	5424	4192	1872	184	72	54	—	316	240	280	636	—	—
磐安县新渥镇小学	8037	6343	2104	1912	120	72	—	—	212	72	2883	1144	—	—
磐安县冷水镇小学	6722	4407	2383	1697	194	194	144	144	539	356	963	532	—	—
磐安县仁川镇小学	8616	5804	2182	1720	170	52	120	120	474	55	2368	780	—	—
磐安县尖山镇小学	30168	8398	3998	3257	222	212	220	87	345	345	3775	280	—	—
磐安县玉山镇小学	12669	8811	4215	3941	72	130	72	—	926	526	2429	1241	—	—
磐安县尚湖镇小学	13340	6551	3238	1108	44	—	72	—	162	72	2936	216		
磐安县大盘镇小学	11139	4239	2118	550	76	50	84	84	229	114	1892	—	—	—
磐安县方前镇小学	10393	4074	940	672	80	28	160	—	96	96	1873	1165	—	—
磐安县深泽乡小学	10403	6586	3707	3320	177	105	105	—	230	230	2051	598	—	—
磐安县双峰乡小学	6142	4468	2164	2008	56	50	50	—	168	50	1059	1077	—	109
磐安县窈川乡小学	3433	3035	1048	836	70	82	60	—	95	46	766	1126	—	—
磐安县双溪乡小学	2470	1862	640	640	—	—	—	—	56	56	1070	96	—	—
磐安县万苍乡小学	14135	3354	955	648	77	12	218	—	—	—	1565	834	—	—
磐安县胡宅乡小学	10451	6451	3819	2531	1160	64	64	—	192	128	2440	—	—	—
磐安县九和乡小学	4733	2774	1051	648	162	88	153	—	122	72	1601	—	—	—
磐安县盘峰乡小学	3612	2167	606	480	48	30	48	—	48	24	918	595	—	—
磐安县维新乡小学	7861	2235	1145	889	132	124	—	—	108	96	945	37	—	—
磐安县高二乡小学	3821	1906	1015	336	56	21	21	—	80	42	811	—	—	—

表 5－84　　　浙江省农村中小学食堂改造工程实施规划表（2005～2007 年）

填报单位（盖章）：磐安县教育局　磐安县财政局

学校名称	项目名称	现有办学规模				现有学生食堂情况（平方米）				规划办学规模				食堂改造工程实施规划（2005～2007 年）					
		班级数（班）	在校学生数（人）	其中		小计	危房	需拆除破旧房	可以继续使用房屋	班级数	在校学生数（人）	其中		建设面积（平方米）				总投资估算（万元）	计划建设年限
				寄宿学生数（人）	占学生总数比例（%）							寄宿学生数（人）	占学生总数比例（%）	小计	改（扩）建	拆建	新建		
合计		234	10366	6895	67	3450	0	3090	360	354	17130	15728	92	15368	140	11548	3680	1075.76	—
一、初中小计		131	6129	4462	73	2164	0	2164	0	216	10800	10350	96	10350	0	7950	2400	724.5	—

续表 5－84

学校名称	项目名称	现有办学规模				现有学生食堂情况(平方米)				规划办学规模				食堂改造工程实施规划(2005～2007 年)					
		班级数(班)	在校学生数(人)	其中 寄宿学生数(人)	其中 占学生总数比例(%)	小计	危房	需拆除破旧房	可以继续使用房屋	班级数	在校学生数(人)	其中 寄宿学生数(人)	其中 占学生总数比例(%)	建设面积(平方米) 小计	改(扩)建	拆建	新建	总投资估算(万元)	计划建设年限
南园初中	食堂	28	1406	400	28	—	—	—	—	48	2400	2400	100	2400	—	—	2400	168	2006～2007
深泽初中	食堂	8	357	342	96	52	—	52	—	18	900	900	100	900	—	900	—	63	2006～2007
新渥镇中	食堂	9	413	276	67	130	—	130	—	21	1050	940	90	940	—	940	—	65.8	2005
仁川镇中	食堂	9	380	355	93	240	—	240	—	18	900	700	78	700	—	700	—	49	2005～2006
尚湖镇中	食堂	10	443	322	73	483	—	483	—	18	900	900	100	900	—	900	—	63	2005～2006
玉山镇中	食堂	12	521	500	96	350	—	350	—	24	1200	1200	100	1200	—	1200	—	84	2005
盘山中学	食堂	17	780	620	79	342	—	342	—	27	1350	1300	96	1300	—	1300	—	91	2005
方前镇中	食堂	8	299	197	66	147	—	147	—	12	600	510	85	510	—	510	—	35.7	2005～2006
磐安三中	食堂	30	1530	1450	95	420	—	420	—	30	1500	1500	100	1500	—	1500	—	105	2006
二、小学小计		103	4237	2433	57	1286	0	926	360	138	6330	5378	85	5018	140	3598	1280	351.26	—
深泽乡中心小学	食堂	16	796	267	34	152	—	152	—	24	1200	1018	85	1018	—	1018	—	71.26	2005～2006
尚湖镇中心小学	食堂	25	1047	812	78	254	—	254	—	30	1350	1280	95	1280	—	—	1280	89.6	2005～2006
冷水镇中心小学	食堂	12	460	160	35	360	—	—	360	18	810	500	62	140	140	—	—	9.8	2006
玉山镇中心小学	食堂	13	492	243	49	105	—	105	—	18	810	630	78	630	—	630	—	44.1	2006
方前镇中心小学	食堂	14	600	290	48	120	—	120	—	24	1080	900	83	900	—	900	—	63	2005
万苍乡中心小学	食堂	13	482	361	75	75	—	75	—	12	540	530	98	530	—	530	—	37.1	2006
双溪乡中心小学	食堂	10	360	300	83	220	—	220	—	12	540	520	96	520	—	520	—	36.4	2006

表 5－85　　浙江省农村中小学宿舍改造工程分年度建设计划(2005 年度)

填报单位(盖章):磐安县教育局　磐安县财政局

学校名称	项目名称	结构类型	建筑层数	建筑面积(平方米)	计划征地(亩)		建设资金来源(万元)			预计当年完成情况			备注
					小计	其中:农用地	小计	省补	地方配套	完成投资(万元)	完成投资占总投资比例(%)	到当年底工程计划形象进度	
合计	—	—	—	7830	10	10	548.1	328.86	219.24	190	35	—	—
一、初中小计	—	—	—	3100	0	0	217	130.2	86.8	80	37	—	—

续表 5—85

学校名称	项目名称	结构类型	建筑层数	建筑面积（平方米）	计划征地（亩）		建设资金来源（万元）			预计当年完成情况			备注
					小计	其中：农用地	小计	省补	地方配套	完成投资（万元）	完成投资占总投资比例（%）	到当年底工程计划形象进度	
尚湖镇中	食堂宿舍楼	框架	五	1900	—	—	133	79.8	53.2	50	38	基础	—
方前镇中	学生宿舍	框架	四	1200	—	—	84	50.4	33.6	30	36	基础	—
二、小学小计	—	—	—	4730	10	10	331.1	198.66	132.44	110	33	—	—
尚湖镇中心小学	学生宿舍	砖混	四	2030	10	10	142.1	85.26	56.84	30	21	基础	—
尖山镇中心小学	学生宿舍	砖混	四	2700	0	0	189	113.4	75.6	80	42	一层	—

表 5—86　浙江省农村中小学宿舍改造工程分年度建设计划（2006 年度）

填报单位（盖章）：磐安县教育局　磐安县财政局

学校名称	项目名称	结构类型	建筑层数	建筑面积（平方米）	计划征地（亩）		建设资金来源（万元）			预计当年完成情况			备注
					小计	其中：农用地	小计	省补	地方配套	完成投资（万元）	完成投资占总投资比例（%）	到当年底工程计划形象进度	
合计	—	—	—	15700	45	45	1099	659.4	439.6	784	71	—	—
一、初中小计	—	—	—	13500	40	40	945	567	378	630	67	—	—
南园初中	学生宿舍	框架	五	7200	20	20	504	302.4	201.6	300	60	结顶	—
深泽初中	学生宿舍	砖混	五	2700	10	10	189	113.4	75.6	80	42	三层	—
尖山镇中	学生宿舍	砖混	五	3600	10	10	252	151.2	100.8	250	100	竣工	—
二、小学小计	—	—	—	2200	5	5	154	92.4	61.6	154	100	—	—
新渥镇中心小学	食堂宿舍	框架	四	2200	5	5	154	92.4	61.6	154	100	竣工	—

表 5—87　浙江省磐安县中小学校舍安全工程规划汇总表（2009～2011 年）

工程类别	涉及学校（所）	项目数（个）	建筑面积（平方米）	总投资（万元）	开工时间	完工时间	用地计划（亩）	备注
磐安县合计	93	101	44701	4880.3	—	—	—	—
2009 年	31	32	18190	1641.7	—	—	—	—
2010 年	57	64	22283	2748.6	—	—	—	—
2011 年	5	5	4228	490.0	—	—	—	—
一、灾害治理类合计	11	11	0	654.0	—	—	—	—
2009 年	3	3	0	253.0	—	—	—	—
2010 年	8	8	0	401.0	—	—	—	—
2011 年	0	0	0	0.0	—	—	—	—

续表 5—87

工程类别	涉及学校（所）	项目数（个）	建筑面积（平方米）	总投资（万元）	开工时间	完工时间	用地计划（亩）	备注
二、迁(扩)建类合计	18	20	22734	3317	—	—	—	—
2009 年	5	6	7635	1052	—	—	—	—
2010 年	8	9	10871	1775	—	—	—	—
2011 年	5	5	4228	490	—	—	—	—
三、加固改造类合计	22	25	21967	691	—	—	—	—
2009 年	11	11	10555	290	—	—	—	—
2010 年	11	14	11412	401	—	—	—	—
2011 年	—	—	0	0.0	—	—	—	—
四、拆除类合计	6	6	921	0.0	—	—	—	—
2009 年	0	0	0	0.0	—	—	—	—
2010 年	6	6	921	0.0	—	—	—	—
2011 年	—	—	0	0.0	—	—	—	—
五、消防、防雷类合计	36	39	97777	218.3	—	—	—	—
2009 年	12	12	25742	46.7	—	—	—	—
2010 年	24	27	72035	171.6	—	—	—	—
2011 年	0	0	0	0	—	—	—	—

2010 年始，全县中小学新建及维修改造实施项目进入常态化机制，经费列入县财政预算。这一年，新建及维修改造实施项目 11 个，总投资概算 1099.8 万元，实际投入 779.8 万元，计划建筑面积 3606 平方米。26 所学校整改全部到位，其中，有对学校建筑物进行避雷设施安装。

2011 年，新建及维修改造实施项目 39 个，总投资概算 3476.8 万元，计划建筑面积 30038 平方米，实际投入 2876.8 万元。实施磐安县第二中学扩建(一期)工程，启动县实验中小学体艺楼与尖山实验幼儿园建设。

2012 年，新建及维修改造实施项目 32 个，总投资概算 3925 万元，计划建筑面积 24161 平方米。实际投入 3873 万元，实施磐安中学、尚湖中心小学等学校塑胶场地建设。

2013 年，新建及维修改造实施项目 30 个，计划建筑面积 70478 平方米。实际完成投入 6492.5 万元，实施对文溪小学(一期)、深泽中心小学改扩建(一期)以及尚湖镇中心幼儿园工程建设。

2014 年，政府重点投资项目 8 个，启动新城中学、磐安第四中学建设，计划建筑面积 137364 平方米，完成资金投入 6540 万元；维修改造实施项目 51 个，计划建筑面积 5200 平方米，完成资金投入 1244.6 万元。合计投入资金 7784.6 万元。2015 年，政府投资重点项目 6 个，塑胶跑道项目 10 个，维修改造项目 29 个，合计投入资金 6540 万元。磐安城乡学校面貌焕然一新。

(三)新校园(校舍)建设

1990 年来，全县新建校园 13 所。2015 年底，在建校园 2 所，筹建中校园 2 所。重点工程简介如下：

1. 磐安中学

新磐安中学建设工程于 1997 年着手规划，原设计建造县第二中学，后根据县委常委扩大会议精神，磐安中学实施异地搬迁，原校园留给二中使用。工程通过招标，由杭州园林设计院设计。规划征地 120 亩，实用 142 亩。建筑面积 30740 平方米，实际建筑面积 37194.45 平方米，总投资 5001 万元。学校规模 36 个班，在校生 1700 名。该项目于 1998 年 6 月 1 日由省计划与经济委员会正式批准立项，6 月 22 日被省重点办列为“9761”工程，7 月 9 日省计划与经济委员会批准设计方案。

工程分三期实施。

第一期：从 1998 年 6 月至 1999 年 9 月。校园征用土地 72251.3 平方米，折 108 亩。建筑面积：教学楼五层、3426 平方米，行政楼四层、2664 平方米，实验楼四层、2658 平方米，学生宿舍（2 号、3 号）五层、4505 平方米，教工宿舍六层、2033 平方米，师生食堂二层、3313 平方米，门楼 240 平方米。二次供水系统有蓄水池 2 只、泵房 1 座；学进桥长 36 米，宽 18 米。建筑面积小计：18839 平方米。第一期工程土建总造价 2719978.30 元（含土地征用费）。

第二期：从 1999 年 9 月至 2003 年 5 月。征用土地 22734 平方米，折 34 亩，为准备建造体艺馆等项目使用。建筑面积：学生宿舍 1 号楼五层、3180 平方米，科技楼四层、2129.3 平方米，饮食店一层、120.15 平方米。建筑面积小计：5429.45 平方米。第二期工程土建总造价 4010533.60 元（不含土地征用费）。

第三期：自 2003 年 5 月至 2006 年 7 月。建筑面积：2 号教学楼五层、3132 平方米，4 号学生宿舍楼五层、3784 平方米，体艺馆 6100 平方米，田径场 16274 平方米，篮球场 2856 平方米，排球场 864 平方米。建筑面积小计：33010 平方米。第三期工程（含体艺馆等项目土地征用）投入 3000 万元。预留学校今后发展用地 3330 平方米，折 39.5 亩，土地征用费于 2006 年 8 月 29 日通过县政府协调解决。

截至 2006 年 7 月，一至三期工程征用土地 94985.3 平方米，折 142 亩，其中包含新建校园时周边通往工地的公共道路用地，体艺馆北边围墙下公路，校园正南面的县农机培训站到 1 号学生宿舍楼前的江滨路及学校大门口连接公路的育才路，校园东侧围墙外 1.5 米宽的山间小道。

2005 年 12 月底，全校建筑面积合计 37194.45 平方米，校园内绿化面积 15463 平方米，折 23.2 亩，校园外后山读书林绿化植树 31 亩。

基于县财政困难、筹资难度大的实际，为降低建设成本，经县政府第二次常务会议研究，采取“能减则减，能免则免”的原则。

1998 年 6 月 17 日，县人民政府办公室 72 号抄告单决定新磐安中学校舍建设有关税费减免的项目：全免税费的有县建设与环保局的招投标管理费、建筑营业税及随征的城建税、教育费附加，以及其他可以免征的有关税费，县消防大队的消防服务费；给予减半征收的有县土管局的耕地占用税、造田费、造地专项基金、不可预见费，县供电局的电力增容费、工程贴费，县建设与环保局的自来水增容费、测绘定桩放样费、图纸设计费、县审计局的基建审计费等；缓征计经委负责征收的散装水泥限装费，县建设与环保局的规划管理费等只收工本费。

2. 县实验小学

1992 年 8 月 25 日，县人民政府办公室下文建立县实验小学筹建领导小组，并选址壶厅畈建造校舍。1994 年 4 月 6 日，县人民政府〔1994〕31 号文件批复成立磐安县实验小学。同年 9 月 1 日开学上课。发展到 2002 年，原校址已被商住楼包围无法扩建，外加车辆增多，学生安全无法保障。为此，县政府于 2003 年选址城区下园畈再建校园。校园占地面积 86 亩，建筑面积 41283 平方米。其中教学大楼 6725 平方米，实验科技楼 3716 平方米，教职工休息楼 4092 平方米，学生公寓 17154 平方米，餐厅 3793 平方米，体艺楼群 3635 平方米，办公图书楼 2168 平方米。可容 48 个班级，学生 2500 人。2004

年开工,2005年7月竣工,2005年8月投入使用。标准400米塑胶田径场于2007年底竣工。

3.县实验初中

2003年下半年,实验(南园)初中开始筹建。2005年9月,县发展和改革局批复同意实验(南园)初中建设项目可行性研究报告。2006年4月,县发展和改革局〔2006〕16号文件批复实验(南园)初中校舍建设方案。县实验初中占地面积74670平方米(112亩),建筑面积28587平方米,其中教学楼、科技实验楼、办公图书综合楼14413平方米,男生宿舍楼4998平方米,女生宿舍楼4998平方米,食堂4028平方米,传达室150平方米。总投资3419万元。2006年4月19日奠基开工,2007年8月竣工并投入使用。

2011年9月22日开工,2013年9月竣工并投入使用的实验中小学体艺楼,地面主体建筑二层(局部三层,带半地下室),总建筑面积5955.4平方米,其中半地下室建筑面积2164.9平方米,钢筋砼框架结构。内含活动大厅(室内篮球场)、报告厅、体育活动室、体育器材室、舞蹈教室、音乐教室、乐器室等功能用房,工程总投资约1600万元。实验中小学体艺楼建设被省政府列入特别扶持项目,获得扶持资金818万元。

4.文溪小学

文溪小学新建工程选址安文镇铁钉畈地块,前身为县农机管理站、县志成工艺品厂、县煤气公司等单位用地。规划建成办学规模为36个教学班的半寄宿制完全小学,按照省定Ⅱ类标准规划设计。项目总用地36018平方米,建筑面积26355平方米,计划总投资7745万元。整个项目由浙中地质勘查院勘探,由浙江方圆规划建筑设计院设计。由于煤气公司未能如期搬迁,整个工程分两期实施。一期工程于2013年5月开工,先后实施主体工程、室外附属配套工程、边坡治理工程、主次入口桥梁工程。主体工程由浙江锦业建筑有限公司承建,浙江华盛监理有限公司监理;室外附属配套工程、主次入口桥梁工程由磐安县浩天建设有限公司承建;边坡治理工程由浙江广天建筑有限公司承建。文溪小学于2014年9月正式投入使用,其新建项目被省政府列入特别扶持项目,获资金补助2500万元。其二期工程计划在2016年开工建设,项目包括学生宿舍楼1幢、食堂餐厅1幢、室内风雨操场1个、生活用房、250米塑胶田径场、塑胶篮球场、排球场及一些附属设施。

5.新城中学

新城中学选址新城区新渥西坞地块,规划建设成规模为36个班(按48个教学班的长远规划预留空间)、1440名在校生的寄宿制初级中学。校园总用地面积130亩,总建筑面积为37851平方米,拟建教学及教学辅助用房、办公用房、生活用房、环400米标准田径场及相关运动场所设施,并配套建设道路、室外停车场、给排水、供电、环境照明、绿化、边坡治理、围墙等相关附属设施。计划总投资15899万元,工程于2016年1月开工,计划于2017年竣工并投入使用。

6.磐安四中

磐安四中选址尖山镇清凉山地块,项目设计单位为杭州经纬建筑设计有限公司,由浙江省工程物探勘察院负责地质勘探。项目用地面积69300平方米,总建筑面积42994.76平方米;规划42个班的全寄宿制初级中学;建设内容包括教学楼、综合楼、体艺楼、食堂、学生宿舍、教工宿舍、田径场、篮排球场、看台及门房、连廊、道路、广场、停车位、给排水、供电、通信、照明、绿化、围墙等配套设施。项目由浙江紫微建筑工程有限公司承建,由磐安中正监理有限公司负责监理。2016年4月15日开工,计划2017年9月投入使用,项目总投资15201万元。

7.县职教中心

2015年,县政府常务会议(见磐政办纪要〔2015〕22号文件)原则同意磐安县职业教育中心选址深泽初中地块。按照规模测算及相关建设标准，决定将学校建成 48 个班的寄宿制职业学校。项目用地面积 140.4 亩，总建筑面积 61516 平方米，项目预计总投资 26680 万元，资金来源为县财政资金。计划于 2017 年开工，2019 年竣工并投入使用。

表 5—88　　1990～2015 年整体搬迁、新建学校汇总表

学校名称	类型	开工时间	投入使用时间	占地面积（平方米）	建筑面积（平方米）	总投资（万元）	备注	学校所在村无偿提供土地
万苍小学	迁建	1990 年	1993 年	4802	1674	35.2	—	√
县实验小学	新建	1992 年	1994 年	12339	4500	355	壶厅畈	—
大盘小学	迁建	1994 年	1997 年	11138	3617	165	—	√
尚湖小学	迁建	1994 年	1997 年	13340	4680	229	—	√
尖山初中	迁建	1994 年	1997 年	12673	3746	380	—	√
磐安中学	迁建	1998 年	1999 年	80004	30740	5012	—	—
县教师进修学校	搬迁	2002 年	2003 年	4421	1596	148	—	—
尖山小学	迁建	2003 年	2004 年	26733	5600	375	—	√
县实验小学	新建	2004 年	2005 年	37330	42842	4546	南园	—
县实验初中	新建	2006 年	2007 年	72670	26652	3148	—	—
尖山实验幼儿园	新建	2011 年	2012 年	13718	11268	2147	—	—
尚湖镇中心幼儿园	新建	2013 年	2014 年	16715	10333	2324	—	—
文溪小学	新建	2013 年	2014 年	36018	26355	7745	—	—
磐安四中	新建	2015 年	在建	69300	42995	15201	—	—
新城中学	新建	2015 年	在建	79200	42686	15899	—	—
职教中心	迁建	正在筹建	—	93605	61516	29270	—	—

（四）校园改扩建工程

1.磐安二中

磐安二中校园面积逼仄，校舍破旧。在县委、县政府以及教育局的高度重视和支持下，学校于 2010 年正式启动校园改扩建工程。工程设计办学规模为 36 个教学班、在校生 1800 人的高级中学。总占地面积 6900 平方米，总建筑面积 31753.6 平方米，其中地上 28948.7 平方米，地下 2804.9 平方米；新建建筑 24534.6 平方米，改造建筑 7219 平方米。新建建筑包括教学科技办公楼、男生宿舍楼、女生宿舍楼、门卫、后勤服务中心、沿街停车库、边坡治理，以及道路、广场、给排水、供配电、绿化等相应配套设施建设等。改造建筑包括庆同楼、图书科技楼、食堂、排洪沟改造等。项目总投资约 5100 万元，由浙江东华规划建筑园林设计有限公司设计，浙江省第三地质大队负责勘探。一期工程主要包括教学科技办公楼、后勤服务中心、门房以及相关附属工程。教学科技办公楼由磐安县浩天建筑有限公司承建，金华华盛建设监理公司监理，2012 年 5 月 15 日开工，2013 年 8 月完工并投入使用；二期工程教学楼、女生宿舍由金华安达建筑有限公司承建，2014 年 1 月开工，2015 年 1 月完工并投入使用。

2.深泽乡中心小学

深泽乡中心小学改扩建一期工程,包含1号教学楼、2号学生宿舍楼、教工宿舍楼,共3幢。占地1827.4平方米,建筑面积8981.3平方米,总投资1446.7万元,由浙江绿风建设有限公司承建,金华市华盛工程建设监理有限公司监理。改扩建工程一期项目于2013年3月7日动工,2014年9月投入使用。

表5—89　　1991年磐安中小学校舍建设情况

建设单位	项目名称	竣工面积(平方米)	开工日期	竣工日期	施工单位	投资(万元)
县职业技校	教工宿舍	1290	1991年3月	1991年12月	教育工程队	20
尚湖镇中	教学楼	1418	1990年12月	1991年12月	尚湖工程队	23
双峰初中	教工宿舍	488	1990年11月	1991年4月	双溪工程队	10
窈川中心校	教学楼	1072	1991年3月	1991年9月	安文区工程队	19
冷水中心校	教工宿舍	656	1990年12月	1991年8月	安文区工程队	11
云山初中	教工宿舍	—	1991年11月	—	教育工程队	11
双峰中心校	教工宿舍	—	1991年11月	—	双溪工程队	12.5
双溪初中	教学楼	791	1991年9月	1991年12月	双溪工程队	14
胡宅中心校	教学楼	806	1991年8月	1991年12月	玉山工程队	15
方前镇中	教学楼	878	1991年7月	1991年12月	教育工程队	14.28
四协大平头村小	综合楼	—	1991年10月	—	村队	0.15
磐安中学	学生宿舍	—	1991年10月	—	城乡建设公司	23.5

表5—90　　1992年磐安县中小学校舍建设情况

建设单位	项目名称	开工日期	竣工日期	开工面积(平方米)	竣工面积(平方米)	施工单位	投资(万元)
磐安中学	学生宿舍	1991年10月	1992年6月	—	1332	县城乡建设公司	23.5
前山中心校	教学楼	1990年12月	1992年7月	—	750	玉山区建	11.25
双峰中心校	教工宿舍	1991年11月	1992年5月	—	647	双溪工程队	12.5
云山初中	教工宿舍	1991年11月	1992年7月	—	563	县教育工程队	11
四协大平头村小	教学楼	1991年10月	1992年3月	—	84	村队	0.15
县职业技校	教学楼	1992年7月	—	1536	—	县教育工程队	30
万苍中心校	教学楼	1992年5月	—	747	—	县教育工程队	12.24
新渥镇中	教学楼	1992年6月	—	1875	—	安文区建	41.3
胡宅中心校	教工学生宿舍	1992年5月	—	1100	—	玉山区建	19
方前炉田村校	综合楼	1992年5月	—	192	—	方前镇建	2.5
维新溪下炉村校	综合楼	1992年7月	1992年9月	60	60	仙居管炉建	0.8
深泽森屋村校	综合楼	1992年5月	1992年8月	336	336	村队	5.5

续表 5－90

建设单位	项目名称	开工日期	竣工日期	开工面积（平方米）	竣工面积（平方米）	施工单位	投　资（万元）
深泽屋楼村校	综合楼	1992 年 3 月	1992 年 9 月	396	396	村队	6.7
深泽上产村校	综合楼	1992 年 4 月	—	336	—	村队	5.2
新渥大麦坞村校	综合楼	1992 年 5 月	1992 年 8 月	232	232	村队	3.9
仁川泊公村校	综合楼	1992 年 5 月	1992 年 11 月	100	84	村队	1.7

表 5－91　　1993 年磐安县中小学校舍建设情况

建设单位	项目名称	开工日期	竣工日期	开工面积（平方米）	竣工面积（平方米）	施工单位	投　资（万元）
县职业技校	教学楼	1992 年 7 月	1993 年 6 月	—	1536	教育工程队	30
新渥镇中	教学楼	1992 年 6 月	1993 年 9 月	—	1875	安文区建	41.3
胡宅中心校	教工、学生宿舍	1992 年 5 月	1993 年 5 月	—	1100	玉山区建	19
方前炉田	综合楼	1992 年 5 月	1993 年 4 月	—	192	方前镇建	2.5
深泽上产村	综合楼	1992 年 4 月	1993 年 2 月	—	336	村队	5.2
磐安中学	生态厕所	1992 年 9 月	1993 年 5 月	—	220	磐建	12
磐安中学	厨房	1993 年 1 月	1993 年 7 月	654	654	双溪公司	21
双溪中心校	教学楼	1993 年 8 月	—	640	—	八建	26
实验小学	综合楼	1993 年 7 月	—	2150	—	八建	85
四协小学	厨房	1993 年 7 月	1993 年 10 月	112	112	方前镇建	1.6

表 5－92　　1994 年磐安县中小学校舍建设情况

建设单位	项目名称	开工日期	竣工日期	开工面积（平方米）	竣工面积（平方米）	施工单位	投　资（万元）
双溪中心校	教学楼	1993 年 8 月	1994 年 1 月	—	640	县八建	26
县实验小学	综合楼	1993 年 7 月	1994 年 7 月	—	2150	县八建	85
希望小学	综合楼	1994 年 3 月	1994 年 8 月	1090	1090	磐一建	41
磐安中学	女生宿舍	1994 年 4 月	1994 年 12 月	1278	1278	县八建	40
实验小学	厨房	1994 年 4 月	1994 年 10 月	332	332	县八建	17.6
玉山农职校	厨房	1994 年 4 月	1994 年 9 月	214	214	县八建	6.8
盘峰榉溪完小	综合楼	1994 年 5 月	1994 年 12 月	770	770	村队	32
九和中心校	教学楼	1994 年 9 月	1994 年 12 月	292	292	县八建	7.3
仁川初中	综合楼	1994 年 5 月	1994 年 12 月	1577	1577	县八建	50
深泽初中	学生宿舍	1994 年 10 月	1994 年 12 月	288	288	村队	6.2
深泽后力完小	综合楼	1994 年 10 月	—	727	—	县八建	36
安文小学	综合楼	1994 年 11 月	—	1154	—	玉环公司	44.6

续表 5－92

建设单位	项目名称	开工日期	竣工日期	开工面积（平方米）	竣工面积（平方米）	施工单位	投资（万元）
方前镇中	教工宿舍	1994 年 10 月	—	1296	—	磐二建	40.2
实验小学	教学楼	1994 年 10 月	—	2367	—	县八建	107
仁川初中	厨房	1994 年 12 月	—	214	—	县八建	8.5

表 5－93　　1995 年磐安县中小学校舍建设情况

建设单位	项目名称	开工日期	竣工日期	开工面积（平方米）	竣工面积（平方米）	施工单位	投资（万元）
深泽后力完小	综合楼	1994 年 10 月	1995 年 6 月	—	727	县八建	36
安文小学	综合楼	1994 年 11 月	1995 年 8 月	—	1164	宏宇公司	44.6
方前镇中	教工宿舍	1994 年 10 月	1995 年 8 月	—	1296	县工建	40.2
实验小学	教学楼	1994 年 10 月	1995 年 8 月	—	2367	县八建	107
墨林小学	厨房	1995 年 1 月	1995 年 4 月	160	160	县八建	5
墨林小学	厕所	1995 年 6 月	1995 年 8 月	34	34	县八建	1.5
冷水中心校	教学楼	1995 年 4 月	1995 年 9 月	1102	1102	宏宇公司	45
安文石头村小	综合楼	1995 年 6 月	1995 年 12 月	380	380	宏宇公司	15
窈川岭溪村小	综合楼	1995 年 7 月	1995 年 12 月	208	208	宏宇公司	15
县职业技校	综合楼	1995 年 4 月	1995 年 12 月	1480	1480	县八建	95
双溪初中	教工宿舍	1995 年 8 月	—	946	—	双溪公司	40
大盘小学	综合楼	1995 年 9 月	—	1717	—	宏宇公司	85
深泽初中	教学楼	1995 年 9 月	—	1286	—	县八建	60
尚湖小学	综合楼	1995 年 9 月	—	1744	—	县八建	77
新渥小学	师生宿舍	1995 年 9 月	—	1232	—	县八建	55.4
尖山镇中	教学楼	1995 年 10 月	—	1691	—	宏宇公司	90

表 5－94　　1996 年磐安县中小学校舍建设情况

建设单位	项目名称	开工日期	竣工日期	开工面积（平方米）	竣工面积（平方米）	施工单位	计划投资（万元）	实际投资（万元）	其中国补（万元）	备注
双溪初中	教工宿舍	1995 年 8 月	1996 年 2 月	—	946	双溪公司	40	40	15	—
大盘小学	教学综合楼	1995 年 9 月	1996 年 9 月	—	1717	宏宇公司	85	90	70	优良
深泽初中	教学楼	1995 年 9 月	1996 年 5 月	—	1286	县八建公司	60	72	30	—
尚湖小学	教学综合楼	1995 年 9 月	1996 年 6 月	—	1744	县八建公司	77	77	40	—
新渥初中	教工宿舍	1995 年 9 月	1996 年 5 月	—	1232	县八建公司	55.4	57	31	—
尖山初中	教学综合楼	1995 年 9 月	1996 年 6 月	—	1691	宏宇公司	90	90	55	—
万苍乡初中	综合楼	1996 年 1 月	1996 年 6 月	1720	1720	县八建公司	76	80	20	—
玉山镇初中	综合楼	1996 年 1 月	1996 年 6 月	1143	1143	县八建公司	55	60	24	优良

续表 5—94

建设单位	项目名称	开工日期	竣工日期	开工面积（平方米）	竣工面积（平方米）	施工单位	计划投资（万元）	实际投资（万元）	其中国补（万元）	备注
新渥岩上村校	教学楼	1996 年 1 月	1996 年 6 月	248	248	村队	7	7	—	—
磐安中学	室内篮球场	1996 年 3 月	1996 年 6 月	642	642	县八建公司	35	50.8	—	—
玉山农中	学生宿舍	1996 年 1 月	1996 年 8 月	1170	1170	县八建公司	50	50	20	—
胡宅中心校	教学楼	1996 年 5 月	1996 年 8 月	660	660	县三建公司	33	35	15	—
胡宅中心校	厨房	1996 年 6 月	1996 年 10 月	210	210	县三建公司	8	10	5	—
盘峰中心校	教学楼	1996 年 6 月	1996 年 11 月	681	680	山亚公司	35	37	35	—
磐安中学	图书馆	1996 年 3 月	1996 年 11 月	2485	2485	县八建公司	150	180	65	优良
大盘小学	师生宿舍	1996 年 7 月	—	1580	—	宏宇公司	80	—	65	—
尚湖小学	学生宿舍	1996 年 9 月	—	1639	—	宏宇公司	80	—	20	—
尖山小学	师生宿舍	1996 年 10 月	—	1391	—	县八建公司	65	—	50	—

表 5—95　　1997 年磐安县中小学校舍建设情况

建设单位	项目名称	开工日期	竣工日期	开工面积（平方米）	竣工面积（平方米）	施工单位	计划投资（万元）	实际投资（万元）	其中国补（万元）	备注
大盘小学	师生宿舍	1996 年 7 月	1997 年 6 月	—	1580	宏宇公司	—	80	80	—
大盘小学	厨房	1996 年 11 月	1997 年 7 月	—	245	宏宇公司	—	10	—	—
尚湖小学	教师宿舍	1996 年 11 月	1997 年 5 月	—	1375	三建公司	—	73	60	优良
尚湖小学	学生宿舍	1996 年 9 月	1997 年 5 月	—	1229	置业公司	—	72	50	优良
尖山镇中	师生宿舍	1996 年 10 月	1997 年 6 月	—	1391	八建公司	—	68	50	—
深泽仰头	综合楼	1996 年 11 月	1997 年 8 月	—	230	—	—	11	2	—
玉山方塘	综合楼	1996 年 10 月	1997 年 8 月	—	967	—	—	23	1	—
实验小学	学生宿舍	1997 年 4 月	1997 年 10 月	3123	3123	超新公司	180	200	100	优良
仁川小学	师生宿舍	1997 年 3 月	1997 年 10 月	1448	1448	宏华公司	72	75	40	—
尚湖小学	厨房	1997 年 7 月	1997 年 9 月	254	254		10.1	10.1	—	—
尖山镇中	厨房	1997 年 7 月	—	586	586	八建公司	29.3	29.3	10	—
新渥小学	综合楼	1997 年 7 月	—	1790	—	八建公司	95	—	25	外资 20
窈川中心校	综合楼	1997 年 8 月	—	1458	—	超新公司	70	—	65	—
墨林中心校	教学楼	1997 年 9 月	—	670	—	超新公司	35	—	30	—
深泽中心小学	综合楼	1997 年 12 月	—	1155	—	八建公司	49	—	15	—
合计	—	—	—	10484	12428	—	540.4	651.4	528	—

表 5—96　　1998 年磐安县中小学校舍建设情况

建设单位	项目名称	开工日期	竣工日期	开工面积(平方米)	竣工面积(平方米)	施工单位	计划投资(万元)	实际投资(万元)	其中国补(万元)	备　注
新渥小学	综合楼	1997 年 7 月	1998 年 8 月	—	1790	八建公司	—	106	25	民间资助 20 万元，优良工程
窈川中心校	综合楼	1997 年 8 月	1998 年 6 月	—	1458	超新公司	—	81	80	其中省财政 60 万元，优良工程
墨林中心校	教学楼	1997 年 9 月	1998 年 1 月	—	670	超新公司	—	35	30	—
深泽中心小学	综合楼	1997 年 12 月	1998 年 8 月	—	1155	八建公司	—	52	15	—
维新中心校	综合楼	1998 年 1 月	1998 年 8 月	889	889	超新公司	35	39	10	民间资助 12 万元
玉山林宅完小	综合楼	1998 年 3 月	1998 年 9 月	919	919	城乡公司	40	45	—	希望工程 20 万元
冷水潘潭村小	综合楼	1998 年 4 月	1998 年 8 月	827	827	八建公司	35	37	—	希望工程 10 万元
盘山中学	综合楼	1998 年 5 月	—	3192	—	八建公司	160	—	50	—
高二中心校	综合楼	1998 年 7 月	—	1095	—	超新公司	55	—	—	希望工程 20 万元
冷水白岩完小	教学楼	1998 年 9 月	—	606	—	住宅公司	45	—	—	民间资助 10 万元
	宿舍楼	1998 年 9 月	—	477	—	住宅公司		—	—	
磐安县第二中学(注：即现在的磐安中学校园)	教学楼	1998 年 9 月	—	3360	—	置业公司	210	—	已到位	—
	行政楼	1998 年 11 月	—	2560	—	置业公司	155	—		—
	实验楼	1998 年 12 月	—	2508	—	置业公司	150	—	100	—
	食堂餐厅	1998 年 11 月	—	3313	—	超新公司	220	—	—	—
	男生宿舍	1998 年 11 月	—	1877	—	城乡公司	110	—	—	—
	女生宿舍	1998 年 11 月	—	1877	—	城乡公司	110	—	—	—
合计	—	—	—	23500	7708	—	1325	—	310	—

表 5—97　　1999 年磐安县中小学校舍建设情况

建设单位	项目名称	开工日期	竣工日期	开工面积(平方米)	竣工面积(平方米)	施工单位	计划投资(万元)	实际投资(万元)	其中国补(万元)	备　注
县二中	教工宿舍	1999 年 1 月	1999 年 8 月	1780	2011	东阳方圆公司	120	135	135	—
	门楼围墙	1999 年 5 月	1999 年 8 月	240	240	宏华公司	70	68	68	—
安文小学	教学楼	1998 年 10 月	1999 年 8 月	2012	2012	宏华公司	110	110	—	民间资助 15 万元
方前小学	综合楼	1999 年 1 月	1999 年 8 月	2048	2048	盛达公司	105	105	—	民间资助 15 万元

续表 5—97

建设单位	项目名称	开工日期	竣工日期	开工面积(平方米)	竣工面积(平方米)	施工单位	计划投资(万元)	实际投资(万元)	其中国补(万元)	备注
新渥小学	教工宿舍	1999 年 1 月	1999 年 9 月	916	916	八建公司	50	51	9	民间资助 9 万元
天网中心校	综合楼	1998 年 11 月	1999 年 8 月	297	297	宏华公司	15	15	10	—
前王小学	综合楼	1999 年 1 月	1999 年 8 月	1100	1100	十建公司	50	53	35	—
九和中心校	教学楼	1999 年 5 月	1999 年 8 月	708	708	超新公司	35	48	—	引资 20 万元
盘峰中心校	学生宿舍	1998 年 5 月	1999 年 8 月	210	210	—	10	10	—	民间资助 10 万元
仁川小学	厨房	1999 年 7 月	1999 年 9 月	150	150	宏华公司	5.2	5.2	—	—
安文镇中	综合楼	1999 年 4 月	—	3548	—	置业公司	200	—	—	民间资助 20 万元
玉峰小学	综合楼	1999 年 7 月	—	1128	—	双溪公司	50	—	—	民间资助 8 万元
双峰小学	教学楼	1999 年 8 月	—	477	—	八建公司	24	—	—	民间资助 6 万元
合计	—	—	—	14614	9664	—	844.2	600.2	257	—

表 5—98　2000 年磐安县中小学校舍建设情况

建设单位	项目名称	开工日期	竣工日期	开工面积(平方米)	竣工面积(平方米)	施工单位	计划投资(万元)	实际投资(万元)	其中国补(万元)	备注
磐安中学	科技楼	2000 年 5 月	—	2129	—	东阳三联公司	159	—	—	—
	学生宿舍	2000 年 5 月	—	3180	—	东阳三联公司	217	—	—	—
胡宅中心校	综合楼	2000 年 4 月	2000 年 11 月	1042	1042	三建公司	55	55	—	民间资助 20 万元
玉山镇中	学生宿舍	2000 年 6 月	2000 年 12 月	751	751	三建公司	40	41	—	—
尖山镇中	实验楼	2000 年 7 月	—	1093	—	宏宇公司	60	—	—	引资 30 万元
实验小学	图书阅览室	2000 年 8 月	2000 年 8 月	150	150	东阳新材厂	10	12	—	加层
山环小学	厨房	2000 年 6 月	2000 年 8 月	92	92	—	4	4	—	—
九和中心校	厕所	2000 年 6 月	2000 年 8 月	235	235	宏华公司	9	10	—	引资 9 万元
双溪中心校	厕所	2000 年 7 月	2000 年 9 月	104	104	—	6	6	2	—
维新中心校	厕所	2000 年 7 月	2000 年 8 月	37	37	—	1.8	1.8	1	—

表 5—99　2001 年磐安县中小学校舍建设情况

建设单位	项目名称	开工日期	竣工日期	竣工面积(平方米)	施工单位	计划投资(万元)	实际投资(万元)	其中国补(万元)	备注
县职业技校	学生宿舍	2001 年 4 月	—	6902	—	500	—	122	—
尖山镇中	教学综合楼	2000 年 9 月	2001 年 5 月	1098	—	65	—	30	—

续表 5—99

建设单位	项目名称	开工日期	竣工日期	竣工面积（平方米）	施工单位	计划投资（万元）	实际投资（万元）	其中国补（万元）	备　注
第三中学	教学楼	2001年2月	2001年9月	3400	—	157.48	—	35	—
仁川小学	综合楼	2001年10月	—	496	—	20	—	8	—
玉山小学	综合楼	2001年6月	2001年12月	1717	—	85	—	20	—
仁川镇中	教学楼	2001年9月	—	2800	—	140	—	—	—
深泽初中	学生宿舍楼	2001年1月	2001年5月	613	—	25	—	7	—
双溪小学	厨房	2001年9月	2001年10月	90	—	3	—	2.5	—
前山完小	厨房	2001年12月	2001年12月	60	—	2	—	1.5	—

表 5—100　　2002年磐安县中小学校舍建设情况

学　　校	项目名称	开工日期	竣工日期	竣工面积（平方米）	施工单位	计划投资（万元）	实际投资（万元）	财政补助（万元）	备注
职业技校	实验实训楼	2002年8月	—	6322	宏华建筑公司	400	—	50	—
职业技术	食堂	2002年5月	—	3533	城乡建筑公司	200	—	—	—
盘山中学	学生宿舍楼	2002年6月	2002年12月	4109	华宇建筑公司	220	—	—	—
磐安三中	教工宿舍楼	2002年1月	2002年9月	2855	城乡建筑公司	149.96	—	10	—
磐安三中	学生宿舍楼	2002年5月	2002年8月	420	城乡建筑公司	20	—	—	—
建修学校	办公楼改造	2002年	2002年10月	2400	城乡建筑公司	—	—	—	—
方前镇中	学生宿舍楼	2002年7月	2002年12月	1704	城乡建筑公司	95	—	—	—
盘峰中心校	教工宿舍楼	2002年9月	2003年1月	776	城乡建筑公司	45	—	32.8	—
万苍中心小学	教学综合楼	2002年6月	2003年3月	1806	县三建公司	148	—	23	—
尚湖镇中	教学综合楼	2002年9月	2003年2月	1960	县八建公司	108	—	—	—
大盘小学	教学综合楼	2002年9月	2003年2月	550	华夏建筑公司	30	—	—	—
尚湖小学	教学综合楼	2002年4月	2002年11月	1656	盛达建筑公司	85	90	55	—
双峰中心小学	教学综合楼	2002年9月	2003年4月	1430	县八建公司	87	—	—	—
仁川方山完小	教学楼	2002年8月	—	456.8	城乡建筑公司	24.75	—	—	—
玉山镇中	学生宿舍楼	2002年9月	2003年2月	1161.62	城乡建筑公司	60	—	—	—

表 5—101　　2003年磐安县中小学校舍建设情况

学　　校	项目名称	开工日期	竣工日期	建筑面积（平方米）	计划投资（万元）	资金来源	施工单位	备注
磐安中学	体艺馆	2003年9月	—	6100	850	—	金厦建设集团	—
磐安中学	2号教学楼	2003年9月	—	3132	200	县财政拨款100万元	路桥建筑公司	—
磐安中学	4号学生宿舍楼	2003年7月	—	3180	200	—	宏宇建筑公司	—

续表 5－101

学　　校	项目名称	开工日期	竣工日期	建筑面积(平方米)	计划投资(万元)	资金来源	施工单位	备注
磐安三中	实验综合楼	2003 年 2 月	2003 年 12 月	5235	400	省补 50 万元	八建建筑公司	—
县教师进修学校	教学楼	2002 年 9 月	2003 年 4 月	1650	100	省补 50 万元	八建建筑公司	—
深泽乡中心小学	综合楼	2003 年 2 月	2003 年 10 月	2068	130	杭州广通集团资助 30 万元	八建建筑公司	—
深泽乡后力小学	综合楼	2002 年 12 月	2003 年 9 月	471	25	补助 4 万元	—	—
新渥镇中心小学	教学综合楼	2002 年 11 月	2003 年 9 月	1566.7	95	义乌结对扶贫 70 万元	宏华建筑公司	—
冷水镇中心小学	教学综合楼	2003 年 4 月	2003 年 12 月	3440	220	省补 70 万元	宏华建筑公司	—
尖山镇中心小学	教学综合楼	2003 年 4 月	2003 年 12 月	5600	375	义乌结对扶贫 70 万元	浙江中天集团	—
维新乡中心小学	综合楼	2002 年 12 月	2003 年 9 月	890	48	省补 10 万元	盛达建筑公司	—

表 5－102　　**2004 年磐安县中小学校舍建设情况**

学　　校	项目名称	开工日期	竣工日期	建筑面积(平方米)	计划投资(万元)	资金来源	施工单位	备注
磐安三中	学生宿舍楼	2004 年 3 月	2004 年 11 月	2345	150	县慈善总会	宏泰建筑公司	—
尖山镇中心小学	食堂	2004 年 2 月	2004 年 8 月	986	80	县财政补一半	浙江中天集团	—
磐安三中等 26 所学校	饮用水改造	2004 年 7 月	2004 年 12 月	—	66.6	县财政补一半	—	—
安文镇中等 16 所学校	厕所改造	2004 年 7 月	2004 年 12 月	—	85.5	县财政补一半	—	—
双峰乡校等 3 所学校	食堂改造	2004 年 7 月	2004 年 12 月	—	6.5	县财政补一半	—	—
磐安中学	体艺馆	2003 年 9 月	2004 年 12 月	6100	850	—	金厦建筑公司	—
磐安中学	教学楼	2003 年 9 月	2004 年 6 月	3132	200	—	路桥建筑公司	—
磐安中学	学生宿舍楼	2003 年 7 月	2004 年 7 月	3180	200	县慈善总会	宏宇建筑公司	—

表 5－103　　**2005 年磐安县中小学校舍建设情况**

学校名称	项目名称	开工日期	竣工日期	建筑面积(平方米)	计划投资(万元)	资金来源	施工单位	监理公司
南园小学	教学楼、科技实验楼、办公图书楼组合	2004 年 8 月	2005 年 8 月	14260	1036.71	上级补助、自筹、校产置换	磐安盛达建筑公司	浙江东方工程监理有限公司
南园小学	男生 1 号宿舍楼	2004 年 10 月	2005 年 8 月	3929	270.07		磐安华厦建筑公司	
南园小学	男生 2 号宿舍楼	2004 年 10 月	2005 年 8 月	3929	263.66		磐安华厦建筑公司	
南园小学	女生 1 号宿舍楼	2004 年 9 月	2005 年 8 月	4675	325.72		浙江宏宇建筑公司	
南园小学	女生 2 号宿舍楼	2004 年 9 月	2005 年 8 月	4623	296.39		磐安盛达建筑公司	
南园小学	食堂	2004 年 11 月	2005 年 8 月	3810	313.84		磐安宏泰建筑公司	

续表 5—103

学校名称	项目名称	开工日期	竣工日期	建筑面积(平方米)	计划投资(万元)	资金来源	施工单位	监理公司
磐安二中	食堂	2005 年 1 月	2005 年 8 月	2300	190	补助自筹	浙江金磐建筑公司	磐安万基监理公司
盘山中学	食堂	2005 年 2 月	2005 年 12 月	1796	180	补助自筹	磐安城乡建筑公司	磐安万基监理公司
方前中心校	食堂	2005 年 4 月	2005 年 12 月	896	72	补助自筹	磐安城乡建筑公司	磐安万基监理公司
玉山镇中	食堂	2005 年 4 月	2005 年 12 月	1232	96	补助自筹	磐安宏泰建筑公司	磐安万基监理公司
新渥镇中	食堂	2005 年 4 月	2005 年 12 月	936.3	72	补助自筹	磐安宏华建筑公司	磐安万基监理公司
磐安三中	男生宿舍配建厕所	2005 年 7 月	2005 年 8 月	180	15	补助自筹	—	—
九和中心小学	厕所、门房	2005 年 8 月	2005 年 9 月	40	8	补助自筹	—	—
高二中心小学	餐厅	2005 年 3 月	2005 年 4 月	40	6	补助自筹	—	—
盘山中学	厕所	2005 年 10 月	2005 年 12 月	96	11	补助自筹	—	—

表 5—104　　2006 年磐安县中小学校舍建设情况

学校	项目名称	开工日期	竣工日期	建筑面积(平方米)	投资(万元)	资金来源		施工单位	备注
						省县补助(万元)	捐、引款(万元)		
安文镇中	餐厅、门房	2005 年 12 月	2006 年 5 月	401	35	23.33	—	磐安城乡	—
深泽乡校	食堂	2005 年 11 月	2006 年 6 月	1004	87	57.6	15(陈宜昌 10)	磐安宏泰	—
新渥镇中	综合楼	2006 年 2 月	2006 年 12 月	2502	200	133	—	浙江宏宇	—
新渥小学	食堂、宿舍	2006 年 2 月	2006 年 12 月	2189	174.4	116.27	—	金磐公司	—
冷水中心校	厨房	2006 年 3 月	2006 年 5 月	140	9.6	6.4	—	浙江宏宇	—
仁川镇中	食堂	2005 年 11 月	2006 年 12 月	700	56	37.33	10(省商业集团)	磐安宏厦	—
尚湖镇中	综合楼	2005 年 10 月	2006 年 12 月	2720	217.6	145.07	25(省石化建材)	磐安锦绣	—
尚湖镇中	厕所	2005 年 11 月	2006 年 3 月	150	12	6			—
尚湖小学	食堂	2005 年 11 月	2006 年 12 月	1276	96	64	25(省委宣传部)	磐安城乡	—
尚湖小学	学生宿舍	2005 年 11 月	2006 年 12 月	2027	160	106.67			—
万苍乡校	食堂	2006 年 3 月	2006 年 9 月	760	57.6	38.4	—	浙江宏宇	—
玉山小学	食堂	2006 年 3 月	2006 年 9 月	624	49.84	33.23	—	磐安华厦	—
尖山小学	学生宿舍	2005 年 8 月	2006 年 9 月	2626	210	106.67	—	磐安宏华	—
方前镇中	食堂、门房	2005 年 12 月	2006 年 12 月	540	48	32	—	磐安华厦	—
方前镇中	综合楼	2005 年 12 月	2006 年 12 月	1200	96	64	—		—

续表 5－104

学　校	项目名称	开工日期	竣工日期	建筑面积（平方米）	投资（万元）	资金来源		施工单位	备注
						省县补助（万元）	捐、引款（万元）		
磐安三中	食堂	2005 年 5 月	2006 年 12 月	2684	215	110	—	东阳鼎立	—
盘山中学	厕所	2005 年 11 月	2006 年 2 月	96	11	7.3	—	磐安城乡	—

表 5－105　　2007 年磐安县中小学校舍建设情况

学　校	项目名称	开工日期	竣工日期	建筑面积（平方米）	投资（万元）	资金来源	施工单位	监理公司
实验（南园）初中	教学、科技、办公、图书楼	2006 年 3 月	2007 年 8 月	14413	960.91	上级补助、贷款校产置换	新世纪建设工程公司	浙江三环监理有限公司
	男生宿舍楼	2006 年 3 月	2007 年 8 月	4998	394.7		浙江广天	
	女生宿舍楼	2006 年 3 月	2007 年 8 月	4998	412.34		浙江宏宇	
	食堂	2006 年 3 月	2007 年 8 月	4028	327.81		磐安八建	
	传达室	2006 年 3 月	2007 年 8 月	150	20		金磐建设	
尖山镇中	学生宿舍综合楼	2006 年 3 月	2007 年 8 月	3769	300	省县补 2/3	磐安华厦	磐安万基监理有限公司
	食堂	2007 年 3 月	2007 年 8 月	1200	96		东阳天亿	

表 5－106　　2008 年磐安县中小学新建项目情况

学校名称	项目名称	建筑面积（平方米）	投资金额（万元）	开工时间（年月）	竣工时间（年月）	施工企业	监理公司
磐安中学	游泳池及附房	324	171	2008 年 1 月	2008 年 8 月	东阳三禾	磐安万基
磐安二中	厕所	348	60	2008 年 7 月	2008 年 12 月	磐安锦绣	磐安万基
实验中小学	塑胶田径场及看台	—	395	2007 年 8 月	2008 年 8 月	磐安金磐、磐安宏华、绍兴金龙橡塑公司	金华三环
县实验幼儿园	食堂、厕所	640	85	2007 年 9 月	2008 年 8 月	磐安金厦	磐安万基
玉山镇小	教学综合楼	1413	150	2007 年 7 月	2008 年 8 月	磐安盛达	金华永安
玉峰教学点	厕所	85	7.3	2008 年 7 月	2008 年 8 月	—	—
仁川镇中	厕所	94	12	2008 年 9 月	2008 年 12 月	磐安金厦	—
冷水中心校	环 400 米田径场	—	160	2007 年 7 月	2008 年 12 月	杭州和诚塑胶工程公司	—
	门房、围墙	50	10	2008 年 7 月	2008 年 8 月	浙江广天	—
深泽小学	门房、围墙、田径场	40	83	2007 年 7 月	2008 年 8 月	绍兴金龙橡塑公司	—
玉山镇中	沼气、中水、太阳能综合利用等	165	133	2008 年 8 月	2008 年 12 月	磐安八建、杭州德比佳	磐安万基

表 5－107　　2009 年磐安县中小学新建项目情况

学校名称	项目名称	建筑面积(平方米)	投资金额(万元)	开工时间	竣工时间	施工企业	监理公司
大盘镇小	食堂	697.75	92	2008 年 10 月	2009 年 6 月	浙江金厦建筑公司	磐安县万基建设工程监理有限公司
磐安三中	田径运动场建设	—	170	2008 年 12 月	2009 年 9 月	绍兴金龙橡塑公司	金华永安建设监理有限公司
尖山镇小	教师宿舍楼	2049	224	2008 年 8 月	2009 年 8 月	景泰建筑有限公司	金华永安建设监理有限公司
	餐厅	600	70	2009 年 8 月	2009 年 12 月	景泰建筑有限公司	金华永安建设监理有限公司
职业技校	配电房建设	40	9	2009 年 7 月	2009 年 8 月	磐安县星诚建设有限公司	
深泽初中	宿舍楼建设	3556	420	2009 年 6 月	2009 年 12 月	浙江宏宇建筑责任有限公司	磐安县万基建设工程监理有限公司
新渥镇小	田径运动场建设	—	155	2009 年 8 月	2009 年 12 月	浙江宏宇建筑责任有限公司	金华永安建设监理有限公司
仁川镇小	教学综合楼	732	91	2009 年 7 月	2009 年 12 月	浙江凯尔建设有限公司	金华永安建设监理有限公司

表 5－108　　2010 年磐安县中小学校舍安全及新建工程项目一览表

学校名称	项目名称	工程主要内容	建筑面积(平方米)	总投资概算(万元)	当年完成投资	当年项目进度
磐安中学	边坡整治	边坡整治	—	200	120	竣工
磐安二中	校内外平房拆除	校内外平房拆除及硬化、绿化	—	40	40	竣工
磐安三中	平房围墙拆建	平房围墙拆建	309	40	40	竣工
	旧食堂拆除	旧食堂拆除及硬化、绿化	—	20	20	竣工
玉山镇初级中学	教学楼建设，老厕所拆除	新建教学楼，老厕所拆除	2374	280	150	在建
深泽乡初级中学	食堂项目场地及挡土墙建设	食堂项目场地平整及挡土墙建设	—	150	100	竣工
尖山镇中心小学	护坡、挡土墙建设	护坡、挡土墙建设	—	120	80	竣工
双溪乡中心小学	平房围墙拆建	平房围墙拆建	—	20	20	竣工
万苍乡中心小学	老厕所拆建	老厕所拆除及绿化	—	3	3	竣工
九和乡中心小学	教学楼建设	新建教学楼	923	120	100	在建
高二乡中心小学	门房、挡土墙拆建	门房、挡土墙拆建	—	8	8	竣工
26 所学校	防雷整改	—	—	98.8	98.8	竣工

表 5－109　　　　2011 年磐安县校舍安全及维修改造工程项目表

序号	学校名称	学校类别	项目名称	建筑面积（平方米）	计划当年完成投资（万元）	完成投资（万元）	当年工程进度
1	磐安中学	普通高中	塑胶篮球场建设，地面修建	—	28	28	竣工
2			边坡整治续建	—	80	80	竣工
3			体艺馆、教学楼维修，宿舍楼铝合金窗安装	—	27	27	竣工
4	磐安二中	普通高中	改扩建工程（一期）	13490	800	200	在建
5	磐安三中	职业高中	地面硬化，围墙修建	—	45	45	竣工
6			两幢男生宿舍楼维修	—	50	50	竣工
7	职业技术学校	职业高中	车棚、汽修实训钢棚建设		30	30	竣工
8	实验初中	初中	体艺楼建设	5955	800	800	在建
9			教学楼厕所改造	—	20	20	竣工
10	安文初中	初中	林杏琴综合楼水电改造，活动场地硬化	—	23	23	竣工
11	深泽乡初级中学	初中	场地平整续建	—	50	50	竣工
12			篮球场及校园活动场地建设	—	11	11	竣工
13			自来水、变压器安装	—	15	15	竣工
14	新渥镇初级中学	初中	门房、围墙改造	—	15	15	竣工
15			篮球场建设	—	15	15	竣工
16			教学楼维修	—	19.8	19.8	竣工
17	仁川镇初级中学	初中	教工宿舍楼维修，地面硬化	—	38	38	竣工
18	尚湖镇初级中学	初中	教工宿舍楼维修	—	35	35	竣工
19	玉山镇初级中学	初中	教学楼续建	2374	130	130	竣工
20	冷水镇中心学校	九年制	两幢教工宿舍楼维修	—	30	30	竣工
21	方前镇中心学校	九年制	庆同楼（教学楼）维修	—	15	15	竣工
22	实验小学	小学	教学、行政、宿舍、食堂屋面防漏	—	15	15	竣工
23			餐厅改造	—	10	10	竣工
24	安文小学	小学	惠民楼屋面翻漏，拆出租房建围墙等	—	17	17	竣工
25	深泽乡中心小学	小学	学生、教工宿舍楼屋顶维修	—	13	13	竣工
26	新渥镇中心小学	小学	教工宿舍楼维修，地面修建	—	6	6	竣工
27	仁川镇中心小学	小学	门房围墙修建，宿舍楼维修	—	20	20	竣工
28	双峰乡中心小学	小学	教工宿舍楼维修	—	15	15	竣工
29			幼儿园教学楼维修	—	21	21	竣工
30	双溪乡中心小学	小学	校园排污系统建设，校舍厕所改造	—	20	20	竣工
31	窈川乡中心小学	小学	教工宿舍楼维修，教学楼翻漏	—	8	8	竣工
32	尚湖镇中心小学	小学	教学楼维修	—	21	21	竣工
33	尖山镇中心小学	小学	塑胶篮球场建设	—	16	16	竣工
34			自来水总管改造	—	5	5	竣工

续表 5－109

序号	学校名称	学校类别	项　目　名　称	建筑面积（平方米）	计划当年完成投资（万元）	完成投资（万元）	当年工程进度
35	玉山镇玉峰小学	小学	教学楼、女生宿舍楼厕所改造，食堂维修	—	15	15	竣工
36	九和乡中心小学	小学	教学楼续建	923	40	40	竣工
37	大盘镇中心小学	小学	门房建设、路面硬化等	—	20	20	竣工
38	尖山实验幼儿园	幼儿园	一、二号教学楼续建	7296	928	928	竣工
39	县实验幼儿园	幼儿园	教室下沉地面改造	—	10	10	竣工

表 5－110　　2012 年磐安县中小学新建及维修改造项目表

序号	学校名称	学校类别	项　目　名　称	建筑面积（平方米）	计划投资（万元）	完成投资（万元）	当年工程进度
1	磐安中学	普通高中	塑胶运动场，篮排球场建设	—	400	400	竣工
2	磐安二中	普通高中	校园改扩建工程一期	13490	1500	1500	在建
3	职教中心技校校区	职业高中	运动场改造	—	40	40	竣工
4			卫生间防漏改造	—	10	10	竣工
5			水泥地修建，建筑实训场地建设	—	10	10	竣工
6	职教中心三中校区	职业高中	旧教工宿舍维修改造	—	30	30	竣工
7	盘山中学	初中	停车棚、围墙建设，宿舍楼拆除	—	8	8	竣工
8			教工宿舍楼维修	—	10	10	竣工
9	实验初中	初中	续建县实验中小学体艺楼	5955	800	800	在建
10	实验小学	小学	用水管网改造	—	20	20	竣工
11			台阶改造	—	4	4	竣工
12	安文小学	小学	门房改造，场地硬化，教学楼维修	—	16	16	竣工
13	深泽乡中心小学	小学	餐厅建设	378	60	60	竣工
14	新渥镇中心小学	小学	篮球场建设、厨房维修	—	10	10	竣工
15	仁川镇初级中学	初中	教学楼厕所维修	—	6	6	竣工
16	双峰乡中心小学	小学	教学楼②维修	—	13	13	竣工
17	双溪乡中心小学	小学	恩美楼、学生宿舍楼、幼教楼维修	—	17	17	竣工
18	尚湖镇初级中学	初中	学生宿舍楼维修	—	15	15	竣工
19	尚湖镇中心小学	小学	教工宿舍楼加建厕所、维修	299	75	45	在建
20			塑胶球场建设	—	32	10	在建
21	尖山镇中心小学	小学	台阶改造、围墙建设	—	15	15	竣工
22	玉山镇初级中学	初中	牡丹楼、学生宿舍楼维修	—	15	15	竣工
23	九和乡中心小学	小学	活动场地硬化	—	20	20	竣工

续表 5—110

序号	学校名称	学校类别	项　目　名　称	建筑面积（平方米）	计划投资（万元）	完成投资（万元）	当年工程进度
24	大盘镇中心小学	小学	教工楼、学生宿舍楼加建厕所	397	70	70	竣工
25			塑胶田径场建设	—	60	60	竣工
26	县实验幼儿园	幼儿园	园舍窗户楼梯等维修	—	20	20	竣工
27	尖山实验幼儿园	幼儿园	教师宿舍楼建设	3642	450	450	在建
28	胡宅乡中心幼儿园	幼儿园	园舍改造	—	18	18	竣工
29	双峰乡中心幼儿园	幼儿园	园舍改造	—	25	25	竣工
30	大盘镇中心幼儿园	幼儿园	园舍改造	—	46	46	竣工
31	深泽乡中心幼儿园	幼儿园	园舍改造	—	30	30	竣工
32	县实验幼儿园荷塘分园	幼儿园	园舍租赁及改造	—	80	80	竣工

表 5—111　　2013 年磐安县中小学新建及维修改造项目表

序号	学校名称	学校类别	项　目　名　称	建筑面积（平方米）	完成投资（万元）	当　年工程进度
1	磐安中学	普通高中	图书综合楼建设	4973	0	开工
			校舍修缮	—	68	竣工
2	磐安二中	普通高中	教学科技办公楼续建工程	13490	880	竣工
			餐厅扩建	687	140	竣工
			教学楼、女生宿舍建设	6758	28	开工
			排洪沟续建工程	—	100	竣工
			过渡期用房调整、修缮	—	30	竣工
3	职教中心技校校区	职业高中	校舍修缮	—	16.4	竣工
			排污管道改造	—	10	竣工
4	职教中心三中校区	职业高中	校舍修缮、地面铺装	—	21	竣工
5	盘山中学	初中	塑胶运动场建设	—	75	竣工
			综合楼门窗更换	—	18	竣工
6	实验初中	初中	塑胶球场建设	—	87	竣工
			围墙改造台阶翻修	—	35	竣工
7	实验小学	小学	用水管网改造（二期）	—	30	竣工
8	安文初中	初中	消防楼梯、走廊铝合金窗	—	28	竣工
9	安文小学	小学	前教学楼加固改造	—	20	竣工
			塑胶球场建设、门房改造二期	—	22.5	竣工
10	文溪小学	小学	文溪小学一期工程	18082	2000	在建
11	深泽初中	初中	食堂改造	—	13.9	竣工

续表 5—111

序号	学校名称	学校类别	项 目 名 称	建筑面积(平方米)	完成投资(万元)	当 年工程进度
12	深泽小学	小学	深泽小学改扩建工程一期	9004	1000	在建
			校舍修缮	—	8.5	竣工
13	实验初中新渥校区	初中	校舍修缮,加建楼梯间	—	36.8	竣工
14	新渥小学	小学	教学楼、阶梯教室修缮	—	36.4	竣工
			塑胶田径场建设	—	200	竣工
15	冷水中心学校	九年制	校舍修缮	—	10	竣工
			塑胶球场建设	—	7.5	竣工
16	仁川初中		校舍修缮	—	16.5	竣工
17	仁川小学	小学	庆同楼修缮	—	5	竣工
18	窈川小学	小学	厕所改建,围墙挡土墙翻修	—	18.9	竣工
19	双溪小学	小学	塑胶活动场地建设	—	10	竣工
			用电线路更换	—	10	竣工
20	玉山初中	初中	牡丹楼外墙面翻修	—	7	竣工
			塑胶直跑道建设	—	15	竣工
21	玉山小学	小学	学生宿舍建设	3533	150	在建
			场地硬化(玉峰教学点)	—	9.8	竣工
22	尖山小学	小学	塑胶田径场建设	—	380	竣工
23	尚湖小学	小学	校舍修缮	—	30	竣工
24	万苍小学	小学	护坡建设排污管道改造	—	21	竣工
25	胡宅小学	小学	教学楼修缮	—	34	竣工
26	九和小学	小学	校舍修缮	—	13.2	竣工
27	实验小学大盘校区	小学	校舍修缮,围墙翻修	—	82.7	竣工
28	方前中心校	九年制	塑胶足球场,篮球场建设	—	61.4	竣工
			初中教工宿舍改建卫生间	—	35	竣工
			边坡整治	—	15	竣工
			小学教学楼修缮	—	45	竣工
29	尖山实验幼儿园	幼儿园	教工宿舍食堂续建	3618	36	竣工
30	尚湖镇中心幼儿园	幼儿园	尚湖镇中心幼儿园建设	10333	575	在建

表 5—112　　2014 年磐安县中小学新建及维修改造实施项目表

序号	学校名称	学校类别	项 目 名 称	建筑面积(平方米)	完成投资(万元)	当 年工程进度
一 重点政府投资项目				137364	6540	
1	文溪小学	小学	文溪小学续建	18159	1800	一期竣工

续表 5—112

序号	学校名称	学校类别	项　目　名　称	建筑面积（平方米）	完成投资（万元）	当　年工程进度
2	新城中学	初中	新城中学建设	41676	500	开工
3	磐安四中	初中	磐安四中建设	43114	500	开工
4	磐安二中	普通高中	教学楼、学生宿舍楼建设	6758	1950	竣工
5	磐安中学	普通高中	图书综合楼续建	4888	440	竣工
6	玉山小学	小学	学生宿舍楼续建	3533	280	竣工
7	深泽小学	小学	深泽小学改扩建、续建	8981	670	一期竣工
8	尚湖小学	小学	尚湖镇中心幼儿园续建	10255	400	竣工
二　维修改造项目				5200	1244.6	
9	磐安中学	普通高中	供水管网改造	—	70	竣工
10			围墙建设	—	68	竣工
11			学生宿舍改厕	—	75	竣工
12			排水沟等设施修复	—	48	竣工
13	磐安二中	普通高中	室外电缆线路改造	—	12	竣工
14			风雨球场修缮	—	15	竣工
15	职教中心	职业高中	教学楼屋面翻修	—	15	竣工
16			塑胶篮球场建设	—	27	竣工
17			足球场草皮铺设(三中校区)	—	19.8	竣工
18	盘山中学	初中	校舍屋面翻修、食堂露台防漏	—	16.4	竣工
19			教师宿舍楼改厕	—	16	竣工
20			供水管道改造	—	5.7	竣工
21	实验初中	初中	校舍屋面构架、檐沟修缮	—	19.5	竣工
22			管网查漏维修	—	18.2	竣工
23			教室墙裙瓷砖铺贴	—	46	竣工
24	实验小学	小学	连廊屋面修缮	—	10	竣工
25	安文初中	初中	前后教学楼地面改造	—	18	竣工
26			宿舍楼加固	—	15	竣工
27	安文小学	小学	前三楼地面修缮	—	24	竣工
28	深泽初中	初中	部分围墙翻修，厕所修缮	—	14.8	竣工
29			临时门房、道路、护栏建设	—	9.8	竣工
30	深泽小学	小学	幼儿园改造	—	60	竣工
31	新渥初中	初中	学生宿舍楼加固	—	26.2	竣工
32	新渥小学	小学	两幢教师宿舍楼改厕	—	32	竣工
33	冷水中心校	九年制	教学楼厕所蹲坑翻修	—	4.5	竣工
34			围墙翻修，校舍修缮	—	8.8	竣工

续表 5—112

序号	学校名称	学校类别	项　目　名　称	建筑面积（平方米）	完成投资（万元）	当　年工程进度
35	仁川小学	小学	学生宿舍楼，综合楼修缮	—	27	竣工
36			庆同楼三楼顶棚翻修	—	3.1	竣工
37	双峰小学	小学	围墙翻修，园舍走廊修缮	—	3.5	竣工
38	窈川小学	小学	厕所改造	—	6.9	竣工
39			简易塑胶场地建设	—	14.4	竣工
40	玉山初中	初中	消防楼梯建设	—	8.8	竣工
41			污水管道建设，挡土墙翻修	—	19	竣工
42	玉山小学	小学	塑胶直跑道、球场建设	—	16.4	竣工
43	尖山初中	初中	塑胶篮球场修建	—	10.8	竣工
44			学生宿舍楼北阳台加窗	—	3.4	竣工
45	尖山小学	小学	围墙基础加固、门房屋面防漏	—	3	竣工
46			配电房翻修、变压器扩容	—	19	竣工
47	尚湖初中	初中	门房建设	—	—	前期
48			塑胶跑道、篮球场建设	—	37.5	竣工
49	尚湖小学	小学	综合楼建设	3400	—	前期
50	万苍小学	小学	环 200 米塑胶田径场建设	—	215	竣工
51	胡宅小学	小学	教工宿舍、学生宿舍卫生间修建	—	25.8	竣工
52	九和小学	小学	宿舍楼建设	1800	—	开工
53			围墙加高，雨棚建设	—	2	竣工
54			石亭修缮	—	1.3	拆除
55	实验小学大盘校区	小学	校园西侧围墙翻修	—	29.3	竣工
56			幼儿园园舍修缮、塑胶场地修建	—	23	竣工
57	方前中心校	九年制	球场护栏建设，田径场修缮	—	10	竣工
58			幼儿园改造	—	60	竣工
59	教师进修学校		教师进修学校搬迁	—	8	竣工

表 5—113　　　　2015 年磐安县中小学新建及维修改造实施项目表

序号	学校名称	学校类别	项　目　名　称	建筑面积（平方米）	完成投资（万元）	当　年工程进度
			一　重点政府投资项目	137364	6540	
1	文溪小学	小学	完成停车场二期土石方	—	422	竣工
2	新城中学	初中	完成土石方工程	—	550	竣工
3	磐安四中	初中	完成土石方工程	—	125	竣工
4	磐安二中	普通高中	二期室外附属配套建设	—	200	竣工

续表 5-113

序号	学校名称	学校类别	项　目　名　称	建筑面积（平方米）	完成投资（万元）	当　年工程进度
5	尚湖小学	小学	主体工程竣工	3385	540	竣工
6	九和小学	小学	主体工程竣工	1841	290	竣工
		二　塑胶跑道项目				
7	职教中心技校校区	职业高中	环 200 米跑道改混合型塑胶跑道	—	60	竣工
8	深泽小学	小学	新建 4 道透气型塑胶直跑道	—	6	竣工
9	新渥初中	初中	新建 100 米混合型塑胶直跑道	—	32	竣工
10	冷水中心校	九年制	新建 100 米混合型塑胶直跑道	—	42	竣工
11	仁川小学	小学	合建 4 道透气型塑胶直跑道和塑胶篮球场	—	11	竣工
12	仁川初中	初中	新建 4 道透气型塑胶直跑道	—	11	竣工
13	双峰小学	小学	合建 4×60 米透气型塑胶直跑道和塑胶篮球场	—	18	竣工
14	双溪小学	小学	新建 4×60 米混合型塑胶直跑道及围栏	—	18	竣工
15	胡宅小学	小学	新建 4 道透气型塑胶直跑道及附属	—	20	竣工
16	方前中心校	九年制	环 400 米跑道改混合型塑胶跑道(6 道)	—	130	竣工
		三　维修改造项目				
17	磐安中学	普通高中	学生宿舍楼防漏修缮	—	17	竣工
18			围墙道路建设	—	24	竣工
19	磐安二中	普通高中	图书科技楼修缮	—	15	竣工
20	职教中心技校校区	职业高中	汽修工作室建设	—	4.6	竣工
21	职教中心三中校区	职业高中	场地改造，排污管道埋设	—	6.5	竣工
22	盘山中学	初中	学生宿舍换门，花坛侧石修缮	—	3.8	竣工
23	实验初中	初中	男生宿舍楼修缮	—	45	竣工
24	实验小学	小学	多功能教室改造	—	40	竣工
25	安文小学	小学	食堂修缮	—	19.5	竣工
26	安文初中	初中	校园整体改造工程一期	—	166	竣工
27	深泽小学	小学	旧宿舍楼拆除，围墙建设	—	5	竣工
28	深泽初中	初中	跑道整修，阅览室改造	—	10	竣工
29	新渥小学	小学	中心幼儿园改造	—	30	竣工
30	仁川初中	初中	商教楼修缮	—	37.5	竣工
31			室外零星翻修，教师浴室建设	—	11	竣工
32	双峰小学	小学	围墙建设	—	4	竣工
33	双溪小学	小学	场地改造	—	10	竣工
34	玉山小学玉峰校区	小学	宿舍楼、食堂建设	—	60	竣工

续表 5－113

序号	学校名称	学校类别	项　目　名　称	建筑面积（平方米）	完成投资（万元）	当　年 工程进度
35	玉山初中	初中	塑胶灯光球场建设	—	9.5	竣工
36	尚湖小学	小学	室外水电线路改造	—	45	竣工
37			场地改造	—	35	竣工
38	万苍小学	小学	场地改造	—	22.5	竣工
39	胡宅小学	小学	食堂改造	—	10	竣工
40	大盘小学	小学	场地改造	—	19	竣工
41	方前中心校	九年制	围墙、道路建设，池塘改造	—	28	竣工
42	实验幼儿园	学前	场地改造	—	60	竣工
43	教师进修学校	—	塑胶篮球场建设	—	12	竣工
44	教育服务中心	—	卫生间改造	—	5	竣工
45	电大磐安分校	—	教学楼修缮	—	13	竣工

（五）学校布局调整

1983 年 11 月磐安恢复县建制时，全县有 397 所小学，其中完小 36 所，村校 361 所；单办初中 9 所，小学附设初中 17 所；高中 3 所，农职业中学 4 所。1984 年开始，县教育局着手撤并校舍简陋、学生数少的学校，以提高办学效益，至 1991 年，撤并 29 所。

1992 年开始，磐安县先后实施五轮布局调整。

第一轮调整(1992～1997 年)

1985 年，磐安县初等教育已达国家教委规定的普及标准，并经省市验收合格。随着国家计划生育政策的推进，学龄人口锐减，全县在校小学生人数从 1985 年的 23556 人下降到 1991 年的 16620 人，并且继续呈下降趋势。小学教育出现“学校布点多、复式班级多、代课教师多”和“校均班级数少、班均学生数少、每校覆盖人口少”的弊端，全县小学教育发展面临“办学经济效益低、教学质量低、教师队伍不稳定”的三大困境。为摆脱这种困境，提高办学效益，1992 年，县委、县政府下发《关于开展小学布局调整工作的实施意见》。意见提出撤并 5 人以下村校等 9 项规定。是年 6 月 10 日，全县 20 个乡镇分别建立小学布局调整领导小组，书记、乡镇长亲自挂帅，制定布局调整方案并向群众公布。6 月 20 日，调整工作结束，全县撤并小学 113 所。至 1997 年，又撤并 39 所。

1994 年，磐安县人民政府下发《磐安县 1994～1997 年初中布局调整规划》文件，提出初中调整方案，确立“小乡并大乡，成熟一个撤并一个”的调整原则。在规划期内，四协初中部并入方前初中，盘峰初中部、高二初中部、维新初中部并入盘山中学，天网初中部并入仁川初中，山环初中部并入尚湖初中，九和中小学合并为九和中心校。

长达六年的攻坚战，全县学校数由 366 所撤并到 214 所。其中，小学由 346 所撤并到 194 所，初中由 25 所(单办初中 16 所，附设初中 9 所)撤并到 14 所(另有附设初中 5 所)，普通高中 3 所(磐安中学、玉山中学、盘山中学)，职业高中 2 所(县职业技校、金华行知职业高中)，另有 1 所民办志成职高。时盘山中学为完全中学。

表 5－114　　1992 年磐安县撤并学校统计表

单位：所

乡、镇名	原有校数	撤并学校数及名称	调整后校数
安文镇	30	5(朱坑、朱式坞、后坞、捏湾、石坑)	25
深泽乡	18	6(上横、翠坞、西华坑口、上村、南坞、殿口)	12
新渥镇	22	7(方田、黄塘、直来、后陈、杜坑、西庄、大山塔)	15
冷水乡	15	6(道川、虬里、环山、胡山、小章、水坑弄)	9
仁川乡	27	8(半坑、平子坑、赤岩前、岭下、月岭、下石岗、姜华坑、里七仰)	19
双峰乡	8	3(高里、皂坑、黄山头)	5
墨林乡	6	2(下葛、卢坎头)	4
窈川乡	7	2(白岩头、长坑)	5
双溪乡	13	2(横山、王庄)	11
尚湖镇	25	8(上炉坑、竹园山、下宅口、桥头、上溪坦、荷花塘、上高亭、板榧)	17
万苍乡	14	5(潘界、自然、车山、麻车坑、孔界)	9
玉山镇	22	6(中湖、上蒋、下月坑、孔畈、好塘、大鼻头)	16
九和乡	20	5(坞塘、中坑、南坑、下溪、塘山)	15
尖山镇	19	7(藤潭岗、银村、新屋、溪源坑、火路岭、大元、林庄)	12
胡宅乡	18	9(胡宅、培香、丁界、杨汝坞、梭里塘、中心校、后张、榧连、和家)	9
大盘乡	16	4(安山、甲坞、双桥、石英坑)	12
方前镇	29	11(陈岙、付岙、许溪、后朱、里王、下村、官田、玉山寮、西坑、施加庄、里外林山)	18
盘峰乡	10	6(黄坞、岭脚、岭头、金竹头、盘溪、麻车溪)	4
维新乡	12	4(五大坑、东佑、上塔、长田)	8
高二乡	15	7(小柘坑、西家、大庄、半岭、栗树坑、西坑、初坑)	8
合　计	346	113	233

表 5－115　　1993～1997 年磐安县撤并学校统计表

乡、镇名	原有校数	1993 年(撤 1 所)	1994 年(撤 8 所增 2 所)	1995 年(撤 16 所增 2 所)	1996 年(撤 7 所)	1997 年(撤 11 所)
安文镇	25	—	上马石、实验小学(新增)	应古、岩里	市口	岭脚、小岭
深泽乡	12	—	—	—	—	—
新渥镇	15	—	上加坞(新增)	上加坞	—	—
冷水镇	9	—	—	—	—	—
仁川镇	19	下余	—	洋坑	—	荣坑口
双峰乡	5	—	—	—	—	—
墨林乡	4	—	—	—	—	—
窈川乡	5	—	—	—	塘坑	—
双溪乡	11	—	—	横塘、下潘	—	—
尚湖镇	17	—	—	雪头	—	后岩、西岭

续表 5－115

乡、镇名	原有校数	1993年(撤1所)	1994年(撤8所增2所)	1995年(撤16所增2所)	1996年(撤7所)	1997年(撤11所)
万苍乡	9	—	—	山岚	—	葛依尖
玉山镇	16	—	—	—	向头	—
九和乡	15	—	—	下坑、中坑(新增2所)	—	—
尖山镇	12	—	—	—	—	—
胡宅乡	9	—	—	—	横路	—
大盘镇	12	—	—	王庄、利济、安田、百廿称、下辽、北桥	林丰、后堂	光明、长坑
方前镇	18	—	来月坑	—	中央厂	高丘、大平头、井坑
盘峰乡	4	—	—	横坑	—	—
维新乡	8	—	—	上卢	—	—
高二乡	8	—	东山头、冷坑、山前、小湖山、风厂、双坑	—	—	—
合计	233	232	226	212	205	194

第二轮调整(1998～2000年)

为巩固“两基”成果,实现“规模”办学,1998年8月13日磐政〔1998〕75号文件公布县人民政府《关于第二轮中小学布局调整工作实施意见》。实施意见提出初中、完小以及村校设置原则,规定调整工作起讫时间为小学于1998年9月完成、初中于2000年底完成。

2000年底,全县学校数由214所撤并到92所:小学由194所调整为74所,初中由14所调整为12所(1999年,玉峰初中并入玉山镇中;2000年,云山初中并入安文镇中,前山中心校初中部并入胡宅中心校;保留附设的窈川中心校、墨林中心校、九和中心校、胡宅中心校4所学校)。1999年,创办磐安县第二中学。2000年2月,志成职业高中撤销,学生并入金华行知职高就读。是年,全县有磐安中学、磐安二中、玉山中学、盘山中学、县职业技术学校和金华行知职业高中6所高中类学校,其中磐安二中、盘山中学为完全中学。

磐安县中小学布局调整工作得到上级政府和省、市教委的充分肯定。1998年、2000年两次获得到省政府和省教育厅共计60万元的奖励,布局调整工作的做法作为经济欠发达地区的成功经验在省、市有关会议上交流。

表 5－116　　1998～2000年磐安县撤并学校统计表

乡镇名称	2000年全县小学(74所)		1998年撤并学校(73所)	1999年撤并学校(37所)	2000年撤并学校(10所)
安文镇(4所)	1	实验小学	—	—	—
	2	安文小学	羊山头、殊闲	台口、元岭坑、溪文	—

续表 5－116

乡镇名称	2000 年全县小学（74 所）		1998 年撤并学校（73 所）	1999 年撤并学校（37 所）	2000 年撤并学校（10 所）
安文镇（4 所）	3	云山小学	—	陈华坑	上葛、白云山、石头、双坑、石贝
	4	上章小学	—	根溪、岭外、胡村	—
	5	联谊小学	—	联进	—
深泽乡（2 所）	6	深泽小学	马祥、源头、上亨堂、金钩、道士岙、六冲、屋楼、仰头	—	—
	7	后力完小	森屋、上产	—	—
新渥镇（6 所）	8	新渥小学	岩上、双槐、大山下	中卢、麻车下	—
	9	杨山村小	—	—	—
	10	西湖村小	外田口	—	—
	11	双溪完小	永加	—	—
	12	宅口完小	—	古竹	—
	13	上卢完小	大麦坞	—	—
冷水镇（4 所）	14	冷水中心校	西英、胡山	—	玉坑、庄头
	15	白岩完小	—	大溪	—
	16	潘潭完小	—	—	—
	17	泗岩村小	—	—	—
仁川镇（7 所）	18	仁川小学	滚涛、泊公坑、泊公、潘田	—	—
	19	柳坡村小	—	—	—
	20	洋庄村小	—	—	—
	21	胡庄村小	—	—	—
	22	石下村小	—	—	—
	23	方山完小	流岸	—	—
	24	天网小学	胡八坑、马岭、西产、张圩	—	—
双峰乡（2 所）	25	双峰小学	西告、溪上、溪下	—	—
	26	东坑村小	—	—	—
墨林乡（1 所）	27	墨林中心校	东川、岗头、王隐坑	—	—
窈川乡（1 所）	28	窈川中心校	依山下、赐敕、岭溪	—	—
双溪乡（3 所）	29	双溪小学	其良、下元、	山早、丽坑、金鹅	付宅
	30	礼府村小	—	—	—
	31	梓誉村小	—	—	—

续表 5－116

乡镇名称	2000 年全县小学(74 所)		1998 年撤并学校(73 所)	1999 年撤并学校(37 所)	2000 年撤并学校(10 所)
玉山镇(9 所)	32	玉山小学	新艳	珍溪、上月坑、王里、吕家山	
	33	玉峰完小	—	—	—
	34	马塘村小	孔宅	—	—
	35	元里村小	—	—	—
	36	佳村村小	—	—	—
	37	方塘村小	—	—	—
	38	林宅村小	—	—	—
	39	张村村小	—	—	—
	40	铁店村小	—	—	—
尖山镇(5 所)	41	尖山小学	坑口、湖田、里岙、小坑姆	新宅	里光洋、陈村
	42	楼下宅小学	—	—	—
	43	东里村小	—	—	—
	44	立岭村小	—	—	—
	45	管头村小	—	—	—
胡宅乡(4 所)	46	胡宅中心校	金村	下周、岭头	—
	47	张斯村小	—	—	—
	48	塘田村小	—	—	—
	49	前山小学	岭西	—	—
尚湖镇(8 所)	50	尚湖小学	中心庄、市岭下	—	—
	51	杜家庄村小	—	—	—
	52	山环小学	黄林坑、同田、尚路研、岭干	—	—
	53	董村村小	—	—	—
	54	王村村小	—	—	—
	55	山宅村小	—	—	—
	56	溪坦村小	—	—	—
	57	袁村村小	—	—	—
万苍乡(6 所)	58	万苍小学	赵界	—	—
	59	楼界村小	—	—	—
	60	秧田坑村小	—	—	—
	61	安宅村小	—	—	—
	62	斐湖完小	—	—	—
	63	胡庄村小	—	—	—

续表 5－116

乡镇名称	2000 年全县小学（74 所）		1998 年撤并学校（73 所）	1999 年撤并学校（37 所）	2000 年撤并学校（10 所）
九和乡（1 所）	64	九和中心校	新周	自家庄、后业岭、毛竹溪、下坑、中坑、革联、南坑、三水潭、宿坑、九龙、联桥、孔潭、岩甲、上俞、山儿头	—
大盘镇(1 所)	65	大盘小学	小盘	—	—
方前镇（4 所）	66	方前中心校	乌岩坑、炉田、桥头、横路头、前门山、上山头	—	—
	67	前王完小	茶潭	—	—
	68	四协完小(田石)	林家山、石研	—	—
	69	寺岙村小	—	—	—
维新乡（1 所）	70	维新小学	启甲、西溪、龙溪、马家坑、溪下路、新渠	—	—
高二乡（2 所）	71	高二小学	—	—	—
	72	下陈村小	—	—	—
盘峰乡（2 所）	73	盘峰小学	沙溪	—	—
	74	榉溪村小	—	—	—

第三轮调整(2002～2003 年)

根据浙江省教育厅 2001 年下发的《关于进一步推进农村中小学布局调整合理配置教育资源的若干意见》，为提高教育教学质量，实现教育现代化，普及中小学信息技术教育，争创省教育强县，2002 年，县人民政府下发《关于第三轮中小学布局调整工作的实施意见》。决定第三轮布局调整时间从 2001 年开始到 2003 年结束。意见提出“以县城学校为龙头，以中心集镇学校为骨干，以各乡镇中心学校为基础”的办学格局，按照小学“就近入学、初中相对集中、优化教育资源配置和适当超前”的原则，注重与危房改造、城镇化发展、普及信息技术教育相结合。小学布局调整重点撤并村小，初中布局调整原则上保留镇建制初中。城区按照人口的增长适度发展，积极创办县第三小学。小学由镇乡为单位组织实施，初中由区域工委组织实施，县文教局主要负责布局调整工作的业务指导。

2001 年，撤并小学 13 所；2002 年，撤并小学 11 所；2003 年，撤并小学 17 所。2002 年，九和初中部并入玉山镇中，墨林初中部并入安文镇中；2003 年，窈川初中部并入磐安二中。2001 年，玉山中学与金华行知职业高中合并为磐安县第三中学。

至 2003 年底，全县学校数由 2000 年的 92 所撤并到 50 所。小学由 2000 年的 74 所撤并到 33 所；初中 12 所，胡宅中心校附设初中；高中 5 所，其中盘山中学与磐安二中为完全中学。

表 5－117　　2002～2003 年磐安县撤并学校统计数

乡　镇	2003 年学校名称(33 所)		2001 年撤并学校(13 所)	2002 年撤并学校(11 所)	2003 年撤并学校(17 所)
	1	实验小学	—	—	—
安文镇(2 所)	2	安文小学	—	—	上章、联谊
	3	云山小学	—	—	—
深泽乡(2 所)	4	深泽小学	—	—	—
	5	后力完小	—	—	—
新渥镇(2 所)	6	新渥小学	杨山、西湖	上卢	宅口
	7	双溪完小	—	—	—
冷水镇(3 所)	8	冷水中心校	泗岩	—	—
	9	白岩完小	—	—	—
	10	潘潭完小	—	—	—
仁川镇(3 所)	11	仁川小学	—	柳坡、洋庄、胡庄、石下	—
	12	方山完小	—	—	—
	13	天网小学	—	—	—
双峰乡(1 所)	14	双峰小学	东坑	—	—
墨林乡(1 所)	15	墨林中心校	—	—	—
窈川乡(1 所)	16	窈川中心校	—	—	—
双溪乡(1 所)	17	双溪小学	礼府	梓誉	—
玉山镇(3 所)	18	玉山小学	马塘	—	—
	19	玉峰完小	元里、佳村	张村、铁店、方塘	—
	20	林宅村小	—	—	—
尖山镇(1 所)	21	尖山小学	立岭	楼下宅	东里、管头
胡宅乡(2 所)	22	胡宅中心校	张斯、塘田	—	—
	23	前山小学	—	—	—
尚湖镇(2 所)	24	尚湖小学	杜家庄	—	玉村、董村、山宅、溪坦、袁村
	25	山环小学	—	—	—
万苍乡(1 所)	26	万苍小学	—	安宅	楼界、秧田坑、胡庄、斐湖
九和乡(1 所)	27	九和中心校	—	—	—
大盘镇(1 所)	28	大盘小学	—	—	—
方前镇(2 所)	29	方前中心校	寺岙	—	四协
	30	前王完小	—	—	—
维新乡(1 所)	31	维新小学	—	—	—
高二乡(1 所)	32	高二小学	—	—	下陈
盘峰乡(1 所)	33	盘峰小学	—	—	榉溪

第四轮调整(2005～2010年)

为高标准、高质量普及九年义务教育，基本普及高中段教育，进一步优化教育资源配置，加大教育投入，强化教育基础设施建设，实现学校布局合理化、办学条件标准化、学校管理规范化，争创省教育强县，2005年11月15日，磐安县人民政府下发《关于第四轮中小学布局调整规划》，提出学校设置遵循“消除薄弱学校，优化教育资源配置，实现规模办学”的原则，注重适度超前，为实现城乡一体化服务。调整按照以下思路进行：以调整城区学校布局为龙头，以发展中心集镇学校为方向，以撤并小规模学校为重点。

冷水镇潘潭小学的撤并分两期完成：2003年，四～六年级并入冷水中心小学；2004年，完成一～三年级撤并。2005年，墨林、云山、南园3所小学并入县实验小学，山环小学并入尚湖镇中心小学，双峰初中并入仁川初中，方前镇前王小学并入方前镇中心小学。2006年，方前、冷水中小学各自合并，称方前镇中心学校、冷水镇中心学校；深泽乡后力小学并入深泽乡中心小学；玉山镇林宅小学并入玉山镇中心小学；冷水镇白岩小学并入冷水镇中心学校；仁川镇天网小学并入仁川镇中心小学。2007年，新渥镇双溪小学并入新渥镇中心小学，胡宅乡前山小学并入胡宅乡中心小学，胡宅乡中心学校初中部并入尖山镇初级中学；磐安二中单设普通高中，分离磐安二中初中部，新办实验初级中学，双溪乡初级中学并入县实验初中。2008年，仁川镇方山小学并入仁川镇中心小学，万苍乡初中按地域分别并入尚湖镇初中和尖山镇初中。2009年，盘山中学高中部停止招生。

第四轮学校布局调整后，全县学校由50所撤并到33所：小学18所(包括玉峰小学教学点)；初中10所(含九年一贯制学校2所，方前镇中心学校与冷水镇中心学校)；高中5所，其中盘山中学为完全中学。

第五轮布局优化(2011～2020年)

为加强薄弱学校建设，巩固提高普及15年教育成果，推进基础教育均衡、持续、健康发展，提升教育强县办学水平，2011年，磐安县人民政府下发《关于印发磐安县中小学布局优化规划方案(2011～2020)的通知》，实施第五轮教育布局调整。调整坚持“均衡化”“城镇化”原则，按照“稳妥调整小学布局、重点优化初中布局、有效整合高中教育资源”的思路，继续整合学校教育资源配置，优化学校布局。

县教育局通过新建学校、学校改扩建、薄弱学校撤并等方式优化全县高中、职教、初中、小学各学段的学校布局。2010年，投资2162万元的尖山实验幼儿园建成并招生。2011年，县职业技校、磐安三中按“一校两区”模式进行合并，组建县职教中心；根据磐政办纪要〔2015〕22号规划，选址深泽初中地块新建磐安县职教中心，确定办学规模为48个班的寄宿制职业学校，实施职业技校异地搬迁。盘山中学于2011年秋季起单办初中。2013年2月、2013年8月、2014年8月，维新乡、盘峰乡、高二乡3所中心小学相继撤并到实验小学大盘校区。2014年，规划办学规模为36个教学班的半寄宿制老城区文溪小学建成并开始招生；选址新城区新渥西坞地块、建设规模为36个班的新城初中与选址尖山镇清凉山地块、建设规模为42个班级的第四中学启动建设。计划2017年，深泽乡、新渥镇、仁川镇、冷水镇初中同步并入新城初中，尖山初中、玉山初中同步并入第四中学。

2015年底，全县有学校63所，含幼儿园32所、中小学31所。其中的17所小学，包括城区3所、安文区域6所、盘山区域1所、玉山区域7所(含玉峰教学点1所)；初中9所，九年一贯制中心学校2所；普通高中2所；职业教育中心1所。

表 5－118　　1990～2015 年磐安县初中学校变更表

1990 年原有学校(1 完中、16 单设、9 附设)	1991 年	1992 年	1993 年	1996 年	1997 年(1 完中、14 单设、5 附设)	1999 年	2000 年(2 完中、12 单设、4 附设)	2002 年	2003 年(2 完中、12 单设、1 附设)	2005 年	2006 年(2 完中、9 单设、1 附设、2 九年一贯制学校)	2007 年(1 完中、8 单设、2 九年一贯制学校)	2011 年(9 单设、2 九年一贯学校)
盘山中学	—	—	—	—	—	—	—	—	—	—	—	—	单办初中
安文初中	—	—	—	—	—	—	—	—	—	—	—	—	—
新渥初中	—	—	—	—	—	—	—	—	—	—	—	—	—
尖山初中	—	—	—	—	—	—	—	—	—	—	—	—	—
云山初中	—	—	—	—	—	—	入安文初中	—	—	—	—	云山学生入实验初中	—
深泽初中	—	—	—	—	—	—	—	—	—	—	—	—	—
冷水初中	—	—	—	—	—	—	—	—	—	—	与冷水小学合并为冷水中心校	—	—
仁川初中	—	—	—	—	—	—	—	—	—	—	—	—	—
双峰初中	—	—	—	—	—	—	—	—	—	入仁川初中	—	—	—
双溪初中	—	—	—	—	—	—	—	—	—	—	—	入实验初中	—
尚湖初中	—	—	—	—	—	—	—	—	—	—	—	—	—
万苍初中	—	—	—	—	—	—	—	—	—	—	—	分别并入尖山初中与尚湖初中	—
玉峰初中	—	—	—	—	—	并入玉山初中	—	—	—	—	—	—	—
岭口初中	—	改玉山初中	—	—	—	—	—	—	—	—	—	—	—
九和初中	—	附九和中心校	—	—	—	—	—	初中部并入玉山初中	—	—	—	—	—
方前初中	—	—	—	—	—	—	—	—	—	—	与方前小学合并为方前中心校	—	—
盘峰初中	附盘峰中心校	—	—	—	初中部并入盘山中学	—	—	—	—	—	—	—	—
天网中心校	—	—	—	初中部并入仁川初中	—	—	—	—	—	—	—	—	—
墨林中心校	—	—	—	—	—	—	—	初中部并入安文初中	—	—	—	墨林学生入实验初中	—

续表 5—118

1990 年原有学校（1 完中、16 单设、9 附设）	1991 年	1992 年	1993 年	1996 年	1997 年（1 完中、14 单设、5 附设）	1999 年	2000 年（2 完中、12 单设、4 附设）	2002 年	2003 年（2 完中、12 单设、1 附设）	2005 年	2006 年（2 完中、9 单设、1 附设、2 九年一贯制学校）	2007 年（1 完中、8 单设、2 九年一贯制学校）	2011 年（9 单设、2 九年一贯学校）
窈川中心校	—	—	—	—	—	—	—	—	初中部并入二中	—	—	—	—
山环中心校	—	—	—	初中部并入尚湖初中	—	—	—	—	—	—	—	—	—
前山中心校	—	—	—	—	—	初中部并入胡宅中心校	—	—	—	—	—	—	—
胡宅中心校	—	—	—	—	—	—	—	—	—	—	—	初中部并入尖山初中	—
四协中心校	—	—	初中部并入方前初中	—	—	—	—	—	—	—	—	—	—
维新中心校	—	—	—	—	初中部并入盘山中学	—	—	—	—	—	—	—	—
高二中心校	—	—	—	—	初中部并入盘山中学	—	—	—	—	—	—	—	—
—	—	—	—	—	—	创办第二中学	—	—	—	—	—	分离第二中学初中部，创办实验初中	—

附：

磐安县中小学校舍管理规定

磐教计〔1991〕3 号

校舍是办学校最根本的物质条件。良好的学校校舍和环境是提高教学效率、促进学生全面发展、保障青少年活泼健康成长的重要前提。为了加强对校舍的日常管理、维修和保护工作，延长校舍使用期限，保持良好的校容、校貌，充分发挥校舍的教育功能，提高办学效益。

第一条　本规定所指的校舍管理范围是指：学校的教学用房、办公用房和师生生活用房及其他辅助建筑物、构筑物、土地及附在地面的固定设施、运动场地、道路、林木、池塘、围墙、对外通道、校办厂场等。

第二条 校舍管理的任务是:保持校舍的牢固、耐用、美观、整洁。校舍管理实行统一领导、分工负责、管用结合、分级管理、因校制宜、勤俭办学的原则。做到领导重视、职责明确、制度健全、定期检修、注重保养、延长寿命。

第三条 健全校舍档案,实行分级管理。校舍档案的内容应包括学校简史和校舍基本情况、校区平面图、校舍房屋登记册及维修情况记录簿、新建校舍施工图纸及其资材等。校舍档案是永久性资料,要确定专人保管。

新建扩建校舍要统一规划、合理布局,并严格按照《磐安县中小学新建、拆建工程基建工作程序》进行。竣工后,须经县建设局质检站和教育局等单位验收合格后方可使用。负责基建施工人员应把施工有关资料及时归档。

第四条 校舍管理,要求校长亲自领导,总务主任具体负责,师生员工共同管理;订立校舍管理责任书,谁用谁管,用管结合,分工包干,专人负责,明确职责,并落实奖惩措施。房舍整体维护由总务处负责,门窗、设施可以实行总务处统一管理下的分工负责:教室由各班主任管理;学生宿舍由生活指导师和有关班级班主任负责管理;教工宿舍由所住教工本人管理;阅览室、实验室和活动室由图书管理员和实验教师及有关教师管理;办公室、教研室由教导处和教研组组长管理;厨房由炊事员负责管理;传达室由门卫管理;其他辅助用房及配套设施和校园可分片包干,或总务处直接管理。校舍管理责任书每学年签订一次。

第五条 要加强师生的思想政治工作,经常不断地对师生进行爱护公物教育,调动师生员工爱护校舍的自觉性,保持校舍的完好整洁。除学校统一安排的环境布置外,不得在教室、办公实验活动室、阅览室、学生集体宿舍的墙壁、门窗上乱涂乱画,严禁刀割、挖孔、脚踢、捶打,不得在室内及走廊上打球、追逐。

校舍的水电设备、玻璃门窗、窗钩、拉手等必须严加爱护。教室和学生宿舍的钥匙要指定专人保管。做好值日工作,及时关好门窗、门锁,禁止非特殊情况下爬窗,或以打破玻璃、扭锁等不正当方式进入室内。损坏校舍要赔偿,并给予必要的处分。

第六条 浙江省公安厅、教育厅《关于维护学校正常教学秩序的通知》指出:"不准任何人破坏学校校舍、教育设备和环境卫生;不准占用学校的土地、校舍、操场和其他设施。"各校广泛宣传并坚决贯彻党和政府的有关通知、通告、布告等,争取领导部门和社会的支持,保护学校校舍等不受侵犯。如有发生侵占毁坏学校校舍、校产事件,要及时报告有关领导部门,给予党纪国法严肃处理。

第七条 学校应积极创造条件,设置围墙、大门,禁止闲杂人到校内骑车、游荡、喧嚷,不准进入校内摆摊经商叫卖,进行集市交易;不准到校园内放牧、种植、取土、采石。

第八条 校舍的建设和调整均由上级主管部门安排,学校不得自行出租、交换和出售。但在满足自身需要和不影响教学的前提下,如有空余的教室、礼堂、运动场等,可以通过一定手续,租借给外单位使用。出借校舍应按规定收取一定的租费,校舍设备如有损坏,应照价赔偿。

第九条 校舍要经常进行检修,对墙歪壁裂、柱斜梁霉等危险隐患,应及时整修加固,或采取果断措施封闭停用,确保师生安全。如熟视无睹,知情不报,不加防护发生意外,有关人员必须承担责任。

第十条 除日常及时对校舍检查修理外,要利用寒暑假进行全面检查和维修,要注意汛期和雨、雪期,以防塌漏;还要注意防火、防触电。对学校教室等校舍主体部分,每年粉刷一次,门窗设施每四五年油漆一次,以免受风雨侵蚀,延长使用寿命,增加整洁美观。

第十一条　校舍整修的经费应遵循“分级管理，分级办学，自筹为主，补助为辅”的原则，学校应该发动师生发扬自力更生精神，艰苦创业，勤俭办学，每年在预算外收入中安排一定比例用于维修校舍，努力做到少花钱，多办事、办好事。

第十二条　绿树成荫、花草满园、整洁优美、清静文明的学校环境，能调节师生的情绪和心境，有利于集中注意力，提高脑力活动的效果，产生美感，培养校风，促进师生身心健康。学校要搞好校园环境建设，结合校舍建设规划，因地制宜，做到长规划、短安排，整修好“三化”环境，建设良好的校容校貌。校园环境管理的近期目标是：扭转校园不见树木花卉、晴天尘土飞扬、雨天烂泥满堂、校舍门窗残缺破烂、设施杂乱无章、室内外地面坑坑洼洼、纸屑垃圾遍地皆是的“乱、脏、差”状况。校园环境修整的远期目标是：条条道路绿树成荫（绿化），校园四季鲜花争妍（美化），地面平坦清洁（净化）。

第十三条　为检查本规定的执行和落实情况，县属学校以校为单位，乡镇学校以乡镇为单位，对所属范围的校舍管理，每学期检查一次。县、区每年检查一次。把校舍管理好坏列入评比先进学校的条件之一，并将对校舍管理好的单位和人员予以专项表彰。

附：

磐安县中小学校舍新建、拆建工程基建工作程序

（1990 年 8 月）

一、乡（镇）政府或县属、乡级学校，根据学校破旧校舍改造需要和教育事业发展需要，向教育局提出新建、拆建校舍的申请，申请报告要求写明：项目名称、内容、建筑面积、自筹资金、总投资金额等。

二、教育局根据申请报告，实地调查、论证，然后和乡（镇）政府或县属学校签订《磐安县中小学基建包干合同》。

三、县财政局、教育局联合下文，并拨款给基建的学校。

四、学校做好基建三通一平等准备工作，收到款后，将款汇至县建行。教育局 271101165 户头储存。

五、向县计划委员会领取基建项目呈批表，办理呈批手续。要求下文同意基建项目。

凡集镇学校要向建设局规划股领取定点通知书，交县计经委一份。

六、学校根据规划面积，要求设计图纸或套用通用图，新设计图纸必须图纸会审。

七、招标或议标，选好施工工程队。

1. 10 万元以上工程款，500m^2 以上建筑面积的工程要投标，10 万元以下，500m^2 以下的可采取议标。

2. 投议标请建设局、建行、教育局等单位主持参加。

3. 投议标前要写好《XX 工程投议标说明》，于 10 日前交投标办公室（建设局内）和有关工程队；请建行做标底（自做标底请建行审核），然后定好时间进行投议标。

八、学校和中标工程队签印合同一式六份，合同交建设局、教育局见证，请建设局、建行、消防、计委、教育局等单位参加图纸会审。

九、打开工报告（报告一式八份，向县计委领取），凡集镇学校基建工程要向建设局规划股领取规划许可证和建设许可证，建设局同意方可开工。

十、准备开工，学校向县建设局质监站交纳质量监督费。

十一、开工挖好地槽后,请设计单位、质监站、教育局验槽。

十二、墙脚、地圈梁做好后,不要回填土,请质监站、教育局验收基础工程。

十三、结顶,要中间验收。

十四、完工时,向建设局、教育局打报告,要求竣工验收,验收合格才可交付使用。

附:

磐安县中小学破旧校舍改造验收标准(试行)

(1993年2月12日)

一、总体要求

校舍布局合理,主体结构牢固,表面感光良好,使用功能好。

二、具体细则

1.地基、基础:无滑坡、移位,倾斜、裂缝和不均匀沉降,承载力符合要求。

2.墙体:墙体垂直,倾斜度不得超过高度的1%,墙体中间部位无交叉裂缝,如有,其宽度不得大于15cm,门、窗洞口无竖、横及水平方向裂缝。泥墙,三合土墙无风化、弓凸、倾斜。承重墙如是泥墙,三合土墙应经过拆修改造。

3.梁柱

①钢筋砼梁柱:保护层均无剥落、蜂窝、麻面和露筋现象,柱中无水平、竖向裂缝以及砼压碎现象,梁的支座与集中荷载部位无明显的竖向、斜向和水平裂缝。

②木梁柱、搁栅:所有木构件无白蚁、虫蛀、腐朽、霉变,有效面积达95%,捶击无空鼓,柱顶无撕裂,榫眼无劈裂,柱中无断痕,柱脚无腐朽、霉变,不因受力而产生弯曲,曲背无水平裂缝。木梁、搁栅中间无明显裂痕,两头无腐朽、霉变,搁置稳固。

4.屋架:每榀屋架倾斜度不得超过高的1%,下弦无裂缝,铁件经防锈处理。三铰拱屋架应全部更换或进行加固处理,钢筋奏组合屋架挠度不得超过0.3%;木屋架结点支撑稳固,弦杆不变曲变形。

5.屋、楼面

①屋面。小青瓦屋面:瓦垄顺直,瓦面平整,仰瓦无破碎,不漏雨水,内望无透风孔,屋栋平整,山尖墙沿口瓦无欠缺,泛水瓦不松落,木椽不下垂弯曲。平瓦屋面:平瓦无断裂欠缺,格椽无腐朽霉烂,不渗漏,屋面平整,栋瓦顺直,粘接牢固,无缺角,屋面无破瓦。刚性屋面:伸缩缝处理完整,不漏水,遮阳板、砖墩无断裂、倾斜,钢筋砼屋面无龟裂渗水,大、小沿沟无渗漏,下水口置落水球罩,上入孔加盖。

②楼面。木楼面楼板坚实完整,无松动缺角,无腐烂霉变,木楼梯坚固。走廊如是木楼面最好更换。刚性楼面:现捣板周边无裂缝,下面无交叉裂缝,预制板下面无明显横向裂缝.,挠度不得超过0.3%。抹面层不因清扫起沙,无龟裂空鼓。

③地面:均应是水泥地面,抹面不起沙,表面光洁。

6.装饰

①门窗、框架不松动;五金、玻璃完整齐全,开启灵活,榫头无断裂、松动现象。

②油漆。木作:内浅外深,色泽光亮分明,无流垂、起皮、露底,隐蔽部分不漏刷,节点、洞眼油灰饱满。铁件:色泽光亮,接点无毛刺,打磨平滑,无露底、流垂。

③抹灰。外墙：接搓平整，色泽一致，黑白分明，不起鼓、剥落，无龟状裂痕。内墙：阴角顺直平整，门窗水泥护框无起皮、空鼓，天棚墙面均有抹灰。涂料色泽分明，应有1.5m高的水泥墙裙。

7.水电

①给排水。给水管安装合理顺直，管卡牢固，污水清排畅通，落水管安装牢固，无松动，节点不渗水，校舍四周排水合理，无积淤。

②电器。安装正确，照明装置完整，符合规定，电线线路通顺，绝缘符合要求。

验收说明：验收房屋时验收细则中前五大项和排水需全部合格，后二大项中有60%合格方能验收为合格。

第四节　勤工俭学与后勤服务

一、机构和管理

(一)机构与职能

1.历史沿革

1984年，磐安县文教局勤工俭学办公室成立，办公楼坐落安文镇龙山路6号。

1988年，磐安县文教局勤工俭学办公室下设磐安县校办企业公司。

1998年，县勤工俭学办公室在县校办企业公司的基础上成立浙江省磐安教育服务有限公司。

2003年，磐安县勤工俭学办公室搬迁至安文镇龙山路1号县政府门楼办公。同年12月，县校办企业公司下属的教育印刷厂改制为私营，印刷厂使用的土地、厂房等均属县教育服务公司所有。次年，出租后的印刷厂继续从事教育印刷。

2006年，根据县机关办公室资源整合调配的通知，勤办、教育服务有限公司搬迁到安文镇北街30号县教研室办公楼一楼办公。

2009年，县委宣传部批复磐安县教育局任免请示报告，免去陈三弟勤工俭学办公室主任职务，任命庞茂为磐安县教育服务中心主任，教育服务中心属事业编制，设主任1人、副主任1人。磐安县教育服务中心与浙江省磐安教育服务有限公司两块牌子、一套班子，有管理人员7名。

2010年，磐安县教育服务中心搬迁至安文镇西山弄1号办公(原安文教办办公楼)。

2011年，根据需要，除职业技校，全县其他中小学学校食堂实行食品统一配送制度，县教育服务中心承担对配送公司的食品质量价格的监督和考核工作。

表5－119　　磐安县文教局(教育局)勤工俭学办公室、磐安县教育服务中心历届负责人一览表

时　　间	职　务　名　称	负责人姓名
1984年1月～1993年10月	勤工俭学办公室主任、校办企业公司经理	潘新洪
1993年11月～1997年4月	勤工俭学办公室主任、校办企业公司经理	陈德信
1997年5月～1998年7月	勤工俭学办公室主任、校办企业公司经理	陈维伟
1998年6月～2009年8月	浙江省磐安教育服务有限公司总经理	陈三弟
1998年8月～1999年7月	勤工俭学办公室主任、校办企业公司经理	朱良福

续表 5－119

时　　间	职　务　名　称	负责人姓名
1999 年 8 月～2000 年 7 月	勤工俭学办公室党支部书记	陈三弟
2000 年 8 月～2009 年 8 月	勤工俭学办公室主任、校办企业公司经理	陈三弟
2009 年 9 月～2014 年 8 月	教育服务中心主任	庞　茂
2014 年 8 月～	教育服务中心副主任(主持工作)	陈连星

2. 机构职能

从 1984 年的磐安县文教局勤工俭学办公室，到 1988 年成立下属机构磐安县校办企业公司，到 1998 年成立浙江省磐安县教育服务有限公司，名称不同，职能不同，而且不同的历史时期，赋予同一机构不同的职能。

(1)县勤工俭学办公室

1984 年，主要职能是指导并管理校办工厂和全县中小学各种形式的勤工俭学工作。2006 年，负责全县校园方责任保险的统筹、协调、组织实施和日常管理工作。

(2)县校办企业公司

属事业单位，实行企业化管理。职责是引进校办工厂，建立农场、林场、养殖场等，为学校创业创收。

(3)浙江省磐安县教育服务有限公司

2007 年，依托教育通讯站建立教育报刊发行站，负责教育报刊的征订、发行、收费等工作。发行站由浙江教育报刊总社管理，工作经费由浙江教育报刊总社核报，与教育通讯站两块牌子、一套班子。

2008 年 9 月，磐安县教育局、财政局联合下发《关于教育系统部门集中采购的实施意见》，将县教育服务公司定性为磐安县教育系统部门集中采购执行机构。其职责是：依法组织教育系统部门集中采购活动，办理教育部门集中采购活动相关的事务，统一组织实施纳入教育部门集中采购目录和采购限额标准以上项目的采购活动；需要由县采购中心负责集中采购的，县教育服务公司要做好配合工作；做好同意审查汇总的政府采购计划，审核上报应备案的部门集中采购项目文件，汇总上报部门集中采购信息统计报表等工作。

2011 年，全县学校食堂(除职业技校)实行食品统一配送制度后，县教育服务中心承担对配送公司的食品质量价格的监督和考核工作。同时，担负对学校品牌超市的招投标以及日常管理工作。

2015 年 9 月，县教育局下发《2015 学年学校食品意外险工作的通知》，10 月，完成全县 37 个学校(或幼儿园)的食品意外险投保工作，教育服务中心具体负责统筹、协调、组织实施等工作。

(二)管理实施

1987 年，创办浙江省磐安县凤凰服装厂等 4 家校办企业。

1988 年，县教育局请求磐安县财税局拨给勤工俭学办公室周转资金 25 万元，年终归还。

1989 年，磐安县教育局向县财税局暂借勤工俭学周转金 30 万元，年终归还。

1989 年，磐安县教育局向市教委勤办借勤工俭学周转金 10 万元，年终归还。

1992 年，创办磐安县教育制衣厂等 12 家校办工厂。

1994 年，县教育局下发磐教勤〔1994〕14 号通知，要求各校各单位切实领会浙江省财政厅、税务局下发的《关于对校办企业征退增值税有关问题的通知》文件精神，积极创办校办企业，上档次、上规模，用好用足优惠政策，以推动勤工俭学工作的深入开展。是年，全县创办磐安县帅丽达皮鞋厂等校办工厂23家。根据国家税务局〔1994〕156号文件和磐教〔1994〕70号文件精神，结合磐安县校办企业现状，县财税局、县教育局组成校办企业资格确认小组进行认证，确认一批企业为合格校办企业。

表5—120　　1994年磐安县校办企业审核确认表

企业名称	地址	法人代表	所属学校	建厂时间
教育印刷厂	龙山路6号	陈兰仙	校办企业公司	1985年4月
灯泡厂	龙山路6号	黄志贤	安文镇初级中学	1988年5月
出口玩具厂	环城北路22号	王国阳	校办企业公司	1990年11月
工具二厂	环城中路5号	马中殊	校办企业公司	1990年8月
精密机械厂	城上村23号	胡宏成	安文镇中心小学	1991年3月
万苍热工仪表厂	万苍乡雅庄村	倪建明	万苍乡中心小学	1991年5月
现代装潢塑料厂	城上村	张红兵	校办企业公司	1993年3月
分线盒厂	冷水乡小章村	梅振杰	冷水中心小学	1993年11月
深泽饮料厂	深泽乡金沟村	马树人	深泽乡初级中序	1993年1月

1998年，磐安县教学仪器厂等35家校办企业转为私营企业。

1999年5月，县教委组织有关人员参加省校办农业基地管理人员培训。

2000年1月，经县地方税务局、县教委组织年检，认定磐安县教育印刷厂、磐安县灯泡厂、奥特王童车制造厂、达美文化用品厂为合格校办企业。

2000年出台《磐安县教育系统大宗物品采购细则》。按规定，各单位上报的采购物品，须经县教委批准后由教育服务公司确定采购标准，拟定采购方案，并按照一定的采购方式和程序组织采购，同时监督供货单位的履约情况。

2001年12月，经县地方税务局、县教委组织年检，认定磐安县教育印刷厂、奥特王童车制造厂、县教育服务公司为合格校办企业。

2003年12月，经县地方税务局、县教委组织年检，认定磐安县教育印刷厂、奥特王童车制造厂为合格校办企业。根据县体改委的要求和磐政〔1999〕54号文件精神，磐安县教育印刷厂进行改制。

2007年3月，磐安旭日制衣有限公司成为浙江省床上用品登记备案企业。

2008年2月，县教育服务公司负责全县教育系统物品集中招投标采购的组织协调工作。各直属单位及学校物品采购计划报县采购办审批后，由县教育服务公司落实采购工作；大宗批量物品由县教育服务公司指定中标厂家直接将货物运送到有关单位和学校。

2010年12月，磐安县教育服务中心被评为金华市校园方责任保险先进集体。

2014年12月，引进企业2家。磐安皓森木业有限公司，总投资1500万元。浙江拍哦网电子商务有限公司，投资1000万元。

二、勤工俭学

(一)勤工俭学开展情况

1988年，磐安县教育局转发磐政〔1998〕33号文件《关于加快发展校办企业的若干规定》，勤工俭学办公室及其校办企业公司积极开展工作，是年，创办校办企业 26 家。

1990 年，磐安县教育印刷厂实行责任承包制，年产值 55 万元。

1995 年，全县校办企业累计 143 家，完成工业总产值 1910.1 万元，比上年同期增长 55.3%，全县勤工俭学总收入 133 万元。

1996 年，校办企业完成工业总产值 3000.8 万元，实现销售收入 2701 万元，比上年分别增长 57%和 59.2%，完成县下达指标的 112.4%，上缴财政税收 75.84 万元，完成任务数的 151.46%，全县勤工俭学收益完成 121.5 万元，完成年计划的 157.79%。是年，磐安县职业技校、磐安县教委勤办、校办企业公司被评为市勤工俭学先进集体。新渥小学、深泽乡中心小学、县达美文化用品厂、万苍乡中心小学、方前中心校、高二乡中心校被评为县勤工俭学先进单位。根据县委、县政府加快发展的整体要求和全县工业经济会议精神，教育局制定 1996 年全县勤工俭学、校办企业考核指标。

表 5—121　　1996 年磐安县学校勤工俭学收入考核指标表

单位名称	人均创收(元)	总收入(万元)	备注
小学生	24.30	95	1996 年，职高生人均创收 246.75 元
初中生	55.03	100	
高中生		100	

表 5—122　　1996 年磐安县校办企业工业产值考核指标表

单位名称	产值(万元)	单位名称	产值(万元)
安文教办	400	职业技校	300
玉山教办	300	行知职高	50
盘山教办	100	教师进修学校	50
磐安中学	300	实验小学	50
玉山中学	50	安文镇中心小学	50
盘山中学	50	安文镇初级中学	50

1997 年，磐安县教委勤办、校办企业公司被推为市先进集体。磐安中学、新渥镇中心小学、深泽乡中心小学、尚湖镇中心小学、尚湖镇初级中学、盘峰乡中小学、高二乡中心学校被评为县勤工俭学先进单位。

1998 年，校办企业奥特王童车制造厂发展势头良好。

2001 年，县文教局转发浙江省教育厅办公室《关于贯彻教育部办公厅坚决制止在勤工俭学活动中一些错误做法的通知》。要求各学校保证勤工俭学活动健康发展。

2003 年，根据浙教装〔2003〕155 号文件精神，县勤工俭学办公室对学校劳动基地加强管理和指导。方前镇前王小学开辟茶园 4 亩、耕地 1.5 亩，竹园由原来的 3 亩扩展到 6 亩，每年都有经济收入。

2004 年，奥特王童车制造厂与外商合资成立浙江奥特王儿童用品有限公司，注册资金 1500 万元，累计上缴税收 1000 多万元。在众多的校办企业中，仍有很多企业还是学校的全资公司，不是有限责任公司，不符合公司法的规定。校办企业产权关系不顺，学校直接承担企业运营风险。7月，磐安县文教局给此前签订“勤工俭学”合同，外出经商办企业的教职工发出通知，要求2004年8月15日前回原单位报到上班。同年8月12日，浙江省委办公厅、浙江省人民政府办公厅联合印发《关于进一步加强企事业单位改制改革过程中厂务公开工作的通知》，要求公开改制改革方案的制定过程、改制改革方案的内容、改制改革过程中的重大事项、改制改革过程中的管理层收购等情况。自此，校办企业改制进入倒计时，磐安县124家校办企业也随之改制。

表5—123　　磐安县校办企业改制统计表

年份	校办企业			
	计	新增（家）	注销（家）	转型（家）
1987年	4	4	—	—
1988年	30	26	—	—
1989年	61	31	—	—
1990年	84	23	—	—
1991年	93	9	—	—
1992年	109	16	—	—
1993年	131	22	—	—
1994年	156	25	—	2
1995年	141	14	27	—
1996年	150	9	—	—
1997年	156	6	—	—
1998年	124	3	—	35
1999年	126	2	—	—
2000年	126	—	—	—
2001年	125	—	1	—
2002年	125	—	—	—
2003年	124	—	1	—
2004年	124	—	—	—

2005年，维新小学毛竹发展到80多棵，板栗开始结果。

2007年，全县劳动教育实践基地扩大到20亩以上。新渥镇中心小学茶山50余亩。维新小学毛竹100多根，板栗开始收获。7月，磐安县灯泡厂几经波折，扭亏为盈，并根据需要进行转制。

（二）工作成效

1990～2007年的17年间，学校利用劳动课，安排师生上山砍柴，节省茶水费开支；组织学生参加学农基地劳动，给农作物灭虫、拔草、施肥，增强学生的劳动观念；农忙季节，组织学生为农户摘茶叶、挖贝母、捡元胡，收取相应的酬费，为学校创收。此外，一部分教师停薪留职，经商办企业，发展第三产业。

表 5－124　　1990～2007 年勤工俭学经济收入表

年　份	收　　入(万元)	其中直属企业收入(万元)
1990 年	80	50
1991 年	89	61
1992 年	100	68
1993 年	102	65
1994 年	106	58
1995 年	120	63
1996 年	118	65
1997 年	151	60
1998 年	145.8	102
1999 年	135	80
2000 年	146	75
2001 年	138	64
2002 年	112	75
2003 年	173	151
2004 年	373	293
2005 年	223	200
2006 年	75	50
2007 年	83	60
合　计	2469.8	1640

根据《磐安县政府采购实施细则》和《磐安县中小学财务管理制度》规定，结合教育系统实际情况，为保证大宗物品采购有序、规范实施，县教委于 1998 年 6 月创建磐安县教育服务公司。县教育服务公司以“降低成本，服务教育”为宗旨，1998～2015 年，共采购 369 次，签订合同 883 份，采购金额 3441 万元，节约资金 388.7 万元。

表 5－125　　1998～2015 年大宗物品采购情况统计表

单位：万元

年　份	采购次数(次)	签订合同(份)	采购金额(万元)	节约资金(万元)
1998 年	14	26	106	19.0
1999 年	28	75	309	49.4
2000 年	36	82	335	43.9
2001 年	31	79	364	35.3
2002 年	34	88	348	34.6
2003 年	32	80	315	28.4

续表 5－125

年　份	采购次数(次)	签订合同(份)	采购金额(万元)	节约资金(万元)
2004 年	22	84	382	30.5
2005 年	26	78	335	23.4
2006 年	18	41	158	15.6
2007 年	46	110	359	75.3
2008 年	13	26	88	8.2
2009 年	16	32	94	9.1
2010 年	14	24	65	6.2
2011 年	12	18	65	5.5
2012 年	10	17	56	4.5
2013 年	8	12	44	3.4
2014 年	6	8	35	2.8
2015 年	3	3	23	1.8
合　计	369	883	3441	328.5

三、后勤服务

(一)全县财务收支监管

1.审核机构与职能

根据磐安县机构编制委员会磐编〔2014〕16 号文件批复,2014 年 8 月,磐安县教育局设置磐安县国库集中收付教育分中心,监管学校(单位)的财务支出。

中心的职责与权限是:负责教育系统所属学校(单位)的财务管理监督和绩效评价;对财政直接支付和授权支付款项进行核审签章,对其他资金款项进行核审支付;负责教育事业年报统计;协助做好全国教育经费统计;财会人员业务培训和考核;协助“三公”经费汇总统计;财务专项检查、兼职审计等工作;教育、财政等部门授权的其他职责。

2.工作实施

1990 年至 2007 年 9 月,教育系统所属各单位财务收支由单位审核、支付,教育局监管。

2007 年 9 月,磐安中学、磐安二中、县职业技术学校、磐安三中、盘山中学、实验小学、实验初中、安文小学、安文初中、县实验幼儿园等 10 所直属学校纳入县财政局国库集中收付中心管理,实行“校财县管”的管理模式。乡镇中小学校作为所属预算单位纳入乡镇财政,实行“乡财县管”。教师进修学校、电大、招生办、教育服务中心 4 个直属单位由单位审核、支付,教育局监管。

2012 年 10 月,县乡镇核算中心撤销,将乡镇中小学校纳入“乡财乡管、县监督”体系,同时接受教育局监管。

2015 年 1 月,县教育局教育分中心对原本纳入县财政局国库集中收付中心管理的磐安中学、磐安二中、职教中心(含技校和磐安三中)、盘山中学、实验小学、实验初中、安文小学、安文初中、县实验幼儿园 9 所直属学校进行审核支付。

2015 年 6 月,县教育局教育分中心对尚未链接金财网以及尚未使用新中大核算软件的教师进修学校、电大、招生办、教育服务中心、文溪小学、尚湖镇中心幼儿园 6 个学校(单位)进行审核支付。

2015 年 9 月,县教育局教育分中心对借用乡镇电脑使用新中大软件进行财务核算的 22 所乡镇中小学及 1 所县属幼儿园进行审核支付。这些学校是深泽初中、深泽小学、新渥初中、新渥小学、仁川初中、仁川小学、冷水中心校、双峰小学、双溪小学、窈川小学、尖山初中、尖山小学、尚湖初中、尚湖小学、玉山初中、玉山小学、玉山镇玉峰小学、万苍小学、胡宅小学、九和小学、大盘小学、方前中心校、尖山实验幼儿园。

审核支付流程示意图

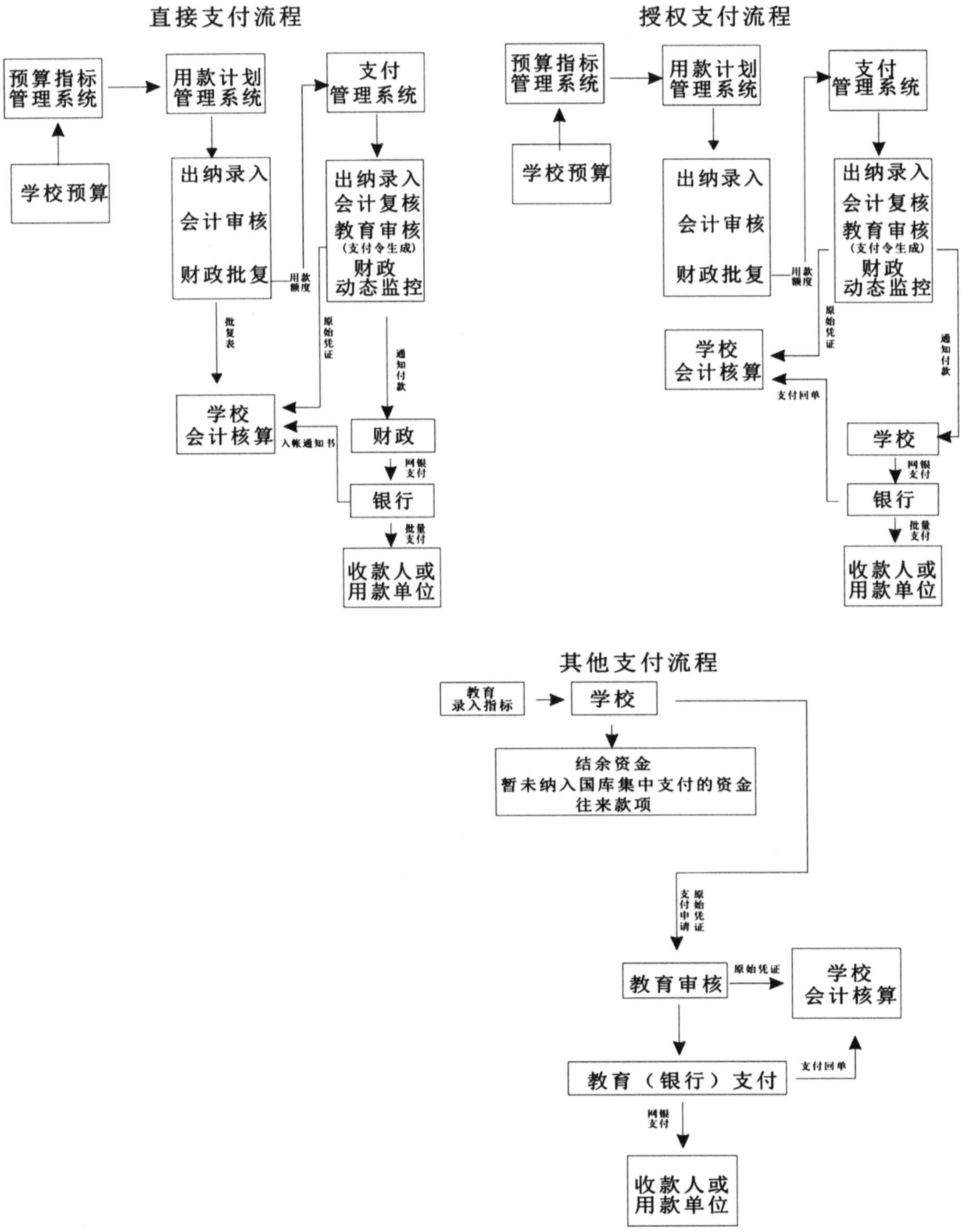

（二）学校财务管理

20世纪90年代初，学校经费收入主要有上级拨入的事业经费、专项拨款、基本建设拨款，上级拨入的预算外资金，学生学杂费，勤工俭学、捐赠以及其他杂项收入等。

经费收支按照“分级管理，经费包干，超支不补，结余留用”的办法，做到量入为出、收支平衡。学校财务由收支记账法改为借贷记账法，财会人员通过记账、算账、报账等一系列程序，反映资金的使用情况，做到科目齐全、账目清楚、明细分类、日清月结。

学校经费支出实行一支笔签字制度，但校长可以授权副校长、总务主任等在一定额度内代签。每一张原始单据要有经办人、会计、主管财务领导3人签字后方可报销，严禁白条入账。财务人员本着精打细算、勤俭节约的原则，对学校各种资金的使用，进行合理的分配和有效的核算控制。学校采购人员可以有一定的备用金，用于物资采购。教职工因公出差如需要借款，由校长批签，教职工回校报销后冲抵。

1996年9月，《磐安县教育系统预算外资金管理暂行办法》要求，学校应当向一家银行开立银行支票结算户，不准多头开户，不准使用存折户；支票、印鉴由会计、出纳分开保管。学校一般办公用品由总务人员负责采购，超过500元的大宗物资应由两人以上负责采购，并做好财产登记、验收和入库工作；单位领导不得一个人采购物资；凡超过2000元非计划内的支出项目，应由单位领导集体讨论决定。城区学校的教育补偿费等收入统一由教育局开具票据，并按一定比例返还学校使用。

2000年后，学校财务管理更加规范，对预算内、外资金支出做到事前有计划、量入而出。各校严格执行收支两条线、审批一支笔制度。学校大额支出要根据额度大小分别经校长办公会议、校务会议和教代会讨论决定。每一张支出票据要有经办人、验收人签字，会计审核签字后，再由校长签字方可报销。学校财务人员严格执行上级有关管理规定，及时准确地做好经费入户，杜绝坐收坐支，违者按有关规定给予责任人经济处分。

2007年8月，为进一步规范学校收支行为，强化预算约束，确保基本支出需要，县政府开始实施“校财县管”“乡财县管”改革。磐安中学、磐安二中等10所县直学校采取财政国库集中支付的运行模式，会计核算职能暂保留在学校，但学校所有支出票据须经县会计核算中心审核后方能支付；乡镇中小学校作为所属预算单位纳入乡镇财政，实行“乡财县管”。

2009年6月，按照县教育局、县财政局《关于加强全县中小学社会捐助资金管理的通知》，各中小学及县实验幼儿园的捐赠款项统一纳入教育财政专户，实行收支两条线管理。各接收单位不得在专户外管理使用捐赠款物，不得通过其他单位或个人隐匿捐赠收入，不得账外使用捐赠资金。

2014年9月，按照县教育局要求，各学校制定《落实“四重一大”事项集体决策制度实施办法》。学校的年度预算编制、执行和调整，各项专项资金的安排、使用和管理，大宗物品购置和资金支付，单位的固定资产、工程款支出的资金使用与管理等，都需集体研究决定。

（三）蔬菜配送、放心店、食堂管理

1.学校食堂食品配送工程

2011年6月，磐安县教育局举行第一轮学校食堂食品配送企业招投标，认定配送定点企业3家：东阳市恒业蔬菜配送有限公司、磐安县三和蔬菜配送有限公司、磐安县小春蔬菜配送有限公司。服务有效期为2011年8月至2012年7月。按照教育局划定的三个区域，通过抽签方式，中标企业各配送一个区域：东阳市恒业蔬菜配送有限公司配送安文区域及县城磐安二中、安文初中，磐安县三和蔬菜配送有限公司配送玉山区域，磐安县小春蔬菜配送有限公司配送盘山区域及县城磐安中学、实验初中、实验小学、安文小学。

2012年8月，进行第二轮学校食堂食品配送企业招投标，认定配送定点企业4家：东阳市广源蔬菜配送有限公司、东阳市恒业蔬菜配送有限公司、磐安县三和蔬菜配送有限公司、磐安县小春蔬菜配送有限公司。服务有效期为2012年8月至2014年7月。本轮服务形式为学校自行选择中标企业配送。

2014年8月，进行第三轮学校食堂食品配送企业招投标，认定配送定点企业4家：东阳市广源蔬菜配送有限公司、磐安县三和蔬菜配送有限公司、磐安县小春蔬菜配送有限公司、磐安县磐绿蔬菜配送有限公司。服务有效期为2014年8月至2017年7月。本轮服务形式为：按照教育局划定四个区域，第一年通过抽签方式，中标企业各服务一个区域，后两年同样通过抽签方式各服务一个区域，但服务学校不重复。

2.品牌超市进校园工程

2012年8月，根据《磐安县"品牌超市进校园工程"实施方案》文件精神，教育局就11所学校商店(超市)经营权出租，分两个标段招投标，第一标段为磐安中学、磐安二中、实验初中、安文初中、新渥小学、冷水中心校，第二标段为尚湖小学、尚湖初中、尖山初中、玉山初中、职教中心三中校区，经营期限为2012年8月10日至2016年7月10日，两个标段11所学校(超市)都由浙江万客隆商贸有限公司中标。承包费第一标段按销售额的6.5%结算，第二标段按销售额的5.6%结算，每学期结算，作为学校的租费。

3.食堂管理

2007年以前，学校食堂基本由学校自主经营或承包经营。据2007年12月统计，全县乡镇中心校以上的35个公办学校(含实验幼儿园)，有25个学校食堂由学校集体经营，10所学校以对外招投标或议标形式承包经营。学生就餐模式分三种：1.统一就餐，即固定餐。按学生每天就餐的不同次数，分别计算伙食标准，以月或学期为单位一次性交纳伙食费；学生就餐时，食堂工作人员或教职员工将饭菜分好放餐桌上，学生对号入座。2.快餐式。学生统一交纳大米折价款，学生自行排队刷卡买菜，学校统一供应米饭。这种方式的运用主要在高中。3.混合式。即上述两种形式并存。统一就餐模式的伙食标准大多是5～7元/天，最高为10元/天，少数学校为60元/月。

表5-126　　磐安县中小学学校食堂经营主体和就餐模式情况表

序号	学校名称	就餐模式	经营主体	序号	学校名称	就餐模式	经营主体
1	磐安中学	快餐式	学校	11	新渥小学	统一	学校
2	磐安二中	快餐式	学校	12	冷水学校	统一	学校
3	磐安三中	快餐式	学校	13	仁川初中	统一	学校
4	实验初中	快餐式	学校	14	仁川小学	统一	学校
5	安文初中	统一	学校	15	双峰小学	统一	学校
6	实验小学	统一	学校	16	窈川小学	统一	学校
7	安文小学	统一	学校	17	双溪小学	统一	学校
8	深泽初中	统一	学校	18	尚湖初中	统一	学校
9	深泽小学	统一	学校	19	盘山中学	统一	学校
10	新渥初中	统一	学校	20	方前小学	统一	学校

续表 5-126

序号	学校名称	就餐模式	经营主体	序号	学校名称	就餐模式	经营主体
21	方前初中	统一	学校	29	尖山小学	混合式	承包
22	盘峰小学	统一	学校	30	尖山初中	混合式	承包
23	高二小学	统一	学校	31	玉山初中	混合式	承包
24	实验幼儿园	统一	学校	32	玉山小学	混合式	承包
25	维新小学	混合式	学校	33	九和小学	混合式	承包
26	职业技校	快餐式	承包	34	尚湖小学	混合式	承包
27	万苍小学	混合式	承包	35	大盘小学	混合式	承包
28	胡宅小学	混合式	承包	—			

2007 年 12 月，县卫生局、县教育局开始全面贯彻实施《学校食品卫生监督量化分级管理制度》。主要针对一些乡镇学校食堂存在的操作面积狭小、布局流程不合理、功能区分不明确、卫生管理制度不规范，以及从业人员素质偏低、卫生意识淡薄、流动性大的采购食品未索证索票、家庭作坊式经营等问题提出操作规范。

该制度将食品卫生信誉度分为 A、B、C、D 四个等级。A 级为示范单位，B 级为规范单位，C 级为合格单位，D 级为不合格单位。其中，A 级即是卫生信誉度、自身硬件水平、管理能力等方面都较好，为低风险单位，卫生监督部门可以对其实施简化监督，每年监督检查 2 次。B 级为中风险单位，卫生监督部门必须实施常规监督。C 级为卫生许可和经常性卫生监督单位，属高风险单位，需要强化监督管理的单位；D 级为卫生部门提出整改意见及整改单位，逾期达不到整改要求的，可以责令停业整改，或不给予卫生许可。2012 年底，全县中小学、幼儿园食堂确认为 A 级的 4 家，确认为 B 级的 12 家，确认为 C 级的 48 家。截至 2015 年底，全县中小学、幼儿园食堂确认 A 级单位有 4 家，B 级单位有 33 家，C 级单位有 19 家。

2008 年 5 月，县教育局、县物价局实施《磐安县中小学学生伙食费管理暂行办法》，要求食堂单独设立账户，实行独立核算，严格学生伙食费列支范围。伙食费的列支范围包括：1. 燃料、主副食、菜、调味品；2. 临时工工资及考核奖、体检与劳保费用；3. 低值易耗食堂用品购置、维修、水电费等。加强成本核算，食堂月净盈余率控制在 5%～8%。

同年 8 月，县教育局出台《磐安县中小学食堂管理办法(试行)》。2010 年 8 月，县教育局、物价局、财政局印发《磐安县中小学食堂管理暂行办法》，对食堂经营、价格、采购、财务、人员、卫生安全、监督等做出全面规定，明确学校食堂必须坚持公益性原则，以服务师生为宗旨，不以盈利为目的。对采用包餐制和快餐制就餐模式的学校的就餐价格和主食费收取标准实行最高限价。最高限价每学年明确一次。

2010 学年包餐制食堂就餐价格的最高限价为：高中段包餐最高限价 850 元/生·学期。初中段包餐最高限价为城区学校 800 元/生·学期，乡镇学校 700 元/生·学期。小学段包餐最高限价为城区学校 750 元/生·学期，乡镇学校 650 元/生·学期。2010 学年快餐制食堂主食费收取标准的最高限价为：初、高中男生 210 元/生·学期，初、高中女生 180 元/生·学期。食堂全年结余或亏损率控制在年度营业额的 4%以内。2011 年 8 月，磐安县教育局、县物价局、县财政局对食堂管理办法进一步修改完善，出台《磐安县中小学食堂管理办法》。

2012 年 9 月，为培养和造就更多有知识、懂技术、善管理的厨政管理人才，进一步提高师生的就餐质量,县教育局与县人力资源和社会保障局举办为期3天的教育系统厨政管理人员培训班,邀请省旅游职业学院教授到会辅导,全县43人参加培训。

2014年初,开始实施义务教育学校饮水质量提升工程。年底,全县所有中小学和有条件的幼儿园都装上直饮水机,以保证学校师生可以喝上放心水。

同年5月,县教育局着手中小学“阳光食堂、透明厨房”工程建设,全面提升校园食堂管理水平。县教育局明确要求建立和完善校园食堂安全监管长效机制,以实现学校食堂食品源头可溯、全程可控、风险可防、责任可究目标。按照“阳光厨房”要求,学校厨房的原料清洗、切配、烹饪、制作加工、成品摆放、餐具消毒等环节安装监控设施,并将监控画面通过液晶大屏幕在学生餐厅或学校醒目位置展示,接受学生和家长的监督。到2014年底,全县所有学校完成监控设施安装并投入使用,“阳光食堂、透明厨房”达到100%。

表5—127　　2015年秋季磐安县学生伙食费

单位:元/学期

序号	学校	1餐	2餐	3餐	备注
1	磐安中学	—	—	男280　女240	快餐制,只收主餐米费,技校校区同
2	磐安二中	—	—	男280　女240	
3	三中校区	—	—	1200	
4	技校校区	—	—	男240　女210	快餐制
5	实验初中	—	—	1250	—
6	新渥校区	—	—	900	—
7	安文初中	450	900	1100	—
8	盘山中学	—	—	1000	—
9	深泽初中	400	—	900	—
11	仁川镇中	450	700	900	—
12	玉山镇中	—	—	870	—
13	尚湖镇中	—	—	900	—
14	尖山镇中	—	—	900	—
15	方前中心校小学	450	650	750	—
	方前中心校初中	—	—	900	—
16	实验小学	500	—	1150	—
17	大盘校区	早150	—	750	中350,晚250
18	安文小学	550	—	—	—
19	文溪小学	—	500	1150	—
20	深泽小学	450	—	850	—
21	新渥小学	450	700	850	—
22	冷水中心校小学	135	535	800	—
	冷水中心校初中	145	575	860	—

续表 5—127

序　号	学　　校	1 餐	2 餐	3 餐	备　　注
23	仁川小学	300	475	600	—
24	双峰小学	300	475	600	—
25	窈川小学	300	600	800	—
26	双溪小学	—	—	800	—
27	玉山小学	—	—	800	—
28	玉山玉峰	—	—	800	—
29	尚湖小学	—	—	800	—
30	尖山小学	350	—	800	—
31	万苍小学	—	—	800	—
32	胡宅小学	350	650	800	—
33	九和小学	350	—	800	—

第五节　学生资助

国家财政实施对困难学生资助之前，参与资助的一般都是社会人士，也有共青团、妇联等群众性组织。县教育局负责资助管理的科室，根据资助人士(单位)的不同而不同，有时为计财科，有时为教育科(普教科)。此类资助，一般都是零星的，没有连续性、连贯性，有时甚至不通过教育行政部门，由爱心人士直接资助困难学生，故资料保存与统计无法完整。

一、机构和管理

国务院于 2003 年颁发《关于进一步加强农村教育工作的决定》，将学生资助列入教育局计财科的经常性工作。2007 年，国务院《关于建立健全普通本科高校高等职业学校和中等职业学校家庭经济困难学生资助政策体系的意见》下发后，学生资助政策体系逐渐完善，学生资助的工作量增大。根据磐安县机构编制委员会文件，2009 年 12 月，磐安县学生资助管理中心成立，核编 1 人。2011 年 11 月，磐安县教育局成立由局长任组长的县资助领导小组，负责学生资助的组织、领导、管理、协调工作，并明确学生资助管理中心隶属县资助领导小组，所负责的日常事务、管理学生资助工作，依然属计财科工作内容之一。

资助管理中心的职责是：负责各中小学校家庭经济贫困学生教育券、营养券、普通高中助学金、中职学生国家助金等申请、审核、发放、监督管理工作；负责生源地财政贴息助学贷款的申请、初审等管理工作；负责应届高校毕业生服义务兵役学费补偿、助学贷款代偿的审核工作；负责省爱心基金会等通过县教育局的社会团体、个人结对捐资助学的推荐、资助款发放工作及学生资助政策宣传和咨询工作；完成县教育局交办的其他工作。

根据上级相关部门的文件精神，资助管理中心先后制订《磐安县普通高中国家助学金管理暂行办法》《磐安县学前教育资助管理暂行办法》《磐安县农村义务教育学生营养改善计划实施方案》等一系列实施细则。

二、资助开展情况

(一)教育助学金

《中华人民共和国义务教育法》规定人人有受教育的权利和义务。为了让困难家庭也读得起书，政府实施资助政策。1999年10月，县财政局、县教委下拨到各乡镇财政，全年资助学生金额共计9.24万元。

2001年3月，磐教〔2001〕24号公布《磐安县人民政府助学资金发放办法》，对建立政府助学资金的宗旨、助学资金的筹措办法、助学资金的管理、享受政府助学资金的基本条件、政府助学资金的发放标准、政府助学资金的发放办法、政府助学资金审批及兑现时间等方面进行了规定。

为了认真贯彻落实省委、省政府的精神，建立和完善磐安县扶困助学制度，确保全县适龄儿童、少年顺利就学与正常完成学业，激励品学兼优学生，鼓励初中毕业生报读职业类高中。经研究决定，从2004年秋季起，在全县基础教育阶段学校实施“教育券”制度。2004年12月，县文教局磐文教计〔2004〕22号，县财政局磐财预〔2004〕33号联合公布《实施“教育券”制度》。该制度对享受“教育券”的对象、“教育券”的分类及标准等进行明确。享受“教育券”的对象为接受九年制义务教育以及高中段教育的磐安籍的小学、初中、高中的学生，主要为享受最低生活保障待遇家庭的特困生、就读职业类高中的初中毕业生(从2005年秋季开始执行)、年级中的品学兼优学生。“教育券”分小学、初中和高中。小学“教育券”每生每学期特困生260元、贫困生130元；初中“教育券”每生每学期特困生400元、贫困生200元；高中“教育券”每生每学期特困生1000元、贫困生500元；报读职高类新生第一学期100元。品学兼优生的奖励暂由学校按一定的比例及额度发放。“教育券”可抵扣相应教育费用，“教育券”由文教局负责印制、发放。“教育券”限于本县教育系统内使用。县财政每年将该项资金列入年度预算，连同省拨助学经费及全县各校2%的学杂费统筹；各校从学杂费中提取3%作为助学资金。

2005年下学期至2007年下学期，共下发“教育券”经费435.79万元，资助面占学生总数的21.7%。

(二)农村中小学爱心营养餐工程

县内“爱心营养餐工程”发端于2004年年初高二乡中心小学实施的“营养餐”。2005年4月，团县委、县教育局、县卫生局、县新闻传媒中心等单位开展农村住校生的营养状况调查，并以大盘镇中心小学为试点启动实施了“爱心营养餐工程”。“爱心营养餐工程”于2005年在全省推广，实施“四项工程”：农村中小学家庭经济困难学生资助扩面工程、农村中小学爱心营养餐工程、农村中小学食宿改造工程和农村中小学教师素质提升工程。

县政府于2005年9月下发磐政〔2005〕85号《磐安县人民政府关于中小学“爱心营养餐工程”的试行意见》，从2005年9月开始在全县义务教育段学校实施“爱心营养餐工程”，通过省、县、乡镇财政和社会各界共筹资金，由学校负责每周为符合资助对象的寄宿生免费配供“爱心营养餐”，改变寄宿学生长期吃不上新鲜菜肴的状况，改善学生营养。2007年9月，在职业高中实施家庭经济困难学生“爱心营养餐工程”。到2008年上学期，已投入“爱心营养餐工程”补助经费312.532万元。其中县财政补助194.24万元，乡镇财政补助107.51万元，社会资助10.782万元。

资助对象在义务教育阶段主要包括两类，第一类：所有初中、小学的低保家庭子女、福利机构监护的中小学生、革命烈士子女、五保供养的中小学生；第二类：乡镇初中、小学除夫妻双方或一方为机关事业单位正式职工及富裕家庭子女以外的所有寄宿学生。职业高中资助对象包括在中等职业学校就读的低保家庭子女、福利机构监护的未成年人、烈士子女、苦命烈士子女、五保供养的学生和农民人均收入1500元以下、城镇居民人均可支配收入3000元以下的低收入家庭子女。

义务教育阶段资助标准，第一类学生补助每生每周 5 元，一周 3 餐，每年 200 元；第二类学生补助每生每周 3 元，一周 2 餐，每年 120 元。职业高中资助标准，每学年按 10 个月计，每人每年补助 400 元。由学校对上述学生按规定提供荤素搭配、营养合理的营养餐。

资助经费由省、县、乡镇财政划拨和社会各界捐资四部分组成。除省财政补助、社会捐资外，县、乡镇财政各负担一半。实施该工程所需的临时性食堂职工，由学校负责聘请，报县教育局审定，经费由学校承担。

2012 年 8 月，县教育局、财政局联合制订磐安县农村义务教育学生营养改善计划实施方案，给予义务教育阶段经济困难学生每人每餐 3.75 元、全年每生 750 元的营养餐补助。经费由省财政补助和县财政配套组成，同时鼓励社会力量和个人自愿资助。

（三）职高学生资助

2013 年月，根据浙江省财政厅、发展和改革委员会、教育厅、人力资源和社会保障厅联合下发的关于进一步完善中等职业教育学生资助政策的通知，对家庭年人均收入在 4600 元以下的困难学生给予每生每年 1500 元的资助。2015 年春季开始，每生每年资助金额 2000 元，经费由省和市、县财政共同负担。

（四）普高学生资助

2011 年 9 月，根据磐安县教育局、财政局联合下发的关于普通高中国家助学金管理暂行办法的通知制定暂行细则，规定资助面占在校高中学生总数的 16%，每生每年资助金额 1500 元。2015 年春季开始，每生每年资助金额 2000 元，经费由县财政统筹解决。

（五）生源地大学生困难助学贷款

2006 年 5 月，依据县府办《关于生源地财政贴息助学贷款协调小组成员会议纪要》的抄告文件，凭高校录取通知书，为总数 30%的家境困难大学新生发放助学贷款。贷款额度每学年 5000－10000 元，县财政给予 100%贴息。

（六）幼儿园困难学生补助

2011 年 12 月，根据磐安县教育局、财政局联合下发的关于学前教育资助管理的暂行方法制定暂行细则，规定在各级各类幼儿园就读的经济困难儿童，每生每年可以获得由县财政统筹解决的 700 元资助。

2014 年 9 月，根据磐安县教育局、财政局联合下发的学前教育资助管理暂行办法制订资助细则，规定在各级各类幼儿园就读的经济困难儿童每生每年可以获得由县财政统筹解决的 1600 元资助。

（七）社会各界助学

从 2008 年开始，磐安教育局所属学校得到了浙江省爱心事业基金会、浙江省绿色共享基金会、北京市磐安商会等组织和个人的热心捐助，截止 2015 年，共获得社会各界助学款 220 万 8300 元。

表 5－128　　2005～2015 年磐安县义务教育资助情况汇总表

学　期	农村义务教育营养改善计划情况				教育券（2008 后仅五类生免住宿费）		
	资助标准（元）	资助人数	总　额（万元）	政策依据	资助人数	资助金额（万元）	政策依据
2005 年秋	—	7840	58.802	—	—	88.86	—
2006 年春	—	7859	48.20	—	3073	89.95	—
2006 年秋	—	8122	50.15	—	2839	59.24	—

续表 5—128

学期	农村义务教育营养改善计划情况				教育券(2008后仅五类生免住宿费)		
	资助标准(元)	资助人数	总额(万元)	政策依据	资助人数	资助金额(万元)	政策依据
2007年春	—	8292	50.81	—	5242	100.14	—
2007年秋	—	4987	30.57	—	5449	106.6	—
2008年春	一类100 二类60	8594	52.67	磐政〔2005〕85号《关于中小学“爱心营养餐工程”的试行意见》	245	2.45	浙政办发〔2005〕39号《浙江省政府转发省教育厅省财政厅关于全省农村中小学“四项目工程”实施办法的通知》、磐政〔2006〕76号《关于印发〈磐安县少数民族权益保障实施意见〉的通知》
2008年秋	一类100 二类60	7998	49.05		245	2.4	
2009年春	126	8666	109.34	浙教计〔2009〕31号《关于提高农村中小学爱心营养餐标准的通知》	263	2.57	
2009年秋	126	8424	106.28		312	2.96	
2010年春	126	8546	107.82		103	1.13	
2010年秋	126	8394	105.84		90	1.01	
2011年春	126	8558	107.88		81	0.92	
2011年秋	126	8337	105.64		85	0.96	
2012年春	375	8693	326.02	浙政办发〔2012〕30号《关于实施农村义务教育营养改善计划的意见》	85	0.96	
2012年秋	375	9462	354.86	磐教计〔2012〕28号《磐安县农村义务教育学生改善计划实施方案》	65	0.75	
2013年秋	375	9455	354.6		63	0.72	
2013年秋	375	9346	350.51		40	0.48	
2014年春	375	9377	351.66		40	0.48	
2014年秋	375	9154	343.31		32	0.78	
2015年春	500	9167	458.35	浙财教〔2015〕9号《关于下达2015年义务教育阶段扶困助学补助经费的通知》——提高标准	32	0.78	
2015年秋	500	9100	455		35	0.83	
合计	—	141271	3738.83	—	1816	20.18	—

说明:合计数不包括2005～2007年数据

表 5—129　　2008～2015年中等职业技术学校学生资助情况表

金额:万元/学期

学期	国家助学金		免费补助		营养餐		高三生活补助		政府奖学金		合计奖补金额	政策依据
	人数(人)	金额	人数(人)	金额	人数(人)	金额	人数(人)	金额	人数(人)	金额		
2008年春	1266	94.96	268	21.77	268	5.36	—	—	—	—	122.09	—
2008年秋	1085	81.38	236	20	236	4.72	—	—	104	10.4	116.5	—

续表 5－129

学　期	国家助学金		免费补助		营养餐		高三生活补助		政府奖学金		合计奖补金额	政策依据
	人数（人）	金额	人数（人）	金额	人数（人）	金额	人数（人）	金额	人数（人）	金额		
2009 年春	991	74.33	232	19.49	232	4.64	—	—	—	—	98.46	—
2009 年秋	623	46.73	899	75.43	899	17.98	—	—	90	9	149.14	浙教计〔2009〕90 号浙江省教育厅浙江省财政厅《关于进一步做好 2009 学年中等职业学校低收入家庭学生免除学费工作的通知》
2010 年春	612	45.91	894	74.58	894	17.88	—	—	—	—	138.37	
2010 年秋	1311	98.33	952	85.9	—	—	263	5.26	96	9.6	199.09	浙财教〔2010〕292 号《关于完善中职学生资助政策的通知》
2011 年春	1275	95.63	934	84.1	—	—	261	5.22	—	—	184.95	
2011 年秋	1470	110.25	1043	95.43	—	—	289	5.78	103	10.3	221.76	
2012 年春	1437	107.77	1026	94.05	—	—	283	5.66	—	—	207.48	
2012 年秋	1097	82.28	2037	160.47	—	—	278	5.56	102	10.2	258.51	浙财教〔2013〕1 号《关于进一步完善中等职业教育学生资助政策的通知》
2013 年春	1085	81.38	2018	186.97	—	—	264	5.28	—	—	273.63	
2013 年秋	576	43.21	1867	181.1	—	—	—	—	—	—	224.31	
2014 年春	571	42.83	1853	179.75	—	—	—	—	—	—	222.58	
2014 年秋	494	37.05	1604	155.59	—	—	—	—	—	—	192.64	
2015 年春	482	48.2	1576	152.88	—	—	—	—	—	—	201.08	
2015 年秋	489	48.9	1474	142.98	—	—	—	—	—	—	191.88	
合　　计	14864	1139.14	18913	1730.49	2529	50.58	1638	32.76	495	49.5	3002.47	—

表 5－130　　2008～2015 年磐安县普通高中学生资助情况汇总表

学　期	普通高中国家助学金资助				普高教育券补助			
	标　准（元）	人　数（人）	总　额（万元）	政策依据	标　准	人　数（人）	总　额（万元）	政策依据
2008 年春	—	—	—	—	按实际收费免除	89	9.76	浙政办发〔2005〕39 号《浙江省政府转发省教育厅省财政厅关于全省农村中小学“四项目工程”实施办法的通知》、磐政〔2006〕76 号《关于印发〈磐安县少数民族权益保障实施意见〉的通知》
2008 年秋	—	—	—	—		73	7.79	
2009 年春	—	—	—	—	—	74	6.89	
2009 年秋	—	—	—	—		67	7.2	
2010 年春	—	—	—	—		60	6.27	
2010 年秋	—	—	—	—		64	7.15	
2011 年春	—	—	—	—		65	7.09	

续表 5－130

学 期	普通高中国家助学金资助				普高教育券补助			
	标 准（元）	人 数（人）	总 额（万元）	政策依据	标 准	人 数（人）	总 额（万元）	政策依据
2011 年秋	750	518	38.85	磐教计〔2011〕28 号《关于印发磐安县普通高中国家助学金管理暂行办法的通知》	—	65	6.74	浙政办发〔2005〕39 号《浙江省政府转发省教育厅省财政厅关于全省农村中小学“四项目工程”实施办法的通知》、磐政〔2006〕76 号《关于印发〈磐安县少数民族权益保障实施意见〉的通知》
2012 年春	750	518	38.85			66	6.83	
2012 年秋	750	579	43.43			57	5.48	
2013 年春	750	578	43.35			62	6.01	
2013 年秋	750	534	40.06			48	4.75	
2014 年春	750	534	40.06			48	4.75	
2014 年秋	750	485	36.39			43	4.87	
2015 年春	1000	486	48.6	浙财教〔2015〕90 号《关于追加 2015 年普通高中扶困助学补助经费的通知》		44	4.72	
2015 年秋	1000	475	47.5			44	4.77	
合 计	—	4707	377.09	—	—	969	101.07	—

表 5－131　　2008～2015 年磐安县大学生财政贴息助学贷款汇总表

金额：万元

年 度	生源地助学贷款风险补偿				生源地助学贷款贴息			政 策 依 据
	贷款时间	贷款人数（人）	贷 款 金 额	风险补偿金额	贷款人数（人）	贷 款 金 额	贴 息 金 额	
2008 年	2007.09.01—2009.08.31	494	754.03	13.08	248	280.53	9.11	浙教计〔2005〕159 号《关于进一步推进浙江省国家助学贷款业务的通知》、杭银发〔2006〕263 号《关于进一步加强生源地助学贷款工作的通知》、磐政办抄告单《关于生源地助学贷款协调小组成员会议纪要的抄告》
2009 年					228	280.4	7.49	
2010 年	2009.09.01—2011.08.31	307	359.26	8.8	227	322.94	8.14	
2011 年					192	—	8.3	
2012 年	2011.09.01—2013.08.31	233	319.01	7.8	176	—	9.4	
2013 年					154	313.87	9.93	
2014 年	2013.09.01—2015.08.31	167	272.38	6.67	137	—	8.91	
2015 年					156	343.78	10.25	
合计	—	1201	1704.68	36.35	1518	1541.52	71.53	—

表 5－132　　2011～2015 年磐安县学前教育贫困家庭幼儿资助汇总表

学 年	标 准（元）	资助人数（人）	总 额（万元）	涉及幼儿园数（个）	政 策 依 据
2011	700	53	3.71	25	磐教计〔2011〕50 号《关于印发磐安县学前教育资助管理暂行办法的通知》
2012	700	56	3.92	23	
2013	700	63	4.41	26	

续表 5—132

<table>
<tr><th>学　年</th><th>标　　准
（元）</th><th>资助人数
（人）</th><th>总　额
（万元）</th><th>涉及幼儿园数
（个）</th><th>政　策　依　据</th></tr>
<tr><td>2014</td><td>1600</td><td>53</td><td>8.48</td><td>20</td><td rowspan="2">磐教计〔2014〕27 号《关于印发磐安县学前教育资助管理暂行办法的通知》</td></tr>
<tr><td>2015 秋</td><td>800 元/生·学期</td><td>43</td><td>3.44</td><td>19</td></tr>
<tr><td>合　计</td><td>—</td><td>268</td><td>19.72</td><td>113</td><td>—</td></tr>
</table>

表 5—133　　2008～2015 年磐安县获得社会助学汇总表

单位：元

<table>
<tr><th>序　号</th><th>时　间</th><th>省爱心事业基金会彩虹计划</th><th>省绿色共享基金会圆梦助学</th><th>省滴水慈善基金会“手拉手”</th><th>北京市磐安商会</th><th>传化集团九三学社萧山基层委阳光助学</th><th>嘉兴、宁波磐安商会会长捐资</th><th>其他社会爱心人士</th><th>合　计</th></tr>
<tr><td>1</td><td>2008 春</td><td>52600</td><td>—</td><td>—</td><td>—</td><td>—</td><td>—</td><td>—</td><td>52600</td></tr>
<tr><td>2</td><td>2008 秋</td><td>50600</td><td>—</td><td>—</td><td>—</td><td>—</td><td>—</td><td>—</td><td>50600</td></tr>
<tr><td>3</td><td>2009 春</td><td>48000</td><td>—</td><td>—</td><td>—</td><td>—</td><td>—</td><td>—</td><td>48000</td></tr>
<tr><td>4</td><td>2009 秋</td><td>40700</td><td>—</td><td>—</td><td>—</td><td>—</td><td>—</td><td>—</td><td>40700</td></tr>
<tr><td>5</td><td>2010 春</td><td>96200</td><td>30000</td><td>—</td><td>—</td><td>—</td><td>—</td><td>—</td><td>126200</td></tr>
<tr><td>6</td><td>2010 秋</td><td>83200</td><td>—</td><td>—</td><td>—</td><td>—</td><td>—</td><td>—</td><td>83200</td></tr>
<tr><td>7</td><td>2011 春</td><td>105100</td><td rowspan="2">100000</td><td>—</td><td>—</td><td>—</td><td>—</td><td rowspan="2">6800</td><td rowspan="2">310400</td></tr>
<tr><td>8</td><td>2011 秋</td><td>98500</td><td>—</td><td>—</td><td>—</td><td>—</td></tr>
<tr><td>9</td><td>2012 春</td><td>147400</td><td rowspan="2">60000</td><td>—</td><td>—</td><td>—</td><td>—</td><td rowspan="2">14300</td><td rowspan="2">323700</td></tr>
<tr><td>10</td><td>2012 秋</td><td>102000</td><td>—</td><td>—</td><td>—</td><td>—</td></tr>
<tr><td>11</td><td>2013 春</td><td>136200</td><td rowspan="2">70000</td><td>9000</td><td>—</td><td rowspan="2">7200</td><td>—</td><td rowspan="2">17000</td><td rowspan="2">384700</td></tr>
<tr><td>12</td><td>2013 秋</td><td>120800</td><td>9000</td><td>—</td><td>15500</td></tr>
<tr><td>13</td><td>2014 春</td><td>134600</td><td rowspan="2">80000</td><td>9000</td><td>—</td><td rowspan="2">7200</td><td>15500</td><td rowspan="2">24600</td><td rowspan="2">420900</td></tr>
<tr><td>14</td><td>2014 秋</td><td>109500</td><td>10000</td><td>15000</td><td>15500</td></tr>
<tr><td>15</td><td>2015 春</td><td>135800</td><td rowspan="2">42000</td><td>10000</td><td>15000</td><td rowspan="2">7200</td><td>15500</td><td rowspan="2">11500</td><td rowspan="2">367300</td></tr>
<tr><td>16</td><td>2015 秋</td><td>102300</td><td>5000</td><td>15000</td><td>8000</td></tr>
<tr><td>17</td><td>总计</td><td>1563500</td><td>382000</td><td>52000</td><td>45000</td><td>21600</td><td>70000</td><td>74200</td><td>2208300</td></tr>
</table>

第六篇

磐安教育人物

从唐会昌元年(公元 841 年)到清末的一千多年中,磐安境内有武状元 1 人、武进士 6 人、文进士 70 人。南宋地理总志《舆地纪胜》作者王象之、清乾隆年间江南七才子之首叶蓁、辛亥革命先驱者张浩等,他们都在磐安这块土地上土生土长、汲取营养,其突出事迹与对中华民族的贡献则如日月光华,千秋万载。

中华人民共和国成立以来,磐安学子传承耕读之风,孜孜以求、严谨治学,纷纷长成国家栋梁。据不完全统计,磐安籍教授、博士有 150 多人,他们或在异国他乡潜心求学,或在国内科研机构钻研学问,或在实业领域施展才华。他们,及他们先辈的事迹,终将引领磐安后继学子们的前行方向。

第一章　人物传略

陈大猷

陈大猷(1198—1250),男,字忠泰,号东斋,尚湖山宅村人,宋绍定二年(公元 1229 年)登进士。初任缙云县令,继任两浙都转运使,迁六部架阁,以兵部侍郎致仕。

曾用朱子释经法、吕子读诗记例,采辑他人意见,阐述自己的理学观点,著述《尚书集传》。又仿效朱子注四书范例作《或问》,用以表达集众人之所长。《尚书集传》已遗失,《或问》仍存。

大猷为官清廉,重视教化,尤其注意兴学置教工作。任缙云县令期间(1237－1240),拿出月薪购买百姓土地,在缙云县雁门乡左库村下鞠溪与好溪汇合处,创建"美化书院"。又于淳祐年间改尚湖山宅"肃公书院"为"山宅书院",招当地子弟入学。

陈时芳

陈时芳(1567—1642),男,字仲新,号春洲,安文人。明崇祯七年(公元 1634 年)补廪贡生。当时,朱熹、陆九渊学派流行于东南各省,朱熹主张"物必有理,理穷可以入道",陆九渊主张"天与我者,万物皆备,何假外求"。一时学者互相攻击。而陈时芳则主张"中道而立,不泥门户"。他说"时异世变,古不可泥","得人自理,法不必同","辞必趋新,不可蹈袭"。反对淹入故纸发古人之忧。其见解豁达明通,非迂腐执著者可比。

陈时芳"每岁于法界、官桥、五峰、柘林之会,俱不辞命驾"。在乡设丽泽会,在家设月会。学者不怕山高路远,从者甚众。他因材施教,故东南之学,颇为兴盛。

有《丽泽会规》《崇传广录》《邹鲁遗芳》《五朝实录》《学余偶笔》《学余所笔》《自考录》《五峰书院志序》等著作。

清同治十三年(公元 1874 年),列"乡贤祠"供后来人祭祀,又列于永康五峰书院学易斋,居朱熹、陈亮、吕祖谦、王阳明之侧。

陈其蒽

陈其蒽(1592—1665),男,字生南,号蘋斋,明末安文人。少时落魄不羁,40 岁开始拜陈时芳为师。陈时芳去世,陈其蒽承其业,讲学于永康五峰书院、东阳文山等地,并随地开设斋会接引后学。讲学辩证至理,整日不倦。听者困乏时,则以歌咏叹,抑扬顿挫,让听者精神陡振,激动不已。学术思想以朱熹理学为核心,又有个人创新。学生中佼佼者数十人,如东阳赵忠济、慈溪韩霖、永康王同离等。

明朝灭亡,其蒽退而归田,自食其力。丧乱中虽携妻带子终日奔波,仍肩负图书一刻不离。著有《蒙训》《家训》《小学会纂》《律台新书解注》《蘋斋诗文稿》等。

沈怀珠

沈怀珠(1823—1895),男,字孟浦,号书船,冷水箬坑人,道光二十五年(公元 1845 年)副贡,缙云县著名教育人士沈之莲(1802—1865)之子。

受父亲"老当益壮穷且益坚""奖掖先进同情弱小"的影响,沈怀珠一生致力教育事业。曾任五云书院山长多年，才气高迈，学问广博。参加省试，因主考徇私舞弊，而屈居副榜。教学认真负责，循循善诱。一生穷困潦倒，晚年欲游永康而不得，幸学生奉送川资。为永康某药店和棺材店书题“既又堂”，店主赠银两百，坚辞勿受，传为佳话。

孔庆汤

孔庆汤(1824—1902)，男，字正域，号日跻，大盘学田人，兄弟四人，排行第四。朴素敦厚，坚忍强毅，为当地奉祀生，大盘地区“五叟”之一。

少时，家道贫寒，弃读躬耕，农闲之时，兼做生意。由于不怕劳苦，经营有方，勤俭持家，时有积蓄。凡有建亭、桥、道路之义举，无不慷慨乐助，捐献良田8亩及平时积蓄。在大盘学田首创义塾。东阳湖溪张振珂创立“忠清书院”，他“资以缗，并助腴田以佐”，帮助他成全其事。他以诗书为礼义，以培养人才为己任。六十岁以后，双目失明。

为褒奖其功绩，浙江省省长齐跃珊，曾给赏银色三等奖。逝世后，民国4年(公元1915年)东阳县知事张寅为他特授四等文虎章和“功资教育”匾额一块。

周春芳

周春芳(1864—1943)，男，又名际酉，号仁甫，万苍斐湖村人。光绪十年(公元1884年)入庠，先后任教30余年。

民国元年(公元1912年)在万苍崇教寺创办玉山高等小学，任校长，兼教国文。民国2年，被选为东阳县议会第一届议员。是年冬，被推选为浙江省议会会员。时，玉山官吏变换名目，滥设税费附加，民不堪重负。周春芳挺身而出，赴县衙诉之于官，迫于民愤，县衙发文革除税弊。

卢世珍

卢世珍(1871—1958)，男，字显廷，别名义禄，冷水潘潭人。23岁中秀才，后补廪贡生。在缙云县五云小学执教多年。辛亥革命时与吕逢樵、赵舒等参加推翻帝制运动。辛亥革命胜利，任丽水县教育科长，兼任浙江省立处州中学校长。后任缙云县劝学所所长，缙云县教育局局长等职。

为人端方，治学谨严，国学根底深厚，教学中善于发现学生优点，因材施教。缙云壶镇赵舒，缙云城内樊嵩甫，均是他的门生。晚年因身体欠佳辞职回家。1958年病逝。

韦佩兰

韦佩兰(1875—1952)，男，又名子芳、小贵，尚湖上溪滩人。清光绪二十九年(公元1903年)入庠，家贫苦学。民国9年(公元1920年)，于上溪滩祠堂创办东阳县第四学区公立珪峰高等小学，任校长。同年，经万苍、四顾、九和、山环等乡代表协议成立建校董事会，任校董。筹措募款5年，在尚湖镇青龙头集福庵旧址先后建校舍30余间。民国12年(公元1923年)秋，将珪峰高等小学改名为玉山区立志成小学，韦佩兰为该校制定“勤、勇、诚”的校训，并撰写“志成校歌”。

先后当选为玉山区教育监察员，玉山区款产管理常务委员、《民国东阳县志》重修采访员和村主任等职。民国31年(公元1942年)，日军入侵玉山，村舍尽为废墟，人被擒后机智逃回。文稿被毁，所作诗文仅有《时事私议》《履险记》等留存于世。

卢体复

卢体复(1877—1974)，男，字敦之(也作“登之”“丁之”)，冷水潘潭人。六岁入蒙学。少长，从祖父梅夫习经文。20岁中秀才。此后殷勤农桑，孝事父母。1936年59岁，受祖父门生、时任国民党46军军长樊嵩甫之邀，赴贵州掌管军部文书。一年后返乡。

回乡翌年即筹划潘潭村“育才学校”建造。民国二十八年(公元1939年)，购得村中常屋周边空基数间，拆去旧房，耗时一年，建七间二层楼房一栋为校舍。其间，房屋设计、筹措款项以及鸠工聚材，施工建造等，亲自到场。学校建成后，任校董。

家中藏书与个人作品在时代烈火中毁坏罄尽，仅存的24首诗歌及纪传序跋文散见于《白竹卢氏宗谱》。诗歌以从军感怀为主，也有田家生活的吟咏，同时附有辛亥革命先遣者赵舒、樊嵩甫等名人的赠诗与唱和。

厉芝卿

厉芝卿(1879—1941)，男，又名济时、海尧，号春雷，尖山东里村人。自幼家贫，其父贩盐以供入学。20岁任岭口下若坑村塾师，23岁中秀才。清宣统元年(公元1909年)创办东里小学堂。宣统二年(公元1910年)，与张浩等人成立学校董事会，将东里小学堂改办成东阳县第四高等小学，并在通往学校的路上集资建造三座石板桥，铺设东里到尖山五里长的石子路。民国19年(公元1930年)11月，借用孔村佛堂创办东阳县第三育婴堂，收留数十名无人抚养的孤儿。

张　浩

张浩(1881—1937)，乳名荣泰，字雨樵，号兆椿，尖山楼下宅人。辛亥志士，与吴映白、邵飘萍、郑文礼、金品黄、陈备三、陈天儒、李昂青合称辛亥革命时期东阳“吴宁八骏”。

张浩出身贫寒，少时发愤读书，府考落选后为塾师数年，赴杭州考入浙江巡警学校。毕业后，派充省城警署巡官。旋选送日本警监学校，结识孙中山。光绪三十四年(1908)，加入同盟会。

宣统三年(1911)，奉孙中山指示，携带大量革命书报回浙江，任金华府巡警教练所所长。继入浙江警务研究所学习。毕业后任余杭瓶窑镇巡官。不久，至云南任警通署科员，曾至滇南农村策划反清暴动，险遭非命。同年10月，辛亥武昌起义后，参与光复杭州之役。

民国元年(公元1912年)3月回乡，与厉植三在东阳黉宫组织东阳同盟会，随后回乡召集玉山乡绅成立校董事会，以灵溪庵及下觉庵的旧寺院田产、房屋为办学基金，将东里小学堂改办成东阳县第四高等小学(今玉山中学前身)，购买图书千余册赠送学校。是年8月，任浙江省警察厅厅长，被推举为国会众议院议员。

1913年7月，“二次革命”时，与马文车、庄心同等在上海进行反对袁世凯的活动，因制造炸弹不慎起爆，被上海警备机关作为“逆党”通缉，潜回浙江。

1915年，任浙江巡按署咨议官。秘密赴粤港接受孙中山指示，回浙江与吕公望组织浙军反袁，任护国军参议会议长兼浙江都督高等顾问。

1917年，众议院于北京召集会议，仍任国会众议院议员。

1923年，曹锟以每票5000元贿选总统，断然拒受，挈家离开北京迁居天津。不久，就任北京航空署署长。

张浩与冯玉祥过从密切，因拒不执行蒋介石出动飞机轰炸冯玉祥部命令，弃官南归，隐居杭州吴山脚，以书画自娱。张静江、于右任、戴传贤等多次劝其出山，均婉言拒绝。

1937年逝世，终年56岁。

陈章春

陈章春(1882—1956)，男，又名六奇，安文寺口村人，毕业于东阳师范讲习所，承祖、父旧业，执教行医。自20岁开始到中华人民共和国成立之先，在寺口村校以及县立第九小学任教47载，知人善教，孜孜不倦。课余为邻里村人义务治病，排忧解难。一生生活简朴。中华人民共和国成立后，被选为磐安县第一、四两届人民代表大会代表。

卢焕章

卢焕章(1894—1965),男,名彰,字文昭,冷水潘潭人。毕业于浙江处州中学师范科,先后任缙云县崇正小学(现壶镇中学前身)、缙云县五云镇小学、缙云县仙都中学教员,后任缙云县督学。民国20年(公元1931年)为培训小学教师,创办缙云县师范讲习所。抗日战争胜利后,担任缙云县简易师范学校校长,一生从事教育工作。

陈士骏

陈士骏(1896—1984),男,又名星庆,安文镇人。浙江省立第七中学毕业后,先后在香鸾、时宜等学校任教。民国16年(公元1927年)执教于东阳县立第九小学(后易名"安文小学"),兼管事务工作。八年后,任校长。民国31年(公元1942年),日寇入侵,天灾人祸频仍,学校资金周转困难,危机重重。陈士骏不畏艰难,办学如恒。民国37年(公元1948年),辞去校长职务。

周　尚

周尚(1898—1976),男,小名福水,字伯勋,玉山马塘人,博士、教授。

以优异成绩考入东阳中学,民国8年(公元1919年),因参加"五四"运动被校方开除,后转学到杭州美国教会创办的惠兰中学就读。民国9年冬,考取官费留学到法国学习水利,继而留学德国哈诺佛工科大学工程科。民国18年(公元1929年),获硕士学位。民国34年(公元1945年)5月,获经济博士学位。归国后,任浙江省水利局局长。在任期间,与德籍的总工程师白郎都一起制定钱塘江总体治理规划,对钱塘江治理作出卓越贡献。后相继调任上海同济大学任秘书长兼教务长、福建南平工务局局长、中央大学教授、北洋工学院院长、英士大学工学院院长、农林部顾问等。

中华人民共和国成立后,担任江苏省水利局总工程师,长江流域水利规划委员会副总工程师,参加根治黄河工作。1955年,担任武汉长江大桥总工程师。1968年在杭养病期间,仍关心南京长江大桥的建设。1976年5月19日病逝于杭州。

陈修斋

陈修斋(1921—1994),男,尚湖村人。武汉大学教授,博士生导师。1945年毕业于重庆中央政治学校大学部外语系,获法学学士学位。曾任中国哲学会西洋哲学名著编译委员会编译员。1949年起任教武汉大学哲学系、北京大学哲学系。历任武汉大学外国哲学研究室主任、校学术委员会委员、校务委员会委员,兼任湖北省哲学史学会副会长、湖北省社会科学联合会委员、中华全国外国哲学史学会常务理事、全国宗教协会理事、西方哲学著作编译会理事等职。

从事西方哲学史的科研与教学工作,主攻方向为西欧近代唯理论与经验论哲学,特别是对莱布尼茨哲学用力最多,被称为"莱布尼茨哲学专家"。与人合著的《欧洲哲学史稿》1988年获国家教委优秀文科教材一等奖,主编《欧洲哲学史上的经验主义和理性主义》曾获湖北省社会科学优秀成果奖。所译莱布尼茨《人类理智新论》曾在国际莱布尼茨学会大会上展出并获好评。独立著译及与人合译《希腊思想和科学精神的起源》《莱布尼茨与克拉克论战书信集》等作品10余种,发表学术论文40余篇。专业研究方向为西方哲学史。著有《哲学史简编》(合著),翻译著作有《人类理智新论》。一生从事哲学史研究。1994年逝世于武汉。

黄　道

黄道(1924—1999),男,字一山,又名慎信,深泽道士岙人,上海市政法管理干部学院研究员。1946年就读于厦门大学法律系,曾为厦门市军事管制委员会政法部司法组成员,参加接管旧法院、组建厦门市人民法院等工作。历任厦门市人民法院刑事审判庭庭长,华东政法学院刑法教研室、审判法教研室副主任，上海司法研究所名誉所长，中国法学会理事、诉讼法学研究会副总干事，上海市法学会理事，上海市律师协会顾问，上海社会科学院法学研究所副所长等职。

多年来致力于法学的教学和研究，代表性论著有《诉讼法通论》(主编)。《诉讼法》(主编)于1986年获上海市哲学社会科学优秀著作奖，《刑事诉讼知识》(合作)获上海市社会科学院1985年优秀成果奖。代表性学术论文有《怎样判断刑事诉讼中的证据》《略论刑事诉讼中的无罪推定原则》《要严格按照刑事诉讼法办事》《刑事诉讼中间接证据的作用和特性》《也谈我国证据制度的名称及其特征》《论刑证据理论中的证明目的》(合作)等。其中《刑事诉讼中间接证据的作用和特性》1986年获上海市哲学社会科学联合会优秀学术成果奖。

曹良鸿

曹良鸿(1925—1997)，男，冷水白岩人，中学高级教师。1947年毕业于锦堂师范，历任小学校长、中学教导主任。1980年从杭州吴山中学调入杭州工读学校担任教务工作。1992年参与省人才开发协会主办的杭州现代职业高级中学的筹建，并担任该校第一任常务副校长。

从教48年，先后11次被评为先进工作者，其中4次为杭州市先进工作者。是浙江省第六、七届人大代表。1985浙江年省教委授予他“为人师表优秀教师”的称号。

周　航

周航(1930—2000)，又名周清泉，男，出生于新渥镇大山下村，中国人民解放军国防大学教授。毕业于浙江省立锦堂师范社教科，担任过余姚市小学教员。1949年参加中国人民解放军，1951年入朝抗击美国侵略者，1953年进南京军事学院学习，后留校任训练部助教。1968年调地质部三局任军代表，1971年调北京军事学院战略战役研究室任教员。1986年，军事学院更名中国人民解放军国防大学，周航任学报杂志社主编、大学出版社社长。1991年任国防大学军队建设研究所副所长，同时兼任中国人民解放军军事战役战略研究会副秘书长，《军事展望》总编委会副主任，是中国人民解放军军事学术研讨会的历届评委。1996年离休。

周航从事军事教学和科研工作近40年，撰写教材、专著和编著约210万字，发表学术论文逾30万字，调研课题、论证报告和决策咨询近50万字。此外，还发表大量军事回忆录、战例分析等文章。其中专著《军队建设》系国家社科“七五”规划军事重点课题，被全国新闻出版界评为国家级“光明杯”奖，由总参谋部颁发的全军通用教材《战役学总则》获一等奖，《通俗战役学》获二等奖。主持并参与编写的8套教材至今沿用。著作《论毛泽东的军事艺术》获全军军事著作评选二等奖。

曾荣立三等功四次，荣获朝鲜民主主义共和国主席授予军功章一枚，

金品高

金品高(1931—1990)，男，东阳圳干人。1948年入金华师范学校学习期间得画家陈松平悉心指导。毕业后，在磐安中学任美术教师。1982年，为中国美术家协会浙江分会会员。1984年开始，任金华地区美术协会理事。是磐安县第一、二届政治协商会议常务委员，1987年被聘为中学高级教师，1988年被推选为浙江省第七届人民代表大会代表。

擅长于中国山水画，其作品在省、市级报刊上发表30多幅。在省、市、县展出200余幅，金华群艺馆为他举办个人画展。较有影响力的作品有《深山电站》《东江春色》《春江水暖》等，《春江水暖》在全国性书画刊物《杂云》(1988年第1期)上刊出。去世后，上海书画出版社的著名画家卢辐圣于1992年选取他的20幅作品，结集出版。

金品高奖励基金会成立于1992年。截至2007年，磐安美术界有7名青年获奖。

马深培

马深培(1934—2010),中共党员,教师,万苍莲塘人。1957年7月毕业于金华师范,先后任新渥、尚湖、尖山、岭口、西营等乡镇中小学校长、书记,参与县文史、县教育志的编写。20世纪50年代开始,发表文章200多篇、诗作1500多首、楹联300多副。1994年10月创办"磐安诗联学会"与《文溪诗讯》,任会长与主编,编印《文溪诗讯》12期。专著有《荷塘吟钞》《谷将山诗联选》《磐安古今诗联选集》《荷香斋吟钞》《荷香斋联钞》《荷香斋文钞》《诗词联文拾遗》《诗词楹联文论拾遗》等百万多字,其中《荷香斋吟钞》一书,在民间组织中华诗词文化研究所首届中华诗词著作奖评选活动中,受到高度评价。被编入《中华诗词著作家金榜集》,授予"金声奖"。

郭威龙

郭威龙(1957—1985),男,尚湖板榧人。1973年高中毕业后任民办教师,1974年服兵役,1978年复员后继续任民办教师,1983年调往黄林坑村任教。

1985年5月9日下午,龙卷风袭击黄林坑村,设在祠堂中的学校前厅东侧有裂缝墙体开始晃动。为保护学生,郭威龙两次冲进祠堂率学生撤离,第三次返身救援时,祠堂倒塌,一根6米长的方梁砸在他身上,郭威龙遇难。是年8月7日,浙江省人民政府授予他革命烈士称号,浙江省委追认他为中国共产党党员。

第二章　磐安籍教授、博士名录

磐安籍教授博士，遍布全国各地，初步统计有150多人。

表6—1　　**磐安籍教授、博士简况一览表**

序号	姓名	出生年份	籍贯（出生地）	学位职称	授予时间地点	主要学术领域与成果	工作单位或住所
1	周望岳	1929年	玉山浮牌	教授	浙江工业大学	从事石油炼制研究，省劳模	退休，住杭州
2	倪祥和	1932年	尚湖袁村	教授	安徽师范大学	著有《现代汉语修辞学》《汉语语法修辞词典》《大学修辞》	退休，住阜阳
3	陈樟福	1934年	安文后坞	教授	1991年杭州师范学院	主编《浙江动物志：蜘蛛类》《浙江水稻天敌图册》《动物学》	杭州师范学院
4	周家骕	1934年	玉山	教授级工程师	1978年公安部第一研究所	主持三个系列公安专用产品的开发，填补国内空白	1994年退休
5	张国祺	1935年	尖山里光洋	教授	四川大学哲学系主任	著有《〈反杜林论〉简介与注释》	四川大学
6	陈公高	1935年	万苍	教授	浙江医科大学外科教授、主任医师	—	浙江省卫生厅
7	陈言中	1936年	安文	教授	上海交通大学	《水面舰艇船体规范》的研究课题获国家科技进步二等奖，发表论文10余篇	上海市
8	王素清	1937年	尖山	教授	四川大学	发表论文40多篇	四川大学
9	朱　玉	1938年	安文石头	教授	浙江师范大学	教育家，原浙江师范大学书记，后任树人大学校长，有专著《高级教育改革探索》	住杭州
10	陈银庆	1938年	安文	教授	上海大学	完成科研项目10多项，发表论文10多篇	退休，住上海市

续表 6－1

序号	姓名	出生年份	籍贯（出生地）	学位职称	授予时间地点	主要学术领域与成果	工作单位或住所
11	胡维勤	1939 年	尚湖董村	教授	毕业上海第二医科大学	中南海门诊部主任医师，曾任朱德、华国锋等中央领导人的专职保健医师，著有《将中医进行到底》《男人养精，女人养血》《胖补气，瘦补血》等书	北京市海淀区厂洼街乙 5 号昆玉休养所
12	张雪梅	1942 年	方前	教授	—	擅长中西结合治疗肾疑难病症、高血压病及妇科病的诊治	福建省立医院中医科主任
13	朱雄凯	1950 年	方前前王	教授	浙江医科大学	发表医药论文 30 多篇	浙江医科大学附属儿童医院
14	陈才宇	1952 年	大盘	教授	绍兴文理学院中文系	出版各类著作 30 余部，发表论文 30 余篇	绍兴市环城西路文理学院中文系
15	陈芳跃	1956 年	双溪	教授	1996 年浙江师范大学	发表论文 30 多篇	浙江师范大学数理学院
16	施时迪	1959 年	方前	副教授	1998 年 11 月杭州大学(浙大)	从事的科研方向昆虫系统分类学、土壤动物学、动物生态学与保护生物学等	台州学院生命学院院长
17	韦一良	1960 年	尚湖	教授	2000 年武汉工业学院	专著“油脂化工工艺学”获国内贸易部科技进步三等奖	武汉市汉口常青花园中焕西路特 1 号
18	周清跃	1960 年	双溪	研究员、博导	1998 年铁道科学研究院	发表论文 50 多篇，翻译及主编钢轨专著各一部，获国家科技进步二等奖 1 项	北京海淀大柳路 2 号铁科院研发中心
19	陈钢进	1961 年	安文	博士、教授	1999 年获同济大学博士	新型介电材料与传感器件、驻极体材料与器件、功能电介质与微机电系统。主持完成国家自然科学基金纳米专项、国家 863 项目子课题、浙江省重大科技专项各 1 项，主持完成浙江省自然科学基金 2 项、其它省级科研项目 3 项，主持在研国家自然科学基金 1 项和浙江省教育厅重点项目 1 项。	杭州电子科技大学

续表 6—1

序号	姓名	出生年份	籍　贯（出生地）	学位职称	授予时间地点	主要学术领域与成果	工作单位或住所
20	陈光火	1961 年	深泽	博士	1990 年获澳大利亚联邦科学工业博士	中国科技翻译协会理事，中国软件行业协会理事，天津市大通通译计算机软件研究所所长	天津市和唐山市通译软件公司董事长、总经理
21	周云峥	1962 年	玉山浮牌	博士	加拿大癌症防治中心博士	—	加利福尼亚州软件公司
22	曹文彪	1962 年	冷水白岩	教授级工程师	1990 年国家能源部	—	国家安全生产监督管理局机关服务中心
23	王　路	1962 年	尚湖董村	博士	清华大学毕业、德国汉威诺大学建筑系获博士学位	发表建筑论文 15 篇	现住德国，任中国留学生联合会副会长
24	周江羽	1962 年	玉山	博士、教授	1998 年 7 月中国地质大学（武汉）	发表学术论文 20 多篇，其中，SCI 论文（JPG，JGR，GSA）8 篇（第一作者 2 篇）、EI 论文 7 篇。主编专著 1 部，参与编写专著 2 部	中国地质大学（武汉）教授
25	徐登科	1962 年	高二	博士	2000 年 5 月美国范德比尔特大学获	博士论文等共 4 篇	美国俄亥俄州教育厅考试办公室
26	郑红斌	1963 年	新渥	博士、教授	2000 年上海中医大学	浙江省中医基础理论分会理事、浙江中医药大学《内经选读》精品课程负责人	浙江中医药大学
27	沈三兵	1963 年	方前芦田	博士	1993 年获荷兰皇家科学院博士	发表生物学学术论文 30 多篇	英国
28	郭宏亮	1963 年	高二	博士	1993 年美国依阿华大学医学院	9 项专利，发表论文 14 篇，“双沽污水库污水净化”获国家科学院科学技术二等奖。	杭州格瑞昂生物技术有限公司
29	孔凤鸣	1963 年	大盘	博士	1990 年上海医科大学获中国第一个放射肿瘤学博士	发表论文 40 余篇，负责撰写十多部西学专著的相关章节	美国密歇根大学放射肿瘤学院
30	潘宏铭	1963 年	胡宅	博士	1995 年浙江医科大学（浙大）	研究方向为恶性肿瘤的化疗和分子靶向药物治疗，恶性肿瘤射频消融治疗。发表论文 40 余篇，主编著作 3 部，曾获浙江医学科技进步二等奖	浙江省邵逸夫医院肿瘤科

续表 6－1

序号	姓名	出生年份	籍贯（出生地）	学位职称	授予时间地点	主要学术领域与成果	工作单位或住所
31	吴浪	1963年	高二	博士、教授	1997年在美国华盛顿大学获博士学位，1999年被加拿大大不列颠哥伦比亚大学聘为教授、博士生导师	在国际学术刊物上发表统计学论文多篇	加拿大大不列颠哥伦比亚大学
32	周律	1963年	玉山	博士	清华大学	完成多项国内国际合作的水污染控制科研项目	清华大学环境科学与工程系
33	周梁	1963年	玉山浮牌	教授	2002年	军事教学研究，全军科技进步三等奖	南昌陆军学院
34	杨亦文	1963年	新渥	博士、教授	2004年3月获浙江大学工学博士学位	天然产物的提取分离与结构修饰、制药工程	浙江大学
35	金利安	1963年	深泽	博士	1997年浙江大学	哲学研究	浙江大学传媒与国际文化学院副院长
36	袁位高	1964年	尚湖	研究员	2003年在浙江林业科学院晋升为研究员	获科技进步二等奖2次，省林业科技进步一等奖1次，专著3部论文多篇	浙江省林科院
37	陈亚萍	1964年	高二下陈	医药博士	1998年在中国预防医药科学院获博士学位	发表医药研究论文10多篇	美国
38	单志平	1964年	尚湖岭干	工学博士	1995年石油化工研究院获博士学位	从事化学工程研究	1996年去荷兰
39	徐青	1964年	安文	博士、教授	1998年解放军信息工程大学	出版专著、教材、译著共5本，发表论文58篇，先后获军队科技进步一等奖1项，二等奖3次，三等奖4项	解放军信息工程大学
40	陈兰云	1964年	安文	教授	—	发表近40篇论文，编著2部	金华职业技术学院院长
41	胡万钟	1964年	玉山	教授	2009年浙江中医药大学	哲学研究	浙江中医药大学人文学院
42	陈信忠	1964年	新渥	博士、研究员	厦门大学海洋与环境学院	2004年被国家质量监督检验检疫总局授予“优秀中青年专家”。2011年被中共厦门市委和厦门市人民政府授予“厦门经济特区建设30周年优秀建设者”荣誉称号	厦门出入境检验检疫局

续表 6—1

序号	姓名	出生年份	籍贯（出生地）	学位职称	授予时间地点	主要学术领域与成果	工作单位或住所
43	朱雄才	1964 年	方前	教授	—	主要从事数学、教育学等领域的教学、研究工作，现担任《教育科学研究方法》、《教育统计学》等课程的教学和高等职业教育、教育测量与评价的研究工作	金华职业技术学院农业与生物工程学院院长
44	陈光亭	1965 年	胡宅	博士、教授	1999 年浙江大学	数学、组合优化	台州学院副院长
45	王选锭	1965 年	尚湖	博士、博导	1999 年德国 kiel 大学博士	临床微生物耐药机制研究，呼吸道感染的病原学研究，肺泡蛋白沉积症的病因研究。发表论文 30 余篇，出版专著 2 部	浙江大学医学院附属第二医院
46	厉位阳	1965 年	尖山	副教授	1989 浙江大学硕士	经典力学、电磁学、热力学、波动光学、近代物理	浙江大学电子与无线电研究所副所长
47	陈丰秋	1965 年	新渥	博士、教授	1992 年浙江大学	从事多相流催化反应工程方面的理论和实验研究	浙江大学
48	应黎明	1965 年	新渥	教授、博士	2004 年武汉大学	发表论文 36 篇，三大检索收录论文 16 篇，参与多项 211 建设项目和教改项目	武汉大学
49	卢平和	1965 年	冷水潘潭	博士、工程师	1991 年复旦大学	在国内外十几种重点学术期刊发表文章近 30 篇，参加国际学术会议 10 余次，拥有美国专利局的发明专利 3 项	加拿大维多利亚
50	徐永良	1965 年	玉山	博士	上海财经大学	嘉兴学院教务处处长，发表论文 30 多篇	嘉兴学院
51	陈大明	1965 年	安文	教授、博导	2001 年浙江大学	获省部级科技一等奖 1 项，美国专利 1 项，发表论文 50 多篇	浙江大学园林研究所
52	王一兵	1965 年	玉山林宅	博士	1998 年美国哥伦布大学	在美国克里夫兰一家大公司任精算师	美国克里夫兰
53	孔令强	1965 年	方前	博士	2008 年厦门大学国际经济贸易	从事国际经济贸易的研究	贵州财经大学
54	施国赞	1965 年	方前桥头	博士	1990 年移民瑞典，1993 年开始创办企业。	瑞典中国发展委员会秘书长、烟台市领航国际帆艇公司董事长	瑞典和山东烟台

续表 6－1

序号	姓名	出生年份	籍贯（出生地）	学位职称	授予时间地点	主要学术领域与成果	工作单位或住所
55	陈良标	1966 年	安文	博士、教授	1996 年伊利诺伊大学厄巴纳—香槟分校	特聘教授、博士生导师，“水产种质资源发掘与利用”教育部重点实验室主任。主要研究方向是动物进化与环境基因组学，以及干细胞分化的机理	2013 年起加盟上海海洋大学
56	曹顺良	1966 年	仁川	博士	2001 年获复旦大学计算机软件与理论博士	有专著 1 部	上海立信会计金融学院
57	陈伟南	1966 年	新渥	博士	第二军医大学	骨关节损伤和骨关节病的治疗	无锡解放军 101 医院太湖骨科医院副院长
58	潘江波	1966 年	胡宅	博士	留英博士	—	常州河海大学商学院
59	潘光亮	1966 年	胡宅	博士	2003 年美国佐冶亚大学获制药博士	发表论文 18 篇	美国新泽西州强生公司
60	胡晓明	1967 年	胡宅	主任记者	新华社驻美国华盛顿记者	著有《我在“小鹰号”亲历战争》一书	新华社北京宣武门西大街 57 号
61	胡柏耿	1967 年	双峰	博士、总裁	1995 年清华大学热能工程	山东希森集团公司总裁、北京磐安商会副会长兼秘书长，发表学术论文 20 篇	山东希森集团公司
62	陈云龙	1967 年	安文	博士	2003 年浙江大学	生物活性成分研究	浙江大学生命科学学院
63	周鸣飞	1968 年	玉山浮牌	博士、教授、长江学者	1995 年获复旦大学理学博士，2000 年晋升教授博导	磐安博士联谊会会长，发表论文 120 余篇等	上海市分子催化和创新材料重点实验室，中国科学技术大学
64	孙中苗	1968 年	尖山	博士、研究员	2004 年解放军信息工程大学	大地测量与导航定位	西安测绘研究所
65	蔡新忠	1969 年	双溪梓誉	博士、教授、博导	2001 年浙江大学博士	研究方向：植物与病原物互作分子生物学、植物抗病信号传导和基因工程、病毒诱导的基因沉默机理和应用	浙江大学植保系
66	胡尧飞	1969 年	玉山	博士	—	—	美国威斯康星医学院神经科系

续表 6—1

序号	姓名	出生年份	籍　贯（出生地）	学位职称	授予时间地点	主要学术领域与成果	工作单位或住所
67	厉廷有	1969 年	新渥	博士、教授	2007 年 10 月被南京医科大学药学院聘为教授	在国内外知名杂志上发表论文 30 多篇，SCI 论文 28 篇，其中有两篇被 J. Med. Chem. 的审稿人评为优秀论文	南京医科大学药学院
68	陈孙孝	1970 年	深泽	博士	2001 年 3 月第二军医大学	—	上海长征医院
69	施雪爱	1970 年	方前	博士	2000 年 7 月巴黎大学文学博士	著有 40 万字长篇小说《我的父亲和母亲》，连同三本已出版日记，共计 80 万字	通用电器斯图加特
70	杨志林	1970 年	仁川	博士、教授	2001 年美国新墨西哥州立大学	研究方向为市场营销学学术研究与实际应用	香港城市大学商学院
71	胡来兴	1970 年	新渥	博士、研究员	2000 年中国医学科学院	从事抗肿瘤与抗感染药物方面的研究	中国医学科学院医药生物技术研究所
72	张　辉	1970 年	尖山	教授	北京航空航天大学	从事大数据与分布式系统研究	北京航空航天大学
73	郑向忠	1970 年	窈川	博士	1999 年复旦大学遗传所	从事昼夜节律生物钟的分子和神经学机研究	美国宾夕法尼亚大学助教授
74	马雪英	1970 年	大盘	硕士研究生导师	浙江财经大学东方学院	CCF（中国计算机学会）高级会员。2010 年被评为浙江省新世纪 151 第三层次人才，2016 年被浙江财经大学提名“教学突出贡献奖”候选人	浙江财经大学东方学院副院长
75	周露阳	1971 年	玉山	博士	2012 浙江工商大学	企业管理	绍兴文理学院
76	杨朝东	1972 年	九和	工程师	里贾纳	CMG—Calgary—模拟	CMG 卡尔加里
77	厉将斌	1973 年	尚湖	博士	2001 年北京中医药大学	泌尿男科	北京市中医药管理局
78	陈向阳	1974 年	新渥	博士	2000 年获博士学位	主要从事空间结构和大跨径桥梁的设计研究工作	浙江省交通规划设计研究院
79	傅平青	1974 年	九和	博士、研究员	2005 年中科院研究生院（国科大）	从事大气化学与生物地球化学研究	中国科学院大气物理研究所，北京
80	陈忠伟	1975 年	尚湖	博士、教授	2002 年，进入美国加州大学河滨分校攻读化学工程博士	致力于燃料电池、硅硫锂电池以及超级电容器低成本纳米材料开发与创新	加拿大滑铁卢大学

续表 6－1

序号	姓名	出生年份	籍贯(出生地)	学位职称	授予时间地点	主要学术领域与成果	工作单位或住所
81	陈　静	1975 年	盘峰	博士	2013 年中国科学院大学(国科大)	从事大气化学方面研究	中国科学院地理与资源科学研究所,北京
82	马国斌	1975 年	深泽	博士	2011 年北京师范大学	从事地图学与地理信息系统研究	浙江工商大学
83	周江洪	1976 年	玉山	博士、教授	2007 年日本国神户大学	浙江大学光华法学院副院长。入选国家首批高层次人才特殊支持计划("万人计划")青年拔尖人才、核心刊物发表论文 30 多篇。获得第三届全国法学教材与科研成果奖二等奖	浙江大学光华法学院
84	潘菊华	1976 年	胡宅	博士	2011 年中国中医科学院	从事中西医结合临床研究,发表学术论文多篇	中国中医科学院广安门医院
85	王永巧	1977 年	万苍	博士、教授	2005 年中科院研究生院(国科大)	主要研究领域为金融风险管理与数据挖掘	浙江工商大学金融学院
86	孔航辉	1977 年	玉山	博士	2007 年浙江大学	研究方向为植物系统演化、物种形成和谱系地理学。在 Taxon、International Journal of Plant Science 和 Journal of Systematics and Evolution 等刊物发表论文 12 篇	中国科学院华南植物园
87	陈益飞	1977 年	万苍	博士	中国科技大学	—	—
88	曹全君	1977 年	仁川	博士	2008 年西安电子科技大学	电子科学与技术专业,研究方向为新型射频微波功率半导体器件模型、新型太阳电池、电动汽车智能充电系统设计	浙江工业大学
89	葛晨阳	1977 年	玉山	博士	2009 年西安交通大学	从事模式识别研究	西安交通大学
90	傅蔚冈	1977 年	大盘	博士	2009 年浙江大学	学者、专栏作家	上海金融与法律研究院研究员、执行院长

续表 6—1

序号	姓名	出生年份	籍　贯（出生地）	学位职称	授予时间地点	主要学术领域与成果	工作单位或住所
91	张向锋	1977 年	万苍	博士	2008 年哈尔滨工业大学	拥有国家发明和实用新型专利 30 余项，江苏省科技企业家、江苏省高层次创新创业领军人才。山东睿牛机器人技术有限公司、苏州睿牛机器人技术有限公司任董事总经理	江苏省苏州市张家港沙洲湖科技创业园 G2—406 室
92	周兴苗	1977 年	玉山	博士	2008 年华中农业大学	主持国家自然科学基金 1 项，发表学术论文 50 余篇。获华中农业大学教学质量优秀二等奖 2 项、三等奖 1 项、湖北省优秀论文指导奖 2 项	华中农业大学植物科技学院
93	楼天阳	1977 年	九和	博士	2008 年复旦大学	市场营销。国家级课题研究 1 项，省级课题 2 项	浙江工商大学
94	张炎锋	1978 年	胡宅	Cofounder CSO	美国普林斯顿大学	医药化工	苏州晶云药物科技有限公司
95	郑军红	1978 年	窈川	博士	2003 年浙江大学	从事计算机领域的研究工作	浙江大学 CAD&CG 国家重点实验室
96	杨晓波	1978 年	仁川	博士	2004 年华东师范大学	文学专业，方向为独立或合作编著、校点、翻译各类作品或典籍	宁波市教育局
97	张　羽	1978 年	玉山	博士、CEO	2003 年复旦大学	从事电路与系统（医学超声）方面研究	北京智影技术有限公司
98	卢红亮	1978 年	新渥大麦坞	博士、教授	2006 年复旦大学	微电子学与固体电子学研究	复旦大学
99	厉国刚	1978 年	尖山	博士	2016 年华东师范大学	新闻传播	浙江工商大学人文与传播学院
100	卢良军	1978 年	冷水庄头	博士	2014 年浙江中医药大学	主攻色素性皮肤病，发表国内外论文 10 余篇	杭州市第三人民医院皮肤科
101	陈桃兰	1978 年	万苍	博士	2009 年浙江大学	从事中国教育史研究，有省部级课题研究 3 项，专著 1 部，核心期刊发表论文 10 余篇	杭州师范大学
102	陈明君	1978 年	安文	博士	2006 年中国科技大学	物理实验	北京中科院高能所

续表 6—1

序号	姓名	出生年份	籍贯（出生地）	学位职称	授予时间地点	主要学术领域与成果	工作单位或住所
103	周健光	1979 年	胡宅横路	博士	2007 年浙江大学	风湿免疫	浙江省中医院
104	王辉华	1979 年	九和联桥	博士	2007 武汉海军工程大学	系统工程	海军某研究所
105	王志伟	1979 年	盘峰	博士	2006 年中国科学技术大学	从事食品科学、食品生物技术研究，任天津科技大学食品学院生物技术系副主任	天津科技大学食品学院
106	王晓辉	1979 年	九和联桥	博士	2006 年年北京林业大学	木材科学与技术	浙江金木门业有限公司
107	张俊刚	1979 年	尖山	博士	2009 年中科院研究生院（国科大）	从事大气物理学与大气环境研究	Decagon Devices
108	叶荷花	1979 年	大盘	博士	2010 年中山大学	擅长飞秒激光、准分子激光治疗近视、远视、散光、老视、青光眼，白内障及各种眼科常见眼病的诊断及治疗	上海新华医院
109	楼紫阳	1979 年	九和	博士	2007 年同济大学	环境工程	上海交通大学
110	周　慧	1979 年	尚湖	博士	2012 年浙江大学	数理统计	杭州电子科技大学
111	陈　京	1979 年	尚湖	博士	浙江中医药大学	中药学	浙江中医药大学
112	赵音延	1979 年	胡宅金村	博士、研究员	2008 年芝加哥大学	遗传学研究	美国
113	张学锋	1979 年	尖山	博士	2014 年中国科学院工程热物理研究所	助力中国企业成长为具有国际竞争力的研发型知名品牌，致力于成为高性能透平机械核心技术的研制服务专家	势加透博联合创始人、CEO
114	陈向阳	1979 年	深泽屋楼	在读博士	2014 年入中国现代国际关系研究院	《美韩必须悬崖勒马》等 6 篇文章在《光明日报》等国家级报纸杂志发表	北京，中国现代国际关系研究院
115	羊海棠	1980 年	仁川	博士	2007 年浙江大学	杭州师范大学材料与化学化工学院高分子材料研究所副所长	杭州师范大学
116	陈俏巧	1980 年	万苍	在读博士	华东师范大学	中国古代史	浙江树人大学

续表 6—1

序号	姓名	出生年份	籍贯（出生地）	学位职称	授予时间地点	主要学术领域与成果	工作单位或住所
117	张　扬	1980 年	尖山	博士、教授	2014 年浙江理工大学	纺织工程	浙江理工大学
118	陶卫春	1980 年	冷水	博士、助理研究员	2009 年中科院研究生院（国科大）	人文地理学	环境保护部环境与经济政策研究中心
119	赵炎波	1981 年	玉山浮牌	博士	2007 年	心血管疾病，国内外学术论文 10 余篇	杭州邵逸夫医院
120	羊　健	1981 年	双峰	博士、副研究员	2010 年湖南农业大学	植物病毒与分子生物技术	浙江省农科院病毒学与生物技术研究所
121	陈旭阳	1981 年	安文	在读博士、中校	2016 年中国科技大学	信息科学与技术	61896 部队
122	周晓艳	1981 年	玉山浮牌	博士	2016 年山西大学	凝聚态物理	浙江师范大学数理信息工程学院
123	蒋永亮	1981 年	方前	博士	上海中医药大学中医内科学博士	宣蛰人软组织疼痛医学会秘书、浙江省针灸学会理事兼浙江省针灸学会银质针分会秘书	杭州手功夫扶阳馆
124	杨国庆	1981 年	仁川流岸	博士	第四军医大学	医学	上海国权路干休所
125	潘瑶珍	1981 年	胡宅前山	博士	2013 年华师大	教育学	浙江外国语大学
126	周光大	1981 年	玉山佳村	博士	2008 年浙江大学	高分子材料	杭州福斯特光伏材料股份有限公司
127	周姜滨	1982 年	玉山浮牌	博士	西北工业大学	航天器控制系统设计，发表论文多篇	北京航天自动控制研究所
128	包志炎	1982 年	万苍	博士	2012 年浙江工业大学	浙江水利水电学院信息工程与艺术设计学院院长	浙江水利水电学院、院长
129	孔纲强	1982 年	方前	博士	2009 年大连理工大学	主要从事桩一土相互作用及能量桩技术与应用、透明土材料及可视化试验技术等方面的教学与科研工作	河海大学土木与交通学院
130	方云明	1982 年	仁川	博士、教授	2008 年大连理工大学	研究方向为化学反应工程与能源化工	北京化工大学
131	杨军令	1983 年	尖山	博士	2012 年中科院研究生院（国科大）	药物代谢与药代动力学	中科院上海药物研究所

续表 6—1

序号	姓名	出生年份	籍贯（出生地）	学位职称	授予时间地点	主要学术领域与成果	工作单位或住所
132	应　磊	1983 年	盘峰	博士	2011 年北京大学	任教于香港大学李嘉诚医学院药理学及药剂学系。访问学者。研究方向为心血管功能。研究内容：代谢性心血管疾病，肺动脉高压	温州医科大学基础医学院病理生理学系
133	张　科	1983 年	玉山楼下宅	博士	2006 年浙江大学	复杂气液固多相流的流动、传热特性研究，第三代非能动先进核电技术的研发工作。累计发表学术论文约 10 篇，软件著作权 2 个	上海核工程研究设计院
134	曹巧君	1983 年	仁川平象	博士	2011 年浙江大学	理论物理专业，主要从事时空热力学、黑洞变相、宇宙学等方面的研究	绍兴文理学院
135	杨利峰	1983 年	仁川	博士	2011 年中科院研究生院（国科大）	上海市磐安商会秘书长、磐安博士联谊会副会长兼秘书长，发表论文 30 余篇	中国科学院上海应用物理研究所团负责人
136	杨丁中	1983 年	新渥	博士	2010 年浙江大学	光电领域研究	绍兴文理学院数理信息学院
137	朱渝铖	1983 年	安文	在读博士	筑波大学博士在读	环境经济	嘉兴学院
138	徐　攀	1984 年	玉山金竹坞	博士	2012 年浙江中医药大学	中医药资源开发与利用。主持课题 2 项，作为主要成员参与课题 5 项，累计发表论文 20 余篇	浙江省立同德医院
139	羊红玉	1984 年	双峰	博士	2011 年浙江大学	主持课题 5 项，发表 SCI 论文发表 6 篇，参与编写《临床药物治疗学各论》（秘书）等学术专著 7 部。获 2013 年浙江省卫生系统青年岗位能手称号	浙江大学硕士生导师老年病科临床药师
140	羊国根	1984 年	双峰	在读博士	华中农业大学	植物病理学	华中农业大学
141	应　韬	1985 年	深泽罗家	博士	2015 哈尔滨工业大学	主要研究镁、铝等轻合金的开发与应用，主持项目 5 项，参与十余项，发表论文十余篇	上海交通大学材料科学与工程学院

续表 6—1

序号	姓名	出生年份	籍贯（出生地）	学位职称	授予时间地点	主要学术领域与成果	工作单位或住所
142	卢宸华	1986 年	冷水潘潭	博士、高工	2013 年河北工业大学	机械工程	尖山镇政府
143	朱俊杰	1986 年	安文	在读博士	河海大学	软基处理	南京河海大学
144	陈　斌	1986 年	新渥	博士、主治医师	2014 年浙江大学	心血管病学	杭州市第一人民医院
145	曹　剑	1986 年	仁川	博士、总经理	2013 年浙江大学	化学，药学专业，研究方向为药物有效成分的提取、结构鉴定、合成以及中药材深加工	浙江大晟药业有限公司
146	李　鹏	1986 年	冷水大溪	博士	—	全军麻醉与复苏专业委员会青年委员	中国人民解放军总医院（301 医院）麻醉手术中心
147	孔将旭	1987 年	大盘	博士	2015 厦门大学博士	应用数学	中国计量学院理学院
148	许　亿	1989 年	安文	在读博士	北京航空航天大学	等离子体物理	北京航空航天大学
149	应杭君	1991 年	冷水	博士	中国科学院大学	蓄能锂电池研究	宁波材料技术与工程研究所
150	陈　帆	1992 年	深泽	在读博士	南京理工大学	光学工程	南京理工大学

索　引

一、本索引收录了除附录外的所有目和子目。

二、目与子目索引按笔画为序排列。

三、条目后的数字为该条目在本书中的页码。

二　画

三　画

四　画

五　画

六　画

七　画

八　画

九　画

十　画

十一画

十二画

十三画

十四画

十五画

数　字

后　记

磐安县教育志(首编)完成于1992年,收录北宋建隆元年(公元960年)至公元1989年的教育史实,重点落在中华人民共和国成立后的磐安教育史上。2004年,县教育局聘请退休老教师曹才着手续编资料的整理,至2006年止。2016年,县教育局重启续编工作,内容起讫时间为1990年～2015年。2016年4月,建立以教育局长为主任的编纂委员会,确定主要编撰人员,拟订续编提纲。5月3日,召开各科室、直属单位、学校负责人与工作人员参加的动员大会,部署资料采集工作。6月30日,召开工作推进会。7月20日,教育局绝大部分的科室与直属单位完成材料采集任务,各中小学、幼儿园完成"学校简介"的供稿。之后,编写人员面对来自不同渠道的浩瀚材料,潜心调查核实,去伪存真,舍粗取精,查漏补缺,三个月内数易其稿,10月中旬,初稿基本形成。嗣后的三四个月,又进行了多次审校、修改。

教育局各科室、直属单位领导及学校负责人,对材料采集尽心竭力,有的甚至亲力亲为,翻阅资料,组织文字,确保如期完成任务。

搜集、整理、提供原初材料的人员分别是:

第一篇第一章:陈明峰、马良兴。第二章:范斌。第三章:卢爱军。第四章第一节:陈明亮;第二节:陈彩香;第三节(1):陈复兴;第三节(2):陈万海。

第二篇第一章第一节:陈复兴;第二节:卢国兴、陈林森、王慧芳;第三节:卢红星。第二章第一节:傅华卓;第二节:陈智勇、陈淑良、王通理;第三节(1):陈根华;第三节(2):郑正弟;第四节(1、2):陈云姣;第四节(3):胡王强;第五节:陈根华。

第三篇第一章第一、二节:滕美华、陈明亮;第三节:滕美华、朱旭芳;第四节:滕美华、陈明亮、卢爱军;第五节:卢红星、滕美华、陈明亮。第二章:潘向红、林松海。

第四篇第一章:潘向红、林松海。第二章:张生红。第三章:卢国兴、陈林森及相关学科教研员。第四章第一节:卢红星、陈小青;第二节:卢红星;第三节:郑旌。第五章第一节:卢国兴;第二节:蔡德扬;第三节:周前。第六章第一节:卢国兴、蔡德扬;第二节:陈德品;第三、四节:陈林森。第七章:潘向红、卢红星、林松海。

第五篇第一、二、三、四、五、七章:潘向红、卢红星、林松海。第六章第一节:黄福根;第二节:傅华卓。"学校简介"由各学校指定教师供稿。

历任局长羊荣根、金彩荣、杜天笋、陈益清等在全书完稿后拨冗审阅;退休教师杨龙海应邀帮忙一个时段;施泽华多次帮助编撰人员处理表格;吴秦强提供全县中小学生田径赛最高纪录名单;张生红做好协调、保障工作,在初稿完成后通览全志,提出修改意见;县人大、县政协、县委组织部、县委办、县府办、县档案局等部门为编撰本志提供查阅资料的方便。此外,还有诸多社会人士提供图片、资料及查询线索。在此谨表谢意。

本志由卢国兴编制提纲,撰写各篇章导语、追述,梳理、整合、修改各科室及学校上送的第一手材料，修改学校简介，整理大事记，撰写新增部分的教育人物传略、“教学研究”“中小学智育”中的部分内容，重点审编第一篇第三、四章，第二篇以及第四篇的二、三、五、六章。

卢红星重点审编第三篇第二章，第四篇一、四、七章，第五篇，撰写“体育传统项目与竞赛”“教师政治地位”“合作交流”“文明单位创建”等节目，完成新增“磐安籍教授名录”的采访与撰写工作。

马良兴编排全志结构，修订提纲，重点审编第一篇一、二两章以及第三篇第一章，撰写教育概述，对全志的文字表述进行了多次修改。

吕为苗始终关注教育志编纂进程，谋局布篇，整合资源，协调各方，根据阶段重点，及时提出指导意见。胡平良审阅本志，并协调出版发行事宜。

尽管编撰人员尽最大努力去甄别、修正材料，力求不疏漏、不重叠、不矛盾、不偏颇，尽管教育局各科室、直属单位以及全县各学校对本志付印稿进行多人、多次、多轮审稿，但由于采集到的基础材料质量不一，编写时间仓促，加上水平有限，各章节中一定还存在疏漏甚至错误之处，敬请诸君谅解，也期盼后贤予以补正。

《磐安县教育志》编纂委员会

2017 年 7 月 19 日